详细梳理解析　　应对后续管理　　规避涉税风险

个人所得税社保
新政解析与风险防控

（2021年版）

李伟锋　李瑞华　编著

河南人民出版社

图书在版编目（CIP）数据

个人所得税社保新政解析与风险防控 / 李伟锋，李瑞华编著. — 郑州 : 河南人民出版社，2020.9
ISBN 978-7-215-12349-6

Ⅰ. ①个… Ⅱ. ①李… ②李… Ⅲ. ①个人所得税－税收政策－研究－中国②社会保障－福利政策－研究－中国 Ⅳ. ①F812.424 ②D632.1

中国版本图书馆CIP数据核字（2020）第132189号

河南人民出版社 出版发行
（地址：郑州市郑东新区祥盛街27号 邮政编码：450016 电话：65788025）
新华书店经销　　河南博雅彩印有限公司印刷
开本 787毫米×1092毫米 1/16 印张 73.25
字数 1245千字
2020年9月第1版　　2021年1月第1次印刷

定价：280.00元（全两册）

序　一

在过去的两年多时间，个人所得税改革的影响已辐射到全社会每个人。

记得求学时看到本杰明·富兰克林的名言“世界上只有两件事是不可避免，那就是税收和死亡”，让我第一次对税收有了模糊的概念。20年前刚刚参加税务工作的我，还没有感觉到这句名言有什么社会基础，认为纳税是企业和企业家的事，与大部分个人无关，报纸上偶然见到明星偷税的新闻，也从没想过“打工者”将会是纳税的主体。

随着岁月的积累，在税种管理、征管稽查等不同工作岗位的历练，我对税收的“前世今生”也有了更加深刻的理解。2018年6月，个人所得税法修正案草案公布，并向社会公开征求意见，个人所得税法第七次修正拉开了序幕。2018年下半年，我有幸参与新《中华人民共和国个人所得税法》相关征管制度的修订工作，这时我突然意识到，个人所得税全员全额纳税申报的时代真的来了。

完成本书初稿校对的时候，已是深夜，我恍惚又回到了参与新个税法相关征管制度修订的时光。作为改革领导小组征管制度组成员，我曾在国家税务总局借调半年，亲眼见证小组的众多成员辛勤工作的全过程。我看到他们不分昼夜、没有假日，反复斟酌；我看到他们克服家庭困难，调和各方诉求，逐项攻坚。记得当时每天固定两个例会。早上10点的例会是局领导牵头，汇总各地情况，研究下步工作，参加的是六个分组的组长；还有一个例会是我们征管制度组召开的，一般在晚上10点，主要是对白天起草的各项征管制度草案进行讨论。晚上例会总是开始时讨论较为热烈，零点过后不由得声音渐小。每次到大家面露疲态、神情恍惚的时候，司领导看看手表，已是凌晨一点，淡淡地说一句：“时间不早了，我们梳理一下。”这个“梳理”又是半小时，会议结束常常凌晨一点半。借调人员分住在总局周围的几个宾馆，而司领导照例睡在办公室。每每翻阅新《个人所得税法》，字里行间，点滴回忆，历历在目。

提到那段时光，还有不少情景记忆深刻。记得起草汇算清缴制度时，涉及“自然人税收管理系统（ITS）”软件的内容，因为不太熟悉设计的流程，组长当即给“杭州软件开发及测试基地”联系请求支援。第二天早上 8 点，两个精干小伙已经在会议室等候，摆了个移动幕布，就地开讲，一连两小时，滔滔不绝。据他说昨天晚上接到通知，订的夜里 11 点的航班，飞北京机场后就地休息了两三个小时，早上从机场打出租车赶到税务总局。汇报完成后中午又要坐航班赶回杭州。现在只记得这位兄弟是广东口音，名字也都忘记了。当时总局在“杭州软件开发及测试基地”集中了全国税务系统 200 多名税务干部，要求在新税法实施前上线“自然人税收管理系统（ITS）”，让广大纳税人掌握“个人所得税”APP 操作，确保不进办税厅就能办理所有个人事项。

编者有幸见到众多基层税务干部职工尽忠职守、敢于担当，做好个人所得税改革实施各项工作。个人所得税管理和服务工作具有政策性强、社会关注度高、纳税人数海量、涉及人群复杂、个人信息敏感、征管难度大、服务要求高、容易触发舆情等突出特点。个人所得税改革后，纳税人数量和业务量、信息量都会呈现几何级增加，特别是综合所得将实行“自行申报、源泉扣缴，汇算清缴、多退少补，优化服务、事后抽查”的征管模式，申报、预扣、补退税征管流程更加复杂，同时增加专项附加扣除。实事求是地讲，这对基层税务机关的征管和纳税服务绝对是一场大考。在国地税机构合并的背景下，处室重新整合，但要求负责个人所得税工作的同志不能调岗，人随事走。上级单位给了统一的时间表、路线图、任务书，基层需要对表推进、对账销号。改革涉及部门也多，我局个人所得税、征管、纳服、宣传、信息技术等部门全部参与，同心同力，攻坚克难，最后交出了精彩答卷。

记得我局税政二科的郑科长，当时身兼数职，个人所得税改革领导小组成员、减税降费领导小组成员等等不胜枚举。在改革期间，局长和科长们必须到办税服务厅值班，回答纳税人咨询。有一次我在大厅值班，一个纳税人来咨询代开发票缴纳个人所得税的事，我随口就说，看你从事什么行业，是销售货物还是提供劳务，个人所得税随征率是不同的。郑科长拉我一下，接过了话，告诉纳税人，个人代开发票只有经营所得可以核定，其他综合所得从2019年4月1日起全部记入ITS系统，次年参加汇算清缴，并指导纳税人顺利地办完了纳税事项。感谢这些业务熟练的基层同志，是他们确保个人所得税改革措施顺利落实到位。

编者也有幸见到众多扣缴单位办税人员兢兢业业、认真学习，充分发挥了联系税务机关与企业之间的纽带作用，向员工普及新税法知识，收集整理专项附加扣除资料，克服工作量增加、操作难度增大、矛盾处理增多等诸多现实困难，推动了预扣预缴和汇算清缴的顺利落地。钟处长是我会计领军班同学，目前任一所大学的财务负责人，该大学涉及教职工900多人。汇算清缴期间，我的手机几乎成了他的热线电话，他时不时吐槽作为扣缴义务人担负了过多义务，但更多的是政策咨询，为他的同事们问询和解决具体问题。高校老师收入多样化，帮助每个老师做好个税汇算清缴难度不小，每次他的问题都会给我带来一些启发。感谢这些好学不倦的办税人员，是他们助力税务机关，共同平稳推进个人所得税改革。

本书部分章节的说明

我在今年疫情防控期间做了19场线上公益讲座，受众超过10万人次。通常每次讲座时间一小时，还会留20分钟答疑时间。不少纳税人在咨询问题时往往很直接："有无办法让我少缴点税？"面对此类问题我无法回答。我个人的观点是，纳税人如果想用好税法来节税，应按三个层级递进，分别是：熟悉税法政策和各项优惠，识别并规避税收风险，系统科学的税收规划。本书就是从"新政解析"和"风险防控"入手，如果读者能熟读本书，才有可能真正把握税收规划的正反面：利益与风险同在。但在实际操作中，大都忽视了税收风险，短期的趋利导致隐患的造成，以致得不偿失。如果信了所谓"专家"，直奔财务利益而不考虑其他，顶多"摘个芝麻"，早晚会"丢了西瓜"，所以我建议这部分读者从"税收风险篇"读起，对税法能心存敬畏。

前一段稽查局的韩局长问我一个问题，把我难住了。稽查局收到举报人来信，举报另一人在十年前股权转让未缴个人所得税，如今是否补缴税款，是否加征滞纳金？

这个问题不仅涉及现在的政策，还要了解政策的沿用及追溯，同时还要熟悉事件发生期间税收征管的要求，在本书中我试着做了答复，收录在第二章第七节第三项“新旧个税法对追缴税款加征滞纳金的不同政策”中。

疫情期间我还建了几个防疫税收优惠答疑群，有一天几个群里热闹非凡，原来是税务机关落实代扣代缴手续费返还，直接返还到单位账户了。但享受奖励的单位财务人员却不知如何是好，是“发了”还是“花了”？是否涉税？众说纷纭。看大家这么有兴趣，我也来了劲，对这个问题的答复慎之又慎，分别请教了总局、省局、市局三级主管个税政策的领导，霍处长还亲手帮我改了两稿。该项内容收录在第二章第七节第五项“取得返还的代扣手续费与其他税种的关系”中。

“社保篇”是最后完稿的，社保费由税务机关征收后，大数据的采集和分析会促使全社会社保费的合规缴纳，也使得社保费成为广大纳税人较为关心的一项支出。该篇的创作源于一个企业家朋友的咨询，张总在某市建立工厂，从事低压电气开关的制造，属于劳动密集型企业。员工为增加个人收入，在入职时签有自愿放弃社保的承诺书。疫情期间，工厂停产停业，不得不裁员，在正常支付赔偿金后，仍有员工向劳动仲裁部门提出补偿社保金的要求，双方即将进入诉讼。我告诉咨询的朋友，依据《社会保险法》的规定，这种承诺并没有法律效力，对于符合条件的员工的社保费理应补缴。

本书的结构及章节

本书共分九篇二十九章。

第一篇为改革篇，简述本次改革的重大变化；

第二到第五篇分别是综合所得篇、经营所得篇、分类所得篇、股权转让所得篇，讲解各项所得的计算及政策规定，其中“股权转让所得”因其特殊性从“财产转让所得”中单独拿出来作为一篇；

第六篇为涉外税收篇，讲述非居民个人和最新的无住所个人税收新政，并增加大家关注的CRS章节；

第七篇为税收征管篇，讲解预扣预缴和汇算清缴操作实务；

第八篇为税收风险篇，分别从税务稽查报告、上市公司公告、法院判决书等视角解析案例，提示不同情形下纳税人风险识别，这也是全书的精华；

第九篇为社保篇，详细阐述了社保由税务机关征收后有关疑难问题的处理。

本书的角度及不足

考虑到本书的读者并非都是财务工作者，为了让读者不感觉枯燥，增加书稿的可读性，编者在有关风险章节的表述在准确性之外加了主观解读。非专业人员可以跳过政策部分，直接阅读每章单独成节的风险识别内容和第八篇税收风险篇。

在讨论热点问题时，编者力图站在纳税人、扣缴义务人角度，提醒大家规避税务风险。为让读者从不同视角理解税法的原理，列举的政策依据不限于法律法规，扩大到了全国各地 12366 的在线答疑。但由于个人所得税实务情况较为复杂，新的经济事务必将带来新的政策答复口径，所以该部分主要作为对新法新政的延伸理解，不能代替主管税务机关的解释，亦不能作为纳税人处理纳税争议的依据。这一点读者应当知悉。

致谢

本书由李伟锋、李瑞华主笔，王永钦、陈煦全书统稿并做最终审定。感谢刘义峰、段清琳为本书结构提出了至关重要的建议，感谢霍玉俊、郝龙航对本书政策的指导，感谢郑磊、张德润对本书案例的复核，感谢陈婷婷为本书的成稿做了大量校对工作，感谢刘忠、王晓光、王昱、张海旭、康家宝、李丹玉、谢晶晶、黎昕、王咏、郭庆节、王子慧参与本书的修订工作。感谢多年来与我讨论个人所得税问题的业内同仁，以及用不同方式为我传道授业的老师们。谢谢所有的读者，正是你们的认可，才让我有了前行的动力。

李伟锋

2021 年 1 月 15 日

序　二

一年前那个冬天，好像尤其漫长，蓦然回首之间，度过了一个不平凡的2020年，疫情与灾难交织，悲痛与感动同在，反思与成长相伴，太多记忆，值得留住。

一个人最大的幸运，是在他体能最好的黄金时期，找到了一件他最喜欢的事去完成。于是在这个不平凡的2020年、在世事的喧嚣中，清心静意，把自己在工作中长期积累、思考的个人所得税、社保问题，经过1年的准备、6个月的撰写、5个月的修改、2个月的研讨，倾心为读者奉献一部个人所得税读本，希望助您一臂之力。因为在这个世界上，只有死亡和税是逃不掉的，也因为生死相依，所以我们相知、相识，深爱至心。

读书的专业是税收，毕生倾注心血的事业也是税务工作，从税二十余年，从市局、省局走向总局的平台，无论是从事国际税、所得税研究，还是税务稽查、大企业税收管理，对税的情感深入骨髓，对税的理解更为全面而深刻。于是在国地税征管体制改革、个人所得税改革的大势席卷而来时，便以最大的热情拥抱了它，个人所得税、社保征收，他们的前世今生，他们的内涵外延，他们的政策实操……希望用最全面的个税和社保知识，为您保驾护航。

自忖是一个专一、专情的税务人，在旁人眼中枯燥、艰涩、繁杂的税收政策、执行口径、操作实务、案件处理等，因为日久生情，便生出无限的兴趣。每当解读完一个新政，处理完一个案件，成就感油然而生，同税的情感日渐深厚。天道酬勤，因为热爱，才能在两年的时间内学习、思考、实践、整理、撰写出这本《个人所得税社保新政解析与风险防控》。

本书以改革篇、综合所得篇、经营所得篇、分类所得篇、股权转让所得篇、涉外税收篇、税收征管篇、税收风险篇、社保篇九篇二十九章组成。改革篇对我国个税的产生与发展进行了回顾，重点阐述了新个税改革的内容与税法基本要素的变化。综合所得篇将我国个税改革中首次建立的综合所得个税制度进行了详细的解读，提示了政策实施中的风险和应对策略。经营所得篇结合新老个税法的区别，对传统业态和新兴业态的经营所得进行描述。分类所得篇将个人资产所涉及的个税政策进行了表述，重点对个人房产和股息红利的特殊情况及风险进行了总结。股权转让所得篇对个人持有的上市、非上市股权、股权激励转让时所涉及的个税问题进行了描述，重点总结了本环节优惠政策的适用之道。涉外税收篇对非居民个人适用我国税法、我国居民个人境外所得和以居住地为判定标准的税法适用人的各种政策进行解读。税收征管篇介绍了个税的征管模式，重点对综合所得年度汇算清缴进行了描述，提示了系统管税的风险。税收风险篇通过对个税检查案件、上市公司公告和司法审判案件的不同处理，全面揭示了税收风险对纳税人造成的严重影响。社保篇介绍了社会保险费政策的内容，重点对“税务机关征收社会保险费”重大改革产生的风险进行提示。

希望能给予读者的是最全面而详实的个税政策，最系统而实用的操作方法，最直观而真诚的风险提醒，以此让我们认识个税、了解个税，不惧怕、不逃避，在专业的政策指导下，顺利地完成申报、扣除和汇算清缴。在税务机关征收社会保险费的大潮中，以优美的泳姿，安全地到达彼岸。

每每完成一个心愿，便有年少时“在昔梁惠王，筑台聚歌吹”的舒畅，虽有忐忑，却也坦然，孔子曰：“学然后知不足，教然后知困。知不足，然后能自反也；知困，然后能自强也。”每一个终点，也是每一个起点，在“税无止境”中，呼朋唤友，一起出发吧！

李瑞华

2021 年 1 月 15 日

目 录

NO.
01
改革篇

NO.
02
综合所得篇

NO. 04

分类所得篇

NO.
05
股权转让所得篇

NO.
06
涉外税收篇

NO.
07
税收征管篇

NO.
08
税收风险篇

NO.
09
社保篇

NO.
01

第一篇　改革篇

第一章
个人所得税概述

第一节　个人所得税简介

一、个人所得税与个人所得税法的概念

个人所得税是国家对本国公民、居住在本国境内的个人的所得以及境外个人来源于本国的所得征收的一种所得税。在有些国家，个人所得税是主体税种，在财政收入中占较大比重，对经济亦有较大影响。

个人所得税法是调整征税机关与自然人（包括居民和非居民）之间在个人所得税的征纳与管理过程中所发生的社会关系的法律规范的总称。

二、个人所得税的特点与功能

（一）特点

1. 个人所得税的特点

个人所得税具有课税公平、量能负担、不易形成重复征税等特点。课税公平，是指个人所得税以纯所得为计税依据，实行收入多的多缴税、收入少的少缴税的办法，同时规定基本生计扣除、成本费用扣除以及专项扣除等扣除项目，可以较好地照顾低收入者，符合量能负担的原则。个人所得税还具有不易重复征税的特点，与流转税不同，个人所得税是对纳税人的最终所得课税，游离在商品流通之外，因而一般不存在重复征税问题。

2. **我国个人所得税的特点**

个人所得税是世界各国普遍征收的一个税种，与其他国家相比，我国个人所得税主要有如下特点：

（1）实行综合与分类相结合的税制。

个人所得税按税制设计及其征收方式不同可分为综合税制、分类税制以及综合与分类相结合的税制三种类型。

2011年版《中华人民共和国个人所得税法》（以下简称原《个人所得税法》）将个人所得分为工资、薪金所得，个体工商户的生产、经营所得，劳务报酬所得等11个项目，分别适用不同的费用扣除方法和计征方法。2018年版《中华人民共和国个人所得税法》（以下简称现行《个人所得税法》或新《个人所得税法》）将居民个人取得的工资薪金所得、劳务报酬所得、稿酬所得、特许权使用费所得计入综合所得，按年征收、分月分次预扣预缴；对利息股息红利所得、财产租赁所得、财产转让所得、偶然所得等仍实行分类征收。

（2）累进税率与比例税率并用。

比例税率计算简便，便于实行源泉扣缴；累进税率可以合理调节收入分配，体现公平。2018年新《个人所得税法》根据各类个人所得的不同性质和特点，将这两种形式的税率综合运用于个人所得税税制中。其中，对综合所得和经营所得，采用累进税率，实行量能负担；对利息股息红利所得、财产租赁所得、财产转让所得等，采用比例税率，实行等比负担。

（3）费用扣除额范围较宽。

各国个人所得税均有费用扣除的规定，只是扣除的方法及额度不尽相同。我国本着费用扣除从宽、从简的原则，采用费用定额扣除和定率扣除等多种方法。对综合所得，自2018年10月1日起按月扣除5000元，自2019年1月1日起按年扣除60000元；对财产租赁所得，每次收入不超过4000元的减除费用800元，4000元以上的减除费用20%。

（4）代扣代缴与自行申报两种征纳方法。

新《个人所得税法》规定，对纳税人的应纳税额分别采取由支付单位源泉扣缴和纳税人自行申报两种方法。对凡是可以在应税所得的支付环节扣缴个人所得税的，均由扣缴义务人履行代扣代缴义务；2011年版《个人所得税法》规定，没有扣缴义务人的，个人在两处以上取得工资、薪金所得的，以及个人所得超过国务院规定数额（即年所得12万元以上）的，由纳税人自行申报纳税。

2018年新《个人所得税法》规定，取得综合所得需要办理汇算清缴的，取得应税所得没有扣缴义务人的，扣缴义务人未扣缴个人所得税的，从中国境外取得应税所得的，因移居境外而注销中国户籍的，非居民个人在中国境内从两处或者两处以上取得工资、薪金所得的，由纳税人自行申报纳税。

（二）功能

个人所得税主要具有以下四个功能：

1. 组织财政收入

在人均国内生产总值（GDP）较高的国家，个人所得税税源广泛，征收个人所得税能够保证稳定的财政收入。

1980年9月10日，我国个人所得税法开始实施，当年个人所得税收入仅有16万元。1994年修订后的个人所得税税制开始施行，当年全国个人所得税收入为72.67亿元，占当年税收总收入的1.52%。2017年全国个人所得税收入为11961亿元，占税收总收入（含出口退税）的7.68%（占剔除出口退税后的税收收入的比例为8.3%），占GDP的1.45%，对税收收入增长的贡献率达到12.3%。2019年新《个人所得税法》实施后，降税效果明显，全国个人所得税收入为10388亿元，占税收总收入（含出口退税）的6.6%。综合与分类相结合的个人所得税已经成为继增值税和企业所得税之后的第三大税种，在筹集财政收入、调节收入分配等方面发挥了重要作用。我国1994—2019年各年个人所得税收入情况如表所示：

1994—2019年个人所得税收入情况表

年度	个人所得税收入（亿元）	占税收收入比重（%）	年度	个人所得税收入（亿元）	占税收收入比重（%）
1994	72.7	1.4	2007	3185.0	6.4
1995	131.5	2.2	2008	3722.0	6.4

续表

1996	193.2	2.7	2009	3943.6	6.2
1997	259.9	3.2	2010	4837.5	6.3
1998	338.6	3.7	2011	6054.0	6.3
1999	414.3	4.0	2012	5820.4	5.3
2000	660.4	5.2	2013	6531.5	5.4
2001	996.0	6.6	2014	7376.6	5.7
2002	1211.0	7.1	2015	8617.3	6.3
2003	1417.3	6.9	2016	10094.0	7.2
2004	1737.1	6.8	2017	11961.3	7.7
2005	2094.0	6.8	2018	13872.0	8.9
2006	2452.0	6.5	2019	10388.0	6.6

随着我国经济的进一步发展和居民收入水平的提高，个人所得税税源将不断扩大，个人所得税税收占国家税收总收入的比重将会增加，最终将会发展成为一个更具活力的主体税种。

2. 调节收入分配，实现社会公平

随着经济的发展，社会贫富差距加大等问题逐步显现，有可能成为影响社会稳定的负面因素。对个人所得实行累进税率，可减少社会分配的不公，缓和社会矛盾。

3. 具有自动稳定器的功能

由于个人所得税一般采用累进税率，在经济繁荣时期，税收增长的速度超过个人所得增长的速度，可以自动遏制通货膨胀趋势；反之，在经济萧条时期，税收减少的速度比个人收入降低的速度还要快，可以阻止通货紧缩的趋势。

4. 有助于培养个人的纳税意识

个人所得税作为直接税，有助于培养和增强个人的纳税意识。

三、个人所得税的产生与发展

（一）个人所得税及其产生

个人所得税是对个人（自然人）取得的各项应税所得征收的一种税。与其他税种相比，个人所得税是一个较年轻的税种。英国被认为是现代意义上开征个人所得税最早的国家。1799 年英国对所得进行了划分，并规定总收入在 60 英镑以下者免税；总收入在 60~200 英镑者，实行差别税率；总收入超过 200 英镑的，则统一按 10% 的比例税率征收。直到 1874 年个人所得税成为英国一个稳定的税种。美国于 1860 年南北战争期间开征了个人所得税。日本于 1887 年设置了个人所得税，1899 年对所得税制度进行全面改革，一方面实行分类所得税，扩大了征税覆盖面，另一方面开始对法人征收所得税。

个人所得税产生初期，一般是作为临时性的筹措经费措施。第二次世界大战结束后，个人所得税进一步发展为一个固定的税种，个人所得税的功能从筹措战时经费转变为调节经济与收入分配。个人所得税开征初期，多数国家采用的是比例税率，并且实行按项计税的分类所得税制。随着个人所得税制度的完善，逐步发展为按累进税率课征及实行综合所得税制或分类与综合相结合的所得税税制。个人所得税税制的发展与社会经济发展相适应，随着市场经济的发展，个人所得税的地位和作用也越来越重要，并且已成为很多国家的主体税种。目前世界上已有 140 多个国家开征了这一税种。

（二）我国个人所得税的发展

我国于 1936 年依据《所得税暂行条例》开征了个人所得税。1943 年颁布的《所得税法》中包含了个人所得税的内容。

中华人民共和国成立后不久，我国就设立税种对个人所得征税，我国的个人所得税税制经历了多次变革的过程。1949 年 11 月，中央人民政府在北京召开首届全国税务工作会议，会上通过了《全国税政实施要则》，决定除农业税外，建立包括工商业税、存款利息所得税、薪给报酬所得税在内的 14 个税种，计划对个人开征相应的税种。政务院于 1950 年 1 月和 12 月先后公布了《工商业税暂行条例》和《利息所得税暂行条例》，自公布之日起，分别对个体工商业户、临时商业及摊贩业户的所得征收工商税，对在中国境内取得的利息征收利息所得税。薪给报酬所得税的设想是对个人取得的工资、薪金和劳务报酬所得征收，但由于当时我国生产力水平比较低，实行的是低工资、广就业的政策，所以一直到 20 世纪 70 年代末都没有开征。

1958 年我国对税制进行了重大改革，将工商业税中的营业税和其他税种合并为工商统一税，工商业税中的所得税独立为一个税种，形成工商所得税，继续对个体工商业户和集体企业的生产经营所得、其他所得征税，直到 20 世纪 80 年代中期。

1. 中华民国时期——中华人民共和国成立前

在中华民国时期，曾开征薪给报酬所得税、证券存款利息所得税。

2. 改革开放前——1950 年至 1980 年

1950 年，政务院公布的《税政实施要则》中，就曾列举对个人所得课税的税种，当时定名为“薪给报酬所得税”。因当时中国生产力和人均收入水平低，一直没有开征。

3. 1994 年税制改革前——1980 年至 1993 年

直至 1980 年以后，为了适应对内搞活、对外开放的政策，我国才相继制定了《中华人民共和国个人所得税法》《中华人民共和国城乡个体工商业户所得税暂行条例》以及《中华人民共和国个人收入调节税暂行条例》。上述三个个人所得税法规发布实施后，对于调节个人收入水平、增加国家财政收入、促进对外经济技术合作与交流都起到了积极作用，但也暴露出一些问题，主要表现为按境内外个人分设两套税制、税政不统一、税负不够合理。

4. 1994 年税制改革后——1993 年至 2018 年

为了统一税政、公平税负、规范税制，1993 年 10 月 31 日，第八届全国人大常委会四次会议通过了《全国人大常委会关于修改〈中华人民共和国个人所得税法〉的决定》，同日发布了新修改的《中华人民共和国个人所得税法》，将以上三个关于个人所得税征收的法规合并为一个。1994 年 1 月 28 日，国务院配套发布了《中华人民共和国个人所得税法实施条例》。

1999 年 8 月 30 日，第九届全国人民代表大会常务委员会第十一次会议决定进行第二次修正。

2005 年 10 月 27 日，第十届全国人大常委会第十八次会议决定进行第三次修正。

2007 年 12 月 29 日，第十届全国人大常委会第三十一次会议表决再次通过了《关于修改〈中华人民共和国个人所得税法〉的决定》（主席令〔2007〕85 号）。根据该决定，自 2008 年 3 月 1 日起，中国个人所得税分类项目中工资薪金的起征点从 1600 元 / 月上调至 2000 元 / 月。

2011年6月30日，全国人大常委会表决通过了《关于修改〈中华人民共和国个人所得税法〉的决定》（中华人民共和国主席令第48号），将个人所得税起征点提高到3500元/月，同时，工资、薪金所得适用的九级超额累进税率改为七级，税率为百分之三至百分之四十五。修改后的《个人所得税法》于2011年9月1日起施行。

5. 新个人所得税时期——2018年改革进行时

2018年8月31日，第十三届全国人大常委会第五次会议表决通过了《全国人民代表大会常务委员会关于修改〈中华人民共和国个人所得税法〉的决定》，这标志着中国个人所得税税制改革迎来重大突破，开始向"综合所得税制"转型，实现综合与分类相结合的税制体系。

《中华人民共和国个人所得税法》（2018年修正）中体现的本轮税制改革的重要突破包括：

（1）调整个人收入所得项目分类，提出"综合所得"和"经营所得"的概念，将工资薪金、劳务报酬、稿酬和特许权使用费综合征税，将个体工商户的生产、经营所得和对企事业单位的承包经营、承租经营所得合并为一项经营所得；

（2）初步建立综合性扣除机制，在基本减除费用之外，增加了针对子女教育、继续教育、大病医疗、住房和赡养老人等支出的专项附加扣除，并允许商业健康保险和税延型养老保险支出作为其他扣除项目；

（3）变革个人所得税征管制度，在个人所得税领域引入"年度汇算清缴"和"纳税人识别号"，将个人所得税申报与个人信用信息系统的建设相结合，取消原年所得12万元以上个人自行申报纳税的规定；

（4）确立反避税和纳税调整规则，引入独立交易原则、受控（个人）外国企业规则和一般反避税条款；

（5）减税负，提高费用减除标准至5000元/月（即60000元/年），并对个人所得税税率级距调整（新的费用减除标准和税率级距，自2018年10月1日起适用）。

6. 开启个人所得税新时代——2019年起

自2019年1月1日起，新修改的个人所得税法和实施条例正式实施，新的个人所得税法将工资薪金、劳务报酬、稿酬和特许权使用费四项劳动性所得纳入综合征税范围，实现从分类税制向综合与分类相结合税制的重大转变。

将综合所得的基本减除费用从原来的3500元/月提高至5000元/月（每年6万元）。为向社会提前释放改革红利，根据新个人所得税法和相关规定，对纳税人在2018年10月1日（含）后实际取得的工资薪金所得，减除费用统一按照5000元/月执行，并适用新税率表；对个体工商户业主、个人独资企业和合伙企业自然人投资者、企事业单位承包承租经营者2018年第四季度取得的生产经营所得，减除费用按照5000元/月执行。

对居民个人的综合所得，在计算个人所得税应纳税所得额时，除了原先允许扣除的“三险一金”等项目，又增加了六项可以扣除的项目，即子女教育、继续教育、大病医疗、住房贷款利息或者住房租金、赡养老人六项专项附加扣除。

同时对部分原“其他所得”项目税目进行了调整，个人所得税《税收完税证明》调整为《纳税记录》，创业投资企业个人合伙人所得税政策明确，中国境内无住所个人居住时间判定有了新的标准，非居民个人和无住所居民个人有关个人所得税政策明确，创新企业境内发行CDR可享受个人所得税优惠，明确了粤港澳大湾区个人所得税优惠政策，对全国中小企业股份转让系统挂牌公司股息红利差别化个人所得税政策，继续执行沪港、深港股票市场交易互联互通机制和内地与香港基金互认有关个人所得税政策，北京2022年冬奥会个人所得税税收优惠政策，铁路债券利息收入个人所得税的减计政策，公共租赁住房个人所得税优惠政策以及个人所得税综合所得汇算清缴有关政策出台，这些都预示着我国个人所得税进入了一个全新的时代。

本轮税制改革主要法规包括：

1.《中华人民共和国个人所得税法》（2018年修正）

2.《中华人民共和国个人所得税法实施条例》（国务院令第707号）

3.《个人所得税专项附加扣除暂行办法》（国发〔2018〕41号）

4.《关于将个人所得税〈税收完税证明〉（文书式）调整为〈纳税记录〉有关事项的公告》（国家税务总局公告2018年第55号）

5.《关于全面实施新个人所得税法若干征管衔接问题的公告》（国家税务总局公告2018年第56号）

6.《关于自然人纳税人识别号有关事项的公告》（国家税务总局公告2018年第59号）

7.《个人所得税专项附加扣除操作办法（试行）》（国家税务总局公告2018年第60号）

8.《个人所得税扣缴申报管理办法（试行）》（国家税务总局公告2018年第61号）

9.《关于个人所得税自行纳税申报有关问题的公告》（国家税务总局公告2018年第62号）

10.《关于个人所得税法修改后有关优惠政策衔接问题的通知》（财税〔2018〕164号）

11.《关于继续有效的个人所得税优惠政策目录的公告》（财政部税务总局公告2018年第177号）

四、我国个人所得税法的立法与修订进程

（一）我国个人所得税法的诞生

我国现行的个人所得税法诞生于1980年，当时采用分类（项）的征收制度。1978年，党的十一届三中全会确立了“改革开放”方针，来华工作、履约、提供劳务的外籍人员日渐增多，且收入较高。为维护国家税收权益，遵从国际惯例，1980年9月10日，第五届全国人民代表大会第三次会议审议通过了《中华人民共和国个人所得税法》，同时公布实施。同年12月14日，经国务院批准，财政部公布了《个人所得税法施行细则》。当时规定的费用扣除标准较高（800元/月），征税对象主要是外籍人员，绝大多数国内居民不在征税范围之内。

1986年1月，根据我国社会经济发展的状况，国务院颁布了《城乡个体工商业户所得税暂行条例》，以城乡个体工商业户生产经营所得和其他所得为征税对象，将年收入总额减除生产经营成本、费用、损失、税金后的余额作为应纳税所得额，实行7%～60%的超额累进税率，按年计算、分月或季预缴、年终汇算清缴，对年收入5万元以上的加征40%税收。同年9月，对中国公民适用的《个人收入调节税暂行条例》颁布实施，征税对象包括工资薪金收入、承包转包收入、劳务报酬收入、财产租赁收入、

专利与非专利转让收入、投稿翻译收入、利息股息红利收入以及其他收入等。其中，工资薪金适用20%～60%的五级超额累进税率，扣除标准为400元/月至460元/月。

由此，对个人所得课税就形成了三个税收法律、法规并存的状况。

（二）我国个人所得税法的历次修改

1. 第一次修改——统一个人所得税税制

为了规范和完善个人所得课税制度，有必要对个人所得课税的三个税收法律、法规进行修改和合并，建立一部统一的既适用于中、外籍纳税人，也适用于个体工商业户和其他人员的个人所得税法。

为将上述《个人所得税法》《城乡个体工商业户所得税暂行条例》《个人收入调节税暂行条例》合并，出台统一的《个人所得税法》，1993年10月31日，第八届全国人民代表大会常务委员会第四次会议通过了《关于修改〈中华人民共和国个人所得税法〉的决定》，同时公布了修改后的《个人所得税法》，自1994年1月1日起施行。修改后的个人所得税法重新调整了纳税项目、免税项目、费用扣除标准和税率。此次修订基本确立了我国个人所得税的主体架构和税制原则，此后历次个人所得税法的修订，均未突破1993年《个人所得税法》的框架。

1994年1月28日，国务院第142号令颁布《中华人民共和国个人所得税法实施条例》（以下简称《个人所得税法实施条例》），初步建立起内外统一的个人所得税制度。其后，随着经济社会形势的发展变化，国家对个人所得税法进行了几次重大调整。

2. 第二次修改——恢复对储蓄存款利息征税

为应对亚洲金融危机，鼓励投资、拉动消费、刺激内需，1999年8月30日，第九届全国人民代表大会常务委员会第十一次会议通过了第二次修正的《中华人民共和国个人所得税法》，恢复征收储蓄存款利息所得个人所得税，并规定“对储蓄存款利息所得征收个人所得税的开征时间和征收办法由国务院规定”。

2000年9月，财政部、国家税务总局根据《国务院关于个人独资企业和合伙企业征收所得税问题的通知》（国发〔2000〕16号）中“国务院决定，自2000年1月1日起，对个人独资企业和合伙企业停止征收企业所得税，其投资者的生产经营所得，比照个体工商户的生产、经营所得征收个人所得税。具体税收政策和征税办法由国家财税主管部门另行制定”的规定，制定了《关于个人独资企业和合伙企业投资者征收个人所得税的规定》（财税〔2000〕91号）。

3. 第三次修改——首次提高费用扣除标准

2005年10月27日，第十届全国人民代表大会常务委员会第十八次会议通过了《关于修改〈中华人民共和国个人所得税法〉的决定》，对个人所得税法进行了第三次修改，自2006年1月1日起施行。具体修改内容包括：一是将工资、薪金所得减除费用标准由800元/月提高到1600元/月。二是扩大个人所得税自行申报范围和增加全员全额扣缴申报的规定，即对存在个人所得超过国务院规定数额的，在两处以上取得工资、薪金所得或者没有扣缴义务人的，以及具有国务院规定的其他情形的，纳税义务人应当按照国家规定办理纳税申报。扣缴义务人应当按照国家规定办理全员全额扣缴申报。

4. 第四次修改——存款利息征免税授权国务院规定

2007年6月29日，第十届全国人民代表大会常务委员会第二十八次会议通过了《关于修改〈中华人民共和国个人所得税法〉的决定》，对个人所得税法进行了第四次修改。此次修改规定对储蓄存款利息所得开征、减征、停征个人所得税及其具体办法，授权由国务院规定。

继2007年将储蓄存款利息所得个人所得税税率由20%调减为5%之后，2008年又规定暂免征收储蓄存款利息所得个人所得税。

5. 第五次修改——第二次提高费用扣除标准

2007年12月29日，第十届全国人民代表大会常务委员会第三十一次会议通过了《关于修改〈中华人民共和国个人所得税法〉的决定》，对个人所得税法进行了第五次修改。此次修改规定自2008年3月1日起，提高工资、薪金所得项目减除费用标准，由1600元/月提高到2000元/月。

6. 第六次修改——提高费用扣除标准和调整税率

2011年6月30日，第十一届全国人民代表大会常务委员会第二十一次会议通过了《关于修改〈中华人民共和国个人所得税法〉的决定》，这是我国个人所得税法自1980年实施以来的第六次修改。此次对个人所得税法做如下四个方面的修改，自

2011 年 9 月 1 日起施行：

（1）将工资、薪金所得减除费用标准由 2000 元 / 月提高到 3500 元 / 月；

（2）调整适用于工资、薪金所得的税率结构，由 9 级调整为 7 级，将最低档税率由 5% 降为 3%，同时适当扩大 3% 和 10% 两档低税率和最高档税率的适用范围；

（3）调整个体工商户生产经营所得和对企事业单位的承包经营、承租经营所得税率级距；

（4）适当延长个人所得税申报纳税时间，由 7 天改为 15 天。

2011 年 7 月 19 日，国务院发布了《国务院关于修改〈中华人民共和国个人所得税法实施条例〉的决定》（国务院令第 600 号），对《个人所得税法实施条例》做如下修改：

（1）对企事业单位的承包经营、承租经营所得的减除费用标准，由按月减除 2000 元提高到 3500 元；

（2）附加减除费用标准由 2800 元改为 1300 元。

上述修改自 2011 年 9 月 1 日起与修改后的《个人所得税法》同时施行。

7. 第七次修改——实行综合与分类相结合税制

2018 年 8 月 31 日，第十三届全国人民代表大会常务委员会第五次会议通过了《全国人民代表大会常务委员会关于修改〈中华人民共和国个人所得税法〉的决定》。这是个人所得税法自 1980 年出台以来的第七次修正，也开启了我国个人所得税税制的一次根本性变革。

这次修改完善了有关纳税人的规定，对居民个人取得的部分劳动性所得实行综合征税，优化调整综合所得与经营所得的税率结构，提高综合所得基本减除费用标准，设立专项附加扣除，并增加反避税条款，明确非居民个人征税办法，健全个人所得税征管制度。这标志着我国朝着建立综合与分类相结合的个人所得税制度目标迈出了重要一步。

个人所得税法颁布及历次修改情况如下表所示：

情形	通过时间	执行时间	通过机关	修改内容
通过并公布实施	1980年9月10日	1980年9月10日	第五届全国人民代表大会第三次会议	通过《中华人民共和国个人所得税法》，并同时公布实施。
第一次修订	1993年10月31日	1994年1月	第五届全国人大常委会第四次会议	对《个人所得税法》《城乡个体工商业户所得税暂行条例》和《个人收入调节税暂行条例》三项个人所得税征收法律、法规进行修改和合并，建立内外统一的个人所得税税制。
第二次修订	1999年8月30日	1999年8月30日	第九届全国人大常委会第十一次会议	恢复征收储蓄存款利息所得个人所得税，并规定对储蓄存款利息所得征收个人所得税的开征时间和征收办法由国务院规定。
第三次修订	2005年10月27日	2006年1月1日	第十届全国人大常委会第十八次会议	①将工资、薪金所得减除费用标准由800元/月提高到1600元/月； ②扩大个人所得税自行申报范围和增加全员全额扣缴申报的规定。
第四次修订	2007年6月29日	2007年6月29日	第十届全国人大常委会第二十次会议	对储蓄存款利息所得开征、减征、停征个人所得税及其具体办法，授权由国务院规定。
第五次修订	2007年12月29日	2008年3月1日	第十届全国人大常委会第三十一次会议	提高工资、薪金所得项目减除费用标准，由1600元/月提高到2000元/月。
第六次修订	2011年6月30日	2011年9月1日	第十一届全国人大常委会第二十一次会议	①将工资、薪金所得减除费用标准由2000元/月提高到3500元/月； ②调整适用于工资、薪金所得的税率结构，由9级调整为7级，将最低档税率由5%降为3%，同时适当扩大3%和10%两档低税率和最高档税率的适用范围； ③调整个体工商户生产经营所得税和对企业事业单位的承包经营、承租经营所得税税率级距； ④适当延长个人所得税申报纳税时间，由7天改为15天。
第七次修订	2018年8月31日	2019年1月1日	第十三届全国人大常委会第五次会议	完善了有关纳税人的规定，对居民部分劳动性所得实行综合征税，优化调整税率结构，提高综合所得基本减除费用标准，设立专项附加扣除，并增加反避税条款，明确非居民个人征税办法，健全个人所得税征管制度。

第二节 综合与分类相结合税制改革的主要内容

一、原个人所得税税制存在的主要问题

《个人所得税法》自1980年施行以来，在组织财政收入和调节收入分配等方面都发挥了积极作用，但随着我国社会经济形势的变化和人民生活水平的不断提高，原个人所得税税制也逐渐暴露出一些问题。

（一）分类税制难以充分体现公平合理

征收个人所得税是政府取得财政收入，调节社会各阶层收入分配水平的重要手段，公平是个人所得税征收的基本原则。公平原则是指征税额与纳税人收入水平相适应，以保证各纳税人之间税负水平均衡。我国原个人所得税的征收采用的是分类税制，这种税制模式虽然适应我国的国情，可以实现分类征收，有利于控制税源，但居民收入来源日趋多样化，使所得之间的界限十分模糊。

与综合税制模式相比，分类征税模式难以全面、完整地体现纳税人的真实纳税能力，会造成所得来源多、综合收入高的人少缴税，而所得来源少、收入相对集中的人多缴税的现象，这显然有失公平，不利于调节收入差距。这一漏洞使公民的纳税意识逐渐减弱，使国家财政收入严重流失。

（二）费用扣除项目单一标准偏低

我国原个人所得税对“工资、薪金所得”项目采用“定额扣除法”。

首先，这种费用扣除方法以固定数额作为费用扣除标准，长期没有随收入和物价提高而调整，从而难以适应由于通货膨胀造成的居民生活费用支出不断上涨的实际情况，而且使更多的低收入者在所得税征管范围之内，增加了征管对象的数量和征管成本，影响了征管效率。

其次，这种费用扣除方法对不同纳税人采用单一的费用扣除标准，没有考虑不同纳税人之间家庭结构的差别，以及教育、住房、医疗等开支对纳税人生活费用的影响，从而会造成不同的纳税人之间税收负担不平衡，妨碍了税收公平。

再次，我国对在中国境内工作的外国人计算个人所得税应纳税所得额时，每月税前扣除额为 4800 元，比我国普通居民纳税人多了 2800 元。这种形式在世界其他国家是没有的。从我国改革开放的实际情况出发，这种形式是为了吸引外资和外国人才。但从某种程度上说，它违背了税法所倡导的公平原则。

（三）税率结构复杂，累进税率级距过多

我国原个人所得税法，区分不同的项目，分别采用 5% ~ 45%、5% ~ 35% 的超额累进税率和 20% 的比例税率。本来同属劳动所得的工资薪金和劳务报酬，工资薪金适用九级超额累进税率，最高税率为 45%，与世界其他各国相比偏高。过高的税率一方面会增强纳税人偷漏税的动机，另一方面由于 45% 的税率在现实中极少运用，以致税收真正作用于中下层收入者，对高收入者的调节作用甚微，达不到社会资源合理配置的目标。这一税率只起象征性的作用，有名无实，却使税制空背了高税率之名。

（四）税基不够广泛，部分个人收入未计入税基

随着社会主义市场经济的不断完善，在我国居民所得中，除了工资、劳务报酬所得等劳务性收入外，利息、股息和红利等资本性收入也逐渐成为居民个人所得的重要来源。此外，劳保福利收入、职务补助、免费午餐及其他实物补助形式也逐渐成为居民收入的重要组成部分。原个人所得税法对应纳税所得额采取列举具体项目的规定，难以将这些新的应税项目包含进去，使所得税的税基过窄。与此同时，许多公司利用这一税制缺陷，减少现金资金和工资的发放，取而代之的是大量为员工购买商业保险，提供健身俱乐部会员卡、用餐券、假期等福利，减少个人所得税的应纳税额，侵蚀税基。另外，由于现行减免税及优惠名目太多，费用采用分次扣除，客观上造成税基缩小。

（五）征收管理力度不足，未形成自觉纳税意识

原征收方式难以控制高收入者，对个人所得税的征管，我国采用了源泉扣缴和自行申报两种方法，但更侧重源泉扣缴。由于没有要求所有纳税人纳税申报，税务机关对扣缴义务人的纳税检查信息是单方面的，无法进行有效监督，使得源泉扣缴的执行力度在不同单位间有很大的差别，导致个人所得税只管住了工薪阶层，没管住高收入

阶层。另外，税务机关征管水平低、手段落后，征管效率难以提高。税务代理制度还不完善，不能很好发挥约束的作用，对广大公民更起不到警示和威慑作用，违法现象得不到抑制。因此，遵纪守法、自觉纳税的良好社会风尚难以形成。

二、改革的主要内容

（一）将居民个人主要劳动性所得纳入综合征税

在既有税制的基础上，逐步对劳动性所得实行综合征税，对资本性所得继续实行分类征税，初步建立综合与分类相结合的税制，更加适应以按劳分配为主体、多种分配方式并存的分配制度，更好地发挥个人所得税对收入分配的调节作用。对居民个人取得的劳动性所得，先将工资薪金、劳务报酬、稿酬、特许权使用费 4 项所得纳入综合征税范围，适用统一的超额累进税率，待条件成熟后再将其他劳动性所得纳入。这 4 项劳动性所得税收占个人所得税总收入的 70%以上，涉税信息相对充分，涵盖了绝大多数纳税人的收入，可为今后更大范围的综合征税创造条件。对利息股息红利所得、财产租赁所得、财产转让所得等资本性所得，继续采取分类征税方式。

（二）调整和简并部分所得项目

调整和简并部分所得项目，将个体工商户生产经营所得调整为经营所得，取消对企事业单位承包承租经营项目，将其中属于工资薪金、经营性质的所得，分别并入工资薪金、经营所得征税。考虑到《个人所得税法》中列明的所得范围已经比较全面，可不必再由国务院或其有关部门确定“其他所得”，2018 年新《个人所得税法》删除了 2011 年版《个人所得税法》第二条最后一项“经国务院财政部门确定征税的其他所得”的规定。

（三）完善费用扣除模式

1. 合理提高基本减除费用标准

按照与城镇居民基本生活消费支出水平相适应的原则，将基本减除费用标准由 3500 元 / 月提高到 5000 元 / 月，主要考虑包括：一是 2017 年城镇就业者人均负担的消费支出约为 3900 元 / 月，适当前瞻考虑将基本减除费用标准提高到 5000 元 / 月，可以覆盖未来一段时间内城镇就业者人均负担的消费支出，按此测算，纳税人占城镇就业人员的比例将从 44%降低到约 15%；二是继续保留“三险一金”税前专项扣除，并设立专项附加扣除，纳税人实际扣除费用将高于 5000 元 / 月。下一步，还将根据城镇居民基本生活消费支出变化情况动态调整基本减除费用标准。

同时，统一内外籍人员减除费用标准。2018 年税制改革前，外籍人员适用减除费用标准为 4800 元 / 月，包括基本减除费用标准 3500 元 / 月和附加减除费用 1300 元 / 月。将基本减除费用标准提高到 5000 元 / 月，超过 2018 年 9 月 30 日以前外籍人员适用标准，对内外籍人员一视同仁、公平待遇，不再保留对外籍个人专门适用的附加减除费用。

2. 劳务报酬、稿酬与特许权使用费的费用扣除

2018 年新《个人所得税法》平移了原个人所得税法中劳务报酬所得、稿酬所得与特许权使用费所得的费用扣除方法，并平移了稿酬所得按应纳税额减征 30%的税收优惠。即规定劳务报酬所得、稿酬所得、特许权使用费所得以收入减除 20%的费用后的余额为收入额，稿酬所得的收入额减按 70%计算。

3. 设立专项附加扣除

围绕与人民群众生活密切相关的教育、住房、医疗等重点支出领域，设立子女教育、继续教育、大病医疗、住房贷款利息、住房租金、赡养老人等专项附加扣除，具体包括：一是对子女处于学历教育阶段（包括学前教育、义务教育、高中阶段教育及高等教育）的纳税人，允许按定额标准予以扣除；二是对个人参加学历继续教育、职业资格教育发生的培训支出，允许按定额标准予以扣除；三是对个人支付的符合规定的医疗费用支出，允许在限额标准内据实扣除；四是每个家庭一套普通住房贷款利息支出，允许按定额标准扣除；五是对个人实际发生的住房租金支出，允许在限额标准内据实扣除。同时发生住房租金和贷款利息支出的，只可选择其中一项扣除；六是纳税人本人父母在世且年龄超过 60 周岁的，可在综合所得中定额扣除赡养老人支出。

（四）优化调整税率结构

按照重点减轻中等以下收入者税负的原则，对纳入综合征税范围的劳动性所得税率，以原工资、薪金所得 3% ~ 45% 七级超额累进税率为基础，适当调整完善，即：扩大 3%、10%、20% 三档较低税率级距，25% 税率级距相应缩小，30%、35%、45% 三档较高税率级距保持不变。稿酬所得纳入综合征税范围后，对稿酬收入继续按 70% 计入综合所得计算征税。综合所得税负降低后，对经营所得在维持 5% ~ 35% 五级税率的基础上，也适当扩大税率级距，平衡不同所得之间的税负水平。

暂维持综合所得 45% 的最高边际税率不变，主要考虑：通过提高基本减除费用标准、设立专项附加扣除、扩大低档税率级距等措施，包括高收入群体在内的纳税人税负已普遍降低；同时，为履行好政府再分配调节职能，需要保持对高收入群体的合理必要调节。下一步，将结合深化收入分配制度改革，统筹研究考虑调整最高边际税率。

（五）完善涉外个人所得税政策

1. 健全完善涉外税收管理政策

一是将居民纳税人的居住时间判定标准从满 1 年调整为满 183 天。二是细化和明确财产转让所得、经营所得、租金和特许权使用费所得等来源地的判定规则。三是针对个人不按独立交易原则转让财产、在境外避税地避税或者实施不合理商业安排获取税收利益等避税行为增加反避税条款。四是完善境外所得计征方法，统一境内外所得计征方式。

2. 将外籍个人津、补贴免税调整为按新的专项附加扣除执行

考虑此次改革统一规定了教育、住房、医疗等专项附加扣除项目及标准，按照税制公平的原则，将外籍个人目前单独适用的有关住房补贴、子女教育等津补贴减免税项目逐步过渡到按照新的专项附加扣除项目和标准执行。政策推出后，有关部门会做好相关的解释说明工作。

（六）健全个人所得税征管制度

在逐步建立综合与分类相结合个人所得税制度的同时，在既有源泉扣缴为主的征管制度的基础上，对综合所得实行“自行申报、源泉扣缴，汇算清缴、多退少补，优化服务、事后抽查”的征管模式，具体包括：

1. 完善自行申报、源泉扣缴制度

由分类税制下以单位代扣代缴申报为主，逐步细化个人纳税义务和法律责任转为新的综合税制下单位日常预扣预缴，纳税人按年计税、自行申报。自行申报范围确定为：取得综合所得需要办理汇算清缴，取得应税所得没有扣缴义务人，取得应税所得扣缴义务人未扣缴税款，取得境外所得，因移居境外注销中国户籍，非居民个人在中国境内从两处以上取得工资、薪金所得以及国务院规定的其他情形等7种。同时，为降低征纳双方成本，专项附加扣除将以单位预缴扣除为主。

2. 构建汇算清缴、多退少补制度

在纳税人按年计税、汇算清缴的基础上，实行便捷顺畅的多退少补操作办法。建立包括网上申报缴税在内的多渠道个人申报缴税方式、大幅简化个人申报缴税程序。实现退税数据资料全程电子化传递，税务机关审核后提交国库，国库按规定直接退税，财税部门加强事中事后监管。

3. 实行优化服务、事后抽查制度

按照深化简政放权、放管结合、优化服务改革的要求，税务部门优化税收服务，减少事前个人税收资料报送，根据纳税个人申报信息先直接为其办理补退税，事后通过随机抽查和风险核查实施税收管理，对未依法纳税的个人，建立全国信用记录并纳入全国信用信息共享平台，视情形实施处罚及信用惩戒。

三、新个人所得税改革的实施步骤

此次个人所得税改革的程序较为复杂，因为纳税人遵从新税制需要一定辅导期，征纳双方需要转变征纳方式的适应期，社会需要配套保障的准备期。为让百姓尽早分享改革红利。在全国人大的关心指导下，此次个人所得税改革按照“一次立法、两步实施”的步骤实行，具体如下：

在“一次立法”阶段，提请全国人大常委会修订个人所得税法，初步建立综合分类税制，并于2019年1月1日起实施新税法。同时，授权国务院在新税法实施前，比照新税法相关要素，实施过渡期政策。

在“两步实施”阶段，第一步是2018年10月1日至年底实施过渡期政策，包括：

各所得项目仍然维持现行分类征收办法，按月或按次计税；工资薪金所得项费用减除标准提高至 5000 元 / 月，并适用新税率表；劳务报酬、特许权使用费、稿酬计税方式暂不调整，次年不汇算清缴；对个体工商户的生产经营所得和企事业单位的承包承租经营所得，适用 5000 元 / 月的投资者减除费用和新的税率表。第二步是 2019 年 1 月 1 日起全面实施综合与分类相结合的个人所得税制，包括：对四项综合所得实行按年综合计税，次年自行申报、汇算清缴、多退少补等，并推出其他改革措施。

第二章
个人所得税法的基本要素

第一节 纳税义务人和纳税义务的判定

一、纳税义务人的定义

《中华人民共和国个人所得税法》规定，在中国境内有住所，或者无住所而一个纳税年度内在中国境内居住累计满 183 天的个人，为居民个人。居民个人从中国境内和境外取得的所得，依照本法规定缴纳个人所得税。在中国境内无住所又不居住，或者无住所而一个纳税年度内在中国境内居住累计不满 183 天的个人，为非居民个人。非居民个人从中国境内取得的所得，依照本法规定缴纳个人所得税。

个人所得税纳税义务人包括：在中国境内有住所，或者无住所但一个纳税年度内在中国境内居住累计满 183 天的居民个人，以及在中国境内无住所又不居住，或者无住所而一个纳税年度内在中国境内居住累计不满 183 天的非居民个人。

二、居民纳税人和非居民纳税人的判定标准

实际生活中，自然人的情况比较复杂。一个自然人在异国有无住所，是否居住，居住多长时间，情况各异。纳税人身份不同，与之对应承担的纳税义务也就不同。

为了有效地行使税收管辖权，我国对居民纳税人和非居民纳税人的划分，采用了国际上常用的住所标准和居住时间标准。中国税法规定的住所标准和居住时间标准，是判定居民身份的两个并列性标准，个人只要符合或达到其中任何一个标准，就可以被认定为居民纳税人。

（一）住所标准

住所通常指公民长期生活和活动的主要场所。2020 年 7 月 1 日生效的《中华人民共和国民法典》第二十五条规定：“自然人以户籍登记或者其他有效身份登记记载的居所为住所；经常居所与住所不一致的，经常居所视为住所。”

住所分为永久性住所和习惯性住所。《中华人民共和国民法典》上规定的住所，通常是指永久性的住所，具有法律意义。经常性居住地则属于习惯性住所，它与永久性住所有时是一致的，有时又是不一致的。根据这种情况，《中华人民共和国个人所得税法实施条例（2018 年修订）》（国务院令第 707 号）第二条，将在中国境内有住所的个人界定为：“因户籍、家庭、经济利益关系而在中国境内习惯性居住的个人。”可见，中国目前采用的住所标准实际是习惯性住所标准。

根据《国家税务总局关于印发〈征收个人所得税若干问题的规定〉的通知》（国税发〔1994〕89 号），所谓习惯性居住或住所，是在税收上判断居民和非居民身份的一个法律意义上的标准，不是指实际居住或在某一特定时期内的居住地。例如，个人因学习、工作、探亲、旅游等在中国境外居住的，当其在境外居住的原因消除之后，则必须回到中国境内居住。那么，即使该人并未居住在中国境内，仍应将其判定为在中国习惯性居住。如果一个外国人仅因为在中国的工作关系而在中国居住，不属于习惯性居住。

（二）居住时间标准

居住时间是指个人在一国境内实际居住的天数。在实际生活中，有时个人在一国境内并无住所，又没有经常性居住地，但是却在该国国内停留的时间较长，从该国取得了收入，应对其行使税收管辖权，甚至将其视为该国的居民征税。各国在对个人所得征税的实践中，逐渐形成以个人居住时间长短作为衡量居民与非居民身份的标准。中国个人所得税税法也采用了这一标准。各国判断居民身份的居住时间不尽一致。

（三）中国税收居民身份证明

1. 开具单位

根据《国家税务总局关于调整〈中国税收居民身份证明〉有关事项的公告》（国

家税务总局公告 2019 年第 17 号），申请人应向主管其所得税的县（区）税务局（以下称主管税务机关）申请开具《税收居民证明》。中国居民企业的境内、境外分支机构应由其中国总机构向总机构主管税务机关申请。合伙企业应当以其中国居民合伙人作为申请人，向中国居民合伙人主管税务机关申请。

2. 申请资料

根据《国家税务总局关于调整〈中国税收居民身份证明〉有关事项的公告》（国家税务总局公告 2019 年第 17 号）第二条规定：

申请人申请开具《税收居民证明》应向主管税务机关提交以下资料：

（一）《中国税收居民身份证明》申请表。

（二）与拟享受税收协定待遇收入有关的合同、协议、董事会或者股东会决议、相关支付凭证等证明资料。

（三）申请人为个人且在中国境内有住所的，提供因户籍、家庭、经济利益关系而在中国境内习惯性居住的证明材料，包括申请人身份信息、住所情况说明等资料。

（四）申请人为个人且在中国境内无住所，而一个纳税年度内在中国境内居住累计满 183 天的，提供在中国境内实际居住时间的证明材料，包括出入境信息等资料。

（五）境内、境外分支机构通过其总机构提出申请时，还需提供总分机构的登记注册情况。

（六）合伙企业的中国居民合伙人作为申请人提出申请时，还需提供合伙企业登记注册情况。上述填报或提供的资料应提交中文文本，相关资料原件为外文文本的，应当同时提供中文译本。申请人向主管税务机关提交上述资料的复印件时，应在复印件上加盖申请人印章或签字，主管税务机关核验原件后留存复印件。

3. 生效时间

上述新规定自 2019 年 5 月 1 日起施行。《国家税务总局关于开具〈中国税收居民身份证明〉有关事项的公告》（国家税务总局公告 2016 年第 40 号发布，国家税务总局公告 2018 年第 31 号修改）第二条、第四条和附件 1、附件 2 同时废止。

三、居民个人的概念、范围和纳税义务

（一）概念

《中华人民共和国个人所得税法》（2018 年修正）在用词上稍作调整，不再使用“居民纳税人”，改称为“居民个人”，同时引入了税收协定中“183 天”的概念以取代“一年”的表述，规定“居民个人”指在中国境内有住所，或者无住所而一个纳税年度内在中国境内居住累计满 183 天的个人。

（二）范围

《中华人民共和国个人所得税法》（2018 年修正）引入了税收协定中“183 天”的概念，作为居民个人与非居民个人身份的重要判定标准，在中国境内有住所，或者无住所而一个纳税年度内在中国境内居住累计满 183 天的个人，为居民个人（纳税人）。居民个人从中国境内和境外取得的所得，应依法缴纳个人所得税。

《中华人民共和国个人所得税法实施条例》（2018 年修正）规定，在中国境内无住所的个人，在中国境内居住累计满 183 天的年度连续不满六年的，经向主管税务机关备案，其来源于中国境外且由境外单位或个人支付的所得，免予缴纳个人所得税。

（三）纳税义务

根据《关于在中国境内无住所的个人居住时间判定标准的公告》（财政部、税务总局公告 2019 年第 34 号）第一条规定，无住所个人一个纳税年度在中国境内累计居住满 183 天的，如果此前六年在中国境内每年累计居住天数都满 183 天而且没有任何一年单次离境超过 30 天，该纳税年度来源于中国境内、境外所得应当缴纳个人所得税；前款所称此前六年，是指该纳税年度的前一年至前六年的连续六个年度，此前六年的起始年度自 2019 年（含）以后年度开始计算。

无住所个人一个纳税年度内在中国境内累计居住天数，按照个人在中国境内累计停留的天数计算。在中国境内停留的当天满 24 小时的，计入中国境内居住天数；在中国境内停留的当天不足 24 小时的，不计入中国境内居住天数。

居民个人负有的纳税义务

	来源于境内的所得	来源于境外由境内单位或个人支付的所得	由境外单位或个人支付的所得
在中国境内无住所但在中国境内居住累计满 183 天的年度连续不满六年	√	√	×
在中国境内无住所但在中国境内居住累计满 183 天的年度连续满六年	√	√	√
在中国境内有住所	√	√	√

四、非居民个人的概念、范围和纳税义务

（一）概念和范围

非居民纳税人，是指不符合居民纳税义务判定标准（条件）的纳税义务人。《中华人民共和国个人所得税法》（2018 年修正）在用词上稍作调整，不再使用“非居民纳税人”，改称为“非居民个人”，同时引入了税收协定中“183 天”的概念以取代“一年”的表述，规定“非居民个人”即在中国境内无住所又不居住，或者无住所而一个纳税年度内在中国境内居住累计不满 183 天的个人。

非居民个人，实际上只能是在一个纳税年度内，没有在中国境内居住，或者在中国境内居住累计不满 183 天的外籍人员、华侨或者香港、澳门和台湾同胞。

现行税法中关于“中国境内”的概念，是指中国大陆地区，目前还不包括香港、澳门和台湾地区。

（二）纳税义务

《中华人民共和国个人所得税法》（2018 年修正）引入了税收协定中“183 天”的概念，作为居民个人、非居民个人身份的重要判定标准，在中国境内无住所又不居住，或者无住所而一个纳税年度内在中国境内居住累计不满 183 天的个人，为非居民纳税人。非居民个人应只就其从中国境内取得的所得履行纳税义务，依法缴纳个人所得税。

《中华人民共和国个人所得税法实施条例》（2018 年修正）规定，在中国境内无住所的个人在一个纳税年度内在中国境内居住累计不超过 90 天的，其来源于中国境

内的所得，由境外雇主支付并且不由该雇主在中国境内的机构、场所所负担的部分，免予缴纳个人所得税。

根据《财政部 税务总局关于在中国境内无住所的个人居住时间判定标准的公告》（财政部、税务总局公告 2019 年第 34 号）第一条规定，如果此前六年的任一年在中国境内累计居住天数不满 183 天或者单次离境超过 30 天，该纳税年度来源于中国境外且由境外单位或者个人支付的所得，免予缴纳个人所得税。前款所称此前六年，是指该纳税年度的前一年至前六年的连续六个年度，此前六年的起始年度自 2019 年（含）以后年度开始计算。

非居民个人负有的纳税义务

	来源于境外的所得	来源于境内，由境外雇主支付并不由该雇主在中国境内的机构、场所所负担	由境内雇主支付或由境外雇主在中国境内的机构、场所所负担
在中国境内无住所但在中国境内居住累计不超过 90 天	×	×	√
在中国境内无住所，且在中国境内居住累计超过 90 天但不满 183 天	×	√	√

（三）中国境内居住时间的确定

1. 确定在中国境内居住天数的政策依据

《财政部 税务总局关于在中国境内无住所的个人居住时间判定标准的公告》（财政部、税务总局公告 2019 年第 34 号）第二条规定，无住所个人一个纳税年度内在中国境内累计居住天数，按照个人在中国境内累计停留的天数计算。在中国境内停留的当天满 24 小时的，计入中国境内居住天数；在中国境内停留的当天不足 24 小时的，不计入中国境内居住天数。

2. 居住年限的计算

《中华人民共和国个人所得税法实施条例》（2018 年修正）规定，在中国境内居住累计满 183 天的任一年度中有一次离境超过 30 天的，其在中国境内居住累计满 183 天的年度的连续年限重新起算。2019 年生效的新个人所得税法及其实施条例，在引入了税收协定中“183 天”的概念以外，还删除了多次离境累计超过 90 日豁免情况的规定。

而此前《中华人民共和国个人所得税法实施条例》（2011 年修正）中的规定是，在一个纳税年度内在中国境内住满 365 日的个人，被视为在中国境内居住满一年，达到这个标准的个人即为居民纳税人。在居住期间内临时离境的，即在一个纳税年度中一次离境不超过 30 日或者多次离境累计不超过 90 日的，不扣减日数，连续计算。中国一个纳税年度是公历 1 月 1 日至 12 月 31 日。

3. 税收协定下 183 天的计算

对来自和中国已签订避免双重征税协定（安排）并已生效的国家（地区）的外籍人员，适用税收协定（安排）中非独立个人劳务条款所规定的 183 天原则，其计算方法要分别按照税收协定（安排）所规定的计算口径予以计算：

（1）凡税收协定（安排）规定的停留期以历年或纳税年度计算的，应当自当年 1 月 1 日起至 12 月 31 日止的期间连续或累计计算居住时间。

（2）凡税收协定（安排）规定的停留期以任何 12 个月或 365 天计算的，应自缔约国（地区）对方居民个人来华之日起，跨年度在任何 12 个月或 365 天内连续或累计计算其居住天数。在计算时，可在有关个人每次申报纳税期限内或离境日时，往回推算 12 个月（或 365 天），并计算在此期间内该个人停留连续或累计居住是否超过 183 天，对超过 183 天所涉及的一个或两个年度中在中国境内的工作月份均应确定纳税义务。

4. 确定在中国境内实际工作期间

《财政部 国家税务总局关于非居民个人和无住所居民个人有关个人所得税政策的公告》（财政部 税务总局公告 2019 年第 35 号）规定，境内工作期间按照个人在境内工作天数计算，包括其在境内的实际工作日以及境内工作期间在境内、境外享受的公休假、个人休假、接受培训的天数。在境内、境外单位同时担任职务或者仅在境外单位任职的个人，在境内停留的当天不足 24 小时的，按照半天计算境内工作天数。

5. 仅在中国境内企业、机构中任职、受雇但在境内无住所的个人

仅在中国境内有任职的无住所个人，无论其间是在中国境内还是境外，其任职期间的全部天数都是工作天数，其取得的工资所得，不需要分割境内、境外所得。

对于仅在中国境内有任职的无住所个人，其在境内实际工作日以外的日子，均属于工作期间的公休假日、个人休假日以及接受培训的天数；无论是在境内还是境外，都属于工作天数，无须特别计算。对其因任职受雇而取得的所得，也全部属于来源于中国境内的所得。

6. 在境内、境外单位同时任职或仅在境外单位任职

在境内、境外单位同时任职或仅在境外单位任职的个人，需要按照工作时间的归属，依法计算境内工作天数，并据此计算分割境内、境外单位支付的工资，并按照其纳税义务计算应纳个人所得税额。

其境内工作天数，同样包括其在境内的实际工作日以及境内工作期间在境内、境外享受的公休假、个人休假、接受培训的天数。但是，其在境内实际工作日以外的日子，计算工作时间，需要按下列规则计算：

一是境内休假、公休假和接受培训的天数，全部为境内工作天数。

二是境外休假、公休假和接受培训的天数，作为计算境内工作天数的基础，按照其当天在境内停留的时间，计算境内工作天数。当天在境内停留的时间不足24小时的，按照半天计算天数。对于境外休假、公休假、接受培训，不仅仅是出入境的当天满足“境内停留的时间不足24小时”计为半天工作天数，其完全在境外的时间，也同样满足“境内停留的时间不足24小时”，也计为半天工作天数。

（四）所得来源的确定

居民纳税人和非居民纳税人对我国政府承担着不同的纳税义务。一般而言，居民纳税人应就其来源于中国境内、境外的所得缴纳个人所得税；非居民纳税人仅就来源于中国境内的所得缴纳个人所得税。对于来源于中国境内的所得，不论支付地点是否在中国境内，均为来源于中国境内的所得。

1. 关于工资薪金所得来源地的规定

个人取得归属于中国境内（以下称境内）工作期间的工资薪金所得为来源于境内的工资薪金所得。境内工作期间按照个人在境内工作天数计算，包括其在境内的实际工作日以及境内工作期间在境内、境外享受的公休假、个人休假、接受培训的天数。在境内、境外单位同时担任职务或者仅在境外单位任职的个人，在境内停留的当天不足 24 小时的，按照半天计算境内工作天数。

无住所个人在境内、境外单位同时担任职务或者仅在境外单位任职，且当期同时在境内、境外工作的，按照工资薪金所属境内、境外工作天数占当期公历天数的比例计算确定来源于境内、境外工资薪金所得的收入额。境外工作天数按照当期公历天数减去当期境内工作天数计算。

《国家税务总局关于在中国境内无住所的个人取得工资薪金所得纳税义务问题的通知》（国税发〔1994〕148 号）规定，个人实际在中国境内工作期间取得的工资薪金，不论是由中国境内还是境外企业或个人雇主支付，均属于来源于中国境内的所得；个人实际在中国境外工作期间取得的工资薪金，不论是由中国境内还是境外企业或雇主个人支付的，均属于来源于中国境外的所得。

对工资、薪金这类非独立个人劳动所得的征税，在国际上一般有两种原则：一种是劳务活动地原则，一种是所得支付地原则。前者是以劳务活动所在地为工资、薪金所得的发生地，由劳务活动所在地政府对该项所得行使征税权。后者是以所得实际支付地为工资、薪金所得发生地，由所得实际支付地政府对该项所得行使征税权。

当然，劳务活动地原则和所得支付地原则是存在矛盾的。当出现跨国非独立个人劳务行为时，就会出现在一国发生劳务活动，而在另一国支付工资、薪金所得的情况，从而导致两国对同一跨国工薪所得的重复征税。为解决这一问题，国际社会逐渐形成了一个时间标准，即一国居民到另一国从事非独立个人劳动，在其所得是由居住国雇主支付的条件下，该居民在非居住国停留只有超过一定时间，非居住国政府方能对其所得征税。我国税法确定的时间标准为 90 日，而国际税收协定范本确定的时间标准为 183 日。

2. 关于数月奖金以及股权激励所得来源地的规定

无住所个人取得的数月奖金或者股权激励所得按照上述工资薪金所得来源地的规定确定所得来源地的，无住所个人在境内履职或者执行职务时收到的数月奖金或者股权激励所得，归属于境外工作期间的部分，为来源于境外的工资薪金所得；无住所个人停止在境内履约或者执行职务离境后收到的数月奖金或者股权激励所得，对属于境内工作期间的部分，为来源于境内的工资薪金所得。具体计算方法为：数月奖金或者股权激励乘以数月奖金或者股权激励所属工作期间境内工作天数与所属工作期间公历天数之比。

无住所个人一个月内取得的境内外数月奖金或者股权激励包含归属于不同期间的多笔所得的，应当先分别按照本公告规定计算不同归属期间来源于境内的所得，然后再加总计算当月来源于境内的数月奖金或者股权激励收入额。

上述数月奖金是指一次取得归属于数月的奖金、年终加薪、分红等工资薪金所得，不包括每月固定发放的奖金及一次性发放的数月工资。本公告所称股权激励包括股票期权、股权期权、限制性股票、股票增值权、股权奖励以及其他因认购股票等有价证券而从雇主取得的折扣或者补贴。

3. 境内财产出租

将财产出租给承租人在中国境内使用而取得的所得属于境内所得，适用于财产租赁所得的来源地判定。

4. 特许权许可在境内使用

许可各种特许权在中国境内使用而取得的所得属于境内所得，适用于特许权使用费所得的来源地判定。

5. 转让境内不动产

转让中国境内的不动产等财产或者在中国境内转让其他财产取得的所得属于境内所得，适用于财产转让所得来源地判定。

6. 董事、监事及高层管理人员取得报酬所得来源地的规定

对于担任境内居民企业的董事、监事及高层管理职务的个人，无论是否在境内履行职务，取得由境内居民企业支付或者负担的董事费、监事费、工资薪金或者其他类似报酬，属于来源于境内的所得。

上述高层管理职务包括企业正、副（总）经理、各职能总师、总监及其他类似公司管理层的职务。

7. 关于稿酬所得来源地的规定

由境内企业、事业单位、其他组织支付或者负担的稿酬所得，为来源于境内的所得。

8. 境内取得的利息、股息和红利所得

从中国境内企业、事业单位、其他组织以及居民个人取得的利息、股息、红利所得，适用于利息、股息、红利所得来源地判定。

国税发〔1994〕148号已被《关于非居民个人和无住所居民个人有关个人所得税政策的公告》（财政部、税务总局公告2019年第35号）废止。

（五）来源于中国境内的所得总结

根据上述政策中所得来源的确定原则，来源于中国境内的所得包括：

1. 在中国境内的企业、事业单位、机关、团体、部队、学校等单位或者经济组织中任职、受雇而取得的工资、薪金所得。

2. 在中国境内从事生产、经营活动而取得的所得。

3. 在中国境内提供各种劳务而取得的劳务报酬所得。

4. 在中国境内以图书、报刊方式出版、发表作品，取得的稿酬所得。

5. 个人出租的财产，被承租人在中国境内使用而取得的财产租赁所得。

6. 转让中国境内的房屋、建筑物、土地使用权，以及在中国境内转让其他财产而取得的财产转让所得。

7. 提供在中国境内使用的专利权、专有技术、商标权、著作权，以及其他各种特许权利而取得的特许权使用费所得。

8. 因持有中国的各种债券、股票、股权而从中国境内的公司、企业或其他经济组织以及个人取得的利息、股息、红利所得。

9. 在中国境内参加各种竞赛活动取得名次的奖金所得；参加中国境内有关部门和单位组织的有奖活动而取得的中奖所得；购买中国境内有关部门和单位发行的彩票取得的中奖所得。

第二节 纳税人

纳税人，全称为纳税义务人，是指法律、行政法规规定负有纳税义务的单位和个人。每一个税种都有关于纳税义务人的规定，如果不履行纳税义务，即应由该行为的直接责任人承担法律责任。现代社会，人人都承担或多或少的纳税义务，事实上都是纳税人。税法规定的负有纳税义务的人可以是自然人（个人），也可以是单位。

一、个人所得税纳税人

2019 年以前，根据 2011 年版《个人所得税法》第一条的规定，个人所得税的纳税义务人，是指在中国境内有住所，或者无住所但在境内居住满 1 年，以及无住所又不居住或居住不满 1 年但有从中国境内取得所得的个人，从中国境内、境外取得的所得，只要达到中国税法规定的纳税标准，都是个人所得税的纳税人，包括中国公民、个体工商户业主以及在中国有所得的外籍人员（包括无国籍人员，下同）和香港、澳门、台湾同胞。

为了有效地行使税收管辖权，根据国际惯例，新个人所得税法根据住所标准和居住时间标准，将个人所得税的纳税人分为居民个人和非居民个人。

根据 2018 年新《个人所得税法》第一条的规定，在中国境内有住所，或者无住所而一个纳税年度内在中国境内居住累计满 183 天的个人，为居民个人。居民个人从中国境内和境外取得的所得，依照该法规定缴纳个人所得税。

在中国境内无住所又不居住，或者无住所而一个纳税年度内在中国境内居住累计不满 183 天的个人，为非居民个人。非居民个人从中国境内取得的所得，依照该法规定缴纳个人所得税。

二、负税人与纳税人

负税人与纳税人是两个既有联系又有区别的概念。纳税人是负有纳税义务、直接向税务机关缴纳税款的单位与个人，负税人是实际负担税款的单位与个人。如果说纳税人是法律上的纳税主体，那么负税人就是经济上的纳税主体。纳税人与负税人有时是一致的，有时是不一致的。纳税人如果能够通过一定途径把税款转嫁或转移出去，纳税人就不再是负税人；否则，纳税人同时也是负税人。由此可见，纳税人和负税人的不一致是由税负转嫁引起的。税法中并没有关于负税人的规定，国家在制定税法时，只规定由谁负责缴纳税款，并不规定税款最终由谁承担。

（一）区别

1. 在税负不能转嫁的条件下，负税人也就是纳税人；在税负能够转嫁的条件下，负税人并不是纳税人。这时的负税人，是税负归宿，即在税负转嫁的辗转过程中，最终负担税款的单位或个人。

2. 纳税人是由国家税法规定的，而负税人则是在社会经济活动中形成的。

3. 纳税人就是负有缴纳税款义务的人。负税人就是实际负担税款的人。

4. 在自然经济中，负税人主要是从事生产经营活动并占有剩余产品的农民；在商品经济中则包括生产资料所有者和经营者、劳动力所有者以及消费者。纳税人按照税法规定缴了税，有时可以在一定的客观经济条件下，将所缴纳的税款转嫁给他人负担。因此，国家在按照负担能力和有关政策制定税率时，不仅要着眼于一定课税客体的纳税人，而且要更加注意着眼于负税人。

（二）联系

1. 如果说纳税人是法律上的纳税主体，负税人则是经济上的纳税主体。纳税人和负税人有时是一致的，有时是不一致的。纳税人和负税人的不一致是由税负转嫁引起的。税法中并没有负税人的规定，国家在制定税法时，只规定由谁负责缴纳税款，并不规定税款最终由谁承担。依照税法规定对国家直接负有纳税义务的人，又称纳税义务人、课税主体。

2. 纳税人有时和负税人是一致的，比如收益类税收（所得税），有时是不一致的，比如消费税，纳税人是生产销售应税消费品的单位和个人，而负税人却是应税消费品的购买使用人。

三、纳税人与纳税单位

《中华人民共和国个人所得税法》中对纳税人进行了明确的定义：享有税法规定的权利，执行税法规定的义务的主体。纳税人的有效集合即为纳税单位。纳税行为的发生需要严格依照纳税单位来进行，因此对这一名词的设计及规定对一个国家的个人所得税税制设计中起着极为关键的作用，对个人所得税涵盖的其他要素而言都十分重要，甚至可能改变其他要素的细节设定。

个人所得税纳税单位的分类主要有两种形式：一种是个人课税制，即以“个人”为纳税单位；另一种为家庭课税制，即以“家庭”为纳税单位。

仅就自然人个人的所得纳税，不考虑其他家庭成员的收入情况即为个人课税制度，采用这一制度的国家主要有中国、芬兰、加拿大等国家；个人所得税纳税以每个家庭生活单位即为家庭课税制，家庭课税制的主要特点为将家庭各个成员的收入加总，之后对家庭总收入进行统一的、与其相适应的费用减免，最后将纳税所得额适用对应的税率级次来计算应纳税额，税率级次多采用累进税率，采用这一制度的有法国、菲律宾、西班牙等国家。

（一）个人课税制

1. 以个人为单位纳税征收个人所得税的内涵

将个人确认为征收单位的方式强调纳税行为的发生是针对每一个个体而言的，并不需要考虑他所处的集体情况，在申报纳税时仅就个人所得纳税，而不考虑家庭其他成员的收入情况。

2. 以个人为单位纳税的优点

以个人为单位纳税的优点主要体现在以个人为单位纳税的征收较为简便，主要采用源泉扣缴法，实现控制税源的同时，降低税收成本，避免对纳税人家庭构成及负担情况进行监管，实现监管便利。此外，以个人为单位征收个人所得税还具有可以体现在婚姻中进行监管，符合个人主义的基本原则的优势。

3. 以个人为单位纳税的弊端

以个人为单位征收个人所得税虽然存在明显的优势，其弊端也日益显现。首先，以个人为单位征收个人所得税在实践中容易出现通过在家庭成员间分散资产进行避税的情况，特别是在家庭成员中一方无纳税要求或累进税率较低的情况下；其次，以个人为单位纳税容易出现相同家庭收入情况下课税不同的情况，不符合按照能力进行税收负担的原则；再次，以个人为单位征收个人所得税难以适应我国现阶段居民收入来源多样、变化快速的实际情况。

（二）家庭课税制

1. 以家庭为单位征收个人所得税的内涵

将家庭确认为征收单位的方式强调的是家庭收入总额包括家庭所有成员的收入，在此基础上综合分析纳税对象实际承受的家庭生活压力、房屋租住、医疗费用消耗等不可避免的费用，对上述费用加以扣除最终计算出纳税基础。容易得出，与以个人为单位征收个人所得税相比，以家庭为单位征收个人所得税有其特有优势，不仅体现税收公平的原则，且精准反映经济社会的纳税主体，可有效缓解我国现阶段收入差距较大的问题。

2. 以家庭为单位纳税的优点

（1）更符合税收公平原则。

将家庭确认为征收单位的方式，能够使当前存在的税务征收不公平的现象得到一定缓解与避免。两个收入相同的家庭，纳税人根据家庭的具体情况进行税前费用项目的扣除，抚养子女数目的不同、家庭抚养子女的健康情况不同都将直接影响费用扣除，从而导致家庭之间的税务征收不公平。以家庭为单位征收个人所得税可使两个家庭的税收负担更符合其实际情况，充分体现个人所得税对居民收入分配的调节功能。

（2）课税累进性较高。

个人所得税是调节收入分配的重要工具，很多国家均通过累进的税率结构实现其调节功能。个人所得税采用累进税率，不同级次，收入越高，纳税越多，反之则少。在当前我国采用的不考虑家庭负担的以个人为纳税单位的征管体制下，税务机关征税时不考虑纳税人所在家庭构成，不考虑纳税人承担的家庭义务，没有对纳税人负担进行有效的扣除、抵免。因此，低收入者往往家庭负担更重，承担了更多的家庭压力，而高收入者在家庭方面的赡养、抚养压力则较小，这就更加导致了社会的不公平。而以家庭为单位征收个人所得税，计算应税额度时充分考虑纳税人负担，收入低且家庭负担重者少纳税，收入高且家庭负担轻者多纳税，课税的累进性较高。

（3）调节劳动供给。

以家庭为单位征收个人所得税将直接影响家庭中成员的劳动供给选择，进而实现对整个社会劳动资源的优化配置，并影响社会收入分配公平。在现有以个人为单位征收、分类征收个人所得税的体制下，家庭中的主要成员，夫妻双方分别纳税，各自计算各扣除标准，税务机关并没有考虑夫妻双方所构成的家庭所面临的负担。而以家庭为单位征收个人所得税时，税务机关不仅考量了夫妻双方各自应有的扣除事项，而且也考虑了整个家庭的赡养老人、抚养儿童、医疗保健等支出，这样会增加夫妻双方整体的抵扣数额。在一个家庭夫妻双方收入相同的情况下，以家庭为单位征税会导致家庭整体的税收负担小于夫妻双方分别纳税的情形，这样会增加人们努力工作的意愿，进而增加社会的有效劳动力供给。

3. 以家庭为单位纳税的弊端

以家庭为单位纳税虽然具有巨大的优势，但也存在以下弊端：

首先，以家庭为单位征收个人所得税，要求社会成员有着较强烈的纳税意识和税务专业知识，如果纳税人纳税能力没有达到相应的水平，以家庭为单位征收个人所得税会显得举步维艰。

其次，相对于以个人为单位征收个人所得税，以家庭为单位征收个人所得税要求税务机关具备较高的税收征管水平，但若税务机关的监管不彻底、不到位，则很容易留下税收筹划的空间，侵蚀税基。

再次，以家庭为单位纳税可能会对婚姻产生干扰，并在无形中鼓励收入悬殊的人结婚，并对收入接近者婚姻形成隐性处罚，从而产生婚姻歧视。

最后，以家庭为纳税单位会破坏夫妻间的隐私权，这种征收模式要求夫妻二人深入了解对方收入，才可做到共同纳税，故在一定程度伤害破坏夫妻间的隐私权。

从国外个人所得税征管实践看，个人所得税主要有按家庭征收、按个人征收、“个人＋夫妻”联合申报征收三种情形。20 世纪 80 年代以来，经济合作组织（OECD）

成员国的课税单位在发生变化，按家庭征收已不是当前国际主流，部分原先以家庭为征税单位的国家，如英国、澳大利亚、意大利、荷兰、丹麦、芬兰、瑞典等国，纳税申报单位相继由家庭转为个人。目前，34 个 OECD 成员国中，完全以个人为纳税单位的有 19 个，以家庭为纳税单位的仅有法国、葡萄牙、卢森堡、瑞士 4 个，其他 11 个国家可在个人和夫妻之间选择。我国周边的日本、韩国等国也以个人为纳税单位。

从理论上看，按家庭征收能够全面反映一个家庭的收入、支出和纳税能力，是最为公平的一种政策选择。但按家庭征收需要更高的征管能力与配套条件，我国目前还不具备按家庭征收的条件。这是因为：

（1）受传统文化影响，我国家庭结构较为复杂，难以准确界定家庭的概念和外延。

（2）与按个人征收、“个人＋夫妻”联合申报征收相比，按家庭征收较为公平，但按个人征收、“个人＋夫妻”联合申报征收也可以实现一定程度的“公平”。追求按家庭征收的“公平”需要征纳双方乃至整个社会付出更多的遵从成本。

（3）按家庭征收可能对婚姻关系甚至社会产生一定负面影响。例如，一旦出现纳税申报不实等违法情况，难以确定税收违法责任主体，容易引发家庭纠纷。同时，由于家庭联合申报和个人单独申报适用的税率表和费用扣除标准不同，会造成同一纳税人婚否的税负水平不一致的情况，从而对婚姻产生“惩罚”或“激励”影响。

（4）按家庭征收计算复杂、手续繁琐，难度大。要求家庭或夫妻双方收集家庭全部收入、支出及纳税资料，填写申报表并办理纳税申报，这些将增加纳税人的申报难度和申报成本。

（5）现有社会配套条件不能支撑按家庭征收方式。家庭或夫妻联合申报，对社会配套条件要求较高，涉及地方财权、民事和刑事责任划分及追究等，复杂程度高，制度调整难度大。

四、纳税人的权利与义务

（一）纳税人的权利

根据《国家税务总局关于纳税人权利与义务的公告》（国家税务总局公告 2009

年第 1 号）的规定，纳税人（或扣缴义务人）在履行纳税义务过程中，依法享有以下 14 项权利：

1. 知情权；

2. 保密权；

3. 税收监督权；

4. 纳税申报方式选择权；

5. 申请延期申报权；

6. 申请延期缴纳税款权；

7. 申请退还多缴税款权；

8. 依法享受税收优惠权；

9. 委托税务代理权；

10. 陈述与申辩权；

11. 对未出示税务检查证和税务检查通知书的拒绝检查权；

12. 税收法律救济权；

13. 依法要求听证的权利；

14. 索取有关税收凭证的权利。

（二）纳税人的义务

依照宪法、税收法律和行政法规的规定，纳税人（或扣缴义务人）在纳税过程中负有以下 10 项义务：

1. 依法进行税务登记的义务；

2. 依法设置账簿、保管账簿和有关资料以及依法开具、使用、取得和保管发票的义务；

3. 财务会计制度和会计核算软件备案的义务；

4. 按照规定安装、使用税控装置的义务；

5. 按时、如实申报的义务；

6. 按时缴纳税款的义务；

7. 代扣、代收税款的义务；

8. 接受依法检查的义务；

9. 及时提供信息的义务；

10. 报告其他涉税信息的义务。

第三节 个人所得税扣缴义务人

一、扣缴义务人的界定

根据《中华人民共和国税收征收管理法》（以下简称《税收征收管理法》）第四条的规定，法律、行政法规规定负有代扣代缴、代收代缴税款义务的单位和个人为扣缴义务人纳税人，扣缴义务人必须依照法律、行政法规的规定缴纳税款、代扣代缴、代收代缴税款。

代扣代缴义务人，是指有义务从持有的纳税人收入中扣除其应纳税款并代为缴纳的企业、单位或个人。对税法规定的扣缴义务人，应办理扣缴税款登记，明确其代扣代缴义务。代扣代缴义务人必须严格履行扣缴义务。对不履行扣缴义务的，应承担相应的法律责任。

与代扣代缴义务人相关的概念有代收代缴义务人与代征代缴义务人。代收代缴义务人是指有义务借助与纳税人的经济交往而向纳税人收取应纳税款并代为缴纳的单位，如《中华人民共和国消费税暂行条例》及其实施细则规定，委托加工的应税消费品，除受托方为个人外，由受托方在向委托方交货时代收代缴税款。代收代缴义务人不同于代扣代缴义务人。代扣代缴义务人直接持有纳税人的收入，可以从中扣除纳税人的应纳税款；代收代缴义务人不直接持有纳税人的收入，只能在与纳税人的经济往来中收取应纳税款。

还有另一个概念，代征代缴义务人，是指因税法规定，受税务机关委托而代征税款的单位和个人。税务机关通常能够与被委托人签订委托合同，并支付一定手续费，常用于专业市场的税款征收。由代征代缴义务人代征税款，不仅便利了纳税人税款的缴纳，有效地保证了税款征收的实现，而且对于强化税收征管，有效防止税款流失，有明显的作用。

二、扣缴义务人的范围

根据国家税务总局公告 2018 年第 61 号《国家税务总局关于发布〈个人所得税扣缴申报管理办法（试行）〉的公告》第二条规定：扣缴义务人是指向个人支付所得的单位或者个人。

三、扣缴义务人的法定义务

个人所得税改革后，根据《中华人民共和国个人所得税法》及其实施条例、《中华人民共和国税收征收管理法》及其实施细则，个人所得税扣缴义务人有以下义务：

（一）如实申报

1. 扣缴义务人向个人支付应纳税所得时，不论纳税人是否属于本单位人员，均应代扣代缴其应纳的个人所得税税款。前述支付，包括现金支付、汇拨支付、转账支付和以有价证券、实物以及其他形式的支付。

2. 扣缴义务人应当按照纳税人提供的信息计算税款、办理扣缴申报，不得擅自更改纳税人提供的信息。

3. 纳税人发现扣缴义务人提供或者扣缴申报的个人信息、支付所得、扣缴税款等信息与实际情况不符的，有权要求扣缴义务人修改。扣缴义务人不得拒绝。

4. 纳税人需要享受税收协定待遇的，应当在取得应税所得时主动向扣缴义务人提出，并提交相关信息、资料，扣缴义务人代扣代缴税款时按照享受税收协定待遇有关办法办理。

5. 扣缴义务人违反规定不报送或者报送虚假纳税资料的，一经查实，其未在支付个人收入明细表中反映的向个人支付的款项，在计算扣缴义务人企业所得税应纳税所得额时不得作为成本费用扣除。

（二）专人办税

1. 扣缴义务人应指定支付应纳税所得的财务会计部门或其他有关部门的人员为办税人员，由办税人员具体办理个人所得税的代扣代缴工作。扣缴义务人的法人代表（或单位主要负责人）、财务会计部门的负责人及具体办理代扣代缴税款的有关人员，共同对依法履行代扣代缴义务负法律责任。

2. 同一扣缴义务人的不同部门支付应纳税所得时，应报办税人员汇总。

3. 对扣缴义务人按照所扣缴的税款，付给 2% 的手续费。扣缴义务人可将其用于代扣代缴费用开支和奖励代扣代缴工作做得较好的办税人员。但经税务机关查出，扣缴义务人补扣的个人所得税税款，不向扣缴义务人支付手续费。

（三）向纳税人反馈税款扣缴情况

支付工资、薪金所得的扣缴义务人应当于年度终了后两个月内，向纳税人提供其个人所得和已扣缴税款等信息。纳税人年度中间需要提供上述信息的，扣缴义务人应当提供。

纳税人取得除工资、薪金所得以外的其他所得，扣缴义务人应当在扣缴税款后，及时向纳税人提供其个人所得和已扣缴税款等信息。

（四）向税务机关报告异常情况

扣缴义务人依法履行代扣代缴义务，纳税人不得拒绝。纳税人拒绝的，扣缴义务人应当及时报告税务机关。

扣缴义务人发现纳税人提供的信息与实际情况不符的，可以要求纳税人修改。纳税人拒绝修改的，扣缴义务人应当报告税务机关。

扣缴义务人必须依法接受税务机关检查，如实反映情况，提供有关资料，不得拒绝和隐瞒。

（五）纳税前置

扣缴义务人同税务机关在纳税上发生争议时，必须先依照税务机关根据法律、行政法规确定的应纳税额解缴税款及滞纳金，然后可以在收到税务机关填发的缴款凭证之日起60日内向上一级税务机关申请复议。

现行个税法实施后，相关法规规定扣缴义务人在办理专项附加扣除时负有法定义务。

四、个人所得税的扣缴义务人

根据2018年新《个人所得税法》第九条的规定，个人所得税以所得人为纳税人，以支付所得的单位或者个人为扣缴义务人。扣缴义务人扣缴税款时，纳税人应当向扣缴义务人提供纳税人识别号。

特殊情况扣缴义务人的确定：

（一）限售股所得个人所得税的扣缴义务人

根据《财政部 国家税务总局 证监会关于个人转让上市公司限售股所得征收个人所得税有关问题的通知》（财税〔2009〕167号）第四条的规定，限售股转让所得个人所得税，以限售股持有者为纳税义务人，以个人股东开户的证券机构为扣缴义务人。限售股个人所得税由证券机构所在地主管税务机关负责征收管理。

（二）行政事业单位个人所得税扣缴义务人

行政机关、事业单位改革工资发放方式后，随着支付工资所得单位的变化，其扣缴义务人也有所变化，根据《国家税务总局关于行政机关、事业单位工资发放方式改革后扣缴个人所得税问题的通知》（国税发〔2001〕19号）的规定，凡是有向个人支付工薪所得行为的财政部门（或机关事务管理、人事等部门），行政机关事业单位均为个人所得税的扣缴义务人。财政部门（或机关事务管理、人事等部门）向行政机关、事业单位工作人员发放工资时应依法代扣代缴个人所得税，行政机关、事业单位再向个人支付与任职、受雇有关的其他所得时，应将个人的这部分所得与财政部门（或机关事务管理、人事等部门）发放的工资合并计算应纳税所得额和应纳税额，并就应纳税额与财政部门（或机关事务管理、人事等部门）已扣缴税款的差额部分代扣代缴个人所得税。

（三）企业债券利息、个人所得税的扣缴义务人

根据《国家税务总局关于加强企业债券利息个人所得税代扣代缴工作的通知》（国税函〔2003〕612号）的规定，企业债券利息个人所得税统一由各兑付机构在向持有债券的个人兑付利息时负责代扣代缴，就地入库，各兑付机构应按照个人所得税法的有关规定做好代扣代缴个人所得税工作。

（四）驻华机构、驻华使领馆中方雇员个人所得税的扣缴义务人

《国家税务总局关于国际组织驻华机构、外国政府驻华使领馆和驻华新闻机构员个人所得税征收方式的通知》（国税函〔2004〕808号）明确，对于在国际组织驻华机构和外国政府驻华使领馆中工作的中方雇员的个人所得税，应以直接支付所得的单位或者个人作为代扣代缴义务人，考虑到国际组织驻华机构和外国政府驻华使领馆的特殊性，各级税务机关可暂不要求国际组织驻华机构和外国政府驻华使领馆履行个人所得税代扣代缴义务。

鉴于北京外交人员服务局和各省级人民政府指定的外事服务单位等机构，通过一定途径能够掌握在国际组织驻华机构、外国政府驻华使领馆工作的中方员工受雇情况，根据《中华人民共和国税收征收管理法实施细则》第四十四条的规定，各主管税务机关可委托外交人员服务机构代征上述中方雇员的个人所得税。各主管税务机关要加强与外事服务单位联系，及时办理国际组织驻华机构和外国政府驻华使领馆中方雇员个人所得税委托代征手续。

北京、上海、广东、四川等有外国驻当地新闻媒体机构的省（直辖市）税务局应定期向省级人民政府外事办公室索要《外国驻华新闻媒体名册》，了解、掌握外国驻当地新闻媒体机构以及外籍人员变动情况，并据此要求上述驻华新闻机构做好中外籍记者、雇员个人所得税扣缴工作。

（五）财产拍卖所得个人所得税的扣缴义务人

根据《国家税务总局关于加强和规范个人取得拍卖收入征收个人所得税有关问题的通知》(国税发〔2007〕38号)第七条规定，个人财产拍卖所得应纳的个人所得税税款，由拍卖单位负责代扣代缴，并按规定向拍卖单位所在地主管税务机关办理纳税申报。

（六）转让新三板挂牌公司原始股个人所得税的扣缴义务人

根据《财政部 国家税务总局 证监会关于个人转让全国中小企业股份转让系统挂牌公司股票有关个人所得税政策的通知》（财税〔2018〕137号）第三条的规定，2019年9月1日之前，个人转让新三板挂牌公司原始股的个人所得税，征收管理办法按照现行股权转让所得有关规定执行，以股票受让方为扣缴义务人，由被投资企业所在地税务机关负责征收管理。自2019年9月1日（含）起个人转让新三板挂牌公司原始股的个人所得税，以股票托管的证券机构为扣缴义务人由股票托管的证券机构所在地主管税务机关负责征收管理。具体征收管理办法参照《财政部 国家税务总局 证监会关于个人转让上市公司限售股所得征收个人所得税有关问题的通知》(财税〔2009〕167号)和《财政部 国家税务总局 证监会关于个人转让上市公司限售股所得征收个人所得税有关问题的补充通知》（财税〔2010〕70号）有关规定执行。

（七）非居民个人所得税的代扣代缴

根据2018年新《中华人民共和国个人所得税法》第十一条的规定，非居民个人取得工资、薪金所得，劳务报酬所得，稿酬所得和特许权使用费所得，有扣缴义务人的，由扣缴义务人按月或者按次代扣代缴税款，不办理汇算清缴。

（八）个人多重支付扣缴义务人的认定

根据《国家税务总局关于个人所得税偷税案件查处中有关问题的补充通知》（国税函〔1996〕602号）规定，扣缴义务人的认定，按照个人所得税法的规定，向个人支付所得的单位和个人为扣缴义务人。由于支付所得的单位和个人与取得所得的人之间有多重支付的现象，有时难以确定扣缴义务人。为保证全国执行的统一，现将认定标准规定为：凡税务机关认定对所得的支付对象和支付数额有决定权的单位和个人，即为扣缴义务人。

第四节 征税对象

征税对象又称课税对象，是税法规定的征税的目的物，是国家据以征税的依据。通过规定课税对象，解决对什么征税的问题。每一个税种都有自己的课税对象，否则，这税种就失去了存在的意义。凡是被列为课税对象的，就属于该税种的征收范围；凡是未被列为课税对象的，就不属于该税种的征收范围。例如，所得税的课税对象是企业的所得额和自然人的工资薪金、转让财产等各项应税所得，等等。

课税对象是一个税种区别于另一个税种的主要标志，是税收实体法的基本要素之一，它体现着课税范围的广度。在具体工作中，要注意征税对象与计税依据、税目、税率等的关系。

《中华人民共和国个人所得税法》（2018 年修正）所实现的众多税制改革重要突破中，就包括调整个人收入所得项目分类，提出“综合所得”和“经营所得”概念，将工资薪金、劳务报酬、稿酬和特许权使用费综合征税，将个体工商户的生产、经营所得和对企事业单位的承包经营、承租经营所得合并为一项经营所得。

本节内容将征税对象做简要介绍，详细内容请参照本书其他章节。

一、工资、薪金所得

1. 应征税的项目

工资、薪金所得，是指个人因任职或者受雇取得的工资、薪金、奖金、年终加薪、劳动分红、津贴、补贴以及与任职或者受雇有关的其他所得。

2. 不予征税或免税的项目

独生子女补贴；执行公务员工资制度未纳入基本工资总额的补贴、津贴差额和家属成员的副食补贴；托儿补助费；差旅费津贴、误餐补助。

3. 特殊规定

（1）实行内部退养的个人在办理内部退养手续后至法定离退休年龄之间，从原任职单位取得的工资、薪金，按“工资、薪金所得”计征个人所得税。办理内退手续后从原单位取得的一次性收入应按办理内退手续后至法定离退休年龄之间的所属月份进行平均，并与领取当月的“工资、薪金”所得合并后减除当月费用扣除标准，以余额为基数确定适用税率，再将当月工资、薪金加上取得的一次性收入，减去费用扣除标准，按适用税率计征个人所得税；办理内退手续后至法定离退休年龄之间重新就业取得的“工资、薪金”所得，应与其从原单位取得的同一月份的“工资、薪金”所得合并，并依法自行向主管税务机关申报个人所得税。

（2）退休人员再任职取得的收入，在减除按税法规定的扣除标准后，按“工资、薪金所得”应税项目缴纳个人所得税。

（3）公司职工取得的用于购买国有股权的劳动分红按“工资、薪金”计征个人所得税。

（4）单车承包或承租方式运营，出租车驾驶员从事客货营运取得的收入按“工资、薪金”计征个人所得税。

（5）企业和单位对营销业绩突出的雇员以培训班、研讨会、工作考察等名义组织旅游活动，通过免收差旅费、旅游费对个人实行的营销业绩奖励（包括实物、有价证券等），全额并入营销人员当期的工资、薪金，按“工资、薪金”计征个人所得税。

二、个体工商户的经营所得

1. 一般规定

（1）个体工商户从事工业、手工业、建筑业、交通运输业、商业、饮食业、服务业、修理业以及其他行业生产、经营取得的所得。

（2）个人经政府有关部门批准，取得执照，从事办学、医疗、咨询以及其他有偿服务活动取得的所得。

（3）上述个体工商户及个人取得的与生产经营有关的各项应税所得。

（4）其他个人从事个体工商业生产、经营取得的所得。

2. 特殊规定

（1）个体工商户从事种植业等项目，已征收了农业税、牧业税的，不再征收个人所得税。不属于农业税、牧业税征税范围的，应对其所得与其他行业的生产经营所得合并计征个人所得税。

（2）从事个体出租车运营的出租车驾驶员取得的收入，按个体工商户的生产经营所得缴纳个人所得税；个人因从事彩票代销业务取得的所得，按“个体工商户的生产、经营所得”项目计征个人所得税。

（3）出租车属于个人所有但向挂靠单位缴纳管理费的或出租车经营单位将出租车所有权转移给驾驶员的，出租车驾驶员从事客货运营取得的收入，比照个体工商户的生产、经营所得项目征税。

（4）个体工商户和从事生产经营的个人，取得与生产经营活动无关的其他各项应税所得应分别按照有关规定，计算征收个人所得税。如取得银行存款的利息所得、对外投资取得的股息所得，应按“利息、股息、红利所得”项目的规定单独计征个人所得税。

三、对企事业单位的承包、承租经营所得

1. 个人对企事业单位承包、承租经营后，工商登记改变为个体工商户的，应按照个体工商户的生产、经营所得项目征收个人所得税。

2. 个人对企事业单位承包、承租经营后，工商登记仍为企业的，不论分配方式如何，均应先按照企业所得税的有关规定缴纳企业所得税，然后再根据有关规定缴纳个人所得税。

四、劳务报酬所得

区分劳务报酬所得和工资、薪金所得的重要标准看是否存在雇佣与被雇佣关系。

特殊规定：

1. 个人担任董事职务所取得的董事费收入分两种情形：个人担任公司董事、监事，且不在公司任职、受雇的情形，属于劳务报酬性质，按劳务报酬所得项目征税；个人在公司（包括关联公司）任职、受雇，同时兼任董事、监事的，应将董事费、监事费与个人工资收入合并，统一按工资、薪金所得项目缴纳个人所得税。

2. 在校学生因勤工俭学活动取得属于应税所得项目的所得，应依法缴纳个人所得税。

3. 企业和单位对营销业绩突出的非雇员以培训班、研讨会、工作考察等名义组织旅游活动，通过免收差旅费、旅游费对个人实行的营销业绩奖励（包括实物、有价证券等），应根据所发生费用的全额作为该营销人员当期的劳务收入，按劳务报酬所得项目征税。

五、稿酬所得

稿酬所得，是指个人因其作品以图书、报刊形式出版、发表而取得的所得。这里所说的作品，包括文学作品、书画作品、摄影作品以及其他作品。作者去世后，财产继承人取得的遗作稿酬，亦应征收个人所得税。

特殊规定：

1. 任职、受雇于报刊等单位的记者、编辑等专业人员，在本单位的报刊、杂志上发表作品取得的所得，应与其当月工资收入合并按工资薪金项目征税；其他人员在本单位的报刊、杂志上发表作品取得的所得，应按稿酬项目征收个人所得税。

2. 出版社的专业作者的作品，由本社以图书形式出版取得的稿费收入按稿酬项目征收个人所得税。

六、特许权使用费所得

特许权使用费所得，是指个人提供专利权、商标权、著作权、非专利技术及其他特许权的使用权取得的所得。特许权主要包括以下四种权利：专利权、商标权、著作权、非专利技术。

提供著作权的使用权取得的所得，不包括稿酬的所得，对于作者将自己的文字作品手稿原件或复印件公开拍卖（竞价）取得的所得，属于提供著作权的使用所得，故应按特许权使用费所得项目征收个人所得税。

个人取得特许权的经济赔偿收入，应按“特许权使用费所得”应税项目缴纳个人所得税，税款由支付赔款的单位或个人代扣代缴。

从 2002 年 5 月 1 日起，编剧从电视剧制作单位取得的剧本使用费，不区分剧本的使用方是否为其任职单位，统一按特许权使用费所得项目征收个人所得税。

七、利息、股息、红利所得

利息、股息、红利所得，是指个人拥有债权、股权而取得的利息、股息、红利所得。有关规定如下：

1. 个人从银行及其他储蓄机构开设的用于支付电话、水、电、煤气等有关费用，或者用于购买股票等方面的投资、生产经营业务往来结算以及其他用途，取得的利息收入，应依法缴纳个人所得税，税款由结付利息的储蓄机构代扣代缴。

2. 个人取得的量化资产。职工个人以股份形式取得的仅作为分红依据，不拥有所有权的企业量化资产，不征收个人所得税；对职工个人以股份形式取得的企业量化资产参与企业分配而获得的股息、红利，按“利息、股息、红利”项目征收个人所得税。

八、财产租赁所得

财产租赁所得，是指个人出租建筑物、土地使用权、机器设备、车船以及其他财产取得的所得。

个人取得的财产转租收入，属于“财产租赁所得”的征税范围。

房地产开发企业与商店购买者个人签订协议，以优惠价格出售其开发的商店给购买者个人，购买者个人在一定期限内必须将购买的商店无偿提供给房地产企业对外出租使用。购买者个人少支付的购房价款，按“财产租赁所得”征税。

九、财产转让所得

财产转让所得，是指个人转让有价证券、股权、建筑物、土地使用权、机器设备、车船以及其他财产取得的所得。有关具体规定如下：

1. 对股票转让所得暂不征收个人所得税。

2. 量化资产股份转让。集体所有制企业在改制为股份合作制企业时，对职工个人以股份形式取得的拥有所有权的企业量化资产，暂缓征收个人所得税；待个人将股份转让时，就其转让收入额，减除个人取得该股份时实际支付的费用支出和合理转让费用后的余额，按“财产转让所得”项目计征个人所得税。

3. 个人出售自有住房

（1）个人出售自有住房取得的收入应按“财产转让所得”项目征收个人所得税。

（2）个人出售已购公有住房，其应纳税所得额为个人出售已购公有住房的销售价，减除住房面积标准的经济适用房价款、原支付超过住房面积标准的房价款、向财政或原产权单位缴纳的所得收益以及税法规定的合理费用后的余额。

（3）职工以成本价（或标准价）出资的集资合作建房、安居工程住房、经济适用住房以及拆迁安置住房，比照已购公有住房确定应纳税所得额。

（4）为鼓励个人换购住房，对出售自有住房并拟在现住房出售后1年内按市场价重新购房的纳税人，其出售现住房所应缴纳的个人所得税，先以纳税保证金形式缴纳，以后视其重新购房的价值可全部或部分予以免税。个人出售现住房后1年内未重新购房的，所缴纳的纳税保证金全部作为个人所得税缴入国库。

（5）对个人转让自用5年以上、并且是家庭唯一生活用房取得的所得，继续免征个人所得税。

（6）个人现自有住房房产证登记的产权人为1人，在出售后1年内又以产权人配偶名义或产权人夫妻双方名义按市场价重新购房的，产权人出售住房所得应缴纳的个人所得税，全部或部分免税；以其他人名义按市场价重新购房的，产权人出售住房所得应缴纳的个人所得税，不予免税。

十、偶然所得

偶然所得，是指个人得奖、中奖、中彩以及其他偶然性质的所得。

个人因参加企业的有奖销售活动而取得的赠品所得，应按“偶然所得”计征个人所得税。

第五节 应纳税所得额的确定

一、应税所得的形式

根据《中华人民共和国个人所得税法实施条例》第八条规定，应税所得包括现金、实物、有价证券和其他形式的经济利益。

1. 所得为实物的，应当按照取得的凭证上所注明的价格计算应纳税所得额；无凭证的实物或者凭证上注明的价格明显偏低的，可参照当地的市场价格核定应纳税所得额。

2. 所得为有价证券的，可根据票面价格和市场价格核定应纳税所得额。

3. 所得为其他形式的经济利益的，参照市场价格核定应纳税所得额。

4. 应纳税所得额的计算，以应税项目的收入额减去其费用减除标准后的余额，为应纳税所得额。详见以后章节的具体论述。

二、每次收入的确定

纳税义务人取得的劳务报酬所得，稿酬所得，特许权使用费所得，利息、股息、红利所得，财产租赁所得，偶然所得和其他所得七项所得，都应该按次计算征税。由于扣除费用依据每次应纳税所得额的大小，分别规定了定额和定率两种标准，因此，如何准确划分“次”，是十分重要的。

各项应税所得每次收入的划分：

1. 劳务报酬所得。

根据不同劳务项目的特点，分别规定为：

（1）只有一次性收入的，以取得该项收入为一次。例如从事设计、安装、装潢、制图、化验、测试等劳务，往往是接受客户的委托，按照客户的要求，完成一次劳务后取得收入。因此，属于只有一次性的收入，应以每次提供劳务取得的收入为一次。

（2）属于同一事项连续取得收入的，以一个月内取得的收入为一次。

2. 稿酬所得。

以每次出版、发表取得的收入为一次。具体又可细分为：

（1）同一作品再版取得的所得，应视作另一次稿酬所得计征个人所得税。

（2）同一作品先在报刊上连载，然后再出版，或先出版，再在报刊上连载的，应视为两次稿酬所得征税。

即连载作为一次，出版作为另一次。

（3）同一作品在报刊上连载取得收入的，以连载完成后取得的所有收入合并为一次，计征个人所得税。

（4）同一作品在出版和发表时，以预付稿酬或分次支付稿酬等形式取得的稿酬收入，应合并计算为一次。

（5）同一作品出版、发表后，因添加印数而追加稿酬的，应与以前出版、发表时取得的稿酬合并计算为一次，计征个人所得税。

3. 特许权使用费所得。

以某项使用权的一次转让所取得的收入为一次。一个纳税义务人，可能拥有不止一项特许权利，每一项特许权的使用权也可能不止一次地向他人提供。如果该次转让取得的收入是分笔支付的，则应将各笔收入相加作为一次的收入，计征个人所得税。

4. 财产租赁所得，以一个月内取得的收入为一次。

5. 利息、股息、红利所得，以支付利息、股息、红利时取得的收入为一次。

6. 偶然所得，以每次收入为一次。

三、外币折算

1. 个人所得税的外币折算

由于我国的税收计算和缴纳是以人民币为单位，个人所得税的费用扣除额以及应纳税所得额也都是通过人民币来计算的，因此2018年新《个人所得税法》第十六条规定，各项所得的计算，以人民币为单位。所得为人民币以外的货币的，按照人民币汇率中间价折合成人民币缴纳税款。

2018年新《个人所得税法实施条例》第三十二条进一步明确规定，所得为人民币以外货币的，按照办理纳税申报或扣缴申报的上一月最后一日人民币汇率中间价，折合成人民币计算应纳税所得额。年度终了后办理汇算清缴的，对已经按月、按季或者按次预缴税款的人民币以外货币所得，对应当补缴税款的所得部分，按照上一纳税年度后一日人民币汇率中间价，折合成人民币计算应纳税所得额。

根据《中国人民银行关于人民币汇价管理问题的通知》（银传〔1995〕26号）的规定，从1995年4月1日起，中国人民银行只公布人民币对美元、港币和日元的外汇牌价（基准汇价），人民币对美元、港币、日元以外各种可兑换货币的外汇牌价，由各外汇指定银行根据国际外汇市场行情和中国人民银行的有关规定自行制定。为便于纳税人申报纳税和税务机关征收审核，《国家税务总局关于外商投资企业和外国企业及外籍个人的外币收入如何折合成人民币计算缴纳税款问题的通知》（国税发〔1995〕70号）就外商投资企业和外国企业以及外籍个人计税时使用的外汇牌价问题明确规定：外商投资企业和外国企业及外籍个人取得的收入和所得为美元、港币和日元的，统一使用中国人民银行公布的外汇牌价；其他可兑换货币的外汇统一使用中国银行公布的挂牌价格，折合成人民币收入和所得计算纳税。

2. 企业所得税的外币折算

依照企业所得税法缴纳的企业所得税，以人民币计算。所得以人民币以外的货币计算的，应当折合成人民币计算并缴纳税款。

企业所得以人民币以外的货币计算的，预缴企业所得税时，应当按照月度或者季度最后一日的人民币汇率中间价，折合成人民币计算应纳税所得额。年度终了汇算清缴时，对已经按照月度或者季度预缴税款的人民币以外的货币，不再重新折合计算，只就该纳税年度内未缴纳企业所得税的部分，按照纳税年度最后一日的人民币汇率中间价，折合成人民币计算应纳税所得额。扣缴义务人对外支付或者到期应支付的款项为人民币以外货币的，在申报扣缴企业所得税时，应当按照扣缴当日国家公布的人民币汇率中间价，折合成人民币计算应纳税所得额。

经税务机关检查确认，企业少计或者多计上述规定的所得的，应当按照检查确认补税或者退税时的上一个月最后一日的人民币汇率中间价，将少计或者多计的所得折合成人民币计算应纳税所得额，再计算应补缴或者应退的税款。

可见，预缴企业所得税时，按照月度或季度最后一日的人民币汇率中间价折算；汇算清缴期间多退少补税款，只就未缴纳税款部分，按纳税年度最后一日人民币汇率中间价折算；税务机关查出的多计或少计税款，按检查确认补税或退税时的上一个月最后一日人民币汇率中间价折算；年度中间终止经营活动的，清算所得应以实际经营终止之日人民币汇率中间价折合计算。

四、费用减除

由于个人所得税的应税项目不同，并且取得某项所得所需费用也不相同，因此，计算个人应纳税所得额，需按不同应税项目分项计算。以某项应税项目的收入额减去税法规定的该项费用减除标准后的余额，为该项应纳税所得额。

《个人所得税法》是全国人民代表大会制定的税收法律，各地、各部门、单位和个人都有自觉维护个人所得税法严肃性、完整性和统一性的义务，没有随意改变税法规定的权利。因此，未经全国人大及其常委会授权，任何地区、部门和单位均不得擅自提高个人所得税费用扣除标准，不得随意变通或超越权限扩大不征税项目的适用范围。

费用减除问题详见各项应税所得项目的费用减除标准。

第六节　税率

一、税率概述

税率是应纳税额与计税依据之间的比例，是计算税额的尺度，代表课税的深度，关系着国家税收收入的多少和纳税人负担的程度，是税收制度的核心和灵魂。

税率在实际应用中可分为两种形式：一种是按绝对量形式规定的固定征收额度，即定额税率，它适用于从量计征的税种，如城镇土地使用税等；另一种是按相对量形式规定的征收比例，包括比例税率和累进税率，它适用于从价计征的税种，如企业所得税等。

（一）比例税率

比例税率，是指对同一征税对象或同一税目，不论数额大小只规定一个比例，都按同比例征税，税额与课税对象呈正比例关系。

在具体运用上，又可分为：产品比例税率，即一种或一类产品采用一个税率，如消费税、增值税等；行业比例税率，即对不同的行业采用不同的税率；地区差别比例税率，如城市维护建设税，城市适用税率为7%、县城与建制镇适用税率为5%等；有幅度的比例税率，即对同一课税对象，税法只规定最低税率和最高税率。

我国个人所得税中的财产转让所得、财产租赁所得、偶然所得都采用比例税率。

（二）累进税率

累进税率，指同一误税对象，随着数量的增大，征收比例也相应增高的税率，表现为将课税对象按数额大小分为若干等级，不同等级适用由低到高的不同税率。累进税率可以有效地调节纳税人的收入，正确处理税收负担的纵向公平问题，多在对收益课税中使用。按照税率累进依据的性质，累进税率分为额累与率累两种。

累进税率因计算方法和依据的不同，主要分为：全额累进税率、超额累进税率、超率累进税率与全率累进税率。

1. 全额累进税率

全额累进税率，是以课税对象的全部数额为基础计征税款的累进税率。其特点包括：一是对具体纳税人来说，在应税所得额确定以后，相当于按比例税率计征，计算简便；二是税收负担不合理，在各级征税对象数额分界处税收负担悬殊，甚至会出现增加的税额超过课税对象增加数额的现象。

2. 超额累进税率

超额累进税率，是分别以课税对象数额超过前级的部分为基础计算应纳税额的累进税率。这种税率的特点包括：一是计算方法比较复杂；二是累进幅度比较缓和，税收负担较为合理；三是边际税率和平均税率一致，税收负担透明度较差。

2018年新《个人所得税法》规定，对综合所得、经营所得实行超额累进税率。

3. 超率累进税率

超率累进税率，是指以课税对象数额的相对数额为累进依据，按超累方式计算应纳税额的税率。我国现行税制中的土地增值税即采用超率累进税率计税。

4. 全率累进税率

全率累进税率，是按课税对象数额的相对额划分若干级距，每个级距规定的税率随课税对象相对额的增大而提高，纳税人的全部课税对象都按与课税对象相对额所对应的税率计算纳税的税率制度。

（三）定额税率

定额税率是税率的一种特殊形式。它不是按照课税对象规定征收比例，而是按照征税对象的计量单位规定固定税额，所以又称固定税额，一般适用于从量计征的税种，如车船税、城镇土地使用税等。

二、速算扣除数

为解决超额累进税率计税复杂问题，在实际工作中引进了“速算扣除数”这一概念，通过预先计算出的扣除数，直接计算应纳税额，不必再分级分段计算。速算扣除数是为简化计税程序而按全额累进税率计算超额累进税率应纳税额时所使用的扣除数额，是指在采用超额累进税率征税的情况下，根据超额累进税率表中划分的应纳税所得额级距和税率，先用全额累进方法计算出税额，再减去用超额累进方法计算的应征税额后的差额。超额累进税率表中的级距和税率一旦确定，各级速算扣除数就固定不变，成为计算应纳税额时的常数。其计算公式为：

速算扣除数＝全额累进税额－超额累进税额

速算扣除数也可依据税法规定的级距和每一级距的税率，预先计算出来。只要级距和税率不变，速算扣除数也不变。其计算公式为：

速算扣除数＝前一级的最高所得额 ×（本级税率－前一级税率）＋前级速算扣除数

应纳税额＝应纳税所得额 × 适用税率－速算扣除数

三、个人所得税税率

2018 年新《个人所得税法》采用分类与综合相结合的个人所得税制度，对不同的所得项目分别采用不同的税率形式和税率。根据《中华人民共和国个人所得税法》（2018 年修正）第三条，个人所得税的税率具体为：

1. 综合所得，适用七级超额累进税率，税率为 3% 至 45%；

2. 经营所得，适用五级超额累进税率，税率为 5% 至 35%；

3. 利息、股息、红利所得，财产租赁所得，财产转让所得，偶然所得，适用比例税率，税率为 20%。

（一）综合所得的适用税率

1. 居民个人综合所得税率表

个人所得税税率表一

（综合所得适用）

级数	全年应纳税所得额	税率（%）
1	不超过 36000 元的	3
2	超过 36000 元至 144000 元的部分	10
3	超过 144000 元至 300000 元的部分	20
4	超过 300000 元至 420000 元的部分	25
5	超过 420000 元至 660000 元的部分	30
6	超过 660000 元至 960000 元的部分	35
7	超过 960000 元的部分	45

注：1. 本表所称全年应纳税所得额是指依照《个人所得税法》第六条的规定，居民个人以每一纳税年度综合所得收入额减除费用六万元、专项扣除、专项附加扣除和依法确定的其他扣除后的余额。

2. 非居民个人取得综合所得依照本表按月换算后计算应纳税额。

2. 非居民个人综合所得税率表

个人所得税税率表二

（非居民个人取得工资薪金、劳务报酬、稿酬、特许权使用费所得适用）

级数	全年应纳税所得额	税率（%）
1	不超过 3000 元的	3
2	超过 3000 元至 12000 元的部分	10
3	超过 12000 元至 25000 元的部分	20
4	超过 25000 元至 35000 元的部分	25
5	超过 35000 元至 55000 元的部分	30
6	超过 55000 元至 80000 元的部分	35
7	超过 80000 元的部分	45

注：1. 本表用于非居民个人 2019 年 1 月 1 日之后取得工资薪金、劳务报酬、稿酬和特许权使用费所得，应纳个人所得税的计算。

2. 2018 年 10 月 1 日至 2018 年 12 月 31 日个人取得工资薪金所得适用本表计算个人所得税。

（二）经营所得的适用税率

个人所得税税率表三

（经营所得适用）

级数	全年应纳税所得额	税率（%）
1	不超过 30000 元的	5
2	超过 30000 元至 90000 元的部分	10
3	超过 90000 元至 300000 元的部分	20
4	超过 300000 元至 500000 元的部分	30
5	超过 500000 元的部分	35

注：本表所称全年应纳税所得额是指依照《个人所得税法》第六条的规定，以每一纳税年度的收入总额减除成本、费用以及损失后的余额。

第七节 扣缴义务人的税务风险

一、相关政策规定

根据《中华人民共和国个人所得税法》规定，个人所得税以所得人为纳税义务人，以支付所得的单位或者个人为扣缴义务人。对扣缴义务人应扣未扣个人所得税，根据《中华人民共和国税收征收管理法》第六十九条的规定：

扣缴义务人应扣未扣、应收而不收税款的，由税务机关向纳税人追缴税款，对扣缴义务人处应扣未扣、应收而不收税款百分之五十以上三倍以下的罚款。

由此可见，应扣未扣个人所得税，应当由税务机关向个人所得税纳税人进行追缴，扣缴义务人不需承担个人所得税缴纳义务，但对扣缴义务人应扣未扣个人所得税行为，税务机关应处应扣未扣税款百分之五十以上三倍以下的罚款。

《国家税务总局关于贯彻〈中华人民共和国税收征收管理法〉及其实施细则若干具体问题的通知》（国税发〔2003〕47号）规定：

二、关于扣缴义务人扣缴税款问题

负有代扣代缴义务的单位和个人，在支付款项时应按照征管法及其实施细则的规定，将取得款项的纳税人应缴纳的税款代为扣缴，对纳税人拒绝扣缴税款的，扣缴义务人应暂停支付相当于纳税人应纳税款的款项，并在一日之内报告主管税务机关。

负有代收代缴义务的单位和个人，在收取款项时应按照征管法及其实施细则的规定，将支付款项的纳税人应缴纳的税款代为收缴，对纳税人拒绝给付的，扣缴义务人应在一日之内报告主管税务机关。

扣缴义务人违反征管法及其实施细则规定应扣未扣、应收未收税款的，税务机关除按征管法及其实施细则的有关规定对其给予处罚外，应当责成扣缴义务人限期将应扣未扣、应收未收的税款补扣或补收。

《税收征收管理法》规定由税务机关向纳税人追缴，并不责成扣缴义务人限期进行补扣或补收，实务中，扣缴义务人因为原纳税义务人（个人）难以联系的原因，通常自己承担缴纳税款。此时，税务机关仍可对扣缴义务人进行罚款处理。

在行政处罚追究时效上，根据《中华人民共和国行政处罚法》（中华人民共和国主席令第63号）第二十九条的规定："违法行为在二年内未被发现的，不再给予行政处罚。法律另有规定的除外。"而在税收违法行为的追究时效上，根据《中华人民共和国税收征收管理法》第八十六条的规定："违反税收法律、行政法规应当给予行政处罚的行为，在五年内未被发现的，不再给予行政处罚。"

"五年"是一个明确的期限规定，未附加任何条件。《中华人民共和国税收征收管理法》属于《中华人民共和国行政处罚法》第二十九条规定的"法律另有规定"的情形，因此，对税法违法行为给予行政处罚的追诉时效应为五年而非二年。

二、企业未按规定代扣代缴个人所得税的处罚

纳税人不如实申报，根据违法程度的不同，既要追究行政法律责任，也要追究刑事法律责任。对纳税人偷税的，由税务机关追缴其不缴或者少缴的税款、滞纳金，并对其处不缴或者少缴的税款百分之五十以上五倍以下的罚款；构成犯罪的，依法追究刑事责任。

根据《税收征收管理法》的规定：

第六十三条 纳税人采取伪造、变造、隐匿、擅自销毁账簿、记账凭证，或者在账簿上多列支出或者不列、少列收入，或者经税务机关通知申报而拒不申报或者进行虚假的申报，不缴或者少缴应纳税款的，是偷税。

第六十四条 纳税人编造虚假计税依据的，由税务机关责令限期改正，并处五万元以下的罚款。

纳税人不如实申报，编造虚假计税依据，没有构成犯罪的，要承担五万元以下罚款的行政法律责任，造成税款流失的，承担不缴或者少缴税款百分之五十以上五倍以下罚款的行政法律责任。

三、新旧个税法对追缴税款加征滞纳金的不同政策

（一）原个税法对追缴税款不加征滞纳金

原个税法下，对扣缴义务人是否加收滞纳金的事宜，广西税务局曾请示国家税务总局，国家税务总局以《国家税务总局关于行政机关应扣未扣个人所得税问题的批复》（国税函〔2004〕1199号）做了答复：

你局《关于行政机关应扣未扣个人所得税法律责任问题的请示》（桂地税报〔2004〕45号）收悉，经研究，现批复如下：

一、关于个人所得税扣缴义务人的认定问题

根据《中华人民共和国个人所得税法》（以下简称《个人所得税法》）第八条规定，行政机关是个人所得税的扣缴义务人，其向职工支付工资、奖金、补贴及其他工资薪金性质的收入，应依法代扣代缴个人所得税。

二、关于扣缴义务人应扣未扣税款的法律责任问题

2001年5月1日前，对扣缴义务人应扣未扣税款，适用修订前的《中华人民共和国税收征收管理法》（以下简称《征管法》），由扣缴义务人缴纳应扣未扣税款；2001年5月1日后，对扣缴义务人应扣未扣税款，适用修订后的《征管法》和《国家税务总局关于贯彻中华人民共和国税收征收管理法及其实施细则若干具体问题的通知》（国税发〔2003〕47号），由税务机关责成扣缴义务人向纳税人追缴税款，对扣缴义务人处应扣未扣税款百分之五十以上三倍以下的罚款。

三、关于应扣未扣税款是否加收滞纳金的问题

按照《征管法》规定的原则，扣缴义务人应扣未扣税款，无论适用修订前还是修订后的《征管法》，均不得向纳税人或扣缴义务人加收滞纳金。

在原个税法下，由于扣缴义务人没有扣缴税款，不应存在滞纳金；参照上文规定，对于纳税人，当税务机关向其追缴税款时，也不存在滞纳金，这主要是基于扣缴义务人的存在，同时纳税人并没有明确的申报义务。

如果纳税人超过3年没有进行汇算清缴，税务机关也没有进行通知申报，纳税人自己也没有其他主观虚报造假等情形，如何确定纳税人的追缴期限。对此，国家税务

总局专门批复新疆地税，在《国家税务总局关于未申报税款追缴期限问题的批复》（国税函〔2009〕326号）答复：

你局《关于明确未申报税款追缴期限的请示》（新地税发〔2009〕156号）收悉。经研究，批复如下：

税收征管法第五十二条规定：对偷税、抗税、骗税的，税务机关可以无限期追征其未缴或者少缴的税款、滞纳金或者所骗取的税款。税收征管法第六十四条第二款规定的纳税人不进行纳税申报造成不缴或少缴应纳税款的情形不属于偷税、抗税、骗税，其追征期按照税收征管法第五十二条规定的精神，一般为三年，特殊情况可以延长至五年。

在原个税法下，没有规定纳税人有纳税申报的义务，除了年12万元所得申报，其本身并未让纳税人进行汇算清缴，如果有补税情形的，进行补税处理，税务机关的追征期最多五年。

（二）新个税法对追缴税款加征滞纳金

现行个税法修正了该项征管漏洞，明确了纳税人全员全额申报的义务，并在年度终了后进行汇算清缴。纳税人有多项预扣预缴税款的情形时，可以在征管法的规定时限内，向税务机关申报退税处理。

现行个税法下，我们需要分两种情形来考虑这个问题。

一是对于工资薪金、劳务报酬、稿酬、特许权使用费四项所得。在年度中间支付人支付时，由支付人预扣预缴，年度结束后纳税人进行汇算清缴，预扣预缴只是一个临时计算的方式，并非纳税人的最终税额，这个计税关系，彻底改变了之前原个税法下对于扣缴义务人与纳税人法律责任的界定。对于扣缴义务人，其承担的法律责任就是征管法规定的罚款。如果税务机关再要求扣缴义务人补扣税款，就无法准确计算，因为并不知道纳税人是否一并进行了申报，专项附加扣除是否存在等，这个关系有了新的变化。同时由于直接规定了纳税人有汇算清缴的法定义务，因此其欠税的期限就是从次年度6月30日结束时发生。如果纳税人未进行汇算清缴，但最终有欠税，则是纳税人自己的法律责任，同时随着税款产生滞纳金。如果经税务机关通知申报而拒不申报，则可以按照征管法第六十三条的规定，认定为偷税处理。

二是其他四项需要代扣代缴的情形。对于利息、股息、红利所得与财产租赁所得、财产转让所得、偶然所得，直接明确的是扣缴义务，在扣缴义务人未扣缴之时，规定于次年6月30日前，向扣缴义务人所在地主管税务机关办理纳税申报。

虽然综合所得规定了预扣预缴与汇算清缴相结合的税收征管方式，但是在法律责任上，却是有相对独立的一面，这与企业所得税的预缴与汇算清缴是不一样的，因为后者是一个主体的行为，前者却是两个主体的行为。即使纳税人最终汇算清缴时其税额是零，对于扣缴义务人而言，因其未准确预扣预缴的税额，税务机关仍可以按照征管法的规定进行行政罚款处理，这与之前相比没有发生变化，只是扣缴的方法存在一些调整。

四、个人转让股权代扣代缴个人所得税风险

（一）政策规定

根据《国家税务总局关于发布〈股权转让所得个人所得税管理办法（试行）〉的公告》（国家税务总局公告2014年第67号）规定：

个人股权转让所得个人所得税，以股权转让方为纳税人，以受让方为扣缴义务人。扣缴义务人应于股权转让相关协议签订后5个工作日内，将股权转让的有关情况报告主管税务机关。

个人转让股权，扣缴义务人未履行扣缴个税法定义务，税务机关可对扣缴义务人处应扣未扣、应收未收税款50%以上3倍以下的罚款，并责成扣缴义务人限期补扣或补收税款。

（二）股权转让协议

由于个人转让股权，扣缴义务人未履行扣缴个税法定义务，存在被税务机关处应扣未扣、应收未收税款50%以上3倍以下的罚款的风险，因此，在签订股权转让协议，应在协议中明确的涉税要点有：

1. 明确交易各方的税费承担义务和扣缴义务人的扣缴义务

签订股权转让协议时，明确交易各方的税费承担义务，特别要明确个人转让股权的个税法定扣缴义务，个人所得税由纳税人（转让方）承担，扣缴的税金从合同中约定的价格中扣除，转让方和被投资企业详细提供转让方持有被投资企业股权的相关成本。

2. 明确实际支付价款为代扣代缴税款后的价款

个人转让股权时，由于购买方需要承担代扣代缴税款，合同价款应该包含代扣代缴税款。因此，股权转让协议应明确合同价款应该包含代扣代缴的个税税款，实际支付价款为代扣代缴税款后的价款。

3. 明确扣缴义务人不予履行或怠于履行税收代扣代缴义务导致纳税人被处罚的赔偿责任

股权转让协议应约定，付款方不予履行或怠于履行代扣代缴义务，导致税务机关向收款方追缴税款、滞纳金或作出行政处罚等决定的，应向收款方承担违约责任，向收款方赔偿包括但不限于承担付款方根据相关行政决定而应缴纳的税款、滞纳金、行政罚款和诉讼费、律师费等直接和间接损失。

4. 明确收款方不予履行或怠于履行纳税义务导致付款方被处罚的赔偿责任

实务中，个人股权转让交易双方，也往往签订纳税人自行缴纳股权转让所得个税的协议。如有的受让方在股权转让约定：收款方不予履行或怠于履行纳税义务，导致税务机关向付款方追缴税款、滞纳金或作出行政处罚等决定的，应向付款方承担违约责任，向付款方赔偿包括但不限于承担收款方根据相关行政决定而应缴纳的税款、滞纳金、行政罚款和诉讼费、律师费等直接和间接损失。

五、取得返还的代扣手续费与其他税种的关系

根据 2018 年《中华人民共和国个人所得税法》第十七条的规定，对扣缴义务人按照所扣缴的税款，付给 2% 的手续费。根据 2018 年《中华人民共和国个人所得税法实施条例》第三十三条的规定，税务机关按照规定付给扣缴义务人手续费，应当填开退还书；扣缴义务人凭退还书，按照国库管理有关规定办理退库手续。

根据《财政部 税务总局 人民银行关于进一步加强代扣代收代征税款手续费管理的通知》（财行〔2019〕11 号）规定：

“三代”税款手续费支付比例和限额

（一）法律、行政法规规定的代扣代缴税款，税务机关按不超过代扣税款的2%支付手续费，且支付给单个扣缴义务人年度最高限额70万元，超过限额部分不予支付。对于法律、行政法规明确规定手续费比例的，按规定比例执行。

（二）法律、行政法规规定的代收代缴车辆车船税，税务机关按不超过代收税款的3%支付手续费。

（三）法律、行政法规规定的代收代缴委托加工消费税，税务机关按不超过代收税款的2%支付手续费。委托受托双方存在关联关系的，不得支付代收手续费。关联关系依据《中华人民共和国企业所得税法》及其实施条例有关规定确定。

（四）法律、行政法规规定的代收代缴其他税款，税务机关按不超过代收税款的2%支付手续费。

（五）税务机关委托交通运输部门海事管理机构代征船舶车船税，税务机关按不超过代征税款的5%支付手续费。

（六）税务机关委托代征人代征车辆购置税，税务机关按每辆车支付15元手续费。

（七）税务机关委托证券交易所或证券登记结算机构代征证券交易印花税，税务机关按不超过代征税款的0.03%支付代征手续费，且支付给单个代征人年度最高限额1000万元，超过限额部分不予支付。委托有关单位代售印花税票按不超过代售金额5%支付手续费。

（八）税务机关委托邮政部门代征税款，税务机关按不超过代征税款的3%支付手续费。

（九）税务机关委托代征人代征农贸市场、专业市场等税收以及委托代征人代征其他零星分散、异地缴纳的税收，税务机关按不超过代征税款的5%支付手续费。

根据《国家税务总局关于发布〈个人所得税扣缴申报管理办法（试行）〉的公告》（国家税务总局公告2018年第61号）第十七条的规定：

对扣缴义务人按照规定扣缴的税款，按年付给2%的手续费。其中实际入库税款不包括税务机关、司法机关等查补或者责令补扣的税款，需减除代扣代缴更正申报退税以及限售股转让清算退税。

扣缴义务人领取的扣缴手续费可用于提升办税能力、奖励办税人员。

如上所述，领取的扣缴手续费的用途为提升办税能力、奖励办税人员。

1. 领取的扣缴手续费是否缴纳增值税

关于领取的扣缴手续费是否缴纳增值税，国家税务总局没有明确的政策规定。

根据《中华人民共和国增值税暂行条例》（中华人民共和国国务院令第 691 号公布）第一条：“在中华人民共和国境内销售货物或者加工、修理修配劳务（以下简称劳务），销售服务、无形资产、不动产以及进口货物的单位和个人，为增值税的纳税人，应当依照本条例缴纳增值税。”

此条款确定了增值税的征税范围，即六种情形：1. 销售货物；2. 加工、修理修配劳务（以下简称劳务）；3 销售服务；4. 销售无形资产；5. 销售不动产；6. 进口货物。除以上正列举的六种情形，均不是增值税的征税范围。

国家税务总局 12366 纳税服务平台 2017 年 1 月 17 日答疑：按照目前营改增政策相关规定，纳税人代扣代缴个人所得税取得的手续费收入应属于增值税征税范围，应缴纳增值税。

河南省税务系统在 2016 年营改增期间在第五期“网上答疑专栏”明确：“按照目前营改增政策相关规定，纳税人代扣代缴个人所得税取得的手续费收入应属于增值税征税范围，应缴纳增值税。”认同按照两个独立的经济主体发生的业务，取得的手续费收入应按照“经纪代理服务”行业计缴增值税，一般纳税人按 6% 的税率计算增值税销项税额，小规模纳税人按 3% 的征收率计算应纳税额。

2. 领取的扣缴手续费是否缴纳企业所得税

在企业所得税方面，根据《中华人民共和国企业所得税法》第一条：在中华人民共和国境内，企业和其他取得收入的组织（以下统称企业）为企业所得税的纳税人，依照本法的规定缴纳企业所得税。

个人独资企业、合伙企业不适用本法。

《中华人民共和国企业所得税法》第六条规定，企业以货币形式和非货币形式从各种来源取得的收入，为收入总额。手续费收入并没有免税规定，所以应包括在收入总额中，计算缴纳企业所得税。

根据《财政部 税务总局 人民银行关于进一步加强代扣代收代征税款手续费管理的通知》（财行〔2019〕11 号）规定：

“三代”单位所取得的手续费收入应单独核算，计入本单位收入，用于与“三代”业务直接相关的办公设备、人员成本、信息化建设、耗材、交通费等管理支出。上述支出内容，国家已有相关支出标准的，严格执行有关规定；没有支出标准的，参照当地物价水平及市场价格，按需支出。单位取得的“三代”税款手续费以及手续费的使用，应按照法律、法规有关规定执行。

综上，只要是企业所得税的纳税主体，领取的扣缴手续费在扣除相关必要的支出后，余额部分均需并入当期收入。

3. 领取的扣缴手续费是否缴纳个人所得税

根据《财政部 国家税务总局关于个人所得税若干政策问题的通知》（财税〔1994〕20 号），个人办理代扣代缴税款手续，按规定取得的扣缴手续费，暂免征收个人所得税。

《财政部 国家税务总局关于个人所得税若干政策问题的通知》（财税字〔1994〕20 号）规定，下列所得，暂免征收个人所得税：（五）个人办理代扣代缴税款手续，按规定取得的扣缴手续费。

《个人所得税法》第九条规定：个人所得税以所得人为纳税人，以支付所得的单位或者个人为扣缴义务人。上述免税的个人指的是支付所得的扣缴义务人就是个人的情况下，个人取得的扣缴手续费免税，而不是扣缴义务人是单位，具体经办人免个税。

这是针对扣缴义务人为自然人的情况，规定予以暂免。如果扣缴义务人不是自然人，而是企业或单位，该手续费没有在“提升办税能力”方面发生支出，直接用于“奖励办税人员”，则办税人员取得的该项收入应并入“工资薪金”缴纳个人所得税。

《国家税务总局关于代扣代缴储蓄存款利息，所得个人所得税手续费收入征免税问题的通知》（国税发〔2001〕31 号）规定：根据《国务院对储蓄存款利息所得征收个人所得税的实施办法》的规定，储蓄机构代扣代缴利息税，可按所扣税款的 2% 取得手续费。储蓄机构内从事代扣代缴工作的办税人员取得的扣缴利息税手续费所得免征个人所得税。需要说明的是，该储蓄机构代扣代缴利息税已于 2008 年取消。

4. 办理临时税务登记和合伙企业缴纳个税是否返还手续费

根据《财政部 税务总局 人民银行关于进一步加强代扣代收代征税款手续费管理的通知》（财行〔2019〕11号）中规定“三代”范围的：

（一）代扣代缴是指税收法律、行政法规已经明确规定负有扣缴义务的单位和个人在支付款项时，代税务机关从支付给负有纳税义务的单位和个人的收入中扣留并向税务机关解缴的行为。

（二）代收代缴是指税收法律、行政法规已经明确规定负有扣缴义务的单位和个人在收取款项时，代税务机关向负有纳税义务的单位和个人收取并向税务机关缴纳的行为。

（三）委托代征是指税务机关根据《中华人民共和国税收征收管理法》及其实施细则关于有利于税收控管和方便纳税的要求，按照双方自愿、简便征收、强化管理、依法委托的原则和国家有关规定，委托有关单位和人员代征零星、分散和异地缴纳的税收的行为。

办理临时税务登记，本人就是纳税人，不存在代扣代缴义务人，不适用返还手续费的情形。同样，合伙企业的个人合伙人，进行申报的是生产经营的个税，不是代扣代缴的适用情形，不能取得手续费。

5. 取得手续费收入账务处理

根据原《关于修订印发2018年度一般企业财务报表格式的通知》（财会〔2018〕15号）及解读规定，企业作为个人所得税的扣缴义务人，根据《中华人民共和国个人所得税法》，其收到的扣缴税款手续费，应作为其他与日常活动相关的项目在利润表的“其他收益”项目中填列。会计分录为：

借：银行存款

贷：其他收益

应交税费—应交增值税—销项税额

NO.

02

第二篇　综合所得篇

第三章
工资、薪金所得

第一节　概述

一、工资、薪金所得的定义

《中华人民共和国个人所得税法实施条例》第六条规定：“工资、薪金所得，是指个人因任职或者受雇取得的工资、薪金、奖金、年终加薪、劳动分红、津贴、补贴以及与任职或者受雇有关的其他所得。”

一般来说，工资、薪金所得属于非独立个人劳动所得。所谓非独立个人劳动，是指个人所从事的是由他人指定、安排并接受管理的劳动，工作或服务于公司、工厂、行政、事业单位的人员（私营企业主除外）均为非独立劳动者。他们从上述单位取得的劳动报酬，是以工资、薪金的形式体现的。在这类报酬中，工资和薪金的收入主体略有差异。通常情况下，把直接从事生产、经营或服务的劳动者（工人）的收入称为工资，即所谓“蓝领阶层”所得；而将从事社会公职或管理活动的劳动者（管理人员）的收入称为薪金，即所谓“白领阶层”所得。但在实际立法过程中，各国都从简便易行的角度考虑，将工资、薪金合并成一个项目计征个人所得税。

工资、薪金适用面最广、最具多样性，在理解这项所得的界定中，需要弄清楚以下问题：一是哪些人是属于任职或受雇的个人，二是哪些所得是属于工资薪金范围内的所得。

二、确定应纳税所得额

1. 居民个人

扣缴义务人向居民个人支付工资、薪金所得时，应当按照累计预扣法计算预扣税款，并按月办理全员全额扣缴申报。

居民个人累计预扣预缴应纳税所得额＝累计收入－累计免税收入－累计减除费用－累计专项扣除－累计专项附加扣除－累计依法确定的其他扣除

其中：累计减除费用，按照 5000 元 / 月乘以纳税人当年截至本月在本单位的任职受雇月份数计算。

注意：减除费用 5000 元 / 月的标准，适用于纳税人 2018 年 10 月 1 日（含）后实际取得的工资、薪金所得。

2. 非居民个人

扣缴义务人向非居民个人支付工资、薪金所得，应按月或者按次代扣代缴个人所得税。非居民个人的工资、薪金所得，以每月收入减除费用 5000 元后的余额作为应纳税所得额。

注意：2019 年 1 月 1 日起，非居民个人在计算工资、薪金所得的个人所得税时，只能扣除每月 5000 元基本减除费用，不再执行原附加扣除费用标准 1300 元。非居民个人如果在我国境内两处或者两处以上取得工资薪金所得需要汇总计税，只能扣除一个 5000 的基本减除费用。非居民个人在计算个人所得税时，不涉及减除专项扣除、专项附加扣除和依法确定的其他扣除。

三、税率和速算扣除数

居民个人工资、薪金所得适用预扣率表（全年）

级数	累计预扣预缴应纳税所得额	预扣率（%）	速算扣除数
1	不超过 36000 元的	3	0
2	超过 36000 元至 144000 元的部分	10	2520
3	超过 144000 元至 300000 元的部分	20	16920

续表

4	超过 300000 元至 420000 元的部分	25	31920
5	超过 420000 元至 660000 元的部分	30	52920
6	超过 660000 元至 960000 元的部分	35	85920
7	超过 960000 元的部分	45	181920

非居民个人工资、薪金所得适用税率表（月度）

级数	累计预扣预缴应纳税所得额	预扣率（%）	速算扣除数
1	不超过 3000 元的	3	0
2	超过 3000 元至 12000 元的部分	10	210
3	超过 12000 元至 25000 元的部分	20	1410
4	超过 25000 元至 35000 元的部分	25	2660
5	超过 35000 元至 55000 元的部分	30	4410
6	超过 55000 元至 80000 元的部分	35	7160
7	超过 80000 元的部分	45	15160

四、计算应纳税额

1. 居民个人

扣缴义务人向居民个人支付工资、薪金所得时，应当按照累计预扣法计算预扣税款，并按月办理扣缴申报。年度预扣预缴税额与年度应纳税额不一致的，由居民个人于次年 3 月 1 日至 6 月 30 日向主管税务机关办理综合所得年度汇算清缴，税款多退少补。

累计预扣法，是指扣缴义务人在一个纳税年度内预扣预缴税款时，以纳税人在本单位截至当前月份工资、薪金所得累计收入减除累计免税收入、累计减除费用、累计专项扣除、累计专项附加扣除和累计依法确定的其他扣除后的余额为累计预扣预缴应纳税所得额，适用个人所得税预扣率表，计算累计应预扣预缴税额，再减除累计减免税额和累计已预扣预缴税额，其余额为本期应预扣预缴税额。余额为负值时，暂不退税。纳税年度终了后余额仍为负值时，由纳税人通过办理综合所得年度汇算清缴进行退税。

计算公式如下：

本期应预扣预缴税额＝（累计预扣预缴应纳税所得额 × 预扣率－速算扣除数）－累计减免税额－累计已预扣预缴税额

2. 非居民个人

非居民个人工资、薪金所得应纳税额＝应纳税所得额 × 税率－速算扣除数

第二节 特定项目适用工资薪金所得的规定

一、加班工资

根据个人所得税法的规定，纳税人取得的工资、薪金所得（含奖金、酬金、年终加薪或分红、津贴、补贴以及与任职或者受雇有关的其他工资性收入），包括取得的实物，都应该依法交纳个人所得税。加班费或加班工资也属于此类，应该与当月工资、薪金收入合并，按税法规定缴纳个人所得税。

个人在国家法定节假日加班取得两倍或三倍的加班工资，应和当月的工资薪金一并计算缴纳个人所得税，不享受任何减免税优惠。

二、补发工资

由于劳动仲裁是当事人向人民法院提起诉讼的前置程序，很多劳动争议是通过劳动仲裁解决的，而涉及个人所得税相关规定不明晰，在扣缴税款时应区分解除劳动合同关系而取得的一次性补偿和补发工资、薪金，其计税模式不同应分开予以计算。国家税务总局对补发工资的个人所得税处理并没有作出明确规定，但是一些地方税务机关出台了相应的规定可供参考。

《安徽省地方税务局关于补发工资、薪金个人所得税问题的公告》（安徽省地方

税务局公告 2015 年第 3 号）规定：

对个人所得税纳税人因政策性调资、职务晋升、新员工定级、单位筹建期或资金困难等原因补发以前月份工资、薪金，代扣代缴单位应将个人所补发工资、薪金归属到工资、薪金所属月份重新计算应纳个人所得税，减去已缴个人所得税，计算出应补个人所得税，并于补发工资、薪金当月申报缴纳。代扣代缴单位应留存补发工资、薪金相关证明资料备查。

《青海省地方税务局关于补发工资等有关个人所得税政策问题的公告》（青海省地方税务局公告 2017 年第 2 号）和《内蒙古自治区地方税务局关于补发工资有关个人所得税政策问题的公告》（内蒙古自治区地方税务局公告 2014 年第 3 号）规定：

对于企业因资金短缺等原因未能按期支付的职工工资，且在企业会计账簿中按月计提，应事先向主管税务机关提供书面说明，情况属实的可按照纳税人应取得工资收入的所属期间，计算缴纳个人所得税。

对由于职务晋升、工作调动、新进人员定级等原因，按照相关工资政策规定标准调资等原因补发以往月份工资，应向主管税务机关提供书面说明，情况属实的可以把补发工资分摊与所属月份工资薪金所得合并计征个人所得税。

不符合上述情况的补发工资应与当月工资合并计算缴纳个人所得税。

云南省也出台了类似政策。由于金税三期系统设置，补发工资在系统里会自动认定当期，需要纳税人到办税大厅说明情况，做系统维护处理。

三、以午餐补贴的名义发放的补助

《国家税务总局关于印发〈征收个人所得税若干问题的规定〉的通知》（国税发〔1994〕89 号）规定的独生子女补贴、托儿补助费、差旅费津贴、误餐补贴等不属于工资、薪金所得项目的收入，不予征税。不征税的午餐补贴，是指个人因公在城区、郊区工作，不能在工作单位或返回就餐，确实需要在外就餐的，根据实际误餐顿数，按规定的标准领取的误餐费，具体标准各地不一。单位以午餐补贴名义发给职工的补助津贴不包括在内。

四、职工餐厅免费提供餐饮服务

职工餐厅免费为员工提供餐饮服务是当前较普遍的方式。员工在本公司的餐厅免费用餐，或以优惠价格购买餐票，与个人所得税法中的“误餐补贴”不同。对于员工免费用餐，是否计入个人所得，原湖南省地税局12366问题答复：

公司员工固定在某餐厅就餐，月底由公司与餐厅统一结算，结算的费用是否分摊到个人名下并入工资薪金所得计征个人所得税？

根据《国家税务总局关于生活补助费范围确定问题的通知》(国税发〔1998〕155号)第二条的规定，下列收入不属于免税的福利费范围，应当并入纳税人的工资、薪金收入计征个人所得税。

（一）从超出国家规定的比例或基数计提的福利费、工会经费中支付给个人的各种补贴、补助；

（二）从福利费和工会经费中支付给单位职工的人人有份的补贴、补助；

（三）单位为个人购买汽车、住房、电子计算机等不属于临时性生活困难补助性质的支出。

因此，如果就餐费用由公司按月与餐厅结算，并不向职工支付就餐补助，结算费用不计入工资薪金缴纳个人所得税。从不是人人有份、不易分割、不以货币计量的角度，该项就餐费用不计入工资薪金缴纳个人所得税。

河北某上市公司公告反映的是征税的案例，如《河北某人力资源股份有限公司关于收到石家庄市地方税务局稽查局税务行政处罚决定书的公告》：

河北某人力资源股份有限公司于2017年11月2日收到石家庄市地方税务局稽查局出具的《税务行政处罚决定书》（石地税稽罚〔2017〕50号），现将有关情况公告如下：

被处罚事项

石家庄市地方税务局稽查局于2017年4月20日至2017年6月13日对公司2014年1月1日至2016年12月31日缴纳地方各税的情况进行了检查，现说明如下：

（一）公司2014年“应付职工薪酬”科目列支职工餐费79211.00元，职工福利

97036.70 元，职工旅游费 17211.70 元，未代扣代缴个人所得税。少代扣代缴 2014 年个人所得税 15823.10 元。

（二）公司 2015 年“应付职工薪酬”科目列支职工餐费 59509.00 元，职工福利 76674.47 元，职工旅游费 11350.80 元，未代扣代缴个人所得税。少代扣代缴 2015 年个人所得税 11380.51 元。

（三）公司 2016 年“应付职工薪酬”科目列支职工餐费 75359.94 元，职工福利 141195.59 元，未代扣代缴个人所得税。少代扣代缴 2016 年个人所得税 18269.43 元。

公司少代扣代缴 2014 年至 2016 年个人所得税共计 45473.04 元。

对用餐补贴相应的涉税适用情形分类分析，如表：

形式	举例描述	应税分析
发放货币用餐补贴	每月给员工发放 200 元的餐补，即使列支在福利费中，也属于工资薪金所得	属于可以计量到个人的货币所得，需并入个人所得
优惠购买餐票	3 元购买餐票享受午餐或晚餐	不可计量，无需并入个人所得
给员工充值但限于餐厅使用	每月充值员工就餐卡 300 元，额度结余作废	款项直接付餐厅，员工并未直接获得，无需并入个人所得
统一与饭店采购员工就餐服务	当日出勤员工享受就餐	同上
给员工充值但不限于餐厅使用	每月充值员工就餐卡 300 元额度，未消费部分可购买米面油等用品	等同员工获得货币利益，应并入个人所得
单位聚餐	过节或活动时单位的聚餐	不属于员工应税所得的范畴

五、适用公务用车改革的政府机关、企事业单位

近年来，部分单位因公务用车制度改革，对用车人给予相应的补偿。补偿形式多样，多数以现金形式发放，也有在限额内据实报销用车支出，单位向用车人支付车辆使用过程中的有关费用。

根据《国家税务总局关于个人所得税有关政策问题的通知》（国税发〔1999〕58 号）第二条：

个人因公务用车和通讯制度改革而取得的公务用车、通讯补贴收入，扣除一定标准的公务费用后，按照“工资、薪金”所得项目计征个人所得税。按月发放的，并入

当月“工资、薪金”所得计征个人所得税；不按月发放的，分解到所属月份并与该月份“工资、薪金”所得合并后计征个人所得税。

公务费用的扣除标准，由省税务局根据纳税人公务交通、通信费用的实际发生情况调查测算，报经省级人民政府批准后确定，并报国家税务总局备案。

全国推行公务用车改革后，国家税务总局发布了《关于个人因公务用车制度改革取得补贴收入征收个人所得税问题的通知》（国税函〔2006〕245号），对公务用车制度改革后各种形式的补贴收入征收个人所得税问题明确如下：

（1）因公务用车制度改革而以现金、报销等形式向职工个人支付的收入，均应视为个人取得公务用车补贴收入，按照“工资、薪金所得”项目计征个人所得税。

（2）具体计征方法，按《国家税务总局关于个人所得税有关政策问题的通知》（国税发〔1999〕58号）第二条“关于个人取得公务交通、通信补贴收入征税问题”的有关规定执行。

河南省财政厅、河南省地方税务局下发了《关于公务用车制度改革取得补贴收入有关个人所得税扣除标准的通知》（豫财税政〔2015〕82号）：

为规范我省个人公务用车补贴收入个人所得税扣除标准，依据《国家税务总局关于个人所得税有关政策问题的通知》（国税发〔1999〕58号）和《河南省公务用车制度改革总体方案》，经省政府同意，现就公务用车改革补贴收入个人所得税扣除标准通知如下：

一、因公务用车制度改革，省级及以下各级党政机关（包括党委、人大、政府、政协、审判、检察机关，各民主党派和工商联，参照公务员法管理的人民团体、群众团体、事业单位）职工按规定取得的公务交通补贴收入，允许在计算个人所得税税前据实扣除。

二、本通知自2015年11月1日起执行。

六、经营性企业发放车补

一般企业不属于公务用车制度改革范围，在车补方面并非财政补贴资金，而是用自有资金支付。一种情形是单位租赁个人车辆使用，另一种是每个月给员工报销一定额度的费用。前者可以考虑以租赁费计缴员工的个人所得税；后者因车辆属于个人，不在单位固定资产账目，应属于交通补贴范畴。如有单位每个月为每个员工报销 1800 元交通补贴，员工取得一定的出租车发票或汽油费普通发票报销，无论计入福利费或交通费，都应属于员工所得需要计缴个税。

《河北省地方税务局关于个人所得税若干业务问题的通知》（冀地税发〔2009〕46 号）规定：

一、各单位向职工个人发放的交通补贴（包括报销、现金等形式），按交通补贴全额的 30% 作为个人收入并入当月工资薪金所得征收个人所得税。

交通补贴的企业所得税和增值税处理，列示如表：

形式	企业所得税处理	增值税处理
每月直接发放现金补贴	工资薪金	不存在抵扣
员工报销打车发票	属于福利费当中的交通补贴，在职工福利费 14% 限额内扣除	由于出租车票没有旅客个人信息，因此不能抵扣进项税额
员工报销加油票	通常发票抬头填写不规范，难以税前扣除	可能存在员工开具专用发票报销，后期税务检查需对应单位固定资产是否自有车辆，建议由单位统一采购取得专用发票抵扣为宜
单位买加油卡发放给员工使用	企业多以办公费用或交通费用列支，并未列入福利费，如果是给员工补贴性质，应并入福利费限额内扣除	如果是属于员工福利性质，并非租赁员工车辆使用，宜认为不得抵扣

同时，注意增值税抵扣的风险，《财政部 国家税务总局 海关总署关于深化增值税改革有关政策的公告》（财政部 税务总局 海关总署公告 2019 年第 39 号）规定：

六、纳税人购进国内旅客运输服务，其进项税额允许从销项税额中抵扣。

（一）纳税人未取得增值税专用发票的，暂按照以下规定确定进项税额：

1. 取得增值税电子普通发票的，为发票上注明的税额；

2. 取得注明旅客身份信息的航空运输电子客票行程单的，为按照下列公式计算进项税额：

航空旅客运输进项税额＝（票价＋燃油附加费）÷（1 ＋ 9%）×9%

3. 取得注明旅客身份信息的铁路车票的，为按照下列公式计算的进项税额：

铁路旅客运输进项税额＝票面金额 ÷（1 + 9%）×9%

4. 取得注明旅客身份信息的公路、水路等其他客票的，按照下列公式计算进项税额：

公路、水路等其他旅客运输进项税额＝票面金额 ÷（1 + 3%）×3%

七、通信费补贴

原河南省国家税务局、河南省地方税务局于2003年7月下发豫国税发〔2003〕185号“关于转发《国家税务总局关于执行〈企业会计制度〉需要明确的有关所得税问题的通知》的通知”，第二条明确：企业发给职工与取得应纳税收入有关的办公通信费用，凡符合下列条件的，暂允许在所得税（包括企业所得税和个人所得税）前扣除：

1. 允许税前扣除通信费用的职工是指其工作业务与企业经营管理有直接关系的职工，其通讯信用是办公业务必需的。

2. 职工税前扣除的通信费用不超过每人每月200元，且有真实的通信费用发票；对职工的通信费用凡超过上述规定标准的，必须依法进行纳税调整。

文中“允许在所得税前扣除”，指不计入个人所得税应纳税所得额，且可以在企业所得税税前扣除。

根据国家相关规定，为了规范电话用户真实身份信息登记活动，保障电话用户的合法权益，新用户在签订固定电话、移动电话（含无线上网卡）等入网协议时，以及在网老用户在确认增加服务种类时，电信运营商需如实登记用户提供的真实身份信息。对于实报实销的情形，发票开给个人，企业所得税不能税前扣除。

通讯费与企业所得税和增值税的处理如下表列示：

形式	企业所得税处理	增值税处理
直接作为工资薪金项目发放	作为工资薪金扣除，但计算个税据各地口径剔除相应扣除额	不得抵扣
员工报销	1. 属于个人名称的通信费报销，不得税前扣除。 2. 计入福利费按14%限额内扣除	不得抵扣。有企业将员工的手机号绑在企业名下，电信公司一并开具专用发票用于抵扣

续表

统一发放公司名下的电信卡办公使用	作为通信费正常扣除	可以抵扣，属于单位支出
直接在福利费中列支发放补贴	作为职工福利费按 14% 限额扣除，但是如果是作为工资组成项目发放的，作为工资薪金扣除	不得抵扣

上表最后一行，如果直接在福利费中列支发放通讯费补贴，则属于《国家税务总局关于企业工资薪金和职工福利费等支出税前扣除问题的公告》（国家税务总局公告2015年第34号）："列入企业员工工资薪金制度、固定与工资薪金一起发放的福利性补贴，符合《国家税务总局关于企业工资薪金及职工福利费扣除问题的通知》（国税函〔2009〕3号）第一条规定的，可作为企业发生的工资薪金支出，按规定在税前扣除。不能同时符合上述条件的福利性补贴，应作为国税函〔2009〕3号文件第三条规定的职工福利费，按规定计算限额税前扣除。"

八、员工体检费用

员工体检费用是否属于员工的工资薪金所得？国家税务总局在线答疑对该问题明确答复：

在线访谈：国家税务总局2018年第三季度政策解读现场实录

问题：单位组织员工体检，并统一向体检单位支付体检费，体检支出由单位统一核算，未发放到个人名下，员工是否缴纳个人所得税？

根据现行个人所得税法规定，工资薪金所得，是指个人因任职或者受雇而取得的工资、薪金、奖金、年终加薪、劳动分红、津贴、补贴以及与任职或者受雇有关的其他所得。

对于任职受雇单位发给个人的福利，不论是现金还是实物，依法均应缴纳个人所得税。但对于集体享受的、不可分割的、未向个人量化的非现金方式的福利，原则上不征收个人所得税。

需要注意的是，企业为员工支付的体检费是否需要扣缴个人所得税，应该根据体检的性质来确定。

《中国税务报》答疑栏目文章：员工体检费是否缴税？

属于企业工作性质要求的体检费支出，比如企业为特殊工种职工支付的体检费，不应征收个人所得税。属于人人都有的、福利待遇性质的体检费，是个人因任职或者受雇而取得的所得，应并入员工当期工资、薪金收入扣缴个人所得税。

个人所得税法规定，个人所得的形式，包括现金、实物、有价证券和其他形式的经济利益。所得为实物的，应当按照取得的凭证上所注明的价格计算应纳税所得额；无凭证的实物或者凭证上所注明的价格明显偏低的，参照市场价格核定应纳税所得额。所得为有价证券的，根据票面价格和市场价格核定应纳税所得额。所得为其他形式的经济利益的，参照市场价格核定应纳税所得额。

因此，企业为员工支付的体检费是否需要扣缴个人所得税，应该根据体检的性质来确定。

举例说明，如果单位全部员工都参加体检，属于人人有份，应并入员工当期工资、薪金收入扣缴个人所得税。如果仅是部分员工，如一线生产人员、长期危险工种人员等安排的特定项目体检，则不需计入。

九、出差补贴

出差补贴是否计入个人工资薪金所得，《中华人民共和国个人所得税法实施条例》第八条第一款规定：工资薪金所得是指个人因任职或者受雇而取得的工资、薪金、年终加薪、劳动分红、津贴、补贴以及与任职或者受雇有关的其他所得。

《国家税务总局关于印发〈征收个人所得税若干问题的规定〉的通知》（国税发〔1994〕089号）第二条第二款明确规定：

下列不属于工资、薪金性质的补贴、津贴或者不属于纳税人本人工资、薪金所得项目的收入，不征税：1.独生子女补贴；……3.托儿补助费；4.差旅费津贴、误餐补助。

北京地税在线访谈：

嘉宾：北京市地方税务局个人所得税管理处付春江副处长；北京市地方税务局个人所得税管理处付晨光主任科员

有网友问：按照《关于调整中央和国家机关差旅住宿费标准等有关问题的通知》。

每年国家机关差旅费标准逐年上调。广州地税根据这个通知和当地情况每年发文上调国家机关、企事业单位统一的免税标准，2014 年为 100 元 / 天。大连市也专门有文件规定，只要是执行纳税人所在单位的董事会决议（或内部管理方案）规定的标准，标准内津贴不并入个人工资薪金所得征收个人所得税。而北京还停留在近 20 年前的京地税个〔1998〕41 号文的规定“外埠差旅费津贴一般地区 20 元 / 天，特殊地区 30 元 / 天”。未来北京会跟上时代出具新的免税标准的文件吗?

付春江：根据《国家税务总局关于印发〈征收个人所得税若干问题的规定〉的通知》（国税发〔1994〕89 号）文件规定，差旅费津贴不属于纳税人本人工资、薪金所得项目的收入，不征税。对于差旅费补贴的标准，由财政部门研究制定并适时更新，扣缴单位扣缴个人所得税时可按财政文件规定执行。

随后，北京地税微信公众号中《工资、薪金个人所得税辅导手册》提出交通费补助标准为 80 元 / 天，伙食补助费为 100 元 / 天。

青岛市地方税务局 2013 年对该问题回答较全面。

《青岛市地方税务局 2013 年度所得税问题回答》（青地税二函〔2014〕2 号）：

20．企业员工出差取得的出差补助是否征收个人所得税？如何征收?

答：差旅费是指单位工作人员暂时离开青岛市内七区（不包括青岛四市）到外地办理公务所必须的费用，其开支范围包括城市间交通费、住宿费、伙食补助费和公杂费。

根据《征收个人所得税若干问题的规定》（国税发〔1994〕89 号文件），差旅费津贴、误餐补助不属于工资、薪金性质的补贴、津贴或者不属于纳税人本人工资、薪金所得项目的收入，不征税。

参照青财行〔2013〕17 号文件规定，差旅费中的城市间交通费、住宿费凭据报销，伙食补助费、公杂费按规定标准发放，具体如下：

伙食补助费：出差人员的伙食补助费，按出差自然（日历）天数实行定额包干的办法，每人每天补助标准为市外 50 元，市内（青岛四市）20 元。

公杂费：出差人员的公杂费，按出差自然（日历）天数实行定额包干的办法，每人每天补助标准为市外 50 元，市内（青岛四市）10 元，用于补助市内外交通、通信等支出。

企业不超过上述标准且凭借相关出差票据据实发放给个人的伙食补助费和公杂费部分，不征收个人所得税；对超标准部分和以此为名义发放的人人有份的补贴，要依法征收个人所得税。

部分企业采用差旅费包干的制度，如何计算个人所得税，原河北地税在2009年作出答复：

《河北省地方税务局关于个人所得税若干业务问题的通知》（冀地税发〔2009〕46号）：对实行差旅费包干的企业，其经销人员按差旅费包干收入办法取得的收入，按扣除据实报销差旅费用后的差额，与当月工薪所得项目合并计算征收个税。

境外出差补贴的标准，参照《财政部关于印发〈因公临时出差经费管理办法〉的通知》（财行〔2013〕516号）文件规定的标准。外籍个人的差旅费补贴免税标准，并不适用上述规则。

出差补贴的企业所得税和增值税处理如下表：

形式	企业所得税处理	增值税处理
实际发生的交通费	作为差旅费，不受税前扣除限额	购进国内旅客运输服务，其进项税额允许从销项税额中抵扣
实际发生的住宿费	同上	住宿费用可以抵扣
实际发生的餐饮费	招待客户计入业务招待费，如不属于，列入差旅费	餐饮服务不得抵扣
实际发生的会议费	列入差旅费或列入会议费扣除	会务服务可以抵扣

十、企业为个人购买房屋或其他财产

《财政部 国家税务总局关于企业为个人购买房屋或其他财产征收个人所得税问题的批复》（财税〔2008〕83号）规定，符合以下情形的房屋或其他财产，不论所有权人是否将财产无偿或有偿交付企业使用，其实质均为企业对个人进行了实物性质的分配，应依法计征个人所得税：

（1）企业出资购买房屋及其他财产，将所有权登记为投资者个人、投资者家庭成员或企业其他人员的；

（2）企业投资者个人、投资者家庭成员或企业其他人员向企业借款用于购买房屋及其他财产，将所有权登记为投资者、投资者家庭成员或企业其他人员，且借款年度终了后未归还借款的。

对企业除个人投资者或其家庭成员之外的其他人员取得的上述所得，按照“工资、薪金所得”项目计征个人所得税。

十一、企业以实物向职工发放福利

实物福利，一般指在春节、中秋节等节假日给员工发放食品、月饼等实物，有媒体戏称其为“月饼税”。关于实物福利的政策非常明确，实物所得属于个人的所得范畴，属于征税范围，并入工资薪金所得计缴个税。

现行个税法实施条例明确规定：

第八条　个人所得的形式，包括现金、实物、有价证券和其他形式的经济利益；所得为实物的，应当按照取得的凭证上所注明的价格计算应纳税所得额，无凭证的实物或者凭证上所注明的价格明显偏低的，参照市场价格核定应纳税所得额；所得为有价证券的，根据票面价格和市场价格核定应纳税所得额；所得为其他形式的经济利益的，参照市场价格核定应纳税所得额。

规定明确实物属于个人所得，但是对于确认所得的定价上，应以取得的凭证上注明的价格计算应纳税所得额，这里“取得的凭证”确定的价格，一是单位购买时的价格，二是单位发放给个人时标示的价格。

在《财政部 国家税务总局关于企业促销展业赠送礼品有关个人所得税问题的通知》（财税〔2011〕50号）文件中，在原个税法下“其他所得”的计税所得计量价格上，采用了相似的规则：

三、企业赠送的礼品是自产产品（服务）的，按该产品（服务）的市场销售价格确定个人的应税所得；是外购商品（服务）的，按该商品（服务）的实际购置价格确定个人的应税所得。

另外，购入的实物福利不能抵扣进项税额，相当于价税合计的金额需要并入所得中。如果是自产的，依据《增值税暂行条例实施细则》的规定需要进行视同销售。

对于实物福利，安徽省合肥市地方税务局有一则对媒体报道的解读，相当具有代表性：

最近，我局获悉有关媒体发布关于“单位发放中秋月饼，职工也需缴纳个人所得税”等报道，引起公众关注。为回应社会关切，现将相关税收政策规定宣传解读如下：

一、个人取得的实物福利所得应如何纳税？

根据《个人所得税法实施条例》（国务院令第600号）第八条第一款的规定：工资、薪金所得，是指个人因任职或者受雇而取得的工资、薪金、奖金、年终加薪、劳动分红、津贴、补贴以及与任职或者受雇有关的其他所得。

《个人所得税法实施条例》第十条规定：个人所得的形式，包括现金、实物、有价证券和其他形式的经济利益。所得为实物的，应当按照取得的凭证上所注明的价格计算应纳税所得额；无凭证的实物或者凭证上所注明的价格明显偏低的，参照市场价格核定应纳税所得额。

综上，个人取得单位发放的实物所得应并入工资、薪金所得计征个人所得税。其适用范围为全国而非仅适用于合肥，我局无权制定此类政策，也从未授权任何媒体就实物福利所得计征个人所得税问题进行解读。

二、可以免税的福利费有哪些？

根据《个人所得税法》（中华人民共和国主席令第48号）第四条第四项规定：个人取得的福利费、抚恤金、救济金，免纳个人所得税。

根据《个人所得税法实施条例》（国务院令第600号）第十四条规定：税法第四条第四项所说的福利费，是指根据国家有关规定，从企业、事业单位、国家机关、社会团体提留的福利费或者工会经费中支付给个人的生活补助费。

根据《国家税务总局关于生活补助费范围确定问题的通知》（国税发〔1998〕155号）规定：《中华人民共和国个人所得税法实施条例》第十四条所说的福利费是指由于某些特定事件或原因而给纳税人或其家庭的正常生活造成一定困难，其任职单位按国家规定从提留的福利费或者工会经费中向其支付的临时性生活困难补助。

综上，符合税法规定可免税的福利费是有特指的，仅指从按规定提留的福利费或工会经费中支付的临时性生活困难补助。

三、以福利费名义发放的各项补贴补助可以免税吗?

根据《国家税务总局关于生活补助费范围确定问题的通知》(国税发〔1998〕155号)规定:《中华人民共和国个人所得税法实施条例》第十四条所说的属于免税收入的福利费不包括“从福利费和工会经费中支付给单位职工的人人有份的补贴、补助”。

四、个人取得实物福利是否都要计征个人所得税?

根据个人所得税法相关规定,工资、薪金所得在计征个人所得税时,需先扣除“三险一金”(基本养老保险金、基本医疗保险金、失业保险金、住房公积金)和费用扣除标准,仍有余额的才会计征个人所得税。

需要注意的是,2018年新《个人所得税法》修改后,取消了“其他所得”项目,按照原税法“其他所得”项目征税的有关政策文件,需要进行相应调整。

为落实新个人所得税法,做好有关政策衔接工作,财政部、税务总局联合印发《关于个人取得有关收入适用个人所得税应税所得项目的公告》(财政部 税务总局公告2019年第74号),对原税法下按“其他所得”项目征税的有关收入调整了适用的应税所得项目,从2019年1月1日起执行。

十二、外资企业为员工提供实物福利

《国家税务总局关于外商投资企业和外国企业以实物向雇员提供福利如何计证个人所得税问题的通知》(国税发〔1995〕115号)明确规定,为符合一定条件的雇员购买住房、汽车等个人消费品,所购房屋产权证和车辆发票均填写雇员姓名,并商定该雇员在企业工作达到一定年限或满足其他条件后,该住房、汽车的所有权完全归雇员个人所有。

个人取得实物所得,应在取得实物的当月,按照有关凭证上注明的价格或主管税务机关核定的价格并入其工资、薪金所得征税。考虑到个人取得的前述实物价值较高,且所有权是随工作年限逐步取得的,对于个人取得前述实物福利可按企业规定取得该财产所有权需达到的工作年限内(高于五年的按五年计算)平均分月计入工资、薪金所得征收个人所得税。

十三、住房补贴

根据《财政部 国家税务总局关于住房公积金医疗保险金养老保险金征收个人所得税问题的通知》（财税字〔1997〕144 号）第三条的规定，企业以现金形式发给个人的住房补贴、医疗补助费，应全额计入领取人的当期工资、薪金收入计征个人所得税。但对外籍个人以实报实销形式取得的住房补贴，仍按照《财政部 国家税务总局关于个人所得税若干政策问题的通知》（财税字〔1994〕第 20 号）的规定，暂免征收个人所得税。

企业为员工提供住房、租房、宿舍或发放补贴的情形比较多见，如北京的某集团公司为派遣到各地子公司或分公司工作的人员，提供当地住房，其租金由单位直接承担，或者支付给个人补贴，让个人去办理租房，此部分金额是否需要并入员工的工资薪金所得？

本次个税法修改，增加了租房支出作为专项附加扣除中的一项，这两者其实并不矛盾，上面我们提到的单位租房供员工使用的情形，这是界定为是否员工所得的定性。而专项附加扣除中的租房支出，则是员工自己花钱租房扣除的情形，如果员工没有支付租房支出，不能税前扣除。

《广州地税个人所得税若干征税业务指引（2009 年）》规定：

六、关于企业职工无偿使用企业房产征税问题

企业职工无偿使用企业自有或租赁的房产，应视为职工取得其他经济形式的应税所得，在使用期内按月并入职工当期工资薪金所得依法计征个人所得税。其中，使用房产属企业租入的，按照企业每月支付的租金计算确认工资薪金收入额；使用房产属企业自有的，应先以租金的公允价格确认工资薪金收入额，但对缺乏公允价格做参考的，应按照企业每月提取的折旧额计算确认工资薪金收入额。

职工合用上款所指房产，应自行协议约定收入的分配方案，纳税人拒不提供协议分配方案的，税务机关可按人数均分原则核定个人实际收入额。

湖南地税：

纳税人问：企业租赁房屋给公司高管个人居住，房屋租金由公司按季支付，那么，

支付的租金需并入高管个人取得的补贴扣缴个人所得税？企业是将季度租金分摊至月还是合并到季度当月的工资、薪金所得扣缴个人所得税？

根据《中华人民共和国个人所得税法实施条例》（中华人民共和国国务院令第600号）第八条第一款的规定，工资、薪金所得，是指个人因任职或者受雇而取得的工资、薪金、奖金、年终加薪、劳动分红、津贴、补贴以及与任职或者受雇有关的其他所得。

另据湖南省地方税务局答复：补发的工资可以分解到所属月份征税；奖金及其他津贴补贴发放时一律并入发放当月“工资、薪金所得”计征个人所得税。

因此，企业租赁房屋给公司高管个人居住，房屋租金按季支付，需合并到季度当月的工资、薪金所得扣缴个人所得税。

企业为刚毕业的大学生提供的宿舍，并非是员工免费享受单位提供的优厚的住房条件，而是员工福利当中的组成部分。

十四、企业向员工提供免费旅游

根据《财政部 国家税务总局关于企业以免费旅游方式提供对营销人员个人奖励有关个人所得税政策的通知》（财税〔2004〕11号）的规定：

自2004年1月20日起，对商品营销活动中，企业和单位对营销业绩突出人员以培训班、研讨会、工作考察等名义组织旅游活动，通过免收差旅费、旅游费对个人实行的营销业绩奖励（包括实物、有价证券等），应根据所发生费用全额计入营销人员应税所得，依法征收个人所得税，并由提供上述费用的企业和单位代扣代缴。其中，对企业雇员享受的此类奖励，应与当期的工资、薪金合并，按照“工资、薪金所得”项目征收个人所得税，对其他人员享受的此类奖励，应作为当期的劳务收入，按照“劳务报酬所得”项目征收个人所得税。

某大型企业按级别为员工每年报销3000～5000元的旅游费用，员工根据自己的休假安排，凭着发票来报销。有些公司财务部门经过筹划，向旅行社采购旅游支出，用于员工个人旅游目的，看似公司取得了统一的发票，其形式背后是个人的旅游支出费用。以上情况均被税务机关认定为个人的工资、薪金所得，计算个税进行补缴处理。

员工旅游支出与企业所得税和增值税的处理，如表列示：

形式	企业所得税处理	增值税处理
奖励员工旅游，属于个税的工资薪金所得	直接发放奖金的，属于工资薪金可税前扣除；按报销处理的，如以会议费、业务宣传费等方式处理，后期税务机关检查常定性为虚假列支费用	即使取得旅行社的专用发票，也不得抵扣
奖励企业外部人员的旅游，以劳务报酬计税	通常认为属于业务宣传费支出，由被奖励人员出具劳务报酬发票	无论是否统一采购均不得抵扣
集体旅游	规定的党建活动，可以按标准列支并在企业所得税税前扣除，其他活动不得列支	福利性质不得抵扣

十五、年会抽奖及发放奖品、红包等

年会抽奖活动，分别有红包奖励和实物奖励，获奖对象有本单位员工，也有上下游关系的客户，抽奖的现金或实物应该怎么缴税，江苏泰州地税（摘自泰州人民政府网亲民税务 12366）答复：

纳税人问：公司年会上员工抽奖的奖品如何计征个人所得税？发布日期：2015年5月5日

《财政部 国家税务总局关于企业促销展业赠送礼品有关个人所得税问题的通知》（财税〔2011〕50号）第二条第2项规定："企业在年会、座谈会、庆典以及其他活动中向本单位以外的个人赠送礼品，对个人取得的礼品所得，按照'其他所得'项目，全额适用20%的税率缴纳个人所得税。"《个人所得税法实施条例》第八条第（一）项规定，工资、薪金所得，是指个人因任职或者受雇而取得的工资、薪金、奖金、年终加薪、劳动分红、津贴、补贴以及与任职或者受雇有关的其他所得。

从上述两项规定可以看出，公司向本单位以外个人发放奖品，个人取得的奖品所得应属于"偶然所得"，而本单位员工年会抽奖应属于"工资、薪金所得"性质所得，因此，公司年会上员工抽奖的奖品应当并入当月工资薪金计征个人所得税。

再看一例违法案件的公告：

青岛地税税务违法案件公告

该单位2012年购买礼品并在年会上抽奖发放，全额192000元，未代扣个人所得税；支付本单位职工绩效考核奖金33300元，未代扣个人所得税。2013年购买礼品并在年会上抽奖发放，金额52000元，未代扣个人所得税；发放双薪及考核奖，少代扣代缴个人所得税。2014年发放双薪及考核奖，少代扣代缴个人所得税。

根据《中华人民共和国个人所得税法》第一条、第二条、第三条、第六条、《中华人民共和国税收征收管理法》第六十九条、《国家税务总局关于调整个人取得全年一次性奖金等计算征收个人所得税方法问题的通知》（国税发〔2005〕9号）及《国家税务总局关于贯彻〈中华人民共和国税收征收管理法〉及其实施细则若干具体问题的通知》（国税发〔2003〕47号）规定，该单位2012年应按“偶然所得”补扣补缴个人所得税38400元，按“工资、薪金所得”补扣补缴个人所得税3225元，2013年应按“其他所得”补扣补缴个人所得税10400元，按“工资、薪金所得”补扣补缴个人所得税11761.31元；2014年应按“工资、薪金所得”补扣补缴个人所得税11339.47元。

需要说明的是，根据《财政部 国家税务总局关于企业促销展业赠送礼品有关个人所得税问题的通知》（财税〔2011〕50号）第二条的规定，企业在年会、座谈会、庆典以及其他活动中向本单位以外的个人赠送礼品，企业赠送的礼品是外购商品（服务）的，按该商品（服务）的实际购置价格确定个人的应税所得。

企业举办年会，各项支出项目繁多，为谨慎起见，相关的支出应作为福利费一并核算；有业务招待性质的，单独作为业务招待费核算。上述增值税进项税额不能抵扣，相应的个税需要分员工与外部人员进行处理。

事项	企业所得税处理	增值税处理
场地费用（承办会议方式）	通常取得会务费发票，可以直接作为会议费税前扣除	取得会务费进项税额可以抵扣
场地租赁（不提供会务服务）	取得经营租赁的发票，可以作为会议费税前扣除	不动产租赁进项税额可以抵扣
会务物料，第三方服务费用	会议费	取得会务费进项税额可以抵扣
餐费	应按福利费核算，也有部分税务机关要求按照业务招待费核算，其原因为参加人员中有企业外部客户	餐饮服务，不得抵扣

续表

交通费用	参照会议费，分本单位与招待外单位的人	注明个人信息的旅客运输服务可以抵扣，租赁外单位的车辆提供运输服务，可以抵扣
住宿费用	参照会议费，分本单位员工与招待外单位客户	认为属于福利费或业务招待性质不得抵扣
演艺人员	参照会议费，注意个人代扣代缴个人劳务报酬个税，索要发票等	同上
娱乐支出	福利费或业务招待费，分本单位与招待外单位的人	同上
礼品支出（含购物卡）	福利费或业务招待费	用于员工福利不得抵扣，业务招待赠送需要考虑视同销售，此时可以抵扣

某知名房地产企业，创始人被任命为荣誉董事长，主要精力投入登山及哈佛大学学习，每年有固定薪酬，类似取得了无限期带薪休假的奖励。这种情形下，不工作但有所得，是否属于偶然所得？创始人虽然没有上班，但是其工作关系还存续，从其取得所得的前提来看，仍属员工的工资薪金所得，单位扣缴时可以按累计预扣法扣缴个税，员工可以预扣其专项附加扣除等，年度结束后需要进行汇算清缴。

十六、内部退养人员取得的收入

关于企业减员增效和行政事业单位、社会团体在机构改革过程中实行内部退养办法人员取得收入的征税问题，《国家税务总局关于个人所得税有关政策问题的通知》（国税发〔1999〕58号）规定，实行内部退养的个人在其办理内部退养手续后至法定离退休年龄之间从原任职单位取得的工资、薪金，不属于离退休工资，应按工资、薪金所得项目计征个人所得税。

个人在办理内部退养手续后从原任职单位取得的一次性收入，应按办理内部退养手续后至法定离退休年龄之间的所属月份进行平均，并与领取当月的“工资、薪金”所得合并后减除当月费用扣除标准，以余额为基数确定适用税率，再将当月工资、薪金加上取得的一次性收入，减去费用扣除标准，按适用税率计征个人所得税。

个人在办理内部退养手续后至法定离退休年龄之间重新就业取得的“工资、薪金”所得，应与其从原任职单位取得的同一月份的“工资、薪金”所得合并，并依法自行向主管税务机关申报缴纳个人所得税。

十七、退休人员再任职取得收入

根据《国家税务总局关于个人兼职和退休人员再任职取得收入如何计算征收个人所得税问题的批复》（国税函〔2005〕382号），退休人员再任职取得的收入，在减除按个人所得税法规定的费用扣除标准后，按“工资、薪金所得”应税项目缴纳个人所得税。

根据《国家税务总局关于离退休人员再任职界定问题的批复》（国税函〔2006〕526号），“退休人员再任职”应同时符合下列条件：

（1）受雇人员与用人单位签订一年以上（含一年）劳动合同（协议），存在长期或连续的雇佣与被雇佣关系。

（2）受雇人员因事假、病假、休假等原因不能正常出勤时，仍享受固定或基本工资收入。

（3）受雇人员与单位其他正式职工享受同等福利、社保、培训及其他待遇。

《国家税务总局关于个人所得税有关问题的公告》（国家税务总局公告2011年第27号）规定，自2011年5月1日起，单位是否为离退休人员缴纳社会保险费，不再作为离退休人员再任职的界定条件。

（4）受雇人员的职务晋升、职称评定等工作由用人单位负责组织。

国家税务总局2011年第27号公告取消了企业为退休人员支付社会保险费的要求，然而需要注意的是，福利、培训及其他待遇仍是界定退休人员再任职的条件。

十八、企业及雇佣或派遣单位对员工同时支付的工资薪金

《国家税务总局关于印发〈征收个人所得税若干问题的规定〉的通知》（国税发〔1994〕89号）规定：

在外商投资企业，外国企业和外国驻华机构工作的中方人员取得的工资、薪金收

入，凡是由雇佣单位和派遣单位分别支付工资薪金的，支付单位应代扣代缴个人所得税。纳税义务人应以每月全部工资、薪金收入减除规定费用后的余额为应纳税所得额。

为了便利征管，对雇佣单位和派遣单位分别支付工资、薪金的，采取由支付者中的一方减除费用的方法，即只由雇佣单位在支付工资薪金时，按税法规定减除费用，计算扣缴个人所得税；派遣单位支付的工资薪金不再减除费用，以支付全额直接确定适用税率，计算扣缴个人所得税。

上述纳税义务人，应持两处支付单位提供的原始明细工资薪金表和完税凭证原件，选择一处税务机关申报每月工资薪金收入，汇算清缴其工资薪金收入的个人所得税，多退少补。具体申报期限，由各省、自治区、直辖市税务局确定。

对外商投资企业，外国企业和外国驻华机构发放给中方工作人员的工资薪金所得，应全额征税。但对可以提供有效合同或有关凭证，能够证明其工资薪金所得的一部分按照有关规定上交派遣（介绍）单位的，可扣除其实际上交的部分，按其余额计征个人所得税。

十九、外企对境外企业支付其雇员的工资薪金

根据《财政部 税务总局关于非居民个人和无住所居民个人有关个人所得税政策的公告》（财政部、税务总局公告 2019 年第 35 号），无住所个人在境内任职、受雇取得来源于境内的工资薪金所得，凡境内雇主与境外单位或者个人存在关联关系，将本应由境内雇主支付的工资薪金所得，部分或者全部由境外关联方支付的，无住所个人可以自行申报缴纳税款，也可以委托境内雇主代为缴纳税款。无住所个人未委托境内雇主代为缴纳税款的，境内雇主应当在相关所得支付当月终了后 15 天内向主管税务机关报告相关信息，包括境内雇主与境外关联方对无住所个人的工作安排、境外支付情况以及无住所个人的联系方式等信息。

二十、企业为职工购买商业保险

企业为职工购买境内商业保险，根据《国家税务总局关于单位为员工支付有关保险缴纳个人所得税问题的批复》（国税函〔2005〕318 号）的规定，企业为员工支付

各项免税之外的保险金，应在企业向保险公司缴付（即该保险落到保险人的保险账户）时并入员工当期的工资收入，按“工资、薪金所得”项目计征个人所得税，税款由企业负责代扣代缴。

单位为个人办理或缴纳的商业保险，范围及类型非常多样，分析见下表：

保险种类	个税政策	依据
员工出差时购买的保险	不属于个人所得，属于正常的费用	随业务同时发生的，属于工作相关的支出。
按年购买的意外保险等，包括为员工亲属购买的保险	属于个人所得，并入工资薪金	国家税务总局《关于单位为员工支付有关保险缴纳个人所得税问题的批复》（国税函〔2005〕318 号）：对企业为员工支付各项免税之外的保险金，应在企业向保险公司缴付时（即该保险落到被保险人的保险账户）并入员工当期的工资收入，按“工资、薪金所得”项目计征个人所得税，税款由企业负责代扣代缴。
特殊工种的保险	不属于个人所得，比如为高空作业员工购买的责任险等	属于工作相关的支出
雇主责任险	与员工无关	
商业健康保险	单位购买的符合条件的商业健康险，在年 2400 元限额内扣除	财政部、国家税务总局《关于将商业健康保险个人所得税试点政策推广到全国范围实施的通知》（财税〔2017〕39 号）
补充医疗保险	属于个人工资薪金所得	已失效的企便函〔2009〕33 号提出：（六）企业为职工缴付的补充医疗保险的个人所得税问题。 根据财政部、国家税务总局《关于住房公积金医疗保险金、养老保险金征收个人所得税问题的通知》（财税字〔1997〕144 号）规定，应扣缴个人所得税。如果企业委托保险公司单独建账，集中管理，未建立个人账户，应按企业统一计提时所用的具体标准乘以每人每月工资总额计算个人每月应得补充医疗保险，全额并入当月工资扣缴个人所得税。

各类保险中，判断应税的原则有两个：

一是，划分与单位业务相关的还是与个人利益相关的，这是判断是否属于个人所得的基本标准，在此基础之上，如果有国家特别激励的例外事项，则作为所得的扣除项处理。

二是，单位为员工购买保险之后，如果发生赔偿事宜，在计缴保险费时计算为个人所得，在个税税法中明确规定保险赔偿属于免税所得，并不需要追本溯源看是否个人为自己投保的保险所得。同样，对于正常社保的赔偿，也适用免税的规定。

《财政部、国家税务总局关于工伤职工取得的工伤保险待遇有关个人所得税政策的通知》（财税〔2012〕40 号）规定：

为贯彻落实《工伤保险条例》（国务院令第 586 号），根据个人所得税法第四条中“经国务院财政部门批准免税的所得”的规定，现就工伤职工取得的工伤保险待遇有关个人所得税政策通知如下：

一、对工伤职工及其近亲属按照《工伤保险条例》（国务院令第 586 号）规定取得的工伤保险待遇，免征个人所得税。

二、本通知第一条所称的工伤保险待遇，包括工伤职工按照《工伤保险条例》（国务院令第 586 号）规定取得的一次性伤残补助金、伤残津贴、一次性工伤医疗补助金、一次性伤残就业补助金、工伤医疗待遇、住院伙食补助费、外地就医交通食宿费用、工伤康复费用、辅助器具费用、生活护理费等，以及职工因工死亡，其近亲属按照《工伤保险条例》（国务院令第 586 号）规定取得的丧葬补助金、供养亲属抚恤金和一次性工亡补助金等。

现行个税法将“经国务院财政部门批准免税的所得”调整为“国务院规定的其他免税所得”，对于之前批准的，也有相应的法规依据。

而有的单位所谓的“保险”，仅仅是单位自己统管资金，并不是交付保险公司托管的保险，而是给予员工一定的报销额度，甚至可能包括家属的报销额度，就是个人报销取得报销费用，将此报销费用计入个税所得。

还有一种情形是，部分单位在为员工购买的补充医疗保险中，还增加了一些意外险、寿险的内容，此时需要一并计入个人所得。国家税务总局纳税服务司曾有这样一段问答：

纳税人问：个人缴纳的大病医疗保险金是否可以在个人所得税税前扣除？

答：不可以。《中华人民共和国个人所得税法实施条例》第二十五条规定，单位为个人缴付和个人缴付的基本养老保险费、基本医疗保险费、失业保险费、住房公积金，从纳税义务人的应纳税所得额中扣除。大病医疗保险金不属于个人所得税法实施条例里列举的基本保险类，由于目前未有相应的政策规定，因此不允许在个人所得税前扣除，需要并入个人当期的工资、薪金收入，计征个人所得税。

《天津市地方税务局关于医疗保险金征收个人所得税问题的通知》（津地税所〔2002〕23号）规定：

一、单位和个人按照《市政府批转市劳动和社会保障局拟定的天津市城镇职工基本医疗保险规定的通知》（津政发〔2001〕80号）中规定的标准向社会保险经办机构实际缴付的基本医疗保险、门（急）诊大额医疗费补助、大额医疗费救助，不计入个人当期的工资、薪金收入，免予征收个人所得税。

“大病医疗互助资金”是随同基本医疗保险缴纳的一个费用，如《北京市大额医疗费用互助暂行办法》（京劳社医发〔2001〕18号）有下面相应的规定：用人单位按全部职工缴费工资基数之和的1%缴纳大额医疗费用互助资金。用人单位及其职工和退休人员共同缴纳的大额医疗费用互助资金，在每月缴纳基本医疗保险费时一并上缴社会保险基金管理机构。

二十一、外企对其在中国境内工作的雇员支付或负担的境外保险费

外商投资企业和在中国境内设立机构、场所的外国企业（以下统称企业）按照有关国家（地区）社会保险制度的要求，或者作为企业内部的福利或奖励制度，直接或间接为其在中国境内工作的雇员（含在中国境内有住所和无住所的雇员）向境外保险机构（包括社会保险机构和商业保险机构）支付失业保险费、退休（养老）金、储蓄金、人身意外伤害保险费、医疗保险费等其他名目的境外保险费。

《国家税务总局关于外商投资企业和外国企业的雇员的境外保险费有关所得税处理问题的通知》（国税发〔1998〕101号）关于境外保险费有关税务处理问题明确如下：

（1）企业为其在中国境内工作的雇员个人支付或负担的各类境外保险费，凡以支付其雇员工资、薪金的名义已在企业应纳税所得额中扣除的，均应计入该雇员个人的工资、薪金所得，适用《中华人民共和国个人所得税法》和国际税收协定的有关规

定申报缴纳个人所得税；

（2）企业未在其应纳税所得额中扣除而支付或负担的其中国境内工作雇员的境外保险费，原则上也应计入该雇员个人的工资、薪金所得，适用《中华人民共和国个人所得税法》和国际税收协定的有关规定申报缴纳个人所得税，但对其中确属于按照有关国家法律规定应由雇主负担的社会保障性质的费用可不计入雇员个人的应纳税所得额；

（3）在中国境内工作的雇员个人支付的各类境外保险费，均不得从该雇员个人的应纳税所得额中扣除。

二十二、企业发放的补充养老金

企业补充养老保险是指由企业根据自身经济实力，在国家规定的实施政策和实施条件下为本企业职工所建立的一种辅助性的养老保险。它居于多层次的养老保险体系中的第二层次，由国家宏观指导、企业内部决策执行。

企业补充养老保险与基本养老保险既有区别又有联系。区别主要体现在两种养老保险的层次和功能上的不同，联系主要体现在两种养老保险的政策和水平相互联系、密不可分。企业补充养老保险由劳动保障部门管理，单位实行补充养老保险，应选择经劳动保障行政部门认定的机构经办。企业补充养老保险的资金筹集方式有现收现付制、部分积累制和完全积累制三种。企业补充养老保险费可由企业完全承担，或由企业和员工双方共同承担，承担比例由劳资双方协议确定。企业内部一般都设有由劳、资双方组成的董事会，负责企业补充养老保险事宜。

根据《财政部 国家税务总局关于个人所得税有关问题的批复》（财税〔2005〕94号）规定：

单位为职工个人购买商业性补充养老保险等，在办理投保手续时应作为个人所得税的“工资、薪金所得”项目，按税法规定缴纳个人所得税，因各种原因退保，个人未取得实际收入的，已缴纳的个人所得税应予以退回。

二十三、个人领取企业年金、职业年金

我国养老保险体系主要包括基本养老保险、补充养老保险和个人储蓄性养老保险三个层次，其中，补充养老保险包括企业年金和职业年金。

企业年金主要针对企业，是指根据《企业年金试行办法》（原劳动和社会保障部令第 20 号）等国家相关政策规定，企业及其职工在依法参加基本养老保险的基础上，自愿建立的补充养老保险制度。

职业年金主要针对事业单位，是指根据《事业单位职业年金试行办法》（国办发〔2011〕37 号）等国家相关政策规定，事业单位及其职工在依法参加基本养老保险的基础上，建立的补充养老保险制度。主要由个人缴费、企业缴费和年金投资收益三部分组成。

（1）个人达到国家规定的退休年龄，在 2014 年 1 月 1 日之后按月领取的年金，全额按照“工资、薪金所得”项目适用的税率，计征个人所得税；在 2014 年 1 月 1 日之后按年或按季领取的年金，平均分摊计入各月，每月领取额全额按照“工资、薪金所得”项目适用的税率，计征个人所得税。

（2）对单位和个人在 2014 年 1 月 1 日之前开始缴付年金缴费，个人在 2014 年 1 月 1 日之后领取年金的，允许其从领取的年金中减除在 2014 年 1 月 1 日之前缴付的年金单位缴费和个人缴费且已经缴纳个人所得税的部分，就其余额按照上述第（1）项的规定征税。在个人分期领取年金的情况下，可按 2014 年 1 月 1 日之前缴付的年金缴费金额占全部缴费金额的百分比减计当期的应纳税所得额，减计后的余额，按照本通知上述第（1）项的规定，计算缴纳个人所得税。

（3）对个人因出境定居而一次性领取的年金个人账户资金，或个人死亡后，其指定的受益人或法定继承人一次性领取的年金个人账户余额，允许领取人将一次性领取的年金个人账户资金或余额按 12 个月分摊到各月，就其每月分摊额，按照上述第（1）项和第（2）项的规定计算缴纳个人所得税。对个人除上述特殊原因外一次性领取年金个人账户资金或余额的，则不允许采取分摊的方法，而是就其一次性领取的总额，单独作为一个月的工资薪金所得，按照上述第（1）项和第（2）项的规定，计算缴纳

个人所得税。

2019 年新个人所得税法生效后的过渡政策，个人达到国家规定的退休年龄，领取的企业年金、职业年金，符合《关于企业年金、职业年金个人所得税有关问题的通知》（财税〔2013〕103 号）规定的，不并入综合所得，全额单独计算应纳税款。其中按月领取的，适用月度税率表计算纳税；按季领取的，平均分摊计入各月，按每月领取额适用月度税率表计算纳税；按年领取的，适用综合所得税率表计算纳税。

个人因出境定居而一次性领取的年金个人账户资金，或个人死亡后，其指定的受益人或法定继承人一次性领取的年金个人账户余额，适用综合所得税率表计算纳税。对个人除上述特殊原因外一次性领取年金个人账户资金或余额的，适用月度税率表计算纳税。

在税收征管方面，个人领取年金时，其应纳税款由受托人代表委托人委托托管人代扣代缴。年金账户管理人应及时向托管人提供个人年金缴费及对应的个人所得税纳税明细。托管人根据受托人指令及账户管理人提供的资料，按照规定计算扣缴个人当期领取年金待遇的应纳税款，并向托管人所在地主管税务机关申报解缴。

二十四、困难补贴与工会福利

对于企业给员工的福利费，需要区分是否属于计入员工所得的情形，并不是所有给员工的福利都要计入个人工资薪金所得。

困难补贴属于福利中的一类，而工会福利属于与企业相关却又独立的单位福利，因这两项在个人所得税法中有明确的规定，我们一并对此进行相应的分析。

规定	条款	说明
《个人所得税法》	第四条　下列各项个人所得，免征个人所得税：福利费、抚恤金、救济金。	随业务同时发生的，属于工作相关的支出
《个人所得税法实施条例》	第十一条　个人所得税法第四条第一款第四项所称福利费，是指根据国家有关规定，从企业、事业单位、国家机关、社会团体提留的福利费或者工会经费中支付给困难个人的生活补助费；所称救济金，是指各级人民政府民政部门支付给个人的生活困难补助费。	福利费限定范围为生活补助费

续表

《国税发〔1998〕155号》	《国家税务总局关于生活补助费范围确定问题的通知》： 一、上述所称生活补助费，是指由于某些特定事件或原因而给纳税人本人或其家庭的正常生活造成一定困难，其任职单位按国家规定从提留的福利费或者工会经费中向其支付的临时性生活困难补助。 二、下列收入不属于免税的福利费范围，应当并入纳税人的工资、薪金收入计征个人所得税： （一）从超出国家规定的比例或基数计提的福利费、工会经费中支付给个人的各种补贴、补助； （二）从福利费和工会经费中支付给本单位职工的人人有份的补贴、补助； （三）单位为个人购买汽车、住房、电子计算机等不属于临时性生活困难补助性质的支出。	文件规定享受免税的生活补助费的判断规则： 一是限于特定情形，不适用于人人有份的补贴与补助； 二是不得超过相应的计提标准发放； 三是单位为个人购买特定物品不属于生活补助费。

关于困难补贴几个细节问题。一是生活补助费，即生活困难补助。比如某员工患病后生活困难，企业给予相应的补助。有的企业给2000元，有的企业给200000元，是否可以享受一样的免税待遇，税务机关要求其提供相应的发放标准依据。二是这种困难补助，通常不是持续的，而是临时或一次性的。三是并不是人人都有。如果人人都有，应并入工资薪金。

工会给个人的所得，员工是否扣缴个税。工会作为独立于单位主体的核算主体，通常并没有办理税务登记，无法进行扣缴办理，而税务机关往往也不会检查工会的账目，多有一些个人所得的情形，并未有效地纳入到所得的监控当中。从上述文件中的表述来看，工会支付的补贴，是与单位有关联的事项，如果是应税所得，单位可以一并将工会发放的补贴计入员工工资薪金。

关于困难补贴，可以参照《广西壮族自治区地方税务局关于中国铝业股份公司广西分公司个人所得税计算问题的批复》（桂地税函〔2003〕446号）的意见：

二、关于水电费补贴、煤贴征免个人所得税问题

根据《税法》第四条规定，福利费可以免纳个人所得税。《条例》第十四条解释“税法第四条第四项所说的福利费，是指根据国家有关规定，从企业、事业单位、国家机关、社会团体提留的福利费或者工会经费中支付给个人的生活补助费”。根据《国

家税务总局关于生活补助费范围确定问题的通知》（国税发〔1998〕155 号）规定，《条例》第十四条所称生活补助费，是指由于某些特定事件或原因而给纳税人本人或其家庭的正常生活造成一定困难，其任职单位按国家规定从提留的福利费或者工会经费中向其支付的临时性生活困难补助。

中国铝业股份公司广西分公司给职工发放的水电费补贴、煤贴，并非因某些特定事件或原因而给该公司职工本人或其家庭的正常生活造成一定困难，而给其发放的临时性生活困难补助，而是相当部分职工可以享受的经常性补贴，因此，上述水电费补贴、煤贴不在《税法》和《条例》规定的免税范围之内，应依照有关规定计征个人所得税。

第三节 特殊行业适用工资、薪金收入的规定

一、出租车驾驶员采取单车承包或承运方式运营取得的所得

《机动出租车驾驶员个人所得税征收管理暂行办法》（2018 年修正）规定，出租汽车经营单位对出租车驾驶员采取单车承包或承租方式运营，出租车驾驶员从事客货运营取得的收入，按“工资、薪金所得”项目征税。

二、民航空地勤人员的伙食费、飞行小时费

根据《财政部 国家税务总局关于民航空地勤人员的伙食费征收个人所得税的通知》（财税字〔1995〕77 号）的规定，民航空地勤人员的伙食费应当按照税法规定，并入“工资、薪金所得”，计算征收个人所得税，并由支付单位负责代扣代缴。

此外，《国家税务总局关于新疆航空公司空勤人员飞行小时费和伙食费收入征收个人所得税的批复》（国税函发〔1995〕554 号）也规定，空勤人员的飞行小时费和伙食费收入，应全额计入“工资、薪金所得”计征个人所得税，不能给予扣除。

三、医疗机构个人工资薪金所得

1. 在医疗机构任职

根据《财政部 国家税务总局关于医疗机构有关个人所得税政策问题的通知》（财税〔2003〕109 号）、《财政部 国家税务总局关于医疗卫生机构有关税收政策的通知》（财税〔2000〕42 号）规定的对非营利的医疗机构按照国家规定的价格取得的医疗服务收入免征各项税收，仅指机构自身的各项税收，不包括个人从医疗机构取得所得应纳的个人所得税。按照《中华人民共和国个人所得税法》（以下简称《个人所得税法》）的规定，个人取得应税所得，应依法缴纳个人所得税。

个人因在医疗机构（包括营利性医疗机构和非营利性医疗机构）任职而取得的所得，依据《个人所得税法》的规定，应按照“工资、薪金所得”应税项目计征个人所得税。

2. 承包、承租医疗机构

根据《国家税务总局关于个人对企事业单位实行承包经营、承租经营取得所得征税问题的通知》（国税发〔1994〕179 号）规定，医生或其他个人承包、承租经营医疗机构，经营成果不属于承包人所有，仅是按合同（协议）规定取得一定所得的，其所得按“工资、薪金所得”项目征税。

医生或其他个人承包、承租经营医疗机构，经营成果归承包人所有的，依据个人所得税法规定，承包人取得的所得，应按照“对企事业单位的承包经营、承租经营所得”应税项目计征个人所得税。

3. 投资开设医疗机构

个人投资或个人合伙投资开设医院（诊所）而取得的收入，应依据个人所得税法规定，按照“个体工商户的生产、经营所得”应税项目计征个人所得税。

四、记者、编辑等专业人员发表作品所得

根据《国家税务总局关于个人所得税若干业务问题的批复》（国税函〔2002〕146 号），任职、受雇于报刊、杂志等单位的记者、编辑等专业人员，因在本单位的报刊、杂志上发表作品取得的所得，属于因任职、受雇而取得的所得，应与其当月工资收入合并，按“工资、薪金所得”项目征收个人所得税。

五、采掘业、远洋运输业、远洋捕捞业职工取得的工资薪金所得

根据《中华人民共和国个人所得税法》《中华人民共和国个人所得税法实施条例》以及《国家税务总局关于远洋运输船员工资薪金所得个人所得税费用扣除问题的通知》（国税发〔1999〕202 号），为了照顾采掘业、远洋运输业、远洋捕捞业因季节、产量等因素影响，职工的工薪收入呈现较大幅度波动的实际情况，国家规定这三个特定行业的职工取得的工资薪金所得采取按年计算、分月预缴的方式计征个人所得税。年度终了后30日内，合计全年工薪所得，再按12个月平均计算实际应纳的税款，视预缴情况多退少补。

六、国际组织驻华机构、外国政府驻华使领馆和驻华新闻机构雇员

《国家税务总局关于国际组织驻华机构、外国政府驻华使领馆和驻华新闻机构雇员个人所得税征收方式的通知》（国税函〔2004〕808 号）对在国际组织驻华机构、外国政府驻华使领馆和外国驻华新闻机构中工作的中方雇员和外籍雇员个人所得税管理问题予以明确。

1. 征税范围

（1）根据《维也纳外交关系公约》和国际组织有关章程规定，对于在国际组织驻华机构、外国政府驻华使领馆中工作的中方雇员和在外国驻华新闻机构的中外籍雇员，均应按照《中华人民共和国个人所得税法》规定缴纳个人所得税。

（2）根据国际惯例，在国际组织驻华机构、外国政府驻华使领馆中工作的非外交官身份的外籍雇员，如是“永久居留”者，亦应在驻在国缴纳个人所得税，但由于我国税法对“永久居留”者尚未作出明确的法律定义和解释，因此，对于仅在国际组织驻华机构和外国政府驻华使领馆中工作的外籍雇员，暂不征收个人所得税。

在中国境内，国际驻华机构和外国政府驻华使领馆中工作的外交人员、外籍雇员在该机构或使领馆之外，从事非公务活动所取得的收入，应缴纳个人所得税。

2. 扣缴义务人

根据《中华人民共和国个人所得税法》规定，对于在国际组织驻华机构和外国政

府驻华使领馆中工作的中方雇员的个人所得税，应以直接支付所得的单位或者个人作为代扣代缴义务人，考虑到国际组织驻华机构和外国政府驻华使领馆的特殊性，各级地方税务机关可暂不要求国际组织驻华机构和外国政府驻华使领馆履行个人所得税代扣代缴义务。

北京、上海、广东、四川等有外国驻当地新闻媒体机构的省（市）地方税务局应定期向省级人民政府外事办公室索要《外国驻华新闻媒体名册》，了解、掌握外国驻当地新闻媒体机构以及外籍人员变动情况，并据此要求上述驻华新闻机构做好中外籍记者、雇员个人所得税扣缴工作。

根据《北京市地方税务局转发〈国家税务总局关于国际组织驻华机构外国政府驻华使领馆和驻华新闻机构雇员个人所得税征收方式的通知〉》（京地税个〔2005〕67号），各国驻华新闻机构应持外国驻华新闻机构证复印件以及负责人的身份证明复印件到主管税务机关（涉外税务分局）办理代扣代缴税款登记手续，依法履行中外籍雇员个人所得税的代扣代缴及纳税明细申报义务。

3. 委托外事服务单位代征

鉴于北京外交人员服务局和各省（市）级人民政府指定的外事服务单位等机构，通过一定途径能够掌握在国际组织驻华机构、外国政府驻华使领馆工作的中方雇员受雇情况，根据《中华人民共和国税收征收管理法实施细则》第四十四条规定，各主管税务机关可委托外交人员服务机构代征上述中方雇员的个人所得税。各主管税务机关要加强与外事服务单位联系，及时办理国际组织驻华机构和外国政府驻华使领馆中方雇员个人所得税委托代征手续。

接受委托代征个人所得税的各外事服务单位应采取有效措施，掌握国际组织驻华机构和外国政府驻华使领馆中方雇员受雇及收入情况，严格依照法律规定征收解缴税款，并按月向主管税务机关通报有关信息。

七、科技人员取得的职务科技成果转化现金奖励

根据《关于科技人员取得职务科技成果转化现金奖励有关个人所得税政策的通知》（财税〔2018〕58号），自2018年7月1日起，依法批准设立的非营利性研究开发

机构和高等学校，从职务科技成果转化收入中给予科技人员的现金奖励，可减按 50% 计入科技人员当月“工资、薪金所得”，依法缴纳个人所得税。

八、公司职工取得的用于购买企业国有股权的劳动分红

根据《国家税务总局关于联想集团改制员工取得的用于购买企业国有股权的劳动分红征收个人所得税问题的批复》（国税函〔2001〕832 号），公司职工取得的用于购买企业国有股权的劳动分红，应按“工资、薪金所得”项目计征个人所得税。

九、股票期权计划中购买价低于市场价的差额

根据《财政部 国家税务总局关于个人股票期权所得征收个人所得税问题的通知》（财税〔2005〕35 号）的规定，根据企业股票期权计划，员工行权时，其从企业取得股票的实际购买价（施权价）低于购买日公平市场价（指该股票当日的收盘价，下同）的差额，是因员工在企业的表现和业绩情况而取得的与任职、受雇有关的所得，应按“工资、薪金所得”适用的规定计算缴纳个人所得税。

对因特殊情况，员工在行权日之前将不可公开交易的股票期权转让的，以股票期权的转让净收入，作为“工资、薪金所得”征收个人所得税。需要说明的是，此种情况下不是按“财产转让所得”项目征收个人所得税。

十、单位低价向职工售房

根据《财政部 国家税务总局关于单位低价向职工售房有关个人所得税问题的通知》（财税〔2007〕13 号），根据《中华人民共和国个人所得税法》及其实施条例的有关规定，单位按低于购置或建造成本价格出售住房给职工，职工因此而少支出的差价部分，属于个人所得税应税所得，应按照“工资、薪金所得”项目缴纳个人所得税。前款所称差价部分，是指职工实际支付的购房价款低于该房屋的购置或建造成本价格的差额。

对职工取得的上述应税所得，比照《财政部 税务总局关于个人所得税法修改后有关优惠政策衔接问题的通知》（财税〔2018〕164 号）规定，在 2021 年 12 月 31 日前，

不并入当年综合所得，以全年一次性奖金收入除以 12 个月得到的数额，按照通知所附按月换算后的综合所得税率表，确定适用税率和速算扣除数，单独计算纳税。计算公式为：

应纳税额＝全年一次性奖金收入 × 适用税率－速算扣除数

第四节　不并入工资、薪金所得的收入

一、全年一次性奖金

1. 全年一次性奖金的定义

全年一次性奖金是指行政机关、企事业单位等扣缴义务人根据其全年经济效益和对雇员全年工作业绩的综合考核情况，向雇员发放的一次性奖金。一次性奖金也包括年终加薪、实行年薪制和绩效工资办法的单位根据考核情况兑现的年薪和绩效工资。

2. 计税方法

纳税年度	2005 年 1 月 1 日 至 2018 年 12 月 31 日	2019 年 1 月 1 日至 2021 年 12 月 31 日	自 2022 年 1 月 1 日起
居民个人取得全年一次性奖金	单独作为一个月工资、薪金所得计算纳税	可选择：1. 单独作为一个月工资、薪金所得计算纳税；2. 并入当年综合所得计算缴纳个人所得税。	并入当年综合所得计算缴纳个人所得税

（1）单独作为一个月工资、薪金所得计算纳税。

先将雇员当月取得的全年一次性奖金，除以 12 个月，按其商数确定适用税率和速算扣除数。

如果在发放年终一次性奖金的当月，雇员当月工资薪金所得低于税法规定的费用扣除额，应将全年一次性奖金减除“雇员当月工资薪金所得与费用扣除额的差额”后的余额，按上述办法确定全年一次性奖金的适用税率和速算扣除数。

将雇员个人当月取得的全年一次性奖金，按表中确定的适用税率和速算扣除数计算征税，计算公式如下：

如果雇员当月工资薪金所得高于（或等于）税法规定的费用扣除额的，适用公式为：

应纳税额＝雇员当月取得全年一次性奖金×适用税率－速算扣除数

如果雇员当月工资薪金所得低于税法规定的费用扣除额的，适用公式为：

应纳税额＝（雇员当月取得全年一次性奖金－雇员当月工资薪金所得与费用扣除额的差额）×适用税率－速算扣除数

注意：在一个纳税年度内，对每一个纳税人，该计税办法只允许采用一次。

（2）并入当年综合所得计算缴纳个人所得税。

将雇员当月取得的全年一次性奖金与工资、薪金合并，按照累计预扣法计算应纳税额，在次年汇算清缴期根据综合所得和税前扣除情况，相应进行退（补）税。

二、央企负责人的年薪兑现收入和任期奖励

中央企业负责人薪酬由基薪、绩效薪金和任期奖励构成，其中基薪和绩效薪金的60%在当年度发放，绩效薪金的40%和任期奖励于任期结束后发放。

（一）适用对象

1. 国有独资企业和未设董事会的国有独资公司的总经理（总裁）、副总经理（副总裁）、总会计师；

2. 设董事会的国有独资公司（国资委确定的董事会试点企业除外）的董事长、副董事长、董事、总经理（总裁）、副总经理（副总裁）、总会计师；

3. 国有控股公司国有股权代表出任的董事长、副董事长、董事、总经理（总裁），列入国资委党委管理的副总经理（副总裁）、总会计师；

4. 国有独资企业、国有独资公司和国有控股公司党委（党组）书记、副书记、常委（党组成员）、纪委书记（纪检组长）。

（二）计税方法

对于中央企业负责人任期结束后取得的绩效薪金 40% 部分和任期奖励，其个人所得税计税方法按照企业员工取得全年一次性奖金的要求处理。

（三）相关法规

（1）《中央企业负责人经营业绩考核暂行办法》（国务院国有资产监督管理委员会令第 40 号）

（2）《国资委关于印发中央企业负责人薪酬管理暂行办法的通知》（国资发分配〔2004〕227 号）

（3）《国家税务总局关于中央企业负责人年度绩效薪金延期兑现收入和任期奖励征收个人所得税问题的通知》（国税发〔2007〕118 号）

（4）《财政部 国家税务总局关于个人所得税法修改后有关优惠政策衔接问题的通知》（财税〔2018〕164 号）

三、符合条件的上市公司股权激励

根据《财政部 国家税务总局关于个人所得税法修改后有关优惠政策衔接问题的通知》（财税〔2018〕164 号）的规定，居民个人取得股票期权、股票增值权、限制性股票、股权奖励等股权激励（以下简称股权激励），符合《财政部 国家税务总局关于个人股票期权所得征收个人所得税问题的通知》（财税〔2005〕35 号）、《财政部 国家税务总局关于股票增值权所得和限制性股票所得征收个人所得税有关问题的通知》（财税〔2009〕5 号）、《财政部 国家税务总局关于将国家自主创新示范区有关税收试点政策推广到全国范围实施的通知》（财税〔2015〕116 号）第四条、《财政部 国家税务总局关于完善股权激励和技术入股有关所得税政策的通知》（财税〔2016〕101 号）第四条第（一）项规定的相关条件的，在 2021 年 12 月 31 日前，不并入当年综合所得，全额单独适用综合所得税率表，计算纳税。计算公式为：

应纳税额＝股权激励收入 × 适用税率－速算扣除数

居民个人一个纳税年度内取得两次以上（含两次）股权激励的，应合并按通知第二条第（一）项规定计算纳税。

四、企业对员工因解除劳动合同支付的一次性经济补偿金

根据《财政部 国家税务总局关于个人所得税法修改后有关优惠政策衔接问题的通知》（财税〔2018〕164号）的规定，对超出当地上年企业职工年平均工资3倍标准的一次性补偿收入提出了新的计税方法。自2019年1月1日起，个人与用人单位解除劳动关系取得一次性补偿收入（包括用人单位发放的经济补偿金、生活补助费和其他补助费），在当地上年职工平均工资3倍数额以内的部分，免征个人所得税；超过3倍数额的部分，不并入当年综合所得，单独适用综合所得税率表，计算纳税。

个人按国家和地方政府规定比例实际缴纳的住房公积金、医疗保险金、基本养老保险金、失业保险基金在计税时应予以扣除。

自2001年10月1日起，企业职工从破产企业取得的一次性安置费收入，免征个人所得税。

五、个人提前退休取得补贴收入

机关、企事业单位对未达到法定退休年龄、正式办理提前退休手续的个人，按照统一标准向提前退休工作人员支付一次性补贴，不属于免税的离退休工资收入。

个人因办理提前退休手续而取得的一次性补贴收入，应按照办理提前退休手续至法定退休年龄之间所属月份 / 年度平均分摊计算个人所得税。

单独适用综合所得税率表，计算纳税。计算公式为：

应纳税额＝｛［（一次性补贴收入÷办理提前退休手续至法定退休年龄的实际年度数）－费用扣除标准］×适用税率－速算扣除数｝×办理提前退休手续至法定退休年龄的实际年度数

六、取得单位低价售房的差价收入

《财政部 国家税务总局关于单位低价向职工售房有关个人所得税问题的通知》（财税〔2007〕13号）规定，根据住房制度改革政策的有关规定，国家机关、企事业

单位及其他组织（以下简称单位）在住房制度改革期间，按照所在地县级以上人民政府规定的房改成本价格向职工出售公有住房，职工因支付的房改成本价格低于房屋建造成本价格或市场价格而取得的差价收益，免征个人所得税。

除上述符合规定的情形外，根据《中华人民共和国个人所得税法》及其实施条例的有关规定，单位按低于购置或建造成本价格出售住房给职工，职工因此而少支出的差价部分，属于个人所得税应税所得，应比照全年一次性奖金的计算方法，按照“工资、薪金所得”项目缴纳个人所得税。

《财政部 国家税务总局关于个人所得税法修改后有关优惠政策衔接问题的通知》（财税〔2018〕164号）保留了上述优惠计税方法，明确“差价部分”不并入当年综合所得，以差价收入除以12个月得到的数额，按照月度税率表确定适用税率和速算扣除数，单独计算纳税。计算公式为：

应纳税额＝职工实际支付的购房价款低于该房屋的购置或建造成本价格的差额×适用税率－速算扣除数

七、不属于工资、薪金性质的津补贴

税法规定，对按照国务院规定发放的政府特殊津贴和国务院规定免纳个人所得税的补贴、津贴，免予征收个人所得税。其他各种补贴、津贴均应计入“工资、薪金所得”项目征税。

此外，根据《国家税务总局关于征收个人所得税若干问题的规定》（国税发〔1994〕89号）的规定，下列不属于工资、薪金性质的补贴、津贴或者不属于纳税人本人“工资、薪金所得”项目的收入，不征税：

（1）独生子女补贴；

（2）执行公务员工资制度未纳入基本工资总额的补贴、津贴差额和家属成员的副食品补贴；

（3）托儿补助费；

（4）差旅费津贴、误餐补助。

根据《财政部 国家税务总局关于误餐补助范围确定问题的通知》（财税字〔1995〕

82号）的规定，不征税的午餐补助，是指按财政部门规定，因公在城区、郊区工作，不能在工作单位或返回就餐，确实需要在外就餐的，根据实际误餐顿数，按规定的标准领取的误餐费。一些单位以午餐补助名义发给职工的补贴、津贴，应当并入当月“工资、薪金所得”计征个人所得税。

第五节　工资薪金的税务风险

一、任职与受雇的区别

《中华人民共和国劳动法》规定：

第十六条　劳动合同是劳动者与用人单位确立劳动关系、明确双方权利和义务的协议。

实务中，通常以是否签订劳动合同作为界定个人取得的所得是否为工资薪金的标准，并以此确定计税方法。但在某些特殊情形下，仍需要进一步确认其适用的标准。

我们日常中提到的“工资薪金”，在企业所得税的政策表述中为“工资薪金”，而现行个税法中多是采用“工资、薪金”，这些表述在很多情形下意思一致。有人认为工资是指劳动报酬的给付，有相对传统的含义；而薪金，还有给予特定奖励等含义，并不仅仅是劳动报酬对应的所得，其范围更为宽泛。但严谨来看，使用“工资、薪金”对于范围的描述更为准确，在个税法及其实施条例中同样作此表述。

1. 十二种用工方式下，个税与企业所得税对于工资薪金认定的差异

下面结合十二种人员类型，对个税、企业所得税对于工资薪金认定的差异进行分析：

人员类型	个人所得税下的工资、薪金	企业所得税下的工资薪金	理解
签订劳动合同人员	是	是	有劳动合同基本上认定与单位存在任职受雇关系，即使没有签订劳动合同，但是有事实雇佣关系的，也应属于工资薪金
签订劳动合同但派到关联方工作人员	是	是	认为属于工作单位的工资薪金，与劳动合同不对应。也有认为是为关联方服务，工资薪金仍属于劳动合同签订单位
临时工	是	是	临时工，也是接受职工管理的体系，认为都属于工资薪金，但个税方面有按劳务报酬计税的情形
实习生	有工资薪金和劳务报酬两种实践认识	是	同上，只是实习生确实没有文件明确属于个税中的工资薪金性质，需结合情形判断
返聘离退休人员	符合特定条件的是工资薪金，否则依照劳务报酬	是	对于个税来讲，如果不满足条件就不能适用工资薪金，此时只能适用劳务报酬
劳务派遣工（直接发放工资薪金）	存在接受方报税按工资薪金方式，也存在派遣方以工资薪金扣税的	是	第一，如果派遣方对接受方发放金额并不知悉，通常只有接受方以工资薪金报税；第二，如果相当于代发性质，理解上还是派遣方作为雇佣方按工资薪金扣缴个税
劳务派遣工（间接发放工资薪金）	否	否	派遣方进行工资薪金处理
服务方派驻企业提供服务的人员	否	否	虽然是常驻于企业，但仅是建立在服务的关系上，并非是单位与个人之间的关系，只需向对方单位支付服务费用，对方发放工资薪金并计税扣缴
接受个人服务	否	否	个人长期以服务的名义服务于某一事项，是建立在项目的安排服务，此时是单位与个人之间的服务关系
董事（有任职）	是	是	部分补贴可能计入企业董事会费，并没有计入工资薪金，或者以发票报销处理，存在税务风险
董事（未有任职）	否	存在理解争议	税务机关认为不任职的外部董事支出的补贴不属于工资薪金，属于劳务报酬
内退人员	是（只是计税方式有特别之处）	否	内退人员的补偿，个税是分摊依工资薪金计税，而企业所得税认为属于正常的费用支出，但并不属于存续雇佣状态下的工资薪金

2. 核算工资薪金金额的主管部门

工资薪金的计税，通常由单位的人力部门或财务部门负责。人力部门往往是依据自己制作的工资薪金明细或特定福利来计税，完成扣缴，数据是记在哪个科目中，并不在其关注之列。而财务部门在计算扣缴税款时，往往以会计数据为基础进行计算。完成工资薪金的个税计税，不能偏颇其一，需要两个部门的共同协作。

无论由哪个部门负责，税务部门在检查的时候，往往通过查明细科目与明细数据，检查是否属于应税所得，是否完整、恰当地计算了所得的个税扣缴，并且与企业已申报的数据进行比对。

3. 会计准则对"职工薪酬"的解释

会计上所称职工，是指与企业订立劳动合同的所有人员，含全职、兼职和临时职工，也包括虽未与企业订立劳动合同但由企业正式任命的人员。未与企业订立劳动合同或未由其正式任命，但向企业所提供服务与职工所提供服务类似的人员，也属于职工的范畴，包括通过企业与劳务中介公司签订用工合同而向企业提供服务的人员。

会计准则关于职工薪酬的解释内容：

短期薪酬，是指企业预期在职工提供相关服务的年度报告期间结束后十二个月内将全部予以支付的职工薪酬，因解除与职工的劳动关系给予的补偿除外。因解除与职工的劳动关系给予的补偿属于辞退福利的范畴。

短期薪酬主要包括：职工工资、奖金、津贴和补贴，是指企业按照构成工资总额的计时工资、计件工资、支付给职工的超额劳动报酬等的劳动报酬，为了补偿职工特殊或额外的劳动消耗和因其他特殊原因支付给职工的津贴，以及为了保证职工工资水平不受物价影响支付给职工的物价补贴等。其中，企业按照短期奖金计划向职工发放的奖金属于短期薪酬，按照长期奖金计划向职工发放的奖金属于其他长期职工福利。

会计准则基于国际化的思维，并不限于我国财税部门对于个人所得税与企业所得税传统意义上的理解。比如长期奖金计划，并不属于职工福利，而是税法上的工资薪金。

下表列示的是会计与个税法之间比较常见差异的情形：

事项	会计	个税法
劳务派遣用工	职工范围，计入工资薪酬范围	通常认为不属于个税的工资薪金；属于直接发放的，现实当中多由接受派遣方依工资薪金计税并扣缴处理。
董事	未与企业订立劳动合同但由企业正式任命的人员，如部分董事会成员、监事会成员等。企业按照有关规定设立董事、监事，或者董事会、监事会的，如所聘请的独立董事、外部监事等，虽然没有与企业订立劳动合同，但属于由企业正式任命的人员，属于准则所称的职工。	按照是否任职分为劳务报酬与工资薪金

税务检查中对于工资薪金及福利费的关注度比较高，如差旅补贴、用餐补贴、旅游补贴、过节费等在企业的会计处理中往往计入福利费，税务检查时要求并入工资薪金补税。

二、“工资薪金”与“利息、股息、红利”的区别

大多数员工取得的都是相对稳定的工资薪金，比如固定工资、固定工资加考核绩效等。而部分高管以年薪计薪，平时按月预发一部分，用于日常生活所需，年终再兑现余下部分。有些企业（非特定改制企业）实施了所谓的“身股”分红，员工在职时根据职位等级有一定数量的股权分红，但离职就会原价或溢价收回。这种形式名义上称为分红，但由于员工并不是企业真正的投资人，因此不能按股息红利的所得依20%税率纳税，而应视为工资薪金的计税所得。但还有一些房地产企业，如碧桂园的高管跟投模式，项目的负责人等高管真实地通过合伙企业平台，跟投了项目公司。综上所述，员工个人取得的可以是股息红利，按20%计税；或者是生产经营所得，按5%到35%计税。这就脱离了“工资薪金”所得的范围，分属于不同的所得类型。

对于职工持股的问题应区分对待，以下仅讨论实际取得股权或由于特殊原因按照持股对待的情况：

1. 持股参与企业分配获得的股息、红利，按照“利息、股息、红利”计税

根据《国家税务总局关于企业改组改制过程中个人取得的量化资产征收个人所得税问题的通知》（国税发〔2000〕60号），对职工个人以股份形式取得的企业量化资产参与企业分配而获得的股息、红利，应按“利息、股息、红利”项目征收个人所得税。

2. 无偿或低偿取的股权，按照“工资、薪金所得”计税

根据《国家税务总局关于联想集团改制员工取得的用于购买企业国有股权的劳动分红征收个人所得税问题的通知》（国税函〔2001〕832号），对联想集团控股公司职工取得的用于购买企业国有股权的劳动分红，应按“工资、薪金所得”项目计征个人所得税，税款由联想集团控股公司代扣代缴。

根据《财政部 国家税务总局关于个人股票期权所得征收个人所得税问题的通知》（财税〔2005〕35号），员工行权时，其从企业取得股票的实际购买价（施权价）低于购买日公平市场价（指该股票当日的收盘价，下同）的差额，是因员工在企业的表现和业绩情况而取得的与任职、受雇有关的所得，应按“工资、薪金所得”适用的规定计算缴纳个人所得税。

对因特殊情况，员工在行权日之前将股票期权转让的，以股票期权的转让净收入，作为工资薪金所得征收个人所得税。

员工行权日所在期间的工资薪金所得，应按下列公式计算工资薪金应纳税所得额：

股票期权形式的工资薪金应纳税所得额＝（行权股票的每股市场价－员工取得该股票期权支付的每股施权价）× 股票数量

3. 将股权转让获得的差额，按照“财产转让所得”计税

根据《财政部 国家税务总局关于个人股票期权所得征收个人所得税问题的通知》（财税〔2005〕35号），员工将行权后的股票再转让时获得的高于购买日公平市场价的差额，是因个人在证券二级市场上转让股票等有价证券而获得的所得，应按照“财产转让所得”适用的征免规定计算缴纳个人所得税。

三、不含税收入的换算

实务中，雇主常为雇员负担全部或部分税款，在这种情况下，不能以纳税人实际取得的收入直接乘以适用税率，计算应纳税额，否则就会缩小税基，降低适用税率。正确的方法是，将纳税人的不含税收入换算为应纳税所得额，然后再计算应纳税额。根据雇主负担税额的多少，分为如下几种情况：

（一）雇主为雇员负担全部税款

根据《征收个人所得税若干问题的规定》第十四条的规定，单位或个人为纳税义务人负担个人所得税税款，应将纳税义务人取得的不含税收入换算为应纳税所得额，计算征收个人所得税。计算公式如下：

应纳税所得额＝（不含税收入额－费用扣除标准－速算扣除数）÷（1－税率）

应纳税额＝应纳税所得额 × 适用税率－速算扣除数

“应纳税所得额”计算公式中的税率，是指不含税所得按不含税级距对应的税率；“应纳税额”计算公式中的税率，是指应纳税所得额按含税级距对应的税率。

《国家税务总局关于雇主为其雇员负担个人所得税税款计征问题的通知》（国税发〔1996〕199号）进一步明确：对于雇主全额为其雇员负担税款的，直接按上述国税发〔1994〕89号文件中规定的公式，将雇员取得的不含税收入换算成应纳税所得额后，计算企业应代为缴纳的个人所得税税款。

（二）雇主为雇员定额负担部分税款

根据国税发〔1996〕199号文件的规定，雇主为雇员定额负担部分税款的，应将雇员取得的工资、薪金所得换算成应纳税所得额后，计算单位应当代扣代缴个人所得税。计算公式为：

应纳税所得额＝雇员取得的工资＋雇主代雇员负担的税款－费用扣除标准

应纳税额＝应纳税所得额 × 适用税率－速算扣除数

（三）雇主为雇员定率负担部分税款

雇主为雇员定率负担部分税款，是指雇主为雇员负担一定比例的工资应纳的税款或负担一定比例的实际应纳税款。当发生这种情况时，计算公式为：

$$\text{应纳税所得额}=\frac{\left(\text{未含雇主负担的税款的收入额}-\text{费用扣除标准}-\text{速算扣除数}\times\text{负担比例}\right)}{1-\text{税率}\times\text{负担比例}}$$

应纳税额＝应纳税所得额 × 适用税率－速算扣除数

按照国税发〔1994〕89号文件规定，将雇主为雇员负担全额税款的、不含税收入额计算应纳税所得额的公式中"不含税收入额"替换为"未含雇主负担的税款的收入额"，同时将速算扣除数和税率二项分别乘以上述负担比例，按此调整后的公式，以其未含雇主负担税款的收入额换算成应纳税所得额，并计算应纳税款。

（四）雇主为雇员负担超过原居住国的税款

有些外商投资企业和外国企业在华的机构场所，为其受派到中国境内工作的雇员负担超过原居住国的税款。例如，雇员在华应纳税额中相当于按其在原居住国税法计算的应纳税额部分（以下称原居住国税额），仍由雇员负担并由雇主在支付雇员工资时从工资中扣除，代为缴纳；若按中国税法计算的税款超过雇员原居住国税额，则超过部分由其雇主负担。对此类情况，根据国税发〔1996〕199号文件的规定，应按下列原则处理。

将雇员取得的不含税工资（即扣除了原居住国税额的工资），按公式"应纳税所得额＝（不含税收入额－费用扣除标准－速算扣除数）/（1－税率）"换算成应纳税所得额，计算征收个人所得税；如果计算出的应纳税所得额小于按该雇员的实际工资、薪金收入（即未扣除原居住国税额的工资）计算的应纳税所得额的，应按其雇员的实际工资、薪金收入计算征收个人所得税。

（五）雇主负担税款的简便算法——方程法

由于"不含税收入（或支付金额）＋雇主负担的税额＝含税收入"，"应纳税所得额＝含税收入－费用扣除标准"，因此，任何不含税收入均可换算成含税收入通过列方程来计算。

运用方程法选择税率时，把“不含税收入（或支付金额）–费用扣除标准”视为含税所得查找相应级距；由于雇主应负担税额是未知数，因此，在选择含税所得适用税率（包括：工资薪金所得、个体工商户生产经营所得、承包承租经营所得和劳务报酬所得）时会出现错误，在运用方程法时需要检验。方法是：将计算出的雇主应负担的税款代入“应纳税所得额＝不含税收入（或支付金额）＋雇主应负担所得税–费用扣除标准”，如果计算出的应纳税所得额在所对应的级距内，则说明正确；如果计算出的应纳税所得额不在所时应的级距内，则应选用下一级距计算。

四、预扣预缴错误计算的风险

代扣代缴是个税完成入库的主要征管方式，2018 年个税法修订引入了年度汇算清缴、多退少补的新理念，形成了“预扣预缴＋汇算清缴”相结合的征管模式。关于汇算清缴的内容后期有专门章节表述，本节内容重点表述个人所得税的预扣预缴规定和风险识别。

国家税务总局发布了《国家税务总局关于印发〈个人所得税扣缴申报管理办法〉的公告》（国家税务总局公告 2018 年第 61 号），提出了向居民个人支付工资、薪金所得时，应当按照累计预扣法预扣税款，并按月办理全员全额扣缴申报。

1. 工资薪金个税累计预扣法预扣税款应用

单位发放工资薪金，有履行代扣代缴个人所得税的法定义务，原个人所得税法下是按照每个月份单独计税进行扣缴，修订后的个人所得税法采用累计预扣法。扣缴义务人向居民个人支付工资、薪金所得时，应当按照累计预扣法计算预扣税款，并按月办理扣缴申报。

累计预扣法，是指扣缴义务人在一个纳税年度内预扣预缴税款时，以纳税人在本单位截至当前月份工资、薪金所得累计收入减除累计免税收入、累计减除费用、累计专项扣除、累计专项附加扣除和累计依法确定的其他扣除后的余额为累计预扣预缴应纳税所得额，适用个人所得税预扣税率表一（见下表），计算累计应预扣预缴税额，再减除累计减免税额和累计已预扣预缴税额，其余额为本期应预扣预缴税额。余额为负值时，暂不退税。纳税年度终了后余额仍为负值时，由纳税人通过办理综合所得年度汇算清缴，税款多退少补。

个人所得税预扣税率表一

（居民个人工资、薪金所得预扣预缴适用，与综合所得税率表一致）

级数	累计预扣预缴应纳税所得额	预扣率（%）	速算扣除数
1	不超过 36000 元的	3	0
2	超过 36000 元至 144000 元的部分	10	2520
3	超过 144000 元至 300000 元的部分	20	16920
4	超过 300000 元至 420000 元的部分	25	31920
5	超过 420000 元至 660000 元的部分	30	52920
6	超过 660000 元至 960000 元的部分	35	85920
7	超过 960000 元的部分	45	181920

第一，被扣缴主体适用于居民个人，不适用于非居民个人。

第二，采用预扣预缴方式，不再称之为代扣代缴方式，现行个税法下实行按年计税，分月预缴方式，员工个人可能存在工资之外的其他所得，应一并计入综合所得计税，有别于以前的按月计税。如果日常申报的专项附加扣除偶有遗漏，可在年度汇算清缴多退少补，所以称为预扣预缴。

第三，累计预扣预缴，即每个月统算员工个税，以累计收入数据，直接套用综合所得的年度税率表，来计算预缴税款。一是，开始时适用低税率的级距，随后税负逐渐有所增加；二是，虽然只是工资薪金一项，但是允许用与年度综合所得下四项所得一致的税率表来计算预扣预缴个税，这也是考虑到多数人年度内并未取得劳务报酬、稿酬、特许权使用费所得。由此在年度结束时计算出来的个税，更趋近于年度汇算清缴的数据，从而减少纳税人办理汇算清缴的征管压力与难度。计算方法类似于企业所得税预缴，具体计算公式如下：

本期应预扣预缴税额＝（累计预扣预缴应纳税所得额 × 预扣率－速算扣除数）－累计减免税额－累计已预扣预缴税额

累计预扣预缴应纳税所得额＝累计收入－累计免税收入－累计减除费用－累计专项扣除－累计专项附加扣除－累计依法确定的其他扣除

其中：累计减除费用，按照5000元/月乘以纳税人当年截至本月在本单位的任职受雇月份数计算。

上面公式中的“免税收入”，即在累计收入中包含的享受的免税收入金额。在习惯性做法中，往往是以其被扣除后的金额直接进行计算。下面结合案例进行解读。

案例：某自然人李某2019年1月、2月实际发生涉税数据如下，没有其他扣除事项，单位在累计预扣时，依据规定计算如表：

月份	收入（元）	免税收入（元）	减除费用（元）	专项扣除（元）	专项附加扣除（元）	累计预扣预缴应纳税所得额（元）
1月	20000	1000	5000	3000	3000	8000
2月	30000	1000	5000	3000	3000	26000
截至2月累计	50000	2000	10000	6000	6000	34000

根据表中的计算数据可得出：

1月应预扣预缴税款＝（累计预扣预缴应纳税所得额×预扣率－速算扣除数）－累计减免税额－累计已预扣预缴税额＝（8000×3%－0）－0－0＝240（元）

2月应预扣预缴税款＝（累计预扣预缴应纳税所得额×预扣率－速算扣除数）－累计减免税额－累计已预扣预缴税额＝（26000×3%－0）－0－240＝540（元）

依次类推，后面一直计算到12月份的累计数据，但是，相应的申报期是从2月到次年1月的申报数据。明确预扣预缴的计算办法后，需要予以特别说明的事项如下：

一是，单位履行代扣代缴法定义务，其扣缴的税款是预计的，与个人最终汇算清缴计算的税款并不完全一致；但是，年度终了进行汇算清缴时并不需要企业进行补充扣缴，前半段（预扣预缴）的工作是由单位负责的，属于扣缴义务人的法定义务，后半段（汇算清缴）的工作，个人可以任选一种方式来完成：自己办，找代理，委托单位办，属于纳税人本人的法定义务。

二是，单位取得的扣缴税款手续费，是以预扣税额的2%计算的，即使将来员工汇算清缴时得到了退税，单位的手续费也不需要退回。

下面我们再结合一个案例分析，如果累计预扣时，第一个月出现计税，第二个月累计计算时，出现减去已预扣税款为负数的情形时的处理。

月份	收入（元）	免税收入（元）	减除费用（元）	专项扣除（元）	专项附加扣除（元）	累计预扣预缴应纳税所得额（元）
1月	20000	1000	5000	3000	0	11000
2月	12000	1000	5000	3000	6000	8000
截至2月累计	32000	2000	10000	6000	6000	19000

第一个月预扣预缴税额＝（累计预扣预缴应纳税所得额×预扣率－速算扣除数）－累计减免税额－累计已预扣预缴税额＝（11000×3%－0）－0－0＝330（元）

第二个月预扣预缴税额＝（累计预扣预缴应纳税所得额×预扣率－速算扣除数）－累计减免税额－累计已预扣预缴税额＝（8000×3%－0）－0－330＝－90（元）

第二个月累计计算后，相当于第一个月多预缴一部分，但是随着后续计算，后面可能又会形成正差。依据规定，此时税务机关不给予退税，即使在12月份形成负差，也不能立即退税，只有在汇算清缴予以整体计算后，才能确定补（退）税额。因此，余额为负值时，暂不退税。纳税年度终了后余额仍为负值时，由纳税人通过办理综合所得年度汇算清缴，税款多退少补。

2. 年度中间开始工作时累计预扣法的应用

累计预扣法，是指扣缴义务人在一个纳税年度内预扣预缴税款时，以纳税人在本单位截至当前月份工资、薪金所得累计收入减除累计免税收入、累计减除费用、累计专项扣除、累计专项附加扣除和累计依法确定的其他扣除后的余额为累计预扣预缴应纳税所得额。

下面我们结合案例加以说明。

案例：张小刚在2019年7月份毕业，于2019年8月开始在金明公司工作，月薪8000元，“三险一金”扣除额为500元，专项附加扣除等事项暂时没有，计算其预扣预缴税款。

分析：8月是张小刚在金明工作的第一个月，因此该月累计截至就是一个月，5000元的费用扣除额也只有一个月。

累计预扣预缴应纳税所得额＝累计收入－累计免税收入－累计减除费用－累计专项扣除－累计专项附加扣除－累计依法确定的其他扣除＝ 8000 － 0 － 5000 － 500 － 0 － 0 ＝ 2500（元）。

本期应预扣预缴税额＝（累计预扣预缴应纳税所得额 × 预扣率－速算扣除数）－累计减免税额－累计已预扣预缴税额＝（2500×3%）－ 0 － 0 － 0 ＝ 75（元）。

3. 年度中间更换工作时累计预扣法的应用

累计预扣法是指本单位的累计，如果某员工年度中间更换工作，则不同的单位只累计预扣员工在本单位的收入，同时累计其在本单位工作期间扣除额的部分，不能累计员工之前工作单位的数据与扣除额。在年度汇算清缴时，由个人自行办理汇算清缴进行统一合并计算。

案例：李平于 2018 年 8 月份开始在青年宾馆工作，月工资 10000 元，假设其每个月“三险一金”是 1500 元，2019 年起专项附加扣除可以每个月预扣 2000 元；2019 年 7 月，李平更换工作，从 7 月份开始在老年宾馆工作，月工资是 15000 元，“三险一金”是 2000 元，试计算两个单位在累计预扣法下如何扣缴李平的个税。

分析：2018 年李平的工资薪金不需要考虑，累计预扣法只是从 2019 年 1 月实发工资开始计算，下面我们分两家单位来计算其预扣预缴的个税，中间的月份省略，我们只计算截至 2019 年 6 月 30 日的 6 月份的累计预扣个税（如表所示），及截至 2019 年 12 月 31 日的 12 月份的累计预扣个税（如表所示）。

2019 年 6 月累计预扣的数据（中间数据为计算过程）　　单位：元

月份	累计收入（元）	累计减除费用（元）	累计专项扣除（元）	累计专项附加扣除（元）	累计预扣预缴应纳税所得额（元）
1	10000	5000	1500	2000	1500
2	10000	5000	1500	2000	1500
3	10000	5000	1500	2000	1500
4	10000	5000	1500	2000	1500
5	10000	5000	1500	2000	1500
6	10000	5000	1500	2000	1500
小计	60000	30000	9000	12000	9000

2019 年 12 月累计预扣的数据（中间数据为计算过程）　　单位：元

月份	累计收入（元）	累计减除费用（元）	累计专项扣除（元）	累计专项附加扣除（元）	累计预扣预缴应纳税所得额（元）
7	15000	5000	2000	2000	6000
8	15000	5000	2000	2000	6000
9	15000	5000	2000	2000	6000
10	15000	5000	2000	2000	6000
11	15000	5000	2000	2000	6000
12	15000	5000	2000	2000	6000
小计	90000	30000	12000	12000	36000

前表中，9000 元为 6 月累计预扣预缴的应纳税所得额，在此期间其预扣预缴的税款 =（累计预扣预缴应纳税所得额 × 预扣率 − 速算扣除数）− 累计减免税额 − 累计已预扣预缴税额 =（9000 × 3% − 0）− 0 − 225 = 45（元）。其中，225 元是截至 5 月预缴的税款。

按照计算公式，2019 年 7 月份是李平在新单位工作的第一个月，因此累计预扣的月份只能是一个月，包括费用扣除、专项扣除、专项附加除等，只能算一个月的扣除额。

7 月份的预扣预缴税额 =（累计预扣预缴应纳税所得额 × 预扣率 − 速算扣除数）− 累计减免税额 − 累计已预扣预缴税额 =（6000 × 3% − 0）− 0 − 0 = 180（元），此时累计已预扣预缴税额为 0，这是对于新单位来说的，1 ~ 6 月在原单位工作时的预扣预缴税额不能在这里扣除。

12 月份的预扣预缴税额 =（36000 × 3% − 0）− 0 − 900 = 180（元），在上面 7 月的计算中是月 180 元，共 6 个月，即 180 × 6 = 1080（元），则 12 月份的累计预扣预缴税额上式中 900 元为截至 11 月份预扣预缴数额。

综上，上述两家企业共预扣预缴的税额是 270 + 1080 = 1350（元），由张小刚在年度办理汇算清缴时进行扣除，年度汇算清缴的计算公式是：

每一纳税年度的收入额减除费用 6 万元以及专项扣除、专项附加扣除和依法确定的其他扣除后的余额，为应纳税所得额。

假设李平没有其他综合所得的事项，只有工资薪金，下面我们计算一下汇算清缴的应纳税所得额。

收入额：60000 + 90000 = 150000（元），即全年工资薪金总额；

减除基本费用：60000 元，其工作月份为 12 个月；

专项扣除：9000 + 12000 = 21000 元，假设全部为符合扣除标准的："三险一金"；

专项附加扣除：24000 元，假设大病医疗可扣除额为 5000 元，合计为 29000 元，大病医疗专项附加扣除仅限于在年度汇算清缴时扣减，相应的专项附加扣除与预扣预缴时一致；

其他扣除：0，假设没有发生可以扣减的事项；

年度应纳税所得额= 150000 − 60000 − 21000 − 29000 − 0 = 50000（元），经查综合所得年度税率表，适用税率为 10%，速算扣除数为 2520 元；

计算年度汇算清缴的税额为：

40000×10% − 2520 = 4000 − 2520 = 1480（元），

应补缴税款：1480 − 1350 = 130（元）。在预扣预缴时缴纳了 1350 元，汇算清缴需要补缴税款 130 元。

涉及年度内两家及两家以上工作单位的，都视同该个人为在本单位开始工作的第一个月进行预扣预缴个税，不需要取得并使用之前单位的任何数据。现实中多个单位之间难以打通数据共享。比如，该个人年度内在原来的单位没有及时扣除子女教育费，能否在新的工作单位全部扣，答案是否定的。本单位只允许归属于本单位期间的月扣除额，该个人只有在年度汇算清缴时，才能将全部专项附加扣除进行扣减。

如果纳税人多次更换单位，每一家单位都从最低适用的税率阶梯开始计算，是否存在不合理，短期来看，纳税人似乎预先获取了部分利益，但从整体汇算清缴的角度来看，预扣预缴只是暂时的数据，汇算清缴才是最终的税额计算结果。

《国家税务总局关于发布〈个人所得税专项附加扣除操作办法（试行）〉的公告》（国家税务总局公告 2018 年第 60 号）规定：

纳税人年度中间更换工作单位的，在原单位任职、受雇期间已享受的专项附加扣除金额，不得在新任职、受雇单位扣除。原扣缴义务人应当自纳税人离职不再发放工资薪金所得的当月起，停止为其办理专项附加扣除。

4. 两处以上取得工资薪金的预扣预缴

在原个税法下，《国家税务总局关于印发〈个人所得税自行纳税申报办法（试行）〉的通知》（国税发〔2006〕162号）规定：

第二条　凡依据个人所得税法负有纳税义务的纳税人，有下列情形之一的，应当按照本办法的规定办理纳税申报：

（一）年所得12万元以上的；

（二）从中国境内两处或者两处以上取得工资、薪金所得的；

（三）从中国境外取得所得的；

（四）取得应税所得，没有扣缴义务人的；

（五）国务院规定的其他情形。

在原个税法下，两处以上取得工资薪金，分别由支付单位扣缴的，且分别按3500元或5000元扣除后计算代扣代缴个税额，个人需要每个月汇总后自行申报个税，此时只能扣减一个3500元或5000元，很可能会产生补税。

纳税人于2018年12月取得的两处以上的工资，在2019年1月仍需要合并申报计缴个人所得税；但是从2019年1月起发生境内取得两处以上的工资薪金时，不需在年度中间月份汇总计税并自行申报。

如果纳税人从两处以上取得工资薪金，两处以上单位分别计算扣缴税款之后，纳税人只需要在次年汇算清缴期内合并计算，并根据是否达到汇算清缴的条件进行申报。此项调整，充分地解放了个人与企业财务人员，一改以往财务人员需要协助或代办企业高管的多处工资薪金的合并计税工作的现象。新规由于综合所得在年度终了汇算清缴申报，不需要年度当中进行按月合并计税并自行纳税申报。

在两处以上取得工资薪金时，费用扣除额每月5000元是可以分别扣减的，但是专项扣除往往只存在于一个地方，少有两地缴纳社保与住房公积金的。专项附加扣除，依据规定纳税人同时从两处以上取得工资、薪金所得，并由扣缴义务人减除专项附加扣除的，对同一专项附加扣除项目，在一个纳税年度内只能选择从一处取得的所得中减除。

两处以上取得工资薪金，每一个单位单独使用累计预扣法，计算该个人的预扣预缴税款。如果员工在某个单位工作了 3 个月，则只需累计预扣 3 个月即可，其后的月份已无所得，并不需要持续进行申报。

5. 预扣预缴的会计处理

在原个税法下，财务人员是按照员工每个月的所得计算扣缴个税的，会计上按照相应的个税金额进行会计处理。

案例：2018 年 7 月，甲公司当月应发工资 1560 万元。其中：生产部门生产工人工资 1000 万元；生产部门管理人员工资 200 万元；管理部门管理人员工资 360 万元。根据甲公司所在地政府规定，甲公司应当按照职工工资总额的 10% 和 8% 计提并缴存医疗保险费和住房公积金。甲公司分别按照职工工资总额的 2% 和 1.5% 计提工会经费和职工教育经费。假定不考虑其他因素以及所得税影响。

根据上述资料，甲公司计算其 2018 年 7 月份的职工薪酬金额如下：

应当计入生产成本的职工薪酬金额 = 1000 + 1000×（10% + 8% + 2% + 1.5%）= 1215（万元）

应当计入制造费用的职工薪酬金额 = 200 + 200×（10% + 8% + 2% + 1.5%）= 243（万元）

应当计入管理费用的职工薪酬金额 = 360 + 360×（10% + 8% + 2% + 1.5%）= 437.4（万元）

上述案例是原个税法下的常规会计处理方式。现行个税法实施之后，员工工资个税扣缴实施累计预扣法，这仅代表扣缴个税的计税方式发生了变化，会计处理不受影响，只是累计预扣法是累计计算的，财务人员的计算更复杂，通常需要一个自动计算的工具或带公式的表格。有的财务人员习惯使用旧的扣缴计税方式，想以综合所得对应的税率级距表，进行按月换算后计算个税，这种方法明确是不可行的，弊端在于预扣预缴的计算不准确，且未按规定执行，同时极有可能给员工带来扣缴过多的后果，而且系统申报也不支持这样的计算方式。

6. 预扣预缴税款在汇算清缴时的多退少补

原个税法下，单位代扣代缴的工资薪金个税，在没有计算错误的情形下，不可能退回给纳税人。现在这种情形发生了新变化，由于预扣预缴的税款仅仅是预扣，多种因素的影响使得扣缴的税款不一定准确。在汇算清缴时，如果纳税人发生的专项附加扣除金额比较大，比如大病医疗发生 50000 元的扣除额，此时很有可能需要办理退税。如果一个纳税人在一个年度内只有工资薪金所得，而且相应的专项附加扣除也提交给了单位，且只从一个单位取得工资薪金，基于累计预扣法的计算方式，预扣预缴的税款与汇算清缴的税款基本上是一致的，不存在差异，不属于需要办理汇算清缴的情形。

通过上面的分析可以得出，工资薪金预扣预缴的税款，可能与汇算清缴结果存在差异，最后是否要办理汇算清缴申报，结合规定进行落实。下表列示的是可能会形成差异的情形：

情形	描述	差异分析
两处以上发放工资	由于单位在预扣预缴时都会扣减每月 5000 元费用扣除额，因此汇算清缴时可能存在补税情形	多处取得工资薪金情形
有工资薪金外的其他综合所得项目专项附加扣除未及时扣减	由于其他所得项目的预扣预缴方式与汇算清缴方式不同，很有可能带来差异预扣预缴时未及时扣减，汇算清缴时补充扣减带来的差异	多项综合所得收入形成的差异专项附加扣除未及时扣减影响的结果

7. 预扣预缴时扣除事项与汇算清缴扣除事项的比较

预扣税款时的扣除事项与年度汇算清缴时的扣除事项之间，存在差异。汇算清缴时除了需要并入劳务报酬、稿酬、特许权使用费所得的收入额之外，对于扣除事项，综合所得汇算清缴的扣除事项与工资薪金预扣预缴时的扣除事项，两者是存在一致性的，从易于理解的角度，我们进行简单的梳理，如表所示：从表可以看出，两者之间仍是存在差异的。需要关注如下事项：

事项	预扣预缴时	汇算清缴时	比较
费用扣除额	按在本单位的工作月数 ×5000 元扣除	60000 元	两者不一定一致，比如年度中间开始工作
专项扣除	税前扣除标准内	税前扣除标准合计	各月份合计即为年度扣除数
专项附加扣除	（1）可以不扣除； （2）因个人原因或工作原因等造成扣除不完整； （3）大病医疗不得预扣预缴时扣除。	按规定扣除（补扣）	享受子女教育、继续教育、住房贷款利息或者住房租金、赡养老人专项附加扣除的纳税人，自符合条件开始，可以向支付工资、薪金所得的扣缴义务人提供上述专项附加扣除有关信息，由扣缴义务人在预扣预缴税款时，按其在本单位本年可享受的累计扣除额办理扣除；也可以在次年 3 月 1 日至 6 月 30 日内，向汇缴地主管税务机关办理汇算清缴申报时扣除。

续表

其他扣除	税前扣除标准	税前扣除标准合计	各月份合计即为年度扣除数

第一，预扣预缴是必须要进行全员全额扣缴申报的，但是汇算清缴并不是强制申报，这也是考虑了纳税人的申报现状以及是否存在申报补（退）税等情形。

第二，费用扣除额是按实际月份与每月5000元的标准在预扣预缴时扣除的；但是汇算清缴时扣除的是60000元。

第三，对于专项附加扣除，并不强制要求个人在单位预扣预缴时提供扣除信息进行扣除；年度汇算清缴时扣除也可，即使纳税人未扣除也不强制。

第四，如果预扣预缴所得不够扣减时，则不需要计缴税款，但是可以向以后月份递延累计预扣计算时扣除；汇算清缴时存在所得不够扣减的，不得向以后年度结转扣除。实施条例特别规定："专项扣除、专项附加扣除和依法确定的其他扣除，以居民个人一个纳税年度的应纳税所得额为限额；一个纳税年度扣除不完的，不结转以后年度扣除。"

第五，预扣预缴时，如果前期有预扣税款，但是后续出现负数，不会予以退税；只有年度汇算清缴出现负数，或者计算得出的最终税款额低于原来综合所得各项合计的预扣预缴的税款额时，个人方可办理退税。

五、未全员全额扣缴申报的风险

扣缴义务人向个人支付应税所得或代扣税款的，应当依法办理全员全额扣缴申报。全员全额扣缴申报，是指扣缴义务人应当在支付所得或代扣税款的次月十五日内，向主管税务机关报送其支付所得或代扣税款的所有个人的有关信息、支付所得项目及数额、扣除事项及数额、扣缴税款的具体数额和总额以及其他相关涉税信息资料。

在现行个税法下，全额是指纳税人的收入额，但税额并不再是最终的结果，而只是预扣的税额，这是一个逻辑性的改变。

由于扣缴义务人掌握了纳税人年度中间的扣除额与预扣预缴的税额，同时基于个人在综合所得汇算清缴时的数据之需，现行个税法明确规定：

扣缴义务人应当按照国家规定办理全员全额扣缴申报，并向纳税人提供其个人所得和已扣缴税款等信息。

《个人所得税扣缴申报管理办法（试行）》规定：

第十三条 支付工资、薪金所得的扣缴义务人应当于年度终了后两个月内，向纳税人提供其个人所得和已扣缴税款等信息。纳税人年度中间需要提供上述信息的，扣缴义务人应当提供。

纳税人取得除工资、薪金所得以外的其他所得，扣缴义务人应当在扣缴税款后，及时向纳税人提供其个人所得和已扣缴税款等信息。

《个人所得税专项附加扣除操作办法（试行）》规定：

除纳税人另有要求外，扣缴义务人应当于年度终了后两个月内，向纳税人提供已办理的专项附加扣除项目及金额等信息。

六、专项附加扣除预扣时只允许在工资薪金预扣个税时扣减

在上述举例分析中，已提及专项附加扣除事项只能在工资薪金预扣预缴时扣减，不能在劳务报酬、稿酬和特许权使用费预扣预缴时扣除。同样，专项扣除的“三险一金”，也不能在上述三项所得预扣预缴时扣减。

《个人所得税法实施条例》规定：

第二十八条 居民个人取得工资、薪金所得时，可以向扣缴义务人提供专项附加扣除有关信息，由扣缴义务人扣缴税款时减除专项附加扣除。纳税人同时从两处以上取得工资、薪金所得，并由扣缴义务人减除专项附加扣除的，对同一专项附加扣除项目，在一个纳税年度内只能选择从一处取得的所得中减除。

居民个人取得劳务报酬所得、稿酬所得、特许权使用费所得，应当在汇算清缴时向税务机关提供有关信息，减除专项附加扣除。

如果一个自由职业者，没有受雇佣取得工资薪金所得，则其专项附加扣除项目只能在年度汇算清缴时扣除。

《个人所得税扣缴申报管理办法（试行）》规定：

第七条 居民个人向扣缴义务人提供有关信息并依法要求办理专项附加扣除的，

扣缴义务人应当按照规定在工资、薪金所得按月预扣预缴税款时予以扣除，不得拒绝。

《个人所得税专项附加扣除操作办法（试行）》规定：

第四条 享受子女教育、继续教育、住房贷款利息或者住房租金、赡养老人专项附加扣除的纳税人，自符合条件开始，可以向支付工资、薪金所得的扣缴义务人提供上述专项附加扣除有关信息，由扣缴义务人在预扣预缴税款时，按其在本单位本年可享受的累计扣除额办理扣除；也可以在次年3月1日至6月30日内，向汇缴地主管税务机关办理汇算清缴申报时扣除。

纳税人同时从两处以上取得工资、薪金所得，并由扣缴义务人办理上述专项附加扣除的，对同一专项附加扣除项目，一个纳税年度内，纳税人只能选择从其中一处扣除。

享受大病医疗专项附加扣除的纳税人，由其在次年3月1日至6月30日内，自行向汇缴地主管税务机关办理汇算清缴申报时扣除。

专项附加扣除的事项中，大病医疗专项附加扣除只能在年度汇算清缴时扣除，而不得在工资薪金预扣预缴时扣除。

在预扣预缴时，数据基本上是由单位自行掌握的，比如专项扣除是由单位一并缴纳的，其他扣除事项也多为单位所知晓。下表列示的是在扣除专项附加扣除事项时，扣缴单位与个人的义务与权利。

事项	扣缴单位	个人
个人提交信息给单位并要求专项附加扣除	单位不得拒绝，在满足条件时就要给予扣除处理。	可以提出要求，也可以不提出要求。
资料保管	纳税人、扣缴义务人应当按照规定保存与专项附加扣除相关的资料。如果纳税人是通过国家税务总局个人所得税APP进行填报的，则不需要提交资料，也不需要进行保管。	
复核	扣缴义务人发现纳税人提供的信息与实际情况不符的，可以要求纳税人修改。纳税人拒绝修改的，扣缴义务人应当报告税务机关，税务机关应当及时处理。	纳税人发现扣缴义务人提供或者扣缴申报的个人信息、所得、扣缴税款等与实际情况不符的，有权要求扣缴义务人修改。扣缴义务人拒绝修改的，纳税人应当报告税务机关，税务机关应当及时处理。

对于专项附加扣除的项目，纳税人需要留存保管的资料要求，我们将在后续专项附加扣除的章节专门予以介绍。

对于采用了累计预扣法的保险营销员、证券经纪人的劳务报酬所得，其在预扣预缴时也不能扣除专项附加扣除。

《个人所得税专项附加扣除操作办法（试行）》规定：

第五条　扣缴义务人办理工资、薪金所得预扣预缴税款时，应当根据纳税人报送的《个人所得税专项附加扣除信息表》（以下简称《扣除信息表》）为纳税人办理专项附加扣除。

纳税人年度中间更换工作单位的，在原单位任职、受雇期间已享受的专项附加扣除金额，不得在新任职、受雇单位扣除。原扣缴义务人应当自纳税人离职不再发放工资薪金所得的当月起，停止为其办理专项附加扣除。

第六条　纳税人未取得工资、薪金所得，仅取得劳务报酬所得、稿酬所得、特许权使用费所得需要享受专项附加扣除的，应当在次年3月1日至6月30日内，自行向汇缴地主管税务机关报送《扣除信息表》，并在办理汇算清缴申报时扣除。

因此，如果保险营销员、证券经纪人取得的劳务报酬所得，在支付人预扣预缴时，不得扣减专项附加扣除，而只能由其在年度综合所得汇算清缴时扣除处理。如果他们在其他单位还有工资薪金所得，则可以在预扣预缴时进行扣减处理。

七、过渡期选择全年一次性奖金计税方法不能作任何扣减

《财政部关于个人所得税法修改后有关优惠政策衔接问题的通知》财税〔2018〕164号文件规定：

（一）居民个人取得全年一次性奖金，符合《国家税务总局关于调整个人取得全年一次性奖金等计算征收个人所得税方法问题的通知》（国税发〔2005〕9号）规定的，在2021年12月31日前，不并入当年综合所得，以全年一次性奖金收入除以12个月得到的数额，按照本通知所附按月换算后的综合所得税率表（以下简称月度税率表），确定适用税率和速算扣除数，单独计算纳税。计算公式为：

应纳税额＝全年一次性奖金收入 × 适用税率－速算扣除数

居民个人取得全年一次性奖金，也可以选择并入当年综合所得计算纳税。

自2022年1月1日起，居民个人取得全年一次性奖金，应并入当年综合所得计

算缴纳个人所得税。

在2021年12月31日前，如果纳税人选择某年全年一次性奖金独立计税，不并入综合所得，此时在预扣预缴时，单位就不应将其并入员工的累计收入中预扣预缴个税，同时员工也不必在年度综合所得汇算清缴时进行汇总申报。并入综合所得就可以扣减费用扣除额、专项扣除、专项附加扣除等事项，不并入综合所得，就不能作任何扣除，对于这一选择，纳税人需要作出平衡规划。部分员工选择单独计税，部分员工选择合并计入综合所得，财务人员与员工应做好这方面的安排与利益规划。

八、工资薪金与企业所得税、增值税的协调

1. 个人工资薪金所得与企业所得税税前扣除比对

2009年5月15日，国家税务总局发布了《关于加强个人工资薪金所得与企业的工资费用支出比对问题的通知》（国税函〔2009〕259号）。《通知》规定：

各地税务机关应将个人因任职或受雇而取得的工资、薪金等所得，与所在任职或受雇单位发生的工资费用支出进行比对，从中查找差异及存在问题，从而强化个人所得税的征收管理，规范工资薪金支出的税前扣除。

企业的工资薪金支出总额和已经代扣代缴个人所得税的工资薪金所得总额差异较大的，将接受税务人员实地核查和纳税评估，或者接受稽查部门的税务稽查。

企业接受税务人员实地核查时，应对税务局重点审核的下列方面予以关注：

（1）税前扣除的工资薪金支出是否足额扣缴了个人所得税；

（2）是否存在将个人工资、薪金所得在福利费或其他科目中列支而未扣缴个人所得税的情况；

（3）有无按照企业全部职工平均工资适用税率计算纳税的情况；

（4）以非货币形式发放的工资薪金性质的所得是否依法履行了代扣代缴义务；

（5）有无隐匿或少报个人收入情况；

（6）企业有无虚列人员、增加工资费用支出等情况。

关于工资薪金企业所得税税前扣除的文件有两个：

第一个文件，《国家税务总局关于企业工资薪金及职工福利费扣除问题的通知》

（国税函〔2009〕3号），文件规定：

关于合理工资薪金问题

《实施条例》第三十四条所称的“合理工资薪金”，是指企业按照股东大会、董事会、薪酬委员会或相关管理机构制订的工资薪金制度规定实际发放给员工的工资薪金。税务机关在对工资薪金进行合理性确认时，可按以下原则掌握：

（一）企业制订了较为规范的员工工资薪金制度；

（二）企业所制订的工资薪金制度符合行业及地区水平；

（三）企业在一定时期所发放的工资薪金是相对固定的，工资薪金的调整是有序进行的；

（四）企业对实际发放的工资薪金，已依法履行了代扣代缴个人所得税义务；

（五）有关工资薪金的安排，不以减少或逃避税款为目的。

第二个文件，《国家税务总局关于企业工资薪金和职工福利费等支出税前扣除问题的公告》（国家税务总局公告2015年第34号），文件规定：

一、企业福利性补贴支出税前扣除问题

列入企业员工工资薪金制度、固定与工资薪金一起发放的福利性补贴，符合《国家税务总局关于企业工资薪金及职工福利费扣除问题的通知》（国税函〔2009〕3号）第一条规定的，可作为企业发生的工资薪金支出，按规定在税前扣除。不能同时符合上述条件的福利性补贴，应作为国税函〔2009〕3号文件第三条规定的职工福利费，按规定计算限额税前扣除。

二、企业年度汇算清缴结束前支付汇缴年度工资薪金税前扣除问题

企业在年度汇算清缴结束前向员工实际支付的已预提汇缴年度工资薪金，准予在汇缴年度按规定扣除。

三、企业接受外部劳务派遣用工支出税前扣除问题

企业接受外部劳务派遣用工所实际发生的费用，应分两种情况按规定在税前扣除：按照协议（合同）约定直接支付给劳务派遣公司的费用，应作为劳务费支出；直接支付给员工个人的费用，应作为工资薪金支出和职工福利费支出。其中属于工资薪金支出的费用，准予计入企业工资薪金总额的基数，作为计算其他各项相关费

用扣除的依据。

在2008年《中华人民共和国企业所得税法》实施时，地方税务机关经常会通过检查企业申报的企业所得税税前扣除的工资薪金金额，进而对比检查企业代扣代缴的个税是否完整，但二者往往并非完全一致，下面我们梳理一些税收事项，分析个人所得税与企业所得税的纳税时间点的差异：

事项	个人所得税	企业所得税
计提未实际发放的工资	不算为所得	不得税前扣除
未扣缴个税的工资	检查扣缴义务人并向纳税人追缴，居民纳税人进行汇算清缴	通常认为不得税前扣除
时间性差异	个税申报数据是次月申报上一个月实际发放的工薪个税	检查时需要关注使用的是申报期的数据还是所得归属期的数据
直接发放的劳务派遣工工资	可能未扣缴个税	属于企业所得税税前扣除的工资薪金口径
间接发放的劳务派遣工工资	通常不扣缴，由派遣单位扣缴	不属于企业所得税税前扣除的工资薪金口径
应税所得福利等事项	属于员工工资薪金所得，但企业可能计入福利费等科目中	企业所得税仍按福利费进行限额扣除，只有随工资一起发放的才可以并入工资薪金扣除

个人所得税纳税义务发生时间通常是收付实现制原则，企业所得税税前扣除通常是权责发生制原则。结合上面的分析，可以发现，无论是绝对值上，还是计量时间上，两者存在一些差异，这种时间性差异是正常的。

2. 集团内用工工资薪金与增值税的风险识别

雇佣关系下，员工为本单位提供应税服务不是增值税应税行为，不缴增值税。单位或者个体工商户聘用的员工为本单位或者雇主提供应税服务，属于非营业活动。个人从用工单位取得的报酬属于工资薪金所得，以自制工资单发放并按照“工资、薪金所得”代扣代缴个人所得税。

但有的情形之下，需要缴纳增值税。

案例：甲集团公司派高管张海到全资子公司乙公司挂职副总经理，乙公司每个月应支付给张海15000元工资，并据此进行预扣预缴个税。

税务机关检查发现，甲公司仍保留了张海的社保与住房公积金关系，社保等在甲公司专项扣除，甲公司人力资源部门核定张海月工资25000元，乙公司单独付15000元给甲公司，个税部分由乙公司扣下后转交甲公司，张海在2019年向乙公司提供了专项附加扣除的信息，试分析可能存在的问题。

税企争议的焦点在于：一是张海与乙公司是否存在劳务合同关系，二是张海的社保与公积金能否在甲公司的工资薪金中扣除，三是张海的专项附加扣除能否在乙公司计算个税中扣除。

分析：本例中张海在乙公司从事了实际工作，而不是甲公司提供的服务。从实际情形看，异地社保在现实当中也经常存在，如果从本次综合所得专项扣除的角度，并没有限制必须是乙公司自己账上支付才能扣减，即使最后不能扣除，那么张海在年度汇算清缴时，仍可以扣减自己负担的专项扣除，在哪交纳只是一个方式问题。

如果张海在甲公司另有职位，如本文中张海同时担任甲公司中层正职，只是定期为乙公司提供战略咨询，挂职副总经理。为了理顺关系，减少不必要的争议，建议甲公司给乙公司开具服务费发票，集团内的销项与进项互相抵销，收入与成本也互相抵销，甲公司顺理成章地对张海的工资薪金进行预扣预缴。或者是，乙公司不负担任何薪酬，25000元全部由甲公司承担。

3. 劳务派遣公司虚开增值税发票的风险识别

劳务派遣本质上是服务关系，甲单位雇佣人员，派遣到乙单位提供劳务活动，这当然是服务关系，但是企业所得税与增值税的处理规则，容易造成对这种服务的理解产生“误解”，而且也滋生了很大的造假风险。

新个税法实施首周596名大学生“被入职”。上海警方：遭冒用虚开劳务发票，3人落网（来源：上观新闻　作者：宗和）

2019年1月1日起正式实施的新个人所得税法备受大家关注，新税制首次增设6项专项附加扣除项目，让老百姓切身感受到了税务的惠民政策。就在查询个税信息时，家住闵行的顾女士却发现正在国外读大学的女儿“被入职”了一家公司。

大学生怎么会成为陌生公司的“员工”？闵行警方调查发现，系浙江一家人力资源公司为他人代开劳务增值税发票时，冒用了596名学生的身份信息。

2018年12月27日的下午，顾女士与远在美国学习的女儿小丽微信聊天时，得知女儿加入了一个百人聊天群，群里都是女儿同一个学校2014届的同学，且大家都有一个相同的遭遇：在查询个税时已经“被入职”，身份信息遭冒用。

根据小丽表述的情况，顾女士立刻下载了“个人所得税APP”，经过查询，顾女士发现，小丽于2018年8月1日起被浙江平湖市一家人力资源有限公司雇佣。明明身在美国求学且从未工作过，小丽是如何与国内的单位产生雇佣关系的？顾女士立即来到了莘光派出所报案。

接到报警后，莘光派出所民警立即展开了调查。根据顾女士反映的情况，民警找到了小丽的几位同学，调查发现他们的身份信息也都被冒用，而且雇佣关系都是浙江平湖市一家人力资源公司，警方立即成立专案组展开调查。经过缜密调查，民警证实确为该人力资源公司冒用他人的身份信息。

原来，冯某的人力资源公司有开具劳务类增值税发票的资质。除了明面上的业务外，冯某也干着为他人代开劳务类增值税发票，从中赚取好处费的勾当。另一名嫌疑人张某作为中间人，经常会介绍“客户”给冯某，并收取相应的介绍费。

2018年8月11日，经由张某介绍，冯某受装潢老板彭某所托需要开具一张200多万元的发票。因为金额数较大，按照规定需要提供大量的身份信息。根据警方调查，本案中，冯某共冒用了596名学生信息。

这么多的学生个人信息从何而来？据犯罪嫌疑人到案后交代，这些学生信息都是来自张某。因张某妻子曾在某学校从事教务工作，在电脑里存有大量的学生信息资料，其中包含了学生的姓名、家庭住址、身份证号码等信息。

为图私利，张某竟将其中596名学生的姓名和身份证号码直接复制转发给了冯某，伪造他们“入职”劳务公司的假象，直接去申报了发票。

目前，张某、冯某、彭某三人因涉嫌虚开发票罪被闵行公安分局刑事拘留。

之前由于信息不对称，在劳务派遣公司屡有使用虚假名字、伪造工资发放的虚假操作，现可通过登录国家税务总局开发的“个人所得税APP”，清楚发现“被入职”的问题。

这种情形下，劳务派遣公司开具发票给接受派遣方或需要发票一方，形成虚假发票。作为接受劳务派遣的单位，如果不明所以就接受虚开的发票，必将受到税务机关的处罚。

4. **单位承担员工个税的税前扣除**

单位为员工承担个税税款，在个别企业高薪聘用高管时在合同中注明。

《国家税务总局关于雇主为雇员承担全年一次性奖金部分税款有关个人所得税计算方法问题的公告》（国家税务总局公告 2011 年第 28 号）规定：

四、雇主为雇员负担的个人所得税款，应属于个人工资薪金的一部分。凡单独作为企业管理费列支的，在计算企业所得税时不得税前扣除。

在实务中应把握处理原则：如果为员工承担的个税，个税是在应付职工薪酬——工资薪金中冲减，就可以视为发放的工资薪金，直接取相应的数据作为工资薪金税前扣除；如果企业通过另外的费用科目，如管理费用、营业外支出、福利费等列支的，则直接做纳税调增，不得税前扣除。

新税法实施前，税前承担工资薪金的个税，没有专项附加扣除，更没有年度员工发生的大病医疗支出事项，所以反算较为可行。新税法实施后，采用预扣预缴方法，就无法知道最终员工综合所得有哪些，扣除有哪些，最后计算结果不能保证准确。

5. **工资薪金项目常见税务检查风险点**

税务机关在检查企业扣缴个税情形时，不仅会注意“月饼税”、员工餐厅、集体旅游等普遍事项，还可能涉及以下事项：

（1）员工报销费用抵工资薪金或奖励。风险：未并入员工当月所得“预扣预缴个税”。

（2）福利费当中的所得。风险：未并入员工当月所得“预扣预缴个税”。

（3）投资人报销费用。风险：应区分是属于工资薪金还是属于股息红利，应分情形计税。

第四章
劳务报酬所得

第一节 基本规定

一、征税范围

（一）政策规定

根据2018年《个人所得税法实施条例》的规定，劳务报酬所得，指个人从事劳务取得的所得，包括设计、装潢、安装、制图、化验、测试、医疗、法律、会计、咨询、讲学、翻译、审稿、书画、雕刻、影视、录音、录像、演出、表演、广告、展览、技术服务、介绍服务、经纪服务、代办服务以及其他劳务取得的所得。

（二）新旧个人所得税法中对劳务报酬征税范围的差异分析

新旧《个人所得税法实施条例》差异分析

2018年新《个人所得税法实施条例》	2011年版《个人所得税法实施条例》	差异分析
劳务报酬所得，是指个人从事劳务取得的所得，包括设计、装潢、安装、制图、化验、测试、医疗、法律、会计、咨询、讲学、翻译、审稿、书画、雕刻、影视、录音、录像、演出表演、广告、展览、技术服务、介绍服务、经纪服务、代办服务以及其他劳务取得的所得。	劳务报酬所得，是指个人从事设计、装潢、安装、制图、化验、测试、医疗、法律、会计、咨询、讲学、新闻、广播、翻译、审稿、书画、雕刻、影视、录音、录像、演出、表演、广告、展览、技术服务、介绍服务、经纪服务、代办服务以及其他劳务取得的所得。	新条例删除了“新闻”“广播”项目

二、应纳税所得额的确定

（一）一般规定

1. 扣缴义务人向居民个人支付劳务报酬时

预扣预缴应纳税所得额 = 每次收入额 − 费用

2. 计算所得

劳动报酬所得每次收入不超过4000元的，减除费用按800元计算；每次收入4000元以上的，减除费用按收入的20%计算。

3. 扣缴义务人向非居民个人支付劳务报酬时

代扣代缴应纳税所得额 = 每次收入额 ×（1 − 20%）

（二）每次收入的确定

劳务报酬所得，属于一次性收入的，以取得该项收入为一次；属于同一项目连续性收入的，以一个月内取得的收入为一次。

《国家税务总局关于印发〈征收个人所得税若干问题的规定〉的通知》（国税发〔1994〕089号）第九条明确了“同一项目”的含义，是指劳务报酬所得列举具体劳务项目中的某一单项，个人兼有不同的劳务报酬所得，应当分别减除费用，计算缴纳个人所得税。

根据《国家税务总局关于个人所得税偷税案件查处中有关问题的补充规定》（国税函〔1996〕602号）第五条，考虑属地管辖与时间划定有交叉的特殊情况，统一规定以县（含县级市、区）为一地，其管辖内的一个月内同一项目的劳务服务为一次；当月跨县地域的，应分别计算。

三、税率

（一）居民个人

由扣缴义务人按照下表适用预扣率，按次或者按月预扣预缴税款。

居民个人劳务报酬所得预扣预缴适用以下税率表：

居民个人劳务报酬所得预扣预缴税率表

级数	应纳税所得额（含税）	应纳税所得额（不含税）	预扣率（%）	速算扣除数
1	不超过 20000 元	不超过 16000 元	20	0
2	超过 20000 元至 50000 元的部分	超过 16000 元至 37000 元的部分	30	2000
3	超过 50000 元的部分	超过 37000 元的部分	40	7000

（二）非居民个人

根据《国家税务总局关于全面实施新个人所得税法若干征管衔接问题的公告》（国家税务总局公告 2018 年第 56 号）规定：劳务报酬所得、稿酬所得、特许权使用费所得，以每次收入额为应纳税所得额，适用按月换算后的非居民个人月度税率表计算应纳税额。其中，劳务报酬所得、稿酬所得、特许权使用费所得以收入减除百分之二十的费用后的余额为收入额。稿酬所得的收入额减按百分之七十计算。

公式：非居民个人劳务报酬所得应纳税额＝应纳税所得额 × 税率－速算扣除数

由扣缴义务人按照下表适用税率，按次或者按月代扣代缴税款。

非居民个人劳务报酬所得税率表

级数	应纳税所得额（含税）	应纳税所得额（不含税）	税率（%）	速算扣除数
1	不超过 3000 元	不超过 2910 元	3	0
2	超过 3000 元至 12000 元的部分	超过 2910 元至 11010 元的部分	10	210
3	超过 12000 元至 25000 元的部分	超过 11010 元至 21410 元的部分	20	1410
4	超过 25000 元至 35000 元的部分	超过 21410 元至 28910 元的部分	25	2660
5	超过 35000 元至 55000 元的部分	超过 28910 元至 42910 元的部分	30	4410
6	超过 55000 元至 80000 元的部分	超过 42910 元至 59160 元的部分	35	7160
7	超过 80000 元的部分	超过 59160 元的部分	45	15160

四、计算应纳税额

（一）计算公式

应纳税额＝应纳税所得额 × 适用税率 / 预扣率－速算扣除数

（二）将不含税收入额换算为应纳税所得额

根据《国家税务总局关于明确单位或个人为纳税义务人的劳务报酬所得代付税款计算公式的通知》（国税发〔1996〕161 号），单位或个人为纳税义务人负担个人所得税税款的，应将纳税义务人取得的不含税收入额换算为应纳税所得额，计算征收个人所得税。计算公式为：

1. 不含税收入额为 3360 元（即含税收入额 4000 元）以下的：

应纳税所得额＝（不含税收入额－ 800）÷（1 －税率）

2. 不含税收入额为 3360 元（即含税收入额 4000 元）以上的：

应纳税所得额＝［（不含税收入额－速算扣除数）×（1 － 20%）］ ÷ ［1 －税率 ×（1 － 20%）］

3. 应纳税额＝应纳税所得额 × 适用税率－速算扣除数

公式 1、2 中的税率，是指不含税所得按不含税级距对应的税率；公式 3 中的税率，是指应纳税所得额按含税级距对应的税率。

第二节　劳务报酬的特殊规定

一、个人兼职收入

根据《国家税务总局关于个人兼职和退休人员再任职取得收入如何计算征收个人所得税问题的批复》（国税函〔2005〕382 号）的规定，个人兼职取得收入应按照“劳务报酬所得”应税项目缴纳个人所得税；退休人员再任职取得的收入，在减除按个人所得税法规定的费用扣除标准后，按“工资、薪金所得”应税项目缴纳个人所得税。

二、关于董事费征税问题

根据《征收个人所得税若干问题的规定》（国税发〔1994〕89号）第八条的规定，个人由于担任董事职务所取得的董事费收入，属于劳务报酬所得性质，按照劳务报酬所得项目征收个人所得税。根据《国家税务总局关于明确个人所得税若干政策执行问题的通知》（国税发〔2009〕121号）的规定，这里的董事费按劳务报酬所得项目征税方法，仅适用于个人担任公司董事、监事，且不在公司任职、受雇的情形。个人在公司（包括关联公司）任职、受雇，同时兼任董事、监事的，应将董事费、监事费与个人工资收入合并，统一按“工资、薪金所得”项目缴纳个人所得税。

1. 上市公司独立董事费和非独立董事费

（1）独立董事费按劳务报酬所得缴税

根据《中国证券监督管理委员会关于在上市公司建立独立董事制度的指导意见》（证监发〔2001〕102号）规定，上市公司独立董事，是指不在公司担任除董事外的其他职务，并与其所受聘的上市公司及其主要股东不存在可能妨碍其进行独立客观判断的关系的董事。

对个人由于担任董事职务所取得的董事费收入，《国家税务总局关于印发〈征收个人所得税若干问题的规定〉的通知》（国税发〔1994〕089号）明确规定，属于劳务报酬所得性质，按照劳务报酬所得征收个人所得税。

（2）非独立董事费应与工资合并纳税

对于上市公司董事（长）同时担任企业直接管理职务，或者名义上不担任企业的直接管理职务，但实际上从事企业日常管理工作的，应判定其在该企业具有董事（长）和雇员的双重身份，根据国税发〔2009〕121号文件的规定，对个人在公司（包括关联公司）任职、受雇，同时兼任董事、监事的，在纳税申报中，应将董事费、监事费与个人工资收入合并，统一按“工资、薪金所得”项目缴纳个人所得税。

2. 外商投资企业董事费

对于外商投资企业的董事（长）同时担任企业直接管理职务，或者名义上不担任企业的直接管理职务，但实际上从事企业日常管理工作的，应判定其在该企业具有董事（长）和雇员的双重身份，在该企业仅以董事费名义或分红形式取得收入的，而没有取得其在外商投资企业从事日常工作相关的报酬，则在计算应纳个人所得税时，该董事应向当地税务机关申报其日常管理工作的报酬。否则，税务机关将参照同类地区、同类行业和相近规模企业中类似职务的工资、薪金收入水平核定其收入。

3. 相关法规

（1）《国家税务总局关于印发〈征收个人所得税若干问题的规定〉的通知》（国税发〔1994〕089号）

（2）《关于在上市公司建立独立董事制度的指导意见》（证监发〔2001〕102号）

（3）《国家税务总局关于明确个人所得税若干政策执行问题的通知》（国税发〔2009〕121号）

三、对营销人员的个人业绩奖励

根据《财政部 国家税务总局关于企业以免费旅游方式提供对营销人员个人奖励有关个人所得税政策的通知》（财税〔2004〕11号），对商品营销活动中，企业和单位对营销业绩突出人员以培训班、研讨会、工作考察等名义组织旅游活动，通过免收差旅费、旅游费对个人实行的营销业绩奖励（包括实物、有价证券等），应根据所发生费用全额计入营销人员应税所得，依法征收个人所得税，并由提供上述费用的企业和单位代扣代缴。

企业雇员享受的此类奖励，应与当期的工资薪金合并，按照“工资、薪金所得”项目征收个人所得税。

其他人员享受的此类奖励，应作为当期的劳务收入，按照“劳务报酬所得”项目征收个人所得税。

四、学生勤工俭学所得、实习报酬

根据《国家税务总局关于个人所得税若干业务问题的批复》（国税函〔2002〕146号），在校学生因参与勤工俭学活动（包括参与学校组织的勤工俭学活动）而取得属于个人所得税法规定的应税所得项目的所得，应依法缴纳个人所得税。

根据《财政部 国家税务总局关于企业支付学生实习报酬有关所得税政策问题的通知》（财税〔2006〕107号），自2006年1月1日起，对中等职业学校和高等院校实习生取得的符合我国个人所得税法规定的报酬，企业应代扣代缴其相应的个人所得税款。所称中等职业学校包括普通中等专业学校、成人中等专业学校、职业高中（职教中心）和技工学校；高等院校包括高等职业院校、普通高等院校和全日制成人高等院校。

在校学生参与勤工俭学活动所得和实习生的实习工资均属于与任职、受雇无关的收入，按照现行《中华人民共和国个人所得税法》的规定，属于劳务报酬所得。

五、个人举办各类学习班取得的收入

根据《国家税务总局关于个人举办各类学习班取得的收入征收个人所得税问题的批复》（国税函〔1995〕658号）的规定，个人经政府有关部门批准并取得执照举办学习班、培训班的，其取得的办班收入属于个体工商户的生产、经营所得应税项目，应按照个人所得税法规定计征个人所得税；个人无须经政府有关部门批准并取得执照举办学习班、培训班的，其取得的办班收入属于劳务报酬所得应税项目，应按税法规定计征个人所得税。其中，办班者每次收入按以下方法确定：一次收取学费的，以一期取得的收入为一次；分次收取学费的，以每月取得的收入为一次。

六、广告市场个人所得税处理

为了进一步加强对广告市场个人所得税的征收管理，国家税务总局出台了《广告市场个人所得税征收管理暂行办法》（国税发〔1996〕148号文件印发），凡在广告中提供名义、形象或在广告设计、制作、发布过程中提供劳务并取得所得的个人以及广告主、广告经营者或受托从事广告制作的单位和广告发布者，均应当依照该办法的规定办理个人所得税有关事宜。

这里所称广告主，是指为推销商品或者提供服务，自行或者委托他人设计、制作、发布广告的法人、其他经济组织或者个人。广告经营者，是指受委托提供广告设计、制作、代理服务的法人、其他经济组织或者个人。受托从事广告制作的单位，是指受广告主或广告经营者委托而从事广告设计、制作的法人、其他经济组织或者个人。广告发布者，是指为广告主或者广告主委托的广告经营者发布广告的法人及其他经济组织。

（一）纳税人与扣缴义务人

在广告设计、制作、发布过程中提供名义、形象及劳务并取得所得的个人为个人所得税的纳税义务人；直接向上述个人支付所得的广告主、广告经营者、受托从事广告制作的单位和广告发布者为个人所得税的扣缴义务人（简称扣缴人）。

（二）应税项目的确定

根据国税发〔1996〕148号文件的规定，纳税人在广告设计、制作、发布过程中提供名义、形象而取得的所得，应按劳务报酬所得项目计算纳税。纳税人在广告设计、制作、发布过程中提供其他劳务取得的所得，视其情况分别按照税法规定的劳务报酬所得、稿酬所得、特许权使用费所得等应税项目计算纳税。扣缴人的本单位人员在广告设计、制作、发布过程中取得的由本单位支付的所得，按“工资、薪金所得”项目计算纳税。

（三）应纳税所得额的确定

纳税人以现金、实物和有价证券以外的其他形式取得所得，税务机关可以根据其所得的形式和价值，核定其应纳税所得额，据以征税。对于不能准确提供或划分个人在广告设计、制作、发布过程中提供名义、形象及劳务而取得的所得的纳税人，主管税务机关可以根据支付总额等实际情况，参照同类广告活动名义、形象及其他劳务提供者的所得标准，核定其应纳税所得额，据以征税。

（四）“一次”的界定

劳务报酬所得以纳税人每参与一项广告的设计、制作、发布所取得的所得为一次；稿酬所得以在图书、报刊上发布一项广告时使用其作品而取得的所得为一次；特许权使用费所得以提供一项特许权在一项广告的设计、制作发布过程中使用而取得的所得为一次。上述所得，采取分笔支付的，应合并为一次所得计算纳税。

七、演出市场个人所得税处理

为加强演出市场个人所得税的征收管理，国家税务总局出台了《演出市场个人所得税征收管理暂行办法》（国税发〔1995〕171 号文件印发）。

（一）纳税人与扣缴义务人

凡参加演出（包括舞台演出、录音、录像、拍摄影视等，下同）而取得报酬的演职人员，是个人所得税的纳税义务人；取得的所得，为个人所得税的应纳税项目。向演职人员支付报酬的单位或个人，是个人所得税的扣缴义务人。扣缴义务人必须在支付演职员报酬的同时，按税收法律、行政法规及税务机关依照法律、行政法规做出的规定扣缴或预扣个人所得税。

预扣办法由各省、自治区、直辖市税务局根据有利控管的原则自行确定。参与录音录像、拍摄影视和在歌厅、舞厅、卡拉 OK 厅、夜总会、娱乐城等娱乐场所演出的演职员取得的报酬，由向演职员支付报酬的单位或业主扣缴个人所得税。扣缴义务人扣缴的税款，应在次月 15 日内缴入国库，同时向主管税务机关报送扣缴个人所得税报告表、支付报酬明细表以及税务机关要求报送的其他资料。

（二）涉税信息报送

演出经纪机构领取《演出经营许可证》《临时营业演出许可证》或变更以上证件内容的，必须在领证后或变更登记后的 30 日内到机构所在地主管税务机关办理税务登记或变更税务登记。文化行政部门向演出经纪机构或个人发放《演出经营许可证》和《临时营业演出许可证》时，应将演出经纪机构的名称住所、法人代表等情况抄送当地主管税务机关备案。

演出活动主办单位应在每次演出前两日内，将文化行政部门的演出活动批准件和演出合同、演出计划（时间、地点、场次）报酬分配方案等有关材料报送演出所在地主管税务机关。演出合同和演出计划的内容如有变化，应按规定程序重新向文化行政部门申报审批并向主管税务机关报送新的有关材料。

（三）应税项目的确定

在 2018 年 12 月 31 日以前，演职员参加非任职单位组织的演出取得的报酬为劳务报酬所得，按次缴纳个人所得税。演职员参加任职单位组织的演出取得的报酬为工资、薪金所得，按月缴纳个人所得税。自 2019 年 1 月 1 日起，对居民个人取得的上述所得，按年计算个人所得税。上述报酬包括现金、实物和有价证券。

根据国税发〔2002〕52 号文件的规定，对于剧本作者从电影或电视剧的制作单位取得的剧本使用费，不再区分剧本的使用方是否为其任职单位，统一按特许权使用费所得项目计征个人所得税。

（四）组台（团）演出的处理

参加组台（团）演出的演职员取得的报酬，由主办单位或承办单位通过银行转账支付给演职员所在单位或发放演职员演出许可证的文化行政部门或其授权单位的，经演出所在地主管税务机关确认后，由演职员所在单位或者发放演职员许可证的文化行政部门或其授权单位，按实际支付给演职员个人的报酬代扣个人所得税，并在原单位所在地缴入金库。

不按上述方式支付演职员报酬，或者虽按上述方式支付但未经演出所在地主管税务机关确认的，由向演职员支付报酬的演出经纪机构或者主办、承办单位扣缴个人所得税，税款在演出所在地缴纳。申报的演职员报酬明显偏低又无正当理由的，主管税务机关可以在查账核实的基础上，依据演出报酬总额、演职员分工、演员演出通常收费额等情况核定演职员的应纳税所得，扣缴义务人据此扣缴税款。

（五）税收保全措施

税务机关有根据认为从事演出的纳税义务人有逃避纳税义务行为的，可以在规定的纳税期之前，责令其限期缴纳应纳税款；在限期内发现纳税义务人有明显的转移、隐匿演出收入迹象的，税务机关可以责成纳税义务人提供纳税担保。如果纳税义务人不能提供纳税担保，经县以上（含县级）税务局分局局长批准，税务机关可以采取税收保全措施。

（六）不含税收入的换算

演职员取得的报酬为不含税收入的，扣缴义务人支付的税款应按以下公式计算：

$$应纳税所得额=\frac{不含税收入-费用减除标准-速算扣除数}{1-税率}$$

应纳税额=应纳税所得额 × 适用税率-速算扣除数

（七）征收方式

为了强化征收管理，主管税务机关可以根据当地实际情况，自行确定对在歌厅、舞厅、卡拉 OK 厅、夜总会、娱乐城等娱乐场所演出的演职员的个人所得税征收管理方式。

组台（团）演出，应当建立健全财务会计制度正确反映演出收支和向演职员支付报酬情况，并接受主管税务机关的监督检查。没有建立财务会计制度，或者未提供完整、准确的纳税资料的，主管税务机关可以核定其应纳税所得额，据以征税。

第三节　证券经纪人、保险营销员等个人代理人佣金收入

一、证券经纪人佣金收入

1. 证券经纪人及佣金的定义

证券经纪人，指接受证券企业的委托，代理其从事客户招揽和客户服务等活动的证券企业以外的自然人。

佣金，指经营者在市场交易中给予为其提供服务的具有合法经营资格中间人的劳务报酬。

合法取得佣金的个人代理（经纪）人，与接受其代理服务的单位签订的是委托代理合同而非劳动雇佣合同，两者之间不构成任何雇佣劳动关系。个人代理（经纪）人不具有被代理企业任何类别的员工身份，其取得的报酬是向委托方提供独立的代理、经纪服务后取得的个人劳务报酬，而非工资、薪金等劳动报酬。

证券经纪人从证券公司取得的佣金收入，应按照“劳务报酬所得”项目缴纳个人所得税。

2. 展业成本

证券经纪人佣金收入由展业成本和劳务报酬构成，对展业成本部分不征收个人所得税。

（1）2012 年 10 月 1 日至 2018 年 12 月 31 日，展业成本的比例暂定为每次收入额的 40%；

（2）2019 年 1 月 1 日起，展业成本的比例按照每次收入额的 25% 计算。

3. 每次收入

证券经纪人以一个月内取得的佣金收入为一次收入，以不含增值税的收入减除 20% 的费用后的余额为收入额。

4. 应纳税所得额

应纳税所得额＝每次不含增值税收入 ×（1 － 20%）－展业成本－附加税费

2019 年 1 月 1 日后佣金收入应纳税所得额并入当年综合所得，合并计算缴纳个人所得税。

5. 扣缴义务人

证券公司是证券经纪人个人所得税的扣缴义务人，应按照《个人所得税扣缴申报管理办法（试行）》（国家税务总局公告 2018 年第 61 号，2019 年 1 月 1 日起适用）规定的累计预扣法计算预扣税款。具体计算时，以该纳税人截至当期在单位从业月份的累计收入减除累计减除费用、累计其他扣除后的余额，比照工资、薪金所得预扣率表计算当期应预扣预缴税额。专项扣除和专项附加扣除，在预扣预缴环节暂不扣除，待年度终了后汇算清缴申报时办理。

二、个人保险代理人佣金收入

1. 个人保险代理人（保险营销员）及佣金的定义

个人保险代理人，是指根据保险企业的委托，在保险企业授权范围内代为办理保险业务的自然人，不包括个体工商户。

佣金，指经营者在市场交易中给予为其提供服务的具有合法经营资格中间人的劳务报酬。

合法取得佣金的个人代理（经纪）人，与接受其代理服务的单位签订的是委托代理合同而非劳动雇佣合同，两者之间不构成任何雇佣劳动关系。个人代理（经纪）人不具有被代理企业任何类别的员工身份，其取得的报酬是向委托方提供独立的代理、经纪服务后取得的个人劳务报酬，而非工资、薪金等劳动报酬。

个人从事保险代理业务和经纪业务取得的收入，应当按“劳务报酬所得”缴纳个人所得税。

2. 展业成本

个人保险代理人佣金收入由展业成本和劳务报酬构成，对展业成本部分不征收个人所得税。

（1）2006年6月1日至2018年12月31日，展业成本的比例暂定为每次收入额的40%；

（2）2019年1月1日起，展业成本的比例按照每次收入额的25%计算。

3. 每次收入

个人保险代理人以一个月内取得的佣金收入为一次收入。

4. 应纳税所得额

应纳税所得额＝每次不含增值税收入×（1－20%）－展业成本－附加税费

2019年1月1日后佣金收入应纳税所得额并入当年综合所得，合并计算缴纳个人所得税。

5. 扣缴义务人

保险公司是保险代理人个人所得税的扣缴义务人，应按照《个人所得税扣缴申报管理办法（试行）》（国家税务总局公告2018年第61号，2019年1月1日起适用）规定的累计预扣法计算预扣税款。具体计算时，以该纳税人截至当期在单位从业月份的累计收入减除累计减除费用、累计其他扣除后的余额，比照工资、薪金所得预扣率表计算当期应预扣预缴税额。专项扣除和专项附加扣除，在预扣预缴环节暂不扣除，待年度终了后汇算清缴申报时办理。

三、信用卡和旅游等行业的个人代理人佣金收入

《国家税务总局关于个人保险代理人税收征管有关问题的公告》（国家税务总局公告2016年第45号）规定，信用卡和旅游等行业的个人代理人比照保险代理人和证券经纪人的规定执行，但在计算个人所得税时，不得扣除展业成本。

四、保险营销员预扣预缴案例分析

案例：某保险营销员于2019年2月开始在某保险公司从事营销劳务工作，取得劳务报酬所得35000元，该个人本月支付社会保险等相关支出为1000元，有子女教育支出可以扣除1000元，无其他可以扣减的事项。计算2019年2月累计预扣法扣缴的税额。

分析：我们假设该个人在2月取得该笔劳务报酬，由于35000元小于100000元，符合增值税的免税优惠，也不存在增值税的附加税费扣减事项。

该个人收入为35000元，减除20%的费用7000元后，收入额为35000 − 7000 = 28000（元），在本单位累计减除费用为5000元，累计其他扣除中存在展业成本的扣减，收入额的25%为展业成本，28000×25% = 7000（元）。

累计预扣预缴应纳税所得额＝累计收入额－累计减除费用－累计其他扣除＝28000 − 5000 − 7000 = 16000（元），个人缴纳的社保费用在预缴时不得扣减，专项附加扣除也不得扣减，依据综合所得的预扣预缴税率表：

本期应预扣预缴税额＝（累计预扣预缴应纳税所得额 × 预扣率－速算扣除数）－累计减免税额－累计已预扣预缴税额＝（16000×3% − 0）− 0 − 0 = 480（元），此为单位当月预扣预缴的劳务报酬的税额，单位在2019年3月进行纳税申报处理。

在年度汇算清缴时，将全年所得进行汇总，其中2019年2月的35000元扣减20%

的费用7000元、展业成本7000元后，21000元并入综合所得计算年度汇算清缴的数据，再扣减60000元、社保费用等专项扣除、专项附加扣除等，计算年度综合所得的税额。

五、相关法规的延续与变化

（一）相关法规

国家税务总局有关证券经纪人、保险代理人等个人代理人的法规，从1997年至今一共有6个文件，由于现行个税法规定劳务报酬也并入了综合所得计税，在汇算清缴时又会与工资薪金所得融为一处。这一次政策在前后发生了相当大的变化。

1.《关于个人提供非有形商品推销、代理等服务活动取得收入征收营业税和个人所得税有关问题的通知》（财税字〔1997〕103号）

2.《国家税务总局关于保险营销员（非雇员）取得的收入计征个人所得税问题的通知》（国税发〔1998〕13号）

3.《国家税务总局关于保险营销员取得收入征收个人所得税有关问题的通知》（国税发〔2002〕98号）

4.《国家税务总局关于保险营销员取得佣金收入征免个人所得税问题的通知》（国税函〔2006〕454号）

5.《国家税务总局关于个人保险代理人税收征管有关问题的公告》（国家税务总局公告2016年第45号）

6.《关于个人所得税法修改后有关优惠政策衔接问题的通知》（财税〔2018〕164号）

（二）2018年12月31日前

《国家税务总局关于保险营销员取得佣金收入征免个人所得税问题的通知》（国税函〔2006〕454号）规定：

由于目前保险市场同业竞争激烈，保险营销员的营销费用有所增加，现行规定已不能使展业成本得到完全扣除。为促进保险事业发展，合理调整保险营销员的税收负担，现通知如下：

一、根据保监会《关于明确保险营销员佣金构成的通知》（保监发〔2006〕48号）

的规定，保险营销员的佣金由展业成本和劳务报酬构成。按照税法规定，对佣金中的展业成本，不征收个人所得税；对劳务报酬部分，扣除实际缴纳的营业税金及附加后，依照税法有关规定计算征收个人所得税。

根据目前保险营销员展业的实际情况，佣金中展业成本的比例暂定为40%。

二、各级税务机关要严格按照税法及上述规定计征税款，不得擅自扩大政策的适用范围、口径和标准，不得执行违反国家统一规定的政策。

《国家税务总局关于个人保险代理人税收征管有关问题的公告》（国家税务总局公告2016年第45号）进一步规定：

现将个人保险代理人为保险企业提供保险代理服务税收征管问题有关问题公告如下：

一、个人保险代理人为保险企业提供保险代理服务应当缴纳的增值税和城市维护建设税、教育费附加、地方教育附加，税务机关可以根据《国家税务总局关于发布〈委托代征管理办法〉的公告》（国家税务总局公告2013年第24号）的有关规定，委托保险企业代征。

个人保险代理人为保险企业提供保险代理服务应当缴纳的个人所得税，由保险企业按照现行规定依法代扣代缴。

二、个人保险代理人以其取得的佣金、奖励和劳务费等相关收入（以下简称“佣金收入”，不含增值税）减去地方税费附加及展业成本，按照规定计算个人所得税。

展业成本，为佣金收入减去地方税费附加余额的40%。

三、接受税务机关委托代征税款的保险企业，向个人保险代理人支付佣金费用后，可代个人保险代理人统一向主管国税机关申请汇总代开增值税普通发票或增值税专用发票。

四、保险企业代个人保险代理人申请汇总代开增值税发票时，应向主管国税机关出具个人保险代理人的姓名、身份证号码、联系方式、付款时间、付款金额、代征税款的详细清单。

保险企业应将个人保险代理人的详细信息，作为代开增值税发票的清单，随发票入账。

五、主管国税机关为个人保险代理人汇总代开增值税发票时，应在备注栏内注明“个人保险代理人汇总代开”字样。

六、本公告所称个人保险代理人，是指根据保险企业的委托，在保险企业授权范围内代为办理保险业务的自然人，不包括个体工商户。

七、证券经纪人、信用卡和旅游等行业的个人代理人比照上述规定执行。信用卡、旅游等行业的个人代理人计算个人所得税时，不执行本公告第二条有关展业成本的规定。

保险营销员取得的佣金，属于劳务报酬，并不是工资薪金。同样的政策也适用证券经纪人，《国家税务总局关于证券经纪人佣金收入征收个人所得税问题的公告》（国家税务总局公告〔2012〕第45号）规定：

一、根据《中华人民共和国个人所得税法》及其实施条例规定，证券经纪人从证券公司取得的佣金收入，应按照“劳务报酬所得”项目缴纳个人所得税。

二、证券经纪人佣金收入由展业成本和劳务报酬构成，对展业成本部分不征收个人所得税。根据目前实际情况，证券经纪人展业成本的比例暂定为每次收入额的40%。

三、证券经纪人以一个月内取得的佣金收入为一次收入，其每次收入先减去实际缴纳的营业税及附加，再减去本公告第二条规定的展业成本，余额按个人所得税法规定计算缴纳个人所得税。

上述两项个人所得，是一种持续性的劳务报酬所得，同时财税政策特别允许扣除40%的展业成本，这是其他劳务报酬的纳税人无法得到的待遇。在之前的计税方法中，其劳务报酬的计税即使是持续的，但仍是按月独立计税，这一点跟工资薪金按月计税无异。不过在旧规定下，上述人员自行缴纳的专项扣除即社保与住房公积金是无法扣除的，但是在新规定下，自行申报有一项“取得劳务报酬所得、稿酬所得、特许权使用费所得中一项或者多项所得，且综合所得年收入额减除专项扣除的余额超过6万元”，以及“居民个人取得劳务报酬所得、稿酬所得、特许权使用费所得，应当在汇算清缴时向税务机关提供有关信息，减除专项附加扣除”的规定，这是学习新个税法时首先要考虑的问题。

（三） 2019 年及以后

财税〔2018〕164 号文件规定：

三、关于保险营销员、证券经纪人佣金收入的政策

保险营销员、证券经纪人取得的佣金收入，属于劳务报酬所得，以不含增值税的收入减除 20% 的费用后的余额为收入额，收入额减去展业成本以及附加税费后，并入当年综合所得，计算缴纳个人所得税。保险营销员、证券经纪人展业成本按照收入额的 25% 计算。

扣缴义务人向保险营销员、证券经纪人支付佣金收入时，应按照《个人所得税扣缴申报管理办法（试行）》（国家税务总局公告 2018 年第 61 号）规定的累计预扣法计算预扣税款。

财税〔2018〕164 号文件同时规定，文件计算个税的条款同时废止。

上述佣金收入在所得定性上属于劳务报酬；但是，可能考虑到这种收入的连续性，以及适用劳务报酬的预扣缴个税较高的情形，国家税务总局“创新性”地规定其适用工资薪金的累计预扣法，非劳务报酬的单次预扣法。其中，新旧规定中几个主要的概念理解如表所示：

事项	旧规定（国家税务总局公告 2016 年第 45 号）	新规定（财税〔2018〕164 号）	比较
收入	不含增值税	不含增值税	相同，2019 年 1 月 1 日起，个人连续性劳务报酬月销售额 10 万元以下免征增值税
收入额（费用扣除额）	无	20% × 不含增值税收入	年度汇算清缴时，此收入额并不立即并入综合所得
附加税费	可以扣除	可以扣除	
展业成本	不含税的佣金收入减去地方税费附加余额的 40%	不含增值税收入 × 25% × 80%	新个税规则 25% × 80% = 20%，再加上费用扣除额 20%，相当于与原个税法下的 40%，比例一样
应纳税所得额	收入减去地方税费附加及展业成本	收入额减去展业成本以及附加税费后	一个是收入，一个是收入额，新个税规则相当于先扣了 20%

续表

扣缴	代扣代缴，税额是确定的，纳税人不进行汇算清缴	预扣预缴，但是要求按累计预扣法计算预扣税款	新个税规则是按累计预扣法，相当于劳务报酬也累计计税了，这方便了纳税人年度汇算清缴的计算，降低了工作量，是劳务报酬下的一个特别的预扣预缴方式

依据国家税务总局12366的规定与解释：

保险营销员、证券经纪人佣金收入如何预扣预缴个人所得税?

根据《财政部 国家税务总局关于个人所得税法修改后有关优惠政策衔接问题的通知》（财税〔2018〕164号）文件规定，对保险营销员、证券经纪人取得的佣金收入，扣缴单位应当按照累计预扣法计算预扣个人所得税。结合个人所得税法及其实施条例有关规定，累计预扣法预扣预缴个人所得税的具体计算公式为：

本期应预扣预缴税额＝（累计预扣预缴应纳税所得额 × 预扣率－速算扣除数）－累计减免税额－累计已预扣预缴税额

累计预扣预缴应纳税所得额＝累计收入额－累计减除费用－累计其他扣除

其中，收入额按照不含增值税的收入减除20%的费用后的余额计算；累计减除费用按照5000元/月乘以纳税人当年截至本月在本单位的从业月份数计算；其他扣除按照展业成本、附加税费和依法确定的其他扣除之和计算，其中展业成本按照收入额的25%计算。

上述公式中的预扣率、速算扣除数，比照《个人所得税扣缴申报管理办法（试行）》（国家税务总局公告2018年第61号发布）所附的《个人所得税预扣率表一》执行。

日常预扣预缴时，综合考虑新旧税制衔接，为最大程度减轻保险营销员、证券经纪人税收负担，依照税法规定，对其取得的佣金收入，按照累计预扣法计算预缴税款。具体计算时，以该纳税人截至当期在单位从业月份的累计收入减除累计减除费用、累计其他扣除后的余额，比照工资、薪金所得预扣率表计算当期应预扣预缴税额。专项扣除和专项附加扣除，在预扣预缴环节暂不扣除，待年度终了后汇算清缴申报时办理。主要考虑是：一方面，依据个人所得税法和实施条例规定，个人取得的劳务报酬，应当在汇算清缴时办理专项附加扣除；另一方面，保险营销员、证券经纪人多为自己缴付“三险一金”，支付佣金单位较难掌握这些情况并为其办理扣除，同时，部分保险营销员、证券经纪人还有任职受雇单位，由支付佣金单位办理可能出现重复扣除。

第四节　劳务报酬的税务风险

一、劳务报酬与工资、薪金的区别

现行个税法实施之后，劳务报酬以其相关收入的 80% 作为应纳税所得额并入综合所得中，工资薪金则享受不到 80% 的优惠。个别纳税人将员工的工资薪金全部转化为劳务报酬，借以规避社保，但这样会带来较大的税务风险。

劳务报酬与工资、薪金等属于非独立个人劳动取得的报酬是有区别的。关于工资薪金与劳务报酬的划分，《国家税务总局征收个人所得税若干问题的规定》（国税发〔1994〕89 号）规定：

十九、关于工资、薪金所得与劳务报酬所得的区分问题

工资、薪金所得是属于非独立个人劳务活动，即在机关、团体、学校、部队、企事业单位及其他组织中任职、受雇而得到的报酬；劳务报酬所得则是个人独立从事各种技艺、提供各项劳务取得的报酬。两者的主要区别在于，前者存在雇佣与被雇佣关系，后者则不存在这种关系。

雇佣关系是区分工资薪金与劳务报酬的要件，但不能以劳动合同存在与否来确认是否属于工资薪金。

《财政部 国家税务总局关于个人提供非有形商品推销、代理等服务活动取得收入征收营业税和个人所得税有关问题的通知》（财税〔1997〕103 号），有关营业税的规定已废止，但其他条款有效，其中有关雇员收入的规定：

据反映，有些在境内从事保险、旅游等非有形商品经营的企业（包括从事此类业务的国有企业、集体企业、股份制企业、外商投资企业、外国企业及其他企业），通过其雇员或非雇员个人的推销、代理等服务活动开展业务。雇员或非雇员个人根据其

推销、代理等服务活动的业绩从企业或其服务对象取得佣金、奖励和劳务费等名目的收入。根据《中华人民共和国营业税暂行条例》《中华人民共和国个人所得税法》和《中华人民共和国税收征收管理法》的有关规定，现对雇员或非雇员个人为企业提供非有形商品推销、代理等服务活动取得收入征收营业税和个人所得税的有关问题明确如下：

一、对雇员的税务处理

雇员为本企业提供非有形商品推销、代理等服务活动取得佣金、奖励和劳务费等名目的收入，无论该收入采用何种计取方法和支付方式，均应计入该雇员的当期工资、薪金所得，按照《中华人民共和国个人所得税法》及其实施条例和其他有关规定计算征收个人所得税；但可适用《中华人民共和国营业税暂行条例实施细则》第四条第一款的规定，不征收营业税。

二、对非雇员的税务处理

非本企业雇员为企业提供非有形商品推销、代理等服务活动取得的佣金、奖励和劳务费等名目的收入，无论该收入采用何种计取方法和支付方式，均应计入个人从事服务业应税劳务的营业额，按照《中华人民共和国营业税暂行条例》及其实施细则和其他有关规定计算征收营业税；上述收入扣除已缴纳的营业税税款后，应计入个人的劳务报酬所得，按照《中华人民共和国个人所得税法》及其实施条例和其他有关规定计算征收个人所得税。

是否属于本企业雇员是一个基本的判断规则，如某公司让内部人员为其他员工提供培训，并给予一定的补贴，该补贴不属于劳务报酬，而只能并入工资薪金计算个税。一般来说，劳务报酬是独立个人从事自由职业取得的所得。

根据《国家税务总局关于影视演职人员个人所得税问题的批复》（国税函〔1997〕385号）的规定：

凡与单位存在工资、人事方面关系的人员，其为本单位工作所取得的报酬，属于“工资、薪金所得”应税项目征税范围；而其因某一特定事项临时为外单位工作所取得报酬，不属于税法中所说的受雇，应是“劳务报酬所得”应税项目征税范围。

二、劳务报酬与经营所得的区别

以个人名义提供服务活动，不必然属于所得类型中的劳务报酬。根据实施条例中对经营所得的定义：

经营所得，是指：

1. 个人通过在中国境内注册登记的个体工商户、个人独资企业、合伙企业从事生产、经营活动取得的所得；

2. 个人依法取得执照，从事办学、医疗、咨询以及其他有偿服务活动取得的所得；

3. 个人承包、承租、转包、转租取得的所得；

4. 个人从事其他生产、经营活动取得的所得。

由上可知，个人可以通过多种方式取得经营所得。劳务报酬的一个显著的特征是个人独立直接从事的服务活动，而经营所得可能存在雇佣等情形，也可能是无雇工的个体户，或者个人从事交通运输服务的个体户。从另一个角度看，经营所得发生的经营成本是较为明确存在的，比如交通运输会存在车辆的损耗、油费、过路费等支出，个人从事经营，在代开发票时，可以核定所得率，与劳务报酬的公式化预扣预缴是不同的。

原个税法下实施条例对相关所得的解释：

（二）个体工商户的生产、经营所得，是指：

1. 个体工商户从事工业、手工业、建筑业、交通运输业、商业、饮食业、服务业、修理业以及其他行业生产、经营取得的所得；

2. 个人经政府有关部门批准，取得执照，从事办学、医疗、咨询以及其他有偿服务活动取得的所得；

3. 其他个人从事个体工商业生产、经营取得的所得；

4. 上述个体工商户和个人取得的与生产、经营有关的各项应纳税所得。

（三）对企事业单位的承包经营、承租经营所得，是指个人承包经营、承租经营以及转包、转租取得的所得，包括个人按月或者按次取得的工资、薪金性质的所得。

（四）劳务报酬所得，是指个人从事设计、装潢、安装、制图、化验、测试、医疗、法律、会计、咨询、讲学、新闻、广播、翻译、审稿、书画、雕刻、影视、录音、录像、演出、表演、广告、展览、技术服务、介绍服务、经纪服务、代办服务以及其他劳务取得的所得。

原个税法下基本上是以个体工商户的形式优先体现的，而现行个税法的规则更为强调个人。

国家税务总局镇江市税务局发布《关于调整全市个体工商户个人所得税生产、经营所得核定征收率的意见征集》：

为贯彻落实《中华人民共和国个人所得税法》和《财政部 国家税务总局关于2018年第四季度个人所得税扣除费用和税率适用问题的通知》（财税〔2018〕98号），确保广大纳税人享受个人所得税改革红利。结合我市实际，国家税务总局镇江市税务局拟对全市个体工商户个人所得税生产、经营所得核定征收率作适当下调。

附：个体工商户个人所得税生产、经营所得核定征收率表（见表）

行业名称	原征收率	拟调整征收率
工业（修理修配）、商品流通、物资流通	0.5%	0.25%
公路、内河货物运输业	1.5%	1.5%
交通运输业（公路、内河货物运输业除外）	0.6%	0.3%
建筑安装	0.4%	0.4%
文化体育	0.5%	0.25%
饮食服务、娱乐业、其他服务	1.5%	0.8%
其他行业	1.5%	0.8%

上面提到的是核定的征收率，如果是查账或能够清楚计算的，则应按照相应期间的应纳税所得额和适用税率计税。

劳务报酬有着明显不同，劳务报酬没有上述的核定征收率。在现行个税法下，分两步，一是预扣预缴，其计算方式延续了原个税法的计税方式；二是年度再并入综合所得计算准确的个税税额，多退少补。如果个人取得的是经营所得，根本不存在预扣预缴，也不需要并入到年度综合所得中，计税方式中存在着核定征税与计算征税之分，不过经营所得也有年度汇算清缴，在取得所得的次年3月31日前办理汇算清缴。

在现实当中，如何界定个人取得的所得是劳务报酬还是经营所得，目前还没有一个清晰的界线，更多是从相应的业务活动描述中进行判断，比如各地在自由用工的征税方式上，往往按照经营所得核定征收个人所得税，这其中存在划分不清的税务风险。

三、劳务报酬所得预扣预缴的计算

工资薪金采取累计预扣法，其他三项综合所得，劳务报酬、稿酬、特许权使用费在预扣预缴时，除保险营销员、证券经纪人的佣金收入借鉴了工资薪金的累计预扣法外（与工资薪金的累计预扣法并不完全相同），另有其独特性。下面主要对此进行梳理分析。

《个人所得税扣缴申报管理办法（试行）》规定：

第八条 扣缴义务人向居民个人支付劳务报酬所得、稿酬所得、特许权使用费所得时，应当按照以下方法按次或者按月预扣预缴税款：

劳务报酬所得、稿酬所得、特许权使用费所得以收入减除费用后的余额为收入额；其中，稿酬所得的收入额减按百分之七十计算。

减除费用：预扣预缴税款时，劳务报酬所得、稿酬所得、特许权使用费所得每次收入不超过四千元的，减除费用按八百元计算；每次收入四千元以上的，减除费用按收入的百分之二十计算。

应纳税所得额：劳务报酬所得、稿酬所得、特许权使用费所得，以每次收入额为预扣预缴应纳税所得额，计算应预扣预缴税额。劳务报酬所得适用个人所得税预扣率表二，稿酬所得、特许权使用费所得适用百分之二十的比例预扣率。

居民个人办理年度综合所得汇算清缴时，应当依法计算劳务报酬所得、稿酬所得、特许权使用费所得的收入额，并入年度综合所得计算应纳税款，税款多退少补。

第一，劳务报酬的预扣率表仅仅用于预扣预缴税款，这也是原个税法下的税率表；在现行个税法下正式计算税款的文件中，不涉及此税率表的使用。

第二，劳务报酬是按月或按次预扣预缴，除特别情况外，没有累计预扣的规定。因为工资薪金往往是连续的，单位也相对固定，而劳务报酬可能经常变化，累计预扣法也不现实。

第三，预扣预缴时劳务报酬减除费用与汇算清缴时的减除费用不同。在上讲到收入额认定的分析中提到，无论金额多少，均按20%比例扣减费用额后并入综合所得；而预扣预缴时，却是按照不超过4000元时扣800元、超过4000元时扣20%两种情形计算预扣预缴应纳税所得额。

四、预扣预缴案例解析

劳务报酬所得的预扣预缴税款，延续了原个税法下的计税方式作为新法下的预扣预缴方式。

案例：某自然人为某企业提供一个月的培训业务，费用总额为30000元，假设不考虑增值税，未代开发票，单位在支付有关劳动报酬时，如何预扣预缴个税？

第一步，判断该一个月培训服务收入为一次劳务报酬所得，收入大于4000元，费用扣除额为收入的20%，因此收入额＝30000×80%＝24000（元）；

第二步，收入额为预扣预缴应纳税所得额，即为24000元；

第三步，计算预扣预缴个税：24000×30%－2000＝5200（元）。

该案例中预扣预缴的税额较高，若收入额提高到适用40%的预扣率档次，预扣预缴税额会更高，对纳税人的影响会更大，如此就可能出现预扣预缴时多交税、年度汇算清缴退税的情形，会对收入构成中工资薪金少的个人产生较大影响。

五、董事费的计税方式与发票提供

政策明确规定了董事费的个税计税问题。属于工资薪金归属的，则按工资薪金预扣预缴及并入综合所得；属于劳务报酬的，则按劳务报酬的80%计入综合所得计税。

如果属于劳务报酬所得性质，可在企业所得税扣除，扣除要求如下：

天津国税2017年企业所得税汇算清缴问题解答：

七、企业实际支付给外聘的董事、监事劳务报酬可否税前扣除？

依据《国家税务总局关于明确个人所得税若干政策执行问题的通知》（国税发〔2009〕121号）关于董事费征税问题的规定，个人担任公司董事、监事，且不在公司任职、受雇的董事费按劳务报酬所得项目征税；个人在公司（包括关联公司）任职、受雇，同时兼任董事、监事的，应将董事费、监事费与个人工资收入合并，统一按“工资、薪金所得”项目缴纳个人所得税。

企业实际支付给外聘的董事、监事的劳务报酬，应凭发票在税前扣除。

安徽国税企业所得税汇算清缴政策答疑（2018.4.28）：

五、公司实际支付给外聘的董事、监事劳务报酬可否税前扣除？

答：根据《国家税务总局关于明确个人所得税若干政策执行问题的通知》（国税发〔2009〕121号）关于董事费征税问题的规定，个人担任公司董事、监事，且不在公司任职、受雇的董事费按劳务报酬所得项目征税；个人在公司（包括关联公司）任职、受雇，同时兼任董事、监事的，应将董事费、监事费与个人工资收入合并，统一按“工资、薪金所得”项目缴纳个人所得税。

企业实际支付给在公司（包括关联公司）任职、受雇，同时兼任董事、监事的支出，按工资薪金项目在税前扣除；企业实际支付给外聘的董事、监事的劳务报酬，应凭发票在税前扣除。

浙江省国税局2011年汇算清缴问题解答（2012.3.22）：

10. 董事会成员领取工资是否可在税前扣除？

答：在公司任职的董事会成员领取的劳动报酬应并入工资薪金在税前扣除；不在公司担任除董事外的其他职务的独立董事领取的津贴应在企业“董事费”中开支。企业应提供董事会全体成员名单，以及代扣代缴个税证明及个人签收证明。建议，应尽量取得相应的发票为宜。

增值税方面，有任职关系取得的所得属于工资薪金，无须开具发票；兼职取得的所得存在争议，从外部服务的角度，是增值税的应税行为，属于自然人个人提供咨询服务。企业所得税方面，如果是小额零星支出（通常指500元以下），则不需要提供发票。

会计上视董事费为职工薪酬核算处理，未与企业订立劳动合同但由企业正式任命的人员，如部分董事会成员、监事会成员等。企业按照有关规定设立董事、监事，或者董事会、监事会的，如所聘请的独立董事、外部监事等，虽然没有与企业订立劳动合同，但属于由企业正式任命的人员，属于本准则所称的职工。

第五章
稿酬所得

第一节　基本规定

一、征税范围

（一）新旧个人所得税关于稿酬所得的对比

根据2018年《个人所得税法实施条例》第六条第一款第（三）项的规定，稿酬所得，是指个人因其作品以图书、报刊等形式出版、发表而取得的所得。这与2011年版《个人所得税法实施条例》有关稿酬所得的规定相比，考虑了新兴媒体的发展，增加了一个“等”字。差异分析如下：

稿酬所得征税范围规定对比

2018年新《个人所得税法实施条例》	2011年版《个人所得税法实施条例》	差异分析
稿酬所得，是指个人因其作品以图书、报刊等形式出版、发表而取得的所得。	稿酬所得，是指个人因其作品以图书、报刊形式出版、发表而取得的所得。	新条例增加了“等”字

（二）稿酬所得的规定

将稿酬所得独立划归一个征税项目，而对不以图书、报刊形式出版、发表的翻译、审稿、书画所得归为劳务报酬所得，主要是考虑了出版、发表作品的特殊性。第一，它是一种依靠较高智力创作的精神产品；第二，它具有普遍性；第三，它与社会文明密切相关；第四，它的报酬相对偏低。因此，稿酬所得应当与一般劳务报酬相区别，并给予适当优惠照顾。

有关报刊、杂志、出版等单位的职员在本单位的刊物上发表作品、出版图书取得所得如何征收个人所得税问题，《国家税务总局关于个人所得税若干业务问题的批复》（国税函〔2002〕146号）明确规定：

1. 任职、受雇于报刊、杂志等单位的记者、编辑等专业人员，因在本单位的报刊、杂志上发表作品取得的所得，属于因任职、受雇而取得的所得，应与其当月工资收入合并按“工资、薪金所得”项目征收个人所得税。

除上述专业人员以外，其他人员在本单位的报刊、杂志上发表作品取得的所得，应按“稿酬所得”项目征收个人所得税。

2. 出版社的专业作者撰写、编写或翻译的作品，由本社以图书形式出版而取得的稿费收入，应按“稿酬所得”项目计算缴纳个人所得税。

3. 作者去世后，对取得其遗作稿酬的个人，按“稿酬所得”征收个人所得税。

二、应纳税所得额的确定

（一）计算公式

应纳税额 = 应纳税所得额 × 适用税率

1. 扣缴义务人向居民个人支付稿酬

（1）预扣预缴应纳税所得额 =（每次收入额－费用）×70%

（2）稿酬所得每次收入不超过四千元的，减除费用按八百元计算；每次收入四千元以上的，减除费用按收入的 20% 计算。

2. 扣缴义务人向非居民个人支付稿酬

代扣代缴应纳税所得额 = 每次收入额 ×（1 － 20%）×70%

（二）每次收入的确定

根据《中华人民共和国个人所得税法实施条例》（国令第707号）第十四条的规定，个人所得税法第六条第一款第二项、第四项、第六项所称每次，分别按照下列方法确定：劳务报酬所得、稿酬所得、特许权使用费所得，属于一次性收入的，以取得该项收入为一次；属于同一项目连续性收入的，以一个月内取得的收入为一次。

三、税率

（一）居民个人

由扣缴义务人按照20%的比例预扣率，按次或者按月预扣预缴税款。

居民个人办理年度综合所得汇算清缴时，应当依法计算工资薪金所得、劳务报酬所得、稿酬所得、特许权使用费所得的收入额，并入年度综合所得计算应纳税款，税款多退少补。

（二）非居民个人

由扣缴义务人按照非居民个人稿酬所得适用税率表，按次或者按月代扣代缴税款。

第二节 稿酬所得的税务风险

一、稿酬与劳务报酬的区别

稿酬所得属于综合所得中的一项。根据现行个税法实施条例，稿酬所得是指个人因其作品以图书、报刊等形式出版、发表而取得的所得。这与原个税法下的定义完全一致。如笔者在省财政厅主办的《财政研究》发表一篇文章，《财政研究》只是协会内部刊物，没有取得正式的刊号，严格意义上，我个人领取的“稿酬”，不是个税法定义的“稿酬”，只能按劳务报酬计税，因此不能享受稿酬所得折扣计税的优惠。

同样地，在电子媒介（如微信公众号、网站等）上发表的文章也不能按稿酬计税，目前在没有文件规定的情况下，应严格以定义判断。如一些大型集团内部的宣传册，外部人员参与约稿发表文章，由于其并非以图书、报刊形式出版、发表，不能确定为稿酬，应为劳务报酬所得；如果是本企业员工，则应并入工资薪金计征个人所得税。

二、稿酬所得与工资薪金的区别

并非所有从事写作等相关人员取得的都是稿酬所得，比如在出版单位、报刊单位工作的人员，其取得的是工资薪金还是稿酬所得，该事项在原个税法下已有相关的规定，仍可以借鉴。《国家税务总局关于个人所得税若干业务问题的批复》（国税函〔2002〕146 号）规定：

三、关于报刊、杂志、出版等单位的职员在本单位的刊物上发表作品、出版图书取得所得征税的问题

（一）任职、受雇于报刊、杂志等单位的记者、编辑等专业人员，因在本单位的报刊、杂志上发表作品取得的所得，属于因任职、受雇而取得的所得，应与其当月工资收入合并，按“工资、薪金所得”项目征收个人所得税。

除上述专业人员以外，其他人员在本单位的报刊、杂志上发表作品取得的所得，应按“稿酬所得”项目征收个人所得税。

（二）出版社的专业作者撰写、编写或翻译的作品，由本社以图书形式出版而取得的稿费收入，应按“稿酬所得”项目计算缴纳个人所得税。

上述规定中的情形总结如表所示：

情形	适用情形	适用类型
任职、受雇于报刊、杂志等单位的记者、编辑等专业人员	在本单位的报刊、杂志上发表作品取得的所得	并入工资薪金计税
任职、受雇于报刊、杂志等单位的，除记者、编辑等专业人员外的人员	在本单位的报刊、杂志上发表作品取得的所得	按“稿酬所得”计税
出版社的专业作者撰写、编写或翻译的作品	本社以图书形式出版而取得的稿费收入	按“稿酬所得”计税

根据上述规定，记者、编辑等专业人员与专业作者不同。企业集团内部的征文活动、内部微信公众号的写作等事项，如果是内部员工参与并取得相关收入，尽管进行了写作、创作活动，但这只是其工作内容的一部分，属于工资薪金所得，不符合稿酬所得的定义。

三、未发表但仍支付费用或给付样书等方式

实务中，出版社向作者约稿，但最终未能发表，此时出版社会向作者支付部分补偿，这种情形不能适用稿酬所得，原因是未形成稿酬所得，自然不能享受相应的折扣来计算收入额。原山东地税曾经对此出具过意见，可供借鉴。《山东省地方税务局关于个人所得税有关问题的通知》（鲁地税二字〔1998〕174 号）规定：

因非作者原因未能出书，出版社按基本稿酬的 30% 至 50% 付给作者的著译费，出版社主动约稿，但因稿件质量不合格未能出版而支付给作者的约稿费等劳务费，均按“劳务报酬所得”项目计税。

对出版社按国家规定送给作者的样书，不属于稿酬所得，不征收个人所得税；出版社以抵顶稿酬形式给作者的书刊，应按“稿酬所得”项目计征个人所得税。

根据原山东地税的意见，凡图书未出版，一律按劳务报酬适用所得计算个税。而对于送样本给作者，不属于作者的所得；如果以书抵稿酬，对于出版社来讲，是销售图书，应计入稿酬成本，依照当前政策，销售图书免征增值税。

《财政部 国家税务总局关于延续宣传文化增值税优惠政策的通知》（财税〔2018〕53 号）规定：

自 2018 年 1 月 1 日起至 2020 年 12 月 31 日，免征图书批发、零售环节增值税。

四、稿酬所得个税的预扣预缴

《个人所得税扣缴申报管理办法》规定：

劳务报酬所得、稿酬所得、特许权使用费所得以每次收入减除费用后的余额为收入额；稿酬所得的收入额减按百分之七十计算。

预扣预缴税款时，劳务报酬所得、稿酬所得、特许权使用费所得每次收入不超过四千元的，费用按八百元计算；每次收入四千元以上的，费用按百分之二十计算。

稿酬所得应预扣预缴税额＝预扣预缴应纳税所得额 ×20%

案例：张三在某全国性报刊上发表了一篇文章，取得稿酬收入 8000 元，扣缴义务人应按以下步骤计算预扣预缴个人所得税：

第一步，确定收入为 8000 元；

第二步，减除费用，8000 元 > 4000 元，按照 20% 确定费用扣除额，即 8000×20% = 1600（元）；

第三步，确定收入额，8000 － 1600 = 6400 元，稿酬有一个特别的“打折”规定——减按 70% 计算，即 6400×70% = 4480（元）；

第四步，计算预扣预缴税额，4480×20% = 896（元）。

五、个人稿酬所得是否缴纳增值税

由于稿酬规定是按次确认的收入，对于未按月预扣预缴是否需要计缴增值税及附加税费的问题，原北京国税货劳税热点问题（2018 年 5 月）曾对此做了专门回复，并在 2018 年 5 月 15 日国家税务总局官方微信公众号进行了转发：

3. 个人稿酬所得是否缴增值税?

答：1994 年 3 月 29 日，财政部和国家税务总局联合下发《财政部 国家税务总局关于对若干项目免征营业税的通知》（财税〔1994〕2 号），对个人转让著作权，自 1994 年 1 月 1 日起免征营业税。

2012 年 1 月 1 日，上海市在交通运输业和部分现代服务业开展营改增试点。根据《财政部 国家税务总局关于在上海市开展交通运输业和部分现代服务业营业税改征增值税试点的通知》（财税〔2011〕111 号）的相关规定，著作权转让纳入营改增试点范围，同时，个人转让著作权免征营业税的优惠政策平移为继续免征增值税。

此后，随着营改增试点逐步扩大试点行业和地区，直至 2016 年 5 月 1 日全面推开，个人转让著作权一直享受免征增值税的优惠政策。

综上，自 1994 年税制改革以来，个人转让著作权享受免征营业税优惠政策，营改增后继续免征增值税。

《中华人民共和国著作权法》第二条规定，中国公民、法人或者其他组织的作品，不论是否发表，依照本法享有著作权。该法第三条规定，本法所称的作品，包括以下列形式创作的文学、艺术和自然科学、社会科学、工程技术等作品，并列举了包括文字作品在内的 9 类作品。

原营业税及营改增之后的增值税，对个人转让著作权的免税范围，均包括作者发表文字作品收取稿酬的行为，作者发表文字作品收取稿酬，营改增前免征营业税，营改增后免征增值税。

上面回复充分说明了稿酬所得属于著作权的范围，而个人转让著作权享受免税待遇，因此，稿酬所得收入是免增值税的。即稿酬所得有别于劳务报酬，也有别于特许权使用费收入，在计算个人所得税预扣预缴时，不需要考虑增值税及附加税费。

稿酬所得是免税的收入，不需要计缴增值税及附加税费，但并不代表不需要取得发票。依据《企业所得税税前扣除凭证管理办法》规定，对于个人小额零星的支出，是不强制要求取得发票的，除此之外，仍需要发票，由个人去税务机关代开。管理办法中提到的个人小额零星支出属于应税项目前提下的规定，在大框架中属于应税只不过享受了免税的政策。增值税中的免税事项，多是基于税前扣除，但仍要求取得增值税普通发票。

特许权使用费所得，是指个人提供专利权、商标权、著作权、非专利技术以及其他特许权的使用权取得的所得。提供著作权的使用权取得的所得，不包括稿酬所得。

从定义来看，图书、报刊是稿酬所得的载体，现实当中存在纸质与电子两种形式，《使用文字作品支付报酬办法》规定：

第三条　以纸介质出版方式使用文字作品支付报酬可以选择版税、基本稿酬加印数稿酬或者一次性付酬等方式。

版税，是指使用者以图书定价 × 实际销售数或者印数 × 版税率的方式向著作权人支付的报酬。

基本稿酬，是指使用者按作品的字数，以千字为单位向著作权人支付的报酬。

印数稿酬，是指使用者根据图书的印数，以千册为单位按基本稿酬的一定比例向著作权人支付的报酬。

一次性付酬，是指使用者根据作品的质量、篇幅、作者的知名度、影响力以及使用方式、使用范围和授权期限等因素，一次性向著作权人支付的稿酬。

第十一条　报刊刊载作品只适用一次性付酬方式。

第十四条　以纸介质出版方式之外的其他方式使用文字作品，除合同另有约定外，使用者应当参照本办法规定的付酬标准和付酬方式付酬。

在数字或者网络环境下使用文字作品，除合同另有约定外，使用者可以参照本办法规定的付酬标准和付酬方式付酬。

上面提到的版税、基本稿酬加印数稿酬或者一次性付酬等，都是稿酬的表现形式。而稿酬属于著作权的范畴，但著作权的范围更大，比如作者的手稿转让，就不属于稿酬，而是属于特许权使用费所得的事项。

六、稿酬所得如何并入综合所得

稿酬支付的预扣预缴，仍采用原个税法下的规则进行计算。承上节中的案例，张三共取得 8000 元的稿酬所得，确认为收入，依据规定，劳务报酬所得、稿酬所得、特许权使用费所得以收入减除百分之二十的费用后的余额为收入额。稿酬所得的收入额减按百分之七十计算。

第一步，确认收入为 8000 元；

第二步，确认收入额，减除 20%（即 1600 元后）为 6400 元；

第三步，70% 折扣，6400×70% = 4480（元）；

第四步，将 4480 元并入年度综合所得中，同时要注意当时预缴的 896 元预扣预缴的税款，在汇算清缴时需要并入这两个数据计税。

七、稿酬所得“按次取得”的判断标准

现行个税法实施条例规定：劳务报酬所得、稿酬所得、特许权使用费所得，属于一次性收入的，以取得该项收入为一次；属于同一项目连续性收入的，以一个月内取得的收入为一次。

现行个税法下，由于是按年度计算个税，所以年度当中取得的稿酬都将在汇算清缴时并入，只是预扣预缴的时点会有变化。在原个税法下，对于时点的规定更为严格，下表是原个税法下的判断方式：

情形	判断	规定
出版、发表同一作品	合并为一次	不论出版单位是预付还是分笔支付稿酬，或是加印该作品后再付稿酬，均应合并其稿酬所得按一次计征
两处或两处以上出版、发表	分次计量	在两处或两处以上出版、发表或再版所得按分次所得计征
再版	分次	同上
连载	合并为一次	个人的同一作品在报刊上刊载，应合并其因连载而取得的所有稿酬所得为一次
连载之后又出书或先出书后连载	分次	在其连载之后又出书取得的稿酬所得，或在先出书后连载取得稿酬所得，应视同再版稿酬所得分次计征

如果一个稿酬所得是连续性的，可以按月计量一次所得；如果是按次支付的，在年度中计算稿酬所得时．应判断该所得是否归属于当年度。

第六章
特许权使用费所得

第一节　基本规定

《中华人民共和国个人所得税法实施条例》第六条规定：特许权使用费所得，是指个人提供专利权、商标权、著作权、非专利技术以及其他特许权的使用权取得的所得；提供著作权的使用权取得的所得，不包括稿酬所得。

一、征税范围

（一）专利权

专利权，即自然人、法人或者其他组织依法对发明、实用新型和外观设计在一定期限内享有的独占实施权。

对于专利权，许多国家只将提供他人使用取得的所得，列入特许权使用费，而将转让专利权所得列为资本利得税的征税对象。我国没有开征资本利得税，故将个人提供和转让专利权取得的所得，都列入特许权使用费所得征收个人所得税。

（二）商标权

商标权，即商标注册人或权利继受人在法定期限内对注册商标依法享有的各种权利。

（三）著作权

著作权，又称版权，是指文学、艺术和科学作品的作者及其相关主体依法对作品所享有的人身权利和财产权利。

1. 剧本使用费收入

根据《国家税务总局关于剧本使用费征收个人所得税问题的通知》（国税发〔2002〕52号）的规定，自2002年5月1日起，对于剧本作者从电影、电视剧的制作单位取得的剧本使用费，不再区分剧本的使用方是否为其任职单位，统一按“特许权使用费所得”项目计征个人所得税。

2. 文字作品手稿原件或复印件拍卖所得

根据《国家税务总局关于印发〈征收个人所得税若干问题的规定〉的通知》国税发〔1994〕89号文件的规定，作者将自己的文字作品手稿原件或复印件公开拍卖（竞价）取得的所得，应按“特许权使用费所得”项目征收个人所得税。

根据《国家税务总局关于加强和规范个人取得拍卖收入征收个人所得税有关问题的通知》（国税发〔2007〕38号）的规定，作者将自己的文字作品手稿原件或复印件拍卖取得的所得，应以其转让收入额减除税法规定的费用扣除标准后的余额为应纳税所得额，按照“特许权使用费所得”项目适用20%税率缴纳个人所得税。个人拍卖除文字作品原稿及复印件外的其他财产，应以其转让收入额减除财产原值和合理费用后的余额为应纳税所得额，按照“财产转让所得”项目适用20%税率缴纳个人所得税。

（四）非专利技术

非专利技术，即专利技术以外的专用技术。这类技术多尚处于保密状态，仅为特定人知晓。

根据《国家税务总局关于企业员工向本企业提供非专利技术取得收入征收个人所得税问题的批复》（国税函〔2004〕952号）的规定，个人在其工资福利待遇与其工作大致相当及与企业其他员工相比没有异常的情况下，由于向本企业提供所需相关技术而取得本企业支付的不超过全部可分配利润一定比例（如20%）的这部分收入，与其任职、受雇无关，而与其提供有关技术直接相关，属于非专利技术所得，应按“特许权使用费所得”项目缴纳个人所得税，税款由该企业在支付时代扣代缴。

个人提供转让商标权、著作权、专有技术或技术秘密、技术诀窍取得的所得，也列入“特许权使用费所得”征收个人所得税。

二、应纳税所得额的确定

（一）计算公式

应纳税额 = 应纳税所得额 × 适用税率

1. 扣缴义务人向居民个人支付特许权使用费

预扣预缴应纳税所得额 = 每次收入额－费用

特许权使用费所得每次收入不超过四千元的，减除费用按八百元计算；每次收入四千元以上的，减除费用按收入的 20% 计算。

2. 扣缴义务人向非居民个人支付特许权使用费

代扣代缴应纳税所得额 = 每次收入额 ×（1 － 20%）

（二）每次收入的确定

《中华人民共和国个人所得税法实施条例（2018 年修订）》第十四条规定，特许权使用费所得，属于一次性收入的，以取得该项收入为一次；属于同一项目连续性收入的，以一个月内取得的收入为一次。

对特许权使用费所得的“次”的界定，明确为每一项使用权的每次转让所取得的收入为一次。如果该次转让取得的收入是分笔支付的，则应将各笔收入相加为一次的收入，计征个人所得税。

三、税率

（一）居民个人

由扣缴义务人按照 20% 的比例预扣率，按次或者按月预扣预缴税款。

居民个人办理年度综合所得汇算清缴时，应当依法计算工资薪金所得、劳务报酬所得、稿酬所得、特许权使用费所得的收入额，并入年度综合所得计算应纳税款，税款多退少补。

（二）非居民个人

由扣缴义务人按照非居民个人稿酬所得适用税率表，按次或者按月代扣代缴税款。

第二节　特许权使用费的税务风险

一、特许权使用费所得与工资薪金的区别

劳务报酬与工资薪金的区别，更多地体现在用工关系与业务侧重上；而特许权使用费与工资薪金的区别，可能更为复杂。除《国家税务总局关于剧本使用费征收个人所得税问题的通知》（国税发〔2002〕52号）文件中的情形外，还需要看职务工作所享有成果是否被使用。

如作为软件公司的员工，开发的软件归属于单位所有，个人取得的是工资薪金，并不能享受到特许权使用费的计税条件。但是，如果员工个人利用自己的时间，且不是在工作中发明创造的一项权利，相应的所有权属于个人，此时个人完全可以向第三方授权使用。不过还需要考虑是否涉及所工作单位的技术秘密等法律风险问题。

二、几种特殊情形下的特许权使用费所得的界定

下面是旧个税法下明确的一些特殊事项的处理意见，现行个税法实施后，该文件继续有效。

1. 个人取得专利赔偿所得

《国家税务总局关于个人取得专利赔偿所得征收个人所得税问题的批复》（国税函〔2000〕257号）规定：

《安徽省地方税务局关于个人取得专利赔偿所得征收个人所得税问题的请示》收

悉，经研究，现批复如下：

安徽省“三相组合式过压保护器”专利的所有者王某，因其该项专利权被安徽省电气研究所使用而取得的经济赔偿收入，应按照个人所得税法及其实施条例的规定，按“特许权使用费所得”应税项目缴纳个人所得税，税款由支付赔款的安徽省电气研究所代扣代缴。

2. 剧本使用费

《国家税务总局关于剧本使用费征收个人所得税问题的通知》（国税发〔2002〕52号）规定：

为促进文化事业发展，丰富人民群众文化生活，经研究，现对电影、电视剧剧本作者取得的剧本使用费征收个人所得税的政策调整如下：

对于剧本作者从电影、电视剧的制作单位取得的剧本使用费，不再区分剧本的使用方是否为其任职单位，统一按“特许权使用费所得”项目计征个人所得税。

本通知自2002年5月1日起执行，《国家税务总局关于影视演职人员个人所得税问题的批复》中与本通知精神不符的规定，同时废止。

3. 个人取得拍卖收入

《国家税务总局关于加强和规范个人取得拍卖收入征收个人所得税有关问题的通知》（国税发〔2007〕38号）规定：

据部分地区反映，对于个人通过拍卖市场拍卖各种财产（包括字画、瓷器、玉器、珠宝、邮品、钱币、古籍、古董等物品）的所得征收个人所得税有关规定不够细化，为增强可操作性，需进一步完善规范。为此，根据《中华人民共和国个人所得税法》及其实施条例和《中华人民共和国税收征收管理法》及其实施细则规定，现通知如下：

个人通过拍卖市场拍卖个人财产，对其取得所得按以下规定征税：

（一）根据《国家税务总局关于印发征收个人所得税若干问题的规定的通知》（国税发〔1994〕089号），作者将自己的文字作品手稿原件或复印件拍卖取得的所得，应以其转让收入额减除800元（转让收入额4000元以下）或者20%（转让收入额4000元以上）后的余额为应纳税所得额，按照“特许权使用费所得”项目适用20%税率缴纳个人所得税。

（二）个人拍卖除文字作品原稿及复印件外的其他财产，应以其转让收入额减除财产原值和合理费用后的余额为应纳税所得额，按照“财产转让所得”项目适用20%税率缴纳个人所得税。

4. 广告设计、制作、发布等所得

《广告市场个人所得税征收管理暂行办法》（2018年修正）规定：

纳税人在广告设计、制作、发布过程中提供其他劳务取得的所得，视其情况分别按照税法规定的“劳务报酬所得、稿酬所得、特许权使用费所得”等应税项目计算纳税。

5. 拍卖文稿所得

国家税务总局关于印发《征收个人所得税若干问题的规定》的通知（国税发〔1994〕89号）文件规定：

五、关于拍卖文稿所得的征税问题

作者将自己的文字作品手稿原件或复印件公开拍卖（竞价）取得的所得，应按“特许权使用费所得”项目征收个人所得税。

三、特许权使用费所得计算中的中介费扣除问题

原个税法对中介费有着特别强调与明确。《财政部 国家税务总局关于个人所得税若干政策问题的通知》（财税字〔1994〕20号）规定：

三、关于中介费扣除问题

对个人从事技术转让、提供劳务等过程中所支付的中介费，如能提供有效、合法凭证的，允许从其所得中扣除。

《国家税务总局关于印发〈个人所得税全员全额扣缴申报管理暂行办法〉的通知》（国税发〔2005〕205号）所附的《扣缴个人所得税报告表》的填报说明中规定：

允许扣除的税费：只适用劳务报酬所得、特许权使用费所得、财产租赁所得和财产转让所得项目。

（1）劳务报酬所得允许扣除的税费是指劳务发生过程中实际缴纳的税费；

（2）特许权使用费允许扣除的税费是指提供特许权过程中发生的中介费和相关税费；

（3）适用财产租赁所得时，允许扣除的税费是指修缮费和出租财产过程中发生的相关税费；

（4）适用财产转让所得时，允许扣除的税费是指财产原值和转让财产过程中发生的合理税费。

上述规定特别提到了提供特许权过程中发生的中介费和相关税费，新申报表也给予了延续支持。

四、特许权使用费的预扣预缴

《个人所得税扣缴申报管理办法》规定：

第八条　扣缴义务人向居民个人支付劳务报酬所得、稿酬所得、特许权使用费所得时，应当按照以下方法按次或者按月预扣预缴税款：

劳务报酬所得、稿酬所得、特许权使用费所得以收入减除费用后的余额为收入额；其中，稿酬所得的收入额减按百分之七十计算。

居民个人办理年度综合所得汇算清缴时，应当依法计算劳务报酬所得、稿酬所得、特许权使用费所得的收入额，并入年度综合所得计算应纳税款，税款多退少补。

案例：某人拥有专利一件，授权某企业使用，该企业每年支付一次特许权使用费给个人，2019 年 1 月支付了 20600 元，针对该收入如何计算扣缴个人所得税，下表列示了有关个人所得税的扣缴过程：

事项	计算说明
一年一次	一次收入为 20600 元
是否缴纳增值税与附加税费	增值税计算方式：一是这里的按次所得，是否增值税上的按次取得收入；二是能否享受增值税的技术转让优惠；三是直接计算增值税及附加。 此处假设符合应税的情形：$20600 \div 1.03 \times 3\% = 600$（元），则附加税费为 $600 \times 12\% = 72$（元），共计 672 元
不含增值税的收入	20000 元，此为特许权使用费收入
计算预扣预缴费用扣除额	20000 元＞ 4000 元，减除 20% 费用后为 16000 元（减除费用以不含增值税的收入来计算）

续表

扣减附加税费	16000 − 72 = 15928（元），注意 72 元与 600 元要真实缴纳，而不是仅虚计不缴纳
预扣预缴个人所得税	15928 × 20% = 3185.6（元），个人取得的净所得为 20600 − 600 − 72 − 3185.6 = 16742.4（元）
年度汇算清缴并为综合所得的金额	不含增值税收入 20000 ×（1 − 20%）= 16000（元），同时 72 元可在年度时扣除，需要在年度申报表填写

上述举例中，对于增值税的剔除以及附加税费的税前扣减，除特别规定适用的事项明确外，没有普遍性的规定，在申报系统中如何填写，还要结合实务进行灵活应对。如果因未缴纳扣减不能得到认可，需要按照收入总额扣减 20% 费用，来计算收入额。

与劳务报酬、稿酬一样，在预扣预缴公式中，在收入不超过 4000 元时，扣减费用额为 800 元；在汇算清缴计算收入额时，并不延续此方式，而是全部按 20% 的标准来计算，要区别预扣预缴方法的复杂性并进行有效的区别应用。

另外，特许权使用费的预扣预缴是分次进行的，以列举的公式单独进行计算，年度中间不需要合并，而在年度汇算清缴时，需要一次性并入综合所得。

五、特许权使用费所得的其他风险

第一，收入应按次确认所得，现实当中有按期收取收入的，与按次确认所得产生了偏差，此时以“次”作为个税所得的判断标准。

第二，分次支付特许权使用费，理论上需要合并到一次计税，实务中有忽视的风险。

第三，关于特许权使用费的发票开具问题，可以借鉴劳务报酬的适用情形判断，因为劳务报酬按次、按月计税的判断标准，同样适用于特许权使用费。发票的适用规则是看增值税的判断，如果约定按月收取，可以依据小额零星支出的税前扣除凭证规则，按月销售额不超过 30000 元不需要代开发票；但是如果按次判断，每次最高起征点是 500 元，会给个人带来代开成本的增加。对于增值税来讲，同以上标准，办理税务登记证后如果按月不超过 10 万元，个人可以享受免税优惠；但按次 500 元标准很低，不能享受免税优惠。

第四，在预扣预缴与汇算清缴时，适用的规则与劳务报酬一致。

第七章

扣除项目

第一节 综合所得的扣除项目

根据新《个人所得税法》第六条第一款第（一）项的规定，居民个人的综合所得，以每一纳税年度的收入额减除费用六万元以及专项扣除、专项附加扣除和依法确定的其他扣除后的余额，为应纳税所得额。

非居民个人的工资、薪金所得，以每月收入额减除费用五千元后的余额为应纳税所得额；劳务报酬所得、稿酬所得、特许权使用费所得，以每次收入额为应纳税所得额。

劳务报酬所得、稿酬所得、特许权使用费所得以收入减除20%的费用后的余额为收入额。稿酬所得的收入额减按70%计算。

计算居民个人综合所得应纳税所得额的扣除项目包括：基本减除费用、专项扣除、专项附加扣除和依法确定的其他扣除项目。基本减除费用，是最为基础的一项生计扣除，全员适用，考虑了个人基本生活支出情况，设置定额扣除标准。专项扣除，是对允许扣除的“三险一金”进行归纳后，新增加的一个概念。专项附加扣除，是在基本减除费用的基础上，以国家税收和个人共同分担的方式，适度缓解个人在教育、医疗、住房等方面的支出压力。在综合和分类税制施行初期，专项附加扣除项目包括子女教育、继续教育、住房贷款利息、住房租金、大病医疗、赡养老人等项目。依法确定的其他扣除，指综合所得中除基本减除费用、专项扣除、专项附加扣除之外的扣除项目，包括个人缴付企业年金、职业年金，个人购买符合国家规定的商业健康保险、税收递延型养老保险的支出，以及国务院规定可扣除的其他项目。

综合所得的费用扣除，可用图表示如下：

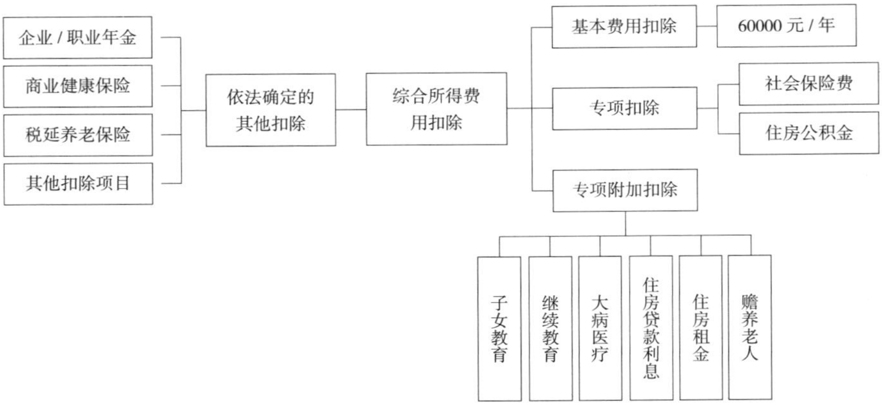

一、基本费用扣除

（一）基本减除费用标准

基本减除费用，是指纳税人为维持基本生计而发生的支出，允许在税前扣除的固定额度。基本减除费用和个人收入无关，一般是按照全社会平均消费支出情况计算确定的，总体上反映了全国各地区经济发展和居民收入平均水平。

根据2018年新《个人所得税法》的规定，居民个人取得综合所得，以每一纳税年度的收入额减除费用6万元、专项扣除、专项附加扣除和依法确定的其他扣除后的余额，为应纳税所得额。非居民个人取得工资薪金所得，以每月收入额减除费用5000元后的余额为应纳税所得额。

费用扣除标准的调整情况如表所示：

费用扣除标准调整情况

项目	2006年以前	2006年1月1日—2008年2月29日	2008年3月1日—2011年8月31日	2011年9月1日—2018年9月30日	自2018年10月1日起
费用扣除标准	800元/月	1600元/月	2000元/月	3500元/月	60000元/年（5000元/月）
附加减除费	3200元/月	3200元/月	2800元/月	1300元/月	取消
小计	4000元/月	4800元/月	4800元/月	4800元/月	60000元/年（5000元/月）

国际上确定减除费用标准，主要参考两方面因素：一是基本生活支出变动情况；二是消费者物价指数（CPI）变动情况。例如，美国根据通货膨胀率进行指数化调整；英国从1982年起，按前一年度的消费物价指数，自动调整主要免税项目的数额和税率级距；加拿大实行在通货膨胀率高于3%时，按高于3%的部分调整个人基本抵免额和税率级距。根据国际做法以及我国实际情况，基本减除费用标准的设置主要考虑纳税人负担的社会平均消费支出水平、城镇居民收入水平、居民消费支出增长和物价变化等因素。

2018年个人所得税改革，将基本减除费用从原来的3500元/月提高至5000元/月（每年6万元）。主要考虑因素如下：

1. 基本减除费用是纳税人的一项生计支出扣除

将综合所得基本减除费用标准确定为每人每月5000元、全年6万元，充分考虑了居民基本生活消费支出情况。据统计，2017年我国城镇居民人均消费支出为2037元/月，按国家统计局公布的平均每一就业者负担1.9人的负担系数计算，城镇就业者人均负担的消费性支出约为3900元/月。考虑城镇居民消费支出的增长因素，按照7%平均增长率测算，2018年城镇就业者人均负担的月消费支出为4200元/月。

此次改革将减除费用标准提高到5000元/月（每年6万元），为今后几年居民消费性支出的增长预留了一定空间。改革后，城镇就业人数的纳税面将由目前的44%降低至15%。

2. 从世界各国费用减除标准占人均GDP的比重看，5000元比较高

按原每月3500元的基本减除费用标准计算，年基本扣除额占人均GDP比重为78.2%，按5000元标准计算，这一比重已提高至109.69%。从各国年基本扣除额占人均GDP比重看，很多国家都低于50%，如美国是10.97%、日本是8.5%，我国基本减除费用额所占比重在国际上处于较高水平。

3. 除提高综合所得基本减除费标准外还增加了专项附加扣除

税制改革后，按照个人享受"三险一金"专项扣除、1至2项专项附加扣除估算，年收入10万元以下的个人无须缴税。年收入10万元已经高于当前城镇就业人员社会平均工资。因此，5000元的标准总体上能够满足人民群众对税制改革的期望。

综上所述，5000 元 / 月的减除费用标准较为合理。

制定全国统一的基本减除费用标准的主要考虑因素有：一是我国是一个法制统一的国家，税收法制是国家法制的重要组成部分，应该实施全国统一的税收政策；二是减除费用标准是参照城镇居民社会平均消费支出情况确定的，兼顾了富裕地区和欠发达地区，总体上反映了全国各类地区经济发展状况和居民收支水平。就部分富裕地区而言，可能生活成本较高，但居民收入水平也较高，负担能力强，而且机会多，享受到的各种公共服务也多，实行统一的减除费用标准，有利于体现税收量能负担原则；三是市场经济条件下人口流动性非常大，如果不实行统一的标准，可能会造成人员非正常流动，甚至产生人员在其他地区工作而在特殊优惠区域领取工薪收入等情况，给正常的税收征管秩序带来冲击和挑战；四是从国际上看，大部分国家个人所得税一般都是采用全国统一的基本减除费用标准，不实行差别化政策。

（二）减除费用标准与起征点及免征额

对综合所得涉及的个人生计费用，采取定额扣除的办法。从 2019 年 1 月 1 日起，综合所得的减除费用标准为 60000 元 / 年（5000 元 / 月）。

这里所说的“减除费用标准”也称“免征额”，与“起征点”不同。起征点是指税法规定的对课税对象开始征税的最低界限。当课税对象数额低于起征点时，无需纳税；当课税对象数额高于起征点时，就要对课税对象的全部收入征税。减除费用标准是对个人收入征税时允许扣除的费用限额。当个人收入低于减除费用标准时，无须纳税；当个人收入高于减除费用标准时，则对减去减除费用标准后的个人收入征税。所以，“减除费用标准”与“起征点”并不是同一个概念。

（三）标准提高对税收的影响

根据测算，减除费用标准每提高 500 元对纳税面和减收都会造成一定的影响。减除费用标准提高至 5500 元 / 月，纳税面降为 12.8%，联动减收约 3450 亿元；标准提高至 6000 元 / 月，纳税面降为 10.9%，联动减收约 3700 亿元；标准提高至 6500 元 / 月，纳税面降为 9. 4%，联动减收约 3900 亿元；标准提高至 7000 元 / 月，纳税面降为 8.1%，联动减收约 4100 亿元。具体情况见表。

提高基本减除费用标准对纳税面及减收额的影响

基本减除费用标准（元 / 月）	纳税面（%）	纳税人数（万人）	基本减除费用标准与综合所得和经营所得税率联动减收额（亿元）
5100	14.6	6188	3230
5200	14.1	5986	3288
5300	13.6	5791	3343
5400	13.2	5605	3397
5500	12.8	5423	3450
5600	12.4	5251	3502
5700	12.0	5085	3552
5800	11.6	4926	3602
5900	11.2	4774	3650
6000	10.9	4624	3697
6500	9.4	3978	3917
7000	8.1	3454	4114

需要说明的是，当标准超过 6000 元 / 月后，纳税面将降至 10%左右；当标准超过 7000 元 / 月后，减收数额将超过 4100 亿元。

为提高我国公民纳税意识，同时保证国家税收收入的相对稳定，5000 元 / 月的基本费用标准是较为科学的。

（四）基本减除费用标准的动态调整

2005 年以来，根据城镇居民基本生活消费支出变化情况，我国已经四次调整基本减除费用标准，但略显滞后，有必要建立动态调整机制。

对基本减除费用标准实施动态调整的社会关注度高。实行动态调整机制可以有效回应群众关切，体现量能负担原则，稳定社会预期。对基本减除费用标准实施动态调整可以及时对个人收入进行调节，及时适应经济社会发展形势。对基本减除费用标准实施动态调整的机制建立后，可以避免频繁修法。

（五）劳务报酬、稿酬与特许权使用费所得的费用扣除

根据2018年新《个人所得税法》的规定，对劳务报酬所得、稿酬所得、特许权使用费所得以收入减除20%的费用后的余额为收入额，其中稿酬所得的收入额按70%计算。这是平移了原来的个人所得税费用扣除和稿酬所得的税收优惠。对工资薪金所得以外的综合所得，在减除必要的费用后计算收入额，以体现量能课税、对净所得征税的原则。

二、专项扣除

专项扣除项目包括：按照国家规定个人缴付的基本养老保险费、基本医疗保险费、失业保险费等基本社会保险费和住房公积金。

（一）基本社会保险

根据《财政部 国家税务总局关于基本养老保险费基本医疗保险费失业保险费住房公积金有关个人所得税政策的通知》（财税〔2006〕10号，以下简称财税〔2006〕10号文件）第一条的规定，企事业单位按照国家或省（自治区、直辖市）人民政府规定的缴费比例或办法实际缴付的基本养老保险费、基本医疗保险费和失业保险费，免征个人所得税；个人按照国家或省（自治区、直辖市）人民政府规定的缴费比例或办法实际缴付的基本养老保险费、基本医疗保险费和失业保险费，允许在个人应纳税所得额中扣除。

企事业单位和个人超过规定的比例和标准缴付的基本养老保险费、基本医疗保险费和失业保险费，应将超过部分并入个人当期的工资、薪金收入，计征个人所得税。

根据财税〔2006〕10号文件第三条的规定，个人实际领（支）取原提存的基本养老保险金、基本医疗保险金、失业保险金和住房公积金时，免征个人所得税。

基本养老保险、基本医疗保险、失业保险的个人所得税处理如表所示。

社会保险费的个人所得税处理

项目	原则	财税〔2006〕10号文件的规定	2011年版《个人所得税法实施条例》的规定
基本养老保险、基本医疗保险和失业保险	按规定标准实际缴付时免税	企事业单位按照国家或省（自治区、直辖市）人民政府规定的缴费比例或办法实际缴付的基本养老保险费、基本医疗保险费和失业保险费，免征个人所得税。	第二十五条　按照国家规定，单位为个人缴付的基本养老保险费、失业保险费、住房公积金，从纳税义务人的应纳税所得额中扣除。
		个人按照国家或省（自治区、直辖市）人民政府规定的缴费比例或办法实际缴付的基本养老保险费、基本医疗保险费和失业保险费，允许在个人应纳税所得额中扣除。	
	超规定标准缴付部分应纳税	企事业单位和个人超过规定的比例和标准缴付的基本养老保险费、基本医疗保险费和失业保险费，应将超过部分并入个人当期的工资、薪金收入，计征个人所得税。	
	领（支）取提存的养老保险时免税	个人实际领（支）取原提存的基本养老保险金、基本医疗保险金、失业保险金时，免征个人所得税。	

（二）住房公积金

1. 住房公积金的税前扣除限额

财税〔2006〕10号文件第二条明确，根据《住房公积金管理条例》《建设部 财政部 中国人民银行关于住房公积金管理若干具体问题的指导意见》（建金管〔2005〕5号）等规定精神，单位和个人分别不超过职工本人上一年度月平均工资12%的幅度内，其实际缴存的住房公积金，允许在个人应纳税所得额中扣除。单位和职工个人缴存住房公积金的月平均工资不得超过职工工作地所在设区城市上一年度职工月平均工资的3倍，具体标准按照各地有关规定执行。

单位和个人超过上述规定比例和标准缴付的住房公积金，应将超过部分并入个人当期的工资、薪金收入，计征个人所得税。

上述职工工资口径按照国家统计局规定列入工资总额统计的项目计算。

根据财税〔2006〕10号文件第三条的规定，个人实际领（支）取原提存的住房公积金时，免征个人所得税。需要说明的是，计算住房公积金个人所得税税前扣除额上限与公积金管理部门规定的公积金缴存额上限是两个不同的概念。

2. 住房公积金税前扣除额的计算

根据财税〔2006〕10号文件的规定，在计算缴存住房公积金个人所得税税前扣除额时，需要符合“不超过职工本人上一年度月平均工资12%的幅度”这一条件。实际上对公积金的缴存基数（月平均工资）和缴存比例（12%）两点进行了规范。只要缴存基数、缴存比例中有一个指标超过规定的标准，超出的那部分住房公积金就不能在个人所得税税前扣除，应并入个人当期的应纳税所得额，按“工资、薪金所得”项目计征个人所得税。

准予税前扣除的缴存基数，应以“上一年度当地职工月平均工资3倍，上一年度实际月平均工资，该职工实际缴纳住房公积金基数”三者中最低值为准。

三、专项附加扣除

（一）六大专项附加扣除项目

在提高综合所得基本减除费用标准，明确基本养老保险、基本医疗保险、失业保险、住房公积金等专项扣除以及依法确定的其他扣除继续执行的同时，2018年《个人所得税法》增加了子女教育、继续教育等与人民群众生活密切相关的专项附加扣除规定。专项附加扣除考虑了个人负担的差异性，更符合个人所得税基本原理，有利于税制公平。

根据2018年新《个人所得税法》第六条第三款的规定，专项附加扣除，包括子女教育、继续教育、大病医疗、住房贷款利息或者住房租金、赡养老人等支出，具体范围和实施步骤由国务院确定，并报全国人民代表大会常务委员会备案。

六项专项附加扣除的扣除范围、扣除标准、扣除方式、留存资料等详见本章第二节。

（二）可以扣除专项附加扣除的所得项目

根据2018年新《个人所得税法》第六条第一款的规定，居民个人的综合所得，以每纳税年度的收入额减除费用六万元以及专项扣除、专项附加扣除和依法确定的其他扣除后的余额，为应纳税所得额。

根据 2018 年新《个人所得税法实施条例》第十五条第二款的规定，取得经营所得的个人，没有综合所得的，计算其每一纳税年度的应纳税所得额时，应当减除费用六万元、专项扣除、专项附加扣除以及依法确定的其他扣除。专项附加扣除在办理汇算清缴时减除。

由此可见，计算居民个人综合所得应纳税所得额时可以扣除专项附加扣除。取得经营所得的个人，没有综合所得的，计算其每一纳税年度的应纳税所得额时，也可以扣除专项附加扣除项目。

四、依法确定的其他扣除

（一）企业与职业年金

我国养老保险体系主要包括基本养老保险、补充养老保险和个人储蓄性养老保险三个层次，其中，补充养老保险包括企业年金和职业年金。企业年金主要针对企业，是指根据《企业年金办法》等国家相关政策规定，企业及其职工在依法参加基本养老保险的基础上，自愿建立的补充养老保险制度。职业年金主要针对事业单位，是指根据《机关事业单位职业年金办法》（国办发〔2015〕18 号文件发布）等国家相关政策规定，事业单位及其职工在依法参加基本养老保险的基础上，建立的补充养老保险制度。

1. 补充养老保险个人所得税处理

根据《财政部 国家税务总局关于个人所得税有关问题的批复》(财税〔2005〕94 号)的规定，单位为职工个人购买商业性补充养老保险等，在办理投保手续时应作为个人所得税的“工资、薪金所得”项目，按税法规定缴纳个人所得税；因各种原因退保，个人未取得实际收入的，已缴纳的个人所得税应予以退回。

2. 年金递延纳税政策

（1）年金缴费的个人所得税处理。

①企业和事业单位（以下统称单位）根据国家有关政策规定的办法和标准，为在

本单位任职或者受雇的全体职工缴付的企业年金或职业年金（以下统称年金）单位缴费部分，在计入个人账户时，个人暂不缴纳个人所得税。

②个人根据国家有关政策规定缴付的年金个人缴费部分，在不超过本人缴费工资计税基数的4%标准内的部分，暂从个人当期的应纳税所得额中扣除。

③超过上述第①项和第②项规定的标准缴付的年金单位缴费和个人缴费部分，应并入个人当期的工资、薪金所得，依法计征个人所得税。税款由建立年金的单位代扣代缴，并向主管税务机关申报解缴。

④企业年金个人缴费工资计税基数为本人上一年度月平均工资。月平均工资按国家统计局规定列入工资总额统计的项目计算。月平均工资超过职工工作地所在设区城市上一年度职工月平均工资300%以上的部分，不计入个人缴费工资计税基数。

职业年金个人缴费工资计税基数为职工岗位工资和薪级工资之和。职工岗位工资和薪级工资之和超过职工工作地所在设区城市上一年度职工月平均工资300%以上的部分，不计入个人缴费工资计税基数。

即在年金缴费环节，对单位根据国家有关政策规定为职工缴付的企业年金或职业年金单位缴费部分，在计入个人账户时，个人暂不缴纳个人所得税；个人根据国家有关政策规定缴付的年金个人缴费部分，在不超过本人缴费工资计税基数的4%标准内的部分，暂从个人当期的应纳税所得额中扣除。

（2）年金基金投资运营收益的个人所得税处理。

年金基金投资运营收益分配计入个人账户时，个人暂不缴纳个人所得税。即在年金基金投资环节，企业年金或职业年金基金投资运营收益分配计入个人账户时，暂不征收个人所得税。

（3）领取年金的个人所得税处理。

①个人达到国家规定的退休年龄，在2014年1月1日至2018年12月31日按月领取的年金，全额按照“工资、薪金所得”项目适用的税率，计征个人所得税；在2014年1月1日之后按年或按季领取的年金，平均分摊计入各月，每月领取额全额按照“工资、薪金所得”项目适用的税率，计征个人所得税。

②对单位和个人在2014年1月1日《财政部 国家税务总局 人力资源社会保障部

关于企业年金职业年金个人所得税有关问题的通知》（财税〔2013〕103 号）文件实施之前开始缴付年金缴费，个人在该文件实施之后领取年金的，允许其从领取的年金中减除在该文件实施之前缴付的年金单位缴费和个人缴费且已经缴纳个人所得税的部分，就其余额按照财税〔2013〕103 号文件第三条第（一）项的前段所述（1）的规定征税。在个人分期领取年金的情况下，可按该文件实施之前缴付的年金缴费金额占全部缴费金额的百分比减计当期的应纳税所得额，减计后的余额，按照前段所述的该文件第三条第（一）项规定，计算缴纳个人所得税。

③ 2018 年 12 月 31 日前，对个人因出境定居而一次性领取年金个人账户资金，或个人死亡后，其指定的受益人或法定继承人一次性领取的年金个人账户余额，允许领取人将一次性领取的年金个人账户资金或余额按 12 个月分摊到各月，就其每月分摊额，按照该文件第三条第（一）项和第（二）项的规定计算缴纳个人所得税。对个人除上述特殊原因外次性领取年金个人账户资金或余额的，则不允许采取分摊的方法，而是就其一次性领取的总额，单独作为一个月的工资、薪金所得，按照该文件第三条第（一）项和第（二）项的规定，计算缴纳个人所得税。

综上所述，在年金领取环节，个人达到国家规定的退休年龄领取的企业年金或职业年金，按照“工资、薪金所得”项目适用的税率，计征个人所得税。

④个人领取年金时，其应纳税款由受托人代表委托人委托托管人代扣代缴。年金账户管理人应及时向托管人提供个人年金缴费及对应的个人所得税纳税明细。托管人根据受托人指令及账户管理人提供的资料，按照规定计算扣缴个人当期领取年金待遇的应纳税款，并向托管人所在地主管税务机关申报解缴。

⑤建立年金计划的单位、年金托管人，应按照个人所得税法和税收征收管理法的有关规定，实行全员全额扣缴明细申报。受托人有责任协调相关管理人依法向税务机关办理扣缴申报、提供相关资料。

（4）新税制实施后的处理。

自 2019 年 1 月 1 日起，根据《财政部 国家税务总局关于个人所得税法修改后有关优惠政策衔接问题的通知》（财税〔2018〕164 号）第四条的规定，个人达到国家规定的退休年龄，领取的企业年金、职业年金，符合《财政部 人力资源社会保障部国家税务总局关于企业年金职业年金个人所得税有关问题的通知》（财税〔2013〕103 号）规定的，不并入综合所得，全额单独计算应纳税款。其中按月领取的，适用月度税率表计算纳税；按季领取的，平均分摊计入各月，按每月领取额适用月度税率表计算纳税；按年领取的，适用综合所得税率表计算纳税。

个人因出境定居而一次性领取的年金个人账户资金，或个人死亡后，其指定的受益人或法定继承人一次性领取的年金个人账户余额，适用综合所得税率表计算纳税。对个人除上述特殊原因外一次性领取年金个人账户资金或余额的，适用月度税率表计算纳税。

（5）操作与申报。

就年金所得来看，企业年金、职业年金涉及的纳税义务主要集中在缴费和领取两个环节。在年金缴费环节，由个人所在单位在缴费时，对超出免税标准的部分随同当月工资、薪金所得一并计算代扣个人所得税，并向其所在单位主管税务机关申报缴纳；在年金领取环节，由托管人在为个人支付年金待遇时，根据个人当月取得的年金所得、往期缴费及纳税情况计算扣缴个人所得税，并向托管人主管税务机关申报缴纳。

①单位建立年金计划后，应在建立年金计划的次月 15 日内，向其所在地主管税务机关报送年金方案、人力资源社会保障部门出具的方案备案函、计划确认函以及主管税务机关要求报送的其他相关资料。年金方案、受托人、托管人发生变化的，应在发生变化的次月 15 日内重新向其主管税务机关报送上述资料，供税务部门登记备案。

②缴费环节，由个人所在单位为其计算扣缴个人所得税，并向主管税务机关申报解缴。

③领取环节，应纳税款由受托人代表委托人委托托管人代扣代缴。年金账户管理人应及时向托管人提供个人年金缴费及对应的个人所得税纳税明细。托管人根据受托人指令及账户管理人提供的资料，按照规定计算扣缴个人当期领取年金待遇的应纳税款，并向主管税务机关申报解缴。

单位和托管人在扣缴个人所得税时，必须按照税法规定实行全员全额扣缴明细申报。建立年金计划的单位、委托人、受托人、账户管理人之间要及时传递纳税相关的信息。受托人负责统筹协调并督促有关机构依法向税务部门办理扣缴申报及提供涉税资料。

综上所述，年金计缴个人所得税可按如下四个步骤进行：

第一步：计算年金个人缴费工资计税基数。

企业先计算各员工的上一年度月平均工资。事业单位先计算各职工的岗位工资和薪级工资之和。

企业人员月平均工资需按国家统计局规定列入工资总额统计的项目计算，相对复杂些。根据《关于工资总额组成的规定》（国家统计局令〔1990〕第1号），工资总额的计算应以直接支付给职工的全部劳动报酬为根据，由计时工资、计件工资、奖金、津贴和补贴加班加点工资、特殊情况下支付的工资共六个部分组成，但出差伙食补助费、误餐补助、调动工作的旅费和安家费、计划生育独生子女补贴等11项不列入工资总额的范围。

企业员工上一年度月平均工资（或事业单位职工岗位工资和薪级工资之和）如果不超过工作地所在设区城市上一年度职工月平均工资300%，即为年金个人缴费工资计税基数；如果超过了，则超过300%以上的部分，不计入个人缴费工资计税基数。

第二步：比较年金个人缴费部分与本人缴费工资计税基数的4%。

如果年金个人缴费部分不超过本人缴费工资计税基数的4%，则不计缴个人所得税；超过4%的部分，并入当期工资、薪金所得，计缴个人所得税。

第三步：比较年金单位缴费部分与国家政策规定的标准。

如果企（事）业单位缴费部分不超过国家政策规定的标准，在计入个人账户时，不计缴个人所得税；超过标准的部分，并入当期工资、薪金所得，计缴个人所得税。

根据《企业年金办法》第八条的规定，企业缴费每年不超过本企业上年度职工工资总额的1/12。企业和职工个人缴费合计一般不超过本企业上年度职工工资总额的1/6。

根据《机关事业单位职业年金办法》第八条规定，单位缴纳职业年金费用的比例最高不超过本单位上年度缴费工资基数的8%。个人缴费比例不超过上年度本人缴费工资基数的4%。

第四步：将工资、薪金所得与第二步、第三步计算出的并入部分合计，按工资、薪金所得纳税。

（二）商业健康保险支出

为贯彻落实《国务院关于促进健康服务业发展的若干意见》（国发〔2013〕40号）精神，经国务院批准，自2016年1月1日起，在全国31个城市试点开展商业健康保险支出个人所得税限额扣除政策。

为进一步推动医疗保障事业发展，国务院总理李克强2017年4月19日主持召开国务院常务会议，决定将商业健康保险个人所得税税前扣除试点政策推广至全国范围实施。为落实国务院常务会议精神，《财政部 国家税务总局 保监会关于将商业健康保险个人所得税试点政策推广到全国范围实施的通知》（财税〔2017〕39号，以下简称财税〔2017〕39号文件）规定，自2017年7月1日起，将商业健康保险个人所得税税前扣除试点政策推至全国，对个人购买符合条件的商业健康保险产品的支出，允许按每年最高2400元的限额予以税前扣除。为便于纳税人及时享受政策、规范纳税申报，国家税务总局制发了《国家税务总局关于推广实施商业健康保险个人所得税政策有关征管问题的公告》（国家税务总局公告2017年第17号），进一步明确了相关操作问题。

1. 商业健康保险产品支出限额扣除政策

（1）商业健康保险产品支出限额扣除试点政策。

自2016年1月1日起至2017年6月30日止，根据《财政部 国家税务总局 保监会关于开展商业健康保险个人所得税政策试点工作的通知》（财税〔2015〕56号，自2017年7月1日起财税〔2017〕39号文件第五条废止）第一条的规定，对试点地区个人购买符合规定的商业健康保险产品的支出，允许在当年（月）计算应纳税所得额时予以税前扣除，扣除限额为2400元/年（200元/月）。试点地区企事业单位统一组织并为员工购买符合规定的商业健康保险产品的支出，应分别计入员工个人工资薪金，视同个人购买，按上述限额予以扣除。2400元/年（200元/月）的限额扣除为个人所得税法规定的减除费用标准之外的扣除。

为确保商业健康保险个人所得税政策试点平稳实施，在各地选择一个中心城市开展试点工作。其中，北京、上海、天津、重庆四个直辖市全市试点，各省、自治区分别选择个人口规模较大且具有较高综合管理能力的试点城市。实施商业健康保险个人所得税政策试点的具体地区为：

①北京市、上海市、天津市、重庆市；

②河北省石家庄市、山西省太原市、内蒙古自治区呼和浩特市、辽宁省沈阳市、吉林省长春市、黑龙江省哈尔滨市、江苏省苏州市、浙江省宁波市、安徽省芜湖市、福建省福州市、江西省南昌市、山东省青岛市、河南省郑州市（含巩义市）、湖北省武汉市、湖南省株洲市、广东省广州市、广西壮族自治区南宁市、海南省海口市、四川省成都市、贵州省贵阳市、云南省曲靖市、西藏自治区拉萨市、陕西省宝鸡市、甘肃省兰州市、青海省西宁市、宁夏回族自治区银川市（不含所辖县）、新疆维吾尔自治区库尔勒市。

试点期间非试点地区个人购买商业健康保险产品不适用限额扣除个人所得税政策。

（2）商业健康保险产品支出限额扣除政策。

自 2017 年 7 月 1 日起，根据财税〔2017〕39 号文件第一条的规定，对个人购买符合规定的商业健康保险产品的支出，允许在当年（月）计算应纳税所得额时予以税前扣除，扣除限额为 2400 元 / 年（200 元 / 月）。单位统一为员工购买符合规定的商业健康保险产品的支出，应分别计入员工个人工资薪金，视同个人购买，按上述限额予以扣除。

2400 元 / 年（200 元 / 月）的限额扣除为个人所得税法规定的减除费用标准之外的扣除。

2. 商业健康保险限额扣除政策的适用对象

根据财税〔2017〕39 号文件第二条的规定，适用商业健康保险税收优惠政策的纳税人，是指取得工资薪金所得、连续性劳务报酬所得的个人，以及取得个体工商户生产经营所得、对企事业单位的承包承租经营所得的个体工商户业主、个人独资企业投资者、合伙企业个人合伙人和承包承租经营者。根据国家税务总局公告 2017 年第 17 号第一条的规定，取得工资薪金所得、连续性劳务报酬所得的个人，以及取得个体工商户的生产经营所得、对企事业单位的承包承租经营所得的个体工商户业主、个人独资企业投资者、合伙企业个人合伙人和承包承租经营者，对其购买符合规定的商业健康保险产品支出，可按照财税〔2017〕39 号文件规定标准（2400 元 / 年，200 元 / 月）

在个人所得税前扣除。这里所称取得连续所得，根据国家税务总局公告 2017 年第 17 号第二条的规定，是指个人连续 3 个月以上（含 3 个月）为同一单位提供劳务而取得的所得。

2019 年 1 月 1 日新《个人所得税法》实施后，取得综合所得的个人，以及通过个体工商户、个人独资企业、合伙企业取得经营所得的居民个人，发生符合规定的商业健康保险支出的，按年扣除 2400 元。

3. 符合规定的商业健康保险产品的界定

符合规定的商业健康保险产品，是指由保监会研发并会同财政部、国家税务总局联合发布的适合大众的综合性健康保险产品。

（1）享受优惠政策的商业健康保险产品应符合的条件。

根据财税〔2017〕39 号文件第三条的规定，符合规定的商业健康保险产品，是指保险公司参照个人税收优惠型健康保险产品指引框架及示范条款开发的、符合下列条件的健康保险产品：

①健康保险产品采取具有保障功能并设立有最低保证收益账户的万能险方式，包含医疗保险和个人账户积累两项责任。被保险人个人账应由其所投保的保险公司负责管理维护。

②被保险人为 16 周岁以上，未满法定退休年龄的纳税人群。保险公司不得因被保险人既往病史拒保，并保证续保。

③医疗保险保障责任范围包括被保险人医保所在地基本医疗保险基金支付范围内的自付费用及部分基本医疗保险基金支付范围外的费用，费用的报销范围、比例和额度由各保险公司根据具体产品特点自行确定。

④同一款健康保险产品，可依据被保险人的不同情况，设置不同的保险金额，具体保险金额下限由保监会规定。

⑤健康保险产品坚持“保本微利”原则，对医疗保险部分的简单赔付率低于规定比例的，保险公司要将实际赔付率与规定比例之间的差额部分返还到被保险人的个人账户。

符合上述条件的个人税收优惠型健康保险产品，保险公司应按《中华人民共和国保险法》规定程序上报保监会审批。

（2）符合规定的健康保险产品的分类。

根据目标人群已有保障项目和保障需求的不同，符合规定的健康保险产品共有三类，分别适用于以下群体：

①对公费医疗或基本医疗保险报销后个人负担的医疗费用有报销意愿的人群；

②对公费医疗或基本医疗保险报销后个人负担的特定大额医疗费用有报销意愿的人群；

③未参加公费医疗或基本医疗保险，对个人负担的医疗费用有报销意愿的人群。

4. 商业健康保险个人所得税税前扣除

（1）取得工资薪金或劳务报酬所得个人自行购买的处理。

根据财税〔2017〕39号文件第四条第（二）项的规定，取得工资、薪金所得或连续性劳务报酬所得的个人，自行购买符合规定的商业健康保险产品的，应当及时向代扣代缴单位提供保单凭证。扣缴单位自个人提交保单凭证的次月起，在不超过200元/月的标准内按月扣除。一年内保费金额超过2400元的部分，不得税前扣除。以后年度续保时，按上述规定执行。个人自行退保时，应及时告知扣缴义务人。

根据《关于推广实施商业健康保险个人所得税政策有关征管问题的公告》（国家税务总局公告2017年第17号）第五条第（二）项的规定，保险公司在销售商业健康保险产品时，要为购买健康保险的个人开具发票和保单凭证，载明产品名称及缴费金额等信息，作为个人税前扣除的凭据。保险公司要与商业健康保险信息平台保持实时对接，保证信息真实准确。

（2）单位为员工购买或者单位和个人共同负担购买的处理。

根据财税〔2017〕39号文件第四条第（一）项的规定，单位统一组织为员工购买或者单位和个人共同负担购买符合规定的商业健康保险产品，单位负担部分应当实名计入个人工资、薪金明细清单，视同个人购买，并自购买产品次月起，在不超过200元/月的标准内按月扣除。一年内保费金额超过2400元的部分，不得税前扣除。以后年度续保时，按上述规定执行。个人自行退保时，应及时告知扣缴单位。对于个人相关退保信息保险公司应及时传递给税务机关。

（3）取得生产经营所得的个人购买商业健康保险支出的扣除。

根据财税〔2017〕39号文件第四条第（三）项的规定，个体工商户业主、企事业单位承包承租经营者、个人独资和合伙企业投资者自行购买符合条件的商业健康保险产品的，在不超过2400元/年的标准内据实扣除。一年内保费金额超过2400元的部分，不得税前扣除。以后年度续保时，按上述规定执行。

5. 税优识别码的使用

（1）税优识别码。

税优识别码，是指为确保税收优惠商业健康保险保单的唯一性、真实性和有效性，由商业健康保险信息平台按照“一人一单一码”的原则对投保人进行校验后，下发给保险公司，并在保单凭证上打印的数字识别码。

（2）未获得税优识别码不得税前扣除。

根据国家税务总局公告2017年第17号第五条的规定，保险公司销售符合规定的商业健康保险产品，及时为购买保险的个人开具发票和保单凭证，并在保单凭证上注明税优识别码。

个人购买商业健康保险未获得税优识别码的，其支出金额不得税前扣除。

6. 特殊事项的处理

（1）两处以上取得工资、薪金所得的扣除。

根据国家税务总局公告2017年第17号第三条的规定，个人自行购买符合规定的商业健康保险产品的，应及时向扣缴义务人提供保单凭证，扣缴义务人应当依法为其税前扣除，不得拒绝。个人从中国境内两处或者两处以上取得工资、薪金所得，且自行购买商业健康保险的，只能选择在其中一处扣除。

（2）核定征收个体工商户的处理。

根据国家税务总局公告2017年第17号第四条第（二）款的规定，实行核定征收的纳税人，应向主管税务机关报送《商业健康保险税前扣除情况明细表》，主管税务机关按程序相应调减其应纳税所得额或应纳税额。纳税人未续保或退保的，应当及时告知主管税务机关，终止商业健康保险税前扣除。

（3）部门协作。

根据财税〔2017〕39号文件第五条的规定，商业健康保险个人所得税税前扣除政策涉及环节和部门多，各相关部门应密切配合，切实落实好商业健康保险个人所得税政策。

①财政、税务、保监部门要做好商业健康保险个人所得税优惠政策宣传解释，优化服务。税务、保监部门应建立信息共享机制，及时共享商业健康保险涉税信息。

②保险公司在销售商业健康保险产品时，要为购买健康保险的个人开具发票和保单凭证，载明产品名称及缴费金额等信息，作为个人税前扣除的凭据。保险公司要与商业健康保险信息平台保持实时对接，保证信息真实准确。

③扣缴单位应按照财税〔2017〕39号文件及税务机关有关要求，认真落实商业健康保险个人所得税税前扣除政策。

④保险公司或商业健康保险信息平台应向税务机关提供个人购买商业健康保险的相关信息，并配合税务机关做好相关税收征管工作。

7. 纳税申报表的填报

《商业健康保险税前扣除情况明细表》（如表所示）适用于个人购买符合规定的商业健康保险支出税前扣除申报。

商业健康保险税前扣除情况明细表

所属日期：　　年　　月　　日至　　年　　月　　日　　　　　　金额单位：人民币元（列至角分）

扣缴义务人（被投资单位）情况								
名称				纳税人识别号				
商业健康保险税前扣除情况								
序号	姓名	身份证件类型	身份证件号码	税优识别码	保单生效日期	年度保费	月度保费	本期保费
谨声明：此表是根据《中华人民共和国个人所得税法》及有关法律法规填写的，是真实的、完整的、可靠的。 纳税人或扣缴义务人负责人签字：								

续表

代理申报机构（人）签章： 经办人： 经办人执业证件号码： 代理申报日期：　　年　月　日	主管税务机关受理章： 受理人： 受理日期：　　　年　月　日

《商业健康保险税前扣除情况明细表》填报说明如下：

（1）“所属期”。

所属期应与《扣缴个人所得税报告表》等申报表上注明的“税款所属期”一致。

（2）“扣缴义务人（被投资单位）情况”栏。

填写涉及商业健康保险扣除政策的扣缴义务人、个体工商户、承包承租的企事业单位、个人独资企业、合伙企业的信息。

（3）“商业健康保险税前扣除情况”栏。

①“姓名”“身份证件类型”“身份证件号码”。

填写购买商业健康保险的个人的信息，相关信息应与《扣缴个人所得税报告表》等申报表上载明的明细信息保持一致；个体工商户业主、个人独资企业投资者、合伙企业个人合伙人、承包承租经营者和其他自行纳税申报个人按照本人实际情况填写。

②“税优识别码”。

税优识别码，是指为确保税收优惠商业健康保险保单的唯一性、真实性和有效性，由商业健康保险信息。平台按照“一人一单一码”的原则对投保人进行校验后，下发给保险公司，并在保单凭证上打印的数字识别码。

③“保单生效日期”。

填写商业健康保险生效日期。

④“年度保费”。

填写保单载明的年度总保费的金额。

⑤“月度保费”。

按月缴费的保单填写每月所缴保费，按年一次性缴费的保单填写年度保费除以 12 后的金额。

⑥“本期扣除金额”

扣缴申报和按月自行申报时，月度保费大于200元的，填写200元；月度保费小于200元的，按月度保费填写。个体工商户业主、个人独资企业投资者、合伙企业个人合伙人和承包承租经营者申报时，年度保费金额大于2400元的，填写2400元；年度保费小于2400元的，按实际年度保费填写。

（三）税延养老保险支出

为贯彻落实党的十九大精神，推进多层次养老保险体系建设，对养老保险第三支柱进行有益探索，《财政部 税务总局 人力资源社会保障部 中国银行 保险监督管理委员会 证监会关于开展个人税收递延型商业养老保险试点的通知》（财税〔2018〕22号）就开展个人税收递延型商业养老保险（以下简称税延养老保险）试点有关问题作出如下规定。

1. 试点地区及时间

自2018年5月1日起，在上海市、福建省（含厦门市）和苏州工业园区实施个人税收递延型商业养老保险试点。

2. 试点政策内容

对试点地区个人通过个人商业养老资金账户购买符合规定的商业养老保险产品的支出，允许在一定标准内税前扣除；计入个人商业养老资金账户的投资收益，暂不征收个人所得税；个人领取商业养老金时再征收个人所得税。具体规定如下：

（1）个人缴费税前扣除标准。

在2018年12月31日前取得工资薪金、连续性劳务报酬所得的个人，其缴纳的保费准予在申报扣除当月计算应纳税所得额时予以限额据实扣除，扣除限额按照当月工资薪金、连续性劳务报酬收入的6%和1000元孰低办法确定。取得个体工商户生产经营所得、对企事业单位的承包承租经营所得的个体工商户业主、个人独资企业投资者、合伙企业自然人合伙人和承包承租经营者，其缴纳的保费准予在申报扣除当年计算应纳税所得额时予以限额据实扣除，扣除限额按照不超过当年应税收入的6%和12000元孰低办法确定。

（2）账户资金收益暂不征税。

计入个人商业养老资金账户的投资收益，在缴费期间暂不征收个人所得税。

（3）个人领取商业养老金征税。

个人达到国家规定的退休年龄时，可按月或按年领取商业养老金，领取期限原则上为终身或不少于 15 年。个人身故、发生保险合同约定的全残或罹患重大疾病的，可一次性领取商业养老金。

对个人达到规定条件时领取的商业养老金收入，其中 25% 部分予以免税，其余 75% 部分按照 10% 的比例税率计算缴纳个人所得税，在 2018 年 12 月 31 日之前税款计入“其他所得”项目。

3. 试点政策适用对象

适用试点税收政策的纳税人，是指在试点地区取得工资薪金、连续性劳务报酬所得的个人，以及取得个体工商户生产经营所得、对企事业单位的承包承租经营所得的个体工商户业主、个人独资企业投资者、合伙企业自然人合伙人和承包承租经营者，其工资薪金、连续性劳务报酬的个人所得税扣缴单位，或者个体工商户、承包承租单位、个人独资企业、合伙企业的实际经营地均位于试点地区内。

取得连续性劳务报酬所得，是指纳税人连续 6 个月以上（含 6 个月）为同一单位提供劳务而取得的所得。

4. 商业养老资金账户和信息平台

个人商业养老资金账户是由纳税人指定的、用于归集税收递延型商业养老保险缴费、收益以及资金领取等的商业银行个人专用账户。该账户封闭运行，与居民身份证件绑定，具有唯一性。

试点期间使用中国保险信息技术管理有限责任公司建立的信息平台（以下简称中保信平台）。个人商业养老资金账户在中保信平台进行登记，校验其唯一性。个人商业养老资金账户变更银行须经中保信平台校验后，进行账户结转，每年允许结转一次。中保信平台与税务系统、商业保险机构和商业银行对接，提供账户管理、信息查询、税务稽核、外部监管等基础性服务。

5. 商业养老保险产品及管理

个人商业养老保险产品按稳健型产品为主、风险型产品为辅的原则选择，采取名录方式确定。试点期间的产品是指由保险公司开发，符合“收益稳健、长期锁定、终身领取、精算平衡”原则，满足参保人对养老账户资金安全性、收益性和长期性管理要求的商业养老保险产品。具体商业养老保险产品指引由中国银行保险监督管理委员会提出，商财政部、人力资源社会保障部、国家税务总局后发布。

6. 征收管理

（1）缴费税前扣除。

个人购买符合规定的商业养老保险产品、享受递延纳税优惠时，以中保信平台出具的税延养老扣除凭证为扣税凭据。取得工资薪金所得和连续性劳务报酬所得的个人，应及时将相关凭证提供给扣缴单位。扣缴单位应按照要求，认真落实个人税收递延型商业养老保险试点政策，为纳税人办理税前扣除有关事项。

个人在试点地区范围内从两处或者两处以上取得所得的，只能选择在其中一处享受试点政策。

根据《国家税务总局关于开展个人税收递延型商业养老保险试点有关征管问题的公告》（国家税务总局公告2018年第21号）第一条第一项的规定，试点地区内可享受税延养老保险税前扣除优惠政策的个人，凭中国保险信息技术管理有限责任公司相关信息平台出具的《个人税收递延型商业养老保险扣除凭证》（以下简称税延养老扣除凭证），办理税前扣除。取得工资薪金所得、连续性劳务报酬所得的个人，其购买符合规定商业养老保险产品的支出享受税前扣除优惠时，应及时将税延养老扣除凭证提供给扣缴单位。扣缴单位应当按照规定，在个人申报扣除当月计算扣除限额并办理税前扣除。扣缴单位在填报《扣缴个人所得税报告表》或《特定行业个人所得税年度申报表》时，应当将当期可扣除金额填至“税前扣除项目”或“年税前扣除项目”栏“其他”列中（需注明税延养老保险），并同时填报《个人税收递延型商业养老保险税前扣除情况明细表》（见表）。

个人税收递延型商业养老保险税前扣除情况明细表

所属日期：　　年　　月　　日至　　年　　月　　日　　　　　　金额单位：人民币元（列至角分）

<table>
<tr><td colspan="9">单位或个人情况</td></tr>
<tr><td>名称</td><td colspan="8">□扣缴义务人　　□个人工商户和承包承租经营者
□个人独资企业投资者　　□合伙企业自然人合伙人　　□其他</td></tr>
<tr><td>单位名称</td><td colspan="3"></td><td>纳税人识别号</td><td colspan="4"></td></tr>
<tr><td colspan="9">税收递延型商业养老保险税前扣除情况</td></tr>
<tr><td>序号</td><td>姓名</td><td>身份证件类型</td><td>身份证件号码</td><td>税延养老账户编号</td><td>申报扣除期</td><td>年度保费</td><td>月度保费</td><td>本期扣除金额</td></tr>
<tr><td></td><td></td><td></td><td></td><td></td><td></td><td></td><td></td><td></td></tr>
<tr><td colspan="9">谨声明：此表是根据《中华人民共和国个人所得税法》及有关法律法规填写的，是真实的、完整的、可靠的。
纳税人或扣缴义务人负责人签字：</td></tr>
<tr><td colspan="5">代理申报机构（人）签章：
经办人：
经办人身份证件类型：
经办人身份证件号码：
经办人执业证件号码：
代理申报日期：　　　　年　月　日</td><td colspan="4">主管税务机关受理章：

受理人：

受理日期：　　　　年　月　日</td></tr>
</table>

个人因未及时提供税延养老扣除凭证而造成往期未扣除的，扣缴单位可追补至应扣除月份扣除，并按规定重新计算应扣缴税款，在收到扣除凭证的当月办理抵扣或申请退税。个人缴费金额发生变化、未续保或退保的，应当及时告知扣缴义务人重新计算或终止税延养老保险税前扣除。除个人提供资料不全、信息不实等情形外，扣缴单位不得拒绝为纳税人办理税前扣除。

《个人税收递延型商业养老保险税前扣除情况明细表》填报说明如下：

本表适用于个人购买符合规定的税收递延型商业养老保险支出税前扣除申报。本表随《扣缴个人所得税报告表》《特定行业个人所得税年度申报表》《个人所得税生产经营所得纳税申报表（B表）》等申报表一并报送；实行核定征收的，可单独报送。

①“所属期”。应与《扣缴个人所得报告表》等申报表上注明的“税款所属期”一致。

②“单位或个人情况”栏。

“单位名称”：填写涉及商业养老保险扣除政策的扣缴义务人、个体工商户、承包承租的企事业单位、个人独资企业、合伙企业的单位名称。

“纳税人识别号（统一社会信用代码）”：填写上述单位的相应号码。

③“税收递延型商业养老保险税前扣除情况”栏。

“姓名”“身份证件类型”“身份证件号码”：填写购买税延养老保险的个人信息，相关信息应与《扣缴个人所得税报告表》等申报表上载明的明细信息保持一致；个体工商户业主、个人独资企业投资者、合伙企业自然人合伙人、承包承租经营者和其他自行纳税申报个人按照本人实际情况填写。

“税延养老账户编号”“报税校验码”：按照中国保险信息技术管理有限责任公司相关信息、平台出具的《个人税收递延型商业养老保险扣除凭证》载明的对应项目填写。

“申报扣除期”：取得工资薪金所得、连续性劳务报酬所得（特定行业除外）的个人，填写申报扣除的月份；取得个体工商户的生产经营所得、对企事业单位的承包承租经营所得的个人及特定行业取得工资薪金的个人，填写申报扣除的年份。

“年度保费”：取得个体工商户的生产经营所得、对企事业单位的承包承租经营所得的个人及特定行业取得工资薪金的个人，填写《个人税收递延型商业养老保险扣除凭证》载明的年度保费金额。

“月度保费”：取得工资薪金所得、连续性劳务报酬所得（特定行业除外）的个人，填写《个人税收递延型商业养老保险扣除凭证》载明的月度保费金额，一次性缴费的保单填写月平均保费金额。

“本期扣除金额”：取得工资薪金所得、连续性劳务报酬所得（特定行业除外）的个人，应按税延养老保险扣除凭证记载的当月金额和扣除限额孰低的方法计算可扣除额。扣除限额按照申报扣除当月的工资薪金、连续性劳务报酬收入的6%和1000元孰低的办法确定。

取得个体工商户的生产经营所得、对企事业单位的承包承租经营所得的个人及特定行业取得工资薪金的个人，按税延养老保险扣除凭证记载的当年金额和扣除限额孰低的方法计算可扣除额。扣除限额按照不超过当年应税收入的 6% 和 12000 元孰低的办法确定。

（2）领取商业养老金时的税款征收。

个人按规定领取商业养老金时，由保险公司代扣代缴其应缴的个人所得税。

在 2018 年 12 月 31 日之前，根据国家税务总局公告 2018 年第 21 号第二条的规定，个人达到规定条件领取商业养老金时，保险公司按照规定代扣代缴“其他所得”项目（需注明税延养老保险）个人所得税，并在个人购买税延养老保险的机构所在地办理全员全额扣缴申报。

7. 相关工作与部门协作

（1）试点期间其他相关准备工作。

试点期间，中国银行保险监督管理委员会、证监会做好相关准备工作，完善养老账户管理制度，制定银行、公募基金类产品指引等相关规定，指导相关金融机构产品开发。做好中国证券登记结算有限责任公司信息平台（以下简称中登公司平台）与商业银行、税务等信息系统的对接准备工作。同时，由人力资源社会保障部、财政部牵头，联合国家税务总局、银保监会、证监会等单位，共同研究建立第三支柱制度和管理服务信息平台。

试点结束后，根据试点情况，结合养老保险第三支柱制度建设的有关情况，有序扩大参与的金融机构和产品范围，将公募基金等产品纳入个人商业养老账户投资范围，相应将中登公司平台作为信息平台，与中保信平台同步运行。第三支柱制度和管理服务信息平台建成以后，中登公司平台、中保信平台与第三支柱制度和管理服务信息平台对接，实现养老保险第三支柱宏观监管。

（2）部门协作。

信息平台应向税务机关提供个人税收递延型商业养老保险有关信息，并配合税务机关做好相关税收征管工作。

保险公司在销售个人税收递延型商业养老保险产品时，应为购买商业养老保险产品的个人开具发票和保单凭证，载明产品名称及缴费金额等信息。保险公司与信息平台实时对接，保证信息真实准确。

（四）扣除项目特殊规定

1. 公务交通费与通信补贴

根据《国家税务总局关于个人所得税有关政策问题的通知》（国税发〔1999〕58号）第二条“关于个人取得公务交通、通信补贴收入征税问题”的规定，个人因公务用车和通信制度改革而取得的公务用车、通信补贴收入，扣除一定标准的公务费用后，按照“工资、薪金所得”项目计征个人所得税。按月发放的，并入当月“工资、薪金所得”计征个人所得税；不按月发放的，分解到所属月份并与该月份“工资、薪金所得”合并后计征个人所得税公务费用的扣除标准，由省级税务局根据纳税人公务交通、通信费用的实际发生情况调查测算，报经省级人民政府批准后确定，并报国家税务总局备案。

《国家税务总局关于个人因公务用车制度改革取得补贴收入征收个人所得税问题的通知》（国税函〔2006〕245号）进一步规定，部分单位因公务用车制度改革，对用车人给予各种形式的补偿：直接以现金形式发放，在限额内据实报销用车支出，单位反租职工个人的车辆支付车辆租赁费（“私车公用”），单位向用车人支付车辆使用过程中的有关费用等。因公务用车制度改革而以现金、报销等形式向职工个人支付的收入，均应视为个人取得公务用车补贴收入，按照“工资、薪金所得”项目计征个人所得税。具体计征方法，按国税发〔1999〕58号文件第二条“关于个人取得公务交通、通信补贴收入征税问题”的有关规定执行。

根据《国家税务总局关于中国海洋石油总公司系统深化用工薪酬制度改革有关个人所得税问题的通知》（国税函〔2003〕330号）的规定，中油公司系统公务用车、通信制度改革后，其发放给职工的公务用车通信补贴收入，根据国税发〔1999〕58号文件第二条的规定，可按公司所在地省级政府统一规定或批准的公务费用扣除标准扣除公务费用后，计入职工个人工资、薪金所得计算缴纳个人所得税。凡中油公司系统各公司所在省级政府尚未规定扣除标准的，可暂按各公司2002年公务费用实际发生数为扣除基数；超过扣除基数的补贴，应计入个人所得征税；具体扣除基数，由各公司报所在地海洋石油税务局核备。

2. 远洋运输船员伙食费

根据《国家税务总局关于远洋运输船员工资薪金所得个人所得税费用扣除问题的通知》（国税发〔1999〕202号）的规定，对远洋运输船员取得的工资、薪金所得采取按年计算、分月预缴的方式计征个人所得税。由于船员的伙食费统一用于集体用餐，不发给个人，故特案允许该项补贴不计入船员个人的应纳税工资、薪金收入。

3. 补充住房公积金和住房补贴的扣除

财政部和国家税务总局没有就补充住房公积金和住房补贴税前扣除作出全国统一规定，天津等地税务机关有相关的地方规定。

4. 补充医疗保险的扣除

补充医疗保险税前扣除没有全国统一的标准，天津等地出台地方性规定，明确了补充医疗保险税前扣除标准。

第二节 专项附加扣除

为积极回应社会各界对子女教育、大病医疗等支出纳入个人所得税税前扣除的呼声，2018年修改《个人所得税法》后，首次增加子女教育、继续教育、大病医疗、住房贷款利息或者住房租金、赡养老人等专项附加扣除。个人所得税专项附加扣除，是指个人所得税法规定的子女教育、继续教育、大病医疗、住房贷款利息或者住房租金、赡养老人六项专项附加扣除。

根据2018年新《个人所得税法》第六条的规定，国务院颁布了《个人所得税专项附加扣除暂行办法》（国发〔2018〕41号文件印发），自2019年1月1日起施行。根据教育、医疗、住房、养老等民生支出变化情况，适时调整专项附加扣除范围和标准。

为切实将专项附加扣除政策精准落地，让纳税人能够清楚如何享受专项附加扣除，具体享受扣除的起始时间、标准和办理途径等，国家税务总局制发《国家税务总局关于发布〈个人所得税专项附加扣除操作办法（试行）〉的公告》（国家税务总局公告

2018年第60号）。纳税人享受子女教育、继续教育、大病医疗、住房贷款利息或者住房租金、赡养老人专项附加扣除的，依照该办法规定办理。

一、子女教育

子女教育是大多数家庭最基本、最重要的支出项目。为体现教育公平和适当扶持原则，2018年新《个人所得税法》增加了子女教育专项附加扣除项目。

根据《个人所得税专项附加扣除暂行办法》第五条的规定，纳税人的子女接受全日制学历教育的相关支出，按照每个子女每月1000元的标准定额扣除。

学历教育包括义务教育（小学、初中教育）、高中阶段教育（普通高中、中等职业、技工教育）、高等教育（大学专科、大学本科、硕士研究生、博士研究生教育）。年满3岁至小学入学前处于学前教育阶段的子女，按上述规定执行。

根据《个人所得税专项附加扣除暂行办法》第六条的规定，父母可以选择由其中一方按扣除标准的100%扣除，也可以选择由双方分别按扣除标准的50%扣除，具体扣除方式在一个纳税年度内不能变更。

父母，是指生父母、继父母、养父母。子女，是指婚生子女、非婚生子女、继子女、养子女。父母之外的其他人担任未成年人的监护人的，比照《个人所得税专项附加扣除暂行办法》规定执行。

二、继续教育

继续教育是国家终身教育体系的重要组成部分，是建设学习型社会的需要。为满足人民群众对自我提升的需求，2018年新《个人所得税法》增加了继续教育专项附加扣除。继续教育专项附加扣除是指纳税人接受学历继续教育、技能人员职业资格继续教育、专业技术人员职业资格继续教育，按照规定标准定额扣除。

根据《个人所得税专项附加扣除暂行办法》第八条的规定，纳税人在中国境内接受学历（学位）继续教育的支出，在学历（学位）教育期间按照每月400元定额扣除。同一学历（学位）继续教育的扣除期限不能超过48个月。纳税人接受技能人员职业资格继续教育、专业技术人员职业资格继续教育的支出，在取得相关证书的当年，按照 3600 元定额扣除。

根据《个人所得税专项附加扣除暂行办法》第九条的规定，个人接受本科及以下学历（学位）继续教育，符合该办法规定扣除条件的，可以选择由其父母扣除，也可以选择由本人扣除。

三、住房贷款利息

为了体现“房住不炒”的中央精神，更好地保障人民群众的基本居住需求，2018 年新《个人所得税法》增加了住房贷款利息专项附加扣除。

根据《个人所得税专项附加扣除暂行办法》第十四条的规定，纳税人本人或者配偶单独或者共同使用商业银行或者住房公积金个人住房贷款为本人或者其配偶购买中国境内住房，发生的首套住房贷款利息支出，在实际发生贷款利息的年度，按照每月 1000 元的标准定额扣除，扣除期限最长不超过 240 个月。纳税人只能享受一次首套住房贷款的利息扣除。

首套住房贷款是指购买住房享受首套住房贷款利率的住房贷款。

根据《个人所得税专项附加扣除暂行办法》第十五条的规定，经夫妻双方约定，可以选择由其中一方扣除，具体扣除方式在一个纳税年度内不能变更。

夫妻双方婚前分别购买住房发生的首套住房贷款，其贷款利息支出，婚后可以选择其中一套购买的住房，由购买方按扣除标准 100% 扣除，也可以由夫妻双方对各自购买的住房分别按扣除标准的 50% 扣除，具体扣除方式在一个纳税年度内不能变更。

四、住房租金

国际上允许扣除住房租金支出的国家并不多，只有部分国家允许扣除房屋租金。考虑到中国国情，为落实“租购并举”政策，2018 年新《个人所得税法》增加了住房租金专项附加扣除项目，并借鉴国际经验，采取定额扣除方式。

根据《个人所得税专项附加扣除暂行办法》第十七条的规定，纳税人在主要工作城市没有自有住房而发生的住房租金支出，可以按照以下标准定额扣除：

（1）直辖市、省会（首府）城市、计划单列市以及国务院确定的其他城市，扣除标准为每月 1500 元。

（2）除上述第（1）项所列城市以外，市辖区户籍人口超过 100 万的城市，扣除标准为每月 1100 元；市辖区户籍人口不超过 100 万（含）的城市，扣除标准为每月 800 元。

纳税人的配偶在纳税人的主要工作城市有自有住房的，视同纳税人在主要工作城市有自有住房。

市辖区户籍人口，以国家统计局公布的数据为准。

主要工作城市是指纳税人任职受雇的直辖市、计划单列市、副省级城市、地级市（地区、州、盟）全部行政区域范围；纳税人无任职受雇单位的，为受理其综合所得汇算清缴的税务机关所在城市。

夫妻双方主要工作城市相同的，只能由一方扣除住房租金支出。

住房租金支出由签订租赁住房合同的承租人扣除。

根据《个人所得税专项附加扣除暂行办法》第二十条的规定，纳税人及其配偶在一个纳税年度内不能同时分别享受住房贷款利息和住房租金专项附加扣除。

五、赡养老人

赡养老人是中华民族的传统美德，2018 年新《个人所得税法》增加赡养老人专项附加扣除，有利于应对老龄化趋势，鼓励形成尊老敬老的社会风气。

根据《个人所得税专项附加扣除暂行办法》第二十二条的规定，纳税人赡养一位及以上被赡养人的赡养支出，统一按照以下标准定额扣除：

（1）纳税人为独生子女的，按照每月 2000 元的标准定额扣除。

（2）纳税人为非独生子女的，由其与兄弟姐妹分摊每月 2000 元的扣除额度，每人分摊的额度不能超过每月 1000 元。可以由赡养人均摊或者约定分摊，也可以由被赡养人指定分摊。约定或者指定分摊的须签订书面分摊协议，指定分摊优先于约定分摊。具体分摊方式和额度在一个纳税年度内不能变更。

被赡养人是指年满 60 岁的父母，以及子女均已去世的年满 60 岁的祖父母、外祖父母。

六、大病医疗

医疗费用支出是家庭的重要生活支出项目，增加大病医疗专项附加扣除可以缓解大病医疗费支出给家庭带来的经济压力。

根据《个人所得税专项附加扣除暂行办法》第十一条的规定，在一个纳税年度内，纳税人发生的与基本医保相关的医药费用支出，扣除医保报销后个人负担（指医保目录范围内的自付部分）累计超过15000元的部分，由纳税人在办理年度汇算清缴时，在80000元限额内据实扣除。

根据《个人所得税专项附加扣除暂行办法》第十二条的规定，纳税人发生的医药费用支出可以选择由本人或者其配偶扣除；未成年子女发生的医药费用支出可以选择由其父母一方扣除。纳税人及其配偶、未成年子女发生的医药费用支出，按该办法第十一条规定分别计算扣除额。

第三节　公益慈善捐赠支出

一、基本规定

《公益事业捐赠法》第二十五条规定：自然人和个体工商户依照本法的规定捐赠财产用于公益事业，依照法律、行政法规的规定享受个人所得税方面的优惠。

《慈善法》第七十六条规定：自然人、法人和其他组织捐赠财产用于慈善活动的，依法享受税收优惠。企业慈善捐赠支出超过法律规定的准予在计算企业所得税应纳税所得额时扣除的部分，允许结转以后三年内在计算应纳税所得额时扣除。

《个人所得税法》第六条规定：个人将其所得对教育、扶贫、济困等公益慈善事业进行捐赠，捐赠额未超过纳税人申报的应纳税所得额百分之三十的部分，可以从其应纳税所得额中扣除；国务院规定对公益慈善事业捐赠实行全额税前扣除的，从其规定。

《个人所得税法实施条例》第十九条规定：个人所得税法第六条第三款所称个人将其所得对教育、扶贫、济困等公益慈善事业进行捐赠，是指个人将其所得通过中国境内的公益性社会组织、国家机关向教育、扶贫、济困等公益慈善事业的捐赠；所称应纳税所得额，是指计算扣除捐赠额之前的应纳税所得额。

二、公益慈善捐赠途径的规定

《财政部 国家税务总局关于公益慈善事业捐赠个人所得税政策的公告》（财政部税务总局公告2019年第99号，以下简称99号公告）第一条规定：

个人通过中华人民共和国境内公益性社会组织、县级以上人民政府及其部门等国家机关，向教育、扶贫、济困等公益慈善事业的捐赠（以下简称公益捐赠），发生的公益捐赠支出，可以按照个人所得税法有关规定在计算应纳税所得额时扣除。

前款所称境内公益性社会组织，包括依法设立或登记并按规定条件和程序取得公益性捐赠税前扣除资格的慈善组织、其他社会组织和群众团体。

按照《财政部 国家税务总局 民政部关于公益性捐赠税前扣除有关问题的通知》（财税〔2008〕160号）和《财政部 国家税务总局 民政部关于公益性捐赠税前扣除资格确认审批有关调整事项的通知》（财税〔2015〕141号）相关规定，由财政、税务、民政等部门结合社会组织登记注册、公益活动情况联合确认公益性捐赠税前扣除资格，并以公告形式发布名单。

在民政部登记注册的公益性社会组织，由财政部、国家税务总局、民政部负责联合确认公益性捐赠税前扣除资格，并以公告形式发布名单；在省级和省级以下民政部门登记注册的公益性社会组织，由省级相关部门负责确认公益性捐赠税前扣除资格，并以公告形式发布名单。

纳税人在需要进行公益捐赠扣除时可以查询最近年度的公益性捐赠税前扣除资格公告，此处就不再占用大量篇幅来列举具有公益性捐赠扣除资格的名单，而且名单也是动态的。

因此，公益慈善捐赠（以下简称捐赠）必须通过合法的途径捐赠，才能在税前扣除；个人直接向受助对象捐赠或通过不具有合法资格机构捐赠，不能在税前扣除。

三、扣除比例及计算公式

根据个人所得税法及其实施条例规定，符合规定的个人公益捐赠扣除比例为30%或100%。

捐赠扣除限额以及允许扣除的捐赠额按下列公式确定：

捐赠扣除限额＝申报的应纳税所得额 ×30%

实际捐赠额不超过捐赠扣除限额的，允许扣除的捐赠额＝实际捐赠额；

实际捐赠额大于捐赠扣除限额的，允许扣除的捐赠额＝捐赠扣除限额。

公益性捐赠税前扣除限额的具体计算步骤为：

（1）调整所得额，即将捐赠额从计算所得额中剔除，计算没有扣除捐赠之前的应纳税所得额。

（2）计算扣除限额，将调整后的所得额乘30%，计算出扣除限额。

（3）计算扣除额，比较实际捐赠额与扣除限额，以孰低值确定公益性捐赠扣除额。即个人当期发生的公益性捐赠不超过所得额的，据实扣除；超过30%扣除限额的，按30%限额扣除。

（4）计算应纳税所得额，将调整后的所得额减去法定的公益性捐赠扣除额，其差额为应纳税所得额。

四、具体规定

1. 扣除金额的确定

根据99号公告第二条规定，个人发生的公益捐赠支出扣除金额，按照以下规定确定：

（1）捐赠货币性资产的，按照实际捐赠金额确定；

（2）捐赠股权、房产的，按照个人持有股权、房产的财产原值确定；

（3）捐赠除股权、房产以外的其他非货币性资产的，按照非货币性资产的市场价格确定。

2. 个人可自主决定公益扣除的所得项目及其顺序

根据99号公告第三条和第八条规定：

居民个人按照以下规定扣除公益捐赠支出：

（1）居民个人发生的公益捐赠支出可以在财产租赁所得、财产转让所得、利息股息红利所得、偶然所得（以下统称分类所得）、综合所得或者经营所得中扣除。在当期一个所得项目扣除不完的公益捐赠支出，可以按规定在其他所得项目中继续扣除。

（2）居民个人根据各项所得的收入、公益捐赠支出、适用税率等情况，自行决定在综合所得、分类所得、经营所得中扣除的公益捐赠支出的顺序。

（3）个人同时发生按百分之三十扣除和全额扣除的公益捐赠支出，自行选择扣除次序。

3. 扣除时间和时点规定

（1）扣除时间的规定。

《个人所得税法实施条例》第十三条规定，专项扣除、专项附加扣除和依法确定的其他扣除，以居民个人一个纳税年度的应纳税所得额为限额；一个纳税年度扣除不完的，不结转以后年度扣除。

公益捐赠支出属于上述规定的“依法确定的其他扣除”，因此只能在捐赠发生的当年扣除，当年扣除不完的，不能结转以后年度扣除。

《慈善法》第七十六条只是明确规定了在计算企业所得税应纳税所得额的公益捐赠限额扣除时，超出当年的部分允许结转以后三年内在计算应纳税所得额时扣除。该规定只是针对企业所得税，并不能套用到个人所得税上来。

（2）扣除时点的规定。

根据99号公告规定，对捐赠扣除时点归纳总结如下：

<table>
<tr><th>项目大类</th><th>所得项目</th><th>预缴 / 代缴环节</th><th>年度汇算环节</th><th>备注</th></tr>
<tr><td rowspan="4">综合所得</td><td>工资、薪金</td><td>可扣除</td><td>可扣除</td><td rowspan="4">预缴未扣或扣除不完的，年度汇算扣：工资薪金预缴未扣或扣除不完的，可转移至其他项目所得扣除</td></tr>
<tr><td>劳务报酬</td><td rowspan="3">不可扣</td><td rowspan="3">可扣除</td></tr>
<tr><td>稿酬</td></tr>
<tr><td>特许权使用费</td></tr>
</table>

续表

	全年一次性奖金等不并入综合所得的收入	可扣除	不需要汇算	扣除不完的，可转移其他所得项目继续扣除，或年度汇算扣除
分类所得	财产租赁			
	财产转让			
	利息、股息、红利			
	偶然所得			
经营所得	个体工商户	可扣除	可扣除	查账征收可扣除，核定征收不扣除
	独资企业			
	合伙企业			

（3）在分类所得追补扣除的时间规定。

根据99号公告第五条规定，居民个人发生的公益捐赠支出，可在捐赠当月取得的分类所得中扣除。当月分类所得应扣除未扣除的公益捐赠支出，可以按照以下规定追补扣除：

情形	提出追补扣除的时限	追补扣除的结果
扣缴义务人已经代扣但尚未解缴税款	扣缴义务人解缴税款前	扣缴义务人退还已扣税款
扣缴义务人已经代扣且解缴税款	在公益捐赠之日起90日内	税务机关和扣缴义务人应当予以办理
自行申报纳税的	在公益捐赠之日起90日内	税务机关应当予以办理
说明：居民个人捐赠当月有多项多次分类所得的，应先在其中一项一次分类所得中扣除。已经在分类所得中扣除的工艺捐赠支出，不再调整到其他所得中扣除。		

非居民个人按规定可以在应纳税所得额中扣除公益捐赠支出而未实际扣除的，可按照上述规定追补扣除。

4. 在经营所得中扣除的问题

（1）个体工商户。

99号公告第六条（一）款规定，个体工商户发生的公益捐赠支出，在其经营所得中扣除。结合99号公告其他条款和《个体工商户个人所得税计税办法》（国家税务总局令第35号，以下简称《计税办法》）、经营所得申报表填表说明等规定，整理如下：

①以个体工商户名义发生的公益捐赠支出，只能在个体工商户经营所得中进行税前扣除，不能在个人的综合所得和分类所得项目中扣除；

②以个人名义发生的公益捐赠支出可以在个体工商户经营所得中扣除，但是应与以个体工商户名义捐赠支出合并，合计扣除不能超出限额。

对于上述理解，归纳总结如下：

主体	所得项目	企业名义捐款	个人名义捐款	说明
个体工商户	经营所得	可扣除	可转移至经营所得扣除	合计扣除不超限额
居民个人	综合所得 分类所得	不可扣除	可扣除	个体工商户未扣完不能转移来扣除

（2）独资企业和合伙企业。

99号公告第六条（二）款规定，个人独资企业、合伙企业发生的公益捐赠支出，其个人投资者应当按照捐赠年度合伙企业的分配比例（个人独资企业分配比例为百分之百），计算归属于每一个人投资者的公益捐赠支出，个人投资者应将其归属的个人独资企业、合伙企业公益捐赠支出和本人需要在经营所得扣除的其他公益捐赠支出合并，在其经营所得中扣除。

①以个人独资企业、合伙企业（以下简称企业）名义发生的公益捐赠支出，在企业分配前不能扣除，按比例分配利润的同时也按比例分配公益捐赠支出；

②从企业分配的公益捐赠支出和本人需要在经营所得扣除的其他以个人名义公益捐赠支出合并，再从企业分配的经营所得（利润）中进行扣除，合计扣除不能超出限额；

③以企业名义发生的公益捐赠支出，不能转移至综合所得和分类所得扣除，只能从企业分配的经营所得中扣除。

对于上述理解，归纳总结如下：

主体	所得项目	企业名义捐款	个人名义捐款	说明
个体独资企业	经营所得	不扣除，按分配比例分配给个人	可转移至经营所得扣除	合计扣除不超限额
合伙企业				

续表

居民个人	综合所得 分类所得	不可扣除	可扣除	企业未扣完 不能转移来扣

（3）采取核定征收方式的不可扣除。

99 号公告第六条（四）款规定，经营所得采取核定征收方式的，不扣除公益捐赠支出。

5. 非居民个人捐赠扣除的规定

根据 99 号公告规定，非居民个人发生公益捐赠支出，可在发生当月的工资薪金所得、劳务报酬所得等应纳税所得额中扣除。扣除不完的，可在经营所得中继续扣除。

非居民个人按规定可以在应纳税所得额中扣除公益捐赠支出而未实际扣除的，可按照居民个人在分类所得追补扣除规定进行追补扣除。

需要说明的是，非居民个人不需要办理综合所得的年度汇算，所以发生捐赠支出当月可以在劳务报酬所得、稿酬所得、特许权使用费所得中扣除。另外，经营所得年度汇算不区分居民个人和非居民个人，所以非居民个人捐赠支出扣除不完的，可以在经营所得税预缴时扣除，也可在年度汇算时扣除。

6. 捐赠凭据的规定

（1）合规的捐赠票据才能税前扣除。

《财政部 国家税务总局 民政部关于公益性捐赠税前扣除有关问题的补充通知》（财税〔2010〕45 号）第五条第一款规定：对于通过公益性社会团体发生的公益性捐赠支出，企业或个人应提供省级以上（含省级）财政部门印制并加盖接受捐赠单位印章的公益性捐赠票据，或加盖接受捐赠单位印章的《非税收入一般缴款书》收据联，方可按规定进行税前扣除。

（2）取得捐赠票据的时限。

99 号公告第九条第二款规定，个人发生公益捐赠时不能及时取得捐赠票据的，可以暂时凭公益捐赠银行支付凭证扣除，并向扣缴义务人提供公益捐赠银行支付凭证复印件。个人应在捐赠之日起 90 日内向扣缴义务人补充提供捐赠票据，如果个人未按规定提供捐赠票据的，扣缴义务人应在 30 日内向主管税务机关报告。

（3）向扣缴义务人出示捐赠扣除凭据。

99号公告第十条第一款规定，个人通过扣缴义务人享受公益捐赠扣除政策，应当告知扣缴义务人符合条件可扣除的公益捐赠支出金额，并提供捐赠票据的复印件，其中捐赠股权、房产的还应出示财产原值证明。扣缴义务人应当按照规定在预扣预缴、代扣代缴税款时予以扣除，并将公益捐赠扣除金额告知纳税人。

（4）捐赠票据留存时限。

99号公告第十条第二款规定，个人应留存捐赠票据，留存期限为五年。

7. 可全额扣除的捐赠支出

（1）公益性青少年活动场所。

根据《财政部 国家税务总局关于对青少年活动场所、电子游戏厅有关所得税和营业税政策问题的通知》（财税〔2000〕21号）的规定，自2000年1月1日起，个人通过非营利性的社会团体和国家机关对公益性青少年活动场所（其中包括新建）的捐赠，在缴纳个人所得税前准予全额扣除。

公益性青少年活动场所，是指专门为青少年学生提供科技、文化、德育、爱国主义教育、体育活动的青少年宫、青少年活动中心等校外活动的公益性场所。

（2）老年服务机构。

根据《财政部 国家税务总局关于对老年服务机构有关税收政策问题的通知》（财税〔2000〕97号）的规定，自2000年10月1日起，对个人通过非营利性的社会团体和政府部门向福利性、非营利性的老年服务机构的捐赠，在缴纳个人所得税前准予全额扣除。

这里所称老年服务机构，是指专门为老年人提供生活照料、文化、护理、健身等多方面服务的福利性的机构，主要包括：老年社会福利院、敬老院（养老院）、老年服务中心、老年公寓（含老年护理院、康复中心、托老所）等。

（3）符合条件的基金会。

①中华健康快车基金会等5家单位。

《财政部 国家税务总局关于向中华健康快车基金会等5家单位的捐赠所得税税前扣除问题的通知》（财税〔2003〕204号）规定：对企业、事业单位、社会团体和个人等社会力量，向中华健康快车基金会和孙冶方经济科学基金会、中华慈善总会、中国法律援助基金会和中华见义勇为基金会的捐赠，准予在缴纳企业所得税和个人所得税前全额扣除。

②中国医药卫生事业发展基金会。

根据《财政部 国家税务总局关于中国医药卫生事业发展基金会捐赠所得税政策问题的通知》（财税〔2006〕67号）的规定，自2006年1月1日起，对个人等社会力量，通过中国医药卫生事业发展基金会用于公益救济性捐赠，准予在缴纳个人所得税前全额扣除。

③中国老龄事业发展基金会等8家单位。

《财政部 国家税务总局关于中国老龄事业发展基金会等8家单位捐赠所得税政策问题的通知》（财税〔2006〕66号）的规定，自2006年1月1日起，对个人等社会力量，通过中国老龄事业发展基金会、中国华文教育基金会、中国绿化基金会、中国妇女发展基金会、中国关心下一代健康体育基金会、中国生物多样性保护基金会、中国儿童少年基金会和中国光彩事业基金会用于公益救济性捐赠，准予在缴纳个人所得税前全额扣除。

（4）教育事业。

①向农村义务教育的捐赠。

根据《财政部 国家税务总局关于纳税人向农村义务教育捐赠有关所得税政策的通知》（财税〔2001〕103号）的规定，自2001年7月1日起，个人通过非营利性的社会团体国家机关向农村义务教育的捐赠，准予在缴纳个人所得税前的所得额中全额扣除。

这里所称农村义务教育的范围，是指政府和社会力量举办的农村乡镇（不含县和县级市政府所在地的镇）、村的小学和初中以及属于这一阶段的特殊教育学校。纳税人对农村义务教育与高中在一起的学校的捐赠，也享受财税〔2001〕103号文件规定的所得税前扣除政策。

接受捐赠或办理转赠的非营利的社会团体和国家机关，应按照财务隶属关系分别使用由中央或省级财政部门统一印（监）制的捐赠票据，并加盖接受捐赠或转赠单位的财务专用印章。税务机关据此对捐赠个人进行税前扣除。

②通过相关社会团体和国家机关向教育事业的捐赠。

根据《财政部 国家税务总局关于教育税收政策的通知》（财税〔2004〕39号）的规定，个人通过中国境内非营利性的社会团体、国家机关向教育事业的捐赠，准予在个人所得税前全额扣除。

③对中国教育发展基金会的捐赠。

根据《财政部 国家税务总局关于中国教育发展基金会捐赠所得税政策问题的通知》（财税〔2006〕68号）的规定，自2006年1月1日起，对个人等社会力量，通过中国教育发展基金会用于公益救济性捐赠，准予在缴纳个人所得税前全额扣除。

（5）向红十字事业捐赠。

根据《财政部 国家税务总局关于企业等社会力量向红十字事业捐赠有关所得税政策问题的通知》（财税〔2000〕30号）的规定，自2000年1月1日起，个人通过非营利性的社会团体和国家机关（包括中国红十字会）向红十字事业的捐赠，在计算缴纳个人所得税时准予全额扣除。

（6）对北京2022年冬奥会和冬残奥会的捐赠。

根据《财政部 国家税务总局 海关总署关于北京如2022年冬奥会和冬残奥会税收政策的通知》（财税〔2017〕60号）的规定，个人捐赠北京2022年冬奥会、冬残奥会，测试赛的资金和物资支出可在计算个人应纳税所得额时予以全额扣除。

（7）支持新型冠状病毒感染的肺炎疫情防控有关捐赠税收政策。

《财政部 国家税务总局关于支持新型冠状病毒感染的肺炎疫情防控有关捐赠税收政策的公告》（财政部 税务总局公告2020年第9号）

企业和个人通过公益性社会组织或者县级以上人民政府及其部门等国家机关，或直接向承担疫情防治任务的医院捐赠用于应对新型冠状病毒感染的肺炎疫情的现金和物品，允许在计算应纳税所得额时全额扣除。

捐赠人凭承担疫情防治任务的医院开具的捐赠接收函办理税前扣除事宜。

8. 按比例扣除的捐赠支出

扣除比例及计算公式：

除文件中明确可全额扣除的以外，其他符合条件的公益性捐赠支出均适用比例限额扣除。

捐赠扣除限额以及允许扣除的捐赠额按下列公式确定：

捐赠扣除限额＝申报的应纳税所得额 ×30%

实际捐赠额不超过捐赠扣除限额的，允许扣除的捐赠额＝实际捐赠额；

实际捐赠额大于捐赠扣除限额的，允许扣除的捐赠额＝捐赠扣除限额。

（1）个人捐赠住房作为公共租赁住房。

《财政部 国家税务总局关于公共租赁住房税收优惠政策的公告》（财政部 税务总局公告 2019 年第 61 号）第五条第二款规定：个人捐赠住房作为公租房，符合税收法律法规规定的，对其公益性捐赠支出未超过其申报的应纳税所得额 30% 的部分，准予从其应纳税所得额中扣除（执行期限为 2019 年 1 月 1 日至 2020 年 12 月 31 日）。

（2）对宣传文化事业的捐赠。

国务院《关于支持文化事业发展若干经济政策的通知》（国发〔2000〕41 号）第七条规定：继续鼓励对宣传文化事业的捐赠。社会力量通过国家批准成立的非营利性的公益组织或国家机关对下列宣传文化事业的捐赠，纳入公益性捐赠范围，经税务机关审核后，纳税人缴纳企业所得税时，在年度应纳税所得额 10% 以内的部分，可在计算应纳税所得额时予以扣除；纳税人缴纳个人所得税时，捐赠额未超过纳税人申报的应纳税所得额 30% 的部分，可从其应纳税所得额中扣除。

①对国家重点交响乐团、芭蕾舞团、歌剧团、京剧团和其他民族艺术表演团体的捐赠。

②对公益性的图书馆、博物馆、科技馆、美术馆、革命历史纪念馆的捐赠。

③对重点文物保护单位的捐赠。

④对文化行政管理部门所属的非生产经营性的文化馆或群众艺术馆接受的社会公益性活动、项目和文化设施等方面的捐赠。

（3）通过中国境内的公益性社会组织、国家机关向教育、扶贫、济困等公益慈善事业的捐赠。

《个人所得税法》第六条规定：个人将其所得对教育、扶贫、济困等公益慈善事业进行捐赠，捐赠额未超过纳税人申报的应纳税所得额百分之三十的部分，可以从其应纳税所得额中扣除。

《个人所得税法实施条例》第十九条具体解释，个人将其所得对教育、扶贫、济困等公益慈善事业进行捐赠，是指个人将其所得通过中国境内的公益性社会组织、国家机关向教育、扶贫、济困等公益慈善事业的捐赠。

涉及教育、扶贫、济困等公益慈善事业的捐赠限额扣除30%的具体政策规定有如下文件：

①纳税人将其应纳税所得通过光华科技基金会向教育、民政部门以及遭受自然灾害地区、贫困地区的公益、救济性捐赠，个人在应纳税所得额30%以内的部分，准予在个人所得税前扣除。（国税函〔2001〕164号）

②纳税人向中国人口福利基金会的公益、救济性捐赠，个人在申报应纳税所得额30%以内的部分，准予在个人所得税前扣除。（国税发〔2001〕214号）

③根据《中华人民共和国个人所得税法》的有关规定，对纳税人通过中国妇女发展基金会的公益救济性捐赠，个人所得税纳税人在应纳税所得额30%以内的部分，允许在税前扣除。（国税函〔2002〕973号）

④对纳税人通过中国光彩事业促进会的公益救济性捐赠，纳税人在应纳税所得额30%以内的部分，允许在缴纳个人所得税前扣除。（国税函〔2003〕78号）

⑤按照《中华人民共和国个人所得税法》的规定，纳税人向中国法律援助基金会的捐赠，并用于法律援助事业的，可按税收法律、法规规定的比例在所得税前扣除。（国税函〔2003〕722号）

⑥对纳税人向中华环境保护基金会的捐赠，可纳入公益救济性捐赠范围，个人所得税纳税人捐赠额不超过应纳税所得额30%的部分，允许在税前扣除。（国税函〔2003〕762号）

⑦对纳税人通过中国初级卫生保健基金会的捐赠，个人不超过应纳税所得额30%的部分，允许在个人所得税前扣除。（国税函〔2003〕763号）

⑧纳税人通过阎宝航教育基金会的公益救济性捐赠，个人在申报应纳税所得额30%以内部分，准予在个人所得税前扣除。（国税函〔2004〕341号）

⑨根据《中华人民共和国个人所得税法》及其实施条例的有关规定，对纳税人向

中国高级检察官教育基金会的捐赠，捐赠额在申报的个人所得税应纳税所得额30%以内的部分，准予税前扣除。（国税函〔2005〕952号）

⑩根据《中华人民共和国个人所得税法》及其实施条例的有关规定，对纳税人向民政部紧急救援促进中心的捐赠，捐赠额在申报的个人所得税应纳税所得额30%以内的部分，准予税前扣除。（国税函〔2005〕953号）

⑪对个人通过中国金融教育发展基金会、中国国际民间组织合作促进会、中国社会工作协会孤残儿童救助基金管理委员会、中国发展研究基金会、陈嘉庚科学奖基金会、中国友好和平发展基金会、中华文学基金会、中华农业科教基金会、中国少年儿童文化艺术基金会和中国公安英烈基金会用于公益救济性捐赠，个人在申报应纳税所得额30%以内的部分，准予在计算缴纳个人所得税前扣除。（财税〔2006〕73号）

⑫对个人通过非营利的社会团体和国家机关用于艾滋病防治事业的公益救济性捐赠，个人在申报个人所得税应纳税所得额30%以内的部分，准予在税前扣除。（财税〔2006〕84号）

⑬根据《中华人民共和国个人所得税法》及其实施条例的规定，对纳税人通过香江社会救助基金会的公益、救济性捐赠，在未超过申报的个人所得税应纳税所得额30%的部分，准予在个人所得税前据实扣除。（国税函〔2006〕324号）

⑭根据《中华人民共和国个人所得税法》及其实施条例的规定，对纳税人通过中国经济改革研究基金会的公益、救济性捐赠，在未超过申报的个人所得税应纳税所得额30%的部分，准予在个人所得税前据实扣除。（国税函〔2006〕326号）

⑮根据《中华人民共和国个人所得税法》的有关规定，对纳税人通过中国国际问题研究和学术交流基金会的公益、救济性捐赠，在未超过申报的个人所得税应纳税所得额30%的部分，准予在个人所得税前据实扣除。（国税函〔2006〕447号）

⑯对纳税人通过中国禁毒基金会的公益、救济性捐赠，在未超过申报的个人所得税应纳税所得额30%的部分，准予在缴纳个人所得税前扣除。（国税函〔2006〕1253号）

⑰对个人通过中国华侨经济文化基金会、中国少数民族文化艺术基金会、中国文物保护基金会和北京大学教育基金会用于公益救济性的捐赠，个人在申报应纳税所得额30%以内的部分，准予在计算缴纳个人所得税时实行税前扣除。（财税〔2006〕164号）

⑱对个人通过公益性的社会团体和国家机关向科技部科技型中小企业技术创新基金管理中心用于科技型中小企业技术创新基金的捐赠，在申报个人所得税应纳税所得额 30% 以内的部分，准予在税前扣除。（财税〔2006〕171 号）

⑲自 2007 年 1 月 1 日起，对个人通过中国青少年社会教育基金会、中国职工发展基金会、中国西部人才开发基金会、中远慈善基金会、张学良基金会、周培源基金会、中国孔子基金会、中华思源工程扶贫基金会、中国交响乐发展基金会、中国肝炎防治基金会、中国电影基金会、中华环保联合会、中国社会工作协会、中国麻风防治协会、中国扶贫开发协会和中国国际战略研究基金会 16 家单位用于公益救济性的捐赠，个人在申报应纳税所得额 30% 以内的部分，准予在计算个人所得税税前扣除。（财税〔2007〕112 号）

（4）订阅捐赠党报党刊的费用支出可视同公益救济捐赠。

《财政部 国家税务总局关于工商企业订阅党报党刊有关所得税税前扣除问题的通知》（财税〔2003〕224 号）规定，对工商企业订阅《人民日报》《求是》杂志捐赠给贫困地区的费用支出，视同公益救济性捐赠，在缴纳企业所得税和个人所得税时予以税前扣除。

（5）党员个人通过党组织交纳的抗震救灾“特殊党费”。

根据《国家税务总局关于中国共产党党员交纳抗震救灾“特殊党费”在个人所得税前扣除问题的通知》（国税发〔2008〕60 号）的规定，党员个人通过党组织交纳的抗震救灾“特殊党费”，属于对公益、救济事业的捐赠。党员个人的该项捐赠额，可以按照个人所得税法及其实施条例的规定，依法在缴纳个人所得税前扣除。

第四节　扣除项目的税务风险

专项附加扣除是本次个税改革的“重头戏”，如何进行确认、计量、申报与凭证管理等，都是全新的事项。相较于旧个税法，专项附加扣除是一个有利于纳税人的新增事项，体现了改善民生等原则方面的税收政策支持。但是由于个税尚未推出家庭计税的方式，在家庭费用与个人计税所得的扣除上，应遵守划分的规则。

一、不得进行专项附加扣除的支出

（一）最多可以同时享受五项专项附加扣除

依据《国务院关于印发个人所得税专项附加扣除暂行办法的通知》（国发〔2018〕41号）规定，专项附加扣除包括子女教育、继续教育、大病医疗、住房贷款利息或者住房租金、赡养老人支出，共六大项。住房贷款利息和住房租金只能适用其一，不能在一个月内同时享受扣除，最多可以同时享受五项专项附加扣除。国务院可以根据教育、医疗、住房、养老等民生支出变化情况，适时调整专项附加扣除范围和标准。

1. 专项附加扣除仅适用于综合所得计税时的扣除，不能抵减综合所得下四类所得之外的征税项目的扣除；

2. 专项附加扣除仅限于在工资薪金预扣预缴时扣除（大病医疗除外），汇算清缴时在当年度综合所得的扣除，扣除不完的，不允许结转之后年度扣除；

3. 专项附加扣除是定量扣除与据实扣除相结合的方式，但是从有利于征管操作的角度，定量扣除的情形占多数；

4. 专项附加扣除并不强制要求实际发生，有“虚拟发生”限额扣除与据实发生限额扣除之分；

5. 专项附加扣除给税务机关带来征管复核的压力，需要政府相关部门的大数据信息支持，同时也需要纳税人与扣缴税款的单位进行工作配合。

（二）住房租金与贷款利息的选择

1. 纳税人及配偶在一个纳税年度内不能同时分别享受住房贷款利息与住房租金的扣除，但可以年度内不同时期都有发生。

2. 配偶在纳税人主要工作城市有住房的，视为本人有住房。

3. 夫妻双方主要工作城市相同的，只能由一方扣除住房租金。

4. 夫妻在不同的工作城市时，可以分别扣除租金（分别作为承租人），个人在非主要工作城市租房，也可以扣除。自己或配偶单独或共同在另外一个主要工作城市有住房，但是没有扣除贷款利息，可以在异地主要工作城市扣除住房租金，因为在主要工作城市没有住房。

因为专项附加扣除具有选择性，同时相关规定要求一个年度内一经选择不得变更，则相关人员之间就需要作出有效评估，由谁扣除更为有利，这不仅仅要考虑工资薪金预扣预缴的影响，更要看年度综合所得在计算个税时的测算处理。

（三）不得进行个税专项附加扣除的支出

1. 个人所得税专项附加扣除额一个纳税年度扣除不完的，不得结转以后年度扣除。

2. 纳税人未取得工资、薪金所得，仅取得劳务报酬所得、稿酬所得、特许权使用费所得的，取得所得时不得扣除任一专项附加扣除费用，应在次年办理汇算清缴申报时享受扣除。

3. 纳税人同时从多处（两处以上）取得工资、薪金所得，对同一专项附加扣除项目不得多处扣除。

4. 纳税人年度中间更换工作单位的，在原单位任职、受雇期间已享受的专项附加扣除金额，不得再在新任职、受雇单位扣除。

5. 税务机关核查时，纳税人无法提供留存备查资料，或者留存备查资料不能支持相关情况，又不能按要求提供其他佐证材料或者佐证材料仍不足以支持的，相关专项附加扣除费用暂不得扣除。（待纳税人补正或重新填报后再行办理）

6. 纳税人未在每年（从 2019 年开始）12 月份对次年享受专项附加扣除的内容进行确认的，从次年 1 月起暂不得扣除专项附加扣除费用。（待纳税人确认后再行办理

专项附加扣除）

7. 符合居民个人条件的外籍个人，选择享受住房补贴、语言训练费、子女教育费等津补贴免税优惠政策的，同一纳税年度内不得同时享受专项附加扣除。（至 2021 年 12 月 31 日）

8. 纳税人的子女未满 3 周岁的，不得扣除该孩子的子女教育专项支出。

9. 纳税人在中国境外接受学历（学位）继续教育的，不得扣除学历（学位）继续教育支出。

10. 纳税人接受某专业学历（学位）继续教育，已经超出了 48 个月的，不得继续扣除同一专业学历（学位）继续教育专项支出。

11. 纳税人在开始扣除某专业的学历（学位）继续教育专项支出 48 个月之内，又接受另一个（或多个）专业学历（学位）继续教育的，每月不得同时扣除两个及以上的学历（学位）继续教育专项支出。

12. 纳税人接受人力资源社会保障部公布的国家职业资格目录之内的职业资格继续教育，但没有取得相关证书的，不得扣除职业资格继续教育专项支出。

13. 纳税人接受人力资源社会保障部公布的国家职业资格目录范围以外的继续教育，不得扣除职业资格继续教育专项支出。

14. 纳税人在同一纳税年度取得多个职业资格证书的，只能扣除一个 3600 元的职业资格继续教育专项支出，不得按取得的证书数量加倍扣除职业资格继续教育专项支出。

15. 纳税人接受非全日制的本科（不含本科）以上学历（学位）继续教育，不得选择由其父母扣除子女教育的专项支出。

16. 在一个纳税年度内，在医保目录范围内的自付部分累计没有超过 15000 元医药费用的支出，不属于大病医疗支出，不得扣除。

17. 纳税人发生的不属于医保目录范围的自付医药费用，不得扣除。

18. 纳税人已成年子女发生的医药费用支出，不得由其父母作为大病医疗支出扣除。

19. 医疗保障信息系统记录的医药费用，不得在其实际支出发生年度以外的其他年度作为纳税人的大病医疗专项支出扣除。

20. 一个纳税年度内，纳税人享受了住房贷款利息专项支出扣除，其配偶则不得同时扣除住房租金专项支出。

21. 一个纳税年度内，纳税人本人及配偶已选择了扣除住房租金专项支出的，其发生的住房贷款利息专项支出不得扣除。

22. 纳税人的非首套住房贷款利息支出，不得扣除住房贷款利息专项支出。

23. 纳税人扣除首套住房贷款利息专项支出的期限超过 240 个月的，不得继续扣除住房贷款利息专项支出。

24. 一个纳税年度内，纳税人本人及配偶已选择了扣除住房贷款利息专项支出的，不得扣除住房租金专项支出。

25. 住房租金专项支出不得由签订租赁住房合同的承租人的配偶一方扣除。

26. 夫妻双方主要工作城市相同但各自签订租赁住房合同分别租赁住房的，纳税人已扣除住房租金专项支出的，其配偶不得同时扣除住房租金专项支出。

27. 提前终止房屋租赁合同（协议）的，从次月起至该租赁合同（协议）约定的租赁期结束期间，纳税人不得继续扣除对应的住房租金专项支出。

28. 纳税人本人及配偶在纳税人的主要工作城市有自有住房的，住房租金专项支出不得扣除。

29. 纳税人的父母或其他法定被赡养人中，尚无人达到 60 周岁年龄的，赡养老人的专项支出不得扣除。

30. 纳税人与兄弟姐妹分摊每月 2000 元赡养老人支出扣除额度的，分摊额度超过每月 1000 元的部分，不得扣除。

二、2019 年开始的专项附加扣除界点划分

专项附加扣除的起始计量应从两个角度考虑：一是 2019 年现行个税法施行的时点，二是纳税人要达到专项附加扣除条件。比如某个人的子女在 2018 年 11 月到了 3 岁，在 2018 年 11、12 月，新个税法并未实施，因此无法在 2018 年工资薪金扣税时享受扣除政策，也不能在 2019 年工资薪金扣税时补充扣减。

为了更好地理解 2019 年开始的专项附加扣除，如下表所示：

专项附加扣除	判断标准	说明
子女教育	只看2019年1月起是否符合条件	不能追溯2018年及之前年度的扣除，下同
继续教育	同上	比如职业资格继续教育的证书是2019年取得，在2018年开始学习或准备的，应判断为达到2019年可扣除的条件，如果是2018年取得的注册会计师证书，则不能在2019年及以后扣除3600元
大病医疗	年度内不能扣除	如果2019年发生的医疗支出，住院时间可能在2018年，以当地结算时点为准（各地医保结算时间不同），如果2020年结算，则可以在2020年汇算清缴时扣除
住房贷款利息	看贷款合同约定的月份	符合条件的，如果当下已在还款期，可以在2019年1月起享受扣除
住房租金	看合同约定的时间	如果2018年已支付2019年全年的房租，仍可在2019年扣除
赡养老人	2019年1月起是否在条件内	非独生子女要提前沟通好分摊方式

三、专项附加扣除项目扣除起止时间与扣除时限

对于每一项专项附加扣除，都有其相应的起始条件或者发生判断条件，简要总结如下表所示：

专项附加扣除	细类	起	止	扣除时限
子女教育	学前教育	年满3周岁当月	小学入学前一个月	入学时限没有固定要求，且存在国内外差异
	全日制学历教育	入学当月	教育结束当月	没有时限限制，其间休学但保留学籍或留级、放假等均包括在内
继续教育（国内）	学历（学位）继续教育	入学当月	结束当月	同一学历（学位）最长为48个月
	职业资格继续教育	无	无	发证（批准）日期所属年度为扣除年度
大病医疗				为医疗保障信息系统记录的医药费用实际支出的当年

续表

住房贷款利息		约定开始还款当月	全部归还或合同终止的当月	最长不超过 240 个月，即 240000 元
住房租金	三个等级	租赁合同（协议）约定的租赁开始当月	结束当月，提前终止合同（协议）的，扣除停止时间为实际租赁行为终止的当月	无时限长度
赡养老人		年满 60 周岁当月	赡养义务终止的年末	无时限长度

四、专项附加扣除的预扣与汇算清缴的扣除

专项附加扣除，主要是在预扣预缴时提供给支付工资薪金的单位扣除，或者在汇算清缴时扣除。

居民个人向扣缴义务人提供专项附加扣除信息的，扣缴义务人按月预扣预缴税款时应当按照规定予以扣除，不得拒绝。居民个人取得工资、薪金所得时，可以向扣缴义务人提供专项附加扣除的有关信息，由扣缴义务人扣缴税款时办理专项附加扣除。

依据规定，除大病医疗外，其他专项附加扣除，纳税人在取得工资薪金时，向扣缴单位提供信息，扣缴单位应予以办理，提交信息给税务机关，并在工资薪金个税预扣预缴时作扣除操作；纳税人也可在次年 3 月 1 日至 6 月 30 日，在汇算清缴时扣除。专项附加扣除管理办法规定中提到的扣除标准分别是按月、按年或按次，按月或按次的可以在预扣预缴时由工资薪金的发放单位扣除，如果未及时扣除或扣除不完，可以按可扣除的月份计算出年度汇算清缴时扣除余下的金额。

如果专项附加扣除在预扣预缴时未按月份顺序扣除，能否后面月份中追补扣除应视情形而定。由于工资薪金的扣缴实施累计预扣法，如员工在 2019 年 3 月才补充信息给扣缴单位，扣缴单位应按三个月一并一次性扣除。如果当月累计不足扣缴的，则继续在年内向后结转扣除，预扣预缴的扣除主要是减少纳税人预扣预缴的税款，也省去年度汇算清缴时产生退税的办理程序与工作量。但在预扣预缴时，只允许扣除截至当前按月份累计可扣减的，不得提前扣减，值得注意的是，大病医疗只在扣减年度方

可扣除。

案例：某员工2019年5月才申报读幼儿园的5岁女儿学前教育信息，则在5月可以专项附加扣除的金额为5×1000＝5000（元）；如果还有一个4岁儿子，未上幼儿园，也进行了提交，此时该个人在5月税前可以扣减5×1000×2＝10000（元）。

上面的案例说明：一是子女教育扣除要看人数；二是无论是否实际进入幼儿园，只要达到3岁都可以按月扣1000元；三是由于1～4月未扣，应在5月一次性补扣，如果当月不够扣减的，在6月的累计预扣法中继续扣除；四是2018年及之前月份的不再追溯享受扣除。

案例：某员工2019年5月申报了自己5月份刚满3周岁儿子的学前教育信息，则该员工当月可以扣除1000元。

案例：某员工2019年全年没有向扣缴单位申报自己5岁儿子学前教育信息，在2019年共可享受12000元的税前专项附加扣除，在2020年3月1日至6月30日的汇算清缴期内，可以申报一次性扣除，并根据情形办理退税。

案例：某员工女儿2019年1月满5岁，该员工于2019年5月入职甲公司，之前在乙公司工作，6月份才向甲单位提供扣缴信息，在新单位的扣除处理如下：一是在乙公司工作期间已扣除的，在新的单位，由于无法累计预扣之前月份的工资薪金，只能扣除2000元；二是在乙公司工作期间未扣除的，在新的单位，也只能扣除2000元，未扣部分可以在次年汇算清缴期扣除。

上面的案例说明：累计预扣法只计算自己单位对应的部分，无法累计其他单位的，对于专项附加扣除，即使原工作单位没有扣除，也不能在新单位累计扣除，本单位只能扣除工作期间对应月份计算的专项附加扣除数额。

个人所得税专项附加扣除额一个纳税年度扣除不完的，不能结转以后年度扣除。

五、个税专项附加扣除信息核查的风险

自2019年7月下旬开始，按照国家税务总局的要求，全国诸多省市的税务机关都发布了针对个人所得税专项附加扣除政策信息进行核查的通知或者公告。结合纳税人申报的专项附加扣除信息，税务机关总结以下风险点：

1. 针对赡养老人支出。纳税人为非独生子女，应当与其他兄弟姐妹分摊 2000 元的扣除额度，分摊方式包括由赡养人均摊或约定分摊，也可以由被赡养人指定分摊。每一纳税人分摊的扣除额最高不得超过每月 1000 元，并签订书面分摊协议。

2. 针对子女教育支出。由子女的法定监护人扣除，法定监护人为受教育子女父母的，可选择分别按扣除标准的 50% 扣除，也可选择由其中一方按扣除标准的 100% 扣除，但不能父母双方均按 100% 扣除。具体扣除方式一经约定，在一个纳税年度不得变更。

3. 关于住房贷款利息。夫妻双方婚前分别购买住房发生的首套住房贷款，其贷款利息支出，婚后可以选择其中一套购买的住房，由购买方按扣除标准的 100% 扣除，也可以由夫妻双方对各自购买的住房分别按扣除标准的 50% 扣除，具体扣除方式在一个纳税年度不能变更。在实施限购的地区，请纳税人务必联系贷款银行确认是否是首套住房贷款利率，如果不是则不能抵扣住房贷款利息的专项附加扣除。

4. 关于住房租金支出。直辖市、省会城市、计划单列市以及经国务院批准的城市为每月可抵扣额度 1500 元，除上述所列城市外，市辖区户籍人口超过 100 万的城市，扣除标准为每月 1100 元，市辖区户籍人口不超过 100 万（含 100 万）的城市，扣除标准为每月 800 元。

住房租金支出由签订租赁住房合同的承租人扣除。夫妻双方主要工作城市相同的，只能由一方（承租人）扣除住房租金支出。夫妻双方主要工作城市不相同的，且各自在其主要工作城市都没有住房的，可以分别扣除住房租金支出。夫妻双方不得同时分别享受住房贷款利息扣除和住房租金扣除。

5. 关于继续教育。继续教育专项附加扣除采取定额扣除方式，纳税人在境内接受学历教育的支出，在学历教育期间按照每月 400 元的定额扣除，纳税人在境内接受技能人员职业资格继续教育、专业技术人员资格教育的支出，在取得相关证书的年度，按照 3600 元定额扣除。

六、专项附加扣除诚信申报“五提醒”

为帮助纳税人更好享受专项附加扣除，国家税务总局整理出“专项附加扣除诚信申报‘五提醒’”。在申报享受专项附加扣除时，纳税人需要对所申报信息的真实性、准确性、完整性负责，诚信申报。

提醒一，依法留存与享受专项附加扣除相关的证明资料，比如子女在境外接受学历教育、享受子女教育扣除的纳税人，需要留存境外学校录取通知书、留学签证等相关教育证明资料。如果已经申报某项专项附加扣除，又没有留存这些证明资料，将会影响享受专项附加扣除。

提醒二，在2020年1月1日（含）后申报大病医疗扣除。由于大病医疗扣除需要累计计算个人全年发生的医疗支出自行负担金额，所以只能在2019年度结束后才能申报享受。

提醒三，勿同时申报住房贷款利息和住房租金扣除。只能选择住房贷款利息或者住房租金中的一项扣除。同时符合两项扣除条件的，可根据个人情况自行选择其中一项扣除。

提醒四，申报享受职业资格继续教育的，填报的相关证书发证或批准日期应该在2019年1月1日（含）之后。专项附加扣除自2019年1月1日起实施，因此发证（批准）日期在这一时间之后的才能依法享受扣除。

提醒五，申报子女教育扣除的，父母双方总扣除金额请勿超过每个子女每月1000元的标准。如果父母双方享受子女教育扣除，需要在协商一致的基础上进行申报。如果双方都按照1000元/月的扣除标准申报，将影响双方子女教育扣除的享受。

NO.
03

第三篇　经营所得篇

第八章
经营所得

第一节 经营所得概述

2018年新《个人所得税法》调整和简并了部分所得项目，将个体工商户生产经营所得调整为经营所得，取消企事业单位承包承租经营所得项目，将其中属于工薪性质、经营性质的所得，分别并入工资薪金所得、经营所得征税。

一、征税范围

（一）经营所得的征税范围

根据2018年新《个人所得税法实施条例》第六条第一款第（五）项的规定，经营所得，是指：

（1）个体工商户从事生产、经营活动取得的所得，个人独资企业投资人、合伙企业的个人合伙人来源于境内注册的个人独资企业、合伙企业生产、经营的所得；

（2）个人依法从事办学、医疗、咨询以及其他有偿服务活动取得的所得；

（3）个人对企业、事业单位承包经营、承租经营以及转包、转租取得的所得；

（4）个人从事其他生产、经营活动取得的所得。

（二）新旧个人所得税法中经营所得征税范围比对

新个人所得税法将原有"个体工商户的生产、经营所得"和"对企事业单位的承包经营、承租经营所得"两项所得合并为一项计税。承包项目可分为多种，如生产经营、采购、销售、建筑安装等各种承包。转包包括全部转包或部分转包。这与2011年版《个人所得税法实施条例》的规定不同。修改情况见表。

经营所得征税范围修改情况

2018年新《个人所得税法实施条例》	2011年版《个人所得税法实施条例》	修改情况
第八条： 1. 个体工商户从事生产、经营活动取得的所得，个人独资企业投资人、合伙企业的个人合伙人来源于境内注册的个人独资企业、合伙企业生产、经营的所得； 2. 个人依法从事办学、医疗、咨询以及其他有偿服务活动取得的所得； 3. 个人对企业、事业单位承包经营、承租经营以及转包、转租取得的所得； 4. 个人从事其他生产、经营活动取得的所得。	第八条： （二）个体工商户的生产、经营所得，是指： 1. 个体工商户从事工业、手工业、建筑业、交通运输业、商业、饮食业、服务业、修理业以及其他行业生产、经营取得的所得； 2. 个人经政府有关部门批准，取得执照，从事办学、医疗、咨询以及其他有偿服务活动取得的所得； 3. 其他个人从事个体工商业生产、经营取得的所得； 4. 上述个体工商户和个人取得的与生产、经营有关的各项应纳税所得。 （三）对企事业单位的承包经营、承租经营所得，是指个人承包经营、承租经营以及转包、转租取得的所得，包括个人按月或按次取得的工资、薪金性质的所得。 个人独资企业和合伙企业投资者的生产经营所得，比照个体工商户的生产、经营所得征收个人所得税。	承包、承租经营、承租经营按月或按次取得的工资、薪金性质的所得，不再作为经营所得征税。

经营所得与企业所得税的法人经营活动类似，经营所得与其他各项所得相比，有以下特点：一是机构的稳定性；二是经营的持续性；三是非单一个人活动，这是与劳务报酬所得的一个区别。

二、应纳税所得额

（一）经营所得的应纳税所得额

根据2018年新《个人所得税法》第六条第一款第（三）项的规定，经营所得，以每一纳税年度的收入总额减除成本、费用以及损失后的余额，为应纳税所得额。

根据2018年新《个人所得税法实施条例》第十五条的规定，这里所说的成本、费用，是指生产、经营活动中发生的各项直接支出和分配计入成本的间接费用以及销售费用、管理费用、财务费用；所说的损失，是指生产、经营活动中发生的固定资产和存货的盘亏、毁损、报废损失，转让财产损失，坏账损失，自然灾害等不可抗力因素造成的损失以及其他损失。

从事生产、经营活动，未提供完整、准确的纳税资料，不能正确计算应纳税所得额的，由主管税务机关核定应纳税所得额或者应纳税额。

（二）经营所得的费用扣除

根据2018年新《个人所得税法实施条例》第十五条第二款的规定，取得经营所得的个人，没有综合所得的，计算其每一纳税年度的应纳税所得额时，应当减除费用六万元、专项扣除、专项附加扣除以及依法确定的其他扣除。专项附加扣除在办理汇算清缴时减除。

经营所得，以每一纳税年度的收入总额减除成本、费用以及损失后的余额，为应纳税所得额。

自2018年第四季度起，个体工商户业主、个人独资企业和合伙企业自然人投资者、企事业单位承包承租经营者取得的生产经营所得，适用5000元/月的减除费用标准。

三、税率

经营所得的适用税率如表所示。

个人所得税税率表

（经营所得适用）

级数	全年应纳税所得额	税率（%）	速算扣除数
1	不超过30000元的	5	0
2	超过30000元至90000元的部分	10	1500
3	超过90000元至300000元的部分	20	10500
4	超过300000元至500000元的部分	30	40500
5	超过500000元的部分	35	65500

四、应纳税额

经营所得，以每一纳税年度的收入总额减除成本、费用以及损失后的余额，为应纳税所得额。适用5%~35%的五级超额累进税率，计算缴纳个人所得税。

五、核定征收

从事生产经营活动未提供完整、准确的纳税资料，不能正确计算应纳税所得额的，由主管税务机关核定其应纳税所得额或者应纳税额。

六、征收管理

自2019年1月1日起，个体工商户业主、个人独资企业投资者、合伙企业个人合伙人、承包承租经营者个人以及其他从事生产、经营活动的个人取得经营所得，以每一纳税年度的收入总额减除成本、费用以及损失后的余额为应纳税所得额，计算缴纳个人所得税。

除各省、自治区、直辖市税务局和计划单列市税务局另行规定的情形外，从事生产经营活动的个人取得经营所得的，应当在季度终了之日起15日内，向个体工商户、个人独资企业、合伙企业、承包承租企业或者从事生产经营机构的登记注册地主管税务机关办理预缴申报，报送《个人所得税经营所得纳税申报表（A表）》。纳税人没有进行登记注册的，向实际经营所在地主管税务机关办理预缴申报。

从事生产、经营活动的个人取得经营所得，并且实行查账征收的，应当在取得所得的次年3月31日前向个体工商户、个人独资企业、合伙企业、承包承租企业或者从事生产经营机构的登记注册地主管税务机关办理汇算清缴申报，报送《个人所得税经营所得纳税申报表（B表）》。纳税人没有进行登记注册的，向实际经营所在地主管税务机关办理汇算清缴申报。

从事生产、经营活动的个人从两处以上取得经营所得的，应当在分别办理年度汇算次年3月31日前向个体工商户、个人独资企业、合伙企业、承包承租企业或者从事生产经营机构的登记注册地主管税务机关办理汇算清缴申报，报送《个人所得税经营所得纳税申报表（B 表）》。纳税人没有进行登记注册的，向实际经营所在地主管税务机关办理汇算清缴申报。

从事生产、经营活动的个人从两处以上取得经营所得的，应当在分别办理年度汇算清缴后，于取得所得的次年 3 月 31 日前，选择其中一处个体工商户、个人独资企业、合伙企业、承包承租企业或者从事生产经营机构的登记注册地主管税务机关办理纳税申报，报送《个人所得税经营所得纳税申报表（C 表）》。纳税人没有进行登记注册的，向实际经营所在地主管税务机关办理纳税申报。

第二节　个体工商户业主经营所得的计算

一、应纳税所得额

《个体工商户个人所得税计税办法》（国家税务总局令第 35 号，2014 年 12 月 27 日公布，2018 年 6 月 15 日修正，将第 42 条中的“地方税务局”修改为“税务局”，以下简称《计税办法》）第二条规定，实行查账征收的个体工商户应当按照该办法的规定，计算并申报缴纳个人所得税。

（一）所得额的确定原则

1. 权责发生制

《计税办法》第五条规定，个体工商户应纳税所得额的计算，以权责发生制为原则，属于当期的收入和费用，不论款项是否收付均作为当期的收入和费用；不属于当期的收入和费用，即使款项已经在当期收付，均不作为当期收入和费用。该办法中财政部、国家税务总局另有规定的除外。

个体户的应纳税所得额应当按照权责发生制原则确定，这与企业所得税的规定基本一致。

2. 税法优先

《计税办法》第六条规定，在计算应纳税所得额时，个体工商户会计处理办法与该办法和财政部、国家税务总局相关规定不一致的，应当依照该办法和财政部、国家税务总局的相关规定计算。

借鉴企业所得税相关立法经验，《计税办法》在制度设计上确立了税法优先原则，个体工商户在计算应纳税所得额时，其会计处理与《计税办法》相关规定不一致的，应当依照《计税办法》的规定执行。

3. 区分收益性支出和资本性支出

《计税办法》第十四条规定，个体工商户发生的支出应当区分收益性支出和资本性支出。收益性支出在发生当期直接扣除；资本性支出应当分期扣除或者计入有关资产成本，不得在发生当期直接扣除。

这里所称支出，是指与取得收入直接相关的支出。

4. 不得重复扣除

除税收法律法规另有规定外，个体工商户实际发生的成本、费用、税金、损失和其他支出，不得重复扣除。

（二）应纳税所得额的确定

1. 一般规定

自2019年起，根据2018年新《个人所得税法》第六条第一款第（三）项的规定，经营所得，以每一纳税年度的收入总额减除成本、费用以及损失后的余额，为应纳税所得额。

这里所称成本、费用，是指生产、经营活动中发生的各项直接支出和分配计入成本的间接费用以及销售费用、管理费用、财务费用；所称损失，是指生产、经营活动中发生的固定资产和存货的盘亏、毁损、报废损失，转让财产损失，坏账损失，自然灾害等不可抗力因素造成的损失以及其他损失。

从事生产、经营活动，未提供完整、准确的纳税资料，不能正确计算应纳税所得额的，由主管税务机关核定应纳税所得额或者应纳税额。《计税办法》第七条规定，个体工商户的生产、经营所得，以每一纳税年度的收入总额，减除成本、费用、税金、损失、其他支出以及允许弥补的以前年度亏损后的余额，为应纳税所得额。

采取会计核算办法归集或计算得出应纳税所得额后，据此计算应纳个人所得税额。计算公式为：

应纳税所得额＝收入总额－成本－费用－税金－损失－其他支出－允许弥补的以前年度亏损

2. 实物性分配所得

《财政部 国家税务总局关于企业为个人购买房屋或其他财产征收个人所得税问题的批复》（财税〔2008〕83号）规定，符合以下情形的房屋或其他财产，不论所有权人是否将财产无偿或有偿交付企业使用，其实质均为企业对个人进行了实物性质的分配，应依法计征个人所得税：

（1）企业出资购买房屋及其他财产，将所有权登记为投资者个人、投资者家庭成员或企业其他人员的；

（2）企业投资者个人、投资者家庭成员或企业其他人员向企业借款用于购买房屋及其他财产，将所有权登记为投资者、投资者家庭成员或企业其他人员，且借款年度终了后未归还借款的。

对个人独资企业、合伙企业的个人投资者或其家庭成员取得的上述所得，视为企业对个人投资者的利润分配，按照“个体工商户的生产、经营所得”项目计征个人所得税。

3. 货物运输业个人所得

自2011年9月1日起，根据《国家税务总局关于代开货物运输业发票个人所得税预征率问题的公告》（国家税务总局公告2011年第44号），代开货运发票的个体工商户、个人独资企业和合伙企业为个人所得税纳税人，统一按开票金额的1.5%预征个人所得税。

年度终了后，查账征税的代开货运发票个人所得税纳税人，按上述公告第一条规定被预征的个人所得税可以在汇算清缴时扣除；实行核定征收个人所得税的，按上述公告第一条规定被预征的个人所得税，不得从已核定税额中扣除。

4. 个体工商户的其他收入

《财政部 国家税务总局关于个人所得税若干政策问题的通知》（财税〔1994〕20号）规定，个体工商户和从事生产、经营的个人，取得与生产、经营活动无关的其他各项应税所得，应分别按照其他应税项目的有关规定，计算征收个人所得税。

二、收入总额

《计税办法》第八条规定，个体工商户从事生产经营以及与生产经营有关的活动（以下简称生产经营）取得的货币形式和非货币形式的各项收入，为收入总额。包括：销售货物收入、提供劳务收入、转让财产收入、利息收入、租金收入、接受捐赠收入、其他收入。其他收入包括个体工商户资产溢余收入、逾期一年以上的未退包装物押金收入、确实无法偿付的应付款项、已作坏账损失处理后又收回的应收款项、债务重组收入、补贴收入、违约金收入、汇兑收益等。

三、税前扣除

（一）准予扣除的项目

计算个体工商户经营所得时，允许扣除的项目有成本、费用、税金、损失和其他支出。

1. 成本

成本是指个体工商户在生产经营活动中发生的销售成本、销货成本、业务支出以及其他耗费。

2. 费用

费用是指个体工商户在生产经营活动中发生的销售费用、管理费用和财务费用，已经计入成本的有关费用除外。

3. 税金

税金是指个体工商户在生产经营活动中发生的除个人所得税和允许抵扣的增值税以外的各项税金及其附加。

《计税办法》第三十条规定，个体工商户代其从业人员或者他人负担的税款，不得税前扣除。

4. 损失

损失是指个体工商户在生产经营活动中发生的固定资产和存货的盘亏、毁损、报废损失，转让财产损失，坏账损失，自然灾害等不可抗力因素造成的损失以及其他损失。

个体工商户发生的损失，减除责任人赔偿和保险赔款后的余额，参照财政部、国家税务总局有关企业资产损失税前扣除的规定扣除。

个体工商户已经作为损失处理的资产，在以后纳税年度又全部收回或者部分收回时，应当计入收回当期的收入。

5. 其他支出

其他支出是指除成本、费用、税金、损失外，个体工商户在生产经营活动中发生的与生产经营活动有关的、合理的支出。

（二）不得在税前扣除的项目

根据《计税办法》第十五条的规定，个体工商户的下列支出不得扣除：

（1）个人所得税税款；

（2）税收滞纳金；

（3）罚金、罚款和被没收财物的损失；

（4）不符合扣除规定的捐赠支出；

（5）赞助支出；

（6）用于个人和家庭的支出；

（7）与取得生产经营收入无关的其他支出；

（8）国家税务总局规定不准扣除的支出。

根据《计税办法》第三十条的规定，个体工商户代其从业人员或者他人负担的税款，不得税前扣除。根据《计税办法》第二十一条的规定，个体工商户业主的工资薪金支出不得税前扣除。

（三）扣除标准

1. 工资薪金支出

根据《计税办法》第二十一条的规定，个体工商户实际支付给从业人员的、合理的工资薪金支出，准予扣除。

个体工商户业主的费用扣除标准，依照相关法律、法规和政策规定执行。个体工商户业主的工资薪金支出不得税前扣除。

在此之前，《财政部 国家税务总局关于调整个体工商户、个人独资企业和合伙企业个人所得税税前扣除标准有关问题的通知》（财税〔2008〕165号）规定，自2008年1月1日起，个体工商户、个人独资企业和合伙企业向其从业人员实际支付的合理的工资、薪金支出，允许在税前据实扣除，这与企业所得税法的规定相同。根据企业所得税法的规定，企业发生的合理的工资、薪金支出，准予在计算应纳税所得额时扣除。

2. 个体户业主的费用扣除

根据《财政部 税务总局关于2018年第四季度个人所得税减除费用和税率适用问题的通知》（财税〔2018〕98号）第二条的规定，对个体工商户业主、个人独资企业和合伙企业自然人投资者、企事业单位承包承租经营者2018年第四季度取得的生产经营所得，减除费用按照5000元/月执行，前三季度减除费用按照3500元/月执行。根据2018年新《个人所得税法实施条例》第十五条第二款的规定，取得经营所得的个人，没有综合所得的，计算其每一纳税年度的应纳税所得额时，应当减除费用6万元、专项扣除、专项附加扣除以及依法确定的其他扣除。专项附加扣除在办理汇算清缴时减除。

3. 保险费和住房公积金

（1）“四险一金”的扣除

《计税办法》第二十二条第一款规定，个体工商户按照国务院有关主管部门或者省级人民政府规定的范围和标准为其业主和从业人员缴纳的基本养老保险费、基本医疗保险费、失业保险费、生育保险费（已合并）、工伤保险费和住房公积金，准予扣除。

（2）补充保险的扣除

为支持个体工商户业主和从业人员建立补充养老保险和补充医疗保险，允许其对不超过规定标准的部分进行税前扣除。

根据《计税办法》第二十二条的规定，个体工商户为从业人员缴纳的补充养老保险费、补充医疗保险费，分别在不超过从业人员工资总额5%标准内的部分据实扣除；超过部分，不得扣除。个体工商户业主本人缴纳的补充养老保险费、补充医疗保险费，以当地(地级市)上年度社会平均工资的3倍为计算基数，分别在不超过该计算基数5%标准内的部分据实扣除；超过部分，不得扣除。

（3）商业保险的扣除

根据《计税办法》第二十三条的规定，除个体工商户依照国家有关规定为特殊工种从业人员支付的人身安全保险费和财政部、国家税务总局规定可以扣除的其他商业保险费外，个体工商户业主本人或者为从业人员支付的商业保险费不得扣除。

（4）财产保险的扣除

根据《计税办法》第三十三条的规定，个体工商户参加财产保险，按照规定缴纳的保险费，准予扣除。

4. 三项经费

根据《计税办法》第二十七条的规定，个体工商户向当地工会组织拨缴的工会经费、实际发生的职工福利费支出、职工教育经费支出分别在工资薪金总额的2%、14%、2.5%的标准内据实扣除。

工资薪金总额是指允许在当期税前扣除的工资薪金支出数额。

职工教育经费的实际发生数额超出规定比例当期不能扣除的数额，准予在以后纳税年度结转扣除。

个体工商户业主本人向当地工会组织缴纳的工会经费、实际发生的职工福利费支出、职工教育经费支出，以当地（地级市）上年度社会平均工资的3倍为计算基数，在该条第一款规定比例内据实扣除。

自2008年1月1日起，根据财税〔2008〕65号文件的规定，个体工商户、个人独资企业和合伙企业拨缴的工会经费、发生的职工福利费、职工教育经费支出分别在工资薪金总额2%、14%、2.5%的标准内据实扣除。需要注意的是，这里的工资薪金总额不含个体工商户业主和个人独资企业及合伙企业投资者的费用扣除额。

5. 借款费用

《计税办法》第二十四条规定，个体工商户在生产经营活动中发生的合理的不需要资本化的借款费用，准予扣除。

个体工商户为购置、建造固定资产、无形资产和经过12个月以上的建造才能达到预定可销售状态的存货发生借款的，在有关资产购置、建造期间发生的合理的借款费用，应当作为资本性支出计入有关资产的成本，并依照规定扣除。

6. 利息支出

根据《计税办法》第二十五条的规定，个体工商户在生产经营活动中发生的下列利息支出，准予扣除：

①向金融企业借款的利息支出；

②向非金融企业和个人借款的利息支出，不超过按照金融企业同期同类贷款利率计算的数额的部分。

在企业所得税处理中，关于金融企业同期同类贷款利率的确定，《国家税务总局关于企业所得税若干问题的公告》（国家税务总局公告2011年第34号）明确，非金融企业向非金融企业借款的利息支出，不超过按照金融企业同期同类贷款利率计算的数额的部分，准予税前扣除。鉴于目前我国对金融企业利率要求的具体情况，企业在按照合同要求首次支付利息并进行税前扣除时，应提供“金融企业的同期同类贷款利率情况说明”，以证明其利息支出的合理性。

“金融企业的同期同类贷款利率情况说明”中应包括在签订该借款合同当时，本省任何一家金融企业提供的同期同类贷款利率情况。该金融企业应为经政府有关部门批准成立的可以从事贷款业务的企业，包括银行、财务公司、信托公司等金融机构。“同期同类贷款利率”是指在贷款期限、贷款金额、贷款担保以及企业信誉等条件基本相同的情况下，金融企业提供贷款的利率。既可以是金融企业公布的同期同类平均利率，也可以是金融企业对某些企业提供的实际贷款利率。

7. 汇兑损失

根据《计税办法》第二十六条的规定，个体工商户在货币交易中，以及纳税年度终了时将人民币以外的货币性资产、负债按照期末即期人民币汇率中间价折算为人民币时产生的汇兑损失，除已经计入有关资产成本的部分外，准予扣除。

8. 业务招待费

根据《计税办法》第二十八条的规定，个体工商户发生的与生产经营活动有关的业务招待费，按照实际发生额的60%扣除，但最高不得超过当年销售（营业）收入的5‰。

业主自申请营业执照之日起至开始生产经营之日止所发生的业务招待费，按照实际发生额的60%计入个体工商户的开办费。

自2008年1月1日起，根据财税〔2008〕65号文件的规定，个体工商户、个人独资企业和合伙企业每一纳税年度发生的与其生产经营业务直接相关的业务招待费支出，按照发生额的60%扣除，但最高不得超过当年销售（营业）收入的5‰。这与企业所得税法的规定相同。

9. 广告费和业务宣传费

根据《计税办法》第二十九条的规定，个体工商户每一纳税年度发生的与其生产经营活动直接相关的广告费和业务宣传费不超过当年销售（营业）收入15%的部分，可以据实扣除；超过部分，准予在以后纳税年度结转扣除。

10. 开办费

根据《计税办法》第三十五条的规定，个体工商户自申请营业执照之日起至开始生产经营之日止所发生符合规定的费用，除为取得固定资产、无形资产的支出，以及应计入资产价值的汇兑损益、利息支出外，作为开办费个体工商户可以选择在开始生产经营的当年一次性扣除，也可自生产经营月份起在不短于3年期限内摊销扣除，但一经选定，不得改变。

开始生产经营之日为个体工商户取得第一笔销售（营业）收入的日期。

11. 劳动保护支出

根据《计税办法》第三十四条的规定，个体工商户发生的合理的劳动保护支出，准予扣除。

12. 捐赠支出

根据《计税办法》第三十六条的规定，个体工商户通过公益性社会团体或者县级以上人民政府及其部门，用于《中华人民共和国公益事业捐赠法》规定的公益事业的捐赠，捐赠额不超过其应纳税所得额30%的部分可以据实扣除。财政部、国家税务总局规定可以全额在税前扣除的捐赠支出项目，按有关规定执行。

个体工商户直接对受益人的捐赠不得扣除。

公益性社会团体的认定，按照财政部、国家税务总局、民政部有关规定执行。

13. 赞助支出

根据《计税办法》第三十七条的规定，赞助支出，是指个体工商户发生的与生产经营活动无关的各种非广告性质支出。

14. 研发支出

为加大对个体工商户研发投入的支持力度，《计税办法》第三十八条规定，个体工商户研究开发新产品、新技术、新工艺所发生的开发费用，以及研究开发新产品、新技术而购置单台价值在10万元以下的测试仪器和试验性装置的购置费准予直接扣除；单台价值在10万元以上（含10万元）的测试仪器和试验性装置，按固定资产管理，不得在当期直接扣除。

15. 规费的扣除

根据《计税办法》第三十一条的规定，个体工商户按照规定缴纳的摊位费、行政性收费、协会会费等，按实际发生数额扣除。

16. 固定资产租赁费

根据《计税办法》第三十二条的规定，个体工商户根据生产经营活动的需要租入固定资产支付的租赁费，按照以下方法扣除：

（1）以经营租赁方式租入固定资产发生的租赁费支出，按照租赁期限均匀扣除；

（2）以融资租赁方式租入固定资产发生的租赁费支出，按照规定构成融资租入固定资产价值的部分应当提取折旧费用，分期扣除。

17. 混用费用的扣除

《计税办法》第十六条规定，个体工商户生产经营活动中，应当分别核算生产经营费用和个人、家庭费用。对于生产经营与个人、家庭生活混用难以分清的费用，其40%视为与生产经营有关费用，准予扣除。

基于个体工商户生产经营活动与家庭财产、费用支出经常混用的实际情况，《计税办法》对个体工商户生产经营与家庭生活混用不能分清的费用，允许按照40%的比例视为与生产经营有关费用进行税前扣除。这种处理方式既便于个体工商户享受扣除规定，也可避免因个别地方不允许混用费用扣除导致纳税人税负增加。这与个人独资企业和合伙企业的处理不同。根据《关于个人独资企业和合伙企业投资者征收个人所得税的规定》（财税〔2000〕91号文件发布）的规定，个人独资企业和合伙企业投资者及其家庭发生的生活费用不允许在税前扣除。投资者及其家庭发生的生活费用与企业生产经营费用混合在一起，并且难以划分的，全部视为投资者个人及其家庭发生的生活费用，不允许在税前扣除。

四、亏损及其弥补

（一）亏损的界定

亏损，是指个体工商户依照《计税办法》的规定计算的应纳税所得额小于零的数额。

（二）亏损弥补

《计税办法》第十七条规定，个体工商户纳税年度发生的亏损，准予向以后年度结转，用以后年度的生产经营所得弥补，但结转年限最长不得超过五年。

五、资产的税务处理

（一）资产税务处理原则

《计税办法》第三十九条规定，个体工商户资产的税务处理，参照企业所得税相关法律、法规和政策规定执行。

（二）存货的处理

个体工商户在生产经营过程中为销售或者耗用而储备的物资为存货，包括各种原材料、辅助材料、燃料、低值易耗品、包装物、在产品、外购商品、自制半成品、产成品等。《计税办法》第十八条规定，个体工商户使用或者销售存货，按照规定计算的存货成本，准予在计算应纳税所得额时扣除。

（三）资产净值的扣除

《计税办法》第十九条规定，个体工商户转让资产，该项资产的净值，准予在计算应纳税所得额时扣除。

六、建账管理

达到建账条件的个体工商户就应该建账，实行查账征收。

2018年6月15日，国家税务总局发布了《个体工商户建账管理暂行办法（2018年）》（国家税务总局令第44号），自2019年1月1日起施行。

（一）适用范围

凡从事生产、经营并有固定生产、经营场所的个体工商户，都应当按照法律、行政法规和本办法的规定设置、使用和保管账簿及凭证，并根据合法、有效凭证记账核算。

税务机关应同时采取有效措施，巩固已有建账成果，积极引导个体工商户建立健全账簿，正确进行核算，如实申报纳税。

1. 应当设置复式账的情形

（1）注册资金在20万元以上的。

（2）销售增值税应税劳务的纳税人月销售额在40000元以上；从事货物生产的增值税纳税人月销售额在60000元以上；从事货物批发或零售的增值税纳税人月销售额在80000元以上的。

（3）省税务机关确定应设置复式账的其他情形。

2. 应当设置简易账，并积极创造条件设置复式账的情形

（1）注册资金在10万元以上20万元以下的。

（2）销售增值税应税劳务的纳税人月销售额在15000元至40000元；从事货物生产的增值税纳税人月销售额在30000元至60000元；从事货物批发或零售的增值税纳税人月销售额在40000元至80000元的。

（3）省税务机关确定应当设置简易账的其他情形。

上述所称纳税人月销售额，是指个体工商户上一个纳税年度月平均销售额；新办的个体工商户为业户预估的当年度经营期月平均销售额。

达不到上述建账标准的个体工商户，经县以上税务机关批准，可按照税收征管法的规定，建立收支凭证粘贴簿、进货销货登记簿或者使用税控装置。

（二）账簿设置方式

达到建账标准的个体工商户，应当根据自身生产、经营情况和本办法规定的设置账簿条件，对照选择设置复式账或简易账，并报主管税务机关备案。账簿方式一经确定，在一个纳税年度内不得进行变更。

达到建账标准的个体工商户，应当自领取营业执照或者发生纳税义务之日起15日内，按照法律、行政法规和本办法的有关规定设置账簿并办理账务，不得伪造、变造或者擅自损毁账簿、记账凭证、完税凭证和其他有关资料。

1. 复式账

设置复式账的个体工商户应按《个体工商户会计制度（试行）》的规定设置总分类账、明细分类账、日记账等，进行财务会计核算，如实记载财务收支情况。成本、费用列支和其他财务核算规定按照《计税办法》执行。

2. 简易账

设置简易账的个体工商户应当设置经营收入账、经营费用账、商品（材料）购进账、库存商品（材料）盘点表和利润表，以收支方式记录、反映生产、经营情况并进行简易会计核算。

3. 账簿形式

复式账簿中现金日记账，银行存款日记账和总分类账必须使用订本式，其他账簿可以根据业务的实际发生情况选用活页账簿。简易账簿均应采用订本式。

账簿和凭证应当按照发生的时间顺序填写、装订或者粘贴。

4. 保存期限

建账户对各种账簿、记账凭证、报表、完税凭证和其他有关涉税资料应当保存10年。

（三）纳税申报

1. 申报资料

设置复式账的个体工商户在办理纳税申报时，应当按照规定向当地主管税务机关报送财务会计报表和有关纳税资料。月度会计报表应当于月份终了后 10 日内报出，年度会计报表应当在年度终了后 30 日内报出。

2. 代理建账

个体工商户可以聘请经批准从事会计代理记账业务的专业机构或者具备资质的财会人员代为建账和办理账务。

3. 税控设备记录

按照税务机关规定的要求使用税控设备的个体工商户，其税控设备输出的完整的书面记录，可以视同经营收入账。

4. 税款征收方式

税务机关对建账户采用查账征收方式征收税款。建账初期，也可以采用查账征收与定期定额征收相结合的方式征收税款。

5. 核定税额

依照本办法规定应当设置账簿的个体工商户，具有税收征管法第三十五条第一款第二项至第六项情形之一的，税务机关有权根据税收征管法实施细则第四十七条规定的方法核定其应纳税额。

6. 法律责任

依照本办法规定应当设置账簿的个体工商户违反有关法律、行政法规和本办法关于账簿设置、使用和保管规定的，由税务机关按照税收征管法的有关规定进行处理。

个体工商户建账工作中所涉及的有关账簿、凭证、表格，按照有关规定办理。

（四）核定税额

按照《个体工商户建账管理暂行办法（2018 年）》（国家税务总局令第 44 号）的规定，应当设置账簿的个体工商户，具有税收征管法第三十五条第一款第二项至第六项情形之一的，税务机关有权根据税收征管法实施细则第四十七条规定的方法核定其应纳税额。

核定税额是针对纳税人的原因导致税务机关难以查账征收税款，而采取的一种被迫或补救措施，是不得已而为之。但对于不需要记账的个体工商户而言，如果不能事先确定一个缴纳标准，就不可能知道如何履行纳税义务。因此，税务机关才会在纳税申报之前，对部分个体工商户的税收实行定期定额。二者根本区别在于，定期定额是一种预先的核定，定额确定之后一段时间保持不变。但核定征收方式下的税收核定，只是为了确认已经发生的纳税义务，对将来可能的税收没有确认作用。核定征收方式下即便需要纳税申报，也是要求在税收核定之前进行，以便为税收核定提供参考，但定期定额制度的申报是在定额确定之后，是结合定额进行申报。

七、定期定额征收

2006年8月30日，国家税务总局发布了《个体工商户税收定期定额征收管理办法》（国家税务总局令第16号公布，根据2018年6月15日《国家税务总局关于修改部分税务部门规章的决定》修正），自2019年1月1日起按修正后的管理办法施行。

（一）定期定额征收的含义

根据《个体工商户税收定期定额征收管理办法》（国家税务总局令第16号）第二条，个体工商户税收定期定额征收，是指税务机关依照法律、行政法规及本办法的规定，对个体工商户在一定经营地点、一定经营时期、一定经营范围内的应纳税经营额（包括经营数量）或所得额（以下简称定额）进行核定，并以此为计税依据，确定其应纳税额的一种征收方式。

（二）适用范围

适用于经主管税务机关认定和县以上税务机关（含县级，下同）批准的生产、经营规模小，达不到《个体工商户建账管理暂行办法》规定设置账簿标准的个体工商户（以下简称定期定额户）的税收征收管理。个人独资企业的税款征收管理比照本办法执行。

（三）定额执行期

定额执行期的具体期限由省税务机关确定，但最长不得超过一年。

定额执行期是指税务机关核定后执行的第一个纳税期至最后一个纳税期。

（四）核定方法

税务机关应当根据定期定额户的经营规模、经营区域、经营内容、行业特点、管理水平等因素核定定额，可以采用下列一种或两种以上的方法核定：

1. 按照耗用的原材料、燃料、动力等推算或者测算核定；

2. 按照成本加合理的费用和利润的方法核定；

3. 按照盘点库存情况推算或者测算核定；

4. 按照发票和相关凭据核定；

5. 按照银行经营账户资金往来情况测算核定；

6. 参照同类行业或类似行业中同规模、同区域纳税人的生产、经营情况核定；

7. 按照其他合理方法核定。

税务机关应当运用现代信息技术手段核定定额，增强核定工作的规范性和合理性。

（五）核定程序

1. 自行申报

定期定额户要按照税务机关规定的申报期限、申报内容向主管税务机关申报，填写有关申报文书。申报内容应包括经营行业、营业面积、雇佣人数和每月经营额、所得额以及税务机关需要的其他申报项目。

本项所称经营额、所得额为预估数。

2. 核定定额

主管税务机关根据定期定额户自行申报情况，参考典型调查结果，采取本办法第六条规定的核定方法核定定额，并计算应纳税额。

3. 定额公示

主管税务机关应当将核定定额的初步结果进行公示，公示期限为五个工作日。

公示地点、范围、形式应当按照便于定期定额户及社会各界了解、监督的原则，由主管税务机关确定。

4. 上级核准

主管税务机关根据公示意见结果修改定额，并将核定情况报经县级以上税务机关审核批准后，填制《核定定额通知书》。

5. 下达定额

将《核定定额通知书》送达定期定额户执行。

6. 公布定额

主管税务机关将最终确定的定额和应纳税额情况在原公示范围内进行公布。

（六）凭证及纳税资料

定期定额户应当建立收支凭证粘贴簿、进销货登记簿，完整保存有关纳税资料，并接受税务机关的检查。

（七）纳税申报及缴纳

1. 纳税申报义务

依照法律、行政法规的规定，定期定额户负有纳税申报义务。

实行简易申报的定期定额户，应当在税务机关规定的期限内按照法律、行政法规规定缴清应纳税款，当期（指纳税期，下同）可以不办理申报手续。

2. 申报方式

采用数据电文申报、邮寄申报、简易申报等方式的，经税务机关认可后方可执行。经确定的纳税申报方式在定额执行期内不予更改。

3. 办理纳税事项的情形

（1）定额与发票开具金额或税控设备记录数据比对后，超过定额的经营额、所得额所应缴纳的税款；

（2）在税务机关核定定额的经营地点以外从事经营活动所应缴纳的税款。

4. 申报期限的确定

定期定额户在定额执行期结束后，应当以该期每月实际发生的经营额、所得额向税务机关申报，申报额超过定额的，按申报额缴纳税款；申报额低于定额的，按定额缴纳税款。具体申报期限由省税务机关确定。

定期定额户当期发生的经营额、所得额超过定额一定幅度的，应当在法律、行政法规规定的申报期限内向税务机关进行申报并缴清税款。具体幅度由省税务机关确定。

5. 税款划缴

定期定额户可以委托经税务机关认定的银行或其他金融机构办理税款划缴。

凡委托银行或其他金融机构办理税款划缴的定期定额户，应当向税务机关书面报告开户银行及账号。其账户内存款应当足以按期缴纳当期税款。其存款余额低于当期应纳税款，致使当期税款不能按期入库的，税务机关按逾期缴纳税款处理；对实行简易申报的，按逾期办理纳税申报和逾期缴纳税款处理。

6. 简化税款征收方式

税务机关可以根据保证国家税款及时足额入库、方便纳税人、降低税收成本的原则，采用简化的税款征收方式，具体方式由省级税务机关确定。

7. 委托代征

县级以上税务机关可以根据当地实际情况，依法委托有关单位代征税款。税务机关与代征单位必须签订委托代征协议，明确双方的权利、义务和应当承担的责任，并向代征单位颁发委托代征证书。

8. 简并征期

定期定额户经营地点偏远、缴纳税款数额较小，或者税务机关征收税款有困难的，税务机关可以按照法律、行政法规的规定简并征期。但简并征期最长不得超过一个定额执行期。

简并征期的税款征收时间为最后一个纳税期。

9. 完税凭证的送达

通过银行或其他金融机构划缴税款的，其完税凭证可以到税务机关领取，或到税务机关委托的银行或其他金融机构领取；税务机关也可以根据当地实际情况采取邮寄送达，或委托有关单位送达。

10. 重新核定定额

定期定额户的经营额、所得额连续纳税期超过或低于税务机关核定的定额，应当提请税务机关重新核定定额，税务机关应当根据该办法规定的核定方法和程序重新核定定额。具体期限由省级税务机关确定。

11. 追缴税款

经税务机关检查发现定期定额户在以前定额执行期发生的经营额、所得额超过定额，或者当期发生的经营额、所得额超过定额一定幅度而未向税务机关进行纳税申报及结清应纳税款的，税务机关应当追缴税款、加收滞纳金，并按照法律、行政法规规定予以处理。其经营额、所得额连续纳税期超过定额，税务机关应当按照本办法第十九条的规定重新核定其定额。

12. 停业、复业

定期定额户发生停业的，应当在停业前向税务机关书面提出停业报告；提前恢复经营的，应当在恢复经营前向税务机关书面提出复业报告；需延长停业时间的，应当在停业期满前向税务机关提出书面的延长停业报告。

13. 停止实行定期定额征收

税务机关停止定期定额户实行定期定额征收方式，应当书面通知定期定额户。

14. 核定定额争议

定期定额户对税务机关核定的定额有争议的，可以在接到《核定定额通知书》之日起 30 日内向主管税务机关提出重新核定定额申请，并提供足以说明其生产、经营真实情况的证据，主管税务机关应当自接到申请之日起 30 日内书面答复。

定期定额户也可以按照法律、行政法规的规定直接向上一级税务机关申请行政复议；对行政复议决定不服的，可以依法向人民法院提起行政诉讼。

定期定额户在未接到重新核定定额通知、行政复议决定书或人民法院判决书前，仍按原定额缴纳税款。

15. 个体工商户定额信息采集表（适用于营业税改征增值税试点纳税人）

根据《国家税务总局关于修订个体工商户税收定期定额征收管理文书的公告》（国家税务总局公告 2016 年第 56 号），为配合全面推开营业税改征增值税试点工作顺利实施，国家税务总局对个体工商户税收定期定额征收管理文书进行了修订：自 2016 年 10 月 1 日起，税务机关对营业税改征增值税试点的个体工商户实行定期定额征收方式的，在采集纳税人信息时应使用《个体工商户定额信息采集表（适用于营业税改征增值税试点纳税人）》。

个体工商户定额信息采集表

（适用于营业税改征增值税试点纳税人）

单位名称：　　　　　　　　　　　　　　　　　　　　　　　　采集日期：　　年　　月　　日

纳税人识别号		业户名称	
业主姓名		经营地址	
联系电话		经营范围	
调查项目名称	调查项目内容		
定额项目			
资产投资总额（元）			
经营面积（m^2）			
主要经营用具及台（套）数			
月发票开具额			
年房屋租金（元）			
仓储面积（m^2）			
所属乡镇、街道			
所属集贸市场			
从业人数			
经营方式			
代理品牌数量			
淡季旺季情况			
代理区域			
交通工具			
所属路段			
经营年限			
广告类别			
信誉程度			
其他项目			
“其他项目”补充说明：			
纳税人签字： 年　月　日		税收管理员签字： 年　月　日	

八、税收优惠

（一）创业就业税收优惠

1. 优惠措施

根据《关于进一步支持和促进重点群体创业就业有关税收政策的通知》（财税〔2019〕22号）规定，自2019年1月1日至2021年12月31日，建档立卡贫困人口、持《就业创业证》（注明“自主创业税收政策”或“毕业年度内自主创业税收政策”）或《就业失业登记证》（注明“自主创业税收政策”）的人员，从事个体经营的，自办理个体工商户登记当月起，在3年（36个月，下同）内按每户每年12000元为限额依次扣减其当年实际应缴纳的增值税、城市维护建设税、教育费附加、地方教育附加和个人所得税。限额标准最高可上浮20%，各省、自治区、直辖市人民政府可根据本地区实际情况在此幅度内确定具体限额标准。纳税人年度应缴纳税款小于上述扣减限额的，减免税额以其实际缴纳的税款为限；大于上述扣减限额的，以上述扣减限额为限。

2. 执行期限

财税〔2019〕22号规定，截至2021年12月31日，纳税人享受规定税收优惠政策未满3年的，可继续享受至3年期满为止。有关人员在以前年度已享受重点群体创业就业税收优惠政策满3年的，不得再享受规定的税收优惠政策；在以前年度享受重点群体创业就业税收优惠政策未满3年且符合规定条件的，可按规定享受优惠至3年期满。

3. 适用范围

财税〔2019〕22号规定，建档立卡贫困人口、持《就业创业证》（注明“自主创业税收政策”或“毕业年度内自主创业税收政策”）或《就业失业登记证》（注明“自主创业税收政策”）的人员是指：

（1）纳入全国扶贫开发信息系统的建档立卡贫困人口；

（2）在人力资源社会保障部门公共就业服务机构登记失业半年以上的人员；

（3）零就业家庭、享受城市居民最低生活保障家庭劳动年龄内的登记失业人员；

（4）毕业年度内高校毕业生。高校毕业生是指实施高等学历教育的普通高等学校、成人高等学校应届毕业的学生；毕业年度是指毕业所在自然年，即 1 月 1 日至 12 月 31 日。

4. **税款减免顺序**

根据《关于实施支持和促进重点群体创业就业有关税收政策具体操作问题的公告》（国家税务总局公告 2019 年第 10 号，自 2019 年 1 月 1 日起施行）规定，重点群体从事个体经营的，按照财税〔2019〕22 号文件第一条的规定，在年度减免税限额内，依次扣减增值税、城市维护建设税、教育费附加、地方教育附加和个人所得税。城市维护建设税、教育费附加、地方教育附加的计税依据是享受本项税收优惠政策前的增值税应纳税额。

纳税人的实际经营期不足 1 年的，应当以实际月数换算其减免税限额。

换算公式为：减免税限额＝年度减免税限额 ÷12× 实际经营月数

5. **税款减免额度**

根据国家税务总局公告 2019 年第 10 号（自 2019 年 1 月 1 日起施行）规定，纳税人实际应缴纳的增值税、城市维护建设税、教育费附加、地方教育附加和个人所得税小于减免税限额（12000 元 / 年）的，以实际应缴纳的增值税、城市维护建设税、教育费附加、地方教育附加和个人所得税税额为限；实际应缴纳的增值税、城市维护建设税、教育费附加、地方教育附加和个人所得税大于减免税限额（12000 元 / 年）的，以减免税限额（12000 元 / 年）为限。

6. **税收减免备案**

根据国家税务总局公告 2019 年第 10 号（自 2019 年 1 月 1 日起施行）规定，登记失业半年以上的人员，零就业家庭、城市低保家庭的登记失业人员，以及毕业年度内高校毕业生享受本项税收优惠的，由其留存《就业创业证》（注明“自主创业税收政策”或“毕业年度内自主创业税收政策”）备查，建档立卡贫困人口无须留存资料备查。

（二）军队转业干部税收优惠

根据《财政部 国家税务总局关于自主择业的军队转业干部有关税收政策问题的通

知》（财税〔2003〕26号），从事个体经营的军队转业干部，经主管税务机关批准，自领取税务登记证之日起，3年内免征个人所得税。

该通知自2003年5月1日起执行。该通知生效前，已经从事个体经营的军队转业干部和符合本通知规定条件的企业，如果已按国转联〔2001〕8号文件的规定，享受了税收优惠政策，可以继续执行到期满为止；如果没有享受上述文件规定的税收优惠政策，可自该通知生效之日起，3年内免征个人所得税。

（三）自主就业退役士兵税收优惠

根据《财政部 国家税务总局 退役军人部关于进一步扶持自主就业退役士兵创业就业有关税收政策的通知》（财税〔2019〕21号）的规定，自2019年1月1日至2021年12月31日，自主就业退役士兵从事个体经营的，自办理个体工商户登记当月起，在3年（36个月，下同）内按每户每年12000元为限额依次扣减其当年实际应缴纳的增值税、城市维护建设税、教育费附加、地方教育附加和个人所得税。限额标准最高可上浮20%，各省、自治区、直辖市人民政府可根据本地区实际情况在此幅度内确定具体限额标准。

纳税人年度应缴纳税款小于上述扣减限额的，减免税额以其实际缴纳的税款为限；大于上述扣减限额的，以上述扣减限额为限。纳税人的实际经营期不足1年的，应当按月换算其减免税限额。

换算公式为：减免税限额＝年度减免税限额 ÷12× 实际经营月数

城市维护建设税、教育费附加、地方教育附加的计税依据是享受本项税收优惠政策前的增值税应纳税额。

纳税人在2021年12月31日享受财税〔2019〕21号文规定税收优惠政策未满3年的，可继续享受至3年期满为止。退役士兵以前年度已享受退役士兵创业就业税收优惠政策满3年的，不得再享受本通知规定的税收优惠政策；以前年度享受退役士兵创业就业税收优惠政策未满3年且符合本通知规定条件的，可按本通知规定享受优惠至3年期满。

自2019年1月1日至2021年12月31日，自主就业退役士兵从事个体经营的，在享受税收优惠政策进行纳税申报时，注明其退役军人身份，并将《中国人民解放军义务兵退出现役证》《中国人民解放军士官退出现役证》或《中国人民武装警察部队义务兵退出现役证》《中国人民武装警察部队士官退出现役证》留存备查。

九、征收管理

（一）设有多个经营机构的申报

《计税办法》第四十条规定，个体工商户有两处或两处以上经营机构的，选择并固定向其中一处经营机构所在地主管税务机关申报缴纳个人所得税。

（二）注销前结清税款

《计税办法》第四十一条规定，个体工商户终止生产经营的，应当在注销工商登记或者向政府有关部门办理注销前向主管税务机关结清有关纳税事宜。

十、经营所得判定的税务风险

《个体工商户登记管理办法》于2011年9月30日以国家工商行政管理总局令第56号公布，根据2014年2月20日国家工商行政管理总局令第63号公布的《国家工商行政管理总局关于修改〈中华人民共和国企业法人登记管理条例施行细则〉〈外商投资合伙企业登记管理规定〉〈个人独资企业登记管理办法〉〈个体工商户登记管理办法〉等规章的决定》修订。该《办法》自2011年11月1日起施行。

第二章　登记事项

第六条　个体工商户的登记事项包括：

（一）经营者姓名和住所；

（二）组成形式；

（三）经营范围；

（四）经营场所。

个体工商户使用名称的，名称作为登记事项。

第七条　经营者姓名和住所，是指申请登记为个体工商户的公民姓名及其户籍所在地的详细住址。

第八条　组成形式，包括个人经营和家庭经营。

家庭经营的，参加经营的家庭成员姓名应当同时备案。

第九条　经营范围，是指个体工商户开展经营活动所属的行业类别。

登记机关根据申请人申请，参照《国民经济行业分类》中的类别标准，登记个体工商户的经营范围。

第十条　经营场所，是指个体工商户营业所在地的详细地址。

个体工商户经登记机关登记的经营场所只能为一处。

第十一条　个体工商户申请使用名称的，应当按照《个体工商户名称登记管理办法》办理。

根据《个体工商户个人所得税计税办法》（国家税务总局令35号发布，以下简称《计税办法》）第三条的规定，个体工商户包括：

1. 依法取得个体工商户营业执照，从事生产经营的个体工商户；

2. 经政府有关部门批准，从事办学、医疗、咨询等有偿服务活动的个人；

3. 其他从事个体生产、经营的个人。

根据第四条规定，个体工商户以业主为个人所得税纳税义务人。

（一）纯生产、经营所得与独立劳动所得的区别

个体工商户的上述生产、经营所得实际上可以分为两类：

第一类：纯生产、经营所得，即《计税办法》第1、3项所得，它是指个人直接从事工商各业生产、经营活动而取得的生产性、经营性所得以及有关的其他所得。

第二类：独立劳动所得，即《计税办法》第2项所得。所谓独立劳动，是指个人所从事的是由自己自由提供的、不受他人指定、安排和具体管理的劳动。例如，私人诊所的医生、私人会计师事务所的会计师，以及独立从事教学、文艺等活动的个人均为独立劳动者，他们的收入具有不确定性。在国际税收协定中，也将独立的个人劳务严格界定为从事独立的科学、文学、艺术、教育或教学活动，以及医师、律师、工程师、

建筑师、牙医师和会计师的独立活动。严格说来，个体工商户的劳动虽然也属于独立劳动，但没有包括在人们通常所说的“独立劳动”之内。

（二）个体工商户所得与劳务报酬

在实践中，个体工商户所得项目与劳务报酬会在内容上有所交叉，在具体界定个体工商户生产、经营所得时，应注意以下两点：

1. 凡是个人或个体工商户，从事生产经营的所得，无论是否有执照，其取得的所得均应列入个体工商户生产、经营所得项目计税。

2. 判断个人从事办学、医疗、咨询的其他各项有偿服务活动，是个体工商户生产经营所得还是劳务报酬所得，其标准看是否持有执照，如持有执照，为个体工商户的生产经营所得；如无执照，则为劳务报酬所得。

（三）视同个体工商户的生产经营所得

根据《财政部 国家税务总局关于规范个人投资者个人所得税征收管理的通知》（财税〔2003〕158号），个人独资企业、合伙企业的个人投资者以企业资金为本人、家庭成员及其相关人员支付与企业生产经营无关的消费性支出及购买汽车、住房等财产性支出，视为企业对个人投资者利润分配，并入投资者个人的生产经营所得，依照“个体工商户的生产经营所得”项目计征个人所得税。

第三节　个人独资企业、合伙企业合伙人经营所得的计算

为公平税负，支持和鼓励个人投资兴办企业，促进国民经济持续、快速、健康发展，国发〔2000〕16号文件规定，自2000年1月1日起，对个人独资企业和合伙企业停征企业所得税，其投资者的生产经营所得，比照个体工商户的生产、经营所得征收个人所得税。具体税收政策和征税办法由国家财税主管部门另行制定。为了认真贯

彻落实国发〔2000〕16号文件精神，切实做好个人独资企业和合伙企业投资者的个人所得税征管工作，财政部、国家税务总局出台了《关于个人独资企业和合伙企业投资者征收个人所得税的规定》（财税〔2000〕91号），对个人独资企业和合伙企业投资者的生产经营所得征收个人所得税作出规定。

一、个人独资企业、合伙企业及纳税人的义务

（一）个人独资企业和合伙企业

《关于个人独资企业和合伙企业投资者征收个人所得税的规定》第二条规定，所称个人独资企业和合伙企业是指：

（1）依照《中华人民共和国个人独资企业法》和《中华人民共和国合伙企业法》（以下简称《合伙企业法》）登记成立的个人独资企业、合伙企业；

（2）依照《中华人民共和国私营企业暂行条例》登记成立的独资、合伙性质的私营企业；

（3）依照《中华人民共和国律师法》登记成立的合伙制律师事务所；

（4）经政府有关部门依照法律、法规批准成立的负无限责任和无限连带责任的其他个人独资、个人合伙性质的机构或组织。

1. 个人独资企业

个人独资企业，是指由一个自然人投资，全部资产为投资人所有的营利性经济组织。符合以下条件：

（1）依照《中华人民共和国个人独资企业法》登记成立的个人独资企业；

（2）依照《中华人民共和国私营企业暂行条例》登记成立的独资性质的私营企业；

（3）经政府有关部门依照法律、法规批准成立的负无限责任和无限连带责任的其他个人独资机构或组织。

2. 合伙企业

合伙企业有普通合伙、特殊的普通合伙以及有限合伙三种形式。根据2006年8

月 27 日修订的《合伙企业法》的规定，合伙企业是指由自然人、法人和其他组织设立的组织体，包括普通合伙企业和有限合伙企业两种类型。普通合伙企业的所有合伙人对合伙企业的债务都承担无限连带责任；有限合伙企业则包括普通合伙人与有限合伙人，前者对合伙企业债务承担无限连带责任，后者则只以其认缴的出资额为限对合伙企业债务承担责任。

《合伙企业法》明确了法人和其他组织享有合伙人资格，法人和其他组织与自然人同样可以成为合伙企业合伙人。

3. 利润分配与亏损分担

《合伙企业法》第三十三条规定，合伙企业的利润分配、亏损分担，按照合伙协议的约定办理；合伙协议未约定或者约定不明确的，由合伙人协商决定；协商不成的，由合伙人按照实缴出资比例分配、分担；无法确定出资比例的，由合伙人平均分配、分担。合伙协议不得约定将全部利润分配给部分合伙人或者由部分合伙人承担全部亏损。

（二）纳税义务人

根据《关于个人独资企业和合伙企业投资者征收个人所得税的规定》第三条的规定，个人独资企业以投资者为纳税义务人合伙企业以每一个合伙人为纳税义务人。

自 2008 年 1 月 1 日起，根据《财政部 国家税务总局关于合伙企业合伙人所得税问题的通知》（财税〔2008〕159 号）的规定，合伙企业以每一个合伙人为纳税义务人。合伙企业合伙人是自然人的，缴纳个人所得税；合伙人是法人和其他组织的，缴纳企业所得税。

（三）纳税义务

1. 个人独资企业的纳税义务

《国务院关于个人独资企业和合伙企业征收所得税问题的通知》（国发〔2000〕第 16 号）规定，为公平税负，支持和鼓励个人投资兴办企业，促进国民经济持续、快速、健康发展，国务院决定，自 2000 年 1 月 1 日起，对个人独资企业停止征收企业所得税，其投资者的生产经营所得，比照个体工商户的生产、经营所得征收个人所得税。

2. **合伙企业的纳税义务**

《国务院关于个人独资企业和合伙企业征收所得税问题的通知》（国发〔2000〕第16号）规定，为公平税负，支持和鼓励个人投资兴办企业，促进国民经济持续、快速、健康发展，国务院决定，自2000年1月1日起，对合伙企业停止征收企业所得税，其投资者的生产经营所得，比照个体工商户的生产、经营所得征收个人所得税。具体税收政策的征收办法由国家财税主管部门另行制定。

二、查账征收应税所得的确定

根据《财政部 国家税务总局关于合伙企业合伙人所得税问题的通知》（财税〔2008〕159号）规定，合伙企业生产经营所得和其他所得（包括合伙企业分配给所有合伙人的所得和企业当年留存的所得利润）采取“先分后税”的原则。具体应纳税所得额的计算按照《关于个人独资企业和合伙企业投资者征收个人所得税的规定》（财税〔2000〕91号）及《财政部 国家税务总局关于调整个体工商户个人独资企业和合伙企业个人所得税税前扣除标准有关问题的通知》（财税〔2008〕165号）的有关规定执行。

《关于个人独资企业和合伙企业投资者征收个人所得税的规定》第四条规定，个人独资企业和合伙企业（以下简称企业）每一纳税年度的收入总额减除成本、费用以及损失后的余额，作为投资者个人的生产经营所得，比照个人所得税法的“个体工商户的生产、经营所得”应税项目，适用5%～35%的五级超额累进税率，计算征收个人所得税。

根据财税〔2008〕159号文件的规定，自2008年1月1日起，合伙企业的合伙人按照下列原则确定应纳税所得额：

（1）合伙企业的合伙人以合伙企业的生产经营所得和其他所得，按照合伙协议约定的分配比例确定应纳税所得额。

（2）合伙协议未约定或者约定不明确的，以全部生产经营所得和其他所得，按照合伙人协商决定的分配比例确定应纳税所得额。

（3）协商不成的，以全部生产经营所得和其他所得，按照合伙人实缴出资比例确定应纳税所得额。

（4）无法确定出资比例的，以全部生产经营所得和其他所得，按照合伙人数量平均计算每个合伙人的应纳税所得额。合伙协议不得约定将全部利润分配给部分合伙人。

（一）收入总额

1. 经营收入

经营收入，是指企业从事生产经营以及与生产经营有关的活动所取得的各项收入，包括商品（产品）销售收入、营运收入、劳务服务收入、工程价款收入、财产出租或转让收入、利息收入、其他业务收入和营业外收入。

2. 合伙人取得的工资

根据《财政部 国家税务总局关于印发〈关于个人独资企业和合伙企业投资者征收个人所得税的法规〉》（财税〔2000〕91号）第三条的规定，个人独资企业以投资者为纳税义务人，合伙企业以每一个合伙人为纳税义务人（以下简称投资者）。第四条，个人独资企业和合伙企业（以下简称企业）每一纳税年度的收入总额减除成本、费用以及损失后的余额，作为投资者个人的生产经营所得，比照个人所得税法的“经营所得”应税项目，适用5%～35%的五级超额累进税率，计算征收个人所得税。

根据《国家税务总局关于〈个人独资企业和合伙企业投资者征收个人所得税的规定〉执行口径的通知》（国税函〔2001〕84号）规定，个人独资企业和合伙企业对外投资分回的利息或者股息、红利，不并入企业的收入，而应单独作为投资者个人取得的利息、股息、红利所得，按“利息、股息、红利所得”应税项目计算缴纳个人所得税。

根据上述政策规定，合伙企业的合伙人，取得的与合伙企业相关的所得，在缴纳个人所得税的时候，只会涉及两个税目，一是“利息、股息、红利所得”，二是经营所得。所以，合伙人取得的工资不应按照“工资薪金所得”来缴纳个人所得税，而是合伙人经营所得的一部分，应该并入到经营所得中，一并计算个人所得税。

（二）扣除项目

实行查账征税办法的，个人独资企业和合伙企业个人投资者生产经营所得比照《个体工商户个人所得税计税办法（试行）》的规定确定。但下列项目的扣除依照《关于个人独资企业和合伙企业投资者征收个人所得税的规定》等规定执行。

1. 投资者费用扣除

根据《财政部 税务总局关于2018年第四季度个人所得税减除费用和税率适用问题的通知》（财税〔2018〕98号）第二条第（一）项的规定，对个体工商户业主、个人独资企业和合伙企业自然人投资者、企事业单位承包承租经营者2018年第四季度取得的生产经营所得，减除费用按照5000元/月执行，前三季度减除费用按照3500元/月执行。

根据《个人所得税法实施条例》第十五条第二款的规定，取得经营所得的个人，没有综合所得的，计算其每一纳税年度的应纳税所得额时，应当减除费用6万元、专项扣除、专项附加扣除以及依法确定的其他扣除。专项附加扣除在办理汇算清缴时减除。

《关于个人独资企业和合伙企业投资者征收个人所得税的规定》第十三条规定，投资者兴办两个或两个以上企业的，根据规定准予扣除的个人费用，由投资者选择在其中一个企业的生产经营所得中扣除。

2. 职工工资的扣除

自2008年1月1日起，根据《财政部 国家税务总局关于调整个体工商户个人独资企业和合伙企业个人所得税税前扣除标准有关问题的通知》（财税〔2008〕65号）的规定，个体工商户、个人独资企业和合伙企业向其从业人员实际支付的合理的工资、薪金支出，允许在税前据实扣除。这与企业所得税法的规定相同。

企业按照国家有关规定为职工缴纳的基本养老保险费、基本医疗保险费、失业保险费等，在计税时准予扣除。

3. 三项经费

自2008年1月1日起，根据财税〔2008〕65号文件的规定，个体工商户、个人独资企业和合伙企业拨缴的工会经费、发生的职工福利费、职工教育经费支出分别在工资薪金总额2%、14%、2.5%的标准内据实扣除。

而在企业所得税中，自2018年1月1日起，根据《财政部 国家税务总局关于企业职工教育经费税前扣除政策的通知》（财税〔2018〕51号）的规定，企业发生的职工教育经费支出，不超过工资薪金总额8%的部分，准予在计算企业所得税应纳税所得额时扣除；超过部分，准予在以后纳税年度结转扣除。

4. 广告费和业务宣传费

自2008年1月1日起，根据财税〔2008〕65号文件的规定，个体工商户、个人独资企业和合伙企业每一纳税年度发生的广告费和业务宣传费用不超过当年销售（营业）收入15%的部分，可据实扣除；超过部分，准予在以后纳税年度结转扣除。

5. 业务招待费

自2008年1月1日起，根据财税〔2008〕65号文件的规定，个体工商户、个人独资企业和合伙企业每一纳税年度发生的与其生产经营业务直接相关的业务招待费支出，按照发生额的60%扣除，但最高不得超过当年销售（营业）收入的5‰，这与企业所得税法中有关业务招待费的处理相一致。

6. 个人生活费用的扣除

自2015年起，根据《个体工商户个人所得税计税办法》第十六条的规定，个体工商户生产经营活动中，应当分别核算生产经营费用和个人、家庭费用。对于生产经营与个人、家庭生活混用难以分清的费用，其40%视为与生产经营有关的费用，准予扣除。

根据《关于个人独资企业和合伙企业投资者征收个人所得税的规定》的规定，个人独资企业和合伙企业投资者及其家庭发生的生活费用不允许在税前扣除。投资者及其家庭发生的生活费用与企业生产经营费用混合在一起并且难以划分的，全部视为投资者个人及其家庭发生的生活费用，不允许在税前扣除。与对个体工商户的规定不同。

7. 共用固定资产折旧的扣除

根据《关于个人独资企业和合伙企业投资者征收个人所得税的规定》的规定，企业生产经营和投资者及其家庭生活共用的固定资产，难以划分的，由主管税务机关根据企业的生产经营类型、规模等具体情况核定准予在税前扣除的折旧费用的数额或比例。

8. 准备金的扣除

根据《关于个人独资企业和合伙企业投资者征收个人所得税的规定》的规定，企业计提的各种准备金不得扣除。

（三）特殊事项的处理

1. 亏损的弥补

《关于个人独资企业和合伙企业投资者征收个人所得税的规定》第十四条规定：企业的年度亏损，允许用本企业下一年度的生产经营所得弥补，下一年度所得不足弥补的，允许逐年延续弥补，但最长不得超过5年。

投资者兴办两个或两个以上企业的。企业的年度经营亏损不能跨企业弥补。需要说明的是，税法所指的亏损的概念，不是企业财务报表中反映的亏损额，而是企业财务报表中的亏损额经按税法规定调整后的金额。

此外，根据财税〔2008〕159号文件的规定，合伙企业的合伙人是法人和其他组织的，合伙人在计算其缴纳企业所得税时，不得用合伙企业的亏损抵减其盈利。《国家税务总局关于〈个人独资企业和合伙企业投资者征收个人所得税的规定〉执行口径的通知》（国税函〔2001〕84号）规定，实行查账征税方式的个人独资企业和合伙企业改为核定征税方式后，在查账征税方式下认定的年度经营亏损未弥补完的部分，不得再继续弥补。

2. 关联交易的处理

《税收征收管理法》第三十六条规定，企业或者外国企业在中国境内设立的从事生产、经营的机构、场所与其关联企业之间的业务往来，应当按照独立企业之间的业务往来收取或者支付价款、费用；不按照独立企业之间的业务往来收取或者支付价款、费用，而减少其应纳税的收入或者所得额的，税务机关有权进行合理调整。

根据《中华人民共和国税收征收管理法实施细则》（以下简称《税收征收管理法实施细则》）第五十一条的规定，关联企业是指有下列关系之一的公司、企业和其他经济组织：①在资金、经营、购销等方面，存在直接或者间接的拥有或者控制关系；②直接或者间接地同为第三者所拥有或者控制；③在利益上具有相关联的其他关系。纳税人有义务就其与关联企业之间的业务往来，向当地税务机关提供有关的价格、费用标准等资料。具体办法由国家税务总局制定。

独立企业之间的业务往来，是指没有关联关系的企业之间按照公平成交价格和营业常规所进行的业务往来。

《关于个人独资企业和合伙企业投资者征收个人所得税的规定》第十一条进一步规定，企业与其关联企业之间的业务往来，应当按照独立企业之间的业务往来收取或者支付价款、费用。不按照独立企业之间的业务往来收取或者支付价款、费用，而减少其应纳税所得额的，主管税务机关有权进行合理调整。

这里所称关联企业，其认定条件及税务机关调整其价款、费用的方法，按照《税收征收管理法》及其实施细则的有关规定执行。

3. 个人兴办多个企业的处理

《关于个人独资企业和合伙企业投资者征收个人所得税的规定》第十二条规定，投资者兴办两个或两个以上个人独资企业和合伙企业的（包括参与兴办，下同），年度终了时，应汇总从所有企业取得的应纳税所得额，据此确定适用税率并计算缴纳应纳税款。

投资者兴办两个或两个以上企业的，根据税法规定准予扣除的个人费用，由投资者选择在其中一个企业的生产经营所得中扣除。

国税函〔2001〕84 号文件进一步明确，投资者兴办两个或两个以上企业，并且企业性质全部是独资的，年度终了后汇算清缴时，应纳税款的计算按以下方法进行：汇总其投资兴办的所有企业的经营所得作为应纳税所得额，以此确定适用税率，计算出全年经营所得的应纳税额，再根据每个企业的经营所得占所有企业经营所得的比例，分别计算出每个企业的应纳税额和应补缴税额。计算公式如下：

应纳税所得额＝∑各个企业的经营所得

应纳税额＝应纳税所得额 × 税率－速算扣除数

本企业应纳税额＝应纳税额 × 本企业的经营所得 ÷ ∑各个企业的经营所得

本企业应补缴的税额＝本企业应纳税额－本企业预缴的税额

4. 境外已缴税款的扣除

2018年新《个人所得税法》第七条规定，居民个人从中国境外取得的所得，可以从其应纳税额中抵免已在境外缴纳的个人所得税税额。但抵免额不得超过该纳税义务人境外所得依照该法规定计算的应纳税额。

《关于个人独资企业和合伙企业投资者征收个人所得税的规定》第十五条规定，投资者来源于中国境外的生产经营所得，已在境外缴纳所得税的，可以按照个人所得税法的有关规定计算扣除已在境外缴纳的所得税。

5. 对外投资分回利息、股息、红利的处理

根据国税函〔2001〕84号文件的规定，个人独资企业和合伙企业对外投资分回的利息或者股息、红利，不并入企业的收入，而应单独作为投资者个人取得的利息、股息、红利所得，按“利息、股息、红利所得”应税项目计算缴纳个人所得税。以合伙企业名义对外投资分回利息或者股息、红利的应按《关于个人独资企业和合伙企业投资者征收个人所得税的规定》第五条规定的精神确定各个投资者的利息、股息、红利所得，分别按“利息、股息、红利所得”应税项目计算缴纳个人所得税。这是针对利息、股息、红利所得而言的。

此外，《国家税务总局关于切实加强高收入者个人所得税征管的通知》（国税发〔2011〕50号）规定，对个人独资企业和合伙企业从事股权（票）、期货、基金、债券、外汇、贵重金属、资源开采权及其他投资品交易取得的所得，应全部纳入生产经营所得，依法征收个人所得税。这是针对财产转让所得的处理方法。

6. 残疾人员兴办或参与兴办企业的税收优惠问题

国税函〔2001〕84号文件规定，残疾人员投资兴办或参与投资兴办个人独资企业和合伙企业的，残疾人员取得的生产经营所得，符合各省、自治区、直辖市人民政府规定的减征个人所得税条件的，可按各省、自治区、直辖市人民政府规定减征的范围和幅度，减征个人所得税。

三、核定征收应纳税额的计算

（一）核定征收个人所得税的条件

根据《税收征收管理法》第三十五条的规定，纳税人有下列情形之一的，税务机关有权核定其应纳税额：

（1）依照法律、行政法规的规定可以不设置账簿的；

（2）依照法律、行政法规的规定应当设置但未设置账簿的；

（3）擅自销毁账簿或者拒不提供纳税资料的；

（4）虽设置账簿，但账目混乱或者成本资料、收入凭证、费用凭证残缺不全，难以查账的；

（5）发生纳税义务，未按照规定的期限办理纳税申报，经税务机关责令限期申报，逾期仍不申报的；

（6）纳税人申报的计税依据明显偏低，又无正当理由的。

税务机关核定应纳税额的具体程序和方法由国务院税务主管部门规定。根据《关于个人独资企业和合伙企业投资者征收个人所得税的规定》第七条的规定，有下列情形之一的，主管税务机关应采取核定征收方式征收个人所得税：

①企业依照国家有关规定应当设置但未设置账簿的；

②企业虽设置账簿，但账目混乱或者成本资料、收入凭证、费用凭证残缺不全，难以查账的；

③纳税人发生纳税义务，未按照规定的期限办理纳税申报，经税务机关责令限期申报，逾期仍不申报的。

这里所说的核定征收方式，包括定额征收、核定应税所得率征收以及其他合理的征收方式。

（二）应纳所得税额与应税所得率的确定

1. 应纳所得税额的计算

根据《关于个人独资企业和合伙企业投资者征收个人所得税的规定》第九条的规

定，实行核定应税所得率征收方式的，应纳所得税额的计算公式如下：

应纳所得税额＝应纳税所得额 × 适用税率

应纳税所得额＝收入总额 × 应税所得率

或应纳税所得额＝成本费用支出额 ÷（1－应税所得率）× 应税所得率

2. 应税所得率的确定

应税所得率应按下表规定的标准执行。

应税所得率表

行业	应税所得率（%）
工业、交通运输业、商业	5 ~ 20
建筑业、房地产开发业	7 ~ 20
饮食服务业	7 ~ 25
娱乐业	20 ~ 40
其他行业	10 ~ 30

企业经营多业的，无论其经营项目是否单独核算，均应根据其主营项目确定其适用的应税所得率。这里的“主营项目”是指在企业所有经营项目中，营业收入占全部收入比重最大的项目。少数企业各项目间营业收入十分接近，难以确定主营项目的，可由主管税务机关在收入较大的项目中确定一项为主营项目。

根据《关于个人独资企业和合伙企业投资者征收个人所得税的规定》第十条的规定，实行核定征税的投资者，不能享受个人所得税的优惠政策。这里的投资者不能享受个人所得税的优惠政策范围，不包括个人所得税法中的优惠政策。

（三）不适用核定征收的行业

国税发〔2011〕50 号文件要求：重点加强规模较大的个人独资、合伙企业和个体工商户的生产经营所得的查账征收管理；难以实行查账征收的，依法严格实行核定征收。对律师事务所、会计师事务所、税务师事务所、资产评估和房地产估价等鉴证类中介机构不得实行核定征收个人所得税。

根据《国家税务总局关于强化律师事务所等中介机构投资者个人所得税查账征收

的通知》（国税发〔2002〕123号）第一条的规定，任何地区均不得对律师事务所实行全行业核定征税办法。

四、合伙制创投企业合伙人税收优惠

（一）享受优惠的投资与投资额的界定

按照《关于创业投资企业和天使投资个人有关税收政策的通知》（财税〔2018〕55号）规定，享受投资抵扣税收优惠政策的投资，仅限于通过向被投资初创科技型企业直接支付现金方式取得的股权投资，不包括受让其他股东的存量股所称投资额，按照创业投资企业对初创科技型企业的实缴投资额确定。合伙创投企业的合伙人对初创科技型企业的投资额，按照合伙创投企业对初创科技型企业的实缴投资额和合伙协议约定的合伙人占合伙创投企业的出资比例计算确定。合伙人从合伙创投企业分得的所得，按照《财政部 国家税务总局关于合伙企业合伙人所得税问题的通知》（财税〔2018〕159号）规定计算。

根据《国家税务总局关于创业投资企业和天使投资个人税收政策有关问题的公告》（国家税务总局公告2018年第43号）的规定，出资比例按投资满2年当年年末各合伙人对合伙创投企业的实缴出资额占所有合伙人全部实缴出资额的比例计算。

（二）投资满2年的界定

根据《国家税务总局关于创业投资企业和天使投资个人税收政策有关问题的公告》（国家税务总局公告2018年第43号）第一条第（一）项的规定，所称满2年是指有限合伙制创业投资企业（以下简称合伙创投企业）投资于种子期、初创期科技型企业（以下简称初创科技型企业）的实缴投资满2年，投资时间从初创科技型企业接受投资并完成工商变更登记的日期算起。

（三）直接投资于初创科技型企业的个人所得税优惠

根据《国家税务总局关于创业投资企业和天使投资个人税收政策有关问题的公告》（国家税务总局公告2018年第43号）：

1. 政策规定

有限合伙制创业投资企业（以下简称合伙创投企业）采取股权投资方式直接投资于初创科技型企业满 2 年的，该合伙创投企业的合伙人分别按以下方式处理：

（1）法人合伙人可以按照对初创科技型企业投资额的 70% 抵扣法人合伙人从合伙创投企业分得的所得；当年不足抵扣的，可以在以后纳税年度结转抵扣；法人合伙人投资于多个符合条件的合伙创投企业，可合并计算其可抵扣的投资额和分得的所得。当年不足抵扣的，可结转以后纳税年度继续抵扣；当年抵扣后有结余的，应按照企业所得税法的规定计算缴纳企业所得税。

（2）个人合伙人可以按照对初创科技型企业投资额的 70% 抵扣个人合伙人从合伙创投企业分得的经营所得；当年不足抵扣的，可以在以后纳税年度结转抵扣。

2. 政策沿革

2017 年，财政部和国家税务总局发布《关于创业投资企业和天使投资个人有关税收试点政策的通知》（财税〔2017〕38 号），宣布自 2017 年 7 月 1 日起，在京津冀、上海、广东、安徽、四川、武汉、西安、沈阳 8 个全面创新改革试验区域和苏州工业园区试点执行上述优惠政策。

2018 年，财政部和国家税务总局发布《关于创业投资企业和天使投资个人有关税收政策的通知》（财税〔2018〕55 号），宣布自 2018 年 7 月 1 日起将此优惠政策覆盖范围推广至全国。

3. 优惠政策限定条件

执行日期前 2 年内发生的投资，在执行日期后投资满 2 年，且符合以下限定条件的投资，亦可享受上述优惠政策。

（1）创业投资企业

①在中国境内（不含港、澳、台地区）注册成立、实行查账征收的合伙创投企业，且不属于被投资初创科技型企业的发起人；

②符合《创业投资企业管理暂行办法》（发展改革委等 10 部门令第 39 号）规定或者《私募投资基金监督管理暂行办法》（证监会令第 105 号）关于创业投资基金的特别规定，按照上述规定完成备案且规范运作；

③投资后2年内，创业投资企业及其关联方持有被投资初创科技型企业的股权比例合计应低于50%。

（2）合伙创投企业投资的初创科技型企业

①在中国境内（不包括港、澳、台地区）注册成立、实行查账征收的居民企业；

②接受投资时，从业人数不超过200人，其中具有大学本科以上学历的从业人数不低于30%，资产总额和年销售收入均不超过3000万；

③接受投资时设立时间不超过5年（60个月）；

④接受投资时以及接受投资后2年内未在境内外证券交易所上市；

⑤接受投资当年及下一纳税年度，研发费用总额占成本费用支出的比例不低于20%。

注：A. 从业人数，包括与企业建立劳动关系的职工人员及企业接受的劳务派遣人员。从业人数和资产总额指标，按照企业接受投资前连续12个月的平均数计算，不足12个月的，按实际月数平均计算。

B. 销售收入，包括主营业务收入与其他业务收入。年销售收入指标，按照企业接受投资前连续12个月的累计数计算，不足12个月的，按实际月数累计计算。

C. 研发费用口径，按照《财政部 国家税务总局 科技部关于完善研究开发费用税前加计扣除政策的通知》（财税〔2015〕119号）的规定执行。

D. 成本费用，包括主营业务成本、其他业务成本、销售费用、管理费用、财务费用。

E. 投资额，按照创业投资企业对初创科技型企业的实缴投资额确定。合伙创投企业的合伙人对初创科技型企业的投资额，按照合伙创投企业对初创科技型企业的实缴投资额和合伙协议约定的合伙人占合伙创投企业的出资比例计算确定。合伙人从合伙创投企业分得的所得，按照《财政部 国家税务总局关于合伙企业合伙人所得税问题的通知》（财税〔2008〕159号）规定计算。

4. 税收优惠备案和纳税申报

（1）合伙创投企业的个人合伙人符合享受优惠条件的，合伙创投企业应在投资初创科技型企业满2年的年度终了后3个月内，向合伙创投企业主管税务机关办理备案手续，备案时应报送《合伙创投企业个人所得税投资抵扣备案表》，同时将有关资料留存备查。合伙企业多次投资同一初创科技型企业的，应按年度分别备案。

（2）合伙创投企业应在投资初创科技型企业满2年后的每个年度终了后3个月内，向合伙创投企业主管税务机关报送《合伙创投企业个人所得税投资抵扣情况表》。

（3）个人合伙人在个人所得税年度申报时，应将当年允许抵扣的投资额填至《个人所得税生产经营所得纳税申报表（B表）》“允许扣除的其他费用”栏，并同时标明“投资抵扣”字样。

（四）可以选择单一投资基金核算或者年度所得整体核算

根据《关于创业投资企业个人合伙人所得税政策问题的通知》（财税〔2019〕8号）规定：

1. 政策规定

自2019年1月1日起至2023年12月31日止：

个人所得税应纳税额的计算：

创投企业可以选择按单一投资基金核算或者按创投企业年度所得整体核算两种方式之一，对其个人合伙人来源于创投企业的所得计算个人所得税应纳税额。

①创投企业选择按单一投资基金核算的，其个人合伙人从该基金应分得的股权转让所得和股息红利所得，按照20%税率计算缴纳个人所得税。

②创投企业选择按年度所得整体核算的，其个人合伙人应从创投企业取得的所得，按照“经营所得”项目、5%～35%的五级超额累进税率计算缴纳个人所得税。

③创投企业选择按单一投资基金核算或按创投企业年度所得整体核算后，3年内不能变更。

2. 单一投资基金核算

单一投资基金核算，是指单一投资基金（包括不以基金名义设立的创投企业）在一个纳税年度内从不同创业投资项目取得的股权转让所得和股息红利所得按下述方法分别核算纳税：

（1）股权转让所得。

单个投资项目的股权转让所得，按年度股权转让收入扣除对应股权原值和转让环节合理费用后的余额计算，股权原值和转让环节合理费用的确定方法，参照股权转让所得个人所得税有关政策规定执行。单一投资基金的股权转让所得，按一个纳税年度内不同投资项目的所得和损失相互抵减后的余额计算，余额大于或等于零的，即确认为该基金的年度股权转让所得；余额小于零的，该基金年度股权转让所得按零计算且不能跨年结转。

个人合伙人按照其应从基金年度股权转让所得中分得的份额计算其应纳税额，并由创投企业在次年3月31日前代扣代缴个人所得税。如符合财政部、国家税务总局《关于创业投资企业和天使投资个人有关税收政策的通知》（财税〔2018〕55号）规定条件的，创投企业个人合伙人可以按照被转让项目对应投资额的70%抵扣其应从基金年度股权转让所得中分得的份额后再计算其应纳税额，当期不足抵扣的，不得向以后年度结转。

（2）股息红利所得。

单一投资基金的股息红利所得，以其来源于所投资项目分配的股息、红利收入以及其他固定收益类证券等收入的全额计算。

个人合伙人按照其应从基金股息红利所得中分得的份额计算其应纳税额，并由创投企业按次代扣代缴个人所得税。

（3）扣除项目。

单一投资基金发生的包括投资基金管理人的管理费和业绩报酬在内的其他支出，不得在核算时扣除。

上述单一投资基金核算方法仅适用于计算创投企业个人合伙人的应纳税额。

3. 年度所得整体核算

创投企业年度所得整体核算，是指将创投企业以每一纳税年度的收入总额减除成本、费用以及损失后，计算应分配给个人合伙人的所得。如符合财政部、国家税务总局《关于创业投资企业和天使投资个人有关税收政策的通知》（财税〔2018〕55号）规定条件的，创投企业个人合伙人可以按照被转让项目对应投资额的70%抵扣其可以从创投企业应分得的经营所得后再计算其应纳税额。年度核算亏损的，准予按有关规定向以后年度结转。

按照“经营所得”项目计税的个人合伙人，没有综合所得的，可依法减除基本减除费用、专项扣除、专项附加扣除以及国务院确定的其他扣除。从多处取得经营所得的，应汇总计算个人所得税，只减除一次上述费用和扣除。

4. 优惠政策限定条件

所称创投企业，是指符合《创业投资企业管理暂行办法》（发展改革委等 10 部门令第 39 号）或者《私募投资基金监督管理暂行办法》（证监会令第 105 号）关于创业投资企业（基金）的有关规定，并按照上述规定完成备案且规范运作的合伙制创业投资企业（基金）。

5. 税收优惠备案和纳税申报

（1）创投企业选择按单一投资基金核算的，应当在创投企业按规定完成备案的 30 日内，向主管税务机关进行核算方式备案；未按规定备案的，视同选择按创投企业年度所得整体核算。

（2）2019 年 1 月 1 日前已经完成备案的创投企业，选择按单一投资基金核算的，应当在 2019 年 3 月 1 日前向主管税务机关进行核算方式备案。

（3）创投企业选择一种核算方式满 3 年需要调整的，应当在满 3 年的次年 1 月 31 日前，重新向主管税务机关备案。

五、清算所得的个人所得税处理

（一）个人独资企业的解散与清算

1. 应解散的情形

根据《中华人民共和国个人独资企业法》（以下简称《个人独资企业法》）第二十六条的规定，个人独资企业有下列情形之一的，应当解散：

（1）投资人决定解散；

（2）投资人死亡或者被宣告死亡，无继承人或者继承人决定放弃继承；

（3）被依法吊销营业执照；

（4）法律、行政法规规定的其他情形。

2. 清算

个人独资企业解散，由投资人自行清算或者由债权人申请人民法院指定清算人进行清算。投资人自行清算的，应当在清算前 15 日内书面通知债权人，无法通知的，应当予以公告。债权人应当在接到通知之日起 30 日内、未接到通知的应当在公告之日起 60 日内，向投资人申报其债权。

3. 财产清偿

个人独资企业解散后，原投资人对个人独资企业存续期间的债务仍应承担偿还责任，但债权人在五年内未向债务人提出偿债请求的，该责任消灭。根据《个人独资企业法》第二十九条的规定，个人独资企业解散的，财产应当按照下列顺序清偿：

（1）所欠职工工资和社会保险费用；

（2）所欠税款；

（3）其他债务。

清算期间，个人独资企业不得开展与清算目的无关的经营活动。在按规定清偿债务前，投资人不得转移、隐匿财产。

个人独资企业财产不足以清偿债务的，投资人应当以其个人的其他财产予以清偿。个人独资企业清算结束后，投资人或者人民法院指定的清算人应当编制清算报告，并于 15 日内到登记机关办理注销登记。

（二）合伙企业的解散与清算

1. 应解散的情形

根据《合伙企业法》第八十五条的规定，合伙企业有下列情形之一的，应当解散：

（1）合伙期限届满，合伙人决定不再经营；

（2）合伙协议约定的解散事由出现；

（3）全体合伙人决定解散；

（4）合伙人已不具备法定人数满 30 天；

（5）合伙协议约定的合伙目的已经实现或者无法实现；

（6）依法被吊销营业执照、责令关闭或者被撤销；

（7）法律、行政法规规定的其他原因。

2. **清算**

合伙企业解散的，应当进行清算。解散而未清算的合伙企业，在清算范围内视为存续。合伙企业解散，应当由清算人进行清算。清算人由全体合伙人担任；经全体合伙人过半数同意，可以自合伙企业解散事由出现后15日内指定一个或者数个合伙人，或者委托第三人，担任清算人。自合伙企业解散事由出现之日起15日内未确定清算人的，合伙人或者其他利害关系人可以申请人民法院指定清算人。清算人在清算期间执行下列事务：

（1）清理合伙企业财产，分别编制资产负债表和财产清单；

（2）处理与清算有关的合伙企业未了结事务；

（3）清缴所欠税款；

（4）清理债权、债务；

（5）处理合伙企业清偿债务后的剩余财产；

（6）代表合伙企业参加诉讼或者仲裁活动。

清算人应当自被确定之日起10日内将合伙企业解散事项通知债权人，并于60日内在报纸上公告。债权人应当自接到通知书之日起30日内，未接到通知书的自公告之日起45日内，向清算人申报债权。债权人申报债权，应当说明债权的有关事项，并提供证明材料。清算人应当对债权进行登记。清算期间，合伙企业存续，但不得开展与清算无关的经营活动。

3. **财产清偿**

在清算过程中，合伙企业财产应当按如下顺序清偿债务：

（1）支付清算费用；

（2）偿付合伙企业所欠的职工工资、社会保险费用、法定补偿金；

（3）缴纳合伙企业所欠税款；

（4）偿付合伙企业的债务。

清偿完毕后，如果有剩余财产，依照《合伙企业法》第三十三条第一款的规定（即合伙企业的利润分配、亏损分担，按照合伙协议的约定办理；合伙协议未约定或者约定不明确的，由合伙人协商决定；协商不成的，由合伙人按照实缴出资比例分配、分担；

无法确定出资比例的，由合伙人平均分配、分担）在合伙人之间进行分配。合伙企业清算时，其全部财产不足清偿债务的，由全体合伙人承担无限连带清偿责任。

清算结束，清算人应当编制清算报告，经全体合伙人签名、盖章后，在15日内向企业登记机关报送清算报告，申请办理合伙企业注销登记。合伙企业注销后，原普通合伙人对合伙企业存续期间的债务仍应承担无限连带责任。

《合伙企业法》第九十二条规定，合伙企业不能清偿到期债务的，债权人可以依法向人民法院提出破产清算申请，也可以要求普通合伙人清偿。合伙企业依法被宣告破产的，普通合伙人对合伙企业债务仍应承担无限连带责任。

《中华人民共和国企业破产法》第一百三十五条规定："其他法律规定企业法人以外的组织的清算，属于破产清算的，参照适用本法规定的程序。"合伙企业的破产清算属于该条规定的范围。

（三）清算的个人所得税处理

根据《关于个人独资企业和合伙企业投资人征收个人所得税的规定》第十六条的规定，企业进行清算时，投资者应当在注销工商登记之前，向主管税务机关结清有关税务事宜。企业的清算所得应当视为年度生产经营所得，由投资者依法缴纳个人所得税。

清算所得，是指企业清算时的全部资产或者财产的公允价值扣除各项清算费用、损失、负债、以前年度留存的利润后，超过实缴资本的部分。

六、征收管理

（一）申报期限

个人独资企业和合伙企业个人投资者应纳的个人所得税税款，按年计算，分月或者分季预缴，由投资者在每月或者每季度终了后15日内预缴，年度终了后3个月内汇算清缴，多退少补。企业在年度中间合并、分立、终止时，投资者应当在停止生产经营之日起60日内，向主管税务机关办理当期个人所得税汇算清缴。企业在纳税年度的中间开业，或者由于合并、关闭等原因，使该纳税年度的实际经营期不足12个月的，应当以其实际经营期作为一个纳税年度。

（二）纳税地点

根据《国家税务总局关于个人所得税自行纳税申报有关问题的公告》（国家税务总局公告2018年第62号）第二条的规定，纳税人取得经营所得，按年计算个人所得税，由纳税人在月度或季度终了后15日内，向经营管理所在地主管税务机关办理预缴纳税申报，并报送《个人所得税经营所得纳税申报表（A表）》。在取得所得的次年3月31日前，向经营管理所在地主管税务机关办理汇算清缴，并报送《个人所得税经营所得纳税申报表（B表）》。从两处以上取得经营所得的，选择向其中一处经营管理所在地主管税务机关办理年度汇总申报，并报送《个人所得税经营所得纳税申报表（C表）》。

七、合伙企业“先分后税”的税务风险

《财政部 国家税务总局关于合伙企业合伙人所得税问题的通知》（财税〔2008〕第159号）规定：

根据《中华人民共和国企业所得税法》及其实施条例和《中华人民共和国个人所得税法》（现在是新个税法，但并没有对此作出调整性的规定，此政策仍然有效）有关规定，现将合伙企业合伙人的所得税问题通知如下：

一、本通知所称合伙企业是指依照中国法律、行政法规成立的合伙企业。

二、合伙企业以每一个合伙人为纳税义务人。合伙企业合伙人是自然人的，缴纳个人所得税；合伙人是法人和其他组织的，缴纳企业所得税。

三、合伙企业生产经营所得和其他所得采取“先分后税”的原则。具体应纳税所得额的计算按照《关于个人独资企业和合伙企业投资者征收个人所得税的规定》（财税〔2000〕91号）及《财政部 国家税务总局关于调整个体工商户个人独资企业和合伙企业个人所得税税前扣除标准有关问题的通知》（财税〔2008〕65号）的有关规定执行（财税〔2008〕65号及财税〔2000〕91号文件相应内容已有更新或失效）。

前款所称生产经营所得和其他所得，包括合伙企业分配给所有合伙人的所得和企业当年留存的所得（利润）。

四、合伙企业的合伙人按照下列原则确定应纳税所得额：

（一）合伙企业的合伙人以合伙企业的生产经营所得和其他所得，按照合伙协议约定的分配比例确定应纳税所得额。

（二）合伙协议未约定或者约定不明确的，以全部生产经营所得和其他所得，按照合伙人协商决定的分配比例确定应纳税所得额。

（三）协商不成的，以全部生产经营所得和其他所得，按照合伙人实缴出资比例确定应纳税所得额。

（四）无法确定出资比例的，以全部生产经营所得和其他所得，按照合伙人数量平均计算每个合伙人的应纳税所得额。

合伙协议不得约定将全部利润分配给部分合伙人。

五、合伙企业的合伙人是法人和其他组织的，合伙人在计算其缴纳企业所得税时，不得用合伙企业的亏损抵减其盈利。

在财税〔2008〕159号文件中提到的“先分后税”，指合伙企业取得生产经营所得和其他所得时，应先计算个人的经营所得，若最后纳税人投资合伙企业亏损，不能再申报退税。

案例：甲、乙两个自然人出资设立了一个合伙企业A，各出资50%并约定按此比例分配，2019年A合伙企业计算应纳税所得额时（纳税调整20万元），共计为300万元。2020年3月，分配上述利润280万元（纳税调整的20万元不存在利润）。

分析：在2019年年度汇算清缴时，甲、乙各需要计算经营所得150万元，假设甲、乙没有其他综合所得，不存在扣除6万元等扣除事项，则甲、乙各自应纳个人所得税为：

1500000 ×35% − 65500 = 459500（元）

在2020年分配时，不需要再并入2020年经营所得计税，因为在2019年度已计缴过税款，避免重复计税。

第九章
特殊行业个人所得税处理

第一节　建安工程作业人员

一、建安工程作业人员的税收概念

《建筑安装业个人所得税征收管理暂行办法》（国税发〔1996〕127号）第三条第三款规定，从事建筑安装业工程作业的其他人员取得的所得，分别按照工资、薪金所得项目和劳务报酬所得项目计征个人所得税。

《国家税务总局关于建筑安装业跨省异地工程作业人员个人所得税征收管理问题的公告》（国家税务总局公告2015年第52号）第一条规定，总承包企业、分承包企业派驻跨省异地工程项目的管理人员、技术人员和其他工作人员在异地工作期间的工资、薪金所得个人所得税，由总承包企业、分承包企业依法代扣代缴并向工程作业所在地税务机关申报缴纳。

总承包企业和分承包企业通过劳务派遣公司聘用劳务人员跨省异地工作期间的工资、薪金所得个人所得税，由劳务派遣公司依法代扣代缴并向工程作业所在地税务机关申报缴纳。

国家税务总局公告2015第52号公告列举了工程作业人员：项目的管理人员、技术人员、其他工作人员、劳务派遣人员。他们不同于“从事建筑安装业的工程承包人、个体户及其他个人”的从业人员概念。

“作业人员”任职或受雇于“从业人员”或单位，或者“作业人员”非任职或受雇于“从业人员”或单位但为其提供某项独立劳务服务。

“作业人员”付出劳动取得的所得属于“非生产经营”性质，而“从业人员”取得所得属于“生产经营”性质。

二、建安工程作业人员按不同情况适用的税收政策

（一）适用税目

按照《建筑安装业个人所得税征收管理暂行办法》（国税发〔1996〕127号）第三条的规定，承包建筑安装业各项工程作业的承包人取得的所得，应区别不同情况计征个人所得税：经营成果归承包人个人所有的所得，或按照承包合同（协议）法规、将一部分经营成果留归承包人个人的所得，按对企事业单位的承包经营、承租经营所得项目征税；以其他分配方式取得的所得，按工资、薪金所得项目征税。

从事建筑安装业的个体工商户和未领取营业执照承揽建筑安装业工程作业的建筑安装队和个人，以及建筑安装企业实行个人承包后工商登记改变为个体经济性质的，其从事建筑安装业取得的收入应按照个体工商户的生产、经营所得项目计征个人所得税。

从事建筑安装业工程作业的其他人员取得的所得，分别按照工资、薪金所得项目和劳务报酬所得项目计征个人所得税。

（二）征收方法

1. 核定征收个人所得税

根据《建筑安装业个人所得税征收管理暂行办法》（国税发〔1996〕127号）的规定，从事建筑安装业的单位和个人应设置会计账簿，健全财务制度，准确、完整地进行会计核算。对未设立会计账簿，或者不能准确、完整地进行会计核算的单位和个人，主管税务机关可根据其工程规模、工程承包合同（协议）价款和工程完工进度等情况，核定其应纳税所得额或应纳税额，据以征税。具体核定办法由县以上（含县级）税务机关制定。

2. 代扣代缴个人所得税

根据《国家税务总局关于建筑安装业跨省异地工程作业人员个人所得税征收管理问题的公告》（国家税务总局公告 2015 年第 52 号）的规定，总承包企业、分承包企业派驻跨省异地工程项目的管理人员、技术人员和其他工作人员在异地工作期间的工资、薪金所得个人所得税，由总承包企业、分承包企业依法代扣代缴并向工程作业所在地税务机关申报缴纳。

总承包企业和分承包企业通过劳务派遣公司聘用劳务人员跨省异地工作期间的工资、薪金所得个人所得税，由劳务派遣公司依法代扣代缴并向工程作业所在地税务机关申报缴纳。

3. 实行全员全额扣缴明细申报的单位不得核定征收个人所得税

跨省异地施工单位代扣的施工人员工资、薪金所得个人所得税，应向工程作业所在地税务机关办理全员全额扣缴明细申报。对实行全员全额扣缴明细申报的单位，工程作业所在地税务机关不得核定征收个人所得税。

承包企业、分承包企业和劳务派遣公司的机构所在地税务机关需要掌握异地工程作业人员工资、薪金所得个人所得税缴纳情况的，工程作业所在地税务机关应及时提供。机构所在地税务机关不得对异地工程作业人员已纳税工资、薪金所得重复征税。两地税务机关应加强沟通协调，切实维护纳税人权益。

（三）纳税地点

建筑安装业异地施工作业人员工资、薪金所得，由其所在单位依法代扣代缴个人所得税并向工程作业所在地税务机关申报缴纳。

跨省异地施工单位代扣的施工人员工资、薪金所得个人所得税，应向工程作业所在地税务机关办理全员全额扣缴明细申报。

（四）代开发票环节个人所得税

个人所得税纳税人（包括个体工商户业主、个人独资企业投资者、合伙企业个人合伙人以及其他自然人等）取得应税所得申请代开发票时，税务机关和委托代征单位在代开发票环节不征收个人所得税。

申请代开发票纳税人取得综合所得、分类所得的个人所得税，由扣缴义务人按照《国家税务总局关于发布〈个人所得税扣缴申报管理办法（试行）〉的公告》（国家税务总局公告 2018 年第 61 号）的规定预扣预缴、代扣代缴申报缴纳；取得经营所得的个人所得税，由纳税人按照《国家税务总局关于个人所得税自行纳税申报有关问题的公告》（国家税务总局公告 2018 年第 62 号）的规定自行申报缴纳。

税务机关和委托代征单位在代开发票时，应在发票备注栏内统一注明“个人所得税须依法代扣代缴或自行申报”。

扣缴义务人（支付方）和纳税人（申请开票人）须根据发票上的提示，判断应税所得项目。属于劳务报酬所得、稿酬所得、特许权使用费所得、利息股息红利所得、财产租赁所得、财产转让所得、偶然所得的，扣缴义务人（支付方）须依法预扣预缴、代扣代缴个人所得税或核验纳税人已缴个人所得税凭证。属于经营所得的，纳税人（申请开票人）须向经营管理所在地主管税务机关办理个人所得税自行申报。

三、建安工程作业人员中农民工工资发放的个人所得税处理

根据《国务院办公厅关于全面治理拖欠农民工工资问题的意见》（国办发〔2016〕1 号）和《保障农民工工资支付条例》规定，在工程建设领域，鼓励实行分包企业农民工工资委托施工总承包单位设立农民工工资专用账户直接代发的办法。

（一）按是否办理农民工工资专用账户和实名制管理的建筑工程项目分类

根据建筑企业工程项目是否办理农民工工资专用账户和实名制管理进行分类，建筑企业可以分为以下三大类：

1. 既办理农民工工资专用账户又办理农民工实名制管理的项目

主要是房建工程和市政工程。根据《建筑工人实名制管理办法（试行）》（建市〔2019〕18 号）规定，建筑工人实名制管理办法适用于房屋建筑和市政基础设施工程。2020 年 5 月 1 日实施的《保障农民工工资支付条例》规定，在建筑领域推行农民工工资专用账户管理，将农民工工资和非人工工程款分账管理。因此，房建工程和市政工

程必须是既要办理农民工工资专用账户又要办理农民工实名制管理的工程项目。

2. 既不要办理农民工工资专用账户又不要办理农民工实名制管理的项目

主要是地下管道工程、煤矿建设工程、石油化工煤气建设工程、绿化工程、拆迁工程、爆破工程、家庭室内装修工程等，以及以下不需要办理《建筑工程施工许可证》的工程项目：工程投资额在30万元以下或者建筑面积在300平方米以下的建筑工程，文物保护的纪念建筑物和古建筑等的修缮，抢险救灾及其他临时性房屋建筑和农民自建低层住宅的建筑活动。

3. 必须要办理农民工工资专用账户但不要办理农民工实名制管理的项目

主要是国家交通工程、水利水电工程、国家电网工程。

从以上三类建筑工程项目的划分来看，建筑公司挂靠劳务公司开具发票主要适用于第二类、第三类建筑工程项目，第一类建筑工程项目完全不适用挂靠劳务公司开具发票入成本。

（二）直接发放农民工工资的个人所得税处理

设立农民工工资专用账户的建筑企业总承包方与农民工签订劳动合同（适合第一类建筑施工项目）的情况下，直接发放农民工工资。

1. 扣缴义务人和申报缴纳地点

根据《中华人民共和国劳动合同法》的规定，设立农民工工资专用账户的建筑企业总承包方与农民工签订劳动合同（适合第一类建筑施工项目），则农民工与建筑企业构成雇佣与被雇佣的劳动关系。《中华人民共和国个人所得税法》第九条、《个人所得税扣缴申报管理办法（试行）》（国家税务总局公告2018年第61号）规定个人所得税以所得人为纳税人，以支付所得的单位或者个人为扣缴义务人。

扣缴义务人，是指向个人支付所得的单位或者个人。扣缴义务人向居民个人支付工资、薪金所得时，应当按照累计预扣法计算预扣税款，并按月办理扣缴申报。因此，如果建筑企业与农民工签订劳动合同，农民工的个人所得税的扣缴义务人是设立农民工工资专用账户的建筑企业总承包方。

根据《国家税务总局关于建筑安装业跨省异地工程作业人员个人所得税征收管理

问题的公告》（国家税务总局2015年公告第52号文件）的规定，跨省、直辖市异地工程作业人员和本省跨市、县（区）工程作业人员（包括农民工）的个人所得税申报缴纳地点在工程作业所在地税务机关。也有地方规定，本省跨市、县（区）工程作业人员（包括农民工）的个人所得税申报缴纳地点在建筑企业机构注册地。

2. 征收方式

（1）核定征收

如果劳务工程所在地税务主管部门针对跨省异地施工或省内异地施工的劳务公司，按照其经营收入或不含增值税的开票金额的一定比例，代征工程项目的管理人员、技术人员和其他工作人员（包括农民工）的个人所得税，则劳务公司必须取得税务机关开具的“中华人民共和国税收完税证明”，特别提醒：该“中华人民共和国税收完税证明”上的第二列“税种”栏填写“个人所得税”，第三列“品目名称”栏填写“工资薪金所得”字样，而不是填写“个人承包承租经营所得”字样。

根据国家税务总局2015年公告第52号文件的规定，建筑企业在公司注册地凭借农民工工地上真实的工资表计入工资成本，建筑企业总承包方不需要在工程所在地税务局通过个税申报系统进行全员全额申报农民工个人所得税。

（2）查账征收

查账征收农民工个人所得税，适用全员全额申报个人所得税。

如果工程项目所在地税务主管部门针对跨省异地施工或省内异地施工的建筑企业，没有按照建筑企业经营收入不含增值税的开票金额的一定比例，代征工程项目的管理人员、技术人员和其他工作人员（包括农民工）的个人所得税，则依照《中华人民共和国个人所得税法》和国家税务总局2015年公告第52号文件的规定，建筑企业必须对农民工的工资，在工程项目所在地的税务局通过个税申报系统实行全员全额预缴个人所得税。

四、建筑行业班组长（包工头）内部劳务承包的个人所得税处理

班组长（包工头）管辖下的农民工从发包方获得的劳动报酬所得是工资薪金综合所得，而班组长（包工头）获得的劳动报酬所得要按照以下两种情况处理：

（一）班组长（包工头）内部劳务承包，承包经营所得归包工头所有的个税处理

如果建筑企业或专业作业劳务公司与班组负责人（包工头）签订内部劳务承包协议约定：班组长（包工头）以建筑企业或专业作业劳务公司的名义对外经营，建筑企业或专业作业劳务公司对外承担民事法律责任，班组长（包工头）向施工总承包方和专业承包方或专业分包方上交一定的管理费用，经营所得归班组长（包工头）所有，则班组长（包工头）获得的劳动报酬所得是“经营所得”，必须按照“经营所得”进行个人所得税处理。具体处理如下：

1. 班组长（包工头）取得经营所得的“应纳税所得额”的计算

根据《中华人民共和国个人所得税法》第六条第（三）项的规定，以班组长（包工头）每一纳税年度的收入总额减除成本、费用以及损失后的余额，为应纳税所得额。同时，根据《中华人民共和国个人所得税法实施条例》（中华人民共和国国务院令第707号）第十五条的规定，取得经营所得的班组长（包工头），没有综合所得的，计算其每一纳税年度的应纳税所得额时，应当减除费用6万元、专项扣除、专项附加扣除以及依法确定的其他扣除。其中，专项附加扣除在办理汇算清缴时减除。

基于以上税法规定，班组长或包工头取得经营所得可以选择按季度预缴个税，其季度和年度汇算清缴的“应纳税所得额”计算公式如下：

季度应纳税所得额＝收入－成本费用－弥补以前年度的亏损－5000×3－专项扣除－依法确定的其他扣除

年度汇算清缴的年度应纳税所得额＝收入－成本费用－弥补以前年度的亏损－5000×12－专项扣除－依法确定的其他扣除－专项附加扣除

班组长或包工头取得经营所得的应纳个人所得税＝年应纳税所得额×税率－速算扣除数

2. 班组长（包工头）取得经营所得办理汇算清缴的时间和纳税申报地点

根据《中华人民共和国个人所得税法》（中华人民共和国主席令第9号）第十二条和《国家税务总局关于修订部分个人所得税申报表的公告》（国家税务总局公告2019年第46号）的规定，班组长或包工头（纳税人）取得经营所得，按年计算个人

所得税，由纳税人在月度或者季度终了后十五日内向项目经营所在地主管税务机关办理预缴纳税申报，在取得所得的次年三月三十一日前，向项目经营所在地主管税务机关办理个人所得税汇算清缴。

3. 班组长（包工头）取得“经营所得”办理个人所得税汇算清缴的有关资料提交要求

《国家税务总局关于修订部分个人所得税申报表的公告》（国家税务总局公告2019年第46号）规定，纳税人取得经营所得，按年计算个人所得税，由纳税人在月度或季度终了后15日内，向经营管理所在地主管税务机关办理预缴纳税申报，并报送《个人所得税经营所得纳税申报表（A表）》。在取得所得的次年3月31日前，向经营管理所在地主管税务机关办理汇算清缴，并报送《个人所得税经营所得纳税申报表（A表）》。

基于以上税法规定，班组长或包工头取得“经营所得”办理个人所得税汇算清缴时，在月度或季度终了后15日内，必须向项目施工所在地税务部门办理预缴纳税申报，并报送《个人所得税经营所得纳税申报表（A表）》；在次年的3月31日前，向项目施工所在地税务部门办理汇算清缴，并报送《个人所得税经营所得纳税申报表（A表）》。

（二）班组长（包工头）内部劳务承包，包工头对承包经营成果不拥有所有权的个税处理

《建筑安装业个人所得税征收管理暂行办法》（国税发〔1996〕127号）第三条规定，承包建筑安装业各项工程作业的承包人取得的所得，应区别不同情况计征个人所得税：经营成果归承包人个人所有的所得，或按照承包合同（协议）规定，将一部分经营成果留归承包人个人的所得，按对企事业单位的承包经营、承租经营所得项目征税；以其他分配方式取得的所得，按工资、薪金所得项目征税。基于此规定，如果劳务公司与班组长（包工头）签订内部劳务承包协议约定：班组负责人（包工头）对企业承包经营成果不拥有所有权，仅是按内部承包协议规定取得一定所得，则班组长（包工头）获得的劳动报酬所得是工资薪金综合所得，必须按照工资薪金综合所得进行个人所得税处理。具体处理如下：

1. 由施工总承包方和专业承包方或专业分包方（发包方）按月依照“累计预扣法”

预扣预缴班组长（包工头）的个人所得税。

2. 根据《个人所得税专项附加扣除操作办法（试行）》（国家税务总局公告 2018 年第 60 号）第四条第一款的规定，班组长（包工头）为享受子女教育、继续教育、住房贷款利息或者住房租金、赡养老人专项附加扣除的纳税人，可以选择扣缴义务人在预扣预缴税款时办理扣除；也可以选择在次年 3 月 1 日至 6 月 30 日内，向汇缴地主管税务机关办理汇算清缴申报时扣除。

第二节　影视工作室从业人员

一、影视工作室从业人员按身份和收入类型不同个人所得税的不同处理

影视工作室从业人员一般都会签约经纪公司或工作室等，由经纪公司承接电影、电视剧拍摄、广告代言、参加娱乐节目、商业走穴等演出活动，并由经纪公司和制作方、主办方进行费用结算，演员再根据与经纪公司签订的协议进行收入的分摊。

（一）因任职受雇于签约的演艺公司取得的固定工资、分成收入按照“工资、薪金所得”缴税，最高税率 45%；

（二）若影视工作室从业人员同时是演艺公司的股东，其取得的公司税后利润分工，应按照“利息、股息、红利所得”纳税，税率 20%；

（三）若影视工作室从业人员投资成立自己的个人独资企业、个体工商户性质的工作室，其取得的各项所得应按照“个体工商户的生产、经营所得”纳税，最高税率 35%；

（四）若影视工作室从业人员在签约公司以外，单独以自己名义从事商业演出、拍摄广告，并自行结算的，该部分收入应按照“劳务报酬所得”纳税，加成征收，最高税率 40%；

（五）若影视工作室从业人员个人出书，则应按照“稿酬所得”纳税，税率 20%。

二、纳税申报主体

《个人所得税法》第八条规定：个人所得税，以所得人为纳税义务人，以支付所得的单位或者个人为扣缴义务人。上述除了“个体工商户的生产、经营所得”应由影视工作室从业人员（作为独资企业投资者或个人工商业主）自行申报纳税，其他所得应由演艺公司、支付方在向影视工作室从业人员个人支付所得时履行个人所得税扣缴义务。

影视工作室从业人员在自己取得应税所得时，不能以支付方未履行扣缴义务、自己无需自行申报进行申辩。根据《个人所得税自行纳税申报办法（试行）》第二条、第三条的相关规定，自然人纳税人年所得 12 万元以上的、从中国境外取得所得的应办理自行申报。而影视工作室从业人员属于高收入、高净值人群，无论取得的各项所得是否已足额缴纳了个人所得税，均应当于纳税年度终了 3 个月内向主管税务机关办理纳税申报。

三、税务风险

（一）演艺公司未按规定扣缴税款的风险

《中华人民共和国税收征收管理法》（以下简称《征管法》）第六十九条规定，扣缴义务人应扣未扣、应收而不收税款的，由税务机关向纳税人追缴税款，对扣缴义务人处应扣未扣、应收未收税款百分之五十以上三倍以下的罚款。

（二）影视工作室从业人员个人未按规定期限办理自行申报的风险

《征管法》第六十二条规定，纳税人未按照规定的期限办理纳税申报和报送纳税资料的，或者扣缴义务人未按照规定的期限向税务机关报送代扣代缴、代收代缴税款报告表和有关资料的，由税务机关责令限期改正，可以处二千元以下的罚款；情节严重的，可以处二千元以上一万元以下的罚款。

（三）关于签订“阴阳合同”，编制虚假计税依据的风险

《征管法》第六十三条规定，纳税人伪造、变造、隐匿、擅自销毁账簿、记账凭证，或者在账簿上多列支出或者不列、少列收入，或者经税务机关通知申报而拒不申

报或者进行虚假的纳税申报，不缴或者少缴应纳税款的，是偷税。对存在偷税的纳税人，由税务机关追缴其不缴或者少缴的税款、滞纳金，并处不缴或者少缴的税款百分之五十以上五倍以下的罚款；构成犯罪的，依法追究刑事责任。

《中华人民共和国刑法》第二百零一条规定，纳税人采取欺骗、隐瞒手段进行虚假纳税申报或者不申报，逃避缴纳税款数额较大并且占应纳税额百分之十以上的，处三年以下有期徒刑或者拘役，并处罚金；数额巨大并且占应纳税额百分之三十以上的，处三年以上七年以下有期徒刑，并处罚金。

扣缴义务人采取前款所列手段，不缴或者少缴已扣、已收税款，数额较大的，依照前款的规定处罚。

对多次实施前两款行为，未经处理的，按照累计数额计算。

有第一款行为，经税务机关依法下达追缴通知后，补缴应纳税款，缴纳滞纳金，已受行政处罚的，不予追究刑事责任；但是，五年内因逃避缴纳税款受过刑事处罚或者被税务机关给予二次以上行政处罚的除外。

第三节 “网红”主播

随着网络直播的蓬勃发展，主播的商业价值也在被不断开发，不少“头部”“顶流”“大咖”主播日收入可达到百万元。

一、“网红”主播个人所得税处理现状

直播行业主要分为内容直播平台和电商直播平台两类，主播通过直播平台向用户进行游戏、音乐、影视等内容直播或向用户推销、售卖商品，并依据平台的收益分配规则获得相关收益。对于不同类型的直播平台，主播收入构成有所不同，但一般包含用户打赏分成、底薪、衍生副业所得及平台额外奖励。对于平台额外奖励，属于偶然

所得（税率为 20%），由直播平台代扣代缴主播个人所得税；而对于用户打赏分成、底薪、佣金、衍生副业所得，实践中通常作为劳务所得由直播平台代扣代缴。

按上述“网红”主播的内容分以下情形进行个人所得税处理：

（一）“网红”以独立身份进行直播

“网红”在网络平台直播销售某品牌商的产品，该平台与“网红”签订劳务合同，按扣除佣金后的收入的一定比例支付劳务报酬。

“网红”是以个人身份工作，直播平台只是一个场所，平台与“网红”间不存在雇佣关系，而是独立的劳务关系。“网红”应按提供劳务到税务机关代开发票，税务机关代征增值税及其他相关的税种，同时直播平台按劳务报酬所得预扣预缴个人所得税。“网红”应在次年 3 月 1 日—6 月 30 日按规定办理汇算清缴。

（二）“网红”与直播平台签订劳动合同

“网红”与直播平台签订劳动合同，“网红”每月自己缴纳“三险一金”，没有专项附加扣除等情况。直播平台每月支付“网红”工资薪金。

由于“网红”与直播平台签订的是劳动合同，因此双方形成雇佣关系，“网红”所得收入应该按照工资、薪金所得，缴纳个人所得税。

（三）经纪公司签约主播通过平台直播

“网红”与经纪公司签订劳动合同，此时“网红”的东家不再是直播平台，而是签约的经纪公司。主播取得的所得仍然属于工资、薪金所得，其应缴纳的个人所得税税款由其经纪公司代扣代缴。

（四）成立个人工作室与直播平台签约

“网红”成立个人独资企业性质的工作室（小规模纳税人，查账征收），工作室取得直播收入。

如果“网红”没有综合所得，在汇算清缴时还应当减除费用 6 万元、专项扣除、专项附加扣除以及依法确定的其他扣除。

（五）其他收入

“网红”除从直播平台取得的收入要按工资薪金所得、劳务报酬、经营所得纳税外，其淘宝、微商、代购的收入还要按经营所得缴纳个人所得税；“网红”取得粉丝的“打赏”收入按“偶然所得”纳税。

二、直播平台是否为“网红”个人所得税的扣缴义务人

对于平台额外奖励适用偶然所得由直播平台代扣代缴个人所得税，实践中并无太大争议。而直播平台是否应当为“网红”扣缴个人所得税，取决于直播平台与主播之间的法律关系。

（一）主播与直播平台之间为劳动关系

如果主播为自然人，且与直播平台之间具备《关于确立劳动关系有关事项的通知》第一条所规定的情形（用人单位招用劳动者未订立书面劳动合同，但同时具备下列情形的，劳动关系成立：（1）用人单位和劳动者符合法律、法规规定的主体资格；（2）用人单位依法制定的各项劳动规章制度适用于劳动者，劳动者受用人单位的劳动管理，从事用人单位安排的有报酬的劳动；（3）劳动者提供的劳动是用人单位业务的组成部分），则二者之间存在劳动关系，此时，“网红”所获得的底薪、用户打赏分成应当被认定为工资、薪金所得，适用3% ~ 45%超额累进税率，由直播平台作为扣缴义务人，为“网红”代扣代缴个人所得税。

（二）“网红”与直播平台之间为劳务关系

如果主播为自然人，与直播平台不构成劳动关系，仅是为直播平台提供劳务服务，则在该种情况下，主播所获得的底薪、用户打赏分成属于劳务报酬所得，依据《个人所得税法》（主席令第9号）的规定，主播所获得的底薪、打赏分成应当由直播平台作为扣缴义务人预扣预缴税款，并办理年度汇算清缴。

（三）“网红”与直播平台之间为合作关系

若“网红”设立相关市场主体（如个体工商户、个人独资企业、合伙企业等），

并以该市场主体的名义与直播平台签署相关协议，则与直播平台之间构成合作关系，此时“网红”所获收入由主播以该市场主体名义自行申报纳税。

（四）直播平台仅作为第三方平台提供直播技术及交易撮合服务

如果直播平台仅作为第三方技术服务平台，为入驻的商家和“网红”提供直播技术服务及交易撮合服务，则此时直播平台作为代收代付方，并非《个人所得税法》所述的代扣代缴义务人。

三、直播平台的税务风险

（一）依法合规履行个人所得税扣缴义务

当直播平台与主播之间为劳动（劳务）关系时，直播平台应当履行个人所得税代扣代缴义务，否则根据《税收征收管理法》（主席令第23号）的规定，构成扣缴义务人应扣未扣、应收而不收税款的，将由税务机关向纳税人追缴税款，对扣缴义务人处应扣未扣、应收未收税款百分之五十以上三倍以下的罚款。

若直播平台企业存在《税收征收管理法》所规定的采取伪造、变造、隐匿、擅自销毁账簿、记账凭证，或者在账簿上多列支出或者不列、少列收入，或者经税务机关通知申报而拒不申报或者进行虚假的纳税申报，不缴或者少缴应纳税款的手段，不缴或者少缴已扣、已收税款，则将由税务机关追缴其不缴或者少缴的税款、滞纳金，并处不缴或者少缴的税款百分之五十以上五倍以下的罚款；构成犯罪的，依法追究刑事责任。

上述处罚将影响直播平台的信用评级，进而影响其融资、上市计划。直播平台应明确自身与主播之间的法律关系，在与主播签署的相关平台入驻协议或独家合作协议中明确双方的权利义务关系，明确主播是否接受直播平台的管理，服从其工作时间、任务等安排，并需要遵守其规章制度。如构成劳动/劳务关系，直播平台应当依法履行个人所得税代扣代缴义务。

（二）违规将劳动（劳务）关系转化为合作关系

当主播与直播平台构成劳动（劳务）关系时，直播平台负有扣缴义务；而当主播成立相关市场主体，与直播平台构成合作关系时，其收入为市场主体的经营所得，由主播以该市场主体名义自行申报纳税，直播平台也无须承担个人所得税扣缴义务。

基于上述税收政策，“网红”们通过在“税收洼地”或由中介代办，在有税收优惠或地方政府“税收返还”地设立个体工商户、个人独资企业等形式，将劳动 / 劳务关系转化为业务合作关系，但该个体工商户或个人独资企业均无正常的经营，仅用于开票，且在当地未严格按税法规定缴纳个人所得税，将形成较大的税收风险。随着 ITS 系统同相关监管部门的信息联网，各项收入均会被纳入监管范畴，如对个人信用造成损害，其影响更加深远。

第四节　律师事务所从业人员

为规范和加强律师事务所从业人员个人所得税的征收管理，《国家税务总局关于律师事务所从业人员取得收入征收个人所得税有关业务问题的通知》（国税发〔2000〕149 号）明确了相关个人所得税问题，自 2000 年 1 月 1 日起执行。但是，随着律师行业的发展和收入分配形式的变化以及税务部门的征收方式逐步由核定征收改为查账征收，相关征管工作又出现了一些新的情况和问题。为此，《国家税务总局关于律师事务所从业人员有关个人所得税问题的公告》（国家税务总局公告 2012 年第 53 号）对律师事务所从业人员有关个人所得税问题进行了进一步规范，自 2013 年 1 月 1 日起执行。

一、出资律师所得的税务处理

（一）应纳税所得额的确定

根据国税发〔2000〕149号文件的规定，自2000年1月1日起，律师个人出资兴办的独资和合伙性质的律师事务所的年度经营所得，停止征收企业所得税，作为出资律师的个人经营所得，按照有关规定，比照“个体工商户的生产、经营所得”应税项目征收个人所得税。在计算其经营所得时，出资律师本人的工资、薪金不得扣除。合伙制律师事务所应将年度经营所得全额作为基数，按出资比例或者事先约定的比例计算各合伙人应分配的所得，据以征收个人所得税。

（二）合伙律师的费用扣除

由于全国律师协会对律师每年参加业务培训有强制要求，这种行业特殊性与律师的本职工作直接相关，因而，国家税务总局公告2012年第53号还规定，自2013年1月1日起，律师个人承担的按照律师协会规定参加的业务培训费用，可据实扣除。该规定的适用对象是所有律师。律师自行参加的培训以及与律师业务无关的培训产生的费用则不适用该规定。

律师事务所和律师个人发生的其他费用和列支标准，按照《个体工商户个人所得税计税办法》等文件的规定执行。

二、雇员律师所得的税务处理

（一）应税项目的确定

根据国税发〔2000〕149号文件的规定，律师事务所支付给雇员（包括律师及行政辅助人员，但不包括独资和合伙性质的律师事务所的投资者，下同）的所得，按“工资、薪金所得”应税项目征收个人所得税。

（二）分成收入的处理

作为律师事务所雇员的律师与律师事务所按规定的比例对收入分成，律师事务所不负担律师办理案件支出的费用（如交通费、资料费、通信费及聘请人员等费用），律师当月的分成收入按规定扣除办理案件支出的费用后，余额与律师事务所发给的工资合并，按“工资、薪金所得”应税项目计征个人所得税。

（三）兼职律师所得的处理

兼职律师从律师事务所取得工资、薪金性质的所得，律师事务所在代扣代缴其个人所得税时，不再减除个人所得税法规定的费用扣除标准，以收入全额（取得分成收入为扣除办理案件支出费用后的余额）直接确定适用税率，计算扣除个人所得税。兼职律师应于次月 15 日内自行向主管税务机关申报两处或两处以上取得的工资、薪金所得，合并计算缴纳个人所得税。这里的“兼职律师从律师事务所取得的工资、薪金性质的所得”，是指该兼职律师受单位派遣，在雇佣单位取得的工资、薪金所得。

这里需要说明两点：一是上述兼职律师从律师事务所取得的工资、薪金性质的所得，不是按劳务报酬所得项目计算纳税；二是与中方派到外资企业工作的人员费用由雇佣单位扣除不同，律师事务所代扣代缴兼职律师个人所得税时，不扣除费用，而应由派遣单位扣除费用。

（四）其他人员所得的处理

律师以个人名义再聘请其他人员为其工作而支付的报酬，应由该律师按“劳务报酬所得”应税项目负责代扣代缴个人所得税。为了便于操作，税款可由其任职的律师事务所代为缴入国库。

（五）从当事人处取得法律顾问费的处理

国家税务总局 2012 年第 53 号公告规定，从 2013 年 1 月 1 日起，律师从接受法律事务服务的当事人处取得法律顾问费或其他酬金等收入，应并入其从律师事务所取得的其他收入，按照规定计算缴纳个人所得税。

三、非雇员律师所得的税务处理

对律师事务所的非雇员律师、从律师事务所取得的收入，应由律师事务所按照“劳务报酬所得”应税项目代扣代缴个人所得税。

四、对律师行业的个税管理

根据《国家税务总局关于律师事务所从业人员有关个人所得税问题的公告》（国家税务总局公告2012年第53号），区分以下情况：

（一）《国家税务总局关于律师事务所从业人员取得收入征收个人所得税有关业务问题的通知》（国税发〔2000〕149号）第五条第二款规定的作为律师事务所雇员的律师从其分成收入中扣除办理案件支出费用的标准，由现行在律师当月分成收入的30%比例内确定，调整为35%比例内确定。

实行上述收入分成办法的律师办案费用不得在律师事务所重复列支。

（二）合伙人律师在计算应纳税所得额时，应凭合法有效凭据按照个人所得税法和有关规定扣除费用；对确实不能提供合法有效凭据而实际发生与业务有关的费用，经当事人签名确认后，可再按下列标准扣除费用：个人年营业收入不超过50万元的部分，按8%扣除；个人年营业收入超过50万元至100万元的部分，按6%扣除；个人年营业收入超过100万元的部分，按5%扣除。

不执行查账征收的，不适用前款规定。

NO.

04

第四篇　分类所得篇

第十章
利息、股息、红利所得

第一节 概述

一、征税范围

根据2018年新《个人所得税法实施条例》第六条第一款第（六）项的规定，利息、股息、红利所得，是指个人拥有债权、股权等而取得的利息、股息、红利的所得。这与2011年版《个人所得税法实施条例》有关规定略有不同，差异分析见表。

利息、股息、红利所得征税范围规定比较

2018年新《个人所得税法实施条例》	2011年版《个人所得税法实施条例》	修改情况
第六条第一款： （六）利息、股息、红利所得，是指个人拥有债权、股权等而取得的利息、股息、红利所得。	第八条： （七）利息、股息、红利所得，是指个人拥有债权、股权而取得的利息、股息、红利所得。	新条例增加了“等”字。

1. 利息

是指个人拥有债权而取得的利息，包括存款利息、贷款利息和各种债券的利息。

2. 股息、红利

指个人拥有股权取得的股息、红利。按照一定的比率对每股发给的息金叫股息；公司、企业应分配的利润，按股份分配的叫红利。

利息、股息、红利所得，除另有规定外，都应当依法缴纳个人所得税。

二、确定应纳税所得额

《中华人民共和国个人所得税法》规定，利息、股息、红利所得，以每次收入额为应纳税所得额。

每次收入的确定，根据《中华人民共和国个人所得税法实施条例》，利息、股息、红利所得，以支付利息、股息、红利时取得的收入为一次。

三、税率

根据《中华人民共和国个人所得税法》，利息、股息、红利所得，适用比例税率，税率为 20%。

四、应纳税额的计算

计算公式为：应纳税额 = 应纳税所得额 × 适用税率

五、特殊征税范围

（一）量化资产参与企业分配取得的所得

根据国家有关规定，允许集体所有制在改制为股份合作制企业时将有关资产量化给职工个人。对于企业在改革过程中个人取得量化资产有关个人所得税问题，《国家税务总局关于企业改组改制过程中个人取得的量化资产征收个人所得税问题的通知》（国税发〔2000〕60 号）规定，为了支持企业改组改制的顺利进行，对职工个人以股份形式取得的企业量化资产参与企业分配而获得的股息、红利，应按“利息、股息、红利”项目征收个人所得税。

（二）企业转制中的个人股增值所得

《国家税务总局关于原城市信用社在转制为城市合作银行过程中个人股增值所得应纳个人所得税的批复》（国税函发〔1998〕289 号）规定，在城市信用社改制为城市合作银行过程中，个人（股东）以现金或股份及其他形式取得的资产评估增值数额，应当按“利息、股息、红利所得”项目计征个人所得税，税款由城市合作银行负责代扣代缴。

（三）未用于经营的年终未还投资者借款

《财政部 国家税务总局关于规范个人投资者个人所得税征收管理的通知》（财税〔2003〕158 号）第二条规定：纳税年度内个人投资者从其投资企业（个人独资企业、合伙企业除外）借款，在该纳税年度终了后既不归还，又未用于企业生产经营的，其未归还的借款可视为企业对个人投资者的红利分配，依照“利息、股息、红利所得”项目计征个人所得税。

（四）个体工商户取得的联营利润

根据《财政部 国家税务总局关于个人所得税若干政策问题的通知》（财税字〔1994〕20 号）第一条的规定，个体工商户与企业联营而分得的利润，按“利息、股息、红利所得”项目征收个人所得税。个体工商户和从事生产、经营的个人，取得与生产、经营活动无关的各项应税所得，应按规定分别计算征收个人所得税。

（五）个人独资企业和合伙企业分回的利息或者股息红利

根据《国家税务总局〈关于个人独资企业和合伙企业投资者征收个人所得税的规定〉执行口径的通知》（国税函〔2001〕84 号）第二条的规定，个人独资企业和合伙企业对外投资分回的利息或者股息、红利，不并入企业的收入，而应单独作为投资者个人取得的利息、股息、红利所得，按“利息、股息、红利所得”应税项目计算缴纳个人所得税。以合伙企业名义对外投资分回利息或者股息、红利的，应按《关于个人独资企业和合伙企业投资者征收个人所得税的规定》第五条确定各个投资者的利息、股息、红利所得，分别按“利息、股息、红利所得”应税项目计算缴纳个人所得税。

（六）企业为股东个人购买汽车

根据《国家税务总局关于企业为股东个人购买汽车征收个人所得税的批复》（国税函〔2005〕364 号）的规定，依据个人所得税法以及有关规定，企业购买车辆并将车辆所有权办到股东个人名下，其实质为企业对股东进行了红利性质的实物分配，应按照“利息、股息、红利所得”项目征收个人所得税。考虑到该股东个人名下的车辆同时也为企业经营使用的实际情况，允许合理减除部分所得；减除的具体数额由主管税务机关根据车辆的实际使用情况合理确定。

（七）企业为个人购买房屋或其他财产

根据《财政部 国家税务总局关于规范个人投资者个人所得税征收管理的通知》（财税〔2003〕158号）和《财政部 国家税务总局关于企业为个人购买房屋或其他财产征收个人所得税问题的批复》（财税〔2008〕83号）规定，符合以下情形的房屋或其他财产，不论所有权人是否将财产无偿或有偿交付企业使用，其实质均为企业对个人进行了实物性质的分配，应依法计征个人所得税：

（1）企业出资购买房屋及其他财产，将所有权登记为投资者个人、投资者家庭成员或企业其他人员的；

（2）企业投资者个人、投资者家庭成员或企业其他人员向企业借款用于购买房屋及其他财产，将所有权登记为投资者、投资者家庭成员或企业其他人员，且借款年度终了后未归还借款的。

对个人独资企业、合伙企业的个人投资者或其家庭成员取得的上述所得，视为企业对个人投资者的利润分配，按照“个体工商户的生产、经营所得”项目计征个人所得税；对除个人独资企业、合伙企业以外其他企业的个人投资者或其家庭成员取得的上述所得，视为企业对个人投资者的红利分配，按照“利息、股息、红利所得”项目计征个人所得税；对企业其他人员取得的上述所得，按照“工资、薪金所得”项目计征个人所得税。

六、特殊应纳税所得额

根据《个人所得税法》的规定，利息、股息、红利所得，以每次收入额为应纳税所得额，即利息、股息、红利所得以个人每次取得的收入额为应纳税所得额，不得从收入额中扣除任何费用。其中，每次收入是指支付单位或个人每次支付利息、股息、红利时，个人所取得的收入。

（一）派发红股和转增资本的税务处理

《国家税务总局关于进一步加强高收入者个人所得税征收管理的通知》（国税发〔2010〕54号）要求：加强企业转增注册资本和股本管理，对以未分配利润、盈余公积和除股票溢价发行外的其他资本公积转增注册资本和股本的，要按照“利息、股息、红利所得”项目，依据政策规定计征个人所得税。

1. 派发红股

《征收个人所得税若干问题的规定》（国税发〔1994〕89号）文件规定，股份制企业在分配股息、红利时，以股票形式向股东个人支付应得的股息、红利，应以派发红股的股票票面金额为收入额，按“利息、股息、红利所得”项目计征个人所得税。

2. 转增股本

《国家税务总局关于股份制企业转增股本和派发红股征免个人所得税的通知》(国税发〔1997〕198号）规定，股份制企业用资本公积金转增股本不属于股息、红利性质的分配，对个人取得的转增股本数额，不作为个人所得，不征收个人所得税。股份制企业用盈余公积金派发红股属于股息、红利性质的分配，对个人取得的红股数额，应作为个人所得征税。派发红股的股份制企业作为支付所得的单位应按照税法规定履行扣缴义务。

上述“资本公积金”，根据国税函〔1998〕289号文件的规定，是指股份制企业股票溢价发行收入所形成的资本公积金。将此（即用股票溢价发行收入形成的资本公积）转增股本由个人取得的数额，不作为应税所得征收个人所得税。而与此不相符合的其他资本公积金分配个人所得部分，应当依法征收个人所得税。

3. 盈余公积转增资本

《国家税务总局关于盈余公积金转增注册资本征收个人所得税问题的批复》（国税函发〔1998〕333号）规定，公司将从税后利润中提取的法定公积金和任意公积金转增注册资本，实际上是公司将盈余公积金向股东分配了股息、红利，股东再以分得的股息、红利增加注册资本。因此，依据国税发〔1997〕198号文件精神，对属于个人股东分得再投入公司（转增注册资本）的部分应按照“利息、股息、红利所得”项目征收个人所得税，税款由股份有限公司在有关部门批准增资、公司股东会决议通过后代扣代缴。

4. 股份制企业的界定

《股份制企业试点办法》（体改生〔1992〕30 号）第三条规定，股份制企业是全部注册资本由全体股东共同出资，并以股份形式构成的企业。股东以在股份制企业中所拥有的股份参加管理、享受权益、承担风险，股份可在规定条件下或范围内转让，但不得退股。我国股份制企业主要有股份有限公司和有限责任公司两种组织形式。

股份有限公司是指全部注册资本由等额股份构成并通过发行股票（或股权证）筹集资本的企业法人。其基本特征是：公司的资本总额平分为金额相等的股份，股东以其所认购股份对公司承担有限责任，公司以其全部资产对公司债务承担责任；经批准，公司可以向社会公开发行股票，股票可以交易或转让；股东数不得少于规定的数目，但没有上限；每一股有一表决权，股东以其持有的股份，享受权利，承担义务。

有限责任公司是指由 50 个以下股东出资设立，每个股东以其所认缴的出资额对公司承担有限责任，公司以其全部资产对其债务承担责任的企业法人。其基本特征是：公司的全部资产不分为等额股份；公司向股东签发出资证明书，不发行股票；公司股份的转让有严格限制；限制股东人数，并不得超过一定限额；股东以其出资比例，享受权利，承担义务。

5. 转增股本的企业所得税处理

《国家税务总局关于贯彻落实企业所得税法若干税收问题的通知》（国税函〔2010〕79 号）规定，企业权益性投资取得股息、红利等收入，应以被投资企业股东会或股东大会作出利润分配或转股决定的日期，确定收入的实现。被投资企业将股权（票）溢价所形成的资本公积转为股本的，不作为投资方企业的股息、红利收入，投资方企业也不得增加该项长期投资的计税基础。

6. 资本公积的会计处理

根据《小企业会计准则》第五十四条的规定，实收资本，是指投资者按照合同协议约定或相关规定投入到小企业、构成小企业注册资本的部分。小企业收到投资者以现金或非货币性资产投入的资本，应当按照其在本企业注册资本中所占的份额及实收资本，超出的部分，应当计入资本公积。

该准则第五十五条规定：资本公积，是指小企业收到的投资者出资额超过其在注册资本或股本中所占份额的部分。小企业用资本公积转增资本，应当冲减资本公积。小企业的资本公积不得用于弥补亏损。

根据《企业会计制度》第八十二条的规定，资本公积包括资本（或股本）溢价、接受捐赠资产、拨款转入、外币资本折算差额等。其中资本（或股本）溢价，是指企业投资者投入的资金超过其在注册资本中所占份额的部分。

（二）收购股权后原盈余积累转增股本的税务处理

关于个人投资者收购企业全部股权后，将企业原账面金额中的“资本公积、盈余公积、未分配利润”等盈余积累转增股本的个人所得税问题，《国家税务总局关于个人投资者收购企业股权后将原盈余积累转增股本个人所得税问题的公告》（国家税务总局公告 2013 年第 23 号）作出如下规定：

（1）一名或多名个人投资者以股权收购方式取得被收购企业 100%股权，股权收购前，被收购企业原账面金额中的“资本公积、盈余公积、未分配利润”等盈余积累未转增股本，而在股权交易时将其一并计入股权转让价格并履行了所得税纳税义务。股权收购后，企业将原账面金额中的盈余积累向个人投资者（新股东，下同）转增股本，有关个人所得税问题区分以下情形处理。

①新股东以不低于净资产价格收购股权的，企业原盈余积累已全部计入股权交易价格，新股东取得盈余积累转增股本的部分，不征收个人所得税。

②新股东以低于净资产价格收购股权的，企业原盈余积累中，对于股权收购价格减去原股本的差额部分已经计入股权交易价格，新股东取得盈余积累转增股本的部分，不征收个人所得税；对于股权收购价格低于原所有者权益的差额部分未计入股权交易价格，新股东取得盈余积累转增股本的部分，应按照“利息、股息、红利所得”项目征收个人所得税。

新股东以低于净资产价格收购企业股权后转增股本，应按照下列顺序进行，即：先转增应税的盈余积累部分，然后再转增免税的盈余积累部分。

（2）新股东将所持股权转让时，其财产原值为其收购企业股权实际支付的对价及相关税费。

（3）企业发生股权交易及转增股本等事项后，应在次月15日内，将股东及其股权变化情况、股权交易前原账面记载的盈余积累数额、转增股本数额及扣缴税款情况报告主管税务机关。

（三）储蓄存款利息所得的税务处理

根据2018年新《个人所得税法》第十八条的规定，对储蓄存款利息所得开征、减征、停征个人所得税及其具体办法，由国务院规定，并报全国人民代表大会常务委员会备案。

根据国务院的规定，储蓄存款在1999年10月31日前孳生的利息所得，不征收个人所得税；在1999年11月1日至2007年8月14日孳生的利息所得，按照20%的比例税率征收个人所得税；2007年8月15日至2008年10月8日孳生的利息所得，按照5%的比例税率征收个人所得税。自2008年10月9日起对储蓄存款利息所得暂免征收个人所得税。也就是说，储蓄存款利息所得应按政策调整前和调整后分时段计算，并按照不同的税率计征个人所得税（见表）。

储蓄存款利息所得个人所得税征税规定

时间	征税规定	备注
1999年10月31日以前孳生的利息所得	不征收个人所得税	
1999年11月1日至2007年8月14日孳生的利息所得	按照20%的比例税率征收个人所得税	
2007年8月15日至2008年10月8日孳生的利息所得	按照5%的比例税率征收个人所得税	
自2008年10月9日起	对储蓄存款利息所得暂免征收个人所得税	

需要注意的是，上述所称利息所得的征免税时间，不是指个人实际取得利息的时间，而是储蓄存款孳生利息的时间。

第二节　股息红利差别化政策

一、差别化个人所得税概念

差别化个人所得税政策是指在计算个人所得税时，应纳税所得额为投资者实际取得的股息红利所得，但是根据持股期限的长短不同，股息红利所得计入应纳税所得额的比例有所不同，这就是所谓的“差别化征税”。

换言之，个人投资者持股时间越长，其股息红利所得个人所得税的税负就越低。差别情况详见表：

持股期限	股息红利所得计入应纳税所得额的比例	实际税负
1个月以内（含1个月）	全额	20%
1个月以上至1年（含1年）	暂减按50%	10%（即20%×50%）
超过1年	暂免	无

适用差别化计税的证券市场：

1. 个人持有在上海证券交易所挂牌交易的上市公司股票；

2. 个人持有在深圳证券交易所挂牌交易的上市公司股票；

3. 个人持有全国股份转让系统（新三板）挂牌公开转让的非上市公众公司（挂牌公司）股票；

4. 证券投资基金从上市公司取得的股息红利所得；

5. 证券投资基金从全国中小企业股份转让系统挂牌公司取得的股息红利所得。

二、上市公司股息红利差别化政策

（一）上市公司股息红利实施差别化个人所得税政策

为发挥税收政策的导向作用，鼓励长期投资，抑制短期炒作，促进我国资本市场长期稳定健康发展。经国务院批准，《财政部 国家税务总局 证监会关于实施上市公司股息红利差别化个人所得税政策有关问题的通知》（财税〔2012〕85号）规定，自

2013 年 1 月 1 日起（即上市公司派发股息红利，股权登记日在 2013 年 1 月 1 日之后的，股息红利所得按照该通知的规定执行；财税〔2012〕85 号文件实施之日，个人投资者证券账户已持有的上市公司股票，其持股时间自取得之日起计算），上市公司股息红利实施差别化个人所得税政策，主要内容为：个人从公开发行和转让市场取得的上市公司股票，持股期限在 1 个月以内（含 1 个月）的，其股息红利所得全额计入应纳税所得额（实际税负为 20%）；持股期限在 1 个月以上至 1 年（含 1 年）的，暂减按 50%计入应纳税所得额（实际税负为 10%）；持股期限超过 1 年的，暂减按 25%计入应纳税所得额（实际税负为 5%）。上述所得统一适用 20%的税率计个人所得税。这里所称上市公司是指在上海证券交易所、深圳证券交易所挂牌交易的上市公司。

（二）2015 年 9 月 8 日起持股 1 年以上股息红利免税

《财政部 国家税务总局 证监会关于上市公司股息红利差别化个人所得税政策有关问题的通知》（财税〔2015〕101 号，自 2015 年 9 月 8 日起执行。上市公司派发股息红利，股权登记日在 2015 年 9 月 8 日之后的，股息红利所得按照该通知的规定执行。通知实施之日，个人投资者证券账户已持有的上市公司股票，其持股时间自取得之日起计算）第一条规定，个人从公开发行和转让市场取得的上市公司股票，持股期限超过 1 年的，股息红利所得暂免征收个人所得税。

个人从公开发行和转让市场取得的上市公司股票，持股期限在 1 个月以内（含 1 个月）的，其股息红利所得全额计入应纳税所得额；持股期限在 1 个月以上至 1 年（含 1 年）的，暂减按 50%计入应纳税所得额；上述所得统一适用 20%的税率计征个人所得税。

（三）持股期限的确定

持股期限是指个人从公开发行和转让市场取得上市公司股票之日至转让交割该股票之日前一日的持续时间。个人转让股票时，按照先进先出法计算持股期限，即证券账户中先取得的股票视为先转让。持股期限按自然年（月）计算，持股一年是指从上一年某月某日至本年同月同日的前一日连续持股；持股一个月是指从上月某日至本月同日的前日连续持股。持有股份数量以每日终结算后个人投资者证券账户的持有记录为准。

根据财税〔2012〕85号文件的规定，凡股权登记日在2013年1月1日之后的，个人投资者取得的股息红利所得应按差别化税收政策执行。对2013年1月1日之前个人投资者证券账户已持有的上市公司股票，其持股时间自取得之日起计算对个人持有的上市公司限售股，解禁后取得的股息红利，按照通知规定计算纳税，持股时间自解禁日起计算；解禁前取得的股息红利继续暂减50%计入应纳税所得额，适用20%的税率计征个人所得税。前款所称限售股，是指财税〔2009〕167号文件和财税〔2010〕70号文件规定的限售股。

（四）代扣代缴

根据个人所得税法及相关规定，股息红利所得个人所得税应纳税额为应纳税所得额乘以适用税率。股息红利的应纳税所得额为投资者实际取得的股息红利所得。应纳税所得额以个人投资者证券账户为单位计算，持股数量以每日日终结算后个人投资者证券账户的持有记录为准，证券账户取得或转让的股份数为每日日终结算后的净增（减）股份数。例如，某投资者取得的股息红利所得100，如果全额计入应纳税所得额，则其应纳税所得额100；如果减按50%计入应纳税所得额，则其应纳税所得额为50；如果减按25%计入应纳税所得额，则其应纳税所得额为25。上述应纳税所得额乘以股息红利所得的法定税率20%就是应纳税额。

上市公司为股息红利个人所得税的法定扣缴义务人。根据财税〔2015〕101号文件第二条的规定，自2015年9月8日起，上市公司派发股息红利时，对个人持股1年以内（含1年）的，上市公司暂不扣缴个人所得税；待个人转让股票时，证券登记结算公司根据其持股期限计算应纳税额，由证券公司等股份托管机构从个人资金账户中扣收并划付证券登记结算公司，证券登记结算公司应于次月5个工作日内划付上市公司，上市公司在收到税款当月的法定申报期内向主管税务机关申报缴纳。

财税〔2015〕101号文件第三条规定，上市公司股息红利差别化个人所得税政策其他有关操作事项，按照财税〔2012〕85号文件的相关规定执行。

个人应在资金账户留足资金，依法履行纳税义务。证券公司等股份托管机构应依法划扣税款，对个人资金账户暂无资金或资金不足的，证券公司等股份托管机构应当及时通知个人补足资金，并划扣税款。

（五）取得股票与转让股票的界定

个人从公开发行和转让市场取得的上市公司股票包括：

（1）通过证券交易所集中交易系统或大宗交易系统取得的股票；

（2）通过协议转让取得的股票；

（3）因司法扣划取得的股票；

（4）因依法继承或家庭财产分割取得的股票；

（5）通过收购取得的股票；

（6）权证行权取得的股票；

（7）使用可转换公司债券转换的股票；

（8）取得发行的股票、配股、股份股利及公积金转增股本；

（9）持有从代办股份转让系统转到主板市场（或中小板、创业板市场）的股票；

（10）上市公司合并，个人持有的被合并公司股票转换的合并后公司股票；

（11）上市公司分立，个人持有的被分立公司股票转换的分立后公司股票；

（12）其他从公开发行和转让市场取得的股票。

这里所称“转让股票”包括下列情形：

（1）通过证券交易所集中交易系统或大宗交易系统转让股票；

（2）协议转让股票；

（3）持有的股票被司法扣划；

（4）因依法继承、捐赠或家庭财产分割让渡股票所有权；

（5）用股票接受要约收购；

（6）行使现金选择权将股票转让给提供现金选择权的第三方；

（7）用股票认购或申购交易型开放式指数基金（ETF）份额；

（8）其他具有转让实质的情形。

（六）2013 年以前上市公司股息红利减征 50%

为促进资本市场发展，经国务院批准，《财政部 国家税务总局关于股息红利个人所得税有关政策的通知》（财税〔2005〕102 号，2013 年 1 月 1 日停止执行）规定，自 2005 年 6 月 3 日起，对个人投资者从上市公司取得的股息红利所得，暂减按 50% 计入个人应纳税所得额，依照税法规定计征个人所得税。

对证券投资基金从上市公司分配取得的股息红利所得，《财政部 国家税务总局关于股息红利有关个人所得税政策的补充通知》（财税〔2005〕107 号，2013 年 1 月 1 日停止执行）明确，按照财税〔2005〕102 号文件规定，扣缴义务人在代扣代缴个人所得税时，减按 50% 计算应纳税所得额。这里的上市公司是指在上海证券交易所、深圳证券交易所挂牌交易的上市公司。

为支持和积极培育机构投资者，充分利用开放式基金手段，进一步拓宽社会投资渠道，促进证券市场的健康、稳定发展，经国务院批准，对中国证监会批准设立的开放式证券投资基金（以下简称基金）的税收问题，《财政部 国家税务总局关于开放式证券投资基金有关税收问题的通知》（财税〔2012〕128 号，2016 年 8 月 18 日停止执行）明确：对个人投资者申购和赎回基金单位取得的差价收入，在对个人买卖股票的差价收入未恢复征收个人所得税以前，暂不征收个人所得税；对投资者（包括个人和机构投资者）从基金分配中取得的收入，暂不征收个人所得税和企业所得税。对投资者申购和赎回基金单位，暂不征收印花税。

三、股份转让系统挂牌公司股息红利差别化政策

《财政部 国家税务总局 中国证券监督管理委员会关于实施全国中小企业股份转让系统挂牌公司股息红利差别化个人所得税政策有关问题的通知》（财税〔2014〕48 号，自 2014 年 7 月 1 日至 2019 年 6 月 30 日执行。挂牌公司、两网公司、退市公司派发股息红利，股权登记日在 2014 年 7 月 1 日至 2019 年 6 月 30 日的，股息红利所得按照该通知的规定执行。证券投资基金从挂牌公司取得的股息红利所得，按照该通知规定计征个人所得税）和财税〔2015〕101 号文件就实施全国中小企业股份转让系统挂牌公司股息红利差别化个人所得税政策有关问题明确如下：

（一）股份转让系统挂牌公司股息红利差别化个人所得税政策

个人持有全国中小企业股份转让系统（简称全国股份转让系统）挂牌公司的股票，持股期限在1个月以内（含1个月）的，其股息红利所得全额计入应纳税所得额；持股期限在1个月以上至1年（含1年）的，暂减按50%计入应纳税所得额；持股期限超过1年的，自2014年7月1日起至2015年9月8日止暂减按25%计入应纳税所得额；自2015年9月8日起，持股期限超过1年的，股息红利所得暂免征收个人所得税。上述所得统一适用20%的税率计征个人所得税。

挂牌公司是指股票在全国股份转让系统挂牌公开转让的非上市公众公司；持股期限是指个人取得挂牌公司股票之日至转让交割该股票之日前一日的持有时间。这里所称“年（月）”是指自然年（月），即持股年，是指从上一年某月某日至本年同月同日的前一日连续持股，持股1个月是指从上月某日至本月同日的前一日连续持股。

（二）应纳税所得额的确定

根据财税〔2015〕101号文件的规定，自2015年9月8日起，挂牌公司派发股息红利时，对截至股权登记日，个人持股1年以内（含1年）的，上市公司暂不扣缴个人所得税；待个人转让股票时，证券登记结算公司根据其持股期限计算应纳税额。

财税〔2015〕101号文件第四条规定，全国中小企业股份转让系统挂牌公司股息红利差别化个人所得税政策，按照该通知规定执行。其他有关操作事项，按照《财政部 国家税务总局 中国证券监督管理委员会关于实施全国中小企业股份转让系统挂牌公司股息红利差别化个人所得税政策有关问题的通知》（财税〔2014〕48号）的相关规定执行。

个人转让股票时，按照先进先出的原则计算持股期限，即证券账户中先取得的股票视为先转让。

应纳税所得额以个人投资者证券账户为单位计算，持股数量以每日日终结算后个人投资者证券账户的持有记录为准，证券账户取得或转让的股票数为每日日终结算后的净增（减）股票数。

（三）个人持有股份转让系统挂牌公司股票的界定

个人持有全国股份转让系统挂牌公司的股票包括：

1. 在全国股份转让系统挂牌前取得的股票；

2. 通过全国股份转让系统转让取得的股票；

3. 因司法扣划取得的股票；

4. 因依法继承或家庭财产分割取得的股票；

5. 通过收购取得的股票；

6. 权证行权取得的股票；

7. 使用附认股权、可转换成股份条款的公司债券认购或者转换的股票；

8. 取得发行的股票、配股、股票股利及公积金转增股本；

9. 挂牌公司合并，个人持有的被合并公司股票转换的合并后公司股票；

10. 挂牌公司分立，个人持有的被分立公司股票转换的分立后公司股票；

11. 其他从全国股份转让系统取得的股票。

（四）转让股票的认定

转让股票包括下列情形：

1. 通过全国股份转让系统转让股票；

2. 持有的股票被司法扣划；

3. 因依法继承、捐赠或家庭财产分割让渡股票所有权；

4. 用股票接受要约收购；

5. 行使现金选择权将股票转让给提供现金选择权的第三方；

6. 用股票认购或申购交易型开放式指数基金（ETF）份额；

7. 其他具有转让实质的情形。

（五）相关事项的处理

个人和证券投资基金从全国股份转让系统挂牌的原 STAQ、NET 系统挂牌公司（简称两网公司）取得的股息红利所得，按照财税〔2014〕48 号文件规定计征个人所得税；

从全国股份转让系统挂牌的退市公司取得的股息红利所得，按照财税〔2012〕85 号文件的有关规定计征个人所得税。

财税〔2014〕48 号文件实施之日，个人投资者证券账户已持有的挂牌公司、两网公司退市公司股票，其持股时间自取得之日起计算。

第三节 盈余积累、未分配利润转增股本所得

一、转增股本视同股利分配

盈余公积和未分配利润来源于企业在生产经营活动中所实现的净利润，所以盈余公积和未分配利润转增个人资本实质上是把净利润分配给股东，是对股东股份的重新量化，个人应当缴纳个人所得税。

1. 盈余公积、未分配利润转增实收资本，视为企业对个人投资者的股利分配

《国家税务总局关于股份制企业转增股本和派发红股征免个人所得税的通知》（国税发〔1997〕198 号）和《关于转增注册资本征收个人所得税问题的批复》（国税函〔1998〕333 号）都作出规定，个人取得股份制企业以股票溢价以外的资本公积、盈余公积、未分配利润转增股本，视同对个人股东的利润分配，应按“利息、股息、红利所得”计算缴纳个人所得税。

2. 资本公积金转增实收资本，视为企业对个人投资者的股利分配

《国家税务总局关于股份制企业转增股本和派发红股征免个人所得税的通知》（国税发〔1997〕198 号）规定：“股份制企业用资本公积金转增股本不属于股息、红利性质的分配，对个人取得的转增股本数额，不作为个人所得，不征收个人所得税。”虽然该文件明确规定资本公积金转增股本不征税，但是，在随后的《国家税务总局关于原城市信用社在转制为城市合作银行过程中个人股增值所得应纳个人所得税的批

复》（国税函〔1998〕289号）进行了相应的补充说明，国税发〔1997〕198号文件中所说的资本公积金转增个人股本不需征税，专指股份制企业股票溢价发行收入形成的资本公积金转增个人股本不作为应税所得，不征收个人所得税，而与此不相符合的其他资本公积金转增个人股本，应当依法征收个人所得税，包括企业接受捐赠、拨款转入、外币资本折算差额、资产评估增值等形成资本公积金转增个人股本要征收个人所得税。

现实中存在不少企业投资者为了增加企业和股东自己的资本，在实际不增加投资资金的情况下，采取对资产评估增值，来增加企业权益的资本公积金，然后再将增加的资本公积金分配转增投资者个人股本。根据资本公积金转增股本（除股本溢价外）需缴纳个人所得税的规定，虽然该公司股东只是增加了股本，并未收到实际的利益，也没有现金流，仍然要按照持股比例对每个股东转增的数额征收20%的个人所得税。

3. 企业资产评估增值转增个人股本按规定缴纳个人所得税

针对企业改制等情况下出现的以企业资产评估增值转增个人股本税务处理问题，国家税务总局2008年发布《关于资产评估增值计征个人所得税问题的通知》（国税发〔2008〕115号），规定个人（自然人）股东从被投资企业取得的、以企业资产评估增值转增个人股本的部分，属于企业对个人股东股息、红利性质的分配，应按照“利息、股息、红利所得”项目计征个人所得税，税款由企业在转增个人股本时代扣代缴。

4. 个人投资者收购企业股权后将原盈余积累转增股本缴纳个人所得税

（1）税务处理

《国家税务总局关于个人投资者收购企业股权后将原盈余积累转增股本个人所得税问题的公告》（国家税务总局公告2013年第23号）的规定，一名或多名个人投资者以股权收购方式取得被收购企业100%股权，股权收购前，被收购企业原账面金额中的“资本公积、盈余公积、未分配利润”等盈余积累未转增股本，而在股权交易时将其一并计入股权转让价格并履行了所得税纳税义务。股权收购后，企业将原账面金额中的盈余积累向个人投资者（新股东，下同）转增股本，有关个人所得税问题区分以下情形处理：

①新股东以不低于净资产价格收购股权的，企业原盈余积累已全部计入股权交易

价格，新股东取得盈余积累转增股本的部分，不征收个人所得税。

②新股东以低于净资产价格收购股权的，企业原盈余积累中，对于股权收购价格减去原股本的差额部分已经计入股权交易价格，新股东取得盈余积累转增股本的部分，不征收个人所得税；对于股权收购价格低于原所有者权益的差额部分未计入股权交易价格，新股东取得盈余积累转增股本的部分，应按照“利息、股息、红利所得”项目适用20%税率征收个人所得税。新股东以低于净资产价格收购企业股权后转增股本，应按照下列顺序进行，即：先转增应税的盈余积累部分，然后再转增免税的盈余积累部分。

（2）财产原值的确定

新股东将所持股权转让时，其财产原值为其收购企业股权实际支付的对价及相关税费。

（3）企业的报告义务

企业发生股权交易及转增股本等事项后，应在次月15日内，将股东及其股权变化情况、股权交易前原账面记载的盈余积累数额、转增股本数额及扣缴税款情况报告主管税务机关。

（4）税收优惠

①优惠政策。

《关于将国家自主创新示范区有关税收试点政策推广到全国范围实施的通知》（财税〔2015〕116号）和《国家税务总局关于股权奖励和转增股本个人所得税征管问题的公告》（国家税务总局公告2015年第80号）对全国范围内的中小高新技术企业以未分配利润、盈余公积、资本公积向个人股东转增股本给予了一定的税收优惠政策，具体规定如下：

自2016年1月1日起，全国范围内的中小高新技术企业以未分配利润、盈余公积、资本公积向个人股东转增股本时，个人股东一次缴纳个人所得税确有困难的，可根据实际情况自行制定分期缴税计划，在不超过5个公历年度内（含）分期缴纳，并将有关资料报主管税务机关备案。

②税收优惠适用范围。

非上市及未在全国中小企业股份转让系统挂牌的中小高新技术企业以未分配利

润、盈余公积、资本公积向个人股东转增股本，并符合财税〔2015〕116号文件有关规定的，纳税人可分期缴纳个人所得税。非上市及未在全国中小企业股份转让系统挂牌的其他企业转增股本，应及时代扣代缴个人所得税；上市中小高新技术企业或在全国中小企业股份转让系统挂牌的中小高新技术企业向个人股东转增股本，股东应纳的个人所得税，继续按照现行有关股息红利差别化个人所得税政策执行，不适用本通知规定的分期纳税政策。

（5）征收管理

股东转让股权并取得现金收入的，该现金收入应优先用于缴纳尚未缴清的税款。

在股东转让该部分股权之前，企业依法宣告破产，股东进行相关权益处置后没有取得收益或收益小于初始投资额的，主管税务机关对其尚未缴纳的个人所得税可不予追征。

二、盈余积累转增股本分期纳税

（一）盈余积累转增股本分期纳税的规定

根据《财政部 国家税务总局关于将国家自主创新示范区有关税收试点政策推广到全国范围实施的通知》（财税〔2015〕116号）第三条的规定，自2016年1月1日起，全国范围内的中小高新技术企业以未分配利润、盈余公积、资本公积向个人股东转增股本时，个人股东一次缴纳个人所得税确有困难的，可根据实际情况自行制定分期缴税计划，在不超过5个公历年度内（含）分期缴纳，并将有关资料报主管税务机关备案。

（二）应税项目的确定

股东转让股权并取得现金收入的，该现金收入应优先用于缴纳尚未缴清的税款。

在股东转让该部分股权之前，企业依法宣告破产，股东进行相关权益处置后没有取得收益或收益小于初始投资额的，主管税务机关对其尚未缴纳的个人所得税可不予追征。

个人股东获得转增的股本，应按照“利息、股息、红利所得”项目，适用20%税率征收个人所得税，具体征税方法如下表。

转增股本的个人所得税处理

<table>
<tr><th>企业类型</th><th>上市情况</th><th>细分类型</th><th>持股期限</th><th>自 2013 年 1 月 1 日起</th><th>自 2015 年 9 月 8 日起</th><th>征税办法</th></tr>
<tr><td rowspan="5">高新技术企业</td><td rowspan="2">上市公司</td><td rowspan="3"></td><td>超过 1 年</td><td>暂减按 25%</td><td>暂免</td><td rowspan="5">利息、股息、红利所得适用 20% 税率</td></tr>
<tr><td>1 月到 1 年</td><td colspan="2">暂减按 50% 计入应纳税所得额</td></tr>
<tr><td>挂牌公司</td><td>不超过 1 月</td><td colspan="2">全额计入应纳税所得额</td></tr>
<tr><td rowspan="2">其他高新技术企业</td><td>中小高新技术企业</td><td colspan="3">自 2016 年缴纳个人所得税困难的可在 5 个公历年度内分期缴纳</td></tr>
<tr><td>非中小高新技术企业</td><td colspan="3">不可分期缴纳</td></tr>
<tr><td rowspan="4">非中小高新技术企业</td><td rowspan="2">上市公司</td><td rowspan="3"></td><td>超过 1 年</td><td>暂减按 25%</td><td>暂免</td><td rowspan="4">利息、股息、红利所得适用 20% 税率</td></tr>
<tr><td>1 月到 1 年</td><td colspan="2">暂减按 50% 计入应纳税所得额</td></tr>
<tr><td>挂牌公司</td><td>不超过 1 月</td><td colspan="2">全额计入应纳税所得额</td></tr>
<tr><td>其他公司</td><td></td><td colspan="3">不可分期缴纳</td></tr>
</table>

（三）转让股权取得现金的优先缴税

股东转让股权并取得现金收入的，该现金收入应优先用于缴纳尚未缴清的税款。

（四）不予追征的适用

在股东转让该部分股权之前，企业依法宣告破产，股东进行相关权益处置后没有取得收益或收益小于初始投资额的，主管税务机关对其尚未缴纳的个人所得税可不予追征。

（五）中小高新技术企业的界定

中小高新技术企业，是指注册在中国境内实行查账征收的、经认定取得高新技术企业资格，且年销售额和资产总额均不超过 2 亿元、从业人数不超过 500 人的企业。

上市中小高新技术企业或在全国中小企业股份转让系统挂牌的中小高新技术企业向个人股东转增股本，股东应纳的个人所得税，继续按照现行有关股息红利差别化个人所得税政策执行，不适用分期纳税政策。

（六）征收管理

1. 备案管理

《国家税务总局关于股权奖励和转增股本个人所得税征管问题的公告》（国家税务总局公告 2015 年第 80 号）明确，企业转增股本涉及的股东需要分期缴纳个人所得税的，应自行制定分期缴税计划，由企业于发生转增股本的次月 15 日内，向主管税务机关办理分期缴税备案手续。

办理转增股本分期缴税，企业应向主管税务机关报送高新技术企业认定证书、股东大会或董事会决议、《个人所得税分期缴纳备案表（转增股本）》（见表）、上年度及转增股本当月企业财务报表、转增股本有关情况说明等。

高新技术企业认定证书、股东大会或董事会决议的原件，主管税务机关进行形式审核后退还企业，复印件及其他有关资料税务机关留存。

纳税人分期缴税期间需要变更原分期缴税计划的，应重新制定分期缴税计划，由企业向主管税务机关重新报送《个人所得税分期缴纳备案表（转增股本）》。

《个人所得税分期缴纳备案表（转增股本）》填报说明如下：

本表适用于个人因转增股本取得所得，其扣缴义务人向主管税务机关办理分期缴纳个人所得税备案事宜。本表一式二份，主管税务机关受理后，由扣缴义务人和主管税务机关分别留存。

（1）“备案编号”：由主管税务机关自行编制。

（2）“纳税人识别号”：填写税务机关赋予的 18 位纳税人识别号。

（3）“高新技术企业证书编号”：填写高新技术企业认定部门核发的有效期内的高新技术企业证书编号。

（4）“年销售额”：填写企业上一个会计年度的主营业务收入。

（5）“资产总额”“员工人数”“总股本（实收资本）”：填写企业转增股本当月相关数据。

（6）“转增股本情况”：填写企业转增股本的相关情况。

（7）“计税金额”：计税金额＝（未分配利润转增金额＋盈余公积转增金额＋资本公积转增金额）× 持股比例

个人所得税分期缴纳备案表（转增股本）

备案编号（主管税务机关填写）：　　　　　　　　　　　　　　　　金额单位：人民币元（列至角分）

<table>
<tr><td colspan="8">扣缴单位案情简介</td></tr>
<tr><td>扣缴单位名称</td><td></td><td>纳税人识别号</td><td colspan="2"></td><td>高新技术企业证书编号</td><td colspan="2"></td></tr>
<tr><td>地 址</td><td></td><td>联系人</td><td></td><td>电 话</td><td colspan="3"></td></tr>
<tr><td>年销售额</td><td></td><td>资产总额</td><td></td><td>员工人数</td><td></td><td>总股本（实收资本）</td><td></td></tr>
<tr><td colspan="8">转增股本情况</td></tr>
<tr><td>未分配利润转增金额</td><td></td><td>盈余公积转增金额</td><td colspan="2"></td><td>资本公积转增金额</td><td colspan="2"></td></tr>
<tr><td colspan="8">分期缴税情况</td></tr>
</table>

<table>
<tr><td rowspan="3">序号</td><td rowspan="3">姓名</td><td rowspan="3">身份证件类型</td><td rowspan="3">身份证件号码</td><td rowspan="3">持有股份数</td><td rowspan="3">持股比例</td><td rowspan="3">计税金额</td><td rowspan="3">应缴个人所得税</td><td colspan="11">分期缴税计划</td></tr>
<tr><td colspan="2">第一年</td><td colspan="2">第二年</td><td colspan="2">第三年</td><td colspan="2">第四年</td><td colspan="2">第五年</td><td rowspan="2">签名</td></tr>
<tr><td>缴税时间</td><td>缴税金额</td><td>缴税时间</td><td>缴税金额</td><td>缴税时间</td><td>缴税金额</td><td>缴税时间</td><td>缴税金额</td><td>缴税时间</td><td>缴税金额</td></tr>
<tr><td></td><td></td><td></td><td></td><td></td><td></td><td></td><td></td><td></td><td></td><td></td><td></td><td></td><td></td><td></td><td></td><td></td><td></td><td></td></tr>
<tr><td></td><td></td><td></td><td></td><td></td><td></td><td></td><td></td><td></td><td></td><td></td><td></td><td></td><td></td><td></td><td></td><td></td><td></td><td></td></tr>
<tr><td></td><td></td><td></td><td></td><td></td><td></td><td></td><td></td><td></td><td></td><td></td><td></td><td></td><td></td><td></td><td></td><td></td><td></td><td></td></tr>
<tr><td></td><td></td><td></td><td></td><td></td><td></td><td></td><td></td><td></td><td></td><td></td><td></td><td></td><td></td><td></td><td></td><td></td><td></td><td></td></tr>
<tr><td colspan="19">谨声明：此表是根据《中华人民共和国个人所得税法》及有关法律法规规定填写的，是真实的、完整的、可靠的。
扣缴单位负责人签字：　　　　扣缴单位盖章：　　　　年　月　日</td></tr>
<tr><td colspan="8">代理申报机构（人）签章：
经办人：
经办人执业证件号码：
代理申报日期：　年　月　日</td><td colspan="11">主管税务机关受理章：
受理人：
受理申报日期：　年　月　日</td></tr>
</table>

国家税务总局监制

（8）“应缴个人所得税”：应缴个人所得税＝计税金额 ×20%

（9）计划“缴税时间”：按年度填写每一年度计划缴税的截止月份。

（10）计划“缴税金额”：填写每一年度计划分期缴纳的个人所得税金额。

2. 代扣代缴

企业在填写《扣缴个人所得税报告表》时，应将纳税人转增股本情况单独填列，并在备注栏中注明“转增股本”字样。

纳税人在分期缴税期间取得分红或转让股权的，企业应及时代扣转增股本尚未缴清的个人所得税，并于次月 15 日内向主管税务机关申报纳税。

三、其他视同分配股利的情形

《个人所得税法》规定，个人获得的股息、红利所得，以每次收入额为应纳税所得额，适用 20% 的比例税率，按次征收个人所得税。但实际操作中，一些企业有打“擦边球”的现象。对此，财政部、国家税务总局出台了一系列视同股息、红利所得征收个人所得税的政策，归纳起来，纳税人有如下三种情形之一，就要按照视同股息、红利所得缴纳个人所得税：

（一）投资者向企业借款可视同企业对个人投资者的股利分配

实际中，常见个人投资者向企业借款，借款挂在“其他应收款”等往来账户，根据《财政部 国家税务总局关于规范个人投资者个人所得税征收管理的通知》（财税〔2003〕158 号）的规定，只要个人投资者在该纳税年度终了后既不归还，又未用于企业生产经营的，对其所借非生产经营款项应比照投资者取得股息、红利所得征收个人所得税。

值得注意的是，因为上述文件只约束投资者借款。有的投资者将借款转化为投资者的配偶、子女或其他亲属借款，想钻税法的空子逃避纳税。为此，《财政部 国家税务总局关于企业为个人购买房屋或其他财产征收个人所得税问题的批复》（财税〔2008〕83 号）规定，将投资者从企业借款不还视同股息、红利所得征收个人所得税的政策延伸至投资者家庭成员。文件规定，投资者家庭成员向企业借款用于购买房屋及其他财产，将所有权登记为投资者家庭成员，且借款年度终了后未归还借款的视同投资者取得股息、红利所得征收个人所得税。

（二）投资者将企业资金用于消费性支出或财产性支出，视为企业对个人投资者的股利分配

个人投资者以企业资金为本人、家庭成员支付与企业经营无关的消费性支出及购买汽车、住房等财产性支出，根据《财政部 国家税务总局关于规范个人投资者个人所得税征收管理的通知》（财税〔2003〕158号），按照实质重于形式的原则，应认定实际是个人投资者获得了股息、红利，应依照“利息、股息、红利所得”项目缴纳个人所得税。

《财政部 国家税务总局关于企业为个人购买房屋或其他财产征收个人所得税问题的批复》（财税〔2008〕83号）规定，针对实际中存在大量企业的资产计入个人名下，即使为企业使用，同样要征收个人所得税。文件要求，企业出资购买房屋及其他财产，将所有权登记为投资者个人、投资者家庭成员的，不论所有权人是否将财产无偿或有偿交付企业使用，其实质均为企业对个人进行了实物性质的分配，应视同投资者取得股息、红利所得，缴纳个人所得税。为企业所用的个人资产提取的折旧不得在企业所得税税前扣除。

（三）已分配挂账但未支付的股利，视为企业对个人投资者的股利分配

企业将应分配给投资者个人的股利挂在应付股利、其他应付款等往来会计账户，并未支付，对于此类情况，《国家税务总局关于利息、股息、红利所得征税问题的通知》（国税函〔1997〕656号）明确规定，扣缴义务人将属于纳税义务人应得的股息、红利收入，通过扣缴义务人的往来会计科目分配到个人名下，收入所有人有权随时提取，即应认为所得支付，应及时代扣代缴个人所得税。

第四节 利息、股息、红利所得税务风险

一、个人借款超过一年的股息红利所得认定

中国判决文书网中有这样一则判例：甲公司是一家网络技术有限责任公司，其个人股东向甲公司借款440万元。至年度终了，该个人股东所发生的借款，既未归还，也未用于甲公司生产经营。甲公司也未按规定代扣代缴个人所得税。据此，主管税务机关责令甲公司扣缴个税88万元，并向甲公司处以罚款88万元。

这其实是一则比较典型的企业对个人股东借款年度的税收政策理解不准确的判例。

关于个人股东借款的个人所得税问题，实务中的主要税收政策依据是《财政部 国家税务总局关于规范个人投资者个人所得税征收管理的通知》（财税〔2003〕158号，以下简称158号文件）。其中第二条对个人股东借款长期不还的税务处理问题作了规定：纳税年度内个人投资者从其投资企业（个人独资企业、合伙企业除外）借款，在该纳税年度终了后既不归还，又未用于企业生产经营的，其未归还的借款可视为企业对个人投资者的红利分配，依照“利息、股息、红利所得”项目计征个人所得税。

财税〔2003〕158号文件强调“年度终了”概念，国税发〔2005〕120号文件强调“超过一年”的概念。国税发〔2005〕120号第三十五条第四款规定：“加强个人投资者从其投资企业借款的管理，对期限超过一年又未用于企业生产经营的借款，严格按照有关规定征税。”这是在财税〔2003〕158号文件规定基础上进一步明确。财税〔2003〕158号文指的借款年度终了未归还，对时间长度未明确规定，而国税发〔2005〕120号文强调借款时间超过一年。

《财政部 国家税务总局关于企业为个人购买房屋或其他财产征收个人所得税问题的批复》（财税〔2008〕83号）文件规定：

《江苏省地税局关于以企业资金为个人购房是否征收个人所得税问题的请示》（苏地税发〔2007〕11号）收悉。经研究，批复如下：

一、根据《中华人民共和国个人所得税法》和《财政部 国家税务总局关于规范个人投资者个人所得税征收管理的通知》（财税〔2003〕158号）的有关规定，符合

以下情形的房屋或其他财产，不论所有权人是否将财产无偿或有偿交付企业使用，其实质均为企业对个人进行了实物性质的分配，应依法计征个人所得税。

（一）企业出资购买房屋及其他财产，将所有权登记为投资者个人、投资者家庭成员或企业其他人员的；

（二）企业投资者个人、投资者家庭成员或企业其他人员向企业借款用于购买房屋及其他财产，将所有权登记为投资者、投资者家庭成员或企业其他人员，且借款年度终了后未归还借款的。

二、对个人独资企业、合伙企业的个人投资者或其家庭成员取得的上述所得，视为企业对个人投资者的利润分配，按照“个体工商户的生产、经营所得”项目计征个人所得税；对除个人独资企业、合伙企业以外其他企业的个人投资者或其家庭成员取得的上述所得，视为企业对个人投资者的红利分配，按照“利息、股息、红利所得”，项目计征个人所得税；对企业其他人员取得的上述所得，按照“工资、薪金所得”项目计征个人所得税。

所以按照上述规定，界定借款性质的焦点在于借款时间长度。原广西地税在《广西壮族自治区地方税务局关于明确若干所得税税收政策管理问题的通知》（桂地税发〔2010〕19号）曾提出如下意见：

关于企业股东向公司跨年度借款的个人所得税征收以及跨年度后归还借款是否退还税款的问题

根据《财政部 国家税务总局关于规范个人投资者个人所得税征收管理的通知》（财税〔2003〕158号）第二条的规定，纳税年度内个人投资者从其投资企业（个人独资企业、合伙企业除外）借款，在该纳税年度终了后既不归还，又未用于企业生产经营的，其未归还的借款可视为企业对个人投资者的红利分配，依照“利息、股息、红利所得”项目计征个人所得税。

有关借款征收个人所得税后，虽然已还款，但该行为的纳税义务已经发生，已征收的税款不予退还。

广西12366咨询意见（摘自网络）：

近期，12366纳税服务热线接到纳税人电话咨询股东向企业借款是否需要缴纳个人所得税的问题。具体情况为：企业股东于今年年底向企业借款，约定明年初再归还借款，是否需要缴纳个人所得税？纳税人希望能得到税务机关帮助，尽快明确上述问题。

对此，12366查阅了相关文件，根据《财政部 国家税务总局关于规范个人投资者个人所得税征收管理的通知》（财税〔2003〕158号）规定：纳税年度内个人投资者从其投资企业（个人独资企业、合伙企业除外）借款，在该纳税年度终了后既不归还，又未用于企业生产经营的，其未归还的借款可视为企业对个人投资者的红利分配，依照“利息、股息、红利所得”项目计征个人所得税。及《国家税务总局关于印发〈个人所得税管理办法〉的通知》（国税发〔2005〕120号）规定，个人投资者从其投资企业借款的管理，对期限超过一年又未用于企业生产经营的借款，严格按照有关规定征税。

针对股东借款后超过一年未归还，依法计征个人所得税后，后期还款是否退税的问题，原河北地税在《河北省地方税务局关于秦皇岛市局个人投资者借款征收个人所得税问题请示的批复》（冀地税函〔2013〕68号）答复：

一、个人投资者归还从其投资企业取得的一年以上借款，已经按照“利息、股息、红利所得”征收的个人所得税，应予以退还或在以后应纳个人所得税中抵扣。

二、个人投资者从其投资企业有多笔借款，在归还借款时，根据协议（合同）约定来确定归还的具体是哪笔借款，无协议（合同）的，按实际情况确定。

二、 股息红利的确定所得日

关于股息红利确定所得日，税法已做了明确规定，应为取得时确定；但有些情形下，公司决定派息，但因为特定原因未及时发给对方的，此时企业需要代扣代缴其股息红利的20%个税。

《国家税务总局关于利息、股息、红利所得征税问题的通知》（国税函〔1997〕656号）提出：

扣缴义务人将属于纳税义务人应得的利息、股息、红利收入，通过扣缴义务人的往来会计科目分配到个人名下，收入所有人有权随时提取，在这种情况下，扣缴义务人将利息、股息、红利所得分配到个人名下时，即应认为所得的支付，应按税收法规规定及时代扣代缴个人应缴纳的个人所得税（1994年前为个人收入调节税）。

即使员工未及时领取，也视为企业实现了所得的交付，应按税收法规规定及时代扣代缴个人所得税。

三、股息红利的税款扣缴日

2019年7月19日，财政部发布《关于继续实施全国中小企业股份转让系统挂牌公司股息红利差别化个人所得税政策的公告》（财政部 税务总局 证监会公告2019年第78号，以下简称78号公告），延续了财税〔2015〕101号文根据持股期限长短实施差别化股息红利个人所得税政策。78号公告的适用范围是全国中小企业股份转让系统挂牌公司，也称新三板挂牌公司。

对于取得挂牌公司所派发的股息红利的纳税人而言，无论是暂免征税、减半征税，还是全额征税都应明确个人取得股息红利的税款扣缴日问题。税款扣缴日，既不是挂牌公司的股利宣告日，也不是股权登记日，而是股票的实际转让日。

举例来说，陈先生于2019年7月24日买入某挂牌公司股票10000股，该挂牌公司2018年度每10股派发现金红利4元，股权登记日为2019年8月18日。挂牌公司派发股息红利时，虽然陈先生持股未满一月，但由于其并未转让这些挂牌股票，无法判定未来实际持股期限是否会超过1年。在这种情况下，挂牌公司暂不扣缴个人所得税。如果陈先生在2019年8月24日之前（含24日）卖出全部股票，则持股在1个月以内（含1个月），应全额缴纳股息红利个税：10000股 ÷10股 ×4元 ×20% = 800元。该应纳税额由证券登记结算公司负责计算，由证券公司等股票托管机构从个人资金账户中扣收并划付证券登记结算公司，证券登记结算公司应于次月5个工作日内将全部税款划付挂牌公司，挂牌公司在收到税款当月的法定申报期内向主管税务机关申报缴纳，并应办理全员全额扣缴申报。

如果陈先生在2019年8月25日（含25日）至2020年8月24日（含24日）期间卖出全部股票，即持股超过1个月但在1年以内（含1年），需要缴纳股息红利个税：10000股 ÷10股 ×4元 ×50%×20% = 400元。该应纳税额由证券登记结算公司负责计算，由证券公司等股票托管机构从个人资金账户中扣收并划付证券登记结算公司，证券登记结算公司应于次月 5 个工作日内划付挂牌公司，挂牌公司在收到税款当月的法定申报期内向主管税务机关申报缴纳，并应办理全员全额扣缴申报。

如果陈先生在 2020 年 8 月 25 日（含 25 日）以后期间卖出全部股票，则持股期限已经超过 1 年，暂免征收股息红利的个人所得税。

第十一章
财产租赁所得

第一节　纳税人与征税范围

一、纳税义务人

税收征管过程中，有时会出现财产租赁所得的纳税人不明确的情况。对此，《国家税务总局关于印发征收个人所得税若干问题的规定的通知》（国税发〔1994〕89号）明确规定，确认财产租赁所得的纳税义务人，应以产权凭证为依据。无产权凭证的，由主管税务机关根据实际情况确定纳税义务人。

产权所有人死亡，在未办理产权继承手续期间，该财产出租而有租金收入的，以领取租金的个人为纳税义务人。

二、征税范围

财产租赁所得，是指个人出租建筑物、土地使用权、机器设备、车船以及其他财产取得的所得。个人取得的财产转租收入，也应按“财产租赁所得”项目征税。

第二节 应纳税所得额

一、应纳税所得额的确定

2018年新《个人所得税法》第六条第一款第（四）项规定，财产租赁所得，每次收入不超过4000元的，减除费用800元；4000元以上的，减除20%的费用，其余额为应纳税所得额。财产租赁所得，以一个月内取得的收入为一次。应纳税所得额计算公式如下：

应纳税所得额＝收入额－允许扣除的税费－费用扣除标准－准予扣除的捐赠额

（一）每次收入的确定

财产租赁所得，以一个月内取得的收入为一次。如果一年或者一个季度收取一次租金，则将该收入除以12或者4以后再计算纳税。

（二）营改增后个人出租房屋计税依据的确定

根据《财政部 国家税务总局关于营改增后契税、房产税、土地增值税、个人所得税计税依据问题的通知》（财税〔2016〕43号）第四条的规定，个人出租房屋的个人所得税应税收入不含增值税，计算房屋出租所得可扣除的税费不包括本次出租缴纳的增值税。个人转租房屋的，其向房屋出租方支付的租金及增值税额，在计算转租所得时予以扣除。

根据财税〔2016〕43号文件第五条的规定，免征增值税的，确定计税依据时，成交价格、租金收入、转让房地产取得的收入不扣减增值税额。

根据财税〔2016〕43号文件第六条的规定，在计征个人所得税时，税务机关核定的计税价格或收入不含增值税。

二、费用减除

1. 根据《中华人民共和国个人所得税法》第六条，财产租赁所得，每次收入不超过4000元的，减除费用800元；4000元以上的，减除20%的费用，其余额为应纳税所得额。该费用减除标准，对所有纳税人都是普遍适用的。

2. 在确定财产租赁的应纳税所得额时，纳税人在出租财产过程中缴纳的税金和教育费附加，可持完税（缴款）凭证，从其财产租赁收入中扣除。

3. 根据《征收个人所得税若干问题的规定》（国税发〔1994〕89号）文件的规定，纳税义务人在出租财产过程中缴纳的税金和国家能源交通重点建设基金、国家预算调节基金、教育费附加，可持完税（缴款）凭证，从其财产租赁收入中扣除。

4. 纳税义务人出租财产取得财产租赁收入，在计算征税时，除可依法减除规定费用和有关税、费外，还准予扣除能够提供有效、准确凭证，证明由纳税义务人负担的该出租财产实际开支的修缮费用。允许扣除的修缮费用，以每次800元为限，一次扣除不完的，准予在下一次继续扣除，直至扣完为止。

三、税前扣除税、费的次序

根据《关于个人转租房屋取得收入征收个人所得税问题的通知》（国税函〔2009〕639号）的规定：《国家税务总局关于个人所得税若干业务问题的批复》（国税函〔2002〕146号）有关财产租赁所得个人所得税前扣除税费的扣除次序调整为：

1. 财产租赁过程中缴纳的税费；

2. 向出租方支付的租金；

3. 由纳税人负担的租赁财产实际开支的修缮费用。

四、税率

财产租赁所得适用20%的比例税率。

自2008年3月1日起，根据《财政部 国家税务总局关于廉租住房、经济适用住房和住房租赁有关税收政策的通知》（财税〔2008〕24号）的规定，对个人出租住房取得的所得减按10%的税率征收个人所得税。

五、应纳税额的计算

财产租赁所得的应纳税额的计算公式为：

应纳税额＝应纳税所得额 × 适用税率

1. 每次（月）收入不超过 4000 元的

应纳税所得额＝收入额－准予扣除项目－修缮费用（800 元 / 月为限）－准予扣除的捐赠额－ 800

2. 每次（月）收入超过 4000 元的

应纳税所得额＝［（收入额－准予扣除项目－修缮费用（800 元 / 月为限）－准予扣除的捐赠额）］×（1 － 20%）

第三节　特殊事项的处理

一、个人出租住房收入

《财政部 国家税务总局关于廉租住房、经济适用住房和住房租赁有关税收政策的通知》（财税〔2008〕24 号）明确，自 2008 年 3 月 1 日起，对个人出租住房取得的所得减按 10%的税率征收个人所得税。

二、转租浅海滩涂使用权所得

《国家税务总局关于转租浅海滩涂使用权收入征收个人所得税问题的批复》（国税函〔2002〕1158 号）明确，个人转租滩涂使用权取得的收入，应按照“财产租赁所得”应税项目征收个人所得税，其每年实际上交原出租方的承包费可以在税前扣除；同时，个人一并转让原海滩的设施和剩余文蛤的所得应按照“财产转让所得”应税项目征收个人所得税。

三、个人与房地产开发企业签订有条件优惠价格协议购买商店

《关于个人与房地产开发企业签订有条件优惠价格协议购买商店征收个人所得税问题的批复》(国税函〔2008〕576号)规定,下述情况也属于财产租赁所得的征税范围:

房地产开发企业与商店购买者个人签订协议规定,房地产开发企业按优惠价格出售其开发的商店给购买者个人,但购买者个人在一定期限内必须将购买的商店无偿提供给房地产开发企业对外出租使用。这种情况的实质是购买者个人以所购商店交由房地产开发企业出租而取得的房屋租赁收入支付了部分购房价款。根据《个人所得税法》的有关规定,对上述情形的购买者个人少支出的购房价款,应视同个人财产租赁所得,按照“财产租赁所得”项目征收个人所得税。每次财产租赁所得的收入额,按照少支出的购房价款和协议规定的租赁月份数平均计算确定。

四、酒店产权式经营业主收入

根据《国家税务总局关于酒店产权式经营业主税收问题的批复》(国税函〔2006〕478号),酒店产权式经营业主在约定的时间内提供房产使用权与酒店进行合作经营,如房产产权并未归属新的经济实体,业主按照约定取得的固定收入和分红收入均应视为租金收入,根据有关税收法律、行政法规的规定,应按照“财产租赁所得”项目征收个人所得税。

五、个人投资设备所得

个人和医院签订协议规定,由个人出资购买医疗仪器或设备交医院使用,取得的收入扣除有关费用后,剩余部分双方按一定比例分成。医疗仪器或设备使用达到一定年限后,产权归医院所有,但收入继续分成。

根据《国家税务总局关于个人投资设备取得所得征收个人所得税问题的批复》(国税函〔2000〕540号)的规定,个人的上述行为,实际上是一种具有投资特征的融资租赁行为。对上述个人取得的分成所得,应按照“财产租赁所得”项目征收个人所得税,具体计征办法为:自合同生效之日起至财产产权发生转移之日止,个人取得的分成所

得可在上述年限内按月平均扣除设备投资后，就其余额按税法规定计征个人所得税（即允许再扣除税法规定的税费）；产权转移后，个人取得的全部分成收入应按税法规定计征个人所得税，税款由医院在向个人支付所得时代扣代缴。

第四节 财产租赁所得税务风险

一、个人出租不动产，瞒报漏报的税务风险

国家发改委和税务总局联合印发《关于加强个人所得税纳税信用建设的通知》，通知指出：强化个人所得税纳税信用协同共治，促进纳税人依法诚信纳税。对个人所得税严重失信当事人，税务部门将推送相关部门，依法依规实施联合惩戒。目前大多出租不动产的个人，纳税意识淡薄，如果发生故意瞒报或漏报租房收入，将面临严重的税务风险。

依据刑法条文第二百零一条，纳税人采取欺骗、隐瞒手段进行虚假纳税申报或者不申报将面临以下后果：

1. 逃避缴纳税款数额较大并且占应纳税额百分之十以上的，处三年以下有期徒刑或者拘役，并处罚金；

2. 数额巨大并且占应纳税额百分之三十以上的，处三年以上七年以下有期徒刑，并处罚金。

为了进一步规范个人出租住房的个人所得税征收管理，自 2019 年 10 月 1 日起，河北省对个人出租（转租）住房应纳税所得额和一次性收取租金的计税收入执行新规定。《国家税务总局河北省税务局关于个人出租住房个人所得税征收管理有关事项的公告》（国家税务总局河北省税务局公告 2019 年第 6 号）规定，个人出租（转租）住房不能提供合法、准确的成本费用凭证，不能准确计算房屋租赁成本费用的，在租金收入的 5% ~ 10% 的幅度内核定应纳税所得额。具体适用比例由各市税务机关确定。

个人采取一次性收取租金形式取得的出租（转租）住房租金收入，凭合法、有效租赁合同（协议），可在对应的租赁期内按月平均分摊。

为了整治房屋租赁市场偷逃税款的乱象，山东省税务局联合公安、工商等部门，成立了“综合治税办公室”，开始排查登记出租房源。必要时，实施上门排查。

二、个人出租不动产的涉税事项

出租房屋涉及税费明细表

出租房屋类型	税种	征收率		政策依据	备注
		月租金≤10万元	月租金>10万元		
住房	增值税	免征	1.5%	2016年第16号公告	免征只能代开普通发票
	城建税	免征	按法定税率执行，享受减半征收	财税〔2019〕13号	
	教育费附加	免征	3%，享受减半征收		
	地方教育费附加	免征	2%，享受减半征收		
	房产税	4%，享受减半征收		财税〔2008〕24号	
	土地使用税	免征	免征		
	印花税	免征	免征		
	个人所得税	10%	10%		纳税人不能提供合法、准确的成本费用凭证，不能准确计算房产租赁成本的，按各地确定的租赁的比例核定应纳税所得额
	增值税	免征	5%	2016年第16号公告	免征只能代开普通发票
	城建税	免征	按法定税率执行，享受减半征收	财税〔2019〕13号	
	教育费附加	免征	3%，享受减半征收		
	地方教育费附加	免征	2%，享受减半征收		
	房产税	12%，享受减半征收		财税〔2008〕24号	
	土地使用税	每平方米土地年税额 × 占地面积			
	印花税	租赁合同总金额 ×0.001			
	个人所得税				同住房

（一）增值税

1. 自然人

（1）住房

应纳税额 = 月租金收入 ÷（1 + 5%）×1.5%

（2）其他房屋

应纳税额 = 月租金收入 ÷（1 + 5%）×5%

其他个人，采取一次性收取租金形式出租不动产取得的租金收入，可在对应的租赁期内平均分摊，分摊后的月租金收入未超过 10 万元的，免征增值税。

2. 个体工商户

（1）住房

应纳税额 = 月租金收入 ÷（1 + 5%）×1.5%

（2）其他房屋

应纳税额 = 月租金收入 ÷（1 + 5%）×5%

如果个体工商户为一般纳税人：

应纳税额 = 月租金收入 ÷（1 + 9% 或 5%）×9%（或 5%）

出租营改增前取得的房屋，可选择适用 5% 的征收率。

2019 年 1 月 1 日至 2021 年 12 月 31 日期间，个体工商户中的小规模纳税人合计月销售额未超过 10 万元（以 1 个季度为 1 个纳税期的，季度销售额未超过 30 万元）的，免征增值税，合计月销售额超过 10 万元，但扣除本期发生的销售不动产的销售额后未超过 10 万元的，租赁房屋收入免征增值税。

（二）城市维护建设税

城市维护建设税＝增值税 ×（1% 或 5% 或 7%）

纳税人所在地在市区的，税率为 7%；纳税人所在地在县城、镇的，税率为 5%；纳税人所在地不在市区、县城或镇的，税率为 1%。

个人免征增值税的，同时免征城市维护建设税。2019 年 1 月 1 日起减半征收（除个体工商户为一般纳税人外）。

（三）教育费附加

教育费附加 ＝增值税 ×3%，2019 年 1 月 1 日起减半征收（除个体工商户为一般纳税人外）

自 2016 年 2 月 1 日起，按月纳税的月销售额或营业额不超过 10 万元（按季度纳税的季度销售额或营业额不超过 30 万元）的缴纳义务人，免征教育费附加（包括个体工商户一般纳税人）。

（四）地方教育费附加

地方教育费附加 ＝增值税 ×2%，2019 年 1 月 1 日起减半征收（除个体工商户为一般纳税人外）

自 2016 年 2 月 1 日起，按月纳税的月销售额或营业额不超过 10 万元（按季度纳税的季度销售额或营业额不超过 30 万元）的缴纳义务人，免征地方教育费附加（包括个体一般纳税人）。

（五）房产税

1. 住房

按 4%：房产税＝不含增值税的租金收入 ×4%（2019 年 1 月 1 日起减半征收，除个体工商户为一般纳税人外）

2. 其他房屋

按 12%：房产税＝不含增值税的租金收入 ×12%（2019 年 1 月 1 日起减半征收，除个体工商户为一般纳税人外）

出租房产在合同中规定免租期，不属于视同销售服务，不需要缴增值税、印花税和个人所得税，但是需要按照房产余值缴纳房产税。

（六）城镇土地使用税

1. 住房

个人出租住房，免征城镇土地使用税。

2. 其他房屋

城镇土地使用税 = 每平方米土地年税额 × 占地面积，2019 年 1 月 1 日起减半征收。

土地使用税每平方米年税额如下：大城市 1.5 元至 30 元；中等城市 1.2 元至 24 元；小城市 0.9 元至 18 元；县城、建制镇、工矿区 0.6 元至 12 元。省、自治区、直辖市人民政府在规定的税额幅度内确定所辖地区的适用税额幅度。

（七）印花税

1. 住房

对个人出租住房签订的租赁合同，免征印花税。

2. 其他房屋

财产租赁合同，由立合同人按租赁金额千分之一贴花，税额不足一元的按一元贴花。

印花税 = 租赁合同总金额 ×0.001，2019 年 1 月 1 日起减半征收。

（八）个人所得税

个人出租房屋按财产租赁所得计算缴纳个人所得税。

财产租赁所得，以一个月内取得的收入为一次。

每次收入不超过 4000 元，减除费用 800 元，即应纳个人所得税＝［增值税不含税收入－相关税费（不含增值税）－修缮费－ 800 元］× 税率；

每次收入 4000 元以上的，减除 20% 的费用，其余额为应纳税所得额，即应纳个人所得税＝［增值税不含税收入－相关税费（不含增值税）－修缮费］×（1 － 20%）× 税率。

注意事项：

（1）修缮费每月最高可扣除 800 元，不足 800 元的按实际修缮费用扣除，超过 800 元一次扣除不完的，准予在下一次继续扣除，直至扣完为止。

（2）个人出租房屋的个人所得税应税收入不含增值税，计算房屋出租所得可扣除的税费不包括本次出租缴纳的增值税。

（3）个人转租房屋的，其向房屋出租方支付的租金及增值税额，凭房屋租赁合同和合法支付凭据扣除，在计算转租所得时予以扣除。

（4）“城建税＋教育附加＋地方教育附加＋房产税＋土地使用税＋印花税”，统称相关税费，不含增值税。

（5）纳税义务人在出租财产过程中缴纳的税金和国家能源交通重点建设基金、国家预算调节基金、教育费附加，可持完税（缴款）凭证，从其财产租赁收入中扣除。

（6）如果各项税费由租赁方承担，则出租方实际取得的出租所得为“租金收入＋各项税费”，应以此作为计算依据。

（7）对个人出租住房取得的所得减按 10%的税率征收个人所得税，对个人出租其他房屋按照 20% 税率征收个人所得税。

（8）纳税人取得财产租赁所得，按月或者按次计算个人所得税，有扣缴义务人的，由扣缴义务人按月或者按次代扣代缴税款。

三、个人所得税申报附加抵扣时涉及的房东信息

新税法下，要享受房屋租金专项附加扣除的纳税人必须填报申请资料，其中房东的详细信息为必填项。但在实际的租赁关系中，原税法下，租客多是不需要开发票的个人，因此，房东的房租收入较为隐蔽，未能按照税法的规定来纳税。新税法下，由于房东极力避免租赁行为产生的房产税等更多税费，不愿意配合租户进行租赁登记也就成了必然。以北京为例，租赁行为的备案比例非常低。在现有规则下，如果要享受房租专项扣除福利，若与房东签订租赁合同，房东的姓名及纳税人识别号是必填项，填报不完整则无法享受专项附加扣除中的住房租金，如果房东拒不提供信息，租户可向税务机关报送房租合同，由税务机关联合不动产登记管理部门进行核查确认，若房东行为涉嫌偷漏税，将面临相应的行政和司法处罚。

第十二章
财产转让所得

第一节 财产转让所得概述

一、征税范围

（一）财产转让所得

根据2018年新《个人所得税法实施条例》第六条第一款第（八）项的规定，财产转让所得，是指个人转让有价证券、股权、合伙企业中的财产份额、不动产、机器设备、车船以及其他财产取得的所得。有关“股权转让所得”在单独设立的第五部分内容详细阐述。与2011年版《个人所得税法实施条例》第八条第一款第（九）项相比（见表），这一规定进一步明确了财产转让所得范围，明确将合伙企业份额转让取得的所得按财产转让所得征收个人所得税。

财产转让所得征税范围规定对比

2018年新《个人所得税法实施条例》	2011年版《个人所得税法实施条例》	修改情况
第六条： （八）财产转让所得，是指个人转让有价证券、股权、合伙企业中的财产份额、不动产、机器设备、车船以及其他财产取得的所得。	第八条： （九）财产转让所得，是指个人转让有价证券、股权、建筑物、土地使用权、机器设备、车船以及其他财产取得的所得。	将转让合伙企业份额纳入财产转让所得征税范围。

根据《销售服务、无形资产、不动产注释》（财税〔2016〕36号文件附件1）的规定，金融商品转让，是指转让外汇、有价证券、非货物期货和其他金融商品所有权

的业务活动。其他金融商品转让包括基金、信托、理财产品等各类资产管理产品和各种金融衍生品的转让。

（二）转让改组改制中取得的量化资产

对集体所有制在改制为股份合作制企业过程中，个人取得量化资产有关个人所得税问题，《国家税务总局关于企业改组改制过程中个人取得的量化资产征收个人所得税问题的通知》（国税发〔2000〕60号）明确：对职工个人以股份形式取得的拥有所有权的企业量化资产，暂缓征收个人所得税；待个人将股份转让时，就其转让收入额，减除个人取得该股份时实际支付的费用支出和合理转让费用后的余额，按“财产转让所得”项目计征个人所得税。

二、应纳税所得额

根据2018年新《个人所得税法》第六条第一款第（五）项的规定，财产转让所得，以转让财产的收入额减除财产原值和合理费用后的余额，为应纳税所得额。

根据2018年新《个人所得税法实施条例》第十七条的规定，财产转让所得，按照一次转让财产的收入额减除财产原值和合理费用后的余额计算纳税。

应注意的是，计算个人所得税中财产转让所得时，减除的是财产原值，而不是财产余额或财产净值。

财产转产所得应纳税所得额的计算公式为：

应纳税所得额＝每次收入额－财产原值－合理税费－允许扣除的捐赠支出

（一）转让财产收入

转让财产的收入包括现金、实物、有价证券和其他形式的经济利益。

根据《国家税务总局关于个人股权转让过程中取得违约金收入征收个人所得税问题的批复》（国税函〔2006〕866号）的规定，股权成功转让后，转让方个人因受让方个人未按规定期限支付价款而取得的违约金收入，属于因财产转让而产生的收入。转让方个人取得的该违约金应并入财产转让收入，按照“财产转让所得”项目计算缴纳个人所得税，税款由取得所得的转让方个人向主管税务机关自行申报缴纳。

（二）财产原值

计算财产转让所得扣除的财产原值，根据2018年新《个人所得税法实施条例》第十六条的规定，按照下列方法确定：

（1）有价证券，为买入价以及买入时按照规定交纳的有关费用；

（2）建筑物，为建造费或者购进价格以及其他有关费用；

（3）土地使用权，为取得土地使用权所支付的金额、开发土地的费用以及其他有关费用；

（4）机器设备、车船，为购进价格、运输费、安装费以及其他有关费用。

其他财产，参照上述规定的方法确定财产原值。

纳税人未提供完整、准确的财产原值凭证，不能按照上述规定的方法确定财产原值的，由主管税务机关核定财产原值。

《个人所得税法》第六条第一款第（五）项所称合理费用，是指卖出财产时按照规定支付的有关税费。这与2011年版《个人所得税法实施条例》第十九条的规定相同。

（三）合理费用

根据2018年新《个人所得税法实施条例》第十六条第四款的规定，计算财产转让所得可以扣除的合理费用，是指卖出财产时按照规定支付的有关税费。而根据2011年版《个人所得税法实施条例》第二十条的规定，合理费用，是指卖出财产时按照规定支付的有关费用。

三、税率与应纳税额

转让财产所得个人所得税，以纳税人转让财产取得的收入额扣除财产原值和合理税费后的余额为应纳税所得额，乘以适用税率，计算应纳所得税额。用公式表示为：

应纳税额＝应纳税所得额 × 适用税率

财产转让所得适用20%的比例税率。

四、营改增对财产转让所得的影响

根据《财政部 国家税务总局关于营改增后契税、房产税、土地增值税、个人所得税计税依据问题的通知》（财税〔2016〕43 号）第四条的规定，个人转让房屋的个人所得税应税收入不含增值税，其取得房屋时所支付价款中包含的增值税计入财产原值，计算转让所得时可扣除的税费不包括本次转让缴纳的增值税。免征增值税的，确定计税依据时，成交价格、租金收入、转让房地产取得的收入不扣减增值税额。在计征个人所得税时，税务机关核定的计税价格或收入不含增值税。

第二节　非货币性资产投资所得

一、非货币性资产投资概述

（一）非货币性资产

1. 个人所得税相关法规对非货币性资产的界定

根据《财政部 国家税务总局关于个人非货币性资产投资有关个人所得税政策的通知》（财税〔2015〕41 号）第五条第一款的规定，非货币性资产，是指现金、银行存款等货币性资产以外的资产，包括股权、不动产、技术发明成果以及其他形式的非货币性资产。

2. 企业所得税相关法规对非货币性资产的界定

《企业资产损失所得税税前扣除管理办法》（国家税务总局公告 2011 年第 25 号发布）规定，资产是指企业拥有或者控制的、用于经营管理活动相关的资产，包括现金、银行存款、应收及预付款项（包括应收票据、各类垫款、企业之间往来款项）等货币性资产，存货、固定资产、无形资产、在建工程、生产性生物资产等非货币性资产，以及债权性投资和股权（权益）性投资。

根据《财政部 国家税务总局关于非货币性资产投资企业所得税政策问题的通知》（财税〔2014〕116 号）的规定，企业以非货币资产对外投资中所称的非货币性资产是指现金、银行存款、应收账款、应收票据以及准备持有至到期的债券投资等货币性资产以外的资产。所称非货币性资产投资，限于以非货币性资产出资设立新的居民企业，或将非货币性资产注入现存的居民企业。

3. 会计准则对非货币性资产的界定

《企业会计准则第 7 号——非货币性资产交换》第二条规定，非货币性资产交换，是指交易双方主要以存货、固定资产、无形资产和长期股权投资等非货币性资产进行的交换。该交换不涉及或只涉及少量的货币性资产（即补价）。

货币性资产，是指企业持有的货币资金和将以固定或可确定的金额收取的资产，包括现金、银行存款、应收账款和应收票据以及准备持有至到期的债券投资等。

非货币性资产，是指货币性资产以外的资产。

会计处理、企业资产损失税前扣除、企业以非货币资产对外投资以及个人以非货币性资产对外投资中对非货币性资产的界定，可列表说明（见表）。

非货币性资产的界定

项目	界定	主要内容	政策依据
会计处理	货币性资产，是指企业持有的货币资金和将以固定或可确定的金额收取的资产，包括现金、银行存款、应收账款和应收票据以及准备持有至到期的债券投资等。非货币性资产，是指货币性资产以外的资产。	非货币资产不包括应收账款和应收票据以及准备持有至到期的债券投资等。	《企业会计准则第 7 号——非货币性资产交换》
资产损失税前扣除	包括现金、银行存款、应收及预付款项（包括应收票据、各类垫款、企业之间往来款项）等货币性资产，存货、固定资产、无形资产、在建工程、生产性生物资产等非货币性资产，以及债权性投资和股权（权益）性投资。	非货币资产包括存货、固定资产、无形资产、在建工程、生产性生物资产等非货币性资产。不包括债权性和权益性投资。	《企业资产损失所得税税前扣除管理办法》

续表

企业以非货币性资产对外投资	企业以非货币资产对外投资中所称的非货币性资产，是指现金、银行存款、应收账款、应收票据以及准备持有至到期的债券投资等货币性资产以外的资产。非货币性资产投资，限于以非货币性资产外资设立新的居民企业，或将非货币性资产注入现存的居民企业。	非货币资产不包括应收账款、应收票据以及准备持有到期的债券投资。	财税〔2014〕116 号
个人以非货币性资产对外投资	现金、银行存款等货币性资产以外的资产。	包括股权、不动产、技术发明成果以及其他形式的非货币性资产。	财税〔2015〕41 号

（二）非货币性资产投资

非货币性资产投资，就是以非货币性资产出资设立新的企业，或者以非货币性资产出资参与企业增资扩股、定向增发股票、重组改制以及其他类似的投资（包括股权换股的权）。根据财税〔2015〕41 号文件第五条第二款的规定，非货币性资产投资包括以非货币性资产出资设立新的企业，以及以非货币性资产出资参与企业增资扩股、定向增发股票、股权置换、重组改制等投资行为。

个人以非货币性资产投资，取得被投资企业的股权价值高于该资产原值的部分，根据个人所得税法规定，属于个人财产转让所得，应缴纳个人所得税。但是由于非货币性资产投资交易过程中没有或仅有少量现金流，且大多交易金额较大，纳税人可能缺乏足够资金纳税，导致征纳双方争议较大，税务机关执法也面临两难境地。

为进一步鼓励和引导民间投资，促进大众创业、万众创新，解决纳税人缺乏足够资金纳税的困难，国务院决定，自 2015 年 4 月 1 日起，将上海自贸区试点的非货币性资产投资分期缴纳个人所得税政策推广至全国范围内实施。随即，财政部、国家税务总局联合下发了财税〔2015〕41 号文件，国家税务总局发布了《国家税务总局关于个人非货币性资产投资有关个人所得税征管问题的公告》（国家税务总局公告 2015 年第 20 号）等配套文件，对相关问题进行明确、细化，自 2015 年 4 月 1 日起执行。

二、应税项目的确定

非货币性资产投资，实质为个人“转让非货币性资产”和“对外投资”两笔经济业务同时发生。个人通过转移非货币性资产权属，投资换得被投资企业的股权(或股票，以下统称股权)，实现了对非货币性资产的转让性处置。根据《中华人民共和国公司法》的规定，以非货币性资产投资应对资产评估作价，对资产评估价值高出个人初始取得该资产时实际发生的支出（即资产原值）的部分，个人虽然没有现金流入，但取得了另一家企业的股权，符合个人所得税法关于“个人所得的形式包括现金、实物、有价证券和其他形式的经济利益”的规定，应按“财产转让所得”项目缴纳个人所得税。反之，如果评估后的公允价值没有超过原值，则个人没有所得，也就不需要缴纳个人所得税。

财税〔2015〕41号文件第一条规定，个人以非货币性资产投资，属于个人转让非货币性资产和投资同时发生。对个人转让非货币性资产的所得，应按照“财产转让所得”项目，依法计算缴纳个人所得税。

三、应纳税所得额

财税〔2015〕41号文件第二条第一款规定，个人以非货币性资产投资，应按评估后的公允价值确认非货币性资产转让收入。非货币性资产转让收入减除该资产原值及合理税费后的余额为应纳税所得额。《国家税务总局关于个人非货币性资产投资有关个人所得税征管问题的公告》(国家税务总局公告2015年第20号)第四条进一步明确：纳税人非货币性资产投资应纳税所得额为非货币性资产转让收入减除该资产原值及合理税费后的余额。

用公式表示为：

应纳税所得额＝非货币性资产转让收入－资产原值－转让时按规定支付的合理税费

应纳税额＝应纳税所得额 ×20%

（一）转让收入的确认

财税〔2015〕41 号文件第二条第二款规定，个人以非货币性资产投资，应于非货币性资产转让取得被投资企业股权时，确认非货币性资产转让收入的实现。

非货币性资产转让收入应以投资入股时的公允价值确定。

（二）资产原值的确定

国家税务总局公告 2015 年第 20 号第五条规定，非货币性资产原值为纳税人取得该项资产时实际发生的支出。即非货币性资产原值以历史成本进行确认。

纳税人无法提供完整、准确的非货币性资产原值凭证，不能正确计算非货币性资产原值的，主管税务机关可依法核定其非货币性资产原值。

国家税务总局公告 2015 年第 20 号第七条规定，纳税人以股权投资的，该股权原值确认相关问题依照《股权转让所得个人所得税管理办法》（试行）（国家税务总局公告 2014 年第 67 号）有关规定执行。

（三）合理税费的确定

国家税务总局公告 2015 年第 20 号第六条规定，合理税费是指纳税人在非货币性资产投资过程中发生的与资产转移相关的税金及合理费用，即允许扣除的税费必须与非货币性资产投资相关，且具有合理性。

四、纳税人与纳税地点

（一）纳税人

国家税务总局公告 2015 年第 20 号第一条明确：非货币性资产投资个人所得税以发生非货币性资产投资行为并取得被投资企业股权的个人为纳税人。

（二）纳税地点

根据国家税务总局公告 2015 年第 20 号第三条的规定，纳税人以不动产投资的，以不动产所在地税务机关为主管税务机关；纳税人以其持有的企业股权对外投资的，以该企业所在地税务机关为主管税务机关；纳税人以其他非货币资产投资的，以被投资企业所在地税务机关为主管税务机关。

五、非货币性资产投资分期缴税

（一）非货币性资产投资分期缴税规定

根据财税〔2015〕41号文件第三条的规定，个人应在发生非货币性资产投资应税行为的次月15日内向主管税务机关申报纳税。纳税人一次性缴税有困难的，可合理确定分期缴纳计划并报主管税务机关备案后，自发生上述应税行为之日起不超过5个公历年度内（含）分期缴纳个人所得税。

这与企业以非货币性资产对外投资的所得税处理原则一致。

（二）现金收入优先缴税

1. 现金补价优先缴税

根据财税〔2015〕41号文件第四条第一款的规定，个人以非货币性资产投资交易过程中取得现金补价的，现金部分应优先用于缴税；现金不足以缴纳的部分，可分期缴纳。

也就是说，个人以非货币性资产投资取得现金补价，现金部分足以缴税的，税款优先结清；现金不足以全部缴清税款的，不足部分可以分期缴纳。上述现金补价，是指个人在以非货币性资产投资过程中，除了取得被投资企业的股权外，另外取得的一定数量的现金。

2. 分期缴税期间转让股权的现金收入优先缴税

根据财税〔2015〕41号文件第四条第二款的规定，个人在分期缴税期间转让其持有的非货币资产投资取得的全部或部分股权，并取得现金收入的，该现金收入应优先用于缴纳尚未缴清的税款。

也就是说，个人在分期缴税期间转让其以非货币性资产投资取得的全部或部分股权并取得现金收入的，该现金收入应优先用于缴纳尚未缴清的税款。对部分转让股权且取得的现金不足以一次结清税款的，剩余部分可以继续分期缴纳。

（三）分期缴税计划的制定、变更与备案

根据国家税务总局公告 2015 年第 20 号第八条的规定，纳税人非货币性资产投资需要分期缴纳个人所得税的，应于取得被投资企业股权之日的次月 15 日内，自行制定缴税计划并向主管税务机关报送《非货币性资产投资分期缴纳个人所得税备案表》、纳税人身份证明、投资协议、非货币性资产评估价格证明材料、能够证明非货币性资产原值及合理税费的相关资料。

国家税务总局公告 2015 年第 20 号第九条进一步规定，纳税人分期缴税期间提出变更原分期缴税计划的，应重新制定分期缴税计划并向主管税务机关重新报送《非货币性资产投资分期缴纳个人所得税备案表》。

（四）政策衔接

财税〔2015〕41 号文件第六条规定：分期缴税政策自 2015 年 4 月 1 日起施行。对 2015 年 4 月 1 日之前发生的个人非货币性资产投资，尚未进行税收处理且自发生上述应税行为之日起期限未超过 5 年的，可在剩余的期限内分期缴纳其应纳税款。

2015 年 4 月 1 日之前发生的非货币性资产投资，期限未超过 5 年，尚未进行税收处理且需要分期缴纳个人所得税的，纳税人应于国家税务总局公告 2015 年第 20 号下发之日起 30 日内（2015 年 5 月 8 日前）向主管税务机关办理分期缴税备案手续。

六、纳税申报

（一）自行申报

国家税务总局公告 2015 年第 20 号第二条规定，非货币性资产投资个人所得税由纳税人向主管税务机关自行申报缴纳。

（二）申报纳税

国家税务总局公告 2015 年第 20 号第十条规定，纳税人按分期缴税计划向主管税务机关办理纳税申报时，应提供已在主管税务机关备案的《非货币性资产投资分期缴纳个人所得税备案表》和本期之前各期已缴纳个人所得税的完税凭证。国家税务总局

公告2015年第20号第十一条规定，纳税人在分期缴税期间转让股权的，应于转让股权之日的次月15日内向主管税务机关申报纳税。

（三）被投资企业报告义务

国家税务总局公告2015年第20号第十二条规定，被投资企业应将纳税人以非货币性资产投入本企业取得股权和分期缴税期间纳税人股权变动情况，分别于相关事项发生后15日内向主管税务机关报告，并协助税务机关执行公务。

七、备案表及其填报

（一）非货币性资产投资分期缴纳个人所得税备案表

《非货币性资产投资分期缴纳个人所得税备案表》（如下表所示）适用于个人非货币性资产投资向主管税务机关办理分期缴纳个人所得税备案事宜。本表一式二份，主管税务机关受理后，由投资人和主管税务机关分别留存。

非货币性资产投资分期缴纳个人所得税备案表

（本表一式二份）

备案编号（主管税务机关填写） 金额单位：人民币元（列至角分）

<table>
<tr><td rowspan="3">投资人信息</td><td>姓名</td><td></td><td>身份证件类型</td><td></td><td>身份证件号码</td><td colspan="2"></td></tr>
<tr><td>国籍（地区）</td><td colspan="3"></td><td>纳税人识别号</td><td colspan="2"></td></tr>
<tr><td>通讯地址</td><td colspan="3"></td><td>联系电话</td><td colspan="2"></td></tr>
<tr><td rowspan="2">被投资单位信息</td><td>名称</td><td colspan="3"></td><td>纳税人识别号</td><td colspan="2"></td></tr>
<tr><td>地址</td><td colspan="3"></td><td>联系人及电话</td><td colspan="2"></td></tr>
<tr><td rowspan="4">投资情况</td><td>投资类型</td><td colspan="6">□新设公司 □参与增资 □定向增发 □股权置换 □重组改制 □其他 ______</td></tr>
<tr><td>取得股权时间</td><td colspan="2">年 月 日</td><td>取得的现金补价</td><td></td><td>持股比例</td><td></td></tr>
<tr><td>非货币性资产名称</td><td>产权证或注册登记证号码</td><td>登记机关</td><td>坐落地</td><td>评估后的公允价值</td><td>非货币性资产原值</td><td>合理税费</td></tr>
<tr><td></td><td></td><td></td><td></td><td></td><td></td><td></td></tr>
</table>

续表

分期缴税计划	截止缴税时间	年 月 日		应纳税所得额				
	应缴个人所得税			已缴个人所得税				
	分期		合计	1	2	3	4	5
	计划缴税时间							
	计划缴税金额							
谨声明：本表根据《财政部 国家税务总局关于个人非货币性资产投资有关个人所得税政策的通知》（财税［2015］41号）及本公告有关规定填列。所填信息，是真实的、完整的、可靠的。								
纳税人签字： 被投资单位公章：　　　　填报日期：　年　月　日								
提醒：请妥善保存此表。办理纳税申报时请主动提供此表及以前各期缴纳个人所得税的完税证明。如因股权转让取得收益，请及时缴纳个人所得税。								

国家税务总局监制

（二）备案表的填报

（1）备案编号：

由主管税务机关自行编制。

（2）“纳税人识别号”：

该栏填写税务机关赋予的18位纳税人识别号。初次办理涉税事宜的，应一并提供《个人所得税基础信息表（B表）》。

（3）“产权证或注册登记证号码”：

填写产权登记部门核发的不动产、技术发明成果等非货币性资产产权证号码或注册登记证上的注册登记号码。未登记或无须登记的非货币性资产不填此列。

（4）“登记机关”：

填写核发产权证或注册登记证的单位名称。未登记或无须登记的非货币性资产不填此列。

（5）“坐落地”：

填写不动产的具体坐落地址。其他非货币性资产无须填列。

（6）“评估后的公允价值”“非货币性资产原值”“合理税费”：

按照财税〔2015〕41号文件及国家税务总局公告2015年第20号中的有关规定填写。

（7）“应纳税所得额”：

应纳税所得额＝评估后的公允价值－非货币性资产原值－合理税费

（8）“应缴个人所得税”：

应缴个人所得税＝应纳税所得额 ×20%

（9）“已缴个人所得税”：

填写纳税人取得现金补价或自筹资金已缴纳的个人所得税。纳税人变更分期缴税计划的，其前期已经缴纳的个人所得税也一并在此填列。

（10）“计划缴税时间”：

填写每一期计划缴税的截止时点。

（11）“计划缴税金额”：

填写应缴个人所得税减去已缴个人所得税后需要分期缴纳的个人所得税金额。

第三节　个人转让住房

根据个人所得税法的规定，个人转让住房，以其转让收入额减除财产原值和合理费用后的余额为应纳税所得额，按照“财产转让所得”项目缴纳个人所得税。

根据《国家税务总局关于个人住房转让所得征收个人所得税有关问题的通知》（国税发〔2006〕108 号）的规定，对转让住房收入计算个人所得税应纳税所得额时，纳税人可凭原购房合同、发票等有效凭证，经税务机关审核后，允许从其转让收入中减除房屋原值、转让住房过程中缴纳的税金及有关合理费用。

一、应纳税所得额

（一）转让收入

对住房转让所得征收个人所得税时，以实际成交价格为转让收入。纳税人申报的住房成交价格明显低于市场价格且无正当理由的，征收机关依法有权根据有关信息核定其转让收入，但必须保证各税种计税价格一致。

根据《财政部 国家税务总局关于营改增后契税、房产税、土地增值税、个人所得税计税依据问题的通知》（财税〔2016〕43号），个人转让房屋的个人所得税应税收入不含增值税，其取得房屋时所支付价款中包含的增值税计入财产原值，计算转让所得时可扣除的税费不包括本次转让缴纳的增值税。

（二）房产原值

1. 商品房

商品房，其原值为购置该房屋时实际支付的房价款及缴纳的相关税费。

2. 自建住房

自建住房，其原值为实际发生的建造费用及建造和取得产权时实际缴纳的相关税费。

3. 经济适用房

经济适用房（含集资合作建房、安居工程住房），其房屋原值为原购房人实际支付的房价款及相关税费，以及按规定缴纳的土地出让金。

4. 已购公有住房

已购公有住房，其房屋原值为原购公有住房标准面积按当地经济适用房价格计算的房价款，加上原购公有住房超标准面积实际支付的房价款以及按规定向财政部门（或原产权单位）交纳的所得收益及相关税费。已购公有住房是指城镇职工根据国家和县级（含县级）以上人民政府有关城镇住房制度改革政策规定，按照成本价（或标准价）购买的公有住房。经济适用房价格按县级（含县级）以上地方人民政府规定的标准确定。

5. 城镇拆迁安置住房

城镇拆迁安置住房，其房屋原值为根据《城市房屋拆迁管理条例》（国务院令第305号，自2011年1月21日起被《国有土地上房屋征收与补偿条例》（国务院令第590号）代替）和《建设部关于印发城市房屋拆迁估价指导意见的通知》（建住房〔2003〕234号）等有关规定，其原值分别为：

（1）房屋拆迁取得货币补偿后购置房屋的，为购置该房屋实际支付的房价款及缴纳的相关税费；

（2）房屋拆迁采取产权调换方式的，所调换房屋原值为《房屋拆迁补偿安置协议》注明的价款及缴纳的相关税费；

（3）房屋拆迁采取产权调换方式，被拆迁人除取得所调换房屋，又取得部分货币补偿的，所调换房屋原值为《房屋拆迁补偿安置协议》注明的价款和缴纳的相关税费，减去货币补偿后的余额；

（4）房屋拆迁采取产权调换方式，被拆迁人取得所调换房屋，又支付部分货币的，所调换房屋原值为《房屋拆迁补偿安置协议》注明的价款，加上所支付的货币及缴纳的相关税费。

（三）合理费用

合理费用，是指纳税人按照规定实际支付的住房装修费用、住房贷款利息、手续费、公证费等费用。

1. 装修费用

支付的住房装修费用，纳税人能提供实际支付装修费用的税务统一发票，并且发票上所列付款人姓名与转让房屋产权人一致的，经税务机关审核，其转让的住房在转让前实际发生的装修费用，可在以下规定比例内扣除：

1. 已购公有住房、经济适用房：最高扣除限额为房屋原值的 15%；

2. 商品房及其他住房：最高扣除限额为房屋原值的 10%。

根据《国家税务总局关于个人转让房屋有关税收征管问题的通知》（国税发〔2007〕33 号）的规定，凡有下列情况之一的，在计算缴纳转让住房所得个人所得税时不得扣除装修费用：

1. 纳税人提供的装修费用凭证不是有效发票的；

2. 发票上注明的付款人姓名与房屋产权人或产权共有人的姓名不一致的；

3. 发票由建材市场、批发市场管理机构开具，且未附所购商品清单的。

纳税人申报扣除装修费用，应当填写《房屋装修费用发票汇总表》，在《房屋装修费用发票汇总表》上如实、完整地填写每份发票的开具人、受领人、发票字号、建材产品或服务项目、发票金额等信息，同时将有关装修发票原件提交征收人员审核。

征收人员受理申报时，应认真审核装修费用发票真伪、《房屋装修费用发票汇总表》与有关装修发票信息是否一致，对不符合要求的发票不准扣除装修费用。审核完毕后，有关装修发票退还纳税人。纳税人原购房为装修房，即合同注明房价款中含有装修费（铺装地板，装配洁具、厨具等）的，不得再重复扣除装修费用。

2. 支付的住房贷款利息

纳税人出售以按揭贷款方式购置的住房的，其向贷款银行实际支付的住房贷款利息，凭贷款银行出具的有效证明据实扣除。

3. 手续费、公证费

纳税人按照有关规定实际支付的手续费、公证费等，凭有关部门出具的有效证明据实扣除。

这里需要说明的是，根据财税字〔1994〕20 号文件、财税字〔1999〕278 号的规定，个人转让自用达五年以上并且是唯一的家庭生活用房取得的所得，暂免征收个人所得税。

4. 转让住房过程中缴纳的税金

转让住房过程中缴纳的税金，是指纳税人在转让住房时实际缴纳的城市维护建设税、教育费附加、土地增值税、印花税等税金。

（四）特殊情形

1. 个人出售已购公有住房

个人出售已购公有住房，其应纳税所得额为个人出售已购公有住房的销售价，减除住房面积标准的经济适用房价款、原支付超过住房面积标准的房价款、向财政或原产权单位缴纳的所得收益以及税法规定的合理费用后的余额。已购公有住房是指城镇职工根据国家和县级（含县级）以上人民政府有关城镇住房制度改革政策规定，按照成本价（或标准价）购买的公有住房。经济适用住房价格按县级（含县级）以上地方人民政府规定的标准确定。

职工以成本价（或标准价）出资的集资合作建房、安居工程住房、经济适用住房以及拆迁安置住房，比照已购公有住房确定应纳税所得额。

2. 个人拍卖房屋

根据《国家税务总局关于个人取得房屋拍卖收入征收个人所得税问题的批复》（国税函〔2007〕1145号），个人通过拍卖市场取得的房屋拍卖收入在计征个人所得税时，其房屋原值应按照纳税人提供的合法、完整、准确的凭证予以扣除；不能提供完整、准确的房屋原值凭证，不能正确计算房屋原值和应纳税额的，统一按转让收入全额的3%计算缴纳个人所得税。

二、核定征收

纳税人未提供完整、准确的房屋原值凭证，不能正确计算房屋原值和应纳税额的，税务机关可根据《税收征收管理法》第三十五条的规定，对其实行核定征税，即按纳税人住房转让收入的一定比例核定应纳个人所得税额。具体比例由省级税务局或者省级税务局授权的地市级税务局根据纳税人出售住房的所处区域、地理位置、建造时间、房屋类型、住房平均价格水平等因素，在住房转让收入1%～3%的幅度内确定。

这里所称"未提供完整、准确的房屋原值凭证"，根据《国家税务总局关于个人转让房屋有关税收征管问题的通知》（国税发〔2007〕33号）的规定，是指纳税人不能提供房屋购买合同、发票或建造成本、费用支出的有效凭证，或契税征管档案中没有上次交易价格或建造成本、费用支出金额等记录。凡纳税人能提供房屋购买合同、发票或建造成本、费用支出的有效凭证，或契税征管档案中有上次交易价格或建造成本、费用支出金额等记录的，均不应按照核定征收方式计征个人所得税。

三、免征规定

根据《国家税务总局关于个人住房转让所得征收个人所得税有关问题的通知》（国税发〔2006〕108号），个人转让自用五年以上并且是家庭唯一生活用房取得的所得，免征个人所得税。

同时，自2017年4月1日起，根据《国家税务总局关于个人转让住房享受税收优惠政策判定购房时间问题的公告》（国家税务总局公告2017年第8号）的规定，个人转让住房，因产权纠纷等原因未能及时取得房屋所有权证书（包括不动产权证书，下同），对于人民法院、仲裁委员会出具的法律文书确认个人购买住房的，法律文书的生效日期视同房屋所有权证书的注明时间，据以确定纳税人是否享受税收优惠政策。

根据《国家税务总局关于个人转让房屋有关税收征管问题的通知》（国税发〔2007〕33 号），个人出售商业用房取得的所得，应按规定缴纳个人所得税，不得享受 1 年内换购住房退还保证金和自用 5 年以上的家庭唯一生活用房免税的政策。

四、离婚析产方式分割房屋产权

（一）个人因离婚办理房屋产权过户手续不征收个人所得税

根据《国家税务总局关于明确个人所得税若干政策执行问题的通知》（国税发〔2009〕121 号）的规定，通过离婚析产的方式分割房屋产权是夫妻双方对共同共有财产的处置，个人因离婚办理房屋产权过户手续，不征收个人所得税。

（二）纳税人办理免征个人所得税手续需提交的材料

根据《关于进一步简化和规范个人无偿赠与或受赠不动产免征营业税、个人所得税所需证明资料的公告》（国家税务总局公告 2015 年第 75 号）文的规定，纳税人在办理个人无偿赠与或受赠不动产免征营业税、个人所得税手续时，应报送《个人无偿赠与不动产登记表》、双方当事人的身份证明原件及复印件（继承或接受遗赠的，只需提供继承人或接受遗赠人的身份证明原件及复印件）、房屋所有权证原件及复印件。属于离婚分割财产的，应当提交：

1. 离婚协议或者人民法院判决书或者人民法院调解书的原件及复印件；

2. 离婚证原件及复印件。

（三）个人转让离婚析产房屋应纳税所得额的确定

根据国税发〔2009〕121 号，个人转让离婚析产房屋所取得的收入，允许其扣除相应的财产原值和合理费用后，余额按照规定的税率缴纳个人所得税，其相应的财产原值，为房屋初次购置全部原值和相关税费之和乘以转让者占房屋所有权的比例。

（四）个人转让离婚析产房屋免征个人所得税的情形

根据国税发〔2009〕121号，个人转让离婚析产房屋所取得的收入，符合家庭生活自用5年以上唯一住房的，可以申请免征个人所得税，其购置时间按照《国家税务总局关于房地产税收政策执行中几个具体问题的通知》（国税发〔2005〕172号）执行，即纳税人申报时，同时出具房屋产权证和契税完税证明且二者所注明的时间不一致的，按照“孰先”的原则确定购买房屋的时间。房屋产权证上注明的时间早于契税完税证明上注明的时间的，以房屋产权证注明的时间为购买房屋的时间；契税完税证明上注明的时间早于房屋产权证上注明的时间的，以契税完税证明上注明的时间为购买房屋的时间。

五、个人无偿受赠房屋

2009年5月25日，财政部、国家税务总局共同发布了《关于个人无偿受赠房屋有关个人所得税问题的通知》（财税〔2009〕78号，第三条自2019年1月1日起废止）。2015年11月10日，国家税务总局发布了《国家税务总局关于进一步简化和规范个人无偿赠与或受赠不动产免征营业税、个人所得税所需证明资料的公告》（国家税务总局公告2015年第75号）。2019年，财政部、国家税务总局发布了《关于个人取得有关收入适用个人所得税应税所得项目的公告》（财政部、税务总局公告2019年第74号），财税〔2009〕78号第三条相应废止。这三个文件对个人无偿受赠房屋有关个人所得税问题进行了明确。

（一）征税范围及免征情形

根据财税〔2009〕78号，以及财政部、税务总局公告2019年第74号，以下情形的房屋产权无偿赠与，对当事双方不征收个人所得税：

1. 房屋产权所有人将房屋产权无偿赠与配偶、父母、子女、祖父母、外祖父母、孙子女、外孙子女、兄弟姐妹；

2. 房屋产权所有人将房屋产权无偿赠与对其承担直接抚养或者赡养义务的抚养人或者赡养人；

3. 房屋产权所有人死亡，依法取得房屋产权的法定继承人、遗嘱继承人或者受遗赠人。

根据财税〔2009〕78号，除上述情形以外，房屋产权所有人将房屋产权无偿赠与他人的，受赠人因无偿受赠房屋取得的受赠所得，按照“经国务院财政部门确定征税的其他所得”项目缴纳个人所得税，税率为20%；根据财政部、税务总局公告2019年第74号，前述规定已废止，房屋产权所有人将房屋产权无偿赠与他人的，自2019年1月1日起，受赠人因无偿受赠房屋取得的受赠收入，按照“偶然所得”项目计算缴纳个人所得税。

（二）免税需要提交的资料

根据《关于进一步简化和规范个人无偿赠与或受赠不动产免征营业税、个人所得税所需证明资料的公告》（国家税务总局公告2015年第75号）的规定，纳税人在办理个人无偿赠与或受赠不动产免征营业税、个人所得税手续时，应报送《个人无偿赠与不动产登记表》、双方当事人的身份证明原件及复印件（继承或接受遗赠的，只需提供继承人或接受遗赠人的身份证明原件及复印件）、房屋所有权证原件及复印件。属于以下四类情形之一的，还应分别提交相应证明资料：

1. 离婚分割财产

（1）离婚协议或者人民法院判决书或者人民法院调解书的原件及复印件；

（2）离婚证原件及复印件。

2. 亲属之间无偿赠与

（1）无偿赠与配偶的，提交结婚证原件及复印件；

（2）无偿赠与父母、子女、祖父母、外祖父母、孙子女、外孙子女、兄弟姐妹的，提交户口簿或者出生证明或者人民法院判决书或者人民法院调解书或者其他部门（有资质的机构）出具的能够证明双方亲属关系的证明资料原件及复印件。

3. 无偿赠与非亲属抚养或赡养关系人

人民法院判决书或者人民法院调解书或者乡镇政府或街道办事处出具的抚养（赡养）关系证明或者其他部门（有资质的机构）出具的能够证明双方抚养（赡养）关系的证明资料原件及复印件。

4. 继承或接受遗赠

（1）房屋产权所有人死亡证明原件及复印件；

（2）经公证的能够证明有权继承或接受遗赠的证明资料原件及复印件。自 2019 年 3 月 8 日起，取消公证要求。有关材料报送比照《国家税务总局关于土地价款扣除时间等增值税征管问题的公告》（国家税务总局公告 2016 年第 86 号）第六条执行。

税务机关应当认真审核赠与双方提供的上述资料，资料齐全并且填写正确的，在《个人无偿赠与不动产登记表》上签字盖章，留存《个人无偿赠与不动产登记表》复印件和有关证明资料复印件，原件退还纳税人，同时办理免税手续。

（三）应纳税所得额

根据财税〔2009〕78 号，对受赠人无偿受赠房屋计征个人所得税时，其应纳税所得额为房地产赠与合同上标明的赠与房屋价值减除赠与过程中受赠人支付的相关税费后的余额。赠与合同标明的房屋价值明显低于市场价格或房地产赠与合同未标明赠与房屋价值的，税务机关可依据受赠房屋的市场评估价格或采取其他合理方式确定受赠人的应纳税所得额。

（四）受赠人转让受赠房屋

根据财税〔2009〕78 号，受赠人转让受赠房屋的，以其转让受赠房屋的收入减除原捐赠人取得该房屋的实际购置成本以及赠与和转让过程中受赠人支付的相关税费后的余额，为受赠人的应纳税所得额，依法计征个人所得税。受赠人转让受赠房屋价格明显偏低且无正当理由的，税务机关可以依据该房屋的市场评估价格或其他合理方式确定的价格核定其转让收入。

六、其他房产转让所得

（一）个人转让非住房个人所得税

对个人转让住房以外的其他房产，以转让财产的收入额减除其财产原值和合理费用（指卖出财产时按照规定支付的有关费用）后的余额，为应纳税所得额，按照 20%

税率征收个人所得税；纳税人未提供完整、准确的财产原值凭证，不能正确计算财产原值的，由主管税务机关核定其财产原值。

（二）转让非住房个人所得税具体规定

个人转让非住房，应以非住房转让实际成交价格为转让财产的收入额；财产原值的确认，应以纳税人提供的财产原值有效凭证为依据；合理费用是指非住房转让过程中缴纳的税金及相关费用。适用比例税率，税率为20%。

第四节　财产拍卖所得

对个人通过拍卖市场拍卖各种财产（包括字画、瓷器、玉器、珠宝、邮品、钱币、古籍、古董等物品）取得的所得征收个人所得税问题，《国家税务总局关于加强和规范个人取得拍卖收入征收个人所得税有关问题的通知》（国税发〔2007〕38号）作出如下规定：

一、征税项目

个人通过拍卖市场拍卖个人财产，对其取得所得按以下规定征税：

（1）根据《国家税务总局关于印发征收个人所得税若干问题的规定的通知》（国税发〔1994〕89号）的规定，作者将自己的文字作品手稿原件或复印件拍卖取得的所得，应以其转让收入额减除800元（转让收入额4000元以下）或者20%（转让收入额4000元以上）后的余额为应纳税所得额，按照“特许权使用费所得”项目适用20%税率缴纳个人所得税。

（2）个人拍卖除文字作品原稿及复印件外的其他财产，应以其转让收入额减除财产原值和合理费用后的余额为应纳税所得额，按照“财产转让所得”项目适用20%税率缴纳个人所得税。

二、应纳税所得额

（一）收入额的确定

对个人财产拍卖所得征收个人所得税时，以该项财产最终拍卖成交价格为其转让收入额。

（二）财产原值及合理费用

个人财产拍卖所得适用“财产转让所得”项目计算应纳税所得额时，纳税人凭合法有效凭证（税务机关监制的正式发票、相关境外交易单据或海关报关单据、完税证明等），从其转让收入额中减除相应的财产原值、拍卖财产过程中缴纳的税金及有关合理费用。

1. 财产原值

财产原值，是指售出方个人取得该拍卖品的价格（以合法有效凭证为准）。具体为通过商店、画廊等途径购买的，为购买该拍卖品时实际支付的价款；通过拍卖行拍得的，为拍得该拍卖品实际支付的价款及缴纳的相关税费；通过祖传收藏的，为其收藏该拍卖品而发生的费用；通过赠送取得的，为其受赠该拍卖品时发生的相关税费；通过其他形式取得的，参照以上原则确定财产原值。

2. 有关合理费用

有关合理费用，是指拍卖财产时纳税人按照规定实际支付的拍卖费（佣金）、鉴定费、评估费、图录费、证书费等费用。

（三）拍卖财产过程中缴纳的税金

拍卖财产过程中缴纳的税金，是指在拍卖财产时纳税人实际缴纳的相关税金及附加。

三、核定征收

纳税人不能提供合法、完整、准确的财产原值凭证，不能正确计算财产原值的，按转让收入额的3%征收率计算缴纳个人所得税；拍卖品为经文物部门认定是海外回流文物的，按转让收入额的2%征收率计算缴纳个人所得税。

纳税人的财产原值凭证内容填写不规范，或者一份财产原值凭证包括多件拍卖品且无法确认每件拍卖品一一对应的原值的，不得将其作为扣除财产原值的计算依据，应视为不能提供合法、完整、准确的财产原值凭证，并按上述规定的征收率计算缴纳个人所得税。

纳税人能够提供合法、完整、准确的财产原值凭证，但不能提供有关税费凭证的，不得按征收率计算纳税，应当就财产原值凭证上注明的金额据实扣除，并按照税法规定计算缴纳个人所得税。

四、代扣代缴

个人财产拍卖所得应纳的个人所得税税款，由拍卖单位负责代扣代缴，并按规定向拍卖单位所在地主管税务机关办理纳税申报。

拍卖单位代扣代缴个人财产拍卖所得应纳的个人所得税税款时，应给纳税人填开完税凭证，并详细标明每件拍卖品的名称、拍卖成交价格、扣缴税款额。

五、房屋拍卖所得

根据《国家税务总局关于加强和规范个人取得拍卖收入征收个人所得税有关问题的通知》（国税发〔2007〕38号）和《国家税务总局关于个人住房转让所得征收个人所得税有关问题的通知》（国税发〔2006〕108号）的精神，个人通过拍卖市场取得的房屋拍卖收入在计征个人所得税时，其房屋原值应按照纳税人提供的合法、完整、准确的凭证予以扣除；不能提供完整、准确的房屋原值凭证，不能正确计算房屋原值和应纳税额的，统一按转让收入全额的3%计算缴纳个人所得税。为方便纳税人依法履行纳税义务和税务机关加强税收征管，纳税人应比照《国家税务总局关于个人住房转让所得征收个人所得税有关问题的通知》（国税发〔2006〕108号）第四条的有关规定，在房屋拍卖后缴纳增值税、土地增值税等税收的同时，一并申报缴纳个人所得税。

第五节 其他财产转让所得

一、买卖虚拟货币所得

对个人通过网络销售虚拟货币取得收入计征个人所得税问题，《国家税务总局关于个人通过网络买卖虚拟货币取得收入征收个人所得税问题的批复》（国税函〔2018〕818号）作出如下规定：

1. 个人通过网络收购玩家的虚拟货币加价后向他人出售取得的收入，属于个人所得税应税所得，应按照“财产转让所得”项目计算缴纳个人所得税；

2. 个人销售虚拟货币的财产原值为其收购网络虚拟货币所支付的价款和相关税费；

3. 对于个人不能提供有关财产原值凭证的，由主管税务机关核定其财产原值。

二、购买和处置债权所得

个人通过招标、竞拍或其他方式购置债权以后，通过相关司法或行政程序主张债权而取得的所得，根据《国家税务总局关于个人因购买和处置债权取得所得征收个人所得税问题的批复》（国税函〔2005〕655号）的规定，应按照“财产转让所得”项目缴纳个人所得税。

个人通过上述方式取得“打包”债权，只处置部分债权的，其应纳税所得额按以下方式确定：

1. 以每次处置部分债权的所得，作为一次财产转让所得征税；

2. 其应税收入按照个人取得的货币资产和非货币资产的评估价值或市场价值的合计数确定；

3. 所处置债权成本费用（即财产原值），按下列公式计算：

当次处置债权成本费用＝个人购置“打包”债权实际支出×当次处置债权账面价值（或拍卖机构公布价值）÷“打包”债权账面价值（或拍卖机构公布价值）

4. 个人购买和处置债权过程中发生的拍卖招标手续费、诉讼费、审计评估费以及缴纳的税金等合理税费，在计算个人所得税时允许扣除。

三、基金申购、赎回和转让差价收入

（一）基金申购和赎回

根据《财政部 国家税务总局关于开放式证券投资基金有关税收问题的通知》（财税〔2002〕128 号），对个人投资者申购和赎回基金单位取得的差价收入，在对个人买卖股票的差价收入未恢复征收个人所得税以前，暂不征收个人所得税。

（二）基金份额的转让

根据《财政部 税务总局 证监会关于内地与香港基金互认有关税收政策的通知》（财税〔2015〕125 号），对内地个人投资者通过基金互认买卖香港基金份额取得的转让差价所得，自 2015 年 12 月 18 日起至 2018 年 12 月 17 日止，三年内暂免征收个人所得税。

根据《财政部 税务总局 证监会关于继续执行内地与香港基金互认有关个人所得税政策的通知》（财税〔2018〕154 号），对内地个人投资者通过基金互认买卖香港基金份额取得的转让差价所得，自 2018 年 12 月 18 日起至 2019 年 12 月 4 日止，继续暂免征收个人所得税。

对香港市场投资者（包括企业和个人）通过基金互认买卖内地基金份额取得的转让差价所得，暂免征收所得税。

内地基金管理人应当向相关证券登记结算机构提供内地基金的香港市场投资者的相关信息。

四、债券转让所得

转让债券一般采用加权平均法确定其应予减除的财产原值和合理费用，计算公式如下：

一次卖出某一种类的债券允许扣除的买价和费用 = 购进该种债券买入价和买进过程中缴纳的税费总和 ÷ 购进该种类债券总数量 × 一次卖出该种类债券数量 + 卖出该种类债券过程中缴纳的税费

每次卖出债券应纳个人所得税额 =（该次卖出该类债券收入－ 该次卖出该类债券允许扣除的买价和费用）× 20%

第十三章
偶然所得

第一节 偶然所得概述

一、征税范围

根据2018年《个人所得税法实施条例》第八条第一款第（九）项的规定，偶然所得是指个人得奖、中奖、中彩以及其他偶然性质的所得。得奖是指个人参加各种评比、有奖竞赛活动，取得名次得到的奖金；中奖、中彩是指参加各种有奖活动，如有奖销售、有奖储蓄、购买彩票等，经过规定程序，抽中、摇中号码而取得的奖金。

二、每次的确定

根据2018年《个人所得税法实施条例》第十四条的规定，偶然所得，以每次取得该项收入为一次。

三、税率和应纳税额计算

根据2018年《个人所得税法》的规定，偶然所得以每次收入额为应纳税所得额，适用比例税率20%计算缴纳个人所得税。

计算公式：应纳税额＝应纳税所得额 ×20%

四、优惠政策

（一）有奖发票奖金

根据《财政部 国家税务总局关于个人取得有奖发票奖金征免个人所得税问题的通知》（财税〔2007〕34号），个人取得的单张有奖发票奖金不超过800元（含800元）的，暂免征收个人所得税；个人取得单张有奖发票奖金所得超过800元的，应全额按照个人所得税法规定的“偶然所得”项目征收个人所得税。

（二）举报和协查奖金

根据《财政部 国家税务总局关于个人所得税若干政策问题的通知》（财税字〔1994〕20号），个人举报、协查各种违法、犯罪行为而获得的奖金，免征个人所得税。

（三）科学、教育、技术、文化、卫生、体育、环境保护奖金

根据《中华人民共和国个人所得税法》第四条，省级人民政府、国家部委和中国人民解放军军以上单位，以及外国组织颁发的科学、教育、技术、文化、卫生、体育、环境保护等方面的奖金，免征个人所得税。

（四）见义勇为奖金

《财政部 国家税务总局关于发给见义勇为者的奖金免征个人所得税问题的通知》（财税字〔1995〕第25号）规定了关于发给见义勇为者的奖金问题。对乡、镇（包含乡、镇）以上人民政府或经县（含县）以上人民政府主管部门批准成立的有机构、有章程的见义勇为基金或者类似组织，奖励见义勇为者的奖金或奖品，经主管税务机关批准，免征个人所得税。

（五）体育彩票中奖收入

《财政部 国家税务总局关于个人取得体育彩票中奖所得征免个人所得税问题的通知》（财税字〔1998〕12号）规定，为了有利于动员全社会力量资助和发展我国的体育事业，自1998年4月1日起，对个人购买体育彩票中奖收入的所得税政策作如下调整：凡一次中奖收入不超过1万元的，暂免征收个人所得税；超过1万元的，应

按税法规定全额征收个人所得税。

（六）福利彩票奖金

《国家税务总局关于社会福利有奖募捐发行收入税收问题的通知》（国税发〔1994〕127号）规定，对个人购买社会福利有奖募捐奖券一次中奖收入不超过10000元的暂免征收个人所得税，对一次中奖收入超过10000元的，应按税法规定全额征税。

第二节　具体征税项目

一、顾客额外抽奖获奖所得

根据《财政部 国家税务总局关于企业促销展业赠送礼品有关个人所得税问题的通知》（财税〔2011〕50号）的规定，自2011年6月9日起，企业对累积消费达到一定额度的顾客，给予额外抽奖机会，个人的获奖所得，按照“偶然所得”项目，全额适用20%的税率缴纳个人所得税。

二、有奖储蓄中奖所得

《国家税务总局关于有奖储蓄中奖收入征收个人所得税问题的批复》（国税函发〔1995〕98号）规定，个人参加有奖储蓄取得的各种形式的中奖所得，属于机遇性的所得，应按照个人所得税法中偶然所得应税项目的规定征收个人所得税。虽然这种中奖所得具有银行储蓄利息二次分配的特点，但对中奖个人而言，已不属于按照国家规定利率标准取得的存款利息所得性质。支付该项所得的各级银行部门是税法规定的代扣代缴义务人，在其向个人支付有奖储蓄中奖所得时应按照偶然所得应税项目扣缴个人所得税款。

三、博彩所得

《国家税务总局关于个人在境外取得博彩所得征收个人所得税问题的批复》（国税函发〔1995〕663 号）规定，在中国境内有住所的个人，从境外取得的所得，应依照税法规定缴纳个人所得税。中彩所得属于偶然所得应税项目，适用比例税率 20%。居民个人在澳门摇老虎机博彩所得应依照税法规定全额按 20% 比例税率计算缴纳个人所得税。

四、有奖发票奖金所得

根据《财政部 国家税务总局关于个人取得有奖发票奖金征免个人所得税问题的通知》（财税〔2007〕34 号）的规定，个人取得单张有奖发票奖金所得不超过 800 元（含 800 元）的，暂免征收个人所得税；个人取得单张有奖发票奖金所得超过 800 元的，应全额按照个人所得税法规定的“偶然所得”项目征收个人所得税。

五、企业向个人支付的不竞争款项所得

不竞争款项是指资产购买方企业与资产出售方企业自然人股东之间在资产购买交易中，通过签订保密和不竞争协议等方式，约定资产出售方企业自然人股东在交易完成后一定期限内，承诺不从事有市场竞争的相关业务，并负有相关技术资料的保密义务，资产购买方企业则在约定期限内，按一定方式向资产出售方企业自然人股东所支付的款项。根据《财政部 国家税务总局关于企业向个人支付不竞争款项征收个人所得税问题的批复》（财税〔2007〕102 号）的规定，鉴于资产购买方企业向个人支付的不竞争款项属于个人因偶然因素取得的一次性所得，资产出售方企业自然人股东取得的所得，应按照“偶然所得”项目计算缴纳个人所得税，税款由资产购买方企业在向资产出售方企业自然人股东支付不竞争款项时代扣代缴。

六、网络红包收入

近年来，不少企业为广告、宣传或扩大企业用户覆盖面等目的而通过网络随机向

个人派发红包（以下简称网络红包）。根据个人所得税法的相关规定：

（1）对个人取得企业派发的现金网络红包，应按照“偶然所得”项目计算缴纳个人所得税，税款由派发红包的企业代扣代缴。

（2）对个人取得企业派发的且用于购买该企业商品（产品）或服务才能使用的非现金网络红包，包括各种消费券、代金券、抵用券、优惠券等，以及个人因购买该企业商品或服务达到一定额度而取得企业返还的现金网络红包，属于企业销售商品（产品）或提供服务的价格折扣、折让，不征收个人所得税。

（3）个人之间派发的现金网络红包，不属于个人所得税法规定的应税所得，不征收个人所得税。

七、从省级以下政府部门取得的一次性奖励

根据《国家税务总局关于个人取得的奖金收入征收个人所得税问题的批复》（国税函〔1998〕293 号）的规定，个人因在各行各业作出突出贡献而从省级以下人民政府及其所属部门取得的一次性奖励收入，不论其奖金来源于何处，均不属于税法所规定的免税范畴，应按“偶然所得”项目征收个人所得税。

第三节　新税法并入偶然所得的“其他所得”

2018 年 8 月 31 日，全国人大常委会通过的修改后《个人所得税法》基于应纳税所得的范围属于个人所得税的税制基本要素，考虑到目前个人所得税法中列明的所得范围已经比较全面，可不必再由国务院或其有关部门确定“其他所得”，因此，本次修订税法时，删除了现行《个人所得税法》第二条“下列各项个人所得，应纳个人所得税”最后一项（第十一项）关于“经国务院财政部门确定征税的其他所得”的规定。

一、新个人所得税法下偶然所得的范围

（一）新个人所得税法下“其他所得”的范围

2018 年 12 月 29 日，财政部、税务总局联合发布了《关于继续有效的个人所得税优惠政策目录的公告》（2018 年第 177 号公告）。该公告中列举了 88 个将继续有效的个人所得税优惠政策涉及的文件目录，其中包含了涉及被新《个人所得税法》删除的“其他所得”的相关文件。根据上述 177 号公告的内容，可以看到原来共计十一项的“经国务院财政部门确定征税的其他所得”，现在只剩下四项，具体对比如下：

序号	修法前经国务院财政部门确定征税的其他所得	所依据的规章或规范性文件名称及文件编号	是否在继续有效的个人所得税优惠政策目录之内
1	对银行部门以超过国家规定利率和保值贴补率支付给储户的揽储奖金	财政部 国家税务总局关于银行部门以超过国家利率支付给储户的揽储奖金征收个人所得税问题的批复（财税字〔1995〕64 号）	不在继续有效的优惠政策文件目录之内
2	中国科学院院士荣誉奖金	国家税务总局关于对中国科学院院士荣誉奖金征收个人所得税问题的复函	不在继续有效的优惠政策文件目录之内
3	对保险公司按投保金额，以银行同期储蓄存款利率支付给在保期内未出险的人寿保险保户的利息（或以其他名义支付的类似收入）	国家税务总局关于未分配的投资者收益和个人人寿保险收入征收个人所得税问题的批复（国税函〔1998〕546 号文）	不在继续有效的优惠政策文件目录之内
4	个人因任职单位缴纳有关保险费用而取得的无赔款优待收入	《国家税务总局关于个人所得税有关政策问题的通知》（国税发〔1999〕58 号）	属于继续有效的“个人所得税优惠政策”
5	股民个人从证券公司取得的交易手续费返还收入、回扣收入	《国家税务总局关于股民从证券公司取得的回扣收入征收个人所得税问题的批复》（国税函〔1999〕627 号）	不在继续有效的优惠政策文件目录之内
6	个人为单位或他人提供担保获得报酬	《财政部 国家税务总局关于个人所得税有关问题的批复》（财税〔2005〕94 号）	不在继续有效的优惠政策文件目录之内

续表

7	房地产公司因双方协商解除商品房买卖合同而向购房人支付违约金，购房个人因上述原因从房地产公司取得的违约金收入	《国家税务总局关于个人取得解除商品房买卖合同违约金征收个人所得税问题的批复》（国税函〔2006〕865 号）	不在继续有效的优惠政策文件目录之内
8	房屋产权所有人将房屋产权无偿赠与他人的，受赠人因无偿受赠房屋取得的受赠所得	《财政部 国家税务总局关于个人无偿受赠房屋有关个人所得税问题的通知》（财税〔2009〕78 号）	属于继续有效的“个人所得税优惠政策”
9	企业在业务宣传、广告等活动中，随机向本单位以外的个人赠送礼品，对个人取得的礼品所得	《财政部 国家税务总局关于企业促销展业赠送礼品有关个人所得税问题的通知》（财税〔2011〕50 号）	属于继续有效的“个人所得税优惠政策”
10	企业在年会、座谈会、庆典以及其他活动中向本单位以外的个人赠送礼品，对个人取得的礼品所得		
11	个人达到规定条件时领取“个人税收递延型商业养老保险”的商业养老金收入，其中 25% 部分予以免税，其余 75% 部分按照 10% 的比例税率计算缴纳个人所得税，税款计入“其他所得”项目	《财政部 国家税务总局 人力资源社会保障部 中国银行保险监督管理委员会 证监会关于开展个人税收递延型商业养老保险试点的通知》（财税〔2018〕22 号）	属于继续有效的“个人所得税优惠政策”

根据上述财税 2018 年 177 号公告，国税发〔1999〕58 号、财税〔2009〕78 号、财税〔2011〕50 号、财税〔2018〕22 号这四部原来属于“经国务院财政部门确定征税的其他所得”的政策性文件现在仍然属于继续有效的“个人所得税优惠政策”。

（二）新个人所得税法下“偶然所得”的范围

《个人所得税法实施条例》中的第 6 条所规定的偶然所得，是指个人得奖、中奖、中彩以及其他偶然性质的所得。

除了《个人所得税法实施条例》所列举的得奖、中奖、中彩属于“偶然所得”征税范围之外，现行规定之中明确为“偶然所得”征税项目的还有以下两项：

1. 消费达到一定额度获得抽奖并中奖的所得

《财政部 国家税务总局关于企业促销展业赠送礼品有关个人所得税问题的通知》（财税〔2011〕50 号）第二条规定，企业对累积消费达到一定额度的顾客，给予额外抽奖机会，个人的获奖所得，按照“偶然所得”项目，全额适用20%的税率缴纳个人所得税。取得该项所得的个人应依法缴纳个人所得税，税款由赠送礼品的企业代扣代缴。

2. 个人取得企业派发的网络红包所得

近来，不少企业为广告、宣传或扩大企业用户等目的而通过网络随机向个人派发红包。《国家税务总局关于加强网络红包个人所得税征收管理的通知》（税总函〔2015〕409号）规定：为进一步规范和加强网络红包个人所得税征收管理，依据个人所得税法及其实施条例规定，对个人取得企业派发的现金网络红包，应按照“偶然所得”项目计算缴纳个人所得税，税款由派发红包的企业代扣代缴。

二、原“其他所得”的具体规定

（一）取得银行支付的揽储奖金

《财政部 国家税务总局关于银行部门以超过国家利率支付给储户的揽储奖金征收个人所得税问题的批复》（财税〔1995〕64号）规定，对银行部门以超过国家规定利率和保值贴补率支付给储户的揽储奖金，应按“其他所得”缴纳个人所得税。

根据《关于个人取得有关收入适用个人所得税应税所得项目的公告》（财政部、税务总局公告2019年第74号）规定，自2019年1月1日起，财税〔1995〕64号废止。

（二）取得中国科学院院士荣誉奖金

《国家税务总局关于对中国科学院院士荣誉奖金征收个人所得税问题的复函》(国税函发〔1995〕351号）规定，对中国科学院院士荣誉奖金，应按“其他所得”缴纳个人所得税，税款由该基金会在颁发奖金时代扣代缴。

根据《关于个人取得有关收入适用个人所得税应税所得项目的公告》（财政部、税务总局公告2019年第74号）规定，自2019年1月1日起，国税函发〔1995〕351号废止。

（三）取得未出险的人寿保险的利息

《国家税务总局关于未分配的投资者收益和个人人寿保险收入征收个人所得税问

题的批复》（国税函〔1998〕546号）规定，对保险公司按投保金额，以银行同期储蓄存款利率支付给在保期内未出险的人寿保险保户的利息（或以其他名义支付的类似收入），按“其他所得”缴纳个人所得税，税款由支付利息的保险公司代扣代缴。

根据《关于个人取得有关收入适用个人所得税应税所得项目的公告》（财政部、税务总局公告2019年第74号）规定，自2019年1月1日起，国税函〔1998〕546号第二条即上述规定废止。

（四）取得的保险无赔款优待收入

《国家税务总局关于个人所得税有关政策问题的通知》（国税发〔1999〕58号）规定，对于个人因任职单位缴纳有关保险费用而取得的无赔款优待收入（即保险车辆在上一年保险期限内无赔款，续保时可享受无赔款减收保险费优待），按“其他所得”缴纳个人所得税。

根据《关于继续有效的个人所得税优惠政策目录的公告》（财政部、税务总局公告2018年第177号），上述政策在2019年1月1日后仍继续有效。

根据《关于个人取得有关收入适用个人所得税应税所得项目的公告》（财政部、税务总局公告2019年第74号）规定，自2019年1月1日起，国税发〔1999〕58号第三条即上述规定废止。

（五）股民取得的交易手续费返还收入

《国家税务总局关于股民从证券公司取得的回扣收入征收个人所得税问题的批复》（国税函〔1999〕627号）规定，一些证券公司为了招揽大户股民在本公司开户交易，通常从证券公司取得的交易手续费中支付部分金额给大户股民。对于股民从证券公司取得的此类回扣收入或交易手续费返还收入，应按“其他所得”缴纳个人所得税，税款由证券公司在向股民支付回扣收入或交易手续费返还收入时代扣代缴。

根据《关于个人取得有关收入适用个人所得税应税所得项目的公告》（财政部、税务总局公告2019年第74号）规定，自2019年1月1日起，国税函〔1999〕627号废止。

（六）个人提供担保获得的报酬

《财政部 国家税务总局关于个人所得税有关问题的批复》（财税〔2005〕94号，第二条已废止）规定，个人为单位或他人提供担保获得报酬，应按“其他所得”缴纳个人所得税，税款由支付所得的单位或个人代扣代缴。

《关于个人取得有关收入适用个人所得税应税所得项目的公告》（财政部、税务总局公告2019年第74号）规定，自2019年1月1日起，个人为单位或他人提供担保获得收入，按照“偶然所得”项目计算缴纳个人所得税。

（七）从房地产公司取得的违约金收入

《国家税务总局关于个人取得解除商品房买卖合同违约金征收个人所得税问题的批复》（国税函〔2006〕865号）规定，商品房买卖过程中，有的房地产公司因未协调好与按揭银行的合作关系，造成购房人不能按合同约定办妥按揭贷款手续，从而无法缴纳后续房屋价款，致使房屋买卖合同难以继续履行，房地产公司因双方协商解除商品房买卖合同而向购房人支付违约金。购房个人因上述原因从房地产公司取得的违约金收入，应按“其他所得”缴纳个人所得税，税款由支付违约金的房地产公司代扣代缴。

根据《关于个人取得有关收入适用个人所得税应税所得项目的公告》（财政部、税务总局公告2019年第74号）规定，自2019年1月1日起，国税函〔2006〕865号废止。

（八）无偿受赠他人房屋所得

《财政部 国家税务总局关于个人无偿受赠房屋有关个人所得税问题的通知》（财税〔2009〕78号）规定，房屋产权所有人将房屋产权无偿赠与他人的，受赠人因无偿受赠房屋取得的受赠所得，按照“经国务院财政部门确定征税的其他所得”项目缴纳个人所得税。

根据《关于继续有效的个人所得税优惠政策目录的公告》（财政部、税务总局公告2018年第177号），上述政策在2019年1月1日后仍继续有效。

上述财税〔2009〕78号第三条有关规定已经废止，《关于个人取得有关收入适用个人所得税应税所得项目的公告》（财政部、税务总局公告 2019 年第 74 号）规定，自 2019 年 1 月 1 日起，房屋产权所有人将房屋产权无偿赠与他人的，受赠人因无偿受赠房屋取得的受赠收入，按照“偶然所得”项目计算缴纳个人所得税。

以下情形的房屋产权无偿赠与，对当事双方不征收个人所得税：

（1）房屋产权所有人将房屋产权无偿赠与配偶、父母、子女、祖父母、外祖父母、孙子女、外孙子女、兄弟姐妹；

（2）房屋产权所有人将房屋产权无偿赠与对其承担直接抚养或者赡养义务的抚养人或者赡养人；

（3）房屋产权所有人死亡，依法取得房屋产权的法定继承人、遗嘱继承人或者受遗赠人。

（九）在企业宣传、庆典等活动中取得礼品

《关于个人取得有关收入适用个人所得税应税所得项目的公告》（财政部、税务总局公告 2019 年第 74 号）规定，自 2019 年 1 月 1 日起，企业在业务宣传、广告等活动中，随机向本单位以外的个人赠送礼品（包括网络红包，下同），以及企业在年会、座谈会、庆典以及其他活动中向本单位以外的个人赠送礼品，个人取得的礼品收入，按照“偶然所得”项目计算缴纳个人所得税，但企业赠送的具有价格折扣或折让性质的消费券、代金券、抵用券、优惠券等礼品除外。

企业在销售商品（产品）和提供服务过程中向个人赠送礼品，属于下列情形之一的，不征收个人所得税：

①企业通过价格折扣、折让方式向个人销售商品（产品）和提供服务；

②企业在向个人销售商品（产品）和提供服务的同时给予赠品，如通信企业对个人购买手机赠话费、入网费，或者购话费赠手机等；

③企业对累积消费达到一定额度的个人按消费积分反馈礼品。

（十）取得的商业养老保险金收入

《关于个人取得有关收入适用个人所得税应税所得项目的公告》（财政部、税务总局公告 2019 年第 74 号）规定，自 2019 年 1 月 1 日起，个人按照《财政部 税务总

局 人力资源社会保障部 中国银行保险监督管理委员会 证监会关于开展个人税收递延型商业养老保险试点的通知》（财税〔2018〕22 号）的规定，领取的税收递延型商业养老保险的养老金收入，其中 25% 部分予以免税，其余 75% 部分按照 10% 的比例税率计算缴纳个人所得税，税款计入“工资、薪金所得”项目，由保险机构代扣代缴后，在个人购买税延养老保险的机构所在地办理全员全额扣缴申报。

NO.
05

第五篇　股权转让所得篇

第十四章
股权转让所得

第一节　股权转让所得概述

《股权转让所得个人所得税管理办法（试行）》（国家税务总局公告 2014 年第 67 号），自 2015 年 1 月 1 日起施行。

一、适用范围

股权是指自然人股东（以下简称个人）投资于在中国境内成立的企业或组织（以下统称被投资企业，不包括个人独资企业和合伙企业）的股权或股份。

股权转让是指个人将股权转让给其他个人或法人的行为，包括以下七类情形：

1. 出售股权；

2. 公司回购股权；

3. 发行人首次公开发行新股时，被投资企业股东将其持有的股份以公开发行方式一并向投资者发售；

4. 股权被司法或行政机关强制过户；

5. 以股权对外投资或进行其他非货币性交易；

6. 以股权抵偿债务；

7. 其他股权转移行为。

以上情形，股权已经发生了实质上的转移，而且转让方也相应获取了报酬或免除了责任，因此都应当属于股权转让行为，个人取得所得应按规定缴纳个人所得税。

注意：个人在上海证券交易所、深圳证券交易所转让从上市公司公开发行和转让市场取得的上市公司股票，转让限售股，以及其他有特别规定的股权转让，不适用67号公告。

二、计算方法

应纳税额＝（股权转让收入－股权原值－合理费用）×20%

个人转让股权，以股权转让收入减除股权原值和合理费用后的余额为应纳税所得额，按“财产转让所得”缴纳个人所得税。

合理费用是指股权转让时按照规定支付的有关税费。

转让的股权以人民币以外的货币结算的，按照结算当日人民币汇率中间价，折算成人民币计算应纳税所得额。

三、股权转让收入的确认

股权转让收入按照公平交易原则确定。也就是说纳税人转让股权，应当获得与之相匹配的回报，无论回报是何种形式或名义，都应作为股权转让收入的组成部分。

（一）确认方法

通常情况下，股权转让收入就是转让方在转让当期或后续期间获得的各种形式及名义的转让所得。具体确定方法如下：

1. 股权转让收入是指转让方因股权转让而获得的现金、实物、有价证券和其他形式的经济利益；

2. 转让方取得与股权转让相关的各种款项，包括违约金、补偿金以及其他名目的款项、资产、权益等，均应当并入股权转让收入；

3. 纳税人按照合同约定，在满足约定条件后取得的后续收入，应当作为股权转让收入。

（二）核定收入

为了对违反公平交易原则或不配合税收管理的纳税人实施税收保障措施，纳税人申报的股权转让收入符合下列四种情形之一的，主管税务机关可以核定股权转让收入：

1. 申报的股权转让收入明显偏低且无正当理由的；

2. 未按照规定期限办理纳税申报，经税务机关责令限期申报，逾期仍不申报的；

3. 转让方无法提供或拒不提供股权转让收入的有关资料；

4. 其他应核定股权转让收入的情形。

（三）股权转让收入明显偏低

1. 股权转让收入明显偏低的情形

（1）申报的股权转让收入低于股权对应的净资产份额的。其中，被投资企业拥有土地使用权、房屋、房地产企业未销售房产、知识产权、探矿权、采矿权、股权等资产的，申报的股权转让收入低于股权对应的净资产公允价值份额的。

（2）申报的股权转让收入低于初始投资成本或低于取得该股权所支付的价款及相关税费的。

（3）申报的股权转让收入低于相同或类似条件下同一企业同一股东或其他股东股权转让收入的。

（4）申报的股权转让收入低于相同或类似条件下同类行业的企业股权转让收入的。

（5）不具合理性的无偿让渡股权或股份。

（6）主管税务机关认定的其他情形。

2. 股权转让收入明显偏低有正当理由的情形

由于在实际情况中，确实存在部分股权转让收入因种种合理情形而偏低的情形。为此，以下规定对转让收入偏低的合理情形进行了明确，主要包括三代以内直系亲属间转让受合理的外部因素影响导致低价转让、部分限制性的股权转让等。符合下列条件之一的股权转让收入明显偏低，视为有正当理由：

（1）能出具有效文件，证明被投资企业因国家政策调整，生产经营受到重大影响，导致低价转让股权；

（2）继承或将股权转让给其能提供具有法律效力身份关系证明的配偶、父母、子女、祖父母、外祖父母、孙子女、外孙子女、兄弟姐妹以及对转让人承担直接抚养或者赡养义务的抚养人或者赡养人；

（3）相关法律、政府文件或企业章程规定，并有相关资料充分证明转让价格合理且真实的本企业员工持有的不能对外转让股权的内部转让；

（4）股权转让双方能够提供有效证据证明其合理性的其他合理情形。

3. 核定方法

主管税务机关在对股权转让收入进行核定时，必须按照净资产核定法、类比法、其他合理方法的先后顺序进行选择：

（1）净资产核定法。

股权转让收入按照每股净资产或股权对应的净资产份额核定。

被投资企业的土地使用权、房屋、房地产企业未销售房产、知识产权、探矿权、采矿权、股权等资产占企业总资产比例超过20%的，主管税务机关可参照纳税人提供的具有法定资质的中介机构出具的资产评估报告核定股权转让收入。

6个月内再次发生股权转让且被投资企业净资产未发生重大变化的，主管税务机关可参照上一次股权转让时被投资企业的资产评估报告核定此次股权转让收入。

（2）类比法。

①参照相同或类似条件下同一企业同一股东或其他股东股权转让收入核定；

②参照相同或类似条件下同类行业企业股权转让收入核定。

（3）其他合理方法。

主管税务机关采用以上方法核定股权转让收入存在困难的，可以采取其他合理方法核定。

四、股权原值的确认

（一）股权原值的确认方法

根据《股权转让所得个人所得税管理办法（试行）》第十五条的规定，个人转让股权的原值依照以下方法确认：

（1）以现金出资方式取得的股权，按照实际支付的价款与取得股权直接相关的合理税费之和确认股权原值。

（2）以非货币性资产出资方式取得的股权，按照税务机关认可或核定的投资入股时非货币性资产价格与取得股权直接相关的合理税费之和确认股权原值。

（3）通过无偿让渡方式取得股权，具备该办法第十三条第二项（即三代以内亲属间转让股权）所列情形的，按取得股权发生的合理税费与原持有人的股权原值之和确认股权原值。

综上所述，通常情况下，股权原值按照纳税人取得股权时的实际支出进行确认。如纳税人在获得股权时，转让方已经被核定征收过个人所得税的，纳税人在此次转让时，股权原值可以按照取得股权时发生的合理税费与税务机关核定的转让方股权转让收入之和确定。这也是为了使整个转让环节前后衔接，避免重复征税。

（二）再次转让股权原值的确认

1. 受让人再次转让股权原值的确定

《股权转让所得个人所得税管理办法（试行）》第十六条规定，自 2015 年 1 月 1 日起股权转让人已被主管税务机关核定股权转让收入并依法征收个人所得税的，该股权受让人的股权原值以取得股权时发生的合理税费与股权转让人被主管税务机关核定的股权转让收入之和确认。

2. 盈余积累转增股本后转让股权原值的确定

《国家税务总局关于个人投资者收购企业股权后将原盈余积累转增股本个人所得税问题的公告》（国家税务总局公告 2013 年第 23 号）规定，一名或多名个人投资者以股权收购方式取得被收购企业 100% 的股权，股权收购前，被收购企业原账面金额中的“资本公积、盈余公积、未分配利润”等盈余积累未转增股本，而在股权交易时将其一并计入股权转让价格并履行了所得税纳税义务。股权收购后，企业将原账面金额中的盈余积累向个人投资者（新股东，下同）转增股本，有关个人所得税问题区分以下情形处理：

（1）新股东以不低于净资产价格收购股权的，企业原盈余积累已全部计入股权交易价格，新股东取得盈余积累转增股本的部分，不征收个人所得税；

（2）新股东以低于净资产价格收购股权的，企业原盈余积累中，对于股权收购价格减去原股本的差额部分已经计入股权交易价格新股东取得盈余积累转增股本的部分，不征收个人所得税；对于股权收购价格低于原所有者权益的差额部分未计入股权交易价格，新股东取得盈余积累转增股本的部分，应按照“利息、股息、红利所得”项目征收个人所得税。

新股东以低于净资产价格收购企业股权后转增股本，应按照下列顺序进行，即：先转增应税的盈余积累部分，然后再转增免税的盈余积累部分。

新股东将所持股权转让时，其财产原值为其收购企业股权实际支付的对价及相关税费。

（三）股权原值的核定

根据《股权转让所得个人所得税管理办法（试行）》第十七条的规定，个人转让股权未提供完整、准确的股权原值凭证，不能正确计算股权原值的，由主管税务机关核定其股权原值。

（四）用加权平均法确定股权原值

根据《股权转让所得个人所得税管理办法（试行）》第十八条的规定，对个人多次取得同一被投资企业股权的，转让部分股权时，采用加权平均法确定其股权原值。

（五）合理费用的扣除

新老《个人所得税法》均规定，财产转让所得，以转让财产的收入额减除财产原值和合理费用后的余额，为应纳税所得额。根据2018年新《个人所得税法实施条例》的规定，这里所说的合理费用，是指卖出财产时按照规定支付的有关税费。

五、纳税申报

（一）纳税人和扣缴义务人

个人股权转让所得个人所得税，以股权转让方为纳税人，以受让方为扣缴义务人。受让方无论是企业还是个人，均应履行扣缴税款义务。

（二）纳税地点

个人股权转让所得个人所得税以被投资企业所在地税务机关为主管税务机关。也就是说，股权转让所得纳税人需要在被投资企业所在地办理纳税申报。

（三）纳税时点

具有下列情形之一的，扣缴义务人、纳税人应当依法在次月 15 日内向主管税务机关申报纳税：

1. 受让方已支付或部分支付股权转让价款的；

2. 股权转让协议已签订生效的；

3. 受让方已经实际履行股东职责或者享受股东权益的；

4. 国家有关部门判决、登记或公告生效的；

5.《股权转让所得个人所得税管理办法（试行）》第三条第四至第七项行为已完成的；

6. 税务机关认定的其他有证据表明股权已发生转移的情形。

（四）申报资料

纳税人、扣缴义务人向主管税务机关办理股权转让纳税（扣缴）申报时，还应当报送以下资料：

1. 股权转让合同（协议）；

2. 股权转让双方身份证明；

3. 按规定需要进行资产评估的，需提供具有法定资质的中介机构出具的净资产或土地房产等资产价值评估报告；

4. 计税依据明显偏低但有正当理由的证明材料；

5. 主管税务机关要求报送的其他材料。

（五）事先报告义务

扣缴义务人应于股权转让相关协议签订后 5 个工作日内，将股权转让的有关情况报告主管税务机关。

被投资企业应在董事会或股东会结束后5个工作日内，向主管税务机关报送与股权变动事项相关的董事会或股东会决议、会议纪要等资料。

被投资企业发生个人股东变动或个人股东所持股权变动的，应在次月15日内向主管税务机关报送含有股东变动信息的《个人所得税基础信息表（A表）》及股东变更情况说明。

六、个人终止投资经营收回款项所得

关于个人终止投资、联营、经营合作等行为收回款项征收个人所得税问题，《国家税务总局关于个人终止投资经营收回款项征收个人所得税问题的公告》（国家税务总局公告2011年第41号）规定，个人因各种原因终止投资、联营、经营合作等行为，从被投资企业或合作项目、被投资企业的其他投资者以及合作项目的经营合作人取得股权转让收入、违约金、补偿金、赔偿金及以其他名目收回的款项等，均属于个人所得税应税收入，应按照“财产转让所得”项目适用的规定计算缴纳个人所得税。应纳税所得额的计算公式如下：

应纳税所得额＝个人取得的股权转让收入、违约金、补偿金、赔偿金及以其他名目收回款项合计数－原实际出资额（投入额）及相关税费

这里需要说明两点：

一是国家税务总局公告2011年第41号规定的股权转让收入是全口径收入，既包括股权转让价款，也包括赔偿金、违约金等价外收入。

二是对非法人企业投资份额转让，国家税务总局公告2011年第41号规定，应比照股权转让进行所得税处理。

七、收回转让股权的处理

《国家税务总局关于纳税人收回转让的股权征收个人所得税问题的批复》（国税函〔2005〕130号）规定，股权转让合同履行完毕、股权已做变更登记，且所得已经实现的，转让人取得的股权转让收入应当依法缴纳个人所得税。转让行为结束后，当事人双方签订并执行解除原股权转让合同、退回股权的协议，是另一次股权转让行为，

对前次转让行为征收的个人所得税款不予退回。股权转让合同未履行完毕，因执行仲裁委员会作出的解除股权转让合同及补充协议的裁决、停止执行原股权转让合同，并原价收回已转让股权的，由于其股权转让行为尚未完成、收入未完全实现，随着股权转让关系的解除，股权收益不复存在，根据个人所得税法和税收征收管理法的有关规定，并遵循行政行为合理性原则，纳税人不应缴纳个人所得税。

第二节　股票转让所得

一、转让上市公司股票所得

根据 2018 年新《个人所得税法实施条例》第七条的规定，对股票转让所得征收个人所得税的办法，由国务院另行制定，并报全国人民代表大会常务委员会备案。

（一）转让境内上市公司股票所得

根据《财政部 国家税务总局 证监会关于个人转让上市公司限售股所得征收个人所得税有关问题的通知》（财税〔2009〕167 号）的规定，对个人在上海证券交易所、深圳证券交易所转让从上市公司公开发行和转让市场取得的上市公司股票所得，继续免征个人所得税。

（二）转让境外上市公司股票所得

对个人转让境外上市公司股票所得，应按财产转让所得项目，适用 20%的税率征收个人所得税。

根据《财政部 国家税务总局 证监会关于沪港股票市场交易互联互通机制试点有关税收政策的通知》（财税〔2014〕81 号）和《财政部 国家税务总局 中国证券监督管理委员会关于继续执行沪港股票市场交易互联互通机制有关个人所得税政策的通

知》（财税〔2017〕78号）的规定，对内地个人投资者通过沪港股票市场交易互联互通机制（沪港通）投资香港联交所上市股票取得的转让差价所得，自2014年11月17日起至2019年12月4日止，暂免征收个人所得税。

根据《财政部 国家税务总局 证监会关于深港股票市场交易互联互通机制试点有关税收政策的通知》（财税〔2016〕127号）的规定，对内地个人投资者通过深港通投资香港联交所上市股票取得的转让差价所得，自2016年12月5日起至2019年12月4日止，暂免征收个人所得税。

根据《财政部 国家税务总局 证监会关于继续执行沪港、深港股票市场交易互联互通机制和内地与香港基金互认有关个人所得税政策的公告》（财政部 税务总局 证监会公告2019年第93号）的规定，对内地个人投资者通过沪港通、深港通投资香港联交所上市股票取得的转让差价所得和通过基金互认买卖香港基金份额取得的转让差价所得，自2019年12月5日起至2022年12月31日止，继续暂免征收个人所得税。

二、转让“新三板”挂牌公司股票所得

为促进全国中小企业股份转让系统（以下简称新三板）长期稳定发展，《财政部 国家税务总局 证监会关于个人转让全国中小企业股份转让系统挂牌公司股票有关个人所得税政策的通知》（财税〔2018〕137号）就个人转让新三板挂牌公司股票有关个人所得税政策作出如下规定。

（一）个人转让非原始股所得暂免个人所得税

根据财税〔2018〕137号文件第一条的规定，自2018年11月1日（含）起，对个人转让新三板挂牌公司非原始股取得的所得，暂免征收个人所得税。

这里所称非原始股是指个人在新三板挂牌公司挂牌后取得的股票，以及由上述股票孳生的送、转股。

自2018年11月1日之前，个人转让新三板挂牌公司非原始股，尚未进行税收处理的，可比照该文件第一条的上述规定执行，已经进行相关税收处理的，不再进行税收调整。

（二）个人转让原始股所得按财产转让所得征税

根据财税〔2018〕137 号文件第二条的规定，对个人转让新三板挂牌公司原始股取得的所得，按照“财产转让所得”，适用 20%的比例税率征收个人所得税。

这里所称原始股是指个人在新三板挂牌公司挂牌前取得的股票，以及在该公司挂牌前和挂牌后由上述股票孳生的送、转股。

个人转让新三板挂牌公司原始股，以每次原始股转让收入，减除股票原值和合理税费后的余额，为应纳税所得。即：

应纳税所得额＝原始股转让收入－（原始股原值＋合理税费）

应纳税额＝应纳税所得额 ×20%

原始股转让收入，是指转让原始股股票取得的收入。原始股原值，是指原始股东初始取得原始股时支付的价款。

（三）征收管理

根据财税〔2018〕137 号文件第三条的规定，2019 年 9 月 1 日之前，个人转让新三板挂牌公司原始股的个人所得税，征收管理办法按照股权转让所得有关规定执行，以股票受让方为扣缴义务人，由被投资企业所在地税务机关负责征收管理。自 2019 年 9 月 1 日（含）起，个人转让新三板挂牌公司原始股的个人所得税，以股票托管的证券机构为扣缴义务人，由股票托管的证券机构所在地主管税务机关负责征收管理。具体征收管理办法参照财税〔2009〕167 号文件和《财政部 国家税务总局 证监会关于个人转让上市公司限售股所得征收个人所得税有关问题的补充通知》（财税〔2010〕70 号）有关规定执行。

中国证券登记结算公司应当在登记结算系统内明确区分新三板原始股和非原始股。

三、沪港通试点

2014 年 11 月 17 日，沪港股票市场交易互联互通机制（“沪港通”）试点正式启动，沪港两地证券市场成功实现联通。

（一）相关法规

2014 年 10 月 31 日，财政部、国家税务总局和证监会联合下发《财政部 国家税务总局 中国证券监督管理委员会关于沪港股票市场交易互联互通机制试点有关税收政策的通知》（财税〔2014〕81 号）对沪港通试点涉及的个人所得税等税收政策予以明确。文件自 2014 年 11 月 17 日起生效。

（二）内地个人投资者

内地个人投资者通过沪港通投资香港联合交易所有限公司上市股票的转让差价所得税免征个人所得税至 2022 年 12 月 31 日。

（三）香港市场投资者

对香港市场投资者（包括企业和个人）通过沪港通投资上海证券交易所（以下简称上交所）上市 A 股取得的转让差价所得，暂免征收所得税。

四、深港通试点

2016 年 11 月 25 日，为促进内地与香港资本市场共同发展，中国证券监督管理委员会、香港证券及期货事务监察委员会决定批准深圳证券交易所、香港联合交易所有限公司、中国证券登记结算有限责任公司、香港中央结算有限公司正式启动深港股票交易互联互通机制（“深港通”）。深港通下的股票交易于 2016 年 12 月 5 日开始。

（一）相关法规

《财政部 税务总局 证监会关于继续执行沪港、深港股票市场交易互联互通机制和内地与香港基金互认有关个人所得税政策的公告》（财政部、税务总局、证监会公告 2019 年第 93 号）。

（二）内地个人投资者

内地个人投资者通过深港通投资香港联交所上市股票的转让差价所得税

对内地个人投资者通过深港通投资香港联交所上市股票取得的转让差价所得和通

过基金互认买卖香港基金份额取得的转让差价所得，自2019年12月5日起至2022年12月31日止，继续暂免征收个人所得税。

（三）香港市场投资者

对香港市场投资者（包括企业和个人）投资深交所上市A股取得的转让差价所得，暂免征收所得税。

五、创新企业CDR转让

《关于创新企业境内发行存托凭证试点阶段有关税收政策的公告》（财政部、税务总局、证监会公告2019年第52号）规定，自试点开始之日起，即指首只创新企业CDR取得国务院证券监督管理机构的发行批文之日起，对个人投资者转让创新企业CDR取得的差价所得，三年（36个月，下同）内暂免征收个人所得税。

创新企业CDR，是指符合《国务院办公厅转发证监会关于开展创新企业境内发行股票或存托凭证试点若干意见的通知》（国办发〔2018〕21号）规定的试点企业，以境外股票为基础证券，由存托人签发并在中国境内发行，代表境外基础证券权益的证券。

第三节　限售股转让所得

为进一步规范个人转让上市公司限售流通股（以下简称限售股）取得的所得征税问题，经国务院批准，财税〔2009〕167号、财税〔2010〕70号等文件先后出台，规定自2010年1月1日起，对个人转让限售股取得的所得按照“财产转让所得”，适用20%的比例税率征收个人所得税。同时，对个人在上海证券交易所、深圳证券交易所转让从上市公司公开发行和转让市场取得的上市公司股票所得，继续免征个人所得税。

一、限售股的概念与分类

目前我国 A 股市场的限售股主要由两部分构成：一类是股改产生的限售股；另一类是新股首次发行上市（IPO）产生的限售股。

（一）股改限售股

股改限售股是指股权分置改革过程中，由原非流通股转变而来的有限售期的流通股，市场俗称为“大小非”。“大非”指的是大规模的限售流通股，占总股本 5%以上；“小非”指的是小规模的限售流通股，占总股本 5%以内。

股权分置是中国资本市场特有的情形，是指上市公司的一部分股份上市流通，另一部分股份暂时不上市流通。前者称为流通股，主要为社会公众股；后者为非流通股，包括国家股、国有法人股、内资及外资法人股、发起自然人股等。股权分置改革之前，非流通股虽然不能在沪深两市自由交易，但经证监会批准后，可以通过拍卖或协议转让的方式进行流通。

为贯彻落实《国务院关于推进资本市场改革开放和稳定发展的若干意见》中“积极稳妥解决股权分置问题”的要求，证监会、国资委和财政部等部委联合下发《关于公司股权分置改革的指导意见》（证监发〔2005〕80 号文件发布），随后，证监会又下发了《上市公司股权分置改革管理办法》（证监发〔2005〕86 号文件发布），解除了非流通股上市流通的限制，非流通股股东与流通股股东之间采取对价的方式平衡相互利益。同时，对股权分置改革后非流通股出售作出了若干限制性规定，这样，原非流通股转变为有流通期限和流通比例限售的流通股，即股改限售股。股权分置改革股票复牌后，股改限售股于解除限售前历年获得的送转股也构成了限售股。

（二）新股限售股

为保持公司控制权的稳定，《中华人民共和国公司法》及交易所上市规则对于首次公开发行股份并上市的公司，公开发行前股东所持股份都有一定的限售期规定，由于股权分置改革新老划断后不再有非流通股和流通股的划分，这部分股份在限售期满后解除流通权利限制，构成了新股限售股。这类限售股目前已经占到全部限售股的大多数，将来还会有更多的新股限售股出现。新股上市后，新股限售股于解除限售前历年获得的送、转股也构成了限售股。

除股改限售股和IPO限售股外，目前市场上还有一些有限售期要求的股票，主要是机构配售股和增发股。机构配售股是指IPO的时候，参与网下申购的机构投资人获得的股票，这部分需要锁定3个月到半年，然后才可以上市交易。增发股类似于机构配售股，是指定向增发后的股票，需要锁定1年，然后才可以上市交易。

综上所述，可以将限售股分为如下几类：

1. 上市公司股权分置改革完成后股票复牌日之前股东所持原非流通股股份，以及股票复牌日至解禁日期间由上述股份孳生的送、转股（以下统称股改限售股）；

2. 2006年股权分置改革新老划断后，首次公开发行股票并上市的公司形成的限售股，以及上市首日至解禁日期间由上述股份孳生的送、转股（以下统称新股限售股）；

3. 个人从机构或其他个人受让的未解禁限售股；

4. 个人因依法继承或家庭财产依法分割取得的限售股；

5. 个人持有的从代办股份转让系统转到主板市场（或中小板、创业板市场）的限售股；

6. 上市公司吸收合并中，个人持有的原被合并方公司限售股所转换的合并方公司股份；

7. 上市公司分立中，个人持有的被分立公司限售股所转换的分立后公司股份；

8. 其他限售股。

二、征税范围

为进一步完善股权分置改革后的相关制度，更好地发挥税收对高收入者的调节作用，促进资本市场长期健康发展，增加税收收入，堵塞税收漏洞，进一步完善股票转让所得个人所得税政策，平衡个人转让限售股与个人转让非上市公司股份以及企业转让限售股之间的税收政策，国务院决定，自2010年1月1日起，对个人转让上市公司限售股取得的所得征收个人所得税。即2010年1月1日（含）以后只要是个人转让上市公司限售股，都要按规定计算所得并依照20%税率缴纳个人所得税。个人转让限售股或发生具有转让限售股实质的其他交易，取得现金、实物、有价证券和其他形式的经济利益均应缴纳个人所得税。限售股在解禁前被多次转让的，转让方对每一次转让所得均应按规定缴纳个人所得税。对具有下列情形的，应按规定征收个人所得税。

1. 个人通过证券交易所集中交易系统或大宗交易系统转让限售股；

2. 个人用限售股认购或申购交易型开放式指数基金（ETF）份额；

3. 个人用限售股接受要约收购；

4. 个人行使现金选择权将限售股转让给提供现金选择权的第三方；

5. 个人协议转让限售股；

6. 个人持有的限售股被司法扣划；

7. 个人因依法继承或家庭财产分割让渡限售股所有权；

8. 个人用限售股偿还上市公司股权分置改革中由大股东代其向流通股股东支付的对价；

9. 其他具有转让实质的情形。

三、应纳税额的计算

（一）应纳税额的计算公式

根据个人所得税法有关规定，对个人转让限售股取得的所得，应按“财产转让所得”项目征税。按照一般财产转让所得的征税办法，应以转让财产收入减去财产原值和合理税费后的余额为应纳税所得额，依法计征个人所得税。即个人转让限售股，应以每次限售股转让收入，减除股票原值和合理税费后的余额，为应纳税所得额。具体计算公式如下：

应纳税所得额＝限售股转让收入－（限售股原值＋合理税费）

应纳税额＝应纳税所得额 ×20%

限售股转让收入，是指转让限售股股票实际取得的收入。限售股原值，是指限售股买入时的买入价及按照规定缴纳的有关费用。合理税费，是指转让限售股过程中发生的印花税、佣金、过户费等与交易相关的税费。

如果纳税人未能提供完整、真实的限售股原值凭证，不能准确计算限售股原值的，主管税务机关一律按限售股转让收入的15%核定限售股原值及合理税费。

（二）代扣代缴税款的计算

个人发生如下四种情形时，对其限售股转让所得应纳个人所得税，采取证券机构预扣预缴、纳税人自行申报清算和证券机构直接扣缴相结合的方式征收：

1. 个人通过证券交易所集中交易系统或大宗交易系统转让限售股；

2. 个人用限售股认购或申购交易型开放式指数基金（ETF）份额；

3. 个人用限售股接受要约收购；

4. 个人行使现金选择权将限售股转让给提供现金选择权的第三方。

在上述四种情形下，由证券机构按规定扣缴税款。纳税人申报清算时，实际转让收入按照下列原则计算：

1. 个人通过证券交易所集中交易系统或大宗交易系统转让限售股的转让收入，以转让当日该股份实际转让价格计算，证券公司在扣缴税款时，佣金支出统一按照证券主管部门规定的行业最高佣金费率计算；

2. 通过认购ETF份额方式转让限售股的，以股份过户日的前一交易日该股份收盘价计算转让收入，通过申购ETF份额方式转让限售股的，以申购日的前一交易日该股份收盘价计算转让收入；

3. 个人用限售股接受要约收购的转让收入以要约收购的价格计算；

4. 个人行使现金选择权将限售股转让给提供现金选择权的第三方的转让收入以实际行权价格计算。

（三）自行申报纳税的计算

纳税人发生如下四种情形时，采取纳税人向主管税务机关自行申报纳税的方式缴纳个人所得税：

1. 个人协议转让限售股；

2. 个人持有的限售股被司法扣划；

3. 个人因依法继承或家庭财产分割让渡限售股所有权；

4. 个人用限售股偿还上市公司股权分置改革中由大股东代其向流通股股东支付的对价。

在上述四种情况下，纳税人自行申报纳税时，其转让收入按照下列原则计算：

1. 个人协议转让限售股的转让收入按照实际转让收入计算，转让价格明显偏低且无正当理由的，主管税务机关可以依据协议签订日的前一交易日该股收盘价或其他合理方式核定其转让收入；

2. 个人持有的限售股被司法扣划的转让收入以司法执行日的前一交易日该股收盘价计算；

3. 个人因依法继承或家庭财产分割让渡限售股所有权和个人用限售股偿还上市公司股权分置改革中由大股东代其向流通股股东支付的对价的，转让收入以转让方取得该股时支付的成本计算。

（四）成本费用的计算

个人转让因协议受让、司法扣划等情形取得未解禁限售股的，成本按照主管税务机关认可的协议受让价格、司法扣划价格核定，无法提供相关资料的，按照限售股转让收入的15%核定限售股原值及合理税费；个人转让因依法继承或家庭财产依法分割取得的限售股的，按规定缴纳个人所得税时，成本按照该限售股前一持有人取得该股时实际成本及税费计算。

在证券机构技术和制度准备完成后形成的限售股自股票上市首日至解禁日期间发生送、转、缩股的，证券登记结算公司应依据送、转、缩股比例对限售股成本原值进行调整；而对于其他权益分派的情形（如现金分红、配股等），不对限售股的成本原值进行调整。

因个人持有限售股中存在部分限售股成本原值不明确，导致无法准确计算全部限售股成本原值的，证券登记结算公司一律以实际转让收入的15%作为限售股成本原值和合理税费。

四、征收管理

（一）纳税人、扣缴义务人和主管税务机关的确定

根据财税〔2009〕167号文件的规定，限售股转让所得个人所得税，以限售股持有者为纳税义务人，以个人股东开户的证券机构为扣缴义务人。限售股个人所得税由证券机构所在地主管税务机关负责征收管理。

上述规定主要是从便于征管操作和源泉控管的角度考虑的，限售股股东可能遍布全国各地，但一般情况下，个人会选择距离自己常住地或工作地最近的证券机构设立证券账户，因此，财税〔2009〕167号文件规定，按照属地原则，以限售股股东开户的证券机构（证券公司营业部）为扣缴义务人，由证券机构所在地主管税务机关负责征收管理。

（二）对不同阶段限售股采取不同征管办法

对限售股转让所得征收个人所得税，采取由限售股股东个人开户的证券机构代扣代缴税款的征收方式，按照最初设想，首先需要证券交易系统中将限售股与流通股实行分库管理，其次需要证券机构掌握限售股的成本原值才能根据限售股股东转让限售股时的转让价格扣除成本原值实施税款扣缴。

但由于股权分置改革后，限售股一旦解禁，其在股东账户中与股东从二级市场取得的流通股是混在一起，无法区分的，如要求交易所、登记结算公司以及证券公司能够识别股东减持股份的来源种类，需要对限售股与非限售股进行分户管理。分户管理则需要调整证券交易结算系统，进行技术上的准备和改造。同时，在已形成的限售股成本原值的确认上也存在诸多难点：一是限售股都是公司公开发行股票前股东持有的股份，每一位股东取得股份的具体成本等资料，可能只有上市公司掌握，证券交易所、登记结算公司、证券公司都没有记录，很难查找；二是影响成本变动的因素很多，包括股东在不同阶段取得的送、转股，配股，以及公司定向增发造成股份的稀释等。因此，如果要建立限售股成本资料，只能通过完善上市公司新股发行制度，要求上市公司在新股发行环节增加报送上市前股东所持股份的真实的成本资料，再通过股票登记结算系统改造，提前将成本资料植入系统。上述这些工作都只能从新上市公司着手。

鉴于在证券登记结算公司系统中植入限售股成本资料需要在制度上和技术上做一定时间的准备，按照先建立机制和便于操作的原则，以技术制度完备作为划断新老限售股的界限，按照“老股老办法，新股新办法”的原则，具体根据证券机构技术和制度准备完成情况，对不同阶段形成的限售股，采取不同的征收管理办法。即证券机构技术和制度准备完成前形成的限售股，采取简易的“核定（预扣）＋清算”的征收方式；证券机构技术和制度准备完成后形成的限售股，采取由证券机构直接扣缴的方式。

1. 技术和制度准备完成前应扣缴税款的计算和预扣清算

由于现行证券交易系统中无法单独标识限售股，限售股股东转让限售股时交易系统无法判别，证券结算系统虽然有限售股的登记信息，但因其只是结算当天的交易数据，也难以判断其是否是限售股，难以扣缴税款。而只能采取提前通过某个价格和核定成本计算出转让限售股的应缴税款，按照限售股优先征税的原则，一旦限售股账户转让股票，则根据提前计算的应缴税款实施即时预扣税款。

因而，财税〔2009〕167 号文件规定，在证券机构技术和制度准备完成前，对已经形成的限售股，以股改复牌日收盘价或上市首日收盘价，作为计算限售股转让收入的依据。同时，按照股改复牌日收盘价或上市首日收盘价的 15%统一确定限售股的原值和合理税费。登记结算公司以上述转让收入与原值和合理税费，计算出现有限售股的应纳税所得额，按照 20%的税率计算应扣缴税款，待限售股股东转让时，将转让股数和应扣缴税款的信息发送给证券机构，由证券机构预扣预缴个人所得税。证券机构应填报《限售股转让所得个人所得税扣缴报告表》，并于次月 5 日内将预扣税款向主管税务机关缴纳。

纳税人按照实际转让收入和实际成本计算的应纳税额，与证券机构扣缴的税额有差异的（实际转让收入、成本与收盘价、核定成本有差异），纳税人可以自证券机构解缴税款的次月 1 日起的 3 个月内，向其开户证券机构所在地主管税务机关申请税款清算。

需要强调的是，纳税人申请清算时，应按照收入与成本相匹配的原则计算应纳税所得额。即限售股转让收入必须按照实际转让收入计算，限售股原值按照实际成本计算；如果纳税人未能提供完整、真实的限售股原值凭证，不能正确计算限售股原值的，主管税务机关一律按限售股实际转让收入的15%核定限售股原值及合理税费。

纳税人申请清算时，应填报《限售股转让所得个人所得税清算申报表》，并持加盖证券机构印章的交易记录和相关完整、真实凭证向主管税务机关提出清算申报并办理清算事宜。主管税务机关审核确认后，按照重新计算的应纳税额，办理退（补）税手续。纳税人在规定期限内未到主管税务机关办理清算事宜的，税务机关不再办理清算事宜，已预扣预缴的税款从纳税保证金账户全额缴入国库。

2. 证券机构技术和制度准备完成后应缴税款计算和扣缴

财税〔2009〕167号文件规定，对证券机构技术和制度准备完成后新上市公司的限售股，通过改造登记结算公司和证券公司软件的方式分库管理，按照证券机构事先植入结算系统的限售股成本原值和发生的合理税费，以实际转让收入减去原值和合理税费后的余额，适用20%税率，由证券机构计算并直接扣缴个人所得税额。

证券机构技术和制度准备完成后，证券机构扣缴税款的计算依据是实际的转让收入和实际成本，此时扣缴税款是纳税人实际的应缴税款，不存在清算问题。

《财政部 国家税务总局关于证券机构技术和制度准备完成后个人转让上市公司限售股有关个人所得税问题的通知》（财税〔2011〕108号）进一步规定：

（1）自2012年3月1日起，网上发行资金申购日在2012年3月1日（含）之后的首次公开发行上市公司（以下简称新上市公司）按照证券登记结算公司业务规定做好各项资料准备工作，在向证券登记结算公司申请办理股份初始登记时一并申报由个人限售股股东提供的有关限售股成本原值详细资料，以及会计师事务所或税务师事务所对该资料出具的鉴证报告。限售股成本原值，是指限售股买入时的买入价及按照规定缴纳的有关税费。

（2）新上市公司提供的成本原值资料和鉴证报告中应包括但不限于以下内容：证券持有人名称、有效身份证照号码、证券账户号码、新上市公司全称、持有新上市公司限售股数量、持有新上市公司限售股每股成本原值等。

新上市公司每位持有限售股的个人股东应仅申报一个成本原值。个人取得的限售股有不同成本的，应对所持限售股以每次取得股份数量为权重进行成本加权平均以计算出每股的成本原值，即：

$$\text{分次取得限售股的加权平均成本}=\left(\text{第一次取得限售股的每股成本原值}\times\text{第一次取得限售股的股份数量}+\cdots\cdots+\text{第 n 次取得限售股的每股成本原值}\times\text{第 n 次取得限售股的股份数量}\right)\div\text{累计取得限售股的股份数量}$$

（3）证券登记结算公司收到新上市公司提供的相关资料后，应及时将有关成本原值数据植入证券结算系统。个人转让新上市公司限售股的，证券登记结算公司根据实际转让收入和植入证券结算系统的标的限售股成本原值，以实际转让收入减去成本原值和合理税费后的余额，适用20%税率，直接计算需扣缴的个人所得税。

合理税费是指转让限售股过程中发生的印花税、佣金、过户费等与交易相关的税费。

（4）新上市公司在申请办理股份初始登记时，确实无法提供有关成本原值资料和鉴证报告的，证券登记结算公司在完成股份初始登记后，将不再接受新上市公司申报有关成本原值资料和鉴证报告，并按规定以实际转让收入的15%核定限售股成本原值和合理税费。

（5）个人在证券登记结算公司以非交易过户方式办理应纳税未解禁限售股过户登记的，受让方所取得限售股的成本原值按照转让方完税凭证、《限售股转让所得个人所得税清算申报表》等材料确定的转让价格进行确定；如转让方证券账户为机构账户，在受让方再次转让该限售股时，以受让方实际转让收入的15%核定其转让限售股的成本原值和合理税费。

（6）对采取自行纳税申报方式的纳税人，其个人转让限售股不需要纳税或应纳税额为零的，纳税人应持经主管税务机关审核确认并加盖受理印章的《限售股转让所得个人所得税清算申报表》原件，到证券登记结算公司办理限售股权过户手续。未提供原件的，证券登记结算公司不予办理过户手续。

（7）对于个人持有的新上市公司未解禁限售股被司法扣划至其他个人证券账户，如国家有关机关要求强制执行但未能提供完税凭证等材料，证券登记结算公司在履行告知义务后予以协助执行，并在受让方转让该限售股时，以其实际转让收入的15%核定其转让限售股的成本原值和合理税费。

（8）证券公司应将每月所扣个人所得税款，于次月15日内缴入国库，并向当地主管税务机关报送《限售股转让所得扣缴个人所得税报告表》及税务机关要求报送的其他资料。对个人转让新上市公司限售股，按财税〔2010〕70号文件的规定，需纳税人自行申报纳税的，继续按照原规定以及上述第（6）、第（7）项的相关规定执行。

五、企业转让限售股所得税处理

关于企业转让上市公司限售股有关所得税处理问题，按照《国家税务总局关于企业转让上市公司限售股有关所得税问题的公告》（国家税务总局公告2011年第39号）的规定执行。

（一）纳税义务人的界定

根据《企业所得税法》第一条及《企业所得税法实施条例》第三条的规定，转让限售股取得收入的企业（包括事业单位、社会团体、民办非企业单位等），为企业所得税的纳税义务人。

（二）企业转让代个人持有的限售股征税问题

因股权分置改革造成原由个人出资而由企业代持有的限售股，企业在转让时按以下规定处理：

1. 企业转让上述限售股取得的收入，应作为企业应税收入计算纳税。

上述限售股转让收入扣除限售股原值和合理税费后的余额为该限售股转让所得。企业未能提供完整、真实的限售股原值凭证，不能准确计算该限售股原值的，主管税务机关一律按该限售股转让收入的15%，核定为该限售股原值和合理税费。依照规定完成纳税义务后的限售股转让收入余额转付给实际所有人时不再纳税。

2. 依法院判决、裁定等原因，通过证券登记结算公司，企业将其代持的个人限售股直接变更到实际所有人名下的，不视同转让限售股。

（三）企业在限售股解禁前转让限售股征税问题

企业在限售股解禁前将其持有的限售股转让给其他企业或个人（以下简称受让方），其企业所得税处理按以下规定执行：

1. 企业应按减持在证券登记结算机构登记的限售股取得的全部收入，计入企业当年度应税收入计算纳税。

2. 企业持有的限售股在解禁前已签订协议转让给受让方，但未变更股权登记、仍由企业持有的，企业实际减持该限售股取得的收入，依照上述第（1）项规定（即企业应按减持在证券登记结算机构登记的限售股取得的全部收入，计入企业当年度应税收入计算纳税）纳税后，其余额转付给受让方的，受让方不再纳税。

第四节 天使投资个人投资抵扣所得额

一、天使投资个人投资抵扣所得额优惠

（一）天使投资个人投资抵扣所得额

自 2017 年 7 月 1 日起至 2018 年 6 月 30 日，根据《财政部 国家税务总局关于创业投资企业和天使投资个人有关税收试点政策的通知》（财税〔2017〕38 号）第一条第（三）项的规定，天使投资个人采取股权投资方式直接投资于初创科技型企业满 2 年的，可以按照投资额的 70%抵扣转让该初创科技型企业股权取得的应纳税所得额；当期不足抵扣的，可以在以后取得转让该初创科技型企业股权的应纳税所得额时结转抵扣。天使投资个人在试点地区投资多个初创科技型企业的，对其中办理注销清算的初创科技型企业，天使投资个人对其投资额的 70%尚未抵扣完的，可自注销清算之日起 36 个月内抵扣天使投资个人转让其他初创科技型企业股权取得的应纳税所得额。试点地区包括京津冀、上海、广东、安徽、四川、武汉、西安、沈阳 8 个全面创新改革试验区域和苏州工业园区。

根据《财政部 国家税务总局关于创业投资企业和天使投资个人有关税收政策的通知》（财税〔2018〕55 号），该通知规定的天使投资个人所得税政策自 2018 年 7 月

1日起执行。执行日期前2年内发生的投资，在执行日期后投资满2年，且符合本通知规定的其他条件的，可以适用本通知规定的税收政策。该通知第一条第（三）项规定，天使投资个人采取股权投资方式直接投资于初创科技型企业满2年的，可以按照投资额的70%抵扣转让该初创科技型企业股权取得的应纳税所得额；当期不足抵扣的，可以在以后取得转让该初创科技型企业股权的应纳税所得额时结转抵扣。

天使投资个人投资多个初创科技型企业的，对其中办理注销清算的初创科技型企业，天使投资个人对其投资额的70%尚未抵扣完的，可自注销清算之日起36个月内抵扣天使投资个人转让其他初创科技型企业股权取得的应纳税所得额。

财政部、税务总局、发展改革委和证监会发布《关于创业投资企业个人合伙人所得税政策问题的通知》（财税〔2019〕8号），2019年1月1日起至2023年12月31日止，创投企业可以选择按单一投资基金核算或者按创投企业年度所得整体核算两种方式之一，对其个人合伙人来源于创投企业的所得计算个人所得税应纳税额。

（二）投资与投资额的界定

享受天使投资个人投资抵扣优惠税收政策的投资，仅限于通过向被投资初创科技型企业直接支付现金方式取得的股权投资，不包括受让其他股东的存量股权。投资额，按照天使投资个人对初创科技型企业的实缴投资额确定。

（三）投资满2年的界定

根据《国家税务总局关于创业投资企业和天使投资个人税收试点政策有关问题的公告》（国家税务总局公告2017年第20号）第一条第（一）项的规定，投资满2年是指天使投资人投资于种子期、初创期科技型企业（下简称初创科技型企业）的实缴投资满2年，投资时间从初创科技型企业接受投资并完成工商变更登记的日期算起。

二、初创科技型企业应符合的条件

根据财税〔2018〕55号文件第二条第（一）项的规定，初创科技型企业，应同时符合以下条件：

（1）在中国境内（不包括港、澳、台地区）注册成立、实行查账征收的居民企业。

对于投资非居民企业、企业所得税实行核定征收的居民企业以及境外注册中资控股居民企业，不能享受投资初创科技型企业投资抵扣应纳税所得额优惠。

（2）接受投资时，从业人数不超过200人，其中具有大学本科以上学历的从业人数不低于30%资产总额和年销售收入均不超过3000万元。

（3）接受投资时设立时间不超过5年（60个月）。

（4）接受投资时以及接受投资后2年内未在境内外证券交易所上市。

（5）接受投资当年及下一纳税年度，研发费用总额占成本费用支出的比例不低于20%。

研发费用口径，按照《财政部 国家税务总局 科学技术部关于完善研究开发费用税前加计扣除政策的通知》（财税〔2015〕119号）等规定执行。

从业人数，包括与企业建立劳动关系的职工人员及企业接受的劳务派遣人员。从业人数和资产总额指标，按照企业接受投资前连续12个月的平均数计算，不足12个月的，按实际月数平均计算。

销售收入，包括主营业务收入与其他业务收入；年销售收入指标，按照企业接受投资前连续12个月的累计数计算，不足12个月的，按实际月数累计计算。成本费用，包括主营业务成本、其他业务成本、销售费用、管理费用、财务费用。

此口径参考了高新技术企业研发费用占比的计算方法，一定程度上降低了享受优惠的门槛，使更多的企业可以享受到政策红利。比如，某天使投资个人于2017年5月投资初创科技型企业，假设其他条件均符合规定。初创科技型企业2017年发生研发费用100万元，成本费用1000万元，2017年研发费用占比10%，低于20%；2018年发生研发费用500万元，成本费用1000万元，2018年研发费用占比50%，高于20%。如要求投资当年及下一年分别满足研发费用占比高于20%的条件，则该天使投资个人不能享受税收试点政策。但按照国家税务总局公告2017年第20号明确的口径，投资当年及下一年初创科技型企业研发费用平均占比为30%［（100＋500）÷（1000＋1000）］，该天使投资个人可以享受税收试点政策。

三、天使投资个人应符合的条件

享受规定的投资抵扣税收政策的天使投资个人，应同时符合以下条件：

（1）不属于被投资初创科技型企业的发起人、雇员或其亲属（包括配偶、父母、子女、祖父母、外祖父母、孙子女、外孙子女、兄弟姐妹，下同），且与被投资初创科技型企业不存在劳务派遣等关系；

（2）投资后 2 年内，本人及其亲属持有被投资初创科技型企业股权比例合计应低于 50%。

四、接受投资满 2 年后上市的处理

根据财税〔2018〕55 号文件第三条第（五）项的规定，初创科技型企业接受天使投资个人投资满 2 年，在上海证券交易所、深圳证券交易所上市的，天使投资个人转让该企业股票时，按照现行限售股有关规定执行，其尚未抵扣的投资额，在税款清算时一并计算抵扣。

也就是说，天使投资个人投资初创科技型企业满足投资抵扣税收优惠条件后，初创科技型企业在上海证券交易所、深圳证券交易所上市的，天使投资个人在转让初创科技型企业股票时，有尚未抵扣完毕的投资额的，应向证券机构所在地主管税务机关办理限售股转让税款清算，抵扣尚未抵扣完毕的投资额。清算时，应提供投资初创科技型企业后税务机关受理的《天使投资个人所得税投资抵扣备案表》和《天使投资个人所得税投资抵扣情况表》。

五、违规享受优惠的处理

对纳税人提供虚假资料，违规享受税收政策的，应按税收征管法相关规定处理，并将其列入失信纳税人名单，按规定实施联合惩戒措施。

第五节 其他股权转让

一、股权转让过程中取得的违约金收入

《国家税务总局关于个人股权转让过程中取得违约金收入征收个人所得税问题的批复》（国税函〔2006〕866号），股权成功转让后，转让方个人因受让方个人未按规定期限支付价款而取得的违约金收入，属于因财产转让而产生的收入。转让方个人取得的该违约金应并入财产转让收入，按照“财产转让所得”项目计算缴纳个人所得税，税款由取得所得的转让方个人向主管税务机关自行申报缴纳。

二、承债式股权转让所得

《关于股权转让收入征收个人所得税问题的批复》（国税函〔2007〕244号）明确，公司原股东通过签订股权转让协议，以转让公司全部资产方式将股权转让给新股东，协议约定时间以前的债权债务由原股东负责，协议约定时间以后的债权债务由新股东负责（以下简称承债式股权转让）。根据《中华人民共和国个人所得税法》及其实施条例的规定，原股东取得股权转让所得，应按“财产转让所得”项目征收个人所得税。

承债式股权转让所得应纳税所得额的计算分为以下两种情形：

1. 对于原股东取得转让收入后，根据持股比例先清收债权、归还债务后，再对每个股东进行分配的，应纳税所得额的计算公式为：

应纳税所得额 ＝（原股东股权转让总收入－原股东承担的债务总额＋原股东所收回的债权总额－注册资本额－股权转让过程中的有关税费）× 原股东持股比例

其中，原股东承担的债务不包括应付未付股东的利润（下同）。

2. 对于原股东取得转让收入后，根据持股比例对股权转让收入、债权债务进行分配的，应纳税所得额的计算公式为：

应纳税所得额 ＝ 原股东分配取得股权转让收入＋原股东清收公司债权收入－原股东承担公司债务支出－原股东向公司投资成本

三、职务科技成果奖励股份转让

根据《财政部 国家税务总局关于促进科技成果转化有关税收政策的通知》（财税字〔1999〕45 号），自 1999 年 7 月 1 日起，科研机构、高等学校转化职务科技成果以股份或出资比例等股权形式给予个人奖励，获奖人在取得股份、出资比例时，暂不缴纳个人所得税；取得按股份、出资比例分红或转让股权、出资比例所得时，应依法缴纳个人所得税。

根据《国家税务总局关于促进科技成果转化有关个人所得税问题的通知》（国税发〔1999〕125 号），获奖人转让股权、出资比例，对其所得按“财产转让所得”应税项目征收个人所得税，财产原值为零。

2006 年，《关于废止以高新技术成果出资入股有关文件的通知》（国科发政字〔2006〕150 号）废止了国税发〔1999〕125 号的附件 2 和附件 3。

2007 年，税务机关对“促进科技成果转化暂不征收个人所得税政策”的审核权也被取消，国税发〔1999〕125 号相关条文停止执行。

2016 年，国家税务总局发布了《国家税务总局关于 3 项个人所得税事项取消审批实施后续管理的公告》（国家税务总局公告 2016 年第 5 号）对该问题作出了新的规定。按照国税发〔1999〕125 号和《国家税务总局关于取消促进科技成果转化暂不征收个人所得税审核权有关问题的通知》（国税函〔2007〕833 号）规定，将职务科技成果转化为股份、投资比例的科研机构、高等学校或者获奖人员，应在授（获）奖的次月 15 日内向主管税务机关备案，报送《科技成果转化暂不征收个人所得税备案表》。技术成果价值评估报告、股权奖励文件及其他证明材料由奖励单位留存备查。

2018 年，财政部、税务总局、科技部发布《关于科技人员取得职务科技成果转化现金奖励有关个人所得税政策的通知》（财税〔2018〕58 号），依法批准设立的非营利性研究开发机构和高等学校（以下简称非营利性科研机构和高校）根据《中华人民共和国促进科技成果转化法》规定，从职务科技成果转化收入中给予科技人员的现金奖励，可减按 50% 计入科技人员当月“工资、薪金所得”，依法缴纳个人所得税。

四、技术成果投资选择性税收优惠

（一）技术成果投资入股

1. 技术成果投资入股概念

技术成果投资入股，是指纳税人将技术成果所有权让渡给被投资企业、取得该企业股票（权）的行为。

技术成果投资入股，实质是转让技术成果和以转让所得再进行投资两笔经济业务同时发生。对于转让技术成果这一环节，个人应当按照“财产转让所得”项目计算纳税。

2. 技术成果的范围

对技术成果投资入股实施选择性税收优惠政策的技术成果范围，《财政部 国家税务总局关于完善股权激励和技术入股有关所得税政策的通知》（财税〔2016〕101 号）第三条第（三）款规定，技术成果是指专利技术（含国防专利）、计算机软件著作权、集成电路布图设计专有权、植物新品种权、生物医药新品种，以及科技部、财政部、国家税务总局确定的其他技术成果。

（二）技术成果投资入股选择性税收优惠政策

根据《财政部 国家税务总局关于完善股权激励和技术入股有关所得税政策的通知》（财税〔2016〕101 号、以下简称财税〔2016〕101 号）文件第三条第（一）款规定，自 2016 年 9 月 1 日起，企业或个人以技术成果投资入股到境内居民企业，被投资企业支付的对价全部为股票（权）的，企业或个人可选择继续按有关税收政策执行，也可选择适用递延纳税优惠政策。

选择技术成果投资入股递延纳税政策的，经向主管税务机关备案，投资入股当期可暂不纳税，允许递延至转让股权时，按股权转让收入减去技术成果原值和合理税费后的差额计算缴纳所得税。

也就是说，企业或个人技术成果投资入股选择递延纳税政策有两个条件：一是入股的被投资企业必须是境内居民企业；二是入股的被投资企业支付的对价 100% 为股权支付。若被投资企业支付的对价除股权外，还有现金等非股权支付，则不能选择递延纳税。

（三）投资取得股权后上市再处置股票的处理

根据财税〔2016〕101号文件第四条第（二）款的规定，个人因技术成果投资入股取得股权后，非上市公司在境内上市的，处置递延纳税的股权时，按照现行限售股有关征税规定执行。

《国家税务总局所得税司关于印发股权激励和技术入股个人所得税政策口径的通知》（税总所便函〔2016〕149号）进一步明确：纳税人因获得非上市公司实施符合条件的股权激励或因技术成果投资入股而选择递延纳税的，自其取得股权至实际转让期间，因时间跨度可能非常长，其中会出现不少变数。如果公司在境内上市了，员工持有的递延纳税股权，自然转为限售股。根据财税〔2016〕101号文件第四条第（二）款的规定，相关税收处理应按照限售股相关规定执行。具体包括三个方面：一是股票转让价格，按照限售股有关规定确定。二是扣缴义务人转为限售股转让所得的扣缴义务人（即证券机构），实施股权激励的公司、获得技术成果的企业只需及时将相关信息告知税务机关，无须继续扣缴递延纳税股票个人所得税。三是个人股票原值仍按财税〔2016〕101号文件规定确定，也就是说，转让的股票来源于股权激励的，个人股票原值为其实际取得成本；来源于技术成果投资入股的，个人股票原值为技术成果原值。若证券机构扣缴的个人所得税与纳税人的实际情况有出入，个人需按照《财政部 国家税务总局 证监会关于个人转让上市公司限售股所得征收个人所得税有关问题的通知》（财税〔2009〕167号）的规定，向证券机构所在地主管税务机关申请办理税收清算。

（四）转增股本或以股权对外投资的处理

根据财税〔2016〕101号文件第四条第（四）款的规定，持有递延纳税的股权期间，因该股权产生的转增股本收入，以及以该递延纳税的股权再进行非货币性资产投资的，应在当期缴纳税款。

依据个人所得税法相关规定，企业以未分配利润、盈余公积、资本公积转增股本，需按照“利息、股息、红利所得”项目计征个人所得税。同时，根据《财政部 国家税务总局关于将国家自主创新示范区有关税收试点政策推广到全国范围实施的通知》（财税〔2015〕116号），中小高新技术企业转增股本，个人股东可分期5年缴税。但是，个人持有递延纳税股权期间，发生转增股本的，根据财税〔2016〕101号文件第四条第（四）款的规定，因递延纳税的股权产生的转增股本收入，应在当期缴纳税款。

个人以股权进行非货币性资产投资，财税〔2015〕41号文件规定可以分期5年缴纳。但个人因技术成果投资入股所得选择递延纳税的，根据财税〔2016〕101号文件第四条第（四）款的规定，个人以递延纳税的股权进行非货币性资产投资，须在非货币性资产投资当期缴纳税款。

（五）递延纳税股权转让的处理

个人以技术成果投资入股到境内居民企业，被投资企业支付的对价全部为股票（权）的，个人选择技术成果投资入股递延纳税政策的，经向主管税务机关备案，投资入股当期可暂不纳税，允许递延至转让股权时，按股权转让收入减去技术成果原值和合理税费后的差额计算缴纳所得税。

《国家税务总局关于股权激励和技术入股所得税征管问题的公告》（国家税务总局公告2016年第62号）第一条“关于个人所得税征管问题”第（七）款规定，递延纳税股票（权）转让、办理纳税申报时，扣缴义务人、个人应向主管税务机关一并报送能够证明股票（权）转让价格、递延纳税股票（权）原值、合理税费的有关资料，具体包括转让协议、评估报告和相关票据等。资料不全或无法充分证明有关情况，造成计税依据偏低，又无正当理由的，主管税务机关可依据税收征管法有关规定进行核定。

（六）享受递延纳税股权优先转让

根据财税〔2016〕101号文件第四条第（三）款的规定，个人转让股权时，视同享受递延纳税优惠政策的股权优先转让。递延纳税的股权成本按照加权平均法计算，不与其他方式取得的股权成本合并计算。

第十五章

股权激励所得

第一节　上市公司股权激励所得

股权激励制度产生于20世纪70年代的美国，80年代以后，在西方国家广泛应用，90年代，我国的一些外商投资企业开始涉及，但均是参与者，不是股权激励计划的建立者。此后，一些在境外上市的我国中资企业，对公司高级管理人员、董事等实行股权激励计划。2006年1月，中国证监会发布《上市公司股权激励管理办法（试行）》（证监公司字〔2005〕151号文件印发），允许在我国境内上市的公司，对其董事、监事、高级管理人员及其他员工（以下简称激励对象）建立职工股权激励计划。根据《关于修改〈上市公司股权激励管理办法〉的决定》（中国证券监督管理委员会令第148号）第八条第（一）款的规定，激励对象可以包括上市公司的董事、高级管理人员、核心技术人员或者核心业务人员，以及公司认为应当激励的对公司经营业绩和未来发展有直接影响的其他员工，但不应当包括独立董事和监事。外籍员工任职上市公司董事、高级管理人员、核心技术人员或者核心业务人员的，可以成为激励对象。

股权激励，实质上属于对职工的激励、奖励或补偿，是一种以股份方式支付的职工薪酬，企业股权激励一般分为股票期权、股票增值权和限制性股票三种方式。限制性股票是指激励对象按照股权激励计划规定的条件，从上市公司获得的一定数量的本公司股票。股票期权是指上市公司授予激励对象在未来一定期限内以预先确定的价格和条件购买本公司一定数量股份的权利。激励对象可以其获授的股票期权在规定的期间内以预先确定的价格和条件购买上市公司一定数量的股份，也可以放弃该种权利。

为适应上市公司（含境内、境外上市公司，下同）薪酬制度改革和实施股权激励计划，财政部、国家税务总局先后下发了《财政部 国家税务总局关于个人股票期权所得征收个人所得税问题的通知》（财税〔2005〕35 号，其中第三条、第四条关于境内外来源划分及计算方法条款作废）、《国家税务总局关于个人股票期权所得缴纳个人所得税有关问题的补充通知》（国税函〔2006〕902 号，其中第七条、第八条计算公式作废）、《财政部 国家税务总局关于股票增值权所得和限制性股票所得征收个人所得税有关问题的通知》（财税〔2009〕5 号）、《国家税务总局关于股权激励有关个人所得税问题的通知》（国税函〔2009〕461 号，其中第七条间接控股内容作废）、《国家税务总局关于个人所得税有关问题的公告》（国家税务总局公告 2011 年第 27 号）、《财政部 国家税务总局关于完善股权激励和技术入股有关所得税政策的通知》（财税〔2016〕101 号）、《国家税务总局关于股权激励和技术入股所得税征管问题的公告》（国家税务总局公告 2016 年第 62 号）、《国家税务总局关于我国居民企业实行股权激励计划有关企业所得税处理问题的公告》（国家税务总局公告 2012 年第 18 号）、《财政部 国家税务总局 证监会关于沪港股票市场交易互联互通机制试点有关税收政策的通知》（财税〔2014〕81 号）、《财政部 国家税务总局 证监会关于继续执行沪港股票市场交易互联互通机制有关个人所得税政策的通知》（财税〔2017〕78 号）（上述文件，以下均以文号简称）等一系列有关个人所得税的政策文件，就股权激励所得相关个人所得税处理问题作出规定。

一、股票期权所得

根据财税〔2005〕35 号文件第一条的规定，企业员工股票期权（简称股票期权），是指上市公司按照规定的程序授予本公司及其控股企业员工的一项权利，该权利允许被授权员工在未来时间内以某一特定价格购买本公司一定数量的股票。这里的“某一特定价格”，即根据股票期权计划可以购买股票的价格，一般为股票期权授予日的市场价格或该价格的折扣价格，也可以是按照事先设定的计算方法约定的价格。

实施股票期权计划企业，授予该企业员工的股票期权所得，应按照个人所得税法有关规定征收个人所得税。对于员工取得股票期权所得个人所得税处理问题，财税〔2005〕35 号、国税函〔2006〕902 号等文件作出具体规定，从 2005 年 7 月 1 日起执行。根据上述规定，对企业员工（包括在中国境内有住所和无住所的个人）参与企业股票期权计划，员工接受雇主（含上市公司和非上市公司）授予的股票期权，凡该股票期权指定的股票为上市公司（含境内、外上市公司）股票的，其相关税务处理方法如下。

（一）不可公开交易的股票期权

1. 授权时不征税

员工接受实施股票期权计划企业授予的股票期权（仅指不可公开交易的股票期权）时，除另有规定外（指可公开交易的股票期权），一般不作为应税所得征税。

2. 行权前转让按工资、薪金所得征税

对因特殊情况，员工在行权日之前将不可公开交易的股票期权转让的，以股票期权的转让净收入，作为“工资、薪金所得”征收个人所得税。根据国税函〔2006〕902 号文件第二条的规定，这里的“股票期权的转让净收入”，一般是指股票期权转让收入。如果员工以折价购入方式取得股票期权的，可以股票期权转让收入扣除折价购入股票期权时实际支付的价款后的余额，作为股票期权的转让净收入。

此种情况下，不可公开交易的股票期权的购入方在行权购入股票时，不用缴纳个人所得税。

3. 行权时按工资、薪金所得征税

员工行权（指不可公开交易的股票期权）时，其从企业取得股票的实际购买价（施权价）低于购买日公平市场价（指该股票当日的收盘价，下同）的差额，是因员工在企业的表现和业绩情况而取得的与任职、受雇有关的所得，应按“工资、薪金所得”适用的规定计算缴纳个人所得税。

（1）在 2021 年 12 月 31 日前，不并入当年综合所得，全额单独适用综合所得税率表计算纳税。计算公式为：

应纳税额＝股权激励收入 × 适用税率－速算扣除数

（2）居民个人一个纳税年度内取得（含两次）以上两次股权激励的，应合并计算纳税。

（3）在 2022 年 1 月 1 日之后的股权激励政策另行明确。

4. 行权后转让与持有收益的处理

员工将行权后的股票再转让时获得的高于购买日公平市场价的差额，是因个人在证券二级市场上转让股票等有价证券而获得的所得,应按照“财产转让所得”适用的征、免税规定计算缴纳个人所得税。即个人将行权后的境内上市公司股票再行转让而取得的所得，暂不征收个人所得税；个人转让境外上市公司的股票而取得的所得，应按税法的征免税的规定计算应纳税所得额和应纳税额，依法缴纳税款。

员工因拥有股权而参与企业税后利润分配取得的所得，应按照“利息、股息、红利所得”适用的征、免税规定计算缴纳个人所得税。

（二）可公开交易的股票期权

部分股票期权在授权时即约定可以转让，且在境内或境外存在公开市场及挂牌价格，也可称之为可公开交易的股票期权。员工接受可公开交易的股票期权时，根据国税函〔2006〕902 号文件的规定，应作为财税〔2005〕35 号文件第二条第（一）项中的“另有规定”情形，按以下规定进行税务处理。

1. 取得时按工资、薪金所得征税

员工取得可公开交易的股票期权，属于员工已实际取得有确定价值的财产，应按授权日股票期权的市场价格，作为员工授权日所在月份的工资、薪金所得。

2. 转让期权按财产转让所得征税

员工取得可公开交易的股票期权后，转让该股票期权所取得的所得，属于财产转让所得，依法缴纳个人所得税。

3. 行权时不征税

员工取得可公开交易的股票期权后，取得时已交实际行使该股票期权购买股票时，不再计算缴纳个人所得税。

（三）应纳税款的计算

1. 认购股票所得（行权所得）的税款计算

根据财税〔2005〕35 号等文件的规定，员工因参加股票期权计划而从中国境内取得的所得，按规定应按工资、薪金所得计算纳税的，对该股票期权形式的工资、薪金所得，可区别于所在月份的其他工资、薪金所得，单独按下列公式计算当月应纳税款：

应纳税额＝（股票期权形式的工资、薪金应纳税所得额 ÷ 规定月份数 × 适用税率－速算扣除数）× 规定月份数

公式中的“规定月份数”，是指员工取得来源于中国境内的股票期权形式工资、薪金所得的境内工作期间月份数，长于 12 个月的，按 12 个月计算；适用税率和速算扣除数，以股票期权形式的工资、薪金应纳税所得额除以规定月份数后的商数，对照现行税率表确定。

2. 转让股票所得的税款计算

对于员工转让股票等有价证券取得的所得，应按现行税法和政策规定征免个人所得税，即个人将行权后的境内上市公司股票再行转让而取得的所得暂不征收个人所得税；个人转让境外上市公司的股票而取得的所得，应按税法征免税的规定计算应纳税所得额和应纳税额，依法缴纳税款。

3. 参与税后利润分配取得所得的税款计算

员工因拥有股权参与税后利润分配而取得的股息、红利所得，除依照有关规定可以免税或减税的外，应全额按规定税率计算纳税。

二、股票增值权和限制性股票所得

股票增值权，是指上市公司授予公司员工在未来一定时期和约定条件下，获得规定数量的股票价格上升所带来收益的权利。被授权人在约定条件下行权，上市公司按照行权日与投权日二级市场股票差价乘以投权股票数量，发放给被授权人现金。

有关股票增值权和限制性股票所得项目和计税方法的确定问题，国税函〔2009〕461 号文件第一条进一步明确：个人因任职、受雇从上市公司（含境内、境外上市公司，下同）取得的股票增值权所得和限制性股票所得，由上市公司或其境内机构按照“工资、薪金所得”项目和股票期权所得个人所得税计税方法，依法扣缴其个人所得税。

（一）股票增值权应纳税所得额的确定

股票增值权被授权人获取的收益，是由上市公司根据授权日与行权日股票差价乘以被授权股数，直接向被授权人支付的现金。上市公司应于向股票增值权被授权人兑现时依法扣缴其个人所得税。被授权人股票增值权应纳税所得额计算公式为：

股票增值权某次行权应纳税所得额＝（行权日股票价格－授权日股票价格）×行权股票份数

（二）限制性股票应纳税所得额的确定

按照个人所得税法等有关规定，国税函〔2009〕461号文件明确，原则上应在限制性股票所有权归属于被激励对象时确认其限制性股票所得的应纳税所得额。具体计算方法为：上市公司实施限制性股票计划时，应以被激励对象限制性股票在中国证券登记结算公司（境外为证券登记托管机构）进行股票登记日期的股票市价（指当日收盘价，下同）和本批次解禁股票当日市价（指当日收盘价，下同）的平均价格乘以本批次解禁股票份数，减去被激励对象本批次解禁股份数所对应的为获取限制性股票实际支付资金数额，其差额为应纳税所得额。被激励对象限制性股票应纳税所得额计算公式为：

应纳税所得额＝（股票登记日股票市价＋本批次解禁股票当日市价）÷2×本批次解禁股票份数－被激励对象实际支付的资金总额×（本批次解禁股票份数÷被激励对象获取的限制性股票总份数）

（三）应纳税额的计算

新《个人所得税法》对于居民个人取得的工资薪金、劳务报酬、稿酬、特许权使用费四项所得，自2019年1月1日起，实行按年综合纳税，直接影响上市公司股权激励的个人所得税计税方式。为此，财政部、国家税务总局印发《关于个人所得税法修改后有关优惠政策衔接问题的通知》（财税〔2018〕164号），该通知第二条，就新《个人所得税法》实施后，过渡期上市公司员工中的居民个人，获得股权激励所得个人所得税计税方法予以简化。

企业实施股票期权计划，授予该企业员工股票期权。员工因此在行使期权购买股票时，以低于市场价格（购买股票当日收盘价）的某一特定价格（施权价）购买本公司一定数量的股票，从而获得的施权价与收盘价的差额，是因员工在企业的表现和业绩情况而取得的与任职、受雇有关的所得，应按“工资、薪金所得”适用的规定计算缴纳个人所得税。其工资薪金应纳税所得额的确定，依据《财政部 国家税务总局关于个人股票期权所得征收个人所得税问题的通知》（财税〔2005〕35 号）规定，按下列公式计算：

股票期权形式的工资薪金应纳税所得额＝（行权股票的每股市场价－员工取得该股票期权支付的每股施权价）× 股票数量

《关于个人所得税法修改后有关优惠政策衔接问题的通知》（财税〔2018〕164 号）规定，自 2019 年 1 月 1 日起，居民个人取得股票期权等股权激励，在 2021 年 12 月 31 日前，不并入当年综合所得，全额单独适用综合所得税率表，计算纳税。计算公式为：

应纳税额＝股权激励收入 × 适用税率－速算扣除数

（四）纳税义务发生时间

股票增值权个人所得税纳税义务发生时间为上市公司向被授权人兑现股票增值权所得的日期。

限制性股票个人所得税纳税义务发生时间为每一批次限制性股票解禁的日期。

三、股权奖励

根据财税〔2016〕101 号文件第二条“对上市公司股票期权、限制性股票和股权奖励适当延长纳税期限”第（二）款的规定，上市公司股票期权、限制性股票应纳税款的计算，继续按照财税〔2005〕35 号、财税〔2009〕5 号、国税函〔2009〕461 号等文件的相关规定执行。股权奖励应纳税款的计算比照上述规定执行。

四、征收管理

（一）代扣代缴与自行申报

1. 代扣代缴

实施股票期权计划的境内企业为个人所得税的扣缴义务人，应按税法规定履行代扣代缴个人所得税的义务。

2. 自行申报

员工从两处或两处以上取得股票期权形式的工资、薪金所得和没有扣缴义务人的，该个人应在个人所得税法规定的纳税申报期限内自行申报缴纳税款。

3. 资料报送

实施股票期权、股票增值权计划的境内企业，应在股票期权计划实施之前，将企业的股票期权计划或实施方案、股票期权协议书、授权通知书等资料报送主管税务机关；应在员工行权之前，将股票期权行权通知书和行权调整通知书等资料报送主管税务机关。

实施限制性股票计划的境内上市公司，应在中国证券登记结算公司（境外为证券登记托管机构）进行股票登记，并经上市公司公示后15日内，将本公司限制性股票计划或实施方案、协议书、授权通知书、股票登记日期及当日收盘价、禁售期限和股权激励人员名单等资料报送主管税务机关备案。

境外上市公司的境内机构，应向其主管税务机关报送境外上市公司实施股权激励计划的中（外）文资料备案。

实施股票增值权计划或限制性股票计划的境内上市公司，应在向中国证监会报备的同时，将企业股票增值权计划、限制性股票计划或实施方案等有关资料报送主管税务机关备案。

实施股票增值权计划或限制性股票计划的境内上市公司，应在做好个人所得税扣缴工作的同时，按照有关规定，向主管税务机关报送其员工行权等涉税信息。

自行申报纳税的个人在申报纳税或扣缴义务人在代扣代缴税款时，应在税法规定的纳税申报期限内，将个人接受或转让的股权、接受或转让的股票期权以及认购的股票情况（包括种类、数量、施权价格、行权价格、市场价格、转让价格等）、股权激励人员名单、应纳税所得额、应纳税额等资料报送主管税务机关。

（二）股权激励优惠计税方法的适用范围

财税〔2005〕35号、国税函〔2006〕902号、财税〔2009〕5号以及国税函〔2009〕461号等文件的有关股权激励个人所得税政策，适用于上市公司（含所属分支机构）和上市公司控股企业的员工，其中上市公司占控股企业股份比例最低为30%。

五、延期纳税

（一）股票期权、限制性股票和股权奖励延长纳税期限

根据财税〔2016〕101号文件第二条“对上市公司股票期权、限制性股票和股权奖励适当延长纳税期限”第（一）款的规定，上市公司授予个人的股票期权、限制性股票和股权奖励，经向主管税务机关备案，个人可自股票期权行权、限制性股票解禁或取得股权奖励之日起，在不超过12个月的期限内缴纳个人所得税。

这里所称的上市公司是指其股票在上海证券交易所、深圳证券交易所上市交易的股份有限公司。

（二）延期纳税备案表及其填报

根据国家税务总局公告2016年第62号第一条第（五）款的规定，上市公司实施股权激励，个人选择在不超过12个月期限内缴税的，上市公司应自股票期权行权、限制性股票解禁、股权奖励获得之次月15日内，向主管税务机关报送《上市公司股权激励个人所得税延期纳税备案表》。上市公司初次办理股权激励备案时，还应一并向主管税务机关报送股权激励计划、董事会或股东大会决议。

《上市公司股权激励个人所得税延期纳税备案表》适用于实施股权激励的上市公司向主管税务机关办理个人所得税延期缴纳备案事宜时填报。企业应于股票期权行权、限制性股票解禁、股权奖励获得之次月15日内报送本表。

六、新税法实施后上市公司股权激励所得的处理

根据《财政部 国家税务总局关于个人所得税法修改后有关优惠政策衔接问题的通知》（财税〔2018〕164号）第二条“关于上市公司股权激励的政策”的规定，居

民个人取得股票期权、股票增值权、限制性股票、股权奖励等股权激励（以下简称股权激励），符合财税〔2005〕35号和财税〔2009〕5号文件以及财税〔2015〕116号文件第四条、财税〔2016〕101号文件第四条第（一）项规定的相关条件的，在2021年12月31日前，不并入当年综合所得，全额单独适用综合所得税率表，计算纳税。计算公式为：

应纳税额＝股权激励收入×适用税率－速算扣除数

居民个人一个纳税年度内取得两次以上（含两次）股权激励的，应合并按财税〔2018〕164号文件第二条第（一）项规定计算纳税。

2022年1月1日之后的股权激励政策另行明确。

根据财税〔2018〕164号文件第九条的规定，财税〔2005〕35号文件第四条第（一）项和国税函〔2006〕902号文件第七条、第八条，自2019年1月1日起废止。

第二节 非上市公司股权激励所得

为支持国家大众创业、万众创新战略的实施，促进我国经济结构转型升级，2016年9月2日，财政部、国家税务总局出台了《财政部 国家税务总局关于完善股权激励和技术入股有关所得税政策的通知》（财税〔2016〕101号）。该文对股权激励做了进一步的规范，政策优惠力度更大，使纳税人清晰税收优惠办理流程和相关要求。同时，国家税务总局下发《国家税务总局关于股权激励和技术入股所得税征管问题的公告》（国家税务总局公告2016年第62号），对相关征管问题进行了细化。

一、非上市公司股权激励概述

（一）我国非上市公司股权激励总体发展情况

国有非上市科技型企业自2009年起在中关村、东湖、张江、合芜蚌等地区开展股权与分红激励试点，2014 年底初步统计试点单位约 230 家。2016 年 3 月 1 日，国家出台实施了《国有科技型企业股权和分红激励暂行办法》（财资〔2016〕4 号），即在上市公司和民营企业之外，国有科技型企业股权激励也将呈迅速扩大趋势。目前，我国股权激励方式主要有股票期权、股权期权、限制性股票、股权奖励、股权出售、员工持股计划等。

（二）股权激励税收政策的主要内容

对于股票期权、股权期权、限制性股票和股权奖励等股权激励方式，现行税收政策的一般性规定是：在期权行权、限制性股票解禁以及获得股权奖励时，按照股票（股权）实际购买价格与公平市场价格之间的差额，照“工资、薪金所得”项目，适用 3% ~ 45%的七级超额累进税率征收个人所得税；在个人转让上述股票（股权）时，对转让收入高于取得股票（股权）时公平市场价格的增值部分，按“财产转让所得”项目，适用 20%的比例税率征收个人所得税。

现行有关股权奖励税收优惠政策主要包括如下四项政策：

1. 对科研机构、高等学校转化职务科技成果给予个人的股权奖励，允许个人递延至分红或转让股权时缴税。

2. 对全国高新技术企业转化科技成果给予相关人员的股权奖励，实行 5 年分期纳税政策。

3. 2014—2015 年在中关村试点高新技术企业和科技型中小企业的股权奖励，允许递延至分红或转让股权时缴税。

4. 科技人员取得职务科技成果转化现金奖励减半征收个人所得税。

（三）调整和完善股权激励政策的主要考虑

一些非上市公司为吸引人才，也比照上市公司实施了股权激励。与上市公司相比，非上市公司股权变现能力较弱，公司未来经营发展的不确定性较大，它们希望给予进一步税收优惠，包括调整股权激励的纳税时点、降低适用税率等，以减轻税收负担。财税部门在参考借鉴国际经验的基础上，结合我国科技成果转化的具体情况和问题，对股权激励税收政策进行了如下调整完善。

1. 分类适用

借鉴欧美发达国家经验，将股权激励分为可享受税收优惠的和不可享受税收优惠的两大类，在规定严格限制条件的前提下，对符合条件的非上市公司股权激励实施递延纳税优惠政策。

2. 扩大范围

扩大优惠政策的覆盖范围，由高等学校、科研机构、高新技术企业等扩大到其他参与创新创业的市场主体，优惠政策针对的股权激励方式也由目前的股权奖励扩大到股票（权）期权、限制性股票等其他方式。

3. 优惠方式

在优惠方式上，对符合条件的股权激励实施递延纳税政策，同时降低适用税率。

上述政策调整有效降低了股权激励的税收负担，将进一步激发和释放科研人员创新创业的活力和积极性。

（四）政策变化及对纳税人税负的影响

按照调整前的税收政策，企业给予员工的股票（权）期权、限制性股票、股权奖励等，员工应在股票（权）期权行权、限制性股票解禁、股权奖励获得等环节，按照“工资、薪金所得”项目，适用3% ~ 45%的七级超额累进税率征税；对员工之后转让该股权获得的增值收益，则按“财产转让所得”项目，适用20%的税率征税。

为减轻股权激励获得者的税收负担，解决其当期纳税现金流不足问题，政策调整的主要内容有：

1. 合并征税环节

对非上市公司符合条件的股票（权）期权、限制性股票、股权奖励，由分别按“工资、薪金所得”和“财产转让所得”两个环节征税，合并为只在一个环节征税，即纳税人在股票（权）期权行权、限制性股票解禁以及获得股权奖励时暂不征税，待今后该股权转让时一次性征税，以解决在行权等环节纳税现金流不足问题。

2. 降低适用税率

在转让环节的一次性征税统一适用20%的税率，税负率比此前降低10 ~ 20个百分点，有效减轻纳税人税收负担。

上述政策进一步加大了对创新创业的支持力度，对于激励科技人员创新创业、增强经济发展活力、促进我国经济结构转型升级将发挥重要作用。

二、股权激励递延纳税及其适用条件

（一）非上市公司股权激励递延纳税

1. 股权激励所得

与奖金、福利等现金激励类似，股权激励是企业以股权形式对员工的一种激励。企业通过低于市场价或无偿授予员工股权，对员工此前的工作业绩予以奖励，并进一步激发其工作热情，与企业共同发展。股权激励中，员工往往低价或无偿取得企业股权。对于该部分折价，实质上是企业给员工发放的非现金形式的补贴或奖金，应在员工取得时计算纳税，这也是国际上的通行做法。

2. 股权激励递延纳税政策

股权激励在员工取得股权时需要计算纳税，但从实际来看，纳税人此时往往取得的是股权形式的所得，没有现金流，纳税存在一定困难。递延纳税正是针对以上情况，将纳税时点递延至股权转让环节，即纳税人因股权激励取得股权时先不纳税，待实际转让股权时再纳税。递延纳税的好处是解决纳税人纳税义务发生当期缺乏现金流缴税的困难。

根据财税〔2016〕101 号文件第一条第（一）款的规定，非上市公司授予本公司员工的股票期权、股权期权、限制性股票和股权奖励，符合规定条件的，经向主管税务机关备案，可实行递延纳税政策，即员工在取得股权激励时可暂不纳税，递延至转让该股权时纳税；股权转让时，按照股权转让收入减除股权取得成本以及合理税费后的差额，适用“财产转让所得”项目，按照 20%的税率计算缴纳个人所得税。

3. 股票（权）转让时的资料报送

根据国家税务总局公告2016年第62号第一条第（七）款的规定，递延纳税股票（权）转让、办理纳税申报时，扣缴义务人、个人应向主管税务机关一并报送能够证明股票

（权）转让价格、递延纳税股票（权）原值、合理税费的有关资料，具体包括转让协议、评估报告和相关票据等。资料不全或无法充分证明有关情况，造成计税依据偏低，又无正当理由的，主管税务机关可依据税收征管法有关规定进行核定。

（二）股权激励递延纳税的适用条件

从欧美等发达国家的通行做法看，对享受递延纳税优惠的股权激励都规定了非常严格的条件，目的是规范股权激励行为，鼓励长期投资防止逃漏税款。借鉴国际经验，财税〔2016〕101号文件第一条第（二）款对享受递延纳税优惠的股权激励规定了包括实施主体、计划审批等在内的七个方面的限制条件。纳税人适用股权激励递延纳税优惠的，这些条件需要同时具备。

1. 实施主体

参考世界各国的通行做法，结合我国税收优惠政策的一般原则，规定享受税收优惠政策的应是境内居民企业实施的股权激励计划。

2. 计划审批

为体现股权激励计划的合规性，避免企业的暗箱操作，规定股权激励计划必须经公司董事会、股东（大）会审议通过。未设立股东（大）会的国有单位，须经上级主管部门审核批准。

3. 激励标的

为体现激励对象与公司的利益相关性，激发员工的创业热情，规定激励股权标的应为本公司的股权，授予关联公司股权的不纳入优惠范围。同时，考虑到一些科研企事业单位存在将技术成果投资入股到其他企业，并以被投资企业股权实施股权奖励的情况，因此规定股权奖励的标的可以是技术成果投资入股到其他境内居民企业所取得的股权。

4. 激励对象

为体现对企业从事创新创业的支持，避免企业将股权激励变相为一般员工福利，规定激励对象应为企业的技术骨干和高级管理人员，具体人员由公司董事会或股东（大）会决定，激励对象人数累计不得超过本公司最近6个月在职职工平均人数的30%。

5. 持有时间

为实现员工与企业长期共同发展的目标，鼓励员工从企业的成长和发展中获利，而不是短期套利，因此对股权激励的持有时间做出限定：期权自授予日起应持有满 3 年，且自行权日起持有满 1 年；限制性股票自授予日起应持有满 3 年，且自限售条件解除之日起持有满 1 年；股权奖励自获得奖励之日起应持有满 3 年。

6. 行权时间

为体现股权激励计划的约束性，也便于税收管理，借鉴国际经验，规定股票（权）期权自授予日至行权日的时间不得超过 10 年。

行权时间这一条件，仅适用于股票（权）期权激励方式。

7. 限制性行业

考虑到股权奖励这一方式较为灵活，为避免企业通过这种方式避税，真正体现对企业因科技成果转化而实施股权奖励的优惠，需要对实施股权奖励的行业范围进行适当限制。鉴于目前科技类企业统一标准难以界定，对其审核确认较为困难，因此借鉴国际通行做法，采取反列举办法，通过负面清单方式，对住宿和餐饮、房地产、批发和零售业等明显不属于科技类的行业企业，限制其享受股权奖励税收优惠政策，负面清单之外企业实施的股权奖励则可享受递延纳税优惠政策。

限制性行业这一条件，仅针对股权奖励这种激励方式，其他激励方式不适用。

（三）股权激励的形式

符合条件的非上市公司股权激励递延纳税政策适用的股权激励形式，包括股票（权）期权、限制性股票和股权奖励。对其他股权激励方式，如员工持股计划、股票增值权等不适用非上市公司股权激励递延纳税新政。

股票（权）期权，是指公司给予激励对象在一定期限内以事先约定的价格购买本公司股票（权）的权利。员工在行权时，可根据公司的发展情况，决定是否行权购买股权。

限制性股票，是指公司以一定的价格将本公司股权出售给员工，并同时规定，员工只有工作年限或业绩目标符合股权激励计划规定的条件后，才能对外出售该股权。

股权奖励，是指公司直接以公司股权无偿对员工实施奖励。

三、股票（权）期权

（一）股票（权）期权的界定

根据财税〔2016〕101 号文件第一条第（三）款的规定，股票（权）期权是指公司给予激励对象在一定期限内以事先约定的价格购买本公司股票（权）的权利。

（二）股票（权）期权递延纳税应符合的条件

根据财税〔2016〕101 号文件第一条第（二）款的规定，享受递延纳税政策的非上市公司股票期权、股权期权须同时满足实施主体、计划审批、激励标的、激励对象、持有期限、行权期限六个条件，具体条件如下表所示。

股票（权）期权递延纳税应符合的条件

序号	条件	具体要求	备注
1	实施主体	属于境内居民企业的股票（权）期权激励计划	本公司最近 6 个月在职职工平均人数，按照股票（权）期权行权之上月起前 6 个月工资、薪金所得，项目全员全额扣缴明细申报的平均人数确定
2	计划审批	股票（权）期权激励计划经公司董事会、股东（大）会审议通过。未设股东（大）会的国有单位，经上级主管部门审核批准。股票（权）期权激励计划应列明激励目的、对象、标的、有效期、各类价格的确定方法激励对象获取权益的条件、程序等	
3	激励标的	激励标的应为境内居民企业的本公司股权。激励标的股票（权）包括通过增发、大股东直接让渡以及法律法规允许的其他合理方式授予激励对象的股票（权）	
4	激励对象	激励对象应为公司董事会或股东（大）会决定的技术骨干和高级管理人员，激励对象人数累计不得超过本公司最近 6 个月在职职工平均人数的 30%	
5	持有期限	持有期限股票（权）期权自授予日起应持有满 1 年；该时间条件须在股权激励计划中列明	
6	行权期限	股票（权）期权自授予日至行权日的时间不得超过 10 年	

（三）符合条件的股票（权）期权递延纳税政策

根据财税（2016）101 号文件第一条的规定，非上市公司授予本公司员工的股票期权、股权期权，符合规定条件的，经向主管税务机关备案，可实行递延纳税政策，即员工在取得股权激励时可暂不纳税，递延至转让该股权时纳税；股权转让时，按照股权转让收入减除股权取得成本以及合理税费后的差额，适用“财产转让所得”项目，按照 20% 的税率计算缴纳个人所得税。股权转让时，股票（权）期权取得成本按行权价确定。

1. 股票（权）期权授予时的处理

员工接受实施股票（权）期权计划的非上市公司授予的股票（权）期权时，由于没有实际取得所得，不作为应税所得征税。

2. 股票（权）期权行权时的处理

非上市公司授予本公司员工的股票期权、股权期权，同时符合实施主体、计划审批、激励标的、激励对象、持有期限、行权期限六个条件的，经向主管税务机关备案，可实行递延纳税政策，即员工在取得期权行权所得时可暂不纳税，递延至转让该股权时纳税。

员工取得非上市公司授予的股票期权、股权期权，不同时符合实施主体、计划审批、激励标的、激励对象、持有期限、行权期限六个条件的，根据财税〔2016〕101 号文件第四条第（一）款的规定，个人从任职受雇企业以低于公平市场价格取得股票（权）的，凡不符合递延纳税条件，应在获得股票（权）时，对实际出资额低于公平市场价格的差额，按照 “工资、薪金所得”项目，参照财税〔2005〕35 号文件有关规定计算缴纳个人所得税。即：

应纳税额＝股票(权)期权形式的工资薪金应纳税所得额 ÷ 规定月份数适用税率－速算扣除数 × 规定月份数

3. 转增股本时的处理

根据财税〔2016〕101 号文件第四条第（四）款的规定，持有递延纳税的股权期间，因该股权产生的转增股本收入，应在当期缴纳税款。

《国家税务总局所得税司关于印发〈股权激励和技术入股个人所得税政策口径〉

的通知》（税总所便函〔2016〕149 号）问题 19 明确：依据税法，企业以未分配利润、盈余公积、资本公积转增股本，需按照“利息、股息、红利所得”项目计征个人所得税。同时，根据财税〔2015〕116 号文件的规定，中小高新技术企业转增股本，个人股东可分期 5 年缴税。但是，个人持有递延纳税股权期间，发生上述情形的，根据财税〔2016〕101 号文件第四条第（四）款的规定，因递延纳税的股权产生的转增股本收入，应在当期缴纳税款。

而持有非递延纳税的股权期间，因该股权产生的中小高新技术企业转增股权所得，可分期 5 年缴税。

4. 以股权对外投资的处理

根据财税〔2016〕101 号文件第四条第（四）款的规定，持有递延纳税的股权期间，以该递延纳税的股权再进行非货币性资产投资的，应在当期缴纳税款。而不适用非货币资产对外投资分期纳税政策。

税总所便函〔2016〕149 号文件问题 22 明确：个人以股权进行非货币性资产投资，《财政部 国家税务总局关于个人非货币性资产投资有关个人所得税政策的通知》（财税〔2015〕41 号）规定可以分期 5 年缴纳。但个人取得股权激励所得选择递延纳税的，根据财税〔2016〕101 号文件第四条第（四）款的规定，个人以递延纳税的股权进行非货币性资产投资，须在非货币性资产投资当期缴纳税款。

5. 在境内上市后处置股权的处理

根据财税〔2016〕101 号文件第四条第（二）款的规定，个人因股权激励取得股权后，非上市公司在境内上市的，处置递延纳税的股权时，按照现行限售股有关征税规定执行。

6. 转让股权的处理

员工将行权后的股票（权）再转让时获得的高于购买日公平市场价的差额，是因个人转让股票（权）等有价证券而获得的所得，应按照“财产转让所得”适用的征免规定计算缴纳个人所得税。

根据财税〔2016〕11 号文件第四条第（三）款的规定，个人转让股权时，视同享受递延纳税优惠政策的股权优先转让。递延纳税的股权成本按照加权平均法计算，不与其他方式取得的股权成本合并计算。

综上所述，非上市公司股票（权）期权个人所得税处理，可列表说明如下：

非上市公司股票（权）期权个人所得税处理

环节	递延纳税政策	非递延纳税政策
授予期权时	通常不征个人所得税	通常不征个人所得税
行权时	暂不征收个人所得税	按工资、薪金所得征税
转增股本	按利息、股息、红利所得征税	按利息、股息、红利所得征税
投资入股	按财产转让所得征税	按财产转让所得征税
在境内上市后转让股权	按限售股征税	按限售股征税
转让时	按财产转让所得征税	按财产转让所得征税

（四）扣缴义务人的确定

根据财税〔2016〕101号文件第五条第（二）款的规定，企业实施股权激励或个人以技术成果投资入股，以实施股权激励或取得技术成果的企业为个人所得税扣缴义务人。递延纳税期间，扣缴义务人应在每个纳税年度终了后向主管税务机关报告递延纳税有关情况。针对股票期权、股权期权激励而言，以实施股票（权）期权激励的企业为个人所得税扣缴义务人。递延纳税期间，扣缴义务人应在每个纳税年度终了后向主管税务机关报告递延纳税有关情况。

（五）不符合条件的股票（权）期权所得

1. 初始不符合条件的不适用递延纳税优惠

根据财税〔2016〕101号文件第一条第（四）款的规定，股权激励计划所列内容不同时满足第一条第（二）款规定的全部条件，不得享受递延纳税优惠，应按规定计算缴纳个人所得税。

针对股票（权）期权激励而言，股票期权、股权期权激励计划所列内容不同时满足财税〔2016〕101号文件第一条第（二）款规定的全部六个条件，不得享受递延纳税优惠，应在股票（权）期权行权时按规定计算缴纳个人所得税。

2. 递延纳税期间情况变化不再符合条件的处理

根据财税〔2016〕101 号文件第一条第（四）款的规定，非上市公司股权激励所得递延纳税期间公司情况发生变化，不再符合第一条第（二）款第 4 至第 6 项条件的，不得享受递延纳税优惠，应按规定计算缴纳个人所得税。

国家税务总局公告 2016 年第 62 号第一条第（二）款进一步规定，递延纳税期间，非上市公司情况发生变化，不再同时符合财税〔2016〕101 号文件第一条第（二）款第 4 至 6 项条件的，应于情况发生变化之次月 15 日内，按财税〔2016〕101 号文件第四条第（一）款规定计算缴纳个人所得税。

由此可见，企业实施的股票（权）期权激励计划享受递延纳税期间，企业有关情况发生变化，不再符合政策文件中所列的可享受递延纳税优惠政策的条件第 4 项（激励对象范围）、第 5 项（股权持有时间）或第 6 项（行权时间），该股权激励计划不能继续享受递延纳税政策，税款应于情况发生变化之次月 15 日内及时缴清。

3. 所得项目的确定

财税〔2016〕101 号文件第四条第（一）款规定个人从任职受雇企业以低于公平市场价格取得股票（权）的，凡不符合递延纳税条件的，应在获得股票（权）时，对实际出资额低于公平市场价格的差额，按照“工资、薪金所得”项目计算缴纳个人所得税。

4. 授予股票（权）期权时的处理

根据财税〔2016〕101 号文件第四条第（一）款和财税〔2005〕35 号文件第二条第（一）款的规定，员工接受实施股票（权）期权计划企业授予的股票（权）期权时，除另有规定外，一般不作为应税所得征税。

5. 股票（权）期权行权时的处理

（1）股票（权）期权形式工资、薪金应纳税所得额的确定。

根据财税〔2016〕101 号文件第四条第（一）款和财税〔2005〕35 号文件第二条第（二）款的规定，员工行权时，其从企业取得股票（权）的实际购买价（施权价）低于购买日公平市场价的差额，是因员工在企业的表现和业绩情况而取得的与任职、受雇有关的所得，应按“工资、薪金所得”适用的规定计算缴纳个人所得税。

员工以在一个公历月份中取得的股票（权）形式工资薪金所得为一次。员工行权日所在期间的股票（权）形式的工资、薪金所得，应按下列公式计算工资、薪金应纳税所得额：

股票（权）期权形式的工资薪金应纳税所得额＝［行权股票（权）的每股市场价－员工取得该股票（权）期权支付的每股施权价］×股票数量

（2）认购股票（权）所得（行权所得）的税款计算。

员工因参加股票（权）期权计划而从中国境内取得的所得，按规定应按工资、薪金所得计算纳税的，对该股票（权）期权形式的工资、薪金所得可区别于所在月份的其他工资、薪金所得，单独按下列公式计算当月应纳税款：

应纳税额＝［股票（权）期权形式的工资薪金应纳税所得额÷规定月份数×适用税率－速算扣除数］×规定月份数

（3）多次取得不符合条件的股票（权）形式所得的处理。

员工在一个纳税年度中多次取得股票（权）期权形式工资、薪金所得的，其在该纳税年度内首次取得股票期权形式的工资、薪金所得应按上述公式计算应纳税款；本年度内以后每次取得股票期权形式的工资、薪金所得，应按以下公式计算应纳税款：

应纳税款＝（本纳税年度内取得的股票期权形式工资薪金所得累计应纳税所得额÷规定月份数×适用税率－速算扣除数）×规定月份数－本纳税年度内股票期权形式的工资薪金所得累计已纳税款

6. 员工在行权日之前将股票（权）期权转让的处理

根据财税〔2016〕101号文件第四条第（一）款和财税〔2005〕35号文件第二条第（二）款的规定，对因特殊情况，员工在行权日之前将股票（权）期权转让的，以股票期权的转让净收入，作为工资、薪金所得征收个人所得税。

7. 符合条件实行递延纳税与不符合条件股权激励分别计税

根据国家税务总局公告2016年第62号第一条第（三）款的规定，员工以在一个公历月份中取得的股票（权）形式工资、薪金所得为一次，员工取得符合条件、实行递延纳税政策的股权激励，与不符合递延纳税条件的股权激励分别计算。

8. 公平市场价格的确定

根据国家税务总局公告2016年第62号第一条第（四）款的规定，财税〔2016〕101号文件所称公平市场价格按以下方法确定：

（1）上市公司股票的公平市场价格，按照取得股票当日的收盘价确定，取得股票当日为非交易日的，按照上一个交易日收盘价确定。

（2）非上市公司股票（权）的公平市场价格，依次按照净资产法、类比法和其他合理方法确定。净资产法按照取得股票（权）的上年末净资产确定。

9. 员工将行权后的股票（权）再转让的处理

员工将行权后的股票（权）再转让时获得的高于购买日公平市场价的差额，是因个人转让股票（权）等有价证券而获得的所得，应按照“财产转让所得”适用的征免规定计算缴纳个人所得税。

即个人将行权后的非上市公司（包括全国中小企业股权转让系统挂牌公司）股票（权）转让而取得的所得，按“财产转让所得”适用20%的税率计算缴纳个人所得税。个人股票（权）期权行权后，公司股票公开上市，再转让股票的，按限售股相关规定征收个人所得税。

10. 因拥有股权而参与税后利润分配的处理

员工因拥有股权而参与企业税后利润分配取得的所得，应按照“利息、股息、红利所得”适用的规定计算缴纳个人所得税。

综上所述，雇员取得非上市公司不符合递延纳税条件的股票（权）期权所得，授予时、行权时以及取得股权（票）后相关环节个人所得税处理如下表所示：

<table>
<tr><th>序号</th><th>环节</th><th colspan="2">税务处理</th></tr>
<tr><td>1</td><td>授予期权</td><td colspan="2">不征个人所得税</td></tr>
<tr><td rowspan="2">2</td><td rowspan="2">行权时</td><td>不符合递延纳税条件</td><td>按工资、薪金所得纳税</td></tr>
<tr><td>符合递延纳税条件</td><td>暂不征个人所得税</td></tr>
<tr><td>3</td><td>行权日前转让期权</td><td colspan="2">按工资、薪金所得纳税</td></tr>
<tr><td>4</td><td>行权后的股票（权）再转让</td><td colspan="2">按财产转让所得项目纳税</td></tr>
<tr><td>5</td><td>参与利润分配</td><td colspan="2">按利息、股息、红利所得纳税</td></tr>
<tr><td>6</td><td>被投资企业转增股权</td><td colspan="2">按利息、股息、红利所得纳税</td></tr>
<tr><td>7</td><td>以股权对外投资</td><td colspan="2">按财产转让所得并可分期5年纳税</td></tr>
</table>

四、限制性股票

（一）限制性股票的概念

根据财税〔2016〕101号文件第一条第（三）款的规定，限制性股票是指公司按照预先确定的条件授予激励对象一定数量的本公司股权，激励对象只有工作年限或业绩目标符合股权激励计划规定条件的才可以处置该股权。

（二）符合条件的限制性股票递延纳税

根据财税〔2016〕101号文件第一条第（一）款的规定，非上市公司（包括全国中小企业股份转让系统挂牌公司，下同）授予本公司员工的限制性股票，符合规定条件的，经向主管税务机关备案，可实行递延纳税政策，即员工在取得限制性股票时可暂不纳税，递延至转让该股票时纳税；股权（票）转让时，按照股权（票）转让收入减除股权（票）取得成本以及合理税费后的差额，适用“财产转让所得”项目，按照20%的税率计算缴纳个人所得税。

股权（票）转让时，限制性股票取得成本按实际出资额确定。

1. 授予时的处理

员工接受实施限制性股票激励计划的非上市公司授予的限制性股票时，由于没有取得实际所得，不作为应税所得征税。

2. 解禁时的处理

非上市公司授予本公司员工的限制性股票，同时符合实施主体、计划审批、激励标的、激励对象、持有期限五个规定条件的，经向主管税务机关备案，可实行递延纳税政策，即员工在限制性股票解禁取得股权激励所得时可暂不纳税，递延至转让该股权（票）时纳税。

财税〔2016〕101号文件第四条第（一）款的规定，个人从任职受雇企业以低于公平市场价格取得股票（权）的，凡不符合递延纳税条件，应在获得股票（权）时，对实际出资额低于公平市场价格的差额，按照“工资、薪金所得”项目计算缴纳个人所得税。

3. 转让股票的处理

员工将解禁后的限制性股票再转让时获得的高于取得成本的差额，是因个人转让股票等有价证券而获得的所得，应按照“财产转让所得”计算缴纳个人所得税。

递延纳税的限制性股票转让时，按照股票转让收入减除限制性股票取得成本以及合理税费后的差额，适用“财产转让所得”项目，按照20%的税率计算缴纳个人所得税。股票转让时，限制性股票取得成本按实际出资额确定。

根据财税〔2016〕101号文件第四条第（三）款的规定，个人转让股票时，视同享受递延纳税优惠政策的股票优先转让。递延纳税的股票成本按照加权平均法计算，不与其他方式取得的股票成本合并计算。

4. 转增股本的处理

根据财税〔2016〕101号文件第四条第（四）款的规定，持有递延纳税的限制性股票期间，因该股票产生的转增股本收入，应在当期缴纳税款。

税总所便函〔2016〕149号文件问题19明确：依据税法，企业以未分配利润、盈余公积、资本公积转增股本，需按照“利息、股息、红利所得”项目计征个人所得税。同时，根据财税〔2015〕116号文件的规定，中小高新技术企业转增股本，个人股东可分期5年缴税。但是，个人持有递延纳税的限制性股票期间，发生转增股本的，根据财税〔2016〕101号文件第四条第（四）款的规定，因递延纳税的股票产生的转增股本收入，应在当期缴纳税款。

5. 上市后处置股票的处理

根据财税〔2016〕101号文件第四条第（二）款的规定，个人因限制性股票解禁取得股票后，非上市公司在境内上市的，处置递延纳税的限制性股票时，按照现行限售股有关征税规定执行。

个人因获得非上市公司实施符合条件的限制性股票激励而选择递延纳税的，自限制性股票解禁取得股权至实际转让期间，如果公司在境内上市了，员工持有的递延纳税股票，自然转为限售股。根据财税〔2016〕101号文件第四条第（二）款的规定，相关税收处理应按照限售股相关规定执行。主要涉及如下三方面内容：

（1）股票转让价格，按照限售股有关规定确定；

（2）扣缴义务人转为限售股转让所得的扣缴义务人（即证券机构），实施股权激励的公司只需及时将相关信息告知税务机关，无须继续扣缴递延纳税股票个人所得税；

（3）个人股票原值仍按财税〔2016〕101号文件规定确定，也就是说，转让的股票来源于股权激励的，原值为其实际取得成本，限制性股票的取得成本按实际出资额确定。若证券机构扣缴的个人所得税与纳税人的实际情况有出入，个人需按照财税〔2009〕167号文件规定，向证券机构所在地主管税务机关申请办理税收清算。

6. 以股票对外投资的处理

根据财税〔2016〕101号文件第四条第（四）款的规定，持有递延纳税的限制性股票期间，以该递延纳税的股权再进行非货币性资产投资的，应在当期缴纳税款。而不适用非货币资产对外投资分期纳税政策。

税总所便函〔2016〕149号文件问题22明确：个人以股权进行非货币性资产投资，《财政部 国家税务总局关于个人非货币性资产投资有关个人所得税政策的通知》（财税〔2015〕41号）规定可以分期5年缴纳。但个人取得限制性股票激励所得选择递延纳税的，根据财税〔2016〕101号文件第四条第（四）款的规定，个人以递延纳税的股票进行非货币性资产投资，须在非货币性资产投资当期缴纳税款。

综上所述，符合条件的非上市公司限制性股票递延纳税政策如下表所示：

符合条件的非上市公司限制性股票递延纳税政策

序号	环节	递延纳税政策
1	授予限制性股票时	不征个人所得税
2	限制性股票解禁时	不征个人所得税
3	转增股本时	按利息、股息、红利所得在当期纳税
4	对外投资入股时	按财产转让所得在当期纳税
5	在境内上市后处置股票	按限售股相关规定征税
6	转让递延纳税的股票时	按财产转让所得征收个人所得税，财产原值为实际出资额

（三）递延纳税应符合的条件

根据财税〔2016〕101号文件第一条第（二）款的规定，取得非上市公司限制性股票激励享受递延纳税政策的须同时满足实施主体、计划审批、激励标的、激励对象、持有期限五个条件，具体条件如下表所示：

限制性股票递延纳税应符合的条件

<table>
<tr><th>序号</th><th>条件</th><th>具体要求</th><th>备注</th></tr>
<tr><td>1</td><td>实施主体</td><td>属于境内居民企业的限制性股票激励计划</td><td rowspan="5">非上市公司实施符合审批和条件的限制性股票激励，本公司最近6个月在职职工平均人数，按照限制性股票解禁之上月起前6个月工资薪金所得项目全员全额扣缴明细申报的平均人数确定</td></tr>
<tr><td>2</td><td>计划审批</td><td>限制性股票激励计划经公司董事会、股东（大）会审议通过。未设股东（大）会的国有单位，经上级主管部门审核批准，限制性股票激励计划应列明激励目的、对象、标的、有效期、各类价格的确定方法、激励对象获取权益的条件、程序等</td></tr>
<tr><td>3</td><td>激励标的</td><td>激励标的应为境内居民企业的本公司股权。激励标的股票包括通过增发、大股东直接让渡以及法律法规允许的其他合理方式授予激励对象的股票</td></tr>
<tr><td>4</td><td>激励对象</td><td>激励对象应为公司董事会或股东（大）会决定的技术骨干和高级管理人员，激励对象人数累计不得超过本公司最近6个月在职职工平均人数的30%</td></tr>
<tr><td>5</td><td>持有期限</td><td>限制性股票自授予日起应持有满3年，且解禁后持有满1年。上述时间条件须在股权激励计划中列明</td></tr>
</table>

（四）不符合规定条件的限制性股票的处理

1. 不符合规定条件的限制性股票的处理

限制性股票激励计划不符合递延纳税条件的，不能享受递延纳税优惠。根据财税〔2016〕101号文件第四条第（一）款的规定，个人从任职受雇企业以低于公平市场价格取得股票（权）的，凡不符合递延纳税条件，应在获得股票（权）时，对实际出资额低于公平市场价格的差额，按照“工资、薪金所得”项目，参照财税〔2005〕35号文件有关规定计算缴纳个人所得税。

财税〔2016〕101号文件第一条第（四）款还规定：股权激励计划所列内容不同时满足第一条第（二）款规定的全部条件，或递延纳税期间公司情况发生变化，不再符合第一条第（二）款第4至6项条件的，不得享受递延纳税优惠，应按规定计算缴纳个人所得税。

（1）授予时的处理。

员工接受实施限制性股票激励计划的非上市公司授予的限制性股票时，由于没有取得实际所得，不作为应税所得征税。

（2）解禁时的处理。

员工取得非上市公司授予的限制性股票，不同时符合实施主体、计划审批、激励标的、激励对象、持有期限五个规定条件的，根据财税〔2016〕101号文件第四条第（一）款的规定，个人从任职受雇企业以低于公平市场价格取得股票（权）的，凡不符合递延纳税条件，应在获得股票（权）时，对实际出资额低于公平市场价格的差额，按照“工资、薪金所得”项目，参照财税〔2005〕35号文件（2019年1月1日起按照财税〔2018〕164号文件）有关规定计算缴纳个人所得税。

应纳税额＝［股票（权）期权形式的工资薪金应纳税所得额 ÷ 规定月份数 × 适用税率－速算扣除数］× 规定月份数

（3）转让股票的处理。

员工将解禁后的限制性股票再转让时获得的高于解禁日公平市场价的差额，是因个人转让股票等有价证券而获得的所得，应按照“财产转让所得”适用的征免规定计算缴纳个人所得税。

即个人将解禁后的非上市公司（包括全国中小企业股权转让系统挂牌公司）股票转让取得的所得，按“财产转让所得”适用20%的税率计算缴纳个人所得税。个人限制性股票解禁后，公司股票公开上市，再转让股票的，按限售股相关规定征收个人所得税。

（4）转增股本的处理。

依据个人所得税法相关规定，企业以未分配利润、盈余公积、资本公积转增股本，需按照“利息、股息、红利所得”项目计征个人所得税。同时，根据财税〔2015〕116号文件的规定，中小高新技术企业转增股本，个人股东可分期5年缴税。

（5）上市后处置股票的处理。

个人因获得非上市公司实施不符合规定条件的限制性股票激励，自限制性股票解禁取得股权至实际转让期间，如果公司在境内上市了，员工持有的递延纳税股权，自然转为限售股。上市后转让股票的相关税收处理应按照限售股相关规定执行。

（6）以股票对外投资的处理。

个人以股票进行非货币性资产投资，根据财税〔2015〕41号文件的规定，可以分期 5 年缴纳。

综上所述，非上市公司限制性股票所得个人所得税处理如下表所示：

非上市公司限制性股票所得个人所得税处理

序号	环节	递延纳税政策	非递延纳税政策
1	授予限制性股票时	不征个人所得税	不征个人所得税
2	限制性股票解禁时	暂不征个人所得税	按工资、薪金所得项目征税
3	转增股本时	按利息、股息、红利所得在当期纳税	按利息、股息、红利所得在当期纳税，中小高新技术企业可分 5 年递延纳税
4	投资入股时	按财产转让所得在当期纳税	可以分期 5 年缴纳
5	上市后处置股票	按限售股相关规定征税	按限售股相关规定征税
6	转让递延纳税的股票时	按财产转让所得征税	按财产转让所得征税

2. 公平市场价格的确定

国家税务总局公告 2016 年第 62 号第一条第（四）款规定，财税〔2016〕101 号文件所称公平市场价格按以下方法确定：

（1）上市公司股票的公平市场价格，按照取得股票当日的收盘价确定。取得股票当日为非交易日的，按照上一个交易日收盘价确定；

（2）非上市公司股票（权）的公平市场价格，依次按照净资产法、类比法和其他合理方法确定。净资产法按照取得股票（权）的上年末净资产确定。

（五）新三板挂牌公司限制性股票激励

根据财税〔2016〕101 号文件第四条第（五）款的规定，全国中小企业股份转让系统挂牌公司按照通知第一条规定执行。也就是说，在新三板或其他产权交易所挂牌的企业，属于非上市公司，应按照非上市公司股权激励相关税收政策执行。

五、股权奖励

股权奖励递延缴纳个人所得税政策，最早于 2014 年 1 月 1 日起，在中关村国家自主创新示范区试点，后于 2015 年 1 月 1 日起推广至国家自主创新示范区、合芜蚌自主创新综合试验区和绵阳科技城（以下统称示范地区）实施，自2016年1月1日起，推广到全国范围内的高新技术企业实施。自2016年9月1日起，扩大到非上市公司授予本公司员工的符合规定条件的股权奖励。

（一）股权奖励的界定

根据财税〔2016〕101号文件第一条第（三）款的规定，股权奖励是指企业无偿授予激励对象一定份额的股权或一定数量的股份。

（二）符合条件的股权奖励递延纳税政策

根据财税〔2016〕101号文件第一条第（一）款的规定，非上市公司授予本公司员工的股权奖励，符合规定条件的，经向主管税务机关备案，可实行递延纳税政策，即员工在取得股权奖励时可暂不纳税，递延至转让该股权时纳税；股权转让时，按照股权转让收入减除股权取得成本以及合理税费后的差额，适用“财产转让所得”项目，按照20%的税率计算缴纳个人所得税。

股权转让时，股权奖励取得成本为零。

（三）股权奖励递延纳税应符合的条件说明

根据财税〔2016〕101号文件第一条第（二）款的规定，享受递延纳税政策的非上市公司股权奖励须同时满足实施主体、计划审批、激励标的、激励对象、持有期限、所属行业六个条件，具体条件如下表所示：

股权奖励递延纳税应符合的条件

序号	条件	具体要求	备注
1	实施主体	属于境内居民企业的股权奖励计划	非上市公司实施符合条件的股权奖励，本公司最近6个月在职职工平均人数，按照股权奖励
2	计划审批	股权奖励计划经公司董事会、股东（大）会审批通过。未设股东（大）会的国有单位，经上级主管部门审核批准。股权奖励计划应列明激励目的、对象、标的、有效期、各类价格的确定方法、激励对象获取权益的条件、程序等	
3	激励标的	股权奖励标的应为境内居民企业的本公司股权，也可以是技术成果投资入股到其他境内居民企业所得的股权。奖励标的股权包括通过增发、大股东直接让渡以及法律法规允许的其他合理方式授予激励对象的股权	

续表

4	激励对象	激励对象应为公司董事会或股东（大）会决定的技术骨干和高级管理人员，激励对象人数累计不得超过本公司最近6个月在职职工平均人数的30%	获得之上月起前6个月“工资、薪金所得”项目全员全额扣缴明细申报的平均人数确定
5	持有期限	股权奖励自获得奖励之日起应持有满3年。该时间条件须在股权奖励计划中列明	
6	所属行业	实施股权奖励的公司及其奖励股权标的公司所属行业均不属于《股权奖励税收优惠政策限制性行业目录》范围。公司所属行业按公司上一纳税年度主营业务收入占比最高的行业确定	

股权奖励税收优惠政策限制性行业如下表所示：

股权奖励税收优惠政策限制性行业目录

门类代码	类别名称
A（农、林、牧、渔业）	（1）03 畜牧业（科学研究、籽种繁育性质项目除外） （2）04 渔业（科学研究、籽种繁育性质项目除外）
B（采矿业）	（3）采矿业（除第11类开采辅助活动）
C（制造业）	（4）16 烟草制品业 （5）17 纺织业（除第178类非家用纺织制成品制造） （6）19 皮革、毛皮、羽毛及其制品和制鞋业 （7）20 木材加工和木、竹、藤、棕、草制品业 （8）22 造纸和纸制品业（除第223类纸制品制造） （9）31 黑色金属冶炼和压延加工业（除第314类钢压延加工）
F（批发和零售业）	（10）批发和零售业
G（交通运输、仓储和邮政业）	（11）交通运输、仓储和邮政业
H（住宿和餐饮业）	（12）住宿和餐饮业
J（金融业）	（13）66 货币金融服务 （14）68 保险业
K（房地产业）	（15）房地产业
L（租赁和商务服务业）	（16）租赁和商务服务业
O（居民服务、修理和其他服务业）	（17）79 居民服务业
Q（卫生和社会工作）	（18）84 社会工作
R（文化、体育和娱乐业）	（19）88 体育 （20）89 娱乐业
S（公共管理、社会保障和社会组织）	（21）公共管理、社会保障和社会组织（除第9421类专业性团体和9422类行业性团体）
T（国际组织）	（22）国际组织

说明：以上目录按照《国民经济行业分类》编制。

（四）不符合规定条件的股权奖励

1. 不符合规定条件的股权奖励的处理

股权奖励等股权激励不符合递延纳税条件的，不能享受递延纳税优惠。财税〔2016〕101 号文件第四条第（一）款规定：个人从任职受雇企业以低于公平市场价格取得股票（权）的，凡不符合递延纳税条件，应在获得股票（权）时，对实际出资额低于公平市场价格的差额，按照“工资、薪金所得”项目计算缴纳个人所得税。

2. 公平市场价格的确定

根据国家税务总局公告 2016 年第 62 号第一条第（四）款的规定，财税〔2016〕101 号文件所称公平市场价格按以下方法确定：

（1）上市公司股票的公平市场价格，按照取得股票当日的收盘价确定。取得股票当日为非交易日的，按照上一个交易日收盘价确定；

（2）非上市公司股票（权）的公平市场价格，依次按照净资产法、类比法和其他合理方法确定。净资产法按照取得股票（权）的上年末净资产确定。

3. 持有递延纳税股权期间取得转增股本收入

关于个人持有递延纳税股权期间取得转增股本收入，税收上如何处理问题，税总所便函〔2016〕149 号文件问题 19 明确：依据个人所得税法相关规定，企业以未分配利润、盈余公积、资本公积转增股本，需按照“利息、股息、红利所得”项目计征个人所得税。同时，根据财税〔2015〕116 号文件的规定，中小高新技术企业转增股本，个人股东可分期 5 年缴税。但是，个人持有递延纳税奖励股权期间，发生转增股本的，根据财税〔2016〕101 号文件第四条第（四）款的规定，因递延纳税的股权产生的转增股本收入，应在当期缴纳税款。

4. 以递延纳税的股权对外投资的处理

关于以递延纳税的奖励股权进行了非货币性资产投资，税收上如何处理问题，税总所便函〔2016〕149 号文件问题 22 明确：个人以股权进行非货币性资产投资，财税〔2015〕41 号文件规定可以分期 5 年缴纳。但个人以奖励股权选择递延纳税的，根据财税〔2016〕101 号文件第四条第（四）款的规定，个人以递延纳税的股权进行非货币性资产投资，须在非货币性资产投资当期缴纳税款。

（五）新三板挂牌公司股权奖励

根据财税〔2016〕101 号文件第四条第（五）款的规定，全国中小企业股份转让系统挂牌公司按照通知第一条规定执行。也就是说，在新三板或其他产权交易所挂牌的企业，属于非上市公司，应按照非上市公司股权奖励相关税收政策执行。

六、新税法实施后非上市公司股权激励所得的处理

根据财税〔2018〕164 号文件第九条的规定，财税〔2005〕35 号文件第四条第（一）项和国税函〔2006〕902 号文件第七条、第八条，自 2019 年 1 月 1 日起废止。

新税法实施后，员工取得非上市公司授予的股票期权、股权期权，不同时符合实施主体、计划审批、激励标的、激励对象、持有期限、行权期限六个条件的，应在获得股票（权）时，对实际出资额低于公平市场价格的差额，按照“工资、薪金所得”项目，在 2021 年 12 月 31 日前，不并入当年综合所得，全额单独适用综合所得税率表，计算纳税。计算公式为：

应纳税额＝股权激励收入 × 适用税率－速算扣除数

居民个人一个纳税年度内取得两次以上（含两次）股权激励的，应合并按上述规定计算纳税。

七、备案与管理

（一）递延纳税的备案

根据财税〔2016〕101 号文件第五条第（一）款的规定，对股权激励或技术成果投资入股选择适用递延纳税政策的，企业应在规定期限内到主管税务机关办理备案手续。未办理备案手续的，不得享受该通知规定的递延纳税优惠政策。

根据国家税务总局公告 2016 年第 62 号第一条第（五）款的规定，非上市公司实施符合条件的股权激励，个人选择递延纳税的，非上市公司应于股票（权）期权行权、

限制性股票解禁、股权奖励获得之次月 15 日内，向主管税务机关报送《非上市公司股权激励个人所得税递延纳税备案表》、股权激励计划、董事会或股东大会决议、激励对象任职或从事技术工作情况说明等。实施股权奖励的企业同时报送本企业及其奖励股权标的企业上纳税年度主营业务收入构成情况说明。

（二）递延纳税备案表及其填报

《非上市公司股权激励个人所得税递延纳税备案表》适用于实施符合条件股权激励的非上市公司向主管税务机关办理个人所得税递延缴纳备案事宜时填报。

企业应于符合条件的股票（权）期权行权、限制性股票解禁、股权奖励获得之次月 15 日内报送该表。

（三）递延纳税情况年度报告表及其填报

根据国家税务总局公告 2016 年第 62 号第一条第（六）款的规定，个人因非上市公司实施股权激励或以技术成果投资入股取得的股票（权），实行递延纳税期间，扣缴义务人应于每个纳税年度终了后 30 日内，向主管税务机关报送《个人所得税递延纳税情况年度报告表》。

《个人所得税递延纳税情况年度报告表》适用于实施符合条件股权激励的非上市公司和取得个人技术成果的境内公司，在递延纳税期间向主管税务机关报告个人相关股权持有和转让情况。

实施股权激励的非上市公司和取得个人技术成果的境内公司，应于每个纳税年度终了 30 日内报送该表。

第三节　科研机构与高校科技成果转化奖励所得

一、科研机构与高校科技成果转化股权奖励所得

（一）促进科技成果转化的法律规定

科技成果，是指通过科学研究与技术开发所产生的具有实用价值的成果。职务科技成果，是指执行研究开发机构、高等院校和企业等单位的工作任务，或者主要是利用上述单位的物质技术条件所完成的科技成果。

科技成果转化，是指为提高生产力水平而对科技成果所进行的后续试验、开发、应用、推广直至形成新技术、新工艺、新材料、新产品，发展新产业等活动。

目前有效的法律《中华人民共和国促进科技成果转化法》，是为促进科技成果转化为现实生产力，规范科技成果转化活动，加速科学技术进步，推动经济建设和社会发展制定的一部法律。由全国人民代表大会常务委员会于 1996 年 5 月 15 日发布，自 1996 年 10 月 1 日起施行，2015 年 8 月 29 日修订。为落实《中华人民共和国促进科技成果转化法》，国务院办公厅印发了《国务院办公厅转发科技部等部门关于促进科技成果转化若干规定的通知》（国办发〔1999〕29 号），该文已废止，目前有效的是 2016 年 2 月《国务院关于印发实施〈中华人民共和国促进科技成果转化法〉若干规定的通知》。

《中华人民共和国促进科技成果转化法》对科技成果转化的方式方法及保障措施做出了规定：

第十六条　科技成果持有者可以采用下列方式进行科技成果转化：

（一）自行投资实施转化；

（二）向他人转让该科技成果；

（三）许可他人使用该科技成果；

（四）以该科技成果作为合作条件，与他人共同实施转化；

（五）以该科技成果作价投资，折算股份或者出资比例；

（六）其他协商确定的方式。

第十七条　国家鼓励研究开发机构、高等院校采取转让、许可或者作价投资等方式，向企业或者其他组织转移科技成果。

国家设立的研究开发机构、高等院校应当加强对科技成果转化的管理、组织和协调，促进科技成果转化队伍建设，优化科技成果转化流程，通过本单位负责技术转移工作的机构或者委托独立的科技成果转化服务机构开展技术转移。

第十八条　国家设立的研究开发机构、高等院校对其持有的科技成果，可以自主决定转让、许可或者作价投资，但应当通过协议定价、在技术交易市场挂牌交易、拍卖等方式确定价格。通过协议定价的，应当在本单位公示科技成果名称和拟交易价格。

第十九条　国家设立的研究开发机构、高等院校所取得的职务科技成果，完成人和参加人在不变更职务科技成果权属的前提下，可以根据与本单位的协议进行该项科技成果的转化，并享有协议规定的权益。该单位对上述科技成果转化活动应当予以支持。

科技成果完成人或者课题负责人，不得阻碍职务科技成果的转化，不得将职务科技成果及其技术资料和数据占为己有，侵犯单位的合法权益。

第二十条　研究开发机构、高等院校的主管部门以及财政、科学技术等相关行政部门应当建立有利于促进科技成果转化的绩效考核评价体系，将科技成果转化情况作为对相关单位及人员评价、科研资金支持的重要内容和依据之一，并对科技成果转化绩效突出的相关单位及人员加大科研资金支持。

国家设立的研究开发机构、高等院校应当建立符合科技成果转化工作特点的职称评定、岗位管理和考核评价制度，完善收入分配激励约束机制。

该法律规定了转化后技术权益的奖励内容：

第四十三条　国家设立的研究开发机构、高等院校转化科技成果所获得的收入全部留归本单位，在对完成、转化职务科技成果作出重要贡献的人员给予奖励和报酬后，主要用于科学技术研究开发与成果转化等相关工作。

第四十四条　职务科技成果转化后，由科技成果完成单位对完成、转化该项科技成果作出重要贡献的人员给予奖励和报酬。

科技成果完成单位可以规定或者与科技人员约定奖励和报酬的方式、数额和时限。单位制定相关规定，应当充分听取本单位科技人员的意见，并在本单位公开相关规定。

第四十五条　科技成果完成单位未规定、也未与科技人员约定奖励和报酬的方式和数额的，按照下列标准对完成、转化职务科技成果作出重要贡献的人员给予奖励和报酬：

（一）将该项职务科技成果转让、许可给他人实施的，从该项科技成果转让净收入或者许可净收入中提取不低于百分之五十的比例；

（二）利用该项职务科技成果作价投资的，从该项科技成果形成的股份或者出资比例中提取不低于百分之五十的比例；

（三）将该项职务科技成果自行实施或者与他人合作实施的，应当在实施转化成功投产后连续三至五年，每年从实施该项科技成果的营业利润中提取不低于百分之五的比例。

国家设立的研究开发机构、高等院校规定或者与科技人员约定奖励和报酬的方式和数额应当符合前款第一项至第三项规定的标准。

国有企业、事业单位依照本法规定对完成、转化职务科技成果作出重要贡献的人员给予奖励和报酬的支出计入当年本单位工资总额，但不受当年本单位工资总额限制、不纳入本单位工资总额基数。

（二）促进科技成果转化股权奖励暂不征税

《财政部 国家税务总局关于促进科技成果转化有关税收政策的通知》（财税字〔1999〕45号）第三条规定：

自1999年7月1日起，科研机构、高等学校转化职务科技成果以股份或出资比例等股权形式给予个人奖励，获奖人在取得股份、出资比例时，暂不缴纳个人所得税；取得按股份、出资比例分红或转让股权、出资比例所得时，应依法缴纳个人所得税。有关此项的具体操作规定，由国家税务总局另行制定。

《国家税务总局关于促进科技成果转化有关个人所得税问题的通知》（国税发〔1999〕125号）第一条和《国家税务总局关于取消促进科技成果转化暂不征收个人

所得税审核权有关问题的通知》（国税函〔2007〕833号）第一条的进一步规定，科研机构、高等学校转化职务科技成果以股份或出资比例等股权形式给予科技人员个人奖励，暂不征收个人所得税。

（三）科技机构和高等学校的界定

科研机构是指按《中央机构编制委员会 国家科学技术委员会关于科研事业单位机构设置审批事项的通知》（中编办发〔1997〕14号）的规定设置审批的自然科学研究事业单位机构。

高等学校是指全日制普通高等学校（包括大学、专门学院和高等专科学校）。

根据国税发〔1999〕125号文件第四条的规定，享受相关优惠政策的科技人员必须是科研机构和高等学校的在编正式职工。

（四）取消审核的后续管理

按照国税发〔1999〕125号和国税函〔2007〕833号文件的规定，将职务科技成果转化为股份、投资比例的科研机构、高等学校或获奖人员，应在授（获）奖的次月15日内向主管税务机关备案，报送《科技成果转化暂不征收个人所得税备案表》。技术成果价值评估报告、股权奖励文件及其他证明材料由奖励单位留存备查。

国家税务总局公告2016年第5号第一条明确了办理备案手续的主体和时间为：将职务科技成果转化为股份、投资比例的科研机构、高等学校或获奖人员，应在授（获）奖的次月15日内向主管税务机关备案。

国家税务总局公告2016年第5号还简化了备案材料要求，备案时仅需报送《科技成果转化暂不征收个人所得税备案表》，不再需要提供科技管理部门出具的《出资入股高新技术成果认定书》。技术成果价值评估报告、股权奖励文件及其他证明材料留存备查。

（五）备案表及其填报

《科技成果转化暂不征收个人所得税备案表》适用于将职务科技成果转化为股份、投资比例的科研机构、高等学校或获奖人员向主管税务机关办理暂不征收个人所得税备案事宜。本表一式二份，主管税务机关受理后，由科研机构、高等学校或获奖人员和主管税务机关分别留存。

（六）获奖人按股份、出资比例获得分红的处理

根据国税发〔1999〕125 号文件第二条的规定，在获奖人按股份、出资比例获得分红时，对其所得按“利息、股息、红利所得”应税项目征收个人所得税。

（七）获奖人转让股权、出资比例的处理

根据国税发〔1999〕125 号文件第三条的规定，获奖人转让股权、出资比例，对其所得按“财产转让所得”应税项目征收个人所得税，财产原值为零。

二、职务科技成果转化现金奖励

（一）职务科技成果转化现金奖励减半计税优惠

根据《财政部 国家税务总局 科技部关于科技人员取得职务科技成果转化现金奖励有关个人所得税政策的通知》（财税〔2018〕58 号）第一条的规定，依法批准设立的非营利性研究机构和高等学校（以下简称非营利性科研机构和高校）根据《中华人民共和国促进科技成果转化法》规定，从职务科技成果转化收入中给予科技人员的现金奖励，可减按 50% 计入科技人员当月“工资、薪金所得”，依法缴纳个人所得税。

（二）政策出台的背景和基本思路

为促进科技成果转化为现实生产力，加速科学技术进步，2015 年科技部修订了《促进科技成果转化法》，规定科技成果完成单位将职务科技成果转让、许可给他人实施的，可从转让或者许可净收入中提取不低于 50% 的比例，对完成、转化职务科技成果作出重要贡献的人员给予奖励和报酬。这一规定极大激发了科技人员的创新积极性，大幅增加了科技人员的科技成果转化收入。但根据现行个人所得税法规定，科技人员取得的现金奖励，应纳入当月“工资、薪金所得”计征个人所得税。因科技人员的现金奖励收入一般较高，全额并入当月工薪计税，税负较重。

为支持创新驱动发展战略实施，促进科技成果转化，财政部、税务总局、科技部等部门联合下发了《关于科技人员取得职务科技成果转化现金奖励有关个人所得税政策的通知》（财税〔2018〕58号），就政策内容、适用范围、适用对象、施行时间及税收征管等作出了相关规定。

该优惠政策采取的是税基减免模式，对依法批准设立的非营利性科研机构和高校，根据《中华人民共和国科技成果促进法》规定，从职务科技成果转化收入中给予科技人员的现金奖励，可减按50%计入科技人员当月“工资、薪金所得”，依法缴纳个人所得税。

例如，李先生是符合条件的科技人员，2018年8月，工资薪金所得为10000元，单位因职务科技成果转化给予其200000元的现金奖励。在不考虑“三险一金”等扣除项目的情况下，如果没有上述优惠政策，8月份需缴纳的个人所得税为：（10000＋200000－3500）×45%－13505＝79420（元）。如果享受上述优惠政策，8月份需缴纳的个人所得税为:（10000＋200000×50%－3500）×45%－13505＝34420（元），相差45000元，减税幅度超过50%。

需要注意的是，对符合条件的科技人员取得的现金奖励减半征收，是指将该现金奖励收入减计50%计入当月“工资、薪金所得”项目的应纳税所得额，不可将其单独计税。

（三）非营利性科研机构和高校的界定

非营利性科研机构和高校包括国家设立的科研机构和高校、民办非营利性科研机构和高校。

国家设立的科研机构和高校是指利用财政性资金设立的、取得《事业单位法人证书》的科研机构和公办高校，包括中央和地方所属科研机构和高校。

民办非营利性科研机构和高校，是指同时满足以下条件的科研机构和高校：

1. 根据《民办非企业单位登记管理暂行条例》在民政部门登记，并取得《民办非企业单位登记证书》。

2. 对于民办非营利性科研机构，其《民办非企业单位登记证书》记载的业务范围应属于“科学研究与技术开发、成果转让、科技咨询与服务、科技成果评估”范围。对业务范围存在争议的，由税务机关转请县级（含）以上科技行政主管部门确认。

对于民办非营利性高校，应取得教育主管部门颁发的《民办学校办学许可证》，《民办学校办学许可证》记载学校类型为“高等学校”。

3. 经认定取得企业所得税非营利组织免税资格。

（四）科技人员享受优惠应符合的条件

根据财税〔2018〕58 号文件第五条的规定，科技人员享受该通知规定税收优惠政策，须同时符合以下条件：

1. 科技人员是指非营利性科研机构和高校中对完成或转化职务科技成果作出重要贡献的人员。非营利性科研机构和高校应按规定公示有关科技人员名单及相关信息、（国防专利转化除外），具体公示办法由科技部会同财政部、国家税务总局制定。

需要注意，为便于税务机关准确识别可以享受优惠政策的科技人员，科研机构和高校应对获奖科技人员名单进行公示，以享受税收优惠。非营利性科研机构和高校需在职务科技成果转化现金奖励发放前 15 个工作日内按规定在本单位完成公示，接受本单位员工的监督。公示完成后，非营利性科研机构和高校应于发放现金奖励的次月 15 日内，向主管税务机关报送《科技人员取得职务科技成果转化现金奖励个人所得税备案表》，并将单位资质、科技成果转化技术合同、科技人员现金奖励公示材料等资料留存备查。

2. 科技成果是指专利技术（含国防专利）、计算机软件著作权、集成电路布图设计专有权、植物新品种权、生物医药新品种，以及科技部、财政部、国家税务总局确定的其他技术成果。

主要考虑：一是不将技术秘密放入该优惠政策范围内，是考虑到技术秘密不能对外公开，税务机关很难判定并查实，不具备可操作性。二是该范围与企业所得税优惠政策范围保持一致，便于执行。

3. 科技成果转化是指非营利性科研机构和高校向他人转让科技成果或者许可他人使用科技成果。现金奖励是指非营利性科研机构和高校在取得科技成果转化收入三年

（36个月）内奖励给科技人员的现金。

根据《国家税务总局关于科技人员取得职务科技成果转化现金奖励有关个人所得税征管问题的公告》（国家税务总局公告2018年第30号）第一条的规定，“三年（36个月）内”，是指自非营利性科研机构和高校实际取得科技成果转化收入之日起36个月内。非营利性科研机构和高校分次取得科技成果转化收入的，以每次实际取得日期为准。

4. 非营利性科研机构和高校转化科技成果，应当签订技术合同，并根据《技术合同认定登记管理办法》，在技术合同登记机构进行审核登记，同时取得技术合同认定登记证明。

非营利性科研机构和高校应健全科技成果转化的资金核算，不得将正常工资、奖金等收入列入科技人员职务科技成果转化现金奖励享受税收优惠。

（五）政策实施时间

该政策自2018年7月1日起施行。为保证科技人员能够应享尽享税收红利，做好新旧政策衔接，对于文件施行前非营利性科研机构和高校取得但未发放的科技成果转化收入，可放宽3年的期限，即自2018年7月1日之后36个月内给科技人员发放之前的现金奖励的，符合政策其他条件的，也可以享受个人所得税减半计税的优惠政策。对于文件施行前已发放的现金奖励，不再追溯调整。

举例说明：符合政策条件的A机构2016年3月3日取得科技成果转化收入，在2018年7月1日前仍没有向相关科技人员发放现金奖励。根据文件规定，A机构只要在2021年6月30日之前发放现金奖励，并符合相关条件，即可以享受个人所得税减半计税的优惠政策。若A机构在2016年3月3日取得科技成果转化收入后，于2018年5月1日发放了现金奖励，因5月1日时该优惠政策尚未出台，故不能享受个人所得税减半计税的优惠政策。

（六）备案管理

根据财税〔2018〕58号文件第六条的规定，非营利性科研机构和高校向科技人员发放现金奖励时，应按照个人所得税法规定代扣代缴个人所得税，并按规定向税务机关履行备案手续。

根据国家税务总局公告2018年第30号第二条的规定，非营利性科研机构和高校向科技人员发放职务科技成果转化现金奖励（以下简称现金奖励），应于发放之日的次月15日内，向主管税务机关报送《科技人员取得职务科技成果转化现金奖励个人所得税备案表》。单位资质材料（《事业单位法人证书》《民办学校办学许可证》《民办非企业单位登记证书》等）、科技成果转化技术合同、科技人员现金奖励公示材料和现金奖励公示结果文件等相关资料自行留存备查。

《科技人员取得职务科技成果转化现金奖励个人所得税备案表》适用于科技人员取得职务科技成果转化现金奖励（以下简称现金奖励），扣缴义务人向主管税务机关办理相关个人所得税备案时填报。扣缴义务人应于向科技人员实际发放现金奖励之日的次月15日内报送。

（七）信息公示

为落实《财政部 国家税务总局 科技部关于科技人员取得职务科技成果转化现金奖励有关个人所得税政策的通知》（财税〔2018〕58号）的要求，规范科技人员取得职务科技成果转化现金奖励有关个人所得税缴纳，确保现金奖励相关信息公开、透明，《科技部 财政部 国家税务总局关于科技人员取得职务科技成果转化现金奖励信息公示办法的通知》（国科发政〔2018〕103号）规定：

一、符合《关于科技人员取得职务科技成果转化现金奖励有关个人所得税政策的通知》（财税〔2018〕58号）条件的职务科技成果完成单位应当按照本通知要求，对本单位科技人员取得职务科技成果转化现金奖励相关信息予以公示。职务科技成果完成单位是指具有独立法人资格的非营利性研究开发机构和高等学校。

二、科技成果完成单位要结合本单位科技成果转化工作实际，健全完善内控制度，明确公示工作的负责机构，制定公示办法，对公示内容、公示方式、公示范围、公示时限和公示异议处理程序等事项作出明确规定。

三、公示信息应当包含科技成果转化信息、奖励人员信息、现金奖励信息、技术合同登记信息、公示期限等内容。

科技成果转化信息包括转化的科技成果的名称、种类（专利、计算机软件著作权、集成电路布图设计专有权、植物新品种权、生物医药新品种及其他）、转化方式（转让、许可）、转化收入及取得时间等。

奖励人员信息包括获得现金奖励人员姓名、岗位职务、对完成和转化科技成果作出的贡献情况等。

现金奖励信息包括科技成果现金奖励总额、现金奖励发放时间等。

技术合同登记信息包括技术合同在技术合同登记机构的登记情况等。

四、科技成果完成单位已经按照《中华人民共和国促进科技成果转化法》的规定公示上述信息的，如公示信息没有变化，可不再重复公示。

五、公示期限不得低于15个工作日。公示期内如有异议，科技成果完成单位应及时受理，认真做好调查核实并公布调查结果。

六、公示范围应当覆盖科技成果完成单位，并保证单位内的员工能够以便捷的方式获取公示信息。

七、公示信息应真实、准确。科技成果完成单位发现存在提供虚假信息、伪造变造信息等情况的，应当对责任人严肃处理并在本单位公布处理结果。

八、科技成果完成单位应当在职务科技成果转化现金奖励发放前15个工作日内完成公示，并将公示信息结果和个人奖励数额形成书面文件留存备相关部门查验。

九、公示应当遵守国家保密相关规定。

（八）扣缴申报

根据国家税务总局公告2018年第30号第三条的规定，非营利性科研机构和高校向科技人员发放现金奖励，在填报《扣缴个人所得税报告表》时，应将当期现金奖励收入金额与当月工资、薪金合并，全额计入“收入额”列，同时将现金奖励的50%填至《扣缴个人所得税报告表》“免税所得”列，并在备注栏注明“科技人员现金奖励免税部分”字样，据此以“收入额”减除“免税所得”以及相关扣除后的余额计算缴纳个人所得税。

三、认购有价证券从雇主取得折扣或补贴收入

一些中国境内的公司、企业为了吸引并留住人才，按照有关法律及本公司规定，向其雇员（内部职工）发放认股权证，并承诺雇员在公司达到一定工作年限或满足其他条件，可凭该认股权证按事先约定价格（一般低于当期股票发行价格或市场价格）认购公司股票；或者向达到一定工作年限或满足其他条件的雇员，按当期市场价格的一定折价转让本企业持有的其他公司（包括外国公司）的股票等有价证券；或者按一定比例为该雇员负担其进行股票等有价证券的投资。雇员以上述不同方式认购股票等有价证券而从雇主取得的各类折扣或补贴，2018 年 12 月 31 日前按《国家税务总局关于个人认购股票等有价证券而从雇主取得折扣或补贴收入有关征收个人所得税问题的通知》（国税发〔1998〕9 号）规定执行，自 2019 年 1 月 1 日起，按《财政部 国家税务总局关于个人所得税法修改后有关优惠政策衔接问题的通知》（财税〔2018〕164 号）规定计入工资薪金进行个人所得税处理。

（一）所得性质的认定

在中国负有纳税义务的个人（包括在中国境内有住所和无住所的个人）认购股票等有价证券，因其受雇期间的表现或业绩，从其雇主以不同形式取得的折扣或补贴（指雇员实际支付的股票等有价证券的认购价格低于当期发行价格或市场价格的数额），属于该个人因受雇而取得的工资、薪金所得，应在雇员实际认购股票等有价证券时，按照个人所得税法的相关规定计算缴纳个人所得税。

上述个人在认购股票等有价证券后再行转让所取得的所得，属于税法规定的股票等有价证券转让所得，适用有关对股票等有价证券转让所得征收个人所得税的规定。

（二）计税方法

自 2019 年 1 月 1 日起，居民个人因认购股票等有价证券而从雇主取得的折扣或补贴，作为工资、薪金所得计入综合所得，按纳税年度计算缴纳个人所得税。

根据《财政部 国家税务总局关于个人所得税法修改后有关优惠政策衔接问题的通知》（财税〔2018〕164 号）第九条第（五）项的规定，自 2019 年 1 月 1 日起，国

税发〔1998〕9号文件废止。个人认购股票等有价证券而从雇主取得折扣或补贴收入，应按综合所得和股权激励有关税收政策规定执行。

（三）取消审批的后续管理

纳税人若选择分期缴纳个人所得税，其扣缴义务人应在实际认购股票等有价证券的次月15日内，向主管税务机关办理分期缴纳个人所得税备案手续，报送《个人取得股票期权或认购股票等取得折扣或补贴收入分期缴纳个人所得税备案表》。其他相关证明材料由扣缴义务人留存备查。

国家税务总局公告2016年第5号第二条第（二）项明确了办理备案手续的主体和时间，即扣缴义务人应在实际认购股票等有价证券的次月15日内，向主管税务机关办理分期缴税备案手续。

（四）备案和留存备查资料

国家税务总局公告2016年第5号第二条第（二）项还规定了备案材料要求：个人认购股票等有价证券而从雇主取得的折扣或补贴办理分期缴税备案手续时，需报送《个人取得股票期权或认购股票等取得折扣或补贴收入分期缴纳个人所得税备案表》。其他相关证明材料由扣缴义务人留存备查。

（五）备案表及其填报

《个人取得股票期权或认购股票等取得折扣或补贴收入分期缴纳个人所得税备案表》，适用于个人取得股票期权或认购股票等取得折扣或补贴收入，其扣缴义务人向主管税务机关办理分期缴纳个人所得税备案事宜。本表一式二份，主管税务机关受理后，由扣缴义务人和主管税务机关分别留存。若分期缴税情况填写不下，可另附纸填写。

NO.

06

第六篇　涉外税收篇

第十六章 非居民纳税人与境外所得

第一节 非居民纳税人的税收判定

一、非居民身份概述

《个人所得税法》将我国个人所得税纳税人分为居民个人和非居民个人。

根据《个人所得税法》第一条的规定，在中国境内有住所，或者无住所而一个纳税年度内在中国境内居住累计满 183 天的个人，为居民个人。居民个人从中国境内和境外取得的所得，依照该法规定缴纳个人所得税。

在中国境内无住所又不居住，或者无住所而一个纳税年度内在中国境内居住累计不满 183 天的个人，为非居民个人。非居民个人从中国境内取得的所得，依照该法规定缴纳个人所得税。

纳税年度，自公历 1 月 1 日起至 12 月 31 日止。

居民个人与非居民个人的比较如下表所示：

居民纳税人与非居民纳税人的比较

纳税人类别	承担的纳税义务	判定标准
居民纳税人	承担无限纳税义务。其境内所得和境外所得，都要缴纳个人所得税	在中国境内有住所，或者无住所而一个纳税年度内在中国境内居住累计满 183 天
非居民纳税人	承担有限纳税义务。仅就其来源于中国境内的所得缴纳个人所得税	在中国境内无住所又不居住，或者无住所而一个纳税年度内在中国境内居住累计不满 183 天

居民个人与非居民个人的判定标准，主要包括以下两点：

1. 在我国境内是否有住所；

2. 在我国境内的居住时间。

二、住所对非居民身份的判定

《个人所得税法实施条例》第二条规定：“个人所得税法所称在中国境内有住所，是指因户籍、家庭、经济利益关系而在中国境内习惯性居住。”习惯性居住是判定纳税人是否在我国境内有住所的一个法律意义上的标准，并不是指实际的居住地或者在某一个特定时期内的居住地。对于因学习、工作、探亲、旅游等原因而在境外居住，在这些原因消除后仍然回到中国境内居住的个人，则中国为该纳税人的习惯性居住地，即该个人属于在中国境内有住所。

对于境外个人仅因学习、工作、探亲、旅游等原因而在中国境内居住，待上述原因消除后该境外个人仍然回到境外居住的，其习惯性居住地不在境内，即使该境外个人在境内购买住房，也不会被认定为境内有住所的个人。

我们需要了解，住所不等于住房，也不等于国籍。判断是否在中国境内有“住所”，习惯性居住是关键。习惯性居住是一种状态，考察过去、现在和未来的个人居住地意愿，近似于定居的概念。在实际进行判断时，我们首先会考虑户籍，在没有户籍的情况下主要依据以下三点进行判断。

1. 在我国境内实际停留天数。这个停留天数不是指 183 天，而是一个定性的概念，即该个人在我国境内停留了足够长的时间，并且未来也有在我国长久居住的意愿。

2. 家庭成员在我国境内停留的人数。比如一个美国人在我国境内工作生活，同时将他的配偶、子女、父母都接到了中国，这在一定程度上显示出其在中国定居的意愿。因此，家庭成员在我国境内停留的人数也是判断其在我国境内有住所的重要标准。

3. 个人或者家庭财产、所得在我国境内的分布情况。主要看该个人的不动产、投资等经济利益是否大多来源于中国境内。

三、居住天数对非居民身份的判定

对于在我国境内无住所个人，还要结合其一个纳税年度内在我国境内的居住天数来判断是否构成我国居民个人身份。根据《个人所得税法》第一条的规定，在中国境内无住所而一个纳税年度内在中国境内居住累计满183天的个人，为居民个人。在中国境内无住所又不居住，或者无住所且一个纳税年度内在中国境内居住累计不满183天的个人，为非居民个人。

根据《财政部 国家税务总局关于在中国境内无住所的个人居住时间判定标准的公告》（财政部税务总局公告2019年第34号）的规定，无住所个人一个纳税年度内在中国境内累计居住天数，按照个人在中国境内累计停留的天数计算。在中国境内停留的当天满24小时的，计入中国境内居住天数；在中国境内停留的当天不足24小时的，不计入中国境内居住天数。

如果一个纳税人在我国境内没有住所，但是一个纳税年度内在我国境内居住天数累计达到了183天，就构成了本年度的我国居民个人。除此之外，则为非居民的身份判断。

关于纳税年度的规定。根据《个人所得税法》第一条的规定，纳税年度是指自公历1月1日起至12月31日止。也就是说，我们所说的纳税年度是指公历年度。这一点和部分税收协定的相关规定是有区别的，大多数税收协定的规定通常是“任意连续12个月居住满183天”。

判断无住所个人是否满足居民或非居民个人的条件，要看该无住所个人一个年度内在华的实际停留天数，每一个年度都要进行单独判断。

四、国籍与住所的法律和税收关系

《〈中华人民共和国政府和新加坡共和国政府关于对所得避免双重征税和防止偷漏税的协定〉及议定书条文解释》（国税发〔2010〕75号）第四条明确，根据《个人所得税法》及其实施条例的相关规定，我国的居民个人包括：

在中国境内有住所的中国居民和外国侨民。但不包括虽具有中国国籍，却并未在中国大陆定居，而是侨居在海外的华侨和居住在香港、澳门、台湾的同胞。

对纳税人可以进行如下划分：

1. 有住所的中国公民；

2. 港澳台同胞当年在境内居住天数满 183 天的；

3. 侨居在海外的华侨和港澳台同胞当年在境内居住天数不满 183 天的；

4. 有住所的外国侨民；

5. 无住所外国人当年居住天数满 183 天的；

6. 无住所外国人当年居住天数不满 183 天的。

上述 1、2、3 是对具有中国国籍的纳税人的划分；4、5、6 是对具有外国国籍的纳税人的划分。

由此可以看出，1、2、4、5 情形可以划归为我国的居民个人。特别是虽有我国国籍，但侨居在海外的华侨仍可以判定为我国的非居民个人。

关于上述第 3 点，对于因学习、工作原因而在境外居住，在这些原因消除后仍然回到中国境内居住的个人，我们仍视同其在中国境内有住所。

五、永久居民与国籍的法律关系

（一）永久居民的概念

1. 永久居民是外国移民，没有本国国籍，不具有本国公民身份；

2. 永久居民的永久居留权是由国家授予的移民福利，国家可以取消，国籍持有者是本地公民，出生就享有国家授予的福利，国家不得取消国籍；

3. 永久居民享有和本国国民一样的福利与待遇，但没有选举权和被选举权；

4. 永久居民持有者必须保持他的永久居民身份，如果该身份所需的某个条件不再满足时，持有者将可能失掉该身份。

（二）永久居民与公民权的区别

永久居留权指个人容许永久居留于某国的权利，但不享有公民权。拥有永久居留权的人称作“永久居民”。永久居民的身份证俗称绿卡。

永久居民与公民拥有的权利大致相同，除了以下：

1. 选出公职人员的投票权（部分国家容许）；

2. 出任公务员（不常见）；

3. 出任涉及国家安全的职位；

4. 持有该国护照；

5. 受领事馆保护（部分国家容许）。

永久居民可能会丧失资格，当未能符合永久居留的法规和要求、犯罪的情况下可能被递解出境。

（三）永久居民与国籍的区别

1. 国籍是指一个人属于某一个国家的国民或公民的法律资格，表明一个人同一个特定国家间的固定的法律联系，是国家行使属人管辖权和外交保护权的法律依据；

2. 永久居民是指拥有该国永久居留权的人，即是个人拥有容许永久居留于该国的权利，出入该国不需要再办理签证，但是并不享有公民权，根据不同国家的法律享有的权利有所不同；

3. 拥有该国国籍的人一定是该国的永久居民，但是，该国的永久居民不一定拥有该国国籍；

4. 国籍与永久居留权是可以同时兼得的，申请永久居留权并不需要放弃本国国籍，理论上可以同时申请多个国家的永久居留权，除非本国与该国的法律都允许本国的公民持有双国籍，否则若要获得该国国籍就必须先放弃本国国籍；

5. 根据中国《国籍法》，不承认本国公民拥有双重国籍；

6. 常说的绿卡只是美国颁发的永久居民的身份证，但是永久居民的身份证并非一定是绿卡，比如，加拿大颁发的是枫叶卡，日本的是樱花卡，有些国家或者是在永久居民的护照上贴有居留签证。

第二节 非居民纳税义务的判定

一、法定纳税义务

根据《个人所得税法》第一条的规定，居民个人包括在我国境内有住所的个人，以及一个纳税年度内在我国境内居住满 183 天的无住所个人，居民个人需要将其从中国境内和境外取得的全部所得，在我国境内缴纳个人所得税；非居民个人是指在我国境内不居住的无住所个人，或者一个纳税年度内在我国境内居住累计不满 183 天的无住所个人，非居民个人仅需就其从中国境内取得的所得，在我国缴纳个人所得税。

二、对无住所个人的纳税义务的相关豁免

《个人所得税法实施条例》对无住所个人的纳税义务的豁免，包括对一个纳税年度内在我国境内居住时间不足 90 天的无住所非居民个人以及不完全意义上的无住所居民个人的相关税收优惠。

（一）对无住所个人在我国境内居住时间不足 90 天的税收优惠

《个人所得税法实施条例》对在我国境内居住时间不足 90 天的无住所非居民个人给予了一定的税收优惠。该条例第五条规定，在中国境内无住所的个人，在一个纳税年度内在中国境内居住累计不超过 90 天的，其来源于中国境内的所得，由境外雇主支付并且不由该雇主在中国境内的机构、场所负担的部分，免予缴纳个人所得税。

（二）对不完全意义上的无住所税收居民的税收优惠

《个人所得税法实施条例》第四条规定，在中国境内无住所的个人，在中国境内居住累计满 183 天的年度连续不满 6 年的，经向主管税务机关备案，其来源于中国境外且由境外单位或者个人支付的所得，免予缴纳个人所得税；在中国境内居住累计满 183 天的任一年度中有一次离境超过 30 天的，其在中国境内居住累计满 183 天的年度的连续年限重新起算。

无住所个人（非高管人员）的相关纳税义务

无住所个人类别	境内居住时间	境内所得		境外所得	
		境内支付或负担	境外支付且不由境内负担	境内支付	境外支付
非居民个人	连续或累计不超过 90 天	征税	免税	不征税	不征税
	累计超过 90 天但不满 183 天	征税	征税	不征税	不征税
无住所居民个人	累计满 183 天的年度连续不满 6 年	征税	征税	征税	免税（备案）
	累计满 183 天的年度连续不满 6 年	征税	征税	征税	征税（未备案）

三、纳税义务判断的关键点

（一）居住天数的判定

1. 居住天数

根据《财政部 国家税务总局关于在中国境内无住所的个人居住时间判定标准的公告》（财政部税务总局公告 2019 年第 34 号，以下简称 34 号公告）第二条的规定，无住所个人一个纳税年度内在中国境内累计居住天数，按照个人在中国境内累计停留的天数计算。在中国境内停留的当天满 24 小时的，计入中国境内居住天数；在中国境内停留的当天不足 24 小时的，不计入中国境内居住天数。

2. 工作天数

《财政部 国家税务总局关于非居民个人和无住所居民个人有关个人所得税政策的公告》（财政部税务总局公告 2019 年第 35 号）规定，在境内、境外单位同时担任职务或者仅在境外单位任职的个人，在境内停留的当天不足 24 小时的，按照半天计算境内工作天数。因此在实际计算税款时，如果无住所个人在境内、境外单位同时担任职务或仅在境外任职工作天数不满 24 小时的当天还是按照半天计算。该公告有关划分境内外所得的计算公式中，使用的是“工作天数”。

3. 协定停留天数

我们还需要注意“协定停留天数”这个概念。协定停留天数主要出现在双边税收协定的“非独立个人劳务条款”（或者“受雇所得条款”）中，先确定个人在协定规定的期限内是否停留连续或累计不超过 183 天进而确认所得来源国是否具有征税权，而这里的 183 天就属于协定停留天数。

目前，根据《〈中华人民共和国政府和新加坡共和国政府关于对所得避免双重征税和防止偷漏税的协定〉及议定书条文解释》（国税发〔2010〕75 号）第十五条第一款的规定，在非独立个人提供劳务相关条款中，任何 12 个月中在中国停留连续或累计超过 183 天（不含），在计算天数时，该人员中途离境包括在签证有效期内离境又入境，应准予扣除离境的天数。计算实际停留天数应包括在中国境内的所有天数，包括抵、离境当日等不足一天的任何天数及周末、节假日，以及从事该项受雇活动之前、期间及以后在中国度过的假期等。也就是说，在判断“协定停留天数”时，出入境当天均计算为一天。我们可以这样理解，居住天数是用来判断无住所个人是否满足我国居民个人条件的，从而确定其相关的纳税义务；而工作天数是在计算无住所个人在我国的应缴税款时，用来量化归属于中国境内工作期间的所得的，其最终目的在于划分无住所个人的所得来源地；协定停留天数主要用来判断所得来源国是否具有征税权。因此，三者的判定方式与用途均不相同。

（二）“累计满 183 天的年度连续不满 6 年”的政策界定

对于满 183 天的年度连续不满 6 年的具体判断，34 号公告也进行了明确。该公告第一条规定，无住所个人一个纳税年度在中国境内累计居住满 183 天的，如果此前 6 年在中国境内每年累计居住天数都满 183 天而且没有任何一年单次离境超过 30 天，该纳税年度来源于中国境内、境外所得应当缴纳个人所得税；如果此前 6 年的任一年在中国境内累计居住天数不满 183 天或者单次离境超过 30 天，该纳税年度内来源于中国境外且由境外单位或者个人支付的所得，免予缴纳个人所得税。上述所称此前 6 年，是指该纳税年度的前一年至前六年的连续 6 个年度，此前 6 年的起始年度自 2019 年（含）以后年度开始计算。

对于以上规定，关注三点：

1. 2019 年之前无住所个人在华居住记录全部“清零”，不再纳入计算范围。对于一个无住所个人而言，2019 年是计算满 6 年的第一年，我们在判断其是否“满 6 年”时，是从 2019 年开始计算的，对之前的居住记录不予考虑。

2. 自 2019 年起，在华居住满 183 天的任一年度内如果有单次离境超过 30 天的，也就打破了连续计算的规则，连续居住年限将“清零”，并从下一年度重新开始计算。该规定与《个人所得税法实施条例》保持了一致。

3. 如果一个无住所个人此前六年在中国境内每年累计居住天数都满 183 天，并且没有任何一年单次离境超过 30 天，那么该纳税年度（指第七年）来源于中国境内、境外所得都应当在我国缴纳个人所得税。

四、非居民所得来源地的判定

所得来源地的确定是关系到我国个人所得税征税权的基本规定，境内所得和境外所得的划分显得尤为重要。

（一）所得来源地判定的基本规则

《个人所得税法实施条例》第三条明确，除国务院财政、税务主管部门另有规定外，下列所得，不论支付地点是否在中国境内，均为来源于中国境内的所得：

1. 因任职、受雇、履约等在中国境内提供劳务取得的所得；

2. 将财产出租给承租人在中国境内使用而取得的所得；

3. 许可各种特许权在中国境内使用而取得的所得；

4. 转让中国境内的不动产等财产或者在中国境内转让其他财产取得的所得；

5. 从中国境内企业、事业单位、其他组织以及居民个人取得的利息、股息、红利所得。

上述规定体现的我国所得来源地判定标准为：

1. 工资、薪金所得和劳务报酬所得的所得来源地按照劳务发生地规则进行划分。我们可以理解为按人的物理位置进行判断，即人在境内提供劳务取得的所得为来源于中国境内的所得，如果人在境内工作期间取得了境外支付的所得，这部分所得应该称之为境内所得的境外支付部分。

2. 财产租赁所得按照财产的使用地规则进行划分，如果承租人是在我国境内使用，那么出租人取得的所得为来源于中国境内的所得。

3. 特许权使用费所得来源地的划分规则与财产租赁所得一样，也是按照使用地规则进行划分的。

4. 财产转让所得涉及的财产可分为不动产和其他财产。转让不动产按不动产所在地规则进行划分，转让境内的不动产即为来源于中国境内的所得。转让其他财产按转让行为所在地规则进行划分。

5. 利息股息红利所得按支付及负担机构所在地规则进行划分。实际上，利息、股息、红利所得的划分规则也可以说是一种变相的使用地规则，该税目资金使用的持有收益，从各个国家（地区）之间的关系看，是一国（地区）的资金让渡给其他国家（地区）使用，一般其使用地同时也是支付地或者负担地。《个人所得税法实施条例》采取支付或者负担地规则，便于从银行跨境付汇行为和支付单位的会计账册中有所反映，一般由本国（地区）企业负担此笔费用的，企业会计上会体现相应的利息、股息、红利费用的列支，便于征纳双方实际操作。

《个人所得税法实施条例》明确了工资、薪金及劳务报酬、财产租赁、特许权使用费、财产转让、利息股息红利六项所得的境内所得确认规则。《财政部 国家税务总局关于非居民个人和无住所居民个人有关个人所得税政策的公告》（财政部税务总局公告 2019 年第 35 号，以下简称 35 号公告）第一条第四款进一步明确了稿酬所得的境内所得确认规则：由境内企业、事业单位、其他组织支付或者负担的稿酬所得，为来源于境内的所得。

所得类型	税法规定
工资、薪金及劳务报酬所得	劳务发生地规则（高管人员另行规定）
稿酬所得	支付或者负担地规则
特许权使用费所得	使用地规则
经营所得	经营地规则

续表

利息、股息、红利所得		支付或者负担地规则
财产租赁所得		不动产租金：不动产所在地规则；动产租金使用地规则
财产转让所得	不动产转让所得	不动产所在地规则
	动产转让所得	转让地规则
	权益性投资资产	被投资企业所在地规则
偶然所得		支付或者负担地规则

（二）关于工资、薪金所得来源地的判定

在《个人所得税法实施条例》规定的劳务发生地规则的基础上，35号公告第一条进一步明确：个人取得归属于中国境内（以下称境内）工作期间的工资、薪金所得为来源于境内的工资、薪金所得。境内工作期间按照个人在境内工作天数计算，包括其在境内的实际工作日以及境内工作期间在境内、境外享受的公休假、个人休假、接受培训的天数。在境内、境外单位同时担任职务或者仅在境外单位任职的个人，在境内停留的当天不足24小时的，按照半天计算境内工作天数。

无住所个人在境内、境外单位同时担任职务或者仅在境外单位任职，且当期同时在境内、境外工作的，按照工资、薪金所属境内、境外工作天数占当期公历天数的比例计算确定来源于境内、境外工资薪金所得的收入额。境外工作天数按照当期公历天数减去当期境内工作天数计算。

在实际工作中，我们对无住所个人境内所得的判断，要结合其境内外收入，每月、每年在境内外的居住时间进行计算。

第三节 非居民纳税人享受协定待遇

国家税务总局发布了《非居民纳税人享受协定待遇管理办法》（国家税务总局公告2019年第35号，简称“新办法”），对原《非居民纳税人享受税收协定待遇管理办法》（国家税务总局公告2015年第60号发布，国家税务总局公告2018年第31号修改，简称“原办法”）予以修订，将非居民纳税人享受协定待遇资料由申报时报送改为留存备查，自2020年1月1日起施行。

一、政策背景

2009年，税务总局全面建立了以审批为主的非居民享受协定待遇程序。2015年，根据“放管服”改革和优化营商环境的要求，税务总局发布了原办法，取消非居民享受协定待遇的审批，规定非居民纳税人在申报时自行享受协定待遇，同时按要求向税务机关报送资料，并接受税务机关的后续管理。

为深化“放管服”改革，进一步优化税收营商环境，提高非居民纳税人享受协定待遇的便捷性，税务总局修订了原办法，将非居民纳税人享受协定待遇资料由申报时报送改为留存备查。

二、税收协定的概念

税收协定又称避免双重征税协定，是两个或两个以上主权国家（或税收管辖区），为了协调相互之间的税收管辖关系和处理有关税务问题，通过谈判缔结的书面协议。它是国际税收关系与税务合作的法律基础。资本技术或劳务输出国（又称居民国）和东道国（又称所得来源国），通过签订税收协定分配跨国经营及投资所得的征税权，从而提高税收确定性，避免双重征税，并通过开展税务合作与双边磋商解决涉税争议，保障纳税人的合法权益，从而促进双边经济、技术、文化、人员等的交流。

税收协定的税种范围主要是所得税类税种，在我国包括企业所得税和个人所得税。但也有例外，比如有些协定的国际运输条款涉及流转税，在我国涉及增值税。

税收协定主要是通过降低所得来源国税率或提高征税门槛，来限制其按照国内税收法律征税的权利，同时规定居民国对境外已纳税所得给予税收抵免，进而实现避免双重征税的目的。

三、非居民纳税人可享受的税收协定待遇

税收协定的股息、利息、特许权使用费（设备租赁费）条款通常以设定限制税率的方式来限制东道国的征税权。如我国与新加坡签订的税收协定规定，如果在股息受益所有人是新加坡的居民公司，并直接拥有支付股息公司至少 25% 资本的情况下，所征税款不应超过股息总额的 5%，远远低于正常 10% 的税率。

税收协定的常设机构和营业利润条款通常规定非居民纳税人在东道国从事建筑、安装等活动，或者提供劳务，在持续达一定时间的情况下，才构成在东道国的常设机构，在东道国就其取得的所得才负有纳税义务。如某新加坡居民公司在我国从事建筑工地，建筑、装配或安装工程，或者与其有关的监督管理活动，如果该工地、工程或活动连续达六个月以上，我国才能征收企业所得税。

另外，税收协定还有财产收益、国际运输、独立个人劳务、非独立个人劳务（受雇所得）、消除双重征税等许多条款。非居民纳税人应根据所在国和我国签订的具体税收协定规定执行。

四、非居民纳税人享受协定待遇的程序

非居民纳税人享受协定待遇，采取“自行判断、申报享受、相关资料留存备查”的方式办理。具体为：

非居民纳税人自行申报的，自行判断符合享受协定待遇条件且需要享受协定待遇，应在申报时报送《非居民纳税人享受协定待遇信息报告表》，并按照《非居民纳税人享受协定待遇管理办法》第七条的规定归集和留存相关资料备查。

在源泉扣缴和指定扣缴情况下，非居民纳税人自行判断符合享受协定待遇条件且需要享受协定待遇的，应当如实填写《非居民纳税人享受协定待遇信息报告表》，主动提交给扣缴义务人，并按照《非居民纳税人享受协定待遇管理办法》第七条的规定归集和留存相关资料备查。

需要提醒的是，无论是自行申报还是扣缴申报，均由非居民纳税人归集和留存相关资料备查。

五、非居民纳税人享受协定待遇需要作出的声明

非居民纳税人需要作出的声明包括以下四方面：

（一）税收居民身份，即根据缔约对方法律法规和税收协定居民条款为缔约对方税收居民。如果根据缔约对方法律法规为缔约对方税收居民，但根据税收协定居民条款为我国税收居民，不符合享受协定待遇条件。

（二）相关安排和交易的主要目的不是为了获取税收协定待遇。根据税收协定主要目的测试条款或国内税收法律规定中的一般反避税规则，如果相关安排和交易的主要目的为获取税收协定待遇，则不能享受协定待遇。

（三）自行判断并承担相应法律责任。非居民纳税人如果判断有误，不符合享受协定待遇条件而享受了协定待遇，将承担相应法律责任。

（四）按规定归集和留存相关资料备查，接受税务机关后续管理。非居民纳税人未按照税务机关要求提供留存备查资料及其他补充资料，或逃避、拒绝、阻挠税务机关进行后续调查，主管税务机关无法查实是否符合享受协定待遇条件的，应将其视为不符合享受协定待遇条件。

六、非居民纳税人享受协定待遇需要提交的资料和提交资料程序

（一）提交的资料

根据“新办法”的相关规定，申请享受协定待遇时，非居民纳税人或扣缴义务人需要递交以下资料：

1.《非居民纳税人税收居民身份信息报告表》。

2.《非居民纳税人享受税收协定待遇情况报告表》。

3. 由协定缔约对方税务主管当局在纳税申报或扣缴申报前一个公历年度开始以后出具的税收居民身份证明；享受税收协定国际运输条款待遇或国际运输协定待遇的企

业，可以缔约对方运输主管部门在纳税申报或扣缴申报前一个公历年度开始以后出具的法人证明代替税收居民身份证明；享受国际运输协定待遇的个人，可以缔约对方政府签发的护照复印件代替税收居民身份证明。

4. 与取得相关所得有关的合同、协议、董事会或股东会决议、支付凭证等权属证明资料。

5. 其他税收规范性文件规定非居民纳税人享受特定条款税收协定待遇或国际运输协定待遇应当提交的证明资料。

6. 非居民纳税人可以自行提供能够证明其符合享受协定待遇条件的其他资料。

（二）提交资料的程序

1. 非居民纳税人享受税收协定独立个人劳务、非独立个人劳务（受雇所得）、政府服务、教师和研究人员、学生条款待遇的，应当在首次取得相关所得并进行纳税申报时，或者由扣缴义务人在首次扣缴申报时，报送相关报告表和资料。在符合享受协定待遇条件且所报告信息未发生变化的情况下，非居民纳税人免于向同一主管税务机关就享受同一条款协定待遇重复报送资料。

2. 非居民纳税人享受税收协定常设机构和营业利润、国际运输、股息、利息、特许权使用费、退休金条款待遇，或享受国际运输协定待遇的，应当在有关纳税年度首次纳税申报时，或者由扣缴义务人在有关纳税年度首次扣缴申报时，报送相关报告表和资料。在符合享受协定待遇条件且所报告信息未发生变化的情况下，非居民纳税人可在报送相关报告表和资料之日所属年度起的三个公历年度内免于向同一主管税务机关就享受同一条款协定待遇重复报送资料。

3. 非居民纳税人享受税收协定财产收益、演艺人员和运动员、其他所得条款待遇的，应当在每次纳税申报时，或由扣缴义务人在每次扣缴申报时，向主管税务机关报送相关报告表和资料。

七、非居民纳税人和扣缴义务人责任划分

非居民纳税人自行判断是否符合享受协定待遇条件，符合条件且需要享受协定待

遇的，主动向扣缴义务人提交报表要求享受协定待遇。如果非居民纳税人判断有误，不符合协定待遇条件而享受了协定待遇且未缴或少缴税款的，应承担相应法律责任。

扣缴义务人应在收到报表后确认非居民纳税人填报信息完整，然后按照非居民纳税人要求享受的协定待遇进行扣缴申报。如果扣缴义务人未按《非居民纳税人享受协定待遇管理办法》第六条规定扣缴申报，或者未按《非居民纳税人享受协定待遇管理办法》第十三条规定提供相关资料，发生不符合享受协定待遇条件的非居民纳税人享受协定待遇且未缴或少缴税款情形的，扣缴义务人应承担相应法律责任。

八、扣缴义务人的扣缴义务和税收处理

扣缴义务人收到《非居民纳税人享受协定待遇信息报告表》后，确认非居民纳税人填报信息完整的，依国内税收法律规定和协定规定扣缴，并如实将《非居民纳税人享受协定待遇信息报告表》作为扣缴申报的附表报送主管税务机关。

非居民纳税人未主动提交《非居民纳税人享受协定待遇信息报告表》给扣缴义务人或填报信息不完整的，扣缴义务人依国内税收法律规定扣缴。

九、非居民纳税人享受协定待遇的特殊情况

（一）申报时未享受协定待遇，发现可以享受协定待遇的情形

非居民纳税人可享受但未享受协定待遇，且因未享受协定待遇而多缴税款的，可在《中华人民共和国税收征收管理法》规定期限内自行或通过扣缴义务人向主管税务机关要求退还，同时提交相关报告表和资料，及补充享受协定待遇的情况说明。主管税务机关会自接到非居民纳税人或扣缴义务人退还多缴税款申请之日起 30 日内查实（不包括非居民纳税人或扣缴义务人补充提供资料、个案请示、相互协商、情报交换的时间），对符合享受协定待遇条件的情况办理退还多缴税款手续。

（二）按享受协定待遇申报，事后发现不符合享受协定待遇条件的情形

对于申报时按享受协定待遇处理，而事后发现不符合条件的情形，非居民纳税人

或扣缴义务人应当主动向主管税务机关申报补税。而若是主管税务机关在后续管理过程中，发现非居民纳税人不符合享受协定待遇条件而享受了协定待遇，并少缴或未缴税款的，将通知非居民纳税人限期补缴税款。

税务机关发现依据报告表和资料不足以证明非居民纳税人符合享受协定待遇条件，或非居民纳税人存在逃避税嫌疑的，可要求非居民纳税人或扣缴义务人限期提供其他补充资料并配合调查。主管税务机关无法查实是否符合享受协定待遇条件的，可视为不符合享受协定待遇条件，责令非居民纳税人限期缴纳税款。

第四节　非居民纳税人的税收风险

一、利用非居民身份逃避中国个人所得税的主要模式

（一）隐匿居民身份

新的个人所得税法中，将自然人纳税人划分为居民和非居民，非居民纳税人仅就来源于中国境内的所得进行纳税。一些居民纳税人通过移民、购买护照等方式，试图隐匿居民身份，实现个人税收利益的最大化。一些移民中介以规避统一报告标准（CRS）为噱头推荐各种移民项目，帮助中国居民转换身份成为非居民，规避作为居民的无限纳税义务，从而实现避税目的。例如，不少中国高收入者通过申请“香港专才”移民中国香港地区，一些银行将持有中国香港地区临时身份证的人员认定为中国香港地区税收居民，不进行 CRS 交换，帮助这些人进行避税。

（二）在避税地设立离岸公司

不少中国高收入者在避税地设立离岸公司，将资产和所得转移到避税地，或者通过离岸公司与关联公司的交易，将利润转移到避税地，从而逃避在中国应缴纳的所得税。

（三）非居民个人间接转让中国境内的股权

个人所得税法未修订之前，由于没有一般反避税规则，对于非居民个人间接转让中国境内财产（包含公司的股权）的交易涉及的税收问题，不能有效规范。在很多非居民企业间接转让中国境内公司股权的案例中，往往也能看到非居民个人参与其中。

（四）通过信托、保险等方式避税

离岸信托是很多高收入者选择的避税方式，通过把资产转移到境外避税地设立的离岸信托，能很好地帮助高收入者规避中国税务机关的监管，从而实现避税的目的。另外，一些国家对自然人购买的保险有一定的税收优惠，不少中国居民通过购买境外保险公司的保单进行避税。

（五）转换所得类型

很多外籍高管将本该由境内公司支付的工资薪金，转化为境外支付的股息，或通过在避税地设立的咨询公司获得咨询费。由于其非居民身份，境外所得不需要缴纳个人所得税，从而规避我国的个人所得税。

二、各国（地区）个人所得税反避税的立法经验

针对自然人的反避税规则，主要涉及转让定价规则、受控外国公司（以下简称“CFC”）规则和一般反避税规则。一些国家转让定价规则既适用于企业法人，也适用于自然人，例如：奥地利、以色列等，而不少国家转让定价规则不涉及自然人，或者对自然人只有原则性的规定。有不少国家的一般反避税规则适用于所有领域、所有税种，既适用于企业，也适用于自然人；少数国家一般反避税规则虽然没有适用于自然人的成文规定，但有案例法，例如：丹麦、挪威。很多国家的 CFC 规则既适用于企业也适用于自然人，例如：美国、南非等。

（一）美国个人所得税反避税规则

美国的转让定价规则适用于组织、团体之间的交易，不涉及自然人以及自然人与组织、团体之间的交易。美国的 CFC 规则既适用于企业也适用于自然人。美国 CFC

规则中的“美国股东”，是指拥有或者被视为拥有外国公司 10% 以上有表决权股份的美国人。此处所指的“美国人”，包括美国的公民或者居民、国内合伙企业、国内公司以及直接、间接或者被推定为拥有 10% 及以上的 CFC 表决权的国内信托和遗产。此外，美国纳税义务人有严格的境外所得申报制度，只要其全部境外金融账户的总值曾超过一万美元，就需要申报 FBAR 表格（Report of Foreign Bank or Financial Accounts），披露其名下所有境外金融账户。需申报 FBAR 表格的美国纳税义务人，既包括美国公民、美国税收居民，也包括美国合伙企业和信托。

（二）亚洲部分国家或地区个人所得税反避税规则

日本转让定价规则不适用于自然人，其税务当局认为利用跨境交易避税的大部分都是在企业法人间进行的。日本的 CFC 规则既适用于企业也适用于自然人。如果个人将资产转移到低税率国家或地区的法人，并以此进行避税安排，税务机关将对该法人的收入征收个人所得税。

韩国个人所得税法没有明确的转让定价的规定。但对个人转让资产不符合独立交易原则，而获得的不当税收利益，税务机关有权进行纳税调整。韩国上市公司的最大股东居民向境外关联方转让其持有的股份，以账外交易等方式进行出资或转让时，应当符合独立交易原则。对于个人所得的申报，居民纳税人有义务就其全球范围的所得进行申报并纳税。

中国香港地区 2018 年颁布的《税务条例》第 6 号修正案将转让定价规则纳入其中，提升了转让定价规则的法律层级。该规则适用于所有税种，包括利润税、工资税和财产税。中国香港地区没有 CFC 规则。一般反避税遵循实质重于形式原则。对于以获得税收利益为唯一或主要目的的交易，税务机关可以适用一般反避税规则进行纳税调整。

（三）其他国家的有效措施

由于税务机关很难及时掌握潜在恶意或具有滥用性质的税收筹划信息，美国、英国、加拿大等国出台了强制披露规则，要求纳税人和筹划方及时向税务机关披露避税方案。英国的强制披露规则包含个人所得税避税方案的披露要求。新西兰针对个人海外投资基金、信托和融资安排有专门的反避税规则。

三、我国个人所得税反避税规则体系的建立

（一）提升一般反避税的法律层级

为实现对跨税种、涵盖不同类型纳税人避税安排的有效监管，提升一般反避税规则的法律层级。《国家税务总局关于非居民企业间接转让财产企业所得税若干问题的公告》（国家税务总局公告 2015 年第 7 号）对非居民企业间接转让中国公司的股权制定了行之有效的管理规定，将出台相应制度规范非居民个人间接转让中国境内财产（包含企业股权）的个人所得税管理，从企业和自然人两方面全面解决涉税问题。

（二）建立有针对性的个人所得税转让定价规则

大部分国家没有制定专门针对个人所得税的转让定价规则，有些国家即使有，也都是较为原则的规定。与企业转让定价相比，自然人的转让定价有自身的特点。企业往往是以经营为其主要收入来源，通过转让定价实现避税目的。但自然人利用转让定价避税的风险，主要体现在财产转让（包含股权转让）所得、特许权使用费所得和高附加值劳务所得等。因此，对于自然人的转让定价规则侧重于对股权转让、特许权使用、高附加值劳务等交易的规范。这些交易的定价往往是反避税工作的难点，也是个人所得税转让定价要着重关注和规范的领域。在制定个人所得税转让定价规则的初期，结合已经出现的案例，对重点交易、重点人员制定有针对性的管理规则。随着不断积累自然人反避税管理经验，逐步制定相对系统的个人所得税转让定价规则。

（三）修改受控外国公司规则

将建立涵盖企业所得税和个人所得税的 CFC 规则。明确中国居民个人在境外设立的离岸公司构成受控外国公司，并对间接控制、代持、多层架构等方式进行明确。明确中国居民在境外设立的信托为受控外国公司，中国居民从境外信托取得的分配应视为所得缴纳个人所得税。

（四）建立完备的信息披露制度

相对于企业来说，个人纳税人跨境交易的信息更难被税务机关及时掌握。为了

实现对自然人有效的税收监管，借鉴国外经验，建立完备的自然人境外所得和资产信息披露制度及第三方信息披露制度，并与纳税诚信机制挂钩。建立对企业和自然人都适用的强制披露制度，使税务机关能及时掌握企业和自然人避税安排的动向。再加上CRS涉税信息的自动交换，税务机关将搭建全面、及时的个人境外涉税信息网络，实现对自然人，特别是对高收入者避税的有效监管。

四、风险案例

（一）利用“加比规则”准确判定个人税收居民身份

《内地和香港特别行政区关于对所得避免双重征税和防止偷漏税的安排》中引入了“加比规则”,《安排》第二条居民之第二款明确：由于第一款的规定，同时为双方居民的个人，其身份应按以下规则确定：（一）应认为是其有永久性住所所在一方的居民；如果在双方同时有永久性住所，应认为是与其个人和经济关系更密切（重要利益中心）所在一方的居民；（二）如果其重要利益中心所在一方无法确定，或者在任何一方都没有永久性住所，应认为是其有习惯性居处所在一方的居民；（三）如果其在双方都有，或者都没有习惯性居处，双方主管当局应通过协商解决。

1. 案例概要

持有香港税收居民身份证明的某自然人S先生，依据内地和香港税收安排享受受雇所得条款待遇，要求税务机关退还其以前年度的个人所得税。由于S先生同时为内地税收居民，主管税务机关运用税收安排居民条款中的“加比规则”解决了其双重居民身份的矛盾，将S先生判定为内地税收居民，作出S先生不符合享受税收安排待遇的条件且不予退税的决定。

2. 相关事实

2013年，S先生与中国内地C公司签订无固定期限的劳动合同，担任运营总监，合同约定其主要工作地点为内地某市。自2014年起，S先生兼任C公司位于香港的子公司D公司的常务理事，并同时在香港履职。

S先生认为，其受雇任职情况适用《国家税务总局关于执行内地与港澳间税收安排涉及个人受雇所得有关问题的公告》(国家税务总局公告2012年第16号)中对香港、澳门税收居民受雇所得的个人所得税计算方法，要求退还其2014年度和2015年度因未享受税收安排待遇而多缴纳的个人所得税约40万元。其理由如下：

一是S先生已于2014年取得香港居民身份证(非香港永久性居民)；

二是香港的税务机关为其开具了2014年度和2015年度的税收居民身份证明。

3. 处理过程

主管税务机关全面审查了S先生提交的有关资料，在对案件展开深入调查、全面掌握相关情况的基础上，明确了处理意见：

(1)根据中国内地法律S先生构成内地税收居民。

根据个人所得税法及其实施条例的规定，对居民个人的判定有住所和停留时间(TPPERSON按：居住时间)两个标准，只要满足其一就可以判定为我国的税收居民。其中，在中国境内有住所，是指“因户籍、家庭、经济利益关系而在中国境内习惯性居住”。所谓习惯性居住，是判定纳税人是居民或非居民的一个法律意义上的标准，不是指实际居住或者在一个特定时期内的居住地。如因学习、工作、探亲、旅游等而在中国境外居住的，在其原因消除后，必须回到中国境内居住的个人，则中国为该纳税人习惯性居住地。在实际管理中，户籍是判断是否有住所的重要标准。申请人S先生提交的本人居民身份证复印件显示，其户籍所在地为内地，且S先生是由于工作原因由内地C公司派至香港工作而形成在香港居住的事实，外派工作结束后仍会回到内地居住。综合上述情况，应认定S先生构成内地税收居民。

(2)运用“加比规则”判定S先生为内地税收居民。

在S先生构成内地和香港双重税收居民的情况下，主管税收安排居民条款中的“加比规则”，进一步判定S先生税收居民身份归属。“加比规则”，是按照“永久性住所—重要利益中心—习惯性住所”的顺序来协调双重居民身份矛盾的一种规则，当采用上述顺序进行判断后仍无法确定单一居民身份的，再由双方税务主管当局协商解决。一旦确定了S先生是内地的税收居民，根据个人所得税法的规定，S先生应履行居民纳税人义务，就其从内地和香港取得的所得，缴纳个人所得税。

①永久性住所标准。

根据内地和香港税收安排第四条第二款第一项规定，同时为双方居民的个人“应认为是其有永久性住所所在一方的居民；如果在双方同时有永久性住所，应认为是与其个人和经济关系更密切（重要利益中心）所在一方的居民”。

《〈中华人民共和国政府和新加坡共和国政府关于对所得避免双重征税和防止偷漏税的协定〉及议定书条文解释》（国税发〔2010〕75号印发，以下简称75号文件）第四条第二款第一项规定，“永久性住所包括任何形式的住所，例如有个人租用的住宅或公寓、租用的房间等，但该住所必须具有永久性，即个人已安排了长期居住，而不是为了某些原因（如旅游、商务考察等）临时逗留”。

本案中，S先生在内地某市拥有3套自住房产，S先生在派往香港任职之前以及任职期间回某市时均居住在其中一套，因此，应判定其在内地有永久性住所。同时，为了工作方便，S先生在香港租住了一处房屋，其在香港工作期间，一直在该房屋居住，非临时居留，该房屋也符合75号文件中对“永久性住所”的解释。因此，S先生在内地和香港都有永久性住所。根据此标准无法明确判定S先生是哪一方税收居民，需要运用下一标准进行考量。

②重要利益中心标准。

根据75号文件第四条第二款的规定，“重要利益中心”要参考个人家庭和社会关系、职业、政治、文化及其他活动、营业地点、管理财产所在地等因素综合评判。其中特别注重的是个人的行为，即个人一直居住、工作并且拥有家庭和财产的国家（地区）通常为其重要利益中心之所在。

经核实，S先生受雇于内地的C公司，同时在其香港子公司D公司任职，在与C公司签订的劳动合同中明确约定了主要工作地点为内地某市，其在香港子公司履职的行为，实质上是在履行该合同规定的义务，其主要收入均来源于与C公司的劳动合同，由C公司向其支付工资，C公司还为S先生在内地缴纳社会保险和住房公积金，而D公司没有为S先生在香港缴纳保险。

S先生长期在内地工作，2014年度在内地停留时间为220天，2015年在内地停留时间为160天，其长期生活、工作在内地。通过第三方信息显示S先生多数亲属均居住在内地，在内地具有稳定的社会关系，其家庭财产主要集中在内地，包括存款、股票、现金、车辆和3套房产等。而在香港，S先生仅有一处租住的房屋和一辆汽车。S先生的妻女虽然取得了非永久香港居民身份，但其妻子为家庭主妇，女儿在香港某中学读书。

综合考虑申请人的家庭、社会关系和财产状况等各方面因素，主管税务机关认为，S先生显然与内地具有更为紧密的关系，其重要利益中心在内地而非香港，因此应认定其为内地税收居民。

（3）对S先生申请退税的处理。

由于最终将申请人S先生判定为内地税收居民，因此S先生不能享受税收安排待遇，不符合退税条件。

主管税务机关将处理意见以《税务事项通知书》的形式送达申请人S先生；同时告知其如有异议，可以根据内地和香港税收安排第二十三条相互协商程序的相关规定，通过香港主管税务机关提出启动相互协商程序的申请，由双方税务主管当局相互协商解决其居民身份问题。对税务机关的处理结果，纳税人S先生未提出异议也未申请启动相互协商程序。

4. 案例点评

“税收居民”是执行税收协定的基础，判断一个纳税人的税收居民身份，是对其实施税收管辖权或给予税收协定待遇的前提。因此，依据税收居民定义、判定标准和双重居民身份协调规则准确判定纳税人的税收居民身份，是准确执行税收协定、维护国家税收主权的关键。“加比规则”列出了税收居民标准的判断顺序，是有效的争议协调规范。税务机关在处理此类事项时，应认真研究、理解吃透政策，同时加强与其他政府部门的协调配合，主动获取和利用有关信息，尽可能全面搜集和了解纳税人的经济、家庭和社会关系等情况，以便做好调查分析，进行综合判定。

（二）常设机构判定不准容易引发税务风险

外国企业派遣员工到中国提供劳务，往往会忽略一个重要的问题：是否构成常设机构。近日，某中外合资企业B国母公司由于在中国境内提供劳务，被税务机关认定为构成常设机构，其外国派遣员工补缴个人所得税及滞纳金超过4000万元。有关专家表示，对常设机构判定失误，是很多企业外国员工产生税务风险的重要根源。

1. 外国人补缴税款 3000 多万元

一些非居民企业往往忽视对常设机构的认定，直到被税务机关查处后才后悔莫及。近日就有这样一起案件，涉及某中外合资企业 A 公司。A 公司主要业务是设计、研制、制造和销售乘用车（包括轿车）及其零部件，并提供相应的售后服务，B 国母公司派员工负责技术指导和售后服务等工作。近日，某税务局查明，A 公司的 B 国母公司在华构成常设机构共计 51 个，在华提供劳务的外国人依法补缴了税款和滞纳金共计 4216.95 万元。

据介绍，因 A 企业项目需求，其 B 国母公司 2012 年 1 月至 2015 年 12 月 4 年间派遣多个项目的雇员到该企业提供劳务，负责技术指导售后服务等工作。某税务局发现，在整个项目中，派遣雇员累计在华劳务时间超过 183 天，形成多个常设机构，但常设机构中的雇员未按规定缴纳个人所得税，便约谈了 A 企业相关负责人。约谈中，税务机关与企业的分歧主要在于常设机构的判定。企业认为，B 国母公司派遣的员工在华停留时间不足 183 天，不构成常设机构，且员工的收入为境外发放，不需要在中国缴纳个人所得税。

某税务局认为，根据中国和 B 国税收协定第五条，常设机构包括“缔约国一方企业通过雇员或其他人员，在缔约国另一方为同一个项目或相关联的项目提供劳务，包括咨询劳务，仅以在任何 12 个月中连续或累计超过 6 个月为限”。另外，依据税收协定条文解释，“同一企业从事的有商业相关性或连贯性的若干个项目应视为‘同一项目或相关联的项目’”,并且“劳务活动在任何 12 月中连续或累计超过 183 天的规定”。具体计算时，“应按所有雇员为同一个项目提供劳务活动不同时期在中国境内连续或累计停留的时间来掌握”。也就是说，本案中虽然 B 国母公司派遣的员工在华时间不足 183 天，但是这些派遣员工在为同一个项目或相关联的项目提供劳务，只要劳务活动的时间在任何 12 个月中连续或累计超过 6 个月，就构成常设机构。

根据上述规定，在 A 企业提供劳务活动的外国员工为同一项目提供服务，且累计停留时间超过 183 天，该项目应判定为常设机构。判定非居民企业在华构成常设机构意味着，不论其雇佣的外国员工在中国境内工作时间是多长，也不论该员工的工资、薪金在何处支付，都应认为其在华常设机构工作期间的所得是由常设机构负担的，视为来源于中国境内的收入，中国有权就其在华期间取得的所得征税。在税务机关做了大量取证分析工作，并多次约谈企业负责人进行税法宣传和辅导后，企业最终认同了税务机关的观点，共依法补缴个税税款 3315.03 万元，滞纳金 901.92 万元，共计 4216.95 万元。

2. 境外企业和员工均有风险

与上文类似的案例在实践中并不少见，而且越来越多。境外企业之所以在这方面存在税务风险，主要原因是境外非居民企业及其派遣人员对税收协定及中国相关税收法规不了解，真正故意逃避缴纳税款的并不多。这就意味着，了解相关政策规定，是非居民企业及其员工防范税务风险的首要工作。

实践中，183 天的停留时限是一个非常关键的点。很多非居民企业对派遣人员一个纳税年度内在华停留时间超过 183 天要缴个人所得税的规定比较清楚，但是对派遣人员在境内一个纳税年度停留不超过 183 天也可能构成个人所得税纳税义务并不清楚。因此，在华投资或提供劳务的非居民企业，一定要高度重视相关税收协定和中国国内法律、法规。《国家税务总局关于在中国境内无住所的个人取得工资、薪金所得纳税义务问题的通知》（国税发〔1994〕148 号）对外国人在华取得的收入如何计税做了明确的规定。

近年来，随着对外经济交往的深入发展，外国企业派遣人员到中国境内企业提供设备安装、项目管理、技术咨询等劳务的情形日渐增多，此类外国员工存在两个特点：一是入境时间短，在中国境内停留时间一般不超过 183 天，属于非居民纳税人。二是取得薪酬一般由境外企业支付。对于这类外国人，税务机关正在不断强化税收征管，未来的税务风险会越来越大。

（三）滥用税收协定规避个人所得税

1. 案件情况

我国某大学聘用一名美国籍教授 A 来校授课，双方签订了为期 3 年的劳务合同。A 教授在聘用期内每年来华不超过 4 次，每次 2 周左右，年薪 175000 美元（不含中国境内应缴税收入）。

该大学经办人员到税务局主管税务所提交该外籍教授享受税收协定待遇教师条款资料。经税务所询问并进一步查询，发现该大学不具备学历教育资质，其组织性质实际为基金会，且未在教育主管部门备案。

因此，主管税务所判定，美国籍教授 A 不符合享受中美税收协定待遇教师条款条件。

之后，该大学又以非居民纳税人享受中美税收协定独立个人劳务条款为由到税务局主管税务所提交相关资料。税务局国际税收管理科在对主管税务所提交的资料进行审核时，发现该大学和 A 教授签订的劳务合同中规定，该外籍人受聘于该大学担任教授职务，领取年薪，且该大学为其承担往返机票以及住宿费用等情况。

2. 处理结果

根据《国家税务局关于税收协定独立个人劳务条款执行解释问题的通知》（国税函发〔1990〕609 号）的规定，税收协定关于独立个人劳务的定义规定，所谓“独立个人劳务”是指以独立的个人身份从事科学、文学、艺术、教育或教师活动以及医师、律师、工程师、建筑师、牙医师和会计师等专业性劳务人员，没有固定的雇主，可以多方面提供劳务。

而本案中的美国籍教授 A，在该大学担任教授职务，以受雇身份从事劳务活动取得所得，该大学对其工作的内容、时间和相关责任作出了规定，已经构成了其固定的雇主身份。

其次，国税函发〔1990〕609 号文件第二条第二款规定，“其从事劳务服务所取得的劳务报酬，是按相应的小时、周、月或一次性支付”。合同中有明确的“年薪 175000 美元”字样，可判定美国籍教授 A 从该大学取得的所得不属于劳务报酬性质。

此外，根据国税函发〔1990〕609 号文件第二条第四款的规定，“其为提供合同规定的劳务所相应发生的各项费用，由其个人负担”。但在某大学与 A 教授签订的合同中明确，“甲方同意为乙方及乙方妻子提供来华授课的头等舱机票，五星级酒店和其他相关费用”，从费用负担来看，美国籍教授 A 也不符合独立个人劳务的判定条件。

根据上述三点，国际税收管理科判定该外籍教授不符合享受中美税收协定待遇中的独立个人劳务判定条件，扣缴义务人应依照中美税收协定和国内税收法律规定为美国籍教授 A 代扣代缴个人所得税。

3. **税案评析**

国际税收协定为缔约国双方的居民纳税人提供了许多方面的利益，一些不符合享受税收协定待遇条件的纳税人，想方设法成为能够得到税收优惠的纳税主体，通过享受税收协定待遇来规避或者减轻税负。

因此，滥用税收协定待遇作为一种“特殊”的国际避税方法，已引起税务机关的高度重视。各级税务机关应通过加强非居民享受税收协定后续管理工作，严格审核非居民享受税收协定待遇的主体资格和条件，防止税款流失，坚决捍卫本国及税收协定国的国家利益。

第五节 境外所得个人所得税政策

《关于境外所得有关个人所得税政策的公告》（财政部税务总局公告 2020 年第 3 号），对境外所得来源地判定，中国居民个人境外所得的纳税申报及抵免计算规则等作出了较为详细的规定。

根据 2019 年起施行的个人所得税法，居民个人从中国境外取得所得的，应当在次年 3 月 1 日至 6 月 30 日内申报纳税。因此，在 2019 年内从中国境外取得所得的居民个人，例如拥有跨境资产配置的某些高净值人士、被境内企业派遣至境外工作的中国公民等，应重点关注 3 号公告有关境外所得申报计税的指引，以便在 2020 年的 3 月 1 日至 6 月 30 日期间准确完成境外所得的申报和税款抵免工作。

一、境外所得来源地判定

判断一项所得是否来源于境外，是境外所得申报的前提。如果一项所得被认定为境内所得，即使境外税务机关对该项所得课征了所得税，相应税款可能也无法从中国个人所得税额中获得抵免。因此，境外所得来源地判定对于境外所得税抵免有着十分重要的意义。下列 8 项所得明确列举为境外所得：

1. 因任职、受雇、履约等在中国境外提供劳务取得的所得。

2. 中国境外企业以及其他组织支付且负担的稿酬所得。

3. 许可各种特许权在中国境外使用而取得的所得。

4. 在中国境外从事生产、经营活动而取得的与生产、经营活动相关的所得。

5. 从中国境外企业、其他组织以及非居民个人取得的利息、股息、红利所得。

6. 将财产出租给承租人在中国境外使用而取得的所得。

7. 转让中国境外的不动产、转让对中国境外企业以及其他组织投资形成的股票、股权以及其他权益性资产（以下称权益性资产）或者在中国境外转让其他财产取得的所得。但转让对中国境外企业以及其他组织投资形成的权益性资产，该权益性资产被转让前三年（连续 36 个公历月份）内的任一时间，被投资企业或其他组织的资产公允价值 50% 以上直接或间接来自位于中国境内的不动产的，取得的所得为来源于中国境内的所得。

8. 中国境外企业、其他组织以及非居民个人支付且负担的偶然所得。

与此前的规定相比，3 号公告增加了有关稿酬所得、生产经营相关所得、偶然所得、权益性资产转让所得（即上述第 2、4、7、8 项）的来源地判定规则。

此外，对于价值主要由中国境内不动产构成的境外权益性资产，3 号公告将转让此类权益性资产的所得界定为境内所得（参见上述第 7 项）。这一规则借鉴了经合组织协定范本和联合国协定范本有关财产收益的条款，中国政府对外签订的税收协定中也包含相关规定。有鉴于此，转让境外权益性资产的个人，应重点关注该条款可能带来的税务影响。

二、境外所得税抵免计算

新个人所得税法在境外所得的税款计算方面延续了原先的境外所得税抵免制度，并结合新税法下的税目设置对抵免计算规则进行了调整，强调按国别（地区）进行抵免。

境外所得税抵免以纳税年度为单位，即居民个人在一个纳税年度内来源于中国境外的所得，依照所得来源国家（地区）税收法律规定在中国境外已缴纳的所得税税额允许在抵免限额内从其该纳税年度应纳税额中抵免。因此，其实际抵免额以境外已缴纳所得税税额与抵免限额孰低计算。

（一）判定一项境外所得对应的中国纳税年度

对于股息、利息等分类计税所得，以及境外纳税年度与公历年度一致的境外综合所得或经营所得，其对应的中国纳税年度一般较少产生争议。

对于境外纳税年度与公历年度不一致的境外综合所得或经营所得，以取得境外所得的境外纳税年度最后一日所在的公历年度，为境外所得对应的中国纳税年度。

（二）可以抵免的境外所得税款

可抵免的境外所得税税额，是指居民个人取得境外所得，依照该所得来源国（地区）税收法律应当缴纳且实际已经缴纳的所得税性质的税额，但不包括以下项目：

1. 按照境外所得税法律属于错缴或错征的境外所得税税额；

2. 按照中国政府签订的避免双重征税协定以及内地与香港、澳门签订的避免双重征税安排规定（统称“税收协定”）不应征收的境外所得税税额；

3. 因少缴或迟缴境外所得税而追加的利息、滞纳金或罚款；

4. 境外所得税纳税人或者其利害关系人从境外征税主体得到实际返还或补偿的境外所得税税款；

5. 按照中国个人所得税法及其实施条例规定，已经免税的境外所得负担的境外所得税税款。

此外，居民个人根据税收协定可享受饶让抵免待遇的，在协定对方国家（地区）享受的相应减免税额可作为居民个人实际缴纳的境外所得税税额按规定申报税收抵免。

（三）可抵免的境外所得税款需要提供的凭证

居民个人申报抵免时，一般应当提供境外征税主体出具的税款所属年度的完税证明、税收缴款书或者纳税记录等纳税凭证。未提供符合要求的纳税凭证，不予抵免。

然而，纳税人确实无法提供纳税凭证的，可同时凭境外所得纳税申报表（或境外征税主体确认的缴税通知书）以及所对应的银行缴款凭证办理境外所得抵免事宜。这一规定顾及了不少居民纳税人在实际操作中所面临的困难，例如有些国家的税务机关可能不出具完税凭证，还有些国家只针对企业提供一张汇总的完税凭证，无法显示每个纳税人的明细完税信息。对于这类情况，以往申请抵免时容易遇到阻碍，而凭境外所得纳税申报表（或境外征税主体确认的缴税通知书）以及所对应的银行缴款凭证办理会在一定程度上帮助纳税人更为有效地享受境外税收抵免权利，减少双重征税的问题。

（四）计算抵免限额

居民个人应当依照个人所得税法及其实施条例规定，按照以下方法计算当期境内和境外所得应纳税额：

抵免限额以“分国（地区）”原则计算，即

来源于一国（地区）所得的抵免限额＝来源于该国（地区）综合所得抵免限额＋来源于该国（地区）经营所得抵免限额＋来源于该国（地区）其他分类所得抵免限额

其中：

所得类型	抵免限额计算方法
综合所得	来源于一国（地区）综合所得的抵免限额＝中国境内外综合所得合并计算的应纳税额 × 来源于该国（地区）的综合所得收入额 ÷ 中国境内和境外综合所得收入额合计
经营所得	来源于一国（地区）经营所得的抵免限额＝中国境内外经营所得合并计算的应纳税额 × 来源于该国（地区）的经营所得应纳税所得额 ÷ 中国境内和境外经营所得应纳税所得额合计 在合并中国境内外经营所得计算应纳税额时，来源于境外的经营所得，按中国税法计算的亏损，不得抵减境内或他国（地区）的应纳税所得额，但可用来源于同一国家（地区）以后年度的经营所得按中国税法规定弥补
其他分类所得	来源于一国（地区）其他分类所得的抵免限额＝该国（地区）的其他分类所得分别单独计算的应纳税额

（五）可抵免境外所得税税额高于抵免限额的结转

可抵免的境外所得税税额高于抵免限额的，超过部分可以在以后五个纳税年度内结转抵免。

三、纳税申报

（一）申报时间和地点

居民个人取得境外所得的，应当在取得所得的次年3月1日至6月30日内申报纳税。

申报地则按以下规则确定：

1. 有境内任职、受雇单位的，在任职、受雇单位所在地办理；
2. 没有任职、受雇单位的，在户籍所在地或者中国境内经常居住地办理；
3. 户籍所在地与中国境内经常居住地不一致的，择一地办理；
4. 没有户籍的，在中国境内经常居住地办理。

（二）以往年度的境外所得税收抵免的追溯

居民个人已申报境外所得、未进行税收抵免，在以后纳税年度取得纳税凭证并申报境外所得税收抵免的，可以追溯至该境外所得所属纳税年度进行抵免，但追溯年度不得超过五年。

自取得该项境外所得的五个年度内，境外征税主体出具的税款所属纳税年度纳税凭证载明的实际缴纳税额发生变化的，按实际缴纳税额重新计算并办理补退税，不加收税收滞纳金，不退还利息。

对于无法在次年6月30日前取得境外纳税凭证的纳税人，应在次年6月30日前进行境外所得的申报，从而确保未来进行追溯抵免的资格。

（三）外币折算成人民币

居民个人取得来源于境外的所得或者实际已经在境外缴纳的所得税税额为人民币以外货币，应当按照个人所得税法实施条例第三十二条规定按相应的月末或年末人民币汇率中间价折合计算。

四、境内派出单位的责任和义务

针对境内单位将具备居民身份的员工派遣至境外工作的情形，境内派出单位若支付或负担外派员工的工资薪金或劳务报酬所得，派出单位应按照个人所得税法规定预扣预缴税款；若外派员工的工资薪金或劳务报酬所得由境外单位支付或负担的，且境外单位为境外任职、受雇的中方机构的，可以由该中方机构预扣税款，并委托派出单位向主管税务机关申报纳税。该中方机构未预扣税款的或者境外单位不是中方机构的，派出单位应当于次年 2 月 28 日前向其主管税务机关报送详细的外派人员情况。上述规定明确了作为境内派出单位需要履行的税款扣缴、受托代缴义务，以及信息报送义务，税务机关希望通过上述举措掌握了解外派人员信息，加强外派人员的境外所得纳税申报管理。

五、法律责任

纳税人和扣缴义务人未按公告规定申报缴纳、扣缴境外所得个人所得税以及报送资料的，按照税收征管法和个人所得税法等有关规定处理，并按规定纳入个人纳税信用管理。

六、效力

适用于 2019 年度及以后年度税收处理事宜。以前年度尚未抵免完毕的税额，可按 3 号公告有关规定处理抵免和结转事宜。

第十七章
CRS 简介

第一节 CRS 概述

一、什么是 CRS

CRS（Common Reporting Standard）中文为“共同申报准则”，是经济合作与发展组织（OECD）在全球经济一体化的背景下，为推动国际税收事务而制定出的一套有关国际税务情报自动交换的标准，即“金融账户涉税信息自动交换标准”。

CRS 的详细规则非常复杂，但其基本原则相对比较容易理解和遵守，就是参与 CRS 的辖区，由辖区内金融机构通过尽职调查程序，识别其他辖区税收居民在其辖区内开立的账户，按年向辖区税务主管当局报告该类账户的信息，再由辖区税务主管当局与该纳税人居民国税务主管当局开展信息交换，帮助居民国税务主管当局掌握本国税务居民在境外金融账户的信息，最终实现各国对跨境税源的有效监管。

简单来说，CRS 的实施就是一次个人资产信息的全球大联网。随着经济全球化加快，有些人可能会通过境外金融机构持有和管理资产，并将收益隐匿在境外金融账户，从而达到逃税目的。于是，各国政府为了维护本国税收权益，就开始联合，相互通报对方国家公民在自己国家的经济财产信息，实现居民金融账户信息透明化，以避免偷漏税、洗钱等行为。

二、CRS 的作用

（一）打击利用境外金融账户藏匿资产的逃避税行为

近年来，我国在反洗钱、反贪污和反恐资金的监管领域已经开展了广泛的国际合作，但在税收征管领域尚未开展国内金融机构与税务机关之间的征管合作。《尽职调查办法》规定了中国境内金融机构对非居民金融账户涉税信息的尽职调查规则，还要求中国境内金融机构于 2017 年 12 月 31 日前登录国家税务总局网站办理注册登记，并于每年 5 月 31 日前按要求向国家税务总局报送《尽职调查办法》第三十五条所述信息。中国税务主管当局取得中国境内金融机构报送的非居民金融账户涉税信息后，可以通过 CRS—MCAA 多边框架与其他合作方的政府进行自动信息交换，从而取得中国税收居民在境外金融机构持有的账户或资产信息。

（二）为履行中国承诺的国际法律义务

2016 年 2 月 1 日，《公约》已经在中国正式生效，《尽职调查办法》的发布既是为了履行中国对《公约》第六条应承担的国际法义务，也是为了履行中国政府对 CRS—MCAA 的国际承诺。《尽职调查办法》将国际通用的 CRS 转化成适应我国国情的具体要求，为我国实施 CRS 提供法律依据和操作指引。

按照中国承诺实施 CRS 的时间表，2018 年 9 月，国家税务总局将与其他缔约方税务主管当局进行第一次信息交换；2018 年 12 月 31 日前，境内金融机构完成对存量个人低净值账户和全部存量机构账户的尽职调查。

三、报告和信息交换的主要情形和判断

CRS 主要关注的是海外金融资产，主要包括：在海外银行的存款、保险公司的带现金价值的保单等。其中涉税信息主要有：

1. 海外机构账户类型：存款机构、托管机构、投资机构、特定的保险公司在内的金融机构。

2. 资产信息类型：存款账户、托管账户、现金值保险合约、年金合约、持有金融

机构的股权或债券收益。

3. 账户内容：账户及账户余额、姓名以及出生日期（个人）、税收居住地（国别）、年度付至或记入该账户总额。

不在交换范围内的资产：房产、珠宝首饰、字画古董、飞机游艇、海外公司股权等。

CRS 的实施目的是通过全球税收合作，掌握本国居民在境外的资产信息，打击利用跨境金融账户逃避税的行为。各国税务局希望掌握的是本国居民在境外的金融资产信息，所以各国的金融机构只报告由非居民（外籍）持有的金融资产信息，但非居民的账户是否需要报告，判断此类问题较为复杂，主要有以下两种情况：

情况一，某自然人为中国居民，持有中国护照，并不拥有任何国家的永久居留权，也未在境外任何国家长期居住过。该自然人在中国各银行开设的银行账户是中国税收居民持有的账户，银行不会将账户确认为需要报告的账户，账户信息不会被报告给中国税务机关；但该自然人在英国、加拿大、中国香港等地银行开设的账户，都是用中国护照开立，保存的通信地址与电话也是中国的境内地址和电话，这些辖区的银行可以根据该自然人的开户资料识别为需要报告的账户，账户信息会被报告给该辖区的税务机关，并由该辖区税务机关交换给中国税务机关。

情况二，某自然人是中国居民，持有中国护照，常住中国，没有其他国家的永久居留权。2019 年，该自然人在中国投资设立了企业甲，甲企业为了经营需要，在中国银行开设有银行账户，中国银行将该企业识别为中国的居民账户，不会将该企业的银行账户认定为需要报告账户，也不会将账户信息报告给中国税务机关。

CRS 并未将需报告的账户限制为由个人持有的账户，由非居民实体开设的账户也需要报告。但是，由于实体的类型比较复杂，首先可以分为金融机构和非金融机构，金融机构本身就是报告的主体，它在其他金融机构开设的账户，性质比较特殊，无须被报告。非金融机构又可以区分为积极非金融实体和消极非金融实体。积极非金融实体主要从事积极的经营活动，并非主要为避税或隐藏资产的目的而设立，而消极非金融实体本身没有从事实质性的交易活动，很大程度上是单纯为了持有资产而存在。因此，CRS 规定，对于实体账户是否需要报告，需要结合实体的类型，逐步判断：

第一步，当账户持有人属于 CRS 规定的四类金融机构（银行、证券公司、保险实体、符合条件的投资实体）时，该类实体开立的账户不需要被报告。

第二步，当账户持有人不是金融机构时，需要区分该实体是积极非金融实体还是消极非金融实体。

第三步，如果账户持有人是积极非金融实体，此时作为报告主体的金融机构将判断账户持有人的税收居民身份。若账户持有人是所在辖区的税收居民，则不需要被报告；若账户持有人不是所在辖区的税收居民，则金融机构报告账户持有人的金融账户信息。

如果实体是消极非金融实体时，此时除了判断账户持有人的居民身份外，还需要穿透账户持有人，识别账户持有人的控制人的税收居民身份。如果账户持有人的控制人是非居民，此时金融机构会报告账户持有人的账户信息与控制人信息。

CRS 规定，有一些实体和组织是完全排除在报告范围之外的，即使它们是非居民也不需要被报告，被称为豁免报告对象。豁免报告对象包括：公司股票经常在较具规模的证券市场交易的公司、公开交易公司的关联公司、政府实体、国际组织、中央银行以及金融机构。其中公开交易公司的关联公司是指由公开交易公司控制，或与公开交易公司受同一方控制的公司。

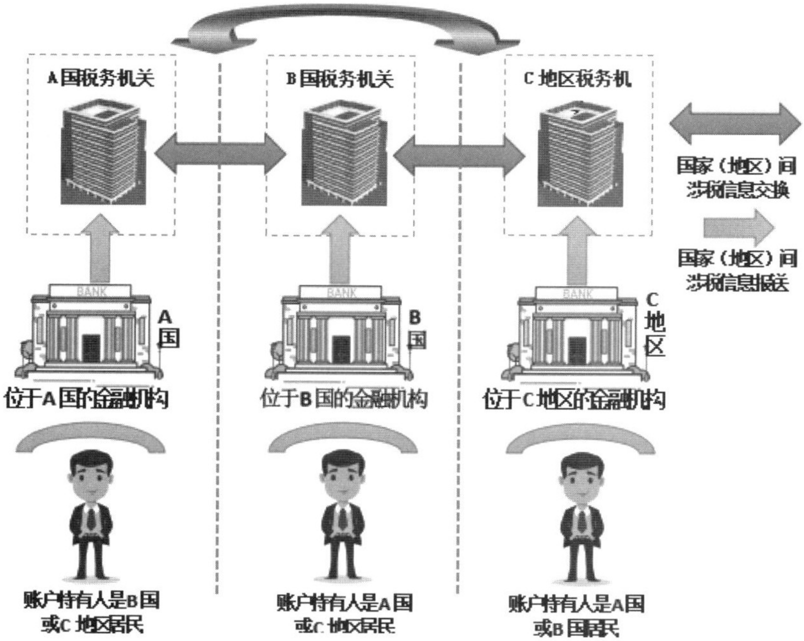

四、金融机构和税务当局的信息交换

如上图所示，CRS 的目的是要求 A 国的金融机构识别出在 A 国持有但属于 B 国和 C 国税务居民的金融资产，并将这些资产信息报告给 B 国和 C 国。同样，A 国和 C 国也会收到本国居民在另外两个国家持有的金融资产信息。

信息交换和报告过程分为以下几步：第一步，参与地区的金融机构（即报告主体）进行尽职调查，找出本机构内的非税收居民（即被报告主体）。第二步，金融机构将金融账户信息提交给所在辖区的税务机关。第三步，由辖区之间的税务机关进行信息的交换。

例如，如果中国的税收居民张三在新加坡的银行有一个投资账户，该银行实行调查程序后将识别出张三是中国的税收居民，并向新加坡税务局提供账户信息。新加坡税务局会把这些信息交换给中国的国家税务总局，此类交换每年执行一次。

参与 CRS 的国家，相互之间交换信息并非全部为自动交换。全球大部分辖区都是通过签订 MCAA 加入 CRS 的，MCAA 是多边模式也即是由多个辖区共同签订的协议。但并不是所有签订了 MCAA 的辖区之间都会自动交换金融账户信息，MCAA 只是明确了哪些信息需要交换，如何交换，是一个多边框架性协议。签署国之间需要根据 MCAA 第七部分的条款提交通告，在通告中列出希望与哪些辖区交换信息，以及国内立法情况、信息加密和传输方法、信息保密方法等。只有在两个辖区都提交了通告，且相互将对方列为交换对象情况下，才会形成双边自动交换关系。很多辖区之间已经形成了交换意向，但尚在各国执行国内批准程序，未在 OECD 网站上公布。

五、需要报告的金融账户和金融资产

用于存放或持有金融资产而在金融机构开立的账户称作金融账户，CRS 将金融账户分为五类，分别是：存款账户、托管账户、具有现金价值的保险合同、具有现金价值的年金合同、在金融机构拥有的股权（债权）权益。经过金融机构的尽职调查程序后，若被确定为非居民，属于需要被报告的对象，则账户所有人以及持有的金融账户信息会被报告。

需要特别强调的是：并非只有以个人名义直接持有金融账户，信息才会被报告。在个人没有任何金融账户，但是自己通过控股等方式控制的公司在银行开立了金融账户的情况下，尽管金融账户持有人是公司而不是个人，账户信息也可能被报告。如张三本人并未在A银行开立任何账户，但张三是B公司的实际控制人，B公司在A银行开立了存款账户，A银行通过尽职调查程序发现张三是B公司的实际控制人，可能会把张三、B公司及其存款账户的信息均报告给税务局。

CRS下，金融资产的范围十分广泛，不仅包括银行存款，还包括证券（例如，银行汇票、商业汇票、支票、债券、公司债券、公司股票、在广泛持有或公开交易的合伙企业或信托中的合伙份额或受益所有权）、合伙权益、掉期（例如，利率掉期、货币掉期、基准掉期、利率上限、利率下限、商品掉期、股权掉期、股指掉期及类似契约）、保险合同或年金合同，或证券、合伙权益、掉期、保险合同或年金合同中产生的任何权益（包括期货或远期合同或期权）。

金融资产一般不包括作为有形货物的商品：如珠宝、古董、字画、跑车、游艇、黄金、房产等。也就是说，实物资产不需要被报告。

第二节　CRS下的逃税风险及应对措施

FATCA和CRS是为了打击逃税而颁布的。这些自动信息交换（AEOI）制度将焦点放在一种逃税形式上：在实施FATCA和CRS的管辖区的合规金融机构中持有可报告的金融资产。例如，在瑞士拥有银行账户的加拿大税务居民将被报告给加拿大税务当局。但利用国际间信息差的一些逃税者可能没有被AEOI阻止或抓住，因为他们将其未申报的境外金融资产转移到不受AEOI监管的其他逃税渠道。

一、AEOI时代主要的逃税渠道

1. 逃税者可能投资离岸非金融资产。非金融资产（如不动产、贵金属、艺术品和收藏品）的直接所有权不根据 FATCA 和 CRS 向外国税务机关报告。加密货币也不受 AEOI 的约束，因为它们不被金融机构持有，也不被归类为金融资产。一些逃税者有可能在 AEOI 实施前通过购买房地产或其他非金融资产清空离岸金融账户。

2. 逃税者可能仍然持有未报告的离岸金融资产，他们利用不合规的机会和漏洞破坏 FATCA 和信用评级体系的有效性。

3. 在岸资产不受 AEOI 监管。在一些国家，税务机关对纳税人离岸金融资产的了解可能多于对纳税人在岸资产的了解。这增加了逃税者在岸逃税的动机。这些逃税机会的结果是，AEOI 创造的税收透明度有限，容易规避。

AEOI 的经验给有限的税收透明度提供了重要的教训。阻止一些逃税机会，但不阻止其他机会，可能会对整体逃税产生有限的影响，因为许多逃税者仍然可以利用存在的逃税机会。自动信息交换制度和其他措施的好处不会导致完全的税收透明度，且不足以证明这些措施的成本是合理的。当决策者评估任何特定反逃税措施的潜在利益和成本时，他们应该考虑逃税者的行为反应，这些行为反应可通过将资产转移到其他逃税渠道来避免被发现。

逃税者可能会采取代价高昂的行动来逃避 AEOI 报告。例如，假设逃税者使用未申报的离岸资金购买离岸房地产，以避免 AEOI 申报。这项投资可能不是最佳选择，因为它是由逃税因素驱动的。此外，逃税者可能会决定不使用该房产，而不是将其出租，因为他们担心，如果出租收入累积在财务账户中，就会被报告。这些成本增加了逃税行为对社会的危害。

二、各国政府对逃税者采取的应对措施

AEOI 创造的不完全的税收透明度有两个原因。首先，AEOI 可能无法有效遏制逃税，因为逃税者可能会利用各种离岸和在岸违规机会和漏洞逃避 AEOI 报告。FATCA 和 CRS 的成本很高，因为金融机构和合规方在实施 FATCA 和 CRS 时会产生大量合规成本。从 FATCA 的经验来看，有充分的理由相信，在比较遏制逃税的好处和实施成本时，AEOI 可能不具有成本效益。

其次，为了避免 AEOI 报告，逃税者可能会采取代价高昂的行动，增加逃税造成

的社会浪费。例如，一些逃税者可能购买房地产并将其留空，以避免报告租金收入，如果租金收入保存在金融机构中，则可能会报告租金收入。如果避免 AEOI 报告的成本足够高，逃税者可能会被阻止逃税。然而，如果这些成本（以及其他逃税成本和风险）低于合规成本，逃税者更愿意在继续逃税的同时承担这些额外成本。这些效率成本加剧了逃税对社会的危害。

（一）类似 AEOI 的房地产所有权制度

政府可以采用类似 AEOI 的制度来识别和报告房地产业主。欧洲联盟采用了这样一种制度：欧盟成员国必须自动交换关于其他成员国居民的五类收入和资本的信息，包括不动产的所有权和收入，只有税务当局可以获得这些信息。然而，欧洲逃税者可以通过在非欧洲联盟成员国持有不动产来避免这种报告。必须广泛采用类似 AEOI 的房地产所有权制度，这样才能有效。

为了有效打击逃税，政府收集的信息应包括税务居所的所有者管辖权、税务信息网和 AEOI 要求的其他信息。与 FATCA 和 CRS 类似，业主可以以自我认证的形式向政府不动产登记处提供这些信息。然而，不动产登记处和金融机构之间有一个关键区别：金融机构需要使用其账户持有人的信息，包括根据适用的反洗钱（AML）、了解你的客户（KYC）程序获得的信息，评估自我认证的合理性。此外，金融机构能够更好地识别账户持有人成为可报告人的情况变化。金融机构经常通过为高净值客户指派关系经理来处理这些客户。许多关系经理与这些客户保持定期联系，当他们发现客户已经成为可报告的人时，财务总监必须报告该客户。土地注册处没有进行类似的尽职调查程序，其雇员也不知道业主的纳税居住情况。如果土地登记处记录了所有者提供的信息，这将是自我报告，没有第三方的核实，在向土地登记处提供的信息中谎报其税务居留身份的逃税者可能不会被抓住（关于受益所有权登记册中缺乏核实问题，见 2017 年开放所有权）。为了解决这个问题，土地注册处本身可以进行尽职调查，以评估自我认证的合理性，类似于 FATCA 和 CRS 下的金融机构。或者也可以要求第三方对自我认证进行验证，其中包括会计师的确认，声明会计师审查了信息并发现其是正确的。

作为类似AEOI的房地产所有权制度的替代方案，政府可以考虑公开所有权信息，以便外国税务机关能够确定其税务居民对房地产的所有权。采用类似AEOI的房地产所有权制度似乎比在税务机关之间不进行信息交流的情况下提供公共登记信息有一些优势。首先，公开披露某些有关业主的资料，例如业主的电话号码资料，会引起严重的隐私问题。其次，关于房地产销售的信息可以作为类似AEOI的房地产制度的一部分进行报告。如果政府只能获得公共土地所有权登记，外国税收居民出售财产的信息就不容易获得。税务机关可以尝试确定以前由税务居民持有的资产不再由他们持有的情况，这意味着资产已被出售或以其他方式处置，税务机关也可以尝试找到财产当前所有者的购买价格，但以类似AEOI的方式报告此类信息更简单、更有效。

（二）贵金属、艺术品和其他有价值资产的类似AEOI的制度

贵金属和艺术品通常没有任何政府注册。有可能建立一个类似AEOI的制度，适用于促进贵金属和艺术品交易的平台和服务提供商。例如，艺术品交易商、画廊和拍卖行可能会受到监管，其中包括与金融机构类似的义务：它们将被要求进行尽职调查，并报告属于可申报管辖区的税务居民的买卖双方。逃税者可以购买和出售贵金属和艺术品，而无需使用受报告要求约束的平台和专业人士。然而，这些平台和专业人员为买方和卖方提供有价值的服务，因为他们验证资产的真实性和质量。如果逃税者购买这些资产而不使用此类中介提供的服务来避免申报，他们就有可能为欺诈性或低质量资产支付过高的费用。潜在买家可能会要求对未通过标准渠道出售的资产进行大幅折扣，因为没有能够验证资产真实性和质量的中介机构。

类似AEOI的制度也可能适用于另一类企业：存储和保险箱服务提供商。如果艺术品、贵金属或其他有价值的资产存放在存储箱或保险箱中，服务提供商可能要承担与金融机构类似的义务。虽然估计资产价值可能不切实际，但报告可能包括相关资产的购买价格、类型和数量。逃税者可以逃避这些服务提供商，除非他们有报告义务。相反，逃税者可能会把他们的黄金和贵重艺术品放在家里的保险箱里。然而，这可能会带来更高的盗窃风险，因此这种形式的逃税可能会变得更加昂贵和风险更大。

（三）加密货币

可以对 FATCA 和 CRS 进行修改，以应对加密货币带来的一些挑战。首先，FATCA 和通用报告系统可以为密码货币是否是 AEOI 的金融资产提供指导。其次，他们可以定义什么是加密货币的金融账户，以及要求谁报告它们。这些规则可以澄清何时要求中介机构执行 FATCA 和通用报告系统对密码货币的尽职调查和报告要求。然而，这些规则仅适用于被归类为金融机构的中介机构的报告。

如上所述，在代币由所有者直接持有，而不是由任何可能被归类为金融机构的中介持有的情况下，类似 AEOI 的解决方案是不相关的。任何要求中介机构报告的法规，对于其所有者和使用区块链平台在没有中介机构的情况下进行交易的其他方之间仅以加密货币进行的交易无效。匿名密码给税务机关带来了挑战。税务机关很难抓住以匿名密码获得收入的逃税者。这个问题应该作为更广泛的密码货币政策的一部分来解决。一个潜在的解决方案是禁止使用任何不具备税务机关观察其所有者身份功能的加密货币。另一种解决方案是禁止使用密码货币作为购买资产、商品和服务的支付方法，除非令牌已经通过中介机构转移，该中介机构对虚拟令牌实施 AEOI 尽职调查和报告要求。还应考虑其他解决方案，如对匿名交易征税和监管区块链经济的出入境点。

（四）受益所有权登记

重要的是要考虑政府是否可以利用实体的受益所有权登记来有效打击逃税。2014 年 11 月 20 国集团首脑会议通过了一项关于“受益所有权和透明度高级别原则”的声明，此后，许多国家已经或正在为实体建立受益所有权登记册。虽然包括英国在内的一些国家拥有公共受益所有权登记册，但在许多国家对登记册的访问受到限制。如果其他国家的税务机关不能在登记册中确认受益所有人是其他国家的税务居民，受益所有人登记册就无助于发现逃税行为。如果外国政府不能自由查阅登记册，这些政府可能能够要求提供关于特定实体（已经在调查中）的信息，但它们将无法利用登记册查出没有任何信息的逃税者。

即使在外国可以自由获取登记册上的全部信息的情况下，由于缺乏第三方核查和某些税务相关信息（税务居留管辖区和税务信息网），这些信息对于侦查逃税可能也不是很有用。此外，受益所有权登记册不记录相关实体的价值。因此，受益所有人登记册只能为税务机关打击逃税提供有限的帮助。

如果税务机关记录受益所有人的纳税住所和税务信息，并要求第三方核实实体的自我报告，受益所有人登记册可能对税务机关更有帮助。还可以要求对实体进行定期评估。这一估价可以在一个范围内（例如，低于 100 万美元、高于 100 万美元和低于 1000 万美元或高于 1000 万美元）。然而，如上所述，隐私问题和纳税人保密保护可能会阻止某些受益所有人信息的发布，如 TIN 信息。此类信息可以自动与相关税务机关交换，而无需向公众披露。

（五）堵住 FATCA 和 CRS 漏洞和违规机会

经合组织正在针对 CRS 的漏洞和违规机会采取行动。经合组织网站允许公众分享“关于可能用于规避报告的潜在计划、产品或结构的信息”，这些信息可以匿名提供。这是经合组织秘书处了解不遵守情况的机会和漏洞的一个来源。2018 年 3 月，经合组织发布了《强制性披露示范规则》，该规则对某些规避 CRS 报告（CRS 规避安排）的安排和规避离岸被动实体受益所有人报告的结构（不透明离岸结构）规定了报告要求。这些披露要求通常适用于中介机构，这些中介机构被定义为负责此类安排（结构）的设计或营销的人员，以及就此类安排（结构）的设计、营销、实施或组织提供帮助或建议的人员，在这些情况下，可以合理预期这些人员知道此类安排（结构）是 CRS 规避安排或不透明离岸结构。尽管各国没有义务采用强制性披露规则，随着时间的推移，许多国家可能会采用这些规则，使其成为国际规范的一部分。

《强制性披露示范规则》和经合组织采取的其他行动可以解决目前 AEOI 规则中的一些问题，但这些措施并没有解决一些最有问题的不遵守机会。FATCA 和 CRS 应当修订，几十个国家应当颁布立法修正案，解决 AEOI 规则中的某些缺陷，例如逃税者通过被归类为金融机构的严密控制的私人投资实体持有资产的问题。此外，还不清楚美国是否以及何时将加入 CRS 或修改其政府间组织协定，以纳入与 CRS 下的报告类似的报告。

如上所述，日历年内没有从存款账户或保管账户支付的金额报告。这意味着逃税者可以出售未申报的资产来换取其账户中的现金，并在日历年结束前从账户中支付这笔钱。这些钱可以再投资到另一项不受报告约束的资产中，用于消费，或者作为礼物送给他人。可以修改 FATCA 和 CRS，要求在日历年内从存管账户或保管账户中报告付款总额。如果在没有实施其他资产（如房地产）报告的情况下实施此类报告要求，这将增加锁定效应：逃税者不会出售他们目前持有的未报告资产，因为这将导致报告销售收入支付到可报告账户的情况。如果这些逃税者在死前持有这些资产，将它们作为礼物送给他们，或者只有在他们不再是逃税国家的税务居民后才出售，他们仍可能逃避申报。

为了更好地打击逃税，政策制定者应该考虑如何解决当前打击逃税措施的有限有效性。包括：对房地产、贵金属和艺术品采用类似 AEOI 的报告制度；修改受益所有权登记，使信息对税务机关更有用；修正 FATCA 和 CRS，以消除漏洞和不遵守的机会；并改进侦查在岸逃税的措施。完全或接近完全的税收透明度将更有效地遏制逃税，但完全税收透明度的成本将非常高。AEOI 的合规成本已经非常高，实现完全的税收透明度将需要更高的合规成本。

第三节 我国 CRS 的发展

一、中国税务机关收到国外交换的信息后的个人所得税管理

根据 CRS 协议内容，纳税人在境外存放的金融资产信息会被交换给中国税务局。这些信息并不能直接用来征税，但是，中国税务局会对交换回来的信息进行风险评估，分析判断这些金融资产是否在中国有纳税申报义务以及账户持有人是否已经完税。举例说明如下：

1. 个人直接持有境外金融资产。中国税务机关需要根据报告回来的金融账户信息，

了解金融资产的来源，分析判断该金融资产是否来自中国的应税所得，未来是否可能产生应税收入。

2. 个人通过境外公司间接持有境外金融资产。若境外公司是境外分公司，则该分公司不是独立的纳税主体，其收益要合并到境内总公司征税。若境外公司是境外子公司，该子公司是独立的纳税主体，中国税务机关会看其是否构成中国税收居民企业，是否属于受控外国企业等来具体分析该公司的纳税义务。

二、CRS 对纳税人及个人境外所得申报的影响

CRS 是各国（地区）之间加强跨境税源管理的一种手段，所约束和打击的对象是利用境外账户逃避缴纳税款的个人和企业。截至目前，已有 100 多个辖区签署了 CRS，开曼、百慕大、瑞士、中国香港、新加坡、加拿大、澳大利亚、新西兰等都在 CRS 签署国名单中。美国为了全球征税，也早已建立了一套自己的 FATCA 系统，要求各国金融机构把美国税务居民的账户信息通报给美国政府。过去一些纳税人经常利用离岸账户和离岸金融工具来隐匿财产，实现逃税或避税的目的。CRS 实施之后，这些信息将被交换。通过离岸金融来达到隐匿资产、逃税、避税的目的，将变得越来越困难。

具体来讲，CRS 的实行主要会给纳税人带来两重影响。

（一）跨境配置金融资产的高净值人士，其金融资产信息将被交换

1. 中国居民在海外拥有金融资产的，其信息会被交换回中国。

2. 已移民海外的中国人在中国境内拥有金融资产的，其信息会被交换回中国或者移民国。

3. 在中国有金融资产的外国居民，其信息会从中国交换回其居民国。

中国的高净值人群中，有很大一批人在境外有金融账户，这些人可能会深受影响。举例来说：中国税收居民张三在加拿大某金融机构开有一个金融账户，在加拿大被认为是非居民金融账户，该账户信息将来就会经由加拿大金融机构报告至加拿大税务机

关，然后交换给中国税务机关。

（二）信息交换回国后，可能面临补缴税款、滞纳金和罚款的风险

上述例子中，张三的加拿大金融账户信息被交换至中国税务机关后，中国税务机关将识别张三的金融账户资产是否来源于中国的收入、是否要在中国申报纳税、是否已经缴纳了相关税款，如果没有，则要追缴应交税款，张三可能会面临补税和缴纳滞纳金、罚款的风险。同时，张三这个金融账户的信息将被税务局掌握，未来该账户中若产生应纳税收入，张三都需要向税务局申报纳税。

以上两重影响，既有一定的联系，又是相互独立的。两者之间有联系是因为信息交换的目的就是要查明居民是否在境外避税。但是，两者之间又可以相对独立，因为信息交换回居住国之后，居住国的税务机关未必会对所有的信息采取调查行动。

我国《个人所得税法》规定了中国居民应就其全球收入申报缴纳个人所得税。CRS 申报的第三方信息将帮助税务机关了解纳税人的收入状况，以加强征管。因此，对于本应就全球收入申报纳税的中国居民必须对自身的税务合规性引起重视。

同时，CRS 所涉及的税务合规性还不止于个人自身。个人设立的海外公司账户，也属于 CRS 的申报范畴，税务机关收到 CRS 报回的信息后，可能会注意到一些海外公司其实与某个中国企业存在关联关系而进一步询问与企业相关的税务安排（比如关联企业之间的转让定价是否合理等）。

信息交换不会增加纳税人的税收负担。金融账户涉税信息自动交换是各国（地区）之间加强跨境税源管理的一种手段，不会增加纳税人本应履行的纳税义务。交换的信息是来源于境外的第三方信息，主要用于各国开展风险评估，并非直接用于征税。对评估列为高风险的纳税人，税务机关将有针对性地开展税务检查并采取相应后续管理措施。依法诚信申报纳税的纳税人无须担心因信息交换而增加税收负担。

境外开户需要提供税收居民身份信息。在已承诺实施“标准”的国家（地区）设立的金融机构，都需要识别非居民账户，并向所在地税务当局报送账户相关信息。我国税收居民个人在这些国家（地区）开立金融账户时，需要提供税收居民身份信息，

包括我国纳税人识别号。根据我国相关规定，对于以中国居民身份证为有效身份证明的个人，其纳税人识别号为其居民身份证号码。

三、中国 CRS 及情报交换相关法规

1.《国家税务总局 财政部 中国人民银行 中国银行业监督管理委员会 中国证券监督管理委员会 中国保险监督管理委员会关于发布〈非居民金融账户涉税信息尽职调查管理办法〉的公告》

附件：非居民金融账户涉税信息尽职调查管理办法

依据该公告，2018 年 9 月 1 日起，我国开始与其他国家进行 CRS 金融信息交换。

2.《国家税务总局关于〈国家税务总局 财政部 中国人民银行 中国银行业监督管理委员会 中国证券监督管理委员会 中国保险监督管理委员会关于发布〈非居民金融账户涉税信息尽职调查管理办法〉的公告〉的解读》

3. 国家税务总局 CRS 专题发布：CRS 41 个常见问题

4.《金融账户涉税信息自动交换多边主管当局间协议》中译本

5. 金融账户涉税信息自动交换标准简介

6.《中国人民银行 国家税务总局 国家外汇管理局关于印发〈银行业存款类金融机构非居民金融账户涉税信息尽职调查细则〉的通知》

银行业存款类金融机构非居民金融账户涉税信息尽职调查细则

7. 国家税务总局官网翻译了“各国（地区）税收居民身份认定规则和纳税人识别号（TIN）编码规则”

8. 中国香港修订《税务条例》以促进国际税务合作

9. 中国香港发布最新 CRS 问题解答 35 问

10. 中国台湾地区版 CRS 金融机构执行共同申报及尽职审查作业办法

（1）金融机构执行共同申报及尽职审查作业办法

（2）金融机构执行共同申报及尽职审查作业办法疑义解答 69 问

第十八章
无住所个人所得税政策

第一节 无住所个人所得税概述

2019 年 3 月 14 日，财政部和国家税务总局发布《关于在中国境内无住所的个人居住时间判定标准的公告》（财政部 税务总局公告 2019 年第 34 号，以下简称 34 号公告）。对在中国境内无住所的个人（以下称无住所个人）居住时间的判定标准进行了明确。

2019 年 3 月 17 日，财政部和国家税务总局发布《关于非居民个人和无住所居民个人有关个人所得税政策的公告》（财政部 税务总局公告 2019 年第 35 号，以下简称 35 号公告）。35 号公告对所得来源地的确定、无住所个人工资薪金所得收入额及税款的计算、无住所个人适用税收协定待遇的享受、无住所个人所得税的相关征管问题及废止的相关文件进行了明确。公告自 2019 年 1 月 1 日起施行，而且非居民个人 2019 年 1 月 1 日后取得所得，按原有规定多缴纳税款的，可以依法申请办理退税。

一、政策依据及主要内容变化

（一）政策依据

1.《关于在中国境内无住所的个人居住时间判定标准的公告》（财政部税务总局公告 2019 年第 34 号）

2.《关于非居民个人和无住所居民个人有关个人所得税政策的公告》（财政部税务总局公告 2019 年第 35 号）

3.《关于在中国境内无住所的个人居住时间判定标准的问题》

4.《关于非居民个人和无住所居民个人有关个人所得税政策问题》

（二）新个人所得税法及配套文件九大变化

1. 居民个人引入综合和分类税制，非居民个人继续保持分类征收；

2. 缩短居民个人居住时间，完善国情涉外政策；

3. 规范课税所得范围，完善来源判定标准；

4. 增加专项附加费用扣除，允许选择雇主或纳税人扣除；

5. 引入综合所得税率，拉大经营所得税率级距；

6. 实行累计预扣预缴制度，完善年度汇算清缴制度；

7. 引入纳税人识别号，强化部门间信息交换；

8. 建立离境清税制度，引入反避税的机制，强化境外所得征管；

9. 部分政策保留了过渡期。

（三）源泉扣缴与自行申报紧密结合的双向申报制度

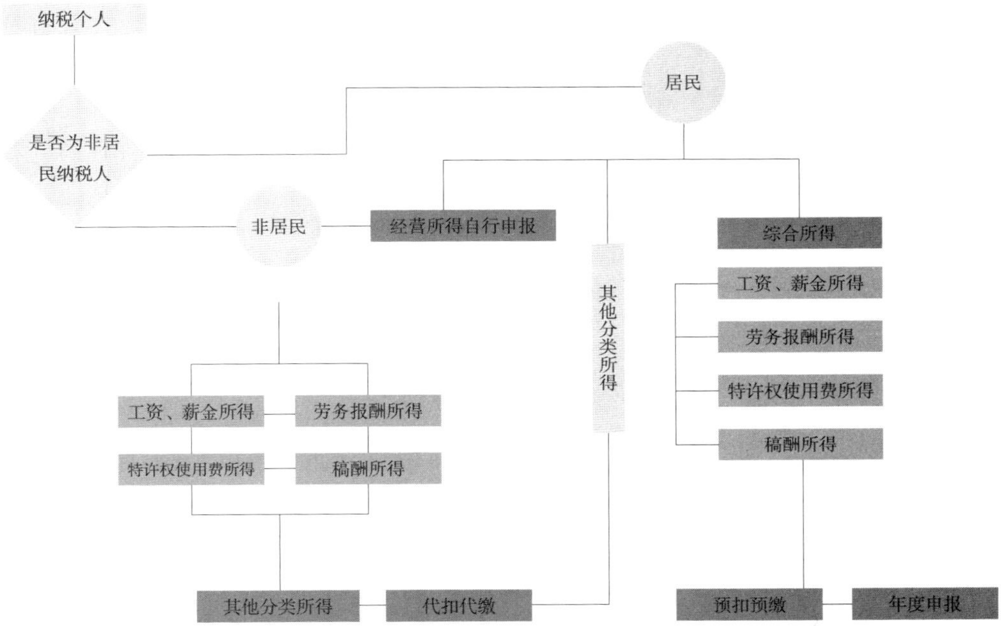

二、非居民个人和无住所的居民个人

（一）非居民个人、无住所居民个人和外籍个人的概念

1. 非居民个人

非居民个人，指在中国境内无住所，且一个纳税年度内在中国境内居住不满 183 天的个人。

2. 无住所居民个人

无住所居民个人，是指无住所，但一个纳税年度内在中国境内居满 183 天的个人。

3. 外籍个人

这里要注意我们说的“外籍个人”是指在 35 号公告中这个语境下的“外籍个人”，即“无住所居民个人为外籍个人的，2022 年 1 月 1 日前计算工资薪金收入额时，已经按规定减除住房补贴、子女教育费、语言训练费等八项津补贴的，不能同时享受专项附加扣除”。这里的外籍个人是指“无住所居民个人”中的非中国国籍个人。

4.“国籍”的影响

如果按照 35 号公告的这个逻辑，并非有中国国籍的人都一律被认定为中国税收居民，一个人有中国国籍，但移民海外取得绿卡非国籍（永久居留权），且习惯性居住地在海外（住所概念），这种情况下有中国国籍的人可以向中国税务机关申请中国放弃对其居民税收管辖权。

（二）非居民个人和无住所的居民个人的纳税义务

个人所得税法第一条明确规定：“在中国境内有住所，或者无住所而一个纳税年度内在中国境内居住累计满一百八十三天的个人，为居民个人。在中国境内无住所又不居住，或者无住所而一个纳税年度内在中国境内居住累计不满一百八十三天的个人，为非居民个人。”个人所得税法将纳税人区分为居民个人和非居民个人。居民个人承担无限纳税义务，非居民个人承担有限纳税义务。居民个人应就其取得的来源于中国境内的所得和来源于中国境外的所得（全球所得），依法向中国的税务当局缴纳个人所得税。非居民应就其取得的来源于中国境内的所得（本土所得），依法向中国的税务当局缴纳个人所得税。

<table>
<tr><td rowspan="4">一个人</td><td colspan="2">有住所</td><td colspan="2" rowspan="2">居民个人 ⟶ 无限纳税义务（全球）</td></tr>
<tr><td rowspan="3">无住所</td><td>一个纳税年度内在中国境内居住累计满 183 天</td></tr>
<tr><td rowspan="2">其他</td><td>一个纳税年度内在中国境内居住累计不满 183 天</td><td rowspan="2">非居民个人 ⟶ 有限纳税义务（中国境内）</td></tr>
<tr><td>不居住</td></tr>
</table>

无住所个人一旦居住时间满 183 天，就会“晋级”为无住所居民个人；如果居住时间不满 183 天，仍为非居民个人。非居民个人和无住所居民个人在中国税法中承担的纳税义务具有很大的不同。除了可以将无住所且在中国居住的个人区分为非居民个人和无住所居民个人外，还可以将无住所个人区分为一般人员和高管人员。一般人员和高管人员在判断工资薪金所得的来源地规则上也是大相径庭。一般人员主要奉行劳务发生地规则，而高管人员则执行支付地规则。

三、计算税收居民的规则

（一）完全税收居民的计算规则

34 号公告给予了明确的计算方法，即无住所个人一个纳税年度在中国境内累计居住满 183 天的，如果此前六年在中国境内每年累计居住天数都满 183 天而且没有任何一年单次离境超过 30 天，该纳税年度来源于中国境内、境外所得应当缴纳个人所得税；如果此前六年的任一年在中国境内累计居住天数不满 183 天或者单次离境超过 30 天，该纳税年度来源于中国境外且由境外单位或者个人支付的所得，免予缴纳个人所得税。前款所称此前六年，是指该纳税年度的前一年至前六年的连续六个年度，此前六年的起始年度自 2019 年（含）以后年度开始计算。

1. 完全税收居民的时间从 5 年改为 6 年，且是从 2019 年才开始计算 6 年的第一年，等于所有的无住所个人都是从 2019 年重新开始计算完全税收居民。

2. 中断计算从原来连续满 5 年改为连续 6 年满 183 天，且任何一年单次离境不超过 30 天，成为完全税收居民条件更加苛刻。

3. 90 天的中断规则被替代。原财税字〔1995〕98 号的规则是只要连续 5 年纳税年度满 1 年，第六年就是完全税收居民，全球所得在中国纳税。但第 7 年不满 1 年但超过 90 天，仍旧来源于境内所得征税，此时并不中断居民身份计算。如果第 8 年又满 1 年，则还是完全税收居民。只有到第 9 年该外籍个人在一个纳税年度内在中国境内居住不超过 90 天，就按 5 年计算，重新计算 5 年完全税收居民身份。但按照新个人所得税法下的 35 号公告，如果此前六年的任一年在中国境内累计居住天数不满 183 天或者单次离境超过 30 天，该纳税年度来源于中国境外且由境外单位或者个人支付的所得，免予缴纳个人所得税。

（二）按天数计算居民身份的规则

1.《个人所得税法》中原先无住所个人在一个纳税年度内在中国境内居住满 365 天才是税收居民，现在是满 183 天。

2. 居住天数的计算规则。按照原先的国税发〔2004〕97 号，出入境当天都是按一天计算在华居住天数。34 号公告规定：无住所个人一个纳税年度内在中国境内累计居住天数，按照个人在中国境内累计停留的天数计算。在中国境内停留的当天满 24 小时的，计入中国境内居住天数；在中国境内停留的当天不足 24 小时的，不计入中国境内居住天数。

（三）境内工作天数的计算规则

35 号公告规定：个人取得归属于中国境内（以下称境内）工作期间的工资薪金所得为来源于境内的工资薪金所得。境内工作期间按照个人在境内工作天数计算，包括其在境内的实际工作日以及境内工作期间在境内、境外享受的公休假、个人休假、接受培训的天数。在境内、境外单位同时担任职务或者仅在境外单位任职的个人，在境内停留的当天不足 24 小时的，按照半天计算境内工作天数。

1. 只有境内外同时任职和境外任职才存在计算境内工作天数以划分收入问题；

2. 境内工作天数仍然是按境内工作期间在境内、境外享受的公休假、个人休假、接受培训的天数；

3. 24 小时按出、入境当天按半天计算在华工作天数。

（四）关于无住所个人境内天数的几个特殊规定

类别	法规出处	实操应用	变化
在境内居住天数	财政部税务总局公告 2019 年第 34 号 在中国境内停留的当天满 24 小时的，计入中国境内居住天数，在中国境内停留的当天不足 24 小时的，不计入中国境内居住天数	判定居民个人身份，判定是否满 90 天、183 天，是否单次离境超过 30 天	从出入境各算一天改为出入境当天都不算境内天数
在境内工作天数	财政部税务总局公告 2019 年第 35 号 包括其在境内的实际工作日以及境内工作期间在境内、境外享受的公休假、个人休假、接受培训的天数。在境内、境外单位同时担任职务或者仅在境外单位任职的个人，在境内停留的当天不足 24 小时的，按照半天计算境内工作天数	计算收入和天数分摊公式中的具体在境内工作天数	不变，出入境各算半天
在境内停留天数	国税发〔2010〕75 号 / 际便函〔2007〕154 号 计算实际停留天数应包括在中国境内的所有天数，包括抵、离日当日等不足一天的任何天数及周末、节假日，以及从事该项受雇活动之前、期间及以后在中国度过的假期等	判定关于税收协定境内受雇所得如一个历年中是否超过 183 天	暂不改变

（五）境内来源与境内工作天数的判定

境内工作天数，不同于境内居住天数，也不同于境内停留天数。

35 号公告与问题解答明确：

1. 个人取得归属于境内工作期间的工资薪金所得为来源于境内的工资薪金所得。境外支付但由境内实际负担的也视同境内支付。

2. 境内工作期间按照个人在境内工作天数计算，境外工作天数按照当期公历天数减去当期境内工作天数计算。

3. 无住所个人在境内、境外单位同时担任职务或者仅在境外单位任职，且当期同时在境内、境外工作的，按照工资薪金所属境内、境外工作天数占当期公历天数的比例，计算确定来源于境内、境外工资薪金所得的收入额。

《公告》规定，境内工作天数包括其在境内的实际工作日以及境内工作期间在境内、境外享受的公休假、个人休假、接受培训的天数。

无住所个人未在境外单位任职的，无论其是否在境外停留，都不计算境外工作天数。

综上所述，自2019年1月1日起纳税义务人及其纳税义务可归纳为图所示的情形。

纳税义务人及其纳税义务示意图

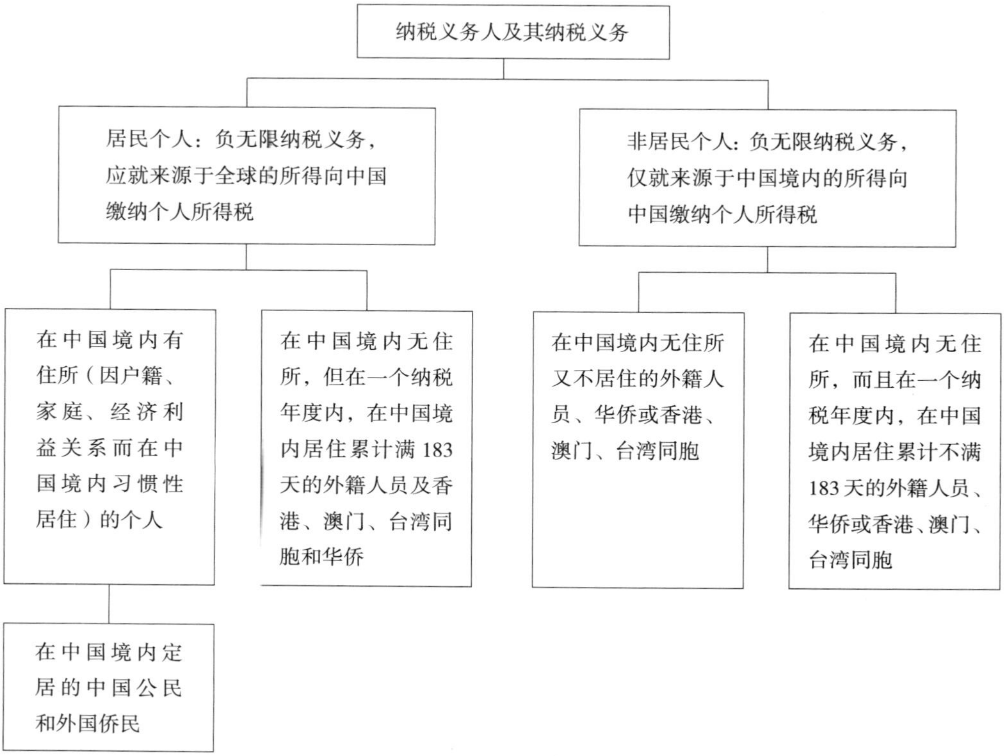

四、纳税义务判定标准

（一）关于住所、居住时间纳税义务的划分

类别		判定标准	纳税义务
居民个人：从中国境内和境外取得的所得纳税	有住所居民个人	在中国境内有住所的个人，是指因户籍、家庭、经济利益关系而在中国境内习惯性居住的个人	全球收入在中国纳税
	无住所居民个人	在中国境内无住所而一个纳税年度内在中国境内居住满183天的个人	其中： 不满足6年规则的无住所个人，该纳税年度来源于中国境外且由境外单位或者个人支付的所得，免予缴纳个人所得税

续表

非居民个人；仅就从中国境内取得的所得纳税	在中国境内无住所而一个纳税年度内在中国境内居住不满 183 天的个人	其中： 在中国境内居住不超过 90 天的个人，来源于中国境内由境外雇主支付并且不由该雇主在中国境内的机构、场所负担的部分，免予缴纳个人所得税

备注：不适用于来自无协定国家、担任中国机构高管的人士，以及来自协定中董事费条款包括高管国家、担任中国机构高管的人士。

（二）关于来源地纳税义务的划分

来源和支付	来源于境内的所得		来源于境外的所得	
住所和居住时间	由境内雇主支付或负担	由境外雇主支付且不由境内机构负担	由境内机构支付或负担	由境外单位或个人支付
无协定当年居住不超过 90 天，或有协定停留不超过 183 天	√	×	×	×
无协定居住超过 90 天但居住不满 183 天，或有协定停留超过 183 天但居住不超过 183 天	√	√	×	×
当年居住满 183 天，但前 6 年中某年在中国境内累计居住不满 183 天或某年单次离境超过 30 天	√	√	√	×
居住满 6 年，且第 7 年累计停留满 183 天的	√	√	√	√

注：

1. 无住所个人表示外籍和港澳台人士。

2. √——表示应缴纳中国个人所得税。

3. ×——表示不缴纳中国个人所得税。

4. 税收协定对高管申报纳税义务有特殊规定的、无协定国家高管和境内机构核定征收企业所得税等情形下有例外。

（三）考虑税收协定 183 天情况下的纳税义务划分

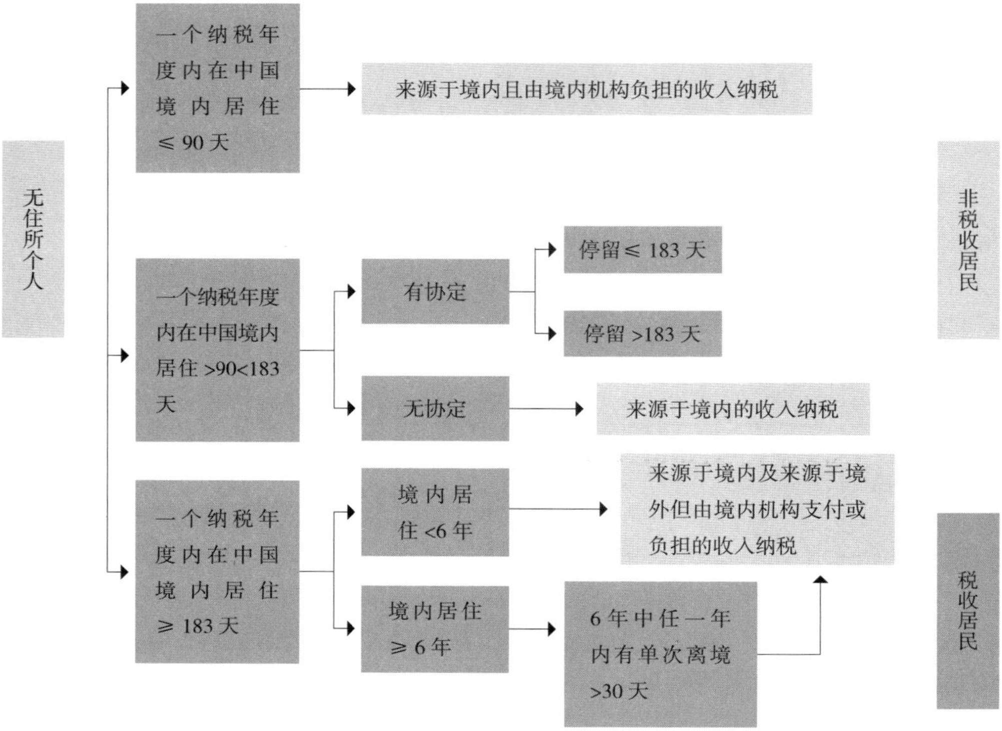

未考虑国内法高管规定、税收协定董事费条款以及境内企业核定征收等特殊情形。

（四）五年规则改为六年规则

新个人所得税改革前规则，在中国境内无住所，但是居住一年以上五年以下的个人，其来源于中国境外的所得，经主管税务机关批准，可以只就由中国境内公司、企业以及其他经济组织或者个人支付的部分缴纳个人所得税；居住超过五年的个人，从第六年起，应当就其来源于中国境外的全部所得缴纳个人所得税。

《中华人民共和国个人所得税法实施条例》（2018 年修正）规定，在中国境内无住所的个人，在中国境内居住累计满 183 天的年度连续不满六年的，经向主管税务机关备案，其来源于中国境外且由境外单位或者个人支付的所得，免予缴纳个人所得税；在中国境内居住累计满 183 天的任一年度中有一次离境超过 30 天的，其在中国境内居住累计满 183 天的年度的连续年限重新起算。

财政部、国家税务总局公告 2019 年第 34 号《关于在中国境内无住所的个人居住时间判定标准的公告》规定：无住所个人一个纳税年度在中国境内累计居住满 183 天的，如果此前六年在中国境内每年累计居住天数都满 183 天而且没有任何一年有单次离境超过 30 天，该纳税年度来源于中国境内、境外所得应当缴纳个人所得税；如果此前六年的任一年在中国境内累计居住天数不满 183 天或者有单次离境超过 30 天，该纳税年度来源于中国境外且由境外单位或者个人支付的所得，免予缴纳个人所得税。

前款所称此前六年，是指该纳税年度的前一年至前六年的连续六个年度，此前六年的起始年度自 2019 年（含）以后年度开始计算。

五、来源地与应税收入计算

（一）普通月工资薪金所得

1. 来源地的判定

因任职、受雇、履约等在中国境内提供劳务取得的所得属于境内所得，适用于工资薪金和劳务报酬所得的来源地判定。工资、薪金的境内外判定不是按受雇单位所在地和支付单位所在地来判定，而是按工作地来判定。

全球工资、薪金所得＝来源于境内工资、薪金所得＋来源于境外工资、薪金所得

来源于境内工资、薪金所得＝在中国境内工作期间取得的所得

来源于境外工资、薪金所得＝在中国境外工作期间取得的所得

无论是在中国境内工作期间取得的所得还是在中国境外工作期间取得的所得都可以分为境内支付和境外支付。比如，中建集团在马来西亚中标了一个工程，派了一名技术总监去马来西亚现场监理，工资和原来一样全部在境内发放。这个技术总监在马来西亚工作期间取得的中国公司支付的所得就是来源于境外的所得，就属于在中国境外工作期间境内支付的所得。

因此，可以把一个非居民个人全球工资、薪金所得划分为如下四个部分：

（1）在中国境内工作期间境内支付的；

（2）在中国境内工作期间境外支付的；

（3）在中国境外工作期间境内支付的；

（4）在中国境外工作期间境外支付的。

2. 工资薪金所得收入额计算方法

无住所个人一纳税年度内境内居住 / 停留时间	应税收入	当月工资薪金收入额的计算公式
无协定居住不超过 90 天，或有协定停留不超过 183 天	归属于境内工作期间并由境内雇主支付或者负担的工资薪金所得	公式一：$\text{当月工资薪金收入额}=\text{当月境内外工资薪金总额}\times\frac{\text{当月境内支付工资薪金数额}}{\text{当月境内外工资薪金总额}}\times\frac{\text{当月工资薪金所属工作期间境内工作天数}}{\text{当月工资薪金所属工作期间公历天数}}$
无协定居住超过 90 天但居住不满 183 天，或有协定停留超过 183 天但居住不超过 183 天	归属于境内工作期间的工资薪金所得	公式二：$\text{当月工资薪金收入额}=\text{当月境内外工资薪金总额}\times\frac{\text{当月工资薪金所属工作期间境内工作天数}}{\text{当月工资薪金所属工作期间公历天数}}$
居住满 183 天但满 183 天的连续年度不满 6 年、满 6 年但有单次离境超 30 天、或满 6 年但第 7 年不满 183 天	取得的全部工资薪金所得，除归属于境外工作期间且由境外单位或个人支付的工资薪金所得部分	公式三：$\text{当月工资薪金收入额}=\text{当月境内外工资薪金总额}\times\left[1-\frac{\text{当月境外支付工资薪金数额}}{\text{当月境内外工资薪金总额}}\times\frac{\text{当月工资薪金所属工作期间境外工作天数}}{\text{当月工资薪金所属工作期间公历天数}}\right]$
居住满 6 年，且第 7 年累计停留满 183 天的	从境内、境外取得的全部工资薪金所得	其从境内、境外取得的全部工资薪金所得均应计算缴纳个人所得税

税收协定对高管申报纳税义务有特殊规定的、无协定国家高管和境内机构核定征收企业所得税等情形下有例外。

（二）数月奖金

1. 来源地判定

无住所个人取得的数月奖金按照本条第（一）项规定确定所得来源地的，无住所个人在境内履职或者执行职务时收到的数月奖金，归属于境外工作期间的部分，为来源于境外的工资薪金所得；无住所个人停止在境内履约或者执行职务离境后收到的数月奖金，对属于境内工作期间的部分，为来源于境内的工资薪金所得。

2. 数月奖金所得计算方法

具体计算方法为：数月奖金乘以数月奖金所属工作期间境内工作天数与所属工作期间公历天数之比。

用整个奖金涵盖期间的天数属于境内的实际工作天数，具体到计算方式，35号公告规定：非居民个人一个月内取得数月奖金，单独按照本公告第二条规定计算当月收入额，不与当月其他工资薪金合并，按6个月分摊计税，不减除费用，适用月度税率表计算应纳税额，在一个公历年度内，对每一个非居民个人，该计税办法只允许适用一次。计算公式如下：

当月数月奖金应纳税额＝［（数月奖金收入额 ÷6）× 适用税率－速算扣除数］×6

（三）年终一次性奖金

1. 居民个人

关于年终一次性奖金问题，原先非居民个人是可以和税收居民个人一样，适用《国家税务总局关于调整个人取得全年一次性奖金等计算征收个人所得税方法问题的通知》（国税发〔2005〕9号）规定，即对于全年一次性奖金，可以除以12，按月税率表和对应的速算扣除数缴纳个人所得税。

但是，在新个人所得税法施行综合征收后，针对过渡政策的《财政部 国家税务总局关于个人所得税法修改后有关优惠政策衔接问题的通知》（财税〔2018〕164号）规定：居民个人取得全年一次性奖金，符合《国家税务总局关于调整个人取得全年一次性奖金等计算征收个人所得税方法问题的通知》（国税发〔2005〕9号）规定的，在2021年12月31日前，不并入当年综合所得，以全年一次性奖金收入除以12个月得到的数额，按照本通知所附按月换算后的综合所得税率表（以下简称月度税率表），确定适用税率和速算扣除数，单独计算纳税。

2. 非居民个人

对于非居民个人，如果其在一个纳税年度内在境内居住满183天，成了无住所居民个人，该无住所个人还是可以享受164号文的年终奖过渡政策的。如果非居民个人在一个纳税年度内不能居住满183天成为税收居民，则该非居民个人就不能享受164号文的规定，只能按35号公告的数月奖金的特殊算法缴纳个人所得税。

（四）股权激励所得

1. 来源地的判定

《财政部 国家税务总局关于个人所得税法修改后有关优惠政策衔接问题的通知》（财税〔2018〕164号）对于过渡期内上市公司股权激励特殊算法只适用于居民个人，非居民个人除非达到183天的条件才能按164号文缴税，处理方法同年终奖。其他非居民个人按照35号公告规定执行。对于股权激励所得有来华前的需要划分的，方法和数月奖金一样。

2. 股权激励所得计算方法

非居民个人一个月内取得股权激励所得，单独按照本公告第二条规定计算当月收入额，不与当月其他工资薪金合并，按6个月分摊计税（一个公历年度内的股权激励所得应合并计算），不减除费用，适用月度税率表计算应纳税额，计算公式如下：

当月股权激励所得应纳税额＝［（本公历年度内股权激励所得合计额 ÷6）× 适用税率－速算扣除数］×6－本公历年度内股权激励所得已纳税额

这里要注意，对于非居民个人取得的股权激励所得，35号公告没有区分是上市公司股权激励还是非上市公司股权激励，也就是说，不管是上市还是非上市都是按35号公告方法计算。而对于无住所居民个人，只有上市公司股权激励才可以按164号文的规定方法计算缴纳个人所得税。

（五）境内履职和离职规定

1. 在境内履职时取得的

属于境内工作期间的部分（只是划分来源地，并非区分在境内应税收入）。

2. 停止在境内履约或者执行职务离境后

属于境内工作期间的部分（只是划分来源地，并非区分在境内应税收入）。

具体计算方法为：

（1）数月奖金 / 股权激励 ×（所属工作期间境内工作天数 ÷ 所属工作期间公

历天数）

（2）奖金归属不同期间时如何计算：

$$\text{应纳税所得额}=\text{数月奖金1}\times\frac{\text{所属期间境内工作天数1}}{\text{所属工作期间公历天数1}}+\text{数月奖金2}\times\frac{\text{所属期间境内工作天数2}}{\text{所属工作期间公历天数2}}+\text{数月奖金n}\times\frac{\text{所属期间境内工作天数n}}{\text{所属工作期间公历天数n}}$$

数月奖金是指一次取得归属于数月的奖金、年终加薪、分红等工资薪金所得，不包括每月固定发放的奖金及一次性发放的数月工资。

股权激励包括股票期权、股权期权、限制性股票、股票增值权、股权奖励以及其他因认购股票等有价证券而从雇主取得的折扣或者补贴。

六、实际缴纳税款计算

（一）居民个人年度综合所得的计算

1. 居民个人年度综合所得的计算公式

$$\text{年度综合所得应纳税额}=\left[\left(\text{年度工资薪收入额}+\text{年度劳务报酬收入额}+\text{年度稿酬收入额}+\text{年度特许权使用费收入额}\right)-\text{基本减除费用}-\text{专项扣除}-\text{专项附加扣除}-\text{其他扣除}\right]\times\text{适用税率}-\text{速算扣除数}$$

2. 居民个人月工薪税款扣缴计算

（1）居民个人：工资、薪金所得。

扣缴义务人向居民个人支付工资、薪金所得时，应当按照累计预扣法计算预扣税款，并按月办理全员全额扣缴申报。具体计算公式如下：

本期应预扣预缴税额＝［累计预扣预缴应纳税所得额 × 预扣率（综合所得年度税率）－速算扣除数］－累计减免税额－累计已预扣预缴税额

累计预扣预缴应纳税所得额＝累计收入－累计免税收入－累计减除费用－累计专项扣除－累计专项附加扣除－累计依法确定的其他扣除

累计减除费用：按照5000元/月乘以纳税人当年截至本月在本单位的任职受雇月份数计算。

注意：

①如果计算本月应预扣预缴税额为负值时，暂不退税。

②纳税年度终了后余额仍为负值时，由纳税人通过办理综合所得年度汇算清缴，税款多退少补。

③适用年度预扣率表。

（2）居民个人全年在中国应税工薪所得计算规则。

根据当年在中国税务居民身份以及各月收入的来源地和支付人的不同，确定当月应该在中国应税的收入。

全年各月计算在中国应税收入的合计，为全年在中国应税收入。

不可根据全年在中国的居住天数划分来源地，按月划分来源地和确定在中国应税收入后不再变化，累计扣税时只是对以往各月计算结果的汇总。

3. 居民个人年终奖金计税规则

按照《关于个人所得税法修改后有关优惠政策衔接问题的通知》（财税〔2018〕164号）规定：

居民个人取得全年一次性奖金，在2021年12月31日前，不并入当年综合所得，以全年一次性奖金收入除以12个月得到的数额，按照本通知所附按月换算后的综合所得税率表，确定适月税率和速算扣除数，单独计算纳税计算公式为：

应纳税额＝全年一次性奖金收入×适用税率－速算扣除数

居民个人取得全年一次性奖金，也可以选择并入当年综合所得计算纳税。

自2022年1月1日起，取得全年一次性奖金，应并入当年综合所得计算缴纳个人所得税。

全月应纳税所得额（元）	税率	速算扣除数
≤ 3000	3%	0
3001 ~ 12000	10%	210
12001 ~ 25000	20%	1410

续表

25001 ~ 55000	25%	2660
35001 ~ 55000	30%	4410
55001 ~ 80000	35%	7160
>80000	45%	15160

（二）居民个人股权激励计税

居民个人取得符合条件的股票期权、股票增值权、限制性股票、股权奖励等股权激励，在 2021 年 12 月 31 日前，不并入当年综合所得，全额单独适用综合所得税率表：

应纳税额＝股权激励收入 × 适用税率－速算扣除数

居民个人一个纳税年度内取得两次以上（含两次）股权激励的，应合并计算纳税。适用如下综合所得年度税率表。

全月应纳税所得额（元）	税率	速算扣除数
≤ 36000	3%	0
36001 ~ 144000	10%	2520
144001 ~ 300000	20%	16920
300001 ~ 420000	25%	31920
420001 ~ 660000	30%	52920
660001 ~ 960000	35%	85920
>960000	45%	181920

（三）非居民个人四项所得按月 / 次进行扣缴

对非居民个人的工资、薪金，劳务报酬，稿酬和特许权使用费所得，扣缴义务人向非居民个人支付工资、薪金所得，劳务报酬所得，稿酬所得和特许权使用费所得时，应当按以下方法按月或者按次代扣代缴个人所得税：

应纳税所得额计算：

1. 非居民个人的工资、薪金所得：每月收入额－费用 5000 元

2. 劳务报酬所得、稿酬所得、特许权使用费所得：以收入减除百分之二十的费用后的余额为收入额；其中，稿酬所得的收入额减按百分之七十计算。

应纳税额＝应纳税所得额 × 税率－速算扣除数

3. 税率：非居民个人的工资、薪金所得，劳务报酬所得，稿酬所得和特许权使用费所得，适用按月换算后的非居民个人月度税率表（见下表）。

全月应纳税所得额（元）	税率	速算扣除数
≤ 3000	3%	0
3001 ～ 12000	10%	210
12001 ～ 25000	20%	1410
25001 ～ 55000	25%	2660
35001 ～ 55000	30%	4410
55001 ～ 80000	35%	7160
>80000	45%	15160

（四）非居民个人工薪税款计算

收入类型	计算公式	注意事项
月工薪所得	应纳税额＝（当月收入额－税法规定的减除费用）× 月度税率表	扣除项目为减除费用月度税率表
数月奖金	当月数月奖金应纳税额 数月奖金＝［（数月奖金收入额 ÷6）× 适用税率－速算扣除数］×6	不与当月其他工资薪金合并，按 6 个月分摊计税，不减除费用，适用月度税率表，一年一人一次
股权激励所得	当月股权激励所得应纳税额＝［（本公历年度内股权激励所得合计额 ÷6）× 适用税率－速算扣除数］×6－本公历年度内股权激励所得已纳税额	不与当月其他工资薪金合并，按 6 个月分摊计税，一个公历年度内的股权激励所得应合并计算，不减除费用，适用月度税率表

（五）居民个人与非居民个人工薪所得税款计算逻辑比较

以工资、薪金所得为例。

项目	税收居民	非税收居民
计税区间	按年	按月
扣缴方式	累计预扣法	精准扣缴

减除费用	5000 乘以累计月份	5000 元 / 月
专项扣除	√	×
专项附加扣除	√（或可选择享受免税福利 *）	（仅可享受免税福利 *）
适用税率	年度税率表	月度税率表
数月奖金	√（单独计税、除以 12，也可并入综合所得）	√（单独计税、除以 6）
股权激励	√（单独计税、年度税率表、年度）	√（单独计税、除以 6、年度累计）
年度汇算清缴	√（特定情形下）	×

注：

1. 全年一次性奖金优惠政策及外籍个人享受免税福利的有效过渡期为三年（2019—2021 年）。

2. 非居民个人在一个纳税年度内税款扣缴方法保持不变，如达到居民个人条件，年度终了后按照居民个人的有关规定办理汇算清缴，但该个人在当年离境且预计年度内不再入境的，可以选择在离境之前办理汇算清缴。

七、征收管理相关规定

（一）纳税身份判定

1. 纳税身份判定——根据合同约定，预判境内居住天数，确定申报纳税方式

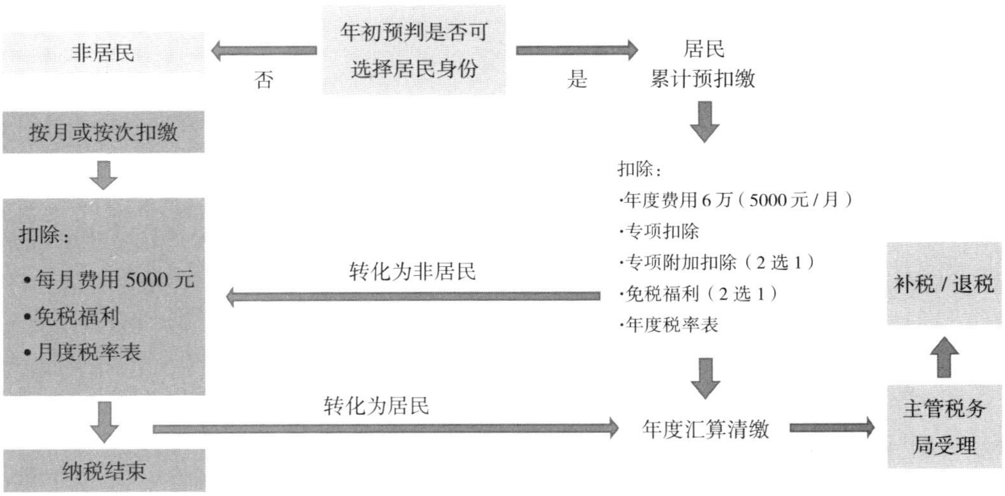

2. 四项所得预扣预缴 / 代扣代缴方法汇总——个人纳税身份预判与转换

身份转换	调整时限	相关征管规定
非居民转居民	次年 3 月到 6 月办理汇算清缴； 当年离境且预计不再入境的，离境前办理汇算清缴	一个纳税年度内税款扣缴方法保持不变
居民转非居民	在不能达到居民个人条件之日起至年度终了 15 天内	在规定时限内，应当向主管税务机关报告，按照非居民个人重新计算； 不加收税收滞纳金； 需要退税的，按照规定办理
居住 90 天 /183 天以上	待达到 90 天或者 183 天的月度终了后 15 天内（对于不是由境内企业支付或承担的工资薪金部分）	在规定时限内，应当向主管税务机关报告，就以前月份工资薪金所得重新计算应纳税款，并补税款；不加收税收滞纳金

（二）境外支付所得的扣缴

1. 境内任职境外支付所得有两种申报方式：

自行申报与雇主代为扣缴。

2. 选择雇员自行申报缴纳：

雇主应该在当月终了，向主管税务机关报告的信息有：工作安排、境外支付情况、个人联系方式、应税收入划分等，按公式判断是否支持境内雇主扣缴。

3. 办法公布前非居民个人多缴纳税款可办理退税。

（三）境外支付所得的自行申报方式

1. 无住所个人选择委托境内雇主代为缴纳税款的，境内雇主应当比照《个人所得税扣缴申报管理办法（试行）》（国家税务总局公告 2018 年第 61 号）第六条和第九条有关规定计算应纳税款，填写《个人所得税扣缴申报表》，并于相关所得支付当月终了后 15 日内向主管税务机关办理纳税申报。

2. 无住所个人选择自行申报缴纳税款的，应当比照《个人所得税扣缴申报管理办法（试行）》（国家税务总局公告 2018 年第 61 号）第九条有关规定计算应纳税款，填写《个人所得税自行纳税申报表（A 表）》，并于取得相关所得当月终了后 15 日内向其境内雇主的主管税务机关办理自行纳税申报。

八、居民个人的境外所得如何进行税收抵免

（一）法律规定

《个人所得税法》第七条规定，居民个人从中国境外取得的所得，可以从其应纳税额中抵免已在境外缴纳的个人所得税税额，但抵免额不得超过该纳税人境外所得依照该法规定计算的应纳税额。《个人所得税法实施条例》第二十条、第二十一条、第二十二条对个人境外税收抵免的具体规定如下：

1. 居民个人从中国境内和境外取得的综合所得、经营所得，应当分别合并计算应纳税额；从中国境内和境外取得的其他所得，应当分别单独计算应纳税额。

2. 所称已在境外缴纳的个人所得税税额，是指居民个人来源于中国境外的所得，依照该所得来源国家（地区）的法律应当缴纳并且实际已经缴纳的所得税税额。

3. 所称纳税人境外所得依照本法规定计算的应纳税额，是居民个人抵免已在境外缴纳的综合所得、经营所得以及其他所得的所得税税额的限额（以下简称抵免限额）。除国务院财政税务主管部门另有规定外，来源于中国境外一个国家（地区）的综合所得抵免限额、经营所得抵免限额以及其他所得抵免限额之和，为来源于该国家（地区）所得的抵免限额。

居民个人在中国境外一个国家（地区）实际已经缴纳的个人所得税税额，低于依照前款规定计算出的来源于该国家（地区）所得的抵免限额的，应当在中国缴纳差额部分的税款；超过来源于该国家（地区）所得的抵免限额的，其超过部分不得在本纳税年度的应纳税额中抵免，但是可以在以后纳税年度来源于该国家（地区）所得的抵免限额的余额中补扣。补扣期限最长不得超过五年。

4. 居民个人申请抵免已在境外缴纳个人所得税税额，应当提供境外税务机关出具的税款所属年度的有关纳税凭证。

（二）计算步骤

第一步，依照税法规定计算应纳税额。

居民个人来源于境外的所得，区别不同国家或者地区和不同所得项目，依照规定计算应纳税额；同一国家或者地区内不同所得项目的应纳税额之和，为该国家或者地区的抵免限额。

计算公式如下：

（1）来源于一国（地区）综合所得的抵免限额＝中国境内、境外综合所得依照中国税法规定计算的综合所得应纳税总额 ×（来源于该国（地区）的综合所得收入额 ÷ 中国境内、境外综合所得收入总额）

境内、境外综合所得应纳税所得额＝［境内、境外全年工资薪金所得＋境内、境外全年劳务报酬所得 ×（1 － 20%）＋境内、境外全年特许权使用费所得 ×（1 － 20%）＋境内、境外全年稿酬所得 ×（1 － 20%）×70%］－免税收入－ 60000 －专项扣除－专项附加扣除－其他扣除－准予扣除的捐赠额

（2）来源于一国（地区）经营所得抵免限额＝中国境内、境外经营所得依照中国税法规定计算的经营所得应纳税总额 ×［来源于该国（地区）的经营所得的应纳税所得额 ÷ 中国境内、境外经营所得的应纳税所得额］

境内境外经营所得应纳税所得额＝境内、境外全年收入总额－成本－费用－损失－基本扣除费用－专项扣除－其他扣除－准予扣除的捐赠额

（3）来源于一国（地区）的其他所得项目抵免限额，为来源于该国（地区）的其他所得项目依照中国税法规定计算的应纳税额

（4）来源于一国（地区）的抵免限额＝该国综合所得抵免限额＋该国经营所得抵免限额＋该国其他所得项目抵免限额

第二步，依照税法规定计算抵免税额，纳税人在计算抵免税额前，应按照“分国不分项”的原则计算抵免限额并在各国限额内扣除，超过该国抵免限额的，可在该国以后年度所得中结转扣除，但结转期限不超过五年，计算公式如下：

（1）某国抵免限额＝该国各项所得抵免限额之和

（2）某国实际抵免额＝最小值（该国抵免限额、该国实际缴纳税额加上以前年度结转抵免税额）

（3）本年实际抵免额＝境外各国实际抵免额之和

提醒注意的是，根据《个人所得税法实施条例》第二十四条的规定，居民个人申请抵免已在境外缴纳的个人所得税款所属年度的有关纳税的个人所得税税额，应当提供境外税务机关出具的税款所属年度的有关纳税凭证。

第二节 无住所个人（高管）工资薪金所得涉税处理

一、无住所高管其居民国同中国无税收协定的情形

高管是指董事、监事、高级管理人员等，其取得的工资薪金所得，存在两种，一是担任董事而取得董事费，二是因在单位任职而取得工资薪金等受雇所得。

无住所个人如果是高管人员（包括董事、监事和高层管理人员，下同），且其所在居民国与中国无税收协定或虽有税收协定但协定尚未生效，则其取得工资薪金所得，应按中国国内法的规定进行涉税处理。

由于个人所得税法及其实施条例规定的无住所个人的境内纳税义务与居住天数有关，共分为三种情形：

（一）境内居住时间≤ 90 天

1. 适用非居民税收政策

根据新《个人所得税法》的规定，在境内居住不超过 90 天的无住所个人，应是非居民个人，不论支付或承担方是在境内还是境外，其应就来源于中国境内的所得缴纳在中国境内缴纳个人所得税。

财税 35 号公告第一条第（三）项规定，在一个纳税年度内，高管人员无论是否

在境内履行职务，取得由境内居民企业支付或者负担的董事费、监事费、工资薪金或者其他类似报酬（包含数月奖金和股权激励），属于来源于境内的所得，即当月境内支付的收入额，中国税务机关有征税权。

根据上述两项规定，属非居民个人的高管人员在中国境内取得所得，中国税务机关有征税权。但根据《个人所得税法实施条例》第五条的规定，无住所的个人，在境内居住不超过 90 天，其来源于中国境内的工资薪金所得，由境外雇主支付且不由该雇主在中国境内的机构、场所负担的部分，免予缴纳个人所得税。

2. 计算公式

当月工资薪金收入额＝当月境内支付或负担工资薪金数额

（二）90 天＜境内居住时间＜ 183 天

1. 就来源于中国境内所得缴纳个人所得税

根据《个人所得税法》的规定，在境内居住不超过 183 天的无住所个人，应是非居民个人，不论支付或承担方是在境内还是境外，其应就来源于中国境内的所得缴纳个人所得税，即“A ＋ B”部分应在中国境内缴纳个人所得税。

财税 35 号公告第一条第（三）项规定，在一个纳税年度内，高管人员无论是否在境内履行职务，取得由境内居民企业支付或者负担的董事费、监事费、工资薪金或者其他类似报酬（包含数月奖金和股权激励），属于来源于境内的所得，即当月境内支付的收入额即（A ＋ C）部分中国税务机关有征税权。

根据上述两项规定，属非居民个人的高管人员在中国境内取得所得的（A ＋ B ＋ C）部分，中国税务机关有征税权。

2. 计算公式

由于境内居住时间超过了 90 天，不符合《个人所得税法实施条例》第五条的境内所得境外支付部分免税的规定，故财税 35 号公告第二条第（三）项第 2 目规定，在一个纳税年度内，在境内居住累计超过 90 天但不满 183 天的高管人员，其取得的工资薪金所得，除归属于境外工作期间且不是由境内雇主支付或者负担的部分外，应当计算缴纳个人所得税。当月工资薪金收入额计算适用本公告公式三。

$$\text{当月工资薪金收入额} = \text{当月境内外工资薪金总额} \times \left(1 - \frac{\text{当月境外支付工资薪金数额}}{\text{当月境内外工资薪金总额}} \times \frac{\text{当月工资薪金所属工作期间境外工作天数}}{\text{当月工资薪金所属工作期间公历天数}}\right)$$

（三）境内居住时间≥ 183 天且不满六年

1. 六年规则

根据《个人所得税法》的规定，在境内居住满 183 天但不满六年的无住所个人，应是居民个人，不论支付或承担方是在境内还是境外，其应就来源于中国境内外的所得应在中国境内缴纳个人所得税。需要特别说明的是，居民个人并无按其职务进行区分，包括了高管和非高管。

我国对无住所居民个人的优惠政策，即在连续形成税收居民的年份不够一定数量的话（2019 年以前适用的是“五年规则”，现在适用的是“六年规则”），可给予境外所得且由境外支付部分免缴个人所得税的优惠。

《个人所得税法实施条例》第四条对“六年规则”作出了规定，《关于在中国境内无住所的个人居住时间判定标准的公告》（财政部税务总局公告 2019 年第 34 号）第一条对此作出了进一步的明确。

2. “六年规则”优惠条件

无住所居民个人不能享受境外所得且由境外支付部分免缴个人所得税优惠的“六年规则”应符合的三个条件是：

（1）一个纳税年度在中国境内累计居住满 183 天的；

（2）在该纳税年度之前的六年在中国境内每年累计居住天数都满 183 天；

（3）在该纳税年度之前的六年中的任一年度中没有发生单次离境超过 30 天的情形。

3. 计算公式

财税 35 号公告第二条第（三）项第一款规定：无住所居民个人为高管人员的，工资薪金收入额按照本条第（二）项规定计算纳税。

对无住所居民个人在境内居住累计满 183 天的年度连续不满六年的情形，财税 35 号公告第二条第（二）项第 1 目的规定是：在境内居住累计满 183 天的年度连续不满六年的无住所居民个人，符合实施条例第四条优惠条件的，其取得的全部工资薪金所得，除归属于境外工作期间且由境外单位或者个人支付的工资薪金所得部分外，均应计算缴纳个人所得税。工资薪金所得收入额的计算公式如下（公式三）：

$$\text{当月工资薪金收入额} = \text{当月境内外工资薪金总额} \times \left(1 - \frac{\text{当月境外支付工资薪金数额}}{\text{当月境内外工资薪金总额}} \times \frac{\text{当月工资薪金所属工作期间境外工作天数}}{\text{当月工资薪金所属工作期间公历天数}}\right)$$

（四）境内居住时间≥ 183 天且已满六年

根据《个人所得税法》的规定，在境内居住满 183 天且满六年的无住所个人，应是居民个人，不论支付或承担方是在境内还是境外，其应就来源于中国境内外的所得在中国境内缴纳个人所得税。

所以财税 35 号公告第二条第（三）项第一款规定：无住所居民个人为高管人员的，工资薪金收入额按照本条第（二）项规定计算纳税。

而针对无住所居民个人在境内居住累计满 183 天的年度连续满六年的情形，财税 35 号公告第二条第（二）项第 2 目的规定是：在境内居住累计满 183 天的年度连续满六年后，不符合实施条例第四条优惠条件的无住所居民个人，其从境内、境外取得的全部工资薪金所得均应计算缴纳个人所得税。

二、无住所高管其居民国同中国有税收协定（受雇所得条款）

高管取得董事费如果适用协定的话，可能面临适用“受雇所得”条款和“董事费”条款两种可能。“受雇所得”条款和“董事费”条款是一般条款和特别条款的关系。

无住所个人如果是高管人员（包括董事、监事和高层管理人员），且其所在居民国与中国存在税收协定，则其取得工资薪金所得，可按税收协定和中国国内法孰优的方法进行涉税处理。

（一）高管取得报酬不适用董事费条款的涉税处理

在协定层面构成对方税收居民的董事、监事或高层管理人员，如果该个人适用的税收协定未将高级管理人员或监事纳入董事费条款，或者虽然纳入董事费条款但该个人不适用董事费条款，该个人取得的报酬仍可能按规定享受税收协定“受雇所得”的协定待遇。

财税 35 号公告第四条第（三）项第 1 段规定：“对方税收居民个人为高管人员，该个人适用的税收协定未纳入董事费条款，或者虽然纳入董事费条款但该个人不适用董事费条款，且该个人取得的高管人员报酬可享受税收协定受雇所得、独立个人劳务或者营业利润条款规定待遇的，该个人取得的高管人员报酬可不适用本公告第二条第（三）项规定，分别按照本条第（一）项、第（二）项规定执行。”

如果在协定层面构成对方税收居民的董事、监事或高层管理人员取得的报酬属工资薪金所得，且不适用董事费条款的，则只能按财税 35 号公告第四条第（一）项执行。

（二）高管适用协定“受雇所得”与国内法的协调适用

1. 境外受雇所得协定待遇

35 号公告第四条第（一）项第 1 目规定，针对无住所个人在中国境外因受雇而提供劳务活动取得的工资薪金，可享受协定待遇而在中国境内不征收个人所得税，称为境外受雇所得协定待遇，它是指按照税收协定受雇所得条款规定，对方税收居民个人在境外从事受雇活动取得的受雇所得，可不缴纳个人所得税。工资薪金收入额计算适用本公告公式二：

$$\text{当月工资薪金收入额} = \text{当月境内外工资薪金总额} \times \frac{\text{当月工资薪金所属工作期间境外工作天数}}{\text{当月工资薪金所属工作期间公历天数}}$$

根据 35 号公告的规定，享受境外所得中国税务机关不征税的协定待遇的无住所个人，应该包括为对方税收居民个人的无住所居民个人（居住时间超过 183 天）和非居民个人（居住时间不超过 183 天）两类主体。

2. 境内受雇所得协定待遇

35号公告第四条第（一）项第2目规定，无住所个人从受雇所得来源国取得的受雇所得，如果同时符合上述三个条件可获得免税待遇，也即境内受雇所得协定待遇，是指按照税收协定受雇所得条款规定，在税收协定规定的期间内境内停留天数不超过183天的对方税收居民个人，在境内从事受雇活动取得受雇所得，不是由境内居民雇主支付或者代其支付的，也不是由雇主在境内常设机构负担的，可不缴纳个人所得税。

无住所个人为对方税收居民个人，其取得的工资薪金所得可享受境内受雇所得协定待遇的，可不缴纳个人所得税。工资薪金收入额计算适用本公告公式一：

$$\text{当月工资薪金收入额}=\text{当月境内外工资薪金总额}\times\frac{\text{当月境内支付工资薪金数额}}{\text{当月境内外工资薪金总额}}\times\frac{\text{当月工资薪金所属工作期间境外工作天数}}{\text{当月工资薪金所属工作期间公历天数}}$$

（三）高层管理人员在中国应税收入的划分（未考虑协定董事条款）

居民身份	在华工作天数	归属于境内工作期间所得		归属于境外工作期间所得		适用公式
		由境内雇主机构支付或负担	由境外雇主支付且不由境内机构负担	由境内机构支付或负担	由境外单位或个人支付	
非居民个人	无协定当年居住不超过90天或有协定停留不超过183天	√		√	×	当月工资薪金收入为当月境内支付的全部工资薪金
	无协定居住超过90天但居住不满183天，或有协定停留超183天但居住不超过183天	√	√	√	×	公式三（最复杂的公式）
居民个人	当年居住满183天，但前6年中某年在中国境内累计居住不超过183天或某年单次离境超过30天	√	√	√	×	公式三（最复杂的公式）

续表

	居住满6年，且第7年累计停留满183天的	√	√	√	√	从境内、境外取得的全部工资薪金所得（全球纳税）

（四）高层管理人员申报纳税义务分析（考虑协定董事条款）

1. 不适用情形

根据该公告第四条第（三）项规定，董监高来源地判定原则（该原则管辖的对象为来源于境外但由境内支付或负担的报酬，不是来源于境内但由境外支付的报酬）以下情况下不适用：

该个人适用的税收协定未纳入董事费条款（协定未授权中国对中国支付的董事费征税，也就是对来源于境外但由中国支付的董事费进行了保护），或者虽然纳入董事费条款但该个人不适用董事费条款，且该个人取得的高管人员报酬可享受税收协定受雇所得、独立个人劳务或者营业利润条款规定待遇的。

2. 适用情形

（1）没有与中国签订税务协定（无协定保护，看国内法）；

（2）因该个人没有对方国家税务居民身份而无法取得对方税务居民身份，无法享受协定待遇（无协定保护，看国内法）；

（3）税务协定中约定，高管薪金同董事费一样处理，即中国支付，中国具有征税权（仅少数国家）。

三、董事费条款

（一）协定对于董事费征税权的分配

1. 协定董事费条款与适用对象（高管）

在协定层面构成对方税收居民的董事取得董事费如果适用协定的话，就应适用董事费条款。

在协定层面构成对方税收居民的监事或高层管理人员，如果该个人适用的税收协定已将高级管理人员或监事纳入董事费条款，则该个人取得的报酬应按税收协定“董事费”条款执行。相关情形可见下图：

协定条款	适用对象
协定董事费条款（仅对董事）	董事
协定董事费条款（含高管）	董事、高层管理人员
协定董事费条款（含监事）	董事、监事

2. 协定关于董事费征税权的分配规则

税收协定一般将董事费的征税权赋予了董事所在公司为其居民的国家，即雇主所在地原则。以《内地和香港税收安排》为例，如果一个香港居民担任中国居民企业的董事而取得的董事费或类似的款项，无论该香港居民是否在中国内地履行董事职责，该项董事费用不论是由谁支付，中国对此项所得有征税权。

如果高层管理人员或监事要适用董事费条款，按上述规则执行。

如果税收协定董事费条款并未明确表述包括高级管理人员或监事，则高级管理人员或监事就不应适用协定“董事费”条款，而应适用协定“受雇所得”条款。

（二）协定董事费条款与国内法的协调适用

根据《国家税务总局关于明确个人所得税若干政策执行问题的通知》（国税发〔2009〕第121号）的规定，如果个人担任公司董事、监事，且不在公司任职、受雇，其领取的董事费按劳务报酬所得项目征税；如果个人在公司（包括关联公司）任职、受雇，同时兼任董事、监事的，应将董事费、监事费与个人工资收入合并，统一按工资、薪金所得项目征税。因此，财税35号公告第四条第（三）项第2段规定：“对方税收居民个人为高管人员，该个人取得的高管人员报酬按照税收协定董事费条款规定可以在境内征收个人所得税的，应按照有关工资薪金所得或者劳务报酬所得规定缴纳个人所得税。”这实际上是对适用董事费条款的高管取得的董事费所得按国内法的规定执行，存在按劳务报酬所得和工资薪金所得征税的两种可能。

因无住所个人的高管在中国境内纳税义务与居住天数有关，故按居住天数的类型逐一分析。

1. **境内居住时间**≤ 90 天

根据《个人所得税法》的规定，在境内居住不满 90 天的无住所个人，应是非居民个人，不论支付或承担方是在境内还是境外，其应就来源于中国境内的所得缴纳个人所得税。

财税 35 号公告第一条第（三）项规定，在一个纳税年度内，高管人员无论是否在境内履行职务，取得由境内居民企业支付或者负担的工资薪金或者其他类似报酬（包含数月奖金和股权激励），属于来源于境内的所得，即当月境内支付的收入额中国税务机关有征税权。

收入额计算采用如下公式：

当月工资薪金收入额＝当月境内支付或负担工资薪金数额

2. 90 天 < **境内居住时间** < 183 天

根据《个人所得税法》的规定，在境内居住不超过 183 天的无住所个人，应是非居民个人，不论支付或承担方是在境内还是境外，其应就来源于中国境内的所得缴纳个人所得税。

财税 35 号公告第一条第（三）项规定，在一个纳税年度内，高管人员无论是否在境内履行职务，取得由境内居民企业支付或者负担的董事费、监事费、工资薪金或者其他类似报酬（包含数月奖金和股权激励），属于来源于境内的所得，中国税务机关有征税权。

由于境内居住时间超过了 90 天，不符合《个人所得税法实施条例》第五条的境内所得境外支付部分免税的规定，故财税 35 号公告第二条第（三）项第 2 目规定，在一个纳税年度内，在境内居住累计超过 90 天但不满 183 天的高管人员，其取得的工资薪金所得，除归属于境外工作期间且不是由境内雇主支付或者负担的部分外，应当计算缴纳个人所得税。当月工资薪金收入额计算适用本公告公式三：

$$\text{当月工资薪金收入额} = \text{当月境内外工资薪金总额} \times \frac{\text{当月境内支付工资薪金数额}}{\text{当月境内外工资薪金总额}} \times \frac{\text{当月工资薪金所属工作期间境外工作天数}}{\text{当月工资薪金所属工作期间公历天数}}$$

3. **境内居住时间≥ 183 天且不满六年**

根据《个人所得税法》的规定，在境内居住满 183 天但不满六年的无住所个人，应是居民个人，不论支付或承担方是在境内还是境外，其应就来源于中国境内外的所得缴纳个人所得税。

在连续形成税收居民的年份不够一定数量的话，可给予境外所得且由境外支付部分免缴个人所得税的优惠。

《个人所得税法实施条例》第四条对“六年规则”作出了规定，《关于在中国境内无住所的个人居住时间判定标准的公告》（财政部税务总局公告 2019 年第 34 号，下简称 34 号公告）第一条对此作出了进一步的明确。

4. **境内居住时间≥ 183 天且已满六年**

根据《个人所得税法》的规定，在境内居住满 183 天且满六年的无住所个人，应是居民个人，不论支付或承担方是在境内还是境外，其应就来源于中国境内外的所得应缴纳个人所得税。

所以财税 35 号公告第二条第（三）项第一款规定：无住所居民个人为高管人员的，工资薪金收入额按照本条第（二）项规定计算纳税。

而针对无住所居民个人在境内居住累计满 183 天的年度连续满六年的情形，财税 35 号公告第二条第（二）项第 2 目的规定是：在境内居住累计满 183 天的年度连续满六年后，不符合实施条例第四条优惠条件的无住所居民个人，其从境内、境外取得的全部工资、薪金所得均应计算缴纳个人所得税。

（三）协定中董事费条款的规定情形分类

情形	适用范围	相关规定
一	仅董事（国内法董监高来源地原则不适用于监事和高管工资）	缔约国一方居民作为缔约国另一方居民公司的董事会成员取得的董事费和其他类似款项，可以在该缔约国另一方征税。
二	董事和监事等（国内法董监高来源地原则不适用于高管工资）	缔约国一方居民作为缔约国另一方居民公司的董事会或类似机构成员取得的董事费和其他类似款项，可以在该缔约国另一方征税。

续表

三	董事、监事和高管（国内法董监高来源地原则适用于高管工资）	缔约国一方居民作为缔约国另一方居民公司的董事会或类似机构成员取得的董事费和其他类似款项，可以在该缔约国另一方征税。缔约国一方居民作为缔约国另一方居民公司的高级管理职位的职员取得的薪金、工资和其他类似报酬，可以在该缔约国另一方征税。

第三节　劳务报酬、稿酬、特许权使用费所得涉税处理

一、协定条款解析

（一）独立个人劳务条款的解析

1. 协定独立个人劳务条款对劳务报酬征税权的分配

独立性个人劳务条款适用的范围是“专业性劳务”＋“其他独立性活动取得的所得”。

独立个人劳务条款第一款的一般规定如下：

中国和新加坡税收协定	中国和巴西税收协定
第十四条　独立个人劳务 一、缔约国一方居民个人由于专业性劳务或其他独立性活动取得的所得，应仅在该缔约国征税，除非：	第十四条　独立个人劳务 一、缔约国一方居民由于专业性劳务或其他独立性活动取得的所得，应仅在该缔约国征税。但具有以下情况之一的，可以在缔约国另一方征税：
（一）该居民个人在缔约国另一方为从事上述活动的目的设有经常使用的固定基地。在这种情况下，该缔约国另一方可以仅对属于该固定基地的所得征税； （二）该居民超过任何十二个月中在缔约国另一方停留连续或累计达到或超过 183 天。在这种情况下，该缔约国另一方可以仅对在该缔约国进行活动取得的所得征税。	（一）在缔约国另一方为从事上述活动设有经常使用的固定基地。在这种情况下，该缔约国另一方可以仅对属于该固定基地的所得征税； （二）其在该缔约国另一方进行活动的报酬，是由该缔约国另一方居民支付或由设在该缔约国另一方的常设机构或固定基地所负担的。在这种情况下，该缔约国另一方可以仅对由此取得的报酬征税。

“独立个人劳务”第一款有两层含义：第一层是指缔约国一方居民以独立身份到另一方（来源国）从事劳务活动取得的所得由其居民国课税。第二层含义是该项劳务如果符合来源国征税的条件之一，来源国有征税权。

来源国征税条件有三个，分别为固定基地标准、183 天停留标准和支付条件标准。我国对外签订的税收协定绝大多数都采用了固定基地原则，此外，一般还兼用 183 天标准、支付条件标准中的一种或几种。这三个征税条件及其规则如下：

（1）固定基地。

我国签订的税收协定绝大多数都采用了固定基地标准，即从事独立个人劳务者在来源国设有经常使用的固定基地，且该项所得归属于该固定基地时，来源国可以对归属于该固定基地的所得征税。

固定基地是指从事独立个人劳务活动的人员从事其业务活动的固定场所（地点）。该场所可以是自有的或被服务对象提供的或租用的。固定基地包括诊疗所、牙医所、建筑师事务所等等。按照国家税务总局关于印发《〈中华人民共和国政府和新加坡共和国政府关于对所得避免双重征税和防止偷漏税的协定〉及议定书条文解释》的通知（国税发［2010］75 号）的规定，固定基地的判断标准与常设机构类似，具体可参照协定常设机构的规定。

（2）183 天停留。

我国签订的税收协定部分采用了 183 天停留标准，多数协定表述为缔约国一方居民个人在任何十二个月中在缔约国另一方停留连续或累计达到或超过 183 天，来源国可以对该段停留期间内取得的所得征税。

（3）支付条件。

我国签订的税收协定部分采用了支付条件标准，主要有两类：

一是由来源国居民支付或非来源国居民设在来源国的常设机构或固定基地支付或承担的，来源国可以征税。

二是除规定由来源国居民支付或非来源国居民设在来源国的常设机构或固定基地支付或承担的条件外，还增加了支付金额标准，即只有其取得的从事劳务活动的报酬超过一定金额的情况下，来源国才可以征税。

独立个人劳务的条款第二款的一般规定如下：

中国和新加坡税收协定	中国和巴西税收协定
第十四条　独立个人劳务 二、"专业性劳务"一语特别包括独立的科学、文学、艺术、教育或教学活动，以及医师、律师、工程师、建筑师、牙医师和会计师的独立活动。	第十四条　独立个人劳务 二、"专业性劳务"一语特别包括独立的科学、文学、艺术、教育或教学活动，以及医师、律师、工程师、建筑师、牙医师和会计师的独立活动。

税收协定独立个人劳务该款并未对"专业性劳务"所得进行定义，只是通过正列举的方式对"专业性劳务"进行了说明。

2. 协定独立个人劳务条款与其他条款的关系

协定独立个人劳务条款与非独立个人劳务条款（受雇所得）关系紧密，两者属并列关系，缔约国一方居民个人从事一项劳务活动只能适用其中一个条款。一般认为，如果个人以独立身份从事劳务活动的，应属于独立个人劳务条款的协调范围。

其实，演艺人员或运动员的表演活动也有可能涉及独立个人劳务，但在协定的适用中，演艺人员和运动员从事独立性质的跨境表演活动应优先适用艺术家和运动员条款。

（二）常设机构与营业利润条款的解析

1. 独立个人劳务条款并非存在于所有协定

2000 年之前，税收协定的 OECD 范本和 UN 范本都包含独立个人劳务条款。后来 OECD 认为常设机构与独立个人劳务条款在活动、实体、课税的实际效果方面并没有本质区别。2000 年之后，OECD 删除了独立个人劳务条款，将其按常设机构和营业利润条款的规定处理。但 UN 则认为二者之间的差别仍然存在，故保留了这一条款。

《内地和香港税收安排》就未采纳独立个人劳务条款，对缔约国一方居民个人以独立身份到另一方（来源国）从事劳务活动，可根据常设机构条款规定判定纳税义务。

由于没有独立个人劳务条款，《内地和香港税收安排》第三条的"一般定义"条款中还增加了其他协定中"一般定义"条款未出现的相关定义，以满足在常设机构和营业利润条款中适用独立个人劳务情形的要求。

2. 常设机构与营业利润条款的关系

常设机构条款与营业利润条款是税收协定两个重要条款，它们一般是结合使用，共同组成了对缔约国一方居民所取得营业利润的征税规则，以限制所得来源国的征税权，避免双重征税。

税收协定规定，只有在构成常设机构的情况下，来源国才有权对归属于常设机构的营业利润征税。因此营业利润条款是与“常设机构”密切相关的条款，“常设机构”主要起概念和定义的作用，明确哪些活动在何种情况下构成“常设机构”；一旦构成“常设机构”，如何对企业的活动行使税收管辖权则由“营业利润”条款来规范。

3. 专业性劳务和其他独立性活动构成“常设机构”的情形

专业性劳务和其他独立性活动构成“常设机构”包括但不限于如下情形：

缔约国一方居民个人在另一方为同一个项目或者相关联的项目提供的劳务，仅以在任何十二个月中连续或累计超过六个月或 183 天（或其他超过该时间标准的期限）的为限。

除一般表述中规定的“在任何 12 个月中连续或累计超过 6 个月或 183 天”外，时间长度的计算方法还有“在任何 24 个月中连续或累计超过 12 个月”“连续或累计超过 12 个月”等多种表述形式。

4. 常设机构与营业利润条款对劳务报酬征税权的分配

营业利润条款第一款一般表述为：缔约国一方企业的利润应仅在该国征税，但该企业通过设在缔约国另一方的常设机构进行营业的除外。如果该企业通过在缔约国另一方的常设机构进行营业，其利润可以在另一国征税，但其利润应仅以归属于该常设机构的为限。

该款规定有两层含义：一是只有对方国家的居民在来源国构成常设机构，来源国才能征税；二是来源国只能对归属于在本国常设机构的利润征税，不能对非居民取得的所有所得进行征税。该款规定体现了协定结合常设机构和利润归属两大原则来限制来源国对营业利润征税的权利。

（三）特许权使用费条款的解析

1. 协定对特许权使用费征税权的分配

针对特许权使用费所得，协定层面的征税权及限制税率规则一般如下：

（1）居民国的征税权。

居民国对本国居民取得的来自缔约国另一方的特许权使用费拥有征税权，但这种征税权并不是独占的。

（2）来源国的征税权。

特许权使用费的来源国对该所得有优先征税权，但对征税权的行使进行了限制，不同国家协定税率存在差异。此外，我国与部分国家的协定对于特许权使用费支付总额的计税基数也有调整，按支付特许权使用费总额的一个比例确定税基或调整数额。

应当注意的是，所得来源国按限制税率进行征税时必须以受益所有人是缔约国对方居民为前提。

2. 转让或许可专有技术使用权过程中提供劳务

根据国家税务总局关于印发《〈中华人民共和国政府和新加坡共和国政府关于对所得避免双重征税和防止偷漏税的协定〉及议定书条文解释》的通知（国税发〔2010〕75号）文规定，在转让或许可专有技术使用权过程中，如果技术许可方派人员为该项技术的应用提供有关支持、指导等服务，并收取服务费，无论是单独收取还是包括在技术价款中，均应视为特许权使用费，适用协定中的特许权使用费条款的规定。如果上述人员的服务已构成常设机构，对归属于常设机构部分的服务所得应执行协定第七条营业利润条款的规定，对提供服务的人员执行协定第十五条非独立个人劳务条款的规定；对未构成常设机构或未归属于常设机构的服务收入仍按特许权使用费规定处理。

3. 提供劳务过程中使用专门技术

国税发〔2010〕75号文规定，在服务合同中，如果服务提供方在提供服务过程中使用了某些专门知识和技术，但并不许可这些技术使用权，则此类服务不属于特许权使用费范围，应属于劳务报酬所得，可适用协定中的“独立个人劳务”条款或“营业利润”条款。

如果服务提供方提供服务形成的成果属于特许权使用费定义范围，并且服务提供方仍保有该项成果的所有权，服务接受方对此成果仅有使用权，则此类服务产生的所得属于特许权使用费，适用协定中的特许权使用费条款的规定。

（四）国内法的稿酬与税收协定

1. 国内法的稿酬对应的协定条款分析

（1）稿酬的法律属性分析。

《著作权法》第十条明确了著作权的人身权和财产权，其中第一款第（五）项复制权、第（六）项发行权等属财产权。该条规定，著作权人可以许可他人行使或转让复制权、发行权等权利，并依照约定或者法律规定获得报酬。

《个人所得税法实施条例》第六条第（三）项规定："稿酬所得，是指个人因其作品以图书、报刊等形式出版、发表而取得的所得。"根据此定义，稿酬是因为作者向出版社、报社或杂志社等提供作品著作权的使用权而取得的所得。

《个人所得税法实施条例》第六条第（四）项规定："特许权使用费所得，是指个人提供专利权、商标权、著作权、非专利技术以及其他特许权的使用权取得的所得；提供著作权的使用权取得的所得，不包括稿酬所得。"从特许权使用费的定义中可看出，个人所得税法是将稿酬从提供著作权的使用权取得的所得（特许权使用费所得）中剔除，专门归入一类稿酬，就是为了对个人因其作品以图书、报刊等形式出版、发表而取得的所得给予税收优惠。

（2）稿酬与协定条款的对应。

根据《个人所得税法》及其实施条例、《著作权法》的相关规定，可以明确稿酬所得的法律属性，它是一种财产权利的让渡，而不是提供某种劳务。在协定中与此对应的可能是"特许权使用费"条款，因为根据国税法〔2010〕75号文的规定，特许权使用费包括使用或有权使用构成权利和财产的各种形式的文学、艺术等知识产权所支付的款项。

2. 协定对稿酬征税权的分配

如果稿酬与协定中的"特许权使用费"条款对应，则其征税权的分配应参考协定对特许权使用费征税权的分配规则，具体内容详见上述有关《特许权使用费条款的解析》，在此不赘述。

二、国内法对无住所个人劳务报酬、稿酬与特许权使用费的涉税处理

（一）无住所个人劳务报酬、稿酬与特许权使用费所得的结构化分析

根据个人所得税法及其实施条例的规定，无住所个人取得的劳务报酬所得、稿酬与特许权使用费与该等所得的支付（承担）方式和所得的来源地具有直接关系。

（二）国内法对无住所个人劳务报酬、稿酬、特许权使用费的计税规定

1. 对无住所个人劳务报酬、稿酬、特许权使用费的征税规则

根据《个人所得税法》第一条以及《个人所得税法实施条例》第三条第（一）项、第（三）项的规定，在境内居住不超过 183 天的无住所个人，应是非居民个人，不论支付或承担方是在境内还是境外，其应就来源于中国境内的劳务报酬所得、特许权使用费所得缴纳个人所得税。

根据《个人所得税法》第一条的规定，在境内居住满 183 天但不满六年的无住所个人，应是居民个人，不论支付或承担方是在境内还是境外，其应就来源于中国境内外的所得应缴纳个人所得税。但根据《个人所得税法实施条例》第四条、财税 34 号公告第一条的规定，可给予境外所得且由境外支付部分免缴个人所得税的优惠。

在境内居住满 183 天且满六年的无住所居民个人，不符合实施条例第四条优惠条件，其从境内、境外取得的全部劳务报酬所得、特许权使用费所得均应计算缴纳个人所得税。

对于稿酬所得来讲，35 号公告明确了支付地原则，即由境内企业、事业单位、其他组织支付或者负担的稿酬所得，为来源于境内的所得。

2. 对无住所个人劳务报酬、稿酬、特许权使用费的计税规则

根据《个人所得税法》第二条第（二）项、《个人所得税法实施条例》第六条第

（二）项、第十四条、《国家税务总局关于发布〈个人所得税扣缴申报管理办法（试行）〉的公告》（国家税务总局公告2018年第61号）第九条的规定，扣缴义务人向非居民个人支付劳务报酬所得、稿酬所得、特许权使用费所得时，应当按月或者按次代扣代缴税款。

劳务报酬所得、稿酬所得、特许权使用费所得，属于一次性收入的，以取得该项收入为一次；属于同一项目连续性收入的，以一个月内取得的收入为一次。

非居民个人取得劳务报酬所得、稿酬所得、特许权使用费所得，其收入额是以收入减除百分之二十的费用后的余额，其中，稿酬所得的收入额减按百分之七十计算。

非居民个人取得劳务报酬所得、稿酬所得、特许权使用费，以每次收入额为应纳税所得额，按适用税率计算应纳税额。

三、协定相关条款与国内法的协调适用

（一）劳务报酬享受独立个人劳务条款协定待遇的情形

在中国国内法层面，根据《个人所得税法实施条例》第三条的规定，提供劳务的所得来源地的确认标准是独立劳务提供地原则，即只要是在中国境内提供劳务，就属于来源于中国境内的所得，中国税务机关可对非居民个人境内取得的劳务报酬所得征税。

在税收协定层面：其一，若税收协定中存在独立个人劳务条款，缔约国对方税收居民个人在中国境内从事独立个人劳务并取得劳务报酬的，来源国中国仅对符合规定条件的前述劳务报酬征税；若不符合规定条件，即使取得前述劳务报酬，中国也无权征税；其二，若税收协定中不存在独立个人劳务条款，则缔约国对方税收居民个人在中国境内从事独立个人劳务并取得劳务报酬的，应适用常设机构条款和营业利润条款。若在中国构成设有常设机构的，则中国可以仅对归属于该常设机构的劳务报酬部分征税。反之，中国对前述劳务报酬无权征税。

（二）劳务报酬享受营业利润条款协定待遇的情形

针对劳务报酬所得，对某些国家的协定来讲，只适用独立个人劳务条款，而不会

去适用“常设机构＋营业利润”条款。但某些国家因采用2000年之后的OECD范本而签署的协定来讲，没有独立个人劳务条款，只能适用“常设机构＋营业利润”条款。

“常设机构＋营业利润”条款中在2000年之前针对的是从事工商业性质活动的居民征收企业（公司）所得税的，并不针对个人劳务所涉及的个人所得税。因此，规则本身（独立个人劳务条款和常设机构＋营业利润条款）是存在差异的。这就导致针对同一个业务场景，因纳税主体的居民国的不同而适用的协定条款不同，相关征税权的分配规则可能是不一样的。独立个人劳务直接机械套用全部的“常设机构＋营业利润”条款未必妥当。因此，应是有选择地适用。

无住所个人享受“常设机构＋营业利润”条款待遇包括但不限于如下情形：

协定	无住所居民个人	非居民个人
“常设机构”与“利润归属”原则	通常构成在中国的常设机构，中国仅对与该常设机构有实际联系的劳务报酬所得有征税权，即通常与常设机构无实际联系的部分可享受协定待遇。	通常不构成在中国的常设机构，中国对全部劳务报酬所得不享有征税权。

（三）享受特许权使用费条款协定待遇的情形

无住所个人享受特许权使用费条款协定待遇，主要是纳税人符合协定规定的条件，可享受协定如下的税收优惠：

一是协定中对特许权使用费的计税基数有折扣。

二是协定中对来源国征税的税率实行限制税率。

三是国税发〔2010〕75号文第十二条明确了特许权使用费支付人为其居民的国家是特许权使用费的来源国这个一般原则。然而也规定了一个例外情形，即支付该特许权使用费的人无论是否为缔约国一方的居民，只要其在该缔约国一方拥有常设机构或固定基地，并且支付的费用由该常设机构或固定基地负担，特许权使用费来源地应是该常设机构或固定基地所在国。若特许权支付地所在国家与特许权使用地所在国家不一致时，应由特许权支付地所在国家行使征税权。如协定缔约国对方居民个人为该项特许权使用费的受益所有人，则可享受协定待遇，特许权使用地所在国家则无征税权。同样，协定缔约国对方居民个人不能依据它们之间的第三方协定向特许权使用地所在国家申请享受协定待遇。

（四）协定独立个人劳务、特许权使用费、营业利润条款与国内法的协调适用规则

1. 一般规则

35号公告第四条第（二）项规定，独立个人劳务或者营业利润协定待遇，是指按照税收协定独立个人劳务或者营业利润条款规定，对方税收居民个人取得的独立个人劳务所得或者营业利润符合税收协定规定条件的，可不缴纳个人所得税。

因此，无住所居民个人和非居民个人构成协定层面的对方税收居民个人，取得的劳务报酬所得、稿酬所得可享受独立个人劳务或者营业利润协定待遇的，可不缴纳个人所得税。其中：

（1）无住所居民个人为对方税收居民个人，其取得的劳务报酬所得、稿酬所得可享受独立个人劳务或者营业利润协定待遇的，在预扣预缴和汇算清缴时，可不缴纳个人所得税。

（2）非居民个人为对方税收居民个人，其取得的劳务报酬所得、稿酬所得可享受独立个人劳务或者营业利润协定待遇的，在取得所得时可不缴纳个人所得税。

35号公告第四条第（四）项规定，特许权使用费或者技术服务费协定待遇，是指按照税收协定特许权使用费或者技术服务费条款规定，对方税收居民个人取得符合规定的特许权使用费或者技术服务费，可按照税收协定规定的计税所得额和征税比例计算纳税。

因此，无住所居民个人和非居民个人构成协定层面的对方税收居民个人，取得的特许权使用费所得、稿酬所得或者劳务报酬所得可享受特许权使用费或者技术服务费协定待遇的，可按照税收协定规定的计税所得额和征税比例计算纳税。其中：

（1）无住所居民个人为对方税收居民个人，其取得的特许权使用费所得、稿酬所得或者劳务报酬所得可不纳入综合所得，在取得当月按照税收协定规定的计税所得额和征税比例计算应纳税额，并预扣预缴税款。

（2）非居民个人为对方税收居民个人，其取得的特许权使用费所得、稿酬所得或者劳务报酬所得可享受特许权使用费或者技术服务费协定待遇的，可按照税收协定规定的计税所得额和征税比例计算应纳税额。

2. **特别规则**

需要特别注意的是，享受特许权使用费的协定待遇，在计算收入额时是直接按特许权使用费总额（若协定规定有折扣，则可按折扣比例计算）与限制税率计算，不存在国内法扣除20%费用的问题。因此，如果计税基数的折扣比例与限制税率乘积大于或等于国内实际税率16%［20%×（1－20%）］，则没有享受协定待遇的必要。

35号公告第四条第（四）项规定，无住所居民个人为对方税收居民个人，其取得的特许权使用费所得、稿酬所得或者劳务报酬所得在年度汇算清缴时，该个人取得的已享受特许权使用费或者技术服务费协定待遇的所得不纳入年度综合所得，单独按照税收协定规定的计税所得额和征税比例计算年度应纳税额及补退税额。

四、税收协定特殊规定

（一）与协定相关的文件

1. **税收协定**

（1）我国政府签订的避免双重征税协定；

（2）内地与香港、澳门签订的避免双重征税安排。

2. **35号公告第四条**

无住所个人适用税收协定时的个人所得税纳税义务和税额计算（工资薪金、劳务报酬、稿酬和特许权使用费）。

3. **享受协定待遇的程序**

根据《国家税务总局关于发布〈非居民纳税人享受协定待遇管理办法〉的公告》（国家税务总局公告2019年第35号）的规定，非居民纳税人符合享受协定待遇条件的，可在纳税申报时，或通过扣缴义务人在扣缴申报时，自行享受协定待遇。非居民纳税人自行申报的，应当自行判断能否享受协定待遇，如实报备资料；在源泉扣缴和指定扣缴情况下，非居民纳税人认为自身符合享受协定待遇条件，需要享受协定待遇的。

（二）税收协定适用的前提——对方国家税务居民

综上，对方国家税务居民身份判定是适用税收协定待遇的前提。

根据其是否构成了中国税务居民个人，其判定标准有：

1. 对方国家税务局开具税务居民证明。

2. 根据协定中加比规则判定属于对方国家税务居民身份。

（三）对方国家税务居民判定标准

境外税局证明：

由协定缔约对方税务主管当局开具的税收居民身份证明。

加比规则判定：

标准	判定方法
永久性住所	永久性住所包括任何形式的住所，该住所必须具有永久性，即个人已安排长期居住，而不是为了某些原因（如旅游、商务考察等）临时逗留。
重要利益中心	参考个人家庭和社会关系、职业政治、文化和其他活动、营业地点、管理财产所在地等因素综合评判。其中特别注重的是个人的行为，即个人一直居住、工作并且拥有家庭和财产的国家通常为其重要利益中心之所在。
习惯性居处	在缔约国双方均有永久性住所且无法确定重要经济利益中心所在国：在双方永久性住所的停留时间＋在同一个国家不同地点停留的时间； 永久性住所不在缔约国任何一方：在一个国家所有的停留时间加总考虑，而不问其停留的原因。

五、享受税收协定待遇需要提供的身份证明

<table>
<tr><th>协定条款</th><th>协定条款规定</th><th>保护内容</th><th>协定前提</th><th>中国居民</th><th>中国非居民</th></tr>
<tr><td rowspan="2">高管受雇所得</td><td>境外受雇：对方税收居民个人境外从事受雇活动取得的受雇所得，可不缴纳个人所得税</td><td>保护的是来源于中国境外的工薪所得，即境外工作期间的所得</td><td rowspan="2"></td><td>加比规则</td><td></td></tr>
<tr><td>境内受雇：在协定规定期间内境内停留天数不超过183天的对方居民个人，在境内从事受雇活动取得的受雇所得，不是由境内居民雇主支付或代其支付的，也不是由雇主在境内常设机构负担的，可不缴纳个人所得税</td><td>保护的是来源于中国境内的工薪所得，即中国工作期间的所得</td><td></td><td>对方居民证明</td></tr>
</table>

续表

<table>
<tr><td>独立劳务</td><td>与中国固定基地有关或境内停留 183 天以上，可征</td><td rowspan="6">保护的是来源于中国境内的所得</td><td rowspan="6">对方国家居民</td><td rowspan="6">加比规则</td><td rowspan="6">对方居民证明</td></tr>
<tr><td>不动产</td><td>来源于境内，可征</td></tr>
<tr><td>股息所得</td><td>中国支付，即来源于中国，可征但有税率优惠</td></tr>
<tr><td>利息所得</td><td>中国支付，即来源于中国，可征但有税率优惠</td></tr>
<tr><td>特许权</td><td>中国支付，即来源于中国，可征但有税率优惠</td></tr>
<tr><td>财产收益</td><td>中国财产，即来源于中国，可征但有税率优惠</td></tr>
<tr><td>董事费</td><td>担任中国公司董事，可征</td><td>将中国支付部分授予中国征税</td><td></td><td colspan="2" rowspan="2">不涉及享受艺术家、运动员协定待遇</td></tr>
<tr><td>艺术家
运动员</td><td>在中国提供劳务，相当于来源于中国，可征</td><td>将来源于中国的部分授予中国征税权</td><td></td></tr>
</table>

详细梳理解析　应对后续管理　规避涉税风险

个人所得税社保
新政解析与风险防控

（2021年版）

李伟锋　李瑞华　编著

河南人民出版社

图书在版编目（CIP）数据

个人所得税社保新政解析与风险防控 / 李伟锋，李瑞华编著．— 郑州 ：河南人民出版社，2020.9
ISBN 978-7-215-12349-6

Ⅰ．①个… Ⅱ．①李… ②李… Ⅲ．①个人所得税－税收政策－研究－中国②社会保障－福利政策－研究－中国 Ⅳ．①F812.424 ②D632.1

中国版本图书馆CIP数据核字（2020）第132189号

河南人民出版社 出版发行
（地址：郑州市郑东新区祥盛街27号 邮政编码：450016 电话：65788025）
新华书店经销 河南博雅彩印有限公司印刷
开本 787毫米×1092毫米 1/16 印张 73.25
字数 1245千字
2020年9月第1版 2021年1月第1次印刷

定价：280.00元（全两册）

NO.
07

第七篇　税收征管篇

第十九章　个人所得税征收管理

第二十章　纳税申报表

第二十一章　综合所得的汇算清缴

第二十二章　税收优惠

第十九章
个人所得税征收管理

第一节　纳税人识别号的有关事项

一、纳税人识别号

（一）纳税人识别号的概念

纳税人识别号，是税务机关根据税法规定的编码规则，编制并且赋予纳税人用来确认其身份的数字代码标识。由于自然人纳税人不办理税务登记，对其赋予全国唯一的纳税人识别号，相当于赋予了“税务登记证号”，是自然人税收管理的基础、前提和重要“抓手”。

自然人纳税人识别号是自然人纳税人办理各类涉税事项的唯一代码标识，也是税务机关开展征管工作的基础。根据《中华人民共和国个人所得税法》（2018 年修正）第九条第二款的规定，纳税人有中国公民身份号码的，以中国公民身份号码为纳税人识别号；纳税人没有中国公民身份号码的，由税务机关赋予其纳税人识别号。

（二）纳税人识别号的提供

根据《中华人民共和国个人所得税法》（2018 年修正）第九条第二款的规定，扣缴义务人扣缴税款时，纳税人应当向扣缴义务人提供纳税人识别号。

根据《国家税务总局关于自然人纳税人识别号有关事项的公告》（国家税务总局公告 2018 年第 59 号）的规定，纳税人首次办理涉税事项时应当向税务机关或者扣缴义务人出示有效身份证件，并报送相关基础信息。

这里所称“有效身份证件”是指：

1. 纳税人为中国公民且持有有效《中华人民共和国居民身份证》（以下简称居民身份证）的，为居民身份证。

2. 纳税人为华侨且没有居民身份证的，为有效的《中华人民共和国护照》和华侨身份证明。

3. 纳税人为港澳居民的，为有效的《港澳居民来往内地通行证》或《中华人民共和国港澳居民居住证》。

4. 纳税人为台湾居民的，为有效的《台湾居民来往大陆通行证》或《中华人民共和国台湾居民居住证》。

5. 纳税人为持有有效《中华人民共和国外国人永久居留身份证》（以下简称永久居留证）的外籍个人的，为永久居留证和外国护照；未持有永久居留证但持有有效《中华人民共和国外国人工作许可证》（以下简称工作许可证）的，为工作许可证和外国护照；其他外籍个人，为有效的外国护照。

根据《国家税务总局关于自然人纳税人识别号有关事项的公告》（国家税务总局公告 2018 年第 59 号）第四条的规定，税务机关应当在赋予自然人纳税人识别号后告知或者通过扣缴义务人告知纳税人其纳税人识别号，并为自然人纳税人查询本人纳税人识别号提供便利。

扣缴义务人应当按月或按次为纳税人向税务机关预扣预缴或代扣代缴税款，为保证纳税人的所有涉税信息在税务信息系统中准确、有效、统一的归集，纳税人必须将其纳税人识别号提供给扣缴义务人，以便税务机关按照纳税人识别号归集纳税人涉税信息。纳税人提供纳税人识别号后，其办理汇算清缴补退税时，能够准确抵扣其已预扣预缴的税款，准确享受专项附加扣除等政策。此外，税务机关借助纳税人识别号归集个人所有涉税信息，精准实施后续管理，为纳税人提供办税便利。

（三）纳税人识别号的用途

根据国家税务总局公告 2018 年第 59 号第五条的规定，自然人纳税人办理纳税申报、税款缴纳、申请退税、开具完税凭证、纳税查询等涉税事项时应当向税务机关或扣缴义务人提供纳税人识别号。

二、汇算清缴退税

根据《中华人民共和国个人所得税法》（2018 年修正）第十四条第二款的规定，纳税人办理汇算清缴退税或者扣缴义务人为纳税人办理汇算清缴退税的，税务机关审核后，按照国库管理的有关规定办理退税。

根据《中华人民共和国个人所得税法实施条例》（2018 年修正）第三十一条的规定，纳税人申请退税时提供的汇算清缴信息有错误的，税务机关应当告知其更正；纳税人更正的，税务机关应当及时办理退税。

扣缴义务人未将扣缴的税款解缴入库的，不影响纳税人按照规定申请退税，税务机关应当凭纳税人提供的有关资料办理退税。

三、专项附加扣除信息的提供

根据《中华人民共和国个人所得税法》（2018 年修正）第十五条第一款的规定，公安、人民银行、金融监督管理等相关部门应当协助税务机关确认纳税人的身份、金融账户信息。教育、卫生、医疗保障、民政、人力资源社会保障、住房城乡建设、公安、人民银行、金融监督管理等相关部门应当向税务机关提供纳税人子女教育、继续教育、大病医疗、住房贷款利息、住房租金、赡养老人等专项附加扣除信息。

根据《个人所得税专项附加扣除暂行办法》（国发〔2018〕41 号文件印发）第二十六条的规定，有关部门和单位有责任和义务向税务部门提供或者协助核实以下与专项附加扣除有关的信息：

1. 公安部门有关户籍人口基本信息、户成员关系信息、出入境证件信息、相关出国人员信息、户籍人口死亡标识等信息；

2. 卫生健康部门有关出生医学证明信息、独生子女信息；

3. 民政部门、外交部门、法院有关婚姻状况信息；

4. 教育部门有关学生学籍信息（包括学历继续教育学生学籍、考籍信息）、在相关部门备案的境外教育机构资质信息；

5. 人力资源社会保障等部门有关技工院校学生学籍信息、技能人员职业资格继续教育信息、专业技术人员职业资格继续教育信息；

6. 住房城乡建设部门有关房屋（含公租房）租赁信息、住房公积金管理机构有关住房公积金贷款还款支出信息；

7. 自然资源部门有关不动产登记信息；

8. 人民银行、金融监督管理部门有关住房商业贷款还款支出信息；

9. 医疗保障部门有关在医疗保障信息系统记录的个人负担的医药费用信息；

10. 国务院税务主管部门确定需要提供的其他涉税信息。上述数据信息的格式、标准、共享方式，由国务院税务主管部门及各省、自治区、直辖市和计划单列市税务局商有关部门确定。

有关部门和单位拥有专项附加扣除涉税信息，但未按规定要求向税务部门提供的，拥有涉税信息的部门或者单位的主要负责人及相关人员承担相应责任。扣缴义务人发现纳税人提供的信息与实际情况不符的，可以要求纳税人修改。纳税人拒绝修改的，扣缴义务人应当报告税务机关，税务机关应当及时处理。

根据《个人所得税专项附加扣除暂行办法》第二十八条的规定，税务机关核查专项附加扣除情况时，纳税人任职受雇单位所在地、经常居住地、户籍所在地的公安派出所、居民委员会或者村民委员会等有关单位和个人应当协助核查。

四、纳税前置

根据《中华人民共和国个人所得税法》（2018 年修正）第十五条第二款的规定，个人转让不动产的，税务机关应当根据不动产登记等相关信息核验应缴的个人所得税，登记机构办理转移登记时，应当查验与该不动产转让相关的个人所得税的完税凭证。个人转让股权办理变更登记的，市场主体登记机关应当查验与该股权交易相关的个人所得税的完税凭证。

五、联合激励与惩戒

根据《中华人民共和国个人所得税法》（2018 年修正）第十五条第三款的规定，有关部门依法将纳税人、扣缴义务人遵守个人所得税法的情况纳入信用信息系统，并实施联合激励或者惩戒。

第二节 扣缴申报管理办法

一、全员全额申报及扣缴义务人的法定义务

（一）全员全额扣缴申报

1. 全员全额扣缴申报的界定

扣缴义务人应当依法办理全员全额扣缴申报。根据《中华人民共和国个人所得税法实施条例》（2018 年修正）第二十六条的规定，全员全额扣缴申报，是指扣缴义务人在代扣税款的次月十五日内，向主管税务机关报送其支付所得的所有个人的有关信息、支付所得数额、扣除事项和数额、扣缴税款的具体数额和总额以及其他相关涉税信息资料。也就是说，扣缴义务人向个人支付应税所得时不论其是否属于本单位人员、支付的应税所得是否达到纳税标准，扣缴义务人均应当在代扣税款的次月内，向主管税务机关报送其支付应税所得个人的基础信息、支付所得数额、扣除事项及数额、扣缴税款的具体数额和总额以及其他相关涉税信息资料。

2. 全员全额扣缴申报的应税所得项目

根据《国家税务总局关于发布〈个人所得税扣缴申报管理办法（试行）〉》（国家税务总局公告 2018 年第 61 号）第四条的规定，实行个人所得税全员全额扣缴申报的应税所得包括：

（1）工资、薪金所得；

（2）劳务报酬所得；

（3）稿酬所得；

（4）特许权使用费所得；

（5）利息、股息、红利所得；

（6）财产租赁所得；

（7）财产转让所得；

（8）偶然所得。

3. 扣缴申报期限

根据《中华人民共和国个人所得税法》（2018 年修正）第十四条的规定，扣缴义务人每月或者每次预扣、代扣的税款，应当在次月十五日内缴入国库，并向税务机关报送扣缴个人所得税申报表。

（二）扣缴义务人的责任与义务

1. 支付工资、薪金所得的扣缴义务人应当于年度终了后两个月内，向纳税人提供其个人所得和已扣缴税款等信息。纳税人年度中间需要提供上述信息的，扣缴义务人应当提供。纳税人取得除工资、薪金所得以外的其他所得，扣缴义务人应当在扣缴税款后，及时向纳税人提供其个人所得和已扣缴税款等信息。

2. 扣缴义务人应当按照纳税人提供的信息计算税款、办理扣缴申报，不得擅自更改纳税人提供的信息。

扣缴义务人发现纳税人提供的信息与实际情况不符的，可以要求纳税人修改。纳税人拒绝修改的，扣缴义务人应当报告税务机关，税务机关应当及时处理。

纳税人发现扣缴义务人提供或者扣缴申报的个人信息、支付所得、扣缴税款等信息与实际情况不符的，有权要求扣缴义务人修改。扣缴义务人拒绝修改的，纳税人应当报告税务机关，税务机关应当及时处理。

3. 扣缴义务人对纳税人提供的《个人所得税专项附加扣除信息表》，应当按照规定妥善保存备查。

4. 扣缴义务人应当依法对纳税人报送的专项附加扣除等相关涉税信息和资料保密。

5. 对扣缴义务人按照规定扣缴的税款，按年付给百分之二的手续费。不包括税务机关、司法机关等查补或者责令补扣的税款。

6. 扣缴义务人依法履行代扣代缴义务，纳税人不得拒绝。纳税人拒绝的，扣缴义务人应当及时报告税务机关。

7. 扣缴义务人有未按照规定向税务机关报送资料和信息、未按照纳税人提供信息虚报虚扣专项附加扣除、应扣未扣税款、不缴或少缴已扣税款、借用或冒用他人身份等行为的，依照《中华人民共和国税收征收管理法》等相关法律、行政法规处理。

二、扣缴义务人向居民支付工资、薪金所得时的预扣预缴

（一）累计预扣法计算公式

本期应预扣预缴税额＝（累计预扣预缴应纳税所得额 × 预扣率－速算扣除数）－累计减免税额－累计已预扣预缴税额

累计预扣预缴应纳税所得额＝累计收入－累计免税收入－累计减除费用－累计专项扣除－累计专项附加扣除－累计依法确定的其他扣除

其中：累计减除费用，按照 5000 元 / 月乘以纳税人当年截至本月在本单位的任职受雇月份数计算。

（二）工资、薪金的预扣率

个人所得税预扣率表一

（居民个人工资、薪金所得预扣预缴适用）

级数	累计预扣预缴应纳税所得	预扣率（%）	速算扣除数
1	不超过 36000 元的部分	3	0
2	超过 36000 元至 144000 元的部分	10	2520
3	超过 144000 元至 300000 元的部分	20	16920
4	超过 300000 元至 420000 元的部分	25	31920
5	超过 420000 元至 660000 元的部分	30	52920
6	超过 660000 元至 960000 元的部分	35	85920
7	超过 960000 元的部分	45	181920

（三）专项附加扣除项目的扣除

根据《国家税务总局关于发布〈个人所得税扣缴申报管理办法（试行）〉的公告》（国家税务总局公告 2018 年第 61 号）第七条的规定，居民个人向扣缴义务人提供有关信息并依法要求办理专项附加扣除的，扣缴义务人应当按照规定在工资、薪金所得按月预扣预缴税款时予以扣除，不得拒绝。

三、扣缴义务人向居民支付劳务报酬、稿酬与特许权使用费所得的预扣预缴

（一）预扣预缴税款的方法

根据《国家税务总局关于发布〈个人所得税扣缴申报管理办法（试行）〉的公告》（国家税务总局公告 2018 年第 61 号）第八条的规定，扣缴义务人向居民个人支付劳务报酬所得、稿酬所得、特许权使用费所得时，应当按照以下方法按次或者按月预扣预缴税款：

劳务报酬所得、稿酬所得、特许权使用费所得以收入减除费用后的余额为收入额；其中，稿酬所得的收入额减按百分之七十计算。

（二）预扣预缴的减除费用

预扣预缴税款时，劳务报酬所得、稿酬所得、特许权使用费所得每次收入不超过 4000 元的，减除费用按 800 元计算；每次收入 4000 元以上的，减除费用按收入的 20% 计算。

（三）预扣预缴税额

劳务报酬所得、稿酬所得、特许权使用费所得，以每次收入额为预扣预缴应纳税所得额，计算应预扣预缴税额。劳务报酬所得适用《个人所得税预扣率表二》（见表），稿酬所得、特许权使用费所得适用 20% 的比例预扣率。

个人所得税预扣率表二

（居民个人劳务报酬所得预扣预缴适用）

级数	预扣预缴应纳税所得额	预扣率（%）	速算扣除数
1	不超过 20000 元的部分	20	0
2	超过 20000 元至 50000 元的部分	30	2000
3	超过 50000 元的部分	40	7000

居民个人办理年度综合所得汇算清缴时，应当依法计算劳务报酬所得、稿酬所得、特许权使用费所得的收入额，并入年度综合所得计算应纳税款，税款多退少补。

四、扣缴义务人向非居民支付工资、薪金所得，劳务报酬所得，稿酬所得，特许权使用费所得的代扣代缴

（一）代扣代缴税款方法

根据《国家税务总局关于发布〈个人所得税扣缴申报管理办法（试行）〉的公告》（国家税务总局公告 2018 年第 61 号）第九条的规定，扣缴义务人向非居民个人支付工资、薪金所得，劳务报酬所得，稿酬所得和特许权使用费所得时，应当按照以下方法按月或者按次代扣代缴税款：

非居民个人的工资、薪金所得，以每月收入额减除费用 5000 元后的余额为应纳税所得额；劳务报酬所得、稿酬所得、特许权使用费所得，以每次收入额为应纳税所得额，适用《个人所得税税率表三》计算应纳税额。劳务报酬所得、稿酬所得、特许权使用费所得，以收入减除 20%的费用后的余额为收入额；其中，稿酬所得的收入额减按 70%计算。

非居民个人在一个纳税年度内税款扣缴方法保持不变，达到居民个人条件时，应当告知扣缴义务人基础信息变化情况，年度终了后按照居民个人有关规定办理汇算清缴。

（二）非居民个人主要劳动所得适用的税率

非居民个人取得工资、薪金所得，劳务报酬所得，稿酬所得，特许权使用费所得，由扣缴义务人按照综合所得税率表按月换算后的税率表（《个人所得税税率表三》）计算应代扣代缴的个人所得税。

个人所得税税率表三

（非居民个人工资、薪金所得，劳务报酬所得，稿酬所得，特许权使用费所得适用）

级数	应纳税所得额	税率（%）	速算扣除数
1	不超过 3000 元的部分	3	0
2	超过 3000 元至 12000 元的部分	10	210
3	超过 12000 元至 25000 元的部分	20	1410
4	超过 25000 元至 35000 元的部分	25	2660

续表

5	超过 35000 元至 55000 元的部分	30	4410
6	超过 55000 元至 80000 元的部分	35	7160
7	超过 80000 元的部分	45	15160

五、分类所得的代扣代缴

（一）按次或者按月代扣代缴税款

根据《国家税务总局关于发布〈个人所得税扣缴申报管理办法（试行）〉的公告》（国家税务总局公告 2018 年第 61 号）第十条的规定，扣缴义务人支付利息、股息、红利所得，财产租赁所得，财产转让所得或者偶然所得时，应当依法按次或者按月代扣代缴税款。

（二）“每次”的界定

根据《中华人民共和国个人所得税法实施条例》（2018 年修正）第十四条的规定，个人所得税法所称每次，分别按照下列方法确定：

（1）劳务报酬所得、稿酬所得、特许权使用费所得，属于一次性收入的，以取得该项收入为一次；属于同一项目连续性收入的，以一个月内取得的收入为一次。

（2）财产租赁所得，以一个月内取得的收入为一次。

（3）利息、股息、红利所得，以支付利息、股息、红利时取得的收入为一次。

（4）偶然所得，以每次取得该项收入为一次。

六、代扣代缴期限

扣缴义务人每月或者每次预扣、代扣的税款，应当在次月 15 日内缴入国库，并向税务机关报送《个人所得税扣缴申报表》。

扣缴义务人首次向纳税人支付所得时，应当按照纳税人提供的纳税人识别号等基础信息，填写《个人所得税基础信息表（A 表）》（国家税务总局公告 2019 年第 7 号附件 1），并于次月扣缴申报时向税务机关报送扣缴义务人对纳税人向其报告的相关基础信息变化情况，应当于次月扣缴申报时向税务机关报送。

七、申请“三代”手续费提取

1. 办理期限：一般在次年 3 月 31 日前。

2. 办理地点：电子税务局或各办税大厅。

3. 提取范围：上年 1 月 1 日至 12 月 31 日代扣缴入库且符合《财政部 国家税务总局 人民银行关于进一步加强代扣代收代征税款手续费管理的通知》（财行〔2019〕11 号）要求的税款手续费。

4. 申请方式：根据《国家税务总局财务管理司关于明确个人所得税代扣代缴手续费经费渠道的通知》（税总财便函〔2019〕2 号）《国家税务总局关于做好个人所得税综合所得汇算清缴退（补）税及扣缴手续费退付有关工作的通知》（税总函〔2020〕32 号）精神，个人所得税代扣代缴手续费必须在个人所得税电子税务局申请，其他税款的三代手续费通过 V-TAX 系统办理或直接上门办理。

5. 所需资料：代扣代收代征税款手续费申请表（一式三份）；代扣代收代征税款完税凭证原件（税收缴款书、税收完税证明、第一次打印的银行缴税回单或省网打印的《电子缴款凭证》）（业务办结后退回申请人）。

第三节　自行纳税申报

一、自行纳税申报情形

（一）需办理自行纳税申报的情形

根据《中华人民共和国个人所得税法》（2018 年修正）第十条的规定，有下列情形之一的，纳税人应当依法办理纳税申报：

1. 取得综合所得需要办理汇算清缴；

2. 取得应税所得没有扣缴义务人；

3. 取得应税所得，扣缴义务人未扣缴税款；

4. 取得境外所得；

5. 因移居境外注销中国户籍；

6. 非居民个人在中国境内从两处以上取得工资、薪金所得；

7. 国务院规定的其他情形。

根据《中华人民共和国个人所得税法实施条例》（2018年修正）第二十五条的规定，取得综合所得需要办理汇算清缴的情形包括：

1. 从两处以上取得综合所得，且综合所得年收入额减除专项扣除的余额超过6万元；

2. 取得劳务报酬所得、稿酬所得、特许权使用费所得中一项或者多项所得，且综合所得年收入额减除专项扣除的余额超过6万元；

3. 纳税年度内预缴税额低于应纳税额；

4. 纳税人申请退税。

纳税人申请退税，应当提供其在中国境内开设的银行账户，并在汇算清缴地就地办理税款退库。

根据2018年新《中华人民共和国个人所得税法》第十二条的规定，纳税人取得经营所得，按年计算个人所得税，由纳税人在月度或者季度终了后15日内向税务机关报送纳税申报表，并预缴税款；在取得所得的次年3月31日前办理汇算清缴。

（二）纳税申报方式

纳税人可以采用远程办税端、邮寄等方式申报，也可以直接到主管税务机关申报。

（三）基础信息表的报送

纳税人办理自行纳税申报时，应当一并报送税务机关要求报送的其他有关资料。首次申报或者个人基础信息发生变化的，还应报送《个人所得税基础信息表（B表）》。

纳税人在办理纳税申报时需要享受税收协定待遇的，按照享受税收协定待遇有关办法办理。

（四）需要办理自行申报的其他情形

国家税务总局有关文件规定需要办理自行申报的情形还包括如下情形：

1. 根据《国家税务总局关于个人股权转让过程中取得违约金收入征收个人所得税问题的批复》（国税函〔2006〕866 号）的规定，股权成功转让后，转让方个人因受让方个人未按规定期限支付价款而取得的违约金收入，属于因财产转让而产生的收入。转让方个人取得的该违约金应并入财产转让收入，按照“财产转让所得”项目计算缴纳个人所得税，税款由取得所得的转让方个人向主管税务机关自行申报缴纳。

2. 根据《国家税务总局关于个人非货币性资产投资有关个人所得税征管问题的公告》（国家税务总局公告 2015 年第 20 号）第二条的规定，非货币性资产投资个人所得税由纳税人向主管税务机关自行申报缴纳。

3. 根据《国家税务总局关于个人取得房屋拍卖收入征收个人所得税问题的批复》（国税函〔2007〕1145 号）的规定，为方便纳税人依法履行纳税义务和税务机关加强税收征管，纳税人应比照《国家税务总局关于个人住房转让所得征收个人所得税有关问题的通知》（国税发〔2006〕108 号）第四条的有关规定，在房屋拍卖后缴纳营业税（营改增后为增值税）、契税、土地增值税等税收的同时，一并申报缴纳个人所得税。

二、综合所得汇算清缴纳税申报

（一）需办理综合所得汇算清缴纳税申报的情形

根据《国家税务总局关于个人所得税自行纳税申报有关问题的公告》（国家税务总局公告 2018 年第 62 号）第一条的规定，取得综合所得且符合下列情形之一的纳税人，应当依法办理汇算清缴：

1. 从两处以上取得综合所得，且综合所得年收入额减除专项扣除后的余额超过 6 万元；

2. 取得劳务报酬所得、稿酬所得、特许权使用费所得中一项或者多项所得，且综合所得年收入额减除专项扣除的余额超过 6 万元；

3. 纳税年度内预缴税额低于应纳税额；

4. 纳税人申请退税。

（二）纳税申报时间

根据《中华人民共和国个人所得税法》（2018 年修正）第十一条的规定，居民个人取得综合所得，按年计算个人所得税；有扣缴义务人的，由扣缴义务人按月或者按次预扣预缴税款；需要办理汇算清缴的，应当在取得所得的次年 3 月 1 日至 6 月 30 日内办理汇算清缴。

（三）纳税申报地点

根据《国家税务总局关于个人所得税自行纳税申报有关问题的公告》（国家税务总局公告 2018 年第 62 号）第一条的规定，需要办理综合所得汇算清缴的居民个人，应当在取得所得的次年 3 月 1 日至 6 月 30 日内，向任职、受雇单位所在地主管税务机关办理纳税申报，并报送《个人所得税年度自行纳税申报表》。纳税人有两处以上任职、受雇单位的，选择向其中一处任职、受雇单位所在地主管税务机关办理纳税申报；纳税人没有任职、受雇单位的，向户籍所在地或经常居住地主管税务机关办理纳税申报。

（四）纳税资料的留存备查与报送

纳税人办理综合所得汇算清缴，应当准备与收入、专项扣除、专项附加扣除、依法确定的其他扣除、捐赠、享受税收优惠等相关的资料，并按规定留存备查或报送。

三、取得经营所得的纳税申报

根据《国家税务总局关于个人所得税自行纳税申报有关问题的公告》（国家税务总局公告 2018 年第 62 号）第二条的规定，个体工商户业主、个人独资企业投资者、合伙企业个人合伙人、承包承租经营者个人以及其他从事生产、经营活动的个人取得经营所得，包括以下情形：

1. 个体工商户从事生产、经营活动取得的所得，个人独资企业投资人、合伙企业的个人合伙人来源于境内注册的个人独资企业、合伙企业生产、经营的所得；

2. 个人依法从事办学、医疗、咨询以及其他有偿服务活动取得的所得；

3. 个人对企业、事业单位承包经营、承租经营以及转包、转租取得的所得；

4. 个人从事其他生产、经营活动取得的所得。

（一）申报时间

根据《中华人民共和国个人所得税法》（2018 年修正）第十二条的规定，纳税人取得经营所得，按年计算个人所得税，由纳税人在月度或者季度终了后 15 日内向税务机关报送纳税申报表，并预缴税款；在取得所得的次年 3 月 31 日前办理汇算清缴。

（二）申报地点

根据《国家税务总局关于个人所得税自行纳税申报有关问题的公告》（国家税务总局公告 2018 年第 62 号）第二条的规定，纳税人取得经营所得，按年计算个人所得税，由纳税人在月度或季度终了后 15 日内，向经营管理所在地主管税务机关办理预缴纳税申报，并报送《个人所得税经营所得纳税申报表（A 表）》。在取得所得的次年 3 月 31 日前，向经营管理所在地主管税务机关办理汇算清缴，并报送《个人所得税经营所得纳税申报表（B 表）》；从两处以上取得经营所得的，选择向其中一处经营管理所在地主管税务机关办理年度汇总申报，并报送《个人所得税经营所得纳税申报表（C 表）》。

四、未扣缴税款的纳税申报

（一）申报时间

根据《中华人民共和国个人所得税法》（2018 年修正）第十三条的规定，纳税人取得应税所得没有扣缴义务人的，应当在取得所得的次月 15 日内向税务机关报送纳税申报表，并缴纳税款。

（二）申报地点

根据《国家税务总局关于个人所得税自行纳税申报有关问题的公告》（国家税务

总局公告 2018 年第 62 号）第三条的规定，纳税人取得应税所得，扣缴义务人未扣缴税款的，应当区别以下情形办理纳税申报：

1. 居民个人取得综合所得的，按照综合所得汇算清缴纳税申报规定办理。

2. 非居民个人取得工资、薪金所得，劳务报酬所得，稿酬所得，特许权使用费所得的，应当在取得所得的次年 6 月 30 日前，向扣缴义务人所在地主管税务机关办理纳税申报，并报送《个人所得税自行纳税申报表（A 表）》。有两个以上扣缴义务人均未扣缴税款的，选择向其中一处扣缴义务人所在地主管税务机关办理纳税申报。

非居民个人在次年 6 月 30 日前离境（临时离境除外）的，应当在离境前办理纳税申报。

3. 纳税人取得利息、股息、红利所得，财产租赁所得，财产转让所得和偶然所得的，应当在取得所得的次年 6 月 30 日前，按相关规定向主管税务机关办理纳税申报，并报送《个人所得税自行纳税申报表（A 表）》。

税务机关通知限期缴纳的，纳税人应当按照期限缴纳税款。

五、取得境外所得的纳税申报

（一）申报时间

根据《中华人民共和国个人所得税法》（2018 年修正）第十三条的规定，居民个人从中国境外取得所得的，应当在取得所得的次年 3 月 1 日至 6 月 30 日内申报纳税。

（二）申报地点

根据《国家税务总局关于个人所得税自行纳税申报有关问题的公告》（国家税务总局公告 2018 年第 62 号）第四条的规定，居民个人从中国境外取得所得的，应当在取得所得的次年 3 月 1 日至 6 月 30 日内，向中国境内任职、受雇单位所在地主管税务机关办理纳税申报；在中国境内没有任职、受雇单位的，向户籍所在地或中国境内经常居住地主管税务机关办理纳税申报；户籍所在地与中国境内经常居住地不一致的，选择其中一地主管税务机关办理纳税申报；在中国境内没有户籍的，向中国境内经常居住地主管税务机关办理纳税申报。

六、因移居境外注销中国户籍的纳税申报

（一）注销中国户籍的纳税申报内容

根据《国家税务总局关于个人所得税自行纳税申报有关问题的公告》（国家税务总局公告 2018 年第 62 号）第五条的规定，纳税人因移居境外注销中国户籍的，应当在申请注销中国户籍前，向户籍所在地主管税务机关办理纳税申报，进行税款清算。

1. 纳税人在注销户籍年度取得综合所得的，应当在注销户籍前，办理当年综合所得的汇算清缴，并报送《个人所得税年度自行纳税申报表》。尚未办理上一年度综合所得汇算清缴的，应当在办理注销户籍纳税申报时一并办理。

2. 纳税人在注销户籍年度取得经营所得的，应当在注销户籍前，办理当年经营所得的汇算清缴，并报送《个人所得税经营所得纳税申报表（B 表）》。从两处以上取得经营所得的，还应当一并报送《个人所得税经营所得纳税申报表（C 表）》。尚未办理上一年度经营所得汇算清缴的，应当在办理注销户籍纳税申报时一并办理。

3. 纳税人在注销户籍当年取得利息、股息、红利所得，财产租赁所得，财产转让所得和偶然所得的，应当在注销户籍前，申报当年上述所得的完税情况，并报送《个人所得税自行纳税申报表（A 表）》。

4. 纳税人有未缴或者少缴税款的，应当在注销户籍前，结清欠缴或未缴的税款。纳税人存在分期缴税且未缴纳完毕的，应当在注销户籍前，结清尚未缴纳的税款。

5. 纳税人办理注销户籍纳税申报时，需要办理专项附加扣除、依法确定的其他扣除的，应当向税务机关报送《个人所得税专项附加扣除信息表》《商业健康保险税前扣除情况明细表》《个人税收递延型商业养老保险税前扣除情况明细表》等。

（二）申报时间

根据《中华人民共和国个人所得税法》（2018 年修正）第十三条的规定，纳税人因移居境外注销中国户籍的，应当在注销中国户籍前办理税款清算。

七、非居民个人从两处以上取得工资、薪金所得的纳税申报

（一）申报时间

根据《中华人民共和国个人所得税法》（2018 年修正）第十三条的规定，非居民个人在中国境内从两处以上取得工资、薪金所得的，应当在取得所得的次月 15 日内申报纳税。

（二）申报地点

非居民个人在中国境内从两处以上取得工资、薪金所得的，应当在取得所得的次月 15 日内，向其中一处任职、受雇单位所在地主管税务机关办理纳税申报，并报送《个人所得税自行纳税申报表（A 表）》。

第四节　专项附加扣除的操作办法

为了规范个人所得税专项附加扣除行为，切实维护纳税人合法权益，根据新修改的《中华人民共和国个人所得税法》及其实施条例、《中华人民共和国税收征收管理法》及其实施细则、《国务院关于印发个人所得税专项附加扣除暂行办法的通知》（国发〔2018〕41 号）的规定，国家税务总局制定了《专项附加扣除操作办法》，自 2019 年 1 月 1 日起施行。

纳税人享受子女教育、继续教育、大病医疗、住房贷款利息或者住房租金、赡养老人专项附加扣除的，依照该办法规定办理。

一、享受扣除的起始时间、办理途径及办理时间

根据《国家税务总局关于发布〈个人所得税专项附加扣除操作办法（试行）〉的公告》（国家税务总局公告 2018 年第 60 号）第三十条规定，本办法自 2019 年 1 月 1 日起施行。因此，开始享受专项附加扣除的起始时间为 2019 年 1 月 1 日。

（一）纳税人享受符合规定的专项附加扣除的计算时间

1. 子女教育。学前教育阶段，为子女年满 3 周岁当月至小学入学前一月。学历教育为子女接受全日制学历教育入学的当月至全日制学历教育结束的当月。

2. 继续教育。学历（学位）继续教育，为在中国境内接受学历（学位）继续教育入学的当月至学历（学位）继续教育结束的当月，同一学历（学位）继续教育的扣除期限最长不得超过 48 个月。技能人员职业资格继续教育、专业技术人员职业资格继续教育，为取得相关证书的当年。

3. 大病医疗。为医疗保障信息系统记录的医药费用实际支出的当年。

4. 住房贷款利息。为贷款合同约定开始还款的当月至贷款全部归还或贷款合同终止的当月，扣除期限最长不得超过 240 个月。

5. 住房租金。为租赁合同（协议）约定的房屋租赁期开始的当月至租赁期结束的当月。提前终止合同（协议）的，以实际租赁期限为准。

6. 赡养老人。为被赡养人年满 60 周岁的当月至赡养义务终止的年末。

上述规定的学历教育和学历（学位）继续教育的期间，包含因病或其他非主观原因休学但学籍继续保留的休学期间，以及施教机构按规定组织实施的寒暑假等假期。

（二）预缴及汇缴享受扣除的办理途径

根据《中华人民共和国个人所得税法》（2018 年修正）第十一条的规定，居民个人向扣缴义务人提供专项附加扣除信息的，扣缴义务人按月预扣预缴税款时应当按照规定予以扣除，不得拒绝。

根据《国家税务总局关于发布〈个人所得税专项附加扣除操作办法（试行）〉的公告》（国家税务总局公告 2018 年第 60 号）文件第四条规定，享受子女教育、继续教育、住房贷款利息或者住房租金、赡养老人专项附加扣除的纳税人，自符合条件开始，可以向支付工资、薪金所得的扣缴义务人提供上述专项附加扣除有关信息由扣缴义务人在预扣预缴税款时，按其在本单位本年可享受的累计扣除额办理扣除，也可以在次年 3 月 1 日至 6 月 30 日内，向汇缴地主管税务机关办理汇算清缴申报时扣除。

纳税人同时从两处以上取得工资、薪金所得，并由扣缴义务人办理上述专项附加扣除的，对同一专项附加扣除项目，一个纳税年度内，纳税人只能选择从其中一处扣除。

享受大病医疗专项附加扣除的纳税人，由其在次年3月1日至6月30日内，自行向汇缴地主管税务机关办理汇算清缴申报时扣除。

扣缴义务人办理工资、薪金所得预扣预缴税款时，应当根据纳税人报送的《个人所得税专项附加扣除信息表》（以下简称《扣除信息表》）为纳税人办理专项附加扣除。

（三）年度中间更换工作单位的扣除办理途径

纳税人年度中间更换工作单位的，在原单位任职、受雇期间已享受的专项附加扣除金额，不得在新任职、受雇单位扣除。原扣缴义务人应当自纳税人离职不再发放工资薪金所得的当月起，停止为其办理专项附加扣除。

（四）没有工资、薪金所得的扣除办理途径

纳税人未取得工资、薪金所得，仅取得劳务报酬所得、稿酬所得、特许权使用费所得需要享受专项附加扣除的，应当在次年3月1日至6月30日内，自行向汇缴地税务机关报送《扣除信息表》，并在办理汇算清缴申报时扣除。

（五）年度内未享受或未足额享受的办理途径

一个纳税年度内，纳税人在扣缴义务人预扣预缴税款环节未享受或未足额享受专项附加扣除的，可以在当年内向支付工资、薪金的扣缴义务人申请在剩余月份发放工资、薪金时补充扣除，也可以在次年3月1日至6月30日内，向汇缴地主管税务机关办理汇算清缴时申报扣除。

二、报送信息及留存备查资料

根据《国务院关于印发个人所得税专项附加扣除暂行办法的通知》（国发〔2018〕41号）第二十五条的规定，纳税人首次享受专项附加扣除，应当将专项附加扣除相关信息提交扣缴义务人或者税务机关，扣缴义务人应当及时将相关信息报送税务机关，纳税人对所提交信息的真实性、准确性、完整性负责。专项附加扣除信息发生变化的，

纳税人应当及时向扣缴义务人或者税务机关提供相关信息。

专项附加扣除相关信息，包括纳税人本人、配偶、子女、被赡养人等个人身份信息，以及国务院税务主管部门规定的其他与专项附加扣除相关的信息。

（一）信息变化与更换工作单位后的信息报送

根据《国家税务总局关于发布〈个人所得税专项附加扣除操作办法（试行）〉的公告》（国家税务总局公告 2018 年第 60 号）第八条规定，纳税人选择在扣缴义务人发放工资、薪金所得时享受专项附加扣除的，首次享受时应当填写并向扣缴义务人报送《扣除信息表》；纳税年度中间相关信息发生变化的，纳税人应当更新《扣除信息表》相应栏次，并及时报送给扣缴义务人。

更换工作单位的纳税人，需要由新任职、受雇扣缴义务人办理专项附加扣除的，应当在入职的当月，填写并向扣缴义务人报送《扣除信息表》。

（二）次年继续扣除的信息确认

纳税人次年需要由扣缴义务人继续办理专项附加扣除的，应当于每年 12 月份对次年享受专项附加扣除的内容进行确认，并报送至扣缴义务人。纳税人未及时确认的，扣缴义务人于次年 1 月起暂停扣除，待纳税人确认后再行办理专项附加扣除。

扣缴义务人应当将纳税人报送的专项附加扣除信息，在次月办理扣缴申报时一并报送至主管税务机关。

（三）汇缴享受专项附加扣除资料报送

纳税人选择在汇算清缴申报时享受专项附加扣除的，应当填写并向汇缴地主管税务机关报送《扣除信息表》。

（四）享受各项专项附加扣除信息报送

纳税人将需要享受的专项附加扣除项目信息填报至《扣除信息表》相应栏次。填报要素完整的，扣缴义务人或者主管税务机关应当受理；填报要素不完整的，扣缴义务人或者主管税务机关应当及时告知纳税人补正或重新填报。纳税人未补正或重新填报的，暂不办理相关专项附加扣除，待纳税人补正或重新填报后再行办理。

纳税人享受子女教育专项附加扣除，应当填报配偶及子女的姓名、身份证件类型及号码、子女当前受教育阶段及起止时间、子女就读学校以及本人与配偶之间扣除分配比例等信息。

纳税人享受继续教育专项附加扣除，接受学历（学位）继续教育的，应当填报教育起止时间、教育阶段等信息；接受技能人员或者专业技术人员职业资格继续教育的，应当填报证书名称、证书编号、发证机关、发证（批准）时间等信息。

纳税人享受住房贷款利息专项附加扣除，应当填报住房权属信息住房坐落地址、贷款方式、贷款银行、贷款合同编号、贷款期限、首次还款日期等信息；纳税人有配偶的，填写配偶姓名、身份证件类型及号码。

纳税人享受住房租金专项附加扣除，应当填报主要工作城市、租赁住房坐落地址、出租人姓名及身份证件类型和号码或者出租方单位名称及纳税人识别号（社会统一信用代码）、租赁起止时间等信息；纳税人有配偶的，填写配偶姓名、身份证件类型及号码。

纳税人享受赡养老人专项附加扣除，应当填报纳税人是否为独生子女、月扣除金额，被赡养人姓名及身份证件类型和号码、与纳税人关系；有共同赡养人的，需填报分摊方式、共同赡养人姓名及身份证件类型和号码等信息。

纳税人享受大病医疗专项附加扣除，应当填报患者姓名、身份证件类型及号码、与纳税人关系、与基本医保相关的医药费用总金额、医保目录范围内个人负担的自付金额等信息。

（五）享受各项专项附加扣除留存备查资料

纳税人享受子女教育专项附加扣除需要留存备查资料包括：子女在境外接受教育的，应当留存境外学校录取通知书、留学签证等境外教育佐证资料。

纳税人享受继续教育专项附加扣除需要留存备查资料包括：纳税人接受技能人员职业资格继续教育、专业技术人员职业资格继续教育的，应当留存职业资格相关证书等资料。

纳税人享受住房贷款利息专项附加扣除需要留存备查资料包括：住房贷款合同、

贷款还款支出凭证等资料。

纳税人享受住房租金专项附加扣除需要留存备查资料包括：住房租赁合同或协议等资料。

纳税人享受赡养老人专项附加扣除需要留存备查资料包括：约定或指定分摊的书面分摊协议等资料。

纳税人享受大病医疗专项附加扣除需要留存备查资料包括：大病患者医药服务收费及医保报销相关票据原件或复印件，或者医疗保障部门出具的纳税年度医药费用清单等资料。

纳税人应当对报送的专项附加扣除信息的真实性、准确性、完整性负责。

三、信息报送方式及后续管理

（一）信息报送方式

纳税人可以通过远程办税端、电子或者纸质报表等方式，向扣缴义务人或者主管税务机关报送个人专项附加扣除信息。

（二）通过扣缴义务人办理

纳税人选择纳税年度内由扣缴义务人办理专项附加扣除的，按下列规定办理：

（1）纳税人通过远程办税端选择扣缴义务人并报送专项附加扣除信息的，扣缴义务人根据接收的扣除信息办理扣除。

（2）纳税人通过填写电子或者纸质《扣除信息表》直接报送扣缴义务人的，扣缴义务人将相关信息导入或者录入扣缴端软件，并在次月办理扣缴申报时提交给主管税务机关。《扣除信息表》应当一式两份，纳税人和扣缴义务人签字（章）后分别留存备查。

（三）通过汇算清缴享受扣除的办理

纳税人选择年度终了后办理汇算清缴申报时享受专项附加扣除的，既可以通过远程办税端报送专项附加扣除信息，也可以将电子或者纸质《扣除信息表》（一式两份）

报送给汇缴地主管税务机关。

报送电子《扣除信息表》的，主管税务机关受理打印，交由纳税人签字后，一份由纳税人留存备查，一份由税务机关留存；报送纸质《扣除信息表》的，纳税人签字确认主管税务机关受理签章后，一份退还纳税人留存备查，一份由税务机关留存。

扣缴义务人和税务机关应当告知纳税人办理专项附加扣除的方式和渠道，鼓励并引导纳税人采用远程办税端报送信息。

（四）扣除资料留存期限

纳税人应当将《扣除信息表》及相关留存备查资料，自法定汇算清缴期结束后保存五年。

纳税人报送给扣缴义务人的《扣除信息表》，扣缴义务人应当自预扣预缴年度的次年起留存五年。

（五）对扣缴义务人的管理

纳税人向扣缴义务人提供专项附加扣除信息的，扣缴义务人应当按照规定予以扣除，不得拒绝。扣缴义务人应当为纳税人报送的专项附加扣除信息保密。

扣缴义务人应当及时按照纳税人提供的信息计算办理扣缴申报，不得擅自更改纳税人提供的相关信息。

扣缴义务人发现纳税人提供的信息与实际情况不符，可以要求纳税人修改。纳税人拒绝修改的，扣缴义务人应当向主管税务机关报告，税务机关应当及时处理。

除纳税人另有要求外，扣缴义务人应当于年度终了后两个月内，向纳税人提供已办理的专项附加扣除项目及金额等信息。

（六）对享受扣除的核查

税务机关定期对纳税人提供的专项附加扣除信息开展抽查。

税务机关核查时，纳税人无法提供留存备查资料，或者留存备查资料不能证明相关情况的，税务机关可以要求纳税人提供其他佐证；不能提供其他佐证材料，或者佐证材料仍不足以支持的，不得享受相关专项附加扣除。

税务机关核查专项附加扣除情况时，可以提请有关单位和个人协助核查，相关单位和个人应当协助。

（七）违规处理与联合惩戒

纳税人有下列情形之一的，主管税务机关应当责令其改正；情形严重的，应当纳入有关信用信息系统，并按照国家有关规定实施联合惩戒；涉及违反税收征管法等法律法规的，税务机关依法进行处理。

1. 报送虚假专项附加扣除信息；

2. 重复享受专项附加扣除；

3. 超范围或标准享受专项附加扣除；

4. 拒不提供留存备查资料；

5. 税务总局规定的其他情形。

纳税人在任职、受雇单位报送虚假扣除信息的，税务机关责令改正的同时，应通知扣缴义务人。

第五节 身份冒用和异议申诉

该项业务涉及纳税人、扣缴义务人和税务机关三方，处理链条较长，业务相对较复杂。

一、业务流程

1. 纳税人

纳税人通过个人所得税 APP 发现身份证信息被企业冒用虚发工资或劳务报酬，可以对异议收入纳税记录提出申诉。具体操作方法是：选择该项收入纳税记录，点击右上角的“申诉”按键，在线发起申诉。提出申诉后，该项收入将暂不纳入税款计算，不会影响正常办理年度汇算申报等涉税事项，也不会增加税收负担。申诉后，可以通过个人所得税 APP “我要查询”，进入“异议处理查询”模块，查询已发起申诉事项的处理进度。

2. 税务机关

税务机关收到纳税人的身份冒用异议申诉之后将进行调查核实。如情况属实，一方面在系统中删除该部分收入信息，另一方面对冒用身份的单位或个人可能产生的涉税违法行为依法进行调查核实并处理。

3. 扣缴义务人

扣缴义务人应核实情况，如果是从未任职或曾经任职，应在个人所得税扣缴客户端做更正申报，更正申报需要逐月更正，否则影响后期申报，同时把人员信息修改为非正常状态，另外根据实际情况调整企业所得税应纳税所得额。如果只把人员信息修改为非正常状态，申诉人个人所得税 APP 仍显示有收入信息，会二次提起异议申诉。

二、法律风险

对因身份信息冒用产生的民事纠纷及法律责任，纳税人可以向相关部门反映或依法对实际侵权人提起诉讼，各级税务部门应积极配合相关部门，共同维护好纳税人的合法权益。

纳税人应对其提出的异议申诉的真实性负责。税务机关经调查核实，发现纳税人违背事实通过虚假申诉删除属于本人综合所得收入记录，不缴、少缴税款或骗取退税的，将依法依规予以处理。

第六节 延期申报和逾期申报

一、延期申报和延期缴税

对纳税人因法定事由不能按期办理年度汇算纳税申报或者不能按期缴纳税款提出的延期申请，税务机关可依据《中华人民共和国税收征收管理法》及其实施细则有关规定核准。例如，纳税人受新冠肺炎疫情影响无法按期办理年度汇算申报，在及时向税务机关书面说明正当理由后，可以补办延期申报手续。纳税人在核准的期限内办理年度汇算申报或缴纳税款的，税务机关依法不对其加收滞纳金、不给予行政处罚。

二、逾期申报

1. 风险提示

税务机关在数据分析的基础上，确定后续管理服务重点人员范围。主管税务机关根据实际情况进行筛选判断，对已经申报但尚未缴纳税款，或者可能存在未按规定办理年度汇算申报补税的纳税人，通过自然人电子税务局（个人所得税 APP、Web 端）、短信等渠道发送风险提示信息，告知其不按规定办理年度汇算申报或缴纳税款可能带来的信用和法律风险。

2. 责令限改

经风险提示，在规定的时限内，对已申报但尚未缴纳税款，或者仍未办理年度汇算申报且可能需要补缴税款的纳税人，主管税务机关应当通过电话等方式联系纳税人，进一步说明有关政策规定，告知相关信用和法律风险；对电话沟通后在规定时限内仍未申报缴税的，可依法责令其限期改正。纳税人在主管税务机关责令限期改正之前，或者责令期限内办理年度汇算申报并缴纳税款的，根据行政处罚法的有关规定，可以免予行政处罚。

3. 核定税额

对税务机关责令限期改正，在期限届满后仍不申报的纳税人，主管税务机关可依据掌握的信息核定其应纳税额，下达《税务事项通知书（核定个人所得税综合所得应纳税额适用）》（以下简称《税务事项通知书》）。纳税人对核定的应纳税额确认无异议的，按照《税务事项通知书》规定的期限补缴税款、滞纳金；纳税人对核定的应纳税额有异议的（指纳税人认为核定税额大于或小于其实际应纳税额），可在《税务事项通知书》要求期限内通过办理年度汇算申报等方式提供相关证据；纳税人既未按照《税务事项通知书》规定的期限补缴税款、滞纳金，又不提供相关证据的，主管税务机关在期限届满后按照《税务事项通知书》核定的应补缴税款责令其限期缴纳，并依法加征滞纳金、建立行为记录。必要时，可依法通过限制服务、税务稽查、欠税追征等方式综合实施后续管理。

第七节　自然人税收管理 ITS 系统

一、项目基本情况

国家税务总局计划用三年时间（2018—2020 年）完成“自然人税收管理系统（个人所得税部分）软件升级完善项目”建设，构建自然人税收管理系统（Integrated Tax Services，简称 ITS 系统），完善自然人税收服务与管理体系。

该系统由国家税务总局主导，税友软件集团与阿里云共同承建。

（一）项目成果

1. 支撑税改落地，实现自然人税收管理新模式

（1）税务局

自然人税收从间接管理向直接管理转变，支撑新的征管与核算模式。

（2）纳税人

从源泉扣缴为主转变为自行申报与源泉扣缴相结合。

2. 实现自然人数据全国大集中，形成“云化”实践

构建能支持亿级自然人申报缴税的全国集中式处理系统，以互联网云计算、大数据技术支撑个税全链条服务与管理，采用分布式应用开发框架，柔性支持后续税费改革带来的业务调整。

3. 支撑互转方式，推动征管改革

实现多渠道、多层级的自然人身份、家庭、收入和社保等综合信息的归集。在国家层面进行更广泛的信息共享，实现自然人数据跨区域互联互通。形成全面的“一人式”信息档案，实时掌握自然人纳税人状况，以此为基础进行预填表、办税提醒和消息推送。通过对数据的整合、清理和挖掘，盘活碎片化的海量自然人数据，勾勒纳税人画像，为支撑自然人风险管理、信用管理和社会经济管理等打下坚实基础。

4. 构建生态平台

为纳税人、扣缴义务人提供多个办税渠道，包括实体办税厅、电子税务局（Web及手机 APP）等，提供多元、便捷的服务。支持纳税人通过第三方支付平台缴税，切实减轻纳税人办税负担。

（二）实施步骤

根据个税改革一次立法、分步实施的总体规划，自然人税收管理系统项目建设分为三大阶段和日常运行维护时期。

1. 第一阶段：过渡期税改政策落地

（1）功能开发阶段：2018 年 3 月 1 日—2018 年 8 月 31 日

（2）用户测试阶段：2018 年 9 月 1 日—2018 年 9 月 30 日

（3）正式上线：2018 年 10 月 1 日

支撑新的基本扣除费用标准和工薪所得、生产经营所得新税率表的落地生效。

2. 第二阶段：税改全面实施阶段

（1）功能开发阶段：2018 年 8 月 1 日—2018 年 11 月 30 日

（2）用户测试阶段：2018 年 12 月 1 日—2018 年 12 月 31 日

（3）正式上线：2019 年 1 月 1 日

全面支撑新税制改革，包括实现综合所得预缴申报、年度申报补退税等税改业务，支撑子女教育、大病医疗等六项专项附加扣除政策落地。

3. 第三阶段：全面完成自然人服务和管理功能

自 2020 年 1 月起，保障系统能够正常、稳定、可靠地运行，可以提供一系列运维服务与支持工作。

（三）个税业务分步云化和上线

个税业务全部上云是一个循序渐进的系统工程，个税业务由 ITS、金税三期、大数据云平台等多系统协同支撑，同时个税业务与其他税费业务存在业务关联。个税业务分步建设和上线的具体时段为：

1. 第一阶段（2018 年 10 月）

ITS 中自然人基础信息采集、实名认证等 16 项业务，67 个功能先行上云。该部分业务支撑过渡期税改政策业务办理，包括：自然人实名认证、自然人信息采集、自然人信息变更、过渡期申报及相应的查询功能。

2. 第二阶段（2019 年 1 月）

ITS 中的 254 项自然人申报、征收、开票、核算等业务和 31 项个税扣缴等业务，共 419 个功能上线运行。支撑实施新税制，率先实施综合所得税预扣预缴申报及分类所得申报，包括以下功能：

（1）税改核心业务，综合所得的预扣预缴和年度申报等；

（2）分类所得扣缴申报和自行申报业务；

（3）征收开票（含电子缴税）、入库销号（含电子入库流水下载）、综合申报退税及财务结算等；

（4）综合所得的预扣预缴流水单、年度完税证明、日常完税证明等；

（5）相关会统核算、报表业务；

（6）业务操作清册查询、一人式查询等；

（7）部分大屏展示、政策效应分析等业务；

（8）其他相关业务，包括与核心征管的业务衔接，如票证使用衔接等。

3. 第三阶段（2020 年 1 月）

ITS 中 21 项涉及税收数据智能应用、风险和信用管理的业务上线运行。全面、深度支撑实施机关报税制，并拓展到自然人其他相关业务方面，主要包括：报表分析、信用管理、风险管理、其他宏观分析等关键业务。

二、项目介绍

（一）自然人税收管理系统业务框架

自然人税收管理系统业务框架包括纯个税业务模块和公共业务模块，其中纯个税业务模块包括“认定、核定、优惠、征收、申报”五个子模块，公共业务主要涉及征管系统的登记模块。

（二）ITS 与金税三期系统间的业务边界

ITS 与金三核心征管的总体划分原则：

1. 个税独立征退

保持自然人与单位纳税人税收管理业务相对独立运行，解决性能焦点业务，避免性能瓶颈。

2. 公共服务抽取

ITS 和税收征管系统互相打通，根据需要抽取公共服务。

3. 依法随需调整

根据征管法和个人所得税法修法通过后的新政，确定是否需要为自然人个税建立单独的执法流程等。

（三）ITS 与金三外部交换平台的关系

按照新税法的实际征管需求，特别是 6 项专项附加扣除的实际需求进行的数据共享，共涉及 11 个部门、378 个数据项。

1.ITS 系统接受外部交换平台渠道

（1）ITS 业务平台中的自然人中心在处理新增的自然人证件信息时，调用外部交换平台提供的身份证件核验等接口。

（2）ITS 系统通过总局现有的外部交换平台提供第三方数据，来完成自然人的专项扣除等业务场景的真实性校验。

（3）ITS 业务平台与外部交换平台采用 WebService ＋ XML 进行服务集成，使用 CDP 进行 T ＋ 1 的数据集成。

2. 外部交换平台需要交换的部门信息

公安部：居民身份基本信息、居住证、户籍登记、出入境信息等；

人民银行：纳税人账户、住房贷款、征信系统信息等；

教育部：在校学生学籍管理、成人学历教育信息等；

人社部：外籍个人工作许可证、继续教育、社会保障信息等；

民政部：婚姻登记、残疾军人、大病医疗补助信息等；

住建部：个人住房公积金及贷款、公租房信息等；

自然资源部：家庭住房信息；

银保监会：税优型商业健康保险信息等；

医保局：大病支出等信息和专用凭据；

财政部：统发工资信息等；

发改委：赡养老人信息等。

（四）ITS 与各省电子税务局的关系

根据网络拓扑的规划，ITS 的自然人互联网应用服务部署在各省互联网域，且自然人实名认证、登录等功能与各省网上办税服务应用系统功能存在重合，因此需与各省网上办税服务应用系统集成，形成面向自然人的统一入口。

1. 基本原则

为保证个人所得税政策落地的一致性及数据完整性，各省无须重新开发 ITS 自然人互联网应用已经具备的功能，仅需按照标准集成即可。

2. 系统合并

根据 ITS 的上线进度，在网上办税服务应用系统关停与 ITS 重复的业务功能。

3. 场景集成形式

根据当地网上办税服务应用系统的实际运行情况，比照四种场景集成。

（1）网上办税服务应用系统首页增加 ITS 系统链接集成；

（2）无实名认证功能的省局网上办税服务应用系统需要与 ITS 做单点登录集成；

（3）实名认证功能不符合 ITS 要求的网上办税服务应用系统需要与 ITS 做单点登录集成；

（4）实名认证功能符合 ITS 要求的网上办税服务应用系统需要与 ITS 做单点集成。

4. 认证方式

ITS 选择高安全性、跨平台、轻量级的 OAuth2.0 认证方式，并进行安全加强。

（五）总体架构内容

采用总局、省局两级处理应用模式，云端应用统一部署在总局云平台，互联网入口在省局。

1. 云平台支撑系统

（1）建立总局统一交易云平台，支撑自然人纳税人的核心业务。

（2）将公共服务标准化，由统一的业务平台和数据平台提供，形成高效的服务中心。

（3）云平台划分 1 + 36 朵虚拟云，支撑总局和各省业务应用。

（4）提供多元化办税渠道，包括大厅端、远程端（Web 和 APP）、扣缴客户端。

2. 外部核心渠道组成

（1）移动互联网

互联网应用（外网 Web 和手机 APP）提供 PC 浏览器和手机 APP 网上办税的界面功能。

（2）扣缴客户端

扣缴客户端供扣缴义务人在远程办税使用，提供离线填写和在线申报等功能。扣缴客户端主要完成企业办理代扣代缴或预扣预缴业务，同时需要支撑办税人员实名、员工实名信息采集，专项抵扣信息采集等业务。

（3）税务人员大厅

税务人员大厅应用为纳税人来税务大厅办理业务提供界面交互功能。ITS 的大厅应用集成到金税三期税务人员的省局工作门户中，并在省局端实现与金税三期核心征管、工作流等的交互。

3. 集成架构

ITS 系统与多个外部系统存在数据或服务上的调用，根据实际情况选用不同的集成方式。

（六）便捷缴退税

1. 第三方支付

ITS 提供了税库银联网缴税、银行端查询缴税、POS 机联、网划卡、第三方支付、税务机关自收现金等多种缴款方式，可通过互联网＋税务实现对纳税人 7×24 小时全方位、多地域、立体式和智能化的纳税服务。

2. 电子退税

ITS 系统的退库业务全面采用电子退库方式，纳税人在线上线下提出退税申请后，系统根据不同类型的退税和指标进行监控，采用自动与人工相结合审核。

3. 票证电子化

ITS 系统实现了纸质票证电子化，票证全部以数据电文形式存储传送，不会混淆。各类税收票证使用单位可通过 ITS 局端及远程端验证模块进行真伪、是否有效、开具内容等验证。

三、Web 端与 APP 端概述

2018 年 8 月 31 日，第十三届全国人民代表大会常务委员会第五次会议通过了《中华人民共和国个人所得税法》第七次修正案，此次修正案最大的亮点是将建立综合与分类相结合的个人所得税税制。基于上述背景，响应税制改革，为提高纳税服务，国家税务总局建立了局端大厅、扣缴客户端、Web 端、APP 端等多途径的办税服务渠道。

自然人办税服务平台分为 Web 端和 APP 端，两端数据实时同步、信息共享。

四、自然人办税服务平台（Web 端）

自然人办税服务平台（Web 端）是个人所得税网上办税平台（简称：个人所得税 Web），该平台包含了注册、登录和专项附加扣除申报等功能。纳税人注册成功登录后可以自行完善、修改自然人信息，直接通过该平台进行相关涉税业务操作，让纳税人无须再往返税务机关办理，减轻了纳税人的办税负担，节约了纳税人的办税时间，更加方便、快捷地完成相关涉税业务操作。

Web 端登录方式：

纳税人可通过访问各省门户网站首页或登录各省电子税务局，点击自然人办税服务平台链接登录，首次访问需要先实名认证注册。为保障纳税人更好的体验，建议使用 IE8 以上版本、Google Chrome（谷歌）或 QQ 浏览器等，若使用 360 浏览器建议切换到极速模式。

五、自然人办税服务平台（APP 端）

自然人办税服务平台（APP 端）是个人所得税网上办税平台（简称：个人所得税 APP）。该平台包含了注册、登录和专项附加扣除申报等功能，纳税人注册成功登录后可以自行完善、修改自然人信息，然后可直接通过该平台进行相关涉税业务操作，让纳税人无须再往返税务机关办理，减轻了纳税人的办税负担，节约了纳税人的办税时间，更加方便、快捷地完成相关涉税业务操作。

个人所得税 APP 下载路径：

1. 通过自然人办税服务平台 Web 端首页点击“扫码登录”下方的“手机端下载”，扫描二维码下载安装。

2. 苹果 IOS 系统通过 App Store 搜索“个人所得税”下载安装，苹果 IOS 系统需要 IOS 9.0 或更高版本。

3. 安卓 Android 系统目前已经在华为、小米、VIVO、OPPO 等应用市场上架，后续会在更多应用市场上架。广大纳税人可以在上述应用市场搜索 “个人所得税”下载安装。安卓 Android 系统需要 4.3 或更高版本。

第二十章
纳税申报表

第一节　纳税申报表概述

为贯彻落实个人所得税法及其实施条例（以下简称“税法”）和相关政策规定，帮助纳税人更好理解并办理纳税申报、享受有关优惠政策，税务总局对部分个人所得税申报表进行了修订，制定了《国家税务总局关于修订部分个人所得税申报表的公告》（国家税务总局公告 2019 年第 46 号，以下简称《公告》）。

一、修订申报表的总体情况

本次个人所得税申报表的修订，结合税法有关规定，进一步完善申报内容、规范数据口径、引导鼓励网络申报，旨在确保个人所得税综合所得年度汇算清缴（以下称“年度汇算”）顺利实施和个人所得税重点政策有效落地。主要情况如下：

（一）根据税法年度汇算有关规定，对没有取得境外所得的居民个人，为便于其更好地理解并办理年度汇算，根据不同情况，将原《个人所得税年度自行纳税申报表》细分为《个人所得税年度自行纳税申报表（A 表）》《个人所得税年度自行纳税申报表（简易版）》《个人所得税年度自行纳税申报表（问答版）》，以便各类纳税人结合自身实际选用申报表，降低填报难度。

（二）根据税法及境外所得有关政策规定，制发《个人所得税年度自行纳税申报表（B 表）》及《境外所得个人所得税抵免明细表》，以便取得境外所得的纳税人能够较为清晰地计算记录和填报抵免限额，并办理纳税申报。

（三）根据税法及相关政策规定，调整完善了原《个人所得税经营所得纳税申报表（A 表）》《个人所得税减免税事项报告表》相关填报内容和说明，以便纳税人填报享受捐赠扣除和税收优惠。

（四）根据税法以及“三代”手续费办理的有关要求，设计了《代扣代缴手续费申请表》，以便扣缴义务人能够较为便捷规范地申请个人所得税代扣代缴手续费。

二、修订后各申报表的使用

《公告》发布的修订后的表证单书如下：

（一）《个人所得税年度自行纳税申报表（A 表）》。该表适用于纳税年度内仅从中国境内取得工资、薪金所得，劳务报酬所得，稿酬所得，特许权使用费所得（以下称“综合所得”）的居民个人，按税法规定进行年度汇算。

《个人所得税年度自行纳税申报表（简易版）》。该表适用于纳税年度内仅从中国境内取得综合所得，且年综合所得收入额不超过 6 万元的居民个人，按税法规定进行年度汇算。

《个人所得税年度自行纳税申报表（问答版）》。该表通过提问的方式引导居民个人完成纳税申报，适用于纳税年度内仅从中国境内取得综合所得的居民个人，按税法规定进行年度汇算。

（二）《个人所得税年度自行纳税申报表（B 表）》。该表适用于纳税年度内取得境外所得的居民个人，按税法规定进行个人所得税年度自行申报。同时，办理境外所得纳税申报时，需一并附报《境外所得个人所得税抵免明细表》，以便计算其取得境外所得的抵免限额。

（三）《个人所得税经营所得纳税申报表（A 表）》。该表适用于查账征收和核定征收的个体工商户业主、个人独资企业投资人、合伙企业个人合伙人、承包承租经营者个人以及其他从事生产、经营活动的个人在中国境内取得经营所得，按税法规定办理个人所得税预缴纳税申报。

（四）《个人所得税减免税事项报告表》。该表适用于个人在纳税年度内发生减免税事项，扣缴义务人预扣预缴时或者个人自行纳税申报时填报享受税收优惠。

纳税人在办理2019年度个人所得税综合所得汇算清缴填写免税收入时，暂不附报《个人所得税减免税事项报告表》。

（五）《代扣代缴手续费申请表》。该表适用扣缴义务人申请个人所得税代扣代缴手续费。

三、其他事项

为便于纳税人理解，总局授权省（区、市）税务局可以根据当地情况，补充、修改申报表提示、说明信息。

修订后的申报表自2020年1月1日起启用。

第二节　个人所得税年度自行纳税申报表（A表）

一、表样

个人所得税年度自行纳税申报表（A表）

（仅取得境内综合所得年度汇算适用）

税款所属期：　　年　月　日至　年　月　日

纳税人姓名：

纳税人识别号：□□□□□□□□□□□□□□□□□□□□□—□□　　金额单位：人民币元（列至角分）

基本情况					
手机号码		电子邮箱		邮政编码	□□□□□□
联系地址	___省（区、市）___市___区（县）___街道（乡、镇）_____				
纳税地点（单选）					
1.有任职受雇单位的，需选本项并填写“任职受雇单位信息”：			□任职受雇单位所在地		

续表

任职受雇单位信息	名称	
	纳税人识别号	□□□□□□□□□□□□□□□□□□
2. 没有任职受雇单位的，可以从本栏次选择一地：		□ 户籍所在地　□经常居住地
户籍所在地 / 经常居住地	___ 省（区、市）___ 市 ___ 区（县）___ 街道（乡、镇）_____	
申报类型（单选）		
□ 首次申报　□更正申报		
综合所得个人所得税计算		

项目	行次	金额
一、收入合计（第 1 行=第 2 行+第 3 行+第 4 行+第 5 行）	1	
（一）工资、薪金	2	
（二）劳务报酬	3	
（三）稿酬	4	
（四）特许权使用费	5	
二、费用合计［第 6 行=（第 3 行+第 4 行+第 5 行）×20%］	6	
三、免税收入合计（第 7 行=第 8 行+第 9 行）	7	
（一）稿酬所得免税部分［第 8 行=第 4 行 ×（1－20%）×30%］	8	
（二）其他免税收入（附报《个人所得税减免税事项报告表》）	9	
四、减除费用	10	
五、专项扣除合计（第 11 行=第 12 行+第 13 行+第 14 行+第 15 行）	11	
（一）基本养老保险费	12	
（二）基本医疗保险费	13	
（三）失业保险费	14	
（四）住房公积金	15	
六、专项附加扣除合计（附报《个人所得税专项附加扣除信息表》）（第 16 行=第 17 行+第 18 行+第 19 行+第 20 行+第 21 行+第 22 行）	16	
（一）子女教育	17	
（二）继续教育	18	
（三）大病医疗	19	
（四）住房贷款利息	20	
（五）住房租金	21	
（六）赡养老人	22	
七、其他扣除合计（第 23 行=第 24 行+第 25 行+第 26 行+第 27 行+第 28 行）	23	
（一）年金	24	
（二）商业健康保险（附报《商业健康保险税前扣除情况明细表》）	25	

续表

<table>
<tr><td colspan="2">（三）税延养老保险
（附报《个人税收递延型商业养老保险税前扣除情况明细表》）</td><td>26</td><td></td></tr>
<tr><td colspan="2">（四）允许扣除的税费</td><td>27</td><td></td></tr>
<tr><td colspan="2">（五）其他</td><td>28</td><td></td></tr>
<tr><td colspan="2">八、准予扣除的捐赠额（附报《个人所得税公益慈善事业捐赠扣除明细表》）</td><td>29</td><td></td></tr>
<tr><td colspan="2">九、应纳税所得额
（第 30 行＝第 1 行－第 6 行－第 7 行－第 10 行－第 11 行－第 16 行－第 23 行－第 29 行）</td><td>30</td><td></td></tr>
<tr><td colspan="2">十、税率（%）</td><td>31</td><td></td></tr>
<tr><td colspan="2">十一、速算扣除数</td><td>32</td><td></td></tr>
<tr><td colspan="2">十二、应纳税额（第 33 行＝第 30 行 × 第 31 行－第 32 行）</td><td>33</td><td></td></tr>
<tr><td colspan="4">全年一次性奖金个人所得税计算
（无住所居民个人预判为非居民个人取得的数月奖金，选择按全年一次性奖金计税的填写本部分）</td></tr>
<tr><td colspan="2">一、全年一次性奖金收入</td><td>34</td><td></td></tr>
<tr><td colspan="2">二、准予扣除的捐赠额（附报《个人所得税公益慈善事业捐赠扣除明细表》）</td><td>35</td><td></td></tr>
<tr><td colspan="2">三、税率（%）</td><td>36</td><td></td></tr>
<tr><td colspan="2">四、速算扣除数</td><td>37</td><td></td></tr>
<tr><td colspan="2">五、应纳税额［第 38 行＝（第 34 行－第 35 行）× 第 36 行－第 37 行］</td><td>38</td><td></td></tr>
<tr><td colspan="4">税额调整</td></tr>
<tr><td colspan="2">一、综合所得收入调整额（需在“备注”栏说明调整具体原因、计算方式等）</td><td>39</td><td></td></tr>
<tr><td colspan="2">二、应纳税额调整额</td><td>40</td><td></td></tr>
<tr><td colspan="4">应补 / 退个人所得税计算</td></tr>
<tr><td colspan="2">一、应纳税额合计（第 41 行＝第 33 行＋第 38 行＋第 40 行）</td><td>41</td><td></td></tr>
<tr><td colspan="2">二、减免税额（附报《个人所得税减免税事项报告表》）</td><td>42</td><td></td></tr>
<tr><td colspan="2">三、已缴税额</td><td>43</td><td></td></tr>
<tr><td colspan="2">四、应补 / 退税额（第 44 行＝第 41 行－第 42 行－第 43 行）</td><td>44</td><td></td></tr>
<tr><td colspan="4">无住所个人附报信息</td></tr>
<tr><td>纳税年度内在中国境内居住天数</td><td></td><td>已在中国境内居住年数</td><td></td></tr>
<tr><td colspan="4">退税申请
（应补 / 退税额小于 0 的填写本部分）</td></tr>
<tr><td colspan="4">□ 申请退税（需填写“开户银行名称”“开户银行省份”“银行账号”） □ 放弃退税</td></tr>
<tr><td>开户银行名称</td><td></td><td>开户银行省份</td><td></td></tr>
<tr><td>银行账号</td><td colspan="3"></td></tr>
</table>

续表

备注	
谨声明：本表是根据国家税收法律法规及相关规定填报的，本人对填报内容（附带资料）的真实性、可靠性、完整性负责。 纳税人签字：　　　年　　月　　日	
经办人签字： 经办人身份证件类型： 经办人身份证件号码： 代理机构签章： 代理机构统一社会信用代码：	受理人： 受理税务机关（章）： 受理日期：　　年　月　日

二、填表说明

适用范围：本表适用于居民个人纳税年度内仅从中国境内取得工资、薪金所得，劳务报酬所得，稿酬所得，特许权使用费所得（以下称“综合所得”），按照税法规定进行个人所得税综合所得汇算清缴。居民个人纳税年度内取得境外所得的，不适用本表。

报送期限：居民个人取得综合所得需要办理汇算清缴的，应当在取得所得的次年3月1日至6月30日内，向主管税务机关办理个人所得税综合所得汇算清缴申报，并报送本表。

本表各栏填写：

（一）表头项目

1. 税款所属期：填写居民个人取得综合所得当年的第1日至最后1日。如：2019年1月1日至2019年12月31日。

2. 纳税人姓名：填写居民个人姓名。

3. 纳税人识别号：有中国公民身份号码的，填写中华人民共和国居民身份证上载明的“公民身份号码”；没有中国公民身份号码的，填写税务机关赋予的纳税人识别号。

（二）基本情况

1. 手机号码：填写居民个人中国境内的有效手机号码。

2. 电子邮箱：填写居民个人有效电子邮箱地址。

3. 联系地址：填写居民个人能够接收信件的有效地址。

4. 邮政编码：填写居民个人“联系地址”对应的邮政编码。

（三）纳税地点

居民个人根据任职受雇情况，在选项 1 和选项 2 之间选择其一，并填写相应信息。若居民个人逾期办理汇算清缴申报被指定主管税务机关的，无须填写本部分。

1. 任职受雇单位信息：勾选“任职受雇单位所在地”并填写相关信息。

（1）名称：填写任职受雇单位的法定名称全称。

（2）纳税人识别号：填写任职受雇单位的纳税人识别号或者统一社会信用代码。

2. 户籍所在地/经常居住地：勾选“户籍所在地”的，填写居民户口簿中登记的住址。勾选“经常居住地”的，填写居民个人申领居住证上登载的居住地址；没有申领居住证的，填写居民个人实际居住地；实际居住地不在中国境内的，填写支付或者实际负担综合所得的境内单位或个人所在地。

（四）申报类型

未曾办理过年度汇算申报，勾选“首次申报”；已办理过年度汇算申报，但有误需要更正的，勾选“更正申报”。

（五）综合所得个人所得税计算

1. 第 1 行“收入合计”：填写居民个人取得的综合所得收入合计金额。

第 1 行＝第 2 行＋第 3 行＋第 4 行＋第 5 行。

2. 第 2 ~ 5 行“工资、薪金”“劳务报酬”“稿酬”“特许权使用费”：填写居民个人取得的需要并入综合所得计税的“工资、薪金”“劳务报酬”“稿酬”“特许权使用费”所得收入金额。

3. 第 6 行“费用合计”：根据相关行次计算填报。

第 6 行＝（第 3 行＋第 4 行＋第 5 行）×20%。

4. 第 7 行“免税收入合计”：填写居民个人取得的符合税法规定的免税收入合计金额。

第 7 行＝第 8 行＋第 9 行。

5. 第 8 行“稿酬所得免税部分”：根据相关行次计算填报。

第 8 行＝第 4 行 ×（1 － 20%）×30%。

6. 第 9 行“其他免税收入”：填写居民个人取得的除第 8 行以外的符合税法规定的免税收入合计，并按规定附报《个人所得税减免税事项报告表》。

7. 第 10 行“减除费用”：填写税法规定的减除费用。

8. 第 11 行“专项扣除合计”：根据相关行次计算填报。

第 11 行＝第 12 行＋第 13 行＋第 14 行＋第 15 行。

9. 第 12 ～ 15 行“基本养老保险费”“基本医疗保险费”“失业保险费”“住房公积金”：填写居民个人按规定可以在税前扣除的基本养老保险费、基本医疗保险费、失业保险费、住房公积金金额。

10. 第 16 行“专项附加扣除合计”：根据相关行次计算填报，并按规定附报《个人所得税专项附加扣除信息表》。

第 16 行＝第 17 行－第 18 行＋第 19 行＋第 20 行＋第 21 行＋第 22 行。

11. 第 17 ～ 22 行“子女教育”“继续教育”“大病医疗”“住房贷款利息”“住房租金”“赡养老人”：填写居民个人按规定可以在税前扣除的子女教育、继续教育、大病医疗、住房贷款利息、住房租金、赡养老人等专项附加扣除的金额。

12. 第 23 行“其他扣除合计”：根据相关行次计算填报。

第 23 行＝第 24 行＋第 25 行＋第 26 行＋第 27 行＋第 28 行。

13. 第 24 ～ 28 行“年金”“商业健康保险”“税延养老保险”“允许扣除的税费”“其他”：填写居民个人按规定可在税前扣除的年金、商业健康保险、税延养老保险、允许扣除的税费和其他扣除项目的金额。其中，填写商业健康保险的，应当按规定附报《商业健康保险税前扣除情况明细表》；填写税延养老保险的，应当按规定附报《个人税收递延型商业养老保险税前扣除情况明细表》。

14. 第 29 行“准予扣除的捐赠额”：填写居民个人按规定准予在税前扣除的公益慈善事业捐赠金额，并按规定附报《个人所得税公益慈善事业捐赠扣除明细表》。

15. 第 30 行“应纳税所得额”：根据相关行次计算填报。

第 30 行＝第 1 行－第 6 行－第 7 行－第 10 行－第 11 行－第 16 行－第 23 行－第 29 行。

16. 第 31、32 行“税率”“速算扣除数”：填写按规定适用的税率和速算扣除数。

17. 第 33 行“应纳税额”：按照相关行次计算填报。

第 33 行＝第 30 行 × 第 31 行－第 32 行。

（六）全年一次性奖金个人所得税计算

无住所居民个人预缴时因预判为非居民个人而按取得数月奖金计算缴税的，汇缴时可以根据自身情况，将一笔数月奖金按照全年一次性奖金单独计算。

1. 第 34 行“全年一次性奖金收入”：填写无住所的居民个人纳税年度内预判为非居民个人时取得的一笔数月奖金收入金额。

2. 第 35 行“准予扣除的捐赠额”：填写无住所的居民个人按规定准予在税前扣除的公益慈善事业捐赠金额，并按规定附报《个人所得税公益慈善事业捐赠扣除明细表》。

3. 第 36、37 行“税率”“速算扣除数”：填写按照全年一次性奖金政策规定适用的税率和速算扣除数。

4. 第 38 行“应纳税额”：按照相关行次计算填报。

第 38 行＝（第 34 行－第 35 行）× 第 36 行－第 37 行。

（七）税额调整

1. 第 39 行“综合所得收入调整额”：填写居民个人按照税法规定可以办理的除第 39 行之前所填报内容之外的其他可以进行调整的综合所得收入的调整金额，并在“备注”栏说明调整的具体原因、计算方式等信息。

2. 第 40 行“应纳税额调整额”：填写居民个人按照税法规定调整综合所得收入后所应调整的应纳税额。

（八）应补 / 退个人所得税计算

1. 第 41 行“应纳税额合计”：根据相关行次计算填报。

第 41 行 ＝ 第 33 行＋第 38 行＋第 40 行。

2. 第 42 行“减免税额”：填写符合税法规定的可以减免的税额，并按规定附报《个人所得税减免税事项报告表》。

3. 第 43 行“已缴税额”：填写居民个人取得在本表中已填报的收入对应的已经缴纳或者被扣缴的个人所得税。

4. 第 44 行“应补 / 退税额”：根据相关行次计算填报。

第 44 行＝第 41 行－第 42 行－第 43 行。

（九）无住所个人附报信息

本部分由无住所居民个人填写。不是，则不填。

1. 纳税年度内在中国境内居住天数：填写纳税年度内，无住所居民个人在中国境内居住的天数。

2. 已在中国境内居住年数：填写无住所居民个人已在中国境内连续居住的年份数。其中，年份数自 2019 年（含）开始计算且不包含本纳税年度。

（十）退税申请

本部分由应补 / 退税额小于 0 且勾选“申请退税”的居民个人填写。

1.“开户银行名称”：填写居民个人在中国境内开立银行账户的银行名称。

2.“开户银行省份”：填写居民个人在中国境内开立的银行账户的开户银行所在省、自治区、直辖市或者计划单列市。

3.“银行账号”：填写居民个人在中国境内开立的银行账户的银行账号。

（十一）备注

填写居民个人认为需要特别说明的或者按照有关规定需要说明的事项。

三、其他事项说明

以纸质方式报送本表的，建议通过计算机填写打印，一式两份，纳税人、税务机关各留存一份。

第三节 个人所得税年度自行纳税申报表（简易版）

个人所得税年度自行纳税申报表（简易版）

（纳税年度：20___）

一、填表须知

填写本表前，请仔细阅读以下内容：

1. 如果您年综合所得收入额不超过 6 万元且在纳税年度内未取得境外所得的，可以填写本表；
2. 您可以在纳税年度的次年 3 月 1 日至 5 月 31 日使用本表办理汇算清缴申报，并在该期限内申请退税；
3. 建议您下载并登录个人所得税 APP，或者直接登录税务机关官方网站在线办理汇算清缴申报，体验更加便捷的申报方式；
4. 如果您对于申报填写的内容有疑问，您可以参考相关办税指引，咨询您的扣缴单位、专业人士，或者拨打 12366 纳税服务热线；
5. 以纸质方式报送本表的，建议通过计算机填写打印，一式两份，纳税人、税务机关各留存一份。

二、个人基本情况

1. 姓名	
2. 公民身份号码 / 纳税人识别号	□□□□□□□□□□□□□□□□□□□□□ – □□（无校验码不填后两位）
说明：有中国公民身份号码的，填写中华人民共和国居民身份证上载明的“公民身份号码”；没有中国公民身份号码的，填写税务机关赋予的纳税人识别号。	

续表

3. 手机号码	□□□□□□□□□□□
提示：中国境内有效手机号码，请准确填写，以方便与您联系。	
4. 电子邮箱	
5. 联系地址	___省（区、市）___市___区（县）___街道（乡、镇）_____
提示：能够接收信件的有效通讯地址。	
6. 邮政编码	□□□□□□

三、纳税地点（单选）

1. 有任职受雇单位的，需选本项并填写“任职受雇单位信息”：		□ 任职受雇单位所在地
任职受雇单位信息	名称	
	纳税人识别号	□□□□□□□□□□□□□□□□□□
2. 没有任职受雇单位的，可以从本栏次选择一地：		□ 户籍所在地 □ 经常居住地
户籍所在地 / 经常居住地	___省（区、市）___市___区（县）___街道（乡、镇）_____	

四、申报类型

请您选择本次申报类型，未曾办理过年度汇算申报，勾选“首次申报”；已办理过年度汇算申报，但有误需要更正的，勾选“更正申报”：	
□首次申报	□更正申报

五、纳税情况

已缴税额	□□,□□□.□□（元）
纳税年度内取得综合所得时，扣缴义务人预扣预缴以及个人自行申报缴纳的个人所得税。	

六、退税申请

1. 是否申请退税？	□申请退税【选择此项的，填写个人账户信息】 □放弃退税
2. 个人账户信息	开户银行名称：______________ 开户银行省份：________
	银行账号：______________
说明：开户银行名称填写居民个人在中国境内开立银行账户的银行名称。	

七、备注

如果您有需要特别说明或者税务机关要求说明的事项，请在本栏填写：

八、承诺及申报受理

谨声明： 1. 本人纳税年度内取得的综合所得收入额合计不超过 6 万元。 2. 本表是根据国家税收法律法规及相关规定填报的，本人对填报内容（附带资料）的真实性、可靠性、完整性负责。 纳税人签名：　　年　　月　　日	
经办人签字： 经办人身份证件类型： 经办人身份证件号码： 代理机构签章： 代理机构统一社会信用代码：	受理人： 受理税务机关（章）： 受理日期：　　年　月　日

第四节　个人所得税年度自行纳税申报表（问答版）

个人所得税年度自行纳税申报表（问答版）

（纳税年度：20____）

一、填表须知

填写本表前，请仔细阅读以下内容：

1. 如果您需要办理个人所得税综合所得汇算清缴，并且未在纳税年度内取得境外所得的，可以填写本表；

2. 您需要在纳税年度的次年 3 月 1 日至 6 月 30 日办理汇算清缴申报，并在该期限内补缴税款或者申请退税；

3. 建议您下载并登录个人所得税 APP，或者直接登录税务机关官方网站在线办理汇算清缴申报，体验更加便捷的申报方式；

4. 如果您对于申报填写的内容有疑问，您可以参考相关办税指引，咨询您的扣缴单位、专业人士，或者拨打 12366 纳税服务热线；

5. 以纸质方式报送本表的，建议通过计算机填写打印，一式两份，纳税人、税务机关各留存一份。

二、基本情况

1. 姓名	
2. 公民身份号码 / 纳税人识别号	□□□□□□□□□□□□□□□□□□□□ - □□ （无校验码不填后两位）
说明：有中国公民身份号码的，填写中华人民共和国居民身份证上载明的“公民身份号码”；没有中国公民身份号码的，填写税务机关赋予的纳税人识别号。	
3. 手机号码	□□□□□□□□□□□
提示：中国境内有效手机号码，请准确填写，以方便与您联系。	
4. 电子邮箱	
5. 联系地址	___ 省（区、市）___ 市 ___ 区（县）___ 街道（乡、镇）_____
提示：能够接收信件的有效通讯地址。	
6. 邮政编码	□□□□□□

三、纳税地点

7. 您是否有任职受雇单位，并取得工资、薪金？（单选）
□有任职受雇单位（需要回答问题 8） □没有任职受雇单位（需要回答问题 9）
8. 如果您有任职受雇单位，您可以选择一处任职受雇单位所在地办理汇算清缴，请提供该任职受雇单位的具体情况：
任职受雇单位名称（全称）：
任职受雇单位纳税人识别号：□□□□□□□□□□□□□□□□□□□□
9. 如果您没有任职受雇单位，您可以选择在以下地点办理汇算清缴：（单选）
□户籍所在地 □经常居住地 具体地址：______ 省（区、市）_____ 市 _____ 区（县）_____ 街道（乡、镇）________
说明： 1. 户籍所在地是指居民户口簿中登记的地址。 2. 经常居住地是指居民个人申领居住证上登载的居住地址，若没有申领居住证，指居民个人当前实际居住的地址；若居民个人不在中国境内的，指支付或者实际负担综合所得的境内单位或个人所在地。

四、申报类型

10. 未曾办理过年度汇算申报，勾选“首次申报”；已办理过年度汇算申报，但有误需要更正的，勾选“更正申报”：	
□首次申报	□更正申报

五、收入—A（工资、薪金）

11. 您在纳税年度内取得的工资、薪金收入有多少？
（A1）工资、薪金收入（包括并入综合所得计算的全年一次性奖金）：□□,□□□,□□□,□□□.□□（元） □无此类收入
说明： （1）工资、薪金是指，个人因任职或者受雇，取得的工资、薪金收入。包括工资、薪金、奖金、年终加薪、劳动分红、津贴、补贴以及与任职或者受雇有关的其他收入。全年一次性奖金是指，行政机关、企事业单位等扣缴义务人根据其全年经济效益和对雇员全年工作业绩的综合考核情况，向雇员发放的一次性奖金。包括年终加薪、实行年薪制和绩效工资办法的单位根据考核情况兑现的年薪和绩效工资。 （2）全年一次性奖金可以单独计税，也可以并入综合所得计税。具体方法请查阅财税〔2018〕164 号文件规定。选择何种方式计税对您更为有利，可以咨询专业人士。 （3）工资薪金收入不包括单独计税的全年一次性奖金。

六、收入—A（劳务报酬）

12. 您在纳税年度内取得的劳务报酬收入有多少？
（A2）劳务报酬收入：□□,□□□,□□□,□□□.□□（元）　　　□无此类收入
说明：劳务报酬收入是指，个人从事设计、装潢、安装、制图、化验、测试、医疗、法律、会计、咨询、讲学、翻译、审稿、书画、雕刻、影视、录音、录像、演出、表演、广告、展览、技术服务、介绍服务、经纪服务、代办服务以及其他劳务取得的收入。

七、收入—A（稿酬）

13. 您在纳税年度内取得的稿酬收入有多少？
（A3）稿酬收入：□□,□□□,□□□,□□□.□□（元）　　　□无此类收入
说明：稿酬收入是指，个人作品以图书、报刊等形式出版、发表而取得的收入。

八、收入—A（特许权使用费）

14. 您在纳税年度内取得的特许权使用费收入有多少？
（A4）特许权使用费收入：□□,□□□,□□□,□□□.□□（元）　　　□无此类收入
说明：特许权使用费收入是指，个人提供专利权、商标权、著作权、非专利技术以及其他特许权的使用权取得的收入。

九、免税收入—B

15. 您在纳税年度内取得的综合所得收入中，免税收入有多少？（需附报《个人所得税减免税事项报告表》）
（B1）免税收入：□□,□□□,□□□,□□□.□□（元）　　　□无此类收入
提示：免税收入是指按照税法规定免征个人所得税的收入。其中，税法规定"稿酬所得的收入额减按 70% 计算"，对稿酬所得的收入额减计 30% 的部分无需填入本项，将在后续计算中扣减该部分。

十、专项扣除—C

16. 您在纳税年度内个人负担的，按规定可以在税前扣除的基本养老保险费、基本医疗保险费、失业保险费、住房公积金是多少？
（C1）基本养老保险费：□□□,□□□.□□（元） □无此类扣除
（C2）基本医疗保险费：□□□,□□□.□□（元） □无此类扣除
（C3）失业保险费： □□□,□□□.□□（元） □无此类扣除
（C4）住房公积金： □□□,□□□.□□（元） □无此类扣除
说明：个人实际负担的三险一金可以扣除。

十一、专项附加扣除—D

17. 您在纳税年度内可以扣除的子女教育支出是多少？（需附报《个人所得税专项附加扣除信息表》）
（D1）子女教育：□□□,□□□.□□（元） □无此类扣除
说明： 子女教育支出可扣除金额（D1）=每一子女可扣除金额合计； 每一子女可扣除金额=纳税年度内符合条件的扣除月份数 ×1000 元 × 扣除比例。 纳税年度内符合条件的扣除月份数包括子女年满3周岁当月起至受教育前一月、实际受教育月份以及寒暑假休假月份等。 扣除比例：由夫妻双方协商确定，每一子女可以在本人或配偶处按照 100% 扣除，也可由双方分别按照 50% 扣除。
18. 您在纳税年度内可以扣除的继续教育支出是多少？（需附报《个人所得税专项附加扣除信息表》）
（D2）继续教育：□□□,□□□.□□（元） □无此类扣除
说明： 继续教育支出可扣除金额（D2）=学历（学位）继续教育可扣除金额+职业资格继续教育可扣除金额； 学历（学位）继续教育可扣除金额=纳税年度内符合条件的扣除月份数 ×400 元； 纳税年度内符合条件的扣除月份数包括受教育月份、寒暑假休假月份等，但同一学历（学位）教育扣除期限不能超过 48 个月。 纳税年度内，个人取得符合条件的技能人员、专业技术人员相关职业资格证书的，职业资格继续教育可扣除金额= 3600 元。
19. 您在纳税年度内可以扣除的大病医疗支出是多少？（需附报《个人所得税专项附加扣除信息表》）
（D3）大病医疗：□,□□□,□□□.□□（元） □无此类扣除
说明： 大病医疗支出可扣除金额（D3）=选择由您扣除的每一家庭成员的大病医疗可扣除金额合计； 某一家庭成员的大病医疗可扣除金额（不超过 80000 元）=纳税年度内医保目录范围内的自付部分－ 15000 元； 家庭成员包括个人本人、配偶、未成年子女。
20. 您在纳税年度内可以扣除的住房贷款利息支出是多少？（需附报《个人所得税专项附加扣除信息表》）
（D4）住房贷款利息：□□,□□□.□□（元） □无此类扣除
说明： 住房贷款利息支出可扣除金额（D4）=符合条件的扣除月份数 × 扣除定额。 符合条件的扣除月份数为纳税年度内实际贷款月份数。 扣除定额：正常情况下，由夫妻双方协商确定，由其中 1 人扣除 1000 元 / 月；婚前各自购房，均符合扣除条件的，婚后可选择由其中 1 人扣除 1000 元 / 月，也可以选择各自扣除 500 元 / 月。

续表

21. 您在纳税年度内可以扣除的住房租金支出是多少？（需附报《个人所得税专项附加扣除信息表》）
（D5）住房租金：□□，□□□.□□（元） □无此类扣除
说明： 住房租金支出可扣除金额（D5）＝纳税年度内租房月份的月扣除定额之和 月扣除定额：直辖市、省会（首府）城市、计划单列市以及国务院确定的其他城市，扣除标准为1500元/月；市辖区户籍人口超过100万的城市，扣除标准为1100元/月；市辖区户籍人口不超过100万的城市，扣除标准为800元/月。
22. 您在纳税年度内可以扣除的赡养老人支出是多少？（需附报《个人所得税专项附加扣除信息表》）
（D6）赡养老人：□□，□□□.□□（元） □无此类扣除
说明： 赡养老人支出可扣除金额（D6）＝纳税年度内符合条件的月份数 × 月扣除定额 符合条件的月份数：纳税年度内满60岁的老人，自满60岁当月起至12月份计算；纳税年度前满60岁的老人，按照12个月计算。 月扣除定额：独生子女，月扣除定额2000元/月；非独生子女，月扣除定额由被赡养人指定分摊，也可由赡养人均摊或约定分摊，但每月不超过1000元/月。

十二、其他扣除—E

23. 您在纳税年度内可以扣除的企业年金、职业年金是多少？
（E1）年金：□□□，□□□.□□（元） □无此类扣除
24. 您在纳税年度内可以扣除的商业健康保险是多少？（需附报《商业健康保险税前扣除情况明细表》）
（E2）商业健康保险：□，□□□.□□（元） □无此类扣除
25. 您在纳税年度内可以扣除的税收递延型商业养老保险是多少？（需附报《个人税收递延型商业养老保险税前扣除情况明细表》）
（E3）税延养老保险：□□，□□□.□□（元） □无此类扣除
26. 您在纳税年度内可以扣除的税费是多少？
（E4）允许扣除的税费：□□，□□□，□□□，□□□.□□（元） □无此类扣除
说明：允许扣除的税费是指，个人取得劳务报酬、稿酬、特许权使用费收入时，发生的合理税费支出。
27. 您在纳税年度内发生的除上述扣除以外的其他扣除是多少？
（E5）其他扣除：□□，□□□，□□□，□□□.□□（元） □无此类扣除
提示：其他扣除（其他）包括保险营销员、证券经纪人佣金收入的展业成本。

十三、捐赠—F

28. 您在纳税年度内可以扣除的捐赠支出是多少？（需附报《个人所得税公益慈善事业捐赠扣除明细表》）
（F1）准予扣除的捐赠额：□□，□□□，□□□，□□□.□□（元） □无此类扣除

十四、全年一次性奖金—G

29. 您在纳税年度内取得的一笔要转换为全年一次性奖金的数月奖金是多少？
（G1）全年一次性奖金：□□,□□□,□□□,□□□.□□（元）　　□无此类情况
（G2）全年一次性奖金应纳个人所得税＝G1× 适用税率－速算扣除数＝□□,□□□,□□□,□□□.□□（元）
说明：仅适用于无住所居民个人预缴时因预判为非居民个人而按取得数月奖金计算缴税，汇缴时可以根据自身情况，将一笔数月奖金按照全年一次性奖金单独计算。

十五、税额计算—H（使用纸质申报的居民个人需要自行计算填写本项）

30. 综合所得应纳个人所得税计算
（H1）综合所得应纳个人所得税＝［（A1 ＋ A2×80% ＋ A3×80%×70% ＋ A4×80%）－ B1 － 60000 －（C1 ＋ C2 ＋ C3 ＋ C4）－（D1 ＋ D2 ＋ D3 ＋ D4 ＋ D5 ＋ D6）－（E1 ＋ E2 ＋ E3 ＋ E4 ＋ E5）－ F1］× 适用税率－速算扣除数＝□□,□□□,□□□,□□□.□□（元）

说明：适用税率和速算扣除数如下

级数	全年应纳税所得额	税率（%）	速算扣除数
1	不超过 36000 元的	3	0
2	超过 36000 元至 144000 元的	10	2520
3	超过 144000 元至 300000 元的	20	16920
4	超过 300000 元至 420000 元的	25	31920
5	超过 420000 元至 660000 元的	30	52920
6	超过 660000 元至 960000 元的	35	85920
7	超过 960000 元的	45	181920

十六、减免税额—J

31. 您可以享受的减免税类型有哪些？
□残疾 □孤老 □烈属 □其他（需附报《个人所得税减免税事项报告表》）　　□无此类情况
32. 您可以享受的减免税金额是多少？
（J1）减免税额：□□,□□□,□□□,□□□.□□（元）　　□无此类情况

十七、已缴税额—K

33. 您在纳税年度内取得本表填报的各项收入时，已经缴纳的个人所得税是多少？
（K1）已纳税额：□□,□□□,□□□,□□□.□□（元）　　□无此类情况

十八、应补/退税额—L（使用纸质申报的居民个人需要自行计算填写本项）

34. 您本次汇算清缴应补/退的个人所得税税额是：
（L1）应补/退税额＝G2＋H1－J1－K1＝□□，□□□，□□□，□□□．□□（元）

十九、无住所个人附报信息（有住所个人无须填写本项）

35. 您在纳税年度内，在中国境内的居住天数是多少？
纳税年度内在中国境内居住天数：　　天。
36. 您在中国境内的居住年数是多少？
中国境内居住年数：　　年。
说明：境内居住年数自2019年（含）以后年度开始计算。境内居住天数和年数的具体计算方法参见财政部、税务总局公告2019年第34号。

二十、退税申请（应补/退税额小于0的填写本项）

37. 您是否申请退税？	
□申请退税　□放弃退税	
38. 如果您申请退税，请提供您的有效银行账户。	
开户银行名称：	开户银行省份：
银行账号：	
说明：开户银行名称填写居民个人在中国境内开立银行账户的银行名称。	

二十一、备注

如果您有需要特别说明或者税务机关要求说明的事项，请在本栏填写：

二十二、申报受理

谨声明：本表是根据国家税收法律法规及相关规定填报的，本人对填报内容（附带资料）的真实性、可靠性、完整性负责。	
个人签名：　　　　年　月　日	
经办人签字： 经办人身份证件类型： 经办人身份证件号码： 代理机构签章： 代理机构统一社会信用代码：	受理人： 受理税务机关（章）： 受理日期：　　年　月　日

第五节　个人所得税年度自行纳税申报表（B 表）

一、表样

个人所得税年度自行纳税申报表（B 表）

（居民个人取得境外所得适用）

税款所属期：　年　月　日至　年　月　日

纳税人姓名：

纳税人识别号：□□□□□□□□□□□□□□□□□□—□□　　金额单位：人民币元（列至角分）

<table>
<tr><td colspan="6">基本情况</td></tr>
<tr><td>手机号码</td><td></td><td>电子邮箱</td><td></td><td>邮政编码</td><td>□□□□□□</td></tr>
<tr><td>联系地址</td><td colspan="5">___ 省（区、市）___ 市 ___ 区（县）___ 街道（乡、镇）_____</td></tr>
<tr><td colspan="6">纳税地点（单选）</td></tr>
<tr><td colspan="4">1. 有任职受雇单位的，需选本项并填写“任职受雇单位信息”：</td><td colspan="2">□任职受雇单位所在地</td></tr>
<tr><td rowspan="2">任职受雇单位信息</td><td>名称</td><td colspan="4"></td></tr>
<tr><td>纳税人识别号</td><td colspan="4">□□□□□□□□□□□□□□□□□□</td></tr>
<tr><td colspan="4">2. 没有任职受雇单位的，可以从本栏次选择一地：</td><td colspan="2">□ 户籍所在地　□经常居住地</td></tr>
<tr><td colspan="2">户籍所在地 / 经常居住地</td><td colspan="4">___ 省（区、市）___ 市 ___ 区（县）___ 街道（乡、镇）_____</td></tr>
<tr><td colspan="6">申报类型（单选）</td></tr>
<tr><td colspan="6">□ 首次申报　□更正申报</td></tr>
<tr><td colspan="6">综合所得个人所得税计算</td></tr>
<tr><td colspan="4">项目</td><td>行次</td><td>金额</td></tr>
<tr><td colspan="4">一、境内收入合计（第 1 行=第 2 行+第 3 行+第 4 行+第 5 行）</td><td>1</td><td></td></tr>
<tr><td colspan="4">（一）工资、薪金</td><td>2</td><td></td></tr>
<tr><td colspan="4">（二）劳务报酬</td><td>3</td><td></td></tr>
<tr><td colspan="4">（三）稿酬</td><td>4</td><td></td></tr>
<tr><td colspan="4">（四）特许权使用费</td><td>5</td><td></td></tr>
<tr><td colspan="4">二、境外收入合计（附报《境外所得个人所得税抵免明细表》）
（第 6 行=第 7 行+第 8 行+第 9 行+第 10 行）</td><td>6</td><td></td></tr>
<tr><td colspan="4">（一）工资、薪金</td><td>7</td><td></td></tr>
</table>

续表

（二）劳务报酬	8	
（三）稿酬	9	
（四）特许权使用费	10	
三、费用合计 ［第 11 行=（第 3 行+第 4 行+第 5 行+第 8 行+第 9 行+第 10 行）×20%］	11	
四、免税收入合计（第 12 行=第 13 行+第 14 行）	12	
（一）稿酬所得免税部分 ［第 13 行=（第 4 行+第 9 行）×（1－20%）×30%］	13	
（二）其他免税收入（附报《个人所得税减免税事项报告表》）	14	
五、减除费用	15	
六、专项扣除合计（第 16 行=第 17 行+第 18 行+第 19 行+第 20 行）	16	
（一）基本养老保险费	17	
（二）基本医疗保险费	18	
（三）失业保险费	19	
（四）住房公积金	20	
七、专项附加扣除合计（附报《个人所得税专项附加扣除信息表》） （第 21 行=第 22 行+第 23 行+第 24 行+第 25 行+第 26 行+第 27 行）	21	
（一）子女教育	22	
（二）继续教育	23	
（三）大病医疗	24	
（四）住房贷款利息	25	
（五）住房租金	26	
（六）赡养老人	27	
八、其他扣除合计 （第 28 行=第 29 行+第 30 行+第 31 行+第 32 行+第 33 行）	28	
（一）年金	29	
（二）商业健康保险（附报《商业健康保险税前扣除情况明细表》）	30	
（三）税延养老保险 （附报《个人税收递延型商业养老保险税前扣除情况明细表》）	31	
（四）允许扣除的税费	32	
（五）其他	33	
九、准予扣除的捐赠额（附报《个人所得税公益慈善事业捐赠扣除明细表》）	34	
十、应纳税所得额（第 35 行=第 1 行+第 6 行－第 11 行－第 12 行－第 15 行－第 16 行－第 21 行－第 28 行－第 34 行）	35	

续表

十一、税率（%）		36	
十二、速算扣除数		37	
十三、应纳税额（第 38 行=第 35 行 × 第 36 行–第 37 行）		38	
除综合所得外其他境外所得个人所得税计算 （无相应所得不填本部分，有相应所得另需附报《境外所得个人所得税抵免明细表》）			
一、经营所得	（一）经营所得应纳税所得额 （第 39 行=第 40 行+第 41 行）	39	
	其中：境内经营所得应纳税所得额	40	
	境外经营所得应纳税所得额	41	
	（二）税率（%）	42	
	（三）速算扣除数	43	
	（四）应纳税额（第 44 行=第 39 行 × 第 42 行–第 43 行）	44	
二、利息、股息、红利所得	（一）境外利息、股息、红利所得应纳税所得额	45	
	（二）税率（%）	46	
	（三）应纳税额（第 47 行=第 45 行 × 第 46 行）	47	
三、财产租赁所得	（一）境外财产租赁所得应纳税所得额	48	
	（二）税率（%）	49	
	（三）应纳税额（第 50 行=第 48 行 × 第 49 行）	50	
四、财产转让所得	（一）境外财产转让所得应纳税所得额	51	
	（二）税率（%）	52	
	（三）应纳税额（第 53 行=第 51 行 × 第 52 行）	53	
五、偶然所得	（一）境外偶然所得应纳税所得额	54	
	（二）税率（%）	55	
	（三）应纳税额（第 56 行=第 54 行 × 第 55 行）	56	
六、其他所得	（一）其他境内、境外所得应纳税所得额合计 （需在“备注”栏说明具体项目）	57	
	（二）应纳税额	58	
股权激励个人所得税计算 （无境外股权激励所得不填本部分，有相应所得另需附报《境外所得个人所得税抵免明细表》）			
一、境内、境外单独计税的股权激励收入合计		59	
二、税率（%）		60	
三、速算扣除数		61	
四、应纳税额（第 62 行=第 59 行 × 第 60 行–第 61 行）		62	
全年一次性奖金个人所得税计算 （无住所个人预判为非居民个人取得的数月奖金，选择按全年一次性奖金计税的填写本部分）			

续表

一、全年一次性奖金收入	63	
二、准予扣除的捐赠额（附报《个人所得税公益慈善事业捐赠扣除明细表》）	64	
三、税率（%）	65	
四、速算扣除数	66	
五、应纳税额［第 67 行=（第 63 行—第 64 行）× 第 65 行—第 66 行］	67	
税额调整		
一、综合所得收入调整额（需在“备注”栏说明调整具体原因、计算方法等）	68	
二、应纳税额调整额	69	
应补 / 退个人所得税计算		
一、应纳税额合计 （第 70 行=第 38 行+第 44 行+第 47 行+第 50 行+第 53 行+第 56 行+第 58 行+第 62 行+第 67 行+第 69 行）	70	
二、减免税额（附报《个人所得税减免税事项报告表》）	71	
三、已缴税额（境内）	72	
其中：境外所得境内支付部分已缴税额	73	
境外所得境外支付部分预缴税额	74	
四、境外所得已纳所得税抵免额（附报《境外所得个人所得税抵免明细表》）	75	
五、应补 / 退税额（第 76 行=第 70 行—第 71 行—第 72 行—第 75 行）	76	

无住所个人附报信息			
纳税年度内在中国境内居住天数		已在中国境内居住年数	
退税申请 （应补 / 退税额小于 0 的填写本部分）			
□ 申请退税（需填写“开户银行名称”“开户银行省份”“银行账号”）□放弃退税			
开户银行名称		开户银行省份	
银行账号			
备注			

谨声明：本表是根据国家税收法律法规及相关规定填报的，本人对填报内容（附带资料）的真实性、可靠性、完整性负责。

纳税人签字：　　　年　月　日

经办人签字： 经办人身份证件类型： 经办人身份证件号码： 代理机构签章： 代理机构统一社会信用代码：	受理人： 受理税务机关（章）： 受理日期：　　年　月　日

二、填表说明

适用范围：

本表适用于居民个人纳税年度内取得境外所得，按照税法规定办理取得境外所得个人所得税自行申报。申报本表时应当一并附报《境外所得个人所得税抵免明细表》。

报送期限：居民个人取得境外所得需要办理自行申报的，应当在取得所得的次年3月1日至6月30日内，向主管税务机关办理纳税申报，并报送本表。

本表各栏填写：

（一）表头项目

1. 税款所属期：填写居民个人取得所得当年的第1日至最后1日。如：2019年1月1日至2019年12月31日。

2. 纳税人姓名：填写居民个人姓名。

3. 纳税人识别号：有中国公民身份号码的，填写中华人民共和国居民身份证上载明的“公民身份号码”；没有中国公民身份号码的，填写税务机关赋予的纳税人识别号。

（二）基本情况

1. 手机号码：填写居民个人中国境内的有效手机号码。

2. 电子邮箱：填写居民个人有效电子邮箱地址。

3. 联系地址：填写居民个人能够接收信件的有效地址。

4. 邮政编码：填写居民个人“联系地址”所对应的邮政编码。

（三）纳税地点

居民个人根据任职受雇情况，在选项1和选项2之间选择其一，并填写相应信息。若居民个人逾期办理汇算清缴申报被指定主管税务机关的，无须填写本部分。

1. 任职受雇单位信息：勾选“任职受雇单位所在地”并填写相关信息。

（1）名称：填写任职受雇单位的法定名称全称。

（2）纳税人识别号：填写任职受雇单位的纳税人识别号或者统一社会信用代码。

2. 户籍所在地/经常居住地：勾选“户籍所在地”的，填写居民户口簿中登记的住址。

勾选“经常居住地”的，填写居民个人申领居住证上登载的居住地址；没有申领居住证的，填写居民个人实际居住地；实际居住地不在中国境内的，填写支付或者实际负担综合所得的境内单位或个人所在地。

（四）申报类型

未曾办理过年度汇算申报，勾选“首次申报”；已办理过年度汇算申报，但有误需要更正的，勾选“更正申报”。

（五）综合所得个人所得税计算

1. 第 1 行“境内收入合计”：填写居民个人取得的境内综合所得收入合计金额。

第 1 行＝第 2 行＋第 3 行＋第 4 行＋第 5 行。

2. 第 2 ~ 5 行“工资、薪金”“劳务报酬”“稿酬”“特许权使用费”：填写居民个人取得的需要并入境内综合所得计税的“工资、薪金”“劳务报酬”“稿酬”“特许权使用费”所得收入金额。

3. 第 6 行“境外收入合计”：填写居民个人取得的境外综合所得收入合计金额，并按规定附报《境外所得个人所得税抵免明细表》。

第 6 行＝第 7 行＋第 8 行＋第 9 行＋第 10 行。

4. 第 7 ~ 10 行“工资、薪金”“劳务报酬”“稿酬”“特许权使用费”：填写居民个人取得的需要并入境外综合所得计税的“工资、薪金”“劳务报酬”“稿酬”“特许权使用费”所得收入金额。

5. 第 11 行“费用合计”：根据相关行次计算填报。

第 11 行＝（第 3 行＋第 4 行＋第 5 行＋第 8 行＋第 9 行＋第 10 行）×20%。

6. 第 12 行“免税收入合计”：填写居民个人取得的符合税法规定的免税收入合计金额。

第 12 行＝第 13 行＋第 14 行。

7. 第 13 行“稿酬所得免税部分”：根据相关行次计算填报。

第 13 行＝（第 4 行＋第 9 行）×（1－20%）×30%。

8. 第 14 行“其他免税收入”：填写居民个人取得的除第 13 行以外的符合税法规

定的免税收入合计，并按规定附报《个人所得税减免税事项报告表》。

9. 第 15 行“减除费用”：填写税法规定的减除费用。

10. 第 16 行“专项扣除合计”：根据相关行次计算填报。

第 16 行＝第 17 行＋第 18 行＋第 19 行＋第 20 行。

11. 第 17 ~ 20 行“基本养老保险费”“基本医疗保险费”“失业保险费”“住房公积金”：填写居民个人按规定可以在税前扣除的基本养老保险费、基本医疗保险费、失业保险费、住房公积金金额。

12. 第 21 行“专项附加扣除合计”：根据相关行次计算填报，并按规定附报《个人所得税专项附加扣除信息表》。

第 21 行＝第 22 行－第 23 行＋第 24 行＋第 25 行＋第 26 行＋第 27 行。

13. 第 22 ~ 27 行“子女教育”“继续教育”“大病医疗”“住房贷款利息”“住房租金”“赡养老人”：填写居民个人按规定可以在税前扣除的子女教育、继续教育、大病医疗、住房贷款利息、住房租金、赡养老人等专项附加扣除的金额。

14. 第 28 行“其他扣除合计”：根据相关行次计算填报。

第 28 行＝第 29 行＋第 30 行＋第 31 行＋第 32 行＋第 33 行。

15. 第 29 ~ 33 行“年金”“商业健康保险”“税延养老保险”“允许扣除的税费”“其他”：填写居民个人按规定可在税前扣除的年金、商业健康保险、税延养老保险、允许扣除的税费和其他扣除项目的金额。其中，填写商业健康保险的，应当按规定附报《商业健康保险税前扣除情况明细表》；填写税延养老保险的，应当按规定附报《个人税收递延型商业养老保险税前扣除情况明细表》。

16. 第 34 行“准予扣除的捐赠额”：填写居民个人按规定准予在税前扣除的公益慈善事业捐赠金额，并按规定附报《个人所得税公益慈善事业捐赠扣除明细表》。

17. 第 35 行“应纳税所得额”：根据相应行次计算填报。

第 35 行＝第 1 行＋第 6 行－第 11 行－第 12 行－第 15 行－第 16 行－第 21 行－第 28 行－第 34 行。

18. 第 36、37 行“税率”“速算扣除数”：填写按规定适用的税率和速算扣除数。

19. 第 38 行“应纳税额”：按照相关行次计算填报。

第 38 行＝第 35 行 × 第 36 行－第 37 行。

（六）除综合所得外其他境外所得个人所得税计算

居民个人取得除综合所得外其他境外所得的，填写本部分，并按规定附报《境外所得个人所得税抵免明细表》。

1. 第 39 行“经营所得应纳税所得额”：根据相应行次计算填报。

第 39 行＝第 40 行＋第 41 行。

2. 第 40 行“境内经营所得应纳税所得额”：填写居民个人取得的境内经营所得应纳税所得额合计金额。

3. 第 41 行“境外经营所得应纳税所得额”：填写居民个人取得的境外经营所得应纳税所得额合计金额。

4. 第 42、43 行“税率”“速算扣除数”：填写按规定适用的税率和速算扣除数。

5. 第 44 行“应纳税额”：按照相关行次计算填报。

第 44 行＝第 39 行 × 第 42 行－第 43 行。

6. 第 45 行“境外利息、股息、红利所得应纳税所得额”：填写居民个人取得的境外利息、股息、红利所得应纳税所得额合计金额。

7. 第 46 行“税率”：填写按规定适用的税率。

8. 第 47 行“应纳税额”：按照相关行次计算填报。

第 47 行＝第 45 行 × 第 46 行。

9. 第 48 行“境外财产租赁所得应纳税所得额”：填写居民个人取得的境外财产租赁所得应纳税所得额合计金额。

10. 第 49 行“税率”：填写按规定适用的税率。

11. 第 50 行“应纳税额”：按照相关行次计算填报。

第 50 行＝第 48 行 × 第 49 行。

12. 第 51 行“境外财产转让所得应纳税所得额”：填写居民个人取得的境外财产转让所得应纳税所得额合计金额。

13. 第 52 行“税率”：填写按规定适用的税率。

14. 第 53 行“应纳税额”：按照相关行次计算填报。

第 53 行＝第 51 行 × 第 52 行。

15. 第 54 行“境外偶然所得应纳税所得额”：填写居民个人取得的境外偶然所得应纳税所得额合计金额。

16. 第 55 行“税率”：填写按规定适用的税率。

17. 第 56 行“应纳税额”：按照相关行次计算填报。

第 56 行＝第 54 行 × 第 55 行。

18. 第 57 行“其他境内、境外所得应纳税所得额”：填写居民个人取得的其他境内、境外所得应纳税所得额合计金额，并在“备注”栏说明具体项目、计算方法等信息。

19. 第 58 行“应纳税额”：根据适用的税率计算填报。

（七）境外股权激励个人所得税计算

居民个人取得境外股权激励，填写本部分，并按规定附报《境外所得个人所得税抵免明细表》。

1. 第 59 行“境内、境外单独计税的股权激励收入合计”：填写居民个人取得的境内、境外单独计税的股权激励收入合计金额。

2. 第 60、61 行“税率”“速算扣除数”：根据单独计税的股权激励政策规定适用的税率和速算扣除数。

3. 第 62 行“应纳税额”：按照相关行次计算填报。

第 62 行＝第 59 行 × 第 60 行－第 61 行。

（八）全年一次性奖金个人所得税计算

无住所居民个人预缴时因预判为非居民个人而按取得数月奖金计算缴税的，汇缴时可以根据自身情况，将一笔数月奖金按照全年一次性奖金单独计算。

1. 第 63 行“全年一次性奖金收入”：填写无住所的居民个人纳税年度内预判为非居民个人时取得的一笔数月奖金收入金额。

2. 第 64 行“准予扣除的捐赠额”：填写无住所的居民个人按规定准予在税前扣除的公益慈善事业捐赠金额，并按规定附报《个人所得税公益慈善事业捐赠扣除明细表》。

3. 第 65、66 行“税率”“速算扣除数”：填写按照全年一次性奖金政策规定适用的税率和速算扣除数。

4. 第 67 行“应纳税额”：按照相关行次计算填报。

第 67 行=（第 63 行－第 64 行）× 第 65 行－第 66 行。

（九）税额调整

1. 第 68 行“综合所得收入调整额”：填写居民个人按照税法规定可以办理的除第 68 行之前所填报内容之外的其他可以进行调整的综合所得收入的调整金额，并在“备注”栏说明调整的具体原因、计算方式等信息。

2. 第 69 行“应纳税额调整额”：填写居民个人按照税法规定调整综合所得收入后所应调整的应纳税额。

（十）应补 / 退个人所得税计算

1. 第 70 行“应纳税额合计”：根据相关行次计算填报。

第 70 行 = 第 38 行＋第 44 行＋第 47 行＋第 50 行＋第 53 行＋第 56 行＋第 58 行＋第 62 行＋第 67 行＋第 69 行。

2. 第 71 行“减免税额”：填写符合税法规定的可以减免的税额，并按规定附报《个人所得税减免税事项报告表》。

3. 第 72 行“已缴税额（境内）”：填写居民个人取得在本表中已填报的收入对应的在境内已经缴纳或者被扣缴的个人所得税。

4. 第 75 行“境外所得已纳所得税抵免额”：根据《境外所得个人所得税抵免明细表》计算填写居民个人符合税法规定的个人所得税本年抵免额。

5. 第 76 行“应补 / 退税额”：根据相关行次计算填报。

第 76 行=第 70 行－第 71 行－第 72 行－第 75 行。

（十一）无住所个人附报信息

本部分由无住所个人填写。不是，则不填。

1. 纳税年度内在中国境内居住天数：填写本纳税年度内，无住所居民个人在中国境内居住的天数。

2. 已在中国境内居住年数：填写无住所个人已在中国境内连续居住的年份数。其中，年份数自 2019 年（含）开始计算且不包含本纳税年度。

（十二）退税申请

本部分由应补 / 退税额小于 0 且勾选“申请退税”的居民个人填写。

1.“开户银行名称”：填写居民个人在中国境内开立银行账户的银行名称。

2.“开户银行省份”：填写居民个人在中国境内开立的银行账户的开户银行所在省、自治区、直辖市或者计划单列市。

3.“银行账号”：填写居民个人在中国境内开立的银行账户的银行账号。

（十三）备注

填写居民个人认为需要特别说明的或者按照有关规定需要说明的事项。

三、其他事项说明

以纸质方式报送本表的，建议通过计算机填写打印，一式两份，纳税人、税务机关各留存一份。

第六节 境外所得个人所得税抵免明细表

一、表样

境外所得个人所得税抵免明细表

税款所属期： 年 月 日至 年 月 日

纳税人姓名：

纳税人识别号：□□□□□□□□□□□□□□□□□□□□□—□□ 金额单位：人民币元（列至角分）

<table>
<tr><td colspan="8">本期境外所得抵免限额计算</td></tr>
<tr><td colspan="3">列次</td><td>A</td><td>B</td><td>C</td><td>D</td><td>E</td></tr>
<tr><td colspan="2">项目</td><td>行次</td><td colspan="5">金额</td></tr>
<tr><td colspan="2" rowspan="2">国家（地区）</td><td rowspan="2">1</td><td rowspan="2">境内</td><td colspan="3">境外</td><td rowspan="2">合计</td></tr>
<tr><td></td><td></td><td></td></tr>
<tr><td rowspan="10">一、综合所得</td><td>（一）收入</td><td>2</td><td></td><td></td><td></td><td></td><td></td></tr>
<tr><td>其中：工资、薪金</td><td>3</td><td></td><td></td><td></td><td></td><td></td></tr>
<tr><td>劳务报酬</td><td>4</td><td></td><td></td><td></td><td></td><td></td></tr>
<tr><td>稿酬</td><td>5</td><td></td><td></td><td></td><td></td><td></td></tr>
<tr><td>特许权使用费</td><td>6</td><td></td><td></td><td></td><td></td><td></td></tr>
<tr><td>（二）费用</td><td>7</td><td></td><td></td><td></td><td></td><td></td></tr>
<tr><td>（三）收入额</td><td>8</td><td></td><td></td><td></td><td></td><td></td></tr>
<tr><td>（四）应纳税额</td><td>9</td><td>–</td><td>–</td><td>–</td><td>–</td><td></td></tr>
<tr><td>（五）减免税额</td><td>10</td><td>–</td><td>–</td><td>–</td><td>–</td><td></td></tr>
<tr><td>（六）抵免限额</td><td>11</td><td>–</td><td></td><td></td><td></td><td></td></tr>
<tr><td rowspan="6">二、经营所得</td><td>（一）收入总额</td><td>12</td><td>–</td><td></td><td></td><td></td><td></td></tr>
<tr><td>（二）成本费用</td><td>13</td><td>–</td><td></td><td></td><td></td><td></td></tr>
<tr><td>（三）应纳税所得额</td><td>14</td><td></td><td></td><td></td><td></td><td></td></tr>
<tr><td>（四）应纳税额</td><td>15</td><td>–</td><td>–</td><td>–</td><td>–</td><td></td></tr>
<tr><td>（五）减免税额</td><td>16</td><td>–</td><td>–</td><td>–</td><td>–</td><td></td></tr>
<tr><td>（六）抵免限额</td><td>17</td><td>–</td><td></td><td></td><td></td><td></td></tr>
</table>

续表

三、利息、股息、红利所得	（一）应纳税所得额	18	–				
	（二）应纳税额	19	–				
	（三）减免税额	20	–				
	（四）抵免限额	21	–				
四、财产租赁所得	（一）应纳税所得额	22	–				
	（二）应纳税额	23	–				
	（三）减免税额	24	–				
	（四）抵免限额	25	–				
五、财产转让所得	（一）收入	26	–				
	（二）财产原值	27	–				
	（三）合理税费	28	–				
	（四）应纳税所得额	29	–				
	（五）应纳税额	30	–				
	（六）减免税额	31	–				
	（七）抵免限额	32	–				
六、偶然所得	（一）应纳税所得额	33	–				
	（二）应纳税额	34	–				
	（三）减免税额	35	–				
	（四）抵免限额	36	–				
七、股权激励	（一）应纳税所得额	37					
	（二）应纳税额	38	–	–	–	–	
	（三）减免税额	39	–	–	–	–	
	（四）抵免限额	40	–				
八、其他境内、境外所得	（一）应纳税所得额	41					
	（二）应纳税额	42					
	（三）减免税额	43					
	（四）抵免限额	44	–				
九、本年可抵免限额合计（第45行＝第11行＋第17行＋第21行＋第25行＋第32行＋第36行＋第40行＋第44行）		45	–				
本期实际可抵免额计算							
一、以前年度结转抵免额（第46行＝第47行＋第48行＋第49行＋第50行＋第51行）		46	–				
其中：前5年		47	–				
前4年		48	–				
前3年		49	–				

续表

前 2 年	50	–				
前 1 年	51	–				
二、本年境外已纳税额	52	–				
其中：享受税收饶让抵免税额（视同境外已纳）	53	–				
三、本年抵免额（境外所得已纳所得税抵免额）	54	–				
四、可结转以后年度抵免额 （第 55 行＝第 56 行＋第 57 行＋第 58 行＋第 59 行＋第 60 行）	55	–				–
其中：前 4 年	56	–				–
前 3 年	57	–				–
前 2 年	58	–				–
前 1 年	59	–				–
本年	60	–				–

备注
谨声明：本表是根据国家税收法律法规及相关规定填报的，本人对填报内容（附带资料）的真实性、可靠性、完整性负责。 纳税人签字：　　年　月　日

经办人签字： 经办人身份证件类型： 经办人身份证件号码： 代理机构签章： 代理机构统一社会信用代码：	受理人： 受理税务机关（章）： 受理日期：　　年　月　日

二、填表说明

适用范围：本表适用于居民个人纳税年度内取得境外所得，并按税法规定进行年度自行纳税申报时，应填报本表，计算其本年抵免额。

报送期限：本表随《个人所得税年度自行纳税申报表（B 表）》一并报送。

本表各栏填写：

（一）表头项目

1. 税款所属期：填写居民个人取得境外所得当年的第 1 日至最后 1 日。如 2019 年 1 月 1 日至 2019 年 12 月 31 日。

2. 纳税人姓名：填写居民个人姓名。

3. 纳税人识别号：有中国公民身份号码的，填写中华人民共和国居民身份证上载明的“公民身份号码”；没有中国公民身份号码的，填写税务机关赋予的纳税人识别号。

（二）第 A、B、C、D、E 列次

1. 第 A 列“境内”：填写个人取得境内所得相关内容。

2. 第 B ~ D 列“境外”：填写个人取得境外所得相关内容。

3. 第 E 列“合计”：按照相关列次计算填报。

第 E 列＝第 A 列＋第 B 列＋第 C 列＋第 D 列。

（三）本期境外所得抵免限额计算

1. 第 1 行“国家（地区）”：按“境外”列分别填写居民个人取得的境外收入来源国家（地区）名称。

2. 第 2 行“收入”：按列分别填写居民个人取得的综合所得收入合计金额。

3. 第 3 ~ 6 行“工资、薪金”“劳务报酬”“稿酬”“特许权使用费”：按列分别填写居民个人取得的需要并入综合所得计税的“工资、薪金”“劳务报酬”“稿酬”“特许权使用费”所得收入金额。

4. 第 7 行“费用”：根据相关行次计算填报。

第 7 行＝（第 4 行＋第 5 行＋第 6 行）×20%。

5. 第 8 行“收入额”：根据相关行次计算填报。

第 8 行＝第 2 行－第 7 行－第 5 行 ×80%×30%。

6. 第 9 行“应纳税额”：按我国法律法规计算应纳税额，并填报本行“合计”列。

7. 第 10 行“减免税额”：填写符合税法规定的可以减免的税额，并按规定附报《个人所得税减免税事项报告表》。

8. 第 11 行“抵免限额”：根据相应行次按列分别计算填报。

第 11 行“境外”列＝（第 9 行“合计”列－第 10 行“合计”列）× 第 8 行“境外”列 ÷ 第 8 行“合计”列。

第 11 行“合计列”＝∑第 11 行“境外”列。

9. 第 12、13、14 行“收入总额”“成本费用”“应纳税所得额”：按列分别填写居民个人取得的经营所得收入、成本费用及应纳税所得额合计金额。

10. 第 15 行“应纳税额”：根据相关行次计算填报“合计”列。

第 15 行＝第 14 行 × 适用税率－速算扣除数。

11. 第 16 行“减免税额”：填写符合税法规定的可以减免的税额，并按规定附报《个人所得税减免税事项报告表》。

12. 第 17 行“抵免限额”：根据相应行次按列分别计算填报。

第 17 行“境外”列＝（第 15 行“合计”列－第 16 行“合计”列）× 第 14 行“境外”列 ÷ 第 14 行“合计”列。

第 17 行“合计列”＝∑第 17 行“境外”列。

13. 第 18、22、33、41 行“应纳税所得额”：按列分别填写居民个人取得的利息、股息、红利所得，财产租赁所得，偶然所得，其他境内、境外所得应纳税所得额合计金额。

14. 第 19、23、34、42 行“应纳税额”：按列分别计算填报。

第 19 行＝第 18 行 × 适用税率；

第 23 行＝第 22 行 × 适用税率；

第 34 行＝第 33 行 × 适用税率；

第 42 行＝第 41 行 × 适用税率。

15. 第 20、24、35、43 行“减免税额”：填写符合税法规定的可以减免的税额，并附报《个人所得税减免税事项报告表》。

16. 第 21、25、36、44 行“抵免限额”：根据相应行次按列分别计算填报。

第 21 行＝第 19 行－第 20 行；

第 25 行＝第 23 行－第 24 行；

第 36 行＝第 34 行－第 35 行；

第 44 行＝第 42 行－第 43 行。

17. 第 26 行“收入”：按列分别填写居民个人取得的财产转让所得收入合计金额。

18. 第 27 行“财产原值”：按列分别填写居民个人取得的财产转让所得对应的财产原值合计金额。

19. 第 28 行“合理税费”：按列分别填写居民个人取得财产转让所得对应的合理税费合计金额。

20. 第 29 行“应纳税所得额”：按列分别填写居民个人取得的财产转让所得应纳税所得额合计金额。

第 29 行＝第 26 行－第 27 行－第 28 行。

21. 第 30 行“应纳税额”：根据相应行按列分别计算填报。

第 30 行＝第 29 行 × 适用税率。

22. 第 31 行“减免税额”：填写符合税法规定的可以减免的税额，并按规定附报《个人所得税减免税事项报告表》。

23. 第 32 行“抵免限额”：根据相应行次按列分别计算填报。

第 32 行＝第 30 行－第 31 行。

24. 第 37 行“应纳税所得额”：按列分别填写居民个人取得的股权激励应纳税所得额合计金额。

25. 第 38 行“应纳税额”：按我国法律法规计算应纳税额填报本行“合计”列。

第 38 行＝第 37 行 × 适用税率－速算扣除数。

26. 第 39 行“减免税额”：填写符合税法规定的可以减免的税额，并附报《个人所得税减免税事项报告表》。

27. 第 40 行“抵免限额”：根据相应行次按列分别计算填报。

第 40 行“境外”列＝（第 38 行“合计”列－第 39 行“合计”列）× 第 37 行“境外”列 ÷ 第 37 行“合计”列。

28. 第 45 行“本年可抵免限额合计”：根据相应行次按列分别计算填报。

第 45 行＝第 11 行＋第 17 行＋第 21 行＋第 25 行＋第 32 行＋第 36 行＋第 40 行＋第 44 行。

（四）本期实际可抵免额计算

1. 第 46 行“以前年度结转抵免额”：根据相应行次按列分别计算填报。

第 46 行＝第 47 列＋第 48 列＋第 49 列＋第 50 列＋第 51 列。

2. 第 52 行“本年境外已纳税额”：按列分别填写居民个人在境外已经缴纳或者被扣缴的税款合计金额，包括第 53 行“享受税收饶让抵免税额”。

3. 第 53 行“享受税收饶让抵免税额”：按列分别填写居民个人享受税收饶让政策而视同境外已缴纳而实际未缴纳的税款合计金额。

4. 第 54 行“本年抵免额”：按“境外”列分别计算填写可抵免税额。

第 54 行“合计”列＝∑第 54 行“境外”列。

5. 第 55 行“可结转以后年度抵免额”：根据相应行次按列分别计算填报。

第 55 行＝第 56 列＋第 57 列＋第 58 列＋第 59 列＋第 60 列。

（五）备注

填写居民个人认为需要特别说明的或者税务机关要求说明的事项。

三、其他事项说明

以纸质方式报送本表的，建议通过计算机填写打印，一式两份，纳税人、税务机关各留存一份。

第七节 个人所得税经营所得纳税申报表（A 表）

一、表样

个人所得税经营所得纳税申报表（A 表）

税款所属期： 年 月 日至 年 月 日

纳税人姓名：

纳税人识别号：□□□□□□□□□□□□□□□□□□□□□—□□ 金额单位：人民币元（列至角分）

被投资单位信息		
名称		
纳税人识别号（统一社会信用代码）	□□□□□□□□□□□□□□□□□□□□□	
征收方式（单选）		
□查账征收（据实预缴） □查账征收（按上年应纳税所得额预缴） □核定应税所得率征收 □核定应纳税所得额征收 □税务机关认可的其他方式		
个人所得税计算		
项目	行次	金额 / 比例
一、收入总额	1	
二、成本费用	2	
三、利润总额（第 3 行＝第 1 行－第 2 行）	3	
四、弥补以前年度亏损	4	
五、应税所得率（%）	5	
六、合伙企业个人合伙人分配比例（%）	6	
七、允许扣除的个人费用及其他扣除（第 7 行＝第 8 行＋第 9 行＋第 14 行）	7	
（一）投资者减除费用	8	
（二）专项扣除（第 9 行＝第 10 行＋第 11 行＋第 12 行＋第 13 行）	9	
1. 基本养老保险费	10	
2. 基本医疗保险费	11	
3. 失业保险费	12	
4. 住房公积金	13	

续表

（三）依法确定的其他扣除（第 14 行=第 15 行+第 16 行+第 17 行）	14	
1.	15	
2.	16	
3.	17	
八、准予扣除的捐赠额（附报《个人所得税公益慈善事业捐赠扣除明细表》）	18	
九、应纳税所得额	19	
十、税率（%）	20	
十一、速算扣除数	21	
十二、应纳税额（第 22 行=第 19 行 × 第 20 行−第 21 行）	22	
十三、减免税额（附报《个人所得税减免税事项报告表》）	23	
十四、已缴税额	24	
十五、应补/退税额（第 25 行=第 22 行−第 23 行−第 24 行）	25	

备注

谨声明：本表是根据国家税收法律法规及相关规定填报的，本人对填报内容（附带资料）的真实性、可靠性、完整性负责。

纳税人签字： 年 月 日

经办人签字： 经办人身份证件类型： 经办人身份证件号码： 代理机构签章： 代理机构统一社会信用代码：	受理人： 受理税务机关（章）： 受理日期： 年 月 日

二、填表说明

适用范围：本表适用于查账征收和核定征收的个体工商户业主、个人独资企业投资人、合伙企业个人合伙人、承包承租经营者个人以及其他从事生产、经营活动的个人在中国境内取得经营所得，办理个人所得税预缴纳税申报时，向税务机关报送。

合伙企业有两个或者两个以上个人合伙人的，应分别填报本表。

报送期限：纳税人取得经营所得，应当在月度或者季度终了后15日内，向税务机关办理预缴纳税申报。

本表各栏填写：

（一）表头项目

1. 税款所属期：填写纳税人取得经营所得应纳个人所得税款的所属期间，应填写具体的起止年月日。

2. 纳税人姓名：填写自然人纳税人姓名。

3. 纳税人识别号：有中国公民身份号码的，填写中华人民共和国居民身份证上载明的“公民身份号码”；没有中国公民身份号码的，填写税务机关赋予的纳税人识别号。

（二）被投资单位信息

1. 名称：填写被投资单位法定名称的全称。

2. 纳税人识别号（统一社会信用代码）：填写被投资单位的纳税人识别号或者统一社会信用代码。

（三）征收方式

根据税务机关核定的征收方式，在对应框内打“√”。采用税务机关认可的其他方式的，应在下划线处填写具体征收方式。

（四）个人所得税计算

1. 第1行“收入总额”：填写本年度开始经营月份起截至本期从事经营以及与经营有关的活动取得的货币形式和非货币形式的各项收入总额。包括：销售货物收入、提供劳务收入、转让财产收入、利息收入、租金收入、接受捐赠收入、其他收入。

2. 第 2 行“成本费用”：填写本年度开始经营月份起截至本期实际发生的成本、费用、税金、损失及其他支出的总额。

3. 第 3 行“利润总额”：填写本年度开始经营月份起截至本期的利润总额。

4. 第 4 行“弥补以前年度亏损”：填写可在税前弥补的以前年度尚未弥补的亏损额。

5. 第 5 行“应税所得率”：按核定应税所得率方式纳税的纳税人，填写税务机关确定的核定征收应税所得率。按其他方式纳税的纳税人不填本行。

6. 第 6 行“合伙企业个人合伙人分配比例”：纳税人为合伙企业个人合伙人的，填写本行；其他则不填。分配比例按照合伙协议约定的比例填写；合伙协议未约定或不明确的，按合伙人协商决定的比例填写；协商不成的，按合伙人实缴出资比例填写；无法确定出资比例的，按合伙人平均分配。

7. 第 7 ~ 17 行“允许扣除的个人费用及其他扣除”：

（1）第 8 行“投资者减除费用”：填写根据本年实际经营月份数计算的可在税前扣除的投资者本人每月 5000 元减除费用的合计金额。

（2）第 9 ~ 13 行“专项扣除”：填写按规定允许扣除的基本养老保险费、基本医疗保险费、失业保险费、住房公积金的金额。

（3）第 14 ~ 17 行“依法确定的其他扣除”：填写商业健康保险、税延养老保险以及其他按规定允许扣除项目的金额。

8. 第 18 行“准予扣除的捐赠额”：填写按照税法及相关法规、政策规定，可以在税前扣除的捐赠额，并按规定附报《个人所得税公益慈善事业捐赠扣除明细表》。

9. 第 19 行“应纳税所得额”：根据相关行次计算填报。

（1）查账征收（据实预缴）：

第 19 行＝（第 3 行－第 4 行）× 第 6 行－第 7 行－第 18 行。

（2）查账征收（按上年应纳税所得额预缴）：

第 19 行＝上年度的应纳税所得额 ÷12× 月份数。

（3）核定应税所得率征收（能准确核算收入总额的）：

第 19 行＝第 1 行 × 第 5 行 × 第 6 行。

（4）核定应税所得率征收（能准确核算成本费用的）：

第 19 行＝第 2 行 ÷（1－第 5 行）× 第 5 行 × 第 6 行。

（5）核定应纳税所得额征收：直接填写应纳税所得额。

（6）税务机关认可的其他方式：直接填写应纳税所得额。

10. 第 20 ~ 21 行“税率”和“速算扣除数”：填写按规定适用的税率和速算扣除数。

11. 第 22 行“应纳税额”：根据相关行次计算填报。

第 22 行＝第 19 行 × 第 20 行－第 21 行。

12. 第 23 行“减免税额”：填写符合税法规定可以减免的税额，并附报《个人所得税减免税事项报告表》。

13. 第 24 行“已缴税额”：填写本年度在月（季）度申报中累计已预缴的经营所得个人所得税的金额。

14. 第 25 行“应补/退税额”：根据相关行次计算填报。

第 25 行＝第 22 行－第 23 行－第 24 行。

（五）备注

填写个人认为需要特别说明的或者税务机关要求说明的事项。

三、其他事项说明

以纸质方式报送本表的，建议通过计算机填写打印，一式两份，纳税人、税务机关各留存一份。

第八节 个人所得税减免税事项报告表

一、表样

个人所得税减免税事项报告表

税款所属期： 年 月 日至 年 月 日

纳税人姓名：

纳税人识别号：□□□□□□□□□□□□□□□□□□□□—□□

扣缴义务人名称：

扣缴义务人纳税人识别号：□□□□□□□□□□□□□□□□□□□□ 金额单位：人民币元（列至角分）

减免税情况						
编号	勾选	减免税事项	减免人数	免税收入	减免税额	备注
1	□	残疾、孤老、烈属减征个人所得税				
2	□	个人转让5年以上唯一住房免征个人所得税		–		
3	□	随军家属从事个体经营免征个人所得税		–		
4	□	军转干部从事个体经营免征个人所得税		–		
5	□	退役士兵从事个体经营免征个人所得税		–		
6	□	建档立卡贫困人口从事个体经营扣减个人所得税		–		
7	□	登记失业半年以上人员，零就业家庭、享受城市低保登记失业人员，毕业年度内高校毕业生从事个体经营扣减个人所得税		–		
8	□	取消农业税从事“四业”所得暂免征收个人所得税		–		
9	□	符合条件的房屋赠与免征个人所得税		–		
10	□	科技人员取得职务科技成果转化现金奖励			–	
11	□	外籍个人出差补贴、探亲费、语言训练费、子女教育费等津补贴			–	

续表

12	□	税收协定	股息	税收协定名称及条款：		–		
13	□		利息	税收协定名称及条款：		–		
14	□		特许权使用费	税收协定名称及条款：		–		
15	□		财产收益	税收协定名称及条款：		–		
16	□		受雇所得	税收协定名称及条款：		–		
17	□		其他	税收协定名称及条款：		–		
18	□	其他	减免税事项名称及减免性质代码：					
19			减免税事项名称及减免性质代码：					
20			减免税事项名称及减免性质代码：					
合计								

减免税人员名单

序号	姓名	纳税人识别号	减免税事项（编号或减免性质代码）	所得项目	免税收入	减免税额	备注

谨声明：本表是根据国家税收法律法规及相关规定填报的，本人（单位）对填报内容（附带资料）的真实性、可靠性、完整性负责。

纳税人或扣缴单位负责人签字：　　　　年　月　日

经办人签字： 经办人身份证件类型： 经办人身份证件号码： 代理机构签章： 代理机构统一社会信用代码：	受理人： 受理税务机关（章）： 受理日期：　　年　月　日

二、填表说明

适用范围：本表适用于个人纳税年度内发生减免税事项，需要在纳税申报时享受的，向税务机关报送。

报送期限：

1. 个人需要享受减免税事项的，应当及时向扣缴义务人提交本表做信息采集。

2. 扣缴义务人扣缴申报时，个人需要享受减免税事项的，扣缴义务人应当一并报送本表。

3. 个人需要享受减免税事项并采取自行纳税申报方式的，应按照税法规定的自行纳税申报时间，在自行纳税申报时一并报送本表。

本表各栏填写：

（一）表头项目

1. 税款所属期：填写个人发生减免税事项的所属期间，应填写具体的起止年月日。

2. 纳税人姓名：个人自行申报并报送本表或向扣缴义务人提交本表做信息采集的，由个人填写纳税人姓名。

3. 纳税人识别号：个人自行申报并报送本表或向扣缴义务人提交本表做信息采集的，由个人填写纳税人识别号。纳税人识别号为个人有中国公民身份号码的，填写中华人民共和国居民身份证上载明的“公民身份号码”；没有中国公民身份号码的，填写税务机关赋予的纳税人识别号。

4. 扣缴义务人名称：扣缴义务人扣缴申报并报送本表的，由扣缴义务人填写扣缴义务人名称。

5. 扣缴义务人纳税人识别号：扣缴义务人扣缴申报并报送本表的，由扣缴义务人填写扣缴义务人统一社会信用代码。

（二）减免税情况

1. “减免税事项”：个人或扣缴义务人勾选享受的减免税事项。

个人享受税收协定待遇的，应勾选“税收协定”项目，并填写具体税收协定名称及条款。

个人享受列示项目以外的减免税事项的，应勾选“其他”项目，并填写减免税事项名称及减免性质代码。

2.“减免人数”：填写享受该行次减免税政策的人数。

3.“免税收入”：填写享受该行次减免税政策的免税收入合计金额。

4.“减免税额”：填写享受该行次减免税政策的减免税额合计金额。

5.“备注”：填写个人或扣缴义务人需要特别说明的或者税务机关要求说明的事项。

（三）减免税人员名单栏

1.“姓名”：填写个人姓名。

2.“纳税人识别号”：填写个人的纳税人识别号。

3.“减免税事项（编号或减免性质代码）”：填写“减免税情况栏”列示的减免税事项对应的编号或税务机关要求填报的其他信息。

4.“所得项目”：填写适用减免税事项的所得项目名称。例如：工资、薪金所得。

5.“免税收入”：填写个人享受减免税政策的免税收入金额。

6.“减免税额”：填写个人享受减免税政策的减免税额金额。

7.“备注”：填写个人或扣缴义务人需要特别说明的或者税务机关要求说明的事项。

三、其他事项说明

以纸质方式报送本表的，建议通过计算机填写打印，一式两份，纳税人（扣缴义务人）、税务机关各留存一份。

第九节 代扣代缴手续费申请表

一、表样

代扣代缴手续费申请表

金额单位：人民币元（列至角分）

<table>
<tr><td colspan="2">扣缴义务人名称</td><td></td><td>统一社会信用代码
（纳税人识别号）</td><td></td></tr>
<tr><td colspan="2">联系人姓名</td><td></td><td>联系电话</td><td></td></tr>
<tr><td rowspan="4">原完税情况</td><td>品目名称</td><td>税款所属时期</td><td>税票号码</td><td>实缴金额</td></tr>
<tr><td></td><td></td><td></td><td></td></tr>
<tr><td></td><td></td><td></td><td></td></tr>
<tr><td>合计（小写）</td><td></td><td></td><td></td></tr>
<tr><td colspan="2">申请手续费金额（小写）</td><td colspan="3"></td></tr>
<tr><td>声明</td><td colspan="4">此表是根据国家税收法律法规及相关规定填写的，本人（单位）对填报内容（附带资料）的真实性、可靠性、完整性负责。
扣缴义务人签章：</td></tr>
<tr><td>授权声明</td><td colspan="2">如果您已委托代理人申请，请填写下列资料：
为代理个人所得税扣缴手续费申请相关事宜，现授权 ________（地址）________ 为代理申请人，任何与本申请有关的往来文件，都可寄于此人。
授权人签章：</td><td>税务机关填写</td><td>受理人：
受理税务机关（章）：
受理日期：</td></tr>
</table>

二、填表说明

1. 本表适用于申请个人所得税扣缴手续费的办理。

2. 扣缴义务人退付账户与原缴税账户不一致的，须另行提交资料，并经税务机关确认。

3. 本表一式四联，扣缴义务人一联、税务机关三联。

4. 扣缴义务人名称：填写扣缴义务人法定名称的全称。

5. 统一社会信用代码（纳税人识别号）：填写扣缴义务人的统一社会信用代码或者纳税人识别号。

6. 联系人名称：填写联系人姓名。

7. 联系电话：填写联系人固定电话号码或手机号码。

8. 品目名称：填写扣缴个人所得税的各项应税所得名称。如：工资、薪金所得。

9. 原完税情况：填写退个人所得税代扣代缴手续费相关信息。分品目名称、税款所属时期、税票号码、实缴金额等项目，填写申请办理的已入库信息，上述信息应与完税费（缴款）凭证或完税电子信息一致。

10. 申请手续费金额：填写申请年度计算的手续费金额。填写金额按照申请年度代扣代缴（含预扣预缴）个人所得税实际入库税额的 2% 计算。

第二十一章
综合所得的汇算清缴

《国家税务总局关于办理2019年度个人所得税综合所得汇算清缴事项的公告》（国家税务总局公告2019年第44号，以下简称44号公告）对汇算清缴的基本计算方法进行了明确；并规定了需要补税但综合所得年收入不超过12万元的、年度汇算需补税金额不超过400元的，以及已预缴税额与年度应纳税额一致或不申请年度汇算退税的纳税人（暂）不需要办理年度汇算；并对纳税人的基本办理方式、办理渠道以及汇算清缴时间作出了初步的规定。

综合税制，通俗讲就是“合并全年收入，按年计算税款”，这与我国原先一直实行的分类税制相比，个人所得税的计算方法发生了改变。即将纳税人取得的工资、薪金，劳务报酬，稿酬，特许权使用费收入合并为“综合所得”，以“年”为一个周期计算应该缴纳的个人所得税。平时取得这四项收入时，先由支付方（即扣缴义务人）依税法规定按月或者按次预扣预缴税款。年度终了，纳税人需要将上述四项所得的全年收入和可以扣除的费用进行汇总，收入减去费用后，适用3%～45%的综合所得年度税率表，计算全年应纳个人所得税，再减去年度内已经预缴的税款，向税务机关办理年度纳税申报并结清应退或应补税款，这个过程就是汇算清缴。简言之，就是在平时已预缴税款的基础上“查遗补漏、汇总收支、按年算账、多退少补”，这也是国际通行的做法。

第一节　个人所得税预扣预缴制度

按现行法规，扣缴义务人在向居民个人支付工资、薪金所得，劳务报酬所得，稿酬所得，特许权使用费所得时，需要按不同方法预扣预缴个人所得税，年度预扣预缴税额与年度应纳税额不一致的，于汇算清缴时对税款多退少补，汇算清缴制度是在预扣的基础上进行的调整。

一、工资、薪金所得按月累计预扣制度

新制度下，个人所得税按年度计算缴纳，扣除标准和适用税率档次也基于年收入设定。实践中，为了数量众多的以工资、薪金为主要收入来源的纳税人便于扣缴税款，减少汇算清缴的遵从成本和征管成本，我国创造性地设计了“按月累计预扣”的制度。

纳税人当年 1 月获得工资、薪金收入时，以每月收入额扣除生计扣除 5000 元、专项扣除（社保和公积金）、专项附加扣除后作为应纳税所得额，按当月的应纳税所得额对照年税率表，计算当月应纳税额进行预扣；在 2 月，计算出本月各项扣除后的应纳税所得额，并以 1 月和 2 月累计的应纳税所得额对应年税率表计算出 1 ~ 2 月的累计应纳税额，用该累计应纳税额减去 1 月已经预扣过的金额，得出 2 月应预扣的税款金额……其他月份依此类推。

1. 预扣方法

（1）考虑各项扣除计算出截止到当月的应纳税所得额；

（2）根据累计应纳税所得额对应年税率表计算累计应纳税额；

（3）使用累计应纳税额减去此前月份已累计预扣的税额得到本月应预扣的税额。

2. 简便优化部分纳税人个人所得税预扣预缴方法

自 2021 年 1 月 1 日起，为进一步支持稳就业、保就业、促消费，助力构建新发展格局，根据《国家税务总局关于进一步简便优化部分纳税人个人所得税预扣预缴方法的公告》（国家税务总局公告 2020 年第 19 号）规定：

一、对上一完整纳税年度内每月均在同一单位预扣预缴工资、薪金所得个人所得

税且全年工资、薪金收入不超过6万元的居民个人，扣缴义务人在预扣预缴本年度工资、薪金所得个人所得税时，累计减除费用自1月份起直接按照全年6万元计算扣除。即，在纳税人累计收入不超过6万元的月份，暂不预扣预缴个人所得税；在其累计收入超过6万元的当月及年内后续月份，再预扣预缴个人所得税。

扣缴义务人应当按规定办理全员全额扣缴申报，并在《个人所得税扣缴申报表》相应纳税人的备注栏注明“上年各月均有申报且全年收入不超过6万元”字样。

二、对按照累计预扣法预扣预缴劳务报酬所得个人所得税的居民个人，扣缴义务人比照上述规定执行。

二、劳务报酬所得、稿酬所得和特许权使用费所得的预扣预缴

（一）预扣预缴规定

相较工资、薪金所得而言，劳务报酬所得、稿酬所得和特许权使用费所得的预扣预缴制度较为简单，基本平移了改革之前的做法。即这些所得以收入减除费用后的余额为基础，再按照适用税率，按次计算应预扣的税额。

劳务报酬所得、稿酬所得和特许权使用费所得预扣标准

收入项目	费用	应纳税所得额	适用税率
劳务报酬	800元或20%	收入－费用	20% ~ 40%
稿酬	800元或20%	（收入－费用）×70%	20%
特许权使用费	800元或20%	收入－费用	20%

注：减除费用标准为每次收入不超过4000元的可减除800元，4000元以上的减除20%。劳务报酬适用超额累进税率，每次不超过20000元的部分适用20%税率，20000 ~ 50000元部分适用30%税率，50000元以上部分适用40%税率。

上述预扣税率与年度综合所得适用的税率表相比，20%相当于年应纳税所得额144000 ~ 300000元部分所适用的税率。由此可见，当纳税人综合收入水平较高时，在年度汇算清缴时，劳务报酬所得、稿酬所得和特许权使用费所得可能适用比预扣时更高的税率，反之则适用更低的税率，因此可能出现补税或退税的情况。需要注意的是，

工资、薪金所得的支付方相对固定，而劳务报酬所得、稿酬所得和特许权使用费所得的支付方可能是不同地区的不同单位，在预扣时税款可能归属不同地区，且不同类型收入的预扣方法和比例不同，如果在年度汇算清缴时出现补税或退税的情况，很可能涉及税款和税源在地区之间的重新划分，这也是后文重点关注的问题。

（二）预扣预缴、代扣代缴和汇算清缴的差异

新《个人所得税法》施行以来，劳务报酬所得、稿酬所得、特许权使用费所得这三项综合所得的预扣预缴、代扣代缴和汇算清缴的计税问题，居民和非居民个人的算法大体相同，理清这三项综合所得的预扣预缴、代扣代缴和汇算清缴的计税问题，必须事先确定好两个事项。

一是明确对象是居民个人还是非居民个人。

二是明确是扣缴申报还是汇算清缴申报。当然扣缴申报对于居民个人来说就是预扣预缴，对于非居民个人来说就是代扣代缴。

其中差异详见下表：

劳务报酬、稿酬、特许权使用费所得的预扣、代扣、汇缴差异对比表

类型	纳税人	申报时间	收入额	税率（%）	申报人
预扣预缴	居民个人	月后 15 日	按次分段确定。4000 元以下减除 800 元，4000 元以上减除 20% 费用，稿酬收入额减按 70% 计算	20% 比例预扣率，劳务：3 档预扣率	扣缴义务人
汇算清缴	居民个人	次年 3 月 1 日至 6 月 30 日	以收入减除 20% 的费用后的余额为收入额。稿酬收入额减按 70% 计算	综合所得年度七级超额累进税率	纳税人
代扣代缴	非居民个人	月后 15 日	以收入减除 20% 的费用后的余额为收入额。稿酬收入额减按 70% 计算	按月换算后的七级超额累进税率	扣缴义务人

1. 居民个人预扣预缴和汇算清缴的差异

（1）收入额的计算方式不同

预扣预缴时，以纳税人每次取得的收入减除费用后的余额为收入额。稿酬所得的收入额减按 70% 计算。其中“费用”分档计算，每次收入不超过 4000 元的，减除费

用按 800 元计算；每次收入 4000 元以上的，减除费用按收入的 20% 计算。

按照“每次”预扣税款，劳务报酬所得、稿酬所得、特许权使用费所得，属于一次性收入的，以取得该项收入为一次；属于同一项目连续性收入的，以一个月内取得的收入为一次。

汇算清缴时，劳务报酬所得、稿酬所得、特许权使用费所得以收入减除 20% 的费用后的余额为收入额。稿酬所得的收入额减按 70% 计算。“费用”不分档计算，按照收入的 20% 计算。所有的综合所得全部按年合计计税，既不按次也不按月计税。

（2）计税前可扣除的项目不同

应纳税所得额与预扣预缴应纳税所得额不同。

预扣预缴时，以居民个人每次收入额为预扣预缴应纳税所得额，计算应预扣预缴税额。在预扣预缴时，不得扣除基本减除费用、专项扣除、专项附加扣除以及依法确定的其他所得。

汇算清缴时，居民个人的综合所得，以每一纳税年度的收入额减除费用 6 万元以及专项扣除、专项附加扣除和依法确定的其他扣除后的余额，为应纳税所得额。

（3）适用的税率（预扣率）不同

预扣预缴时，居民个人取得劳务报酬所得、稿酬所得、特许权使用费所得的，适用 20% 的比例预扣率，对于一次劳务报酬所得畸高的，采取加成预扣的方式，其中劳务报酬预扣预缴应纳税所得额超过 2 万元不超过 5 万元的部分，按照 20% 的预扣率加征五成，实际执行 30% 的预扣率；预扣预缴应纳税所得额超过 5 万元的部分，按照 20% 的预扣率加征十成，实际执行 40% 的预扣率。

汇算清缴时，居民个人取得劳务报酬所得、稿酬所得、特许权使用费所得，应合并计算综合所得年度应纳税所得额，按照 3% ~ 45% 的七级超额累进税率计算并征收个人所得税。

2. 非居民个人和居民个人的计税差异

（1）纳税人分类不同纳税方式不同

《中华人民共和国个人所得税法》（2018 年修正）的“工资、薪金所得，劳务报酬所得，稿酬所得和特许权使用费所得”这四个应税项目，合并称为四项“综合所得”。对于“综合所得”，在计算应纳个人所得税额时，必须先判定纳税人的身份，是居民个人还是非居民个人，对于不同的纳税人身份类别，适用不一样的计税方法。

居民个人：实行按年综合征税，需要对四项“综合所得”按照年度计算并加总其“年收入额”并计税。纳税人在取得四项综合所得时，实行按月或按次预扣预缴，年度汇算清缴的方式进行。

非居民个人：非居民个人取得这四项“综合所得”，不需要按年综合计税，而是分项按月或按次计税。纳税人取得工资、薪金所得，以一个月为纳税期间，取得劳务报酬、稿酬、特许权使用费时，以每次作为纳税期间，计算税额并由支付人代扣代缴。

（2）适用税率（预扣率）不同

居民个人取得稿酬所得和特许权使用费三项所得时，按照 20% 的预扣率预扣预缴个人所得税；取得劳务报酬所得时，按照 20%、30%、40% 三档预征率累进计税。在年度终了后，其取得的劳务报酬所得、稿酬所得和特许权使用费三项所得，需要和工资薪金所得合计，按照 3% ~ 45% 七级超额累进税率，计税课税，其中与预扣预缴税款的差额，多退少补。

《中华人民共和国个人所得税法》（2018 年修正）中所列《个人所得税税率表一》（综合所得适用）明确规定：非居民个人取得工资、薪金所得，劳务报酬所得，稿酬所得和特许权使用费所得，依照该表按月换算后计算应纳税额。

（3）费用扣除不同

居民个人取得劳务报酬所得、稿酬所得和特许权使用费三项所得，在预扣预缴时实行分段扣除费用，即 4000 元以下扣除费用 800 元，4000 元以上扣除费用 20% 后计税（稿酬所得的收入额减按 70% 计算）。在年度综合计税时，不再执行分档扣除费用的方式，直接以收入减除 20% 的费用后的余额为收入额（稿酬所得的收入额减按 70% 计算）。

非居民个人取得劳务报酬所得、稿酬所得和特许权使用费三项所得计税时，以每次收入额为应纳税所得额。劳务报酬所得、稿酬所得、特许权使用费所得以每次收入减除 20% 的费用后的余额为收入额（稿酬所得的收入额减按 70% 计算），不再另外扣除基本减除费用、专项扣除、专项附加扣除、依法确定的其他扣除等扣除项目。

第二节 综合所得的汇算清缴内容

一、综合所得的汇算清缴内容和范围

所谓综合所得的汇算清缴，是指依据个人所得税法规定，在一个纳税年度终了后，居民个人（以下称纳税人）需要汇总纳税年度内 1 月 1 日至 12 月 31 日取得的工资、薪金，劳务报酬，稿酬，特许权使用费四项所得（以下称综合所得）的收入额，减除费用 6 万元以及专项扣除、专项附加扣除和依法确定的其他扣除后，适用综合所得个人所得税税率并减去速算扣除数，计算本年度最终应纳税额，再减去纳税年度已预缴税额，得出本年度应退或者应补税额，向税务机关申报并办理退税或补税。

年度汇算仅计算并结清本年度综合所得的应退或者应补税款，不涉及以前或往后年度，仅指纳入综合所得范围的工资、薪金，劳务报酬，稿酬，特许权使用费四项所得。

因此，利息、股息、红利所得和财产租赁、财产转让、偶然所得，不在年度汇算范围内。

按照《财政部 国家税务总局关于个人所得税法修改后有关优惠政策衔接问题的通知》（财税〔2018〕164 号）规定，纳税人取得的可以不并入综合所得计算纳税的收入，如全年一次性奖金、解除劳动关系、提前退休、内部退养取得的一次性补偿收入以及上市公司股权激励等等，也不在年度汇算范围内。

（一）汇算主体

1. 居民个人

在中国境内有住所或无住所而一个纳税年度内在中国境内居住累计满 183 天，负有全球所得纳税义务，综合所得部分具有汇算清缴义务。

2. 非居民个人

在中国境内无住所又不居住或无住所而一个纳税年度内在中国境内居住累计不满 183 天的，其在中国境内所得负有纳税义务，无汇算清缴义务。

“居民个人”与“非居民个人”的概念是现行个税法对中国税收居民身份的认定

作出的划分与界定。除非符合豁免条件，对于符合住所标准或居住时间标准而被认定为居民个人的纳税人，应就其取得的综合所得在年度汇算期内办理年度汇算。

（二）汇算清缴计算模式

居民个人需要通过汇总综合所得收入、专项扣除、专项附加扣除、依法确定的其他扣除及符合条件的公益慈善事业捐赠，适用以下公式计算年度最终应纳税额：

本年度最终应纳税额＝（综合所得收入额－6万元－专项扣除－专项附加扣除－依法确定的其他扣除－捐赠）×适用税率－速算扣除数

年度汇算应退或应补税额＝本年度最终应纳税额－本年度已预缴税额

二、需要办理汇算清缴的情形

（一）一般规定

《个人所得税法实施条例》第二十五条规定，取得综合所得需要办理汇算清缴的情形包括：

1. 从两处以上取得综合所得，且综合所得年收入额减除专项扣除的余额超过6万元；

2. 取得劳务报酬所得、稿酬所得、特许权使用费所得中一项或者多项所得，且综合所得年收入额减除专项扣除的余额超过6万元；

3. 纳税年度内预缴税额低于应纳税额；

4. 纳税人申请退税。

（二）需要退税

1. 年度已预缴税额大于年度应纳税额且申请退税

（1）年度综合所得收入额不超过6万元但已预缴个人所得税；

（2）仅取得劳务报酬、稿酬、特许权使用费所得，需要通过年度汇算办理税前扣除；

（3）年中劳务报酬、稿酬、特许权使用费适用的预扣率高于综合所得年适用税率；

（4）预缴税款时，未申报扣除或未足额扣除减除费用、专项扣除、专项附加扣除、依法确定的其他扣除；

（5）未申报享受或未足额享受综合所得税收优惠；

（6）因年中就业、离职或部分月份没有收入等原因，减除费用6万元、专项扣除、专项附加扣除及依法确定的其他扣除不充分；

（7）预缴税款时，未办理扣除符合条件的公益慈善捐赠支出；

（8）其他经年度汇算申请退税的情形。

2. 纳税人需提供在境内开设符合条件的银行账户

如果年度汇算后有应退税额，则纳税人可以申请退税。只要纳税人在申报表的相应栏次勾选“申请退税”，即完成了申请提交。税务机关按规定履行必要的审核程序后即可为纳税人办理退税，退税款直达个人银行账户。需要特别注意的是，为避免税款不能及时、准确退付，纳税人一定要准确填写身份信息资料和在中国境内开设的符合条件的银行账户。

纳税人未提供本人有效银行账户，或者提供的信息资料有误的，税务机关将通知纳税人更正，纳税人按要求更正后依法办理退税。

3. 退税地点

税务机关按规定审核后，按照国库管理有关规定，在汇算清缴地就地办理税款退库。

4. 便捷退税

对2019年度综合所得年收入额不足6万元，但因月度间工资薪金收入不均衡，或者仅取得劳务报酬、稿酬、特许权使用费所得，偶发性被预扣预缴了个人所得税的，税务机关将提前推送服务提示、预填简易申报表，纳税人只需确认已预缴税额、填写本人银行账户信息，即可通过网络实现快捷退税。同时，为让纳税人尽早获取退税，建议这部分纳税人在3月1日至5月31日期间，通过该简易方式办理退税。该政策是否会继续适用于以后年度，需要纳税人及时关注国家税务总局的公告。

扣缴义务人未将扣缴的税款解缴入库的，不影响纳税人按照规定申请退税，税务机关应当凭纳税人提供的有关资料办理退税。

（三）需要补税

1. 年度综合所得收入超过 12 万元且需要补税金额超过 400 元

（1）取得两处及以上综合所得，合并后适用税率提高导致已预缴税额小于年度应纳税额；

（2）从两处及以上单位取得工资、薪金，按月预缴税款时重复扣除基本减除费用（5000 元 / 月）；

（3）各项综合所得的收入汇总计算导致综合所得年税率高于预扣预缴率；

（4）其他经年度汇算需要补税的情形。

2. 补税渠道

纳税人办理年度汇算补税的，可以通过网上银行、POS 机刷卡、银行柜台、非银行支付机构等转账方式缴纳。

（四）特殊规定

1. 为做好个人所得税改革后的首次汇算清缴工作，财政部、国家税务总局发布《关于个人所得税综合所得汇算清缴涉及有关政策问题的公告》（财政部 税务总局公告 2019 年第 94 号）做以下特殊规定：

（1）2019 年 1 月 1 日至 2020 年 12 月 31 日居民个人取得的综合所得，年度综合所得收入不超过 12 万元且需要汇算清缴补税的，或者年度汇算清缴补税金额不超过 400 元的，居民个人可免于办理个人所得税综合所得汇算清缴。居民个人取得综合所得时存在扣缴义务人未依法预扣预缴税款的情形除外。

（2）残疾、孤老人员和烈属取得综合所得办理汇算清缴时，汇算清缴地与预扣预缴地规定不一致的，用预扣预缴地规定计算的减免税额与用汇算清缴地规定计算的减免税额相比较，按照孰高值确定减免税额。

（3）居民个人填报专项附加扣除信息存在明显错误，经税务机关通知，居民个人拒不更正或者不说明情况的，税务机关可暂停纳税人享受专项附加扣除。居民个人按规定更正相关信息或者说明情况后，经税务机关确认，居民个人可继续享受专项附加扣除，以前月份未享受扣除的，可按规定追补扣除。

（4）该公告第一条适用于2019年度和2020年度的综合所得年度汇算清缴。其他事项适用于2019年度及以后年度的综合所得年度汇算清缴。

2.《国家税务总局关于个人所得税自行纳税申报有关问题的公告》（国家税务总局公告2018年第62号）第五条第（一）款规定：

纳税人在注销户籍年度取得综合所得的，应当在注销户籍前，办理当年综合所得的汇算清缴，并报送《个人所得税年度自行纳税申报表》。尚未办理上一年度综合所得汇算清缴的，应当在办理注销户籍纳税申报时一并办理。

（五）违反汇算清缴规定的惩戒机制内容

需特别注意的是，根据发布的关于专项附加扣除后续管理的有关规定，对于个人未按规定享受扣除或拒不提供扣除资料等情形的，视情节严重程度规定了轻重有别的惩戒机制，分别为责令改正、联合惩戒及行政处罚。

三重惩戒机制，对于纳税人有下列情形的，主管税务机关应当责令其改正；五年内再次发现的，视情形记入有关信用信息系统，并按照国家有关规定实施联合惩戒；涉及违反税收征管法等法律法规的，税务机关依法进行处理：

（1）报送虚假专项附加扣除信息；

（2）重复享受专项附加扣除；

（3）超范围或标准享受专项附加扣除；

（4）拒不提供留存备查资料；

（5）税务总局规定的其他情形。

无法提供留存备查资料或留存备查资料不能支持相关情况，提供其他佐证材料，不得享受相关专项附加扣除。

发布的关于办理年度汇算的公告进一步明确：对于居民个人填报专项附加扣除信息存在明显错误，经税务机关通知，居民个人拒不更正或者不说明情况的，税务机关可暂停纳税人享受专项附加扣除。居民个人按规定更正相关信息或者说明情况后，经税务机关确认，居民个人可继续享受专项附加扣除，以前月份未享受扣除的，可按规定追补扣除。鉴于我国加强个人纳税信用建设与联合惩戒的个税征管趋势，以及税务机关可能对纳税人提供的专项附加扣除信息所开展的抽查工作，为避免因政策理解不清而产生扣除适用错误问题，个人应对其上一纳税年度所享受的专项附加扣除进行仔细核查，以降低触发税务惩戒机制及行政处罚的潜在风险。

三、无须办理年度汇算的纳税人

（一）税法规定

经国务院批准，依据《财政部 国家税务总局关于个人所得税综合所得汇算清缴涉及有关政策问题的公告》（财政部税务总局公告 2019 年第 94 号）有关规定，符合下列情形之一的，纳税人不需要办理年度汇算：

1. 纳税人需要补税但综合所得年收入不超过 12 万元的；

2. 纳税人年度汇算需补税金额不超过 400 元的；

3. 纳税人已预缴税额与年度应纳税额一致或不申请年度汇算退税的。

注：上述 1、2 适用于 2019 年度和 2020 年度的综合所得年度汇算清缴，到期后是否继续沿用需要关注届时的政策规定。

需要说明的是，尽管劳务报酬所得、稿酬所得和特许权使用费所得以收入减除 20% 的费用后的余额作为收入额计税，但年度汇算豁免义务关于 12 万元收入以“毛收入”为限，因此个人在计算年收入额时应将减除上述相关费用的收入进行还原。此外，如居民个人取得综合所得时存在扣缴义务人未依法为其预扣预缴税款的情形，即使符合上述情形，亦应就上一纳税年度内未申报缴纳的综合所得，在年度汇算期内完成纳税申报。

（二）纳税人了解是否符合豁免汇算的渠道

纳税人有如下 3 个渠道了解自己是否满足豁免汇算的要求：

1. 纳税人可以向扣缴单位提出要求，按照税法规定，单位有责任将已发放的收入和已预缴税款等情况告诉纳税人；

2. 纳税人可以登录电子税务局网站，查询本人上一年度的收入和纳税申报记录；

3. 次年汇算前，税务机关将通过网上税务局（包括个人所得税 APP、Web 端），根据一定规则为纳税人提供申报表预填服务，如果纳税人对预填的结果没有异议，系统就会自动计算出应补或应退税款，纳税人可以确定自己是否符合豁免政策。

四、汇算清缴申报的时间和地点

根据《国家税务总局关于个人所得税自行纳税申报有关问题的公告》（国家税务总局公告 2018 年第 62 号）规定：

（一）汇算清缴申报的时间

1. 取得所得的次年 3 月 1 日至 6 月 30 日内；

2. 在中国境内无住所的纳税人在此期限前离境的，可以在离境前办理年度汇算。

3. 纳税人因移居境外注销中国户籍的，应当在申请注销中国户籍前，办理当年综合所得的汇算清缴，尚未办理上一年度综合所得汇算清缴的，应当在办理注销户籍纳税申报时一并办理。

具体情况如下表所示：

	情形	办理时间	条件
1	居民个人	3 月 1 日—6 月 30 日	符合需要办理综合所得汇算清缴的情形
2	无住所居民个人	离境前	在次年 3 月 1 日前离境
3	注销户籍的居民个人	注销户籍前	注销户籍年度取得综合所得
4	便捷申报	3 月 1 日—5 月 31 日	本年度综合所得收入额不超过 6 万元且已预缴个人所得税

对于因个人原因错过年度汇算办理时间的居民个人，逾期是否仍可向税务机关申请退税呢？答案是肯定的，但应符合时限要求，纳税人依据税收征管法应享有申请退税的权利，即纳税人自结算缴纳税款之日起三年内发现有超过应纳税额缴纳的税款的，可以向税务机关要求退还多缴的税款，税务机关查实后应当退还。

尽管如此，鉴于目前发布的相关规定指向的是在年度汇算期内办理的居民个人，因此逾期申报或将无法适用当前年度汇算的有关规则，包括但不限于办理方式、办理渠道及接受年度汇算申报的税务机关等，并将给逾期退税带来更高的难度与更大的不确定性。

（二）汇算清缴申报的地点

分 4 种情况，据实选择确定：

1. 向任职、受雇单位所在地主管税务机关办理纳税申报。

2. 纳税人有两处以上任职、受雇单位的，选择向其中一处任职、受雇单位所在地主管税务机关办理纳税申报。

其中，扣缴义务人在年度汇算期内为纳税人代办年度汇算的，向代办扣缴义务人的主管税务机关申报。

3. 纳税人没有任职、受雇单位的，向户籍所在地或经常居住地主管税务机关办理纳税申报。

居民个人已在中国境内申领居住证的，以居住证登载的居住地住址为经常居住地；没有申领居住证的，以当前实际居住地址为经常居住地。

4. 纳税人因移居境外注销中国户籍的，应当在申请注销中国户籍前，向户籍所在地主管税务机关办理纳税申报，进行税款清算。

具体申报地点如下表所示：

<table>
<tr><th>方式</th><th>情形</th><th colspan="2">主管税务机关</th></tr>
<tr><td rowspan="5">自己办 / 请人办</td><td>有任职受雇单位</td><td colspan="2">有任职受雇单位</td></tr>
<tr><td>有两处及以上任职受雇单位</td><td colspan="2">选择其中一处单位所在地</td></tr>
<tr><td rowspan="3">没有任职受雇单位</td><td rowspan="3">户籍所在地 / 经常居住地</td><td>居住证登载的居住地住址（已在中国境内申领居住证）</td></tr>
<tr><td>当前实际居住地址（未在中国境内申领居住证）</td></tr>
<tr><td>支付或实际负担综合所得的境内单位或个人所在地（实际居住地不在中国境内）</td></tr>
<tr><td>单位办</td><td colspan="3">扣缴义务人所在地</td></tr>
</table>

五、汇算清缴应补（退）税额的计算

（一）计税公式及税率

1. 居民个人年度综合所得的应纳税额＝综合所得的全年应纳税所得额 × 适用税率－速算扣除数

2. 汇算清缴应补（退）税额＝全年综合所得的应纳税额－已预扣预缴税额

3. 综合所得的全年应纳税所得额＝全年综合所得收入额－免税收入额－准予扣除额

4. 年度综合所得收入额＝全年工资薪金所得收入＋全年劳务报酬所得收入 ×（1－20%）＋全年稿酬所得收入 ×（1－20%）×70% ＋全年特许权使用费所得收入 ×（1－20%）

5. 准予扣除额＝基本扣除费用 6 万元＋专项扣除＋专项附加扣除＋依法确定的其他扣除

6. 适用税率和速算扣除数，根据“全年应纳税所得额”对照税率确定。

个人所得税税率表一

（综合所得适用）

级数	全年应纳税所得额	税率（%）	速算扣除数
1	不超过 36000 元的	3	0
2	超过 36000 元至 144000 元的部分	10	2520
3	超过 144000 元至 300000 元的部分	20	16920
4	超过 300000 元至 420000 元的部分	25	31920
5	超过 420000 元至 660000 元的部分	30	52920
6	超过 660000 元至 960000 元的部分	35	85920
7	超过 960000 元的部分	45	181920

（二）可继续享受的税前扣除

下列未扣除或未足额扣除的税前扣除项目，纳税人可在年度汇算期间办理扣除或补充扣除：

1. 纳税人及其配偶、未成年子女在纳税年度发生的，符合条件的大病医疗支出；

2. 纳税人在纳税年度未申请享受或者未足额享受的子女教育等专项附加扣除，以及专项扣除、依法确定的其他扣除；

3. 纳税人在纳税年度发生的符合条件的公益性捐赠支出。

（三）相关（特殊）事项

1. 劳务报酬所得、稿酬所得、特许权使用费所得（以下简称三项所得）预扣预缴环节税款的计算与汇算清缴环节税款的计算存在差异。

（1）应税收入额的计算不同：年度汇算清缴时，三项所得减除费用的标准都是20%；而预扣预缴时，不足4000元时减除的是800元，只有超过4000元才是减除20%。

（2）可扣除的项目不同：在预扣预缴环节，三项所得不得扣除基本费用、专项扣除、专项附加扣除等；在汇算清缴环节，与工资薪金所得一起，可以依法扣除。

（3）适用的税率/预扣率不同：在汇算清缴时，各项综合所得合并适用3% ~ 45%的超额累进税率；预扣预缴环节，劳务报酬所得适用20% ~ 40%的预扣率，而稿酬所得和特许权使用费所得适用20%的比例预扣率。

2. 大病医疗，在预扣预缴时不能扣除，只能在汇算清缴时扣除。

3. 汇算清缴时基本扣除费用统一扣除6万元，在预扣预缴时，只能按纳税人在扣缴义务人任职月份数扣除，每月限扣5000元。

4. 专项附加扣除和符合条件的公益性捐赠支出在预扣环节扣除不足或未扣除的，可以在汇算环节补扣。

六、汇算清缴办理方式和渠道

（一）办理方式

1. 自己办

纳税人可自主选择以下三种方式办理：即自己办、单位办、请人办。

自己办，即纳税人自行办理。纳税人可以自行办理年度汇算。税务机关将推出系列优化服务措施，加大年度汇算的政策解读和操作辅导力度，分类编制办税指引，通俗解释政策口径、专业术语和操作流程，通过个人所得税 APP、Web 端、12366 自然人专线等渠道提供涉税咨询，解决办理年度汇算中的疑难问题，帮助纳税人顺利完成年度汇算。对于因年长、行动不便等独立完成年度汇算存在特殊困难的，由纳税人提出申请，税务机关还可以提供个性化年度汇算服务。

自己办的适用情形、办理时间和填报材料如下表所示：

	类型	适用情形	办理时间	填报材料
1	便捷申报	本年度综合所得收入额不超过 6 万元、已预缴个人所得税（未取得境外所得）	次年 3 月 1 日—5 月 31 日	适用《个人所得税年度自行纳税申报表（简易版）》
2	标准申报	本年度已预缴税额大于年度应纳税额且申请退税； 本年度综合所得收入超过 12 万元且需要补税金额超过 400 元。	次年 3 月 1 日—6 月 30 日	选择适用《个人所得税年度自行纳税申报表（A 表）》或《个人所得税年度自行纳税申报表（问答版）》及附报材料
		需要办理本年度汇算且取得境外所得		适用《个人所得税年度自行纳税申报表（B 表）》及附报材料

本次发布的综合所得年度汇算表格分为 A 表（包含问答版及简易版）和 B 表，一般情况填写 A 表，如居民个人在上一纳税年度取得境外所得，则应适用 B 表进行年度汇算申报。

个人所得税年度自行纳税申报表（A 表）/（问答版）附报材料

序号	事项	附报材料
1	A 表—其他免税收入	《个人所得税减免税事项报告表》
	问答版—免税收入	
2	专项附加扣除	《个人所得税附加专项扣除信息表》
3	商业健康保险	《商业健康保险税前扣除情况明细表》
4	税延养老保险	《个人税收递延型商业养老保险税前扣除情况明细表》
5	准予扣除的捐赠额	《个人所得税公益慈善事业捐赠扣除明细表》
6	减免税额	《个人所得税减免税事项报告表》

根据年度汇算的有关规定，税务机关将根据一定规则通过网络渠道为居民个人提供申报表预填服务。该预填服务将极大节省居民个人填报自行纳税申报表的工作量。税务机关采取“一人式”数据归集的统计办法，在“金税三期”大数据系统的支持下，全面梳理上一纳税年度所采集到的纳税人基础信息表、扣缴申报表与备案表、自行申报表、专项附加扣除信息表等信息，并在多部门信息共享的第三方协税机制的配合下，进一步完善和修补与居民个人相关的其他相关数据。

2. 单位办

单位办，即请任职受雇单位办理。考虑到很多纳税人主要从一个单位领取工资薪金，单位对纳税人的涉税信息掌握的比较全面、准确，为更好地帮助纳税人办理年度汇算，纳税人可以通过取得工资、薪金或连续性取得劳务报酬所得（如保险营销员或证券经纪人）的扣缴义务人代为办理，且纳税人向这些扣缴义务人提出代办要求的，扣缴义务人应当办理。

这样有利于继续发挥源泉扣缴的传统优势，尽最大努力降低纳税人办税难度和负担。同时，税务机关将为扣缴单位提供申报软件，方便扣缴义务人为本单位职工集中办理年度汇算申报。

需要注意的是，纳税人通过扣缴义务人办理年度汇算的，应将除本单位以外的汇算年度全部综合所得收入、扣除、享受税收优惠等信息资料如实提供给扣缴义务人，并对其真实性、准确性、完整性负责。

3. 请人办

除自行办理与扣缴义务人代为办理外，个人也可通过委托受托人的方式办理年度汇算，双方应对其权利、责任和义务进行明确。对此，在委托办理年度汇算清缴的法律关系中，各方均应充分关注委托合同的约定方式以及因该等合同的履行而可能产生的责任承担问题。在委托办理年度汇算清缴的情况下，委托人往往期待受托人能够“无瑕疵”地办理完毕相关程序，故相较于“单位办”，受托人或将承担包括实质审查义务在内的更多的注意义务。同时，由于委托人与受托人可根据委托事务的实际情况就双方的权利、责任和义务进行特别约定，故对于受托人而言，如发生未履行或未完全履行合同义务、未尽足够的注意义务、超越约定权限办理委托事项或未及时报告办理情况等情形而给委托人造成损害的，则可能被委托人追究违约责任或侵权责任等民事责任。

（二）办理渠道

对于个人难以自行判断自己是否符合免于办理条件的情形，可通过以下三种方式就其全年所得、汇算义务、补税或退税情况等进行预判：

1. 向扣缴单位提出要求

单位有责任将已发放的收入和已预缴税额等情况告知纳税人。

2. 网上税务局查询

包括个人所得税 APP、Web 端，纳税人可自行查询本人 2019 年度的收入和纳税申报明细记录。

3. 办理阶段申报表预填服务

税务机关将通过网上税务局为纳税人提供申报表预填服务，如纳税人对预填信息没有异议，则系统将自动计算出应补或应退税款，并据此了解其是否符合豁免政策要求。

需要注意的是，除单位为个人按时扣缴的工资、薪金所得外，对于取得的劳务报酬所得、稿酬所得及特许权使用费所得，个人还应关注支付方是否已在当期足额为其代扣代缴个人所得税，并结合上文关于需要补税情形的举例进行补充判定。

七、汇算资料留存

1. 办理年度汇算需要提交的资料

纳税人以及代办的扣缴义务人，一般只需报送年度汇算申报表。但如需修改纳税人相关基础信息，新增享受扣除或税收优惠的，还应一并填报相关信息。

2. 提交的资料保存时间

纳税人以及代办的扣缴义务人，需自年度汇算期结束之日起将资料留存 5 年。

尽管扣缴义务人在支付所得时负有代扣代缴的义务，但考虑到税收实践中对何种属于“没有扣缴义务人”的情形存在争议，且扣缴义务人未扣缴的情形也屡见不鲜。作为综合所得的取得方，居民个人负有就其取得的所有综合所得进行年度汇算的义务，并对填报信息的真实性、准确性和完整性承担法律责任。

与此同时，即使居民个人如期完成了年度汇算工作，也不意味着该年度汇算项下的所得不再受制于税务机关的管理。如税务机关在后续管理时发现纳税人或扣缴义务人存在计算错误等失误，而造成未缴或者少缴税款的后果，税务机关在3年内亦可以追征税款、滞纳金；有特殊情况的，追征期可以延长到5年；对偷税、抗税、骗税的，税务机关追征不受上述期限限制。

八、扣缴义务人合规指引

（一）代为办理年度汇算的责任

根据年度汇算的有关规定，如居民个人主动向扣缴义务人提出代办要求的，扣缴义务人应当办理。从办理流程上看，个人应在次年4月30日前与扣缴义务人进行书面确认，补充提供其本年度除该扣缴义务人支付的综合所得收入、相关扣除、享受税收优惠等信息资料，并对所提交信息的真实性、准确性、完整性负责。需要指出的是，负有代为办理汇算清缴责任的扣缴义务人指：（1）向雇员支付工资、薪金的扣缴义务人；（2）向保险营销员或证券经纪人连续性支付劳务报酬所得的扣缴义务人。

对于收到代办要求的扣缴义务人来说，可选择通过以下两种方式之一，协助纳税人完成年度汇算：

1. 直接代为办理

扣缴义务人为居民个人代为办理的，应及时将办理情况告知个人，并在个人提出更正申报的要求时为其办理更正申报。

2. 培训与辅导办理

如扣缴义务人因财务、人力等人手不足或不具有大规模代为办理能力等情形，而不能直接代为办理的，亦可通过培训、辅导纳税人通过网上税务局办理的方式，协助个人妥适完成年度汇算。

（二）信息审查义务

由于年度汇算是对个人全年综合所得应纳税额的综合汇算，判断其税收居民身份、统计其任职受雇情况、收集与汇总其综合所得、扣除项目、税收优惠及发生的捐赠等，是个人应尽的义务。从申报阶段的责任承担上看，尽管扣缴义务人在年度汇算阶段附条件地承担了代办任务，但其就个人报送的信息资料的责任主要负有形式审查的义务，即审查信息资料是否适用申报，而非对全部信息的真实性、准确性、完整性进行实质性的审查并据此承担法律责任。

（三）信息保密与留存义务

如扣缴义务人为个人直接代为办理，则需将办理本年度汇算的相关资料，自年度汇算期结束之日起留存5年，并负有为个人的相关信息进行保密的义务。以后年度以此类推。

（四）身份冒用与异议申诉

前面章节对身份冒用与异议申诉有具体表述。年度汇算的特点决定了居民个人会对其一个纳税年度内申报缴纳的全部所得与税款进行汇总。如个人在年度汇算预判或申报时发现其自然人纳税人识别号下存在异常所得或纳税申报记录，可通过异议申诉的方式予以进一步处理与解决。对此，不能排除税务机关或将基于个别性或集中性的异议申诉，对出现不合理纳税申报与代扣代缴的企业进行后期排查。

（五）企业经营相关合规风险

经税务机关稽查后发现企业存在未按照规定期限办理纳税申报、伪造、变造、隐匿账簿、记账凭证，多列支出或者不列、少列收入、编造虚假计税依据等上述行为的，除补缴税款和滞纳金外，企业或将面临相应的行政处罚，其法定代表人和负有直接责任的人员等亦可能因违法事由被纳入税收违法“黑名单”而受到联合惩戒。对于采取上述违法行为涉嫌犯罪的，直接负责的主管人员和其他直接责任人员则可能被追究刑事责任。

第二十二章
税收优惠

个人所得税既是一种分配手段，也是体现国家政策的重要工具，为了体现税收的奖励和照顾，我国个人所得税法对纳税人因特定行为取得的所得和特定纳税人取得的所得，分别规定了一系列的免税和减税政策。

2018 年个人所得税制改革，各项免税优惠条款调整较少，主要是根据经济社会发展实际，对部分免税所得的名称进行了修改，如将“退休工资”改为“基本养老金或者退休费”，将“离休工资”改为“离休费”；根据军人退出现役的改革情况，增加军人退役金，但总体优惠内容不变。原因主要有：一是此次改革的总体思路和重点是“转模式、建机制、降税负”，即通过建立综合与分类相结合的个人所得税制模式，对居民个人综合所得按年征税，降低纳税人税负，税收优惠并不是此次改革的重点；二是通过提高基本减除费用扣除标准，增加子女教育、继续教育、大病医疗、住房租金、住房贷款利息和赡养老人六项专项附加扣除，调整和优化税率结构，客观上实现降低税负的普惠性目标。

2018 年 12 月 29 日，财政部、国家税务总局发布了《财政部 国家税务总局关于继续有效的个人所得税优惠政策目录的公告》（财政部税务总局公告 2018 年第 177 号），根据上述文件规定，对个人所得税的优惠政策以现行有效文件规定为执行依据。

第一节 法定免征

《个人所得税法》第四条规定了免税项目，下面分别介绍。

一、省部级和外国组织、国际组织奖金优惠

根据《中华人民共和国个人所得税法》（2018 年修正）第四条第一款第（一）项的规定，省级人民政府、国务院部委和中国人民解放军军以上单位，以及外国组织、国际组织颁发的科学、教育、技术、文化、卫生、体育、环境保护等方面的奖金，免征个人所得税。

省级人民政府、国务院部委和中国人民解放军军以上单位，包括省级以上人民政府以及国务院组成部门、国务院直属特设机构、国务院直属机构、国务院办事机构、国务院直属事业单位和中国人民解放军军以上单位；所称颁发的奖金，是指省级人民政府、国务院部委和中国人民解放军军以上单位制定奖励办法，并确定获奖人员，由财政资金或者公益性社会团体负担的奖金。

二、国债和国家发行的金融债券利息优惠

（一）国债和国家发行的金融债券利息免征个人所得税

根据《中华人民共和国个人所得税法》（2018 年修正）第四条第一款第（二）项的规定，国债和国家发行的金融债券利息，免征个人所得税。

根据《中华人民共和国个人所得税法实施条例》（2018 年修正）第九条的规定，国债利息是指个人持有中华人民共和国财政部发行的债券而取得的利息；国家发行的金融债券利息，是指个人持有经国务院批准发行的金融债券而取得的利息。

（二）地方政府债券利息优惠

地方政府债券是指经国务院批准，以省、自治区、直辖市和计划单列市政府为发行和偿还主体的债券。

根据《财政部 国家税务总局关于地方政府债券利息所得免征所得税问题的通知》

（财税〔2011〕76 号）文件规定，对企业和个人取得的 2009 年、2010 年和 2011 年发行的地方政府债券利息所得，免征企业所得税和个人所得税。

根据《财政部 国家税务总局关于地方政府债券利息免征所得税问题的通知》（财税〔2013〕5 号）第一条的规定，对企业和个人取得的 2012 年及以后年度发行的地方政府债券利息收入，免征企业所得税和个人所得税。

三、按照国家统一规定发给的补贴、津贴优惠

根据《中华人民共和国个人所得税法》（2018 年修正）第四条第一款第（三）项的规定，按照国家统一规定发给的补贴、津贴，免征个人所得税。

（一）政府特殊津贴、院士津贴免税范围

在我国目前个人的工资收入构成中，各种各样的补贴、津贴占有相当大的比重，这些补贴、津贴有些是按国务院的规定发放的，有些是按人社部门的规定发放的，有些则是各地政府根据中央和国务院有关文件精神结合本地情况而安排发放的。

根据《中华人民共和国个人所得税法实施条例》（2018 年修正）第十条的规定，可以免征个人所得税的按照国家统一规定发给的补贴、津贴，是指按照国务院规定发给的政府特殊津贴、院士津贴，以及国务院规定免予缴纳个人所得税的其他补贴、津贴。

此外，根据《财政部 国家税务总局关于对中国科学院、中国工程院资深院士津贴免征个人所得税的通知》（财税字〔1998〕118 号）的规定，对依据《国务院关于在中国科学院、中国工程院院士中实行资深院士制度的通知》（国发〔1998〕8 号）的规定，发给中国科学院资深院士和中国工程院资深院士每人每年 1 万元的资深院士津贴免予征收个人所得税。

（二）不属于工资、薪金性质的津补贴

下列不属于工资、薪金性质的补贴、津贴或者不属于纳税人本人工资、薪金所得项目的收入，不征税：

（1）独生子女补贴；

（2）执行公务员工资制度未纳入基本工资总额的补贴、津贴差额和家属成员的

副食品补贴；

（3）托儿补助费；

（4）差旅费津贴，午餐补助。

根据《财政部 国家税务总局关于误餐补助范围确定问题的通知》（财税字〔1995〕82号）的规定，不征税的午餐补助，是指按财政部门规定，个人因公在城区、郊区工作，不能在工作单位或返回就餐，确实需要在外就餐的，根据实际误餐顿数，按规定的标准领取的误餐费。一些单位以午餐补助名义发给职工的补贴、津贴，应当并入当月工资、薪金所得计征个人所得税。

根据《财政部 国家税务总局关于民航空地勤人员的伙食费征收个人所得税的通知》（财税字〔1995〕77号）规定，民航空地勤人员的伙食费应当按照税法规定，并入工资、薪金所得，计算征收个人所得税，并由支付单位负责代扣代缴。

四、福利费、抚恤金、救济金优惠

根据《中华人民共和国个人所得税法》（2018年修正）第四条第一款第（四）项的规定，福利费、抚恤金、救济金，免征个人所得税。

根据《中华人民共和国个人所得税法实施条例》（2018年修正）第十一条的规定，可以免征个人所得税的福利费，是指根据国家有关规定，从企业、事业单位、国家机关、社会组织提留的福利费或者工会经费中支付给个人的生活补助费；救济金，是指各级人民政府民政部门支付给个人的生活困难补助费。

《国家税务总局关于生活补助费范围确定问题的通知》（国税发〔1998〕155号）对从福利费或者工会经费中支付给个人的生活补助费免税的范围予以进一步明确，上述所称生活补助费，是指由于某些特定事件或原因而给纳税人或其家庭的正常生活造成一定困难，其任职单位按国家规定从提留的福利费或者工会经费中向其支付的临时性生活困难补助。

下列收入不属于免税的福利费范围，应当并入纳税人的工资、薪金收入计征个人所得税：

（1）从超出国家规定的比例或基数计提的福利费、工会经费中支付给个人的各种补贴补助；

（2）从福利费和工会经费中支付给单位职工的人人有份的补贴补助；

（3）单位为个人购买汽车、住房、电子计算机等不属于临时性生活困难补助性质的支出。

五、保险赔款优惠

保险赔款是指因意外灾害造成人身伤亡和财产损失而由保险部门给予投保者的一种补偿性赔偿金。取得保险赔款的条件是受损单位或个人必须向保险部门投保，保险赔款的来源是参加保险的单位和个人缴付的一定的保险费用，并由保险部门组成保险基金。

对单位和个人所发生的具有保险赔款的各种损失，在计算应纳税所得额时不得给予扣除。对属于保险责任的，在与被保险人或者受益人达成有关赔偿或者给付保险金额的协议后十日内，履行赔偿或者给付保险金义务。

根据《中华人民共和国个人所得税法》（2018 年修正）第四条第一款第（五）项的规定，保险赔款，免征个人所得税。

六、军人的转业费、复员费、退役金优惠

根据《中华人民共和国个人所得税法》（2018 年修正）第四条第一款第（六）项的规定，军人的转业费、复员费、退役金，免征个人所得税。

七、安家费、退职费、退休费、离休费、离休生活补助费优惠

根据《中华人民共和国个人所得税法》（2018 年修正）第四条第一款第（七）项的规定，按照国家统一规定发给干部、职工的安家费、退职费、基本养老金或者退休费、离休费、离休生活补助费，免征个人所得税。

单位对离退休人员发放的离退休工资以外的奖金补贴不免税。《国家税务总局关于离退休人员取得单位发放离退休工资以外奖金补贴征收个人所得税的批复》（国税函〔2008〕723 号）明确规定，离退休人员除按规定领取离退休工资或养老金外，另从原任职单位取得的各类补贴、奖金、实物，不属于《个人所得税法》第四条规定可

以免税的退休工资、离休工资、离休生活补助费。离退休人员从原任职单位取得的各类补贴、奖金、实物，应在减除费用扣除标准后，按“工资、薪金所得”应税项目缴纳个人所得税。

八、使馆、领事馆的外交代表、领事官员和其他人员的所得优惠

根据《中华人民共和国个人所得税法》（2018 年修正）第四条第一款第（八）项的规定，依照有关法律规定应予免税的各国驻华使馆、领事馆的外交代表、领事官员和其他人员的所得，免征个人所得税。

根据《中华人民共和国个人所得税法实施条例》（2018 年修正）第十二条的规定，依照有关法律规定应于免税的各国驻华使馆、领事馆的外交代表、领事官员和其他人员的所得，是指依照《中华人民共和国外交特权与豁免条例》（以下简称《外交特权与豁免条例》）和《中华人民共和国领事特权与豁免条例》（以下简称《领事特权与豁免条例》）规定免税的所得，凡是这两个条例中明确规定免税的所得项目，都应严格遵照条例执行。

（一）外交代表免纳捐税

根据《外交特权与豁免条例》第十六条的规定，外交代表免纳捐税，但下列各项除外：

（1）通常计入商品价格或者服务价格内的捐税；

（2）有关遗产的各种捐税，但外交代表亡故，其在中国境内的动产不在此限；

（3）对来源于中国境内的私人收入所征的捐税；

（4）为其提供特定服务所收的费用。

根据《外交特权与豁免条例》第二十条的规定，与外交代表共同生活的配偶及未成年子女，如果不是中国公民，也享受上述第十六条规定的免纳捐税待遇。外交代表是指使馆馆长或者使馆外交人员。

（二）领事官员或领馆行政技术人员免纳捐税

根据《领事特权与豁免条例》第十七条的规定，领事官员或领馆行政技术人员免

纳捐税，但下列各项除外：

（1）通常计入商品价格或者服务价格内的捐税；

（2）对在中国境内私有不动产所征的捐税，但用作领馆馆舍的不在此限；

（3）有关遗产的各种捐税，但领事官员亡故，其在中国境内的动产的有关遗产的各种捐税免纳；

（4）对来源于中国境内的私人收入所征的捐税；

（5）为其提供特定服务所收的费用。

《领事特权与豁免条例》第二十一条规定，与领事官员、领馆行政技术人员、领馆服务人员共同生活的配偶及未成年子女，分别享有领事官员、领馆行政技术人员、领馆服务人员根据上述第十七条规定所享有的免税待遇，但身为中国公民或者在中国永久居留的外国人除外。领事官员是指总领事、副总领事、领事、副领事、领事随员或领事代理人。领馆行政技术人员是指从事领馆行政或技术工作的人员。

（三）驻华机构雇员应按规定纳税

《国家税务总局关于国际组织驻华机构外国政府驻华使领馆和驻华新闻机构雇员个人所得税征收方式的通知》（国税函〔2004〕808号）规定，根据《维也纳外交关系公约》和国际组织有关章程规定，对于在国际组织驻华机构、外国政府驻华使领馆中工作的中方雇员和在外国驻华新闻机构的中外籍雇员，均应按照个人所得税法规定缴纳个人所得税。

根据国际惯例，在国际组织驻华机构、外国政府驻华使领馆中工作的非外交官身份的外籍雇员，如是“永久居留”者，亦应在驻在国缴纳个人所得税，但由于我国税法对“永久居留”者尚未作出明确的法律定义和解释，因此对于仅在国际组织驻华机构和外国政府驻华使领馆中工作的外籍雇员，暂不征收个人所得税。在中国境内，若国际驻华机构和外国政府驻华使领馆中工作的外交人员、外籍雇员在该机构或使领馆之外，从事非公务活动所取得的收入，应缴纳个人所得税。

九、国际公约、协议中规定免税的所得优惠

根据《中华人民共和国个人所得税法》（2018年修正）第四条第一款第（九）项

的规定，中国政府参加的国际公约、签订的协议中规定免税的所得，免征个人所得税。

中国政府参加的国际公约、签订的协定中规定免税的所得，是指我国政府参加的国际公约、签订的国际税收协定中明确规定免征个人所得税的所得，此项免税主要涉及工资、薪金所得。公约和协定中没有明确规定的，应严格征税。

《财政部 国家税务总局关于〈建立亚洲开发银行协定〉有关个人所得税问题的补充通知》（财税〔2007〕93号）规定，《建立亚洲开发银行协定》（以下简称《协定》）第五十六条第（二）项规定："对亚行付给董事、副董事、官员和雇员（包括为亚行执行任务的专家）的薪金和津贴不得征税。除非成员在递交批准书或接受书时，声明对亚行向其本国公民或国民支付的薪金和津贴该成员及其行政部门保留征税的权力。"鉴于我国在加入亚洲开发银行时，未作相关声明，因此对由亚洲开发银行支付给我国公民或国民（包括为亚行执行任务的专家）的薪金和津贴，凡经亚洲开发银行确认这些人员为亚洲开发银行雇员或执行项目专家的，其取得的符合我国税法规定的有关薪金和津贴等报酬，应依《协定》的约定，免征个人所得税。

十、国务院规定的其他免税所得优惠

（一）居住不超过90日非居民个人境内所得境外雇主支付工资免税

根据《中华人民共和国个人所得税法实施条例》（2018年修正）第五条的规定，在中国境内无住所的个人，在一个纳税年度内在中国境内居住累计不超过90天的，其来源于中国境内的所得，由境外雇主支付并且不由该雇主在中国境内的机构、场所负担的部分，免予缴纳个人所得税。

（二）居住一年以上六年以下无住所居民个人境外所得境外支付免税

自2019年1月1日起，根据《中华人民共和国个人所得税法实施条例》（2018年修正）第四条的规定，在中国境内无住所的个人，在中国境内居住累计满183天的年度连续不满六年的，经向主管税务机关备案，其来源于中国境外且由境外单位或者个人支付的所得，免予缴纳个人所得税；在中国境内居住累计满183天的任一年度中有一次离境超过30天的，其在中国境内居住累计满183天的年度的连续年限重新起算。

第二节 法定减征

根据《中华人民共和国个人所得税法》（2018 年修正）第五条的规定，有下列情形之一的，可以减征个人所得税，具体幅度和期限，由省、自治区、直辖市人民政府规定，并报同级人民代表大会常务委员会备案：（1）残疾、孤老人员和烈属的所得；（2）因自然灾害遭受重大损失的。国务院可以规定其他减税情形，报全国人民代表大会常务委员会备案。

一、残疾、孤老人员和烈属的所得减征

（一）残疾、孤老人员和烈属的所得减征优惠

根据《中华人民共和国个人所得税法》（2018 年修正）第五条第一款第（一）项的规定，残疾、孤老人员和烈属的所得，可以减征个人所得税，具体幅度和期限，由省、自治区、直辖市人民政府规定，并报同级人民代表大会常务委员会备案。

（二）可减征个人所得税的所得项目

根据《国家税务总局关于明确残疾人所得征免个人所得税范围的批复》（国税函〔1999〕329 号）的规定，可减征个人所得税的残疾、孤老人员和烈属的所得仅限于劳动所得，具体所得项目为：工资、薪金所得，个体工商户的生产、经营所得，对企事业单位的承包经营、承租经营所得，劳务报酬所得，稿酬所得，特许权使用费所得。2011 年版《个人所得税法》第二条所列的其他各项所得，包括：利息、股息、红利所得，财产租赁所得，财产转让所得，偶然所得，以及经国务院财政部门确定征税的其他所得，不属于减征照顾的范围。根据《国家税务总局关于个人独资企业和合伙企业投资者征收个人所得税的规定执行口径的通知》（国税函〔2001〕84 号）的规定，残疾人员投资兴办或参与投资兴办个人独资企业和合伙企业的，残疾人员取得的生产经营所得，符合各省、自治区、直辖市人民政府规定的减征个人所得税条件的，可按各省、自治区、直辖市人民政府规定减征的范围和幅度，减征个人所得税。

（三）可减征幅度与相关程序的地方政策

1. 北京市

根据《北京市财政局 北京市地方税务局关于残疾、孤老人员和烈属的所得减征个人所得税问题的通知》（京财税〔2006〕947 号）文件规定，持有区县以上民政部门、残联有效证件或证明的烈属、孤老人员和残疾人取得的下列所得，分别享受减征个人所得税优惠政策：

（1）个人取得的工资、薪金所得，劳务报酬所得，稿酬所得，特许权使用费所得，按应纳税额减征 50%的个人所得税。

（2）个人独立从事生产经营取得的个体工商户生产经营所得，按应纳税额减征 100%的个人所得税。

（3）个人从事生产经营取得的个体工商户生产经营所得，在生产经营中需雇请雇员的，雇员中残疾人员比例为 30%以上的，按应纳税额减征 100%的个人所得税。

2. 上海市

根据《上海市地方税务局关于本市残疾、孤老人员和烈属劳动所得定额减征个人所得税有关税收管理事项的公告》（上海市地方税务局公告〔2014〕2 号）第三、七条的规定：

从 2014 年 1 月 1 日起，残疾、孤老人员和烈属劳动所得定额减征个人所得税的具体方法如下：

（1）工资、薪金所得，其当月应纳个人所得税税额在 375 元（含）以下的，据实免征；375 元以上的，定额减征 375 元。

（2）个体工商户生产、经营所得和对企事业单位的承包经营、承租经营所得，可按不同的纳税期限确定当期减征定额。

对按月申报纳税的，其当月应纳个人所得税税额在 375 元（含）以下的，据实免征；375 元以上的，定额减征 375 元。

对按季申报纳税的，其当季应纳个人所得税税额在 1125 元（含）以下的，据实免征；1125 元以上的，定额减征 1125 元。

（3）劳务报酬所得、稿酬所得和特许权使用费所得，每次（属于同一项目连续性收入的，以一个月内取得的收入为一次）应纳个人所得税税额在375元（含）以下的，据实免征；375元以上的，定额减征375元。

（4）对同一个纳税人在一个纳税年度内取得上述（一）至（三）项所得，全年减征个人所得税的税款总额不超过4500元。

（5）纳税人或扣缴义务人应按规定的减征限额和期限，在申报缴纳个人所得税时予以扣除。

根据《关于本市残疾、孤老人员和烈属继续实行劳动所得定额减征个人所得税政策的通知》（沪财发〔2017〕1号）第四条规定，本市残疾、孤老人员和烈属劳动所得个人所得税减征幅度自2017年1月1日起提高至每年减征5640元。对同一个纳税人，在一个纳税年度内，取得上述劳动所得，其全年减征个人所得税的税款总额不超过5640元。

3. 天津市

根据《天津市人民政府关于残疾、孤老人员和烈属所得减征个人所得税政策的通告》（津政发〔2017〕3号）规定，残疾、孤老人员和烈属取得的工资、薪金所得，劳务报酬所得，稿酬所得，特许权使用费所得，按应纳税额减征50%的个人所得税。残疾、孤老人员和烈属取得个体工商户生产、经营所得，对企事业单位的承包经营、承租经营所得，按应纳税额减征30%的个人所得税。

4. 河北省

根据《河北省个人所得税减征办法》（河北省人民政府令第99号，2019年12月15日省政府第73次常务会议通过修改）规定，残疾人、孤老人员和烈属本人经营所得、工资薪金所得、劳务报酬所得、稿酬所得、特许权使用费所得，减征80%的个人所得税。

5. 内蒙古自治区

根据《内蒙古自治区人民政府关于明确我区残疾孤老人员和烈属所得等个人所得税政策的通知》（内政发〔2019〕3号）规定，自2019年1月1日起：

残疾人员、烈属所得，减征50%的个人所得税；孤老人员所得，减征100%的个人所得税。

前款政策无截止期限；所称所得包括工资、薪金所得，劳务报酬所得，稿酬所得，特许权使用费所得，经营所得，不包括利息、股息、红利所得，财产租赁所得，财产转让所得和偶然所得。

纳税人同时符合残疾、孤老人员和烈属两种以上身份的，适用最优惠政策，不再叠加。

6. **辽宁省**

根据《辽宁省地方税务局 辽宁省财政厅关于明确残疾、孤老人员和烈属个人所得税减征幅度及期限的通知》（辽地税发〔2009〕81 号）的规定，自 2009 年 10 月 1 日起，就我省残疾、孤老人员和烈属个人所得税减征幅度及期限明确如下：

（1）对残疾、孤老人员和烈属取得的工资、薪金所得，劳务报酬所得，稿酬所得，特许权使用费所得，经主管税务机关审批后，按照应纳税额减征 50% 个人所得税。

（2）对残疾、孤老人员和烈属取得的个体工商户生产、经营所得、对企事业单位的承包承租经营所得，由主管税务机关按年依照下列标准审批：年应纳税所得额在 3 万元以下的，免征个人所得税；年应纳税所得额超过 3 万元不足 5 万元的，按照全年应纳税额减征 50% 的个人所得税；年应纳税所得额超过 5 万元的，不再给予减征照顾。

7. **吉林省**

根据《吉林省地方税务局关于落实残疾、孤老人员和烈属的所得减征个人所得税有关问题的通知》（吉地税个所字〔2000〕171 号）规定，自 2000 年 6 月 29 日起，凡在我省境内的残疾、孤老人员和烈属取得的工资、薪金所得，个体工商生产经营所得，对企事业单位承包承租经营所得，劳务报酬所得，稿酬所得，特许权使用费所得，均享受减征个人所得税照顾。减征幅度暂定为 40%。

8. **黑龙江省**

根据《黑龙江省人民政府关于调整残疾、孤老人员和烈属个人所得税减征幅度和期限的通知》（黑政规〔2019〕1 号）规定，自 2019 年 1 月 1 日起，对残疾、孤老人员和烈属取得的综合所得和经营所得，一个纳税年度内减征个人所得税的幅度以 6000 元为限；不足 6000 元的，据实减征。对残疾、孤老人员和烈属取得的上述所得，不设置个人所得税减征的执行期限。

9. 江苏省

根据《江苏省人民政府办公厅关于我省残疾人等个人所得税减征规定的函》（苏政办函〔2015〕52号）规定：

（1）减征范围

限于劳动所得，具体所得项目为：工资、薪金所得；个体工商户生产、经营所得；对企事业单位的承包、承租经营所得；劳务报酬所得；稿酬所得；特许权使用费所得。

（2）减征幅度

孤老和烈属的所得，其个人所得税减征幅度按下列比例计算：

级数	全年应纳所得税额	减征比例（%）
1	不超过5000（含）元的	100
2	超过5000元至20000（含）元的部分	50
3	超过20000元的部分	0

（3）减征期限

残疾、孤老人员和烈属的所得，每年均可减征。

10. 浙江省

根据《浙江省财政厅 国家税务总局浙江省税务局关于浙江省残疾、孤老人员和烈属减征个人所得税有关优惠政策的通知》（浙财税政〔2019〕9号）的规定，自2019年1月1日起，对浙江省残疾、孤老人员和烈属减征个人所得税有关优惠政策通知如下：

（1）综合所得项目，年应纳个人所得税税额在6000元（含）以下的，减征100%；6000元以上的，定额减征6000元。

（2）经营所得项目，年应纳个人所得税税额在6000元（含）以下的，减征100%；6000元以上的，定额减征6000元。

（3）纳税人年度内存在综合所得和经营所得的，由纳税人选择一个所得类别享受减征税收优惠，两类所得不重复享受；纳税人同时符合残疾、孤老人员和烈属两种以上身份的，选择一种身份享受减征税收优惠，多重身份不重复享受。

11. 安徽省

根据《安徽省财政厅 国家税务总局安徽省税务局关于残疾、孤老人员和烈属所得减征个人所得税有关政策的通知》（皖财税法〔2019〕157号）的规定，自2019年1月1日起，对我省残疾、孤老人员和烈属本人取得的综合所得（工资、薪金所得，劳务报酬所得，稿酬所得，特许权使用费所得）和经营所得，其应减免的个人所得税，在每人每年8000元税额的范围内实行限额减免。纳税人取得的上述综合所得和经营所得，应合并计算其减免税额。

12. 山东省

根据《山东省人民政府关于明确残疾、孤老人员和烈属及因自然灾害遭受重大损失等个人所得税减征政策的通知》（鲁政字〔2019〕129号）的规定，自2019年1月1日起，我省残疾、孤老人员和烈属（以下统称纳税人）及因自然灾害遭受重大损失的纳税人减征个人所得税优惠政策有关事项通知如下：

（1）纳税人取得综合所得，年应纳个人所得税减征额不超过6000元。

（2）纳税人取得经营所得，年应纳个人所得税减征额不超过6000元。

（3）纳税人同时取得综合所得和经营所得的，由纳税人选择其中一个所得项目享受减征政策，不重复享受。纳税人同时有残疾、孤老人员和烈属两种以上身份的，由纳税人选择其中一种身份享受减征政策，不重复享受。

（4）因自然灾害遭受重大损失的，由省政府根据受灾情况，在不超过扣除保险赔款等后的实际损失额内确定减征税额、减征对象、减征所得项目和减征期限。

13. 河南省

根据《河南省地方税务局关于个人所得税有关政策问题的通知》（豫地税发〔1995〕147号）文件，经请示省政府同意，对于残疾人、孤老人员和烈属的所得，暂免征收个人所得税。

根据《河南省地方税务局关于个人所得税有关问题的通知》（豫地税函〔1999〕217号）、《河南省地方税务局关于明确是否对以前年度个人所得税审批减免的批复》（豫地税函〔2005〕107号）规定，残疾人、孤老人员、烈属的所得按照有关税收规定可免征个人所得税。但减免税必须办理优惠备案手续，并如实提供收入情况、残疾证明、烈属证明、民政部门或村委会、居委会开具的孤老人员的证明等，以及税务机关要求报送的其他有关资料，经向县（市、区）级主管税务机关备案后，方可享受免税优惠。对纳税人以往年度未按规定申请减免的个人所得税，已征收的不再退还。

14. 湖北省

根据《湖北省地方税务局关于残疾孤老人员和烈属的所得征免个人所得税有关问题的通知》（鄂地税发〔2000〕224 号）的规定，自 2000 年 8 月 1 日起，对我省残疾、孤老人员和烈属个人取得的劳动所得减半征收个人所得税。

15. 湖南省

根据《湖南省地方税务局关于明确残疾、孤老人员和烈属个人所得税减征幅度的通知》（湘地税发〔2008〕36 号）规定，从 2008 年 10 月 1 日起，对残疾、孤老人员和烈属的劳动所得暂减征 80% 的个人所得税。劳动所得具体项目是：工资、薪金所得；个体工商户的生产经营所得；对企事业单位的承包经营、承租经营所得；劳务报酬所得；稿酬所得；特许权使用所得。

16. 广西壮族自治区

根据《广西壮族自治区人民政府关于减征个人所得税有关问题的通知》（桂政发〔2019〕21 号）的规定，自 2019 年 1 月 1 日起，对我区残疾、孤老人员、烈属所得个人所得税政策通知如下：

（1）残疾（不含重度残疾）人员、孤老人员和烈属所得，减征 50% 的个人所得税；重度残疾人员所得，减征 100% 的个人所得税。

（2）本条所称的“所得”包括工资、薪金所得，劳务报酬所得，稿酬所得，特许权使用费所得，经营所得；不包括利息、股息、红利所得，财产租赁所得，财产转让所得和偶然所得。

纳税人同时符合残疾人员、孤老人员和烈属两种或两种以上身份的，只能选择一种身份享受减征政策，多重身份不叠加享受。

17. 四川省

根据《四川省人民政府关于明确残疾、孤老人员和烈属所得减征个人所得税等有关政策的通知》（川府发〔2019〕26 号）的规定，自 2019 年 1 月 1 日起，对残疾、孤老人员和烈属个人取得的综合所得和经营所得予以减征个人所得税。其中：残疾人限额减征年应纳个人所得税税额6000元；孤老人员、烈属限额减征年应纳个人所得税税额10000元。

18. 云南省

根据《云南省财政厅 国家税务总局云南省税务局关于印发〈云南省残疾人等减征个人所得税政策〉的通知》（云财税〔2019〕31号 ）的规定，自2019年1月1日起，对残疾人员、孤老人员、烈属的所得，在每年应纳税额7000元的限额内减征100%的个人所得税，超过限额部分不予减征。所得包括工资、薪金所得，劳务报酬所得，稿酬所得，特许权使用费所得，经营所得；不包括利息、股息、红利所得，财产租赁所得，财产转让所得和偶然所得。减征期限为该纳税人残疾、孤老等情况发生改变，不再有以上情形为止。

纳税人同时符合残疾人、孤老人员、烈属两种以上身份的，优惠政策不能累加执行。

19. 西藏自治区

根据《西藏自治区人民政府关于残疾人、孤老人员和烈属所得及遭受严重自然灾害的个人所得减征个人所得税的通知》（藏政发〔2007〕90号）的规定，自2008年1月1日起，有关个人所得税的减征规定如下：

（1）本规定个人所得税减征的范围包括以下劳动所得：工资、薪金所得；个体工商户的生产、经营所得；对企事业单位的承包经营或承租经营所得；劳务报酬所得；稿酬所得；特许权使用费所得。

（2）对于我区的残疾人、孤老人员、烈属的个人所得，可按以下规定减征个人所得税：

①个人取得的工资、薪金所得，劳务报酬所得，稿酬所得，特许权使用费所得，可按应纳税额减征50%的个人所得税。稿酬所得可先按个人所得税法规定计算应纳税额，再按本条规定计算减征的数额。

②个人独立经营取得的个体工商户生产、经营所得，对企事业单位的承包经营、承租经营所得，个人创办独资企业、合伙企业取得的所得，区别情况分别予以减征：年应纳税所得额在3万元（含3万元）以下的，按应纳税额减征100%的个人所得税；

年应纳税所得额在 3 万 ~ 5 万元（含 5 万元）的，按应纳税额减征 50% 的个人所得税；年应纳税所得额超过 5 万元的，不再给予减征照顾。

20. 陕西省

根据《陕西省财政厅 国家税务总局陕西省税务局关于残疾、孤老人员和烈属及因自然灾害遭受重大损失减征个人所得税有关政策的公告问》（陕西省财政厅 国家税务总局陕西省税务局公告 2020 年第 1 号）规定，自 2019 年 1 月 1 日起，对陕西省残疾、孤老人员和烈属的所得减免个人所得税，现就有关政策明确如下：

（1）对经当地相关部门认定的残疾、孤老人员和烈属取得的综合所得，年度汇算清缴时依法计算的应纳个人所得税在 3500 元（含）以下的，减征 100%；应纳个人所得税在 3500 元以上的，定额减征 3500 元。

对以上享受政策的纳税人，扣缴义务人在日常预扣预缴（代扣代缴）时，按 50% 减征个人所得税。纳税人应于次年 3 月 1 日至 6 月 30 日按照年度减免定额进行汇算清缴，多退少补。

上述综合所得包括：工资、薪金所得，劳务报酬所得，稿酬所得，特许权使用费所得。

（2）对经当地相关部门认定的残疾、孤老人员和烈属取得的经营所得，年度汇算清缴时依法计算的应纳个人所得税在 2500 元（含）以下的，减征 100%；应纳个人所得税在 2500 元以上的，定额减征 2500 元。

纳税人按季（月）预缴时，累计应预缴个人所得税在 2500 元（含）以下的，减征 100%；累计应预缴个人所得税在 2500 元以上的，定额减征 2500 元，纳税人应于次年 3 月 31 日前按照年度减免定额进行汇算清缴，多退少补。

21. 甘肃省

根据《甘肃省人民政府关于残疾、孤老人员和烈属的所得减免个人所得税问题的批复》（甘政函〔2004〕114 号）规定：

（1）残疾、孤老人员和烈属从事个体工商户生产经营所得以及对企事业单位的承包经营所得、承租经营所得，全年应纳税额分别不超过 1 万元的部分，按应纳税额减半征收个人所得税；超过 1 万元的部分，依法征收个人所得税。

（2）残疾、孤老人员和烈属的工资或薪金所得、劳务报酬所得、稿酬所得、特许权使用费所得，按应纳税额减半征收个人所得税。

22. **青海省**

根据《青海省残疾、孤老人员和烈属所得减征个人所得税管理办法》（青海省地方税务局公告2013年度第3号）的规定，自2014年1月1日起，残疾、孤老人员和烈属取得的劳动所得，实行按比例减征个人所得税的办法。

（1）个人取得的工资、薪金所得，月所得在1万元（含1万元）以下的，按应纳税额减征100%的个人所得税；月所得在1万元以上2万元（含2万元）以下的，按应纳税额减征50%的个人所得税；月所得超过2万元的，全额计征个人所得税。

个人取得的劳务报酬所得、稿酬所得、特许权使用费所得，每次所得在1万元（含1万元）以下的，按应纳税额减征100 %的个人所得税；每次所得在1万元以上的，按应纳税额减征50%的个人所得税。

以上所得，指不减除任何费用的收入额。

（2）个体工商户生产、经营所得，对企事业单位的承包经营、承租经营所得，区别情况分别予以减征：

①实行核定征收的，月应纳税额200元（含200元）以下的减征100%的个人所得税；月应纳税额200元以上的，可从应纳税额中减除200元。

②实行查账征收的，年应纳税额8000元（含8000元）以下的，按应纳税额减征100%的个人所得税；年应纳税额8000元以上的，可从应纳税额中减除8000元。

③残疾、孤老人员和烈属兴办的个人独资企业和合伙企业以及个人独资企业和合伙企业中残疾、孤老人员和烈属投资者生产、经营所得，其个人所得税减征比例比照本条第2款第二项规定执行。其中：个人独资企业和合伙企业指实行查账征收的企业。

23. **新疆维吾尔自治区**

《新疆维吾尔自治区地方税务局关于残疾孤老人员和烈属减半征收个人所得税的通知》（新地税四字〔1994〕11号）的规定：

（1）残疾、孤老人员和烈属本人从事生产、经营取得的个人所得给予减半征收个人所得税的照顾。

（2）残疾、孤老人和烈属本人因受雇取得的所得，减除 800 元费用后给予减半征收个人所得税的照顾。

二、因自然灾害遭受重大损失的减征

（一）因自然灾害遭受重大损失的减征优惠

根据《中华人民共和国个人所得税法》（2018 修正）第五条第一款第（一）项的规定，因自然灾害遭受重大损失的，可以减征个人所得税，具体幅度和期限，由省、自治区、直辖市人民政府规定，并报同级人民代表大会常务委员会备案。

（二）各省、自治区、直辖市政策

1. 河北省

根据《河北省个人所得税减征办法》（河北省人民政府令第 99 号，2019 年 12 月 15 日省政府第 73 次常务会议通过修改）规定，因自然灾害遭受重大损失的，可以减征个人所得税。由税务机关根据纳税人的受灾情况，确定减征幅度，其减征个人所得税应当是扣除保险赔款后的实际损失，且最高不超过全年应纳个人所得税款的 80%，减征期限一般为遭受灾害、造成损失的当年。

2. 山东省

根据《山东省人民政府关于明确残疾、孤老人员和烈属及因自然灾害遭受重大损失等个人所得税减征政策的通知》（鲁政字〔2019〕129 号）的规定，自 2019 年 1 月 1 日起我省因自然灾害遭受重大损失的，由省政府根据受灾情况，在不超过扣除保险赔款等后的实际损失额内确定减征税额、减征对象、减征所得项目和减征期限。

3. 河南省

根据《河南省地方税务局关于个人所得税有关政策问题的通知》（豫地税发〔1995〕147 号）文件规定，对于因严重自然灾害造成重大损失的纳税人，可减半征收个人所得税。同时根据《河南省地方税务局关于个人所得税有关问题的通知》（豫地税函〔1999〕217 号）文件规定，对于因严重自然灾害造成重大损失的纳税人，必须由纳税人提出申请，并如实提供收入、损失情况以及保险、消防等有关单位的证明材料和税务机关要求报送的其他有关资料，由基层税务机关逐级上报市（地）级税务机关审核批准。对纳税人以往年度未按规定申请减免的个人所得税，已征收的不再退还。

4. 广西壮族自治区

根据《广西壮族自治区人民政府关于减征个人所得税有关问题的通知》（桂政发〔2019〕21号）的规定，自2019年1月1日起，对我区纳税人因自然灾害遭受重大损失的，以扣除保险赔款后的实际损失额为限，给予扣减当年应纳税所得额。

“自然灾害”的种类包括干旱、洪涝灾害，台风、风雹、低温冷冻、雪等气象灾害，火山、地震灾害，山体崩塌、滑坡、泥石流等地质灾害，风暴潮、海啸等海洋灾害，森林草原火灾和生物灾害等。

5. 四川省

根据《四川省人民政府关于明确残疾、孤老人员和烈属所得减征个人所得税等有关政策的通知》（川府发〔2019〕26号）的规定，自2019年1月1日起，对因自然灾害遭受重大损失的个人，其来源于受灾地区的所得在受灾后三年内（含受灾当年）可减征个人所得税。具体标准为：第一年减征年应纳个人所得税税额的90%，第二年减征年应纳个人所得税税额的70%，第三年减征年应纳个人所得税税额的50%。发生重大自然灾害，国务院及相关部委另有规定的从其规定。

6. 云南省

根据《云南省财政厅 国家税务总局云南省税务局关于印发〈云南省残疾人等减征个人所得税政策〉的通知》（云财税〔2019〕31号）的规定，自2019年1月1日起，因自然灾害遭受重大损失的，在遭受自然灾害当年和次年，对其个人所得税予以减征。具体减征幅度由县级税务机关根据纳税人扣除保险赔款后的实际损失情况确定，最高不超过其年应纳个人所得税额的90%。

7. 西藏自治区

根据《西藏自治区人民政府关于残疾人、孤老人员和烈属所得及遭受严重自然灾害的个人所得减征个人所得税的通知》（藏政发〔2007〕90号）的规定，自2008年1月1日起，有关个人所得税的减征规定如下：

（1）本规定个人所得税减征的范围包括以下劳动所得：工资、薪金所得；个体工商户的生产、经营所得；对企事业单位的承包经营或承租经营所得；劳务报酬所得；稿酬所得；特许权使用费所得。

（2）因遭受严重自然灾害造成重大损失的纳税人，取得的①个体工商户的生产、经营所得；②对企事业单位的承包经营、承租经营所得；③个人创办独资企业、合伙企业取得的所得，由纳税人提出申请，县级税务机关依据其实际受灾的损失程度和扣除保险赔款后的实际损失在报经地（市）级税务机关批准后酌情减征遭受灾害当年的个人所得税，最高不超过全年应纳个人所得税款的 80%。

8. **陕西省**

根据《陕西省财政厅 国家税务总局陕西省税务局关于残疾、孤老人员和烈属及因自然灾害遭受重大损失减征个人所得税有关政策的公告问》（陕西省财政厅 国家税务总局陕西省税务局公告 2020 年第 1 号）规定，自 2019 年 1 月 1 日起，对因自然灾害遭受重大损失的纳税人，给予连续两年个人所得税 100% 减征的优惠。

三、国务院规定的其他减税情形

根据《中华人民共和国个人所得税法》（2018 年修正）第五条第（二）项，国务院可以规定其他减税情形，报全国人民代表大会常务委员会备案；第十八条明确对储蓄存款利息所得开征、减征、停征个人所得税及其具体办法，由国务院规定，并报全国人民代表大会常务委员会备案。

第三节 个人所得税法修改后的有关优惠政策衔接

衔接优惠政策均出自《财政部 国家税务总局关于个人所得税法修改后有关优惠政策衔接问题的通知》（财税〔2018〕164号），该文件自2019年1月1日起执行。

一、全年一次性奖金

《国家税务总局关于调整个人取得全年一次性奖金等计算征收个人所得税方法问题的通知》（国税发〔2005〕9号）指出，全年一次性奖金是指行政机关、企事业单位等扣缴义务人根据其全年经济效益和对雇员全年工作业绩的综合考核情况，向雇员发放的一次性奖金，也包括年终加薪、实行年薪制和绩效工资办法的单位根据考核情况兑现的年薪和绩效工资。

（一）新税制实施前的处理

根据《国家税务总局关于调整个人取得全年一次性奖金等计算征收个人所得税方法问题的通知》（国税发〔2005〕9号）第二条的规定，自2005年1月1起至2018年12月31日止，纳税人取得全年一次性奖金，单独作为一个月工资、薪金所得计算纳税，并按以下计税办法，由扣缴义务人在发放时代扣代缴。

1. 先将雇员当月内取得的全年一次性奖金，除以12个月，按其商数确定适用税率和速算扣除数。

如果在发放年终一次性奖金的当月，雇员工资、薪金所得低于税法规定的费用扣除额，应将全年一次性奖金减除“雇员当月工资、薪金所得与费用扣除额的差额”后的余额，按上述办法确定全年一次性奖金的适用税率和速算扣除数。

2. 将雇员个人当月取得的全年一次性奖金，按上述办法确定的适用税率和速算扣除数计算征税，计算公式如下：

①雇员当月工资、薪金所得高于（或等于）税法规定的费用扣除额的，计算公式为：

应纳税额＝雇员当月取得全年一次性奖金×适用税率－速算扣除数

在此种情况下，当月工资与全年一次性奖金，分开分别计算纳税。

②雇员当月工资、薪金所得低于税法规定的费用扣除额的，计算公式为：

应纳税额＝（雇员当月取得全年一次性奖金－雇员当月工资、薪金所得与费用扣除的差额）× 适用税率－速算扣除数

（二）优惠计税方法的适用范围

全年一次性奖金计税办法除适用于年终加薪外，还适用于实行年薪制和绩效工资的单位，个人取得年终兑现的年薪和绩效工资。

在一个纳税年度内，对每一个纳税人，该计税办法只允许采用一次。

雇员取得除全年一次性奖金以外的其他各种名目的奖金，如半年奖、季度奖、加班先进奖、考勤奖等，一律与当月工资、薪金收入合并，按税法规定缴纳个人所得税。

1. 无住所个人取得奖金的征税问题

无住所个人取得除全年一次性奖金以外的其他各种名目的奖金，如半年奖、季度奖、加班奖、先进奖、考勤奖等，如果该个人当月在我国境内没有纳税义务，或者该个人由于出入境原因导致当月在我国工作时间不满一个月的，仍按照《国家税务总局关于在中国境内无住所的个人取得奖金征税问题的通知》（国税发〔1996〕183 号）规定计算纳税。即对上述个人取得的奖金，可单独作为一个月的工资、薪金所得计算纳税。由于对每月的工资、薪金所得计税时已按月扣除了费用，因此，对上述奖金不再减除费用，全额作为应纳税所得额直接按适用税率计算应纳税款，并且不再按居住天数进行划分计算。

2. 年薪制征税问题

自 2005 年 1 月 1 日起，实行年薪制的按国税发〔2005〕9 号文件规定的全年一次性奖金办法计税。

（三）新税制实施后的处理

居民个人取得全年一次性奖金，符合《国家税务总局关于调整个人取得全年一次性奖金等计算征收个人所得税方法问题的通知》（国税发〔2005〕9 号）规定的，在 2021 年 12 月 31 日前，不并入当年综合所得，以全年一次性奖金收入除以 12 个月得到的数额，按照该通知所附按月换算后的综合所得税率表（以下简称月度税率表），

确定适用税率和速算扣除数，单独计算纳税。

计算公式为：

应纳税额＝全年一次性奖金收入×适用税率－速算扣除数

注意：居民个人取得全年一次性奖金，也可以选择并入当年综合所得计算纳税；对每个纳税人，该计税办法只允许采用一次。

自 2022 年 1 月 1 日起，居民个人取得全年一次性奖金，应并入当年综合所得计算缴纳个人所得税。

（四）新旧规定的实务比较

年终奖的过渡政策采用的是“完全平移”的方式，单从政策规定上，新旧规定基本没有区别，但在实际计算时需要注意两个要点：

1. 新的税率表比较特殊

应纳税所得额的计算依据是年所得，而税率和速算扣除数采用的却是月税率表，这和综合所得的计算容易混淆，需要留意。

2. 当月差额政策未保留，但是换成了选择权，实质不变

旧规定中，如果当月工资不满 5000 元，之间的差额允许在“年终奖”里补扣，新的综合所得计算方法下，如果只考虑一个月的工资显然不太合适，因此，赋予纳税人选择权，既可以适用单独算法，也可以合并到综合所得里一起计算，这样一来就解决了平时工资不能扣满 6 万元却要在“年终奖”里交税的问题，防止增加税负。

（五）注意事项

1. 除以 12，与当年工作月份无关

如果是当年新进员工，工作不满 1 年，如只有 3 个月，在采用特殊算法时是否只能除以 3 呢？这个其实也非常明确：规章规定要除以 12 进行计算肯定是来源于一年有 12 个月，但是并没有说是根据员工的工作时间，这与股权激励里的“规定月份数”有着显著区别。因此，“12”不是指实际工作 12 个月的意思，而纯粹就应当被视作一个普通数字，与实际工作月份没有任何关系。

2. 次数限定

由于年终奖的特殊算法实际上是一个优惠算法，适用次数自然是有限制的，即通常所说的“一年只能用一次”，国税发〔2005〕9号文件原文规定是“在一个纳税年度内，对每个纳税人，该计税办法只允许采用一次。”

税法中所说的“纳税年度”指的是1月1日到12月31日（这一点在新法中也进行了明确），个人所得税里的纳税义务判定时间都是以实际取得时间为准的，因此无论是政策口径上还是申报系统设置上，都是认为在1月1日到12月31日之间取得的年终奖，只能采用一次特殊计算方法。

（六）中央企业负责人取得年度绩效薪金延期兑现收入和任期奖励

中央企业负责人薪酬由基薪、绩效薪金和任期奖励构成，其中基薪和绩效薪金的60%在当年度发放，绩效薪金的40%和任期奖励于任期结束后发放。

附《国资委管理的中央企业名单》中的下列人员适用，其他人员不得比照执行：

（1）国有独资企业和未设董事会的国有独资公司的总经理（总裁）、副总经理（副总裁）、总会计师；

（2）设董事会的国有独资公司（国资委确定的董事会试点企业除外）的董事长、副董事长、董事、总经理（总裁）、副总经理（副总裁）、总会计师；

（3）国有控股公司国有股权代表出任的董事长、副董事长、董事、总经理（总裁），列入国资委党委管理的副总经理（副总裁）、总会计师；

（4）国有独资企业、国有独资公司和国有控股公司党委（党组）书记、副书记、党委（党组成员）、纪委书记（纪检组长）。

1. 新税制实施前的处理

为建立中央企业负责人薪酬激励与约束的机制，根据《中央企业负责人经营业绩考核暂行办法》《中央企业负责人薪酬管理暂行办法》规定，国资委对中央企业负责人的薪酬发放采取按年度经营业绩和任期经营业绩考核的方式，具体办法是，中央企业负责人薪酬由基薪、绩效薪金和任期奖励构成，其中基薪和绩效薪金的60%在当年度发放，绩效薪金的40%和任期奖励于任期结束后发放。根据《国家税务总局关于中央企业负责人年度绩效薪金延期兑现收入和任期奖励征收个人所得税问题的通知》

（国税发〔2007〕118号）第一条的规定，中央企业负责人任期结束后取得的绩效薪金40%部分和任期奖励，按照国税发〔2005〕9号文件第二条规定的方法，合并计算缴纳个人所得税。

2. 新税制实施后的处理

根据《财政部 国家税务总局关于个人所得税法修改后有关优惠政策衔接问题的通知》（财税〔2018〕164号）第一条第（二）款的规定，中央企业负责人取得年度绩效薪金延期兑现收入和任期奖励，符合《国家税务总局关于中央企业负责人年度绩效薪金延期兑现收入和任期奖励征收个人所得税问题的通知》（国税发〔2007〕118号）规定的，在2021年12月31日前，参照本通知第一条第（一）项执行；2022年1月1日之后的政策另行明确。

即：在2021年12月31日以前，不并入当年综合所得，以取得的年度绩效薪金延期兑现收入和任期奖励除以12个月得到的数额，按照按月换算后的综合所得税率表，确定适用税率和速算扣除数，单独计算纳税。计算公式为：

应纳税额＝年度绩效薪金延期兑现收入和任期奖励 × 适用税率－速算扣除数

（七）不含税全年一次性奖金的处理

1. 为雇员负担全额税款的处理

《国家税务总局关于纳税人取得不含税全年一次性奖金收入计征个人所得税问题的批复》（国税函〔2005〕715号）明确，根据《征收个人所得税若干问题的规定》第十四条的规定，不含税全年一次性奖金换算为含税奖金计征个人所得税的具体方法如下：

（1）按照不含税的全年一次性奖金收入除以12的商数，查找相应适用税率A和速算扣除数A；

（2）含税的全年一次性奖金收入＝（含税的全年一次性奖金收入－速算扣除数A）÷（1－适用税率A）；

（3）按照含税的全年一次性奖金收入除以12的商数，重新查找适用税率B和速算扣除数B；

（4）应纳税额＝含税的全年一次性奖金收入 × 适用税率B－速算扣除数B。

2. 为雇员承担全年一次性奖金部分税款的处理

为公平税负，规范管理，《国家税务总局关于雇主为雇员承担全年一次性奖金部分税款有关个人所得税计算方法问题的公告》（国家税务总局公告 2011 年第 28 号）对雇员取得全年一次性奖金并由雇主负担部分税款有关个人所得税计算方法作出规定，自 2011 年 5 月 1 日起施行。

（1）雇主为雇员负担全年一次性奖金部分个人所得税税款，属于雇员又额外增加了收入，应将雇主负担的这部分税款并入雇员的全年一次性奖金，换算为应纳税所得额后，按照规定方法计征个人所得税。

（2）将不含税全年一次性奖金换算为应纳税所得额的计算方法如下：

①雇主为雇员定额负担税款的计算公式为：

应纳税所得额＝雇员取得的全年一次性奖金＋雇主为雇员定额负担的税款－当月工资、薪金低于费用扣除标准的差额

②雇主为雇员按一定比例负担税款的计算

第一步，查找不含税全年一次性奖金的适用税率和速算扣除数；

未含雇主负担税款的全年一次性奖金收入除以 12，根据其商数找出不含税级距对应的适用税率 A 和速算扣除数 A。

这与国税函〔2005〕715 号文件规定的雇主为雇员负担全部税款的计算公式略有不同。国家税务总局公告 2011 年第 28 号规定的查找税率 A 的公式中没有考虑当月工资低于费用扣除标准的差额。

第二步，计算含税全年一次性奖金：

应纳税所得额＝（未含雇主负担税款的全年一次性奖金收入－当月工资、薪金低于费用扣除标准的差额－不含税级距的速算扣除数 A× 雇主负担比例）÷（1－不含税级距的适用税率 A 雇主负担比例）

对上述应纳税所得额，扣缴义务人应按照国税发〔2005〕9 号文件规定的方法计算应扣缴税款。即将应纳税所得额除以 12，根据其商数找出对应的适用税率 B 和速算扣除数 B，据以计算税款。计算公式为：

应纳税额＝应纳税所得额 × 适用税率 B －速算扣除数 B

实际缴纳税额=应纳税额-雇主为雇员负担的税额

此外，国家税务总局公告2011年第28号还规定，雇主为雇员负担的个人所得税款，应属于个人工资、薪金的一部分。凡单独作为企业管理费列支的，在计算企业所得税时不得税前扣除。这与国税函〔2005〕715号文件的表述不同。国税函〔2005〕715号文件规定，根据现行企业所得税法和个人所得税法的规定，企业所得税的纳税人、个人独资和合伙企业、个体工商户为个人支付的个人所得税款，不得在所得税税前扣除。

二、解除劳动关系取得的一次性补偿收入

（一）新税制实施前的处理

1. 解除劳动关系取得的一次性补偿收入

个人因与用人单位解除劳动关系取得的一次性补偿收入（包括用人单位发放的经济补偿金、生活补助费和其他补助费用），其收入在当地上年职工年平均工资的3倍数额以内的部分，免征个人所得税。超过3倍数额部分的一次性补偿收入，应按照《国家税务总局关于个人因解除劳动合同取得经济补偿金征收个人所得税问题的通知》（国税发〔1999〕178号）的有关规定，可视为一次取得数月的工资、薪金收入，允许在一定期限内进行平均。

具体方法为：以超过3倍数额部分的一次性补偿收入，除以个人在本企业的工作年限数（超过12年的按12年计算），以其商数作为个人的月工资、薪金收入，按照税法规定计算缴纳个人所得税。

根据国税函〔2003〕30号文件的规定，对中国海洋石油总公司及其投资控股公司系统（简称中油公司系统）员工终止用工合同取得的补偿收入计征个人所得税时，考虑到中油公司系统人员流动性较强，且解除用工合同后的生活地与劳务地经常不在同一地区的情况，为便于管理及操作，上述“当地上年职工平均工资”可用中油公司系统上年职工平均工资标准确定。

2. 企业职工从破产企业取得的一次性安置费收入

自2001年10月1日起，企业依照国家有关法律规定宣告破产，企业职工从该破产企业取得的一次性安置费收入，免征个人所得税。

（二）新税制实施后的处理

根据《财政部 国家税务总局关于个人所得税法修改后有关优惠政策衔接问题的通知》（财税〔2018〕164 号）第五条第（一）款的规定，个人与用人单位解除劳动关系取得一次性补偿收入（包括用人单位发放的经济补偿金、生活补助费和其他补助费），在当地上年职工平均工资 3 倍数额以内的部分，免征个人所得税；超过 3 倍数额的部分不并入当年综合所得，单独适用综合所得税率表，计算纳税。

计算公式如下：

应纳税额＝超过 3 倍以上数额的一次性补偿金 × 适用税率－速算扣除数

（三）新旧规定的实务比较

1. 原算法取消，不再按照实际工作年限平摊，客观上相当于 12 个月份内平摊，优惠力度不减。

2. 单独计算，适用综合所得的年度税率表。

（四）新税制实施前后一致的政策

根据《财政部 国家税务总局关于个人与用人单位解除劳动关系取得的一次性补偿收入征免个人所得税问题的通知》（财税〔2001〕157 号）有关规定：

1. 个人领取一次性补偿收入时按照国家和地方政府规定的比例实际缴纳的住房公积金、医疗保险费、基本养老保险费、失业保险费，可以在计征其一次性补偿收入的个人所得税时予以扣除。

2. 企业依照国家有关法律规定宣告破产，企业职工从该破产企业取得的一次性安置费收入，免征个人所得税。

三、提前退休取得的补贴收入

（一）新税制实施前的处理

根据《国家税务总局关于个人提前退休取得补贴收入个人所得税问题的公告》（国家税务总局公告 2011 年第 6 号）的规定，机关、企事业单位对未达到法定退休年龄、正式办理提前退休手续的个人，按照统一标准向提前退休工作人员支付一次性补贴，不属于免税的离退休工资收入，应按照“工资、薪金所得”项目征收个人所得税。自2011年1月1日起，个人因办理提前退休手续而取得的一次性补贴收入，应按照办理提前退休手续至法定退休年龄之间所属月份平均分摊计算个人所得税。计算公式为：

应纳税额＝｛［（一次性补贴收入÷办理提前退休手续至法定退休年龄的实际月份数）－费用扣除标准］×适用税率－速算扣除数｝×提前办理退休手续至法定退休年龄的实际月份数

（二）新税制实施后的处理

根据《财政部 国家税务总局关于个人所得税法修改后有关优惠政策衔接问题的通知》（财税〔2018〕164号）第五条第（二）款的规定，自2019年1月1日起，个人办理提前退休手续而取得的一次性补贴收入，应按照办理提前退休手续至法定离退休年龄之间的实际年度数平均分推，确定适用税率和速算扣除数，单独适用综合所得税率表，计算纳税。计算公式为：

应纳税额＝｛［（一次性补贴收入÷办理提前退休手续至法定退休年龄的实际年度数）－费用扣除标准］×适用税率－速算扣除数｝×提前办理退休手续至法定退休年龄的实际年度数

（三）新旧规定的实务比较

1. 分摊期间不再按月度划分，而是按年度划分。

2. 适用税率，改为采用综合所得的年度税率表。

四、内部退养取得的一次性收入

新税制实施前后政策保持一致。根据《财政部 国家税务总局关于个人所得税法修改后有关优惠政策衔接问题的通知》（财税〔2018〕164号）第五条第（三）款的规定，个人办理内部退养手续而取得的一次性补贴收入，按照《国家税务总局关于个人所得税有关政策问题的通知》（国税发〔1999〕58号）规定计算纳税。

企业减员增效和行政、事业单位、社会团体在机构改革过程中实行内部退养办法，实行内部退养的个人在其办理内部退养手续后至法定离退休年龄之间从原任职单位取得的工资、薪金，不属于离退休工资，应按工资、薪金所得项目计征个人所得税。

个人在办理内部退养手续后从原任职单位取得的一次性收入，应按办理内部退养手续后至法定离退休年龄之间的所属月份进行平均，并与领取当月的工资、薪金所得合并后减除当月费用扣除标准，以余额为基数确定适用税率，再将当月工资、薪金加上取得的一次性收入，减去费用扣除标准，最后按适用税率计征个人所得税。

个人在办理内部退养手续后至法定离退休年龄之间重新就业取得的工资、薪金所得，应与其从原任职单位取得的同一月份的工资、薪金所得合并，并依法自行向主管税务机关申报缴纳个人所得税。

五、单位低价向职工售房

（一）新税制实施前的处理

根据《财政部 国家税务总局关于单位低价向职工售房有关个人所得税问题的通知》（财税〔2007〕13 号）明确，根据住房制度改革政策的有关规定，国家机关、企事业单位及其他组织（以下简称单位）在住房制度改革期间，按照所在地县级以上人民政府规定的房改成本价格向职工出售公有住房，职工因支付的房改成本价格低于房屋建造成本价格或市场价格而取得的差价收益，免征个人所得税。

除上述规定情形外，根据 2011 年版《个人所得税法》及其实施条例的有关规定，单位按低于购置或建造成本价格出售住房给职工，职工因此而少支出的差价部分，属于个人所得税应税所得，应按照“工资、薪金所得”项目缴纳个人所得税。差价部分，是指职工实际支付的购房价款低于该房屋的购置或建造成本价格的差额。

对职工取得的上述应税所得，比照国税发〔2005〕9 号文件规定的全年一次性奖金的征税办法，计算征收个人所得税，即先将全部所得数额除以 12，按其商数并根据规定的税率表确定适用的税率和速算扣除数，再根据全部所得数额、适用的税率和速算扣除数，按照税法规定计算征税。

需要说明的是，单位低价向职工售房，职工取得的收入采用全年一次性奖金优惠计税方法的，不影响其他全年一次性奖金算法，也就是说，该纳税人本纳税年度内取得的一次性奖金收入还可用一次这种全年一次奖金优惠计算方法。

（二）新税制实施后的处理

根据《财政部 国家税务总局关于个人所得税法修改后有关优惠政策衔接问题的通知》（财税〔2018〕164号）第六条的规定，单位按低于购置或建造成本价格出售住房给职工，职工因此而少支出的差价部分，符合《财政部 国家税务总局关于单位低价向职工售房有关个人所得税问题的通知》（财税〔2007〕13号）第二条规定的，不并入当年综合所得，以差价收入除以12个月得到的数额，按照月度税率表确定适用税率和速算扣除数，单独计算纳税。

计算公式为：

应纳税额＝职工实际支付的购房价款低于该房屋的购置或建造成本价格的差额×适用税率－速算扣除数

（三）新税制实施前后一致部分

根据《财政部 国家税务总局关于单位低价向职工售房有关个人所得税问题的通知》（财税〔2007〕13号）第一条规定，根据住房制度改革政策的有关规定，国家机关、企事业单位及其他组织（以下简称单位）在住房制度改革期间，按照所在地县级以上人民政府规定的房改成本价格向职工出售公有住房，职工因支付的房改成本价格低于房屋建造成本价格或市场价格而取得的差价收益，免征个人所得税。

第四节 继续有效的其他个人所得税优惠政策

根据2018年新《个人所得税法》第四条和第五条的规定，除法定免征、减征以外，自2019年1月1日起，其他减免个人所得税优惠的规定权限在国务院。

2018年12月27日，财政部、税务总局发布了《关于个人所得税法修改后有关优惠政策衔接问题的通知》（财税〔2018〕164号），规定自2019年1月1日起，除该文件规定的衔接事项外，其他个人所得税优惠政策继续按照原文件规定执行。

2018年12月29日，财政部、税务总局发布了《关于继续有效的个人所得税优惠政策目录的公告》（财政部 税务总局公告2018年第177号），将继续有效的个人所得税优惠政策涉及的文件目录进行了公布。

一、军转择业与再就业优惠

（一）随军家属从事个体经营免征优惠

根据《财政部 国家税务总局关于随军家属就业有关税收政策的通知》（财税〔2000〕84号）第二条的规定，对从事个体经营的随军家属，自领取税务登记证之日起，3年内免征个人所得税。每一名随军家属只能按照上述规定享受一次免税政策。

（二）军转干部从事个体经营免征优惠

自2003年5月1日起，根据《财政部 国家税务总局关于自主择业的军队转业干部有关税收政策问题的通知》（财税〔2003〕26号）第一条的规定，从事个体经营的军队转业干部，自领取税务登记证之日起，3年内免征个人所得税。自主择业的军队转业干部必须持有师以上部队颁发的转业证件。

（三）退役士兵从事个体经营减免优惠

1.2018年12月31日前

根据《财政部 国家税务总局 民政部关于继续实施扶持自主就业退役士兵创业就业有关税收政策的通知》（财税〔2017〕46号）第一条的规定，对自主就业退役士兵从事个体经营的，在3年内按每户每年8000元为限额依次扣减其当年实际应缴纳的增值税、城市维护建设税、教育费附加、地方教育附加和个人所得税。限额标准最高可上浮20%，各省、自治区、直辖市人民政府可根据本地区实际情况在此幅度内确定具体限额标准，并报财政部和国家税务总局备案。

纳税人年度应缴纳税款小于上述扣减限额的，以其实际缴纳的税款为限；大于上述扣减限额的，以上述扣减限额为限。纳税人的实际经营期不足一年的，应当以实际月份换算其减免税限额。换算公式为：

减免税限额＝年度减免税限额 ÷12× 实际经营月数

纳税人在享受税收优惠政策的当月，持《中国人民解放军义务兵退出现役证》或《中国人民解放军士官退出现役证》以及税务机关要求的相关材料向主管税务机关备案。

2. 2019年1月1日后

根据《财政部 国家税务总局 退役军人部关于进一步扶持自主就业退役士兵创业就业有关税收政策的通知》（财税〔2019〕21号）的规定，自主就业退役士兵从事个体经营的，自办理个体工商户登记当月起，在3年（36个月，下同）内按每户每年12000元为限额依次扣减其当年实际应缴纳的增值税、城市维护建设税、教育费附加、地方教育附加和个人所得税。限额标准最高可上浮20%，各省、自治区、直辖市人民政府可根据本地区实际情况在此幅度内确定具体限额标准。

纳税人年度应缴纳税款小于上述扣减限额的，减免税额以其实际缴纳的税款为限；大于上述扣减限额的，以上述扣减限额为限。纳税人的实际经营期不足1年的，应当按月换算其减免税限额。换算公式为：

减免税限额＝年度减免税限额 ÷12× 实际经营月数

城市维护建设税、教育费附加、地方教育附加的计税依据是享受本项税收优惠政策前的增值税应纳税额。

该税收政策执行期限为2019年1月1日至2021年12月31日。纳税人在2021年12月31日享受本通知规定税收优惠政策未满3年的，可继续享受至3年期满为止；退役士兵以前年度已享受退役士兵创业就业税收优惠政策满3年的，不得再享受本通知规定的税收优惠政策；以前年度享受退役士兵创业就业税收优惠政策未满 3 年且符合本通知规定条件的，可按本通知规定享受优惠至 3 年期满。

3. 河南省的规定

根据《国家税务总局河南省税务局关于进一步扶持自主就业退役士兵创业就业有关税收政策的通知》（豫财税政〔2019〕21 号）的规定，自主就业退役士兵从事个体经营的，自办理个体工商户登记当月起，在 3 年内按每户每年 14400 元为限额，依次扣减其当年实际应缴纳的增值税、城市维护建设税、教育费附加、地方教育附加和个人所得税。

（四）重点群体创业就业有关减免优惠

1. 2018 年 12 月 31 日前

根据《财政部 国家税务总局 人力资源社会保障部关于继续实施支持和促进重点群体创业就业有关税收政策的通知》（财税〔2017〕49 号）第一条规定，对持《就业创业证》（注明“自主创业税收政策”或“毕业年度内自主创业税收政策”）或《就业失业登记证》（注明“自主创业税收政策”或附着《高校毕业生自主创业证》）的人员从事个体经营的，在 3 年内按每户每年 8000 元为限额依次扣减其当年实际应缴纳的增值税、城市维护建设税、教育费附加、地方教育附加和个人所得税。限额标准最高可上浮 20%，各省、自治区、直辖市人民政府可根据本地区实际情况在此幅度内确定具体限额标准，并报财政部和税务总局备案。

纳税人年度应缴纳税款小于上述扣减限额的，以其实际缴纳的税款为限；大于上述扣减限额的，以上述扣减限额为限。

该政策原规定的执行期限为 2017 年 1 月 1 日至 2019 年 12 月 31 日。

2. 2019 年 1 月 1 日后

根据《财政部 国家税务总局 人力资源社会保障部关于继续实施支持和促进重点群体创业就业有关税收政策的通知》（财税〔2019〕22 号）文件规定：建档立卡贫困人口、持《就业创业证》（注明“自主创业税收政策”或“毕业年度内自主创业税收政策”）或《就业失业登记证》（注明“自主创业税收政策”）的人员，从事个体经营的，自办理个体工商户登记当月起，在3年（36个月，下同）内按每户每年12000元为限额依次扣减其当年实际应缴纳的增值税、城市维护建设税、教育费附加、地方教育附加和个人所得税。限额标准最高可上浮20%，各省、自治区、直辖市人民政府可根据本地区实际情况在此幅度内确定具体限额标准。

纳税人年度应缴纳税款小于上述扣减限额的，减免税额以其实际缴纳的税款为限；大于上述扣减限额的，以上述扣减限额为限。

上述人员具体包括：

1. 纳入全国扶贫开发信息系统的建档立卡贫困人口；

2. 在人力资源社会保障部门公共就业服务机构登记失业半年以上的人员；

3. 零就业家庭、享受城市居民最低生活保障家庭劳动年龄内的登记失业人员；

4. 毕业年度内高校毕业生。高校毕业生是指实施高等学历教育的普通高等学校、成人高等学校应届毕业的学生；毕业年度是指毕业所在自然年，即1月1日至12月31日。

该税收政策执行期限为2019年1月1日至2021年12月31日。纳税人在2021年12月31日享受本通知规定税收优惠政策未满3年的，可继续享受至3年期满为止。《财政部 国家税务总局 人力资源社会保障部关于继续实施支持和促进重点群体创业就业有关税收政策的通知》（财税〔2017〕49号）自2019年1月1日起停止执行。

前述人员，以前年度已享受重点群体创业就业税收优惠政策满3年的，不得再享受该通知规定的税收优惠政策；以前年度享受重点群体创业就业税收优惠政策未满3年且符合本通知规定条件的，可按该通知规定享受优惠至3年期满。

3. 河南省的规定

根据《国家税务总局河南省税务局关于进一步实施支持和促进重点群体创业就业有关税收政策的通知》（豫财税政〔2019〕22号）的规定，建档立卡贫困人口、持《就业创业证》（注明“自主创业税收政策”或“毕业年度内自主创业税收政策”）或《就业失业登记证》（注明“自主创业税收政策”）的人员，从事个体经营的，自办理个体工商户登记当月起，在3年（36个月，下同）内按每户每年14400元为限额依次扣减其当年实际应缴纳的增值税、城市维护建设税、教育费附加、地方教育附加和个人所得税。

二、奖金个人所得税优惠

（一）见义勇为奖金优惠

根据《财政部 国家税务总局关于发给见义勇为者的奖金免征个人所得税问题的通知》（财税字〔1999〕25号）的规定，为了鼓励广大人民群众见义勇为，维护社会治安，对乡、镇（含乡、镇）以上人民政府或经县（含县）以上人民政府主管部门批准成立的有机构、有章程的见义勇为基金会或者类似组织，奖励见义勇为者的奖金或奖品，免予征收个人所得税。

（二）体彩中奖所得优惠

自1998年4月1日起，根据《财政部 国家税务总局关于个人取得体育彩票中奖所得征免个人所得税问题的通知》（财税字〔1998〕12号）的规定，对个人购买体育彩票中奖收入，凡一次中奖收入不超过1万元的，暂免征收个人所得税；超过1万元的，应按税法规定全额征收个人所得税。

（三）社会福利有奖募捐奖券中奖所得优惠

自1994年6月1日起，根据《国家税务总局关于会福利有奖募捐发行收入税收问题的通知》（国税发〔1994〕127号）第二条的规定，对个人购买社会福利有奖募捐奖券一次中奖收入不超过10000元的暂免征收个人所得税，对一次中奖收入超过10000元的，应按税法规定全额征税。

（四）单张有奖发票奖金优惠

根据《财政部 国家税务总局关于个人取得有奖发票奖金征免个人所得税问题的通知》（财税〔2007〕34号）的规定，个人取得单张有奖发票奖金所得不超过800元（含800元）的，暂免征收个人所得税；个人取得单张有奖发票奖金所得超过800元的，应全额按照个人所得税法规定的“偶然所得”项目征收个人所得税。

税务机关或其指定的有奖发票兑奖机构，是有奖发票奖金所得个人所得税的扣缴义务人。

（五）举报、协查违法犯罪奖金优惠

根据《财政部 国家税务总局关于个人所得税若干政策问题的通知》（财税字〔1994〕20号）第二条第（四）项的规定，个人举报协查各种违法、犯罪行为而获得的奖金所得，暂免征收个人所得税。

（六）奖学金的个人所得税优惠

根据《财政部 国家税务总局关于教育税收政策的通知》（财税〔2004〕39号）第一条第（十一）项的规定，对省级人民政府、国务院各部委和中国人民解放军军以上单位，以及外国组织、国际组织颁布的教育方面的奖学金，免征个人所得税。

根据《财政部关于外国来华工作人员缴纳个人所得税问题的通知》（财税字〔1980〕189号）第四条的规定，外国来华留学生，领取的生活津贴费、奖学金，不属于工资、薪金范畴，不征个人所得税。

三、符合条件的外籍专家工资、薪金优惠

根据《财政部 国家税务总局关于个人所得税若干政策问题的通知》（财税字〔1994〕20号）文件第二条第九款的规定，凡符合下列条件之一的外籍专家取得的工资、薪金所得可免征个人所得税：

（一）世界银行直接派往我国工作的外国专家优惠

根据第二条第九款第（一）项规定，根据世界银行专项贷款协议由世界银行直接派往我国工作的外国专家取得的工资、薪金所得可免征个人所得税。

（二）联合国组织直接派往我国工作的专家优惠

根据第二条第九款第（二）项规定，联合国组织直接派往我国工作的专家取得的工资、薪金所得可免征个人所得税。

《国家税务总局关于世界银行、联合国直接派遣来华工作的专家享受免征个人所得税有关问题的通知》（国税函〔1996〕417号）进一步规定，世界银行或联合国“直接派往”是指世界银行或联合国组织直接与该专家签订提供技术服务的协议或与该专

家的雇主签订技术服务协议，并指定该专家为有关项目提供技术服务，由世界银行或联合国支付该外国专家的工资、薪金报酬。该外国专家办理上述免税时，应提供其与世界银行签订的有关合同和其工资、薪金所得由世界银行或联合国组织支付、负担的证明。联合国组织是指联合国的有关组织，包括联合国开发计划署、联合国人口活动基金、联合国儿童基金会、联合国技术合作部、联合国工业发展组织、联合国粮农组织、世界粮食计划署、世界卫生组织、世界气象组织、联合国教科文组织等。除上述由世界银行或联合国组织直接派往我国工作的外国专家以外，其他外国专家从事与世界银行贷款项目有关的技术服务所取得的工资、薪金所得或劳务报酬所得，均应依法征收个人所得税。

（三）为联合国援助项目来华工作的专家优惠

根据第二条第九款第（三）项规定，为联合国援助项目来华工作的专家取得的工资、薪金所得可免征个人所得税。

（四）援助国派往我国专为该国无偿援助项目工作的专家优惠

根据第二条第九款第（四）项规定，援助国派往我国专为该国无偿援助项目工作的专家取得的工资、薪金所得可免征个人所得税。

根据《财政部关于外国来华工作人员缴纳个人所得税问题的通知》（财税字〔1980〕189号）第一条规定，援助国派往我国专为该国无偿援助我国的建设项目服务的工作人员，取得的工资、生活津贴，不论是我方支付或外国支付，均可免征个人所得税。

（五）文化交流项目来华工作两年以内的文教专家优惠

根据第二条第九款第（五）项规定，根据两国政府签订文化交流项目来华工作两年以内的文教专家，其工资、薪金所得由该国负担的免征个人所得税。

（六）国际交流项目来华工作两年以内的文教专家优惠

根据第二条第九款第（六）项规定，根据我国大专院校国际交流项目来华工作两年以内的文教专家，其工资、薪金所得由该国负担的免征个人所得税。

根据《财政部关于外国来华工作人员缴纳个人所得税问题的通知》（财税字〔1980〕189号）文件规定，外国来华文教专家，在我国服务期间，由我方发工资、薪金，并对其住房、使用汽车医疗实行免费“三包”，可只就工资、薪金所得按照税法规定征收个人所得税；对我方免费提供的住房、汽车、医疗服务等，可免予计算纳税。

（七）通过民间科研协定来华工作的专家优惠

根据第九款第（九）项规定，通过民间科研协定来华工作的专家，其工资、薪金所得由该国政府机构负担的免征个人所得税。

四、外籍个人的津补贴和股息红利优惠

（一）外籍个人按合理标准取得的境内外出差补贴优惠

根据《财政部 国家税务总局关于个人所得税若干政策问题的通知》（财税字〔1994〕20号）第二条第（二）项规定，外籍个人按合理标准取得的境内、外出差补贴，暂免征收个人所得税。纳税人应提供有关有效凭证及证明资料。

（二）探亲费、语言训练费、子女教育费优惠

根据《财政部 国家税务总局关于个人所得税若干政策问题的通知》（财税字〔1994〕20号）第二条第（三）项的规定，外籍个人取得的探亲费、语言训练费、子女教育费等，暂免征收个人所得税。

根据《国家税务总局关于外籍个人取得有关补贴征免个人所得税执行问题的通知》（国税发〔1997〕54号）第四条的规定，对外籍个人取得的探亲费免征个人所得税，应由纳税人提供探亲的交通支出凭证（复印件），由主管税务机关审核，对其实际用于本人探亲，且每年探亲的次数和支付的标准合理的部分给予免税《国家税务总局关于外籍个人取得的探亲费免征个人所得税有关执行标准问题的通知》（国税函〔2001〕336号）规定，可以享受免征个人所得税优惠待遇的探亲费，仅限于外籍个人在我国的受雇地与其家庭所在地（包括配偶或父母居住地）之间搭乘交通工具且每年不根据国税发〔1997〕54号文件第五条的规定，对外籍个人取得的语言培

训费和子女教育费补贴免征个人所得税，应由纳税人提供在中国境内接受上述教育的支出凭证和期限证明材料，由主管税务机关审核，对其在中国境内接受语言培训以及子女在中国境内接受教育取得的语言培训费和子女教育费补贴且在合理数额内的部分免予纳税。

此外，《财政部 国家税务总局关于外籍个人取得港澳地区住房等补贴征免个人所得税的通知》（财税〔2004〕29 号）进一步规定：受雇于我国境内企业的外籍个人（不包括香港澳门居民个人），因家庭等原因居住在香港、澳门，每个工作日往返于内地与香港、澳门等地区，由此境内企业（包括其关联企业）给予在香港或澳门住房、伙食、洗衣、搬迁等非现金形式或实报实销形式的补贴，凡能提供有效凭证的，经主管税务机关审核确认后，可以依照财税字〔1994〕20 号文件第一条、第二条的规定，免予征收个人所得税。上述外籍个人就其在香港或澳门进行语言培训、子女教育而取得的费用补贴，凡能提供有效支出凭证等材料的，经主管税务机关审核确认为合理的部分，可以依照上述财税字〔1994〕20 号文件第二条以及国税发〔1997〕54 号文件第五条的规定，免予征收个人所得税。

根据《财政部 国家税务总局关于对外籍职员的在华住房费准予扣除计算纳税的通知》（〔1988〕财税外字第 21 号）的规定，外商投资企业和外商驻华机构租房或购买房屋免费供外籍职员居住，可以不计入其职员的工资、薪金所得缴纳个人所得税。外商投资企业和外商驻华机构将住房费定额发给外籍职员，应计入其职员的工资、薪金所得。

根据《国家税务总局关于外籍人员 ××× 先生的工资薪金含有假设房租，如何计征个人所得税问题的函》（〔1989〕国税外字第 52 号）的规定，假设房租是指一些外国公司在向其他国家派驻工作人员时，考虑到不增加派驻人员的个人房租负担，由公司支付其所在派驻国的住房费用。但公司在支付该派驻人员工资时，为不使其因不需支付房租而获得利益，扣除掉该派驻人员在其本国按照一般住房水平应由个人负担的住房费用。根据我国个人所得税法及有关规定，外国公司为其驻华工作人员支付的住房费用如能提供有关证明文件，可不并入个人所得征收所得税。因此，假设房租作为个人应负担的住房费用，应作为个人所得一并征收所得税，而不宜再作扣除。

（三）外籍人员八项津补贴优惠的清理与过渡

外籍人员减免税的津补贴项目主要有住房补贴、伙食费补贴、搬家费、洗衣费、探亲费、出差补贴、子女教育费、语言训练费 8 项补贴。

《财政部 国家税务总局关于个人所得税法修改后有关优惠政策接问题的通知》（财税〔2018〕164 号）第七条“关于外籍个人有关津补贴的政策”的规定：2019 年 1 月 1 日至 2021 年 12 月 31 日期间，外籍个人符合居民个人条件的，可以选择享受个人所得税专项附加扣除，也可以选择按照财税〔1994〕20 号、国税发〔1997〕54 号和《财政部 国家税务总局关于外籍个人取得港澳地区住房等补贴征免个人所得税的通知》（财税〔2004〕29 号）等文件的规定，享受住房补贴、语言训练费、子女教育费等津补贴免税优惠政策，但不得同时享受。外籍个人一经选择，在一个纳税年度内不得变更。自 2022 年 1 月 1 日起，外籍个人不再享受住房补贴、语言训练费、子女教育费津补贴免税优惠政策，应按规定享受专项附加扣除。

为减少直接取消外籍人员减免税津补贴政策的影响，对外籍个人津补贴减免税项目给予三年的过渡期。这是因为，外籍人员在华工作一般定期轮换，每三至五年轮换一次。设置过渡期可以保证目前在华工作的外籍人员的税收利益不受影响，给新来华人员释放税收政策调整的信号，同时促使外资企业及时调整薪酬政策，实现税收政策的平稳过渡。

（四）外国派出单位发包款项中的非工资优惠

根据财税字〔1980〕189 号文件第五条的规定，外国来华工作人员，由外国派出单位发给包干款项，其中包括个人工资、公用经费（邮电费、办公费、广告费、业务上往来必要的交际费）、生活津贴费（住房费、差旅费），凡对上述所得能够划分清楚的，可只就工资、薪金所得部分按照规定征收个人所得税。

（五）留学生的生活津贴费、奖学金不征税

根据财税字〔1980〕189 号文件第四条的规定，外国来华留学生领取的生活津贴费、奖学金，不属于工资、薪金范畴，不征个人所得税。

（六）平潭工作的台湾居民税负差额补贴优惠

自 2013 年 1 月 1 日起至 2020 年 12 月 31 日止，根据《财政部 国家税务总局关于福建平潭综合实验区个人所得税优惠政策的通知》（财税〔2014〕24 号）第二条的规定，福建省人民政府根据《国务院关于平潭综合实验区总体发展规划的批复》（国函〔2011〕142 号）以及《平潭综合实验区总体发展规划》有关规定，按不超过大陆与台湾地区个人所得税负差额，给予在平潭综合实验区工作的台湾居民的补贴，免征个人所得税。

台湾居民，是指持有《台湾居民来往大陆通行证》的个人；平潭综合实验区，是指国务院 2011 年 11 月批复的《平潭综合实验区总体发展规划》规划的平潭综合实验区范。

（七）前海工作的港澳台高端人才和紧缺人才税负差额补贴优惠

根据国务院发布《关于支持深圳前海深港现代服务业合作区开发开放有关政策的批复》（国函〔2012〕58 号）规定，对在前海工作、符合前海规划产业发展需要的境外高端人才和紧缺人才，取得的暂由深圳市人民政府按内地与境外个人所得税负差额给予的补贴，免征个人所得税。

（八）外籍个人居住港澳相关费用补贴

根据《财政部 国家税务总局关于外籍个人取得港澳地区住房等补贴征免个人所得税的通知》（财税〔2004〕29 号）的规定，外籍个人（不包括香港澳门居民个人），因家庭等原因居住在香港、澳门，每个工作日往返于内地与香港、澳门等地区，由此境内企业（包括其关联企业）给予在香港或澳门住房、伙食、洗衣、搬迁等非现金形式或实报实销形式的补贴，免征个人所得税。

（九）外籍个人取得外商投资企业股息红利所得免征

1. 外籍个人从外商投资企业取得的股息红利所得优惠

财税字〔1994〕20 号文件第二条第（八）项规定，外籍个人从外商投资企业取得的股息、红利所得，暂免征收个人所得税。

2. 外籍个人从境内上市公司取得股息红利所得优惠

《国家税务总局关于外籍个人持有中国境内上市公司股票所取得的股息有关税收问题的函》（国税函发〔1994〕440 号）明确，对持有 B 股或海外股（包括 H 股）的外籍个人，从发行该 B 股或海外股的中国境内企业所取得的股息（红利）所得，暂免征收个人所得税。

五、个人住房优惠

（一）个人转让自用 5 年以上唯一住房免征优惠

1. 政策规定

根据财税字〔1994〕20 号文件第二条第（六）项的规定，个人转让自用达 5 年以上，并且是唯一的家庭生活用房取得的所得，暂免征收个人所得税。

《国家税务总局关于个人取得被征用房屋补偿费收入免征个人所得税的批复》（国税函〔1998〕428）规定，在旧城改造过程中，个人因住房被征用而取得赔偿费，属补偿性质的收入，无论是现金还是实物（房屋），均免予征收个人所得税。

根据《财政部 国家税务总局关于单位低价向职工售房有关个人所得税问题的通知》财税〔2007〕13 号文件规定，国家机关、企事业单位及其他组织（以下简称单位）在住房制度改革期间，按照所在地县级以上人民政府规定的房改成本价格向职工出售公有住房，职工因支付的房改成本价格低于房屋建造成本价格或市场价格而取得的差价收益，免征个人所得税。

根据《国家税务总局关于个人转让房屋有关税收征管问题的通知》（国税发〔2007〕33 号）第三条规定，根据《财政部 国家税务总局 建设部关于个人住房所得征收个人所得税有关问题的通知》（财税字〔1999〕278 号）的规定，个人转让自用 5 年以上，并且是家庭唯一生活用房，取得的所得免征个人所得税。

2. 适用原则

“自用 5 年以上”，是指个人购房至转让房屋的时间达 5 年以上，个人按照国家房改政策购买的公有住房，以其购房合同的生效时间、房款收据开具日期或房屋产权证上注明的时间，依照孰先原则确定：个人购买的其他住房，以其房屋产权证注明日期或契税完税凭证注明日期，按照孰先原则确定。个人转让房屋的日期，以销售发票上注明的时间为准。

“家庭唯一生活用房”是指在同一省、自治区、直辖市范围内纳税人（有配偶的为夫妻双方）仅拥有一套住房。

3. 离婚析产

国税发〔2007〕33 号文件进一步明确规定，个人出售商业用房取得的所得，应按规定缴纳个人所得税，不得享受自用 5 年以上的家庭唯一生活用房免税的政策。根据《国家税务总局关于明确个人所得税若干政策执行问题的通知》（国税发〔2009〕121 号）的规定，通过离婚析产的方式分割房屋产权是夫妻双方对共同共有财产的处置，个人因离婚办理房屋产权过户手续，不征收个人所得税。个人转让离婚析产房屋所取得的收入，符合家庭生活自用五年以上唯一住房的，可以申请免征个人所得税，其购置时间按照《国家税务总局关于房地产税收政策执行中几个具体问题的通知》（国税发〔2005〕172 号）执行。

4. 征收管理

根据《国家税务总局 财政部 建设部关于加强房地产税收管理的通知》（国税发〔2005〕89 号）规定，个人购买住房以取得的房屋产权证或契税完税证明上注明的时间作为其购买房屋的时间。国税发〔2005〕172 号文件进一步明确，“契税完税证明上注明的时间”是指契税完税证明上注明的填发日期。纳税人申报时，同时出具房屋产权证和契税完税证明且二者所注明的时间不一致的，按照“孰先”的原则确定购买房屋的时间。即房屋产权证上注明的时间早于契税完税证明上注明的时间的，以房屋产权证注明的时间为购买房屋的时间；契税完税证明上注明的时间早于房屋产权证上注明的时间的，以契税完税证明上注明的时间为购买房屋的时间。个人将通过受赠、继承、离婚财产分割等非购买形式取得的住房对外销售的行为，也适用国税发〔2005〕89 号文件的有关规定。其购房时间按发生受赠、继承、离婚财产分割行为前的购房时间确定，其购房价格按发生受赠、继承、离婚财产分割行为前的购房原价确定。个人需持其通过受赠、继承、离婚财产分割等非购买形式取得住房的合法、有效法律证明文书，到税务部门办理相关手续。

（二）符合条件的房屋赠与优惠

1. 符合条件的房屋产权无偿赠与免税优惠

根据《财政部 国家税务总局关于个人无偿受赠房屋有关个人所得税问题的通知》（财税〔2009〕78号）第一条的规定，以下情形的房屋产权无偿赠与，对当事双方不征收个人所得税：

（1）房屋产权所有人将房屋产权无偿赠与配偶、父母、子女、祖父母、外祖父母、孙子女、外孙子女、兄弟姐妹。

（2）房屋产权所有人将房屋产权无偿赠与对其承担直接抚养或者赡养义务的抚养人或者赡养人。

（3）房屋产权所有人死亡，依法取得房屋产权的法定继承人、遗嘱继承人或者受遗赠人。

财税〔2009〕78号文件第三条规定，除该通知第一条规定情形以外，房屋产权所有人将房屋产权无偿赠与他人的，受赠人因无偿受赠房屋取得的受赠所得，按照“经国务院财政部门确定征税的其他所得”项目缴纳个人所得税，税率为20%。

2. 无偿赠与或受赠不动产免税所需证明资料

（1）应报送的基本资料

根据《国家税务总局关于进一步简化和规范个人无偿赠与或受赠不动产免征营业税个人所得税所需证明资料的公告》（国家税务总局公告2015年第75号）第一条的规定，纳税人在办理个人无偿赠与或受赠不动产免征营业税、个人所得税手续时，应报送《个人无偿赠与不动产登记表》、双方当事人的身份证明原件及复印件（继承或接受遗赠的，只需提供继承人或接受遗赠人的身份证明原件及复印件）、房屋所有权证原件及复印件。

（2）区分不同情形应报送的资料

根据国家税务总局公告2015年第75号第一条的规定，属于以下四类情形之一的还应分别提交相应证明资料：

①离婚分割财产的，应当提交：离婚协议或者人民法院判决书或者人民法院调解书的原件及复印件；离婚证原件及复印件。

②亲属之间无偿赠与的，应当提交：无偿赠与配偶的，提交结婚证原件及复印件；无偿赠与父母、子女、祖父母、外祖父母、孙子女、外孙子女、兄弟姐妹的，提交户口簿或者出生证明或者人民法院判决书或者人民法院调解书或者其他部门（有资质的机构）出具的能够证明双方亲属关系的证明资料原件及复印件。

③无偿赠与非亲属抚养或赡养关系人的，应当提交：人民法院判决书或者人民法院调解书或者乡镇政府或街道办事处出具的抚养（赡养）关系证明或者其他部门（有资质的机构）出具的能够证明双方抚养（赡养）关系的证明资料原件及复印件。

④继承或接受遗赠的，应当提交：房屋产权所有人死亡证明原件及复印件；有权继承或接受遗赠的证明资料原件及复印件。

税务机关应当认真核对上述资料，资料齐全并且填写正确的，在《个人无偿赠与不动产登记表》上签字盖章，留存《个人无偿赠与不动产登记表》复印件和有关证明资料复印件，原件退还纳税人，同时办理免税手续。

（三）拆迁补偿款优惠

1. 城镇房屋拆迁补偿

根据《财政部 国家税务总局关于城镇房屋拆迁有关税收政策的通知》（财税〔2005〕45 号）第一条的规定，对被拆迁人按照国家有关城镇房屋拆迁管理办法规定的标准取得的拆迁补偿款，免征个人所得税。

根据《财政部 国家税务总局关于棚户区改造有关税收政策的通知》（财税〔2013〕101 号）第五条的规定，个人因房屋被征收而取得货币补偿并用于购买改造安置住房，或因房屋被征收而进行房屋产权调换并取得改造安置住房，按有关规定减免契税。个人取得的拆迁补偿款按有关规定免征个人所得税。

2. 易地扶贫搬迁贫困人口取得的住房补助金

根据《财政部 国家税务总局关于易地扶贫搬迁税收优惠政策的通知》（财税〔2018〕135 号）的规定，对易地扶贫搬迁贫困人口按规定取得的住房建设补助资金、拆旧复垦奖励资金等与易地扶贫搬迁相关的货币化补偿和易地扶贫搬迁安置住房（以下简称安置住房），免征个人所得税。

（四）城镇住房保障家庭从地方政府领取的住房租赁补贴免税

根据《财政部 国家税务总局关于公共租赁住房税收优惠政策的公告》（财政部 税务总局公告2019年第61号）第六条规定，自2019年1月1日至2020年12月31日止对符合地方政府规定条件的城镇住房保障家庭从地方政府领取的住房租赁补贴，免征个人所得税。

（五）廉租住房货币补贴优惠

自2007年8月1日起，根据《财政部 国家税务总局关于廉租住房经济适用住房和住房租赁有关税收政策的通知》（财税〔2008〕24号）第一条第七项的规定，对个人按《廉租住房保障办法》（建设部等9部委令第162号）规定取得的廉租住房货币补贴，免征个人所得税；对于所在单位以廉租住房名义发放的不符合规定的补贴，应征收个人所得税。

（六）个人出租房屋减征优惠

自2001年1月1日起，根据《财政部 国家税务总局关于调整住房租赁市场税收政策的通知》（财税〔2000〕125号）第三条的规定，对个人出租房屋取得的所得暂减按10%的税率征收个人所得税。

六、支持金融资本市场发展优惠

（一）上市公司股息红利差别化政策优惠

自2015年9月8日起，根据《财政部 国家税务总局 证监会关于上市公司股息红利差别化个人所得税政策有关问题的通知》（财税〔2015〕101号）规定，上市公司派发股息红利，股权登记日在2015年9月8日之后的，股息红利所得按照该通知的规定执行。该通知实施之日个人投资者证券账户已持有的上市公司股票，其持股时间自取得之日起计算的规定，个人从公开发行和转让市场取得的上市公司股票，持股期限超过 1 年的，股息红利所得暂免征收个人所得税。个人从公开发行和转让市场取得的上市公司股票，持股期限在 1 个月以内（含 1 个月）的，其股息红利所得全额计入应纳税所得额；持股期限在 1 个月以上至 1 年（含 1 年）的，暂减按 50%计入应纳税所得额；上述所得统一适用 20%的税率计征个人所得税。

上市公司派发股息红利时，对个人持股 1 年以内（含 1 年）的，上市公司暂不扣缴个人所得税；待个人转让股票时，证券登记结算公司根据其持股期限计算应纳税额，证券公司等股份托管机构从个人资金账户中扣收并划付证券登记结算公司，证券登记结算公司应于次月 5 个工作日内划付上市公司，上市公司在收到税款当月的法定申报期内向主管税务机关申报缴纳。

上市公司股息红利差别化个人所得税政策其他有关操作事项，按照《财政部 国家税务总局 证监会关于实施上市公司股息红利差别化个人所得税政策有关问题的通知》（财税〔2012〕85 号）的相关规定执行。

（二）全国中小企业股份转让股息红利差别化政策优惠

1. 新三板挂牌公司股息红利差别化政策优惠

为促进全国中小企业股份转让系统（以下简称新三板）长期稳定发展，《财政部 国家税务总局 证监会关于个人转让全国中小企业股份转让系统挂牌公司股票有关个人所得税政策的通知》（财税〔2018〕137 号）就个人转让新三板挂牌公司股票有关个人所得税政策作出如下规定。

（1）自 2018 年 11 月 1 日（含）起，对个人转让新三板挂牌公司非原始股取得的所得，暂免征收个人所得税。

非原始股是指个人在新三板挂牌公司挂牌后取得的股票，以及由上述股票孳生的送、转股。

（2）对个人转让新三板挂牌公司原始股取得的所得，按照“财产转让所得”适用 20%的比例税率征收个人所得税。

原始股是指个人在新三板挂牌公司挂牌前取得的股票，以及在该公司挂牌前和挂牌后由上述股票衍生的送、转股。

（3）2019 年 9 月 1 日之前，个人转让新三板挂牌公司原始股的个人所得税，征收管理办法按照原股权转让所得有关规定执行，以股票受让方为扣缴义务人，由被投资企业所在地税务机关负责征收管理。

自 2019 年 9 月 1 日（含）起，个人转让新三板挂牌公司原始股的个人所得税，以股票托管的证券机构为扣缴义务人，由股票托管的证券机构所在地主管税务机关负责征收管理。具体征收管理办法参照财税〔2009〕16 号和财税〔2010〕70 号文件有关规定执行。

（4）2018 年 11 月 1 日之前，个人转让新三板挂牌公司非原始股，尚未进行税收处理的，可比照财税〔2018〕137 号文件第一条规定执行，已经进行相关税收处理的，不再进行税收调整。

2. 中小企业股份转让系统挂牌公司股息红利差别化税收优惠

根据《财政部 国家税务总局 证监会关于继续实施全国中小企业股份转让系统挂牌公司股息红利差别化个人所得税政策的公告》（财政部公告 2019 年第 78 号）的规定，自 2019 年 7 月 1 日起至 2024 年 6 月 30 日，个人持有挂牌公司的股票，持股期限超过 1 年的，对股息红利所得暂免征收个人所得税。

个人持有挂牌公司的股票，持股期限在 1 个月以内（含 1 个月）的，其股息红利所得全额计入应纳税所得额；持股期限在 1 个月以上至 1 年（含 1 年）的，其股息红利所得暂减按 50% 计入应纳税所得额；上述所得统一适用 20% 的税率计征个人所得税。

（三）转让上市公司股票所得免征优惠

根据《财政部 国家税务总局关于个人转让股票所得继续暂免征收个人所得税的通知》（财税字〔1998〕61 号）的规定，从 1997 年 1 月 1 日起，对个人转让上市公司股票取得的所得继续暂免征收个人所得税。

《财政部 国家税务总局 证监会关于个人转让上市公司限售股所得征收个人所得税有关问题的通知》（财税〔2009〕167 号）进一步规定，对个人在上海证券交易所、深圳证券交易所转让从上市公司公开发行和转让市场取得的上市公司股票所得，继续免征个人所得税。

（四）个人通过沪港通取得的股票转让差价所得优惠

根据《财政部 国家税务总局 证监会关于沪港股票市场交易互联互通机制试点有关税收政策的通知》（财税〔2014〕81 号）第一条的规定，对内地个人投资者通过沪港通投资香港联交所上市股票取得的转让差价所得，自 2014 年 11 月 17 日起至 2017 年 11 月 16 日止，暂免征收个人所得税。根据《财政部 国家税务总局 证监会关于继续执行沪港股票市场交易互联互通机制有关个人所得税政策的通知》（财税〔2017〕78 号）的规定，对内地个人投资者通过沪港股票市场交易互联互通机制（沪港通）投资香港联交所上市股票取得的转让差价所得，自 2017 年 11 月 17 日起至 2019 年 12 月 4 日止继续暂免征收个人所得税。

根据《财政部 国家税务总局 证监会关于继续执行沪港、深港股票市场交易互联互通机制和内地与香港基金互认有关个人所得税政策的公告》（财政部 税务总局 证监会公告 2019 年第 93 号）的规定，对内地个人投资者通过沪港通、深港通投资香港联交所上市股票取得的转让差价所得和通过基金互认买卖香港基金份额取得的转让差价所得，自 2019 年 12 月 5 日起至 2022 年 12 月 31 日止，继续暂免征收个人所得税。

（五）个人通过深港通取得的股票差价所得优惠

自 2016 年 12 月 5 日起，根据《财政部 国家税务总局 证监会关于深港股票市场交易互联互通机制试点有关税收政策的通知》（财税〔2016〕127 号）第一条第（一）项的规定，对内地个人投资者通过深港通投资香港联交所上市股票取得的转让差价所得，自 2016 年 12 月 5 日起至 2019 年 12 月 4 日止，暂免征收个人所得税。

根据财税〔2016〕127 号文件第一条第（三）项的规定，对内地个人投资者通过深港通投资香港联交所上市 H 股取得的股息红利，H 股公司应向中国证券登记结算有限责任公司（以下简称中登结算）提出申请，由中登结算向 H 股公司提供内地个人投资者名册，H 股公司按照 20%的税率代扣个人所得税。内地个人投资者通过深港通投资香港联交所上市的非 H 股取得的股息红利，由中登结算按照 20%的税率代扣个人所得税。个人投资者在国外已缴纳的预提税，可持有效扣税凭证到中登结算的主管税务机关申请税收抵免。

对内地证券投资基金通过深港通投资香港联交所上市股票取得的股息红利所得，按照上述规定计征个人所得税。

根据财税〔2016〕127号文件第二条的规定，对香港市场投资者（包括企业和个人）投资深交所上市A股取得的转让差价所得，暂免征收所得税。对香港市场投资者（包括企业和个人）投资深交所上市A股取得的股息红利所得，在香港中央结算有限公司不具备向中登结算提供投资者的身份及持股时间等明细数据的条件之前，暂不执行按持股时间实行差别化征税政策，由上市公司按照10%的税率代扣所得税，并向其主管税务机关办理扣缴申报。对于香港投资者中属于其他国家税收居民且其所在国与中国签订的税收协定规定股息红利所得税率低于10%的，企业或个人可以自行或委托代扣代缴义务人，向上市公司主管税务机关提出享受税收协定待遇退还多缴税款的申请，主管税务机关查实后，对符合退税条件的，应按已征税款和根据税收协定税率计算的应纳税款的差额予以退税。

根据《财政部 国家税务总局 证监会关于继续执行沪港、深港股票市场交易互联互通机制和内地与香港基金互认有关个人所得税政策的公告》（财政部 税务总局 证监会公告2019年第93号）的规定，对内地个人投资者通过沪港通、深港通投资香港联交所上市股票取得的转让差价所得和通过基金互认买卖香港基金份额取得的转让差价所得，自2019年12月5日起至2022年12月31日止，继续暂免征收个人所得税。

（六）股权分置改革非流通股股东向流通股股东支付对价免税

根据《财政部 国家税务总局关于股权分置试点改革有关税收政策问题的通知》（财税〔2005〕103号）第二条的规定，股权分置改革中非流通股股东通过对价方式向流通股股东支付的股份、现金等收入，暂免征收流通股股东应缴纳的企业所得税和个人所得税。

（七）储蓄存款利息所得优惠

根据《财政部 国家税务总局关于储蓄存款利息所得有关个人所得税政策的通知》（财税〔2008〕132号）的规定，自2008年10月9日起，对储蓄存款利息所得暂免征收个人所得税。

根据《国家税务总局 中国人民银行 教育部关于印发教育储蓄存款利息所得免征个人所得税实施办法的通知》（国税发〔2005〕148号）的规定，个人为其子女（或被监护人）接受非义务教育（指九年义务教育之外的全日制高中、大中专、大学本科、硕士和博士研究生）在储蓄机构开立教育储蓄专户，并享受利率优惠的存款，其所取得的利息免征个人所得税。

开立教育储蓄的对象（即储户）为在校小学4年级（含4年级）以上学生；享受免征息所得个人所得税优惠政策的对象必须是正在接受非义务教育的在校学生，其在就读全日制高中（中专）、大专和大学本科、硕士和博士研究生时，每个学习阶段可分别享受一次2万元教育储蓄的免税优惠。

（八）证券资金利息所得优惠

根据《财政部 国家税务总局关于证券市场个人投资者证券交易结算资金利息所得有关个人所得税政策的通知》（财税〔2008〕140号）的规定，自2008年10月9日起，对证券市场个人投资者取得的证券交易结算资金利息所得，暂免征收个人所得税，即证券市场个人投资者的证券交易结算资金在2008年10月9日后（含10月9日）产生的利息所得，暂免征收个人所得税。

（九）“三险一金”存款利息所得优惠

《财政部 国家税务总局关于住房公积金、医疗保险金、基本养老保险金、失业保险基金个人账户存款利息所得免征个人所得税的通知》（财税字〔1999〕267号）规定，按照国家或省级地方政府规定的比例缴付的下列专项基金或资金存入银行个人账户所取得的利息收入免征个人所得税。

（1）住房公积金；

（2）医疗保险金；

（3）基本养老保险金；

（4）失业保险基金。

（十）行政和解金优惠

根据《财政部 国家税务总局关于行政和解金有关收政策问题的通知》（财税〔2016〕100号）第三条的规定，对企业投资者从投保基金公司取得的行政和解金，应计入企业当期收入，依法征收企业所得税；对个人投资者从投保基金公司取得的行政和解金，暂免征收个人所得税。

（十一）铁路债券利息收入减半征收优惠

铁路债券是指以中国铁路总公司为发行和偿还主体的债券，包括中国铁路建设债券、中期票据、短期融资券等债务融资工具。

根据《财政部 国家税务总局关于铁路债券利息收入所得税政策问题的通知》（财税〔2016〕30号）的规定，对个人投资者持有2016—2018年发行的铁路债券取得的利息收入，减按50%计入应纳税所得额计算征收个人所得税。税款由兑付机构在向个人投资者兑付利息时代扣代缴。

根据《财政部 国家税务总局关于铁路债券利息收入所得税政策的公告》（财政部 税务总局公告2019年第57号）的规定，对个人投资者持有2019—2023年发行的铁路债券取得的利息收入，减按50%计入应纳税所得额计算征收个人所得税。税款由兑付机构在向个人投资者兑付利息时代扣代缴。

（十二）内地与香港基金互认优惠

基金互认，是指内地基金或香港基金经香港证监会认可或中国证监会注册，在双方司法管辖区内向公众销售。所称内地基金，是指中国证监会根据《中华人民共和国证券投资基金法》注册的公开募集证券投资基金。所称香港基金，是指香港证监会根据香港法律认可公开销售的单位信托、互惠基金或者其他形式的集体投资计划。所称买卖基金份额，包括申购与赎回、交易。

根据《财政部 国家税务总局关于内地与香港基金互认有关税收政策的通知》（财税〔2015〕125号）《财政部 税务总局 证监会关于继续执行内地与香港基金互认有关个人所得税政策的通知》（财税〔2018〕154号）规定，对内地个人投资者通过基金互认买卖香港基金份额取得的转让差价所得，自 2015 年 12 月 18 日起至 2019 年 12 月 4 日止，暂免征收个人所得税。

内地个人投资者通过基金互认从香港基金分配取得的收益，由该香港基金在内地的代理人按照 20%的税率代扣代缴个人所得税。代理人是指依法取得中国证监会核准的公募基金管理资格或托管资格，根据香港基金管理人的委托，代为办理该香港基金内地事务的机构。

对香港市场投资者（包括企业和个人）通过基金互认买卖内地基金份额取得的转让差价所得，暂免征收所得税。

对香港市场投资者（包括企业和个人）通过基金互认从内地基金分配取得的收益，由内地上市公司向该内地基金分配股息红利时，对香港市场投资者按照 10%的税率代扣所得税；或发行债券的企业向该内地基金分配利息时，对香港市场投资者按照 7%的税率代扣所得税，并由内地上市公司或发行债券的企业向其主管税务机关办理扣缴申报。该内地基金向投资者分配收益时，不再扣缴所得税。

内地基金管理人应当向相关证券登记结算机构提供内地基金的香港市场投资者的相关信息。

根据《财政部 国家税务总局 证监会关于继续执行沪港、深港股票市场交易互联互通机制和内地与香港基金互认有关个人所得税政策的公告》（财政部 税务总局 证监会公告 2019 年第 93 号）的规定，对内地个人投资者通过沪港通、深港通投资香港联交所上市股票取得的转让差价所得和通过基金互认买卖香港基金份额取得的转让差价所得，自 2019 年 12 月 5 日起至 2022 年 12 月 31 日止，继续暂免征收个人所得税。

（十三）证券投资基金相关税收优惠

《财政部 国家税务总局关于证券投资基金税收问题的通知》（财税字〔1998〕55 号）第三条的规定，对个人投资者买卖基金单位获得的差价收入，在对个人买卖股票的差价收入未恢复征收个人所得税以前，暂不征收个人所得税；对投资者从基金分配中获得的股票的股息、红利收入以及企业债券的利息收入，由上市公司和发行债券的企业在向基金派发股息、红利、利息时代扣代缴 20%的个人所得税，基金向个人投资者分配股息、红利、利息时，不再代扣代缴个人所得税；对投资者从基金分配中获得的国债利息、储蓄存款利息以及买卖股票价差收入，在国债利息收入、个人储蓄存款利息收入以及个人买卖股票差价收入未恢复征收所得税以前，暂不征收所得税；对个人投资者从基金分配中获得的企业债券差价收入，应按税法规定对个人投资者征收个人所得税，税款由基金在分配时依法代扣代缴；对企业投资者从基金分配中获得的债券差价收入，暂不征收企业所得税。

（十四）天使投资相关减免优惠

根据《财政部 国家税务总局关于创业投资企业和天使投资个人有关税收政策的通知》（财税〔2018〕55号）第一条第（二）项的规定，有限合伙制创业投资企业（以下简称合伙创投企业）采取股权投资方式直接投资于初创科技型企业满2年的，该合伙创投企业的合伙人分别按以下方式处理：1. 法人合伙人可以按照对初创科技型企业投资额的70%抵扣法人合伙人从合伙创投企业分得的所得；当年不足抵扣的，可以在以后纳税年度结转抵扣；2. 个人合伙人可以按照对初创科技型企业投资额的70%抵扣个人合伙人从合伙创投企业分得的经营所得；当年不足抵扣的，可以在以后纳税年度结转抵扣。

根据该文件第一条第三款的规定，天使投资个人采取股权投资方式直接投资于初创科技型企业满2年的，可以按照投资额的70%抵扣转让该初创科技型企业股权取得的应纳税所得额；当期不足抵扣的，可以在以后取得转让该初创科技型企业股权的应纳税所得额时结转抵扣。

天使投资个人投资多个初创科技型企业的，对其中办理注销清算的初创科技型企业，天使投资个人对其投资额的70%尚未抵扣完的，可自注销清算之日起36个月内抵扣天使投资个人转让其他初创科技型企业股权取得的应纳税所得额。

（十五）原油期货所得的优惠

根据《财政部 国家税务总局 证监会关于支持原油等货物期货市场对外开放税收政策的通知》（财税〔2018〕21号）第二条的规定，自原油期货对外开放之日起，对境外个人投资者投资中国境内原油期货取得的所得，三年内暂免征收个人所得税。

（十六）创新企业境内发行存托凭证试点阶段个人所得税政策

根据《财政部 国家税务总局 中国证券监督管理委员会关于创新企业境内发行存托凭证试点阶段有关税收政策的公告》（财政部 税务总局 证监会公告2019年第52号）的规定：

1. 自试点开始之日起，对个人投资者转让创新企业CDR取得的差价所得，三年（36个月，下同）内暂免征收个人所得税。

2. 自试点开始之日起，对个人投资者持有创新企业CDR取得的股息红利所得，三年内实施股息红利差别化个人所得税政策，具体参照《财政部 国家税务总局 证监会关于实施上市公司股息红利差别化个人所得税政策有关问题的通知》（财税〔2012〕85号）、《财政部 国家税务总局 证监会关于上市公司股息红利差别化个人所得税政策有关问题的通知》（财税〔2015〕101号）的相关规定执行。

注：试点开始之日，是指首只创新企业CDR取得国务院证券监督管理机构的发行批文之日。

七、社会保险、公积金与商业保险优惠

（一）工伤保险待遇免征优惠

自2011年1月1日起，根据《财政部 国家税务总局关于工伤职工取得的工伤保险待遇有关个人所得税政策的通知》（财税〔2012〕40号）第一条的规定，对工伤职工及其近亲属按照《工伤保险条例》（国务院令第586号）规定取得的工伤保险待遇，免征个人所得税。

工伤保险待遇，包括工伤职工按照《工伤保险条例》规定取得的一次性伤残补助金伤残津贴、一次性工伤医疗补助金、一次性伤残就业补助金、工伤医疗待遇、住院伙食补助费、外地就医交通食宿费用、工伤康复费用、辅助器具费用、生活护理费等，以及职工因工死亡，其近亲属按照《工伤保险条例》规定取得的丧葬补助金、供养亲属抚恤金和一次性工亡补助金等。

（二）生育津贴和生育医疗费免征优惠

根据《财政部 国家税务总局关于生育津贴和生育医疗费有关个人所得税政策的通知》（财税〔2008〕8 号）第一条的规定，生育妇女按照县级以上人民政府根据国家有关规定制定的生育保险办法，取得的生育津贴、生育医疗费或其他属于生育保险性质的津贴、补贴，免征个人所得税。

（三）单位实际缴付基本养老保险费、基本医疗保险费和失业保险费优惠

根据《关于基本养老保险费基本医疗保险费失业保险费住房公积金有关个人所得税政策的通知》（财税〔2006〕10 号）的规定，企事业单位按照国家或省（自治区、直辖市）人民政府规定的缴费比例或办法实际缴付的基本养老保险费、基本医疗保险费和失业保险费，免征个人所得税；个人按照国家或省（自治区、直辖市）人民政府规定的缴费比例或办法实际缴付的基本养老保险费、基本医疗保险费和失业保险费，允许在个人应纳税所得额中扣除。

企事业单位和个人超过规定的比例和标准缴付的基本养老保险费、基本医疗保险费和失业保险费，应将超过部分并入个人当期的工资、薪金收入，计征个人所得税。

（四）个人实际领（支）取原提存的“三险一金”优惠

根据《关于基本养老保险费基本医疗保险费失业保险费住房公积金有关个人所得税政策的通知》（财税〔2006〕10 号）的规定，个人实际领（支）取原提存的基本养老保险金、基本医疗保险金、失业保险金和住房公积金时，免征个人所得税。

（五）单位实际缴存的住房公积金优惠

根据《关于基本养老保险费基本医疗保险费失业保险费住房公积金有关个人所得税政策的通知》（财税〔2006〕10 号）的规定，单位和个人超过上述规定比例和标准缴付的住房公积金，应将超过部分并入个人当期的工资、薪金收入，计征个人所得税。

根据《住房公积金管理条例》《建设部 财政部 中国人民银行关于住房公积金管理若干具体问题的指导意见》（建金管〔2005〕5 号）等规定精神，单位和个人分别

在不超过职工本人上一年度月平均工资12%的幅度内，其实际缴存的住房公积金，允许在个人应纳税所得额中扣除。单位和职工个人缴存住房公积金的月平均工资不得超过职工工作地所在设区城市上一年度职工月平均工资的3倍，具体标准按照各地有关规定执行。

（六）商业健康保险

根据《关于将商业健康保险个人所得税试点政策推广到全国范围实施的通知》（财税〔2017〕39号）的规定，单位统一组织为员工购买或者单位和个人共同负担购买符合规定的商业健康保险产品，单位负担部分应当实名计入个人工资薪金明细清单，视同个人购买，并自购买产品次月起，在不超过200元/月的标准内按月扣除。

2017年4月28日，财政部、税务总局、保监会发布了《关于将商业健康保险个人所得税试点政策推广到全国范围实施的通知》（财税〔2017〕39号）文件，将商业健康保险个人所得税试点政策推广到全国范围实施。

1. 政策内容

对个人购买符合规定的商业健康保险产品的支出，允许在当年（月）计算应纳税所得额时予以税前扣除，扣除限额为2400元/年（200元/月）。单位统一为员工购买符合规定的商业健康保险产品的支出，应分别计入员工个人工资、薪金，视同个人购买，按上述限额予以扣除。

2400元/年（200元/月）的限额扣除为个人所得税法规定减除费用标准之外的扣除。

2. 适用对象

适用商业健康保险税收优惠政策的纳税人，是指取得工资、薪金所得，连续性劳务报酬所得的个人，以及取得个体工商户生产经营所得、对企事业单位的承包承租经营所得的个体工商户业主、个人独资企业投资者、合伙企业合伙人和承包承租经营者。

3. 商业健康保险产品的规范和条件

符合规定的商业健康保险产品，是指保险公司参照个人税收优惠型健康保险产品指引框架及示范条款开发的、符合下列条件的健康保险产品：

（1）健康保险产品采取具有保障功能并设立有最低保证收益账户的万能险方式，包含医疗保险和个人账户积累两项责任。被保险人个人账户由其所投保的保险公司负责管理维护。

（2）被保险人为16周岁以上、未满法定退休年龄的纳税人群。保险公司不得因被保险人既往病史拒保，并保证续保。

（3）医疗保险保障责任范围包括被保险人医保所在地基本医疗保险基金支付范围内的自付费用及部分基本医疗保险基金支付范围外的费用，费用的报销范围、比例和额度由各保险公司根据具体产品特点自行确定。

（4）同一款健康保险产品，可依据被保险人的不同情况，设置不同的保险金额，具体保险金额下限由保监会规定。

（5）健康保险产品坚持“保本微利”原则，对医疗保险部分的简单赔付率低于规定比例的，保险公司要将实际赔付率与规定比例之间的差额部分返还到被保险人的个人账户。

根据目标人群已有保障项目和保障需求的不同，符合规定的健康保险产品共有三类，分别适用于：1. 对公费医疗或基本医疗保险报销后个人负担的医疗费用有报销意愿的人群；2. 对公费医疗或基本医疗保险报销后个人负担的特定大额医疗费用有报销意愿的人群；3. 未参加公费医疗或基本医疗保险，对个人负担的医疗费用有报销意愿的人群。

符合上述条件的个人税收优惠型健康保险产品，保险公司应按《保险法》规定程序上报保监会审批。

4. 税收征管

（1）单位统一组织为员工购买或者单位和个人共同负担购买符合规定的商业健康保险产品，单位负担部分应当实名计入个人工资、薪金明细清单，视同个人购买，并自购买产品次月起，在不超过200元/月的标准内按月扣除。一年内保费金额超过2400元的部分，不得税前扣除。以后年度续保时，按上述规定执行。个人自行退保时，应及时告知扣缴单位。个人相关退保信息保险公司应及时传递给税务机关。

（2）取得工资、薪金所得或连续性劳务报酬所得的个人，自行购买符合规定的商业健康保险产品的，应当及时向代扣代缴单位提供保单凭证。扣缴单位自个人提交保单凭证的次月起，在不超过200元/月的标准内按月扣除。一年内保费金额超过2400元的部分，不得税前扣除。以后年度续保时，按上述规定执行。个人自行退保时，应及时告知扣缴义务人。

（3）个体工商户业主、企事业单位承包承租经营者、个人独资和合伙企业投资者自行购买符合条件的商业健康保险产品的，在不超过2400元/年的标准内据实扣除。一年内保费金额超过2400元的部分，不得税前扣除。以后年度续保时，按上述规定执行。

2017年5月19日，国家税务总局发布了《关于推广实施商业健康保险个人所得税政策有关征管问题的公告》（国家税务总局公告2017年第17号），就有关问题做了进一步规定。特别指出，保险公司销售符合规定的商业健康保险产品，及时为购买保险的个人开具发票和保单凭证，并在保单凭证上注明税优识别码。个人购买商业健康保险未获得税优识别码的，其支出金额不得税前扣除。

八、从事“四业”所得暂免征收优惠

（一）取消农业税后从事“四业”所得暂免征收优惠

根据财税字〔1994〕20号文件的规定，个体工商户或个人专营种植业、养殖业、饲养业、捕捞业，其经营项目属于农业税（包括农业特产税，下同）、牧业税征税范围并已征收了农业税、牧业税的，不再征收个人所得税；不属于农业税、牧业税征税范围的，应对其所得征收个人所得税。兼营上述四业的所得单独核算的，比照上述原则办理，对于属于征收个人所得税的，应与其他行业的生产、经营所得合并计征个人所得税；对于四业的所得不能单独核算的，应就其全部所得计征个人所得税。

根据《财政部 国家税务总局关于农村税费改革试点地区有关个人所得税问题的通知》（财税〔2004〕30号）第一条的规定，农村税费改革试点期间，取消农业特产税、减征或免征农业税后，对个人或个体户从事种植业、养殖业、饲养业、捕捞业，且经营项目属于农业税（包括农业特产税）、牧业税征税范围的，其取得的“四业”所得暂不征收个人所得税。

（二）独资与合伙企业投资者取得“四业”所得暂不征收优惠

《财政部 国家税务总局关于个人独资企业和合伙企业投资者取得种植业养殖业饲养业捕捞业所得有关个人所得税问题的批复》（财税〔2010〕96号）明确，对个人独资企业和合伙企业从事种植业、养殖业、饲养业和捕捞业（以下简称“四业”），其投资者取得的“四业”所得暂不征收个人所得税。

（三）青苗补偿费收入的优惠

根据《国家税务总局关于个人取得青苗补偿费收入征免个人所得税的批复》（国税函发〔1995〕79号）规定，乡镇企业的职工和农民取得的青苗补偿费，属种植业的收益范围，同时也属经济损失的补偿性收入，因此，对他们取得的青苗补偿费收入暂不征收个人所得税。

九、支持北京2022年冬奥会和冬残奥会税收优惠

根据《财政部 国家税务总局 海关总署关于北京2022年冬奥会和冬残奥会税收政策的通知》（财税〔2017〕60号）第三条的规定，个人捐赠北京2022年冬奥会、冬残奥会、测试赛的资金和物资支出可在计算个人应纳税所得额时予以全额扣除。

对受北京冬奥组委邀请的，在北京2022年冬奥会冬残奥会、测试赛期间临时来华，从事奥运相关工作的外籍顾问以及裁判员等外籍技术官员取得的由北京冬奥组委、测试赛赛事组委会支付的劳务报酬免征增值税和个人所得税。

对于参赛运动员因北京2022年冬奥会、冬残奥会、测试赛比赛获得的奖金和其他奖赏收入，按税收法律法规的有关规定征免应缴纳的个人所得税。

根据《财政部 国家税务总局 海关总署关于北京2022年冬奥会和冬残奥会税收政策的通知》（财税〔2017〕60号）第三条第（五）款的规定，对外籍技术官员取得的由北京冬奥组委、测试赛赛事组委会支付的劳务报酬免征个人所得税。

政策延续：《财政部 国家税务总局 海关总署关于北京2022年冬奥会和冬残奥会税收优惠政策的公告》（财政部 税务总局 海关总署公告2019年第92号）规定，对国际奥委会及其相关实体的外籍雇员、官员、教练员、训练员以及其他代表在2019

年 6 月 1 日至 2022 年 12 月 31 日期间临时来华，从事与北京冬奥会相关的工作，取得由北京冬奥组委支付或认定的收入，免征增值税和个人所得税。

该类人员的身份及收入由北京冬奥组委出具证明文件，北京冬奥组委定期将该类人员名单及免税收入相关信息报送税务部门。

十、代扣代缴手续费优惠

（一）个人办理代扣代缴税款取得的扣缴手续费

根据《财政部 国家税务总局关于个人所得税若干政策问题的通知》（财税字〔1994〕20 号）第二条的规定，个人办理代扣代缴税款手续，按规定取得的扣缴手续费暂免征收个人所得税。

（二）储蓄机构内从事代扣代缴工作的办税人员取得的扣缴利息税手续费

根据《国家税务总局关于代扣代缴储蓄存款利息所得个人所得税手续费收入征免税问题的通知》（国税发〔2001〕31 号）规定，根据《国务院对储蓄存款利息所得征收个人所得税的实施办法》的规定，储蓄机构代扣代缴利息税，可按所扣税款的 2% 取得手续费。对储蓄机构取得的手续费收入，应分别按照有关规定征收营业税（营改增后为增值税）和企业所得税。储蓄机构内从事代扣代缴工作的办税人员取得的扣缴利息税手续费所得免征个人所得税。

十一、远洋运输船员伙食费优惠

根据《国家税务总局关于远洋运输船员工资薪金所得个人所得税费用扣除问题的通知》（国税发〔1999〕202 号）规定，自 2000 年 1 月 1 日起，“根据《个人所得税法》及其实施条例的规定，对远洋运输船员（含国轮船员和外派船员，下同）取得的工资、薪金所得采取按年计算、分月预缴的方式计征个人所得税”。

由于船员的伙食费统一用于集体用餐，不发给个人，故允许该项补贴不计入船员个人的应纳税工资、薪金收入。

根据《财政部 国家税务总局关于远洋船员个人所得税政策的公告》（财政部 税务总局公告 2019 年第 97 号）规定，一个纳税年度内在船航行时间累计满 183 天的远洋船员，其取得的工资、薪金收入减按 50% 计入应纳税所得额。

十二、高级专家延长离退休期间工薪优惠

根据财税字〔1994〕20 号文件第二条第（七）项的规定，对按《国务院关于高级专家离休退休若干问题的暂行规定》（国发〔1983〕141 号）和《国务院办公厅关于杰出高级专家暂缓离退休审批问题的通知》（国办发〔1991〕40 号）精神，达到离休、退休年龄，但确因工作需要，适当延长离休退休年龄的高级专家（指享受国家发放的政府特殊津贴的专家、学者），其在延长离休退休期间的工资、薪金所得，视同退休工资、离休工资免征个人所得税。

根据《财政部 国家税务总局关于高级专家延长离休退休期间取得工资薪金所得有关个人所得税问题的通知》（财税〔2008〕7 号）第一条的规定，延长离休退休年龄的高级专家是指：

（1）享受国家发放的政府特殊津贴的专家、学者；

（2）中国科学院、中国工程院院士。

根据财税〔2008〕7 号文件第二条的规定，高级专家延长离休退休期间取得的工资、薪金所得，其免征个人所得税政策口径按下列标准执行：

（1）对高级专家从其劳动人事关系所在单位取得的单位按国家有关规定向职工统一发放的工资、薪金、奖金、津贴、补贴等收入，视同离休、退休工资，免征个人所得税。

（2）除上述第（1）项所述收入以外各种名目的津补贴收入等，以及高级专家从其劳动人事关系所在单位之外的其他地方取得的培训费、讲课费、顾问费、稿酬等各种收入，依法计征个人所得税。

高级专家从两处以上取得应税工资、薪金所得以及具有税法规定应当自行纳税申报的其他情形的，应在税法规定的期限内自行向主管税务机关办理纳税申报。

十三、各种奖项奖金免税规定

（一）曾宪梓教育基金会教师奖

根据《国家税务总局关于曾宪梓教育基金会教师奖免征个人所得税的函》（国税函发〔1994〕376号）曾宪梓教育基金会致力于发展中国的教育事业，评选教师奖具有严格的程序，奖金由国家教委颁发，根据个人所得税法第四条的规定，对个人获得曾宪梓教育基金会教师奖的奖金，可视为国务院部委颁发的教育方面的奖金，免予征收个人所得税。

（二）国际青少年消除贫困奖

根据《财政部 国家税务总局关于国际青少年消除贫困奖免征个人所得税的通知》（财税字〔1997〕51号）规定对个人取得的“国际青少年消除贫困奖”，视同从国际组织取得的教育、文化方面的奖金，免予征收个人所得税。

（三）中国科学院、中国工程院资深院士津贴

根据《财政部 国家税务总局关于对中国科学院、中国工程院资深院士津贴免征个人所得税的通知》（财税字〔1998〕118号）规定，对符合《国务院关于在中国科学院、中国工程院院士中实行资深院士制度的通知》的规定，发给中国科学院资深院士和中国工程院资深院士每人每年1万元的资深院士津贴免予征收个人所得税。

（四）长江学者成就奖奖金

根据《国家税务总局关于“长江学者奖励计划”有关个人收入免征个人所得税的通知》（国税函发〔1998〕632号）的规定，对特聘教授获得“长江学者成就奖”的奖金，可视为国务院部委颁发的教育方面的奖金，免予征收个人所得税。

（五）长江小小科学家奖金

根据《国家税务总局关于“长江小小科学家”奖金免征个人所得税的通知》（国税函〔2000〕668号）的规定，对学生个人参与“长江小小科学家”活动并获得的奖金，免予征收个人所得税。

（六）母亲河奖奖金

根据《国家税务总局关于个人取得“母亲河（波司登）奖”奖金所得免征个人所得税问题的批复》（国税函〔2003〕961号）的规定，该奖项可以认定为国务院部委颁发的环境保护方面的奖金。个人取得的上述奖金收入，免予征收个人所得税。

（七）孙平化日本学学术奖励基金获奖奖金

根据《国家税务总局关于第四届孙平化日本学学术奖励基金获奖奖金收入免征个人所得税的通知》（国税函〔2004〕917号）的规定，个人获得《基金》的奖金，属于国务院部委颁发的文化方面的奖金，对于个人获得第四届《基金》的奖金收入，免予征收个人所得税。

（八）黄汲清青年地质科学技术奖奖金

根据《国家税务总局关于第五届黄汲清青年地质科学技术奖奖金免征个人所得税问题的公告》（国家税务总局公告2012年第4号）的规定，对第五届黄汲清青年地质科学技术奖获奖者所获奖金，免予征收个人所得税。同时，为了贯彻落实国家行政审批制度改革有关要求，对国土资源部和黄汲清青年地质科学技术奖基金管理委员会严格按照黄汲清青年地质科学技术奖基金章程、奖励条例和评奖办法，在以后年度评选出的上述奖项奖金收入，一律按照个人所得税法的有关规定直接免予征收个人所得税，无须报送审批；如果主办单位和评奖办法以后年度发生变化的，主办单位应重新报国家税务总局审核确认。

（九）明天小小科学家奖金

根据《国家税务总局关于明天小小科学家奖金免征个人所得税问题的公告》（国家税务总局公告2012年第28号）的规定，对学生个人参与“明天小小科学家”活动获得的奖金，免予征收个人所得税。同时，为贯彻落实国家行政审批制度改革有关要求，教育部、中国科学技术协会和香港周凯旋基金会依照“明天小小科学家”评奖办法，在以后年度评选出的“明天小小科学家”奖金收入，按照个人所得税法的有关规定直接免予征收个人所得税，无须报送审批；如主办单位和评奖办法以后年度发生变化，主办单位应重新报国家税务总局审核确认。

（十）陈嘉庚科学奖奖金

根据《国家税务总局关于陈嘉庚科学奖获奖个人取得的奖金收入免征个人所得税的通知》（国税函〔2006〕561号）的规定，对陈嘉庚科学奖2006年度获奖者个人取得的奖金收入，免予征收个人所得税。在陈嘉庚科学奖业务主管、组织结构、评选办法不变的情况下，以后年度的陈嘉庚科学奖获奖个人的奖金收入，可根据《中华人民共和国个人所得税法》第四条第（一）项的规定，继续免征个人所得税。

（十一）全国职工职业技能大赛奖金

根据《国家税务总局关于全国职工职业技能大赛奖金免征个人所得税的通知》（国税函〔2010〕78号）的规定，对第三届全国职工职业技能大赛获奖者取得的奖金免征个人所得税。为了贯彻行政审批制度改革精神，对中华全国总工会、科学技术部、人力资源社会保障部严格按照规定评奖办法，在以后年度评选出的上述奖项奖金收入，一律按照个人所得税法的有关规定直接免予征收个人所得税，无须报送审批；如果主办单位和评奖办法以后年度发生变化的，主办单位应重新报国家税务总局审核确认。

（十二）全国职工优秀技术创新成果奖奖金

根据《国家税务总局关于全国职工优秀技术创新成果奖奖金免征个人所得税的通知》（国税函〔2011〕10号）的规定，对第三届全国职工优秀技术创新成果奖获奖项目完成人的奖金，免予征收个人所得税。

（十三）李四光地质科学奖奖金

根据《国家税务总局关于2011年度李四光地质科学奖奖金免征个人所得税的公告》（国家税务总局公告2011年第68号）规定，对2011年度李四光地质科学奖获奖者个人所获奖金，免予征收个人所得税。同时，为了贯彻落实国家行政审批制度改革有关要求，对国土资源部和李四光地质科学奖基金会严格按照李四光地质科学奖章程和评奖办法，在以后年度评选出的上述奖项奖金收入，一律按照个人所得税法的有关规定直接免予征收个人所得税，无须报送审批；如果主办单位和评奖办法以后年度发生变化，主办单位应重新报国家税务总局审核确认。

（十四）特聘教授奖金

根据《国家税务总局关于“特聘教授奖金”免征个人所得税的通知》（国税函〔1999〕525号）的规定，对由教育部与香港实业家李嘉诚先生及其领导的长江基建（集团）有限公司合作建立的“长江学者奖励计划”实施高等教育特聘教授岗位制度而颁发的“特聘教授奖金”免予征收个人所得税。本通知自文到之日起执行。对文到之日前已征个人所得税的，不再退税。

（十五）刘东生青年科学家奖和刘东生地球科学奖学金获奖者奖金

根据《国家税务总局关于刘东生青年科学家奖和刘东生地球科学奖学金获奖者奖金免征个人所得税的通知》（国税函〔2010〕74号）规定，对中国科学院首届“刘东生青年科学家奖”“刘东生地球科学奖学金”的奖金收入免予征收个人所得税。对中国科学院严格按照刘东生地球科学基金章程及评奖办法，在以后年度评选出的上述奖项奖金收入，一律按照个人所得税法的有关规定直接免予征收个人所得税，无须报送审批；如果主办单位和评奖办法以后年度发生变化的，主办单位应重新报国家税务总局审核确认。

十四、不征税收入的有关规定

（一）军队干部工资薪金收入有关优惠

根据《财政部 国家税务总局关于军队干部工资薪金收入征收个人所得税的通知》（财税字〔1996〕14号）第二条规定：

按照政策法规，属于免税项目或者不属本人所得的补贴、津贴有8项，不计入工资、薪金所得项目征税。即：政府特殊津贴、福利补助、夫妻分居补助费、随军家属无工作生活困难补助、独生子女保健费、子女保教补助费、机关在职军以上干部公勤费（保姆费）、军粮差价补贴。

对以下5项补贴、津贴，暂不征税：军人职业津贴、军队设立的艰苦地区补助、专业性补助、基层军官岗位津贴（营连排长岗位津贴）、伙食补贴。

（二）企业促销展业赠送礼品有关个人所得税优惠

2018 年 12 月 31 日之前，根据《财政部 国家税务总局关于企业促销展业赠送礼品有关个人所得税问题的通知》（财税〔2011〕50 号）的相关规定：

1. 不征税情形

（1）企业通过价格折扣、折让方式向个人销售商品（产品）和提供服务；

（2）企业在向个人销售商品（产品）和提供服务的同时给予赠品，如通信企业对个人购买手机赠话费、入网费，或者购话费赠手机等；

（3）企业对累积消费达到一定额度的个人按消费积分反馈礼品。

2. 征税情形

（1）企业在业务宣传、广告等活动中，随机向本单位以外的个人赠送礼品，对个人取得的礼品所得，按照“其他所得”项目，全额适用 20% 的税率缴纳个人所得税。

（2）企业在年会、座谈会、庆典以及其他活动中向本单位以外的个人赠送礼品，对个人取得的礼品所得，按照“其他所得”项目，全额适用 20% 的税率缴纳个人所得税。

《财政部 国家税务总局关于个人取得有关收入适用个人所得税应税所得项目的公告》（财政部 税务总局公告 2019 年第 74 号）将以上规定变更为：

（1）企业在业务宣传、广告等活动中，随机向本单位以外的个人赠送礼品（包括网络红包，下同），以及企业在年会、座谈会、庆典以及其他活动中向本单位以外的个人赠送礼品，个人取得的礼品收入，按照“偶然所得”项目计算缴纳个人所得税，但企业赠送的具有价格折扣或折让性质的消费券、代金券、抵用券、优惠券等礼品除外。

（2）企业对累积消费达到一定额度的顾客，给予额外抽奖机会，个人的获奖所得，按照“偶然所得”项目，全额适用 20% 的税率缴纳个人所得税。

（3）对赠品价格如何确定文件也做出说明：企业赠送的礼品是自产产品（服务）的，按该产品（服务）的市场销售价格确定个人的应税所得；是外购商品（服务）的，按该商品（服务）的实际购置价格确定个人的应税所得。

十五、特殊津贴的优惠

根据《财政部 国家税务总局关于西藏自治区贯彻施行〈中华人民共和国个人所得税法〉有关问题的批复》（财税字〔1994〕021号）规定，对个人从西藏自治区内取得的艰苦边远地区津贴，以及经国家批准或者同意，由自治区人民政府或者有关部门发给在藏长期工作的人员和大中专毕业生的浮动工资，增发的工龄工资，离退休人员的安家费和建房补贴费，免征个人所得税。

根据《财政部 国家税务总局关于西藏特殊津贴免征个人所得税的批复》（财税字〔1996〕91号）的规定，对在西藏区域内工作的机关、事业单位职工，按照国家统一规定取得的西藏特殊津贴，免征个人所得税。

十六、网络红包收入的优惠

根据《国家税务总局关于加强网络红包个人所得税征收管理的通知》（税总函〔2015〕409号）的规定，对个人取得企业派发的且用于购买该企业商品（产品）或服务才能使用的非现金网络红包，包括各种消费券、代金券、抵用券、优惠券等，以及个人因购买该企业商品或服务达到一定额度而取得企业返还的现金网络红包，属于企业销售商品（产品）或提供服务的价格折扣、折让，不征收个人所得税。个人之间派发的现金网络红包，不属于个人所得税法规定的应税所得，不征收个人所得税。根据《财政部 国家税务总局关于个人取得有关收入适用个人所得税应税所得项目的公告》（财政部 税务总局公告2019年第74号）规定，对上述情形，征收个人所得税。

十七、自主创新技术转让的相关优惠

根据《财政部 国家税务总局关于推广中关村国家自主创新示范区税收试点政策有关问题的通知》（财税〔2015〕62号）的规定，中关村国家自主创新示范区有关税收试点政策推广至国家自主创新示范区、合芜蚌自主创新综合试验区和绵阳科技城（以下统称示范地区）实施。

对示范地区内的高新技术企业转化科技成果，给予本企业相关技术人员的股权奖励，技术人员一次缴纳税款有困难的，经主管税务机关审核，可分期缴纳个人所得税，但最长不得超过5年。

技术人员转让奖励的股权（含奖励股权孳生的送、转股）并取得现金收入的，该现金收入应优先用于缴纳尚未缴清的税款。

技术人员在转让奖励的股权之前企业依法宣告破产，技术人员进行相关权益处置后没有取得收益或资产，或取得的收益和资产不足以缴纳其取得股权尚未缴纳的应纳税款的，经主管税务机关审核，尚未缴纳的个人所得税可不予追征。

示范地区内中小高新技术企业，以未分配利润、盈余公积、资本公积向个人股东转增股本时，个人股东应按照"利息、股息、红利所得"项目，适用20%税率征收个人所得税。个人股东一次缴纳个人所得税确有困难的，经主管税务机关审核，可分期缴纳，但最长不得超过5年。

股东转让股权并取得现金收入的，该现金收入应优先用于缴纳尚未缴清的税款。在股东转让该部分股权之前，企业依法宣告破产，股东进行相关权益处置后没有取得收益或收益小于初始投资额的，经主管税务机关审核，尚未缴纳的个人所得税可不予追征。

上市中小高新技术企业或在全国中小企业股份转让系统挂牌的中小高新技术企业向个人股东转增股本，股东应纳的个人所得税，继续按照现行有关股息红利差别化个人所得税政策执行，不适用本通知规定的分期纳税政策。

十八、高新技术企业转化科技成果给予本企业相关技术人员股权奖励的个人所得税政策

2015年10月23日，财政部、国家税务总局发布了《关于将国家自主创新示范区有关税收试点政策推广到全国范围实施的通知》（财税〔2015〕116号），规定将国家自主创新示范区试点的四项所得税政策推广至全国范围实施。

1. 自2016年1月1日起，全国范围内的高新技术企业转化科技成果，给予本企业相关技术人员的股权奖励，个人一次缴纳税款有困难的，可根据实际情况自行制定

分期缴税计划，在不超过 5 个公历年度内（含）分期缴纳，并将有关资料报主管税务机关备案。

2. 个人获得股权奖励时，按照“工资、薪金所得”项目，参照《财政部 国家税务总局关于个人股票期权所得征收个人所得税问题的通知》（财税〔2005〕35 号）有关规定计算确定应纳税额。股权奖励的计税价格参照获得股权时的公平市场价格确定。

3. 技术人员转让奖励的股权（含奖励股权孳生的送、转股）并取得现金收入的，该现金收入应优先用于缴纳尚未缴清的税款。

4. 技术人员在转让奖励的股权之前企业依法宣告破产，技术人员进行相关权益处置后没有取得收益或资产，或取得的收益和资产不足以缴纳其取得股权尚未缴纳的应纳税款的部分，税务机关可不予追征。

5. 本通知所称相关技术人员，是指经公司董事会和股东大会决议批准获得股权奖励的以下两类人员：

（1）对企业科技成果研发和产业化作出突出贡献的技术人员，包括企业内关键职务科技成果的主要完成人、重大开发项目的负责人、对主导产品或者核心技术、工艺流程做出重大创新或者改进的主要技术人员。

（2）对企业发展作出突出贡献的经营管理人员，包括主持企业全面生产经营工作的高级管理人员，负责企业主要产品（服务）生产经营合计占主营业务收入（或者主营业务利润）50% 以上的中、高级经营管理人员。

企业面向全体员工实施的股权奖励，不得按本通知规定的税收政策执行。

6. 本通知所称股权奖励，是指企业无偿授予相关技术人员一定份额的股权或一定数量的股份。

7. 本通知所称高新技术企业，是指实行查账征收、经省级高新技术企业认定管理机构认定的高新技术企业。

十九、中小高新技术企业转增股本个人所得税政策

根据《财政部 国家税务总局关于将国家自主创新示范区有关税收试点政策推广到全国范围实施的通知》（财税〔2015〕116 号）的规定，自 2016 年 1 月 1 日起，全国

范围内的中小高新技术企业以未分配利润、盈余公积、资本公积向个人股东转增股本时，个人股东一次缴纳个人所得税确有困难的，可根据实际情况自行制定分期缴税计划，在不超过5个公历年度内（含）分期缴纳，并将有关资料报主管税务机关备案。

个人股东获得转增的股本，应按照“利息、股息、红利所得”项目，适用20%税率征收个人所得税。

股东转让股权并取得现金收入的，该现金收入应优先用于缴纳尚未缴清的税款。在股东转让该部分股权之前，企业依法宣告破产，股东进行相关权益处置后没有取得收益或收益小于初始投资额的，主管税务机关对其尚未缴纳的个人所得税可不予追征。

上市中小高新技术企业或在全国中小企业股份转让系统挂牌的中小高新技术企业向个人股东转增股本，股东应纳的个人所得税，继续按照现行有关股息红利差别化个人所得税政策执行，不适用本通知规定的分期纳税政策。

二十、地震受灾减免个人所得税

根据《财政部 国家税务总局关于认真落实抗震救灾及灾后重建税收政策问题的通知》（财税〔2008〕62号）第二条的规定，因地震灾害造成重大损失的个人，可减征个人所得税。对受灾地区个人取得的抚恤金、救济金，免征个人所得税。个人将其所得向地震灾区的捐赠，按照个人所得税法的有关规定从应纳税所得中扣除。

第五节 税收协定中关于个人所得税优惠政策的规定

一、税收协定减免利息所得个人所得税

根据《国家税务总局关于〈内地和澳门特别行政区关于对所得避免双重征税和防止偷漏税的安排〉第三议定书生效执行的公告》(国家税务总局公告 2016 年第 89 号),的规定,(以下简称《安排》),适用于所有安排和交易的“主要目的测试”,如纳税人相关安排或交易的主要目的之一是获得《安排》优惠待遇,则不得享受《安排》优惠待遇。

二、税收协定减免股息所得个人所得税

《国家税务总局关于〈内地和澳门特别行政区关于对所得避免双重征税和防止偷漏税的安排〉第三议定书生效执行的公告》(国家税务总局公告 2016 年第 89 号)和《国家税务总局关于〈内地和香港特别行政区关于对所得避免双重征税和防止偷漏税的安排〉第五议定书生效执行的公告》(国家税务总局公告 2019 年第 51 号)的规定,适用于所有安排和交易的“主要目的测试”,如纳税人相关安排或交易的主要目的之一是获得《安排》优惠待遇,则不得享受《安排》优惠待遇。

三、税收协定减免特许权使用费所得个人所得税

根据《国家税务总局关于〈内地和香港特别行政区关于对所得避免双重征税和防止偷漏税的安排〉第五议定书生效执行的公告》(国家税务总局公告 2019 年第 51 号)和《国家税务总局关于〈内地和澳门特别行政区关于对所得避免双重征税和防止偷漏税的安排〉第三议定书生效执行的公告》(国家税务总局公告 2016 年第 89 号)的规定适用于所有安排和交易的“主要目的测试”,如纳税人相关安排或交易的主要目的之一是获得《安排》优惠待遇,则不得享受《安排》优惠待遇。

四、税收协定减免财产收益所得个人所得税

根据《国家税务总局关于〈内地和香港特别行政区关于对所得避免双重征税和防止偷漏税的安排〉第五议定书生效执行的公告》（国家税务总局公告2019年第51号）和《国家税务总局关于〈内地和澳门特别行政区关于对所得避免双重征税和防止偷漏税的安排〉第三议定书生效执行的公告》（国家税务总局公告2016年第89号）的规定，税收协定减免财产收益所得个人所得税。

五、税收协定和其他协定类等减免其他各类所得个人所得税

根据《国家税务总局关于〈内地和香港特别行政区关于对所得避免双重征税和防止偷漏税的安排〉第五议定书生效执行的公告》（国家税务总局公告2019年第51号）和《国家税务总局关于〈内地和澳门特别行政区关于对所得避免双重征税和防止偷漏税的安排〉第三议定书生效执行的公告》（国家税务总局公告2016年第89号）的规定，含税收条款的其他协定类等税收协定中常设机构和营业利润、独立个人劳务、受雇所得（非独立个人劳务）、演艺人员和运动员、退休金、政府服务、教师和研究人员、学生、其他所得等条款，其他协定类的税收条款等。

第六节　改革后新出台的个人所得税优惠政策

一、第七届世界军人运动会（武汉军运会）税收优惠政策

根据《财政部 国家税务总局 海关总署关于第七届世界军人运动会税收政策的通知》（财税〔2018〕119号）文件的规定，对参赛运动员因武汉军运会比赛获得的奖金和其他奖赏收入，按现行税收法律法规的有关规定征免应缴纳的个人所得税；对企事业单位、社会团体和其他组织以及个人通过公益性社会团体或者县级以上人民政府

及其部门捐赠武汉军运会的资金、物资支出，在计算企业和个人应纳税所得额时按现行税收法律法规的有关规定予以税前扣除。

二、关于易地扶贫搬迁税收优惠政策

根据《财政部 国家税务总局关于易地扶贫搬迁税收优惠政策的通知》（财税〔2018〕135号）规定，对易地扶贫搬迁贫困人口按规定取得的住房建设补助资金、拆旧复垦奖励资金等与易地扶贫搬迁相关的货币化补偿和易地扶贫搬迁安置住房（以下简称安置住房），免征个人所得税。

本政策执行期限为2018年1月1日至2020年12月31日。自执行之日起的已征税款，依申请予以退税。

三、创业投资企业个人合伙人优惠政策

根据《财政部 国家税务总局 发展改革委 证监会关于创业投资企业个人合伙人所得税政策问题的通知》（财税〔2019〕8号）规定，创投企业可以选择按单一投资基金核算或者按创投企业年度所得整体核算两种方式之一，对其个人合伙人来源于创投企业的所得计算个人所得税应纳税额。

创投企业选择按单一投资基金核算的，其个人合伙人从该基金应分得的股权转让所得和股息红利所得，按照20%税率计算缴纳个人所得税。单一投资基金核算，是指单一投资基金（包括不以基金名义设立的创投企业）在一个纳税年度内从不同创业投资项目取得的股权转让所得和股息红利所得，按下述方法分别核算纳税：

（一）股权转让所得。单个投资项目的股权转让所得，按年度股权转让收入扣除对应股权原值和转让环节合理费用后的余额计算，股权原值和转让环节合理费用的确定方法，参照股权转让所得个人所得税有关政策规定执行；单一投资基金的股权转让所得，按纳税年度内不同投资项目的所得和损失相互抵减后的余额计算，余额大于或等于零的，即确认为该基金的年度股权转让所得；余额小于零的，该基金年度股权转让所得按零计算且不能跨年结转。

个人合伙人按照其应从基金年度股权转让所得中分得的份额计算其应纳税额，并由创投企业在次年3月31日前代扣代缴个人所得税。如符合《财政部 国家税务总局关于创业投资企业和天使投资个人有关税收政策的通知》（财税〔2018〕55号）规定条件的，创投企业个人合伙人可以按照被转让项目对应投资额的70%抵扣其应从基金年度股权转让所得中分得的份额后再计算其应纳税额，当期不足抵扣的，不得向以后年度结转。

（二）股息红利所得。单一投资基金的股息红利所得，以其来源于所投资项目分配的股息、红利收入以及其他固定收益类证券等收入的全额计算。个人合伙人按照其应从基金股息红利所得中分得的份额计算其应纳税额，并由创投企业按次代扣代缴个人所得税。

（三）除前述可以扣除的成本、费用之外，单一投资基金发生的包括投资基金管理人的管理费和业绩报酬在内的其他支出，不得在核算时扣除。

创投企业年度所得整体核算，是指将创投企业以每一纳税年度的收入总额减除成本、费用以及损失后，计算应分配给个人合伙人的所得。创投企业选择按年度所得整体核算的，其个人合伙人应从创投企业取得的所得，按照"经营所得"项目、5%～35%的超额累进税率计算缴纳个人所得税。符合《财政部 国家税务总局关于创业投资企业和天使投资个人有关税收政策的通知》（财税〔2018〕55号）的规定条件的，创投企业个人合伙人可以按照被转让项目对应投资额的70%抵扣其可以从创投企业应分得的经营所得后再计算其应纳税额。年度核算亏损的，准予按有关规定向以后年度结转。

按照"经营所得"项目计税的个人合伙人，没有综合所得的，可依法减除基本减除费用、专项扣除、专项附加扣除以及国务院确定的其他扣除。从多处取得经营所得的，应汇总计算个人所得税，只减除一次上述费用和扣除。

本政策执行期限为2019年1月1日起至2023年12月31日止。

创投企业选择按单一投资基金核算或按创投企业年度所得整体核算后，3年内不能变更。创投企业选择按单一投资基金核算的，应当在按照本通知第一条规定完成备案的30日内，向主管税务机关进行核算方式备案；未按规定备案的，视同选择按创投企业年度所得整体核算。2019年1月1日前已经完成备案的创投企业，选择按单一投资基金核算的，应当在 2019 年 3 月 1 日前向主管税务机关进行核算方式备案。创投企业选择一种核算方式满 3 年需要调整的，应当在满 3 年的次年 1 月 31 日前，重新向主管税务机关备案。

四、粤港澳大湾区个人所得税优惠政策

根据《财政部 国家税务总局关于粤港澳大湾区个人所得税优惠政策的通知》（财税〔2019〕31 号）的规定，自 2019 年 1 月 1 日起至 2023 年 12 月 31 日，广东省、深圳市按内地与香港个人所得税税负差额，对在大湾区工作的境外（含港澳台）高端人才和紧缺人才给予补贴，该补贴免征个人所得税。

在大湾区工作的境外高端人才和紧缺人才的认定和补贴办法，按照广东省、深圳市的有关规定执行。适用范围包括广东省广州市、深圳市、珠海市、佛山市、惠州市、东莞市、中山市、江门市和肇庆市等大湾区珠三角九市。

五、个人公益捐赠个人所得税扣除优惠

（一）个人捐赠住房作为公租房

根据《财政部 国家税务总局关于公共租赁住房税收优惠政策的公告》（财政部 税务总局公告 2019 年第 61 号）的规定，自 2019 年 1 月 1 日至 2020 年 12 月 31 日，个人捐赠住房作为公租房，符合税收法律法规规定的，对其公益性捐赠支出未超过其申报的应纳税所得额 30% 的部分，准予从其应纳税所得额中扣除。

（二）个人公益捐赠征管政策

《财政部 国家税务总局关于公益慈善事业捐赠个人所得税政策的公告》（财政部 税务总局公告 2019 年第 99 号）的规定，明确了个人公益捐赠在计算个人所得税时的扣除方法、追补扣除、捐赠票据和捐赠扣除申报等相关规定。

（三）个人支持新型冠状病毒感染的肺炎疫情防控工作捐赠政策

根据《财政部 国家税务总局关于支持新型冠状病毒感染的肺炎疫情防控有关捐赠

税收政策的公告》（财政部 税务总局公告 2020 年第 9 号）的规定：

1. 企业和个人通过公益性社会组织或者县级以上人民政府及其部门等国家机关，捐赠用于应对新型冠状病毒感染的肺炎疫情的现金和物品，允许在计算应纳税所得额时全额扣除。

2. 企业和个人直接向承担疫情防治任务的医院捐赠用于应对新型冠状病毒感染的肺炎疫情的物品，允许在计算应纳税所得额时全额扣除。

捐赠人凭承担疫情防治任务的医院开具的捐赠接收函办理税前扣除事宜。

六、参加新冠疫情防治工作的医务人员和防疫工作者的政策

根据《财政部 国家税务总局关于支持新型冠状病毒感染的肺炎疫情防控有关个人所得税政策的公告》（财政部 税务总局公告 2020 年第 10 号）的规定，对参加疫情防治工作的医务人员和防疫工作者按照政府规定标准取得的临时性工作补助和奖金，免征个人所得税。对单位发给个人用于预防新型冠状病毒感染的肺炎的药品、医疗用品和防护用品等实物（不包括现金），不计入工资、薪金收入，免征个人所得税。

NO.

08

第八篇　税收风险篇

第二十三章
纳税评估与税务稽查

第一节 纳税评估

随着税收现代化建设的不断推进和《深化国税、地税征管体制改革方案》逐步实施，税收管理方式由注重事前审批管理向减少事前审批和强化事中、事后监管转变。由于纳税评估是在税收监控分析的基础上对纳税人实施税收管理的工作，是针对纳税异常的特定纳税人或行业纳税人的纳税状况进行的分析评估，通过纳税评估发现纳税人在税收申报缴纳存在的疑点，解决路径有三条：一是通过与纳税人的约谈举证和调查核实，对纳税人异常纳税的疑点予以排除，实现无问题结案；二是通过与纳税人的约谈举证，引导纳税人进行自我纠错，自行终止税收违法或过错行为，通过纳税自查申报足额补缴少缴的税款；三是通过纳税评估发现纳税人在税收申报缴纳存在的疑点可能涉嫌偷税、虚开发票、骗取税收优惠等较为严重的税收违法行为，不宜和纳税人约谈或其获知税务机关已掌握其违法犯罪的疑点即会逃匿的纳税人，将其案源移交税务稽查部门进行专案查处并对查处情况进行跟踪监控。

一、纳税评估的范围

纳税评估的范围包括业务范围和时间范围，纳税评估的业务范围应该定位为纳税评估机构隶属的税务机关管辖权所涉及的范围，在这个范围内纳税评估机构一般选择对本地税收水平或税负水平产生较大影响的行业、企业或纳税异常度较大的纳税人作为纳税评估对象进行纳税评估。纳税评估的时间范围应该定位为纳税人的纳税状况对本地税收水平或行业税收水平产生较大影响的期间，一般应在三年左右，根据拥有的信息情况和纳税人的具体情况可以延长或缩短。

二、纳税评估的程序

纳税评估的程序包括：纳税评估对象的确定，纳税评估任务的下达，纳税评估的实施，第三方信息的获取，纳税评估对象的专题事项的调查了解，疑点的生成及纳税评估报告，纳税评估约谈，进行约谈举证或自查补税，纳税评估结案或移交稽查，纳税评估结案报告。

（一）纳税评估对象的确定及纳税评估任务的下达

1. 纳税评估对象的确定

纳税评估的税源监控分析人员，根据区域或行业的税源监控分析，对预警监控指标的分类排队，把影响本地的区域或行业税负的纳税人、预警指标较多与常规背离较大的纳税人、税收增长和收入增长不匹配的纳税人、纳税状况与其外在形象差距较大的纳税人确定纳税评估案源。

2. 纳税评估任务的下达

纳税评估的案源管理人员把经税源监控分析确定的纳税评估对象，根据纳税评估的力量状况，选取纳税异常度最大的纳税人作为纳税评估对象编制纳税评估计划，经部门领导审批后向纳税评估实施岗位下达纳税评估任务。

（二）纳税评估的实施

1. 纳税申报资料的调取和初步分析

纳税评估实施人员对纳税评估对象一定期间的纳税申报资料和所掌握的其他信息进行初步分析，并提出采集纳税评估对象的第三方信息和进行专题事项调查了解的业务需求。

2. 获取与纳税评估对象及相关第三方信息

纳税评估实施人员或指定专门人员根据对纳税评估对象的纳税申报资料进行初步分析所产生的需求，有针对性地专门搜索和采集纳税评估对象的第三方信息。

3. 纳税评估对象专题事项的调查了解

纳税评估实施人员或指定专门人员根据对纳税评估对象的纳税申报资料进行初步分析所产生的需求，有针对性地对纳税评估对象进行专题事项的调查了解。

4. 综合分析疑点的生成及纳税评估分析报告

纳税评估实施人员根据纳税评估对象的纳税申报资料、获取的与纳税人有关联的第三方信息和专题事项调查所获取的信息对纳税人一定期间的纳税状况进行综合的评估分析，查找纳税评估对象纳税异常、纳税水平较低的原因，生成疑点数据和疑点指标，并就分析评估所采取的方法、利用的数据和信息、生成的疑点数据和疑点指标形成纳税评估报告，经部门领导审核同意后，和纳税人进行税务约谈或向税务稽查部门移交案源。

（三）纳税评估约谈

纳税评估实施人员和已完成评估分析的纳税评估对象进行税务约谈，并通过约谈向纳税评估对象告知经过对其纳税状况的评估所发现的纳税疑点，并建议纳税人进行举证或进行自我纠错。

（四）纳税人进行约谈举证

纳税人根据税务机关在税务约谈中告知的纳税疑点，就能够作出合理解释的部分，进行举证，并作出合理解释。

（五）纳税人进行自我纠错

纳税人根据税务机关在税务约谈中告知的纳税疑点和与税务机关约定的限期，组织实施纳税自查或委托第三方对自己的纳税情况进行自查等自我纠错措施。

自查结束后，根据自查发现的问题，向主管税务机关办理补充纳税申报并依法缴纳税收滞纳金；向进行税务约谈的税务机关提交《纳税自查情况报告》和补充纳税申报的纳税申报表副本和税收缴款书复印件。

（六）纳税评估案源的移交

通过纳税评估，发现纳税人在税收申报缴纳方面存在的疑点可能涉嫌偷税、虚开发票、骗取税收优惠等较为严重的税收违法行为，不宜和纳税人约谈或其获知税务机关已掌握其违法犯罪的疑点即会逃匿的纳税人；经过税务约谈纳税人针对税务机关告知的纳税疑点，既不进行说明举证也不在税务机关约定限期内进行纳税自查等自我纠错措施的纳税人；或者根据税务机关在税务约谈中告知的纳税疑点和与税务机关约定的限期，组织实施了纳税自查补缴了一定数额的税款但仍与纳税评估的预期差距较大的纳税人，纳税评估部门应将其案源移交税务稽查部门进行专案查处。

纳税评估部门向税务稽查部门移交案源时，应将纳税评估报告、采集到的信息、专题事项调查记录、税务约谈记录一并移交。

（七）纳税评估结案报告

下达的纳税评估案源经过对纳税人的分析评估在满足以下三个条件的情况下可以结案：一是通过与纳税人的约谈举证和调查核实，对纳税人异常纳税的疑点予以排除；二是通过税务约谈的引导，纳税人进行了自我纠错，通过纳税自查申报足额补缴了少缴的税款；三是通过纳税评估发现纳税人在税收申报缴纳存在的疑点可能涉嫌偷税、虚开发票、骗取税收优惠等较为严重的税收违法行为，将其案源向税务稽查部门进行了移交。

纳税评估的结案报告应当包括：产生案源的依据、采集的信息、进行的专题调查事项、采用的评估分析方法、经过评估分析发现疑点指标和疑点数据，疑点指标和疑点数据的处理情况和结果等内容。

（八）对移交税务稽查案源的持续监控

对移交税务稽查的案源纳税评估人员可以通过参与听取案件查处情况汇报、审阅稽查报告对案件进行持续监控。

三、纳税评估的税收风险预警

（一）税收风险管理的概念和内涵

税收风险管理包括税收流失的风险管理和税收执法风险管理，这里重点阐述税收流失的风险管理。

税收流失风险管理是指税务机关依托风险管理指标体系对风险管理对象进行预警，并根据其风险程度进行税收风险识别、应对和处置以及绩效评估的过程。具体内容包括：确立税收风险指标、构建税收风险指标体系以及依托计算机搭建的税收风险预警管理平台，进行税收风险识别、归类、排序和预警，实施税收风险预警处置和评价修正的全过程。

（二）确立税收风险指标

随着税收管理工作信息化的不断进步，税务信息系统中积累了海量的数据信息；随着数据集中程度不断提高，信息共享的程度也越来越强；社会信息化、网络化程度的不断提高，为税务管理者的信息采集方式、采集渠道的多样化创造了条件；信息管税的呼声越来越高，信息管税的理念不断普及和强化；风险管理的理念不断为更多的税收管理者所接受，应用税收风险管理的理念，深化涉税信息的应用，搭建税收风险预警管理平台，让信息为税收管理服务已成为可能。

1. 定义税收信息的数据项

税务信息系统中积累的数据信息的最小单位是数据项，税务机关内部掌握的纳税人的税务登记、各种资格认定申请、报批事项、各类税纳税申报表、财务报表年报、发票信息等数据项和从银行、海关、土地、规划、房产、财政、税务等第三方获取的外部信息都可以作为数据项或者细分为数据项。每一个数据项都有它特定的含义，各个数据项之间也都有直接或者间接的关联关系。有的数据项可以和其他数据项有直接的关联关系，按一定的公式计算形成新的数据项或者形成税收风险指标；有的数据项可以和其他数据项没有直接的关联关系，要通过一定的特殊方法进行关联、比较、计算形成新的数据项或者税收风险指标。

2. 确立税收风险指标

税收风险指标是就每一个分析定义过的数据项，将其和有直接关联关系或间接关联关系的其他数据项，按照一定的方式比较或按一定的公式计算出相应的新的具有风险控制意义数据项或者指标。有的数据项本身也可以作为独立的风险预警指标，如：举报频度、协查频度、录入的案源信息等。

（三）构建税收风险指标体系

由于税收风险指标是根据税收信息管理系统中的最小单位——数据项之间的直接关联或者间接管理关系通过一定的方式方法进行比较、计算、定义形成的，任何一项税收风险指标都将指向所有的具体纳税人。这些指标不通过比较是难以判断是否构成风险和风险程度大小的。因此必须采取一定的方法进行比较分析来作出判断。

1. 按照纳税人归集风险指标

在根据指标的特性采取适当的方式进行初次的比较、分析和判断，筛选出本项税收风险指标构成税收风险的纳税人后，针对每一项税收风险指标按纳税人进行归集，可以判断纳税人的综合风险程度，一个纳税人所拥有的税收风险指标越多就意味着他的税收风险程度越高。

2. 按照行业、税种和区域归集风险指标

一是按指标的特性以特定方式进行初次的比较、分析和判断，筛选出本项税收风险指标构成税收风险的纳税人后，分别按照行业、税种、区域归集税收风险指标，可以判断该项税收风险指标在行业、税种、区域的分布状况和集中程度等，用以确定是否有必要针对特定的行业、税种、区域的特定税收风险指标进行风险应对。

二是将每一项税收风险指标按纳税人进行归集后，再按税收风险程度较高的需要预警的纳税人按照行业、税种、区域归集，可以判断税收风险程度较高的纳税人在行业、税种、区域的分布状况和集中程度，用以确定是否有必要针对特定的行业、税种、区域进行风险应对。

（四）税收风险识别和排序

1. 确定税收风险指标的分值

在税收风险指标体系确立后，要对每一项税收风险指标赋予分值，以利于对按不同方式归集后的税收风险进行量化的判断，分值越高的纳税人税收风险程度就越高。赋予分值的方法可以采取理性加经验的方式进行，一般来说对税基或者税收秩序影响较为严重的指标应当赋予较高的分值，如与收入和扣除关系密切的，与虚开或接受虚开发票有密切相关的指标等；分值的计算可以采取百分制也可以采取千分制，用以形成税收风险指标预警体系。对每一项税收风险指标赋予基本分值后，可以在本项指标范围内，根据本项指标的基本分值和本项指标的风险分布状况，划分风险等级，如行业税负率指标，可以计算出本省本行业的税负率平均值，平均值以下的可以作为预警对象，并可以根据与平均值的离散程度划分等级，赋予不同的分值。其中对影响本省本行业的税负率平均值水平较大的纳税人可以考虑加分或减分，一般来说，起正面影响作用的要考虑减分，适当降低正常段负区间。

2. 税收风险识别和排序

在对每一项税收风险指标赋予分值，并对各该项指标风险分布状况以及各构成该项指标的要素单位（一般指纳税人）对该项指标平均值的影响程度和离散程度划分等级，赋予不同的分值后，税收风险指标预警体系确立起来，可以定期进行税收风险的识别、排序和预警。

（五）搭建税收风险预警平台

通过对税收风险管理的概念和内涵，定义税收信息的数据项，将每一个分析定义过数据项和与其有直接关联关系或间接关联关系的其他数据项按照一定的方式比较，或按一定的公式计算出相应的新的具有风险控制意义数据项或者指标产生出税收风险指标，针对每一项税收风险指标按纳税人进行归集，按照行业、税种和区域归集风险指标进而形成税收风险指标体系，并根据每一项税收风险指标对税基或者税收秩序影响赋予一定的分值，进而实现对税收风险的识别和排序。

依托税务机关掌握的内、外部数据，通过计算机将各类风险分析指标进行有效组合和预警值设置，分区域、行业、产业、税种、纳税人进行高风险对象的分析、筛选和排序，同时进行风险指标和风险指标分析方案的有效性评价，建立风险分析指标集和风险预警案例库。

（六）税收风险预警处置和效果评价

1. 税收风险预警处置

针对税收风险预警产生的风险管理对象，应当区别风险程度和税务机关承载应对风险的负荷或能力，有计划、有针对性地进行数据核查、纳税评估、税务稽查或开展区域性的专项整治等税收风险预警的处置。

2. 形成税收风险预警案例库

要经常对税收风险预警指标实际应用效果进行评价，根据对税收风险指标应用效果的评价结果，将预警准确率高、使用实效性好的税收风险指标及形成的案例归集到税收风险案例库中，定期进行案例的评定，确保案例库中存放的为最优指标和分析方法。

3. 税收风险分值的维护

在已经形成的税收风险指标预警体系中，每个组成风险指标的分值、预警等级分值是以通常的理性判断和经验值确定的。在具体使用时可根据实际情况进行相应的修改、调整。

四、纳税评估模型

在纳税评估实践中，引进经济学模型的概念，运用纳税评估模型的评估方法锁定疑点问题。

（一）经济数学模型

经济活动中数量关系简化的数学表达，简称经济模型。经济模型是一种分析方法，它极其简单地描述现实世界的情况。通过模型对假设所规定的特殊情况进行分析。经济模型本身可以用带有图表或文字的方程来表示。经济模型主要用来研究经济现象间互相依存的数量关系。

（二）纳税评估模型的概念和搭建程序

1. 纳税评估模型的概念

纳税评估模型是税务机关对通过典型调查所采集的行业纳税人的涉税信息，进行筛选、整理、测算、分析，归纳行业纳税人的经营特点、经营规律，建立以行业指标和公认峰值为税控预警指标的主控指标和辅控指标相结合的指标和数学模型，形成指导该行业纳税人进行评估分析的一种纳税评估模型。

2. 纳税评估模型构建的一般程序

纳税评估模型的构建程序按照顺序应包括以下步骤：行业分类——典型调查——信息采集——评估指标及其峰值测算——模型构建——模型验证及完善。

（1）行业分类

实行分类管理是实现纳税评估的主要途径和手段。同类行业纳税人涉及的经营内容、管理方式、行业标准、技术设备、物流渠道、核算方式、投入产出都基本相同。因此，同类企业的生产经营信息可以互为参考，具有可比性。这是按行业实施纳税评估的理论基础和依据。

（2）典型调查

典型调查是在税源分类的基础上，针对不同行业，选择不同规模、不同类型的纳税人进行调查，摸清行业特点，探索行业经营规律。针对本地区行业分布情况，从税源调查和“金税”系统中查寻行业纳税人的分布信息，有计划、有选择地筛选一定数量具有代表性的行业纳税人，确定为典型调查对象，根据行业纳税人的生产经营特点，确定需要进行典型调查的事项和内容，并设计相应的调查表格，建立调查模板。

（3）信息采集分析

对典型调查中采集的涉税信息归集分类、逐一分析，归纳出行业生产经营规律和生产工艺流程；汇总统计各种行业纳税评估指标历史数据、当期数据、公认标准、行业标准等，借以查找税源管理的薄弱环节。

（4）评估分析指标确定及其峰值的测算

按照以下标准选取纳税评估分析指标：一是与纳税人生产经营客观依存度较大，而纳税人难以改变的因素。二是根据可以量化的指标来测算该行业应该达到的符合实际的标准值及变动幅度。

（5）模型构建

应包括以下内容：行业特点、行业标准以及评估思路、评估指标、评估数学模型、税控预警目标和其他需要说明的问题。

（6）模型验证及完善

纳税评估模型建立后，要将待评估模型投入纳税评估实践中进行检验，验证其科学性、有效性和实用性，发现存在的问题和不足，并在此基础上进一步修正行业评估模型，使其更加符合实际。

（三）纳税评估模型的运用

纳税评估模型分析法，就是利用经济学原理和数学方法建立评估模型，对纳税人经营行为进行模拟，求出纳税人经营数据，然后参照税法估算纳税人的应纳税额，比较与实际申报数据的差额，从而确定问题的严重程度。

五、纳税评估的方法

（一）确定纳税评估对象

1. 确定纳税评估对象的方法

纳税评估的对象为主管税务机关负责管理的所有纳税人及其应纳所有税种。税务机关的纳税评估机构应当根据税源管理工作的需要，依据日常管理中掌握和采集的相关信息，采取计算机分析、人工分析及人机结合分析等手段，对纳税人纳税申报资料进行简单的分析，并有针对性地筛选确定需要实施纳税评估的对象。

2. 重点纳税评估对象的确定

纳税评估的重点对象包括：综合审核对比分析中发现有问题或疑点的纳税人、重点税源户、特殊行业的重点纳税人、税负异常变化的纳税人、长时间零税负和负税负申报的纳税人、纳税信用等级低下的纳税人、日常管理和税务稽查检查中发现过较多问题的行业的纳税人。

（二）收集纳税评估资料

收集纳税评估资料可以分为税务机关内部信息资料和外部信息资料。

1. 内部信息资料

在纳税评估过程中，税务机关可以直接根据金税三期工程系统内纳税人依法报送的纳税申报资料、各项核定、认定事项的结果、增值税交叉稽核系统各类票证比对结果等，确定或调整纳税人的计税依据和应纳税额。

2. 外部信息资料

对于从第三方收集的数据，税务机关应当确保数据的来源合法。数据本身的真实性和准确性由提供数据的第三方负责。对于通过公开资料采集的数据资料，如上市公司披露的报告、行业协会公开的资料、互联网上发布的新闻等，税务机关应当确保该数据来源合法，引用准确。

（三）纳税评估案头分析

在对纳税评估对象一定时间区间的相关资料调取和归集后，要结合纳税评估案源的内容进行初步的案头分析。案头分析的主要内容如下：

1. 税务登记资料的分析

通过税务登记表和税务机关日常采集的信息，主要了解纳税人的注册资本及注册资本的构成、企业的组织结构，总、分支机构情况、关联企业情况，主营项目、生产经营的范围、主要产品生产工艺流程，银行基本账户从业人员情况等。

2. 税收优惠资格认定、减免税备案和核准资料的分析

通过对税收优惠资格认定、减免税备案和核准资料的分析，了解纳税人享受税收优惠的情况。

3. 发票情况的分析

通过对发票领购情况的分析，了解企业使用发票的种类、数量和结构，可以辅助判断经营类个人所得的变化情况，从发票领购的数量和结构判断是否存在异常。

4. 纳税申报资料的分析

（1）纳税人是否按照税法规定的程序、手续和时限履行申报纳税义务，各项纳税申报附送的各类抵扣、列支凭证是否合法、真实、完整；

（2）纳税申报主表、附表及项目、数字之间的逻辑关系是否正确，适用的税目、税率及各项数字计算是否准确，申报数据与税务机关所掌握的相关数据是否相符；

（3）收入扣除项目、附加扣除项目、优惠及其他有关项目的调整是否符合税法规定，减免税、亏损结转、获利年度的确定是否符合税法规定并正确履行相关手续；

（4）与上期和同期申报纳税情况有无较大差异。

（四）纳税评估调查核实

纳税评估调查核实包括税务约谈和实地调查核实。

1. 税务约谈

约谈是纳税评估工作的重要环节，是验证或消除疑点的重要途径。约谈实际上包含了两个概念，即约谈与举证。

约谈是在纳税评估开始之后，评估人员根据案头分析所确认的疑点问题，主动约请纳税人、扣缴义务人以及其他相关人员与税务机关沟通相关信息，要求纳税人解释说明涉税问题，同时给予纳税人政策性宣传、辅导的过程。

举证则是在约谈过程中，纳税人或者其他相关人员就税务机关提出质疑的问题，进行解释、说明，并提供相应的资料以证明其纳税情况真实、合理的过程。

约谈和举证是一个问题的两个方面，即从税务机关或者纳税评估人员的角度考虑是约谈；而从纳税人即纳税评估对象的角度考虑是举证，即对其纳税情况的真实性与合理性进行证明。

（1）约谈的程序

约谈程序一般包括约谈通知、约谈实施和约谈结论等几个阶段。约谈通知，是在约谈举证的建议被批准之后，向纳税人发出约谈通知文书，约请纳税人的财务负责人、法人代表或经法人代表授权的税务代理人到税务机关对疑点问题举证、说明和解释等。

当面约谈应由两名或两名以上评估人员在税务机关固定场所进行。在约谈过程中，税务机关可以就纳税评估中发现的问题，要求纳税人和扣缴义务人进行解释。对约谈情况做约谈笔录。对疑点问题基本清楚，但详细情况或有关数据有待进一步查实的，可以由纳税人在规定期限内对疑点问题进行自查；自查完毕，纳税人向税务机关提交“纳税人自查报告”及相关证据材料。在约谈结束之后，由评估人员根据约谈笔录、纳税人自查报告及相关证据材料对纳税人疑点问题进行分析确认，并按照纳税评估工作的要求继续下一步工作。

（2）税务约谈的工作要求

启动约谈前，应根据纳税人存在的涉税疑点，整理编写约谈提纲，确定约谈的时间、地点、对象和内容，经单位负责人审批同意后制作《税务约谈通知书》，在约谈日期前的合理期间内送达纳税人。约谈时，应告知被询问人的权利和义务，就相关涉税问题进行询问，纳税人就相关问题进行举证说明，如果纳税人提交书面说明或者相关材料的，应当保存原件，保存原件确有困难的，应当及时复印、影印，并要求纳税人签字盖章。约谈人员不得少于两名，约谈过程中应制作相应的税务文书。约谈结束后，应将整个约谈情况进行分析整理，制作工作底稿，并进行备案归档。

2. 实地调查核实

实地调查核实是指税务机关通过到纳税人生产经营场所了解情况、审核账目凭证等方式，对评估分析中发现的纳税人的涉税疑点或问题进行核实，并采取进一步征管措施的工作方法。

（1）实地调查核实情形。发现纳税人存在下列情形之一的，可实施实地调查核实：

①纳税人的解释说明和提供的有关资料无法排除其涉税疑点或问题的；

②纳税人不积极配合税务约谈，拖延、推诿、不及时提供有关资料，使涉税疑点无法核实的；

③对实行核定征收的纳税人进行纳税评估时，缺少评估分析资料的；

④其他需要实施实地调查核实的。

（2）实地调查核实方法。在纳税评估调查核实阶段，评估人员需要到纳税人生产经营场所进行实地调查核实，通常可以采用实物盘存法、观察法、抽查法和查对法等方法。

（五）评估处理与管理建议

1. 评估处理

评估处理是指针对评估筛选出的涉税疑点，根据案头分析、约谈举证和调查核实各阶段对疑点问题的确认结果，对具体评估对象涉税问题性质进行评估认定，并按照税收法律、法规进行分类处理。

发现的计算和填写错误、政策和程序理解偏差等一般性问题，或存在的疑点问题经约谈、举证、调查核实等程序认定事实清楚，不具有偷税等违法嫌疑，无须立案查处的，可提请纳税人自行改正。需要纳税人自行补充的纳税资料，以及需要纳税人自行补正申报、补缴税款的税务机关应督促纳税人按照税法规定逐项落实。发现纳税人存在偷、逃、抗、骗等需要立案查处的税收违法行为嫌疑，移交税务稽查部门处理。

2. 管理建议

评估人员在纳税评估结束后，应当及时进行总结和分析，有针对性地提出日常监控管理目标和强化管理的措施建议。根据建议对象的不同，管理建议可以分为对外管理建议和对内管理建议。对外管理建议是指评估人员针对在纳税评估过程中所发现的纳税问题而向纳税人提出的一系列的改进建议与意见，其目的在于督促纳税人更为全面、及时地履行纳税义务，同时宣传有关的税收法律法规。对外管理建议大多是在约谈核实的过程中进行的。对内管理建议主要是针对税务管理部门提出的，具体地讲是指评估人员针对评估过程中发现的税务机关在税收征管方面存在的一些不足而提出的有针对性的建议和意见。根据管理建议综合程度的高低，对内管理建议可以分为个案管理建议与综合管理建议。

第二节　税务稽查

税务稽查一般是指税务机关严格按照相关法律法规的规定，依照法定程序对纳税人、扣缴义务人的涉税情况进行检查处理的活动。按照国家税务总局原征收管理司编著的《新税收征收管理法及其实施细则释义》的解释，税务稽查是税务检查的一种，是指税务稽查机构的专业检查。税务稽查包括日常稽查、专项稽查、专案稽查等。

一、税务检查

（一）税务检查的概念及检查对象的选择

税务检查是税收征收管理的一个重要环节，它是指税务机关依法对纳税人履行缴纳税款义务和扣缴义务人履行代扣、代收税款义务的状况所进行的监督检查。纳税人、扣缴义务人必须接受税务机关依法进行的税务检查，如实反映情况，提供有关资料，不得拒绝、隐瞒。税务机关依法进行税务检查时，有关部门和单位应当支持、协助。为深入贯彻国务院办公厅《关于推广随机抽查规范事中事后监管的通知》（国办法〔2015〕58 号）要求，推进税务稽查随机抽查，增强执法效能，国家税务总局特制定了《推进税务稽查随机抽查实施方案》（税总发〔2015〕104 号）。

抽查的方法可以分为两种，一种是定向抽查，另一种是不定向抽查。

1. 定向抽查

指按照税务稽查对象类型、行业、性质、隶属关系、组织架构、经营规模、收入规模、纳税数额、成本利润率、税负率、地理区域、税收风险等级、纳税信用级别等特定条件，通过摇号等方式，随机抽取确定待查对象名单，对其纳税等情况进行稽查。

“双随机”随机抽查对象划入税务稽查对象分类名录库及税务稽查异常对象名录库两个大类名录库中，实施动态管理，其中长期纳税申报异常企业、税收高风险企业、纳税信用级别低的企业、多次被检举有税收违法行为的企业、相关部门列明违法失信联合惩戒企业等异常类型对象将被列入税务稽查异常对象名录库，对列入税务稽查异常对象名录库的企业，会加大抽查力度，提高抽查比例和频次。

2. 不定向抽查

指不设定条件，通过摇号等方式，随机抽取确定待查对象名单，对其纳税等情况进行稽查。也就是说，不管什么条件的企业，都有可能被选定为检查对象。

（二）税务检查的形式

1. 重点检查

重点检查指对公民举报、上级机关交办或有关部门转来的有偷税行为或偷税嫌疑的，纳税申报与实际生产经营情况有明显不符的纳税人及有普遍逃税行为的行业检查。

2. 分类计划检查

分类计划检查是指根据纳税人历来纳税情况、纳税人的纳税规模及税务检查间隔时间的长短等综合因素，按事先确定的纳税人分类、计划检查时间及检查频率而进行的检查。

3. 集中性检查

集中性检查是指税务机关在一定时间、一定范围内，统一安排、统一组织的税务检查，这种检查一般规模比较大，如以前年度的全国范围内税收、财务大检查就属于这类检查。

4. 临时性检查

临时性检查指由各级税务机关根据不同的经济形势、偷逃税趋势、税收任务完成情况等综合因素，在正常的检查计划之外安排的检查。如行业性解剖、典型调查性的检查等。

5. 专项检查

专项检查指税务机关根据税收工作实际，对某一税种或税收征收管理某一环节进行的检查。比如增值税一般纳税专项检查、漏征漏管户专项检查。

（三）税务检查的方法

1. 全查法

对被查纳税人一定时期内所有会计凭证、账簿、报表及各种存货进行全面、系统检查的一种方法。

2. 抽查法

对被查纳税人一定时期内所有会计凭证、账簿、报表及各种存货，抽取一部分进行检查的一种方法。

3. 顺查法

对被查纳税人按照其会计核算的顺序，依次检查会计凭证、账簿、报表，并将其相互核对的一种检查方法。

4. 逆查法

逆查法与顺查法相对，指逆会计核算的顺序，依次检查会计报表、账簿及凭证，并将其相互核对的一种稽查方法。

5. 现场检查法

指税务机关派人员到被查纳税人的机构办公地点对其账务资料进行检查的一种方法。

6. 调账检查法

调账检查法与现场检查法对称，指将被检查纳税人的账务资料调到税务机关进行检查的一种方法。

7. 比较分析法

是将被查纳税人检查期有关财务指标的实际完成数进行纵向或横向比较，分析其异常变化情况，从中发现纳税问题线索的一种方法。

8. 控制计算法

也称逻辑推算法，指根据被查纳税人财务数据的相互关系，用可靠或科学测定的数据，验证其检查期账面记录或申报的资料是否正确的一种检查方法。

9. 审阅法

指对被查纳税人的会计账簿、凭证等账务资料，通过直观地审查阅览，发现在纳税方面存在问题的一种检查方法。

10. 核对法

指通过对被查纳税人的各种相关联的会计凭证、账簿、报表及实物进行相互核对，验证其在纳税方面存在问题的一种检查方法。

11. 观察法

指通过被查纳税人的生产经营场所、仓库、工地等现场，实地观察其生产经营及存货等情况，以发现纳税问题或验证账簿中可疑问题的一种检查方法。

12. 外调法

指对被查纳税人有怀疑或已掌握一定线索的经济事项，通过向与其有经济联系的单位或个人进行调查，予以查证核实的一种方法。

13. 盘存法

指通过对被查纳税人的货币资金、存货及固定资产等实物进行盘点清查，核实其账实是否相符，进而发现纳税问题的一种检查方法。

14. 交叉稽核法

国家为加强增值税专用发票管理，应用计算机将开出的增值税专用发票抵扣联与存根联进行交叉稽核，以查出虚开及假开发票行为，避免国家税款损失。目前这种方法通过“金税工程”体现，对利用增值税占用发票偷逃税款行为起到了极大的遏制作用。

二、税务检查与税务稽查的区别

现行《税收征管法实施细则》第八十五条第二款规定，税务机关应当制定合理的税务稽查工作规程，负责选案、检查、审理、执行的人员的职责应当明确，并相互分离、相互制约，规范选案程序和检查行为。

税务检查相对税务稽查范畴较大。税务稽查是税务机关依法对纳税人、扣缴义务人履行纳税义务、扣缴义务情况所进行的税务检查和处理工作的总称，是税务机关依法对纳税人、扣缴义务人履行纳税义务、扣缴义务情况所进行的税务检查。因此，税务稽查的目的性很明确，并且其案源是经过选案分析系统和人工随机产生的，它必须经过四个环节，这种具有特定目的、经过特定程序所进行的税务检查才是税务稽查。

税务稽查与税务检查的主要区别有四个方面：

第一，主体不同。税务稽查的主体是税务专业稽查机构，税收检查的主体可以是各类税务机关，只不过征收、管理机构所从事的税收检查活动实际上是其管理活动的组成部分，是管理的一种手段。

第二，对象不同。税收检查的对象可以是所有的纳税人和扣缴义务人，只要税务机关认为有必要即可对其纳税和扣缴情况进行核查；而税务稽查的对象是依据举报或科学选案而确定的有涉嫌违法行为的纳税人、扣缴义务人。

第三，程序不同。税收检查的程序相对简单，而税务稽查必须根据国家税务总局制定的《税务稽查工作规程》，经过选案、实施、审理、执行四个环节。

第四，目的不同。税收检查往往是由于某种管理上的需要对纳税人的某一税种、某一纳税事项或某一时点的情况进行检查和审核，而税务稽查一般是为打击偷逃税违法犯罪行为，对涉嫌违法的纳税人进行全面、彻底的检查，以震慑犯罪，维护税收秩序。

三、税务稽查的程序

税务稽查的基本任务，是依法查处税收违法行为，保障税收收入，维护税收秩序，促进依法纳税。税务稽查由税务局稽查局依法实施。稽查局主要职责是依法对纳税人、扣缴义务人和其他涉税当事人履行纳税义务、扣缴义务情况及涉税事项进行检查处理，以及围绕检查处理开展的其他相关工作。稽查局查处税收违法案件时，实行选案、检查、审理、执行分工制约原则。稽查局设立选案、检查、审理、执行部门，分别实施选案、检查、审理、执行工作。

（一）选案

稽查局应当通过多种渠道获取案源信息，集体研究，合理、准确地选择和确定稽查对象。选案部门负责稽查对象的选取，并对税收违法案件查处情况进行跟踪管理。选案部门应当建立案源信息档案，对所获取的案源信息实行分类管理。案源信息主要包括：

1. 财务指标、税收征管资料、稽查资料、情报交换和协查线索；
2. 上级税务机关交办的税收违法案件；
3. 上级税务机关安排的税收专项检查；
4. 税务局相关部门移交的税收违法信息；
5. 检举的涉税违法信息；
6. 其他部门和单位转来的涉税违法信息；
7. 社会公共信息；
8. 其他相关信息。

经批准立案检查的，由选案部门制作《税务稽查任务通知书》，连同有关资料一并移交检查部门。选案部门应当建立案件管理台账，跟踪案件查处进展情况，并及时报告稽查局局长。

（二）检查

实施检查时，依照法定权限和程序，可以采取实地检查、调取账簿资料、询问、查询存款账户或者储蓄存款、异地协查等方法。对采用电子信息系统进行管理和核算的被查对象，可以要求其打开该电子信息系统，或者提供与原始电子数据、电子信息系统技术资料一致的复制件。被查对象拒不打开或者拒不提供的，经稽查局局长批准，可以采用适当的技术手段对该电子信息系统进行直接检查，或者提取、复制电子数据进行检查，但所采用的技术手段不得破坏该电子信息系统原始电子数据，或者影响该电子信息系统正常运行。另外，实施检查时，应当依照法定权限和程序，收集能够证明案件事实的证据材料。收集的证据材料应当真实，并与所证明的事项相关联。调查取证时，不得违反法定程序收集证据材料；不得以偷拍、偷录、窃听等手段获取侵害他人合法权益的证据材料；不得以利诱、欺诈、胁迫、暴力等不正当手段获取证据材料。

（三）审理

审理部门接到检查部门移交的《税务稽查报告》及有关资料后，应当及时安排人员进行审理。审理人员应当依据法律、行政法规、规章及其他规范性文件，对检查部门移交的《税务稽查报告》及相关材料进行逐项审核，提出书面审理意见，由审理部门负责人审核。案情复杂的，稽查局应当集体审理；案情重大的，稽查局应当依照国家税务总局有关规定报请所属税务局集体审理。对《税务稽查报告》及有关资料，审理人员应当着重审核以下内容：

1. 被查对象是否准确；

2. 税收违法事实是否清楚、证据是否充分、数据是否准确、资料是否齐全；

3. 适用法律、行政法规、规章及其他规范性文件是否适当，定性是否正确；

4. 是否符合法定程序；

5. 是否超越或者滥用职权；

6. 税务处理、处罚建议是否适当；

7. 其他应当审核确认的事项或者问题。

（四）执行

执行部门接到《税务处理决定书》《税务行政处罚决定书》《不予税务行政处罚决定书》《税务稽查结论》等税务文书后，应当依法及时将税务文书送达被执行人。执行部门在送达相关税务文书时，应当及时通过税收征管信息系统将税收违法案件查处情况通报税源管理部门。被执行人未按照《税务处理决定书》确定的期限缴纳或者解缴税款的，稽查局经所属税务局局长批准，可以依法采取强制执行措施，或者依法申请人民法院强制执行。经稽查局确认的纳税担保人未按照确定的期限缴纳所担保的税款、滞纳金的，责令其限期缴纳；逾期仍未缴纳的，经所属税务局局长批准，可以依法采取强制执行措施。被执行人对《税务行政处罚决定书》确定的行政处罚事项，逾期不申请行政复议也不向人民法院起诉、又不履行的，经所属税务局局长批准，可以依法采取强制执行措施，或者依法申请人民法院强制执行。稽查局对被执行人采取强制执行措施时，应当向被执行人送达《税收强制执行决定书》，告知其采取强制执行措施的内容、理由及依据，并告知其依法申请行政复议或者提出行政诉讼的权利。

四、税务稽查证据

（一）证据的基本内涵

证据的概念是指用来证明事情真实性的凭据，能够证明案件真实情况的一切事实都是证据。证据具有合法性、真实性和关联性三个属性。

1. 合法性

合法性，是指证据必须由当事人按照法定程序提供，或由法定机关、法定人员按照法定的程序调查、收集和审查。合法性，包括证据的收集主体、收集程序和证据形式合法。

2. 真实性

真实性，也称客观性，是指证据必须是客观存在的事实。任何一种税收违法行为的发生、发展和结果，必然要在客观世界留下痕迹和映象，它是客观存在的事实，而非猜测和虚构的东西。

3. 关联性

关联性，是指证据必须是与案件有客观联系的事实，即指作为证据的事实不仅是一种客观存在，而且它必须是与案件所要查明的事实存在逻辑上的联系，从而能够说明案件事实。

（二）证据的分类

证据分类的目的在于对证据进行科学的分组研究，揭示各类不同证据的特点，提出正确运用各类证据的一般规则，以利于证据的收集、审查、判断，使之进行得更有效。

1. 证据的一般分类

（1）按照证据的表现形式，可以将其分为言词证据和实物证据。言词证据是指以人的陈述形式表现出来的各种证据，如行政案件中当事人陈述，证人证言等都属于言词证据。鉴定意见也属于言词证据。

实物证据是指以客观存在的物体作为表现形式的证据。稽查案件中的单据、账册、报表、勘验检查笔录、现场笔录等都属实物证据。储存有特殊信息（包括语言、图像）可供稽查人员视听，并能据以查明案件事实的视听资料，也属于实物证据。

（2）按照证据与案件事实的关系，可以将其分为直接证据和间接证据。直接证据是指用以直接证明印证事实（或待证事实）的证据。如涉税违法案件中纳税人对自己是否实施违反税收法律、法规行为的供述和辩解，本单位的销售、财务、库管等有关人员的证词以及记载其涉税违法行为的书证或现场笔录等均属于直接证据。间接证据，是指用以间接证明待证事实之证据。如涉税违法案件中的财务账册、凭证等物证以及勘验、检查笔录和鉴定意见等。

（3）按照证据的来源方式，可以将其分为原始证据和传来证据。原始证据，是指凡是直接来源于案件事实，未经复制或转抄的证据是原始证据，也即案件的第一手材料。传来证据，是指凡不是直接来源于案件事实，而是间接来源于案件事实，经过转述、传抄、复制的第二手以及第二手以下的证据。常见的传来证据有：物证的复制品，文件的副本、影印件、抄件， 证人从他人处得知案件事实的证言。

（4）按照证据制作主体不同，可以将其分为外部证据和内部证据。外部证据，是指由纳税人以外的单位或个人所制作的证据。如协查函、协查函回函、银行对账单、购货发票、合同、税务机关到其他纳税人处调取的运输发票、税务机关到银行等单位取得的有关纳税人存款情况的证据等。内部证据，是指由纳税人内部所制作的证据。如会计记录、会计报表、入库单、出库单、申报表等。一般来说，外部证据的效力高于内部证据，对一些未经纳税人之手的外部证据可以直接采用，对内部证据则要进行重点比较分析。

2. 证据的法定种类

根据《行政诉讼法》第三十三条的规定，证据分为书证、物证、视听资料、电子数据、证人证言、当事人的陈述、鉴定意见、勘验笔录和现场笔录八类证据。

（1）书证

书证，是指以文字、符号、图画等所表达和记载的内容、含义来证明案件真实情况的证据。税务稽查的书证一般包括：

①被查对象身份证件资料；

②企业财务会计核算资料；

③企业经营活动资料；

④纳税申报资料。

（2）物证

物证，是指用外形、特征、质量等证明案件真实情况的物品。如非法印制、买卖、伪造、变造的发票、完税凭证，损毁或擅自改动的税控装置，非法印制增值税专用发票的机器等作案工具，倒卖发票获取的赃款、赃物等。

（3）视听资料

视听资料，是指以录音、录像、计算机软件等可视可听的载体储存的，证明案件真实情况的音响、图像、文字记录、说明或者其他信息。主要包括录音资料、录像资料等。

（4）电子数据

电子数据，是指通过电子邮件、电子数据交换、网上聊天记录、博客、微博、手机短信、电子签名、域名等形成或者存储在电子介质中的信息。以电子数据形式存在的录音资料和影像资料，适用电子数据的取证规定。

（5）证人证言

证人证言，是指知道案件真实情况的人，向稽查人员所做的有关案件部分或全部事实的陈述。常见的证人证言有询问笔录、证人提供的口头或书面证词等。

（6）当事人的陈述

当事人的陈述，是指当事人作出的对案件真实情况的陈述。常见的当事人的陈述有询问笔录，当事人自述材料，陈述、申辩笔录等。

（7）鉴定意见

鉴定意见，是指受税务机关的委托或者聘请，具有司法鉴定资格的鉴定机构和鉴定人运用专业知识，利用专门的仪器、设备，对税务稽查案件中有关的专门性问题进行鉴定后作出的技术意见。

（8）勘验笔录、现场笔录

勘验笔录，是指税务稽查人员就与案件事实确认相关的物品、现场进行勘查、测定、检验，并对勘验过程、结果所做的客观记录。现场笔录，是指税务稽查人员依法进行实地调查、实施查封（扣押）或者实施冻结存款，就与案件事实确认等相关的现场执法情况、违法事实等事项进行当场客观记载时所做的记录。

（三）证据的证明与证明标准

证明，是根据法定的程序、标准，运用已知的证据或事实，按照一定的规则和法律原理来认定案件事实的活动。证明标准，是在查明案件事实和对案件进行审理时，运用证据证明案件事实所需要达到的程度和要求。目前，在证据法学理论和司法实践中，一般认为，对民事诉讼采用优势证明标准；对刑事诉讼采用排除合理怀疑证明标准；关于行政诉讼的证明标准，法院一般采用清楚而有说服力的证明标准。

五、税务稽查信息化

税务稽查信息化，是以现代信息技术手段打造全新模式稽查工作业务流程、实现执法与监督并举、突破质量与效率瓶颈的综合过程，是实现税务稽查现代化的重要支撑，是加快推进稽查现代化建设的有力保障。税务稽查信息化总体分成稽查管理信息化和稽查手段信息化两大领域，实务中体现在税务稽查案件管理信息化和税务稽查查账技术信息化两方面。

（一）稽查管理信息化

稽查管理信息化，即税务稽查案件管理信息化，是指税务稽查案件处理过程的信息化，就是将信息技术运用到稽查选案、检查、审理、执行四个环节中，以加强税务稽查及其管理水平，提高工作效率。目前，税务稽查案件管理信息化工作已通过金税三期税收管理系统在全国税务系统广泛应用，并根据《全国税务稽查规范》扩展到税务稽查计划管理、案源管理、检查管理、审理管理、执行管理、案卷管理、税务检查证管理、税务稽查保密管理、部门协作、成果增值应用、质效管理和提请责任追究等十三个环节，其中大部分环节已经纳入金税三期税收管理系统。

为了充分适应税收信息化发展的新形势，2019 年，国家税务总局又出台了《关于加强税务稽查信息化应用管理的指导意见》，提出到 2020 年，基本建成立足金税三期工程，覆盖各层级、覆盖各环节的稽查信息化应用管理体系，基本实现稽查执法的流程化、标准化、智能化和稽查管理的规范化、精细化、痕迹化，稽查改革发展的数据基础和技术支撑显著增强，海量数据的挖掘、分析和利用能力大幅提高，稽查工作质效和管理水平稳步提升。

1. 金三稽查模块简介

“金三系统”进一步整合了稽查业务模块，使相关业务流更为集中，操作更为便捷，实现了数据集中、功能集成和效率提升。“金税三期”稽查模块的功能，主要包括稽查计划、稽查案件管理、案件通用管理和特殊案件管理四大功能。其中稽查案件管理是其核心功能模块。登录系统后，税务稽查相关岗位人员可以根据自身权限要求，在相应功能权限树下选择业务功能及子业务功能完成自己的工作任务，系统沿用了与 CTAIS2.0 稽查子系统非常相似的操作界面和操作习惯，使新系统更容易被稽查人员所接受。

2. 其他稽查管理应用

协查信息管理系统、稽查统计报表采集分析系统、打击发票违法犯罪活动工作系统、重大税收违法案件公布信息系统和税收违法检举案件管理系统是目前相对独立于金税三期综合税收管理系统的几个重要稽查管理应用系统，在全国税务稽查管理领域有着广泛的应用。

（二）稽查手段信息化

税务稽查手段信息化，主要是指在稽查选案、检查等环节对信息技术的应用，主要包括电子选案技术、电子取证技术、电子查账技术，以及大数据分析技术、“互联网＋”等新技术新手段。

1. 稽查电子数据取得、固定、使用与保管

检查电子信息系统，是指检查人员在检查过程中对被查对象电子信息系统进行现场检查，或者提取、复制电子数据进行检查的业务处理过程。检查被查对象电子信息系统应当做好查前准备工作，依照规定的程序和要求取得、固定、使用和保管电子数据。

2. 电子查账软件应用

企业信息化管理系统是借鉴现代管理方法与理论，运用信息技术打造的可以跟踪、监督、控制、调节整个企业管理过程的人机系统。深入领会和实践企业信息化管理系统是税务稽查信息化建设的重要组成部分之一，常见企业信息管理系统有 OA 办公自动化系统、ERP 系统等，针对企业财务核算所使用的各种软件，稽查多运用电子查账软件来应对。电子稽查辅助工具目前在全国已经有很多品牌和版本，在各级稽查部门实际工作应用中成效显著，它主要是在稽查实施环节，以企业的涉税电子数据和税收征管部门的征管信息为基础，以税收的政策法规为依据，将税务稽查经验、方法与信息处理技术融合，辅助稽查人员完成对不同税种稽查的信息化查账辅助工具。完善的电子稽查辅助工具应包括两个最基本的模块，即数据采集模块和数据处理模块，分别用以完成涉税数据采集和涉税疑点分析工作。

六、税务稽查部门协作

部门协作，是指税务局稽查局与公安、法院、检察院、人民银行等职能部门之间就信息共享、案件查处等方面进行沟通协调，形成执法合力，共同打击税收违法犯罪行为，推进税收共治格局构建。部门协作包括税警协作、司法协作、税银协作、其他协作等。

（一）税警协作

完善公安部派驻国家税务总局联络机制，建立健全省级、地市级公安派驻税务联络机制，省级、地市级公安机关在税务机关挂牌设立联络办公室（以下简称联络办），公安机关、税务机关应当紧密依托联络办，围绕防范和打击税收违法犯罪，建立全方位、多层次的执法合作机制，充分发挥各自职能作用，实现基础性工作、日常性工作、特别事项办理等方面的全方位执法合作。

1. **基础性工作**

税务局稽查局和公安经侦部门建立联席会议制度，定期召开税警合作联席会议，不定期召开紧急联席会议；建立案件联合会商机制，就会商案件查处过程中的日常协作事项和重大案情、突发状况的应对处理协商一致；可联合开展业务培训工作，发挥各自业务、资源优势，探讨执法办案技能和策略，拓宽办案人员知识面，提高业务水平和综合素质；由税务局稽查局积极协助所属税务局搭建信息沟通共享平台，充分利用与整合税务机关的金税工程和公安机关的经侦信息平台，提高信息资源的利用率，为形成严密的协税护税体系奠定基础。

2. **日常性工作**

税务局稽查局和公安经侦部门可以就各自采集的税收违法线索共同开展分析，共同作出处理；根据各自工作总体计划和任务，共同协商选定查办对象；对被查对象共同开展调查，协同取证；税务局稽查局采取强制执行措施时，可以提请公安机关协助，公安机关应当予以协助；对决定不准出境的人员，税务局稽查局应当按照规定逐级报请省级税务局，由省级税务局通知出入境边防检查机关予以协助或者提请公安机关出入境管理机构不予签发出（国）境证件；对符合刑事追诉标准、涉嫌犯罪的案件，税务局稽查局应当制作《涉嫌犯罪案件移送书》，及时将案件向同级公安机关移送；公安机关对发现的违法行为，经审查，没有犯罪事实，或者立案侦查后认为犯罪情节显著轻微，不需要追究刑事责任，依法移送税务局稽查局追究行政责任的，税务局稽查局应当依法作出处理，并将处理结果书面告知公安机关、人民检察院；税务局稽查局和公安经侦部门可以联合开展税收违法犯罪案件查办经验交流、联合开展报表统计分析、征集典型案例，实现全方位的执法经验总结、数据统计分析等执法成果应用。

3. **特别事项办理**

根据税收违法案件性质、涉案数额、复杂程度、查处难度以及社会影响等情况，税务局稽查局可以通过联席会议等形式，提出联合打击、联合督办意见，与公安经侦部门协商一致，联合打击或者联合督办重大税收违法案件；针对重点行业、重点区域、重点项目和重点对象的联合查办，税务局稽查局和公安经侦部门应当成立联合工作领导小组，负责打击工作的统筹规划、协调指挥；对联合查办工作的组织部署和工作要求，以税务部门、公安部门联合发文的形式传达；根据税收违法案件性质、涉案数额、复杂程度、查处难度以及社会影响等情况，税务局稽查局和公安经侦部门以联合会商的形式对重大涉税案件进行分析研判；在查办案件过程中，有证据表明涉嫌犯罪的行为人可能逃匿或者销毁证据，需要公安机关参与、配合的，税务局稽查局可以商请公安机关提前介入，公安机关可以派员介入。

（二）司法协作

1. 与法院的协作

（1）建立信息共享机制。税务局稽查局和人民法院可以积极探索实行双方共享司法或者税收信息、促进行政与司法强制执行工作顺利开展的有效途径和办法。在条件具备的地方，可以通过计算机网络实现信息共享的自动化、数字化。

（2）申请强制执行。当事人拒绝履行人民法院发生法律效力的判决、裁定的，税务局稽查局可以依法向第一审人民法院申请强制执行。人民法院依法需要税务局稽查局协助执行事宜的，人民法院执行人员提供法律文书并出示执行公务证或者法院工作证后，税务局稽查局应当积极予以协助。

（3）申请参与分配。被执行人进入破产清算程序或者全部（主要）财产已被人民法院查封、扣押或者冻结，在被执行人破产清算程序终结或者财产被人民法院执行完毕前，税务局稽查局可以申请参与分配。申请参与分配时，税务局稽查局应当依法向执行法院提交申请书，写明参与分配及被执行人欠缴税款的事实和理由，并附有关法律文书。

（4）行使代位权。欠缴税款的被执行人怠于行使到期债权或者放弃到期债权，对国家税收造成损害的，税务局稽查局依法申请人民法院行使代位权。

（5）行使撤销权。欠缴税款的被执行人无偿转让财产，或者以明显不合理的低价转让财产而受让人知道该情形，对国家税收造成损害的，税务局稽查局依法申请人民法院行使撤销权。

（6）联合惩戒。对税务局稽查局申请人民法院强制执行的当事人，由执行法院依法纳入失信被执行人名单，采取禁止乘坐飞机、列车软卧、动车和高铁等高消费惩戒措施。

2. 与检察院的协作

（1）建立信息共享机制。税务局稽查局和人民检察院应当建立联席会议、情况通报、信息共享等机制，加强联系，密切配合，各司其职，相互制约，保证准确有效地执行法律。

（2）案件抄送。在查办案件过程中，对符合刑事追诉标准、涉嫌犯罪的案件，税务局稽查局应当制作《涉嫌犯罪案件移送书》，及时将案件向同级公安机关移送，并抄送同级人民检察院。

（3）立案监督。税务局稽查局对公安机关不立案决定有异议的，在接到不立案通知书后 3 日以内，可以向作出不立案决定的公安机关提请复议，也可以建议人民检察院依法进行立案监督。

（4）案件咨询。税务局稽查局对案情复杂、疑难，性质难以认定的涉嫌犯罪案件，可以向人民检察院咨询。

（三）税银协作

1. 建立合作机制

（1）建立联席会议制度。税务局稽查局、人民银行反洗钱部门定期召开反逃骗税、反洗钱例行联席会议，不定期召开紧急联席会议。联席会议由税务局稽查局、人民银行反洗钱部门根据需要轮流召集，召集方负责会议的组织、筹备及起草会议纪要等事项。

（2）建立协调会商机制。税务局稽查局、人民银行反洗钱部门进行协调会商。

（3）建立联络员制度。税务局稽查局、人民银行反洗钱部门分别确定一名熟悉税务稽查业务、反洗钱业务的人员作为开展合作的联络员。联络员负责反逃骗税、反洗钱执法合作事项的沟通、协调、传递等工作。

2. 线索信息通报

（1）移送线索信息。税务局稽查局在查处虚开、偷逃税、骗税等涉税案件中发现涉嫌洗钱线索信息的，应当及时向人民银行反洗钱部门移送；稽查局通过人民银行反洗钱部门获取其在查处洗钱案件中发现的涉嫌虚开、偷逃税、骗税等线索信息；接收方收到相关线索信息后，应当及时采取相应措施，并及时向移送方反馈。

（2）通报重大案件信息。税务局稽查局向人民银行反洗钱部门通报重大逃骗税等税收违法案件信息；人民银行反洗钱部门向税务稽查部门通报重大洗钱及相关金融违法案件信息。

（3）建立线索信息通报平台。双方积极创造条件，建立线索信息通报平台，通过信息管理系统，实现定期或随时线索信息通报。

（4）税务局稽查局和人民银行反洗钱部门在法定授权范围内开展合作，对从对方获取的相关信息负有保密义务。

3. 执法办案合作

双方相互协助调查取证、执行，在各自权限范围内，对对方提出的协助调查取证、执行请求，给予充分、有效的协助，并及时反馈情况；协助调查取证、执行请求涉及异地的，依法积极协调或请示上级协调异地本系统相关部门协助。

4. 联合调查取证

对虚开、偷逃税、骗税和洗钱交织并行、互为手段的案件，双方可以启动联合调查程序。通过联合调查取证，充分利用各自调查手段，各司其职，优势互补，形成执法合力。

（四）其他协作

1. 建立与其他国家机关部门间的协作机制

稽查局应该积极推动、参与建立政府部门间的协税护税工作机制，联合当地工商、质监、食药监、房产、国土、交通、海关、网信办等职能部门建立日常沟通协调机制，争取在执法工作中获得其他国家机关的相关协助。

2. 加强信息共享水平

税务局稽查局可以积极参与公共信息共享平台建设，构建并提出税务稽查涉税信息需求数据模型，并根据实际应用情况不断维护完善；定期完成信息数据交换，使税务局稽查局能及时获取纳税人在其他国家机关的相关涉税信息。

3. 协同打击发票违法犯罪

在打击发票违法犯罪活动工作中，税务局稽查局要配合有关部门做好虚假发票的整治工作，积极配合通信管理部门，不断完善发票违法信息治理分工协作机制；积极配合财政、审计、监察等相关部门做好对行政、事业等非纳税单位发票使用情况的监督检查工作；加强与司法机关的工作联系，审理部门积极配合法院、检察院做好对发票犯罪分子的公诉、审判工作，严厉打击发票犯罪行为。

4. 联合惩戒

国家发展改革委、税务总局、中央文明办、最高人民法院、公安部、财政部、国土资源部、交通运输部、商务部、人民银行、海关总署、工商总局、质检总局、食品药品监管总局、互联网信息办、银监会、证监会、保监会、民航局、全国总工会、中国铁路总公司等部门对重大税收违法案件当事人实施联合惩戒措施，推动形成褒扬诚信、惩戒失信的强大合力。

第二十四章
税务检查风险案例

第一节　工资薪金类

一、冒用他人身份信息，采取虚列人员、工资“拆分”的方式逃避代扣代缴义务

国家税务总局嘉兴市税务局第一稽查局通过内查外调，查实K房地产公司通过费用报销等手段，隐匿员工真实收入，造成少代扣代缴个人所得税的违法事实。该局依法对企业作出追缴各项税费、罚款共计75万余元的处理决定。

（一）案情简介

这个案例中，税务机关按照税收检查计划对K房地产公司实施税收核查。在检查的过程中发现企业工资表显示，企业所有员工发放的月工资基本为3400元左右，员工之间工资差异很小。由于正常情况下，不同岗位、不同职级员工工资应该有所不同，所以这一点引起了检查人员的警觉。稽查人员进一步检查企业费用，发现“摘要”中有很多某人报销交通费、差旅费、业务招待费等标注信息。原始凭证中出现很多餐费、加油费、住宿费以及由超市开具的内容为“办公用品”的发票。

首先这些费用的比例太大，已经不符合企业正常经营所需要的范围。另外检查人员选取几个报销人员，对他们每个月份报销费用进行统计，发现这些人每月报销的费用均在1.3万元左右。很明显个人报销的金额也超出了正常认知的范围。最后企业无法解释这些报销费用的合理性，承认是把工资的一部分由员工通过发票报销方式发放，其余部分则以工资单形式支付。企业觉得这样一方面员工个人可以少缴纳个人所得税，

企业也可以通过费用税前列支而少缴纳企业所得税。最终税务局依法对企业作出追缴各项税费、罚款共计 75 万余元的处理决定。

（二）政策依据

《个人所得税法》第九条第一款规定“个人所得税以所得人为纳税人，以支付所得的单位或者个人为扣缴义务人”。

《税收征收管理法》第六十九条规定“扣缴义务人应扣未扣、应收而不收税款的，由税务机关向纳税人追缴税款，对扣缴义务人处应扣未扣、应收未收税款百分之五十以上三倍以下的罚款”。

（三）风险提示

1. 工资拆分方式是实务中多数企业采用的方法

由于员工提供的发票种类及金额，基本上都是交通、餐饮这类票据，会导致这部分费用畸高，远远超过企业正常经营中相关类型费用需求的比例。拆分工资属于偷逃个税的操作，虽然个税纳税人应为员工个人，但《税收征收管理法》第六十九条规定“扣缴义务人应扣未扣、应收而不收税款的，可以对扣缴义务人处应扣未扣、应收未收税款百分之五十以上三倍以下的罚款”。所以企业应为少缴个税承担相关责任。

2. 规避银行转账发放工资，使用现金发放

使用现金发放工资的企业，存在不申报、少申报个税的情况。

3. 补贴未申报个税

部分企业没有把员工的饭补、话费补贴、房补、交通补贴、生日礼金合并工资进行纳税申报。

4. 大量员工零申报

和同地区同行业相比，工资明显偏低（在 3500 元以下），且大量员工零申报，属于高风险企业。

5. 虚设员工，代发工资

很多企业还会通过虚设员工，冒名代发工资，来拆分高收入员工的工资，但是这种没有考勤记录、没有简历的冒名者经不起税务稽查。

二、“工资薪金”变“劳务费”，取消高新技术企业税收优惠政策享受

甲公司人为降低职工总人数，以达到享受对高新技术企业所得税优惠和少缴纳养老保险的目的。企业为了满足税法对高新技术企业设定的条件而弄虚作假，这样不仅存在很大的税务风险，而且很可能因此被取消高新技术企业资格，今后不仅享受不到税收优惠，还会使企业信誉也会受到影响。

（一）案情简介

某税务局对甲高新技术企业享受所得税优惠的情况纳税评估时发现，三年来甲公司销售额以每年 20% 的比例增长，所得税税负高于同行业平均水平，其他各项纳税评估指标较好。但是，甲公司所得税申报表中的“本年研发人员数”“本年职工总数”及“本年研发人员占当年职工总数的比例”三个指标均未发生明显变化，不符合高新技术企业的经营特征，由此让税务人员产生疑惑。

通过了解得知，三年来甲公司并未增加生产设备，仅是对关键设备进行更新改造及生产技术上的改进，使得生产能力有了一定幅度的提高，但不是造成甲公司生产规模大幅增加的主要原因。为此，税务人员对甲公司进行了五项实地核查，即生产计划及安排记录、员工考勤表、加班补贴表、工资支出及社会保险缴纳原始凭证、个人所得税扣缴明细表等资料。

通过核查发现两个异常情况：

（1）各部门员工考勤实际人数总和大于《企业基础信息表》上的职工人数；

（2）职工的社保缴纳比例远高于当地同类企业水平。

再结合此前发现甲公司“劳务费用”支出数额较大等情况，税务人员判断甲公司可能将部分员工工资以劳务费的形式列入了成本费用。

原来，甲公司发现税务人员往往检查高新技术企业是否有虚增技术人员的现象，很少检查企业职工总人数，便决定反其道而行，真实地反映技术人员数，人为降低职工总人数，这样不仅可以满足科技人员占当年职工总人数的比例不低于 10%，而且还可以达到企业少缴纳养老保险金的目的。

（二）风险提示

根据《高新技术企业认定管理工作指引》（国科发火〔2016〕195号）的相关规定，企业职工总数包括企业在职、兼职和临时聘用人员。

一般情况下，在职人员的报酬计入“工资、薪金”，兼职或临时聘用人员的报酬计入“劳务费”。在职人员可以通过企业是否签订劳动合同或缴纳社会保险费来鉴别。但无论在职人员、兼职或临时聘用人员，若全年累计工作时间满183天以上的，应归入企业的职工总数。

因此，虽然甲公司将部分员工工资以劳务费的形式列入了成本费用的方式以达到减少职工总数的目的，但根据法规的规定，甲公司以“劳务费”支付的报酬的人员，若符合全年累计工作时间满183天规定的，也应计入职工总数的范畴。

三、个人获离职补偿未能享受优惠政策

个人与用人单位解除劳动关系取得一次性补偿收入，不仅涉及个人所得税的征缴，还涉及社会保险费缴费基数的确定。财政部、国家税务总局印发《关于个人所得税法修改后有关优惠政策衔接问题的通知》（财税〔2018〕164号）第五条第一项，按照新《个人所得税法》的原则，对个人与用人单位解除劳动关系取得一次性补偿收入如何计税，进行了过渡性政策安排。

（一）案情简介

谭某原在甲公司工作，2018年10月23日劳动合同到期，公司未与谭某续签合同。公司按照劳动法规定给予谭某离职补偿金72282元，税务机关于2018年11月7日就谭某离职补偿金征收了个人所得税25544.21元（约占总额35%，按并入2018年10月工资薪金计算，适用35%的税率）。

谭某认为，自己拿到的补偿金是劳动合同终止之后的所得，不属于工资、薪金，

因此不需要缴纳个人所得税；税务机关认为补偿金与任职受雇相关，应按工资、薪金所得计算缴纳个人所得税。

可见，双方争议的焦点是谭某获取的补偿金是否属于工资、薪金所得。税务机关最后认定属于工资、薪金所得，应该征税，税额需要重新计算。

（二）风险提示

离职补偿属于任职相关的所得，但不一定需要并入工资、薪金所得计算缴纳个人所得税，符合条件的离职补偿金可以适用离职补偿特殊的计算个人所得税的方式。

案例发生在 2018 年，适用之前的计税方法。依据国税发〔1999〕178 号、财税〔2001〕157 号文：个人因与用人单位解除劳动关系而取得的一次性补偿收入（包括用人单位发放的经济补偿金、生活补助费和其他补助费用），其收入在当地上年职工平均工资 3 倍数额以内的部分，免征个人所得税；超过部分，以个人取得的一次性经济补偿收入除以个人在本企业的工作年限数（超过 12 年按 12 计算），以其商数作为个人的月工资、薪金收入，按照税法规定计算缴纳个人所得税。

2019 年之后，离职补偿个人所得税的计算方法，与之前的计算方法不同之处在于超过年收入 3 倍以外的部分。计算离职补偿个人所得税时，首先判断个人获得的离职补偿金额是否超过当地上年职工平均工资 3 倍，如不超过，则可以免税，做免税申报；如超过，超过部分直接适用综合所得税率表，不再区分工作年限处理。

依据财政部、税务总局《关于个人所得税法修改后有关优惠政策衔接问题的通知》（财税〔2018〕164 号）第五条第（一）款规定，个人与用人单位解除劳动关系取得一次性补偿收入（包括用人单位发放的经济补偿金、生活补助费和其他补助费），在当地上年职工平均工资 3 倍数额以内的部分，免征个人所得税；超过 3 倍数额的部分，不并入当年综合所得，单独适用综合所得税率表，计算纳税。

以深圳市为例，依据国家税务总局深圳市税务局通告 2018 年第 2 号文，深圳 2018 年 7 月 1 日开始实施 300519 元的免税标准。如深圳员工按规定取得的离职补偿为 30 万元，小于深圳的免税标准，则无须缴纳个人所得税，但仍需要做免税申报。

如深圳员工按规定取得的离职补偿为 35 万元，个人所得税计算如下：

2019 年之前获得的离职补偿金：

350000 － 300519 ＝ 49481（元）

49481÷12 ＝ 4123.42（元）

4123.42 小于基本费用减除标准 5000，无须缴纳个人所得税。

2019 年之后获得的离职补偿金：

350000 － 300519 ＝ 49481（元）

49481 元介于 36000 元与 144000 元之间，适用 10% 的税率，速算扣除数为 2520 元，需要缴纳个人所得税为：49481 × 10% － 2520 ＝ 2428.1（元）。

从上面对比可见，2019 年之前可以除以年限再与月度基本减除费用（5000 元 1 月）比较，可能会出现不需要缴纳个人所得税的情况，2019 年之后直接并入综合所得税率表，超过部分最低适用的税率为 3%。

四、个税与企业所得税工资薪金计税基数不一致被查补

工资薪金支出是企业生产经营中的一项重要支出，个税与企业所得税工资薪金计税基数不同，不可混淆，混淆计税基数的后果很严重。

（一）案情简介

2019 年 6 月，某市税务机关风险管理部门在通过金三系统对辖区企业申报的数据进行比对分析时，发现甲公司 2018 年度企业所得税申报表填列的工资薪金计税基数与该公司 2018 年度代扣代缴的个人所得税工资薪金计税基数存在较大差异，遂将该问题作为风险疑点推送给税务稽查部门。税务稽查部门经立案检查，发现甲公司存在这样的问题：

甲公司是一家工业制造企业，根据其自行申报的纳税申报表数据显示，2018 年度该公司代扣代缴的个人所得税工资薪金计税基数为 640 万元，然而企业所得税申报模块列的工资薪金如下表所示：

《A105050 职工薪酬支出及纳税调整明细表》								
行次	项目 账载金额 实际发生额	账载金额	实际发生额	税收规定扣除率	以前年度累计结转扣除额	税收金额	纳税调整金额	累计结转以后年度扣除额
		1	2	3	4	5	6（1－5）	7（1＋4－5）
1	一、工资薪金支出	8200000	8200000	*	*	8200000	0	*
2	其中，股权激励			*	*			*
3	二、职工福利费支出	1188000	1188000		*	1148000	40000	*
4	三、职工教育经费支出	606000	606000	*		656000	0	
5	其中：按税收规定比例扣除的职工教育经费							
6	按税收规定全额扣除的职工培训费用				*			*
7	四、工会经费支出	200000	200000		*	164000	36000	*
	……			*	*			*
13	合计（1＋3＋4＋7＋8＋9＋10＋11＋12）			*				

甲公司2018年度企业所得税申报表中《A105050职工薪酬支出及纳税调整明细表》显示，甲公司当年工资薪金支出总额为820万元，两者差额高达180万元。那么，出现该差额的原因究竟是甲公司存在少代扣代缴个人所得税问题还是存在虚列人工成本费用在企业所得税税前扣除的问题呢？

检查人员要求企业提供了2018年度人员花名册及工资明细，经核查加总，甲公司当年工资性支出确实为640万元，即甲公司不存在少代扣代缴个人所得税问题。那么，为何企业所得税相关报表中填报的工资薪金支出为820万元呢？

针对该问题，财务人员提供了一份劳务用工合同并做了这样的解释：

2018年度因出现一些临时性用工需要，甲公司接受外部劳务派遣用工发生费用共计180万元。根据甲公司与劳务公司签订的合同约定，甲公司直接将180万元的用工费用支付给了劳务派遣公司。财务人员认为，上述劳务用工支出是因企业生产经营需要发生的，因此，将该笔支出计入了工资薪金支出项目核算，并以此作为职工福利费支出、职工教育经费支出与工会经费支出在企业所得税税前扣除的计税基数。

根据国家税务总局《关于企业工资薪金和职工福利费等支出税前扣除问题的公告》（国家税务总局公告2015年第34号）第三条规定：

企业接受外部劳务派遣用工所实际发生的费用，应分为两种情况按规定在税前扣除：按照协议（合同）约定直接支付给劳务派遣公司的费用，应作为劳务费支出；直接支付给员工个人的费用，应作为工资薪金支出和职工福利费支出。其中属于工资薪金支出的费用，准予作为计算其他各项相关费用扣除的依据。

在本案例中，甲公司与劳务公司签订的合同明确规定，甲公司直接将180万元的用工费用支付给了劳务派遣公司而并非直接支付给员工个人，因此，该笔支出应作为劳务费支出，不应计入企业工资薪金总额的基数。甲公司将该笔支出计入企业工资薪金总额，导致职工福利费支出、职工教育经费支出与工会经费支出在企业所得税税前扣除的计税基数人为增加。

最终，税务机关按照640万元工资薪金总额作为上述三项支出在企业所得税税前扣除的计税基数，对甲公司将上述三项支出多列支扣除的部分依法予以补征税款并加收滞纳金。

（二）风险提示

1. 明晰企业所得税法中的工资薪金支出范围

根据《中华人民共和国企业所得税法实施条例》第三十四条规定：企业发生的合理的工资、薪金支出，准予扣除。前款所称工资、薪金，是指企业每一纳税年度支付给在本企业任职或者受雇的员工的所有现金形式或者非现金形式的劳动报酬，包括基本工资、奖金、津贴、补贴、年终加薪、加班工资，以及与员工任职或者受雇有关的其他支出。

2. 工资薪金支出的合理性要有据可循

根据国家税务总局《关于企业工资薪金及职工福利费扣除问题的通知》（国税函〔2009〕3号）第一条规定：《中华人民共和国企业所得税法实施条例》第三十四条

所称的“合理工资薪金”，是指企业按照股东大会、董事会、薪酬委员会或相关管理机构制定的工资薪金制度规定实际发放给员工的工资薪金。税务机关在对工资薪金进行合理性确认时，可按以下原则掌握：

（1）企业制定了较为规范的员工工资薪金制度；

（2）企业所制定的工资薪金制度符合行业及地区水平；

（3）企业在一定时期所发放的工资薪金是相对固定的，工资薪金的调整是有序进行的；

（4）企业对实际发放的工资薪金，已依法履行了代扣代缴个人所得税义务；

（5）有关工资薪金的安排，不以减少或逃避税款为目的。

3. 企业实际发放的工资薪金总额不包含“三费”等项目

根据国家税务总局《关于企业工资薪金及职工福利费扣除问题的通知》（国税函〔2009〕3 号）第二条规定：《中华人民共和国企业所得税法实施条例》第四十、四十一、四十二条所称的“工资薪金总额”，是指企业按照本通知第一条规定实际发放的工资薪金总和，不包括企业的职工福利费、职工教育经费、工会经费以及养老保险费、医疗保险费、失业保险费、工伤保险费、生育保险费等社会保险费和住房公积金。属于国有性质的企业，其工资薪金，不得超过政府有关部门给予的限定数额；超过部分，不得计入企业工资薪金总额，也不得在计算企业应纳税所得额时扣除。

4. 符合规定的企业福利性补贴支出可以作为工资薪金列支扣除

根据国家税务总局《关于企业工资薪金和职工福利费等支出税前扣除问题的公告》（国家税务总局公告 2015 年第 34 号）第一条规定：列入企业员工工资薪金制度、固定与工资薪金一起发放的福利性补贴，符合《国家税务总局关于企业工资薪金及职工福利费扣除问题的通知》（国税函〔2009〕3 号）第一条规定的，可作为企业发生的工资薪金支出，按规定在税前扣除。

不能同时符合上述条件的福利性补贴，应作为国税函〔2009〕3 号文件第三条规定的职工福利费，按规定计算限额进行税前扣除。

5. 汇算清缴结束前支付汇缴年度工资薪金可税前扣除

根据国家税务总局《关于企业工资薪金和职工福利费等支出税前扣除问题的公告》

（国家税务总局公告2015年第34号）文件规定：企业在年度汇算清缴结束前向员工实际支付的已预提汇缴年度工资薪金，准予在汇缴年度按规定扣除。

6. 实行股权激励计划等待期确认的工资薪金支出不能在税前扣除

根据国家税务总局《关于我国居民企业实行股权激励计划有关企业所得税处理问题的公告》（国家税务总局公告2012年第18号）第二条规定：对股权激励计划实行后立即可以行权的，上市公司可以根据实际行权时该股票的公允价格与激励对象实际行权支付价格的差额和数量，计算确定作为当年上市公司工资薪金支出，依照税法规定进行税前扣除。

对股权激励计划实行后，需待一定服务年限或者达到规定业绩条件方可行权的，上市公司等待期内会计上计算确认的相关成本费用，不得在对应年度计算缴纳企业所得税时扣除。在股权激励计划可行权后，上市公司方可根据该股票实际行权时的公允价格与当年激励对象实际行权支付价格的差额及数量，计算确定作为当年上市公司工资薪金支出，依照税法规定进行税前扣除。

第二节　劳务报酬类

一、约定税后劳务报酬存在的税务风险

约定税后的劳务报酬是多数提供劳务人员用以规避税务风险的一种方式，在预扣预缴和汇算清缴中存在税务风险。

（一）案情简介

某演员与剧组签订一份劳务报酬合同，合同约定税后所得400万元，剧组按约定预扣预缴个人所得税。具体计算如下：

1. 计算预扣预缴个人所得税

（1）将不含税收入换算为含税收入，设预扣预缴个人所得税为 X 元，则计算公式：

（4000000 + X）×（1 − 20%）×40% − 7000 = X

X = 1872058.82

2. 反算是否正确

（4000000 + 1872058.82）×（1 − 20%）×40% − 7000 = 1872058.82（元）

通常预扣预缴个人所得税单位缴纳个人所得税记录金额为 1872058.82 元。

（二）按综合所得计算缴纳个人所得税

虽然劳务报酬已预扣预缴个人所得税，但按照新的个人所得税法规定，劳务报酬属于综合所得，纳税人还需要办理年度汇算，假如该纳税人没有其他三类项目的所得，则该劳务报酬经过年度汇算。

1. 年度汇算应缴纳个人所得税

5872058.82×（1 − 20%）×45% − 181920 = 1932021.18（元）

2. 年度汇算后需要补缴个人所得税

1932021.18 − 1872058.82 = 59962.36（元）

（三）风险提示

通过以上计算分析如果纳税人认为已预扣预缴个人所得税，应不需要补缴个人所得税，则存在被税务机关处罚，产生滞纳金的风险。所以，如在约定的税后劳务报酬税率达到 40%，且综合所得税率达到 45% 级次，则存在补税；如劳务报酬约定的税后劳务报酬税率达到 40%，且综合所得税率 45% 以下，则存在退税，以此类推。建议纳税人在签订合同时充分考虑这方面因素的影响以规避税务风险。

二、利用劳务公司虚开劳务发票，偷逃个人所得税

目前劳务派遣行业成为虚开发票的重点行业，虚开发票充当购票企业的人工成本的现象频发，由此带来了巨大的税收隐患。

（一）案情简介

1. 六个奇怪的劳务服务工程

2018 年中旬，梧州市税务机关通过互联网大数据预警平台，对辖区企业开票和申报纳税情况实施风险分析，在此过程中发现广西 F 劳务公司增值税发票开票量陡增，在成立后的短短 1 年时间里，对外开具增值税发票开票金额累计达到 8500 多万元，但该企业登记员工人数却仅有 4 人。

一家劳务服务企业，员工不多，业务量短期内暴增，并且增值税税负偏低，企业这些异常现象引起了检查人员警觉，决定对 F 劳务公司情况进行重点分析核查。

检查人员了解到，F 劳务公司成立于 2016 年 8 月，注册资金 300 万元，其中由财务负责人余某设立的 H 岩土工程公司出资 90%，法定代表人周某出资 10%，公司的日常运营业务由余某及周某共同负责。该企业主要从事建筑工程劳务派遣业务，主要业务是为施工单位提供劳务工人，通过收取劳务费获得收益。该公司于 2017 年 3 月 1 日取得增值税一般纳税人资格。

检查人员从税收综合征管系统、发票抵扣系统中调阅了企业的申报信息以及发票开具明细数据，仔细分析后发现了一个更大的疑点——F 劳务公司成立于 2016 年 8 月，但该公司 2017 年竟然分别为 6 家下游企业开具了 2015 年施工的工程项目劳务服务发票。这一情况的发现，加重了企业涉税违法的嫌疑，梧州市税务稽查部门迅速调配人员组成检查组，对 F 劳务公司立案调查。

2. 蹊跷业务背后的隐秘资金

为了不打草惊蛇，检查组决定首先从 F 劳务公司为这 6 户下游企业开具的发票业务入手开展调查，寻找企业违法证据。

检查人员首先从 6 户下游企业中选取了一户受票金额较大的本地企业 M 工程公司进行核查。税收综合征管系统中的信息显示，M 公司成立于 2010 年，企业设立后

一直没有销售收入，直到2015年新厂房交付使用后企业才有营业收入。

F劳务公司的开票信息则显示，在2017年5—9月期间，该企业为M公司开具了16份增值税普通发票。依据这些线索信息，检查人员经过外调核实后确认，M公司新厂房项目的竣工时间为2015年1月，该M公司新厂房在F劳务公司成立前就已完工并投入使用。

随后，检查人员调取了涉案企业银行账户信息，发现F劳务公司开具发票后，账户收到M公司结算资金后的当天，即将该笔款项减少一定比例后，转入本地的一个名为冯某的私人账户上，随后冯某通过私人账户又将这笔钱汇回了M公司的对公账户，形成了资金回流。经查，这个神秘账户的开户人冯某为M公司员工。

F劳务公司为M公司开具劳务服务发票的工程项目，在F劳务公司成立之前的2015年就已完工交付使用，F劳务公司与M公司银行账户有明显资金回流，核查结果验证了检查人员的判断，F劳务公司存在虚开发票重大嫌疑。

3.“好拍档”的生财之道

为加快案件查办进程，梧州市税务稽查部门迅速启动税警联动机制，与公安机关成立联合专案组，共同会商案件，并制订了下一步调查取证方案。税警联合专案组成立了资金查询、信息分析和跟踪抓捕三个工作小组，分头开展案件侦查工作。

信息分析组对F劳务公司开具发票情况进行梳理，逐一清分受票企业，绘制出了发票流向图。经过仔细分析发现，F劳务公司检查期内共与55户企业有业务往来，其中向涉案嫌疑较大的28户受票企业开出增值税发票594份，涉及金额价税合计1.03亿元，这些受票企业主要分布于广西、四川、重庆等10多个地市。

资金查询组则进一步扩大涉案企业银行账户信息的核查取证范围，并运用“穿透式”账户核查等方法，对F劳务公司、下游企业及相关涉案人员的100余个银行账户、涉及4万多条资金流信息数据进行逐一分析。在此过程中，发现了F劳务公司账户更多的资金回流情况。检查期内，F劳务公司共通过银行账户收取资金1亿多元，在收到下游28户企业的款项后，短时间内均会出现扣除一定比例金额后，余款转入这些下游企业员工私人账户，并再回流回企业账户的情况。

根据前期调查结果专案组确认，F劳务公司存在虚开发票违法行为。为防止企业继续从事涉税违法行为，减少税款流失，专案组在前期对涉案企业和人员布控的基础上，决定对F劳务公司及相关人员采取控制措施。

专案组迅速行动，在F劳务公司办公场所成功控制违法嫌疑人周某、余某，并在现场查获涉案电脑4台，U盾3个，大量财务资料以及虚假身份证、虚假部门公章若干。

专案组连夜对F劳务公司法定代表人周某、财务负责人余某进行了讯问。面对证据，周某与余某对其成立企业对外虚开增值税发票的违法事实供认不讳。

原来，余某在外地从事工程项目勘察工作的过程中，得知部分建筑企业有劳务发票“需求”。余某认为找到了发财“机会”。于是，2016年8月，余某网罗周某在梧州市登记成立F劳务公司，由周某担任该公司法定代表人。

随后，余某、周某公司与下游受票“客户”勾连，与受票企业签订虚假劳务合同，在没有任何实际业务来往的情况下，向下游受票企业大量虚开增值税发票，并通过收取手续费的方式非法牟利。

（二）外调取证

虽然已取得了不少证据，也有了涉案企业人员的言证，但为了进一步夯实证据链，将案件办成铁案，专案组决定对位于广西、四川、重庆等地区的28户受票企业进行调查取证。为提高外调核查效率，专案组分成两个小组，一组负责核查、收集下游企业与受票项目相关的财务账证及合同资料等证据；另一组则在当地税务机关的协助下，负责对下游受票企业财务负责人、项目经理等相关人员进行询问，获取言证。

经过10个月的不懈追查，经过对下游28户受票企业逐一实施调查取证，专案组确认，F劳务公司确与28户受票企业无真实业务往来，其为企业开具的增值税发票皆为虚开发票。

原来，这28户企业在承包建筑工程后，将相关的劳务工程分包给当地的包工头组织施工，并与包工头签订了劳务分包合同，但工程完工后包工头无法提供发票等凭证。为了降低成本，少缴税款，广西、四川等地的28户受票企业与余某的F劳务公司联络，接受了F劳务公司虚开的增值税发票。

经查，2016年12月—2018年5月间，余某、周某在没有开展真实劳务派遣业务的情况下，通过签订虚假合同、虚构业务的方式，为下游企业虚开增值税普通发票594份，价税合计1.02亿元。

案件调查结束后，专案组将该案证据资料移送梧州市长洲区检察院，长洲区检察院以涉嫌虚开增值税专用发票罪、虚开发票罪，依法对余某、周某这对“创业拍档”提起公诉。2019年10月31日，梧州市长洲区人民法院以虚开增值税专用发票罪、虚开发票罪，一审判处余某有期徒刑六年，并处罚金20万元；以虚开增值税专用发票罪、虚开发票罪，一审判决周某有期徒刑四年十个月，并处罚金10万元。

三、劳务报酬变身经营所得不被认可

（一）案情简介

2018年1月—2019年12月期间，张三、李四、王五、赵六、孙七和周八共6人（非甲公司员工）向甲公司提供技术咨询等服务，并从甲公司处取得劳务报酬772614.5元，该笔劳务报酬应缴未缴个人所得税123138.32元。

2018年1月—2019年12月期间，甲公司发放职工工资、补贴、年终一次性奖金时，应扣未扣“工资、薪金”个人所得税401538.06元。

2018年，甲公司应调增企业所得税应纳税所得额328657.42元，少缴企业所得税款为29341.72元。2019年，甲公司应调增企业所得税应纳税所得额440599.89元，少缴企业所得税款为175564.50元。

2020年1月2日，稽查局开展专项检查工作，对甲公司进行税务立案检查，检查期间为2018年1月—2019年12月。要求甲公司提供2018年1月1日—2019年12月31日期间，刘一、陈二、张三、李四、王五、赵六、孙七、周八、吴九、郑十、刘二共11人从甲公司取得收入后，向税务机关申报缴纳个人所得税的《纳税申报表》《个人所得税税票》《完税凭证》等涉税资料，甲公司未予提供。

经过调查发现甲公司上述涉税问题后，税务机关对甲公司2018—2019年度应扣缴个人所得税 664680.60 元进行补扣补缴，对 2018—2019 年度少缴的企业所得税 204906.22 元予以追缴，对 2018 年少缴纳的企业所得税 29341.72 元按日万分之五加收滞纳金。

（二）风险提示

1. 代开发票不能证实其履行了纳税义务

张三等 6 人从甲公司处取得收入，甲公司有代扣代缴个人所得税义务。根据《中华人民共和国个人所得税法》第八条“个人所得税，以所得人为纳税人，以支付所得的单位或者个人为扣缴义务人”规定，甲公司向张三等 6 人支付劳务报酬，应为扣缴义务人。

甲公司认为张三等 6 人到税务机关开具了发票，发票金额中应已包含应纳税款，根据开具发票的行为认定其已履行纳税义务是不正确的。依据《中华人民共和国发票管理办法》第三条“本办法所称发票，是指在购销商品、提供或者接受服务以及从事其他经营活动中，开具、收取的收付款凭证”及《中华人民共和国税收征收管理法》第三十四条“税务机关征收税款时，必须给纳税人开具完税凭证”规定，发票仅为收付款凭证，不是完税凭证，不能证实其履行了纳税义务。

目前很多地方税务机关已经明确规定了这点，税务局在代开自然人劳务报酬发票的时候不再预扣个人所得税，全部由支付方自行代扣。

如国家税务总局安徽省税务局《关于申请代开发票个人所得税有关问题的公告》（国家税务总局安徽省税务局公告 2019 年第 4 号）规定，取得劳务报酬所得、稿酬所得、特许权使用费所得的自然人申请代开发票，在代开发票环节不再随征个人所得税。由向个人支付所得的单位或个人为扣缴义务人，按照国家税务总局《关于发布〈个人所得税扣缴申报管理办法（试行）〉的公告》（国家税务总局公告 2018 年第 61 号）规定，依法预扣预缴或代扣代缴税款。代开发票单位在开具发票时，在发票备注栏内统一打印“个人所得税由支付方依法预扣预缴（或代扣代缴）”字样。

国家税务总局深圳市税务局《关于个人所得税征收管理有关问题的公告》（国家税务总局深圳市税务局公告 2019 年第 4 号）规定，对纳税人取得劳务报酬所得、稿酬所得和特许权使用费所得等综合所得需要代开发票的，在代开发票环节不再征收个人所得税。其个人所得税由扣缴义务人依照《个人所得税扣缴申报管理办法（试行）》（国家税务总局公告2018年第61号）规定预扣预缴（或代扣代缴）并办理全员全额扣缴申报。代开发票单位在开具发票时，应在发票备注栏内统一注明“个人所得税由支付方依法预扣预缴（或代扣代缴）”。

2. 向员工转账不能证明其款项用于公司业务

甲公司向刘一等4人支付应税所得，未履行代扣代缴个人所得税义务。甲公司认为其公司存在租车和检测支架搭设业务产生的支出，公司在这两类支出的处理上是通过转账到员工账户，员工开支后凭发票回公司报账，故甲公司转账给刘一等4人的款项实际是公司业务支出。甲公司提交的证据合同书和收据，仅能证明甲公司开展业务过程中有租车、人工费用的支出，但无法证实其支付给刘一等人的款项用于租车等业务支出，甲公司亦未提交其他证据进一步佐证，刘一等4人从甲公司处取得的收入应依法缴纳个人所得税，甲公司有代扣代缴个人所得税的义务。

四、自行扣除中介费计算劳务报酬个人所得税的风险

企业在支付劳务报酬时，在政策理解上产生偏差，造成计税风险。

（一）案情简介

2019年6月，经王某推荐，甲公司聘请我国著名品牌战略专家华某进行公司发展战略咨询服务，按双方协议支付华某咨询服务费20万元，华某为感谢中介人王某，将3万元作为王某的辛苦费。华某按服务协议在取得服务费后到当地税务机关代开了增值税发票，由甲公司入账核算，并进行了个人所得税的预扣预缴。

在税务机关对甲公司个人所得税的申报情况进行审核时发现，甲公司支付给华某的服务费按20万元扣除支付王某3万元辛苦费后的金额进行申报，认为其属于华某取得劳务报酬实际发生的费用，按17万元确定收入，应纳税所得额13.60万元，适用

税率 40%，速算扣除数 0.70 万元，应预扣预缴个税 4.74 万元。

对此，税务机关对甲公司进行了政策讲解，支付给华某的劳务报酬所得 20 万元，减除费用 4 万元，应纳税所得额 16 万元，适用税率 40%，速算扣除数 0.70 万元，甲公司应预扣预缴个税 5.70 万元。

（二）风险提示

根据全国人民代表大会常务委员会《关于修改〈中华人民共和国个人所得税法〉的决定》（主席令第九号）、《中华人民共和国个人所得税法实施条例》（国务院令第 707 号）和国家税务总局《关于全面实施新个人所得税法若干征管衔接问题的公告》（国家税务总局公告 2018 年第 56 号）的规定，纳税人取得劳务报酬所得，应当缴纳个人所得税。

劳务报酬所得，是指个人从事劳务取得的所得，包括从事设计、装潢、安装、制图、化验、测试、医疗、法律、会计、咨询、讲学、翻译、审稿、书画、雕刻、影视、录音、录像、演出、表演、广告、展览、技术服务、介绍服务、经纪服务、代办服务以及其他劳务取得的所得。

劳务报酬所得以收入减除规定费用后的余额为收入额。劳务报酬所得每次收入不超过 4000 元的，减除费用按 800 元计算；每次收入 4000 元以上的，减除费用按 20% 计算。

劳务报酬所得以每次收入额为预扣预缴应纳税所得额，适用 20% ~ 40% 的超额累进预扣率计算个人所得税。

另外，早在 1996 年国家税务总局就以国家税务总局《关于个人所得税偷税案件查处中有关问题的补充通知》（国税函发〔1996〕602 号）明确，获取劳务报酬所得的纳税义务人从其收入中支付给中介人和相关人员的报酬，在定率扣除 20% 的费用后，一律不再扣除。

五、劳务派遣、代发工资未预扣预缴个人所得税的风险

按照《个人所得税法》的规定，向个人支付所得的单位和个人为扣缴义务人。由于支付所得的单位和个人与取得所得的人之间有多重支付的现象，有时难以确定扣缴义务人。为保证全国执行的统一，现将认定标准规定为：凡税务机关认定对所得的支付对象和支付数额有决定权的单位和个人，即为扣缴义务人。

（一）案情简介

甲公司与乙公司签订了《劳务派遣协议》，派遣具有保险代理资格证的职业保险销售人员，合同费用分为乙方劳务派遣人员代理手续费、奖金、乙方劳务派遣人员涉及的增值税及附加和个人所得税缴纳三个部分。

甲公司提供的佣金支付流程说明，甲公司在实际支付保险销售人员佣金时，由甲公司事先确定各保险销售人员的佣金金额并制作详细的结算清单，然后其再将相关佣金划转给乙公司并由乙公司按照上述清单明细支付给保险销售人员。结合上述业务流程，甲公司对于保险佣金的具体支付对象与数额显然具有实际的决定权。

根据国家税务总局《关于个人所得税偷税案件查处中有关问题的补充通知》第三条规定“扣缴义务的认定，按照个人所得税的规定，向个人支付所得的单位和个人为扣缴义务人”。由于支付所得的单位和个人与取得所得的人之间有多重支付的现象，有时难以确定扣缴义务人。为保证全国执行的统一，现将认定标准定为：凡税务机关认定对所得的支付对象和支付数额有决定权的单位和个人，即为扣缴义务人，稽查局据此认定甲公司为其名下保险销售人员佣金所得个人所得税的扣缴义务人合法有据。此外，根据《税收征收管理法实施细则》第三条第二款的相关规定，即便乙公司与甲公司之间存在委托代扣税款的书面约定，该协议约定也不能排除与规避甲公司作为扣缴义务人的法定义务。

据此，稽查局对甲公司未代扣代缴个人所得税的行为作出处罚。

（二）风险提示

一般劳务接收企业对其保险代理人员保险佣金的具体支付对象与数额具有实际的

决定权（确定各保险销售人员的佣金金额并制作详细的结算清单，然后再将相关佣金划转给劳务公司并由劳务公司按照上述清单明细支付给保险销售人员），这种法定义务系税法的强制性规定，不因民事协议而转移，劳务接收企业应就其未代扣代缴个人所得税承担相应的行政法律责任。

劳务接收企业因劳务公司未按照协议扣缴税款导致自身财产损害（劳务公司根据各保险销售人员业绩将具体的代理手续费发放至各保险销售人员，并代为履行代扣代缴个人所得税义务），应另行向其主张民事权利，但不能阻却税务机关依法作出案涉处罚决定。

六、劳务派遣涉嫌虚开法律风险

劳务派遣用工方式灵活、便利，能为企业大幅减少事务性工作、节约用工成本，避免与被派遣劳动者在人事（劳动）关系上可能出现的纠纷，受到各行各业青睐。实务中，不少用工单位因难以分辨劳务派遣公司资质，在签订《劳务派遣协议》环节存在瑕疵等，导致劳务派遣用工存在虚开风险。

（一）案情简介

某劳务派遣公司，成立于2010年11月30日，经营范围为：劳务派遣，劳务服务，劳务咨询，社会保险与公积金代缴代办等，孟某为实际控制人。2018年8月至10月间劳务派遣有限公司为甲公司、乙公司、丙公司、丁公司、戊公司五家单位开具的劳务费发票，被检察院以犯虚开发票罪，于2019年7月29日向当地法院提起公诉。

孟某经营的劳务派遣公司未获得相关劳务派遣经营资质、没有实际发生劳务派遣业务，所开具发票应认定为虚开。

该法院认定虚开的主要因素为劳务派遣用工双方是否有实际业务发生，是否签订劳务派遣合同、是否有工资表及相关劳务人员情况证明等，成为“实际业务发生”的关键考量因素。

（二）风险提示

1. 业务真实性的认定

《中华人民共和国发票管理办法》第二十二条第二款第（二）项“让他人为自己开具与实际经营业务情况不符的发票”的是虚开发票行为。最高人民法院关于适用《全国人民代表大会常务委员会关于惩治虚开、伪造和非法出售增值税专用发票犯罪的决定》的若干问题的解释（法发〔1996〕30号）规定：一、具有下列行为之一的，属于“虚开增值税专用发票”：（1）没有货物购销或者没有提供或接受应税劳务而为他人、为自己、让他人为自己、介绍他人开具增值税专用发票；……因此，有无真实应税劳务的发生，是认定劳务派遣用工是否构成虚开的关键。

《劳务派遣协议》是劳务派遣用工中，劳务派遣单位和用工单位对派遣岗位和人员数量、派遣期限、劳动报酬和社会保险费等事项签订的协议。未签订《劳务派遣协议》违反的是《劳动合同法》第五十九条的规定，可根据《劳动合同法》的相关规定进行处罚。法院判决不应以未签订《劳务派遣协议》为由否认业务真实存在，企业若能够提供相关劳务人员工资单、社会保险缴费情况、人员情况说明等材料相互印证，证明双方确实存在实际业务，法院应予以认可。案例当中劳务派遣公司为丁公司、戊公司开具发票，能够提供相关劳务人员情况证明、工资单、社会保险缴纳情况等证明劳务真实发生的凭据，对上述两家公司开具的劳务发票不应认定为虚开。

关于劳务派遣用工模式的代扣代缴义务人，根据《关于个人所得税偷税案件查处中有关问题的补充通知》（国税函〔1996〕602号）的规定，劳务派遣用工的扣缴义务人应为“对所得的支付对象和支付数额有决定权的单位和个人”，以上可知，不论是劳务派遣单位还是用工单位，只要对相关劳务人员支付的数额有决定权，均应认定为代扣代缴义务人。

2. 如劳务派遣公司开具发票被证实虚开，用工单位作为受票方应承担相应的责任

（1）能够证明业务真实性+取得发票为善意——补缴税款

劳务派遣用工模式中，用工单位取得已被证实虚开的增值税发票，根据国家税务总局《关于纳税人善意取得虚开的增值税专用发票处理问题的通知》（国税发〔2000〕187号）、国家税务总局《关于纳税人善意取得虚开增值税专用发票已抵扣税款加收滞纳金问题的批复》（国税函〔2007〕1240号）的规定，若发票注明提供劳务的金额及税额等全部内容与实际相符，且没有证据表明用工单位知道劳务派遣单位提供的发票是以非法手段取得的，不以偷税或者骗取出口退税论处；不适用《税收征管法》第三十二条的规定，不得加收滞纳金。但应作进项税额转出，补缴税款。

（2）无法证明善意被认定为不合规发票的——补缴税款＋滞纳金

用工单位取得虚开的增值税发票，无法证明善意的，取得的增值税扣税凭证被认定为不合规发票的，根据《增值税暂行条例》第九条、《国家税务总局公告2012年第33号》，纳税人取得虚开的增值税专用发票，不得作为增值税合法有效的扣税凭证抵扣其进项税额。因不得抵扣而补缴的税款从滞纳税款之日起，按日加收滞纳税款万分之五的滞纳金；同时，取得的不合规发票不得作为有效税前扣除凭证，列支的费用、成本不得在企业所得税前扣除，需调整补缴企业所得税，并且从滞纳税款之日起，按日加收滞纳税款万分之五的滞纳金。

（3）利用劳务派遣单位为自己虚开发票，应承担虚开刑事责任

实务中，套取资金用于员工工资、奖金发放，逃避税款缴纳是常见的虚开原因，在无实际劳务服务业务的情况下，利用劳务派遣单位为自己虚开增值税发票、套取现金，情节严重，将触犯刑法，面临刑事责任风险。

根据《刑法》第二百零五条、（法发〔1996〕30号）的规定，没有货物购销或者没有提供或接受应税劳务而为他人、为自己、让他人为自己、介绍他人开具增值税专用发票均属于“虚开”，根据《刑法》第二百零五条、《最高人民法院关于虚开增值税专用发票定罪量刑标准有关问题的通知》（法〔2018〕226号）的规定，根据虚开增值税专用发票数额，重则可判处无期徒刑，并处罚金；虚开增值税普通发票情节严重构成犯罪的，根据《刑法》第二百零五条构成虚开发票罪，根据虚开增值税普通发票数额，可判处至7年有期徒刑，并处罚金。单位犯前款罪的，对单位判处罚金，并对其直接负责的主管人员和其他直接责任人员，依照前款的规定处罚。

七、只发工资不扣税，企业不能主观解读税法

个人所得税作为一种直接税，大多是通过代扣代缴的方式征收，而代扣代缴义务人是否能够遵从法律规定，履行代扣代缴义务，很大程度上决定着我国个人所得税的征收效果。近年来，工程建设在各地如火如荼，而建筑市场中存在大量违法分包、转包现象，甚至很多包工头“挂靠”在正规企业名下，实际承包管理工程，并向劳动者支付报酬，但并未按税法规定履行代扣代缴义务。

（一）案情简介

2019 年 1 月 3 日，稽查局对甲公司作出税务行政处罚决定。该处罚决定认定：甲公司 2017 年至 2018 年未按规定代扣代缴“劳务报酬”税目个人所得税，少代扣代缴个人所得税 6060776.12 元，并作出处罚决定，根据《中华人民共和国税收征收管理法》规定，对甲公司处以未补扣补缴个人所得税的一倍罚款，罚款金额为 6060776.12 元。

甲公司不服该行政处罚决定，于 2019 年 4 月 17 日向法院提起行政诉讼。经过开庭审理，2019 年 7 月 15 日，法院作出一审判决：驳回甲公司的诉讼请求。

（二）风险提示

甲公司认为，税务行政处罚决定书应予以撤销。首先，甲公司不是施工合同的相对人，也不是施工的实际主体，不是代扣代缴义务人，不能作为行政处罚当事人。2016 年 6 月，上海甲公司出资设立了全资甲公司，上海甲公司承揽了工程后，涉及的所有建筑工人均由其派遣，并与其存在关系，与甲公司没有任何劳动或劳务关系，其只是代上海甲公司发放钱款。其次，税务机关对上海甲公司的建筑工人按劳务报酬所得的 20% 税率计征个人所得税，明显不正确，对甲公司处罚个人所得税少代扣代缴税款的一倍罚款，是错误的。

稽查局认为：一、甲公司向用工人员发放劳务报酬并计入其财务账目“工程施工”科目列支人工费，应作为扣缴义务人代扣代缴个人所得税。二、甲公司与领取劳务报酬的人员并未签订用工合同，也未为劳动者缴纳任何社会保险，其所雇人员均属于临时用工，按月支付报酬。甲公司向劳动者发放的钱款均列入工程施工科目，并非列入

工资总额，按“劳务报酬所得”的20%计征个人所得税是正确的。

法院认为，本案中，稽查局根据《中华人民共和国税收征收管理法》第六十九条对甲公司作出一倍罚款的处罚，应满足以下几个条件：1. 项目建设的人工费是由甲公司支付的；2. 该收入应按照劳务报酬所得缴纳个人所得税；3. 该收入的扣缴义务人是甲公司且未扣缴。

1. 项目建设的人工费的支付主体

从稽查局提供的甲公司财务账册中，明确记载了“同方广场付人工费、劳务费、民工工资”等科目，在甲公司2017—2018年的劳务费发放明细表中也记载了支付金额并有领取人的签字盖章。甲公司将人工费的发放情况记载于本公司的财务账册中，能够证明该笔费用系由其支付给劳务者的。

2. 企业发放的劳务费应当按照工资、薪金所得项目还是按照劳务报酬所得项目缴纳个人所得税

根据《中华人民共和国个人所得税法实施条例》第八条第（四）项“劳务报酬所得，是指个人从事设计、装潢……代办服务以及其他劳务所得的所得”的规定，甲公司向临时用工人员支付的报酬可以纳入其他劳务取得的所得范围，应按劳务报酬所得缴纳个人所得税。

3. 企业是否应作为扣缴义务人代扣代缴个人所得税

根据《中华人民共和国个人所得税法》第八条“个人所得税，以所得人为纳税义务人，以支付所得的单位或者个人为扣缴义务人”的规定，甲公司将发放的劳务费列入企业工程施工科目人工费支出项目，直接向用工人员发放，属于法律规定的个人所得税扣缴义务人。

（三）行业警示

目前我国建筑业个人所得税的征管存在很大空白。建筑业大量存在违法转包甚至挂靠经营方式，给个人所得税征管带来一系列问题和困难。许多建筑企业利用自身资质投标获得建筑工程后并不实质性提供建筑业劳务，由其职工或者俗称“包工头”以项目经理内部承包上交管理费的形式进行工程施工。

建筑企业自身财务核算不规范，从业人员对于个人所得税纳税意识不强，分包、转包业务中个人所得税几乎从未进行代扣代缴。挂靠的建筑工程项目往往是挂靠人按照自筹资金、自主经营、自负盈亏的方式运作，大多数建筑企业将挂靠（内部承包、承租）经营的工程款挂在往来账上，不作相应的收支核算。建筑安装业作为一个劳动密集型产业，其用工门槛低，普遍实行的是“包工头”用工制度，存在大量临时用工，未签订劳动合同的行为屡见不鲜。包工头对外以现金支付工资报酬，财务上缺乏相应的凭证，也从未代扣代缴个人所得税。此类情形，一旦被税务机关检查，将面临很高的涉税风险。

第三节 借款利息类

一、“不付利息”的借款业务被查补缴个人所得税

国家税务总局宜昌市税务局稽查局查处一起企业未依法代扣代缴个人所得税案件。涉案企业通过在账目之中做手脚，提供虚假补充协议等方式，试图逃避个人所得税代扣代缴义务。检查人员紧盯企业借款项目，点面结合多方查证，最终锁定了企业未代扣代缴税款的违法事实，依法对该企业作出补缴税款 392.56 万元，罚款 196.28 万元的处理决定。

（一）案情简介

1. 蹊跷的资金往来凭证

不久前，宜昌市税务局稽查局按照“双随机，一公开”工作要求，开展市级重点税源涉税检查，宜昌 H 置业有限公司被列为检查对象。

检查人员了解到，H 公司成立于 2010 年 12 月，注册资本为 5000 万元，性质为有限责任公司，为一般纳税人。2015—2017 年企业年均预售收入 7276 万元，3 年均

纳税额超过 1500 万元。主要从事以商业住宅为主的房地产开发经营等业务。

查前，检查人员通过征管信息系统查询了近几年 H 公司的涉税信息和财务信息。发现该企业近三年共征地 10.78 万平方米，主要开发了“中央街区”房产项目。因为是旧城改造项目，建设进展缓慢。检查人员了解到，H 公司的“中央街区”项目截至检查人员核查之时，可售房产只销售了一半，项目尚未全部竣工。根据该企业前期征地较多、拆迁补偿金额较大的情况，检查人员决定重点对该企业预售收入核算情况，以及征地和拆迁补偿涉及的土地使用税、契税等缴纳情况实施核查。

此外，检查人员发现，检查期内企业资产负债表信息显示，“其他应付款”科目数额逐年增长，三年增幅近 30%。一般情况下，随着项目陆续完成，进入预售阶段，企业其他应付款项应逐步下降，但该企业不降反升，检查人员觉得异于常态，也应进一步核查。

检查人员进户后，调取了 H 公司 2015—2017 年电子账目，并要求企业提供相关记账凭证，以及“中央街区”项目的立项、开工等证明资料和文件。

检查人员对企业账目与纳税信息资料进行了仔细核查，发现企业征地和拆迁补偿涉及的土地使用税、契税等均已按时缴纳；记入“预收账款”的预售收入也已按规定缴纳土地增值税和企业所得税等税款。

在核查企业“其他应付款”科目时检查人员发现，H 公司检查期内资金进出频繁，且数额较大。对于“其他应付款”科目金额连年增长的情况，企业人员称因为项目太大，在房产建设的同时，后期征地等工作仍在进行，由企业仍在不断融资所导致。

在此过程中，2015 年 2 月的一张凭证引起了检查人员的注意，凭证上记载 H 公司收到罗某 1500 万元的往来款。之后检查人员发现 2015 年 5 月有罗某 6 张类似凭证，单笔最高金额 5800 万元，合计 6420 万元，这一情况引起了检查人员注意。

对此，企业财务负责人张某称，H 公司开发“中央街区”项目，连年征地，但银行贷款无法到位。罗某与公司董事长是夫妻关系，融资能力较强，因此公司需要资金周转时，常向企业提供借款，这些往来账是罗某向企业借款的业务。检查人员随即要求查看借款合同。张某称是临时借款，且借款人与公司关系特殊，当时是否签订书面合同，需到档案保管员处查阅，但相关人员正在休产假，暂时不能提供详细资料。

检查人员随后再次检阅往来科目，发现不止罗某，往来款项业务中还有邓某、江某、刘某等 6 人有类似资金的往来。企业人员称往来款项目中此 6 人的业务也为该企业借款。经统计，此 7 人涉及借款金额共 1.96 亿元。

检查人员认为这些业务的实际情况需要进一步核查，于是向 H 公司下达了税务事项通知书，要求企业提供相关业务借款合同等资料。几天后，张某提供了部分借款合同，称费了很大周折只找到了这些合同，其余因之前公司搬家可能遗失了。

检查人员查阅 H 公司与邓某等人签订的这些借款合同发现，这些合同均写明："借款只用于'中央街区'项目开发；借款期限为 1 年，借款利息为年利率 10%，按月计息，利息按年支付；到期后如未归还，自动延期，延期后的利息据实计算。"

检查人员于是将检查年度 H 公司与上述 7 人的往来账目与合同明细账情况逐一核查。经核实，H 公司向 7 人借款业务中，有 1.73 亿元无合同对应，三个年度内企业累计归还的资金金额超过借款近 2000 万元。其中，罗某收取 1500 万元，其他 6 人收取 400 多万元。根据掌握的资料证据，检查人员判断，这些多出来的款项应为该企业向个人支付的借款利息。但在向张某询问相关情况时，张某却称时间长了记不清楚，需要核实一下再回复。

2. "不付利息"的借款业务

检查人员对检查年度内企业向借款人多支出的近 2000 万元款项的缴税情况进行了核查，发现该企业并未就这些支出代扣代缴个人所得税。

检查人员随即通知企业人员，如企业不能说明向借款人多支付的资金的性质，那么按照商业惯例和相关法规规定，企业应依法就这些支出代扣代缴个人所得税。收到通知信息后不久，张某找到检查人员称，公司借款期初确实准备付息，借款合同中也有支付利息条款，公司按期计提了利息并在往来款里支付了利息。但项目开发建设过程中，房地产市场不景气，售价和成交量下滑，并且公司同时承建了旧城改造工程，拆迁难度大、时间长，导致开发项目受阻，经营困难。因此经与借款人协商，双方一致同意不再支付利息，只偿还借款人本金，对以前年度已经支付的利息，后续抵作本金偿还，这些借款没有支付利息，因此企业没有代扣代缴个税。随后张某还拿出了 2018 年 1 月 15 日记录有上述信息的企业董事会会议纪要。

对此，检查人员认为，企业提供的借款合同和账务处理信息均显示企业支付过利息，而不是偿还本金，仅凭一份会议纪要，无法证实张某所称的情况属实。

对此，张某解释称，企业与借款人后来就不付息一事签订了补充协议，财务部门已在 2018 年 2 月对账目进行了调整，对往来账目信息进行了更正，但检查人员调阅的是 2015—2017 年度账簿，所以没有看到 2018 年已经调整后的电子账目信息。张某随即向检查人员出示了 7 份《补充协议》复印件和相关调账凭证。

3. 非“关联”调查打开突破口

为了核实企业提供情况是否属实，检查人员决定对第三方借款人实施核查，以确认企业提供情况的真实性，从中寻找线索和突破口。检查人员仔细分析了 7 名借款人员的身份等情况后，发现 7 名借款人中有 6 人均与 H 公司有关联关系，不是股东和高管，就是董事会成员家属。7 人中唯有刘某与 H 公司没有任何关联关系。核查信息显示，刘某曾两次借款给 H 公司，分别是 200 万元和 20 万元，H 公司共支付刘某 274.85 万元。

检查人员随即约谈了刘某。谈话之初，刘某向检查人员表示 H 公司所说利息抵本金和补充协议均属实。但当检查人员向其出示了 H 公司账目信息，并询问刘某 H 公司多支付给其 54.85 万元的情况时，刘某开始无法作答。

见此情景，检查人员对刘某作了税法宣传，向其表示，逃避缴纳税款，不配合税务机关调查，不仅会影响信用和信誉，如果情节严重还将会承担法律责任。经过检查人员耐心工作，刘某最终道出了实情。

刘某称，H 公司之前并没有与他们这些借款人签订补充协议，也没有利息抵作本金偿还这件事，补充协议是最近才临时制作签订的。

从刘某处取得补充协议的真实情况后，检查人员决定通过电子账目查证的方式，核实企业所称 2018 年 2 月调账一事的真伪。在技术人员的支持下，检查人员对 H 公司财务软件进行了检查。检查人员发现，企业财务软件操作日志显示，企业电子账目调整时间为检查人员进户检查之后，共调账 36 笔，而并非企业会计张某所称 2018 年 2 月。检查结果证明，张某提供情况并不属实。

检查人员随即扩大了检查范围，依法对企业财务部门的所有电脑进行了核查。在此过程中，发现财务负责人电脑中有一个加密的隐藏文件，经过破解，发现这个文件正是 H 公司向个人借款和付息的所有记录。

证据链完整后，检查人员再次约谈了 H 公司有关负责人，面对检查人员出示的证据，企业人员无法自圆其说，最终承认了近 2000 万元的借款利息没有依法代扣代缴个人所得税的违法事实。税务机关依法对 H 公司作出补缴 392.56 万元个人所得税，罚款 196.28 万元的处理决定。

（二）风险提示

根据《个人所得税法》及其实施条例规定，个人拥有债权、股权而取得的利息、股息、红利所得，应按 20% 的税率缴纳个人所得税。个人所得税，以所得人为纳税义务人，以支付所得的单位或者个人为扣缴义务人。

《税收征收管理法》第六十九条规定，扣缴义务人应扣未扣、应收而不收税款的，由税务机关向纳税人追缴税款，对扣缴义务人处应扣未扣、应收未收税款百分之五十以上三倍以下的罚款。

国家税务总局《关于贯彻及其实施细则若干具体问题的通知》（国税发〔2003〕47 号）规定，扣缴义务人违反征管法及其实施细则规定应扣未扣、应收未收税款的，税务机关除按征管法及其实施细则的有关规定对其给予处罚外，应当责成扣缴义务人限期将应扣未扣、应收未收的税款补扣或补收。

因此，该公司未代扣代缴利息个人所得税的，税务机关不仅对该公司处应扣未扣、应收未收税款百分之五十以上三倍以下的罚款，而且还会责成该公司限期将应扣未扣、应收未收的税款补扣或补收。

二、股东借款按股息红利计算个人所得税

股东借款按照“股息红利”的税收政策征收个人所得税，既是实体法的恰当理解，也是堵塞征管漏洞。

（一）案情简介

2018 年初，甲公司分别借款给其股东刘一 300 万元、陈二 265 万元、张三 305 万元，以上借款未用于甲公司的生产经营。

三人于 2019 年 5 月归还了借款，但该借款显然超过了一个纳税年度未归还，根据财政部、国家税务总局《关于规范个人投资者个人所得税征收管理的通知》（财税〔2003〕158 号）第二条规定："纳税年度内个人投资者从其投资企业（个人独资企业、合伙企业除外）借款，在该纳税年度终了后既不归还，又未用于企业生产经营的，其未归还的借款可视为企业对个人投资者的红利分配，依照'利息、股息、红利所得'项目计征个人所得税。"甲公司应当履行代扣代缴税款义务。

稽查局责令甲公司补扣补缴 174 万元个人所得税。

（二）风险提示

根据财政部、国家税务总局《关于规范个人投资者个人所得税征收管理的通知》（财税〔2003〕158 号）第二条规定，纳税年度内个人投资者从其投资企业（个人独资企业、合伙企业除外）借款，在该纳税年度终了后既不归还，又未用于企业生产经营的，其未归还的借款可视为企业对个人投资者的红利分配，依照"利息、股息、红利所得"项目计征个人所得税。

该规定的目的是为了防止个人投资者以借款的形式掩盖红利分配，其征税对象是纳税年度终了后未归还且未用于企业生产经营的借款。

三、名为买卖实为借贷，税款、滞纳金均须缴纳

民商事活动中，资金拆借是比较常见的经济行为。如何保障出借方的资金安全和利益，成为资金拆借活动中出借方关心的重要问题。物权担保、保证人担保是比较常见的担保方式，而以《商品房买卖合同》代替《借款合同》来保障出借人利益，则是比较新的方式。本文通过对一则最高院公布的税案进行分析，拟揭示纳税申报与行为实质不相符时，纳税人面临的涉税法律风险。

（一）案情简介

2018年3月20日，陈某和林某与甲公司签订一份《商品房买卖合同》，约定：

1. 陈某和案外人林某共同向甲公司购买商铺，建筑面积10008.73平方米，每平方米5500元，合同总价款人民币5500万元。

2. 分期付款。

3. 违约责任。

该《商品房买卖合同》送至房地产管理中心备案。之后，甲公司分别向住建局、产业园管委会、政府申请预售融资方案调整的报告。政府同意甲公司增加20%建筑面积作为融资用途，导致甲公司与陈某和案外人林某签订的《商品房买卖合同》无法按合同约定继续履行。

2019年3月18日，甲公司向仲裁委员会申请仲裁，2019年3月19日，双方达成协议如下：1. 解除双方签订的《商品房买卖合同》；2. 甲公司应于2019年3月21日前返还被申请人林某、陈某已付的购房款人民币1000万元。

陈某和案外人林某与甲公司资金来往情况：

1. 在2018年3月20日双方签订《商品房买卖合同》之前，陈某和林某转账支付给甲公司共计人民币6000万元，签订合同时甲公司返还给陈某500万元。

2. 签订《商品房买卖合同》之后，陈某和林某陆续收到甲公司转入资金共计人民币9328万元，其中陈某收回资金人民币4740.5万元，林某收回资金人民币4587.5万元，但林某于2018年10月10日又支付给甲公司人民币500万元。陈某和林某收支对抵《商品房买卖合同》的本金人民币5500万元，多出人民币3328万元。在陈某、林某与甲公司资金往来中，银行网上电子回单、网银收款记账凭证的用途和附言栏目中大部分注明“购房款”。

2019年6月份，稽查局接到举报，对陈某和林某与甲公司的资金往来进行调查。陈某和林某在稽查局的谈话笔录中均承认，陈某和案外人林某共借款人民币5500万元给甲公司，月利率5%，甲公司以商品房作抵押，双方签订《商品房买卖合同》，一年内共收取利息人民币3328万元。解除《商品房买卖合同》时陈某和林某收回本金共计人民币5200万元。涉案借款给甲公司的本金也是向其他人以不同的利率转借的。

2019年4月30日，稽查局作出税务处理决定，对陈某补缴个人所得税4281000元。

（二）风险提示

1. 判断是买卖行为还是借贷行为应以民法相关规定为依据

《中华人民共和国合同法》第一百九十六条规定：“借款合同是借款人向贷款人借款，到期返还借款并支付利息的合同。”同时，结合该法第一百九十七条第一款有关“借款合同采用书面形式，但自然人之间借款另有约定的除外”的规定，以及《最高人民法院关于审理民间借贷案件适用法律若干问题的规定》（法释〔2015〕18号）第九条有关自然人之间借款合同生效要件诸项规定，认定当事人之间是否存在借贷法律关系，书面合同并非不可缺少的要件；只要确认双方当事人就借贷问题达成合意且出借方已实际将款项交付给借款方，即可认定借贷关系成立。

本案中，陈某、林某在《商品房买卖合同》签订之前，已经转账支付甲公司人民币6000万元；甲公司在签订合同当日，又返还陈某500万元，即至签订《商品房买卖合同》之日，陈某、林某共向甲公司支付资金5500万元。在签订《商品房买卖合同》之后，陈某分别于2018年5月、7月、9月、10月、11月、12月，2019年1月、2月、3月，分别收到甲公司转入资金，共4740.5万元；林某分别于2018年3月、4月、6月、8月、10月，2019年1月、3月，分别收到甲公司转入资金，共4587.5万元。两人合计收到甲公司转入资金9328万元，扣除林某于2018年10月10日支付给甲公司的资金500万元，收支对抵后，较之《商品房买卖合同》价金5500万元多出3328万元。

根据《民法总则》第一百四十六条：“以虚假的意思表示隐藏的民事法律行为的效力，依照有关法律规定处理。”陈某、林某与甲公司的行为符合《中华人民共和国合同法》第一百九十六条规定的借贷合同法律关系，应当认定双方成立民间借贷法律关系，而陈某、林某与甲公司签订《商品房买卖合同》并办理备案登记的行为，仅构成对借贷关系的让与担保。对陈某收取的由甲公司支付的除本金以外的2140.5万元，依法属于民间借贷利息收入。

2. 民间借贷应缴纳增值税

根据财政部、国家税务总局《关于全面推开营业税改征增值税试点的通知》（财税〔2016〕36号）规定："经国务院批准，自2016年5月1日起，在全国范围内全面推开营业税改征增值税试点，建筑业、房地产业、金融业、生活服务业等全部营业税纳税人，纳入试点范围，由缴纳营业税改为缴纳增值税。"作为该通知附件的《营业税改征增值税试点实施办法》第一条第一款规定："在中华人民共和国境内（以下称境内）销售服务、无形资产或者不动产的单位和个人，为增值税纳税人，应当按照本办法缴纳增值税，不缴纳营业税。"第九条规定："应税行为的具体范围，按照本办法所附的《销售服务、无形资产、不动产注释》执行。"同时，《销售服务、无形资产、不动产注释》规定："金融服务，是指经营金融保险的业务活动。包括贷款服务、直接收费金融服务、保险服务和金融商品转让……贷款，是指将资金贷与他人使用而取得利息收入的业务活动。各种占用、拆借资金取得的收入，包括金融商品持有期间（含到期）利息（保本收益、报酬、资金占用费、补偿金等）收入、信用卡透支利息收入、买入返售金融商品利息收入、融资融券收取的利息收入，以及融资性售后回租、押汇、罚息、票据贴现、转贷等业务取得的利息及利息性质的收入，按照贷款服务缴纳增值税。"根据上述规定，在国家税收政策调整、营业税改征增值税后，个人贷款业务也明确属于增值税应税服务。

3. 名为买卖实为借贷，补缴税款并加收滞纳金

《中华人民共和国税收征收管理法》第三十二条规定："纳税人未按照规定期限缴纳税款的，扣缴义务人未按照规定期限解缴税款的，税务机关除责令限期缴纳外，从滞纳税款之日起，按日加收滞纳税款万分之五的滞纳金。"第五十二条规定："因税务机关的责任，致使纳税人、扣缴义务人未缴或者少缴税款的，税务机关在三年内可以要求纳税人、扣缴义务人补缴税款，但是不得加收滞纳金。因纳税人、扣缴义务人计算错误等失误，未缴或者少缴税款的，税务机关在三年内可以追征税款、滞纳金；有特殊情况的，追征期可以延长到五年。对偷税、抗税、骗税的，税务机关追征其未缴或者少缴的税款、滞纳金或者所骗取的税款，不受前款规定期限的限制。"

前述两条规定明确了加收税收滞纳金应当符合以下条件之一：纳税人未按规定期限缴纳税款；自身存在计算错误等失误未缴或者少缴税款；或者故意偷税、抗税、骗税的。本案中，陈某等人明知为借贷行为，却签订《商品房买卖合同》掩人耳目，属于偷税行为，应予征收滞纳金。

名为买卖实为借贷等行为，均将面临补缴税款、滞纳金的风险，并有可能被处以罚款，严重的可能涉嫌逃税或虚开犯罪。

四、“变账”营业外支出，逃避代扣代缴个人所得税

企业通过签订借款协议、修改会计科目（由往来账户调整为营业外支出）等形式，掩盖向个人支付奖励款事项，帮助个人逃避纳税义务。

（一）检查过程

1. 一次蹊跷的账目调整

市 W 创投公司，主要从事创业投资和为其他企业提供投资咨询服务业务。该公司自 2014 年开业后至 2017 年期间连续亏损，2018 年开始实现盈利，其中 2018 年应纳税所得额 6050 万元，2019 年应纳税所得额 4015 万元。根据税务机关专项检查抽查计划，W 创投公司作为省级重点税源企业被列入专项检查名单，核查企业 2017—2019 年纳税情况。

根据专项检查程序，该公司自查无问题后转入重点检查阶段。检查人员针对其业务特点拟订了检查计划，准备逐一梳理该公司检查年度投资项目，并采用逆查法审查盈利项目，分析利润来源。

检查人员发现，该公司 2018 年的主要盈利来源是减持了 Z 公司限售股股票。W 创投公司持有 Z 公司股份源于该企业风投的 D 公司被 Z 公司整体收购，获得这笔投资收益后，当时 W 创投公司并未就减持行为申报缴纳营业税及附加税费。对此，W 创投公司表示尽快补缴税费。

但随着检查深入，细心的检查人员发现，有一笔与这个风投项目相关的往来业务，在会计处理上“形迹可疑”：2018 年 1 月，W 创投公司突然对账目中记载的 D 公司法定代表人王某的 680 万元借款进行了科目调整，调整后这笔借款变成了与该公司经营项目无关的营业外支出。

W 创投公司对 D 公司的风投项目已经成功，并有盈利，为何与 D 公司法定代表

人王某之间有资金支出？这笔款项到底是什么性质？ W 创投公司为什么要做会计调整？检查人员疑心顿起。

2. 一笔逾期未还的借款

为了弄清楚这笔款项的来龙去脉，检查人员核查了 W 创投公司以前年度的涉税信息，核查到这笔 680 万元款项最早产生于 2015 年，当时 W 创投公司与 D 公司法定代表人王某达成一项风险投资协议，约定 W 创投公司以现金投资的方式取得 D 公司 25% 股权，与此同时 W 创投公司向王某出借 680 万元供其个人使用。随后，W 创投公司将这笔借款记在与安徽某公司的往来账目上，并在分录摘要中记明是王某借款。此后，该项账目一直无变动，直到 2018 年 1 月 W 创投公司突然将其由借款调整为营业外支出。

检查人员随即约谈了 W 创投公司会计李某，李某称时间有些长了，该项业务记得不是很清楚。但他表示，这笔 680 万元的款项确实为 W 创投公司给王某的借款。王某是 D 公司经营核心人员，D 公司能否上市是 W 创投公司该项风险投资能否成功的关键。

因此，当王某提出经营资金紧张时，公司就提供了借款，当时王某要求 W 创投公司将这笔借款先记在与安徽某公司的往来账目上。

随后，李某向检查组出示了一份公司与王某 2015 年签订的《借款协议》，协议显示，W 创投公司向王某提供 680 万元借款，还款期限是 2017 年 12 月 31 日。双方约定，王某作为 D 公司法定代表人如果积极促成 D 公司在 2017 年底前上市，680 万元将转为对王某的奖励，可不予归还；如未在约定时间之前上市，王某应归还 680 万元，并按年支付 10% 利息。

李某称，当时双方约定，《借款协议》有两个限定条件：其一，D 公司应于 2017 年 12 月 31 日前完成上市；其二，上市是指公司直接上市。这两个限定条件同时满足，该笔款项才可能转为奖励款。但实际的情况是：D 公司与 Z 公司于 2018 年 3 月签订《资产购买协议》，并且于 2018 年 1 月以被 Z 公司收购的方式上市，上市的时间远远晚于协议约定的 2017 年 12 月 31 日。同时，被收购上市也不满足双方协议所约定的“直接上市”条件，因此，这笔款项仍属于借款。李某称，当时做账会计在 2018 年对这笔款项调账处理，是一项错误操作，W 创投公司将对该笔账目再次调整，并保留向王某追讨 680 万元借款及利息的权利。

这笔款项果真是逾期未还的借款吗？企业账目调整是无心失误，还是有意为之？虽然企业提供了《借款协议》，但种种疑点令检查人员心中疑惑无法消除。

3. 一场时间“凑巧”的诉讼

不久后，W 创投公司聘请的代理律师和税务师，向检查组递交了一份法院已受理案件的通知文书。文书中称，W 创投公司以王某长期不归还借款及支付利息为由，向法院提起了诉讼。

检查人员对企业情况分析后，决定到受理案件的区级人民法院了解企业诉讼案具体情况。案件主审法官向检查人员表示，从内容看，这是一起普通的经济纠纷诉讼案件，通过原告企业提交的《借款协议》以及 D 公司被 Z 公司收购的一系列协议和上市公告书等证据资料，基本可以判定，王某对 680 万元借款具有归还和支付利息的义务。在法官看来，这根本就是一场没有必要提起的诉讼。

法官称，原告提起诉讼后，被告方王某提供了一份双方签署的《借款补充协议》，这份补充协议将双方签署的原《借款协议》中的还款期限由“2017 年 12 月 31 日前”延长至“2018 年 12 月 31 日”，并且补充协议中多了一条对于“上市”的解释条款：“上市应包括被收购上市在内的各类上市形式。”

法官介绍说，法庭受理案件后，要求原告、被告双方进一步提供证据，以便按法定程序审理。但蹊跷的是，就在受理案件后大约一周时间，案件双方当事人同时向法院提出调解申请，王某主动要求归还 W 创投公司本金和利息——这种情况在经济纠纷诉讼案中比较罕见。

4. 一出作茧自缚的闹剧

法官提供的情况，让检查人员眼前一亮——这份由诉讼案被告人提交到法庭的、此前 W 创投公司并未出示的《借款补充协议》，应是 W 创投公司“借款”业务的一项重要证据，它的出现，配合《借款协议》中的双方约定内容，就可以证实，680 万元借款，按双方约定已具备了转为对王某奖励款的条件。

随后，检查组又从法院获得了另外一份关键证据——王某写给 W 创投公司的一张收条。王某当年在收到款项后，在这张收条上写明："已从安徽某公司收到 W 创投公司转来的 680 万元。"

检查人员随即与主审法官沟通，向法官解释了在企业涉税业务中"奖励款"和"借款"属于不同的纳税情况，其中涉及企业是否依法履行纳税义务的问题。经沟通，法官表示将暂停案件审理工作，并与税务机关密切配合，共同对 W 创投公司涉税案件进行核查。

在法院的配合下，检查人员约谈了 W 创投公司负责人，面对检查人员出示的证据，迫于压力，W 创投公司负责人承认了通过签订借款协议、修改会计科目等形式，掩盖企业向王某支付奖励款事项，以逃避纳税的违法事实。

经查，王某既不属于 W 创投公司股东，也不是 W 创投公司职员，按照税法规定，其从 W 创投公司取得的奖励款在性质上属于劳务报酬，W 创投公司作为该笔劳务报酬的支付方依法负有为王某代扣代缴个人所得税义务，但并未依法履行相关义务。

根据企业违法事实，税务机关依法作出 W 投资公司代扣代缴补缴个人所得税 216 万元，罚款 108 万元的处理决定。目前，该笔税款和罚款均已被执行入库。

（二）风险提示

本案中， W 创投公司企图通过签订借款协议、修改会计科目（由往来账户调整为营业外支出）等形式，掩盖企业向王某支付奖励款事项，以逃避纳税的违法事实。

由于王某既不属于 W 创投公司股东，也不是 W 创投公司职员，按照税法规定，其从 W 创投公司取得的奖励款在性质上属于劳务报酬，应按照劳务报酬缴纳个人所得税。

同时，根据《中华人民共和国个人所得税法》（2018 年修正）第九条，个人所得税以所得人为纳税人，以支付所得的单位或者个人为扣缴义务人。W 创投公司作为该笔劳务报酬的支付方依法负有为王某代扣代缴个人所得税义务。

而 W 公司却百般遮掩，并试图通过"设计"诉讼掩盖事实，最终检查人员在法院帮助下，确认了 W 公司未按规定代扣代缴个人所得税的违法事实，并依法对 W 公司作出补缴个人所得税 216 万元，罚款 108 万元的处理决定。

第四节 股东分红、转让类

一、揭穿“身份伪装”查补个人所得税

江苏省税务局在一家外商投资企业发现股东在分配红利过程中个人所得税缴纳存在疑点。充分利用“互联网＋大数据”取证，追根溯源，层层推进，通过案头审核、税务约谈和调查取证等，最终查清案情，否定持股人潘某香港居民身份，追缴潘某个人所得税 428.58 万元。

（一）案情简介

1. 疑点：关联交易涉嫌避税

2019 年 3 月 10 日，H 公司财务经理李某来到徐州税务局，咨询拟向港籍投资人分配红利时对外支付开具证明及所得免征个人所得税问题。李某称，2018 年公司未分配利润 3172.65 万元，目前有分配意向，拟分配 3000 万元，港籍个人股东潘某依持股比例应分得 2142.9 万元。根据财政部、国家税务总局《关于个人所得税若干政策问题的通知》（财税字〔1994〕20 号）规定，外国人从外商投资企业取得红利所得应暂免征收个人所得税，企业提出应给潘某开具免税证明。

该局立即将该信息列入专项税收风险应对，并通过税收征管系统，全面了解该企业相关信息。经查询发现，H 公司成立于 2007 年 4 月 6 日，原注册资金 500 万美元，登记类型为中外合资企业。股权结构为广东 H 公司 200 万美元，澳大利亚 H 铝厂 300 万美元，无港籍投资个人信息。于是，税务机关约谈该公司财务经理李某。李某解释说，潘某是公司董事长，2014 年底，澳大利亚 H 铝厂将持有股份转到潘某名下，同时增资 200 万美元。这样，H 公司的股东就变为潘某和广东 H 公司（私营有限责任公司）。其中，广东 H 公司占有股份 28.57%，潘某占有股份 71.43%。该公司在工商部门做了股权变更登记，因故未在税务机关办理变更登记。

税务机关告知该公司，应先办理税务登记变更手续。2019 年 3 月 18 日，该公司完成税务登记变更。税务人员对相关情况进行调查确认，注意到政策差异带来税收结

果的巨大差异：境内外资企业向非居民企业股东（澳大利亚H铝厂）分配股息需要缴纳10%的预提所得税，而向外籍个人股东（潘某）分配股息则享受免税政策，由此认为H铝厂此次股权变更及股息分红存在利用税收优惠政策避税的嫌疑。

2. 焦点：政策理解观点不一

H公司股权转让和股息分红业务税收筹划痕迹明显，潘某所获股利分红是否应缴纳个人所得税？徐州税务局迅速行动，在确认业务事实的同时，向上级机关寻求政策支持。

H公司财务经理李某认为，该企业属外商投资企业，潘某持有香港居民身份证投资，符合财政部、国家税务总局《关于个人所得税若干政策问题的通知》关于外国人暂免征收个人所得税条件。在了解到税务机关对该公司能否享受这项政策存在质疑的信息后，该公司多途径寻求关注，给基层税务机关施加压力。

案件一度陷入困境。基层税务机关承受着巨大的压力，力图寻求新的突破点。

3. 突破："虚假身份"露出马脚

徐州税务局再次仔细审阅该公司业务案卷，将关注点锁定到潘某身上。公司另一大股东是广东H公司，其董事长也是潘某。香港距离广东这么近，潘某真的是香港人吗？税务机关转变思路，开始查证潘某的身份信息。通过"互联网＋大数据"，终于否定了其香港身份。

税务人员通过互联网查询发现：潘某，男，广东人，广东H公司董事长。1992年，潘某正式进入该行业。2007年，潘某被推选为行业协会会长。2015年底，潘某当选区政协委员。2016年，潘某被推选为中国XX协会副会长。2017年3月16日，潘某作为区政协委员、区行业协会会长，获评先进民营企业家。

与此同时，徐州税务局委托公安部门查询潘某户籍信息。公安部门"常住人口基本信息"查询显示：潘某，身份证号码为440621××××××4335，性别男，户籍地广东省XX市XX区。

通过上述工作，基本确定了潘某大陆居民的身份。那么其香港身份又是从何而来？于是，税务机关通过互联网了解其香港身份证信息。经查询香港政府律政司所公布香港法例第177章《人事登记条例》，香港身份证共分为两类，分别为"香港永久性居民身份证”及“香港居民身份证”。香港永久性居民身份证是入境处签发给拥有香港居留权人士的身份证，俗称“三粒（颗）星”，因永久性居民身份证上注有“***”的标记。永久身份证所拥有权利比较完善，并且可以申请特区护照，内地人只有放弃了其内地户口，才能得到永久身份证。而香港居民身份证是入境处签发给没有香港居留权人士的身份证，仅有在港的居住权。如果内地人有这个身份证，说明其户口还是在原籍，拿通行证过关，护照也是中国内地的护照。

了解上述信息后，徐州税务局立即向省税务局做了专题汇报，并和深圳市税务局联系确认。通过上述调查，确定潘某港籍身份事实不成立。

企业认可了税务机关的调查结果，潘某 428.58 万元个人所得税顺利缴纳入库。

（二）风险提示

根据财政部、国家税务总局《关于个人所得税若干政策问题的通知》（财税字〔1994〕20 号）第二条，下列所得，暂免征收个人所得税：（八）外籍个人从外商投资企业取得的股息、红利所得。

根据国务院批转发展改革委等部门《关于深化收入分配制度改革若干意见的通知》（国发〔2013〕6 号）第 14 条规定，加强个人所得税调节。……取消对外籍个人从外商投资企业取得的股息、红利所得免征个人所得税等税收优惠。

但税务机关没有出台相应的税收政策，故该政策在不同的省份有不同的执行。对于该案件的关注点在于正确理解财税字〔1994〕20 号中的“外籍个人”的具体含义以及同“永久居民”的区别。

1. 国籍是指一个人属于某一个国家的国民或公民的法律资格，表明一个人同一个特定国家间的固定的法律联系，是国家行使属人管辖权和外交保护权的法律顾问依据。

2. 永久居民是指拥有该国永久居留权的人，即是个人拥有容许永久居留于该国的权利，出入该国不需要再办理签证，但是并不享有公民权，根据不同国家的法律享有的权利有所不同。

3. 拥有该国国籍的人一定是该国的永久居民，但是，该国的永久居民不一定拥有该国国籍。

4. 虽然，国籍与永久居留权是可以同时兼得的，申请永久居留权并不需要放弃本国国籍，而且，理论上，你可以同时申请多个国家的永久居留权，但是，除非本国与该国的法律都允许本国的公民持有双国籍，否则，若要获得该国国籍就必须先放弃本国国籍。

5. 根据中国《国籍法》，不承认本国公民拥有双重国籍。

6. 绿卡只是美国颁发的永久居民的身份证，但是永久居民的身份证并非一定是绿卡，比如，加拿大颁发的是枫叶卡，日本的是樱花卡，又有些国家是在永久居民的护照上贴有居留签证。

二、境外 SPV 壳公司背后的个人股东被追税 2.5 亿

这是国内首例对 SPV 背后的个人实施反避税，新的情报交换机制 CRS 启动。

（一）案情简介

某中概股，境外上市主体 Y 注册在开曼，实际经营管理机构在南京，VIE 架构上市。

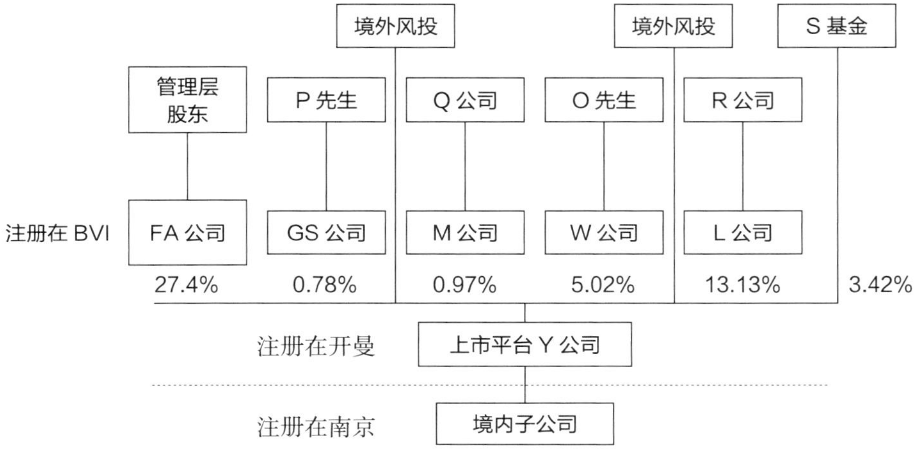

△图：Y 公司持股架构

2009年至2010年，大股东FA（BVI公司）将所持上市公司Y的股份1.22亿股对外转让，累计所得超过18亿港元。

而FA的上层14名管理层股东，大都居住在中国境内。

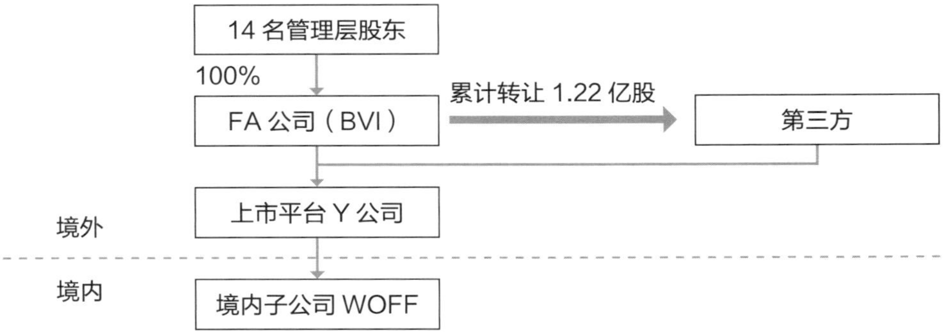

△图：Y公司持股架构

税务上看，该案件是典型的在境外间接转让境内公司股权。

但问题来了，是居民个人在境外间接转让境内公司股权，还是居民企业在境外间接转让境内公司股权。

区别是，在当时，只有对居民企业间接转让的规定（国税函〔2009〕698号），即依据《企业所得税法》第47条，以及《企业所得税法实施条例》第120条的一般反避税规则，对中间层（BVI公司能改）“穿透”征税。

而对居民个人间接转让不适用，即个人间转让尚属税法外之地。

税务机关从两个思路实施反避税突破：

一是依据来源地原则，只要把开曼上市公司Y，按《企业所得税法》的实际管理机构原则认定为中国居民公司。那么，Y应按照居民公司纳税；而且，此时转让行为则变成非居民公司FA转让居民公司Y，属于来源于中国境内的所得，管辖权落回中国税务机关；同时，非居民公司FA的股东又是中国居民个人，收到分红仍应纳税。

二是行使居民管辖权，对居民个人全球所得进行课税。忽略开曼上市公司Y可能的居民公司问题，忽略非居民FA转让Y问题，只对FA的个人股东（即管理层）被分配股息行为进行征税，行使对居民个人全球所得应征税的管辖权。

当然，思路一收到的税会更多，但也可能涉及税务管辖权争议、法律依据的严密支撑，以及更多证据资料的获取。

面对复杂和不确定性，税务机关选了思路二。

选了思路二，调查重点及证据收集就变成了，“FA（BVI 公司）有没有个人股东分配？如果分了，分了多少？”税务机关最终取得了突破，收集到几个证据：

1.FA 壳公司的资产变少

从券商公布的 Y 境内子公司两期短期融资券募集说明书，发现离岸公司资产大大减少。基本不实际运营的 SPV 壳公司资产减少，除了分配，无法说明去向。

2. 有个人股东把分配所得汇回了境内消费

从 2009、2010 年 F 甲公司减持收益分回的内部报表，显示 2009 年有 7 人，2010 年 10 人，将减持收益部分已汇回国内，汇回境内的这部分已缴了个税。证实，FA 壳公司已经对个人股东做了分配，未汇回境内的是留在了股东境外的账户上了。

最终，对个人股东境外减持所得 18 亿港币，核算应税金额为 3.211 亿元，扣除汇回境内部分已交的 7350 万元，补征税款 2.476 亿元。

（二）现状新个税反避税＋ CRS

时隔 5 年，放在现在，在个人反避税和 CRS 信息互换两把利剑护法之下，税务机关对境外 SPV 背后的个人股东追税会简单得多。

个人反避税问题，仍以中国居民个人持有 BVI 壳公司为例，比如，个人通过持有的 BVI 壳公司返程投资回境内的，故意减少或不做分配通过 BVI 壳公司投资境外运营实体（比如 HK 公司），故意减少或不做分配，通过 BVI 壳公司直接转让 / 间接转让境内公司股份等等……按自 2019 年 1 月 1 日起实施的新个税，税务机关可直接适用反避税条款“不具有合理商业目的的安排”，直接“穿透”中间层 FA（BVI 壳公司），追缴 20% 的税款。

第八条　有下列情形之一的，税务机关有权按照合理方法进行纳税调整：

（一）个人与其关联方之间的业务往来不符合独立交易原则而减少本人或者其关联方应纳税额，且无正当理由；

（二）居民个人控制的，或者居民个人和居民企业共同控制的设立在实际税负明显偏低的国家（地区）的企业，无合理经营需要，对应当归属于居民个人的利润不作分配或者减少分配；

（三）个人实施其他不具有合理商业目的的安排而获取不当税收利益。

税务机关依照前款规定作出纳税调整，需要补征税款的，应当补征税款，并依法加收利息。

新个税反避税实施，追缴境外 SPV 背后个人股东更便捷了。

（三）CRS 信息透明

再加上 2018 年 9 月中国首次启动 CRS 信息互换，居民境外的信息更透明了。

如前 F 甲公司案例，即使没有人将分配款结汇到境内，没有任何资金入境信息，但 F 甲公司的境外开户银行（假设为 HK 的银行），以及 FA 背后管理层股东的境外开户银行（假设为 HK 的银行），仍然会遵照 CRS 申报规则，将 F 甲公司及其背后的管理层股东的境外存款账户信息交换回境内税务机关。

对于 FA（BVI 壳公司）的 HK 存款账户，按照存量机构账户 CRS 申报要求，如果属于消极非金融机构，则需被“穿透”识别背后的实际控制人。

三、减持大笔股份，却未申报收入

上市公司公告信息显示，股东吴某大手笔减持 F 公司股份，总金额逾亿元。但税务人员发现，吴某的年度个人综合所得申报数据中却并无该项资产转让信息。

（一）案情简介

1. 交易信息分析——大股东“减持”疑点浮现

近期，广东省肇庆市税务机关以当地上市企业 F 公司大股东减持企业限售股为线索，追踪核查，最终确认该公司大股东吴某在出售限售股后，未足额缴纳个人所得税。税务人员最终向吴某成功追缴限售股转让个人所得税款 1700 多万元。

肇庆市税务机关在日常管理中，将加强限售股股权转让活动监控，作为强化高净值自然人税收征管的重要措施，税务人员应用网络爬虫技术采集上市公司公告数据和信息，并借助个人限售股选案模型，分析互联网信息及征管数据，以及时发现个人转让限售股的线索。

不久前，肇庆市税务人员从巨潮资讯网、东方财富网等多家行业网站中采集公告信息数据实施风险分析。税务人员发现，本地上市企业F公司大股东吴某近期分批在外地证券公司减持其持有的解禁限售股，总金额逾亿元。但比对吴某减持年度在肇庆市税务机关的年度个税综合收入申报信息，却发现吴某并未在“财产转让所得”一栏中申报该项股份转让事项。

税务人员认为，F上市公司大股东吴某存在转让限售股后未足额申报个人财产转让所得疑点，于是决定跟进调查。

税务人员了解到， F公司是高新技术企业，2010年上市向社会公开发行股票，并在深圳证券交易所挂牌交易。根据有关规定，F公司上市时大股东吴某手中持有的股份限售期为3年。

税务人员发现，吴某在限售股解禁期满后，分别在广东某市、福建某市等地分批次通过股票交易市场转让其所持有的股份合计3000多万股，涉及金额逾亿元。对于企业限售股转让所形成收入的税收问题，《财政部 国家税务总局 证监会关于个人转让上市公司限售股所得征收个人所得税有关问题的通知》（财税〔2009〕167号）明确规定，限售股转让所得个人所得税，以限售股持有者为纳税义务人，以个人股东开户的证券机构为扣缴义务人，在证券机构所在地缴纳限售股个人所得税。

税务人员认为，由于吴某通过异地证券公司减持其持有的企业股份时，全国个人所得税缴纳信息数据尚未联网，加上吴某未在当年个人年所得12万元以上收入申报中反映这一信息，因此，肇庆市税务机关没能及时掌握吴某转让股份这一情况。

因涉及金额较大，为进一步摸清吴某减持股份的交易情况，核实其个人所得税缴纳状况，肇庆市税务机关决定对该项交易实施深入调查，派出税务人员先期赴深圳证券交易所了解吴某减持限售股的具体情况，再根据调查获取的信息，进一步核实吴某是否存在缴税问题。

2. 辗转多地外调——解禁股涉税问题出水面

税务人员从深圳证券交易所了解到，吴某持有的限售股最初托管的证券公司为广东省某市的X证券公司，但其在X证券公司减持400多万股后，就将其持有的剩余股份改由福建省某市的Y证券公司托管。

由于吴某先后选择不同地区的证券机构管理和减持股份，按照财税〔2009〕167号文件规定，个人股东开户的证券机构为扣缴义务人，在证券机构所在地缴纳限售股个人所得税。如果要核实吴某税款情况，税务人员需到股份减持地进行实地核查。

税务人员首先到吴某最初托管股份的位于广东省某市的X证券公司了解情况。在核查吴某的实际申报纳税情况后，发现X证券公司在扣缴时，并未以限售股原值为基础计算吴某的应纳税所得。

吴某在其他地区的股份减持活动，是否也存在这种情况？

税务人员随即又马不停蹄地赴福建某市——吴某另外一处股份减持地调查，调查结果显示与广东情况相同。

财税〔2009〕167号文件明确："自2010年1月1日起，对个人转让限售股取得的所得，按照'财产转让所得'，适用20%的比例税率征收个人所得税。"而且法规还规定："根据证券机构技术和制度准备情况，对不同阶段形成的限售股，采取不同的征收管理办法。在证券机构技术和制度准备完成前形成的限售股，证券机构按照股改限售股股改后复牌日收盘价，或新股限售股上市首日收盘价计算转让收入，按照计算出的转让收入的15%确定限售股原值和合理税费，以转让收入减去原值和合理税费后的余额，适用20%税率，计算预扣预缴个人所得税额。纳税人应按照实际转让收入与实际成本计算出的应纳税额，办理清算事宜。"

最终汇总的调查结果显示，吴某转让其所持有的股份后，异地证券机构文件只是简单地根据文件中"以转让收入的15%核定限售股原值及合理税费"这一规定，对应纳税所得额进行计算，并预扣预缴了税款。吴某随后在办理清算事宜时，没有按照规定，以股份实际成本计算应纳税所得额，足额缴纳相关税款。

至此，交易情况已明朗。税务人员认为，下一步需要核实吴某减持获取的应税转让收入的具体数额，而准确确认吴某收入的前提是核算出其所持有的限售股原值。

3. 核成本定收入——转让人补缴千万元税款

税务人员随即仔细分析了外调核查取得的与F公司有关的，以及吴某股权交易相关的数千页资料，发现F公司上市前虽经过一次改制，但股权架构相对稳定。

F公司上市招股说明书、工商登记信息等资料显示，该公司于2006年由有限责任公司变更为股份有限公司。企业发起股东按各自的出资比例对应的净资产作为出资认购企业股份。F公司在企业性质整体变更前后，其注册资本与实收资本均未发生变化，股东人员和股权在上市前未发生转让变更，股权的原始成本较为清晰。

该企业上市后，在原始股限售期间，企业实施了10股转增5股的权益分派方案，股东吴某持有的限售股股份因此由3500万股转增为5250万股。按照《财政部 国家税务总局 证监会关于个人转让上市公司限售股所得征收个人所得税有关问题的补充通知》（财税〔2010〕70号）规定："限售股自股票上市首日至解禁日期间发生送、转、缩股的，应依据送、转、缩股比例对限售股成本原值进行调整。"

税务人员认为，在限售股总成本未发生变化的情况下，吴某所持股份数量增加，意味着每股单位成本进一步摊薄减少。根据已掌握的信息，以上述法规为依据，按照企业相关资料计算，单位成本摊薄后吴某所持有股份的原始成本不足1元，与之前证券公司"按照转让收入的15%核定限售股原值及合理税费"的方式核定转让成本的方法相比较，吴某持有股份的单位成本每股相差2.7元，以减持3000万股计算，应纳税所得额两者相比差额有8000多万元，按照20%税率计算，涉及的个人所得税数额相差将逾千万元。

根据调查结果，税务人员认为需要马上联系F公司股东吴某，进行税法宣传，在与其确认减持的限售股原值和所得收入实际情况的基础上，依法追征相关税款。

肇庆市税务局税务人员随即约谈了吴某，向其宣讲了个人所得税法、限售股转让相关税收政策，以及年所得12万元以上申报规定等税收法律法规。

吴某向税务人员表示，由于长年在外从事商务经营活动，无暇分身，其限售股转让和相关个税申报等业务均委托他人办理，他对相关的税收法规并不熟悉，此次限售股转让存在什么涉税问题他也不清楚。吴某表示，一定配合税务机关依法足额缴纳应缴税款。

约谈结束后，肇庆市税务局依法向吴某发送《税务事项通知书》，要求其根据限售股股权转让后实际取得收入情况，依法进行纳税事项申报，并补缴相关税款。

接到《税务事项通知书》后，吴某主动联系税务人员，表示认可税务机关的补税意见，并表示愿意尽快补缴税款。由于吴某补缴税款金额较大，为方便吴某缴税，提高税款入库效率，肇庆市税务机关与代理金库业务的中国银行肇庆市分行联系，为吴某开立了专门缴款通道。最终，吴某补缴的1700多万元税款顺利入库。

（二）风险提示

上市公司限售股交易存在税源分布零散、涉税信息资料不易取得等情况，其税收监管具有一定难度。而且，由于自然人股东减持解禁后的限售股股权，可选择不同地区的证券机构操作，证券机构代其扣缴税款的地点也不相同，在个人所得税缴纳信息数据全国尚未联网的情况下，若自然人股东年终未对其个人收入进行汇总申报，则极易导致税款流失。

本案中，税务机关挖掘互联网中的上市企业公告信息，掌握了本地上市公司大股东减持限售股线索，根据股份交易在异地完成的情况，往返多地查证，及时获取了涉案限售股股东减持交易的全部信息，并通过仔细研究企业历史资料，细析法规，最终确认交易存在的涉税问题，为最终成功追征大额税款创造了条件。

四、对赌涉税争议，注意时间节点

石某认为自己错缴了5000多万的税款，要求税务机关退税。被拒绝后，石某又申请复议，得到的还是维持原决定的结果。于是石某将两级税务机关一并告上法庭，要求撤销税务决定书和税务复议决定书。

（一）案情简介

据了解，石某是一个民营企业家，2014年以非货币性资产投资的方式，参与上市公司重组，并签订了重组协议。2016 年 9 月 8 日，石某收到北京市地方税务局第三稽查局的税务检查通知书。同年 9 月，石某两次向北京市朝阳区税务局自行申报审查个人所得税，共计 5000 多万元。

2019 年，石某认为自己 3 年前缴税的时候，对政策理解有误，不应该缴纳这 5000 多万元税款，于是在 3 月份向朝阳区税务局提交了退税申请。4 月份朝阳区税务局给出回应，拒绝了石某的退税申请。石某对这个决定不满意，又向其上级机构北京市税务局提出了行政复议的申请。2019 年 7 月，北京市税务局维持了此前不予退税的决定。

石某表示，重组协议中是有对赌机制的，自己的 5000 多万个人所得税是错缴的，符合退税条件。石某多次强调，对赌机制决定了他虽然在 2014 年签订了协议，但只有到 2017 年才能拿到股份的所有权，才需要纳税。石某缴纳税款是在这个时间点之前，他认为自己 2016 年的时候纳税基数没法确定，也不存在纳税的义务。

此外，石某对北京市税务局复议的程序存在疑问。他回忆自己提出以听证的方式进行复议审理后，北京市税务局没有进行听证，也没有告知自己理由，随后在 7 月下达了结果。但根据相关规定，针对复杂案件北京市税务局理应进行听证，因此程序上违法。

针对石某的诉讼请求，朝阳区税务局的代理律师介绍，2018 年北京市税务局第三稽查局确认过了石某的税务处理决定书，属于合法行为，现在要求退税没有事实根据。

而对于听证的程序问题，北京市税务局的代理律师认为，根据《行政复议法》和相关规定，他们没有告知义务，是否需要听证可以自行决定。石某的事件本身比较简单，因此不需要听证。

（二）风险提示

1. 纳税款在前，税务处理决定书能否作为退税依据

案件中，石某缴纳税款在前，稽查局下达税务处理决定书在后，双方争论的焦点之一就是税务决定书本身能否作为退税的依据。

对此，税务机关表示，石某上缴的 5000 多万税款属于“稽查预缴”。这和日常

征收税款不一样，纳税机关不需要对上缴金额进行审核，完全以石某上交的为准，和后来税务处理决定书里提到的2014年的税款是一致的。“这一点目前没有法律规定，是税务机关在实践中的处理经验。”税务机关代理人表示。

虽然决定书后来才下达，但实际上税务局稽查局在2016年就已经介入税收稽查工作了。而退税的标准是，有没有多缴税款，税务机关认为石某不存在误缴。

但石某认为，查补预缴只是税务机关内部的认定，没有法律规定，不认可税务处理决定书的有效性。“当时我只是自查后误缴了5000多万，税务处理决定书是税务机关稽查之后才下达的。”同时，石某表示，缴费的名目也是模糊的，根据相关征税网站的截图，石某补缴的税款理应属于股权转让所得，但网站截图上显示征税类别是其他转让所得。

2. 复议的程序是否合法

对于北京市税务局的复议程序，石某认为，作为上级机构，北京市税务局对朝阳区税务局的征税决定不做质证，直接维持不予退税的决定是不合法的。按照相关规定，这个案件有多个主体，属于复杂案件，应该公开听证，更便于解决争议。

而北京市税务局的代理律师表示，税务局在2019年5月收到行政复议申请书之后，就向朝阳区税务局和第三稽查局进行核实了情况，才作出的维持不予退税决定的结果。至于听证，代理律师强调，“是可以听证，不是必须，这一点没有法律依据。税务局有权调查和核实，程序上没有问题。”

3. 税务局提示多了解法律知识

石某称案件并非孤例。北京市税务局的负责人在庭上表示，“就本案而言，主要对市局第三稽查局作出的征税决定不服。但是很遗憾，在当时没有在合适的期限内提起复议，错失了法律解决争议的权利。在征税决定已经生效的情况下，朝阳区税务局没办法违反法律权限进行撤销，所以作出了不退税的认定”。

五、股权转让"包税"50% 的合同，税务核定的后果

这是一起典型的所谓"包税"合同，应遵循的原则是，包税不转移纳税人的身份，即纳税人是"包"不了的，但是税却是能包的，利益的划分约定有其合理性，也是法院支持的代表案例。

（一）案情简介

甲公司成立于 2013 年 10 月，股东由张三、李四、王五组成。张三因与李四、王五和甲公司承包合同纠纷，向法院提起诉讼。2019 年 2 月 24 日，经法院主持调解，当事人达成调解协议，协议约定张三、王五同意将占有的甲公司全部股权转让给李四。在达成调解协议当日，张三与李四又另外签订《补充协议》一份，约定：一、张三向李四转让甲公司股权如需缴纳有关税收，所有税收应由转让方和受让方各自承担 50%；二、本协议经双方签字生效，与法院的调解协议具有同等效力。

2019 年 7 月 2 日，张三因认为李四未履行调解书确定的付款义务，向法院申请强制执行。在执行过程中，李四提出其已按生效调解书履行完毕，2019 年 12 月 7 日，法院经重新审查后作出裁定，裁定李四还应支付给张三股权转让款利息及迟延履行期间加倍部分的债务共计 339.5803 万元。李四已支付调解书项下的所有股权转让款本金 3000 万元中，包含李四代扣张三股权转让款个人所得税及印花税 290.75 万元。张三将甲公司股权转让给李四应缴个人所得税 578.20 万元，扣缴义务人李四已扣缴入库税款 294.35 万元，张三应补缴 283.85 万元。

（二）风险提示

张三与李四就甲公司股权转让经法院调解达成调解协议当日，对股权转让税收承担问题另行签订的《补充协议》，系双方当事人真实意思表示，内容不违反法律、行政法规的强制性规定，应为合法有效，双方当事人均应遵守，全面履行。根据税务机关作出《税务事项通知书》核定，张三将甲公司股权转让给李四应缴个人所得税 578.20 万元，按《补充协议》约定，张三和李四应各自负担 50%，即 289.10 万元。李四代缴税款 294.35 万元中，其中有 290.75 万元税款已计算在李四支付调解书项下

的股权转让款本金3000万元内，李四实际仅负担了税款3.6万元，仍应负担285.5万元。张三已实际负担税款417.472万元，超出其应负担的部分为128.372万元（417.472－289.10），应向税务机关补缴157.128万元。

按《税务事项通知书》核定，张三为纳税义务人，需由其补缴，也应计算在李四应分担的范围，因此李四应向张三支付未负担的税款285.5万元（289.10－3.6）。由于尚有157.128万元税款张三未向税务机关补缴，李四应负担的该部分税款需待张三补缴后再向其支付。

六、合同约定承担的个人所得税税款不能进行税前扣除的风险

实务中，民事主体对一项经济业务活动中所涉的税款进行自行约定的情况并不少见，在不违反法律强制性规定的情况下，上述约定合法有效。由于民事约定不能突破法律规定的纳税义务，则对纳税主体而言，其面临着税款约定未履行而被税务机关追征税款的风险；而对于实际承担税款的另一方而言，则面临着税负成本不能税前列支的风险。对此，企业可以按照《企业所得税税前扣除凭证管理办法》（国家税务总局公告2018年第28号）关于税前扣除凭证的规定，积极准备证明材料，争取税前扣除，维护企业的合法权益。

（一）案情简介

2019年2月28日，甲公司与乙公司股东苏某签订《股权转让协议》，苏某同意将其占有的乙公司全部股权以3000万元的价格转让给甲公司，合同条款约定该股权转让应缴纳的税款，双方各自承担50%。

由于甲公司未在规定的期限内对该股权转让所得进行代扣代缴及纳税申报，税务机关于2019年6月15日对甲公司作出税务行政处罚决定书，认为：甲公司作为股权转让个人所得税的法定扣缴义务人，应扣未扣股权转让所得个人所得税294.35万元的行为属于《中华人民共和国税收征收管理法》第六十九条规定的“扣缴义务人应扣未

扣税款”的行为，对甲公司处应扣未扣税款294.35万元的百分之五十的罚款。甲公司不服，向上级税务机关申请行政复议，上级税务机关作出税务行政复议决定，维持税务行政处罚决定。甲公司不服税务机关的行政处罚决定向人民法院起诉。

本案的争议焦点主要包括：甲公司与苏某对税款承担的约定是否有效；甲公司能否因该协议免除其代扣代缴义务。

（二）风险提示

1. 民事主体之间自行约定税款承担的合同为有效合同

根据《中华人民共和国合同法》第五十二条规定，有下列情形之一的，合同无效：

（1）一方以欺诈、胁迫的手段订立合同，损害国家利益；

（2）恶意串通，损害国家、集体或者第三人利益；

（3）以合法形式掩盖非法目的；

（4）损害社会公共利益；

（5）违反法律、行政法规的强制性规定。

《中华人民共和国合同法》第四条规定：“当事人依法享有自愿订立合同的权利，任何单位和个人不得非法干预。”

根据上述规定，缔约双方签订自行约定税款承担条款，约定由非纳税义务人负担纳税义务人应该缴纳的税款，是出于双方意思表示一致而签订的商业民事合同。该合同并不符合《中华人民共和国合同法》第五十二条第（一）、第（二）、第（三）和第（四）项规定的无效合同行为。合同中对纳税义务由谁承担的问题是双方基于自愿、平等协商前提下达成的约定，该约定如不违反税收法律政策，规避纳税义务，仅就税费的实际承担主体进行约定，并未损害国家、集体或第三人利益，则该合同应当属于合法有效的合同，合同双方应当按照合同约定履行各自的义务，对于违反合同约定拒不履行的，另一方可以通过民事诉讼的途径进行救济。

2. 民事主体之间对税款承担的约定不会改变各自的纳税（扣缴）义务

《税收征收管理法实施细则》第三条第二款对涉税条款效力作出了明确规定，即“纳税人应当依照税收法律、行政法规的规定履行纳税义务；其签订的合同、协议等与税收法律、行政法规相抵触的，一律无效”。

由以上规定可知，合同双方约定税费承担条款，应对该条款的对内效力和对外效力进行分析。对内效力主要是指对合同主体的效力。本案中，甲公司与苏某作为平等的民事法律关系主体，也就是股权转让合同的双方当事人，可以对税款的负担进行约定。只要这个约定未损害国家、集体或第三人利益，那么这个约定对于双方就是生效的、具有约束力的。

对外效力即合同主体以外的效力。本案中税务机关作为股权转让合同以外的国家行政机关，依法具有对纳税人征收税款的职责。《中华人民共和国个人所得税法》第五条规定："个人股权转让所得个人所得税，以股权转让方为纳税人，以受让方为扣缴义务人。"据此可知，本案中，股权转让方苏某为纳税人，受让方甲公司为扣缴义务人，甲公司与苏某转让股权可以约定税款承担，但是不能导致扣缴义务的转移，若甲公司未履行代扣代缴义务，税务机关可以对其处以罚款；同时，苏某在缴纳税款后，可以按照合同的约定向甲公司追偿。

（三）企业约定税款承担存在不能税前列支的风险

根据《个人所得税法》的规定，股权转让所得个人所得税的纳税人为转让方，受让方为扣缴义务人。纳税人及扣缴义务人均应按期申报纳税，扣缴义务人负有代扣代缴的责任。《中华人民共和国税收征收管理法》第六十九条规定，扣缴义务人应扣未扣、应收而不收税款的，由税务机关向纳税人追缴税款，对扣缴义务人处应扣未扣、应收未收税款百分之五十以上三倍以下的罚款。从该规定来看，只有在扣缴义务人应扣未扣、应收而不收个人所得税的情况下，税务机关方可直接向纳税义务人追缴。

甲公司就其承担的税款还需要考虑税前列支的问题。由《企业所得税法》及其实施条例可知，企业实际发生的与取得收入有关的、合理的支出，包括成本、费用、税金、损失和其他支出，准予在计算应纳税所得额时扣除。则一项支出能否在企业所得税税前扣除，主要取决于该项支出是否与企业的生产经营有关，且该支出是否为合理的支出。

当企业发生税款承担情形时，根据《企业所得税税前扣除凭证管理办法》（国家税务总局公告 2018 年第 28 号）的规定，企业可以通过相关业务活动的合同或者协议、付款凭证、企业会计核算记录及其他资料等证明承担税款的真实性及合理性，并与主管税务机关积极沟通，争取税前扣除。

七、个人股权转让的涉税刑事风险

随着我国市场经济发展和改革开放的深入，个人投资已成为普遍现象，随之而来的是个人股权的变动也越来越多，股权变动增加了个人的财富和收益，但是因为纳税意识普遍不高，个人股权转让后涉税问题日益增加。

（一）案情简介

温某、王某与张某于 2009 年 6 月份共同注资 600 万元成立“甲公司”，于 2009 年 7 月 28 日变更注册资本为 1000 万元，温某持有 48.88% 的股份，张某持有 45.12% 的股份，王某持有 6% 的股份。2011 年 12 月 8 日，经三股东协商，将甲公司全部股权以 4500 万元的价格转让给何某、杨某二人（其中温某持有的 488.8 万元股权全部转让给了何某，张某持有的 451.2 万元股权全部转让给了杨某，王某持有的 60 万股权转让给何某 21.2 万元，转让给杨某 38.8 万元）并于 12 月 12 日在公证处办理了公证（公证书以总价 1000 万元转让）。三股东转让股权后均未进行纳税申报。

2011 年 12 月 12 日前，王某共收到 72 万元股本金和公司分红，12 日起共收到分红和奖金 80 万元。三股东转让股权后均未进行纳税申报，税务机关核算认为，温某应缴纳个人所得税 2729039.80 元，印花税 10998 元，合计 2740037.80 元；张某应缴纳个人所得税 2519113.66 元，印花税 10152 元，合计 2529265.66 元；王某应缴纳个人所得税 334988.52 元，印花税 1350 元，合计 336338.52 元。税务机关分别于 2015 年 9 月 14 日、2016 年 1 月 5 日两次向三被告人下达《税务事项通知书》，限三人在收到通知后十五日内到税务机关缴纳相关税款。温某收到通知后于 2015 年 9 月 29 日缴纳印花税 10998 元、滞纳金 7610.62 元、个人所得税 130000 元，于 2016 年

1 月 12 日缴纳个人所得税 20000 元，案发后于 2016 年 5 月 13 日将剩余个人所得税 2579039.80 元全部缴清；王某、张某未按照神木县地方税务局要求缴纳税款。

2016 年 5 月，三人因涉嫌犯逃税罪被公安局立案侦查，此后，检察院起诉指控三人犯逃税罪，2018 年 8 月 28 日，法院作出二审判决，三人犯逃税罪，分别定罪量刑。

（二）风险提示

1. 个人股权转让的涉税刑事风险

《中华人民共和国个人所得税法》《中华人民共和国个人所得税法实施条例》《股权转让所得个人所得税管理办法（试行）》（国家税务总局公告 2014 年第 67 号）等法律法规规定，个人转让股权应当缴纳个人所得税，在股权转让协议签订生效后应当依法向主管税务机关申报纳税；《中华人民共和国税收征收管理法》第六十九条规定："扣缴义务人应扣未扣、应收而不收税款的，由税务机关向纳税人追缴税款，对扣缴义务人处应扣未扣、应收未收税款百分之五十以上三倍以下的罚款。"实践中，在扣缴义务人未履行代扣代缴义务的情况下，税务机关往往会向纳税人发出追缴通知，要求纳税人缴纳税款、滞纳金及罚款。若纳税人未依法补缴的，则很容易涉嫌逃税罪。《刑法》第二百零一条第一款关于逃税罪的规定是，"纳税人采取欺骗、隐瞒手段进行虚假纳税申报或者不申报，逃避缴纳税款数额较大并且占应纳税额百分之十以上的，处三年以下有期徒刑或者拘役，并处罚金；数额巨大并且占应纳税额百分之三十以上的，处三年以上七年以下有期徒刑，并处罚金"。

《最高人民检察院、公安部关于公安机关管辖的刑事案件立案追诉标准的规定（二）》第五十七条规定，"纳税人采取欺骗、隐瞒手段进行虚假纳税申报或者不申报，逃避缴纳税款，数额在五万元以上并且占各税种应纳税总额百分之十以上，经税务机关依法下达追缴通知后，不补缴应纳税款、不缴纳滞纳金或者不接受行政处罚的，应予立案追诉"。本案中，二审法院认为王某将所持股权全部转让后，作为纳税人在扣缴义务人没有代为扣缴，并在已收到全部股权转让款的情况下未依法纳税申报，且在神木县地方税务局根据公司提供的财务报表计算出其应纳税款，并两次下达缴税通知后，王某既未向税务机关提出异议，又未缴纳相应税款，其行为符合逃税罪的构成要件。

2. 逃税罪的阻却事由

《〈中华人民共和国刑法修正案（七）〉解读》第三条规定："当发现纳税人具有虚假纳税申报或者不申报行为后，税务机关应当根据纳税人的逃税事实依法下达追缴通知，要求其补缴应纳税款，缴纳滞纳金，并且接受行政处罚。如果逃税罪的初犯当事人按照税务机关下发的追缴通知和行政处罚决定书的规定，积极采取措施，补缴税款，缴纳滞纳金，接受行政处罚的，则不作为犯罪处理；如果已经构成逃税罪的初犯当事人拒不积极配合税务机关的上述要求，或者仍逃避自己的纳税义务的，税务机关就应当将此案件转交公安机关立案侦查进入刑事司法程序，追究当事人的刑事责任。"

最高人民检察院、公安部《关于公安机关管辖的刑事案件立案追诉标准的规定（二）》第五十七条规定："逃避缴纳税款，涉嫌下列情形之一的，应予立案追诉：

（1）纳税人采取欺骗、隐瞒手段进行虚假纳税申报或者不申报，逃避缴纳税款，数额在五万元以上并且占各税种应纳税总额百分之十以上，经税务机关依法下达追缴通知后，不补缴应纳税款、不缴纳滞纳金或者不接受行政处罚的；

（2）纳税人五年内因逃避缴纳税款受过刑事处罚或者被税务机关给予二次以上行政处罚，又逃避缴纳税款，数额在五万元以上并且占各税种应纳税总额百分之十以上的；

（3）扣缴义务人采取欺骗、隐瞒手段，不缴或者少缴已扣、已收税款，数额在五万元以上的。

纳税人在公安机关立案后再补缴应纳税款、缴纳滞纳金或者接受行政处罚的，不影响刑事责任的追究。"

由此可知，逃税罪在司法实践具体适用过程中遵循以下五个原则：

（1）逃税案件以行政处罚作为前置程序；

（2）逃税行为需符合逃税罪的犯罪构成；

（3）经税务机关依法下达追缴通知，行为人补缴应纳税款，缴纳滞纳金，已受行政处罚的，不予追究刑事责任；

（4）行为人超过了税务机关的规定期限而不接受处理、处罚时，司法机关才能追究刑事责任；

（5）行为人在五年内因逃避缴纳税款受过刑事处罚或者被税务机关给予二次以上行政处罚的，不再适用刑法第二百零一条的逃税罪阻却事由。

3. 行政处罚应为逃税罪的前置程序

《〈关于公安机关管辖的刑事案件立案追诉标准的规定（二）〉理解与适用》指出：税务机关行政处罚程序是逃税案刑事追诉的前置程序；纳税人采取欺骗、隐瞒手段进行虚假纳税申报或者不申报，逃避缴纳税款，数额在五万元以上并且占应纳税额百分之十以上的，经税务机关依法下达追缴通知后，不补缴应纳税款，不缴纳滞纳金或者不接受行政处罚的，应当立案追诉。理由是：一是打击逃税犯罪的主要目的是维护税收征管秩序，促使纳税义务人依法积极履行纳税义务，保证国家税收收入。只有纳税人不积极配合税务机关履行义务，不满足刑法规定的不追究刑事责任的条件时，税务机关才应当将案件移交公安机关立案侦查进入刑事司法程序，这符合刑法的立法原意；二是刑法第二百零一条条第四款规定的“补缴应纳税款”“缴纳滞纳金”“已受行政处罚”属于并列关系，只有在上述三个条件同时满足的情况下才不予追究行为人的刑事责任，反过来只要其中一个条件不满足就应追究刑事责任。因此，立案追诉标准“补缴应纳税款”“缴纳滞纳金”“已受行政处罚”应表述为选择关系而非并列关系；三是从立法精神来看，“已受行政处罚”不仅是指纳税人收到了税务机关的行政处罚决定书，而且更为重要的是，纳税人应当已经积极缴纳了罚款，这是对其已经构成犯罪的行为有无悔改之意的重要判断标准，因此，不宜将“已受行政处罚”限定为“生效的行政处罚”。

另外，纳税人无条件接受行政处罚，并不意味着其行政复议权和行政诉讼权的灭失。对于纳税人的涉税违法行为，如果涉嫌构成犯罪的，税务机关应当依法移送至司法机关，不得以罚代刑。但根据《修正案》第二百零一条第四款之规定，行为人接受行政处罚是免予受到刑事处罚的前置必要条件，因此行政处罚程序应当先行启动。若税务机关在稽查过程中，发现违法行为达到逃税罪的立案追诉标准，将涉嫌犯罪线索及相关证据直接移送公安机关的，司法机关也不能直接追究行为人的刑事责任，应交由税务机关作出决定，根据行为人是否缴纳税款、滞纳金、罚款决定是否追究刑责。

对此，司法实践中已有例证。湖南省浏阳市人民法院行政判决书（〔2016〕湘0181行初43号）中指出，本案案件线索系公安机关办理原告法定代表人涉嫌其他刑事犯罪侦查中发现并转长沙市国家税务局稽查局于2015年6月10日交办被告查处，被告于2015年11月6日立案，2016年1月29日向原告下达《税务行政处罚决定书》，在赋予原告六个月的行政诉讼期限未届满，处罚决定书未产生法律效力的情况下（注：此处处罚决定书的生效应以送达为标准，送达行政相对人后即生效。），且我国刑法规定逃税罪追究刑事责任必须行政处罚程序前置，即在当事人主动接受行政处罚的情形下，不予追究当事人刑事责任。被告仍于2016年4月将未生效的《税务行政处罚决定书》认定的少缴增值税的违法事实作为原告法定代表人陶佑忠涉嫌逃避缴纳税款犯罪移送浏阳市公安局，违反了法定程序。

八、个人转让股权的原值计算政策理解误差引发的税务风险

企业转增股本后，个人股东新转增股本的股权原值该如何计算？最近一段时间，李某在转让其持有的某银行股权时，由于对政策理解有误，差点引发了税务风险。金额虽然不大，但很具有代表性，值得自然人股东，尤其是高净值个人关注。

（一）案情简介

1. 股权转让中原值计算错误

2019年10月，李某准备以120万元价格，转让其持有的某银行股权，并前往税务局咨询个税缴纳的相关问题。据李某介绍，自己以100万元的价格购入了某银行0.1%股份。2017年8月，某银行将盈余公积、未分配利润5000万元转增股本，并在分配环节代扣代缴了李某的个人所得税1万元。

李某认为，国家税务总局《关于发布〈股权转让所得个人所得税管理办法（试行）〉的公告》（国家税务总局公告2014年第67号）第十五条第四款规定，被投资企业以资本公积、盈余公积、未分配利润转增股本，个人股东已依法缴纳个人所得税的，以

转增额和相关税费之和，确认其新转增股本的股权原值。因此，本次股权转让时，其2017年增资配股环节已由某银行代扣代缴的个人所得税，应作为相关税费项目，计入股权原值的组成部分。李某据此认为，其所转让的某银行股权原值应为106万元（100＋5＋1），应确认股权转让所得14万元（120－106）。

2.“相关税费”不能只从字面理解

所谓“相关税费”，并不是李某理解的这么简单。国家税务总局对《股权转让所得个人所得税管理办法》的解读中，对股权原值如何确认做了进一步分析——通常情况下，股权原值按照纳税人取得股权时的实际支出进行确认。如纳税人在获得股权时，转让方已经被核定征收过个人所得税的，纳税人在此次转让时，股权原值可以按照取得股权时发生的合理税费与税务机关核定的转让方股权转让收入之和确定。问题的关键是准确判断取得股权时的实际支出。

一笔股权转让业务，实质上应分解为两个环节。

第一个环节，是被投资企业的利润分配环节。根据国家税务总局《关于盈余公积转增注册资本征收个人所得税问题的批复》（国税函〔1998〕333号）规定，被投资公司从税后利润中提取的法定公积金和任意公积金转增注册资本，实际上是该公司向股东分配了股息、红利，股东再以分得的股息、红利增加被投资企业的注册资本。因此，依据国家税务总局《关于股份制企业转增股本和派发红股征免个人所得税的通知》（国税发〔1997〕198号）精神，对属于个人股东分得再投入公司（转增注册资本）的部分，应按照“利息、股息、红利所得”项目征收个人所得税。也就是说，某银行为甲公司代扣代缴的个人所得税，实际是该利润分配环节所缴纳的税款。第二个环节，就是增加注册资本环节。个人股东李某以分得的股息、红利重新投资于同一企业，即某银行，在这一环节，李某并没有缴纳个人所得税。

因此，实际上，个人股东李某在增资环节没有发生相关税费，而被投资企业在利润分配环节为其代扣代缴的个人所得税，也并非取得股权时的实际支出，也就不能计入李某所转让股权的原值，以分配的利润增加注册资本，才是取得该笔股权的实际支出。

具体来说，某银行在利润分配环节，为李某代扣代缴的1万元个人所得税款，不计入财产原值，而转增额 $5000\times0.1\%=5$（万元）可以计入财产原值，即财产原值为 $100+5=105$（万元）。2019 年 10 月，李某转让股权时，应缴纳个人所得税（$120-105$）$\times20\%=3$（万元）。

在与税务部门进行沟通后，李某对此次股权转让的财产原值有了正确的理解，后续缴纳了相关税费，避免了因理解错误可能导致的风险。

（二）风险提示

像李某这样，高净值个人持有企业股权的情形，在实务中并不少见。自然人持股期间，获得企业转增股本的情况也十分普遍。高净值个人应加强对相关税收法律法规的理解和把握，准确区分税费的缴纳环节。

值得注意的是，被投资企业将资本公积、盈余公积、未分配利润转增股本，如股东在利润分配环节已经依法缴纳个人所得税的，股权原值以股东取得转增股本时的实际转增股本金额与增加股本环节发生的合理税费之和确定，不包含利润分配环节缴纳的“利息、股息、红利所得”项目个人所得税。

个人转让上市公司的股权、非上市公司股权、创投企业股权，个人所得税征收政策存有差异。财产转让所得，以转让财产的收入额减除财产原值和合理费用后的余额，为应纳税所得额。企业转增股本后，个人股东新转增股本的股权原值如何计算？被投资企业以资本公积、盈余公积、未分配利润转增股本，个人股东已依法缴纳个人所得税的，以转增额和相关税费之和，确认其新转增股本的股权原值。

九、终止投资补偿金未缴个人所得税的风险

股权转让所得应按“财产转让所得”缴纳个人所得税，可是个人因终止投资，从被投资企业或合作项目、被投资企业的其他投资者取得补偿金应缴纳个人所得税。

（一）案情简介

北京甲公司与王某共同投资5000万元于2017年1月成立深圳甲公司，北京甲公司占股60%，王某占股40%，2017年1月，北京甲公司实际出资3000万元，王某实收资本一直没有到位。2019年1月，深圳甲公司净资产2100万元，北京甲公司与王某签署协议，王某终止投资，北京甲公司给王某补偿金500万元并全额银行转账支付，王某以零转让价格将其持有深圳甲公司40%股权过户到北京甲公司，并于2019年1月完成工商变更登记。

2019年10月，税务机关要求王某申报缴纳个人所得税，王某以未实际出资，计税基础为零，公司亏损，以零价格转让股权，股权转让收入为零，不需缴纳个税为由，不缴纳个人所得税。而北京甲公司也认为，因王某实际没有出资，为了让王某配合及时将股权变更到北京甲公司名下，另行支付王某的补偿金500万元，不属于个人所得税征税范围，未扣缴个税并全额银行转账支付。

经税务机关查证，北京甲公司给王某补偿金500万应作为股权转让收入，由北京甲公司扣缴个人所得税，北京甲公司未扣缴个人所得税，王某应到深圳甲公司主管税务机关申报缴纳个人所得税，经税务机关通知拒不申报纳税，根据《税收征收管理法》的规定可被处偷税。

（二）风险提示

北京甲公司给王某补偿金500万，是因为王某未实际投入资本金，以零转让价格将其持有深圳甲公司40%股权过户到北京甲公司而给予的补偿。该补充金是王某转让其持有深圳甲公司40%股权给北京甲公司的前提，其实质就是股权转让收入，根据实质重于形式的原则，应并入股权转让收入应按“财产转让所得”缴纳个人所得税。

根据国家税务总局《关于个人终止投资经营收回款项征收个人所得税问题的公告》

（国家税务总局公告 2011 年第 41 号）规定，个人因各种原因终止投资、联营、经营合作等行为，从被投资企业或合作项目、被投资企业的其他投资者以及合作项目的经营合作人取得股权转让收入、违约金、补偿金、赔偿金及以其他名目收回的款项等，均属于个人所得税应税收入，应按照“财产转让所得”项目适用的规定计算缴纳个人所得税。

个人因各种原因终止投资、联营、经营合作等行为，从被投资企业或合作项目、被投资企业的其他投资者以及合作项目的经营合作人取得股权转让收入、违约金、补偿金、赔偿金及以其他名目收回的款项等，均属于个人所得税应税收入，应按照“财产转让所得”项目适用的规定计算缴纳个人所得税。

十、个人转让股权未缴个人所得税被判逃税罪

在实务中，个人所得税的代扣代缴经常发生，但也有部分单位和个人没有履行扣缴义务，且纳税人也未申报缴纳个税的情形。扣缴义务人未履行扣缴义务，存在被税务机关处一倍到三倍罚款的税务风险。

而纳税义务人则可被税务机关追缴税款，拒不缴纳税款的，公安机关立案后再补缴应纳税款、缴纳滞纳金或者接受行政处罚的，构成逃税罪，应处最高三年以上七年以下有期徒刑，并处罚金。

（一）案情简介

2016 年 7 月，被告人王某以人民币 5226 万元购买某公司 78% 的股权。2016 年 7 月、10 月，被告人王某与乙公司签订股权转让协议及补充协议，约定以人民币 16112.96 万元的价格出售其本人持有的甲公司的 78% 股权。

乙公司陆续于 2016 年至 2018 年 3 月间，按照被告人王某的要求以委托付款等形式将全部股权转让款结算完毕。但被告人王某却一直未缴纳应纳税款。

2018 年 5 月，稽查局向被告人王某送达税务行政处罚书及税务处理决定书，认定其应补缴财产转让个人所得税 20019135.38 元、印花税 106694.80 元、滞纳金

73281.93 元，以及对其处以少缴印花税款百分之五十的罚款 53347.40 元，要求其在收到稽查文书之日起 15 日内补缴上述款项。

2018 年 6 月、7 月、8 月，稽查局先后三次向被告人王某送达限期缴纳税款通知书，要求其在规定期限补缴税款。

2018 年 11 月，因王某在规定的期限内未履行缴纳税款的义务，稽查局向法院申请强制执行。法院行政庭依法对被告人王某作出了补交税款的行政裁定，2018 年 12 月，王某补缴个人所得税、印花税、滞纳金及罚款共计人民币 1502861.6 元。后被告人王某又补交了 10 万元税款。

刑事立案后，被告人王某于 2019 年 2 月 24 日出具了还款计划书、提交了担保书，并缴纳了税款、罚款和滞纳金。在审理期间，被告人王某向徐州市泉山区人民法院补缴税款人民币 60 万元。

人民法院认为：被告人王某不申报，逃避缴纳税款数额巨大，并占应纳税额的 30% 以上，其行为已构成逃税罪，依法应处三年以上七年以下有期徒刑，并处罚金。

判决结果：被告人王某犯逃税罪，判处有期徒刑三年，并处罚金人民币 50 万元。

（二）案例解析

2016 年 7 月、10 月，本案王某转让股权，完成变更登记，并按其要求的以委托收款等形式收到全部股权转让款，根据《中华人民共和国个人所得税法》规定，王某为纳税义务人，乙公司为扣缴义务人，应代扣代缴个人所得税 2001.91 万元，买卖双方应分别缴纳印花税 10.67 万元。

2018 年 12 月以前，王某未申报缴纳转让股权个税 2001.91 万元，印花税 10.67 万元；扣缴义务人也未履行扣缴义务。稽查局先后三次向被告人王某送达限期缴纳税款通知书，王某也未在规定期限内缴纳税款。

根据《中华人民共和国税收征收管理法（2001 年修订）》（主席令 2001 年第 49 号）第六十三条第一款和《中华人民共和国刑法》第二百零一条第一款，王某不申报，逃避缴纳税款数额巨大，并占应纳税额的 30% 以上，其行为已构成逃税罪，人民法院依法应处三年以上七年以下有期徒刑，并处罚金。

税务机关送达税务行政处罚书、税务处理决定书及限期缴纳税款通知书和法院强制执行后，王某只补缴个人所得税、印花税、滞纳金及罚款共计人民币 260.29 万元；刑事立案后缴清税款、罚款和滞纳金。

根据《最高人民检察院、公安部关于公安机关管辖的刑事案件立案追诉标准的规定（二）》第五十六条第二款明确规定："纳税人在公安机关立案后再补缴应纳税款、缴纳滞纳金或者接受行政处罚的，不影响刑事责任的追究。"

（三）风险提示

1. 个人转让股权不申报缴纳个税，偷逃税款的风险真实存在，构成逃税罪，人民法院应追刑责。

2. 纳税人在公安机关立案后再补缴应纳税款、缴纳滞纳金或者接受行政处罚的，不影响刑事责任的追究。

3. 税收行政复议的前提是缴纳税款或提供担保。

4. 纳税人和税务局在纳税问题上有争议，必须先行政复议后才能行政诉讼，不缴税或不提供担保导致不能行政复议，进而也不能行政诉讼。

十一、境外公司向境内分支机构高管实施股权激励未申报个人所得税

股权激励，顾名思义，是给公司骨干员工一定数量股权形式的经济利益，使他们能够以股东或者等同于股东的身份参与公司决策、分享利润、承担风险，从而勤勉尽责地为公司的长期发展服务的一种激励措施。

（一）案情简介

近期，某税务机关运用网络信息抓捕软件，获取了境外某公司向境内分支机构高管实施股权激励的信息。该境外公司在上海设有两家子公司，两家子公司又分别在南

京设立了两家分公司，两家分公司的高管获取了此次股权激励。

税务人员认为，该业务很可能涉及应税事项，便对两家分公司财务人员进行约谈，要求提供分公司全部高管名单。经过信息比对、询问和核实，发现两分公司共有98名高管在股权激励名单中，且均未申报缴纳个人所得税。根据税法规定，这98名高管应就因股权激励取得的股权申报缴纳个人所得税。对此，征纳双方产生争议。

对于税收管辖权，纳税人认为，该笔股权激励是境外公司授予，行权行为在境外，我国没有税收管辖权；税务机关认为，财政部、国家税务总局《关于个人股票期权所得征收个人所得税问题的通知》（财税〔2005〕35号，以下简称35号文件）规定，实施股票期权计划企业授予该企业员工的股票期权所得，应按《个人所得税法》及其实施条例有关规定征收个人所得税。南通分公司高管取得上述股权所得，是因为其在中国境内分公司受雇、任职，我国拥有税收管辖权，适用35号文件的相关规定。

对于纳税地点，纳税人认为，南京分公司是上海子公司设在南京的分支机构，纳税地点应当是上海；税务机关认为，国家税务总局《关于印发〈个人所得税自行纳税申报办法（试行）〉》（国税发〔2006〕162号）规定，纳税人应当向其个人所得所在地主管税务机关申报。由于98名高管在南京分公司任职，取得股权激励所在地为南京，所以应在南京缴纳个人所得税。

对于适用税目，纳税人认为，分公司高管取得的股权激励所得，应按“财产转让所得”缴纳个人所得税；税务机关认为，35号文件规定，因员工在企业的表现和业绩情况而取得的与任职、受雇有关的所得，适用“工资、薪金所得”的规定，计算缴纳个人所得税。这98名高管取得的股权激励，正是与其任职、受雇有关的所得。因此，应按“工资、薪金所得”税目计算缴纳个人所得税。

最终，经税务人员的政策宣讲和税企深度沟通，企业98名高管共补缴工资、薪金个人所得税1.53亿元，其潜在的涉税风险得以化解。

（二）风险提示

我国税法对股权激励的税务处理的规定是非常复杂的，上市公司和非上市公司的处理方法还不一样，处理不当容易发生偷逃漏税的风险。常见的风险点有：

1. 工资、薪金调整后“三费”扣除问题；

2. 股权激励对象合法问题；

3. 股权激励股票数量问题；

4. 上市公司实行股权激励资格问题。

这些税收风险，一方面导致企业发生事实上的偷逃漏税行为，要补缴税款，可能也要接受罚金；另一方面，也大大增加了股权激励的成本，不符合企业管理者的预期，达不到股权激励的效果。

十二、个人代持股份的税收风险

代持股，作为一个市场经济新生产物，代持股在我国得到法律认可的时间，其实并不长。直到 2011 年最高人民法院发布法释〔2011〕3 号，代持股人（显名股东）与实际出资人（隐名股东）之间的权利义务关系才被法律认可。

现实中，代持股可能存在的形式：个人代替企业、个人代替个人、企业代替个人、企业代替企业持股。那么在税收层面，税法又是如何规定的呢？唯一可以参照的税收文件是《国家税务总局关于企业转让上市公司限售股有关所得税问题的公告》（国家税务总局公告 2011 年第 39 号）。该文件仅对企业代替个人、企业代替企业持股作出规定且有诸多的限定性条件。

（一）案情简介

甲公司 2019 年 IPO 前夕股改，张三、李四两人可以购买一定的原始股，但考虑到个人持股不便，于是共同委托乙公司代为持有该股份，并签订了代持股份协议。乙公司所得税税率为 25%。

乙公司收到张三、李四两人交付的代购股款 1000 万时，贷记其他应付款核算，购买股份后借记其他应付款核算。后甲公司顺利上市，1 年后乙公司代持股份可以解禁流通，遂按照 3000 万卖出，乙公司根据税务机关要求，缴纳各类税费后净获利 1400 万。该净收益按持股比例支付给张三、李四两人。

（二）风险提示

1. 本案中乙公司为股份代持人，即显名股东。张三、李四二人为实际出资人，即隐名股东。如果根据实质课税原则，乙公司出售该股份后将价款悉数转于张三、李四两人，由其自行缴纳增值税、个人所得税等即可。

按照国家税务总局公告 2011 年第 39 号第二条规定：“企业转让上述限售股取得的收入，应作为企业应税收入计算纳税。”即税收文件在处理代持股纳税问题时，采取了“一刀切”的模式，即无论是否存在代持协议，均以代持人作为纳税义务人。因此，本案中税务机关运用的课税原则是“形式重于实质”，在当前税率情况下，第一环节导致张三、李四两人至少多缴纳 5%（25%—20%）的所得税。

2. 因为前述只分析了乙公司出售代持股份这一步。按照分析，乙公司依法纳税之后将该投资净所得返还给张三、李四两人时，是否还需要代扣代缴张三、李四两人的个人所得税呢？这里必须提及一个概念，就是“股权分置改革”，这是我们国家特定时期的特定历史产物，本案中的股份并非股权分置改革导致的代持股即可。

国家税务总局公告 2011 年第 39 号其第二条完整表述是这样的：“二、企业转让代个人持有的限售股征税问题。因股权分置改革造成原由个人出资而由企业代持有的限售股，企业在转让时按以下规定处理：（一）企业转让上述限售股取得的收入，应作为企业应税收入计算纳税。……依照本条规定完成纳税义务后的限售股转让收入余额转付给实际所有人时不再纳税。”

通过分析该条款可以得出这样的结论，2011 年第 39 号公告对代持股规定的大前提是“因股权分置改革造成原由个人出资而由企业代持有的限售股”，只有这种类型的代持股，“依照本条规定完成纳税义务后的限售股转让收入余额转付给实际所有人时不再纳税”。本案中非由股权分置改革产生的代持股，将 1400 万净收益支付给实际所有人时，是需要纳税的。

本案中乙公司应视同分配股息、红利，代扣代缴个人所得税。尽管从形式上看，张三、李四两人并不构成乙公司的股东，但是仅仅就该笔代持股业务来看，交易净利润均由张三、李四两人独享，实质上又成为乙公司股东。

本案中张三、李四两人形式上相当于乙公司债权人。那么按《国家税务总局关于印发〈房地产开发经营业务企业所得税处理办法〉的通知》（国税发〔2009〕31号）第三十六条规定："企业以本企业为主体联合其他企业、单位、个人合作或合资开发房地产项目，且该项目未成立独立法人公司的，按下列规定进行处理：……（二）凡开发合同或协议中约定分配项目利润的，应按以下规定进行处理：……2. 投资方取得该项目的营业利润应视同股息、红利进行相关的税务处理。"因此，本案中将交易净利润分配给张三、李四时，应当代扣代缴个人所得税。

3. 通过上述分析，可以得出这样的结论，税收立法与其他民商法律的步调的不一致，导致税收法律上目前根本不承认代持股，只根据形式上的股权所有人课税。

十三、通过金融信息交换堵塞自然人逃税的利器空间

税务机关通过与人民银行的深度协作，挖掘金融大数据中的涉税信息，利用金融情报开展针对高收入、高净值自然人的反逃税工作，获得实质性突破。

（一）案情简介

1. 瞄准"三反"目标，税警银搭建情报交换平台

按照工作部署，2019年5月，某市人民银行、公安局、税务局三个部门召开联席会议，商议税、警、银三方部门协作开展"三反"（反洗钱、反恐怖融资、反逃税）工作等相关事宜。

税务局向市人民银行提出了协作机制的情报协作需求——共享金融机构可疑交易报告，人民银行为税务机关开展"两高"自然人税收监控提供相关的金融情报，人民银行积极回应，确定了具体操作方案。

2. 金融情报提示，一自然人账户显逃税迹象

2019年6月，某商业银行依照《金融机构大额交易和可疑交易报告管理办法》向本市人民银行反洗钱中心提交了一份有关自然人黄某的重点可疑交易报告。本市人民银行通过情报交换平台向税务局传递相关信息。

该信息显示，黄某在某商业银行开设的个人结算账户，在2017年5月1日至2019年5月1日期间共发生交易1904笔，累计金额高达12.28亿元。这些交易主要通过网银渠道完成，具有明显的异常特征。比如，其账户大额资金交易频繁，大大超出了个人结算账户的正常使用范畴。其账户不设置资金限额，不控制资金风险，不合常规。同时查明黄某本人身份复杂，是多家公司的法定代表人，其个人账户与其控制的公司账户间频繁交易，且资金通常是快进快出，过渡性特征明显。根据这些异常信息，银行可疑交易报告认为黄某存在逃税、避税等违法行为的嫌疑。

3. 紧盯疑点线索，制订直接检查当事人方案

接到这份可疑交易报告后，税务局立即组织人员对报告全面分析，同时同稽查局对黄某展开摸底调查。

经过调查，稽查人员确定，黄某的个人结算账户在两年间共与45家公司发生了资金往来，这些公司位于安徽、四川、北京、上海和重庆等5省市，其中多家公司由黄某控股或者担任法定代表人。由黄某控股或者担任法定代表人的公司中有7家位于眉山，黄某个人账户与这7家眉山公司之间的资金往来共489笔，占其与公司账户间资金往来总笔数的26%，交易金额达50653.21万元。

分析调查所获信息，稽查人员认为，黄某与其控股或参股公司之间资金往来频繁，资金交易规模与其控股或参股公司的注册资本、生产和经营规模不匹配，很可能存在取得工资薪金、股息红利和股权转让所得等未缴纳个人所得税的问题。

根据现行法律、法规规定，工资薪金、股息红利、股权转让所得的个人所得税均应由支付所得的单位和个人代扣代缴。如果扣缴义务人未依照规定履行代扣代缴义务，税务机关应当向纳税人追缴税款或责令扣缴义务人补扣补收相关税款，并对扣缴义务人处以罚款。本案中，黄某在本市的控股或参股公司多达7家，通过银行可疑交易报告中披露的资金往来情况，稽查局尚无法准确识别出其可能取得所得的公司，而如果通过检查本案涉及所有扣缴义务人的方式逐一核实黄某的个人所得税扣缴情况，显然效率较低，耗时较长，很可能会造成有关税款难以追缴的后果。

经过研讨，稽查局决定以银行可疑交易报告所载线索为抓手，直接对黄某展开调查。根据调查摸底掌握的情况，该局制定了先约谈黄某让其自查，再根据自查情况对其展开重点检查的方案，并拟了详细的约谈提纲。

4. 约谈 + 自查，对当事人追缴 4000 万元个税

按照方案，稽查人员迅速约谈黄某。

约谈中，稽查人员针对黄某的情况向其详细说明了有关的个人所得税法律、法规规定，并告知税务机关已掌握其银行账户频繁大额可疑交易的信息，希望其认真梳理、核实有关交易情况，主动补缴未缴、少缴的个人所得税税款。

为确保自查效果，稽查局向黄某下达了《税务事项通知书》，要求其重点排查从本市控股或参股公司取得的四类所得是否存在未缴、少缴个人所得税的问题。一是工资、薪金和劳务报酬所得，二是股息、红利所得，三是股权转让所得，四是从控股或参股公司借款在借款年度终了未归还、又未用于公司生产和经营而推定征税的所得。

得悉税务机关已掌握其账户信息后，黄某知道自己的逃税谋划瞒不住了。他非常积极地配合稽查人员开展调查工作，认真进行税收自查，并在稽查人员规定的时间内报送了自查报告。

自查报告显示，黄某 2017 年从其控股的眉山市公司取得股息、红利所得 2 亿元，未缴纳个人所得税 4000 万元。

经过仔细审核，稽查局认可了这份自查报告，提交分期补缴入库的缴纳计划，黄某按计划缴纳了税款。

（二）风险提示

随着经济发展，国内高收入、高净值自然人越来越多，自然人获取所得的渠道也越来越多样，自然人税收征管问题日益突出，如何打击自然人逃税、避税，成为一个重要课题，也是国际、国内关注的问题。本案例利用金融机构大数据成功查处“两高”自然人黄某的逃税行为，为税务机关借力金融情报加强自然人税收管理积累了重要经验。加强自然人税收管理，以下几点值得同行借鉴：

获取金融大数据是基础。目前，自然人税收管理的瓶颈在于，税务机关凭借现有权限和力量，很难准确掌握自然人纳税人的收入数据。而作为自然人账户管理和金融服务机构，金融管理部门可以轻松掌握自然人的交易数据，其金融大数据能够有效解决自然人税收管理中征纳双方信息不对称的问题。因此，准确掌握自然人收入，加强自然人税收管理，税务机关从金融大数据中获取涉税信息是可靠的基础。

搭建税银情报交换平台是关键。金融机构负有向人民银行反洗钱中心报告大额交易和可疑交易的义务。在税务机关与人民银行反洗钱中心之间建立金融情报交换平台，可以让税务机关准确获取关系到自然人收入的金融数据，也将金融机构的大数据分析能力整合到反自然人逃税工作中来。借助这些数据和数据分析，自然人税收管理的质量和效率都能得到有效提升。

第五节　资产处置收入类

一、个人出租房屋偷逃税款

个人投资购买的房产用于出租，是我国房地产市场高速发展的原因之一，而出租人一般不愿意自行纳税，个人出租房屋私下交易较多，租赁双方主动申报缴税的较少，如果承租人为法人，则存在无合法有效凭据列支成本费用的问题，另外，有些地方还有租赁市场潜规则，即由承租方承担所有的税费，由此产生较大的税收风险。

（一）案情简介

2013 年至 2018 年期间，王某将其租赁的甲公司营业楼的第一、二层房屋，分别转租给了郭某、家具城和村镇银行，在此期间，除村镇银行以王某的名义缴纳各项税款共 184133 元外，被告人王某没有申报纳税。税务机关于 2019 年 4 月 26 日向王某下达了《责令限期改正通知书》，责令其于 2019 年 4 月 28 日前办理有关纳税事宜，期限届满后，王某依然没有缴纳税款。王某 2013 年至 2018 年期间共计逃避缴纳税款 361843.4 元，在纳税年度中逃税数额占应纳税额的最高比例为 100%。公安局对本案立案侦查后，王某于 2019 年 8 月 26 日向税务机关补缴税费及滞纳金共计 472584.86 元。

法院判决认为，被告人王某不申报纳税，逃避纳税共计 361843.4 元，数额较大，且纳税年度中逃税数额占应纳税额的最高比例为 100%，其行为已构成逃税罪。据此，依照《中华人民共和国刑法》第二百零一条第一、三款、第六十七条第一款、第五十二条之规定，判决：被告人王某犯逃税罪，判处有期徒刑九个月，并处罚金人民币两万元。

（二）风险提示

对于王某提出其与承租人签订租赁协议时均约定由承租人缴纳相关税费的问题，经查，王某将其租赁的甲公司的房屋分别转租给村镇银行、家具城、郭某等，王某对其所取得的转租收入有纳税的法律义务。关于王某应承担的税费是否因租赁协议约定由承租人承担，对此，村镇银行、家具城及承租人郭某均明确予以否认，本案调取的相关租赁协议中对王某转租收入的税费承担亦无明确约定。村镇银行王某提供的房屋，但因王某未向银行提供租赁费用票据，村镇银行不得已以王某名义缴纳税费用于开票入账，并非双方约定由村镇银行代为缴纳税费，故王某并无主动申报纳税的行为。

对于王某提出其于公安机关 2019 年 9 月 10 日立案前已补缴税款的辩解意见，经查，公安局于 2019 年 7 月 27 日收到税务机关移交的案件，同年 8 月 10 日立案侦查，王某在公安机关立案侦查后，于同月 26 日补缴税款，故王某主动补缴税款理由不足。王某在公安机关立案后再补缴应纳税款、缴纳滞纳金或者接受行政处罚的，不影响刑事责任的追究，王某的行为不符合《中华人民共和国刑法》第二百零一条第四款的规定情形。

王某提出其仅是经营租赁者，按照税法规定应缴纳所得税率最高为 10%，根据《中华人民共和国个人所得税法》第二条、第五条，国家税务总局《关于个人转租房屋取得收入征收个人所得税问题的通知》第一条的规定，王某转租取得的租金收入，属于个人所得税应税所得，按照“财产租赁所得”20% 的税率计算个人所得税。

二、二手房交易逃避个人所得税

近年来，随着房地产市场不断升温，二手房交易市场逐渐火热，交易中的税收征管问题也随之出现。二手房交易涉及税收金额虽然不大，但多属个人交易，涉及纳税人众多，通过加强二手房交易过程中税收征管，实现应收尽收，必将对维护税收秩序、营造优良纳税氛围产生不可估量的效果。因此，如何加强二手房交易中的税收征管，有效堵塞税收征管漏洞，成为各级税务机关面临的热点问题。

（一）案情简介

该案件共涉及四个自然人房屋交易，发生时间均在2012年，至今已有七个年头，涉及补税金额巨大，滞纳金也将超过本金，对四个自然人来说，都是巨额的付出。

张三、李四、王五、赵六于2012年签约出售位于某小区的房产，已于2012年12月4日完成房屋产权过户登记。根据《个人所得税自行纳税申报办法（试行）》（国税发〔2006〕162号）第十九条规定，应在取得所得的次月7日内向主管税务机关办理纳税申报，但上述四人未依法到税务机关办理纳税申报。

税务机关于2018年8月24日向上述四人送达了《税务事项通知书》，通知其到税务机关办理纳税申报，但其四人仍未申报。

税务机关通过市国土资源局调取的《存量房屋买卖合同》，房屋约定成交价格9140000元/套，另根据税务机关调查的房屋原值、购房时间、评估价格等信息，确定上述四人应缴纳营业税900754.4元、城市维护建设税45037.72元、教育费附加27022.63元、地方教育附加18015.08元、个人所得税2579496.48元。并按应缴未缴的税款，从滞纳税款之日起，按日加收滞纳税款万分之五的滞纳金。

（二）风险提示

因该事项发生于2012年，故按当时的税法规定，应缴纳营业税和个人所得税。

在税收征管越来越规范的大前提下，政府对房地产税收进行了一体化管理，加强部门间的协调配合，从源头上对二手房交易进行税收控管，通过财政、计划、国土、房管、城建等相关部门提供的诸如容积率、平均交易价格等信息，保证了税务机关对住宅性质（普通与非普通）、成交价格的科学确定。通过对房地产业涉及的各职能部门的管理职责的划分和相关部门的配合，发挥职能部门的管理优势。建立立项审批及投资计划、土地转让、施工许可证开具等信息同税务机关的交换。确定了房管部门必须凭纳税人的完税凭证、销售不动产发票方可办理房屋权属登记或变更登记的“先税后证”制度，堵塞税收漏洞，并可追溯至以前年度的所有交易。

第六节　非居民个人类

一、外籍人员取得境外分红未向中国税务机关申报纳税

一些外国企业的董事或合伙人在中国境内设立的机构担任职务，在工资、薪金收入之外，还存在以董事费或分红形式取得收入的情况，这部分收入属于来源于中国境内收入，应在我国申报缴纳税款。

（一）案情简介

某国外知名律师事务所中国分所的首席代表 Evan，既从事律师工作，又从事分所管理工作，平均每年向我国税务机关申报收入仅 50 余万元，比事务所中一些中国籍律师的收入还要低一半，这显然不合常理。

1. 税务约谈寻找线索

针对 Evan 申报收入明显偏低的异常情况，稽查局对 Evan 进行了多次约谈。开始，Evan 言之凿凿，强调其每年仅从境内事务所领取海外生活补贴，年均约 50 万元，并且已按月进行了纳税申报。根据掌握的其他相近事务所的纳税申报情况，稽查局怀疑存在境外公司向其支付收入的情况。

在进一步约谈中，面对税务机关有理有据的质询，Evan 承认，其主要收入来自境外律师事务所分红，每年约 1000 万元。但他认为，这些分红为境外发放，并且已在

境外某国缴纳税款，因此无须再在中国重复缴纳。主管税务机关调取了其与境外公司签订的相关协议，了解到 Evan 是境外公司的合伙人之一，其分红与境内事务所的工作业绩挂钩，根据双边税收协定，其境外分红收入应在中国申报纳税。按照国家税务总局《关于外商投资企业的董事担任直接管理职务征收个人所得税问题的通知》（国税发〔1996〕214 号）规定，主管税务机关可重新核定其工资、薪金收入。

2. 依法依规进行征收

根据《中华人民共和国税收征收管理法》第三十五条第一款第六项：纳税人申报的计税依据明显偏低，又无正当理由的，税务机关有权核定其应纳税额。

国家税务总局《关于外国企业的董事在中国境内兼任职务有关税收问题的通知》（国税函〔1999〕284 号）规定：外国企业的董事或合伙人担任该企业设立在中国境内的机构、场所的职务，或者名义上不担任该机构、场所的职务，但实际上从事日常经营、管理工作，其在中国境内从事上述工作取得的工资、薪金所得，属于来源于中国境内的所得，应按照《中华人民共和国个人所得税法》及其实施条例和其他有关法规计算缴纳个人所得税。上述个人凡未申报或未如实申报其工资、薪金所得的，可比照国家税务总局关于《外商投资企业的董事担任直接管理职务征收个人所得税问题的通知》（国税发〔1996〕214 号）第二条和第三条的法规核定其应取得的工资、薪金所得，并作为该中国境内机构、场所应负担的工资、薪金确定纳税义务，计算应纳税额。该外籍首席代表符合上述文件中表述的特点：其在中国工作期间，取得的来源于中国境内的收入并未反映在工资、薪金上，而是大量以董事费的形式由国外发放并在国外代扣代缴个人所得税。因此，税务机关可以根据文件规定对其工资、薪金给予核定。

3. 合法合情进行核定

合理测算该事务所收入规模。核查人员首先调取了本地区 110 多家律师事务所近 3 年的全部申报征收数据，通过缴纳的各项税收推算其收入规模，并将收入规模按年度排序，基本确认该律师事务所年均收入在本地区同行业中排名前 10 位。

精细估算首席代表收入的合理区间。在测算出该事务所行业规模的基础上，统计了收入规模排在前 30 家事务所首席代表的年收入情况，计算出这一范围的首席代表平均年收入约为 298 万元；收入规模排在前 20 家事务所首席代表的平均年收入约为

355 万元；收入规模排在前 10 家事务所首席代表的平均年收入约为 370 万元。根据这一情况，税务部门认为该首席代表的年均收入合理区间应为 290 万 ~ 370 万元。

严谨核定 Evan 收入金额。在估算了 Evan 合理收入区间的基础上，核查人员对该事务所内部员工的收入进行了分析，认为可以在掌握该事务所高级律师的收费标准和工作时间的基础上，测算出收入系数和工时系数，从而核定该首席代表收入金额。据此方法，稽查局对 Evan 近 5 年的收入进行了核定，5 年年平均收入为 310 万元，符合之前测算出的 290 万 ~ 370 万元的区间。

最终，该首席代表认同了税务机关的测算办法和核定收入金额，并按规定缴纳了个人所得税及罚款 800 余万元。

（二）风险提示

现实中，一些外国企业的董事或合伙人在中国境内设立的机构担任职务，在工资、薪金收入之外，还存在以董事费或分红形式取得收入的情况，这部分收入属于来源于中国境内收入，应在我国申报缴纳税款。我国法律对此明确规定，可以通过核定工资、薪金的收入征收其个人所得税。

二、通过设立空壳公司规避外籍高管在华个人所得税

相比普通外籍员工，外籍高管的收入水平较高、收入形式更为多样化，存在不容忽视的税收流失问题。国家税务总局《关于在中国境内无住所的个人计算缴纳个人所得税若干具体问题的通知》（国税函发〔1995〕125 号）对高管做出定义：“中国境内企业高层管理职务，是指公司正、副（总）经理、各职能总师、总监及其他类似公司管理层的职务。”但是在实践中，对外籍高管的理解通常较为宽泛。

（一）案情简介

税务机关在进行专项调查时发现，我国境内某外资甲公司同一家注册在开曼的境

外 BVI 公司签订顾问协议，指定由 BVI 公司的外籍高管 G 某对甲公司在中国的相关业务及经营活动进行指导、提供顾问服务，并担任资深顾问一职。

税务机关认为由甲公司向 BVI 公司支付咨询服务费，G 某在华提供顾问服务相当于低税地公司在内地构成机构、场所，税务机关按照支付金额 40% 的利润率核定征收内地企业所得税（税率为 25%），实际税率约为 10%。

经深入调查发现，BVI 公司仅由 G 某一人出资，G 某是唯一的董事，BVI 公司的主要经营范围为商业信息咨询，服务对象均为我国境内甲公司及其收购的内资乙公司，BVI 公司并无实质经营活动。

根据《中华人民共和国个人所得税法》及实施条例，税务机关认为这两个公司签订的咨询合同并无实质意义，协议中由甲公司支付给 BVI 公司的咨询服务费应视为外籍高管 G 某的个人劳务所得，应对其征收个人所得税，实际税率（减除 20% 的税前扣除费用标准）约为 32% 而非 10%，G 某的规避举动实质造成了中国境内税款的流失。

（二）风险提示

外籍高管在华通过在个人所得与企业所得之间的避税转换规避个人所得税，在境外设立空壳公司，将个人所得转变为企业所得，从而适用于更低的边际税率，获取税率差利益。

外籍高管在华停留时间通常较短，未能达到我国个人所得税法规定的一年标准，因此，通常被认定为非居民个人。根据我国个人所得税法及实施条例，非居民个人来源于中国境内的所得，应按照规定缴纳个人所得税。除了个人所得税法的基本规定之外，我国相继出台了多项法规，从不同方面明确了外籍高管（包括外籍董事）在华个人所得税的纳税义务，尤其针对董事费，工资、薪金所得作出了具体规定。

外籍高管个税征管的特殊性还体现在并非局限于单个税种征管，可能还会涉及企业所得税。除了通过设立空壳公司以劳务派遣方式将外籍高管个人劳务所得转换为企业经营所得的方式之外，外籍高管的其他类似避税方式还包括在华设立合伙企业、设立代表处等，利用个人所得税与企业所得税之间的税率差，实现降低在华实际税负的目的，实际上是在恶意规避我国的税收管辖权。

三、对一起外籍个人所得税小额申报案例的分析

近年，外籍人员个人所得税管理工作已成为国际税务管理部门的重要内容。

（一）案情简介

北京某公司自2016年10月至2019年12月，为一名美国人（系该公司法人代表）每月申报工资、薪金所得5000元人民币，扣缴个人所得税6元，存在外籍人员个人所得税小额申报问题。经了解，该外籍人员的主要经济来源并非仅境内这家公司，而是在中国境内同时为一家美国公司工作，美国公司每月还支付给他5000美元的工资。由于该外籍人员每年在中国境内居住超过183天，多数年份居住满一年，其在境内工作期间由美国公司支付的所得，中国具有征税权，其取得的工资收入境内来源境外支付的部分也应在中国纳税。然而，该外籍人员就美国公司支付的工资、薪金未在中国境内进行申报纳税。

2019年12月，国际税务管理部门先后两次就外籍人员个人所得税小额申报问题，对北京某公司有关人做了税务约谈。通过约谈了解到，该公司的法定代表人是美国人，每周只在公司工作两天，每月领取工资5000元人民币，在境内大部分时间为美国的一家公司工作，从事家庭教育研究，美国公司按月发放工资并扣税，该外籍人员提供了美国公司每月支付的工资数额。该外籍人员护照出入境记录显示，2016年至2019年其在中国境内停留时间均超过183天。

按照财政部、国家税务总局《关于非居民个人和无住所居民个人有关个人所得税政策的公告》（财政部 税务总局公告2019年第35号）的规定，计算该外籍人员的个人所得税并进行了追缴。

（二）风险提示

财政部、国家税务总局《关于非居民个人和无住所居民个人有关个人所得税政策的公告》（财政部 税务总局公告2019年第35号）没有采取劳务发生地原则，而是采取了任职机构所在地的判定规则，这也可以总结为支付地规则。只要任职机构是境内居民企业，高管人员从其取得的薪酬所得就属于来源于中国境内的所得。

上述文件第一条第（三）项的理解还包含着另外一层含义，那就是所谓的支付地规则只针对境内企业支付的高管报酬。如果是境外企业支付的高管报酬，还应该遵守工资薪金来源地判断的劳务发生地规则，还需要将其属于境内工作期间的部分纳入征税范围。《个人所得税法实施条例》第四条对“六年规则”作出了规定，《关于在中国境内无住所的个人居住时间判定标准的公告》(财政部税务总局公告2019年第34号）第一条对此作出了更进一步的明确。

无住所居民个人不能享受境外所得且由境外支付部分免缴个税优惠的“六年规则”，应符合的三个条件是：

1. 一个纳税年度在中国境内累计居住满183天的；

2. 在该纳税年度之前的六年在中国境内每年累计居住天数都满183天；

3. 在该纳税年度之前的六年中的任一年度中没有发生单次离境超过30天的情形。

所以财税35号公告第二条第（三）项第一款规定：无住所居民个人为高管人员的，工资、薪金收入额按照本条第（二）项规定计算纳税。

而针对无住所居民个人在境内居住累计满183天的年度连续不满六年的情形，财税35号公告第二条第（二）项第1目的规定是：在境内居住累计满183天的年度连续不满六年的无住所居民个人，符合实施条例第四条优惠条件的，其取得的全部工资薪金所得，除归属于境外工作期间且由境外单位或者个人支付的工资、薪金所得部分外，均应计算缴纳个人所得税。工资、薪金所得收入额的计算公式如下（公式三）：

$$\text{当月工资薪金收入额} = \text{当月境内外工资薪金总额} \times \left[1 - \frac{\text{当月境外支付工资薪金数额}}{\text{当月境内外工薪金总额资}} \times \frac{\text{当月工资薪金所属工作期间境外工作天数}}{\text{当月工资薪金所属工作期间公历天数}}\right]$$

（三）案例启示

1. 外籍人员个人所得税的管理滞后。由于税务部门不直接掌握外籍工作人员的出入境情况，与出入境管理部门又未建立数据共享机制，因此造成对外籍人员个人所得税管理相对滞后。在外籍个税核查中发现，有的外籍人员在中国境内已工作很多年，有的外籍人员已离职回国，导致税务部门在管理上非常被动。

2. 企业及外籍个人不了解税收政策。外籍个人所得税政策较为复杂，不易题解，企业以及外籍个人对这些政策把握不准确、理解不到位，经常会暴露出很多涉税问题。税务部门应加强对外籍人员个人所得税政策梳理，加大税收政策宣传、培训力度，不断提高企业财务人员的业务水平。

3. 外籍个人所得税管理仍有很大提升空间。关于外籍个人所得税的管理在很多地区可以说是刚刚起步，仍然存在底数摸不清、政策把握不准和管理不系统等问题，外籍个人所得税管理要做的努力还很多。

四、外籍演艺人员个人所得税问题

外籍演艺人员个人所得税问题较为复杂，熟悉相关政策的税务人员较少。

国家税务总局下发了《关于税收协定执行若干问题的公告》（国家税务总局公告2018年第11号），对税收协定“演艺人员和运动员”条款执行有关问题进行了明确。

（一）案情简介

法国某乐团来华演出，包括三名成员，境内邀请方支付15000欧元演出费，在境内连续演出四天，税务机关就演员的个人所得税问题进行了判定并同当事人沟通，确定了相关税收事项。

按照《关于税收协定执行若干问题的公告》（国家税务总局公告2018年第11号）的规定，我国对该乐团及三名演员取得的所得有征税权。通过沟通得知该演出费用是以乐团的名义收取，三名演员并不直接取得收入，其按月领取工资、薪金所得，所以应该分别对乐团和演员征税：

1. 乐团：可以对其取得的利润征税，不受协定营业利润条款的限制；对于由乐团收取但未支付给乐团成员的部分演出报酬，按照在我国构成机构场所征收企业所得税，可以采取核定利润或乐团自行申报的方式缴纳；

2. 三名演员：其工资与该次演出活动对应的部分缴纳个税，就是说在这种情况下，我国对三名演员的工资、薪金所得拥有部分征税权；如上述案例中其中一名演员月工资 4000 欧元，那么在境内演出四天对应的工资收入，按照工资、薪金所得缴纳个税；

3. “一人公司”穿透纳税规则：上述三名演员受雇的法国乐团为“一人公司”，如果我国国内税法将其视为非居民企业，仍然要对乐团和演员按照上述 1、2 分别征税。

如果我国国内税法将该乐团视为税收透明体，那么乐团收取的 15000 欧元的演出费全部视为三名演员的直接所得，不论是否收取，均按照劳务报酬所得项目缴纳个税。

（二）风险提示

1. 人员适用范围

《关于税收协定执行若干问题的公告》（国家税务总局公告 2018 年第 11 号）明确适用范围：

（1）从事艺术形式的活动：包括舞台、影视、音乐等各种艺术形式的活动；

（2）以演艺人员身份开展的活动：例如演艺人员开展的电影宣传活动，演艺人员或运动员参加广告拍摄、企业年会、企业剪彩等活动；

（3）参加娱乐性质的活动：涉及政治、社会、宗教或慈善事业的活动；

（4）运动员活动包括参加传统体育项目活动：如赛跑、跳高、游泳等；参加运动项目活动：如高尔夫球、赛马、足球、板球、网球、赛车等；参加娱乐性质的赛事活动：如台球、象棋、桥牌比赛、电子竞技等。

同时，11 号公告也明确了不适用该条款的人员和活动，如摄影师、制片人、导演、舞蹈设计人员、技术人员以及流动演出团组的运送人员等随行人员。

演员和运动员的会议发言活动也不适用该条款，如外国前政要应邀来华参加学术会议并发言不属于演艺人员活动，但如果其在商业活动中进行具有演出性质的演讲，应不属于会议发言，而是属于演艺人员活动。

2. 纳税义务判定

（1）应税所得范围：直接所得和间接所得，包括出场费、形象宣传的广告费等，出售光盘等音像制品的销售收入和版权费按照协定“特许权使用费”条款处理；

（2）征税权判定：不论是外籍演艺人员和运动员直接还是间接取得收入，都可以依照我国国内税法对其征税，不受中新税收协定第七条（营业利润）、第十四条（独立个人劳务）和第十五条（非独立个人劳务）规定的限制；

（3）反避税规定：在一些避税安排中，演出报酬未支付给演艺人员或运动员，而是由其他人（包括个人、公司和其他团体）收取，也就是俗称的“明星公司”。在这种情况下，如果依据我国国内法的反避税规则，将由公司收取的所得视为由演艺人员或运动员取得，则依据中新税收协定第十七条第一款规定，我国可以根据国内法，对演艺人员或运动员就该笔所得征税。

如果我国国内法没有上述反避税规则，则依据中新税收协定第十七条第二款规定，我国可以根据国内法，向收取所得的其他人征税。

如果所得由公司或其他团体收取，我国征税不受中新税收协定第七条（营业利润）规定的限制，如果所得由个人收取，我国征税不受中新税收协定第十四条（独立个人劳务）和第十五条（非独立个人劳务）规定的限制。

五、外国签约运动员在华所得需缴个人所得税

某市税务局通过开展税务约谈和调查核实，对四名外国运动员成功追缴税款及滞纳金 280 余万元。在这一案例中，税务局准确运用税收协定中的“艺术家和运动员”条款，有效防止了税款流失，维护了国家的税收利益。

（一）案情简介

2018 年初，税务局比对数据管理部门采集的外部信息数据，发现甲足球俱乐部的四名外国球员未申报缴纳个人所得税。针对这一情况，税务局对该足球俱乐部涉税情况展开调查。

经调查了解到，甲足球俱乐部与 A、B、C、D 共 4 名外国球员签订了工作合同，其中两名外国球员因伤病原因，俱乐部单方面终止了合同并按照合同约定支付了球员

任职期间的工资薪金及解除合同的违约金，另外两名球员一直在俱乐部任职并取得工资收入。四名外国球员的工资和违约金由甲足球俱乐部负责人在境外以现金方式支付，均未代扣代缴个人所得税。对于支付给外国球员的违约金，甲俱乐部承认就是支付给球员的离职补偿金。

通过初次约谈，税务机关发现以下疑点：甲足球俱乐部负责人为什么选择在境外支付球员的工资薪金？俱乐部支付球员违约金的实质是什么？其中三名球员取得工资薪金与合同约定的金额有较大差异，如何处理？针对上述疑点，税务机关要求甲足球俱乐部提供与外国球员签订的合同原件，并开展了二次约谈。

甲足球俱乐部认为，四名外国球员作为非居民个人在中国境内工作不满 183 天，而且其获得的收入来自于境外支付，所以这四名球员不用在中国缴纳个人所得税，甲足球俱乐部也没有代扣代缴义务。

税务机关则认为，根据税收协定“艺术家和运动员”条款，外国球员在我国从事活动取得的所得符合该条款的情况，我国拥有征税权，甲俱乐部作为工资薪金的支付方应履行代扣代缴个人所得税的义务。

（二）风险提示

上述案件包含着三个逻辑上紧密相连的问题，成为解决这一案件的主要逻辑思路。

1. 我国对外国球员境内所得征税权的确定

本案中，四名外国球员的个人身份是甲足球俱乐部的足球运动员，在中国境内从事的活动是为参加甲足球俱乐部参与的足球比赛，并根据其与甲足球俱乐部签订的工作合同，从中取得所得。显然，四名外国球员的运动员身份与从事体育活动的范围，符合 OECD 税收协定范本和中国与外国球员所在国税收协定中“艺术家和运动员”条款的规定。

在联合国范本和经济发展与合作组织（OECD）范本中，专门设置了“艺术家和运动员”条款；对于缔约国一方的艺术家和运动员在缔约国另一方从事文化体育活动取得的所得，缔约国另一方（即所得的来源国）拥有征税权。也就是说，对于艺术家和运动员的境外所得，税收协定实际上将其征税权无条件地赋予了所得的来源国。我国对外签订的税收协定几乎全部沿用了税收协定范本中“艺术家和运动员”条款的内容。因此，对于这四名外国球员在我国境内取得的所得，我国拥有征税权。

2. 我国税法对外国球员的税务处理

本案中，四名外国球员在中国境内无住所且在中国境内停留不满183天，按照我国的个人所得税法规定，均属于非居民个人。据此，这四名外国球员应仅就其来源于中国境内的所得缴纳个人所得税，其境外所得均无须在中国缴税。此外，甲足球俱乐部与四名外国球员签订了工作合同，合同中写明了工作时间、工作要求及工资收入金额。这表明，四名外国球员是由于在中国境内任职、受雇而取得工资、薪金所酬，其收入应按照“工资、薪金所得”缴纳个人所得税。

值得注意的是，在本案中，四名外国球员的境内所得存在两种较为特殊的情形：一是俱乐部不仅支付了球员任职期间的工资、薪金，还支付了球员解除合同的违约金；二是四名外国球员的工资、违约金由甲足球俱乐部负责人在境外以现金方式支付。甲足球俱乐部之所以要支付违约金，主要是由于外国球员有伤病，俱乐部才单方面终止了合同。从本质来说，这部分违约金仍然是对外国球员履行工作合同职责的补偿，仍属于其取得的工资、薪金的一部分。因此，应按照“工资、薪金所得”科目征收个人所得税。

本案中，尽管四名外国球员的工资和违约金是在境外支付的，但对其“工作结果拥有权利并承担相关责任和风险”的却是境内的甲足球俱乐部。同时，工资和违约金的直接支付者并不是境外居民，而是境内居民——甲俱乐部负责人。基于上述分析，甲足球俱乐部负责人在境外以现金方式向四名外国球员支付工资和违约金，需要按照“工资、薪金所得”缴纳个人所得税。

3. 外国球员个人所得税的税收征管

在税收征管环节需要解决以下问题：一是俱乐部是否具有代扣代缴个人所得税的义务。二是如何获取俱乐部境外支付给外国球员的工资、违约金以及其他收入信息。本案中，作为外国球员工资和违约金支付单位的甲足球俱乐部，应全员全额扣缴外国球员的个人所得税。

第七节　其他

一、个人取得担保费收入未按规定缴纳个人所得税

财政部、税务总局《关于个人取得有关收入适用个人所得税应税所得项目的公告》（财政部 税务总局公告 2019 年第 74 号）第一条规定：个人为单位或他人提供担保获得收入，按照“偶然所得”项目计算缴纳个人所得税。新的 74 号公告将担保收入列入个税法下的偶然所得，而非劳务报酬所得或者利息所得。

（一）案情简介

自然人王某 2019 年 10 月 1 日为所在的甲公司提供对外融资担保，10 月 10 日收到担保报酬 103 万元，次日王某在公司财务的陪同下到税务机关，按照《中华人民共和国增值税暂行条例》、财政部、国家税务总局《关于全面推开营业税改征增值税试点的通知》（财税〔2016〕36 号）等增值税制度的规定，主动向税务机关申报缴纳 3 万元增值税（暂不考虑增值税的附加税费），并取得税务机关代开的增值税发票，由财务入账并进行了税前扣除。

2020 年 1 月，税务机关在进行政策辅导时，发现甲公司未代扣代缴王某的担保收入应缴纳的个人所得税，王某也未自行申报，税务机关要求甲公司和王某对该事项进行个人所得税申报纳税缴纳，甲公司和王某以日后担保人可能发生代偿支出为由，不认可税务机关的要求，其主管税务机关将该事项推送至稽查局。

稽查局根据财政部、税务总局《关于个人取得有关收入适用个人所得税应税所得项目的公告》（财政部 税务总局公告 2019 年第 74 号）第一条规定：个人为单位或他人提供担保获得收入，按照“偶然所得”项目计算缴纳个人所得税。新的 74 号公告在税收项目定性上将担保收入列入“偶然所得”。

（二）风险提示

根据《个人所得税法》第（六）条第一款第（六）项规定：利息、股息、红利所得和偶然所得，以每次收入额为应纳税所得额。在这里每次取得的偶然所得收入额，

不做任何扣除，构成其应纳税所得额。因此，本案中，在确认担保收入的应纳税所得额时并不允许扣除纳税人的担保代偿支出金额，无论是否发生代偿支出，都是以100万元作为基数去缴纳个人所得税。

二、民事执行程序中被执行人代扣代缴个人所得税

民事执行程序中，被执行人作为支付义务方代扣代缴申请执行人个人所得税与法院按照生效法律文书确定的内容强制执行产生冲突。被执行人代扣代缴申请执行人的个人所得税是其应履行的法律义务，代扣代缴的税款，应当视为是履行生效判决所确定的给付款项的组成部分。

（一）案情简介

申请执行人包某与被执行人甲公司合同纠纷一案，经法院一审、二审作出民事判决，判令甲公司应向包某支付佣金934095.79元。之后，甲公司所在地税务机关要求其根据生效判决所确定的金额，代扣代缴包某的个人所得税。理由如下：

1. 包某的劳务佣金，根据《中华人民共和国个人所得税法实施条例》规定，属于个人劳务报酬所得，应按照劳务报酬所得征收个人所得税，由支付所得方代扣代缴个人所得税。

2. 根据《中华人民共和国个人所得税法》第八条及《中华人民共和国个人所得税法实施条例》第三十五条的规定，甲公司作为支付包某所得的单位，应当作为包某应缴纳个人所得税的扣缴义务人。

甲公司按税务机关的要求，对以上述判决所确定的金额暂扣了包某应缴纳的个人所得税金额后，向包某汇付了剩余款项。

之后，包某以甲公司未履行生效判决为由，向法院申请强制执行。执行过程中，甲公司向法院提出异议，认为在本案生效判决作出后，税务机关要求其根据判决应得款项代扣代缴包某的个人所得税，甲公司有义务代扣代缴个人所得税，法院判决金额

亦不在免税之列。甲公司认为其已全部履行完毕生效判决所确定的义务，法院的强制执行行为错误。法院则认为，生效法律文书是执行款项计算的依据，其依据生效法律文书强制执行并无不当。

由此履行扣缴义务与履行判决义务发生冲突。

（二）风险提示

一种观点认为，被执行人应当严格根据生效法律文书所确定的金额向申请执行人履行给付义务，无权为其代扣代缴个人所得税，否则便构成了拒绝全面履行生效法律文书所确定的给付义务的不法行为。

另一种观点则认为，被执行人根据生效法律文书确定的金额为申请执行人代扣代缴个人所得税，符合个人所得税法的规定，不应视为拒绝全面履行生效法律文书所确定的给付义务。

被执行人对于申请执行人负有按照生效判决给付相应金额的私法义务，被执行人亦负有从生效判决确定的给付款项中代扣代缴申请执行人个人所得税的公法义务。这两种义务的冲突及解决按上文所述，应优先履行公法义务。如果被执行人严格按照生效法律文书向申请执行人履行金钱给付义务时，未履行代扣代缴个人所得税的法律义务，将间接侵犯社会整体利益。根据税收征管法的规定，被执行人日后可能将面临被税务机关征收因未扣缴税款所产生的滞纳金、罚款的税法责任。

为慎重起见，执行法官有权发出协助函，要求税务部门作为协助义务单位协助核算。如果税务部门核算的金额与被执行人计算的金额相同，便应认定被执行人已经全部主动履行完毕生效判决所确定的给付义务，相应的，执行法院就应解除对被执行人采取的执行措施；如果税务部门核算的金额小于被执行人计算出来的金额，便意味着申请执行人应实际受偿的金额大于先前已从被执行人处受领的金额，则申请执行人有权就这部分差额（即被执行人计算的个人所得税额减去税务部门核算的个人所得税额）申请强制执行；如果税务部门核算的金额大于被执行人计算出来的金额，便意味着申请执行人实际受偿的金额少于先前已从被执行人处受领的金额，也就意味着申请执行人的执行债权实际已经受偿完毕，执行法官应当裁定驳回申请执行人的强制执行申请。被执行人对于这部分差额（即税务部门核算的个人所得税额减去申请执行人计算的个人所得税额）无权主张，因为这原本就在生效法律文书所确定的给付金额范围之内。

三、法院协查函，揭开律师事务所税收乱象

长期以来，律所事务所在税务管理中，存在诸多问题，部分律所的做法涉嫌违规违法，典型的如：

（1）找票（买票）冲账；

（2）白条入账；

（3）部分合伙人设立公司 / 有限合伙，以咨询费等名义开票，进行关联交易；

（4）律所设立知识产权等有限合伙，以翻译费、信息数据服务费等名义开票；

（5）律所与主管税局协商达成核定征收，或在有核定征收政策的地区设立分所，倒装收入。

这些行为不同程度面临一定的法律风险，特别是在中央全面落实税收法定原则，积极推进税收法治化的背景下，律所管理者应摒弃传统税务管理观念和方式，严格控制涉税法律风险。

（一）案情简介

当事人用事务所提供的作废发票向法院主张对方支付律师费，这一行为让甲律师事务所涉税问题浮出水面。

1. 一份函件，掀开律所一本“乱账”

税务局接到当地人民法院传来的一份协查函和一份《法院关于加强审查律师费发票等证据的通知》文件。法院称，省高院在文件中提到，近期 XX 省发生的多起民事纠纷案件中均出现了案件一方当事人在诉讼中用作废发票举证，主张法院支持让对方支付己方律师费的情况。

法院在来函中称，日前法院在受理一起债权债务纠纷案件时，原告黄某在诉讼请求中主张由被告张某支付其诉讼期间的律师费，同时提供了甲律师事务所开具的增值税发票作为黄某已实际支付律师费的证据。按照省高院关于加强审查律师费发票等证据的要求，市法院因此请税务机关协助查验该增值税普通发票是否有效。

收到函件后，税务局十分重视，立即安排税务人员对甲律师事务所开具的发票及申报情况展开核查。经核实，当事人黄某向法院举证使用的那张标明代理费金额为8000元的发票为已作废发票。

在将发票核查结果传至法院后，税务人员认为，甲律师事务所可能存在未按真实经济业务开具发票，以及未足额申报纳税问题。为此，税务局迅速组织风险应对人员对甲律师事务所开展风险评估。

甲律师事务所成立于2002年7月，为私营合伙企业，现有执业律师26人，在本地属于成立时间较早、规模较大的知名律师事务所。

税务人员通过征管系统查询了解该事务所2016—2018年度涉税信息和财务数据发现，该事务所增值税纳税申报中无未开发票申报收入、雇员律师工资每月仅3000～4000元左右，并不符合当地律师收入实际情况，并且存在管理费用偏高等疑点。

税务人员决定重点从该事务所代理收入确认、雇员律师工资发放、管理费用支出等方向入手开展核查。实地核查账目发现，该事务所的成本归集混乱，未按要求将合伙律师和雇员律师分别核算，存在公车私用、白条入账、虚列无关人员工资，以及成本列支合伙人与业务无关生活支出等情况。

此外，该事务所对于雇员律师的工资未按照《国家税务总局关于律师事务所从业人员取得收入征收个人所得税有关业务问题的通知》（国税发〔2000〕149号）第五条规定正确归集收入和费用，而是将雇员律师办案过程中的分成收入和办案费用均视为办理案件费用，全部归入成本扣除，未依法申报律师分成收入。

税务人员随后核查了该事务所代理案件台账和营业收入明细账，并与开票情况比对，发现该事务所提供的代理案件台账中，开票的当事人大多为单位组织或企业。但税务人员经过外围调查并与事务所个别律师沟通了解到，该事务所还有大量案件的当事人并非单位和企业。核查情况表明，甲律师事务所仅对开具发票的部分案件进行了台账登记，而对于不少居民个人为当事人的案件，该事务所涉嫌存在未开票、未申报的情况。

于是，税务机关向甲律师事务所下达了《税务事项通知书》，要求该律师事务所提供检查期内其所代理的所有案件的真实明细台账和相关证明合同等资料，并对不符合列支要求的虚列成本，以及少代扣代缴雇员律师个人所得税的情况开展自查。

2. 司法公开，案件明细一目了然

经过税务人员政策宣传与纳税辅导，企业在自查报告中将与生产经营无关的成本，如未取得合规票据白条列支的成本、已计提但未实际发生费用、超标准支付职工福利费等进行了归集、规范和调整，成本方面存在的涉税问题基本已自查解决。

但甲律师事务所却拒不提供真实代理案件名录，称事务所所办案件均已开具发票，前期所提供的案件台账和开票清册中信息都是真实信息。

为了找到突破口，税务人员决定从法院入手实施第三方调查。税务人员走访了兴义市人民法院，从法院了解到，法院系统有裁判文书、审判流程、执行信息和庭审公开四大司法信息公开平台，从裁判文书网站平台上可检索出相关律师事务所的代理案件明细情况。此外，法院还提供了甲律师事务所代理案件的明细清册。

税务人员立即将法院提供的代理案件明细清册中的当事人与甲律师事务所开票信息对比分析，发现甲律师事务所 2016－2018 年期间，约有 300 多个代理案件的信息在开票信息中并不存在，而这些案件的当事人均是居民个人，这表明这 300 多个案件的代理收入，事务所未开具发票，也未申报。

取得翔实证据后，税务人员随即约谈了甲律师事务所负责人和财务人员。

面对税务人员提供的大量数据信息和确凿证据，甲律师事务所负责人最终承认了代理居民个人案件后取得相关收入未开票，案件代理收入也未申报纳税的违法事实。

税务人员随即对甲律师事务所负责人和财务人员进行了税法宣传和纳税辅导。甲律师事务所负责人和财务人员表示一定按照税务机关的要求，根据代理案件实际收入情况，认真整改，按时足额补缴税款。

经征纳双方确认，该律师事务所在 2016－2018 年期间，共少计 326 个案件代理收入，应补充申报应税收入 138.46 万元，补缴增值税 7.85 万元，附征税 9400 元；由于成本虚列和少计雇员律师案件分成收入，应补缴雇员律师工资、薪金个人所得税 26.45 万元，补缴合伙律师的生产经营所得个人所得税 25.84 万元。

税务局依法对甲律师事务所作出补缴税款 61.08 万元，加收滞纳金 10.36 万元，共计 71.44 万元的处理决定。

（二）风险提示

税务机关认为甲律师事务所的涉税问题具有代表性，当地其他律师事务所很可能也不同程度存在类似问题。根据甲律师事务所暴露出的涉税风险和管理问题，税务机关联络当地法院、司法局和律师协会等部门，以甲律师事务所案件为例，对律师行业涉税管理中可能存在的风险和问题进行了沟通，得到了相关部门的高度重视。

同时税务局协同司法局、法院建立了信息共享、沟通协调和数据反馈机制，确定了信息共享联络部门和联络员。法院按季度以台账形式向税务机关反馈各律师事务所代理案件的明细情况；司法局定期向税务机关反馈各律师事务所年检情况、处罚违纪律师、指派法律援助案件的情况等，以此进一步强化律师行业税收管理。

在税务、司法、法院等部门的通力合作下，各律师事务所积极配合开展涉税问题自查，规范财务核算制度。最终，通过自查，16 家律师事务所不同程度存在少计代理案件收入，少申报增值税、个人所得税等涉税问题。税务局依法对相关律师事务所作出补缴税款、加收滞纳金的处理决定。

第二十五章
上市公司涉税公告

一、绩效奖金费用化，上市公司行政处罚公告

2017 年 2 月 23 日，浙江易合网络信息股份有限公司（证券代码：870571 证券简称：易合网络）董事会发布了《浙江易合网络信息股份有限公司关于收到税务行政处罚决定书的公告》（2017—006）。

（一）公告内容

2017 年 2 月 23 日，公司收到杭州市地方税务局稽查局下达的《税务行政处罚决定书》（杭地税稽罚〔2017〕31 号）。

1. 处罚事项

2012 年至 2014 年期间，公司以报销费用形式发放员工绩效奖金 93437.28 元，计入“管理费用”账户，未并入员工工资所得代扣代缴个税，上述违法事实依法追缴个人所得税 14629.46 元。

2. 行政处罚决定

杭州市地方税务局稽查局根据《中华人民共和国税收征收管理法》第六十九条规定，决定对应扣未扣的个人所得税处以百分之五十的罚款 7314.73 元。

3. 处罚事项对公司的影响

对于此次处罚，公司已按照杭州市地方税务局稽查局的要求于 2017 年 2 月 23 日全额缴纳了罚款。鉴于本次行政处罚金额较小，此次处罚不会对公司的经营造成重大不利影响。

4. 公司说明及整改措施

公司将组织相关部门和人员进一步加强有关财务、税务法规的学习，杜绝此类行为的发生。同时，公司将进一步加强信息披露工作的内部管理及主办券商的信息沟通，提升公司的规范运作水平。

（二）法律依据

《中华人民共和国税收征收管理法》第六十九条规定，扣缴义务人应扣未扣、应收而不收税款的，由税务机关向纳税人追缴税款，对扣缴义务人处应扣未扣、应收未收税款百分之五十以上三倍以下的罚款。

该纳税人违反扣缴义务条款，应受到处罚。

二、混淆“其他所得”，上市公司“客户奖金奖品”未代扣个税

新三板企业风之岩（证券代码：839051）1 月 23 日发布公告称，公司因未按规定代扣代缴个人所得税，收到北京市税务局第二稽查局行政处罚决定书，罚款 14.5 万元。

（一）公告内容

1. 发放的“客户奖金奖品”未按税法规定代扣代缴个人所得税

公司在 2013 年 1 月至 2014 年 12 月期间，少代扣代缴客户奖金（属于其他所得）个人所得税 291400 元，属于未履行个人所得税代扣代缴义务的行为。

根据《中华人民共和国税收征收管理法》第六十九条规定，对公司未按规定代扣代缴个人所得税行为处以应扣未扣、应收未收税款 50% 的罚款，共计 145700 元。

2. 向终端手机用户发放奖品未按税法规定代扣代缴个人所得税

根据《北京风之岩文化发展股份有限公司公开转让说明书》（2016—04—29），风之岩主营业务为跨媒体信息服务；成本构成部分提到，2014 年度客户奖金奖品支出总额 131.96 万元，2015 年度支出总额 86.03 万元。

成本构成	2015 年度		2014 年度	
	金额（万元）	占比（%）	金额（万元）	占比（%）
媒体成本	1639.15	61.79	7369.99	90.75
信息服务成本	902.18	34.6	537.88	6.62
客户奖金奖品	86.03	3.3	131.96	1.62
通讯测试成本	8.02	0.31	72.85	0.9
数据服务成本	–	–	8.55	0.11
合计	2635.38	100	8121.23	100

说明书内容：报告期内，公司主营业务成本主要由媒体成本、信息服务成本、客户奖金奖品、通讯测试成本和数据服务成本组成。媒体成本主要是购买各卫视电视台的播放时段支出，信息服务成本主要推广信息费等，客户奖金奖品主要是为终端手机用户发放奖品的支出，通讯测试成本为测试节目播出互动效果的支出。由于公司业务重点逐步转移，因此信息服务成本占主营业务成本的比例大幅提升。

（二）法律依据

根据财政部、国家税务总局《关于企业促销展业赠送礼品有关个人所得税问题的通知》（财税〔2011〕50 号），企业向个人赠送礼品，属于下列情形之一的，取得该项所得的个人应依法缴纳个人所得税，税款由赠送礼品的企业代扣代缴：

1. 企业在业务宣传、广告等活动中，随机向本单位以外的个人赠送礼品，对个人取得的礼品所得，按照“其他所得”项目，全额适用 20% 的税率缴纳个人所得税。

2. 企业在年会、座谈会、庆典以及其他活动中向本单位以外的个人赠送礼品，对个人取得的礼品所得，按照“其他所得”项目，全额适用 20% 的税率缴纳个人所得税。

企业赠送的礼品是自产产品（服务）的，按该产品（服务）的市场销售价格确定个人的应税所得；是外购商品（服务）的，按该商品（服务）的实际购置价格确定个人的应税所得。

（三）涉税分析

按照新个人所得税法规定，“偶然所得”承接了大部分原划分为“其他所得”的类别。

原“其他所得”不是个人所得税前10分类项目以外的所有其他的个人所得，“其他所得”其征税是正列举式的，而非涵盖式的。有关“偶然所得”具体内容见本书其他章节。

三、购买超市卡未扣个人所得税

2017年3月28日，浙江杰艾人力资源股份有限公司（证券代码：834313 证券简称：杰艾人力）发布了《浙江杰艾人力资源股份有限公司关于分公司收到行政处罚决定书的公告》（2017—005）。

（一）公告内容

1. 处罚事项

2017年1月9日至2017年3月23日，新昌县地方税务稽查局对杰艾人力2013年1月1日至2015年12月31日期间的涉税事宜进行检查时发现：

2014年1月，购买超市卡，应扣未扣其他所得个人所得税600元。

2015年2月，购买超市卡，应扣未扣其他所得个人所得税600元。

2. 行政处罚决定

根据《中华人民共和国个人所得税法》第一条、第二条、第三条、第六条、第八条和《国家税务总局关于贯彻〈中华人民共和国税收征收管理法〉及其实施细则若干具体问题的通知》（国税发〔2003〕47号）第二条的规定，公司需补扣并缴纳应扣未扣的2014年其他所得个人所得税600元、2015年其他所得个人所得税600元，合计1200元。根据《中华人民共和国税收征收管理法》第六十九条的规定，公司被处以应扣未扣个人所得税税款百分之五十的罚款，合计600元。

3. 处罚事项对公司的影响

公司将按照要求足额补缴个人所得税及罚款。该行政处罚罚没金额较小，未限制公司的生产经营行为，未对公司的持续性经营产生重大不利影响。

4. 公司整改措施

在收到行政处罚决定书后，公司管理层高度重视。要求公司各部门结合自查与公司检查，新建和完善相关制度。在公司的未来经营中，严格遵守相关法律法规的规定，对可能存在的违规现象进行整改，要求全体员工提高税法意识。

5. 备案文件

（1）《新昌县地方税务局稽查局税务行政处罚事项告知书》新地税稽罚号〔2017〕7 号。

（2）《新昌县地方税务局稽查局税务行政处罚决定书》新地税稽罚号〔2017〕8 号。

（3）《新昌县地方税务局稽查局税务处理决定书》新地税稽处〔2017〕8 号。

（二）法律依据

原《中华人民共和国个人所得税法》第一条　在中国境内有住所，或者无住所而在境内居住满一年的个人，从中国境内和境外取得的所得，依照本法规定缴纳个人所得税。在中国境内无住所又不居住或者无住所而在境内居住不满一年的个人，从中国境内取得的所得，依照本法规定缴纳个人所得税。

第二条　下列各项个人所得，应纳个人所得税：……十一、经国务院财政部门确定征税的其他所得。

第三条　个人所得税的税率：……五、特许权使用费所得，利息、股息、红利所得，财产租赁所得，财产转让所得，偶然所得和其他所得，适用比例税率，税率为百分之二十。

第六条　应纳税所得额的计算：……六、利息、股息、红利所得，偶然所得和其他所得，以每次收入额为应纳税所得额。

第八条　个人所得税，以所得人为纳税义务人，以支付所得的单位或者个人为扣缴义务人。

原国家税务总局《关于贯彻〈中华人民共和国税收征收管理法〉及其实施细则若干具体问题的通知》（国税发〔2003〕47 号）第二条　关于扣缴义务人扣缴税款问题：负有代扣代缴义务的单位和个人，在支付款项时应按照征管法及其实施细则的规定，将取得款项的纳税人应缴纳的税款代为扣缴，对纳税人拒绝扣缴税款的，扣缴义务人应暂停支付相当于纳税人应纳税款的款项，并在一日之内报告主管税务机关。负有代收代缴义务的单位和个人，在收取款项时应按照征管法及其实施细则的规定，将支付款项的纳税人应缴纳的税款代为收缴，对纳税人拒绝给付的，扣缴义务人应在一日之内报告主管税务机关。扣缴义务人违反征管法及其实施细则规定应扣未扣、应收未收税款的，税务机关除按征管法及其实施细则的有关规定对其给予处罚外，应当责成扣缴义务人限期将应扣未扣、应收未收的税款补扣或补收。

《中华人民共和国税收征收管理法》第六十九条　扣缴义务人应扣未扣、应收而不收税款的，由税务机关向纳税人追缴税款，对扣缴义务人处应扣未扣、应收未收税款百分之五十以上三倍以下的罚款。

四、财务人员对税收政策理解偏差及工作疏忽

2017 年 3 月 31 日，江苏欧密格光电科技股份有限公司（证券代码：832059 证券简称：欧密格）董事会发布了《江苏欧密格光电科技股份有限公司关于收到税务行政处罚决定书的公告（补发）》（2017—003）。

（一）公告内容

公司于 2016 年 9 月 20 日收到常州市武进地方税务局《税务行政处罚决定书》（武地税罚〔2016〕108 号），现将有关情况公告如下：

1. 检查情况说明

2015 年 10 月至 2016 年 9 月，武进区地方税务局对公司 2013 年 1 月 1 日至 2014 年 12 月 31 日的涉税情况进行检查，发现了以下问题：

个人所得税：2013 年公司对员工发放慰问礼品，财务人员以“礼品”发票入账，未计入工资薪金，导致少代扣代缴个人所得税 6645.60 元。

印花税：2014年度公司账面资本公积增加了9830553.85元，财务人员未及时申报印花税4915.30元。

房产税：公司在2013年之前为员工建造宿舍，财务人员漏报房产税86405.07元。

城市维护建设税、教育附加及地方教育附加：2013年9月之前公司购买了一批固定资产，增值税有留抵税额，且不需要交增值税。2013年6月，公司财务部门进行大调整，财务部都是新进人员，交接工作没做好，新进人员对出口销售业务不熟，导致2013年9月至2014年12月出口退税中免、抵部分漏交城市维护建设税254720.86元、教育费附加109166.08元、地方教育附加72777.38元。

2. 税务部门的处理情况

针对本次检查情况，常州市武进地方税务局根据《中华人民共和国税收征收管理法》第六十四条第二款及第六十九条、《江苏省地方税务局税务行政处罚实施办法》第十七条及《江苏省国家税务局江苏省地方税务局关于修订〈税务行政处罚自由裁量基准〉的公告》的规定，决定对公司处以少申报缴纳城市维护建设税、房产税以及应扣未扣个人所得税税款百分之五十的罚款，合计176343.43元。

3. 公司说明及整改措施

公司历来遵守税收方面的相关规定，根据常州市武进地方税务局出具的证明，“欧密格光电科技股份有限公司，自2012年1月至2014年8月期间，暂未发现因违反地税相关税收法律、法规受到行政处罚的情形”，此事件是因为财务人员对税收政策理解偏差及工作疏忽，而非公司有意造成。

公司接受税务机关的处理意见，已按要求于2016年9月21日缴清全部税款及罚款。

因本次罚款金额占公司2016年度总营收比例较小（约为2016年度总营收的0.2%），不会对公司目前的正常经营活动产生不利影响，公司一直在加强内部控制，努力提升公司的规范运作水平，今后将杜绝此类事件的发生。

公司诚恳地向全体投资者致歉，公司全体董事、监事和高级管理人员对此事件高度重视，为此已经做好以下整改措施：

（1）公司全体董事、监事和高级管理人员已对此事做出深刻反省，今后在努力抓公司生产的同时，更应强化纳税义务人的责任意识，更应严格监督财务部门的工作；

（2）已协调公司人事部门及其他相关部门，对今后财务人员的录用严格把关，不符合财务岗位的人员不得上岗；各部门的信息在向上级反馈时应做到畅通、及时、准确；

（3）已对全体财务人员针对财务、税收法律法规及相关政策进行了集中培训，强化岗位责任意识，并且制定了相应的培训计划，今后全体财务人员都将定期接受岗位培训；

（4）公司积极与相关税务部门及税务专家联系，今后将聘请专业的人员定期来公司对财务人员进行强化培训。公司承诺将严格落实上述整改措施，切实维护公司和全体股东及广大投资者的利益。

4. 备查文件

《常州市武进地方税务局税务行政处罚决定书》（武地税罚〔2016〕108 号）。

（二）法律依据

《中华人民共和国税收征收管理法》第六十四条第二款　纳税人不进行纳税申报，不缴或者少缴应纳税款的，由税务机关追缴其不缴或者少缴的税款、滞纳金，并处不缴或者少缴的税款百分之五十以上五倍以下的罚款。

第六十九条　扣缴义务人应扣未扣、应收而不收税款的，由税务机关向纳税人追缴税款，对扣缴义务人处应扣未扣、应收未收税款百分之五十以上三倍以下的罚款。

《江苏省地方税务局税务行政处罚实施办法》第十七条　实施税务行政处罚，应当按照省局规定的裁量基准执行，按照规定需要减轻或免于处罚（本办法第九条规定的情形除外）的，应当报上一级税务机关备案。

五、劳务关系错按劳动关系进行核算并缴纳个税

花火文化披露，往期支付外部人员动画制作费用列入职工薪酬核算，并按“工资、薪金所得”扣缴个人所得税。

（一）公告内容

1. 劳务关系错按劳动关系进行核算并缴纳个税

支付给外部个人动漫制作团队的制作费用在职工薪酬核算，且按照“工资、薪金所得”代扣代缴个人所得税，而非“劳务报酬所得”代扣代缴。

2017年1月26日发布的《花火文化：公开转让说明书》中披露：“报告期内，公司应付职工薪酬发生额逐年上升，系公司逐步加大对动画片的创作和制作力度所致。公司创作人员首先完成动画片核心创意，再将劳动性的制作工作委托第三方完成，委托制作支出在2014年、2015年和2016年上半年分别达到约264万元、211万元和13万元。”

《花火文化：公开转让说明书》披露：“报告期内，公司委托的个人动漫制作团队主要是安豪个人团队、高博个人团队以及刘攀个人团队，委外方中个人团队的全额为1815946.35元，占委外总成本的比重为29.79%。公司与这些个人动漫制作团队代表（安豪、高博、刘攀）签署《动画制作协议书》，按照双方协商确认的工作量（如按集、分钟等）计算劳动报酬，公司将劳动报酬通过银行转账给个人团队代表（安豪、高博、刘攀）。个人动漫制作团队来向公司开具发票。”

《花火文化：公开转让说明书》披露：“虽然，财务上，公司将支付个人动漫制作团队的费用引入职工薪酬核算，并按照职工薪金所得代扣代缴个税。但由于公司并未与这些个人签署劳动合同，未为其缴纳社保、公积金，因此从实质上来说，公司与个人团队成员并未构成劳动关系。公司按照双方确认的工作量按期结算，双方之间合作关系良好，至今双方间未发生劳动纠纷。”

2. 公司实际控制人承诺由其承担相应的涉税风险

《花火文化：公开转让说明书》披露：“公司为个人动漫制作团队成员按照职工薪酬所得代扣代缴个税与《中华人民共和国个人所得税法》中对委外劳务人员按劳务报酬所得缴纳个人所得税的规定不一致，存在有关追缴和处罚的可能。针对这一事项，

公司与税务主管机关进行了沟通，且公司已取得主管机关开具的税收合规证明。公司实际控制人承诺：如因税务主管部门要求或决定，公司需要补缴或被追缴上述人员取得劳务报酬所少缴的个人所得税，或因公司未按劳务报酬的个人所得税计税方式足额履行代扣代缴义务而招致税务主管部门罚款、滞纳金或其他行政处罚，则由公司实际控制人无条件全额承担公司补缴（被追缴）的上述个人所得税款和损失（包括罚款、滞纳金或其他行政处罚所引起的损失）。未来，公司将严格按照《中华人民共和国个人所得税法》为委外劳务人员按劳务报酬所得缴纳个人所得税。”

如因税务主管部门要求或决定，公司需要补缴或被追缴上述人员取得劳务报酬所少缴的个人所得税，或因公司未按劳务报酬的个人所得税计税方式足额履行代扣代缴义务而招致税务主管部门罚款、滞纳金或其他行政处罚，则由公司实际控制人无条件全额承担公司补缴（被追缴）的上述个人所得税款和损失（包括罚款、滞纳金或其他行政处罚所引起的损失）。未来，公司将委托动画制作公司或工作室提供动画制作服务，如再委托个人制作团队，公司将严格按照《中华人民共和国个人所得税法》为外部劳务人员按劳务报酬所得缴纳个人所得税。

（二）法律依据

国税发〔2003〕47号文件之规定：二、关于扣缴义务人扣缴税款问题扣缴义务人违反征管法及其实施细则规定应扣未扣、应收未收税款的，税务机关除按征管法及其实施细则的有关规定对其给予处罚外，应当责成扣缴义务人限期将应扣未扣、应收未收的税款补扣或补收。

《中华人民共和国税收征收管理法》第六十九条规定，扣缴义务人应扣未扣、应收而不收税款的，由税务机关向纳税人追缴税款，对扣缴义务人处应扣未扣、应收未收税款百分之五十以上三倍以下的罚款。

（三）涉税分析

1. 个人所得税：工资薪金所得和劳务报酬所得计算个人所得税方法不同。

（1）工资薪金所得个人所得税计算方法

根据《中华人民共和国个人所得税法》规定，工资、薪金所得，适用超额累进税率，税率为百分之三至百分之四十五（税率表附后）。……应纳税所得额的计算：一、工资、薪金所得，以每月收入额减除费用 3500 元后的余额，为应纳税所得额。

（2）劳务报酬所得的计税方法

根据《中华人民共和国个人所得税法》，劳务报酬所得适用比例税率，税率为 20%。

《中华人民共和国个人所得税法》规定：四、劳务报酬所得、稿酬所得、特许权使用费所得、财产租赁所得，每次收入不超过四千元的，减除费用 800 元；四千元以上的，减除 20% 的费用，其余额为应纳税所得额。

《中华人民共和国个人所得税法实施条例》（2011 年修订）规定，第十一条税法第三条第四项所说的劳务报酬所得一次收入畸高，是指个人一次取得劳务报酬，其应纳税所得额超过 2 万元。对前款应纳税所得额超过 2 万元至 5 万元的部分，依照税法规定计算应纳税额后再按照应纳税额加征五成；超过 5 万元的部分，加征十成。……劳务报酬所得，属于一次性收入的，以取得该项收入为一次；属于同一项目连续性收入的，以一个月内取得的收入为一次。

2. 企业所得税税前扣除凭证

企业支付的劳务报酬需凭合法有效的凭证税前扣除。

参照国税函〔2006〕526 号文对工资薪金和劳务报酬进行判断（该文就退休人员再任职的情况下，是否按工资薪金所得征收个人所得税给出了判定条件，同样可作为参照依据）。即同时符合下列条件的，作为工资薪金所得：一、受雇人员与用人单位签订一年以上（含一年）劳动合同（协议），存在长期或连续的雇用与被雇用关系；二、受雇人员因事假、病假、休假等原因不能正常出勤时，仍享受固定或基本工资收入；三、受雇人员与单位其他正式职工享受同等福利、社保、培训及其他待遇；四、受雇人员的职务晋升、职称评定等工作由用人单位负责组织。

显然，花火文化未支付个人团队福利、社保，其双方签署的是“劳务合同”而非“劳动合同”，属于劳务报酬范畴。一般情况下，企业向个人支付劳务报酬，可要求个人到税务机关代开发票，作为税前扣除凭证。

六、以手机充值或银行转账的形式发放教师劳务支出，未代扣代缴劳务报酬个税

（一）公告内容

金视野作为一家教育信息化平台，以家校互联为主营业务，其成本构成中 30% 为教师及其他劳务支出，该支出为公司给予已开通使用家校互联业务的学校的老师的劳务费用。该家校平台上的教师，根据其短信发送数量等指标的工作量获取相匹配的劳务费用。

1. 成本构成中约 30% 为教师劳务支出，主要以手机充值或银行转账的形式发放

2016 年 9 月 29 日发布的《山东金视野教育科技股份有限公司公开转让说明书》披露如下：

“报告期内，金视野公司设立了短信发送数量等指标对教师的工作量进行考核，并支付相匹配的劳务费用。2016 年 1—5 月、2015 年、2014 年度，公司发生的教师及其他劳务支出金额分别为 463.15 万元、849.51 万元、635.35 万元。”

山东金视野教育科技股份有限公司　　公开转让说明书

成本构成	2016 年 1 – 5 月		2015 年	
	金额（元）	比例（%）	金额（元）	比例（%）
材料及设备安装费	896020.08	6.07	3843070.50	11.16
人工薪酬	6489924.08	43.93	17462377.31	50.73
教师及其他劳务支出	4631529.00	31.35	8495143.82	24.68
区域业务开发及市场活动	2051130.88	13.89	1478486.71	4.30
办公、差旅及其他	463614.59	3.14	1080677.32	3.14
设备维修费	239601.00	1.62	2061395.70	5.99
合计	14771819.63	100.00	34421151.36	100.00

“教师及其他劳务支出为公司给予已开通使用家校互联业务的学校的老师的劳务费用。教师使用家校互联系统参与家校互联信息服务，教师在与家长互联的过程中，

需要采集学生信息、编辑并发送信息等，为公司提供了劳务支持，因此公司对其给予一定的劳务补偿，这符合公司业务开展的需要，是经营和成本的重要组成部分。报告期内，为提高教师与家长互联的积极性，提升家长、学生等终端用户的满意度，公司设立了短信发送数量等指标对教师的工作量进行考核，并支付相匹配的劳务费用。教师劳务支出主要以手机充值或银行转账的形式发放。随着公司业务区域的扩大，公司教师劳务支出的区域逐渐扩大，支出的金额也逐渐增加，与家校互联业务规模的发展趋势基本匹配。”

2. 以教师每月补偿未达800元、无需按“劳务报酬所得”代扣代缴个人所得税

教师每月补偿未达800元、无需按“劳务报酬所得”代扣代缴个人所得税。2016年12月28日出具的《山东金视野教育科技股份有限公司三次反馈意见回复》披露如下：

公司对教师劳务补偿未违反《个人所得税法》的有关规定。根据《中华人民共和国个人所得税法》相关规定：劳务报酬所得、稿酬所得、特许权使用费所得，每次收入不超过4000元的，减除费用800元；4000元以上的，减除20%的费用，其余所得为应纳税所得额。报告期内，教师劳务支出总额有所增加，但是人均每月补偿金额均未超过百元，每次收入低于800元，因此无需为教师代扣代缴个人所得额。

2016年8月22日，济南市地方税务局高新技术产业开发区分局出具的《纳税人涉税保密信息查询告知书》（济地税高新〔2016〕1061号），自2014年至今，公司按期申报缴纳税款，无欠税记录，无重大行政处罚记录。2016年8月19日，济南市高新技术产业开发区国家税务局出具了证明，公司近两年无欠税登记信息。公司不存在税收风险，符合“合法规范运营”的挂牌条件。

（二）涉税分析

相当多的教育培训类公司用的是外聘老师，以劳务费的形式结算老师的劳务报酬。应注意两处风险：一是以手机充值等实物报销的形式是否符合其实际业务发生；二是实际结算劳务报酬超过起征点后是否化整为零不进行代扣代缴。

七、补缴前两年因赠送礼品、纪念品的个人所得税

（一）中恒通披露

营业外支出中“其他”项目在2014年度、2015年度、2016年度分别为15.9万元、1.8万元、2.1万元，主要系缴纳赠送礼品、赠品个人所得税税金。其中2014年发生额较大（15.9万元）主要系包含了补交2012年和2013年度的个人所得税所致。

报告期内，公司营业外支出详细构成如下：

固定资产处置损失，业主系公司报废处置部分办公设备等资产所致。

捐赠支出，系付江苏省关心下一代基金会捐助款支出20万元。

税收滞纳金及罚款支出主要系2014年支付的未代扣个人所得税罚款及滞纳金、印花税滞纳金等，2015年支付的印花税滞纳金，2016年支付的补交企业所得税滞纳金、印花税滞纳金。

其他主要系在业务宣传中向本单位以外的第三方赠送纪念用品缴纳的个人所得税税金。公司产生该项目的原因：a. 公司在业务宣传中向本单位以外的个人赠送了诸如印有公司LOGO的充电宝、围巾、保温杯等纪念用品而代扣缴纳的个人所得税；b. 公司在年会、座谈会、庆典以及其他活动中向本单位以外的个人赠送了诸如月饼、粽子等礼品而代扣代缴的个人所得税。

2014年发生额较大主要系包含了补交2012年和2013年度的个人所得税所致。

以上公司所赠物品，均系公司正常商业往来行为产生，单个物品价值较小，不存在利益输送的情况。

公司不存在罚款等未披露的情况，不存在罚款事项计入其他的情况。

（二）监管部门回函

根据贵公司《关于苏州中恒通路桥股份有限公司挂牌申请文件的第二次反馈意见》（以下简称“反馈意见”）的要求：……2. 关于公司在营业外支出中披露“④其他主要系在业务宣传中向本单位以外的第三方赠送纪念用品缴纳的个人所得税税金。”请公司补充说明并披露该项目的形成原因，具体物品，是否存在利益输送的情况。请主

办券商、律师、会计师核查并发表明确意见。

（三）公司回复

根据财政部、国家税务总局《关于企业促销展业赠送礼品有关个人所得税问题的通知》（财税〔2011〕50 号）规定，企业向个人赠送礼品，属于下列情形之一的，取得该项所得的个人应依法缴纳个人所得税，税款由赠送礼品的企业代扣代缴：

1. 企业在业务宣传、广告等活动中，随机向本单位以外的个人赠送礼品，对个人取得的礼品所得，按照“其他所得”项目，全额适用 20% 的税率缴纳个人所得税。

2. 企业在年会、座谈会、庆典以及其他活动中向本单位以外的个人赠送礼品，对个人取得的礼品所得，按照“其他所得”项目，全额适用 20% 的税率缴纳个人所得税。

3. 企业对累积消费达到一定额度的顾客，给予额外抽奖机会，个人的获奖所得，按照“其他所得”项目，全额适用 20% 的税率缴纳个人所得税。

公司产生该项目的原因：

①公司在业务宣传中向本单位以外的个人赠送了诸如印有公司 LOGO 的充电宝、围巾、保温杯等纪念用品而代扣代缴的个人所得税。

②公司在年会、座谈会、庆典以及其他活动中向本单位以外的个人赠送了诸如月饼、粽子等礼品而代扣代缴的个人所得税。2014 年发生额较大主要系包含了补交 2012 年和 2013 年度的个人所得税所致。

以上公司所赠物品，均系公司正常商业往来行为产生，单个物品价值较小，不存在利益输送的情况。

（四）公司补充披露

公司已在《公开转让说明书》“第四节 公司财务 四、最近两年一期的主要会计数据和财务指标（四）重大投资收益情况、非经常性损益情况、适用的各项税收政策及缴纳的主要税种。”2. 非经常性损益“部分补充披露如下：”……④其他主要系在业务宣传中向本单位以外的第三方赠送纪念用品缴纳的个人所得税税金。公司产生该项目的原因：a. 公司在业务宣传中向本单位以外的个人赠送了诸如印有公司 LOGO 的充电宝、围巾、保温杯等纪念用品而代扣代缴的个人所得税。b. 公司在年会、座谈会、庆典以及其他活动中向本单位以外的个人赠送了诸如月饼、粽子等礼品而代扣代缴的个人所得税。2014 年发生额较大主要系包含了补交 2012 年和 2013 年度的个人所得税所致。以上公司所赠物品，均系公司正常商业往来行为产生，单个物品价值较小，不存在利益输送的情况。

八、未履行个税扣缴义务，上市公司被处 50% 罚款

2017 年 4 月 13 日，深圳市宏商材料科技股份有限公司（证券代码：833316 证券简称：宏商科技）发布了《深圳市宏商材料科技股份有限公司关于收到税务行政处罚决定书的公告》（2017—010）。

（一）公告内容

1. 深圳市地方税务局第五稽查局税务行政处罚决定书的内容

深圳市宏商材料科技股份有限公司（ 以下简称“公司” ）于 2017 年 4 月 11 日收到深圳市地方税务局第五稽查局作出的《税务行政处罚决定书》（深地税五稽罚〔2017〕5006 号）。有关情况如下：

（1）公司应扣未扣营业税及城市维护建设税，违反了《中华人民共和国营业税暂行条例》第十一条第（一）项、第十二条第二款，《中华人民共和国城市维护建设税暂行条例》第五条的规定。

（2）公司应扣未扣个人所得税，违反了《中华人民共和国个人所得税法》第一条、第二条第一项、第八条及第九条第二款的规定。

2. 行政处罚决定

根据《中华人民共和国税收征收管理法》第六十九条的规定：

（1）对公司少代扣代缴 2013 年度营业税的行为，处以应扣未扣税款百分之五十的罚款人民币 33157.22 元。

（2）对公司少代扣代缴 2013 年度城市维护建设税的行为，处以应扣未扣税款百分之五十的罚款人民币 2321.01 元。

（3）对公司少代扣代缴 2013 年度个人所得税的行为，处以应扣未扣税款百分之五十的罚款人民币 7228.13 元。

（4）对公司少代扣代缴 2014 年度营业税的行为，处以应扣未扣税款百分之五十的罚款人民币 16321.75 元。

（5）对公司少代扣代缴 2014 年度城市维护建设税的行为，处以应扣未扣税款百分之五十的罚款人民币 1142.52 元。

（6）对公司少代扣代缴 2014 年度个人所得税的行为，处以应扣未扣税款百分之五十的罚款人民币 2413.32 元。

以上罚款合计人民币 62583.95 元。

3. 处罚事项对公司的影响

对于此次处罚，公司已按照深圳市地方税务局第五稽查局要求全额缴纳了罚款。鉴于本次行政处罚金额较小，此次处罚不会对公司的经营造成重大不利影响。

4. 公司说明及整改措施

公司已按照深圳市地方税务局第五稽查局要求全额缴纳了罚款。另外公司将组织相关部门和人员进一步加强有关财务、税务法规的学习，杜绝此类行为的发生，提升公司的规范运作水平。

5. 备查文件目录

《深圳市地方税务局第五稽查局税务行政处罚决定书》（深地税五稽罚〔2017〕5006 号）。

（二）法律依据

1.《中华人民共和国营业税暂行条例》

第十一条　营业税扣缴义务人：（一）中华人民共和国境外的单位或者个人在境内提供应税劳务、转让无形资产或者销售不动产，在境内未设有经营机构的，以其境内代理人为扣缴义务人；在境内没有代理人的，以受让方或者购买方为扣缴义务人。

第十二条　第二款营业税扣缴义务发生时间为纳税人营业税纳税义务发生的当天。

2.《中华人民共和国城市维护建设税暂行条例》

第五条　城市维护建设税的征收、管理、纳税环节、奖罚等事项，比照消费税、增值税、营业税的有关规定办理。

3.《中华人民共和国个人所得税法》（2018 年修正）

第一条　在中国境内有住所，或者无住所而在境内居住满一年的个人，从中国境内和境外取得的所得，依照本法规定缴纳个人所得税。在中国境内无住所又不居住或者无住所而在境内居住不满一年的个人，从中国境内取得的所得，依照本法规定缴纳个人所得税。

第二条　下列各项个人所得，应纳个人所得税：……二、个体工商户的生产、经营所得；

第八条　个人所得税，以所得人为纳税义务人，以支付所得的单位或者个人为扣缴义务人。个人所得超过国务院规定数额的，在两处以上取得工资、薪金所得或者没有扣缴义务人的，以及具有国务院规定的其他情形的，纳税义务人应当按照国家规定办理纳税申报。扣缴义务人应当按照国家规定办理全员全额扣缴申报。

第九条　扣缴义务人每月所扣的税款，自行申报纳税人每月应纳的税款，都应当在次月十五日内缴入国库，并向税务机关报送纳税申报表。个体工商户的生产、经营所得应纳的税款，按年计算，分月预缴，由纳税义务人在次月十五日内预缴，年度终了后三个月内汇算清缴，多退少补。

4.《中华人民共和国税收征收管理法》

第六十九条　扣缴义务人应扣未扣、应收而不收税款的，由税务机关向纳税人追缴税款，对扣缴义务人处应扣未扣、应收未收税款百分之五十以上三倍以下的罚款。

九、整体改制中资本公积转增注册资本，个人股东转增股本享受递延纳税政策红利

（一）公告内容

根据艺恩数据 2017 年 4 月 24 日公告披露，整体改制中资本公积转增注册资本，自然人股东获准五年递延缴纳个人所得税。

艺恩数据由艺恩有限整体改制成为股份公司过程中，艺恩数据以资本公积金转增注册资本，自然人发起人已经就整体改制中所需承担的个人所得税向北京市朝阳区地方税务局履行递延纳税手续，并已经取走北京市朝阳区地方税务局出具的《个人所得税（转增股本）备案表》，自然人发起人将在五年内完成个人所得税的缴纳。同时，全部自然人发起人已出具承诺，如发生税务机关征缴本人就艺恩有限整体变更为艺恩数据之事项所应缴的个人所得税及因此而产生的相关费用的情形，本人将按照相关法律法规的规定全额缴纳或承担本人应缴纳的税款及因此所产生的本人和 / 或公司（如有）的所有相关费用（包括但不限于滞纳金、罚款），保证公司不因此遭受任何损失。

（二）涉税分析

个人股东转增股本在下列情形下能够享受递延纳税政策红利：

1. 自然人股东转增股本适用五年递延缴纳个人所得税政策依据

（1）全国范围中小高新技术企业转增股本的个人所得税自 2016 年 1 月 1 日起可执行五年分期缴纳政策。

财税〔2015〕116 号：1. 自 2016 年 1 月 1 日起，全国范围内的中小高新技术企业以未分配利润、盈余公积、资本公积向个人股东转增股本时，个人股东一次缴纳个人所得税确有困难的，可根据实际情况自行制定分期缴税计划，在不超过 5 个公历年度内（含）分期缴纳，并将有关资料报主管税务机关备案。……5. 本通知所称中小高新技术企业，是指注册在中国境内实行查账征收的、经认定取得高新技术企业资格，且年销售额和资产总额均不超过 2 亿元、从业人数不超过 500 人的企业。

（2）办理转增股本分期缴税的相关征管规定：企业应向主管税务机关报送高新

技术企业认定证书、股东大会或董事会决议《个人所得税分期缴纳备案表(转增股本)》、上年度及转增股本当月企业财务报表、转增股本有关情况说明等。

国家税务总局《关于股权奖励和转增股本个人所得税征管问题的公告》(2015年80号公告):为贯彻落实财税〔2015〕116号规定,就股权奖励和转增股本个人所得税征管有关问题公告如下:

2. 转增股本涉及个人所得税政策

关于转增股本(一)非上市及未在全国中小企业股份转让系统挂牌的中小高新技术企业以未分配利润、盈余公积、资本公积向个人股东转增股本,并符合财税〔2015〕116号文件有关规定的,纳税人可分期缴纳个人所得税;非上市及未在全国中小企业股份转让系统挂牌的其他企业转增股本,应及时代扣代缴个人所得税。……三、关于备案办理转增股本分期缴税,企业应向主管税务机关报送高新技术企业认定证书、股东大会或董事会决议、《个人所得税分期缴纳备案表(转增股本)》、上年度及转增股本当月企业财务报表、转增股本有关情况说明等。本公告自2016年1月1日起施行。

3. 递延纳税政策红利

针对上述递延纳税政策红利,我们来看艺恩数据是否适用财税〔2015〕116号的条件:注册在中国境内实行查账征收的、经认定取得高新技术企业资格,且年销售额和资产总额均不超过2亿元、从业人数不超过500人的企业。

公开转让说明书及法律意见书披露如下:

(1)2015年7月取得高新技术企业证书。《2017—04—24:艺恩数据:法律意见书》披露:公司现持有北京市科学技术委员会、北京市财政局、北京市国家税务局、北京市地方税务局联合核发的《高新技术企业证书》,编号:GR201511000076,发证时间:2015年7月21日,有效期三年。公司自2015年起享受税收优惠政策。

(2)从业人数不超过500人。

(3)年销售额和资产总额均不超过2亿元。

(4)艺恩数据于2016年12月完成改制,符合116号文的生效日。

北京艺恩世纪数据科技股份有限公司 公开转让说明书

公司的主要资产情况

报告期各期末，公司资产构成及其占资产总额的比例如下：

项目	2016年9月30日		2015年12月31日		2014年12月31日	
	金额（元）	占比（%）	金额（元）	占比（%）	金额（元）	占比（%）
货币资金	12321543.57	63.80	4910154.88	42.77	2466945.20	39.73
应收账款	2509618.51	12.99	3277053.36	28.54	603412.95	9.72
预付款项	1439400.87	7.45	816684.20	7.11	659621.72	10.62
其他应收款	1028586.77	5.33	1002368.70	8.73	900008.02	14.49
其他流动资产	709724.63	3.67	231995.09	2.02	148435.54	2.39
流动资产合计	18008874.35	93.24	10238256.23	89.17	4778423.43	76.95
固定资产	941999.93	4.88	653063.35	5.69	641833.22	10.34
长期待摊费用	315823.53	1.63	534470.59	4.65	771000.00	12.42
递延所得税资产	47747.16	0.25	56725.77	0.49	17902.29	0.29
非流动资产合计	1305570.62	6.76	1244259.71	10.83	1430735.51	23.05
总资产	19314444.97	100.00	11482515.94	100.00	6209158.94	100.00

十、曾获准整体变更时产生个税待上市后补缴

（一）公告内容

新三板挂牌企业久日新材（430141.OC）2017年5月11日发布年报称，曾于2011年获准股东赵国锋等39位个人发起人股东可以待公司上市后再补缴因整体变更所产生的个人所得税。2014年10月，因公司流动资金充足，公司股东赵国锋与解敏雨申请由公司提前代赵国锋等39位个人发起人股东缴纳个人所得税款3046703.86元，截至2016年3月31日，该缴纳的个人所得税款全额偿还公司。

《2017—05—11：久日新材：2016年年度报告》详细披露如下：

天津市北辰区政府于2016年5月6日批示天津市北辰区工业经济委员会《关于天津久日化学工业有限公司暂缓缴纳整体变更个人所得税的申请》（津辰工经发〔2011〕10号），同意公司赵国锋等39位个人发起人股东可以待公司上市后再补缴公司整体变更所产生的个人所得税。2014年10月，因公司流动资金充足，公司

股东赵国锋与解敏雨申请由公司提前代赵国锋等39位个人发起人股东缴纳个人所得税款3046703.86元，并作出承诺，将于2016年3月31日之前将上述应缴纳的个人所得税款全额偿还。

截至2016年3月31日，该笔个人所得税款3046703.86元已全额偿还，公司并于2016年3月31日在全国中小企业股份转让系统指定信息披露平台（www.neeq.com.cn）披露《天津久日新材料股份有限公司关于关联方资金占用问题解决情况的说明公告》（2016—025号）。

（二）补充披露

2016年4月25日，公司第二届董事会第十二次会议审议通过《防范控股股东及其关联方资金占用制度》，公司通过建立起防范控股股东及其关联方占用公司资金的长效机制，杜绝控股股东及其关联方资金占用行为的发生，进一步维护公司全体股东的合法权益。

第二十六章
个人所得税涉税审判案例

第一节　劳资纠纷案例

一、离职补偿款缴纳个人所得税纠纷案

——谭靖诉上海市浦东新区地方税务局税务一案二审行政判决书

上海市第一中级人民法院

案号：（2016）沪 01 行终 19 号　裁判日期：2016.03.28

上诉人（原审原告）：谭靖，XX 年 XX 月 XX 日生，汉族，住广西壮族自治区南宁市 XX 路 XX 居 XX 栋 XX 室。

被上诉人（原审被告）：上海市浦东新区地方税务局第九税务所，住所地上海市浦东新区 XX 路 XX 号 XX 号楼。

法定代表人：孙浩亮，所长。

被上诉人：上海市浦东新区地方税务局，住所地上海市浦东新区 XX 路 XX 号。

法定代表人：庞为，局长。

委托代理人：王君蕾，上海市浦东新区地方税务局总经济师。

委托代理人：周洲，上海市浦东新区地方税务局工作人员。

上诉人谭靖因个人所得税征收一案，不服上海市浦东新区人民法院（2015）浦行初字第 517 号行政判决，向本院提起上诉。本院于 2016 年 1 月 6 日立案后，依法组成合议庭审理了本案。本案现已审理终结。

（一）原审法院查明

原审查明，谭靖原在 A（上海）有限公司（以下简称：A 公司）工作，2014 年 10 月劳动合同到期，双方未续签劳动合同，A 公司给予谭靖离职补偿金人民币 72282 元。上海市浦东新区地方税务局第九税务所（以下简称：浦东第九税务所）根据《中华人民共和国个人所得税法》（以下简称：《个人所得税法》）第二条第（一）项、《中华人民共和国个人所得税法实施条例》（以下简称：《实施条例》）第八条第一款第（一）项等规定，于 2014 年 11 月 7 日，对谭靖所得离职补偿金 72282 元及其他收入征收个人所得税（以下简称：被诉征税行为），所属期自 2014 年 10 月 1 日至 2014 年 10 月 31 日，共计征收 25544.21 元，税款已纳入国库。

谭靖不服该行政行为，向上海市浦东新区地方税务局（以下简称：浦东地税局）申请行政复议。2015 年 5 月 20 日，浦东地税局要求谭靖对申请书进行补正，补正后，该局于同年 6 月 4 日正式受理。受理后，浦东地税局向浦东第九税务所发出税务行政复议答复通知书，并收到该所提交的答复书及证据材料。浦东地税局经审查后，根据《中华人民共和国行政复议法》（以下简称：《行政复议法》）第二十八条第一款第（一）项等规定，于 2015 年 7 月 23 日，作出沪地税浦复决〔2015〕2 号行政复议决定（以下简称：被诉复议决定），维持浦东第九税务所的被诉征税行为，并于 2015 年 7 月 28 日邮寄给双方。后谭靖以劳动合同终止经济补偿金不应征收个人所得税、被诉征税行为及被诉复议决定存在错误等为由，诉至原审法院，请求判令撤销被诉征税行为及被诉复议决定。

（二）原审判决结果

原审认为，浦东第九税务所作为本市浦东新区一级地方税务机关，具有征收个人所得税的法定职权。本案中，谭靖所得的经济补偿金属于与其任职或者受雇有关的其他所得，依法应当纳税。因此，浦东第九税务所作出的被诉征税行为，认定事实清楚，适用法律正确，执法程序合法。浦东地税局作为浦东第九税务所的上级行政机关，依法有权受理本案行政复议申请。浦东地税局受理申请后，经依法审查，作出被诉复议决定，并依法向申请人及被申请人进行送达，该决定认定事实清楚，适用法律正确，程序合法。综上，原审法院对谭靖的诉讼请求不予支持，遂根据《中华人民共和国行政诉讼法》第六十九条、第七十九条之规定，判决驳回谭靖的全部诉讼请求，案件受理费 50 元由谭靖负担。谭靖不服，上诉至本院。

（三）上诉事项

上诉人谭靖上诉称，本案中，上诉人所得离职补偿金并非与任职或受雇有关的所得，不应作为工资、薪金所得征收个人所得税。被诉征税行为将其作为工资、薪金所得征税缺乏依据。此外，根据财政部、国家税务总局《关于个人与用人单位解除劳动关系取得的一次性补偿收入征免个人所得税问题的通知》（以下简称：《通知》）（财税〔2001〕157 号）的规定，个人因与用人单位解除劳动关系而取得的一次性补偿收入（包括用人单位发放的经济补偿金、生活补助费和其他补助费用），其收入在当地上年职工平均工资 3 倍数额以内的部分，免征个人所得税。上诉人被征税收入中大部分属于经济补偿金，应当适用上述规定，予以免征。被诉征税行为及被诉复议决定认定事实和适用法律明显错误，原审判决支持上述行为亦属错误，故请求二审法院撤销原审判决，改判支持上诉人原审诉讼请求。

被上诉人浦东第九税务所辩称，上诉人因其与 A 公司劳动合同终止而获得的经济补偿金属于与任职或受雇有关的所得，符合《实施条例》所规定的工资、薪金收入的含义，应当按照工资薪金的规定缴纳个人所得税。此外，《通知》系针对个人与用人单位解除劳动关系取得的一次性经济补偿收入征收个人所得税的优惠政策，而上诉人所获补偿金属于合同终止的经济补偿，不属于《通知》规定的情形，因此不应适用《通知》的规定予以免征。本案被诉征税行为认定事实清楚，适用法律正确，程序合法，故请求二审法院驳回上诉，维持原判。

被上诉人浦东地税局辩称，该局作为浦东第九税务所的上级税务机关，依法有权受理上诉人的复议申请。在受理后，该局对被诉征税行为依法进行审查，在法定期限内作出被诉复议决定，并依法向申请人与被申请人进行了送达，程序合法。该局所作被诉复议决定认定事实清楚，适用法律正确。故请求二审法院驳回上诉，维持原判。

（四）再审法院判决结果

经审理查明，原审查明的事实无误，本院予以确认。

本院认为，根据《税收征管法》第五条、第十四条的规定，被上诉人浦东第九税务所具有征收个人所得税的法定职权。

本案的争议焦点在于，上诉人获得的经济补偿金是否属于《个人所得税法》规定的工资、薪金所得，以及对该经济补偿金是否可以适用《通知》的规定，免征个人所得税。对此，本院认为，上诉人所获得的经济补偿金本质上属于《实施条例》第八条第一款第（一）项所规定的与任职或受雇有关的其他所得。此外，上诉人所援用的《通知》亦规定，个人因与用人单位解除劳动关系而取得的一次性补偿收入，在当地上年职工平均工资 3 倍数额以内的部分，免征个人所得税；超过部分按照《国家税务总局关于个人因解除劳动合同取得经济补偿金征收个人所得税问题的通知》（以下简称：《国税局通知》）（国税发〔1999〕178 号）的有关规定，征收个人所得税。而《国税局通知》第一条即规定，对于个人因解除劳动合同而取得一次性经济补偿收入，应按"工资、薪金所得"项目计征个人所得税。《国税局通知》与《通知》系考虑到被解除劳动关系的劳动者可能面临的特殊困境，而专门对该类人员作出的有条件免征个人所得税规定。两通知对解除劳动关系的劳动者尚原则上要求按照"工资、薪金所得"项目计征个人所得税，则劳动者因劳动合同自然终止获得的经济补偿金自然亦应认定为"工资、薪金所得"，并计征个人所得税。另，《国税局通知》与《通知》仅适用于个人与用人单位解除劳动关系的情况，上诉人则系与 A 公司劳动合同到期未续签，属合同自然终止，不同于《通知》规定的情况，故不具备适用《通知》规定的前提。

综上，上诉人的主张缺乏依据，本院难以支持。浦东第九税务所将上诉人获得的经济补偿金作为《个人所得税法》规定的工资、薪金所得项目，以代扣代缴的方式征收个人所得税，认定事实清楚，适用法律正确，程序合法。浦东地税局作为浦东第九税务所的上级税务机关，依法受理上诉人申请后，于法定期限内进行审查，作出被诉复议决定，并送达双方，并无不当。原审判决驳回上诉人的诉讼请求正确，本院应予维持。据此，依照《中华人民共和国行政诉讼法》第八十九条第一款第（一）项之规定，判决如下：

驳回上诉，维持原判。

上诉案件受理费人民币 50 元，由上诉人谭靖负担（已付）。本判决为终审判决。

来源：中国裁判文书网

二、劳务报酬未代扣代缴个人所得税征税纠纷案

——浙江中成建工集团（沈阳）建筑工程有限公司与沈阳市地方税务局第二稽查局行政处罚决定纠纷二审行政判决书

辽宁省沈阳市中级人民法院行政判决书

案号：（2015）沈中行终字第 326 号

上诉人（原审原告）：浙江中成建工集团（沈阳）建筑工程有限公司，地址辽宁省沈阳市和平区。

法定代表人：陈尧火，系该公司总经理。

委托代理人：李思思，系辽宁恒生律师事务所律师。

委托代理人：吴绍杰，系辽宁恒生律师事务所律师。

被上诉人（原审被告）：沈阳市地方税务局第二稽查局，地址辽宁省沈阳市和平区。

法定代表人：杜春阳，系该局局长。

委托代理人：瞿国华，系该单位工作人员。

委托代理人：代文波，系辽宁华恩律师事务所律师。

上诉人浙江中成建工集团（沈阳）建筑工程有限公司诉被上诉人沈阳市地方税务局第二稽查局行政处罚决定一案，不服沈阳市和平区人民法院（2014）沈和行初字第 84 号行政判决，向本院提起上诉。本院受理后，依法组成合议庭，对本案进行了公开审理，上诉人浙江中成建工集团（沈阳）建筑工程有限公司的委托代理人李思思、吴绍杰，被上诉人沈阳市地方税务局第二稽查局的委托代理人瞿国华、代文波，行政机关负责人王猛到庭参加了诉讼。本案现已审理终结。

（一）原审查明

原审查明，2013 年 10 月 16 日—12 月 4 日，被告沈阳市地方税务局第二稽查局检查组对原告浙江中成沈阳公司进行纳税情况（2010 年 6 月 1 日—2012 年 12 月 31 日）检查时发现其存在三项违法事实：

1. 原告浙江中成沈阳公司 2010 年签订房屋租赁合同未按规定缴纳印花税，少缴

印花税 72.10 元；

2. 原告浙江中成沈阳公司 2010 年至 2012 年未按规定代扣代缴“劳务报酬”税目个人所得税，少代扣代缴个人所得税 6060776.12 元；

3. 原告浙江中成沈阳公司 2010 年支付房屋租金未足额取得发票，2011 年、2012 年支付房屋租金未取得发票。被告沈阳市地方税务局第二稽查局于 2013 年 11 月 12 日向原告浙江中成沈阳公司下发沈地税二稽限改〔2013〕0082 号《责令限期改正通知书》，并于 2013 年 11 月 25 日送达原告。

2013 年 11 月 25 日，被告沈阳市地方税务局第二稽查局向原告浙江中成沈阳公司下发沈地税二稽税通〔2013〕0043 号《税务事项通知书》，并于 2013 年 11 月 26 日送达原告。

2013 年 12 月 19 日，被告沈阳市地方税务局第二稽查局向原告浙江中成沈阳公司下发沈地税二稽罚告〔2013〕0153 号《税务行政处罚事项告知书》，并于 2013 年 12 月 20 日送达原告。

2014 年 1 月 3 日，被告沈阳市地方税务局第二稽查局向原告浙江中成沈阳公司下发沈地税二稽罚〔2014〕0002 号《税务行政处罚决定书》，并于 2014 年 1 月 9 日送达原告。

原告浙江中成沈阳公司不服被告沈阳市地方税务局第二稽查局的处罚决定，起诉至原审法院。

另查明，2010 年浙江中成沈阳公司实发劳务费 11614699.00 元；2011 年浙江中成沈阳公司实发劳务费 13039000.00 元；2012 年浙江中成沈阳公司实发劳务费 18146562.00 元。又查明，2011 年 6 月 23 日，浙江中成集团公司与沈阳国泰置业有限公司签订《建设工程施工合同》，约定由浙江中成集团公司承建位于沈阳市和平区三好街 96 号的“同方广场”项目工程。原告浙江中成沈阳公司于 2010 年 6 月 21 日成立，公司类型为有限责任（法人独资）。2010 年 6 月 23 日取得《税务登记证》，《税务登记证》记载代扣代缴税种为个人所得税。

（二）原审法院判决结果

原审法院认为，因原告浙江中成沈阳公司对被告作出的处罚决定第一项、第三项未提出审查请求，故仅就被诉处罚决定的第二项进行合法性审查。根据《中华人民共和国税收征收管理法》第五条、第十四条、《中华人民共和国税收征收管理法实施细则》第九条的规定，被告沈阳市地方税务局第二稽查局具有查处税务违法行为的法定职权。本案中，被告根据《中华人民共和国税收征收管理法》第六十九条“扣缴义务人应扣未扣、应收而不收税款的，由税务机关向纳税人追缴税款，对扣缴义务人处应扣未扣、应收未收税款百分之五十以上三倍以下的罚款”的规定，对原告浙江中成沈阳公司作出一倍罚款的处罚，应满足以下几个条件：1.“同方广场”项目建设的人工费是由原告浙江中成沈阳公司支付的；2.该收入应按照劳务报酬所得缴纳个人所得税；3.该收入的扣缴义务人是原告浙江中成沈阳公司且未扣缴。

本院对此论述如下：第一，“同方广场”项目建设的人工费是由谁支付的。原审法院认为，从被告提供的原告浙江中成沈阳公司财务账册中，明确记载了“同方广场付人工费、劳务费、民工工资”等科目，在原告浙江中成沈阳公司2010—2012年的劳务费发放明细表中也记载了支付金额并有领取人的签字盖章。故原告浙江中成沈阳公司将人工费的发放情况记载于本公司的财务账册中，能够证明该笔费用系由其支付给劳务者的。

第二，原告浙江中成沈阳公司发放的劳务费应当按照工资、薪金所得项目还是劳务报酬所得项目缴纳个人所得税。原审法院认为，根据《中华人民共和国个人所得税法》第一条的规定，在中国境内有住所的个人，从中国境内取得的所得，应当缴纳个人所得税。根据《建筑安装业个人所得税征收管理暂行办法》（国税发〔1996〕127号）第三条第三款的规定，从事建筑安装业工程作业的其他人员取得的所得，应当按照工资、薪金所得项目或者劳务报酬所得项目计征个人所得税。根据《中华人民共和国个人所得税法实施条例》第八条第一款规定，工资、薪金所得是指个人因任职或者受雇而取得的工资、薪金、奖金等以及与任职或者受雇有关的其他所得。工资、薪金体现的形式是计入工资总额，而从原告浙江中成沈阳公司的账簿报表中记载2010—2012

三年的“应付职工薪酬”均为零，原告浙江中成沈阳公司也未与领取劳务报酬的人员签订用工合同，未缴纳任何社会保险，其所雇人员均属于临时用工，按月支付报酬，因此，原告浙江中成沈阳公司向劳动者发放的钱款不具有工资、薪金所得的特征。根据《中华人民共和国个人所得税法实施条例》第八条第（四）项“劳务报酬所得，是指个人从事设计、装潢……代办服务以及其他劳务所得的所得”的规定，原告浙江中成沈阳公司向临时用工人员支付的报酬可以纳入其他劳务取得的所得范围，应按《中华人民共和国个人所得税法》第二条规定的劳务报酬所得缴纳个人所得税。

第三，原告浙江中成沈阳公司应否作为扣缴义务人代扣代缴个人所得税。原审法院认为，根据《中华人民共和国个人所得税法》第八条“个人所得税，以所得人为纳税义务人，以支付所得的单位或者个人为扣缴义务人”的规定，原告浙江中成沈阳公司将发放的劳务费列入企业工程施工科目人工费支出项目，直接向用工人员发放，属于法律规定的个人所得税扣缴义务人。综上，被告认定原告浙江中成沈阳公司2010年至2012年未按规定代扣代缴“劳务报酬”税目个人所得税，符合法律规定。被告提供的证据能够证明原告浙江中成沈阳公司少代扣代缴个人所得税6060776.12元。被告作出的处罚决定认定事实清楚，证据充分，适用法律正确，程序合法。被告依据《辽宁省地方税务局行政处罚裁量基准（试行）》的规定，对原告浙江中成沈阳公司处未补扣补缴个人所得税一倍罚款，在法定的处罚幅度内裁量适当。原告浙江中成沈阳公司要求撤销被告对其未扣缴个人所得税的处罚决定，没有事实根据和法律依据，原审法院不予支持，予以驳回。依照最高人民法院《关于执行〈中华人民共和国行政诉讼法〉若干问题的解释》第五十六条第（四）项之规定，判决：驳回原告浙江中成建工集团（沈阳）建筑工程有限公司的诉讼请求。案件受理费50元由原告负担。

（三）上诉事项

上诉人浙江中成建工集团（沈阳）建筑工程有限公司上诉称，一、被上诉人按20%税率计算建筑工人个人所得税是明显不合理的；二、一审法院对“同方广场”项目建筑工人的劳动合同关系的认定是完全错误的，将上诉人认定为代扣代缴义务主体也是错误的，对上诉人做出的处罚更是错误的，因此一审判决结果也是错误的；三、一审判决回避争议焦点，对被上诉人的处罚依据没有进行合法性审查，被上诉人作出的行政处罚是任性的随意的。四、被上诉人剥夺了上诉人的陈述申辩及听证的权利，作出行政处罚的行为程序违法；五、一审法院违法公开一审判决内容，程序严重违法，故请求本院撤销原审判决及被诉处罚决定。原审原告浙江中成建工集团（沈阳）建筑工程有限公司向原审法院提供了证据材料。

被上诉人沈阳市地方税务局第二稽查局辩称，一、被上诉人针对上诉人发放的劳务费按 20% 税率计算个人所得税是完全符合法律规定的，一审判决对此予以认定是正确的；二、一审法院认定上诉人为代扣代缴义务主体是正确的，被上诉人对其作出处罚亦是正确的；三、被上诉人依据《中华人民共和国税收征收管理法》及《辽宁省地方税务局税务行政处罚裁量基准（试行）》作出处罚适用法律、法规是正确的，一审法院已对被上诉人作出的处罚依据进行了合法审查；四、被上诉人并未剥夺上诉人的陈述申辩及听证权利，上诉人在法定期间内未向被上诉人提出书面的听证申请，其放弃听证权利的后果应由其自行承担，综上所述，被上诉人对上诉人作出的处罚决定认定事实清楚、证据充分、适用法律正确、程序合法，一审法院判决驳回上诉人的诉讼请求完全正确，二审法院应驳回上诉人的上诉请求。原审被告沈阳市地方税务局向原审法院提供了证据材料。

（四）再审法院判决结果

经审查，本院根据本案有效证据认定的事实与原审法院一致。

本院认为，根据《中华人民共和国税收征收管理法》第五条、第十四条、《中华人民共和国税收征收管理法实施细则》第九条的规定，被上诉人沈阳市地方税务局第二稽查局具有查处税务违法行为的法定职权。

被上诉人提供的事实证据，可以证明上诉人存在被诉处罚决定中认定的第一、三项事实，故上述两项处罚结论认定事实清楚，适用法律正确。

本案的争议焦点为：上诉人与建筑工人之间系劳动关系还是劳务关系。

依据《中华人民共和国劳动法》第十六条第二款规定，建立劳动关系应当订立劳动合同。劳动和社会保障部《关于确立劳动关系有关事项的通知》（劳社部发〔2005〕12号）第一条规定，用人单位招用劳动者未订立书面劳动合同，但同时具备下列情形的，劳动关系成立：（一）用人单位和劳动者符合法律、法规规定的主体资格；（二）用人单位依法制定的各项劳动规章制度适用于劳动者，劳动者受用人单位的劳动管理，从事用人单位安排的有报酬的劳动；（三）劳动者提供的劳动是用人单位业务的组成部分。本案中，上诉人虽未与其建筑工人签订劳动合同，但因建筑行业具有特殊性，建筑工人作业具有周期性，结合法院对类型情况的判决结论，上诉人与其雇佣的建筑工人符合事实劳动关系的要件。故被上诉人按照上诉人与其雇佣的建筑工人存在劳务关系计税，系事实不清。

综上，上诉人作为涉案建设项目人工费的支付单位，其应为个人所得税的代扣代缴义务主体，但税务机关基于劳务关系计算税率系认定事实不清，故其作出涉及该项内容的处罚决定应予撤销。依照《中华人民共和国行政诉讼法》第八十九条第一款第（二）项之规定，判决如下：

1. 撤销沈阳市和平区人民法院（2014）沈和行初字第84号行政判决；

2. 撤销被上诉人沈阳市地方税务局第二稽查局于2014年1月3日作出的沈地税二稽罚〔2014〕0002号税务行政处罚决定主文第二项；

3. 二审案件受理费各50元，共计100元由被上诉人负担。本判决为终审判决。

来源：中国裁判文书网

第二节 房产交易税费纠纷案例

一、卖房行为已被撤销相关税费征退纠纷案

——刘玉秀诉国家税务总局北京市西城区税务局二审行政判决书

北京市第二中级人民法院行政判决书

案号：（2019）京02行终964号

上诉人（一审被告）：国家税务总局北京市西城区税务局，住所地北京市西城区二龙路33号。

法定代表人：王忠新，局长。

出庭负责人：周文利，国家税务总局北京市西城区税务局总会计师。

委托代理人：何全荣，国家税务总局北京市西城区税务局干部。

委托代理人：王家本，北京天驰君泰律师事务所律师。

被上诉人（一审原告）：刘玉秀，女，1972年6月29日出生，汉族，住北京市西城区。

委托代理人：刘国辉，山东国宗律师事务所律师。

一审被告：国家税务总局北京市税务局，住所地北京市西城区车公庄大街8号。

法定代表人：李亚民，局长。

委托代理人：黄丽明，国家税务总局北京市税务局干部。

委托代理人：焦铁烨，北京天驰君泰律师事务所律师。

一审第三人：沈恒，男，1973年4月12日出生，汉族，住北京市海淀区。

一审第三人：刘欣，男，1973年7月22日出生，汉族，住北京市西城区。

刘玉秀诉国家税务总局北京市西城区税务局（以下简称西城税务局）作出的通知及国家税务总局北京市税务局（以下简称市税务局）行政复议一案，西城税务局不服北京市西城区人民法院（以下简称一审法院）所作（2017）京0102行初813号行政判决（以下简称一审判决），向本院提起上诉。本院依法组成合议庭，于2019年8月19日公开开庭进行了审理，上诉人西城税务局负责人周文利及委托代理人何全荣、

王家本，被上诉人刘玉秀之委托代理人刘国辉，一审被告市税务局之委托代理人黄丽明、焦铁烨，到庭参加诉讼。本案现已审理终结。

2016年12月26日，西城税务局作出京地税西税通〔2016〕31517号《税务事项通知书》（以下简称被诉通知书），主要内容为，刘玉秀；事由：退抵税（费）审批通知；依据：《中华人民共和国税收征收管理法》（以下简称《税收征管法》）第五十一条；通知内容：你（单位）于2016年12月22日提出的退抵税（费）审批收悉，经审核，不符合要求，不予审批。2017年1月18日，西城税务局作出《更正通知书》，主要内容为，刘玉秀，现将我局向你送达的被诉通知书内容更正如下："2016年12月22日"更正为"2016年12月13日"。

刘玉秀不服被诉通知书，向市税务局提起行政复议。市税务局于2017年7月31日作出京地税复字〔2017〕3号《税务行政复议决定书》（以下简称被诉复议决定），认为西城税务局作出的被诉通知书认定事实清楚、证据充分、适用依据正确、程序合法、内容适当，依据《中华人民共和国行政复议法》第二十八条第一款第（一）项、《税务行政复议规则》第七十五条第一项的规定，维持被诉通知书。

（一）案件产生过程

刘玉秀向一审法院诉称，2011年，刘玉秀欲将位于北京市西城区菜市口大街6号院3号楼6单元203室房屋（以下简称涉案房屋）通过出售的方式过户给沈恒。2011年9月5日，刘玉秀向西城税务局缴纳营业税42500元、城市维护建设税2975元、教育费附加1275元，共计46750元。在涉案房屋交易过程中，刘玉秀前夫刘欣发现其对涉案房屋的权利受到侵害，因此与刘玉秀之间产生系列诉讼，最终法院判决认定涉案房屋权属归刘欣所有，导致刘玉秀与沈恒之间的房屋交易失败。

依照法律规定，营业税等税款是在房屋交易成功的情况下税务机关收取的，现刘玉秀与沈恒之间的房屋交易失败，西城税务局应予退回。刘玉秀向西城税务局申请退营业税、城市维护建设税、教育费附加，西城税务局于2016年12月26日作出被诉通知书。刘玉秀不服，于2017年1月9日向市税务局申请行政复议，市税务局2017年7月31日作出被诉复议决定维持被诉通知书，刘玉秀于2017年8月2日收到。现诉至法院，请求法院：1. 撤销西城税务局作出的被诉通知书及市税务局作出的被诉复议决定；2. 判令西城税务局向刘玉秀退营业税42500元、城市维护建设税2975元、教育费附加1275元，共计46750元；3. 诉讼费用由西城税务局、市税务局承担。

西城税务局向一审法院辩称，一、西城税务局作出的被诉通知书认定事实清楚、法律适用正确、程序合法。2011年9月5日，刘玉秀持民事调解书、强制执行裁定书等材料到西城税务局所辖第七税务所申报缴纳将涉案房屋过户给沈恒发生的税费，第七税务所向刘玉秀征收营业税42500元、城市维护建设税2975元、教育费附加1275元。2016年12月13日，刘玉秀向西城税务局所辖第二税务所提出退税申请。经查验，第二税务所依法受理退税申请后，将退税申请材料交西城税务局办理。西城税务局经审核发现，刘玉秀于2011年9月5日缴纳营业税、城市维护建设税、教育费附加，于2016年12月13日提出退税申请，已超过《税收征管法》第五十一条规定的三年退税申请期限，据此作出被诉通知书并向刘玉秀送达。二、刘玉秀主张"营业税等税款是在房屋交易成功的情况下税务机关收取的，现刘玉秀与沈恒之间的房屋交易失败，西城税务局应予退回"没有法律根据，不能成立。《税收征管法》第五十一条规定"超过应纳税额缴纳的税款"的产生原因有多种，包括因法律原因、技术原因以及其他原因导致的多缴税款。该条还规定，应退还的纳税人多缴的税款有两类，一是由税务机关发现，二是由纳税人自己发现。由纳税人发现的多缴税款，无论什么原因造成，都应在结算缴纳税款之日起三年内申请退还，超过三年申请退税的，税务机关不能办理退还手续。本案中，刘玉秀缴纳营业税、城市维护建设税、教育费附加的时间是2011年9月5日，提出退税申请的时间是2016年12月13日，已超过法定的三年退税申请期限，因此，其提出的退税申请不符合退税条件，西城税务局据此作出不予退税的被诉通知书并无不当。综上，刘玉秀所诉事由没有法律依据，请求法院判决驳回刘玉秀的诉讼请求。

市税务局向一审法院辩称，一、市税务局受理刘玉秀提出的行政复议申请并作出被诉复议决定，履行了行政复议的法定职责，程序合法。2017 年 1 月 9 日，刘玉秀不服西城税务局作出的被诉通知书向市税务局提出行政复议，复议请求为“责令西城税务局将刘玉秀缴纳的营业税、城市维护建设税、教育费附加退回”。2017 年 1 月 12 日，市税务局决定受理刘玉秀的行政复议申请并向刘玉秀邮寄送达《行政复议申请受理通知书》，向西城税务局送达《行政复议答复通知书》。2017 年 1 月 20 日，西城税务局提交《行政复议答复书》及证据、法律依据等材料。经审理，市税务局认为本案情况复杂，不能在规定期限内作出行政复议决定，根据《中华人民共和国行政复议法》第三十一条第一款、《税务行政复议规则》第八十三条第一款的规定，决定延长案件审理期限 30 日，并于 2017 年 3 月 10 日将《行政复议延期通知书》邮寄送达刘玉秀。由于本案涉及退税相关政策的法律适用问题需有权机关作出解释或者确认，根据《中华人民共和国行政复议法实施条例》第四十一条第一款第六项、《税务行政复议规则》第七十九条第一款第七项的规定，市税务局决定自 2017 年 3 月 22 日起中止该案审理。中止原因消除后，于 2017 年 7 月 21 日决定恢复审理。2017 年 7 月 31 日作出被诉复议决定并邮寄送达刘玉秀。二、西城税务局作出的被诉通知书认定事实清楚、证据确凿、适用法律正确、程序合法。刘玉秀所称“营业税等税款是在房屋交易成功的情况下，税务机关收取的，现其与沈恒之间的房屋交易失败，西城税务局应予退回”没有法律根据，不能成立。综上，被诉复议决定认定事实清楚、证据确实充分、适用法律正确，刘玉秀的诉讼请求没有事实和法律依据，请求法院驳回刘玉秀的诉讼请求。

沈恒向一审法院述称，财政部、国家税务总局文件《关于购房人办理退房有关契税问题的通知》（财税〔2011〕32 号，以下简称 32 号通知）明确如果没有办理权属登记可以退还契税。关于刘玉秀的各项税费我们认为基于同一笔交易，刘玉秀税费应予以退还，不应适用《税收征管法》第五十一条，该条规定是多缴纳税款，而不适用交易不成功的情况；西城税务局答辩中也表达了刘玉秀缴纳的税款应该退还，只不过是涉及时效的问题；《税收征管法》第五十一条还规定，税务机关如果发现应该予以退还并没有时效的规定，相当于现在西城税务局已经知晓情况却不予办理。刘玉秀本人一直在进行民事诉讼，主张退还税款的权利，只不过主张对象有问题，但是不能要求纳税人知道应该如何办理退税。

刘欣向一审法院述称，关于刘玉秀和沈恒之间的诉讼不了解过程，至于退税问题也不清楚情况，对刘玉秀的诉讼请求无法发表意见。

（二）原审法院经审理查明

2009 年 3 月 3 日，刘玉秀与北京中信房地产有限公司签订《商品房预售合同》，约定刘玉秀购买涉案房屋，总价款 1465156 元。2009 年 3 月 6 日，刘玉秀与刘欣登记结婚。2010 年 1 月 26 日，刘玉秀与刘欣协议离婚，并在离婚协议中约定涉案房屋归男方所有，女方协助办理过户，所欠贷款由刘欣偿还。

2010 年 4 月 1 日，因刘玉秀与范旭东民间借贷纠纷，北京市海淀区人民法院（以下简称海淀法院）作出（2010）海民初字第 9925 号民事调解书，确定刘玉秀在约定时间内偿还范旭东 85 万元借款，如未按期还款，刘玉秀应将涉案房屋过户给范旭东或范旭东指定的第三人。同月，因刘玉秀未履行调解书确定的还款义务，海淀法院作出（2010）海民执字第 4656 号强制执行裁定书，将涉案房屋过户给范旭东指定的第三人沈恒。

2011 年 4 月 28 日，刘欣向海淀法院起诉刘玉秀，要求确认涉案房屋归刘欣所有。2011 年 8 月 29 日，海淀法院作出（2011）海民初字第 17526 号民事判决书，判决因涉案房屋尚未办理产权证书，无法确认涉案房屋产权人，离婚协议书约定的条件尚未成立，故驳回刘欣的诉讼请求。刘欣不服提起上诉，2011 年 10 月 30 日，北京市第一中级人民法院（以下简称一中院）作出（2011）一中民终字第 15498 号民事判决书，驳回上诉，维持原判。

2011 年 9 月 5 日，刘玉秀到西城税务局第七税务所申报缴纳了涉案房屋过户给沈恒产生的营业税 42500 元、城市维护建设税 2975 元、教育费附加 1275 元，共计 46750 元，同时代理沈恒申报缴纳了契税 25500 元。

2011 年 11 月 4 日，一中院指令海淀法院对刘玉秀、范旭东民间借贷纠纷案件自行审查处理。海淀法院按照一中院的要求，对（2010）海民初字第 9925 号民事调解书进行再审，于2012年4月20日作出（2012）海民再初字第37号民事判决书，判决撤销（2010）海民初字第9925号民事调解书，刘玉秀偿还范旭东85万元。后范旭东提起上诉，2012年9月18日，一中院作出（2012）一中民再终字第07154号民事判决书，判决驳回上诉，维持原判。

2012年，刘欣将刘玉秀诉至一审法院，要求法院判令将涉案房屋过户到刘欣名下。一审法院于2012年3月20日作出（2012）西民初字第4807号民事判决书，判决刘玉秀协助刘欣办理将涉案房屋所有权证登记于刘欣名下的手续。刘玉秀不服，提起上诉，2012年11月9日，一中院作出（2012）一中民终字第6209号民事判决书，驳回上诉，维持原判。现涉案房屋已登记于刘欣名下。

2016年6月14日，刘玉秀向海淀法院起诉刘欣不当得利纠纷，请求法院判决刘欣返还其垫付的购房款及税费。后对返还税款22127.17元不再主张，海淀法院作出（2016）京0108民初20622号民事判决书，判决刘欣于本判决生效后十日内返还刘玉秀532470元；驳回刘玉秀其他诉讼请求。刘玉秀、刘欣不服，提起上诉。2017年3月24日，一中院作出（2017）京01民终669号民事判决书，判决撤销（2016）京0108民初20622号民事判决书；刘欣于本判决生效后十日内返还刘玉秀532470元，并按中国人民银行公布的同期贷款利率给付2013年3月7日至实际返还之日止的利息；驳回刘玉秀的其他诉讼请求；驳回刘欣的上诉请求。

2016年12月13日，刘玉秀向西城税务局第二税务所提出退税申请，请求退还其于2011年9月5日缴纳的营业税42500元、城市维护建设税2975元、教育费附加1275元，共计46750元。西城税务局经审查，于2016年12月26日作出被诉通知书并送达刘玉秀，后因被诉通知书中对退税申请提出时间描述错误，于2017年1月18日作出《更正通知书》将错误日期更正并送达刘玉秀。

2017年1月9日，刘玉秀向市税务局提出行政复议申请，复议请求为，责令西城税务局将刘玉秀缴纳的营业税、城市维护建设税、教育费附加退回。2017年1月12日，市税务局决定受理刘玉秀的行政复议申请并向刘玉秀邮寄送达《行政复议申请受理通知书》，向西城税务局送达《行政复议答复通知书》。2017 年 1 月 20 日，西城税务局提交《行政复议答复书》及证据、依据等相关材料。市税务局经审理认为本案情况复杂，不能在规定期限内作出行政复议决定，根据《中华人民共和国行政复议法》第三十一条第一款、《税务行政复议规则》第八十三条第一款的规定，于 2017 年 3 月 10 日作出《行政复议延期通知书》决定延长案件审理期限 30 日，并邮寄送达刘玉秀及西城税务局。由于本案涉及退税相关政策的法律适用问题需有权机关作出解释或者确认，根据《中华人民共和国行政复议法实施条例》第四十一条第一款第六项、《税务行政复议规则》第七十九条第一款第七项的规定，市税务局于 2017 年 3 月 22 日作出《行政复议中止通知书》决定中止案件审理并送达刘玉秀及西城税务局。中止原因消除后，于 2017 年 7 月 21 日作出《行政复议恢复审理通知书》并送达刘玉秀及西城税务局。

（三）原审法院判决结果

一审法院认为，根据《税收征管法》第五条、第十四条的规定，西城税务局负责本行政区域内税务征收管理工作，具有对退税申请予以审查并处理的法定职责。根据《税务行政复议规则》第十七条、《中华人民共和国行政复议法》第十二条的规定，市税务局作为西城税务局的上一级主管部门，具有对西城税务局作出行政行为不服提起行政复议予以受理、审查并作出处理的法定职责。

归纳本案的审理焦点为：一、刘玉秀缴纳的营业税、城市维护建设税、教育费附加的性质如何认定，是否应予退还；二、西城税务局适用《税收征管法》第五十一条作出被诉通知书是否正确。

关于焦点一，一审法院认为，刘玉秀曾缴纳的税款自其与沈恒基于以房抵债的行为不具备法律效力时，已不符合税的根本属性，不具备课税要素条件和税收依据，依法应予退还，否则将有违税法的立法精神和宗旨。

本案中，2011 年 9 月 5 日，刘玉秀和沈恒分别缴纳营业税、城市维护建设税、教育费附加及契税，其缴税基础源于（2010）海民初字第 9925 号民事调解书所确定的刘玉秀基于对范旭东以房抵债行为而将涉案房屋过户给沈恒的民事义务。此时，依据税法理论和规定，因房屋权属发生移转变更的事实，应由承受房屋所有权的人即沈恒作为纳税主体缴纳契税，相对出让房屋所有权的人即刘玉秀作为纳税主体缴纳营业税、城市维护建设税、教育费附加，征税客体为涉案房屋，因具有财产收益性故满足课税要素的基本构成要件。此后，海淀法院于2012年4月20日作出（2012）海民再初字第37号民事判决书，判决撤销（2010）海民初字第9925号民事调解书，刘玉秀偿还范旭东人民币85万元。一中院于2012年9月18日二审予以维持。一审法院于2012年3月20日作出（2012）西民初字第4807号民事判决书，判决刘玉秀协助刘欣办理将涉案房屋所有权证登记于刘欣名下的手续。一中院于2012年11月9日二审予以维持。至此，刘玉秀与沈恒之间基于涉案房屋的以房抵债行为灭失，其缴纳的税款性质要结合课税要素、税收依据等因素加以综合判定。

关于焦点二，一审法院认为，税务机关针对纳税人提出的退税申请，应遵循税法的立法精神，秉承行政合法性原则为基础、行政合理性原则为补充的执法理念，正确行使税收管理职责，切实维护行政相对人的合法权益。

具体到本案中，主要涉及退税制度的法律适用问题。退税制度由纳税人退还请求权的实现和征税主体的退还义务两部分构成，主要解决纳税人因超出应纳税额缴税、误缴或不应缴纳税款等多种因素引发的税款是否应予退还等问题。目前，我国税收管理领域关于退税制度的法律规定主要是《税收征管法》第五十一条，即纳税人超过应纳税额缴纳的税款，税务机关发现后应当立即退还；纳税人自结算缴纳税款之日起三年内发现的，可以向税务机关要求退还多缴的税款并加算银行同期存款利息，税务机关及时查实后应当立即退还；涉及从国库中退库的，依照法律、行政法规有关国库管理的规定退还。此外，438号批复明确无效产权转移行为不征收契税；32号通知明确在未办理房屋权属变更登记前退房的，退还已纳契税。

关于如何理解和适用上述法律及相关规定，在学界以及税收行政管理执法实践中均存在较大争议，集中体现在何种情况下适用以及如何适用《税收征管法》第五十一条中关于三年退税期限的规定。刘玉秀代表一方观点，即认为其曾缴纳的税款不再属于税款性质，不应受《税收征管法》第五十一条超过应纳税额缴纳的税款之前提条件，进而不应适用三年退税申请期限的限制；西城税务局及市税务局代表另一方观点，即认为刘玉秀2011年9月5日结算缴纳税款，2016年12月13日申请退税，已超过三年退税申请期限，故不应予以退还。

本案中，西城税务局过于严格要求刘玉秀对税收法律制度明确知悉，并适用《税收征管法》第五十一条纳税人应在缴纳税款之日起三年内提出退税申请，缺乏行政合理性，适用法律错误。市税务局在行政复议程序中，就涉案事实进行核查，对所确认的事实部分一审法院不持异议；其严格按照法律规定履行受理、审查、请示、延期、中止、恢复审理等事项，执法程序并无不当；其对西城税务局适用《税收征管法》第五十一条是否合法的问题已予以高度关注并报请国家税务总局，但依然未从税收的性质、课税要素以及税法宗旨等方面并结合涉案事实予以综合考量，将刘玉秀不应缴纳的营业税、城市维护建设税、教育费附加，适用《税收征管法》第五十一条加以退税期限三年的时限约束，有违合理行政原则。据此，市税务局依据《中华人民共和国行政复议法》第二十八条第一款第（一）项、《税务行政复议规则》第七十五条第（一）项的规定维持被诉通知书，适用法律错误。

综上，西城税务局作出的被诉通知书以及市税务局作出的被诉复议决定适用法律错误，依法应予撤销。刘玉秀主张撤销被诉通知书及被诉复议决定的诉讼请求于法有据，应予支持；刘玉秀主张判令西城税务局向刘玉秀退营业税42500元、城市维护建设税2975元、教育费附加1275元，共计46750元的诉讼请求，因系行政机关行政权的行使范围，司法权不宜介入，西城税务局应对刘玉秀主张退还已缴税款的申请，遵循税法宗旨、税收基本原则，兼具行政合法性和行政合理性的执法理念，结合具体涉案事实重新予以处理。综上，一审法院依照《中华人民共和国行政诉讼法》第七十条第（二）项、第七十九条之规定，判决：一、撤销被诉通知书；二、撤销被诉复议决定；三、西城税务局于本判决生效后，对刘玉秀2016年12月13日提出退营业税、城市维护建设税、教育费附加的申请重新进行处理。

（四）上诉事项

西城税务局不服一审判决，提出上诉，请求撤销一审判决，改判驳回刘玉秀的诉讼请求，诉讼费由刘玉秀承担。理由如下：一、刘玉秀向税务机关缴纳及申请退还的款项均是税费，其性质没有发生根本变化；二、刘玉秀主张“税款是在房屋交易成功的情况下税务机关收取的，现刘玉秀与沈恒之间的房屋交易失败，西城税务局应予退回”没有法律根据，不能成立。《税收征管法》第五十一条规定“超过应纳税额缴纳的税款”的产生原因有多种，包括因法律原因、技术原因以及其他原因导致的多缴税款。该条还规定，应退还的纳税人多缴的税款有两类，一是由税务机关发现，二是由纳税人自己发现。由纳税人发现的多缴税款，无论什么原因造成，都应在结算缴纳税款之日起三年内申请退还，超过三年申请退税的，税务机关不能办理退还手续。本案中，刘玉秀缴纳税款的时间是2011年9月5日，提出退税申请的时间是2016年12月13日，已超过法定的三年退税申请期限，因此，其提出的退税申请不符合退税条件，西城税务局据此作出不予退税的被诉通知书认定事实清楚、适用法律正确、程序合法，并无不当。市税务局同意西城税务局的意见。

刘玉秀、沈恒同意一审判决，请求维持原判。刘欣未陈述意见。

刘玉秀、西城税务局、市税务局在法定期限内向一审法院提交了相关证据。沈恒、刘欣在法定期限内未向一审法院提交证据。

（五）再审法院判决结果

根据上述被认定合法有效的证据，本院认定一审法院审理查明的事实成立。

本院认为，根据《税收征管法》第五条、第十四条的规定，西城税务局负责本行政区域内税务征收管理工作，具有对退税申请予以审查并处理的法定职责。根据《税务行政复议规则》第十七条、《中华人民共和国行政复议法》第十二条的规定，市税务局作为西城税务局的上一级主管部门，具有对西城税务局作出行政行为不服提起行政复议予以受理、审查并作出处理的法定职责。

《税收征管法》第四条规定“法律、行政法规规定负有纳税义务的单位和个人为纳税人”，第五十一条规定“纳税人超过应纳税额缴纳的税款，税务机关发现后应当立即退还；纳税人自结算缴纳税款之日起三年内发现的，可以向税务机关要求退还多缴的税款并加算银行同期存款利息，税务机关及时查实后应当立即退还；涉及从国库中退库的，依照法律、行政法规有关国库管理的规定退还”。根据前述规定，依法负有应纳税义务的纳税人多缴税款后，应适用第五十一条之规定，对多缴纳的税款予以退还。在税收征缴过程中，当事人交纳了相关款项，但经查明实际上不负有纳税义务的，以缴纳税款名义实际缴纳的款项，该种情形不属于第五十一条规定的“超过应纳税额缴纳”问题，对该款项的退还，亦不宜适用前述第五十一条的规定。

本案中，刘玉秀2011年9月5日应缴纳税费的民事基础行为已被法院生效判决予以撤销，其已不负有纳税义务，其实际缴纳的款项，不属于《税收征管法》第五十一条规定的“超过应纳税额缴纳”情形。西城税务局作出的被诉通知书及市税务局作出的被诉复议决定适用法律错误，依法应予撤销。对刘玉秀请求判令西城税务局退还营业税42500元、城市维护建设税2975元、教育费附加1275元，共计46750元的主张，应由西城税务局根据法律法规的规定，结合本案具体情况，对其申请重新予以处理。一审判决认定事实清楚，程序合法，适用法律正确，本院予以维持。西城税务局的上诉请求缺乏事实及法律依据，本院不予支持。依照《中华人民共和国行政诉讼法》第八十九条第一款第（一）项之规定，判决如下：

驳回上诉，维持一审判决。

一审案件受理费五十元，由国家税务总局北京市西城区税务局、国家税务总局北京市税务局负担；二审案件受理费五十元，由国家税务总局北京市西城区税务局负担（已交纳）。本判决为终审判决。

二、个人房产过户时个人所得税核定征收基数争议案

——何文辉与深圳市罗湖区地方税务局上诉案

广东省深圳市中级人民法院

案号：（2013）深中法行终字第73号　裁判日期：2013.03.13

上诉人（原审原告）：何文辉。

被上诉人（原审被告）：深圳市罗湖区地方税务局。

法定代表人：万伟平，该局局长。

委托代理人：李阳，广东卓建律师事务所律师。

委托代理人：郭爱玲。

原审第三人：深圳市规划和国土资源委员会。

法定代表人：王幼鹏，该委员会主任。

委托代理人：张东煜，广东联建律师事务所律师。

委托代理人：罗李明，系深圳市房地产权登记中心职员。

上诉人何文辉因与被上诉人深圳市罗湖区地方税务局（以下简称罗湖地税局）、原审第三人深圳市规划和国土资源委员会（以下简称市规土委）征税决定纠纷一案，不服深圳市罗湖区人民法院（2012）深罗法行初字第67号行政判决，向本院提起上诉。本院依法组成合议庭，对本案进行了审理，现已审理终结。

（一）原审法院经审理查明

2009年10月28日，何文辉以人民币267万元竞得黄×名下的位于深圳市罗湖区笋岗路中信星光名庭X房产。该房产在黄×名下的登记价格为人民币1120113.00元。

2009年11月17日，广东省揭阳市榕城区人民法院向深圳市房地产权登记中心发出（2009）榕指执字第72—4号《协助执行通知书》，要求该中心协助办理解除对黄×以上房产的查封，并过户给何文辉。

2010年3月2日，何文辉代黄×向罗湖地税局申报缴纳个人所得税。罗湖地税

局对其实行核定征税，并出具了深地完电 0182204 号《税收通用完税证》，证上记载纳税人为黄 ×，税种为个人所得税，纳税金额为人民币 80100 元。

2010 年 3 月 30 日，深圳市房地产权登记中心在为何文辉办理涉案房产过户时最终审核认定该交易行为应适用核实征收方式计征个人所得税，并在重新计算应纳税款的基础上补征黄 × 个人所得税人民币 120233.47 元。罗湖地税局出具了深地完税 01825943 号《税收通用完税证》，证上记载纳税人为黄 ×，税种为个人所得税，纳税金额为人民币 120233.47 元。两次合计征收个人所得税 200333.47 元。

2012 年 1 月 15 日，何文辉代黄 × 向罗湖地税局提出核定征收涉案房产转让过程中个人所得税的申请。2012 年 3 月 30 日，罗湖地税局向黄 × 作出《关于中信星光名庭 X 房产权过户缴纳个人所得税有关问题的复函》，告知就黄 × 转让“中信星光名庭 X”事项征收个人所得税的计税依据、税率及具体确定方式，并作出不予受理其涉案房产个人所得税核定征收申请的决定。

何文辉不服该复函，于 2012 年 5 月 24 日向深圳市地方税务局申请复议，2012 年 7 月 17 日，深圳市地方税务局作出复议决定，维持罗湖地税局作出的复函。何文辉不服，向原审法院提起行政诉讼。

（二）原审法院认为

本案所涉个人所得税款来源于涉案房产转让，根据《中华人民共和国个人所得税法》第二、三、六条之规定，财产转让所得应纳的个人所得税，以转让财产的收入额减除财产原值和合理费用后的余额为应纳税所得额，按照 20% 税率计征。本案罗湖地税局对涉案房产转让计征个人所得税的具体确定方式为拍卖价减除财产原值和合理费用后按 20% 税率计征。各方当事人对该计征方式无异议，争议的问题是罗湖地税局以黄 × 房地产证的登记价作为房屋原值予以减除是否合法。

根据国税发〔2006〕108 号国家税务总局《关于个人住房转让所得征收个人所得税有关问题的通知》第二条的规定，对住房收入计算个人所得税应纳税所得额时，纳税人可凭原购房合同等有效凭证，经税务机关审核后，允许从其转让收入中减除房屋原值。何文辉认为黄 × 在购房时存在签订阴阳合同的情况，其房地产证的登记价并非实际购置价，但何文辉无法提供真实的购房合同予以证实，且该登记价已经房地产权登记部门认可，故罗湖地税局按照房地产证上记载的价格予以减除并无不当。关于罗湖地税局未扣除室内物品价值，何文辉房地产证上所记载登记价为人民币2670000.00 元，也就是说 2670000.00 元仅是涉案房产的价值，并不包括室内物品的价值。综上，罗湖地税局就黄 × 转让“中信星光名庭 X”事项征收个人所得税的计税依据、税率及具体确定方式符合法律规定，罗湖地税局所作复函内容并无不当。何文辉要求撤销罗湖地税局所作复函并退还税款及利息的诉讼请求，理由不成立，依法应予驳回。

依照《最高人民法院关于执行〈中华人民共和国行政诉讼法〉若干问题的解释》第五十六条第（四）项之规定，判决如下：一、驳回何文辉要求撤销罗湖地税局作出的深地税罗函〔2012〕4 号《关于中信星光名庭 X 房产权过户缴纳个人所得税有关问题的复函》的诉讼请求；二、驳回何文辉要求判令罗湖地税局退还多征收的税款人民币120233.47 元及利息人民币 50000 元的诉讼请求。本案受理费人民币 50 元，由何文辉负担。

（三）上诉事项

何文辉不服该判决，向本院提起上诉，请求：

1. 撤销深圳市罗湖区人民法院 （2012） 深罗法行初字第 67 号行政判决，依法重新判决；

2. 本案诉讼费由罗湖地税局负担。

事实与理由：

一、原审判决认定涉案房产原值有误。本案何文辉经拍卖所得房产的原业主黄 × 与其前手签订的是阴阳合同，存在着订立虚假合同低报交易价格，逃避我国税收缴纳的问题。因此黄 × 与其前手签订的合同属于无效合同，产权登记中心根据该无效的合同备案登记的 1120113 元并非该房屋的真实产值，不能以 1120113 元作为该房屋的原值来计算。

二、原审法院应当调取的证据不予调取。对于本案涉案房地产的实际购置价问题，何文辉在原审时已申请原审法院依职权调取黄 × 与其前手签订的购买深圳市罗湖区笋岗路中信星光名庭 X 房屋的资金监管协议以核实该房屋的真实成交价格，但是原审法院却以该证据与本案没有直接关系为由作出不予调取的决定。根据《国家税务总局关于个人住房转让所得征收个人所得税有关问题的通知》（国税发〔2006〕108 号）规定，商品房房屋原值具体为购置该房屋时实际支付的房价款及缴纳的相关税费，而本案中，该房屋实际支付的房价款是人民币 2070000 元，因此原审法院认定涉案房产的原值为人民币 1120113 元错误。

三、原审判决认定拍卖款人民币 2670000 元仅为涉案房产的价值不含室内物品价值，该认定显然有误。

罗湖地税局答辩称：

1. 原审法院认定减除涉案房产的财产原值正确。根据何文辉办理涉案房产证时所提交的拍卖前房产证资料显示，涉案房产登记价为人民币 1120113 元，登记时间为 2007 年 8 月 28 日。罗湖地税局原审阶段提交的证据清单的序号 9 证据显示拍卖前涉案房产业主黄 × 向银行以该房产抵押贷款时间为 2007 年 8 月 31 日。以上登记时间和抵押时间显示了涉案房产原业主黄 × 购买涉案房产后再抵押贷款，其抵押贷款是否用途是购买涉案房产，则无法得知。涉案房产原业主黄 × 购买涉案房产时的房屋原值就是登记时金额人民币 1120113 元，即该金额符合国税发〔2007〕108 号国家税务总局《关于个人住房转让所得征收个人所得税有关问题的通知》第二条规定的房屋原值的条件。罗湖地税局委托市规土委下属深圳市房地产权登记中心按照《中华人民共和国个人所得税法》第六条第五项的规定计算何文辉的应纳税所得额符合法律规定。

2. 涉案房产拍卖价格并未包含室内物品。根据何文辉申请办理涉案房产转移登记的资料可确定，何文辉与揭阳市群融拍卖有限公司签订的拍卖确认书内容中并未指明该价格包含涉案房产的室内用品。2009 年 9 月 28 日，揭阳市榕城区人民法院揭榕法执委（2009 — 72）号委托书中亦未说明拍卖标的包含该涉案房产室内物品。何文辉在提起本案诉讼时提交的《评估鉴定标的明细》亦明确显示评估机构并未对涉案房产的室内物品予以评估，该证据也证明何文辉参加拍卖时知晓拍卖公司系仅就涉案房产进行拍卖，不涉及该室内物品。

3. 何文辉于 2010 年 3 月 30 日代黄 × 补充缴纳税款，领取了涉案房产产权证，已代黄 × 依照法律规定履行纳税义务。罗湖地税局作出被诉复函的行为，并未对何文辉权利和义务产生实际影响，仅是针对何文辉代黄 × 缴纳个人所得税的计算问题进行解答。综上，原审判决查明事实清楚，适用法律正确。何文辉的上诉请求不能成立，请求二审法院驳回上诉，维持原判。

市规土委陈述称，坚持原审时的答辩意见，请求二审法院驳回上诉，维持原判。经审理，原审查明的上述事实无误，本院予以确认。

（四）再审法院判决结果

本案争议焦点是罗湖地税局在计算涉案房产转移应纳税所得额时，以黄 × 房地产证的登记价作为涉案房产原值予以减除是否合法。根据《中华人民共和国个人所得税法》第二、第三、第六条的规定，财产转让所得应纳的个人所得税，以转让财产的收入额减除财产原值和合理费用后的余额为应纳税所得额，按照 20% 税率计征。另，国税发〔2006〕108 号国家税务总局《关于个人住房转让所得征收个人所得税有关问题的通知》第二条规定，对转让住房收入计算个人所得税应纳税所得额时，纳税人可凭原购房合同、发票等有效凭证，经税务机关审核后，允许从其转让收入中减除房屋原值、转让住房过程中缴纳的税金及有关合理费用。该通知第三条规定，纳税人未提供完整、准确的房屋原值凭证，不能正确计算房屋原值和应纳税额的，税务机关可根据《中华人民共和国税收征收管理法》第三十五条的规定，对其实行核定征税，即按纳税人住房转让收入的一定比例核定应纳个人所得税额。具体比例由省级地方税务局或者省级地方税务局授权的地市级地方税务局根据纳税人出售住房的所处区域、地理位置、建造时间、房屋类型、住房平均价格水平等因素，在住房转让收入 1%~3% 的幅度内确定。

另，国税发〔2007〕33号国家税务总局《关于个人转让房屋有关税收征管问题的通知》第四条规定，国家税务总局《关于个人住房转让所得征收个人所得税有关问题的通知》（国税发〔2006〕108号）第三条所称"未提供完整、准确的房产原值凭证"，是指纳税人不能提供房屋购买合同、发票或建造成本、费用支出的有效凭证，或契税征管档案中没有上次交易价值或建造成本、费用支出金额等记录。凡纳税人能提供房屋购买合同、发票或建造成本、费用支出的有效凭证，或契税征管档案中有上次交易价格或建造成本、费用支出金额等记录的，均应按照核实征收方式计征个人所得税。本案罗湖地税局以涉案房产原业主黄 × 房地产证的登记价，亦即涉案房产上次交易登记价格作为涉案房产原值予以减除，符合上述规定。

另，关于何文辉提出的罗湖地税局在计算涉案房产转让价时未扣除室内物品价值的主张，何文辉房地产证上所记载的涉案房产登记价为人民币267万元，也就是说267万元仅是涉案房产的价值，并不包括室内物品的价值；同时，何文辉申请涉案房产转移登记时向深圳市房地产权登记中心提交的《深圳市房地产转移登记申请表》《拍卖成交确认书》《标的款证明》均显示涉案房产拍卖成交价为人民币267万元。罗湖地税局根据何文辉提交的上述材料并结合涉案房产其他材料最终以拍卖成交价267万元作为涉案房产转让价，并据此计算涉案房产转移应纳税所得额，认定事实清楚，证据充分。综上，何文辉的上诉请求不能成立，本院不予支持。依照《中华人民共和国行政诉讼法》第六十一条第（一）项之规定，判决如下：

驳回上诉，维持原判。二审案件受理费人民币50元，由何文辉负担。本判决为终审判决。

来源：中国裁判文书网

三、交换住房是否属于应税行为征税纠纷案

——黄天启诉四川省乐山市五通桥区地方税务局第四税务所税务行政征收一案行政判决书

四川省乐山市中级人民法院

案号：（2014）乐行终字第 6 号　裁判日期：2014.02.13

上诉人（原审原告）：黄天启，男，1946 年 9 月 26 日出生，汉族，居民。

被上诉人（原审被告）：四川省乐山市五通桥区地方税务局第四税务所，所在地乐山市五通桥区竹根镇涌江路北段 293 号。

诉讼代表人：周橄，男，所长。委托代理人：卢竹，四川金顶律师事务所律师。

委托代理人：李勇，男，1966 年 10 月 23 日出生，四川省乐山市五通桥区地方税务局综合税政股股长。

上诉人黄天启因诉四川省乐山市五通桥区地方税务局第四税务所（以下简称：五通桥区第四税务所）税务行政征收一案，不服乐山市五通桥区人民法院（2013）五通行初字第 6 号行政判决，向本院提起上诉。本院依法组成合议庭，于 2014 年 2 月 13 日公开开庭审理了本案。上诉人黄天启，被上诉人五通桥区第四税务所的诉讼代表人周橄及其委托代理人卢竹、李勇到庭参加诉讼。本案现已审理终结。

（一）原审法院查明

原告黄天启因履行与周凤珍住房交换合同，于 2013 年 6 月 27 日持五房监证字第 0047018 号和第 0071719 号房屋所有权证到被告五通桥区第四税务所办理缴税事宜。被告五通桥区第四税务所在办理中未采纳原告提出的住房交换不应当缴税的意见和理由，对原告征收了个人所得税 1244.02 元。原告不服，于 2013 年 8 月 26 日向五通桥区税务局申请行政复议。五通桥区税务局于 2013 年 10 月 22 日作出维持被告征收原告个人所得税 1244.02 元的决定。原告于 2013 年 11 月 12 日向本院提起诉讼，请求判令被告退还对原告违法征收的个人所得税款 1244.02 元并赔偿经济损失 7113.86 元（房屋交换人周凤珍的税费款 5913.86 元；车费 1200.00 元）。

原审法院认为，税务所作为税务局设置的基层单位，负责五通桥区房地产税收管理，符合《中华人民共和国税收征收管理法》第十四条的规定，在对原告作出征收个人所得税的具体行政行为中，具有相应的职权。房地产转让是指合法拥有土地使用权及土地上建筑物、附着物所有权的自然人、法人和其他组织，通过买卖、交换、赠与将房地产转移给他人的法律行为。原告提出的住房交换不是转让行为不应当缴税的意见和理由是错误的。原告交换房屋的行为实质上就是以合法方式将其房地产转移给他人的行为，该行为就是房地产转让的法律行为。原告作为所得人是法律规定的纳税义务人，依法应当缴纳个人所得税。原告未提供完整、准确的房屋原值凭证，不能正确计算房屋原值和应纳税额，税务所对其核定征税，按照估价信息系统评估核定的价格确定原告房屋的计税价格并按计税价格的 1% 比例决定征收原告个人所得税，适用法律正确，计税依据明确、合法，计税金额正确。原告请求赔偿经济损失的主张因被告在具体行政行为中无违法行为，本院不予支持。本案主要证据确实、充分，适用法律、法规正确，符合法定程序。依照《中华人民共和国行政诉讼法》第五十四条第一项和最高人民法院《关于执行〈中华人民共和国行政诉讼法〉若干问题的解释》第五十六条第四项之规定，判决驳回原告黄天启的诉讼请求。本案诉讼费 50 元，由原告黄天启负担。

（二）上诉事项

上诉人黄天启上诉称，被上诉人五通桥区第四税务所只是五通桥区地方税务局的内设机构，不具有独立法人资格，因此，不是本案的适格主体，本案适格主体应是四川省乐山市五通桥区地方税务局。上诉人认为公民之间相互交换房屋，不同于转让房屋，不适用《中华人民共和国个人所得税法》第二条的规定，本人不属于个人所得税的缴税义务人，只属于契税的缴税义务人。故一审法院适用法律、行政法规错误，请求二审法院支持上诉人在一审中提出的诉请，即认定被上诉人征收其个人所得税违法并退还征收的个人所得税款 1244.02 元以及赔偿经济损失 7113.86 元。

被上诉人五通桥区第四税务所答辩称，被上诉人具有相应的税收征收职能，是本案作出征收决定的机关，是本案的适格主体。上诉人与他人进行房屋交换，其实质是通过房屋交换的方式将个人所有的房屋转让给他人的行为，依法应当缴纳个人所得税。因此，被上诉人决定征收上诉人的个人所得税 1244.02 元的征收行为事实清楚，证据充分，程序合法，适用法律、法规正确，请求二审法院维持原判，维持其征收行为。

（三）二审法院判决事实

本案经审理二审查明的事实及认定的证据与一审基本一致。

另查明，上诉人于 2013 年 10 月 28 日向乐山市五通桥区人民法院递交行政诉讼状，乐山市五通桥区人民法院于 2013 年 11 月 12 日立案受理。

另查明，上诉人于 2013 年 6 月 24 日在《乐山市（县、区）存量房交易计税价格确认书》上签字认可其换出的房屋系统估价为 124402.47 元。

（四）二审法院判决结果

本院认为，《中华人民共和国税收征收管理法》第二条规定：“凡依法由税务机关征收的各种税收的征收管理，均适用本法。”该法第十四条规定：“本法所称税务机关是指各级税务局、税务分局、税务所和按照国务院规定设立的并向社会公告的税务机构。”税收的征收主体包括税务所，故被上诉人五通桥区第四税务所属法律授权的组织，具有征收其辖区范围内相应税收的法定职责。上诉人认为被上诉人只是五通桥区地方税务局的内设机构，不具有独立法人资格，不是本案的适格主体的主张，本院不予支持。

《中华人民共和国个人所得税法》第二条规定，财产转让所得，应纳个人所得税。财产转让包括房地产转让。《中华人民共和国城市房地产管理法》第三十七条规定：“房地产转让，是指房地产权利人通过买卖、赠与或者其他合法方式将其房地产转移给他人的行为。”房屋交换属于该条规定中的其他合法方式。本案上诉人与他人交换房屋的行为实质上是通过交换方式将其房地产转移给他人的行为，属财产转让，依法应纳个人所得税。上诉人认为公民之间相互交换房屋，不同于转让房屋，不适用《中华人民共和国个人所得税法》第二条的规定，其主张于法无据，本院不予支持。

《中华人民共和国税收征收管理法》第三十五条、国家税务总局《关于个人住房转让所得征收个人所得税有关问题的通知》（国税发〔2006〕108 号）第三条以及乐山市地方税务局转发国家税务总局《关于个人住房转让所得征收个人所得税有关问题的通知》（乐市地税发〔2006〕154 号）规定，对纳税义务人未提供完整、准确的房屋原值凭证，不能正确计算房屋原值和应纳税额，税务机关依法对其实行核定征税，在乐山市范围内按住房转让收入的 1% 核定应纳个人所得税额。

财政部、国家税务总局《关于推广应用房地产估价技术加强存量房交易税收征管工作的通知》（财税〔2011〕61 号）第二条以及乐山市财政局、乐山市住房和城乡建设局、乐山市国土资源局、四川省乐山市地方税务局《关于推进应用房地产评估技术加强存量房交易税收征管工作的公告》（〔2011〕年第 2 号）规定，2012 年 7 月 1 日起在五通桥区范围内启用存量房交易估价信息系统，即征税机关按照估价信息系统评估核定的价格确定房屋的计税价格。本案中，被上诉人对上诉人黄天启的交易房屋进行了存量房交易估价系统估价，上诉人在《乐山市（县、区）存量房交易计税价格确认书》上签字认可其换出的房屋系统估价为 124402.47 元。被上诉人按核定征收率 1% 计征其个人所得税 1244.02 元，其征收行为事实清楚，证据确凿，程序合法，适用法律正确。

行政诉讼附带提起行政赔偿的前提是行政机关的具体行政行为违法。本案上诉人请求被上诉人退还征收其个人所得税款 1244.02 元并赔偿经济损失 7113.86 元，因被上诉人的征收行为并不违法，对其主张本院不予支持。

综上所述，上诉人的上诉理由不能成立，对其上诉请求本院不予支持。原审判决认定事实清楚，适用法律正确，程序合法。依照《中华人民共和国行政诉讼法》第六十一条第（一）项之规定，判决如下：

驳回上诉，维持原判。

二审案件受理费 50 元，由上诉人黄天启负担。

来源：中国裁判文书网

四、房产交易中计税价格同成交价格差异征税纠纷案

——杨双珍与上海市浦东新区地方税务局第二税务所、上海市浦东新区地方税务局税务一审行政判决书

上海市浦东新区人民法院

案号：（2016）沪0115行初56号　裁判日期：2016.02.25

原告：杨双珍。

委托代理人：李发明，男，住上海市浦东新区。

被告：上海市浦东新区地方税务局第二税务所，住所地上海市浦东新区。

法定代表人：陶鑫，所长。

委托代理人：刘文婷，女。

委托代理人：马陈莺，女。

被告：上海市浦东新区地方税务局，住所地上海市浦东新区。

法定代表人：庞为，局长。

负责人：王君蕾，男，上海市浦东新区地方税务局总经济师。

委托代理人：严窈，女。

原告杨双珍不服被告上海市浦东新区地方税务局第二税务所（以下简称浦东地税二所）税收征缴决定、被告上海市浦东新区地方税务局（以下简称浦东地税局）行政复议决定，于2016年1月20日向本院递交诉状，本院于同日立案受理，在法定期限内向两被告送达了起诉状副本及应诉通知书。本院依法组成合议庭，于2016年2月18日公开开庭审理了本案。原告委托代理人李发明，被告浦东地税二所法定代表人陶鑫及委托代理人刘文婷、马陈莺，被告浦东地税局负责人王君蕾及委托代理人严窈到庭参加了诉讼。本案现已审理终结。

（一）案件产生过程

2015年7月31日，被告浦东地税二所对原告杨双珍开具编号为XXXX的《税收缴款书（银行经收专用）》，缴款人为原告杨双珍，税款限缴日期为2015年8月3日，

认定原告杨双珍应缴纳各项税款合计人民币 32004.37 元（以下币种均为人民币），其中“其他个人所得税”23354.22 元。

2015 年 12 月 31 日，被告浦东地税局作出沪地税浦复决〔2015〕14 号税务行政复议决定书（以下简称被诉复议决定），维持了被告浦东地税二所于 2015 年 7 月 31 日作出的征收原告的新金桥路 XXXX 弄 XXXX 室房产的个人所得税的行为。

原告杨双珍诉称，2015 年 3 月 12 日，原告与仲静怡签订上海市房地产买卖合同，出售位于本市浦东新区新金桥路 XXX 弄 XXX 室的房屋（以下简称涉案房屋），房屋面积 79.63 平方米，房屋交易价款为 92.5 万元，原告并未订立虚假合同低报房屋销售价格，也如实申报了实际交易价格，但被告浦东地税二所按照该处房屋的评估价格 108 万元作为计税价格，与实际交易价格严重不符，偏离了涉案房屋的实际市场价值，致使原告多缴纳了个人所得税款，原告对被告浦东地税二所征缴个人所得税决定（以下简称被诉决定）不服，向被告浦东地税局提起税务行政复议，因被告浦东地税局作出了维持被诉决定的被诉复议决定，故诉至本院，要求撤销被诉决定及被诉复议决定。

原告提供了销售不动产统一发票，证明原告出售涉案房屋实际交易价格为 92.5 万元，被告浦东地税二所应以实际交易价格计算征缴个人所得税的证据证明其主张。

被告浦东地税二所辩称，其具有作出被诉决定的法定职权且符合法定程序，其作出被诉决定认定事实清楚，证据确凿，程序合法，适用法律法规准确，原告主张不能成立，依法应判决驳回原告全部诉讼请求。被告浦东地税二所向本院提供了证据。

被告浦东地税局辩称，被诉复议决定认定事实清楚、适用法律法规正确，复议程序符合法律规定，原告请求理由不充分，依法应驳回原告全部诉请。并向法院提供了复议决定相关的证据。

（二）法案审理查明

2015 年 3 月 12 日，原告与仲静怡签订上海市房地产买卖合同，将属其所有的坐落于本市浦东新区新金桥路XXX弄XXX室房屋出售给仲静怡，合同约定房屋转让价款为92.5万元。次日，原告至被告浦东地税二所申报纳税，根据流程规定向综合服务窗口申请价格评估，经上海城市房地产估价有限公司（以下简称估价公司）评估，上述房屋评估总价为108万元，并在评估结果告知单中告知如对评估结果有疑义，可提请上海市房地产估价师协会房地产估价专家委员会进行鉴定，鉴定结果作为纳税依据。2015年7月31日，被告浦东地税二所向原告杨双珍作出被诉决定，以评估价格108万元确定房屋交易最低计税价格，认定原告住房转让收入为116771.12元，决定征缴个人所得税23354.22元，原告不服，向被告浦东地税局申请复议，2015年12月31日，被告浦东地税局作出被诉复议决定，维持了被诉决定。

本院认为，被告浦东地税二所负责浦东新区房地产交易税收征收管理工作，具有作出被诉决定的法定职责。被告浦东地税二所作为被告浦东地税局的派出机构，被告浦东地税局有受理和处理原告向其提出的行政复议的法定职责。

被告浦东地税二所对原告杨双珍出售房屋征缴个人所得税应以实际交易价格还是以评估价格为房屋交易计税价格是本案的争议焦点。

（三）法院判决结果

《税收征收管理法》第三十五条规定，纳税人申报的计税依据明显偏低，且无正当理由，税务机关有权核定其应纳税额，核定应纳税额的具体程序和方法由国务院税务主管部门规定。国税发〔2007〕33号文规定，税务机关可以参照信誉良好的房地产价格评估机构的评估价格来确定房屋交易最低计税价格，纳税人申报的房屋销售价格低于最低计税价格的，应按最低计税价格计算征税。沪地税征（2006）8号文规定，对交易价格明显低于市场价格又无正当理由的，可通过具有资质的房产评估中介机构实施评估，确定其计税价格。

本案中，原告申报纳税的房屋实际销售价格为92.5万元，低于估价公司评估价格108万元，且无正当理由，被告浦东地税二所在查明原告房屋销售原值及合理费用后，适用上述规定，以评估价格108万元确定最低计税价格计算征缴原告销售房屋的个人所得税，于法有据。最低计税价格管理制度系税收征管部门为防止虚假、低报等税务征管漏洞而设立，其具体内涵即纳税人申报的房屋销售价格低于最低计税价格的，应按最低计税价格计算征税，并不以存在订立虚假合同、低报销售价格等不如实申报纳税的情形为前提。故被告浦东地税二所作出的被诉决定事实清楚、证据确凿，适用法律法规正确，程序并无不当。

被告浦东地税局在复议过程中，经受理、通知答复、审理等程序后，在法定期限内作出被诉复议决定，程序合法。

综上，原告杨双珍要求撤销被诉决定及被诉复议决定的诉讼请求无事实与法律依据，故依照《中华人民共和国行政诉讼法》第六十九条之规定，判决如下：

驳回原告杨双珍的全部诉讼请求。

案件受理费人民币50元，由原告杨双珍负担（已预缴）。如不服本判决，可在本判决书送达之日起十五日内，向本院递交上诉状，并按对方当事人人数提出副本，上诉于上海市第一中级人民法院。

来源：中国裁判文书网

第三节 股权转让涉税纠纷案例

一、股权转让合同与实际支付时间差异产生的个人所得税滞纳金征税纠纷案

——苏潮滨与龙岩市新罗区地方税务局白沙分局税务行政决定二审行政判决书

福建省龙岩市中级人民法院

案号：（2015）岩行终字第74号 裁判日期：2015.12.29

上诉人（原审原告）：苏潮滨，男，住龙岩市新罗区。

委托代理人：刘鹏、林伟江，北京德恒（福州）律师事务所律师。

被上诉人（原审被告）：龙岩市新罗区地方税务局白沙分局，住所地龙岩市新罗区白沙镇，组织机构代码78219373—1。

负责人：陈金姝，分局长。

委托代理人：苏尚葵，福建挺秀律师事务所律师。

原审第三人：苏俊兴，男，住龙岩市新罗区。

委托代理人：郑贵天，福建金磊律师事务所律师。

上诉人苏潮滨因诉被上诉人龙岩市新罗区地方税务局白沙分局税务行政决定一案，不服龙岩市新罗区人民法院（2015）龙新行初字第33号行政判决，向本院提起上诉，本院依法组成合议庭，于2015年11月2日公开开庭审理了本案。上诉人苏潮滨的委托代理人刘鹏、林伟江，被上诉人龙岩市新罗区地方税务局白沙分局的负责人陈金姝及委托代理人苏尚葵、原审第三人苏俊兴的委托代理人郑贵天到庭参加诉讼。本案审理过程中，因福建省高级人民法院于2015年8月12日就申请执行人苏俊兴与被执行人苏潮滨承包合同强制执行一案作出（2014）闽执监字第58号执行裁定书，

裁定：一、撤销（2013）闽执复字第33号执行裁定；二、另行组成合议庭对苏潮滨不服龙岩市中级人民法院作出的（2013）岩执异字第4号执行裁定一案提出的复议申请重新审查。由于本案必须以该执行案件的审查结果为依据，故本院于2015年

11 月 12 日依法裁定中止本案审理。2015 年 12 月 7 日，福建省高级人民法院就该执行案件作出（2015）闽执复字第 45 号执行裁定。2015 年 12 月 29 日，经本案被上诉人申请，本院依法恢复本案审理。本案现已审理终结。

被诉行政行为：2014 年 5 月 30 日，被告作出龙新地税通催〔2014〕2 号《税务事项通知书》，认定：苏潮滨逾期未缴纳苏俊兴个人所得税（财产转让所得）。

1. 纳税义务人苏俊兴股权转让行为应纳个人所得税＝（股权转让收入 3000 万－注册资本份额 55 万－交易印花税 1.5 万）×20% ＝ 588.70 万元；

2. 税款缴纳情况：2013 年 6 月 6 日入库 495665.37 元，2013 年 10 月 9 日入库 2396834.63 元，共计入库 2892500 元；

3. 扣缴义务人苏潮滨逾期未缴纳 2994500 元个人所得税；

4. 逾期未缴纳 2994500 元个人所得税应自 2013 年 7 月 16 日起至实际入库之日止按日加收万分之五滞纳金。

5. 扣缴义务人苏潮滨逾期至 2013 年 10 月 9 日缴纳入库个人所得税 2396834.63 元，滞纳 86 天入库，产生滞纳金 103063.89 元。（注：2013 年 7 月 16 日至 2013 年 10 月 9 日）。根据《中华人民共和国税收征收管理法》第 32 条、第 68 条等相关规定，限苏潮滨于 2014 年 6 月 13 日前缴纳以上欠税及滞纳金。

（一）原审法院查明

2011 年 2 月 28 日，福建省高级人民法院在审理原告与杨友良、苏俊兴、水鸭科煤炭公司承包合同纠纷一案过程中经主持调解，苏俊兴同意将其占有的水鸭科煤炭公司的全部股权（占公司股权的 11%，实际股权 21.5%）以 3000 万元的价格转让给原告。该转让款于公司营业执照恢复之日支付 1000 万元，余款于本股权转让协议生效后分两期支付：第一期 1000 万元于协议生效之日起一年内支付，第二期 1000 万元于协议生效之日起二年内付清。同时，上述余款的支付按月息 1.5% 按月支付（利息按该月未支付的转让款余额计算）。苏潮滨、杨友良、苏俊兴三股东共同配合办理恢复水鸭科煤炭公司正常生产所需的所有相关证照，共同办理事项履行完毕后，股权转让条款开始生效履行，但支付给苏俊兴的第一期转让款1000万元应在公司营业执照恢复之日起支付，如本协议规定的股权转让条款生效之日迟于2013年2月24日，苏潮滨应在生效之日向杨友良、苏俊兴支付转让款。

省院以（2011）闽民初字第3号民事调解书予以确认。苏俊兴以苏潮滨未全部履行调解书的义务为由，申请执行，省高院指定龙岩中院执行。原告与苏俊兴在履行调解协议过程中发生争议，2013年9月29日，龙岩中院作出（2013）岩执行字第145−1号执行裁定书。原告不服，向省高院申请复议，2014年3月8日，省高院作出（2013）闽执复字第33号执行裁定书，认为股权转让协议生效时间为2013年6月18日，原告应在该日支付股权转让款余款，调解书生效后，从2011年6月14日起至2013年6月20日，原告通过银行向苏俊兴支付了7笔计2709.25万元，并声明代扣个人所得税及印花税290.75万元（合计3000万元）。

原告承诺由其代第三人缴纳股权转让应缴纳的税费，并已实际从应支付给第三人的股权转让款中扣除，为此，如缴纳数额不足以及未及时支付股权转让款产生的利息应纳税费和滞纳金由原告承担。遂裁定原告于2013年6月18日前支付给第三人的款项应为股权转让款，之后支付的剩余款项应按调解书的约定支付利息（利息计至支付之日止），第三人缴纳的税费以及未及时支付股权转让款产生的利息应纳税费和滞纳金由原告承担。

2013年4月1日，水鸭科煤炭公司受原告委托向被告发出《关于股权转让扣缴个人所得税的报告》，要求被告在2013年4月21日前确认股权转让扣缴个人所得税金额。被告于2013年4月3日书面回复水鸭科煤炭公司，要求该公司于2013年4月10日前提供私营企业登记基本情况表、股权转让协议、企业财务报表（资产负债表、利润表）、资产评估报告等资料，并告知其如无法提供以上相关资料，将以水鸭科煤炭公司章程中记载的注册资金份额确定原值。水鸭科煤炭公司仅提交了《私营企业登记基本表》和《水鸭科煤炭公司资产评估报告》。

2013年6月6日，原告代扣代缴第三人税款495665.37元，2013年10月9日代扣代缴 2396834.63 元。2013 年 9 月 11 日，被告要求水鸭科煤炭公司于 2013 年 9 月 16 日前提供其取得采矿权的原始票据、后续追加投资的相关证据和企业财务报表，但水鸭科煤炭公司在限期内未能提供。2013 年 9 月 27 日，被告向苏俊兴发出《税务事项通知书》，要求其于 2013 年 10 月 9 日前缴纳欠缴个人所得税 539.13 万元，同日，被告向原告发出《责令限期改正通知书》，要求其于 2013 年 10 月 8 日前向被告报告苏俊兴股权转让个人所得税代扣代缴税款情况。2013 年 10 月 9 日，原告向被告申报入库了苏俊兴股权转让个人所得税 289.25 万元，印花税 1.5 万元，合计 290.75 万元。2014 年 5 月 30 日，被告作出被诉税务事项通知书。原告不服，向龙岩市新罗区地方税务局申请行政复议，2015 年 1 月 13 日，复议机关作出维持的复议决定。

另查明，至 2005 年 8 月 5 日（本次股权转让前最后一次出资变更），第三人在工商登记的出资额为 55 万元。2011 年 2 月 24 日，原告与第三人签订《补充协议》，约定第三人向原告转让水鸭科煤炭公司的股权应缴纳的税收，双方各承担 50%。水鸭科煤炭公司于 2011 年 6 月 17 日首次恢复营业执照。水鸭科煤炭公司 2007 年度检验时，其年末资产总额为 31536859.86 元，年末负债总额 14030034.94 元。从 2005 年至 2010 年，水鸭科煤炭公司交纳采矿权出让价款 4261 万元。从 2007 年 5 月至 2014 年，水鸭科煤炭公司交纳矿山生态环境恢复治理保证金 3581940 元。2013 年 5 月 31 日，龙岩华泰资产评估有限公司出具涉税事项资产评估报告书，认定水鸭科煤炭公司在 2010 年 12 月 31 日的资产市场价值为 105192460 元。2015 年 1 月 27 日，原告向原审法院起诉，诉请撤销被告作出的龙新地税通催〔2014〕2 号《税务事项通知书》。

（二）原审法院判决结果

原审认为，根据《中华人民共和国税收征收管理法》第五条“国务院税务主管部门主管全国税收征收管理工作，各地国家税务局和地方税务局应当按照国务院规定的税收征收管理范围分别进行征收管理”，国家税务总局《关于加强股权转让所得征收个人所得税管理的通知》（国税函〔2009〕285 号）第三条“个人股东股权转让所得个人所得税以发生股权变更企业所在地地税机关为主管税务机关”的规定，被告负有对本案涉税事项进行征收管理的法定职责，作出被诉具体行政行为权源有据。本案主要争议焦点在于被告按注册资本份额55万元作为财产原值是否合法；被告决定从2013年7月16日起计算滞纳金是否正确。《中华人民共和国个人所得税法》第三条规定“特许权使用费所得，利息、股息、红利所得，财产租赁所得，财产转让所得，偶然所得和其他所得，适用比例税率，税率为百分之二十”，该法第六条规定“财产转让所得，以转让财产的收入额减除财产原值和合理费用后的余额，为应纳税所得额”，《中华人民共和国个人所得税法实施条例》第十九条规定“税法第六条第一款第五项所说的财产原值”，是指：

1. 有价证券，为买入价以及买入时按照规定交纳的有关费用；

2. 建筑物，为建造费或者购进价格以及其他有关费用；

3. 土地使用权，为取得土地使用权所支付的金额、开发土地的费用以及其他有关费用；

4. 机器设备、车船，为购进价格、运输费、安装费以及其他有关费用；

5. 其他财产，参照以上方法确定。纳税义务人未提供完整、准确的财产原值凭证，不能正确计算财产原值的，由主管税务机关核定其财产原值。

根据上述精神，股权转让所得的财产原值，是指取得股权所投入的金额及按规定交纳的有关费用，包括此后追加的投资。

本案中，至本次股权转让，第三人在工商登记的出资额为55万元，2007年度检验时，水鸭科煤炭公司资产总额减去负债总额后尚有1700余万元，原告提供的水鸭科煤炭公司交纳的矿山生态环境恢复治理保证金中2007年5月交纳的1074582元，属于企业生产经营性支出，并不能证明是由各股东另行出资交纳，其余从2011年7月15日至2014年交纳的系在省高院调解书生效后交纳，不能作为财产原值。

从2005年至2010年水鸭科煤炭公司交纳的采矿权出让价款4261万元，亦属于企业生产经营性支出，并不能说明是由各股东另行出资交纳。2005年扩建工程设计说明书中记载矿井建设总投资 2145.98 万元，并不能说明该工程已实际建设且支付了相应款项。

水鸭科煤炭公司、原告及第三人均未能提供从 2005 年 8 月 5 日变更出资至股权转让期间，第三人有追加投资的证据，被告以第三人工商登记的出资额 55 万元作为财产原值并无不当。

《中华人民共和国个人所得税法》第九条规定“扣缴义务人每月所扣的税款……应当在次月十五日内缴入国库”，国家税务总局《关于纳税人收回转让的股权征收个人所得税问题的批复》（国税〔2005〕130 号）规定“股权转让合同履行完毕、股权已作变更登记，且所得已经实现的，转让取得的股权转让收入应当依法缴纳个人所得税”。原告在 2013 年 6 月 20 日汇款 140.25 万元时在汇款凭据上注明：代扣代缴个人所得税及印花税 290.75 万元，其声明也已得到省高院执行裁定的确定，因此，可以认定至 2013 年 6 月 20 日原告将股权转让款 3000 万元支付完毕，其已扣未足额缴纳税款事实成立，其应于 2013 年 7 月 15 日前将第三人股权转让个人所得税向被告申报解缴。

《中华人民共和国税收征收管理法》第三十二条“纳税人未按照规定期限缴纳税款的，扣缴义务人未按照规定期限解缴税款的，税务机关除责令限期缴纳外，从滞纳税款之日起，按日加收滞纳税款万分之五的滞纳金”，被告从 2013 年 7 月 16 日起对原告加收滞纳金符合法律规定。诉讼中，原告提出在 2013 年 6 月 6 日申报缴纳第三人个人所得税时，被告出具完税凭证，涉税事项已经完结。

对此，原审认为，个人所得税系由纳税人或扣缴义务人主动申报解缴（或由税务机关在稽查中发现予以征缴），税务机关根据申报材料予以征缴，税务机关发现申报不实，有权进行稽查，重新核定数额。税收转账专用完税证，只是税务机关收取税金数额的凭据，并不能说明涉税事项已经完结。本案中，证据显示，原告申报第三人的股权转让所得税不实，被告重新核定税金数额，符合法律规定。原告另主张被告向苏俊兴发出《税务事项通知书》后，又向原告发出被诉通知书，属重复征税。

对此，原审认为，根据税收征管法第二十五条规定，纳税义务与扣缴义务同时发生，被告向苏俊兴发《税务事项通知书》，是要求苏俊兴履行纳税义务，在省高院作出执行裁定后，原告已扣苏俊兴应缴个人所得税事实成立，被告向原告发被诉通知书，要求其履行扣缴义务，二者并不矛盾，不违反税收征收程序，不存在重复征税问题。

综上，原告提出的诉讼请求及理由不能成立，不予支持。依照《中华人民共和国行政诉讼法》第六十九条之规定，遂判决：驳回原告苏潮滨的诉讼请求。一审案件受理费 50 元，由原告苏潮滨负担。

（三）上诉事项

宣判后，原审原告苏潮滨不服，向本院上诉称：

1. 原审判决认定“本案主要争议焦点在于被告按注册资本份额 55 万元作为财产原值是否合法；被告决定从 2013 年 7 月 16 日起计算滞纳金是否正确”错误。本案争议焦点还应包括：上诉人是否已经履行了扣缴义务人的义务，被上诉人要求上诉人缴纳原审第三人的欠税是否有事实和法律依据；被上诉人认定上诉人已扣未缴税款是否有事实和法律依据；被诉的《税务事项通知书》是否属于再次征税。

2. 上诉人已严格依照法律规定履行了扣缴义务人的义务，被诉《税务事项通知书》要求上诉人缴纳原审第三人的欠税没有事实与法律依据。上诉人 2013 年 4 月 1 日委托水鸭科公司被上诉人提交了《关于股权转让扣缴个人所得税的报告》，请求被上诉人确认应扣缴的个人所得税金额，以便上诉人扣缴。根据被上诉人作出的回复，上诉人按照被上诉人的要求进行了纳税申报并提供相应材料，后缴纳了税款。在得到了税务机关开具的完税证明后，上诉人才将剩余股权转让款支付给了原审第三人。被上诉人要求原审第三人补缴税款，但是当时上诉人已将股权转让款全部支付给了原审第三人，已经无法扣缴税款。

3. 上诉人没有已扣税款的事实，被上诉人认定上诉人已扣未缴税款没有事实和法律依据。本案的 290.75 万元，本来是上诉人扣下的代原审第三人垫付给廖永珍等人解除合同的赔偿款，因财务人员汇款时失误，在汇款凭证上手写了“代扣代缴个人所得税及印花税 290.75 万元”字样，上诉人从保护自己的角度考虑，已将该 290.75 万元作为原审第三人税款全额缴交给了被上诉人。截至 2013 年 10 月 9 日，上诉人已将 3000 万元股权转让款全部支付完毕。上诉人没有已扣税款的事实。上诉人与原审第三人签订的《补充协议》及省高院（2013）闽执复字第 33 号执行裁定涉及的税费及滞纳金，都是对上诉人与原审第三人之间民事权利义务的界定。根据税法等有关规定，上述民事协议及执行裁定不能改变税收法定的规定，本案以上诉人与原审第三人的协议及执行裁定书认定上诉人已扣税款既没有事实依据，也没有法律依据。

4. 被诉的《税务事项通知书》包含在龙新地税通催〔2013〕8 号《税务事项通知书》内，被诉行政行为属再次征税，没有事实和法律依据。

5. 被诉的《税务事项通知书》以股权转让收入减去注册资本份额和交易印花税的方式计算原审第三人的应纳税所得额没有事实与法律依据。请求撤销原审判决，撤销被上诉人作出的龙新地税通催〔2013〕2 号《税务事项通知书》。

被上诉人龙岩市新罗区地方税务局白沙分局辩称，（2014）闽执监字第 58 号执行裁定虽撤销（2013）闽执复字第 33 号执行裁定，但该执行裁定并不影响被诉行政行为的认定，原审判决正确。

1. 上诉人作为股权转让行为的扣缴义务人，应当按照法律规定全额扣缴原审第三人的股权转让个人所得税款。上诉人作为代扣代缴义务人应根据税法有关规定在向原审第三人支付股权转让款时全额代扣代缴个人所得税，再将剩余股权转让款支付给原审第三人。

2. 上诉人已全额扣下原审第三人股权转让个人所得税。首先，上诉人已明确知晓应当如何计算应扣缴个人所得税。答辩人已于 2013 年 4 月 3 日回复水鸭科煤炭有限公司，要求该公司提供相应材料以审核确认股权转让应扣缴的个人所得税，并告知其如无法提供则按公司章程记载的注册资金份额及转让价款等计算个人所得税。根据该回复，上诉人已可知晓应当如何依法计算扣缴个人所得税。其次，2013 年 6 月 20 日上诉人已按税务机关通知计算方法扣缴下原审第三人应承担的个人所得税 290.75 万元。

本案上诉人本应在支付 3000 万元股权转让款时全额扣缴原审第三人股权转让个人所得税，再将余款支付给原审第三人。上诉人将由其负担的 50% 税款进行直接对冲，而只直接扣下第三人应负担的 50% 税款，因此由上诉人负担的股权转让行为应缴纳税费实际已经由上诉人扣下，上诉人已全额扣下第三人应纳的个人所得税和印花税。

3. 本案上诉人存在未全额缴纳已扣税款、未按规定期限缴纳已扣税款的事实。

4. 答辩人在其 2013 年 6 月 6 日提交的《福建省地方税费综合申报表》上加盖印章并于当日向第三人开具《税收转账专用完税证》并不代表上诉人已经完成履行纳税义务。税务机关受理纳税申报不视同纳税人涉税事项已完结，也不代表税务机关对纳税人申报内容的真实性和准确性进行了确认。自行纳税申报不能免除纳税人、扣缴义务人少缴税款的法律责任。

5. 上诉人与原审第三人签订的《补充协议》并未违反税收相关法律。该补充协议内容未与税收法律、行政法规相抵触，协议约定上诉人自愿承担纳税人的 50% 税款，未改变原审第三人未纳税义务人、上诉人为扣缴义务人的事实和相应法律责任。

本案原审第三人或水鸭科公司均未向答辩人提供原审第三人为取得水鸭科公司股权而增加支付金额的证据，故应认定原审第三人本次股权转让前股权转让财产原值为 55 万元。此外，本案也不适用《关于个人终止投资经营收回款项征收个人所得税问题的公告》。

综上，原审判决认定事实清楚，适用法律正确，请求驳回上诉，维持原判。

原审第三人苏俊兴述称，其陈述的意见与原审一致，此外，（2013）闽执复字第 33 号执行裁定已被撤销，该裁定书关于事实部分的认定不能再作为查明本案事实的依据。请求二审法院依法判决。

（四）再审法院判决结果

经审理查明，上诉人苏潮滨及原审第三人苏俊兴对原审查明的事实无异议，被上诉人龙岩市新罗区地方税务局白沙分局对原审查明的“2013 年 10 月 9 日，原告向被告申报入库了苏俊兴股权转让个人所得税 289.25 万元，印花税 1.5 万元，合计 290.75 万元”提出异议，认为应是：截至 2013 年 10 月 9 日，原告向被告申报入库了苏俊兴股权转让个人所得税 289.25 万元，印花税 1.5 万元，合计 290.75 万元。经审查，被上诉人提出的该异议成立，本院予以确认。

在二审诉讼期间，上诉人苏潮滨、原审第三人苏俊兴各自向本院提供了福建省高级人民法院于 2015 年 8 月 12 日作出的（2014）闽执监字第 58 号执行裁定书一份，上诉人欲证明原福建省高级人民法院作出的（2013）闽执复字第 33 号执行裁定已被（2014）闽执监字第 58 号执行裁定撤销，故原审法院和被上诉人据以认定上诉人已经扣缴全部税款的依据已不存在；原审第三人欲证明本案涉及转让款已支付的金额应由省高院最终作出的裁定为依据。被上诉人质证认为，根据上诉人支付款项及调解书、补充协议等，均能证明股权转让已经履行完毕，上诉人已扣缴税款的事实，该裁定不影响本案处理。本院认为，该证据真实、合法，与本案具有关联性，依法作为认定本案事实的依据。

本院另查明，2015 年 8 月 12 日，福建省高级人民法院就申请执行人苏俊兴与被执行人苏潮滨承包合同强制执行一案作出（2014）闽执监字第 58 号执行裁定，裁定：1. 撤销（2013）闽执复字第 33 号执行裁定；2. 另行组成合议庭对苏潮滨不服龙岩市中级人民法院作出的（2013）岩执异字第 4 号执行裁定一案提出的复议申请重新审查。经重新审查后，2015 年 12 月 7 日，福建省高级人民法院作出（2015）闽执复字第 45 号执行裁定，认为至 2013 年 6 月 20 日，苏潮滨已支付苏俊兴股权转让款本金 3000 万元（代扣个人所得税及印花税 290.75 万元），并裁定：一、变更龙岩市中级人民法院作出的（2013）岩执行字第 145−1 号执行裁定，申请复议人（被执行人）苏潮滨还应支付给申请执行人苏俊兴（2011）闽民初字第 3 号民事调解书项下股权转让款利息及迟延履行期间加倍部分的债务利息共计 339.58 万元；二、撤销龙岩市中级人民法院作出的（2013）岩执异字第4号执行裁定；三、驳回申请复议人苏潮滨的其他复议申请。该执行裁定已送达各方当事人，现已生效。

本院认为，2011年2月28日，上诉人苏潮滨与原审第三人苏俊兴就股权转让事宜达成一致，福建省高级人民法院以（2011）闽民初字第3号《民事调解书》的形式确认了该事实。根据《个人所得税法》第二条第九项规定，财产转让所得应纳个人所得税；第八条规定，个人所得税，以所得人为纳税义务人，以支付所得的单位或者个人为扣缴义务人。故苏俊兴是本案股权转让个人所得税的纳税义务人，苏潮滨是该股权转让个人所得税的扣缴义务人。苏潮滨作为扣缴义务人，负有代扣代缴该股权转让个人所得税税款的义务。

本案的主要争议焦点是：在苏潮滨向苏俊兴支付2709.25万元股权转让款，并代扣个人所得税及印花税290.75万元后，被上诉人于2014年5月30日作出被诉税务事项通知书，要求苏潮滨继续履行缴纳纳税义务人剩余未缴个人所得税及滞纳金是否有事实和法律依据。根据被上诉人提供的证据，被上诉人作出被诉税务事项通知书要求苏潮滨继续纳税的主要认定事实依据是福建省高级人民法院（2013）闽执复字第33号执行裁定、2011年2月24日苏俊兴与苏潮滨签订的《补充协议》及2013年6月20日苏潮滨转账给苏俊兴的《福建省人民币个人统称跨行转账专用凭证》（注明代扣个人所得税及印花税290.75万元）。被上诉人认为：（2013）闽执复字第33号执行裁定已明确裁定应由苏俊兴缴纳的税费以及未及时支付股权转让款产生的利息应纳税费和滞纳金由苏潮滨承担;《补充协议》及《福建省人民币个人统称跨行转账专用凭证》能够证明苏潮滨已按《补充协议》双方各承担50%税收的约定，代扣下苏俊兴应负担的个人所得税及印花税290.75万元，而苏潮滨自愿承担的剩下约50%税款属于其已扣税款，应由苏潮滨缴纳。但根据本院查明的事实，（2013）闽执复字第33号执行裁定已被（2014）闽执监字第58号执行裁定所撤销，并且其后作出的（2015）闽执复字第45号执行裁定并未对股权转让个人所得税及滞纳金的承担主体再作出规定，故被上诉人以（2013）闽执复字第33号执行裁定作为认定苏潮滨应继续履行缴纳纳税义务人剩余未缴个人所得税及相应滞纳金的依据的事实基础已经不存在。同时，《税收征收管理法》第三条第一款规定，税收的开征、停征以及减税、免税、退税、补税，依照法律的规定执行。本案中，被上诉人以苏潮滨自愿承担本案 50% 税款为由要求苏潮滨继续履行，但无法提供该认定所适用的法律依据，本院亦未发现相关法律对此有作出规定，且上诉人苏潮滨对被上诉人的该行为也明确提出了异议，故被上诉人以《补充协议》的约定来认定苏潮滨应继续履行缴纳纳税义务人剩余未缴个人所得税及相应滞纳金违背前述法律规定的税收法定原则，《补充协议》的约定属另一民事法律关系，不能成为被上诉人的执法依据。

此外，被上诉人在被诉《税务事项通知书》中要求苏潮滨缴纳因未及时缴交 239.68 万元个人所得税而产生的滞纳金 10.30 万元，由于上诉人及被上诉人对此存在争议，且被上诉人未在被诉《税务事项通知书》明确滞纳金的计算方式，故被上诉人作出的前述认定依据不足。

综上，被上诉人龙岩市新罗区地方税务局白沙分局要求上诉人苏潮滨应继续履行缴纳纳税义务人剩余未缴个人所得税及滞纳金缺乏事实和法律依据，其作出的被诉《税务事项通知书》证据不足，事实不清，依法应予撤销；根据二审新查明的事实，本院对原审判决依法予以纠正。依照《中华人民共和国个人所得税法》第二条第九项、第八条，《中华人民共和国税收征收管理法》第三条第一款、《中华人民共和国行政诉讼法》第八十九条第一款第（二）项之规定，判决如下：

1. 撤销龙岩市新罗区人民法院（2015）龙新行初字第 33 号行政判决；

2. 撤销被上诉人龙岩市新罗区地方税务局白沙分局于 2014 年 5 月 30 日作出的龙新地税通催〔2014〕2 号《税务事项通知书》。

二审案件受理费 50 元，由被上诉人龙岩市新罗区地方税务局白沙分局负担；变更一审案件受理费 50 元由被上诉人龙岩市新罗区地方税务局白沙分局负担。本判决为终审判决。

来源：中国裁判文书网

二、个人限售股行权交易所得征税纠纷案

——吴正鑫与杭州市地方税务局西湖税务分局、杭州市西湖区人民政府案

杭州铁路运输法院

案号：（2016）浙 8601 行初 194 号　裁判日期：2016.12.16

原告：吴正鑫，男，汉族，1968 年 1 月 13 日出生，户籍地杭州市西湖区，现住杭州市江干区。

被告：杭州市地方税务局西湖税务分局，住所地杭州市西湖区文三路 539 号。

法定代表人：费林建，该局局长。

委托代理人：王波，该局工作人员。

委托代理人：王欣，浙江天册律师事务所律师。

被告：杭州市西湖区人民政府，住所地杭州市西湖区浙大路 1 号。

法定代表人：刘颖，该区代区长。

委托代理人：周舟，该区政府法制办公室工作人员。

委托代理人：林宇，北京大成（杭州）律师事务所律师。

第三人：浙江迪安诊断技术股份有限公司，住所地杭州市西湖区古墩路 702 号赞宇大厦 5—6 层。

法定代表人：陈海斌，该公司董事长。

委托代理人：夏瑜，该公司工作人员。

（一）原告不服税务复议决定并提出意见

原告吴正鑫不服被告杭州市地方税务局西湖税务分局（以下简称西湖税务分局）税务行政征收决定及被告杭州市西湖区人民政府（以下简称区政府）行政复议决定，在 2016 年 9 月 26 日向本院提起行政诉讼。本院在同月 27 日立案后，向两被告和第三人浙江迪安诊断技术股份有限公司（以下简称迪安公司）发送《行政起诉状》副本及《应诉通知书》等。本院依法组成合议庭，在同年 12 月 5 日公开开庭审理本案。原告吴正鑫、被告西湖税务分局副局长高健及委托代理人王波和王欣、被告区政府委托代理人周舟和林宇、第三人迪安公司委托代理人夏瑜到庭参加诉讼。本案现已审理终结。

2015 年 7 月，西湖税务分局根据财政部国家税务总局《关于个人股票期权所得征收个人所得税问题的通知》（财税〔2005〕35 号）第二条第（二）项规定，对吴正鑫行权获得的 114920 股迪安公司股票期权征收个人所得税 4792658.34 元。吴正鑫不服，向区政府申请行政复议。区政府作出杭西政复决字〔2015〕第 51 号《行政复议决定书》，依照《中华人民共和国行政复议法》（以下简称《行政复议法》）第二十八条第一款第（一）项规定，维持西湖税务分局的税务征收行为。

原告吴正鑫诉称：西湖税务分局对其征收 4792658.34 元个人所得税的行为于法无据，个人所得的认定方法和征税时间错误。吴正鑫在 2015 年 6 月 15 日行权时获得的 114920 股迪安公司股票，因其作为离职高管人员而被锁定，属于限制性股票。吴正鑫对登记在自己名下的迪安公司的股票不具有处分权，因此不能算取得所得。西湖税务分局依据财政部国家税务总局《关于个人股票期权所得征收个人所得税问题的通知》第二条规定，以迪安公司股票在 2015 年 6 月 15 日深交所收盘交易价作为计价标准所认定的所得与实际所得金额出入巨大，计算基础错误。西湖税务分局的征税依据错误，应适用国家税务总局《关于股权激励有关个人所得税问题的通知》（国税函〔2009〕461 号）第二部分和第三部分的规定。区政府行政复议机关，未尽维权审查、监督的职责认定事实错误，行政复议决定应予撤销。故请求：1. 撤销西湖税务分局在 2015 年 7 月作出的征收原告吴正鑫所得税 4792658.34 元的具体行政行为；2. 撤销区政府作出的杭西政复决字〔2015〕第 51 号行政复议决定。并向法院提交了《完税证明》《退税申请》《信访事项答复意见书》《行政复议申请书》《关于原迪安诊断高管吴正鑫期权行权个税缴纳及股票锁定情况说明》《行政复议决定书》和股票销售情况的证据材料。

被告西湖税务分局进行了辩称并在法定期限内向本院提交证明原行政行为合法性的证据材料。

被告区政府辩称：1. 行政复议程序合法。2. 行政复议决定认定事实清楚，证据确凿，适用法律、法规正确。区政府在受理后查明相关事实，认为吴正鑫因在迪安公司处任职而被授予股票期权并行权，西湖税务分局根据财政部、国家税务总局《关于个人股票期权所得征收个人所得税问题的通知》第二条对吴正鑫征收个人所得税 4792658.34 元，并无不当。故请求驳回原告吴正鑫的诉讼请求。被告区政府在法定期限内向本院提交证明复议程序合法性的 28 组证据材料。

（二）法院审理查明

吴正鑫在 2013 年 8 月 15 日至 2015 年 5 月 12 日期间担任迪安公司高级管理人员，被迪安公司纳入股票期权激励对象。2015 年 5 月 12 日，吴正鑫辞去迪安公司高管职务。同年 6 月 15 日，迪安公司发布《浙江迪安诊断技术股份有限公司关于预留授予股票期权第一期行权情况公告》，以 2015 年 6 月 12 日为激励计划第一个行权期行权登记日，对提出申请的 4 名激励对象的 39.475 万股股票期权予以行权。其中吴正鑫行权 11.492 万份期权，行权价格为 26.44 元，当日该股票收盘价为 122.25 元。迪安公司对吴正鑫的个人所得税进行扣缴。西湖税务分局在 2015 年 7 月对吴正鑫征收个人所得税 4792658.34 元，其中应纳税所得额收入计算方式为（122.25 − 26.44）× 114920。

吴正鑫不服，向区政府申请行政复议。区政府在 2015 年 11 月 12 日受理并通知西湖税务分局在收到书面申请副本之日起 10 日内提交书面答复和作出被诉行政行为的全部证据、依据和其他有关材料。西湖税务分局依法提交书面答复及相关证据材料，区政府将答复材料交吴正鑫质证。同年 12 月 11 日，区政府通知迪安公司作为第三人参加复议。同月 31 日，区政府作出复议延期决定。因案情复杂，区政府在 2016 年 1 月 13 日组织听证。在听证中，吴正鑫提出对财政部、国家税务总局《关于个人股票期权所得征收个人所得税问题的通知》第二条第（二）项审查的申请。区政府在同月 29 日作出中止审理决定。2016 年 8 月 24 日，区政府决定恢复审理，并在次日作出《行政复议决定书》并邮寄各方当事人。

（三）法院判决结果

根据《税收征收管理法》第五条，西湖税务分局具有作出案涉征税行为的法定职权。

本案的争议焦点系案涉税收征收行为的合法性问题。各方当事人意见分歧的实质系案涉股票的性质，这直接关系到本案是否适用财税〔2005〕35号文件第二条第（二）项。《财政部 国家税务总局关于个人股票期权所得征收个人所得税问题的通知》第二条第（二）项规定“员工行权时，其从企业取得股票的实际购买价（施权价）低于购买日公平市场价（指该股票当日的收盘价，下同）的差额，是因员工在企业的表现和业绩情况而取得的与任职、受雇有关的所得，应按‘工资、薪金所得’适用的规定计算缴纳个人所得税。……员工行权日所在期间的工资薪金所得，应按下列公示计算工资薪金应纳税所得额：股票期权形式的工资薪金应纳税所得额＝（行权股票的每股市场价－员工取得该股票期权支付的每股施权价）× 股票数量”。如果案涉股票是限制性股票，则不适用上述条文规定；如果案涉股票是股票期权，则适用上述条文规定，以行权日为时间节点计算税额。股票期权与限制性股票是上市公司实行股权激励的两种方式，是两个特定的概念。股票期权是指公司给予激励对象在一定期限内以事先约定的价格购买本公司股票的权利；限制性股票是指公司按照预先确定的条件授予激励对象一定数量的本公司股权，激励对象只有工作年限或业绩目标符合股权激励计划规定条件的才可以处置该股权。

本案中，吴正鑫根据《股票期权协议书》的约定，可在指定的行权日以行权价格购买迪安公司的股票，其股票处置受限是因高管身份而非工作年限或业绩目标未达激励条件，且根据迪安公司备案、公告的股权激励方案，吴正鑫获得的股权激励方式明确为股票期权。财政部、国家税务总局《关于个人股票期权所得征收个人所得税问题的通知》第一条规定“实施股票期权计划企业授予该企业员工的股票期权所得，应按《中华人民共和国个人所得税法》及其实施条例有关规定征收个人所得税”。《个人所得税法》第二条规定“下列各项个人所得，应纳个人所得税：一、工资、薪金所得”。《个人所得税法实施条例》第十条规定“个人所得的形式，包括现金、实物、有价证券和其他形式的经济利益。所得为实物的，应当按照取得的凭证上所注明的价格计算应纳税所得额；无凭证的实物或者凭证上所注明的价格明显偏低的，参照市场价格核定应纳税所得额。所得为有价证券的，根据票面价格和市场价格核定应纳税所得额。所得为其他形式的经济利益的，参照市场价格核定应纳税所得额”。据此，西湖税务分局以行权日股票收盘价与行权价的差额认定应纳税所得额，对吴正鑫所获得的股票期权征收个人所得税 4792658.34 元，并无不当。

区政府在收到行政复议申请后依法审查受理，追加第三人参加复议，延长复议期限并组织听证，根据申请对规范性文件进行审查，在法定期限内作出复议决定，并将《行政复议决定书》送达当事人，符合《行政复议法》的规定，复议程序合法。

综上，原告吴正鑫的诉讼请求缺乏法律依据，本院不予支持。依照《行政诉讼法》第六十九条的规定，判决如下：

驳回原告吴正鑫的诉讼请求。案件受理费人民币 50 元，由原告吴正鑫负担。

如不服本判决，可以在判决书送达之日起十五日内向本院递交上诉状，并按对方当事人的人数提出副本，上诉至浙江省杭州市中级人民法院。

来源：中国裁判文书网

注释：股票期权以行权日作为纳税义务发生日，行权之后再转让无需纳税，这就需要被激励对象了解两个“日子”：可行权日和行权日。可行权日是指激励对象可以开始行权的日期，股票期权授予日与可行权日间隔不得少于 1 年。如果被激励对象在可行权日当天行权，应按“工资、薪金所得”征收个人所得税。行权日是指员工根据股票期权计划选择购买股票的过程，行权日一般在可行权日之后。即纳税人可以合理选择行权日（只要在可行权日之后），进行个人所得税优化测算。

根据财政部、国家税务总局《关于上市公司高管人员股票期权所得缴纳个人所得税有关问题的通知》（财税〔2009〕40 号），纳税确有困难的，经主管税务机关审核，可自其股票期权行权之日起，在不超过 6 个月的期限内分期缴纳个人所得税。

三、自然人股东以资本公积转增注册资本中个人所得税纠纷案
——张小菊与长丰县地方税务局双墩分局一审行政判决书

安徽省长丰县人民法院

案号：（2015）长行初字第00003号　裁判日期：2015.03.20

原告：张小菊，女，汉族，合肥晨阳橡塑有限公司股东，住浙江省。

委托代理人：陈贵娥，安徽正茂律师事务所律师。

被告：长丰县地方税务局双墩分局，住所地安徽省长丰县。

负责人：段启群，局长。

委托代理人：李道虎，安徽金的律师事务所律师。

委托代理人：葛玮，安徽金的律师事务所律师。

原告张小菊不服被告长丰县地方税务局双墩分局税务行政管理一案，于2015年1月5日向本院提起行政诉讼。本院于2015年1月5日受理后，于同年1月8日向被告送达了起诉状副本及应诉通知书。本院依法组成合议庭，于2015年2月10日公开开庭审理了本案。原告的委托代理人陈贵娥，被告负责人段启群及其委托代理人李道虎、葛玮到庭参加了诉讼。本案现已审理终结。

（一）案件产生过程

被告长丰县地方税务局双墩分局于2014年9月28日作出长地税墩通〔2014〕12号《税务事项通知书》，通知如下：限原告张小菊在2014年10月12日前到长丰县地方税务局双墩分局办理在合肥晨阳橡塑有限公司转增股权行为中个人所得税的申报和纳税资料报送事宜。

被告于2015年1月19日向本院提供了作出被诉具体行政行为的证据、依据。

原告张小菊诉称：原告作为合肥晨阳橡塑有限公司股东，在公司增加注册资本时，原告按所持股权比例增加投资，没有产生应纳税额，不是指定申报事项中的纳税义务人。被告作出的《税务事项通知书》，系违法要求原告履行个人所得税的申报和纳税

资料报送义务。请求法院撤销被告作出的长地税墩通〔2014〕12号《税务事项通知书》，并由被告承担本案的诉讼费。

被告长丰县地方税务局双墩分局辩称：1.被告作出的行政行为只是告知原告在一定期限内进行纳税申报，是为了确定原告是否缴纳税款、是否享受优惠政策而履行的先行程序行为，而不是要求原告在期限内缴纳个人所得税。2.长丰县工商行政管理局注册登记档案资料及安徽省合肥市中级人民法院（2014）合行终字第00164号行政判决书均证实原告用资本公积金转增注册资本的事实。综上，被告所作的具体行政行为事实清楚、程序合法、适用法律正确，请求法院驳回原告的诉讼请求。

（二）法院审理查明

经审理查明：2008年5月，合肥晨阳橡塑有限公司注册资本由原100万元变更为1000万元，股东周相庭、张小菊缴纳了新增注册资本900万元，其中以货币出资270万元，资本公积金转增630万元，并于2008年5月22日经长丰县工商行政管理局核准了注册资本的变更登记。2011年安徽省长丰县地方税务局对合肥晨阳橡塑有限公司2008年至2010年度的税务进行检查，通过检查，该局认为，周相庭及原告张小菊转增股本的630万元资本公积金中500万元是未分配利润，以该500万元资本公积金转增注册资本，实际上是公司向股东分配了股息、红利，股东再以分得的股息、红利增加注册资本，故应按照“利息、股息、红利所得”项目征收周相庭及原告张小菊的个人所得税。

2014年8月18日，安徽省长丰县地方税务局向被告长丰县地方税务局双墩分局下发了交办通知单，由其通知合肥晨阳橡塑有限公司股东办理纳税申报和提供相关资料。同年9月28日被告作出《税务事项通知书》，通知原告张小菊在2014年10月12日前到长丰县地方税务局双墩分局办理在合肥晨阳橡塑有限公司转增股权行为中个人所得税的申报和纳税资料报送事宜。原告张小菊对该通知不服，向本院提起行政诉讼。

（三）法院判决结果

本院认为：安徽省长丰县地方税务局在对合肥晨阳橡塑有限公司进行税务检查时，发现原告张小菊在转增股权行为中有个人所得后，交被告办理，被告据此作出的行政行为是其履行职责行为，其作出的《税务事项通知书》是告知原告在一定期限内进行纳税申报和提供相关资料，而不是要求原告在此期限内缴纳个人所得税。《中华人民共和国税收征收管理法实施细则》第三十二条规定：纳税人在纳税期内没有应纳税款的，也应当按照规定办理纳税申报。纳税人享受减税、免税待遇的，在减税、免税期间应当按照规定办理纳税申报。原告张小菊称其在转增股权行为中，没有产生应纳税额，其应在向被告进行纳税申报时提供相关资料。被告长丰县地方税务局双墩分局所作的《税务事项通知书》既有事实依据，也有法律依据，且程序合法。原告的诉讼请求缺乏事实和法律依据，本院不予支持。经本院审判委员会讨论决定，依照《最高人民法院关于执行若干问题的解释》第五十六条第（四）项之规定，判决如下：

驳回原告张小菊的诉讼请求。案件受理费50元，由原告负担。

如不服本判决，可在收到判决书之日起十五日内向本院递交上诉状，并按对方当事人的人数提出副本，上诉于安徽省合肥市中级人民法院。

来源：中国裁判文书网

四、个人转让限售股征收个人所得税纠纷案

——钟立君与湛江市赤坎区地方税务局、广东省湛江市地方税务局金融行政管理一审行政判决书

湛江经济技术开发区人民法院行

案号：（2015）湛开法行初字第373号　裁判日期：2016.03.15

原告：钟立君，男，汉族，公民身份号码×××0412，住湛江市赤坎区。

被告：湛江市赤坎区地方税务局，住所地湛江市赤坎区。

法定代表人：王立，局长。

委托代理人：杨晟。

委托代理人：刘洋，广东国邦律师事务所律师。

被告：广东省湛江市地方税务局，住所地湛江市赤坎区。

法定代表人：李漫天，局长。

委托代理人：陈辉。

委托代理人：钟海晖。

原告钟立君不服被告湛江市赤坎区地方税务局（以下简称赤坎地税局）对原告于2010年1月5日至2015年6月5日分批转让粤传媒股票征收个人所得税共214854.50元及被告湛江市地方税务局（以下简称湛江地税局）作出的湛地税复决字〔2015〕第1号税务行政复议决定书，于2015年11月30日向本院提起行政诉讼。本院于2015年12月4日立案后，于2015年12月21日向被告送达了起诉状副本及应诉通知书。本院依法组成合议庭，于2016年1月11日公开开庭审理了本案。原告钟立君、被告赤坎地税局的法定代表人王立及委托代理人杨晟、刘洋、被告湛江市地税局的委托代理人陈辉、钟海晖到庭参加诉讼。本案现已审理终结。

（一）案件产生过程

被告赤坎地税局于2010年1月5日至2015年6月5日对原告钟立君在此期间七次转让粤传媒股票征收个人所得税共214854.5元，原告不服上述征税行为，向被告

湛江地税局申请行政复议，被告湛江地税局于2015年11月23日作出湛地税复决字〔2015〕第1号税务行政复议决定书，维持被告赤坎地税局的上述征税行为。

原告钟立君诉称：原告2007以前在三板市场（代办股份转让系统）买入的粤传媒股票，2007年11月转到深圳中小板市场上市。按财政部、国家税务总局、中国证监会《关于个人转让上市公司限售股所得征收个人所得税有关问题的通知》（财税〔2009〕167号文，以下简称167号文）第二条规定，粤传媒股票是限售股。但该文第八条免税规定和《财政部、国家税务总局、法制办、证监会有关负责人就个人转让上市公司限售股征收个人所得税有关问题答记者问》第三条规定，对个人在上海证券交易所、深圳证券交易所转让从上市公司公开发行和转让市场取得的上市公司股票所得，继续免征个人所得税。因三板市场是全国性股票转让市场，从全国性股票转让市场买入的粤传媒股票，完全符合上述免税条件。对于上述问题，原告多次向证监会与国家税务总局请示。2011年12月2日才收到国家税务总局的回复。按来信回复第二条“纳税人可以按照财税〔2009〕167号、财税〔2010〕70号等文件规定，向证券公司所在地税务机关申请办理税款清算手续”。

原告已向被告湛江地税局提出申请退税的报告。2012年8月13日，湛江地税局口头答复，没有国家税务总局明确表态，不同意退税。2012年11月15日收到湛江地税局的书面回复，拒绝执行167号文免税规定。原告起诉二被告的理由如下：一、原告从三板市场买入取得的粤传媒股票，符合财税〔2009〕167号文第八文的规定，因为三板市场是全国性股票转让市场。二、按财税〔2010〕70号文（以下简称70号文）“个人持有的从代办股份转让系统转到主板（或中小板、创业板市场）的限售股”征收个人所得税的规定，粤传媒股票在转到中小板前，有三种性质的股票：一是非流通法人股，二是内部职工股，三是流通股，前两种股票在三板市场是不流通的，是限售股，所以文件指的限售股是内部职工股。原告持有的是流通股（附非上市公司股份确权受理单）不是文件规定的限售股。三、从证监会的复函和国务院法制办的复信来看，均没有将原告从三板市场买入的粤传媒股票界定为限售股。国家税务总局回复称“此种行为与个人在证券二级市场上买卖股票有所不同”，承认在证券二级市场买入的股票符合文件免税规定，但否认三板市场是证券二级市场，用错误的概念来解释文件。四、被告明知违反文件征税，由于权大于法，拒绝退税。请求：判令二被告按财政部、国家税务总局、中国证监会财税〔2009〕167号文第八条免税规定退还已预扣的限售股个人所得税214854.50元。原告向本院提供了证据。

被告赤坎地税局辩称，一、原告持有的粤传媒股票，由中国证监会下属的中国证券登记结算有限公司定为限售股，中国证券登记结算有限公司也下发相应的代扣个人所得税的数据到证券公司，故原告在转让粤传媒股票时，扣缴义务人信达证券股份有限公司湛江中山一路证券营业部履行扣缴义务符合相关法律、法规规定，被告不存在任何过错。根据167号文第一条的规定，自2010年1月1日起，对个人转让限售股所得，按照财产转让所得适用20%的比例税率征收个人所得税。70号文第一条第（四）项规定“本通知所称限售股，包括个人持有的从代办股份转让系统转到主板市场（或中小板、创业板市场）的限售股”之规定，对于限售股的转让自2010年1月1日起应征收个人所得税。根据167号文第五条的规定，限售股转让所得个人所得税，采取证券机构预扣预缴、纳税人自行申报清算和证券机构直接扣缴相结合的方式征收。70号文第四条第一款第（二）项规定“本通知所称的证券机构，包括证券登记结算公司、证券公司及其分支机构。其中，证券登记结算公司以证券账户为单位计算个人应纳税额，证券公司及其分支机构依据证券登记结算公司提供的数据负责对个人应缴纳的个人所得税以证券账户为单位进行预扣预缴”。因此，扣缴义务人信达证券股份有限公司湛江中山一路证券营业部对原告2010年1月5日至2015年6月5日期间转让粤传媒限售股所得代扣代缴个人所得税符合相关法律、法规规定。二、扣缴义务人信达证券股份有限公司湛江中山一路证券营业部扣缴原告转让粤传媒限售股所得个人所得税，并向被告申报解缴税款，事实清楚，数据准确，适用法律、行政法规，规章及其他规范性文件正确，符合法定程序。2007年8月前，原告在三板市场（代办股份转让系统）买入粤传媒股票。2007年11月2日，粤传媒公布招股说明书，明确根据公司法的规定，包括原告在内的其他股东自股票上市之日起十二个月内，不得转让其本次发行前已持有的发行人股份。2008年11月17日至2015年6月，原告分批次转让了粤传媒股票，中国证券登记结算有限公司对原告于2010年1月5日至2015年6月5日转让粤传媒股票所得按国家税务总局《关于做好限售股转让所得个人所得税征收管理工作的通知》（国税发〔2010〕8号）的规定预缴个人所得税，符合相关规定。被告赤坎地税局向本院提交了证据、依据。

被告湛江地税局辩称：一、赤坎地税局依法依规征收原告转让上市公司限售股所得个人所得税，事实清楚、证据充分、程序合法，符合相关规定。原告持有的粤传媒股票，由中国证监会下属的中国证券登记结算有限公司界定为限售股，原告在2010年5月至2015年6月5日期间转让粤传媒股票所得，根据167号文及70号文的规定，依法应当缴纳个人所得税。二、湛江地税局依法依规作出湛地税复决字（2015）第1号税务行政复议决定事实清楚、证据充分、程序合法，符合相关规定。被告湛江地税局向本院提供了证据。

（二）法院查明事实

经审理查明，原告钟立君于2007年以前在三板市场（代办股份转让系统）操作交易粤传媒股份。

2007年9月17日，广东九州阳光传媒股份有限公司（即粤传媒）发布《首次公开发行股票招股说明书》，在该说明书的备查文件之股东名册中，登记原告钟立君共持有粤传媒64000股股份。2007年11月15日，广东九州阳光传媒股份有限公司发布《首次公开发行股票上市公告书》，公告该司发行的人民币普通股股票在深圳证券交易所上市，股票简称“粤传媒”。对于公司代办股份转让系统流通股股东持有的股份，自公司股票在证券交易所上市交易之日起一年内不得转让。2008年11月14日，粤传媒发布《限售流通股票上市流通公告》，公告公司代办股份转让系统流通股股东持有的限售股份可上市流通日为2008年11月17日，同时说明了公司实施了2008年度中期资本公积金转增股本方案，即向全体股东每10股转增3股。中国证券登记结算公司深圳分公司将原告持有的上述粤传媒83200股股票登记为限售股。原告钟立君已全部转让上述股票，分别为：2008年12月18日至2008年12月31日卖出粤传媒2050股；

2009 年卖出粤传媒 26200 股；2010 年 1 月 5 日卖出 400 股；2010 年 8 月 19 日卖出 3800 股；2011 年 10 月 10 日卖出 200 股；2011 年 12 月 6 日卖出 200 股；2015 年 5 月 26 日卖出 30000 股；2015 年 6 月 1 日卖出 10000 股；2015 年 6 月 2 日卖出 10350 股。信达证券股份有限公司湛江中山一路证券营业部对原告在 2010 年 1 月 5 日至 2015 年 6 月 5 日转让粤传媒股票所得代扣代缴个人所得税共 214854.50 元。

上述个人所得税的扣缴，证券机构按照新股限售股上市首日收盘价计算转让收入，按照计算出的转让收入的 15% 确定限售股原值和合理税费，以转让收入减去原值和合理税费后的余额，适用 20% 比例税率，计算预扣预缴个人所得税额。

财政部、国家税务总局、证监会于 2009 年 12 月 21 日颁布 167 号文，该文第二条第 2 点规定“限售股”包括“2006 年股权分置改革新老划断后，首次公开发行股票并上市的公司形成的限售股，以及上市首日至解禁日期间由上述股份孳生的送、转股（以下统称新股限售股）”。该文第八条规定“对个人在上海证券交易所、深圳证券交易所转让从上市公司公开发行和转让市场取得的上市公司股票所得，继续免征个人所得税”。财政部、国家税务总局、证监会于 2010 年 11 月 10 日颁布 70 号文，该文第一条第（四）项规定“限售股”包括“个人持有的从代办股份转让系统转到主板市场（或中小板、创业板市场）的限售股”。167 号文第三条规定“个人转让限售股，以每次限售股转让收入，减除股票原值和合理税费后的余额，为应纳税所得额”。

（三）法院判决结果

本院认为，本案为税务行政征收纠纷。本案的争议焦点为原告在 2010 年 1 月 5 日至 2015 年 6 月 2 日转让粤传媒股票是否属于 167 号文第八条规定免征个人所得税的情形。

根据《中华人民共和国税收征收管理法》第五条和第十四条的规定，赤坎地税局作为地方税务局有行使税收管理的职权。根据 167 号文第四条的规定，限售股个人所得税由证券机构所在地主管税务机关负责征收管理，因此赤坎地税局作为原告开户的证券机构所在地税务机关，具有涉案税务征收管理职责。

关于原告原持有的83200股粤传媒股票是否属于167号及70号文规定的限售股范围的问题。原告从代办股份转让系统购买64000股粤传媒股份，在粤传媒从三板市场转入深圳证券交易所上市后，符合167号文“首次公开发行股票并上市的公司形成的限售股”及70号文“个人持有的从代办股份转让系统转到主板市场（或中小板、创业板市场）的限售股”的情形。而原告在2008年9月5日取得的粤传媒公司转增的19200股股票，符合“上市首日至解禁日期间由上述股份孳生的送、转股”的情形，即上述股票均属于新股限售股。原告主张其原持有的粤传媒股份在三板市场时即为流通股，与非流通法人股、内部职工股等不同。但是，未上市公司的股份在三板市场是否能流通并不是判断公司上市后股票是否为限售股的条件。2005年上市公司股权分置改革后，首次公开发行公司不再区分流通股和非流通股。粤传媒公司在深圳证券交易所上市后，其控股股东持有的股份、内部职工股及公司代办股份转让系统流通股股东所持有的股份均转为限售流通股。

关于原告转让其原持有的83200股粤传媒股票是否属于167号文第八条“对个人在上海证券交易所、深圳证券交易所转让从上市公司公开发行和转让市场取得的上市公司股票所得，继续免征个人所得税。”规定的免税情形的问题。原告主张其在三板市场取得粤传媒公司股份，三板市场也属于该条规定中的“转让市场”。从167号文第八条的规定及国家税务总局所得税司《限售股个人所得税政策解读稿》可知，该条款中“转让”是与“发行”并列，均以“上市公司”为前提，即为上市公司一级发行市场和上市公司二级交易市场，而且取得的也须为“上市公司股票”。原告是在代办股份转让系统取得粤传媒股份，不符合167号文第八条的规定。对于167号文，其第八条免税的规定并非第一、二条关于转让限售股征收个人所得税的例外规定，凡是个人转让符合第二条规定的限售股，都必须征收个人所得税，第八条中的免征个人所得税的股票不包括第二条规定的限售股。

综上，中国证券登记结算有限公司将原告原持有的83200股粤传媒股票界定为限售股，信达证券股份有限公司湛江中山一路证券营业部对在167号文实施后，原告于2010年1月5日至2015年6月5日间转让上述83200股粤传媒限售股代扣代缴

214854.50 元个人所得税，符合 167 号文关于限售股界定及转让限售股征收个人所得税计算的规定。

依照《中华人民共和国行政诉讼法》第六十九条的规定，判决如下：

驳回原告钟立君的诉讼请求。

本案件受理费 50 元，由原告钟立君负担。

如不服本判决，可在判决书送达之日起十五日内提起上诉，向本院递交上诉状，并按对方当事人 的人数递交上诉状副本，上诉于广东省湛江市中级人民法院。

附：相关法律条文

《中华人民共和国行政诉讼法》

第六十九条 行政行为证据确凿，适用法律、法规正确，符合法定程序的，或者原告申请被告履行法定职责或者给付义务理由不成立的，人民法院判决驳回原告的诉讼请求。

来源：中国裁判文书网

【附件一】徐马权、钟立君、程柏芳、苏东彪与国家税务总局咨询及答复信函

〔2011〕国税信粤字第 71 号关于对广东省徐马权等 4 人的来信回复

徐马权、钟立君、程柏芳、苏东彪：

你们 11 月 7 日给国家税务总局的来信收悉，现答复如下：

一、你们 4 名股民在原代办股份转让系统购买粤传媒股票，然后在证券二级市场减持。此种行为与个人在证券二级市场上买卖股票有所不同，不符合财税〔2009〕167 号第八条的免税条件规定，即“对个人从上海证券交易所、深圳证券交易所转让

从上市公司公开发行和转让市场取得的上市公司股票所得，继续免征个人所得税”。由此同时，根据《财政部、国家税务总局、证监会关于个人转让上市公司限售股征收个人所得税有关问题的补充通知》（财税〔2010〕70号）第一条规定，对“个人持有的从代办股份转让系统转到主板市场（或中小板、创业板市场）的限售股”应征收个人所得税。

二、你们4名股民减持限售股时，证券公司根据财政部、国家税务总局、证监会《关于个人转让上市公司限售股征收个人所得税有关问题的通知》（财税〔2009〕167号）预扣预缴了个人所得税，对其预扣税符合现行个人所得税规定。如果在限售股减持过程中存在多扣缴纳税人个人所得税的情形，纳税人可以按照财税〔2009〕167号、财税〔2010〕70号等文件规定，向证券公司所在地税务机关申请办理税款清算手续。

感谢您对税收工作的支持。

【附件二】财税〔2009〕67号文（2013年6月29日）第八条，免税条件规定：

八、对个人在上海证券交易所、深圳证券交易所转让从上市公司公开发行和转让市场取得的上市公司股票所得，继续免征个人所得税。

第四节 个人所得税适格主体纠纷案例

一、个人独资企业补缴税款的适格主体争议案

——刘真与石屏县地方税务局稽查局一审判决书

云南省石屏县人民法院行政判决书

案号：(2015)石行初字第4号 裁判日期：2016.02.24

原告：刘真。

委托代理人：郭登友，北京盈科（昆明）律师事务所律师，代理权限为特别授权代理。

委托代理人：杨勇，系刘真的工作人员，代理权限为特别授权代理。

被告：石屏县地方税务局稽查局。

委托代理人：毛芳，系石屏县地方税务局稽查局工作人员，代理权限为一般代理。

委托代理人：牛艳，系石屏县地方税务局稽查局工作人员，代理权限为一般代理。

原告刘真不服被告石屏县地方税务局稽查局税务行政处罚，于2015年8月30日向本院提起行政诉讼，本院于2015年8月31日立案后，于2015年9月1日向被告石屏县地方税务局稽查局送达了起诉状副本及应诉通知书，本院依法组成合议庭于2015年10月12日公开开庭审理了本案。原告刘真的委托代理人郭登友，被告石屏县地方税务局稽查局的负责人武鸣杰及其委托代理人毛芳、牛艳到庭参加诉讼，原告刘真及其委托代理人杨勇经本院依法传票传唤，无正当理由未到庭参加诉讼。本案现已审理终结。

（一）案件产生过程

被告石屏县地方税务局稽查局于2015年5月29日向原告刘真作出石地税稽罚〔2015〕1号税务行政处罚决定书。处罚内容为，刘真：决定对你少缴个人所得税——个体工商户的生产经营所得17188.07元处0.5倍罚款计8594.04元，对已经

以石屏县华夏医院名义缴纳的个人所得税——个体工商户的生产经营所得 27701.88 元不予处罚。

原告刘真诉称，2015 年 5 月 29 日，被告作出石地税稽罚〔2015〕1 号行政处罚决定书，对原告进行罚款。原告认为，该处罚决定在执法主体、处理程序、认定事实、适用法律方面存在错误，是一个无效的行政行为，应予以撤销。一、原告没有偷税、逃税、骗税、抗税行为；被告予以行政处罚无法律法规授权，行政行为主体不合法，该处罚不具有合法性；引发本案的责任在被告，被告对原告的处罚应当确认为违法，予以撤销。二、被告未按法定程序送达文书，剥夺了原告的陈述、申辩权利；同时被告的工作人员武鸣杰全程参与案件处理、选案人员马发文参与了案件审理，违反分工制约原则。被告违反法定程序，处罚决定书应依法撤销。三、被告一直向石屏县华夏医院征收个人所得税，属于征税对象错误，导致引发本案。根据税收征收管理法第五十二条规定，原告只需补缴税款，不得加收滞纳金。为维护自身合法权益，特提起诉讼请求依法撤销被告作出的石地税稽罚〔2015〕1 号行政处罚决定书。

原告刘真针对自己的起诉主张向本院提交了相关证据。

被告石屏县地方税务局稽查局辩称，被告作出行政行为主体适格、认定事实清楚、证据确凿、程序合法、适用法律法规正确，原告刘真的起诉缺乏依据，依法不能成立。一、根据法律法规规定，被告主体适格，有权对石屏县地方税务局征收管理范围的税收违法行为进行行政处罚。二、对原告刘真的税务行政处罚，被告是严格按照国家税务总局下发的《税务稽查工作规程》，经过选案、检查、审理、执行四个环节作出的。由于原告刘真本人一直不出现，石屏县华夏医院只提供了原告刘真的家庭住址，因为始终联系不上原告刘真，执行人员只能到刘真投资经营的石屏县华夏医院以留置送达的方式送达。三、2014 年 5 月起，石屏县华夏医院拒绝申报缴纳税款，且经过多次催缴仍拒绝履行纳税义务。石屏县华夏医院是个人独资企业，刘真系投资者负有个人所得税纳税义务。由于石屏县华夏医院未设置账簿、记账凭证，根据相关规定对其采取核定征收方式征收个人所得税。根据法律规定对刘真少缴个人所得税 17188.07 元处 50% 罚款计 8594.04 元，事实清楚，证据确凿。

被告石屏县地方税务局稽查局针对自己的答辩主张向本院提交了相关证据。

经庭审质证，对被告石屏县地方税务局稽查局对原告刘真提交的证据进行了认证。

（二）法院确认事实

根据庭审和质证，本院确认以下法律事实：

原告刘真系石屏县华夏医院的投资人。石屏县华夏医院 2013 年共收取住院治疗费用 1278970.25 元，2014 年共收取住院治疗费用 880415.86 元。石屏县华夏医院以医院的名义于 2013 年申报缴纳个人所得税 22629.20 元，于 2014 年 1 月至 4 月申报缴纳个人所得税 5072.68 元，自 2014 年 5 月起未申报缴纳个人所得税。

2015 年 3 月 18 日，经人工分析筛选，被告石屏县地方税务局稽查局对石屏县华夏医院进行立案检查。2015 年 5 月 7 日，经检查被告石屏县地方税务局稽查局检查部门作出《税务稽查报告》。该报告确认石屏县华夏医院 2013 年至 2014 年共收取住院医疗费用 2244497.29 元，原告刘真应缴未缴个人所得税——个体工商户的生产经营所得 44889.95 元；建议责令原告刘真补缴个人所得税 44889.95 元，2013 年至 2014 年期间石屏县华夏医院以单位名义申报缴纳的个人所得税——个体工商户的生产经营所得 27701.88 元由石屏县地方税务局第四分局退还税款，对原告刘真少缴个人所得税 17188.07 元（44889.95 − 27701.88）处 0.5 倍罚款计 8594.04 元。

2015 年 5 月 18 日，经审理被告石屏县地方税务局稽查局审理部门作出《税务稽查审理报告》。该审理报告拟处理处罚意见为，责令原告刘真补缴个人所得税 44889.95 元，以石屏县华夏医院名义缴纳部分 27701.88 元不加收滞纳金，2013 年至 2014 年期间石屏县华夏医院以单位名义申报缴纳的个人所得税——个体工商户的生产经营所得 27701.88 元由石屏县地方税务局第四分局退还税款，对原告刘真少缴个人所得税 17188.07 元按日加收滞纳金 1079.83 元，并处 0.5 倍罚款计 8594.04 元。

2015 年 5 月 25 日，被告石屏县地方税务局稽查局作出石地税稽罚告〔2015〕

1 号《税务行政处罚事项告知书》并于当天向石屏县华夏医院送达。该《税务行政处罚事项告知书》拟对原告刘真少缴的个人所得税——个体工商户的生产经营所得 17188.07 元处 0.5 倍罚款计 8594.04 元，同时告知了相应的陈述、申辩、要求听证的权利。

2015 年 5 月 29 日，被告石屏县地方税务局稽查局作出石地税稽罚〔2015〕1 号《税务行政处罚决定书》，决定对原告刘真少缴个人所得税——个体工商户的生产经营所得 17188.07 元处 0.5 倍罚款计 8594.04 元，对已经以石屏县华夏医院名义缴纳的个人所得税——个体工商户的生产经营所得 27701.88 元不予处罚。该《税务行政处罚决定书》于当天向原告刘真送达时由石屏县华夏医院的工作人员杨勇签收。同日，被告石屏县地方税务局稽查局作出石地税稽处〔2015〕1 号《税务处理决定书》，责令原告刘真补缴少缴的个人所得税——个体工商户的生产经营所得 44889.95 元，对其中少缴个人所得税——个体工商户的生产经营所得 17188.07 元，按日加收滞纳金计 1079.83 元，该《税务处理决定书》于当天向原告刘真送达时由石屏县华夏医院的工作人员杨勇签收。

2015 年 6 月 25 日，原告刘真将税款 44889.95 元、滞纳金 1079.83 元缴清；2015 年 7 月 27 日，原告刘真将罚款 8594.04 元缴清。

另查明，石屏县华夏医院缴纳的个人所得税 27707.88 元已办理退税。

（三）法院判决结果

本院认为，被告石屏县地方税务局稽查局是依法成立的税务机关，具有查处税收违法行为的执法主体资格，其对原告刘真履行纳税义务情况及涉税情况进行检查处理并作出处罚决定，系行使法定职权的行政行为。但被告石屏县地方税务局稽查局立案检查对象为石屏县华夏医院，行政处罚决定书中的处罚对象为原告刘真。被告石屏县地方税务局稽查局在作出处罚决定过程中，未向原告刘真送达《税务行政处罚事项告知书》、将送达给原告刘真的《税务行政处罚决定书》由石屏县华夏医院的工作人员代为签收。原告刘真要求撤销被告石屏县地方税务局稽查局作出的石地税稽罚〔2015〕1号《税务行政处罚决定书》的诉讼请求符合法律规定，本院予以支持。

综上，根据《中华人民共和国行政诉讼法》第七十条之规定，判决如下：

一、撤销被告石屏县地方税务局稽查局作出的石地税稽罚〔2015〕1号《税务行政处罚决定书》。

二、责令被告石屏县地方税务局稽查局重新作出行政行为。

案件受理费50元，由被告石屏县地方税务局稽查局负担。

如不服本判决，可在判决书送达之日起十五日内，向本院递交上诉状，并按对方当事人的人数提出副本，上诉于红河哈尼族彝族自治州中级人民法院。

来源：中国裁判文书网

二、独资企业整体转让少缴纳个人所得税等各项税款处罚纠纷案

——王子银与长宁县地方税务局稽查局税务行政处理决定纠纷二审行政判决书

四川省宜宾市中级人民法院

案号：（2014）宜行终字第13号　裁判日期：2014.07.02

上诉人（一审原告）：王子银，男。

委托代理人：何家林，四川合泰律师事务所律师。

被上诉人（一审被告）：长宁县地方税务局稽查局。

法定代表人：蒋立均，局长。

委托代理人：王邦生，长宁县地方税务局稽查局工作员。

委托代理人：王菁，四川法光律师事务所律师。

上诉人王子银因诉长宁县地方税务局稽查局税务行政处理一案，不服长宁县人民法院（2013）长宁行初字第30号行政判决，向本院提起上诉。本院依法组成合议庭，于2014年2月18日对本案进行了公开开庭审理，上诉人王子银及其委托代理人何家林、被上诉人长宁县地方税务局稽查局委托代理人王邦生、王菁到庭参加了诉讼。本案现已审理终结。

（一）原审法院查明

一审法院经审理查明，原长宁县硐底镇治平石料厂系2004年由王子银投资登记设立的私营独资企业，经营范围及方式：生产、销售石灰石、石粉、碎石。该厂因未办理《安全生产许可证》，于2009年5月停产。2010年11月25日，原长宁县硐底镇治平石料厂与长宁县人民政府签订《关于长宁县人民政府因红狮集团收购长宁县硐底镇治平石料厂的价格认证协议书》，就转让该厂价格、价值认证工作达成协议。2011年3月1日，原长宁县硐底镇治平石料厂与长宁县硐底镇人民政府达成《企业整体产权转让协议》，将该单位有形资产及矿产资源生产的预计可得利润价值按认证报告确认价值6948195.00元；生产经营的营业执照、矿产资源开采许可证及其他，按认证报告确认价值400000.00元予以转让。王子银领取了全部转让款项。

长宁县地方税务局稽查局于2013年1月24日至2月2日间对王子银（原长宁县硐底镇治平石料厂独资企业投资人）在2011年1月1日至12月31日期间地方各税费的缴纳情况进行检查，发现王子银在2011年3月1日与长宁县硐底镇人民政府签订《企业整体产权转让协议》中获得（一）房屋（含厂房）类收入210184.00元；（二）部分房内设施（砖混结构、固定物）3918.00元；（三）构筑物类303785.00元；（四）电力设施类（电杆电线、固定物）25527.00元；（五）土石工程类（修建工作平台及炸药库工程）62142.00元；（六）进出厂区道路342489.00元；（七）揭盖山费用（视同再建工程未完工转让）56070.00元；总共计1004115.00元。

2011年8月1日，王子银向长宁县地方税务局第六税务所提供了工商部门（宜工商长字）内资准字（2011）第082577号《准予注销登记通知书》《四川省组织机构代码废置通知单》。在上交地方税务登记正副本时，按认证书一项房屋（含厂房）类金额210184.00元计算申报缴纳地方各税及附加。针对王子银的避税行为，长宁县地方税务局稽查局依据《中华人民共和国营业税暂行条例》规定，核定王子银应申报缴纳营业税为50205.75元，仅申报缴纳10509.20元，少申报缴纳39696.55元；依据《中华人民共和国城市维护建设税暂行条例》规定，核定王子银应申报缴纳城市维护建设税为2510.29元，仅申报缴纳525.46元，少申报缴纳198.83元。

根据国务院《征收教育费附加的暂行规定》规定，核定王子银应申报缴纳教育费附加为1506.17元， 仅申报缴纳315.28元，少申报缴纳1190.89元；根据川府函〔2011〕68号《四川省地方教育附加征收使用管理办法》规定，核定王子银应申报缴纳地方教育附加为l004.12元，仅申报缴纳210.18元，少申报缴纳793.94元；根据《中华人民共和国资源税暂行条例》和川地税函〔2004〕368号《四川省地方税务局关于石灰石适用税额的通知》规定，核定王子银应申报缴纳资源税为16000.00元，未申报缴纳；依据《中华人民共和国印花税暂行条例》规定、核定王子银应申报缴纳印花税为879.40元，仅申报缴纳105.10元，少申报缴纳774.30元；王子银在企业整体产权转让中收取“预可采资源”的可得利润4686400.00元、支付银行及个人借款利息5025414.39元。其中个人利息4902000.00元。根据《中华人民共和国个人所得税法》规定，核定王子银应申报缴纳个人所得税为 250436.83 元，仅申报缴纳 2101.84 元，少申报缴纳 248334.99 元。以上款项共计 308775.50 元。支付个人借款利息部分，应代扣代缴个人所得税 980400.00 元，未进行代扣代缴。

长宁县地方税务局稽查局认为王子银的上述行为，违反了有关税务法律法规的规定，于 2013 年 5 月 23 日依据《中华人民共和国税收征收管理法》第四条规定，对王子银 2011 年未（少）申报缴纳的印花税、资源税、营业税、城市维护建设税、教育费附加、地方教育附加、个人所得税共计 308775.50 元作出予以限期追缴的行政处理决定。限王子银自收到该决定书之日起 15 日内到长宁县地方税务局第一税务所清缴其税款入库。逾期未缴的，将依法强制执行。同时告知王子银若在纳税上有争议，必须先依照该决定的期限缴纳税款及滞纳金或者提供相应的担保，然后可自上述款项缴清或者提供相应担保被行政机关确认之日起 60 日内依法向长宁县地方税务局申请行政复议。

王子银不服该处理决定，在缴清税款后，向长宁县地方税务局申请行政复议。2013 年 9 月 18 日，长宁县地方税务局维持了该处理决定。

（二）原审法院判决结果

一审法院认为，《中华人民共和国税收征收管理法》第四条第一款“法律、行政法规规定负有纳税义务的单位和个人为纳税人”及第三款“纳税人、扣缴义务人必须依照法律、行政法规的规定缴纳税款、代扣代缴、代收代缴税款”的规定，王子银作为投资人开设的原长宁县硐底镇治平石料厂经过工商税务登记，是法定的纳税人。

2011 年 8 月 1 日，王子银在上交地方税务登记正副本时，未如实申报转让所得，仅按房屋（含厂房）一项金额 210184.00 元计算申报缴纳地方各税及附加，与我国《个人所得税法》《营业税暂行条例》《城市维护建设税暂行条例》《印花税暂行条例》等相关的税务法律法规相悖。

长宁县地方税务局稽查局对其进行稽查，是履行法定职责的行为，符合国家税务总局《税务稽查工作规程》第十条“稽查局应当在所属税务局的征收管理范围内实施税务稽查”的规定。

王子银对长宁县地方税务局稽查局稽查出的税额事实在起诉中未予否认，仅认为长宁县地方税务局稽查局在作出税务处理决定中处理对象错误，未告知享有听证的权利，程序违法，应予撤销。依照《中华人民共和国税收征收管理法》第八条第四款“纳税人、扣缴义务人对税务机关所作出的决定，享有陈述权、申辩权；依法享有申请行政复议、提起行政诉讼、请求国家赔偿等权利。”的规定，长宁县地方税务局稽查局在作出行政处理决定前未告知王子银要求听证的权利，并非违反相关法律规定。

关于处理对象，2013 年 2 月 4 日，长宁县地方税务局稽查局在《稽查报告》中称谓“原长宁县硐底镇治平石料厂（投资人王子银）”；王子银在诉状及庭审中多次陈述“原长宁县硐底镇治平石料厂已于 2011 年 6 月 21 日注销，主体资格不复存在”，正因为注销了才叫“原”。但长宁县地方税务局稽查局作出长地税稽处（2013）7 号《税务处理决定书》中称谓“长宁县硐底镇治平石料厂（投资人王子银）”，这种表述确实存在瑕疵，但不影响本案的处理决定。

我国《个人独资企业法》规定投资人以其个人财产对企业债务承担无限责任的经营实体。个人独资企业解散后，原投资人对个人独资企业存续期间债务仍应承担偿还责任，但债权人在五年内未向债务人提出偿债请求的，该责任消灭。王子银在收到行政处理决定书后已完清了追缴部分税款。长宁县地方税务局稽查局根据国家税务总局《税务稽查工作规程》规定进行选案受理，检查、询问、告知、审理、查证的补追缴税款事实较为清楚，证据也确实充分，并依法送达《税务处理决定书》，其行政程序符合法律规定。一审法院依照《中华人民共和国行政诉讼法》第五十四条第（一）项之规定，判决维持长宁县地方税务局稽查局作出的长地税稽处（2013）7 号《税务处理决定书》。

（三）上诉事项

上诉人王子银不服一审判决，向本院提起上诉，其上诉理由是：1. 一审判决认定事实错误，一审判决认定上诉人对稽查出的税额事实未予否认不是事实，将上诉人与长宁县硐底镇人民政府签订的《企业整体产权转让协议》认定为销售企业动产和不动产是错误的；2. 一审判决适用法律错误。长宁县地方税务局稽查局作出的税务行政处理决定只引用了法律名称，没有引用具体的条款。上诉人转让的是企业整体产权，不应征收营业税和印花税；上诉人未销售石灰石给长宁县硐底镇人民政府，不应征收资源税；长宁县地方税务局稽查局在核算个人所得税时未将 500 余万元的利息支出进行税前扣除；3. 长宁县地方税务局稽查局作出的税务行政处理程序违法，行政处理无效。请求二审法院撤销一审判决，撤销长宁县地方税务局稽查局作出的长地税稽处（2013）7 号《税务处理决定书》。

被上诉人长宁县地方税务局稽查局答辩称，1. 上诉人王子银是作为投资人的原长宁县硐底镇治平石料厂注销后应当承担补交未交税款的适格主体；2. 上诉人与长宁县硐底镇人民政府签订的《企业整体产权转让协议》为销售企业不动产的行为，实际履行中根本不涉及企业劳动力的转让；3. 被上诉人作出的长地税稽处（2013）7 号《税务处理决定书》符合法定程序。王子银意图逃避代扣代缴借款利息的个人所得税法定义务，未予进行企业清算、未予结清应缴税款便先行工商注销登记，在被上诉人发现其偷漏税收的违法行为，依法限期补办纳税申报后，上诉人仍然采用隐瞒、欺骗等方式逃避纳税，有意少报、瞒报应税所得额和应税项目。被上诉人依法对其立案稽查，并严格按照《税务稽查工作规程》所制定的稽查程序及文书规范对其稽查处罚，符合《税收征管法》《行政处罚法》及其相关法规、规章、规范性文件规定，本案税务稽查中的检查程序没有法定中止检查的情形，法律法规也未赋予纳税人对税务行政处理决定有要求听证的权利。请求二审法院判决驳回上诉，维持原判。

（四）再审法院判决结果

二审经开庭审理，对一审查明的事实予以确认。

本院认为，上诉人王子银作为投资人开设的原长宁县硐底镇治平石料厂经过了工商税务的登记，是法定的纳税人。

原长宁县硐底镇治平石料厂与长宁县硐底镇人民政府签订的《企业整体产权转让协议》，其转让的价格是依据四川省物价中心对原长宁县硐底镇治平石料厂不动产及动产认证的价值所确定的，其中还包含了预开采资源的可得利润，因此该协议不符合《国家税务总局关于转让企业产权不征收营业税问题的批复》的规定，应当征收营业税；根据《中华人民共和国资源税暂行条例》第一条“在中华人民共和国境内开采本条例规定的矿产品或者生产盐的单位和个人，为资源税的纳税义务人，应当依照本条例缴纳资源税”的规定，原长宁县硐底镇治平石料厂作为开采资源的单位，是资源税的纳税人，应当缴纳资源税；根据《中华人民共和国印花税暂行条例》第一条“在中华人民共和国境内书立、领受本条例所列举凭证的单位和个人，都是印花税的纳税义务人，应当按照本条例规定缴纳印花税”和第二条“下列凭证为应纳税凭证：1. 购销、加工承揽、建设工程承包、财产租赁、货物运输、仓储保管、借款、财产保险、技术合同或者具有合同性质的凭证；”及《中华人民共和国印花税暂行条例施行细则》第四条第二款“具有合同性质的凭证，是指具有合同效力的协议、契约、合约、单据、确认书及其他各种名称的凭证”的规定，《企业整体产权转让协议》作为一个资产转让的协议，具有合同的效力，应当缴纳印花税；原长宁县硐底镇治平石料厂作为个人独资企业，根据财政部、国家税务总局关于印发《关于个人独资企业和合伙企业投资者征收个人所得税的规定》的通知，应当缴纳个人所得税。依照通知第七条“有下列情形之一的，主管税务机关应采取核定征收方式征收个人所得税：（一）企业依照国家有关规定应当设置但未设置账簿的”、第八条“第七条所说核定征收方式，包括定额征收、核定应税所得率征收以及其他合理的征收方式”的规定，由于原长宁县硐底镇治平石料厂未设置账簿对账目进行管理，长宁县地方税务局稽查局按照核定征收的方式对其进行个人所得税的征收符合法律法规的规定。

根据《税务稽查工作规程》第二条第二款“税务稽查由税务稽查局依法实施。稽查局的主要职责，是依法对纳税人、扣缴义务人和其他涉税当事人履行纳税义务、扣缴义务情况及涉税事项进行检查处理，以及围绕检查处理开展的其他相关工作。稽查局具体职责由国家税务总局依照《税收征管法》《税收征管法细则》有关规定确定。”的规定，长宁县地方税务局稽查局负责对纳税人、扣缴义务人的履行纳税义务、扣缴义务情况及涉税事项进行检查处理，是本案适格的被告。长宁县地方税务局稽查局在对王子银进行税务稽查时，按照《税务稽查工作规程》的规定，依法向王子银送达了《税务处理决定书》。根据《税务稽查工作规程》第四十四条（一）项“有下列情形之一，致使检查暂时无法进行的，检查部门可以填制《税收违法案件中止检查审批表》，附相关证据材料，经税务局局长批准后，中止检查；（一）当事人被有关机关依法限制人身自由的”的规定，被依法限制人身自由致使检查暂时无法进行的可以依法中止检查，但本案中的税务检查行为未中断，一直在进行过程中，不存在因王子银被限制人身自由而暂时无法进行的情形，对王子银提出其被限制人身自由应中止检查的理由不予支持；根据《税务稽查工作规程》第五十三条第一款“被检查对象或者其他涉税当事人要求听证的，应当依法组织听证。听证主持人由审理人员担任。”的规定，被检查对象要求听证的，应当依法组织听证，但王子银并未向长宁县地方税务局稽查局提出听证要求，长宁县地方税务局稽查局未进行听证并无不当。

根据《中华人民共和国个人独资企业法》第二条“本法所称个人独资企业，是指依照本法在中国境内设立，由一个自然人投资，财产为投资人个人所有，投资人以其个人财产对企业债务承担无限责任的经营实体。”的规定，个人独资企业的投资人以其个人财产对企业的债务承担无限责任，王子银作为原长宁县硐底镇治平石料厂的投资人，应当对石料厂的税务承担责任。但原长宁县硐底镇治平石料厂已于2011年注销，长宁县地方税务局稽查局作出的《税务处理决定书》中的称谓“长宁县硐底镇治平石料厂（投资人王子银）”表述欠妥。《税务处理决定书》中列举的违法事实未列举所依据法律法规具体款项，属程序瑕疵。

综上，长宁县地方税务局稽查局作出的长地税稽处（2013）7号《税务处理决定书》程序合法，适用法律法规正确，对上诉人王子银的上诉请求，本院不予支持。一审判决认定事实清楚，适用法律法规正确。依照《中华人民共和国行政诉讼法》第六十一条第（一）项“原判决认定事实清楚，适用法律、法规正确的，判决驳回上诉，维持原判；”之规定，判决如下：

驳回上诉，维持原判。

二审案件受理费50元，由上诉人王子银负担。本判决为终审判决。

来源：中国裁判文书网

第五节 个人借款利息及外籍个人征税纠纷案例

一、股东超期借款推定股息争议案

——黄山市博皓投资咨询有限公司诉黄山市地方税务局稽查局税务处理决定二审行政判决书

安徽省黄山市中级人民法院行政判决书

案号：（2015）黄中法行终字第00007号　裁判日期：2015.04.02

上诉人（一审原告）：黄山市博皓投资咨询有限公司。

法定代表人：陈国成，董事长。

委托代理人：陆义炳，安徽雄风律师事务所律师。

被上诉人（一审被告）：黄山市地方税务局稽查局。

诉讼代表人：曹子政，局长。

委托代理人：李海峰，安徽一飞律师事务所律师。

委托代理人：汪晓华，安徽一飞律师事务所律师。

上诉人黄山市博皓投资咨询有限公司（以下简称博皓公司）诉黄山市地方税务局稽查局税务处理决定一案，不服安徽省黄山市屯溪区人民法院于2014年12月5日作出的（2014）屯行初字第00021号行政判决，向本院提起上诉。本院依法组成合议庭，于2015年3月10日公开开庭审理了本案，上诉人博皓公司的委托代理人陆义炳，被上诉人黄山市地方税务局稽查局诉讼代表人曹子政及其委托代理人李海峰、汪晓华到庭参加诉讼。本案现已审理终结。

（一）原审法院查明事实和判决结果

一审法院查明：博皓公司（原黄山市博皓房地产开发有限公司）系由宁波博皓投资控股有限公司、苏忠合、倪宏亮、洪作南共同投资成立的有限责任公司。截止到2010年初，博皓公司借款给其股东苏忠合300万元、洪作南265万元、倪宏亮305万元，以上共计借款870万元，在2012年5月归还，该借款未用于博皓公司的生产经营。2013年2月28日，黄山市地方税务局稽查局对博皓公司涉嫌税务违法行为立案稽查，于2014年2月20日对博皓公司作出黄地税稽处〔2014〕5号税务处理决定，其中认定博皓公司少代扣代缴174万元个人所得税，责令博皓公司补扣、补缴。博皓公司向黄山市人民政府提出行政复议申请，黄山市人民政府作出黄政复决〔2014〕41号行政复议决定，维持了黄地税稽处〔2014〕5号税务处理决定中第（七）项第3目的决定。博皓公司不服，在法定期限内提起行政诉讼。

一审法院认为：博皓公司借款给投资者，未用于企业的生产经营的事实清楚。三名投资者的借款虽然有归还的事实，但显已超出该纳税年度，符合财政部、国家税务总局《关于规范个人投资者个人所得税征收管理的通知》对个人投资者征收个人所得税的相关规定，博皓公司应履行代扣、代缴义务，黄山市地方税务局稽查局责令其补扣、补缴并无不当。一审法院依照《中华人民共和国行政诉讼法》第五十四条第（一）项判决维持黄山市地方税务局稽查局的黄地税稽处〔2014〕5号税务处理决定中第二条第（七）项的决定。案件受理费50元由博皓公司承担。

（二）上诉事项

宣判后，博皓公司不服，上诉称：1.一审法院错误地理解了财政部、国家税务总局《关于规范个人投资者个人所得税征收管理的通知》，投资者借款归还后，借款人已属不得者，在借款人还款后仍然按借款数额征收借款者个人所得税显然是错误的；2.财政部、国家税务总局《关于规范个人投资者个人所得税征收管理的通知》并没有规定纳税年度终了后多少时间内还款，稽查时已确认三个投资者还清了所有借款，该借款不能视作企业对投资者的红利分配。博皓公司请求撤销一审法院判决和错误的税务处理决定书。博皓公司向一审法院提交了证据。

黄山市地方税务局稽查局答辩称：1.一审法院认定事实清楚，该事实博皓公司在庭审中都予以认可。根据财政部、国家税务总局《关于规范个人投资者个人所得税征收管理的通知》第二条规定，博皓公司借给股东870万元，在2011年末都未归还，此借款也未用于博皓公司经营，因此上述借款应视作企业对个人的红利分配；2. 答辩人在税务专项检查中发现博皓公司涉嫌税务违法，遂进行立案稽查，处理程序合法；3. 博皓公司未履行扣缴义务人的法定义务，要求博皓公司限期补扣补缴的行政处理有法律依据。黄山市地方税务局稽查局请求二审法院依法维持一审法院判决。黄山市地方税务局向一审法院提交了证据。

（三）再审法院判决结果

当事人向一审法院提交的以上证据已随案移送本院，案经庭审质证，双方的质辩理由与一审无异。一审法院认定的案件事实本院予以确认。

本院认为：黄山市地方税务局稽查局依法实施税务稽查，查处税收违法行为，有权对博皓公司涉税事项进行检查处理。黄山市地方税务局稽查局查明博皓公司股东从博皓公司借款超过一个纳税年度，该借款又未用于博皓公司经营，黄山市地方税务局稽查局将博皓公司股东在超过一个纳税年度内未归还的借款视为博皓公司对个人投资者的红利分配，依照财政部、国家税务总局《关于规范个人投资者个人所得税征收管理的通知》第二条规定决定计征个人所得税，该决定符合财政部、国家税务总局《关于个人投资者从投资的企业借款长期不还的处理问题的意见》。黄山市地方税务局稽查局认定事实清楚，处理程序合法，责令博皓公司补扣补缴174万元个人所得税的处理决定适当，一审法院判决维持黄山市地方税务局稽查局处理决定正确，博皓公司的上诉理由不能成立，本院不予采纳。依据《中华人民共和国行政诉讼法》第六十一条第（一）项的规定，判决如下：

驳回上诉，维持原判。

二审案件受理费50元，由上诉人黄山市博皓投资咨询有限公司负担。本判决为终审判决。

来源：中国裁判文书网

二、企业支付个人借款利息税费案

——林碧钦与鑫隆公司资金款项来往确定利息收入征税行政裁定书

税务行政管理（税务）再审审查与审判监督行政裁定书

中华人民共和国最高人民法院行政裁定书

案号：（2018）最高法行申253号

再审申请人（一审原告、二审上诉人）：林碧钦，女，1966年3月26日出生，汉族，住福建省仙游县。

被申请人（一审被告、二审被上诉人）：莆田市地方税务局稽查局。住所地：福建省莆田市城厢区荔城中大道XX。

法定代表人：杨志捷，该局局长。

被申请人（一审被告、二审被上诉人）：福建省地方税务局。住所地：福建省福州市铜盘路XX。

法定代表人：赵静，该局局长。

（一）申请最高人民法院行政裁定事项

再审申请人林碧钦诉被申请人莆田市地方税务局稽查局（以下简称莆田市地税稽查局）、福建省地方税务局（以下简称福建省地税局）税务行政处理及行政复议一案，福建省莆田市中级人民法院于2016年9月4日作出（2015）莆行初字第295号行政判决：一、驳回林碧钦要求撤销莆田市地方税务局和莆田市地税稽查局作出的莆地税稽处〔2015〕6号《税务处理决定书》的诉讼请求；二、驳回林碧钦要求撤销福建省地税局闽地税复决字〔2015〕3号《税务行政复议决定书》的诉讼请求。林碧钦不服提起上诉后，福建省高级人民法院于2017年8月30日作出（2016）闽行终897号行政判决：一、维持莆田市中级人民法院（2015）莆行初字第295号行政判决第二项；二、撤销莆田市中级人民法院（2015）莆行初字第295号行政判决第一项；三、驳回林碧钦要求撤销莆田市地税稽查局作出的莆地税稽处〔2015〕6号《税务处理决定书》的诉讼请求。林碧钦仍不服，向本院申请再审。本院依法组成合议庭对本案进行了审查，现已审查终结。

2015 年 4 月 30 日，莆田市地税稽查局作出莆地税稽处〔2015〕6 号《税务处理决定书》（以下简称被诉税务处理决定），主要内容如下：

2013 年初，福建省鑫隆古典工艺博览城建设有限公司（以下简称鑫隆公司）因项目开发建设需要，与林碧钦和案外人陈建伟（另案处理）达成协议，以鑫隆公司部分房产作为抵押向林碧钦和陈建伟合计借款 6000 万元，月息 5%，利息按月支付，期限一年。2013 年 3 月 20 日，林碧钦、陈建伟与鑫隆公司签订合同时，发现鑫隆公司只能提供 85 坎店面，店面面积合计 10008.73 平方米，两人只同意借给鑫隆公司 5500 万元，双方签订总价为 5500 万元的商品房买卖合同，并到仙游县房地产管理中心备案登记。同日，鑫隆公司将多余的 500 万元汇还给林碧钦。2014 年 1 月 17 日，林碧钦因资金周转需要从鑫隆公司抽回 300 万元。2014 年 3 月 19 日即一年放贷期满，林碧钦、陈建伟和鑫隆公司通过泉州仲裁委员会仲裁解除上述商品房买卖合同，鑫隆公司各汇还给林碧钦、陈建伟 2600 万元，共计 5200 万元。2013 年度，林碧钦取得利息收入 1187.5 万元。林碧钦取得利息收入未申报缴纳营业税、个人所得税、城市维护建设税、教育费附加及地方教育附加。决定由林碧钦补缴纳：1. 营业税 593750 元；2. 城市维护建设税 29687.50 元；3. 教育费附加 17812.50 元；4. 地方教育附加 11875 元；5. 个人所得税 2375000 元；6. 滞纳金 135597.66 元。

（二）再审法院经审理查明案件事实

林碧钦系案外人陈建伟之嫂。2013 年 3 月 20 日，林碧钦和陈建伟与鑫隆公司签订一份《商品房买卖合同》，约定：1. 林碧钦和陈建伟共同向鑫隆公司购买位于仙游县 XX 山村中国古典工艺博览城 2# 楼 2 — 3 层 85 坎商铺，建筑面积 10008.73 平方米，每平方米 5500 元，合同总价款人民币 5500 万元。2. 分期付款，2013 年 3 月 31 日前支付全部购房款的 18.2% 计人民币 1000 万元，2013 年 6 月 30 日前支付全部购房款的 31.8% 计人民币 1750 万元，2013 年 12 月 31 日前支付全部购房款的 50% 计人民币 2750 万元。3. 违约责任。出卖人应在 2013 年 12 月 30 日前将符合合同约定的商品房交付给买受人，出卖人逾期交房不超过 30 日，出卖人按日向买受人支付已付款万分之0.5的违约金；超过30日，买受人有权解除合同，解除合同的，出卖人应当自买受人解除合同书面通知到达之日起1日内退还全部已付款，并按买受人已付款的20%向买受人支付违约金。继续履行合同的，出卖人按实际逾期的天数计算每日向买受人支付已付款的万分之0.6。4.产权登记，出卖人应当在商品房交付使用后60日内，向当地房屋权属登记部门办理房屋所有权初始登记，如因出卖人原因不能在商品房交付使用后90日内取得房屋权属证书，买受人退房的，应在30日内退还已付款并按已付款的20%赔偿买受人损失。5.争议处理，协商不成依法向人民法院起诉等条款。该《商品房买卖合同》送至仙游县房地产管理中心备案。之后，鑫隆公司分别向仙游县住建局、仙游县工艺产业园管委会、仙游县委、仙游县政府申请预售融资方案调整的报告。仙游县委办〔2013〕5号会议纪要和仙游县委办〔2013〕22号会议备忘录同意了鑫隆公司增加20%建筑面积作为融资用途，导致鑫隆公司与林碧钦和陈建伟签订的《商品房买卖合同》无法按合同约定继续履行。2014年3月18日，鑫隆公司向泉州仲裁委员会申请仲裁，2014年3月19日，泉州仲裁委员会作出〔2014〕泉仲字567号《调解书》，双方达成协议如下：1.解除双方签订的《商品房买卖合同》；2.鑫隆公司应于2014年3月21日前返还被申请人林碧钦、陈建伟已付的购房款人民币1000万元。

林碧钦和案外人陈建伟与鑫隆公司资金来往情况：1.在2013年3月20日双方签订《商品房买卖合同》之前，林碧钦和陈建伟转账支付给鑫隆公司共计人民币6000万元，签订合同时鑫隆公司返还给林碧钦500万元。2.签订《商品房买卖合同》之后，林碧钦和陈建伟陆续收到鑫隆公司转入资金共计人民币9328万元，其中陈建伟收回资金人民币4740.5万元，林碧钦收回资金人民币4587.5万元，但林碧钦于2013年10月10日又支付给鑫隆公司人民币500万元。林碧钦和陈建伟收支对抵比签订《商品房买卖合同》时的本金人民币5500万元，多出人民币3328万元。在林碧钦和陈建伟与鑫隆公司资金往来中，有银行网上电子回单、网银收款记账凭证的用途和附言栏目中大部分注明“购房款”。

2014年6月份，中共莆田市纪律检查委员会（以下简称莆田市纪委）和福建省莆田市人民检察院（以下简称莆田市检察院）接到举报，对林碧钦和案外人陈建伟与鑫隆公司的资金往来进行调查。林碧钦和陈建伟在莆田市纪委和莆田市检察院的谈话笔录中均承认“林碧钦和案外人陈建伟共借款人民币 5500 万元给鑫隆公司，月利率 5%，鑫隆公司以商品房作抵押，双方签订商品房买卖合同，一年内共收取利息人民币 3328 万元。解除《商品房买卖合同》时，林碧钦和陈建伟收回本金共计人民币 5200 万元。涉案借款给鑫隆公司的本金也是向其他人以不同的利率转借的”。调查期间，莆田市纪委和莆田市检察院还分别向证人傅某、蔡某、林某 1、郑某、王某、林某 2、陈某和连天红公司调查取证，证人林某 2 在《借款说明》中说明林碧钦和陈建伟借给鑫隆公司 5500 万元。2014 年 6 月 4 日，鑫隆公司向莆田纪委出具一份《说明》，证明其与林碧钦和陈建伟之间是以房产作抵押的融资借款关系。2014 年 6 月 25 日，莆田市纪委和莆田市检察院向鑫隆公司负责人张双兰的哥哥张双培调查，其证明是借款关系而不是购买商品房，证言内容和情节与林碧钦及陈建伟在莆田市纪委和莆田市检察院的谈话笔录中基本吻合。2014 年 10 月 15 日，莆田纪委向莆田地方税务局发出莆纪函〔2014〕11 号《关于认定相关涉税问题的函》，函告“我委在调查中发现林某于 2013 年 3 月至 2014 年 3 月，以月息 5% 向仙游县某公司放贷人民币 5500 万元，共获利人民币 3328 万元，现将相关线索材料移送你局，请就上述行为应否纳税予以认定，并及时反馈”。2014 年 12 月 10 日，莆田纪委又向莆田地方税务局发出莆纪函〔2014〕18 号《关于对林碧钦等人涉嫌偷漏税进行调查处理的函》，函告“我委在有关案件调查中发现仙游县乾元财务有限公司林碧钦等人于 2013 年 3 月至 2014 年 3 月，以月息 5% 向仙游县兴隆古典工艺博览城建设有限公司放贷人民币 5500 万元，共获利人民币 3328 万元，涉嫌偷漏税。经委领导同意，现将该问题移送你局进一步调查处理，请将处理结果于 2015 年 1 月 15 日反馈我委一室”。

莆田地方税务局根据莆田纪委的函，于 2015 年 3 月 26 日立案调查。之后，以莆田地税稽查局的名义向林碧钦和案外人陈建伟、鑫隆公司、鑫隆公司股东张双培发出《税务检查通知书》和《询问通知书》，并向相关银行等金融机构发出《检查存款账户许可证明》。2015 年 4 月 8 日，莆田地税稽查局向林碧钦进行调查询问，林碧钦陈述：“我和陈建伟共同购买鑫隆公司房产，付全款人民币 5500 万元后双方签订商品房买卖合同，一年后解除商品房买卖合同时鑫隆公司汇还给我和陈建伟各2600万元。我在纪委谈话笔录中担心丈夫是公务员不能买商铺，就把违约金说成利息。鑫隆公司每月按购房款总额的5%支付违约金，共收取违约金共计人民币3328万元。”莆田地税稽查局经过对银行等金融机构核实林碧钦和陈建伟与鑫隆公司的资金来往情况后，作为重大税务案件报请莆田地方税务局重大案件审理委员会集体研究决定。2015年4月22日，莆田地税稽查局向林碧钦发出《税务处理事项告知书》。2015年4月30日，莆田地税稽查局作出被诉税务处理决定，决定对林碧钦补缴：营业税593750元、城市维护建设税29687.5元、教育费附加17812.5元、地方教育附加11875元、个人所得税2375000元、滞纳金135597.66元，共计人民币3163722.66元。

林碧钦不服，依照《中华人民共和国税收征收管理法》（以下简称《税收征收管理法》）第八十八条第一款的规定，提供房产作担保后，以莆田地税稽查局为被申请人，向福建省地税局申请行政复议，福建省地税局要求林碧钦变更以莆田地方税务局为被申请人，并于2015年10月23日作出闽地税复决字〔2015〕3号《税务行政复议决定书》，维持被诉税务处理决定。

林碧钦不服提起行政诉讼，请求撤销上述税务处理决定和行政复议决定。

一审法院认为：根据国家税务总局发布的《税务稽查工作规程》第二条第二款有关“税务稽查由税务局稽查局依法实施，稽查局主要职责是依法对纳税人、扣缴义务人和其他涉税当事人履行缴税义务、扣缴义务情况及涉税事项进行检查处理……”的规定，莆田地税稽查局有权对林碧钦涉税事项进行检查并作出处理决定。本案涉税数额较大，案情重大复杂，属于重大税务案件，根据国家税务总局发布的《重大税务案件审理办法》第五条、第十一条第五项、第三十四条规定，本案经莆田地方税务局重大案件审理委员会审理后，由莆田地税稽查局按照重大税务案件审理意见书制作税务处理决定书，加盖稽查局印章后送达执行，符合上述法条规定。根据《税务行政复议规则》第二十九条第二款的规定，本案是通过莆田地方税务局重大案件审理程序作出的，莆田地方税务局作为复议被申请人符合上述规定。为此，林碧钦主张莆田地税稽查局无权或越权作出处理决定，且以其名义作出处理决定后的复议机关、复议被申请人、复议程序均属错误的理由不能成立。

关于《〈商品房买卖合同〉的补充条款》（以下简称《补充条款》）真实性问题。该份《补充条款》约定对林碧钦十分有利，但林碧钦在行政程序中没有提供，而是在复议程序即将结束时才提供复印件。为此，莆田地税稽查局有理由怀疑该份《补充条款》的真实性。庭后，莆田地税稽查局申请鉴定，但因未取得原件无法鉴定，而仙游县房地产管理中心备案材料中也无法查找该《补充条款》。泉州仲裁委员会仲裁调解书内容也没有涉及该《补充条款》而一并解除。从《补充条款》《商品房买卖合同》对违约金的约定可以看出，《补充条款》约定鑫隆公司每月应付林碧钦已交纳购房款总额的 5 % 作为违约金，即每月支付给林碧钦、陈建伟人民币 275 万元，且违约起始时间从签订合同 2 个月后起算。而商品房买卖合同的违约起始时间在签订合同后九个月交付商品房时起算，若逾期交房不超过 30 日，出卖人按日向买受人支付已付款万分之 0.5 的违约金，二份合同签约时间前后相差一天，《补充条款》就加重对鑫隆公司的违约责任，在未经请求人民法院或仲裁机构予以增加违约金的条件下，鑫隆公司主动支付大幅高于《商品房买卖合同》约定额度违约金的行为，违反商品房买卖交易习惯。因此，对该份《补充条款》真实性不予认可。林碧钦主张每月收取鑫隆公司支付的人民币 275 万元是依据《补充条款》约定的 5% 违约金的理由不能成立。

泉州仲裁委员会的《调解书》虽具有一定法律效力，但没有确认当事人的违法事实，只是申请人鑫隆公司的述称，且有关被申请人林碧钦、陈建伟已付购房款人民币 1000 万元与实际支付的 5500 万元不符。按照《商品房买卖合同》约定，双方发生纠纷协商不成向人民法院起诉，却不按合同约定而选择仲裁；如果按林碧钦陈述是鑫隆公司违约，一般情况下是林碧钦作为仲裁申请人，但鑫隆公司却主动作为仲裁申请人亦有违常理；解除《商品房买卖合同》的原因并非规划设计变更，按林碧钦陈述是鑫隆公司将出售给林碧钦的商品房作为不可销售的融资房，而调整到 1 号楼导致无法按原合同履行。权衡商业利弊，鑫隆公司是不会将已签订合同出售给林碧钦的商品房调整为不可销售房，否则，按合同约定鑫隆公司要付出巨大的违约成本。结合林碧钦与鑫隆公司资金来往的证据材料，林碧钦在签订《商品房买卖合同》时就付清购房款，却在《商品房买卖合同》中约定今后分三期支付购房款，违反了商品房买卖交易习惯，是一种名为购房实为借贷的行为，符合非典型性抵押担保的借贷关系特征。资金来往凭证注明的“购房款”系林碧钦单方行为。《商品房买卖合同》虽经房地产管理中心备案，具有一定的公信力，但莆田市纪委和莆田市检察院向林碧钦、证人及鑫隆公司的调查材料能够相互印证，且当事人也违反了商品房买卖交易习惯，也不能排除以房产为抵押担保的借贷关系。为此，林碧钦主张与鑫隆公司之间为商品房买卖关系的理由不能成立。

林碧钦、陈建伟支付给鑫隆公司人民币5500万元之后，就按月收取交易金额的5%，与利息的收取习惯相吻合。可以推定林碧钦实际上是将其资金借予鑫隆公司使用的一种借贷行为，林碧钦与鑫隆公司资金款项来往中多出的人民币1187.5万元为利息收入，属于营业税中规定的应税劳务行为中的“金融保险业”税目，依法应当缴纳营业税。贷款属于营业税税目中的金融保险业征收范围，根据当时有效的《中华人民共和国营业税暂行条例实施细则》（以下简称《营业税暂行条例实施细则》）第二条规定，金融保险业属于营业税税目征收范围内的应税劳务，依照当时有效的《中华人民共和国营业税暂行条例》（以下简称《营业税暂行条例》）第一条规定，提供劳务的自然人也是营业税的纳税人。林碧钦主张其为自然人不属于《营业税税目注释》所称的“金融保险业”而不应缴纳营业税的理由不能成立。林碧钦为缴纳营业税的个人，根据《中华人民共和国城市维护建设税暂行条例》（以下简称《城市维护建设税暂行条例》）第二条、《征收教育费附加的暂行规定》第二条、《福建省地方教育附加征收管理暂行办法》第二条、第三条规定，依法应当缴纳城市维护建设税、教育费附加和地方教育附加。根据当时有效的《中华人民共和国个人所得税》（2011年修正，以下简称《个人所得税法》）第一条、第二条第七项规定，林碧钦取得的利息收入1187.5万元，依法应当缴纳个人所得税。根据《税收征收管理法》第三十二条的规定，林碧钦主张其无需缴纳滞纳金的理由不能成立。

综上所述，莆田地税稽查局对林碧钦作出被诉税务处理决定事实清楚，程序并无不当，适用法律法规正确。福建省地税局经复议审查后予以维持适用法律正确。林碧钦的诉讼请求及理由均不能成立。因此，一审法院判决：一、驳回林碧钦要求撤销莆田地方税务局和莆田地税稽查局作出的〔2015〕6号《税务处理决定书》的诉讼请求；二、驳回林碧钦要求撤销福建省地税局〔2015〕3号《税务行政复议决定书》的诉讼请求。

林碧钦不服提起上诉后，二审法院认为：本案核心争议为，林碧钦自签订《商品房买卖合同》之日起（2013年3月20日）至仲裁协议解除《商品房买卖合同》之日止（2014年3月19日）除购房款本金之外额外收取的1187.5万元的法律性质。林碧钦主张该款项系鑫隆公司依据《补充条款》约定，向其支付的以“违约金”为名义的“履约保证金”，以督促鑫隆公司尽快办理房产证。但经审理查明，林碧钦直至申请行政复议时才主张与鑫隆公司另签订有《补充条款》，但始终未能提交《补充条款》原件，且该《补充条款》未与《商品房买卖合同》共同在仙游县房地产管理中心进行备案，（2014）泉仲字567号《调解书》亦未涉及对《补充条款》的解除。同时，在2015年4月8日莆田地税稽查局对林碧钦所做《询问（调查）笔录》中，林碧钦明确表示“没有另外签订书面合同或协议，只是口头约定”。此外，在2013年3月20日双方签订的《商品房买卖合同》对于产权登记时间及违约责任已经有明确约定的情况下，于1天之后又签订《补充条款》，对产权登记时间及违约责任进行了重新约定，并大幅增加鑫隆公司违约责任，明显不符合正常的交易惯例。因此，一审判决对《补充条款》的真实性不予认定并无不当。

结合莆田市纪委、莆田市检察院联合调查组对林碧钦、陈建伟、张双培等调查笔录，鑫隆公司出具的《关于林碧钦部分往来款说明》《情况说明》，案外人林某2出具的《借款说明》，以及林碧钦、陈建伟与鑫隆公司资金往来明细等有关证据，一审判决认定林碧钦与鑫隆公司之间的交易行为系名为购房实为借贷的行为，符合非典型性抵押担保的借贷关系并无不当。被诉税务处理决定及涉案行政复议决定认定林碧钦、陈建伟支付给鑫隆公司5500万元资金为借款行为，林碧钦收取的本金之外的1187.5万元系利息收入，并无不当。

由于涉案1187.5万元系利息收入，故其属于《营业税暂行条例实施细则》第二条规定的营业税应税劳务中“金融保险业”的范围，同时《营业税暂行条例》第一条明确规定，个人可以成为营业税的纳税人，且金融保险业营业税税目的税率为5%，故莆田地税稽查局责令林碧钦补缴营业税593750元（11875000元×5%）正确。根据《城市维护建设税暂行条例》第二条、第三条、第四条第三款规定，营业税纳税义务人应缴纳城市维护建设税，莆田地税稽查局责令林碧钦补缴城市维护建设税29687.5元（593750元×5%）正确。根据《征收教育费附加的暂行规定》第二条及第三条第一款规定，营业税纳税义务人应缴纳教育费附加，莆田地税稽查局责令林碧钦补缴教育费附加17812.5元（593750元×3%）正确。根据《福建省地方教育附加征收管理暂行办法》第二条、第三条、第五条及《福建省人民政府关于调整地方教育附加征收标准等有关问题的通知》（闽政文〔2011〕230号）规定，营业税纳税人应缴纳地方教育附加，莆田地税稽查局责令林碧钦补缴地方教育附加11875元（593750元×2%）正确。根据《个人所得税法》第一条第一款，第二条第七项、第三条第五项之规定，莆田地税稽查局责令林碧钦补缴个人所得税2375000元（11875000元×20%）正确。由于林碧钦未按期缴纳税款，故根据《税收征收管理法》第三十二条之规定，莆田地税稽查局责令加收林碧钦滞纳金135597.66元正确。

本案中，林碧钦将莆田地方税务局作为共同被告之一提起诉讼。但经查明，莆田地方税务局并非被诉税务处理决定及涉案行政复议决定的行政主体。故林碧钦对莆田地方税务局的起诉不符合《中华人民共和国行政诉讼法》第四十九条第三项之规定。一审法院受理林碧钦对莆田地方税务局的起诉并作出实体判决错误。同时，被诉税务处理决定首部中有关“我局（即莆田地税稽查局）于2015年3月26日至2015年5月25日对你（即林碧钦）……进行了检查”中日期表述系笔误，因未对林碧钦实体权利造成不利影响，依法予以指正。因此，二审法院判决：一、维持莆田市中级人民法院（2015）莆行初字第295号行政判决第二项；二、撤销莆田市中级人民法院（2015）莆行初字第295号行政判决第一项；三、驳回林碧钦要求撤销莆田地方税务稽查局作出的莆地税稽处〔2015〕6号《税务处理决定书》的诉讼请求。

林碧钦向本院申请再审，请求撤销一、二审法院判决，撤销被诉税务处理决定和涉案行政复议决定。主要理由为：1. 一、二审法院判决没有综合认定再审申请人和陈建伟共同购买涉案项目 2 号楼（每平方米 5500 元）及后续购买涉案项目 1 号楼（每平方米 12000 元）相关联的事实，也没有综合认定涉案《调解书》《商品房买卖合同》《补充条款》等有关证据，其认定再审申请人与鑫隆公司之间的商品房买卖合同关系构成民间借贷关系，认定事实不清；2. 莆田地税稽查局无权作出涉案税务处理决定；3. 即便认定本案属于民间借贷关系，也不能认定再审申请人涉案出借行为属于金融保险行业而征收相应税款。

被申请人莆田地税稽查局陈述意见认为，被诉税务处理决定和涉案行政复议决定均有事实及法律依据，二审法院判决正确，请求驳回林碧钦的再审申请。主要理由为：1. 林碧钦的涉案行为符合非典型性抵押担保的借贷关系，且即使存在后续购房行为，也不代表本案征税所依据的前行为也是购房行为；2.（2014）泉仲字 567 号《调解书》内容均为再审申请人自述内容，而非仲裁庭依法查明的案件事实，不能作为确定涉案主要事实的根据；3. 再审申请人至今未提交《补充条款》原件，且该《补充条款》也未进行备案，对双方在《补充条款》中所约定的高额“履约保证金”依法不应采信；4. 被申请人是作出被诉税务处理决定的适格行政主体；5. 再审申请人因涉案民间借贷关系形成的利息收入，完全符合法定营业税、个人所得税等相应税目的纳税条件，被申请人依法予以课税符合法律规定。

被申请人福建省地税局同意被申请人莆田地税稽查局的陈述意见。

（三）最高人民法院裁定结论

本院认为，本案的争议焦点主要有三个方面：一、税务机关能否根据实质课税原则独立认定涉案民事法律关系；二、对涉案民间借贷利息收入应否征收营业税、个人所得税等税款；三、对民间借贷产生的较大金额利息收入征收税款如何体现税收公平原则。

本案的特殊性在于，虽然泉州仲裁委员会相关仲裁文书确认鑫隆公司与林碧钦、陈建伟协议系《商品房买卖合同》并调解予以解除，但该仲裁由鑫隆公司于2014年3月18日申请，次日即3月19日即以调解书结案；且未独立认定任何案件事实。而税务机关已经就其系民间借贷关系的实质认定举证证明：林碧钦、陈建伟在《商品房买卖合同》签订之前，已经转账支付鑫隆公司人民币6000万元，而鑫隆公司在签订合同当日，又返还林碧钦500万元，即至签订《商品房买卖合同》之日，林碧钦、陈建伟共向鑫隆公司支付资金5500万元；合同双方签订《商品房买卖合同》后，陈建伟分别于2013年5月、7月、9月、10月、11月、12月、2014年1月、2月、3月，收到鑫隆公司转入资金共4740.5万元；林碧钦分别于2013年3月、4月、6月、8月、10月、2014年1月、3月，收到鑫隆公司转入资金共4587.5万元，即陈建伟、林碧钦合计收到鑫隆公司转入资金9328万元，扣除林碧钦于2013年10月10日支付给鑫隆公司的资金500万元，收支相抵后，较之《商品房买卖合同》本金5500万元还多出3328万元。上述林碧钦、陈建伟与鑫隆公司资金往来系客观真实发生，各方均不否认；林碧钦、陈建伟虽主张上述款项系鑫隆公司支付的“履约保证金”，但鑫隆公司在税务机关调查中并不承认存在所谓“履约保证金”，且出售商品房的房地产公司逐月按特定比例给购房人支付所谓“履约保证金”也并不符合商品房买卖交易习惯，而更符合民间借贷交易习惯。同时，税务机关还提供林碧钦、陈建伟在莆田市检察院等机关谈话笔录，其均承认借款5500万元给鑫隆公司，月利率5%，鑫隆公司以商品房作抵押，双方签订《商品房买卖合同》，一年内共收取利息3328万元的事实；鑫隆公司出具的《关于林碧钦部分往来款说明》《情况说明》，以及林某2、张双培等证人证言，也均证明林碧钦、陈建伟共借款5500万元给鑫隆公司的事实。因此，涉案《商品房买卖合同》仅仅是双方为了保证出借资金的安全而签订，具有一定的让与担保属性，但该交易行为也符合《中华人民共和国合同法》第一百九十六条规定的借贷合同法律关系。因此，税务机关依据实质课税原则，根据当事人民事交易的实质内容自行、独立认定林碧钦、陈建伟与鑫隆公司之间实际形成民间借贷法律关系，将林碧钦收取的、鑫隆公司支付的除本金以外的1187.5万元认定为民间借贷利息收入，符合事实和法律，即依据纳税人民事交易活动的实质而非表面形式予以征税。

本案中，被诉税务处理决定以林碧钦 2013 年度应纳营业税额作为税基乘以税率 5%，确定应纳城市维护建设税税额，符合法律规定。《征收教育费附加的暂行规定》第二条规定："凡缴纳消费税、增值税、营业税的单位和个人，除按照《国务院关于筹措农村学校办学经费的通知》（国发〔1984〕174 号文）的规定，缴纳农村教育事业费附加的单位外，都应当依照本规定缴纳教育费附加"；第三条第一款规定："教育费附加，以各单位和个人实际缴纳的增值税、营业税、消费税的税额为计征依据，教育费附加率为 3%，分别与增值税、营业税、消费税同时缴纳。"本案中，被诉税务处理决定以林碧钦 2013 年度应纳营业税额作为税基乘以 3% 税率，确定应征收教育费附加税额，符合法律规定。《福建省地方教育附加征收管理暂行办法》第二条规定："在我省境内从事生产经营活动的地方企事业单位和个人，包括中央与地方合资企业、省内外合资企业和三资企业等，均应依照规定缴纳地方教育附加"；第三条规定："地方教育附加缴纳以增值税、营业税、消费税为计征依据。征收率为 1%。"同时，《福建省人民政府关于调整地方教育附加征收标准等有关问题的通知》（闽政文〔2011〕230 号）第二条规定："地方教育附加以上述单位和个人实际缴纳的增值税、消费税税额为计税依据，征收率从 1% 调整到 2%，与增值税、营业税、消费税同时申报缴纳。"本案中，被诉税务处理决定以林碧钦 2013 年度应纳营业税额作为税基乘以税率 2%，确定应征收地方教育费附加税额，符合法律规定。

本案中，莆田地税稽查局经依法认定林碧钦 2013 年度取得的涉案利息收入未申报个人所得税，决定林碧钦补缴纳相应个人所得税额，不违反法律规定。

综上，林碧钦的再审申请不符合《中华人民共和国行政诉讼法》第九十一条规定的情形。依照《最高人民法院关于适用〈中华人民共和国行政诉讼法〉的解释》第一百一十六条第二款之规定，裁定如下：

驳回再审申请人林碧钦的再审申请。

三、外籍个人所得税争议案

——Andrew Ronald Macdonald-Hardie 与广州市地税第一稽查局、阿某特（广州）水处理有限公司其他二审行政判决书

广东省广州市中级人民法院

案号：（2014）穗中法行终字第 1464 号　裁判日期：2015.11.14

上诉人（原审原告）：Andrew Ronald Macdonald-Hardie，英国公民。

委托代理人：明平兴，系广东博浩律师事务所律师。

被上诉人（原审被告）：广州市地方税务局第一稽查局（广州市地方税务局涉外稽查局），住所地广州市天河区。

法定代表人：侯国光，职务：局长。

委托代理人：张学干，系广州市地方税务局干部。

委托代理人：王春平，系广东广信君达律师事务所律师。

原审第三人：阿某特（广州）水处理有限公司，住所地在广州市越秀区。

法定代表人：Dilipkumar Bhalchandra Purohit。

委托代理人：嘉海霞，系广东广信君达律师事务所律师。

上诉人 Andrew Ronald Macdonald-Hardie 因诉被上诉人广州市地方税务局第一稽查局、原审第三人阿某特（广州）水处理有限公司税务处理决定一案，不服广州市天河区人民法院（2013）穗天法行初字第 300 号行政判决，向本院提起上诉。本院依法组成合议庭，对本案进行了审理，现已审理终结。

（一）原审法院查明事实

原审法院根据相关证据的审核认定情况以及庭审情况，查明如下案件事实：被上诉人市地税第一稽查局于 2009 年 9 月 29 日作出穗地税稽一处〔2009〕69 号税务处理决定，认定阿某特广州公司在 2005 年 1 月至 2007 年 12 月未按税法规定为上诉人 A.R.Macdonald-Hardie 足额代扣代缴个人所得税，根据《中华人民共和国个人所得税法》第一条、第二条、第三条、第八条及《中华人民共和国个人所得税法实施条例》

第八条规定，责成该公司补扣缴应扣未扣个人所得税 658556.01 元，同时告知该公司履行缴款义务的方式及依法享有的申请复议权利。上诉人知悉该税务处理决定后不服，于 2013 年 8 月 14 日向广州市地方税务局申请行政复议，广州市地方税务局于 2013 年 10 月 12 日作出穗地税复决字〔2013〕第 14 号行政复议决定，维持被上诉人作出的税务处理决定。上诉人仍不服，以被上诉人认定事实不清，违反中美税收协定及法律规定，且未向其送达税务处理决定、程序违法等为由，诉至原审法院，要求撤销被上诉人作出的穗地税稽一处〔2009〕69 号税务处理决定。

庭审中，各方当事人对如下事实并无争议，原审法院予以确认：1、上诉人在 2005 年至 2007 年期间任阿某特广州公司的法定代表人董事长。2、上诉人在 2005 年至 2007 年期间每年在中国境内居住的时间分别是 259.5 天、289 天、286 天。3、上诉人在 2005 年至 2007 年期间在阿某特广州公司工作期间，同时也任职于阿某特国际公司。4、阿某特国际公司在 2005 年至 2007 年期间每年支付给上诉人的薪金（含工资、小费、奖金和其他报酬）分别是 107124 美元、176566 美元、120081 美元，每年支付给上诉人商业保险是 7764 美元。

庭审中，上诉人表示其在 2005 至 2007 年期间同时在中国境内、境外两家独立的公司任职，工作时间、工作地点均互相独立，其在中国境内是履行阿某特广州公司的工作内容，在中国境外是履行阿某特国际公司的工作内容，阿某特国际公司向其支付的薪金是其离境后处理境外事务的收入所得，被上诉人不应当将阿某特国际公司支付给上诉人的薪金计入征税范围。被上诉人则表示征税是按上诉人实际在境内的天数占全年天数比例计征，符合税法规定，上诉人的主张与事实不符，上诉人要求区分工作内容征税缺乏事实和法律依据。第三人则表示对被上诉人作出的税务处理决定无异议。

另查明，被上诉人提交的阿某特广州公司个人所得税申报、入库情况表包含 3 页表格，所属时期分别为：2005 年 1 月至 12 月，2006 年 1 月至 12 月，2007 年 1 月至 12 月，表格中的企业意见栏均载明：以上资料由我公司提供，内容真实无误，由阿某特广州公司盖章确认，提交时间均在 2008 年 9 月；稽查员意见栏载明：以上资料经核对无误，备注的时间在 2009 年。

（二）原审法院判决结果

原审法院认为，本案的主要争议焦点是：上诉人是否应就阿某特国际公司在2005年至2007年期间支付的报酬依法缴交个人所得税。

《中华人民共和国政府和美利坚合众国政府关于对所得避免双重征税和防止偷漏税的协定》第一条规定：本协定适用于缔约国一方或者双方居民的人。第二条规定：一、本协定适用于下列税种：（一）在中华人民共和国：1. 个人所得税；2. 中外合资经营企业所得税；3. 外国企业所得税；4. 地方所得税；（以下简称“中国税收”）（二）在美利坚合众国：根据国内收入法征收的联邦所得税（以下简称“美国税收”）。二、本协定也适用于本协定签订之日后增加或者代替第一款所列税种的相同或者实质相似的税收缔约国双方主管当局将各自有关税法所作的实质变动适当时间内通知对方。第十四条规定：一、除适用第十五条、第十七条、第十八条、第十九条和第二十条的规定以外，缔约国一方居民因受雇取得的薪金、工资和其他类似报酬，除在缔约国另一方受雇的以外，应仅在该缔约国一方征税。在该缔约国另一方受雇取得的报酬，可以在该缔约国另一方征税。二、虽有第一款的规定，缔约国一方居民因在缔约国另一方受雇取得的报酬，同时具有以下三个条件的，应仅在该缔约国一方征税：（一）收款人在有关历年中在该缔约国另一方停留连续或累计不超过183天；（二）该项报酬由并非该缔约国另一方居民的雇主支付或代表雇主支付；（三）该项报酬不是由雇主设在该缔约国另一方的常设机构或固定基地所负担。

《中华人民共和国个人所得税法》第一条规定：在中国境内有住所，或者无住所而在境内居住满一年的个人，从中国境内和境外取得的所得，依照本法规定缴纳个人所得税。在中国境内无住所又不居住或者无住所而在境内居住不满一年的个人，从中国境内取得的所得，依照本法规定缴纳个人所得税。第二条规定：下列各项个人所得，应纳个人所得税：一、工资、薪金所得；二、个体工商户的生产、经营所得；三、对企事业单位的承包经营、承租经营所得；四、劳务报酬所得；五、稿酬所得；六、特许权使用费所得；七、利息、股息、红利所得；八、财产租赁所得；九、财产转让所得；十、偶然所得；十一、经国务院财政部门确定征税的其他所得。第三条规定：个人所得税的税率：一、工资、薪金所得，适用超额累进税率，税率为百分之五至百分之四十五（税率表附后）。二、个体工商户的生产、经营所得和对企事业单位的承包经营、承租经营所得，适用百分之五至百分之三十五的超额累进税率（税率表附后）。三、稿酬所得，适用比例税率，税率为百分之二十，并按应纳税额减征百分之三十。四、劳务报酬所得，适用比例税率，税率为百分之二十。对劳务报酬所得一次收入畸高的，可以实行加成征收，具体办法由国务院规定。五、特许权使用费所得，利息、股息、红利所得，财产租赁所得，财产转让所得，偶然所得和其他所得，适用比例税率，税率为百分之二十。第八条规定：个人所得税，以所得人为纳税义务人，以支付所得的单位或者个人为扣缴义务人。个人所得超过国务院规定数额的，在两处以上取得工资、薪金所得或者没有扣缴义务人的，以及具有国务院规定的其他情形的，纳税义务人应当按照国家规定办理纳税申报。扣缴义务人应当按照国家规定办理全员全额扣缴申报。第九条第五款规定：从中国境外取得所得的纳税义务人，应当在年度终了后三十日内，将应纳的税款缴入国库，并向税务机关报送纳税申报表。

《中华人民共和国个人所得税法实施条例》第二条规定：税法第一条第一款所说的在中国境内有住所的个人，是指因户籍、家庭、经济利益关系而在中国境内习惯性居住的个人。第三条规定：税法第一条第一款所说的在境内居住满一年，是指在一个纳税年度中在中国境内居住 365 日。临时离境的，不扣减日数。前款所说的临时离境，是指在一个纳税年度中一次不超过 30 日或者多次累计不超过 90 日的离境。第四条规定：税法第一条第一款、第二款所说的从中国境内取得的所得，是指来源于中国境内的所得；所说的从中国境外取得的所得，是指来源于中国境外的所得。

国税发〔1994〕148 号《国家税务总局关于在中国境内无住所的个人取得工资薪金所得纳税义务问题的通知》第三条第一款、第二款规定：三、关于在中国境内无住所而在一个纳税年度中在中国境内连续或累计居住超过 90 日或在税收协定规定的期间中在中国境内连续或累计居住超过 183 日但不满一年的个人纳税义务的确定。根据税法第一条第二款以及税收协定的有关规定，在中国境内无住所而在一个纳税年度中在中国境内连续或累计工作超过 90 日或在税收协定规定的期间中在中国境内连续或累计居住超过 183 日但不满一年的个人，其实际在中国境内工作期间取得的由中国境内企业或个人雇主支付和由境外企业或个人雇主（支付）的工资薪金所得，均应申报缴纳个人所得税；其在中国境外工作期间取得的工资薪金所得，除属于本通知第五条规定的情况外，不予征收个人所得税。第五条规定：中国境内企业董事、高层管理人员纳税义务的确定。担任中国境内企业董事或高层管理职务的个人，其取得的由该中国境内企业支付的董事费或工资薪金，不适用本通知第二条、第三条的规定，而应自其担任该中国境内企业董事或高层管理职务起，至其解除上述职务止的期间，不论其是否在中国境外履行职务，均应申报缴纳个人所得税；其取得的由中国境外企业支付的工资薪金，应依照本通知第二条、第三条、第四条的规定确定纳税义务。

国税发〔1999〕241 号国家税务总局《关于外商投资企业和外国企业对境外企业支付其雇员的工资薪金代扣代缴个人所得税问题的通知》规定：一些地区询问，部分外商投资企业和我国境内的外国企业机构场所的雇员取得的工资、薪金，既有该外商投资企业和外国企业支付的，也有境外企业支付的。对这些雇员取得的由境外企业支付的工资、薪金，境内外商投资企业和外国企业机构场所是否应负责代扣代缴个人所得税。经研究，明确如下：一、个人在中国境内外商投资企业中任职、受雇应取得的工资、薪金，应由该外商投资企业支付。凡由于该外商投资企业与境外企业存在关联关系，上述本应由外商投资企业支付的工资、薪金中部分或全部由境外关联企业支付的，对该部分由境外关联企业支付的工资、薪金，境内外商投资企业仍应依照《中华人民共和国个人所得税法》的规定，据实汇集申报有关资料，负责代扣代缴个人所得税。

本案上诉人在 2005 年至 2007 年期间是阿某特广州公司的法定代表人，职务为董事长，是中国境内企业的高层管理人员，上诉人同时任职于阿某特国际公司，阿某特国际公司、阿某特广州公司分别支付上诉人工资、薪金等报酬；上诉人在 2005 年至 2007 年每年在中国境内居住的时间分别是 259.5 天、289 天、286 天，均超过 183 天，故上诉人因在阿某特国际公司受雇取得的报酬，不属于《中华人民共和国政府和美利坚合众国政府关于对所得避免双重征税和防止偷漏税的协定》第十四条第二款规定的应就其在阿某特国际公司受雇取得的报酬仅在美国征税的情形，因此，上诉人应当依照我国法律、法规及相关规定依法缴纳个人所得税。上诉人认为被上诉人就其在阿某特国际公司受雇取得的报酬要求阿某特广州公司代扣代缴的决定违反上述协定的主张，无事实依据，原审法院不予支持。

上诉人 2005 年期间离开中国国境虽累计超过 90 日，但该年度其在中国境内居住累计超过 183 日，且上诉人是中国境内企业的高层管理人员，阿某特国际公司是阿某特广州公司的关联公司，故上诉人就其在该年度在阿某特国际公司受雇取得的报酬 114888 美元（107124 美元＋ 7764 美元），仍应依照《中华人民共和国个人所得税法》第八条、第九条第五款 、第十条以及国税发〔1994〕148 号国家税务总局《关于在中国境内无住所的个人取得工资薪金所得纳税义务问题的通知》第三条第二款、第三款和第五条的规定申报缴纳个人所得税。

上诉人在 2006 年、2007 年每年临时离开中国国境累计均未超过 90 日，符合《中华人民共和国个人所得税法》第一条第一款和《中华人民共和国个人所得税法实施条例》第三条第一款、第二款规定的在中国境内无住所而在境内居住满一年的情形，应当依照《中华人民共和国个人所得税法》的规定，就其从中国境内和境外取得的所得缴纳个人所得税。上诉人确认其在 2006 年、2007 年从中国境外取得的所得（含工资薪金及商业保险）分别是 184330 美元（115851 美元＋ 60715 美元＋ 7764 美元）、127845 美元（120081 美元＋ 7764 美元），故上诉人应依法就上述所得申报缴纳个人所得税。

被上诉人经核查发现上诉人并未就其在 2005 年至 2007 年在阿某特国际公司受雇取得的报酬合共 327063 美元依法缴纳个人所得税，而依据上述规定以及国税发〔1999〕241 号国家税务总局《关于外商投资企业和外国企业对境外企业支付其雇员的工资薪金代扣代缴个人所得税问题的通知》的有关规定，责成阿某特广州公司代扣代缴上诉人在阿某特国际公司受雇取得的报酬的个人所得税，依法有据。上诉人认为被上诉人征税时应扣除其在美国已缴纳的税款的主张，缺乏法律依据，原审法院不予支持。

上诉人认为案涉税务处理决定未向其送达，侵害其陈述、申辩等权利的主张，依法无据；且从本案证据可知，阿某特广州公司配合被上诉人进行税务稽查的时间在2008年9月至2009年4月，上诉人自2003年3月15日至2009年10月26日在阿某特广州公司担任董事长和法定代表人一职，是阿某特广州公司的最高管理者，就阿某特广州公司配合被上诉人对其法定代表人进行税务稽查的行为，难以认定作为阿某特广州公司法定代表人的上诉人不知情，被上诉人经核查后要求阿某特广州公司代扣代缴上诉人拖欠的税款，并向阿某特广州公司送达案涉税务处理决定文书，并无不当。故上诉人的上述主张，原审法院不予支持。

综上，依照最高人民法院《关于执行〈中华人民共和国行政诉讼法〉若干问题的解释》第五十六条第（四）项的规定，判决驳回上诉人 Andrew Ronald Macdonald-Hardie 要求撤销被上诉人广州市地方税务局第一稽查局于2009年9月29日作出的穗地税稽一处〔2009〕69号税务处理决定的诉讼请求。

（三）上诉事项

上诉人 Andrew Ronald Macdonald-Hardie 不服原审判决，向本院提起上诉称：

1. 阿某特国际公司支付给上诉人的工资薪金为上诉人的境外所得，被上诉人无权就上诉人的境外所得向上诉人征收个人所得税。原审法院根据《中华人民共和国政府和美利坚合众国政府关于对所得避免双重征税和防止偷漏税的协定》第一条、第二条、第十四条，《中华人民共和国个人所得税法》第一条、第二条、第八条，《中华人民共和国个人所得税法实施条例》第二条、第四条 ，国税发〔1994〕148号国家税务总局《关于在中国境内无住所的个人取得工资薪金所得纳税义务问题的通知》第三条第一款和第二款、第五条，国税发〔1999〕241号国家税务总局《关于外商投资企业和外国企业对境外企业支付其雇员的工资薪金代扣代缴个人所得税问题的通知》等相关法律法规，主观认定阿某特国际公司和阿某特广州公司分别支付上诉人工资、薪金等报酬，上诉人应当依照我国法律、法规及相关规定依法缴纳个人所得税，属于事实和法律认定错误。根据《中华人民共和国个人所得税法实施条例》第五条规定，本案中，阿某特国际公司支付给上诉人的工资薪金为上诉人的境外所得。上诉人作为阿某特国际公司的员工，任该公司国际业务发展副总裁，职责是努力促进国际业务发展以及北美以外地区的联合战略，并帮助阿某特国际公司制订整体联合战略计划。上诉人与阿某特国际公司签订的《雇佣协议书》的薪酬条款约定：公司（即阿某特国际公司）每年将 120000 美元作为基本工资，其中 110000 美元将会根据公司的一般工资支付正常进行支付。自 2002 年 1 月 1 日起开始，以年度为基础，对于在北美（美国、加拿大和墨西哥）之外的销售额所取得的边际收益，交付给予高额奖励。从该条款可知，上诉人负责包括北美以外的地区的业务（主要为项目管理），而阿某特国际公司较为成熟的项目均在中国境外，上诉人要管理这些项目，是必须要在中国境外为阿某特国际公司提供劳务服务，所以才获得阿某特国际公司的工资薪金，这种情况根本不符合实施条例中所述的因任职、受雇、履约而在中国境内提供劳务取得的所得的规定。根据国务院关于修改《中华人民共和国个人所得税法实施条例》的决定第六条规定、国家税务总局关于印发《征收个人所得税若干问题的规定》的通知（国税发〔1994〕089 号文件）第十六条规定，上诉人已经向被告提交了任职境外公司的用工合同、工资、薪金标准及在美国交税的相关凭证，应判决上诉人国外的收入应为来源于中国境外的所得。根据《中华人民共和国个人所得税法实施条例》的决定第六条规定，被告不应就其境外的收入征收个人所得税。

2. 阿某特广州公司并未向上诉人支付境外工资、薪金等报酬，原审法院对这一事实存在主观推断。被上诉人对阿某特广州公司向上诉人支付了工资、薪金等报酬这一事实负有举证责任。被上诉人在一审中并未提供任何证据证明阿某特广州公司向上诉人支付了境外工资、薪金等报酬。上诉人虽然是阿某特广州公司的法定代表人兼董事长，但根据（2012）穗中法民一终字 1834 号、1835 号民事判决确认，上诉人与阿某特广州公司并未建立任何雇佣关系或劳动关系，且阿某特广州公司并未向上诉人支付过工资、薪金等报酬。本案争议的税款是被上诉人依据上诉人在中国境外工作期间所得而计算得出。上诉人在中国境外所得是阿某特国际公司依据其与上诉人所签署的雇佣合同为上诉人在中国境外服务而支付的，与被上诉人无关，也与阿某特广州公司无关。一审法院在没有任何证据证明阿某特广州公司向上诉人支付过工资、薪金等报酬的情况下，主观武断地认为阿某特广州公司向上诉人支付了工资、薪金等报酬，属于主观推断，没有任何的证据支持这一推断。

3. 上诉人对其中国境外所得已经向美国税务机关申报纳税，并缴纳了全部税款。被上诉人的征税行为已经构成双重征税，违反了中美税收协定。阿某特国际公司已经就上诉人的中国境外收入全额向美国税局申报了税款，而阿某特广州公司则就上诉人在中国境内的收入全额向中国税局申报了税款。根据《中华人民共和国政府和美利坚合众国政府关于对所得避免双重征税和防止偷漏税的协定》第五条、第十四条第一款规定、第二条，上诉人在美国工作的阿某特国际公司不能定义为阿某特广州公司的常设机构。上诉人并不满足税收协定第十四条、第二条第二款中第（二）点、第（三）点的规定，无需就其境外的收入缴纳个人所得税。上诉人移民在美国，工作在美国，受聘于美国公司，服务于美国公司，阿某特国际公司向其支付的工资、薪金必须向美国缴纳税款。被上诉人对上诉人已向美国缴纳税款的中国境外所得工资薪金进行征税，已经对上诉人构成双重征税，违反了中美税收协定。

4. 上诉人认为案涉税务决定未向其送达，侵害其陈述、申辩等权利的主张，请求撤销一审法院的判决。阿某特广州公司称 2009 年 12 月 8 日收到被告发出的穗地税稽一处〔2009〕69 号税收处理决定书。而上诉人已经在 2009 年 10 月 26 日离职并返回美国（请见证据护照出入境记录）。而在阿某特广州公司收到上诉人的税收处决书后，被告或阿某特广州公司并没有将税收决定书有效转达给上诉人。而判决书中所述上诉人已知此阿某特广州公司签收税收处决书，并没有提供任何有效证据，并故意混淆时间：阿某特广州公司配合被告进行税务稽查的时间是 2008 年 9 月至 2009 年 4 月，上诉人知道税务稽查的调查行为，但在他离开阿某特广州公司前，并没有任何实质性的行动。在上诉人于 2013 年 6 月 26 日收到（2012）穗越法民四初第 10 号民事判决书，才认定穗地税稽一处〔2009〕69 号税务处决书合法有效。

5. 上诉人符合个人所得税优惠政策，申请享受以下两项个人所得税的优惠。根据国务院关于修改《中华人民共和国个人所得税法实施条例》的决定（中华人民共和国国务院令第600号）、关于修改《中华人民共和国个人所得税法》的决定（中华人民共和国主席令第四十八号），在中国境内无住所，但是居住一年以上五年以下的个人，其来源于中国境外的所得，经主管税务机关批准，可以只就由中国境内公司、企业以及其他经济组织或者个人支付的部分缴纳个人所得税；居住超过五年的个人，从第六年起，应当就其来源于中国境外的全部所得缴纳个人所得税。根据国家税务总局《关于印发〈非居民享受税收协定待遇管理办法（试行）〉的通知》（国税发〔2009〕124号）、国家税务总局《关于执行税收协定特许权使用费条款有关问题的通知》（国税函〔2009〕507号）、国家税务总局《关于税收协定有关条款执行问题的通知》（国税函〔2010〕46号）、《关于修改〈中华人民共和国个人所得税法〉的决定》（中华人民共和国主席令第四十八号），非居民享受协定待遇个人所得税优惠，上诉人在中国居住一年以上五年以下，可享受无住所居住一年以上五年以下纳税人境外所得个人所得税优惠，境外收入无需在中国交税。上诉人已经向被告递交了美国交税的资料、用工合同等，可享受非居民享受税收协定待遇个人所得税优惠。因此，上诉人上诉请求：撤销广州市地方税务局第一稽查局于2009年9月29日作出的穗地税稽一处〔2009〕69号税务处理决定。

被上诉人广州市地方税务局第一稽查局答辩称：

1. 上诉人在中国境内工作期间取得的由中国境外企业阿某特国际公司支付的工资薪金，依法属于来源于中国境内的所得，应当按照中国有关税收法律规定征缴个人所得税。在本案中，原审法院根据《中华人民共和国政府和美利坚合众国政府关于对所得避免双重征税和防止偷漏税的协定》（下称中美税收协定）第一条、第二条、第十四条，《中华人民共和国个人所得税法》第一条、第二条、第八条、第九条，《中华人民共和国个人所得税法实施条例》第二条、第三条、第四条，国税发〔1994〕148号《国家税务总局关于在中国境内无住所的个人取得工资薪金所得纳税义务问题的通知》第三条第一款和第二款、第五条，国税发〔1999〕241号国家税务总局《关于外商投资企业和外国企业对境外企业支付其雇员的工资薪金代扣代缴个人所得税问题的通知》等有关法律规定，认定上诉人在2005年至2007年担任阿某特广州公司法定代表人期间同时任职于阿某特国际公司，阿某特国际公司、阿某特广州公司分别支付上诉人工资、薪金等报酬，上诉人应当依照我国法律、法规及相关规定依法缴纳个人所得税，认定事实和适用法律正确。根据《中华人民共和国个人所得税法实施条例》第五条第（一）款及前述有关法律规定，上诉人在中国境内工作期间取得的由中国境外企业阿某特国际公司支付的工资薪金，依法属于来源于中国境内的所得。上诉人主张阿某特国际公司支付的工资薪金为上诉人的境外所得，是对法律规定的误解。如前，由于上诉人在中国境内工作期间取得的由阿某特国际公司支付的工资薪金，依法属于来源于中国境内的所得，并非来源于中国境外的所得，故不适用《中华人民共和国个人所得税法实施条例》第六条规定，故该条法律规定不能作为支持上诉人主张的依据。此外，由于上诉人援引的国家税务总局《关于印发〈征收个人所得税若干问题的规定〉的通知》（国税发〔1994〕089号文）第十六条规定已经被《国家税务总局关于在中国境内无住所的个人取得工资薪金所得纳税义务问题的通知》（国税发〔1994〕148号）第一条等有关法律规定修改并不再适用，故这一法律规定也不能作为支持上诉人主张的依据。

2. 上诉人主张阿某特广州公司并未向其支付工资薪金所得，不能成立。阿某特广州公司提供的劳动合同和账册凭证等证据材料显示，上诉人2005年至2007年同时在中国境内、境外企业兼任职务，并在中国境内、境外企业取得工资薪金所得。（2012）穗中法民一终字第1834号、1835号《民事判决书》虽确认上诉人与阿某特广州公司之间不存在劳动关系，但并未确认上诉人与阿某特广州公司之间不存在雇佣关系，也未确认阿某特广州公司并未向上诉人支付过工资、薪金等报酬，上诉人在《行政上诉状》中的主张显然系在混淆视听。原审判决并未认定阿某特广州公司向上诉人支付了境外工资、薪金等报酬，认定阿某特广州公司（与阿某特国际公司分别）向上诉人支付了工资、薪金等报酬无误。

3. 被上诉人作出税务处理决定符合中美税收协定。上诉人主张对其中国境外所得已经向美国税务机关申报纳税，并缴纳了全部税款，被上诉人的征税行为已经构成重复征税，违反了中美税收协定，这是对中美税收协定的误解。上诉人 2005 年至 2007 年担任阿某特广州公司总裁一职，在中国境内受雇，并且在中国境内停留连续或累计超过 183 天。根据中美税收协定第十四条第一款、第二款规定，被上诉人对上诉人在中国境内受雇取得来源于中国境内的所得征税符合中美税收协定。对于在中国缴纳的个人所得税，上诉人可根据中美税收协定有关规定向美国政府申请税收抵免，消除双重征税；确因超期无法抵免的，被上诉人可依法循其他法律途径解决。

4. 上诉人主张案涉税务处理决定未向其送达，侵害了其陈述、申辩等权利，于法无据，不能成立。根据《税收征管法》等有关法律规定，对于纳税人、扣缴义务人的税务违法行为，税务机关可以同时或分别对其作出税务处理和处罚。在本案中，被上诉人依法对阿某特广州公司进行立案检查，发现其未按规定代扣代缴上诉人的个人所得税，依法作出责成其补扣缴应扣未扣个人所得税的处理决定，处理程序符合有关税收法律规定。此外，在阿某特广州公司配合被上诉人进行税务稽查期间，上诉人担任阿某特广州公司的法定代表人，对于整个稽查过程中发生的情况，上诉人不可能不知情，且根据（2012）穗越法民四初字第 10 号《民事判决书》第 12 页查明的事实，在作出税务处理决定之前，被上诉人于 2009 年 5 月 26 日向阿某特广州公司发出了《税务检查情况核对意见书》，其中载明：阿某特（广州）水处理有限公司外籍人员 Andrew Ronald Macdonald-Hardie 应缴纳个人所得税 735881.01 元，已缴纳个人所得税 77325.00 元，应补缴个人所得税 658556.01 元；对此，上诉人亲自签署并由阿某特广州公司向被上诉人提交了一份书面的《阿某特公司关于〈税务检查情况核对意见书〉回复》。因而，上诉人主张案涉税务处理决定未向其送达，侵害了其陈述、申辩等权利，于法无据，不能成立。

5. 上诉人主张其符合个人所得税优惠政策，申请享受个人所得税的优惠，与处理本案无关，不能成立。基于以上陈述，被上诉人作出税务处理决定合法，原审判决认定事实清楚，适用法律正确，处理公正，依法应予以维持。

原审第三人阿某特（广州）水处理有限公司答辩称：一审法院查明事实清楚，适用法律正确，请求法院予以维持。

（四）再审法院判决结果

经审理查明，原审判决认定的事实有相应的证据予以证实，本院予以确认。

本院认为，本案的上诉争议焦点之一是上诉人在2005年至2007年期间取得的由中国境外企业阿某特国际公司支付的工资薪金是否应当按照中国有关税收法律规定征缴个人所得税的问题。

本案中，上诉人在2005年至2007年期间是阿某特广州公司的法定代表人，职务为董事长，上诉人同时任职于阿某特国际公司，阿某特国际公司、阿某特广州公司分别支付上诉人工资、薪金等报酬；上诉人在2005年至2007年每年在中国境内居住的时间分别是259.5天、289天、286天，均超过183天；上诉人2005年期间在阿某特国际公司受雇取得的报酬114888美元（107124美元＋7764美元），在2006年、2007年从中国境外取得的所得（含工资薪金及商业保险）分别是184330美元（115851美元＋60715美元＋7764美元）、127845美元（120081美元＋7764美元）。被上诉人经核查发现上诉人并未就其在2005年至2007年在阿某特国际公司受雇取得的报酬合共327063美元依法缴纳个人所得税，作出涉案税务处理决定责成扣缴义务人阿某特广州公司代扣代缴上诉人在阿某特国际公司受雇取得的报酬的个人所得税人民币658556.01元，符合上述规定，原审法院予以支持并无不当，本院予以维持。

本案的上诉争议焦点之二是涉案税务处理决定是否构成双重征税。上诉人2005年至2007年期间担任阿某特广州公司董事长一职，在中国境内受雇，并且在中国境内停留连续或累计超过183天，被上诉人对上诉人在中国境内受雇的所得征税并未构成双重征税，亦不违背《中华人民共和国政府和美利坚合众国政府关于对所得避免双重征税和防止偷漏税的协定》的约定。至于上诉人自称已在美国缴纳税款，并不构成在中国免征税的法定理由。

本案的上诉争议焦点之三是上诉人认为涉案税务处理决定未向其送达是否构成程序违法的问题。首先，被上诉人发现扣缴义务人阿某特广州公司未按规定代扣代缴上诉人的个人所得税，对其作出涉案税务处理决定并送达给阿某特广州公司。其次，在原阿某特广州公司配合被上诉人进行税务稽查期间，上诉人担任阿某特广州公司的法定代表人，阿某特广州公司向被上诉人提交的《阿某特公司关于〈税务检查情况核对意见书〉回复》由上诉人签署，可以推定上诉人对其个人所得税需要补缴是知情的，故上诉人主张案涉税务处理决定未向其送达，侵害了其陈述、申辩等权利，没有事实和法律依据，本院不予采纳。

综上所述，一审法院认定事实清楚，适用法律正确，本院予以维持。上诉人上诉理由均理据不足，本院不予支持。依照《中华人民共和国行政诉讼法》第八十九条第一款第（一）项的规定，判决如下：

驳回上诉，维持原判。

二审案件受理费人民币 50 元，由上诉人 Andrew Ronald Macdonald-Hardie 负担。本判决为终审判决。

来源：中国裁判文书网

NO.

09

第九篇　社保篇

第二十七章　社会保险费概述

第二十八章　社会保险费政策实务

第二十九章　社会保险费的风险识别

第二十七章
社会保险费概述

第一节 社会保险费简介

一、社会保险的基本概念

社会保险是一种缴费性的社会保障，是指国家通过立法强制建立社会保险基金，对参加劳动关系的劳动者在丧失劳动能力或失业时给予必要的物质帮助的制度。资金主要由用人单位和劳动者本人缴纳，政府财政给予补贴并承担最终的责任。

根据《中华人民共和国劳动法》第七十条规定，国家发展社会保险事业，建立社会保险制度，设立社会保险基金，使劳动者在年老、患病、工伤、失业、生育等情况下获得帮助和补偿。第七十二条规定，社会保险基金按照保险类型确定资金来源，逐步实行社会统筹。用人单位和劳动者必须依法参加社会保险，缴纳社会保险费。

社会保险的主要项目包括养老保险、医疗保险、失业保险、工伤保险、生育保险。

（一）基本养老保险制度

基本养老保险制度，是指缴费达到法定期限并且个人达到法定退休年龄后，国家和社会提供物质帮助以保证因年老而退出劳动领域者拥有稳定、可靠的生活来源的社会保险制度。基本养老保险制度由三个部分组成：职工基本养老保险制度、新型农村社会养老保险制度、城镇居民社会养老保险制度。

（二）基本医疗保险制度

基本医疗保险制度，是指按照国家规定缴纳一定比例的医疗保险费，在参保人因患病和意外伤害而就医诊疗时，由医疗保险基金支付其一定医疗费用的社会保险制度。基本医疗保险制度由三个部分组成：职工基本医疗保险制度、新型农村合作医疗制度、城镇居民基本医疗保险制度。基本医疗保险已从制度上实现了“覆盖城乡居民”，使全体公民实现“病有所医”。

（三）工伤保险制度

工伤保险制度，是指由用人单位缴纳工伤保险费，对劳动者因工作原因遭受意外伤害或者职业病，从而造成死亡、暂时或者永久丧失劳动能力时，给予职工及其相关人员工伤保险待遇的一项社会保险制度。

（四）失业保险制度

失业保险制度，是指国家为因失业而暂时失去工资收入的社会成员提供物质帮助，以保障失业人员的基本生活，维持劳动力的再生产，为失业人员重新就业创造条件的一项社会保险制度。

（五）生育保险制度

生育保险制度，是指由用人单位缴纳保险费，其职工按照国家规定享受生育保险待遇的一项社会保险制度。生育保险制度对减少就业性别歧视、改善妇女就业环境、切实保障妇女生育期间的基本权益，发挥了重要作用；同时，对计划生育、优生优育等工作也产生了积极影响。

《国务院办公厅关于全面推进生育保险和职工基本医疗保险合并实施的意见》（国办发〔2019〕10号）规定：推进生育保险和职工基本医疗保险合并实施，实现参保同步登记、基金合并运行、征缴管理一致、监督管理统一、经办服务一体化。生育保险基金并入职工基本医疗保险基金，统一征缴，统筹层次一致。按照用人单位参加生育保险和职工基本医疗保险的缴费比例之和确定新的用人单位职工基本医疗保险费率，个人不缴纳生育保险费。同时，根据职工基本医疗保险基金支出情况和生育待遇的需求，按照收支平衡的原则，建立费率确定和调整机制。

按照文件规定，各省将在2020年以后逐步合并生育保险，传统的称呼“五险一金”将改称“四险一金”。

二、社会保险的特征、功能和用途

（一）特征

1. 社会保险的客观基础是劳动领域中存在的风险，保险的标的是劳动者的人身；

2. 社会保险的主体是特定的。包括劳动者（含其亲属）与用人单位；

3. 社会保险属于强制性保险；

4. 社会保险的目的是维持劳动力的再生产；

5. 保险基金来源于用人单位和劳动者的缴费及财政的支持。保险对象范围限于职工，不包括其他社会成员。保险内容范围限于劳动风险中的各种风险，不包括此外的财产、经济等风险。

（二）功能

1. 稳定社会生活的功能；

2. 再分配的功能；

3. 促进社会经济发展的功能，第一是社会保险制度作为需求管理的一个重要工具来发挥作用，从而对经济起到正面的作用；第二是社会保险基金的有效利用可以促进经济的持续繁荣；第三是社保成为企业招揽人才的基本条件。

（三）用途

1. 养老保险：退休后领取养老金、丧葬费、抚恤金；

2. 医疗保险：医疗报销、退休后享受医保待遇；

3. 失业保险：失业后领取失业保险金、医疗费补贴；

4. 工伤保险：支付治疗费用、生活护理费、伤残补助、伤残津贴；

5. 生育保险：产假（约 90 天）、生育津贴、生育补助金。

现实中，越是发达的地区，员工对于社保的重视程度越高。尤其是一线、二线城市，因为社保和买房、买车、子女就学、落户和商业贷款等资格挂钩，社保已经成为选择工作的重要标准。

三、社会保险费征缴范围

1. 基本养老保险费的征缴范围：职工应当参加基本养老保险，由用人单位和职工共同缴纳基本养老保险费。无雇工的个体工商户、未在用人单位参加基本养老保险的非全日制从业人员以及其他灵活就业人员可以参加基本养老保险，由个人缴纳基本养老保险费。公务员和参照公务员法管理的工作人员养老保险的办法由国务院规定。

2. 基本医疗保险费的征缴范围：职工应当参加职工基本医疗保险，由用人单位和职工按照国家规定共同缴纳基本医疗保险费。无雇工的个体工商户、未在用人单位参加职工基本医疗保险的非全日制从业人员以及其他灵活就业人员可以参加职工基本医疗保险，由个人按照国家规定缴纳基本医疗保险费。

3. 工伤保险费的征缴范围：职工应当参加工伤保险，由用人单位缴纳工伤保险费，职工不缴纳工伤保险费。

4. 失业保险费的征缴范围：职工应当参加失业保险，由用人单位和职工按照国家规定共同缴纳失业保险费。

5. 生育保险费的征缴范围：职工应当参加生育保险，由用人单位按照国家规定缴纳生育保险费，职工不缴纳生育保险费。

用人单位应当自成立之日起 30 日内凭营业执照、登记证书或者单位印章，向当地社会保险经办机构申请办理社会保险登记。社会保险经办机构应当自收到申请之日起 15 日内予以审核，发给社会保险登记证件。用人单位的社会保险登记事项发生变更或者用人单位依法终止的，应当自变更或者终止之日起 30 日内，到社会保险经办机构办理变更或者注销社会保险登记。市场监督管理部门、民政部门和机构编制管理机关应当及时向社会保险经办机构通报用人单位的成立、终止情况，公安机关应当及时向社会保险经办机构通报个人的出生、死亡以及户口登记、迁移、注销等情况。

四、社会保险费费基

合规的社会保险缴纳应当按照规定全员缴纳；同时，缴纳社保的基数，按照现有规定，是上一年度的工资性收入除以 12 个月作为今年的基数。我国社保基数有上下限的规定，各地不一。但整体而言，企业和个人的平均缴费比例分别为工资总额30%和10%左右。

（一）企业社保缴纳基数

根据《中华人民共和国劳动和社会保障部关于规范社会保险缴费基数有关问题的通知》（劳社险中心函〔2006〕60号）规定：参保单位缴纳基本养老保险费的基数可以为职工工资总额，也可以为本单位职工个人缴费工资总额基数之和，但在全省区市范围内应统一为一种核定办法。单位职工本人缴纳基本养老保险费的基数原则上以上一年度本人月平均工资为基础，在当地职工平均工资的60%～300%的范围内进行核定。特殊情况下个人缴费基数的确定，按《原劳动部办公厅关于印发〈职工基本养老保险个人账户管理暂行办法〉的通知》（劳办发〔1997〕116号）的有关规定核定。以个人身份参保缴费基数的核定，根据各地贯彻《国务院关于完善职工基本养老保险制度的决定》（国发〔2005〕38号）的有关规定核定，具体每个省份各异。

机关事业单位以其实发工资作为缴纳基本养老保险费的基数。

（二）个人社保缴纳基数

一般以上一年度本人工资收入为缴费基数。

1. 职工工资收入高于当地上年度职工平均工资300%的，以当地上年度职工平均工资的300%为缴费基数；

2. 职工工资收入低于当地上一年职工平均工资60%的，以当地上一年职工平均工资的60%为缴费基数；

3. 职工工资在60%～300%之间的，据实申报。职工工资收入无法确定时，其缴费基数按当地劳动行政部门公布的当地上一年职工平均工资为缴费工资确定。

每年社保都会在固定的时间（3月或者7月，各地不同）核定基数，根据职工上年度的月平均工资申报新的基数，需要准备工资表等证明。

五、社会保险与商业保险的主要区别

（一）实施目的不同

社会保险是为社会成员提供必要时的基本保障，不以盈利为目的；商业保险则是保险公司的商业化运作，以盈利为目的。

（二）实施方式不同

社会保险根据国家立法强制实施，商业保险遵循“契约自由”原则，由企业和个人自愿投保。

（三）实施主体和对象不同

社会保险由国家成立的专门性机构进行基金的筹集、管理及发放，其对象是法定范围内的社会成员；商业保险是保险公司经营管理的，被保险人可以是符合承保条件的任何人。

（四）保障水平不同

社会保险为被保险人提供的保障是最基本的，其水平高于社会贫困线，低于社会平均工资的 50%，保障程度较低；商业保险提供的保障水平完全取决于保险双方当事人的约定和投保人所缴保费的多少，只要符合投保条件并有一定的缴费能力，被保险人可以获得高水平的保障。

第二节 我国社会保险的发展

中华人民共和国成立70多年来，我国的综合国力实现历史性跨越，特别是改革开放以来，我国坚持以经济建设为中心，一跃成为世界第二大经济体，让7亿多农村贫困人口成功脱贫。经济发展的“速度”夯实了社保基金的“厚度”。

利用公共财政实现社会保障兜底，体现了社会主义制度的优越性，也使得中国的社会保障体系能强有力地覆盖最广大的人群，特别是弱势群体。正是通过发挥我们的独特优势，不断进行制度创新，中国成为了当今世界社会保障发展速度最快、覆盖人口规模最大、保障水平提升幅度最多的国家。

一、劳动保险制度初步建立

新中国成立之初，积贫积弱，百废待兴。中国共产党领导的人民政府，坚持为中国人民谋幸福的理念，提出了保障劳动群众基本权利、增进社会福利的主张，并逐步在城镇建立了企业劳动保险制度、机关事业单位人员退休养老和公费医疗制度等，在农村建立了初级社会保障体系。

1949年9月，具有临时宪法性质的《中国人民政治协商会议共同纲领》通过，其中明确规定“逐步实行劳动保险制度”。1951年2月26日，新中国成立后第一部社会保险法规《中华人民共和国劳动保险条例》颁布。

在中国广大的农村地区，尽管受当时条件所限，保障能力和水平比较低，但依然建立了初级社会保障体系。国家对无法定扶养义务人、无劳动能力、无生活来源的老年人、残疾人、未成年人，给予保吃、保穿、保住、保医、保葬的“五保”扶助制度。在“村提留”“乡统筹”的基础上，通过村民互助自养实现低层次的社会救济和社会福利。赤脚医生、合作医疗制度、农村三级转诊体系，成为解决农村医疗保障问题的重要手段。

这一时期的社会保障制度与我国计划经济体制相适应，以城镇职工单位保障为主要特征。

二、社会保险法治化

1978 年 12 月，党的十一届三中全会召开，开启中国改革开放和社会主义现代化建设新时期。多种经济的蓬勃发展，新的劳动制度的试行，亟需建立与之相应的社会保障制度。

1984 年，沿海发达地区开始推进合同工基本养老保险和固定工退休费用社会统筹，卫生部和财政部联合提出对传统公费医疗制度进行改革。此后，我国相继建立养老、医疗、失业、工伤、生育保险制度，现代社会保障的框架体系基本形成。

2010 年 10 月 28 日，第十一届全国人大常委会第十七次会议通过《中华人民共和国社会保险法》，自 2011 年 7 月 1 日起施行。从企业单位保障到社会保障，从企业单一责任到国家、单位、个人三方责任共担，从城镇到农村，从城镇职工到城乡居民，我国社会保障发生了历史性转变，逐步形成了与社会主义市场经济体制相适应的现代社会保障制度体系。

2011 年 7 月 1 日，《中华人民共和国社会保险法》正式实施，我国社会保险事业走上法治化轨道。

三、非税收入征管职责划转

2018 年 7 月 20 日，中共中央办公厅、国务院办公厅印发了《国税地税征管体制改革方案》。方案明确从 2019 年 1 月 1 日起，将基本养老保险费、基本医疗保险费、失业保险费、工伤保险费、生育保险费等各项社会保险费交由税务部门统一征收（本文统称为“社保税征”）。方案要求：将按照便民、高效的原则，合理确定非税收入征管职责划转到税务部门的范围，对依法保留、适宜划转的非税收入项目成熟一批划转一批，逐步推进。由此可以推断，以后住房公积金也将会由税务部门统一征收。税务部门依托强大的金税三期系统，依据缴费文件的规定，自动生成参保单位及个人的缴费基数，与企业工资支出、个人所得税申报相互贯通，形成有机整体，未来查处社保缴纳违法等问题将变得非常简便。

四、我国社会保险发展概况

国家发展改革委公开数据显示，1952年，我国国内生产总值（GDP）仅为679亿元，1978年GDP增加到3679亿元，2019年GDP总量达到了99.1万亿元，接近100万亿元人民币，人均GDP首次突破一万美元大关。

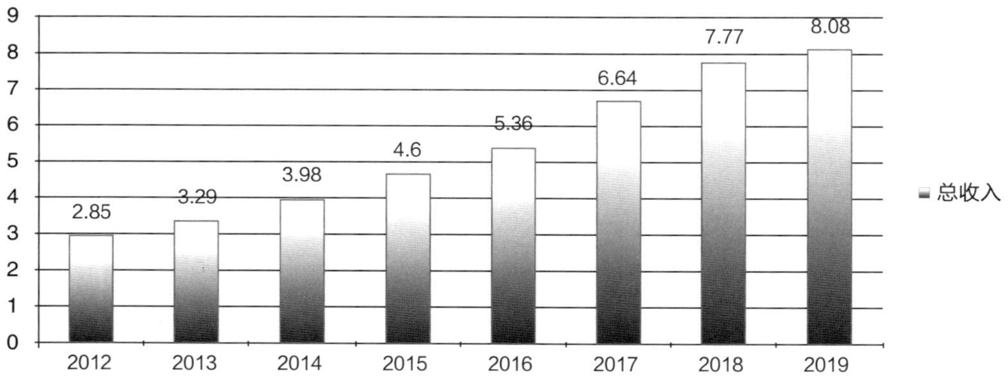

数据来源：根据人力资源社会保障部、国家医疗保障局公开数据整理

2005年至2019年，国家已连续15年调整企业退休人员基本养老金，自2016年以来连续4年同步安排适当提高机关事业单位退休人员养老金水平。今年预计有1.18亿退休人员受益，这个数字接近日本人口的总数。

1999年12月，全国第一张社保卡在上海发放。至2019年，全国社保卡持卡人数达13亿人，覆盖92%以上人口，提前完成“十三五”规划任务，电子社保卡申领累计超过4000万张。

根据人社部发布的通知安排，2019年底，所有地市实现全国统一标准的电子社保卡签发应用，不低于10%的持卡人（至少1亿人）领取电子社保卡。2020年，不低于25%的持卡人将领取电子社保卡，完成地方模式向全国社保卡服务平台统一支付结算模式的切换。

党的十八届三中全会以来的5年里，国家颁布有关就业政策文件近40个、养老保险政策文件8个、医疗保险政策文件7个、失业保险政策文件5个、工伤保险政策文件6个、生育保险政策文件2个、机关事业单位养老保险改革政策文件3个、企业年金和职业年金政策文件10个，中国社会保障体系不断完善。

第三节 社会保险费征收

一、政策出台背景

（一）社保基金同我国人口老龄化所需资金之间的差异

2016 年，我国五项社会保险基金总收入为 5.36 万亿元，比上年增长 14.1%；总支出 4.69 万亿元，比上年增长 20.3%；基金累计结余为 6.64 万亿元，比上年增长 11.5%。参保职工人数与领取养老保险待遇人数的比值即抚养比在逐步下降，由 2014 年 2.97 ∶ 1 降至 2015 年的 2.87 ∶ 1，2016 年更是达到 2.75 ∶ 1。其中，有 9 个省份的企业养老保险抚养比跌破了 2 ∶ 1。

2017 年底，基本养老、基本医疗、失业、工伤、生育保险参保人数分别达到 9.15 亿人、11.77 亿人、1.88 亿人、2.27 亿人、1.92 亿人；五项基金总收入为 6.64 万亿元，同比增长 23.9%，总支出为 5.69 万亿元，同比增长 21.4%。

从增速来看，2017 年社保 5 项基金无论收入还是支出，都高于往年。尤其是收入，2012—2016 年五项基金平均增速为 14.9%，而 2017 年增速较 2016 年增长逾 60%。究其原因，可能在于 2017 年是国资划转充实社保基金规模最大的一年。

根据国务院《划转部分国有资本充实社保基金实施方案》的规定，2017 年国家将中央和地方国有及国有控股大中型企业、金融机构的国有股权划转充实社保基金，划转比例统一为企业国有股权的 10%。这是国务院第三次发布有关划转国有资本充实社保基金的文件，也是规模最大的一次，从结果来看，确实有效地做大了全国社保基金总储备。

从总量上而言，过去的 20 年间，各级财政累计补贴养老金超 4.11 万亿元，财政补贴的公平性和可持续性，亟需体制改革来提升应对人口老龄化的韧性和内生平衡能力。

一边是养老金领取人数增多带来的支出压力，一边是征缴扩面红利衰退导致的收入放缓，收支“剪刀差”背后，是城镇职工养老保险连年增加的财政补贴。

自 1997 年全国统一的统账结合城镇职工养老保险制度正式建立以来，中央和地方政府就一直在提供财政补贴。

人社部数据显示，1998—2017 年，各级财政对城镇职工养老保险基金的补贴总额达 4.11 万亿元，几乎与同期城镇职工基本养老保险制度 4.39 万亿元的滚存结余相当。

按此，1998—2018 年这 21 年内，各级财政补贴占到了滚存结余的 93%。尤其是在 2001、2017、2018 这三年，这一占比达到高点。

（二）社保基金不平衡问题

从结构上而言，地区间养老金收支可持续性出现明显失衡，虽当期收不抵支省份从 2015 年的 7 个减至 2018 年的 4 个，但广东和北京两个省份几乎贡献了全国结余的一半。

自改革开放以来，我国建立了不同层次、覆盖 9.4 亿人的社会基本养老保险制度，包括城镇职工基本养老保险、城乡居民基本养老保险、机关事业单位职工基本养老保险等。其中，城镇职工养老保险是建立最早、基金规模最大的保险计划，约占到养老金总结余的 86%。

总体来看，我国城镇职工养老金呈现制度赡养率和经济实力不匹配的现象，越是赡养率低的地区，越是经济发达地区，其当期结余率越高，制度财务可持续性越好；反之，制度财务可持续性越差，各地区之间的财务失衡现象明显。

（三）社保征收中存在的问题

根据《中国企业社保白皮书 2017》，社保缴费基数完全合规的企业仅占 24.1%。不合规的企业中有 22.9% 的企业统一按最低下限基数缴纳，有 22.9% 的企业按企业自行分档基数缴纳，还有 11.3% 的企业按固定工资部分（不算奖金）缴纳。

1. 企业未依法参保

（1）不全员缴纳（部分参保）

只有核心岗位或中高层领导才交社保，基层岗位一般不交或者不是所有人都交。在有些地区，一些小微企业人数很少（可能只有 3—5 人），当地社保要求公司 5 人或 10 人以上才能参保，这样就导致交不了社保。

（2）无论职工工资多少，均按最低基数申报

很多企业，特别是民营企业，基本都是按最低基数在缴纳社保，比如员工实际工资 5000 元，正常应以此为基数来交社保，但公司实际上是按当地社保规定的最低基数来交。

（3）试用期不缴纳社保

用人单位担心试用期员工不稳定，员工如果不符合用人单位要求，退保手续麻烦，一般等员工转正后再交社保。因此一般员工社保都会少缴 1—3 个月。

（4）社保基数不对

根据国家统计局发布《关于工资总额组成的规定》，工资总额指企业在一定时期内直接支付给本企业全部职工的劳动报酬的总额，由计时工资、计件工资、奖金、津贴和补贴、加班加点工资、特殊情况下支付的工资、津贴和补贴等组成。但事实上很多企业在确定社保基数时，不算部分津贴、补贴，加班工资、考核工资、非按月度发放的奖金等都没有计入社保基数。

2. 企业在社保缴纳认识上存在误解

（1）自愿放弃缴纳社保声明

劳动者自愿与用人单位签订放弃参加社会保险的协议本身是违反法律规定的，是无效的。作为无效协议，对劳动者与用人单位双方都没有法律约束力，公司仍然应当承担为员工缴纳社会保险的义务。

（2）员工不愿缴纳社保

《中华人民共和国劳动法》第七十二条的规定：“社会保险基金按照保险类型确定资金来源，逐步实行社会统筹。用人单位和劳动者必须依法参加社会保险，缴纳社会保险费。”所以，对用人单位而言缴纳社保是法定义务，是无法规避的。只要劳动者与正规单位签订劳务合同，单位就必须为其缴纳社保，当然劳动者也要根据规定缴纳社保。

（3）员工不愿意缴纳，企业就放弃给员工缴纳社保的义务

即使员工自愿放弃享受社保的权利，企业也不能不履行缴纳社保的义务。如果员工要求企业补缴，企业必须 100% 补缴员工的社保。而且未缴纳社保期间，员工发生

工伤等意外情况，企业无法规避责任。不管是否基于员工意愿放弃参保，只要公司未给员工缴纳社保，员工在工作期间意外受伤被认定为工伤，原本由工伤保险基金支付的费用都得公司来支付。如果员工因公死亡，根据我国法律规定，企业还要支付一次性工亡补助金。

二、意义

《深化党和国家机构改革方案》明确指出，从2019年1月1日起，基本养老保险费、基本医疗保险费和失业保险费等各项社保费交由税务机关统一征收。由此，以双重主体、多元化征管为特征的社保费征管体制终结，持续了20年的社保费该由谁来统一征收的讨论画上了句号。

（一）夯实国家治理现代化基础

此前，全国各地社保费的征收机构并不一致，这一局面的形成有历史和政策等多重原因。1999年，国务院出台的《社会保险费征缴暂行条例》第六条规定，“社保费的征收机构由省、自治区、直辖市人民政府规定，可以由税务机关征收，也可以由劳动保障行政部门按照国务院规定设立的社会保险经办机构征收”。2011年7月1日正式实施的《中华人民共和国社会保险法》依然没有明确规定社保费的统一征收机构，只提出“社保费实行统一征收，实施步骤和具体办法由国务院规定”。2018年3月，中共中央印发的《深化党和国家机构改革方案》提出，要将社保费交由税务机关统一征收，这是我国深化征管体制改革的必然选择。

社保费等非税收入由税务机关统一征收管理，这是我国规范政府非税收入征管的重大转变，将使社保费等非税收入在制度上更具规范性，在执行上更具刚性，不但有利于降低征管成本、提升征管效率，而且为未来税费制度改革、统一政府收入体系、规范收入分配秩序创造条件，夯实国家治理现代化基础。一方面，建立参保单位和缴费个人自行申报制度，自核自缴，税务机关可以将申报数据作为征收依据，如不如实申报可以追究申报主体法律责任；另一方面，通过税费数据比对能够及时准确掌握缴费基数，进一步规范社保费的核算基数。此外，各级税务机关利用有效的征管手段可以配合人力保障部门，逐步消除参保的盲点，有助于社保费的参保扩面增收。

（二）加强社保费征管

税务机关征收社保费的主体地位，是中央《深化党和国家机构改革方案》确定的。税务机关应不断强化征收主体地位和落实主体责任，发挥税费统征力度大，办税服务厅网点多，征管信息资源和征管经验丰富，熟悉企业生产经营、财务管理和工资水平等方面的优势，加强社保费征收管理，完成社保费征管工作各项任务。

税务机关坚持依法行政的原则，依法治税、依法征费和规范执法。在社保费各项征收管理工作中，按照《中华人民共和国社会保险法》和《中华人民共和国税收征收管理法》的有关规定，规范征费行为。通过制定和完善有关征收管理制度及办法，使社保费征收、检查、追缴和处罚等管理工作有章可循。严格行政执法，依法征费，应收尽收，不收“过头费”。

税务机关将社保费的征管融入整个税收征管系统之中，以税收管理的标准来加强社保费的征收和管理，实现税费征管一体化。建立健全岗责体系，明确征收、管理职责，避免出现管理的“真空”。

（三）全面掌握费源信息

费源管理是社保费征收管理的重要基础。税务机关与人力社保部门对接，开展费源调查工作，全面掌握社保费费源分布情况，摸清费源总量及其结构底数。强化申报管理，对缴费人申报缴纳的社保费，税务机关会同人力社保部门进行数据校验。及时分析费源变动情况，与人力社保部门同期数据比对，掌握社保费收入进度，科学研判收入情况及增收、减收因素。利用税务机关的征管优势，结合税收征管、稽查以及所得税汇算清缴工作，不定期对缴费人数和缴费基数等申报资料进行检查核实。

三、社会保险行政执法权

解决职工社会保险维权中涉及的行政执法问题，社保部门、医保部门和税务部门在社会保险行政执法权中应分工合作。可以参照《郑州市人力资源和社会保障局等五部门关于解决我市社会保险行政执法相关问题的通知》（郑人社〔2019〕14号）规定：

1. 涉及城镇职工基本养老保险、工伤保险、失业保险、职工基本医疗保险和生育保险的参保登记以及少缴漏缴相应社会保险费的社会保险行政执法事项，由市县两级人社行政部门下属的行政执法机构综合处理。

2. 市县两级人社行政部门依法出具的法律文书，应当作为社保经办机构按照相关规定办理社会保险参保登记手续、制作社会保险征缴计划的依据，用人单位可持相应法律文书到各社会保险分中心办理参保缴费手续。

3. 税务部门依据社保经办机构制定的社会保险费征缴计划，负责社会保险费征缴工作。

四、社会保险举报投诉案件处理流程

社保税征后，职工群众尚不清楚有关社会保险缴费的争议解决机制，可以参照《郑州市人力资源和社会保障局等五部门关于解决我市职工群众社会保险举报投诉案件有关问题的通知》（郑人社〔2020〕1号），对人社部门、医保部门、税务部门在职工群众社会保险举报投诉案件中分别明确了职责。

1. 用人单位未按照人社行政部门相应法律文书要求到各社保分中心办理参保缴费手续的，人社行政部门将附有工资明细的法律文书交社会保险经办机构依法核定应当缴纳的社会保险费及滞纳金后，人社行政部门依法处理，直至提交法院强制执行。

2. 法院强制执行划转社保费用后，因用人单位不配合出具相关手续的，社会保险经办机构应依据人社行政部门法律文书或人民法院判决、强制执行裁定等文书，直接将相关信息记录在用人单位的社保账户上后，办理相关参保缴费等经办手续。

3. 职工投诉以下事项，经人社行政部门出具法律文书应当依法缴费的，社会保险经办机构应当办理：

（1）职工在新单位已参保，投诉要求缴纳其原单位工作期间社会保险费的；

（2）职工投诉用人单位整体参保前未缴纳社会保险费的。

4. 举报单位整体未足额缴纳社会保险费的，经人社行政部门进行核查，举报情况属实的，按以下原则处理：

（1）职工在职的，少申报的缴费基数通过提高现有缴费基数的方式进行整改；

（2）职工离职的，由用人单位写出承诺，今后如离职职工要求补缴的，用人单位应及时为其办理补缴手续。

5. 职工和用人单位能够提供原始工作凭证、符合补缴政策的，社保经办机构应按规定程序核实后办理。

6. 人社行政部门申请法院强制执行的案件，税务部门应配合提供相应的社会保险缴费账户，以便法院执行款直接执行到位。

第二十八章
社会保险费政策实务

第一节 社会保险费基本政策

一、社会保险费缴纳依据

《社会保险法》规定:

第五十八条 用人单位应当自用工之日起三十日内为其职工向税务机关申请办理社会保险登记。未办理社会保险登记的,由税务机关核定其应当缴纳的社会保险费。

第六十条 用人单位应当自行申报、按时足额缴纳社会保险费,非因不可抗力等法定事由不得缓缴、减免。职工应当缴纳的社会保险费由用人单位代扣代缴,用人单位应当按月将缴纳社会保险费的明细情况告知本人。

第六十二条 用人单位未按规定申报应当缴纳的社会保险费数额的,按照该单位上月缴费额的百分之十确定应当缴纳数额;缴费单位补办申报手续后,由税务机关按照规定结算。

第六十三条 用人单位未按时足额缴纳社会保险费的,由税务机关责令其限期缴纳或者补足。用人单位逾期仍未缴纳或者补足社会保险费的,税务机关可以向银行和其他金融机构查询其存款账户;并可以申请县级以上有关行政部门作出划拨社会保险费的决定,书面通知其开户银行或者其他金融机构划拨社会保险费。用人单位账户余额少于应当缴纳的社会保险费的,税务机关可以要求该用人单位提供担保,签订延期缴费协议。

用人单位未足额缴纳社会保险费且未提供担保的,税务机关可以申请人民法院扣押、查封、拍卖其价值相当于应当缴纳社会保险费的财产,以拍卖所得抵缴社会保险费。

二、社会保险费的费基和费率

根据《社会保险费征缴暂行条例》（国务院令第 259 号）第三条的规定，社会保险费的费基、费率依照有关法律、行政法规和国务院的规定执行。

（一）基本养老保险费费基、费率

1. 根据《国务院关于完善企业职工基本养老保险制度的决定》（国发〔2005〕38 号）的规定，城镇个体工商户和灵活就业人员参加基本养老保险的缴费基数为当地上年度在岗职工平均工资，缴费比例为 20%，其中 8% 记入个人账户，退休后按企业职工基本养老金计发办法计发基本养老金。

2. 根据《国务院关于完善企业职工基本养老保险制度的决定》（国发〔2005〕38 号）的规定，从 2006 年 1 月 1 日起，个人账户的规模统一由本人缴费工资的 11% 调整为 8%，全部由个人缴费形成，单位缴费不再划入个人账户。

3. 根据《关于工伤保险费率问题的通知》（劳社部发〔2003〕29 号）的规定，自 2018 年 5 月 1 日起，企业职工基本养老保险单位缴费比例超过 19% 的省（区、市），以及按照《人力资源社会保障部 财政部关于阶段性降低社会保险费率的通知》（人社部发〔2016〕36 号）单位缴费比例降至 19% 的省（区、市），基金累计结余可支付月数（截至 2017 年底，下同）高于 9 个月的，可阶段性执行 19% 的单位缴费比例至 2019 年 4 月 30 日。具体方案由各省（区、市）研究确定。

4. 根据《国务院办公厅关于印发〈降低社会保险费率综合方案〉的通知》（国办发〔2019〕13 号）和《人力资源社会保障部 财政部 国家税务总局 国家医保局关于贯彻落实〈降低社会保险费率综合方案〉的通知》（人社部发〔2019〕35 号）的规定，自 2019 年 5 月 1 日起，降低城镇职工基本养老保险（包括企业和机关事业单位基本养老保险，以下简称养老保险）单位缴费比例。各省、自治区、直辖市及新疆生产建设兵团（以下统称省）养老保险单位缴费比例高于 16% 的，可降至 16%。

5. 根据《人力资源社会保障部 财政部 国家税务总局关于阶段性减免企业社会保险费的通知》（人社部发〔2020〕11 号）和《国家税务总局关于贯彻落实阶段性减免企业社会保险费政策的通知》（税总函〔2020〕33 号）的规定：

自2020年2月起，湖北省可免征各类参保单位（不含机关事业单位）三项社会保险单位缴费部分，免征期限不超过5个月。

自2020年2月起，各省、自治区、直辖市（除湖北省外）及新疆生产建设兵团（以下统称省）可根据受疫情影响情况和基金承受能力，免征中小微企业三项社会保险单位缴费部分，免征期限不超过5个月；对大型企业等其他参保单位（不含机关事业单位）三项社会保险单位缴费部分可减半征收，减征期限不超过3个月。

受疫情影响生产经营出现严重困难的企业，可申请缓缴社会保险费，缓缴期限原则上不超过6个月，缓缴期间免收滞纳金。

6. 根据2020年5月22日第十三届全国人民代表大会第三次会议上，国务院总理李克强作的《2020年国务院政府工作报告》，前期出台六月前到期的减税降费政策，包括免征中小微企业养老、失业和工伤保险单位缴费，减免小规模纳税人增值税，免征公共交通运输、餐饮住宿、旅游娱乐、文化体育等服务增值税，减免民航发展基金、港口建设费，执行期限全部延长到2020年年底。

（二）基本医疗保险费费基、费率

根据《国务院关于建立城镇职工基本医疗保险制度的决定》（国发〔1998〕44号）的规定，基本医疗保险费由用人单位和职工共同缴纳。用人单位缴费率应控制在职工工资总额的10%左右，职工缴费率一般为本人工资收入的2%。

1. 用人单位和个人缴纳比例

用人单位：缴费比例为在职职工工资总额的10%左右。以河南省为例，基本医疗保险与基本生育保险合并后，缴费比例为在职职工工资总额的9%。

职工：缴费比例为本人工资收入的2%。

2. 单位和职工个人缴费基数

用人单位以上一年度在职职工月平均工资总额为缴费基数，职工个人以本人上年度月平均工资收入为月缴费基数。

单位和职工个人月缴费基数低于当地（本市）上年度职工月平均工资的60%，以职工月平均工资的60%为缴费基数；高于当地（本市）职工月平均工资300%以上部分，不计入缴费基数。

3. 用人单位缴纳的基本医疗保险费划入个人账户的比例

国务院规定，用人单位缴纳的医疗保险费分为两部分，一部分用于建立统筹基金；一部分划入个人账户。划入个人账户的比例一般为用人单位缴费的30%左右，具体比例由统筹地区根据个人账户的支付范围和职工年龄等因素确定。

4. 用人单位和参保职工不缴或欠缴基本医疗保险费，个人账户的处理

用人单位和参保职工应当认真履行缴费义务，不缴纳或欠缴医疗保险费时，职工个人账户资金停止计入。个人账户的结余资金可以继续使用。

（三）工伤保险费费基、费率

1. 根据《中华人民共和国工伤保险条例》（中华人民共和国国务院令第586号）规定，用人单位缴纳工伤保险费的数额为本单位职工工资总额乘以单位缴费费率之积。用人单位应当按时缴纳工伤保险费，职工个人不缴纳工伤保险费。

2. 根据《实施〈中华人民共和国社会保险法〉若干规定》（中华人民共和国人力资源和社会保障部令第13号）规定，职工（包括非全日制从业人员）在两个或者两个以上用人单位同时就业的，各用人单位应当分别为职工缴纳工伤保险费。职工发生工伤，由职工受到伤害时工作的单位依法承担工伤保险责任。

3. 根据《关于工伤保险费率问题的通知》（劳社部发〔2003〕29号）规定，按不同行业的工伤风险程度，参照《国民经济行业分类》（GB/T4754—2002），将行业划分为三个类别：一类为风险较小行业，二类为中等风险行业，三类为风险较大行业。三类行业分别实行三种不同的工伤保险缴费率。

用人单位属一类行业的，按行业基准费率缴费，不实行费率浮动。用人单位属二、三类行业的，实行费率浮动。

4. 根据《人力资源社会保障部 财政部关于阶段性降低失业保险费率的通知》（人社部发〔2017〕14号）的规定，自2018年5月1日起，在保持八类费率总体稳定的基础上，工伤保险基金累计结余可支付月数在18（含）至23个月的统筹地区，可以现行费率为基础下调20%；累计结余可支付月数在24个月（含）以上的统筹地区，可以现行费率为基础下调50%。降低费率的期限暂执行至2019年4月30日。下调费率期间统筹地区工伤保险基金累计结余达到合理支付月数范围的，停止下调。具体方案由各省（区、市）研究确定。

5. 根据《国务院办公厅关于印发〈降低社会保险费率综合方案〉的通知》（国办发〔2019〕13 号）和《人力资源社会保障部 财政部 国家税务总局 国家医保局关于贯彻落实〈降低社会保险费率综合方案〉的通知》（人社部发〔2019〕35 号）的规定，自 2019 年 5 月 1 日起，关于继续阶段性降低工伤保险费率。按照《人力资源社会保障部 财政部关于阶段性降低社会保险费率的通知》（人社部发〔2018〕25 号）已纳入降费范围的统筹地区，原则上继续实施，保持力度不减。此前未纳入降费范围但截至 2018 年底累计结余可支付月数达到阶段性降费条件的统筹地区，要按规定下调费率，确保将符合条件的统筹地区全部纳入降费范围。阶段性降费率期间，费率确定后，一般不做调整。

以河南省为例，用人单位按所在行业的类别，缴纳工伤保险费的数额为本单位职工工资总额乘以单位缴费费率之积，其中费率为 0.2% 至 1.9% 不等。

6. 根据《人力资源社会保障部 财政部 国家税务总局关于阶段性减免企业社会保险费的通知》（人社部发〔2020〕11 号）和《国家税务总局关于贯彻落实阶段性减免企业社会保险费政策的通知》（税总函〔2020〕33 号）的规定：

自 2020 年 2 月起，湖北省可免征各类参保单位（不含机关事业单位）三项社会保险单位缴费部分，免征期限不超过 5 个月。

自 2020 年 2 月起，各省、自治区、直辖市（除湖北省外）及新疆生产建设兵团（以下统称省）可根据受疫情影响情况和基金承受能力，免征中小微企业三项社会保险单位缴费部分，免征期限不超过 5 个月；对大型企业等其他参保单位（不含机关事业单位）三项社会保险单位缴费部分可减半征收，减征期限不超过 3 个月。

受疫情影响生产经营出现严重困难的企业，可申请缓缴社会保险费，缓缴期限原则上不超过 6 个月，缓缴期间免收滞纳金。

7. 根据 2020 年 5 月 22 日第十三届全国人民代表大会第三次会议上，国务院总理李克强作的《2020 年国务院政府工作报告》，前期出台六月前到期的减税降费政策，包括免征中小微企业养老、失业和工伤保险单位缴费，减免小规模纳税人增值税，免征公共交通运输、餐饮住宿、旅游娱乐、文化体育等服务增值税，减免民航发展基金、港口建设费，执行期限全部延长到2020年底。

（四）失业保险费费基、费率

1. 根据《失业保险条例》和《人力资源社会保障部关于失业保险条例修订情况的说明》的规定，城镇企业事业单位按照本单位工资总额的百分之二缴纳失业保险费。城镇企业事业单位职工按照本人工资的百分之一缴纳失业保险费。城镇企业事业单位招用的农民合同制工人本人不缴纳失业保险费。

2. 根据《失业保险条例（人力资源社会保障部起草）》（在2018年度提请全国人大常委会审议）和《国务院办公厅关于印发国务院2018年立法工作计划的通知》，将现行条例全国统一执行3%的固定费率修改为总费率不超过2%，具体比例由各省级人民政府规定。

3. 根据《人力资源社会保障部 财政部关于继续阶段性降低社会保险费率的通知》（人社部发〔2018〕25号），自2018年5月1日起，按照《人力资源社会保障部 财政部关于阶段性降低失业保险费率的通知》（人社部发〔2017〕14号）实施失业保险总费率1%的省（区、市），延长阶段性降低费率的期限至2019年4月30日。

4. 根据《人力资源社会保障部 财政部关于阶段性降低失业保险费率的通知》（人社部发〔2017〕14号）从2017年1月1日起，失业保险总费率为1.5%的省（区、市），可以将总费率降至1%，降低费率的期限执行至2018年4月30日。在省（区、市）行政区域内，单位及个人的费率应当统一，个人费率不得超过单位费率。

以河南省为例，城镇企业、事业单位按照本单位工资总额的0.7%缴纳失业保险费，城镇企业、事业单位职工按照本人工资的0.3%缴纳失业保险费。

5. 根据《人力资源社会保障部 财政部 国家税务总局关于阶段性减免企业社会保险费的通知》（人社部发〔2020〕11号）和《国家税务总局关于贯彻落实阶段性减免企业社会保险费政策的通知》（税总函〔2020〕33号）的规定：

自2020年2月起，湖北省可免征各类参保单位（不含机关事业单位）三项社会保险单位缴费部分，免征期限不超过5个月。

自2020年2月起，各省、自治区、直辖市（除湖北省外）及新疆生产建设兵团（以下统称省）可根据受疫情影响情况和基金承受能力，免征中小微企业三项社会保险单位缴费部分，免征期限不超过5个月；对大型企业等其他参保单位（不含机关事业单位）三项社会保险单位缴费部分可减半征收，减征期限不超过3个月。

受疫情影响生产经营出现严重困难的企业，可申请缓缴社会保险费，缓缴期限原则上不超过6个月，缓缴期间免收滞纳金。

6. 2020年5月22日第十三届全国人民代表大会第三次会议上，国务院总理李克强在《2020年国务院政府工作报告》中表示，前期出台六月前到期的减税降费政策，包括免征中小微企业养老、失业和工伤保险单位缴费，减免小规模纳税人增值税，免征公共交通运输、餐饮住宿、旅游娱乐、文化体育等服务增值税，减免民航发展基金、港口建设费，执行期限全部延长到2020年底。

（五）生育保险费费基、费率

根据《企业职工生育保险试行办法》（劳部发〔1994〕504号）的规定，生育保险根据“以支定收，收支基本平衡”的原则筹集资金，由企业按照其工资总额的一定比例向税务机关缴纳生育保险费，建立生育保险基金生育保险费的提取比例由当地人民政府根据计划内生育人数和生育津贴、生育医疗费等各项费用确定，并可根据费用支出情况适时调整，但最高不得超过工资总额的百分之一。企业缴纳的生育保险费作为期间费用处理，列入企业管理费用。职工个人不缴纳生育保险费。

需要注意的是，按国务院要求，2019年底前实现两项基本医疗保险和生育保险合并。

社会保险费征缴范围、费基和费率一览表

类型	征缴范围	费基	费率（基本规定）
基本养老保险费	城镇各类企业及其职工、实行企业化管理的事业单位及其职工、城镇个体工商户及其雇主和灵活	用人单位的缴费基数为职工工资总额	16%
		城镇个体工商户雇主为雇工缴纳基本养老保险费的缴费基数为全省上年度在岗职工月平均工资	12%

续表

	就业人员。（安徽省规定城镇各类企业职工，实行企业化管理事业单位职工，民办非企业单位从业人员，社会团体、基金会聘用专职人员，城镇个体工商户和灵活就业人员，与机关、事业单位形成劳动关系的非在编人员，均须参加企业职工基本养老保险）	职工个人的缴费基数为本人上年度月平均工资（缴费基数低于全省上年度在岗职工月平均工资60%的，按60%计缴；超过300%的部分不计入缴费基数），城镇个体工商户雇工的缴费基数为全省上年度在岗职工月平均工资	8%
		城镇个体工商户和灵活就业人员的缴费基数为全省上年度在岗职工月平均工资	12%
失业保险费	城镇各类企业及其职工、事业单位及其职工、社会团体及其专职人员、民办非企业单位及其职工、设区的市的人民政府规定应当缴费失业保险费的有雇工的城镇个体工商户及其雇工	用人单位的缴费基数为职工工资总额	2%
		个人的缴费基数为本人工资	1%
基本医疗保险费	城镇各类企业及其职工、事业单位及其职工、社会团体及其专职人员、民办非企业单位及其职工、国家机关及其工作人员、城镇个体工商户和灵活就业人员	用人单位的缴费基数为职工工资总额	各统筹地区有所差别，一般在10%左右
		职工个人缴费基数为本人上年度月平均工资（缴费基数低于全省上年度在岗职工月平均工资60%的，按60%计缴；超过300%的部分不计入缴费基数）	2%
		城镇个体工商户和灵活就业人员的缴费基数为统筹地区上年度在岗职工月平均工资	各统筹地区有所差别，可以是用人单位与职工个人费率之和
城镇居民医疗保险费	未纳入城镇职工基本医疗保险制度覆盖范围内的在校学生、少年儿童和其他非从业城镇居民（具体由各统筹地区人民政府确定）	按年定额征收	
工伤保险费	城镇各类企业、有雇工的个体工商户	用人单位的缴费基数为职工工资总额（个人不缴纳工伤保险费）	根据行业实行差别费率，平均费率原则上在1%左右
生育保险费	国家机关、社会团体、企业事业单位、民办非企业单位、有雇工的个体工商户	用人单位的缴费基数为职工工资总额（个人不缴纳生育保险费）	不超过1%，具体费率由各统筹地区人民政府确定

三、社会保险缴费基数和工资总额计算口径

《劳动保障部社会保险事业管理中心关于规范社会保险缴费基数有关问题的通知》（劳社险中心函〔2006〕60号）规范了社会保险缴费基数和工资总额计算口径：

1. 参保单位缴纳基本养老保险费的基数可以为职工工资总额，也可以为本单位职工个人缴费工资基数之和，但在全省区市范围内应统一为一种核定办法。

单位职工本人缴纳基本养老保险费的基数原则上以上一年度本人月平均工资为基础，在当地职工平均工资的60%—300%的范围内进行核定。特殊情况下个人缴费基数的确定，按《原劳动部办公厅关于印发〈职工基本养老保险个人账户管理暂行办法〉的通知》（劳办发〔1997〕116号）的有关规定核定。以个人身份参保缴费基数的核定，根据各地贯彻《国务院关于完善职工基本养老保险制度的决定》（国发〔2005〕38号）的有关规定核定。

每年统计部门公布上年度职工平均工资后，各地社保经办机构相应按新的平均工资确定缴费基数上下限。职工平均工资增长导致缴费基数上下限相应增长，当本人工资低于缴费下限或高于缴费上限时，个人缴费将受到影响，低收入人员感觉“多缴”，高收入人员感觉“少缴”。由于个体工商户和灵活就业人员以职工平均工资为缴费基数，平均工资的上涨对这部分人员影响较大。

2. 参保单位缴纳基本医疗保险、失业保险、工伤保险、生育保险费的基数为职工工资总额，基本医疗保险、失业保险职工个人缴费基数为本人工资，为便于征缴可以以上一年度个人月平均工资为缴费基数。目前，一些地方为整合经办资源，实行社会保险费的统一征收和统一稽核，并将各险种单位和个人的缴费基数统一为单位和个人缴纳基本养老保险费的基数，这种做法方便了参保企业和参保人员，有利于提高稽核效率。

3. 社会保险缴费基数：1990年，国家统计局发布了《关于工资总额组成的规定》（国家统计局令第1号），之后相继下发了一系列通知，对有关工资总额统计做出了明确规定。这些文件都应作为核定社会保险缴费基数的依据。凡是国家统计局有关文件没有明确规定不作为工资收入统计的项目，均应作为社会保险缴费基数。

4. 工资总额计算口径：根据《国家统计局关于认真贯彻执行〈关于工资总额组成的规定〉的通知》（国统制字〔1990〕1号）规定，工资总额是指各单位在一定时期内直接支付给本单位全部职工的劳动报酬总额，由计时工资、计件工资、奖金、加班加点工资、特殊情况下支付的工资、津贴和补贴等组成。各单位支付给职工的劳动报酬以及其他根据有关规定支付的工资，不论是计入成本的还是不计入成本的，不论是按国家规定列入计征奖金税项目的还是未列入计征奖金税项目的，均应列入工资总额的计算范围。

第二节　社会保险费缴费基数的特别规定

一、关于计算缴费基数的具体项目

根据国家统计局的规定，下列项目作为工资总额统计，在计算缴费基数时作为依据。

（一）计时工资

1. 对已完成工作按计时工资标准支付的工资，即基本工资部分；

2. 新参加工作职工的见习工资（学徒的生活费）；

3. 根据国家法律、法规和政策规定，因病、工伤、产假、计划生育假、婚丧假、事假、探亲假、定期休假、停工学习、执行国家或社会义务等原因按计时工资标准或计时工资标准的一定比例支付的工资；

4. 实行岗位技能工资制的单位支付给职工的技能工资及岗位（职务）工资；

5. 职工个人按规定比例缴纳的社会保险费、职工受处分期间的工资、浮动升级的工资等；

6. 机关工作人员的职务工资、级别工资、基础工资；工人的岗位工资、技术等级（职务）工资。

（二）计件工资

1. 实行超额累进计件、直接无限计件、限额计件、超定额计件等工资制，按劳动部门或主管部门批准的定额和计件单价支付给个人的工资；

2. 按工作任务包干方法支付给个人的工资；

3. 按营业额提成或利润提成办法支付给个人的工资。

（三）奖金

1. 生产（业务）奖包括超产奖、质量奖、安全（无事故）奖、考核各项经济指标的综合奖、提前竣工奖、外轮速遣奖、年终奖（劳动分红）等；

2. 节约奖包括各种动力、燃料、原材料等节约奖；

3. 劳动竞赛奖包括发给劳动模范、先进个人的各种奖金；

4. 机关、事业单位各类人员的年终一次性奖金、机关工人的奖金、体育运动员的平时训练奖；

5. 其他奖金包括从兼课酬金和业余医疗卫生服务收入提成中支付的奖金，运输系统的堵漏保收奖，学校教师的教学工作量超额酬金，从各项收入中以提成的名义发给职工的奖金等。

（四）津贴

1. 补偿职工特殊或额外劳动消耗的津贴及岗位性津贴。包括：高空津贴、井下津贴、流动施工津贴、高温作业临时补贴、艰苦气象台（站）津贴、微波站津贴、冷库低温津贴、邮电人员外勤津贴、夜班津贴、中班津贴、班（组）长津贴、环卫人员岗位津贴、广播电视天线工岗位津贴、盐业岗位津贴、废品回收人员岗位津贴、殡葬特殊行业津贴、城市社会福利事业岗位津贴、环境监测津贴、课时津贴、班主任津贴、科研辅助津贴、卫生临床津贴和防检津贴、农业技术推广服务津贴、护林津贴、林业技术推广服务津贴、野生动物保护工作津贴、水利防汛津贴、气象服务津贴、地震预测预防津贴、技术监督工作津贴、口岸鉴定检验津贴、环境污染监控津贴、社会服务津贴、特殊岗位津贴、会计岗位津贴、野外津贴、水上作业津贴、艺术表演档次津贴、演出场次津贴、艺术人员工种补贴、运动队班（队）干部驻队津贴、教练员培训津贴、运动员成绩津贴、运动员突出贡献津贴、责任目标津贴、领导职务津贴、岗位目标管理津贴、专业技术职务津贴、专业技术岗位津贴、技术等级岗位津贴、技术工人岗位津贴、普通工作作业津贴及其他为特殊行业和苦脏累险等特殊岗位设立的津贴。

机关工作人员岗位津贴。包括：公安干警值勤津贴、警衔津贴、交通民警保健津贴、海关工作人员岗位津贴、审计人员外勤工作补贴、税务人员的税务征收津贴（包括农业税收）、工商行政管理人员外勤津贴、人民法院干警岗位津贴、人民检察院干警岗位津贴、司法助理员岗位津贴、监察纪检部门办案人员补贴、人民武装部工作人员津贴、监狱劳教所干警健康补贴等。

2. 保健性津贴。包括：卫生防疫津贴、医疗卫生津贴、科技保健津贴、农业事业单位发放的有毒有害保健津贴以及其他行业职工的特殊保健津贴等。

3. 技术性津贴。包括：特级教师津贴、科研课题津贴、研究生导师津贴、工人技师津贴、中药老药工技术津贴、特殊教育津贴、高级知识分子特殊津贴（政府特殊津贴）等。

4. 年功性津贴。包括：工龄工资、工龄津贴、教龄津贴和护士护龄津贴等。

5. 地区津贴。包括艰苦边远地区津贴和地区附加津贴等。

6. 其他津贴。例如：支付给个人的伙食津贴（火车司机和乘务员的乘务津贴、航行和空勤人员伙食津贴、水产捕捞人员伙食津贴补贴、汽车司机行车津贴、体育运动员和教练员伙食补助费、少数民族伙食津贴、小单位伙食补贴、单位按月发放的伙食补贴、补助或提供的工作餐等）、上下班交通补贴、洗理卫生费、书报费、工种粮补贴、过节费、干部行车补贴、私车补贴等。

（五）补贴

为保证职工工资水平不受物价变动影响而支付的各种补贴，如副食品价格补贴、粮油蔬菜等价格补贴、煤价补贴、水电补贴、住房补贴、房改补贴等。

（六）加班加点工资

在工作时间之外加班给予的补贴。

（七）其他工资

如附加工资、保留工资以及调整工资补发的上年工资等。

（八）特殊项目构成的工资

1. 发放给本单位职工的“技术交易奖酬金”；

2. 根据《国家统计局关于房改补贴统计方法的通知》（统制字〔1992〕80号）文件规定，住房补贴或房改补贴。房改一次性补贴款，如补贴发放到个人，可自行支配的计入工资总额内；如补贴为专款专用存入专门的账户，不计入工资总额统计；

3. 根据《国家统计局关于印发〈1998年年报劳动统计新增指标解释及问题解答〉的通知》（国统办字〔1998〕120号）规定，单位发放的住房提租补贴、通信工具补助、住宅电话补助；

4. 根据《国家统计局关于印发〈2002年劳动统计年报新增指标解释及问题解答〉的通知》（国统办字〔2002〕20号）的规定，单位给职工个人实报实销的职工个人家庭使用的固定电话话费、职工个人使用的手机费（不含因工作原因产生的通讯费，如不能明确区分公用、私用均计入工资总额）、职工个人购买的服装费（不包括工作服）等各种费用；

5. 根据《国家统计局关于印发〈2002年劳动统计年报新增指标解释及问题解答〉的通知》（国统办字〔2002〕20号）的规定，为不休假的职工发放的现金或补贴；

6. 根据《国家统计局关于印发〈2002年劳动统计年报新增指标解释及问题解答〉的通知》（国统办字〔2002〕20号）的规定，以下属单位的名义给本单位职工发放的现金或实物（无论是否计入本单位财务账目）；

7. 根据《国家统计局关于印发〈2002年劳动统计年报新增指标解释及问题解答〉的通知》（国统办字〔2002〕20号）的规定，单位为职工缴纳的各种商业性保险；

8. 根据《国家统计局关于印发〈2002年劳动统计年报新增指标解释及问题解答〉的通知》（国统办字〔2002〕20号）的规定，试行企业经营者年薪制的经营者，其工资正常发放部分和年终结算后补发的部分；

9. 根据《国家统计局关于印发劳动统计问题解答的通知》（制司字〔1992〕39号）

的规定，商业部门实行的柜组承包，交通运输部门实行的车队承包、司机个人承包等，这部分人员一般只需定期上交一定的所得，其余部分归已。对这些人员的缴费基数原则上采取全部收入扣除各项（一定）费用支出后计算；

10. 使用劳务输出机构提供的劳务工，其人数和工资按照“谁发工资谁统计”的原则，如果劳务工的使用方不直接支付劳务工的工资，而是向劳务输出方支付劳务费再由劳务输出方向劳务工支付工资，应由劳务输出方统计工资和人数；如果劳务工的使用方直接向劳务工支付工资，则应由劳务使用方统计工资和人数。输出和使用劳务工单位的缴费基数以“谁发工资谁计算缴费基数”的原则执行《国家统计局关于印发〈2004 年劳动统计年报新增指标解释及问题解答〉的通知》（国统办字〔2004〕48 号）；

11. 企业销售人员、商业保险推销人员等实行特殊分配形式参保人员的缴费基数原则上由各地依据国家统计局有关规定根据实际情况确定。

二、关于不列入缴费基数的项目

根据国家统计局的规定，下列项目不计入工资总额，在计算缴费基数时应予剔除：

1. 根据国务院发布的有关规定发放的创造发明奖、国家星火奖、自然科学奖、科学技术进步奖和支付的合理化建议和技术改进奖以及支付给运动员在重大体育比赛中的重奖。

2. 有关劳动保险和职工福利方面的费用。职工保险福利费用包括医疗卫生费、职工死亡丧葬费及抚恤费、职工生活困难补助、文体宣传费、集体福利事业设施费和集体福利事业补贴、探亲路费、计划生育补贴、冬季取暖补贴、防暑降温费、婴幼儿补贴（即托儿补助）、独生子女牛奶补贴、独生子女费、“六一”儿童节给职工的独生子女补贴、工作服洗补费、献血员工营养补助及其他保险福利费。

3. 劳动保护的各种支出。包括：工作服、手套等劳动保护用品，解毒剂、清凉饮料，以及按照国务院 1963 年 7 月 19 日劳动部等七单位规定的范围对接触有毒物质、矽尘作业、放射线作业和潜水、沉箱作业、高温作业等五类工种所享受的由劳动保护费开支的保健食品待遇。

4. 有关离休、退休、退职人员待遇的各项支出。

5. 支付给外单位人员的稿费、讲课费及其他专门工作报酬。

6. 出差补助、误餐补助。指职工出差应购卧铺票实际改乘坐席的减价提成归己部分；因实行住宿费包干，实际支出费用低于标准的差价归己部分。

7. 对自带工具、牲畜来企业工作的从业人员所支付的工具、牲畜等的补偿费用。

8. 实行租赁经营单位的承租人的风险性补偿收入。

9. 职工集资入股或购买企业债券后发给职工的股息分红、债券利息以及职工个人技术投入后的税前收益分配。

10. 劳动合同制职工解除劳动合同时由企业支付的医疗补助费、生活补助费以及一次性支付给职工的经济补偿金。

11. 劳务派遣单位收取用工单位支付的人员工资以外的手续费和管理费。

12. 支付给家庭工人的加工费和按加工订货办法支付给承包单位的发包费用。

13. 支付给参加企业劳动的在校学生的补贴。

14. 调动工作的旅费和安家费中净结余的现金。

15. 由单位缴纳的各项社会保险、住房公积金。

16. 支付给从保安公司招用的人员的补贴。

17. 按照国家政策为职工建立的企业年金和补充医疗保险，其中单位按政策规定比例缴纳部分。

三、不缴纳社保的特殊身份员工

（一）与退休人员签订劳动合同

《劳动合同法》第四十四条“劳动者开始依法享受基本养老保险待遇的，劳动合同终止”，因此，企业不用为享受基本养老保险的返聘员工缴纳社保。

（二）非独立劳动的兼职人员

非独立劳务的兼职人员是指在不脱离本职工作的情况下，利用业余时间从事第二职业；为第三方提供体力或脑力劳动支出。

兼职人员本身有自己的工作，签订劳动合同和缴纳社会保险，均有工作单位办理，和兼职公司无关，因此无需缴纳社保。

（三）聘用劳务派遣人员，并由接受企业支付薪资

劳务派遣单位派遣劳动者，应当与接受劳务派遣的用人单位签订劳务派遣协议。

若劳务派遣协议中约定，劳务派遣人员的考勤和工资发放比照自有员工处理，社保和公积金缴纳由劳务派遣公司缴纳，则应支付劳务派遣员工相应费用，不论在个人所得税还是企业所得税中均认定为工资薪金项目。派遣人员已由劳务派遣公司缴纳社保，企业可以不用为这部分人员缴纳。

（四）聘用实习生，签订实习协议

一般来说大学生实习并不足以形成劳动关系，实习是大学生学习知识和实践教学的内容。

无论实习单位是由学校安排，还是学生自己联系，实习目的不是获取报酬而在于获得专业知识和实践经验，高校大学生与实习单位之间并未成立事实劳动关系，所以单位不需要为其缴纳社保。

第三节　社会保险费的涉税处理

一、社会保险费涉及个人所得税处理

（一）个人缴纳基本养老保险费、基本医疗保险费和失业保险费允许在个人应纳税所得额中扣除

根据《中华人民共和国个人所得税法实施条例》（中华人民共和国国务院令第600号）以及《财政部 国家税务总局关于基本养老保险费基本医疗保险费失业保险费住房公积金有关个人所得税政策的通知》（财税〔2006〕10号）的规定，企事业单位

按照国家或省（自治区、直辖市）人民政府规定的缴费比例或办法实际缴付的基本养老保险费、基本医疗保险费和失业保险费，免征个人所得税；个人按照国家或省（自治区、直辖市）人民政府规定的缴费比例或办法实际缴付的基本养老保险费、基本医疗保险费和失业保险费，允许在个人应纳税所得额中扣除。

（二）个人在雇佣单位以外以个人名义缴纳“三险一金”允许在个税税前扣除

个人在雇佣单位以外以个人名义缴纳“三险一金”，雇佣单位在申报个人所得税时，凭个人提供缴纳的“三险一金”凭证后，可以扣除，扣缴标准应按雇佣单位所在地的标准执行。

（三）企事业单位超过规定比例和标准的基本养老费计征个人所得税

企事业单位超过规定的比例和标准缴付的基本养老保险费（月工资基数最大不能超过上年度社会月平均工资 3 倍），应将超过部分并入个人当期的工资、薪金收入，计征个人所得税。个人缴费超过上述限额部分的不允许扣除。

（四）生育妇女取得的生育类津贴、补贴，免征个人所得税

生育妇女按照县级以上人民政府根据国家有关规定制定的生育保险办法，取得的生育津贴、生育医疗费或其他属于生育保险性质的津贴、补贴，免征个人所得税。

（五）个人取得的商业保险赔偿款免纳个人所得税

根据《个人所得税法》（主席令第四十八号）第十四条第五项的规定，保险赔款免纳个人所得税。

（六）工伤职工取得的工伤保险待遇不缴纳个人所得税

《财政部 国家税务总局关于工伤职工取得的工伤保险待遇有关个人所得税政策的通知》（财税〔2012〕40 号）规定：“一、对工伤职工及其近亲属按照《工伤保险条例》（国务院令第 586 号）规定取得的工伤保险待遇，免征个人所得税。二、本通知第一

条所称的工伤保险待遇，包括工伤职工按照《工伤保险条例》（国务院令第586号）规定取得的一次性伤残补助金、伤残津贴、一次性工伤医疗补助金、一次性伤残就业补助金、工伤医疗待遇、住院伙食补助费、外地就医交通食宿费用、工伤康复费用、辅助器具费用、生活护理费等，以及职工因工死亡，其近亲属按照《工伤保险条例》（国务院令第586号）规定取得的丧葬补助金、供养亲属抚恤金和一次性工亡补助金等。三、本通知自2011年1月1日起执行。对2011年1月1日之后已征税款，由纳税人向主管税务机关提出申请，主管税务机关按相关规定予以退还。”

（七）单位和个人缴纳的住房公积金在个人所得税税前扣除的标准

《财政部 国家税务总局关于基本养老保险费基本医疗保险费失业保险费住房公积金有关个人所得税政策的通知》（财税〔2006〕10号）第二条规定：“根据《住房公积金管理条例》《建设部 财政部 中国人民银行关于住房公积金管理若干具体问题的指导意见》（建金管〔2005〕5号）等规定精神，单位和个人分别在不超过职工本人上一年度月平均工资12%的幅度内，其实际缴存的住房公积金，允许在个人应纳税所得额中扣除。单位和职工个人缴存住房公积金的月平均工资不得超过职工工作地所在设区城市上一年度职工月平均工资的3倍，具体标准按照各地有关规定执行。单位和个人超过上述规定比例和标准缴付的住房公积金，应将超过部分并入个人当期的工资、薪金收入，计征个人所得税。”

（八）商业健康保险个税税前扣除政策

财税〔2017〕39号文件第四条规定，取得工资薪金所得或连续性劳务报酬所得的个人，自行购买符合规定的商业健康保险产品的，应当及时向代扣代缴单位提供保单凭证。扣缴单位自个人提交保单凭证的次月起，在不超过200元/月的标准内按月扣除。一年内保费金额超过2400元的部分，不得税前扣除。个体工商户业主、企事业单位承包承租经营者、个人独资和合伙企业投资者自行购买符合条件的商业健康保险产品，在不超过2400元/年的标准内据实扣除。一年内保费金额超过2400元的部分，不得税前扣除。个人购买商业健康保险未获得税优识别码的，其支出金额不得税前扣除。

（九）个人实际领（支）取原提存的基本养老保险金、基本医疗保险金、失业保险金和住房公积金时，免征个人所得税

根据《财政部 国家税务总局关于基本养老保险费基本医疗保险费失业保险费住房公积金有关个人所得税政策的通知》（财税〔2006〕10号）的规定，个人实际领（支）取原提存的基本养老保险金、基本医疗保险金、失业保险金和住房公积金时，免征个人所得税。

二、社会保险费涉及企业所得税处理

（一）“五险一金”

企业依照国务院有关主管部门或省级人民政府规定的范围和标准为职工缴纳的“五险一金”，即基本养老保险费、基本医疗保险费、失业保险费、工伤保险费、生育保险费等基本社会保险费和住房公积金，准予在企业所得税前扣除。

（二）补充养老和补充医疗保险

企业为在本企业任职或受雇的全体员工支付的补充养老保险费、补充医疗保险费，分别在不超过职工工资总额5%标准内的部分，准予扣除。超过部分，不得扣除。

（三）特殊商业保险

企业依照国家有关规定为特殊工种职工支付的人身安全保险费和符合国务院财政、税务主管部门规定可以扣除的商业保险费准予扣除。

三、税务机关征收社保费的政策规定

（一）用人单位自行申报、按时足额缴纳社会保险费

1. 自行申报

用人单位在申请办理社会保险费登记之后，应当在每月5日前自行向税务机关申报应当缴纳的社会保险费数额。报送资料包括社会保险申报表、代扣代缴明细表以及

税务机关规定的其他资料。

在税务机关核定用人单位申报社会保险费数额过程中，对用人单位申报资料齐全、缴费基数和费率符合规定、填报数量关系一致的申报，税务机关应当及时签章核准；对不符合规定的申报表，税务机关应当及时提出审核意见，并退回用人单位进行修改，用人单位依法修改后重新报送，社会保险经办机构再次审核；对不能即时审核的社会保险费申报表，税务机关应当在收到用人单位申报表和有关资料 2 日内审核完毕。即结果分为两种：一种是核准，一种是要求用人单位进行修改后重新报送。

2. 按时足额缴纳社会保险费

用人单位完成社会保险费申报工作后，应当按照税务机关核定的应当缴纳社会保险费的数额，按时足额向税务机关缴纳社会保险费，即用人单位应当在被核定缴纳社会保险费数额后 3 日内缴纳社会保险费。职工应当缴纳的社会保险费由用人单位代扣代缴，职工本人无须亲自到税务机关缴纳社会保险费。

3. 非因不可抗力等法定事由，用人单位不得缓缴、减免社会保险费

用人单位应缴纳社会保险费，如果没有出现不可抗力等法定事由，不得缓缴，也不得减免。第一，社会保险实行缴纳社会保险费与享受社会保险待遇相对应的原则。依法缴纳社会保险费是用人单位及其职工个人应尽的法律义务，更是劳动者享受社会保险待遇的先决条件。如果用人单位不履行缴纳社会保险费的义务，用人单位的职工就不能享受社会保险待遇。如果没有法定事由缓缴或者减免了社会保险费，就会影响劳动者享受社会保险待遇的资格和条件，这本身是参加社会保险的广大职工所不认可的。第二，我国当期收缴的社会保险费大部分用于支付当期的社会保险待遇。在这种情况下，如果随意延期缴费或者减免社会保险费，势必会减少社会保险费收入，在某些地方，将直接影响社会保险待遇的按时足额发放，当然，近些年，各项社会保险基金都出现了大量结余，短期看，这一问题并不突出，但从长远来看，伴随人口老龄化的日益加剧、社会保险待遇水平的不断提高、经济发展的不确定性增加等，我国的社会保险基金仍然面临着非常大的压力。因此，没有不可抗力等法定事由，用人单位延期缴费或者税务机关减免社会保险费的做法都是违法的，应当依法承担相应的责任。

（二）灵活就业人员可以直接向税务机关缴纳社会保险费

无雇工的个体工商户、未在用人单位参加社会保险的非全日制从业人员以及其他灵活就业人员，不需要通过用人单位，可以直接向税务机关缴纳有关的社会保险费。

（三）税务机关应当依法按时足额征收社会保险费，并将缴费情况定期告知用人单位和个人

1. 税务机关应当依法按时足额征收社会保险费

社会保险费的征收不仅涉及用人单位和劳动者，而且涉及税务机关，只有双方共同努力，协调配合，才能做好社会保险费的征收工作。社会保险法第一次提出，税务机关同样有义务依法按时足额征收社会保险费。这就从法律上规定了不仅用人单位和劳动者有履行缴纳社会保险费的义务，而且税务机关也有履行按时足额征收社会保险费的义务，从而从管理方与被管理方两个方面对征收社会保险费作了明确规定。这样，也是为了避免税务机关在征收工作中的不作为，保证社会保险费按时足额征收。

2. 税务机关应当将缴费情况定期告知用人单位和个人

社会保险法在规定用人单位应当将缴纳社会保险费的情况告知本人的前提下，明确要求税务机关有义务将用人单位和劳动者缴纳社会保险费的情况定期告知用人单位和个人。

第二十九章
社会保险费的风险识别

第一节　社会保险费征收风险

国务院会议确定，非税收入和社会保险费逐步交由税务机关征收。从现有情况看，社会保险费交由税务机关征收，各省进度不一。

一、用工分类与社保缴纳要求

《中华人民共和国社会保险法》规定：

第二条　国家建立基本养老保险、基本医疗保险、工伤保险、失业保险、生育保险等社会保险制度，保障公民在年老、疾病、工伤、失业、生育等情况下依法从国家和社会获得物质帮助的权利。

第四条　中华人民共和国境内的用人单位和个人依法缴纳社会保险费，有权查询缴费记录、个人权益记录，要求社会保险经办机构提供社会保险咨询等相关服务。

个人依法享受社会保险待遇，有权监督本单位为其缴费情况。

对于缴费比例较大的基本养老保险、基本医疗保险的缴纳要求如表列示：

身份	用工单位	个人
职工（雇佣关系）	强制缴纳	强制缴纳
无雇工的个体工商户		可以参加，个人支付
未在用人单位参加基本养老保险的非全日制从业人员		同上
其他灵活就业人员		同上

对于上表中职工、灵活就业人员、非全日制从业人员的解释，可以借鉴《中华人民共和国社会保险法释义》的内容，下面为基本养老保险条款中的解读。

（1）职工

以职工身份参保的，由用人单位和职工个人共同缴纳基本养老保险费。

解读：1991年《国务院关于企业职工养老保险制度改革的决定》（国发〔1991〕33号）建立了由用人单位和职工共同缴费的制度。1995年《国务院关于深化企业职工养老保险制度改革的通知》（国发〔1995〕6号）坚持了这一制度，1997年《国务院关于建立统一的企业职工基本养老保险制度的决定》（国发〔1997〕26号）进一步完善了这项制度。目前规定的缴费比例是，用人单位按工资总额的16%缴费（之后有调低缴费比例的可能，如2020年支持新冠病毒疫情防控政策，减免企业缴费部分），职工个人按本人工资的8%缴费。社会保险法将这一制度用法律的形式确定下来。

（2）灵活就业人员

以灵活就业人员身份参保的，由个人按照国家规定缴纳基本养老保险费。灵活就业人员可以参加职工基本养老保险。

解读：《国务院关于完善企业职工基本养老保险制度的决定》（国发〔2005〕38号）规定，城镇个体工商户和灵活就业人员参加基本养老保险的缴费基数为当地上年度在岗职工平均工资，缴费比例为20%，其中8%记入个人账户，退休后按企业职工基本养老金计发办法计发基本养老金。

灵活就业，是与正规就业相对而言的就业状态。按照有关政策文件的规定，主要是指在劳动时间、收入报酬、工作场所、保险福利、劳动关系等方面不同于建立在工业化和现代工厂制度基础上的传统主流就业方式的各种就业形式的总称。灵活就业的形式主要有以下几种类型：

①非正规部门就业，即劳动标准、生产组织管理及劳动关系运作等均达不到一般企业标准的用工和就业形式。例如，家庭作坊式的就业。

②自雇型就业，有个体经营和合伙经营两种类型。

③自主就业，如自由职业者、自由撰稿人、个体演员、模特、独立的中介服务工作者等。

④临时就业，如家庭小时工、街头小贩、其他类型的打零工者。

（3）非全日制从业人员

非全日制从业人员是指与用人单位依法订立非全日制劳动合同的劳动者。

解读：根据《中华人民共和国劳动合同法》规定，非全日制用工是指以小时计酬为主，劳动者在同一用人单位一般平均每日工作时间不超过4小时，每周工作时间累计不超过24小时的用工形式。本法规定“未在用人单位参加社会保险的非全日制从业人员”可以参加职工基本养老保险、基本医疗保险，因为按照《中华人民共和国劳动合同法》的规定，非全日制从业人员也属于职工，一般来说，他们也应像全日制职工一样在所在单位参加社会保险。但考虑到有的非全日制职工可能在同一单位就业很短时间，比如一个月都不到，有的还与多个用人单位订立非全日制劳动合同。因此，这样的非全日制从业人员可以按自由职业者的身份参加职工基本养老保险、基本医疗保险。

进一步梳理用工关系，关于相关人员是否缴纳社保的要求如表列示：

类型	描述	说明
股东	如果在被投资企业任职的需要缴纳社保	只是投资关系的，不构成用工关系，不存在社保缴纳，可以自己进行缴纳
合伙人、个人独资企业投资人	自雇型的，可以由本人缴纳，不需要由经营主体缴纳	在计算经营所得时，如果个人没有综合所得，可以在经营所得中扣除社保支出
劳务报酬	是服务关系，不存在职工关系	劳务报酬与工资薪金的区别有时存在实质性的认识不同
劳务派遣人员	属于派遣单位的职工，不需要接受派遣方缴纳社保费	多有存在派遣方未合规缴纳，甚至编造虚假人名的情形

二、法律风险

常见的社保违规涉及的法律风险和危害结果，如下表所示：

<table>
<tr><th>风险种类</th><th>风险来源</th><th>危害结果</th></tr>
<tr><td rowspan="4">行政处罚</td><td>用人单位未按时足额缴纳社保费</td><td>自欠缴之日起，按日加收万分之五的滞纳金；逾期不缴纳的，由有关行政部门处欠缴数额 1 倍以上 3 倍以下罚款</td></tr>
<tr><td>逾期拒不缴纳社保费、滞纳金</td><td>可以申请人民法院强制执行</td></tr>
<tr><td>伪造、变造社保材料的</td><td>核定征收社保、加处滞纳金，对直接负责人员处以 5 千元以上 2 万元以下罚款</td></tr>
<tr><td>用发票冲抵员工工资、奖金</td><td>对纳税人偷税的，由税务机关追缴其不缴或少缴的税款、滞纳金，并处不缴或少缴的税款 50% 以上 5 倍以下罚款</td></tr>
<tr><td rowspan="3">民事风险</td><td>员工主动放弃社保</td><td>员工到劳动部门投诉企业未依法为劳动者缴纳社保费，企业须支付经济补偿</td></tr>
<tr><td>试用期不缴纳社保</td><td>员工可以要求经济补偿</td></tr>
<tr><td>低于社保缴费基数申报</td><td>经济补偿</td></tr>
<tr><td rowspan="2">刑事处罚</td><td rowspan="2">非法购买发票、持有发票</td><td>涉嫌虚开增值税专用发票罪（1 万起刑），负责人拘役、15 年以下有期徒刑直至无期</td></tr>
<tr><td>情节严重构成犯罪的，个人处管制、拘役、7 年以下有期徒刑</td></tr>
</table>

需要注意的是内退员工、非全日制用工，虽然理论上可以只缴纳工伤保险，但在社保实务中，企业不能单独为非全日制用工的劳动者缴纳工伤保险费，社保系统不允许单独缴纳工伤保险。

三、信用风险

根据《关于对社会保险领域严重失信企业及其有关人员实施联合惩戒的合作备忘录》的通知（发改财金〔2018〕1704 号）和《社会保险领域严重失信“黑名单”管理暂行办法（征求意见稿）》的规定，对社保领域严重失信人员将由中央各部委、国务院各局委等部门进行联合惩戒。

（一）联合惩戒对象

联合惩戒对象，是指人力资源社会保障部、税务总局和医疗保障局会同有关部门确定的违反社会保险相关法律、法规和规章的企事业单位及其有关人员，其严重失信、失范行为主要包括以下情形：

1. 用人单位未按相关规定参加社会保险且拒不整改的；

2. 用人单位未如实申报社会保险缴费基数且拒不整改的；

3. 应缴纳社会保险费却拒不缴纳的；

4. 隐匿、转移、侵占、挪用社会保险费款、基金或者违规投资运营的；

5. 以欺诈、伪造证明材料或者其他手段参加、申报社会保险和骗取社会保险基金支出或社会保险待遇的；

6. 非法获取、出售或变相交易社会保险个人权益数据的；

7. 社会保险服务机构违反服务协议或相关规定的；

8. 拒绝协助社会保险行政部门、经办机构对事故和问题进行调查核实的；拒绝接受或协助税务部门对社会保险实施监督检查，不如实提供与社会保险相关各项资料的；

9. 其他违反法律法规规定的。

（二）惩戒措施

1. 限制招录（聘）失信人为公务员或事业单位工作人员，实施单位：中央组织部、人力资源社会保障部等相关部门。

2. 将失信企业列为重点监督检查对象，增加社会保险监督检查和稽核的频次，再次发现有社会保险违法违规行为的，延长公示期限，实施单位：人力资源社会保障部、税务总局、医疗保障局。

3. 限制失信企业参与社会保险业务合作项目，实施单位：人力资源社会保障部等相关部门。

4. 限制失信主体办理社会保险业务的便捷性，实施单位：人力资源社会保障部等相关部门。

5. 依法限制失信企业申请财政补助补贴性资金和社会保障资金支持，实施单位：

国家发展改革委、财政部、人力资源社会保障部及相关部门。

6. 依法限制失信企业作为供应商参加政府采购活动，实施单位：财政部。

7. 依法将失信信息作为选择基础设施和公用事业特许经营等政府和社会资本合作项目合作伙伴的重要参考因素，限制失信主体成为项目合作伙伴，实施单位：国家发展改革委、财政部。

8. 将失信信息作为证券公司、基金管理公司及期货公司的设立及股权或实际控制人变更审批或备案，私募投资基金管理人登记、重大事项变更以及基金备案的参考；将失信信息作为公司债券审核或备案的参考；对存在失信记录的相关主体在上市公司或者非上市公众公司收购的事中事后监管中予以重点关注，实施单位：国家发展改革委、证监会。

9. 在股票、可转换债券发行审核及在全国中小企业股份转让系统挂牌公开转让审核中，将失信信息作为参考，实施单位：证监会。

10. 对存在失信记录的相关主体在证券、基金、期货从业资格申请中予以从严审核，对已成为证券、基金、期货从业人员的相关主体予以重点关注，实施单位：证监会。

11. 将失信信息作为非上市公众公司重大资产重组审核的参考，实施单位：证监会。

12. 将失信信息作为基金销售资格审批的参考，实施单位：证监会。

13. 将违法失信信息作为审核或注册公司信用类债券的重要参考，实施单位：国家发展改革委、人民银行。

14. 将失信企业及其有关人员的失信信息纳入金融信用信息基础数据库，为金融机构融资授信提供重要参考，实施单位：人民银行。

15. 依法限制失信企业设立融资性担保公司；依法限制失信相关责任人任职融资性担保公司或金融机构的董事、监事、高级管理人员。将失信信息作为证券公司、基金管理公司及期货公司的董事、监事和高级管理人员及分支机构负责人任职审批或备案的参考，实施单位：银保监会、证监会、工业和信息化部、财政部、市场监管总局等相关部门以及地方政府确定的融资性担保公司监管机构。

16. 将失信企业相关信息作为设立保险公司审批参考，作为保险中介业务许可和保险专业中介机构变更股权、实际控制人备案的参考；依法限制失信企业及失信企业（企事业单位）的法定代表人、主要负责人、影响债务履行的直接责任人员、实际控制人支付高额保费购买具有现金价值的保险产品，实施单位：银保监会。

17. 将失信企业相关信息作为设立商业银行或分行、代表处以及参股、收购商业银行的审批时审慎性参考依据，实施单位：银保监会。

18. 将失信信息作为境内上市公司实行股权激励计划或相关人员成为股权激励对象事中事后监管的参考，实施单位：证监会、国资委、财政部。

19. 在合格境外机构投资者、合格境内机构投资者额度审批和管理中，将失信状况作为审慎性参考依据，实施单位：外汇局。

20. 在融资授信时查询拟授信对象及其法定代表人、实际控制人、董事、监事、高级管理人员是否为失信责任主体，对拟授信对象为失信责任主体的从严审核，实施单位：人民银行、银保监会。

21. 限制严重失信行为有关责任人乘坐飞机、列车软卧、轮船二等以上舱位、G字头动车组列车全部座位、其他动车组一等以上座位等非生活和工作必须的消费行为，实施单位：交通运输部、民航局、铁路总公司等相关部门。

22. 将相关机构及其法人代表、实际控制人、董事、监事、高级管理人员等失信责任主体状况作为优惠性政策支持的审慎性参考，实施单位：国家发展改革委、商务部、海关总署、税务总局、市场监管总局。

23. 对失信企业在取得政府供应土地方面依法予以限制或禁止，实施单位：自然资源部。

24. 依法限制失信企业参与工程建设项目招标投标，实施单位：国家发展改革委、工业和信息化部、住房城乡建设部、交通运输部、水利部、商务部、国际发展合作署、民航局、铁路总公司。

25. 依法限制失信企业受让收费公路权益，实施单位：交通运输部。

26. 失信企业申请适用海关认证企业管理的，海关不予通过认证；已经成为认证企业的，按照规定下调企业信用等级，实施单位：海关总署。

27. 在失信企业申请办理相关海关业务时，对其进出口货物实施严密监管，加强布控查验、后续稽查或统计监督核查，实施单位：海关总署。

28. 失信责任主体为个人的，依法限制其担任国有独资公司法定代表人、董事、监事及国有资本控股或参股公司法定代表人、董事、监事及国有企业的法定代表人、高级管理人员；已担任相关职务的，提出其不再担任相关职务的意见，实施单位：中央组织部、国资委、财政部等相关部门。

29. 失信责任主体为个人的，依法限制登记为事业单位法定代表人。失信责任主体是机构的，该机构法定代表人依法限制登记为事业单位法定代表人，实施单位：中央编办。

30. 将失信企业和以失信责任主体为法定代表人、实际控制人、董事、监事、高级管理人员的单位，作为重点监管对象，加大日常监管力度，提高随机抽查的比例和频次，并可依据相关法律法规对其采取行政监管措施，实施单位：相关市场监管、行业主管部门。

31. 通过主要新闻网站向社会公布失信责任主体信息，实施单位：中央网信办。

32. 对于机关、企事业单位、社会团体或其领导成员为失信单位或个人的，不得参加文明单位、道德模范等各类评选表彰，已经取得荣誉称号的予以撤销，实施单位：各地文明办。

四、数据对比分析风险

税务机关掌握着纳税人缴纳社保的“大数据”，即工资收入基数。员工的工资，基本上支付属实，在现行个税法下需要全员全额明细申报。因此，只要税务机关将两个数据的基数作校验比对，企业不得不按照《中华人民共和国社会保险法》的规定，补缴或改为合规缴纳。

下面结合现行个税法规定的所得类型，简要分析一下需要缴纳社保的所得类型：

序号	所得类型	是否缴纳社保	风险分析
1	工资、薪金所得（不完全是会计上列支的职工工资）	是	要注意与会计、企业所得税列支的工资薪金的差异分析
2	劳务报酬所得	否	要注意以劳务的形式，实为雇佣关系的用工形式，导致企业与员工之间的争议

续表

3	稿酬所得	否	个别企业有员工取得本单位的稿酬所得并以此来计缴个税，不属于工资薪金计缴社保基数
4	特许权使用费所得	否	
5	经营所得	否	自雇者可以自己缴纳
6	利息、股息、红利所得	否	
7	财产租赁所得	否	员工租赁车辆为单位使用，不属于计缴社保的基数
8	财产转让所得	否	
9	偶然所得	否	

在现行个税法下，员工的“三险一金”与单位的“五险一金”通常是在预扣预缴时就扣除的，年度汇算清缴的时候，个人要把数据录入，完成申报。

第二节 挂靠单位缴纳社保风险案例

一、挂靠单位缴纳社保刑事判决书

（一）广州李某医保诈骗案

杭州市上城区人民法院刑事判决书（案号：〔2017〕浙0102刑初2号）主要内容：2011年4月，被告人李某某在明知自己不符合杭州市医保参保资格的情况下，通过赵某以挂靠杭州浩室家具有限公司的方法违规办理出医保卡，并由赵某为其支付应由本人缴纳的医保费用。同年8月至10月，被告人李某某使用违规办理的医保卡就诊配药，并将自己的医保卡提供给赵某空刷诊疗费用。

判决如下：一、被告人李某某犯诈骗罪，判处有期徒刑一年二个月，缓刑一年六个月，并处罚金人民币6000元。二、退缴在案的赃款人民币10000元发还被害单位杭州市医疗保险管理服务局，对其余违法所得 45873.56 元继续予以追缴。

（二）珠海冯某生育保险诈骗案

广东省珠海市香洲区人民法院刑事判决书（案号：〔2014〕珠香法刑初字第 2422 号），主要内容：2013 年 10 月，被告人冯某因自己怀有双胞胎，为得到高额医疗保险，于是让唐家新华餐厅停止为其续保。自 2013 年 11 月起至 2014 年 1 月止，被告人冯某虚构工作关系在珠海市唐家俏丽理发店工作，虚构每月缴费工资为人民币 11800 元挂靠唐家俏丽理发店在珠海市人力资源与社会保障局继续参保。被告人冯某于 2013 年 12 月剖宫产下双胞胎，并享受珠海市人力资源与社会保障局支付的生育津贴共计人民币 62557.16 元，后停止参保，并于 2014 年 2 月又挂靠在珠海骏兴大骨头餐厅参保。2014 年 3 月 6 日，被告人冯某主动将人民币 62577.16 元退回珠海市社会保险基金管理中心。珠海市人力资源与社会保障局于 2014 年 5 月 6 日报案。2014 年 5 月 26 日，被告人冯某主动到公安机关投案自首。

判决如下：被告人冯某犯诈骗罪，判处有期徒刑一年，缓刑二年，并处罚金人民币一万五千元。

二、法律依据和立法解释

2014 年 4 月 24 日，第十二届全国人民代表大会常务委员会第八次会议通过关于《中华人民共和国刑法》第二百六十六条的解释规定，以欺诈、伪造证明材料或者其他手段骗取养老、医疗、工伤、失业、生育等社会保险金或者其他社会保障待遇的，属于刑法第二百六十六条规定的诈骗公私财物的行为。

三、判刑标准和刑法规定

《刑法》第二百六十六条规定，诈骗公私财物，数额较大的，处三年以下有期徒刑、拘役或者管制，并处或者单处罚金；数额巨大或者有其他严重情节的，处三年以上十年以下有期徒刑，并处罚金；数额特别巨大或者有其他特别严重情节的，处十年以上有期徒刑或者无期徒刑，并处罚金或者没收财产。

四、分析及总结

（一）挂靠冲击社保征缴体制

根据《社会保险法》第十条、第二十三条、第三十三条、第四十四条、第五十三条等规定，职工应当参加基本养老保险、基本医疗保险、工伤保险、失业保险、生育保险五险。而所谓的“职工”，根据《劳动法》规定，必须是与用人单位建立劳动关系的劳动者。即：必须是用人单位的职工才可在用人单位参加社会保险。否则，即为违法。

（二）自由职业者的社保选择

上述《社会保险法》及相关政策性文件规定，没有用人单位的相关人员可以通过参加城乡居民基本养老保险、城乡居民基本医疗保险及灵活就业人员通道缴纳养老保险、医疗保险。但因其无用人单位参与社保缴纳，仅有条件的社区补贴或村集体补助和国家补助，一般无法达到在企业正常上班能获得的高社保待遇。另外，无用人单位的相关人员无参加失业保险、工伤保险的必要。而对于生育保险，因生育保险与医疗保险合并还在试点推进中，无用人单位的相关人员的生育保险应只能在局部地区可以享受。

（三）挂靠形式不符合社保法规定

为了多拿到保险待遇，部分人员会通过向挂靠企业上交费用的形式缴纳社会保险。如案例二通过挂靠其他企业以更高基数缴纳医疗保险以便享受更多医疗保险，这是法律及政策规定明令禁止的。具体可见：《人力资源社会保障部 公安部关于加强社会保险欺诈案件查处和移送工作的通知》（人社部发〔2015〕14 号）。

（四）特殊人群的社保规定

常见的养老保险年限即将到期时失业或放弃就业，通过挂靠企业完成“最后阶段”的社保缴纳义务的情形，国家层面是有法律及政策规定的，即：《社会保险法》第十六条规定，参加基本养老保险的个人，达到法定退休年龄时累计缴费不足十五年的，可以缴费至满十五年，按月领取基本养老金；也可以转入新型农村社会养老保险或者城镇居民社会养老保险，按照国务院规定享受相应的养老保险待遇。具体程序可参见《城乡养老保险制度衔接暂行办法》（人社部法〔2014〕17号）等规定，要通过正规途径，而非挂靠违法方式去完成。

第三节 建筑工人实名制的社保风险

随着推进建筑用工实名制的步伐加快，各地社保联网工作也在稳步进行中。实名制与社保联网相结合，实现数据共享，由此也产生了较大的风险。

一、推进“实名制”

2018年5月，住建部公布了《建筑工人实名制管理办法（征求意见稿）》，明确提出：

（一）项目用工必须核实建筑工人合法身份证明，必须签订劳动合同，并明确工资发放方式。

（二）2020年1月1日起，未在全国建筑工人管理服务信息平台上登记，且未经过基本职业技能培训的建筑务工人员不得进入施工现场，且建筑企业不得聘用。

二、先行试点省份推行情况

目前，河南、广东、陕西已正式下发文件，推进建筑用工实名制，同时也基本实现了省内社保联网，直指挂靠、挂证乱象。

（一）河南省

2018年3月，河南省住建厅印发《关于在全省房屋建筑和市政基础设施工程建设领域推行劳务用工实名制管理的通知》：

1. 4月1日起，依法取得施工许可的在建房屋建筑和市政基础设施工程，必须实行建筑劳务实名制管理；

2. 新开工的建筑规模 3 万平方米以上或投资规模 5000 万元以上的项目，必须加装考勤设备、建立电子台账并进行动态管理；

3. 施工现场人员出入施工区域，必须刷卡或其他实名识别方式进行考勤；

4. 实名制管理所需费用列入工程安全文明措施费。

2018 年 7 月，河南省住建厅、人社厅联合印发了《关于做好住房城乡建设系统有关企业社保缴纳情况联网查询工作的通知》，要求全省社保缴费查询接口开发、上线，并与省住房城乡建设厅进行联网查询对接，计划于 2018 年 7 月完成。建筑企业办理资质申报（审批）、核发安全生产许可证时，要核实社保缴纳证明。

（二）广东省

2018 年 3 月，广东省住建厅在《关于印发房屋建筑和市政基础设施工程用工实名管理暂行办法的通知》中提出：

1. 2018 年 5 月 1 日起，施行用工实名制。在核发建筑工程施工许可证时，为每个项目分配一个实名管理系统账号。

2. 实名管理信息将作为查在岗履职，认定项目是否存在转包、违法分包的依据。实名管理对象包括建筑项目负责人、现场管理人员和作业工人。

3. 实名管理系统与“建筑市场监管公共服务平台”对接，实现实名管理与企业资质动态监管、个人从业资格和建筑市场信用体系建设信息共享。

广东省的通知明确了一个重要动向，就是“实名管理信息将作为查在岗履职，认定项目是否存在转包、违法分包的依据”。

2018 年 3 月，住建部复函同意《广东省建筑业企业资质管理“放管服”改革试点方案》，提出“构建数据共享平台，与工商、人社部门加强合作，获取人员劳动合同和社保缴纳情况等信息”。一旦实现信息共享，主管部门将具有快速查处“挂证”的能力，证书注册单位与社保缴纳单位不一致的情况将被遏制。对证书注册单位和社保缴纳单位一致的“挂证”，通过检查实名管理信息、现场出勤情况等方式进行查处。实行“刷脸考勤”后，通过数据联网，可实时在线比对项目负责人是否为真实备案人员。

三、社保联网核查挂证

（一）风险问题

为杜绝“挂证”现象，各地陆续举行执业考试。河南省郑州市在执业考试资格审查试点中，通过社保管理平台核实考生的社保信息与报名单位是否一致。结果，“一摸”考试审核通过率仅为15.5%，“二摸”考试审核通过率为18.4%。甚至还出现社保缴纳单位“经核实是中介机构”的现象。

审核未通过的主要原因有：

1. 注册地址查无此单位；
2. 注册信息查无此单位；
3. 该公司查无此人；
4. 毕业年限不符合要求；
5. 联系不到公司，无法核实；
6. 工作经历不属实；
7. 公司不能提供有效证明资料。

（二）问题分析

1. 目前查询到的数据显示，河南省有一级注册建造师3万多人，二级注册建造师12万余人，再加上其他执业注册证书，基数较大。

2. 人数众多，先行试点是必要的。郑州作为省会城市，首次在资格审查中审核社保信息，“一摸”审核通过率仅为15.5%。

3. 2017年，人社部会同住房城乡建设部、环境保护部，全面排查“挂证”问题，并提出要实现由“不敢挂”“不能挂”到“不愿挂”的转变。

第四节　社会保险费筹划误区

降低社保缴纳的路径很多，最终均以避开工资薪金的形式来实现。在实务当中，部分人力、会计或法律服务机构提供的解决方案，就是通过避开工资薪金的形式来降低社保的缴纳，但往往在虚假业务上栽跟斗。在筹划过程中，我们应有效识别相关风险与企业发展充分有效结合，而不是完全基于规避社保的目的走入误区。

一、换名法：工资薪金改称为劳务报酬

原个税法下，收入不高的员工更倾向于取得工资薪金而非劳务报酬，原因在于工资薪金的费用扣除额多，适用的税率也较劳务报酬低。现行个税法下，工资薪金是按100%并入综合所得，而劳务报酬是按所得80%并入综合所得，劳务报酬并入综合所得的基数直接降低20%，且扣除项目不受影响。需要注意的是，由于沿用原个税法的税率表与计算方式，劳务报酬预扣预缴不能扣减专项附加扣除等事项，相比工资薪金，劳务报酬前期扣缴的税额较大。

需要注意的风险：

一是劳务报酬不强制缴纳社保与住房公积金，适用的主体应为不需要交纳社保的个人，取得劳务报酬就意味着成了一个“自由职业者”。

二是如发生用工风险等情形，没有工伤保险，单位可能承担更大风险。此时用工单位应考虑额外购买保险，以防范意外事故。

三是举报风险。由于用工事实存在，很容易被认定为事实用工关系，当发生用工矛盾时，个人举报单位是常见现象。即使此前单位与员工签订了所谓的同意书之类，也不产生法律效力。

四是自由用工风险。单位使用人员仍需考虑其稳定性，确定为劳务服务关系时，员工可以随时离开，对企业的稳定性产生不利影响。对于未来准备上市的企业，如果不履行企业的法律义务、社会义务，不利于其公众形象。

二、代替法：用“非全日制”代替“全日制”用工

有些企业试图通过“非全日制”用工代替流动性较大的“全日制”用工，以规避社保缴纳。

需要注意的风险：

1. 从事“非全日制”工作的劳动者应当参加基本养老保险，原则上参照个体工商户的参保办法执行；

2. 从事“非全日制”工作的劳动者可以个人身份参加基本医疗保险，并按照待遇水平与缴费水平相挂钩的原则，享受相应的基本医疗保险待遇；

3. 用人单位应当按照国家有关规定为建立劳动关系的“非全日制”劳动者缴纳工伤保险费。

根据《中华人民共和国劳动和社会保障部关于非全日制用工若干问题的意见》（劳社部发〔2003〕12号）的规定，在符合“非全日制”用工条件下，需要为其缴纳“工伤保险”。如果将“全日制”员工按照“非全日制”用工处理，企业还会面临员工向劳动部门投诉的风险。

三、改身份：让“正式员工”变成“临时工”

在用工模式上，一些特殊行业会出现流动性大、成本高、技术含量低等情况，如：单位的专职司机、餐饮行业的服务人员、酒店业和物业公司的保洁人员等，对于这些特殊人员，部分企业不愿意为其购买社保。

需要注意的风险：

根据《劳动部办公厅对〈关于临时工等问题的请示〉的复函》（劳办发〔1996〕238号）第一条提及关于是否还保留“临时工”的提法问题。《劳动法》施行后，所有用人单位与职工全面实行劳动合同制度，各类职工在用人单位享有的权利是平等的。

因此，对于用人单位而言，传统意义上的临时工名称已不复存在。用人单位如在临时性岗位上用工，应当与劳动者签订劳动合同，并依法为其建立各种社会保险，使其享有相关福利待遇，但在劳动合同期限上有所区别。

四、组合法：调整工资薪金发放口径

基于社保基数的统计口径规定，将工资薪金中的一部分拆分出来作为福利费、差旅补贴之类发放，以避开社保基数统计。

《关于规范社会保险缴费基数有关问题的通知》（劳社险中心函〔2006〕60号）规定了不需并入社保基数的事项：

四、关于不列入缴费基数的项目

根据国家统计局的规定，下列项目不计入工资总额，在计算缴费基数时应予剔除：

（一）根据国务院发布的有关规定发放的创造发明奖、国家星火奖、自然科学奖、科学技术进步奖和支付的合理化建议和技术改进以及支付给予运动员在重大体育比赛中的重奖。

（二）有关劳动保险和职工福利方面的费用。职工保险福利费用包括医疗卫生费、职工死亡丧葬费及抚恤费、职工生活困难补助、文体宣传费、集体福利事业设施费和集体福利事业补贴、探亲路费、计划生育补贴、冬季取暖补贴、防暑降温费、婴幼儿补贴（即托儿补助）、独生子女牛奶补贴、独生子女费、“六一”儿童节给职工的独生子女补贴、工作服洗补费、献血员营养补助及其他保险福利费。

（三）劳动保护的各种支出。包括：工作服、手套等劳动保护用品，解毒剂、清凉饮料，以及按照国务院1963年7月19日劳动部等七单位规定的范围对接触有毒物质、矽尘作业、放射线作业和潜水、沉箱作业、高温作业等五种工种所享受的有劳动保护费开支的保健食品待遇。

（四）有关离休、退休、退职人员待遇的各项支出。

（五）支付给外单位人员的稿费、讲课费及其他专门工作报酬。

（六）出差补助、误餐补助。指职工出差应购卧铺票实际改乘坐席的减价提成归己部分；因实行住宿费包干，实际支出费用低于标准的差价归己部分。

（七）对自带工具、牲畜来企业工作的从业人员所支付的工具、牲畜等的补偿费用。

（八）实行租赁经营单位的承租人的风险性补偿收入。

（九）职工集资入股或购买企业债券后发给职工的股息分红、债券利息以及职工个人技术投入后的税前收益分配。

（十）劳动合同制职工解除劳动合同时由企业支付的医疗补助费、生活补助费以及一次性支付给职工的经济补偿金。

（十一）劳务派遣单位收取用工单位支付的人员工资以外的手续费和管理费。

（十二）支付给家庭工人的加工费和按加工订货办法支付给承包单位的发包费用。

（十三）支付给参加企业劳动的在校学生的补贴。

（十四）调动工作的旅费和安家费中净结余的现金。

（十五）由单位缴纳的各项社会保险、住房公积金。

（十六）支付给从保安公司招用的人员的补贴。

（十七）按照国家政策为职工建立的企业年金和补充医疗保险，其中单位按政策规定比例缴纳部分。

上面提到的出差补贴、福利费等事项，是单位进行筹划的“频发区”。如某员工工资每月 20000 元，其中工资 5000 元，发放福利 15000 元，这明显与现实情况不符，经不起执法部门的检查。

五、拆分法：工资拆分为工资与劳务报酬两项

接上例，某企业员工工资 20000 元，将工资拆分为两项，一项为工资薪金 5000 元，一项为 15000 元的劳务报酬，则将 5000 元作为社保基数，15000 元不作为社保基数。

需要注意的风险：一个人既为单位雇佣，又从单位获取劳务报酬，这不符合基本逻辑。在实际情形中，偶有这样的事项发生，但不会普遍存在。工资包含哪些工作职责，劳务报酬涵盖哪些工作范围，需严格按照规定执行。

六、报销法：降低员工“名义工资”，增加员工费用报销

社保由税务机关征收后，对于未合规缴纳社保的企业而言，成本一定是会增加的，有企业通过降低员工“名义工资”，在一定额度内报销加油费、办公用品等费用，使员工总收入没有减少，只是降低员工缴纳社保的基数，从而实现规避社保缴纳成本的上升。

需要注意的风险：

1. 取得正规有效的发票，需要有真实的业务，否则，便属于“取得虚开发票”，企业存在涉税风险；

2. 根据个人所得税法实施条例相关规定，工资、薪金所得，是指个人因任职或者受雇取得的工资、薪金、奖金、年终加薪、劳动分红、津贴、补贴以及与任职或者受雇有关的其他所得。员工以报销费用形式获得补贴，应计入工资、薪金所得。

3. 单位支付给职工的劳动报酬以及其他根据有关规定支付的工资，不论是计入成本的还是不计入成本的，均应列入工资总额的计算范围。

七、高奖金：降低月度工资发放，增加年度绩效支付

通过降低员工月度工资来规避社保缴纳，在员工全年总收入一定的情况下，提高其年终奖所占比重（或者是年度绩效工资），降低员工每月工资所得。

需要注意的风险：

单位、职工本人缴纳基本养老保险费的基数，原则上以上一年度本人月平均工资为基础，在当地职工平均工资的 60%—300% 的范围内进行核定；参保单位缴纳基本医疗保险、失业保险、工伤保险、生育保险费的基数为职工工资总额，基本医疗保险、失业保险职工个人缴费基数为本人工资，为便于征缴，将上一年度个人月平均工资作为缴费基数。

根据《中华人民共和国劳动和社会保障部关于规范社会保险缴费基数有关问题的通知》（劳社险中心函〔2006〕60 号）的规定，上一年度所有工资收入（包括奖金在内）都计算在社保的核定基数中，而非仅指员工月工资。因此，该筹划是无效的。

八、承诺法：让员工签订“放弃社保缴纳”承诺

部分企业为了规避社保缴纳，加之个别基层员工自身存在生活压力，不愿意扣除社保缴费，企业便与员工签订了员工自愿放弃社保缴纳的承诺协议，以应对劳动部门的检查与未来的劳动纠纷。

需要注意的风险：

《中华人民共和国劳动法》第七十二条规定，社会保险基金按照保险类型确定资金来源，逐步实行社会统筹。用人单位和劳动者必须依法参加社会保险，缴纳社会保险费。

《中华人民共和国劳动合同法》第三十八条规定，用人单位有下列情形之一的，劳动者可以解除劳动合同：（三）未依法为劳动者缴纳社会保险费的；

《中华人民共和国劳动合同法》第四十六条第（一）项规定，劳动者依照本法第三十八条规定解除劳动合同的，用人单位应当向劳动者支付经济补偿金。

按照规定，为员工缴纳社保以及代扣代缴，是企业的法定义务，任何单位和个人不得拒绝，该承诺协议在法律上无效。

九、入职法：每年进行一次员工离职入职

基于社保基数的规定，新进职工（包括大中专毕业生、大学生、研究生等）以其起薪当月的工资收入作为缴费工资基数；自第二年起，按上一年实发工资的月平均工资作为缴费工资基数。

据此，有企业在每年缴纳社保的起始月之前与员工解约，次年再对其进行二次招聘，即每个员工的劳动合同都按照社保基数的周期为基准签订。

对于企业来讲，实际上该员工上年已在本单位工作，无合理理由办理解聘和再次入职实质上构成虚假辞职。

某集团公司下属有多个企业，每一年将企业间人员做辞职互换，由于第一个月没有奖金，可将其工资基数降低，从而达到规避的目的。

正常人员在集团内的调整，是可行的，但大规模地进行调整操作，明显不符合常规。

十、换位法：员工在子公司间互为提供劳务报酬

换位法是换名法的升级版本。如某老板投资了两家子公司 A 和 B，面临社保征管，于是想到筹划方案：A 公司的员工为 B 公司提供劳务，B 公司的员工为 A 公司提供劳务，从而达到规避社保的目的。

需要注意的风险，在该雇佣关系中，企业给员工不发工资或发放小额工资，导致

员工大部分工作时间用于打零工，以取得其他公司的劳务报酬，直接表现为本公司雇佣的员工对公司的业务没有贡献，与事实不符。

十一、代开法：利用第三方人力公司发放部分工资的方法

该方式的操作如下：

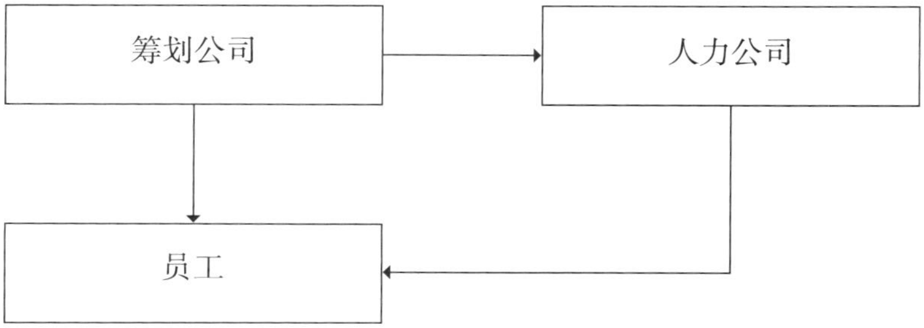

按上述操作，员工月薪20000元，其中筹划公司要给员工发放5000元，某人力公司提出为公司代发15000元，并由人力公司开具发票入账，直接列入成本当中。该操作的风险点在于员工每个月取得两笔工资，但对其中一笔工资的来源无法说明。

《财政部 国家税务总局关于进一步明确全面推开营改增试点有关劳务派遣服务、收费公路通行费抵扣等政策的通知》（财税〔2016〕47号）规定：

（一）纳税人提供人力资源外包服务，按照经纪代理服务缴纳增值税，其销售额不包括受客户单位委托代为向客户单位员工发放的工资和代理缴纳的社会保险、住房公积金。向委托方收取并代为发放的工资和代理缴纳的社会保险、住房公积金，不得开具增值税专用发票，可以开具普通发票。

一般纳税人提供人力资源外包服务，可以选择适用简易计税方法，按照5%的征收率计算缴纳增值税。

结合上面的规定，提供人力资源外包服务的纳税人，可开具增值税专用发票或普通发票给筹划公司。

需要注意的风险：

一是这些人员的成本费用，属于职工薪酬，不能计入别的科目中，否则属于虚假记账。

二是在开具发票的形式上，对于服务费可开具专用发票，而代发的工资部分只能开具普通发票，同时财务人员应合理解释该笔大额费用支出的合理性，具体到该项服务发生的时间、地点及内容，以备税务机关检查。

三是发票开具内容要合规，如果人力公司开具的发票是全额的增值税普通发票或专用发票，则不能适用财税〔2016〕47号文件规定的人力资源外包服务，财务人员在进行抵扣处理时，必须注意发票的真实性。

十二、佣金法：虚假发票风险单位要承担

销售部门是企业经营管理的关键部门，销售人员的工资往往和业绩挂钩，高额的工资待遇代表着高额的社保缴纳基数，同时还有高额的个人所得税。

经常有企业通过降低高管与销售人员“名义工资”，以员工另行开具劳务发票报销的形式，降低社保缴纳成本与个人所得税缴纳数额。

需要注意的风险：

《财政部 国家税务总局关于企业手续费及佣金支出税前扣除政策的通知》（财税〔2009〕29号文）规定：

1. 企业发生与生产经营有关的手续费及佣金支出（也就是劳务费），不超过规定计算限额以内的部分，准予扣除；超过部分，不得扣除；

2. 按与具有合法经营资格中介服务机构或个人（不含交易双方及其雇员、代理人和代表人等）所签订服务协议或合同确认的收入计算限额。

对于同一个公司的同一员工，劳动关系和劳务关系不能并存，即员工不能既取得工资薪金又取得劳务报酬。同时，随着金三系统对于虚假发票的识别能力上升，一旦核实为虚假发票，企业需补缴相应的企业所得税。

十三、小金库：从未入账收入中另行支付工资

某些特定的行业的服务对象大部分为个人消费者，如：餐饮行业、酒店行业、零售行业等，大部分个人消费者在消费时未向商家索取发票，其中一些经营不规范的企业，不将未开具发票的收入合规报税，单独建立起“小金库”。

需要注意的风险：

1. 金三系统的分析系统中包含不同行业的未开票收入比率，未开票收入已纳入大数据的监控之下；

2. 银监部门定期向税务机关传递异常账户信息，大额且频繁交易的私人账户会纳入传递范围。

十四、积分法：第三方公司积分换工资发放的形式

某些机构试图通过福利平台为员工提供节税、减少社保的服务方案，其操作方式一般表现为：

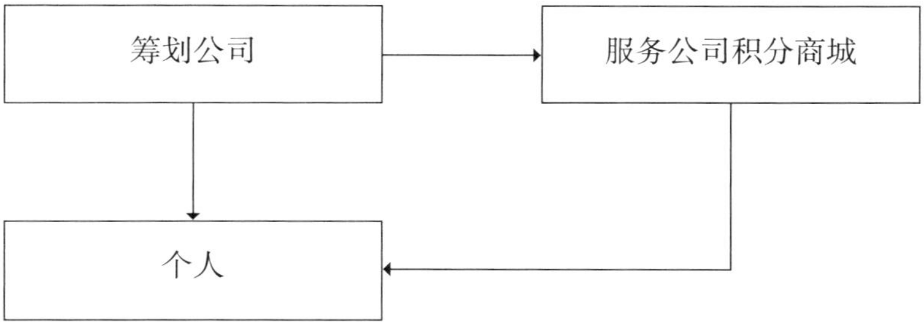

在以上操作中，服务公司仍为筹划公司开具发票，但开具的不是预付卡的不征税发票，而是服务费发票，向对方提供虚假服务，由筹划公司计入成本费用，不再计入工资薪金。但该商城并非代发工资，而是通过员工消费的形式，视为员工得到消费福利。

需要注意的风险：

对照公司与个人签订的劳动合同，该操作相当于个人提供了服务，而由积分商城代开发票，究其业务实质，仍然是虚假交易。

十五、个体户：全体员工变身为个体户在“工作”

个别沿海省份的网络平台提供注册平台，可在异地为员工办理简便电子个体户身份的登记服务，公司再通过这个平台，找到这些个体户来单位工作，比如之前公司招募了 100 个员工，原为员工身份，现在变成 100 个个体户每天为公司提供服务。

在这个方案中，平台最能打动人的宣传点是员工的收入可按个体户的所得核定所

得税，且核定的所得率较低，一举解决了个税和社保的问题。

需要注意的风险：

该方式对于快餐、物流快递的人员有其适用性，但作为企业而言，公司的员工人人都是个体户身份与事实不符。依据《中华人民共和国社会保险法》，除了自雇个体户外，个体户雇佣的人员也是要缴纳社保的。

十六、派遣法：将风险推给劳务派遣公司

目前，劳务派遣公司多有操作不规范之处。用工单位通过劳务派遣公司招聘，仅支付其工资，不承担社保费与住房公积金等的缴纳，劳务派遣公司也不去缴纳，于是形成一个违规用工链条。

这种情形于用人单位具有可行性，但是对于劳务派遣公司来讲，如果要求其为员工缴纳社保，社保成本只能转嫁到用人单位身上，同样不会节约社保成本。

依据《劳务派遣暂行规定》（人力资源和社会保障部令第22号）规定：

第三条　用工单位只能在临时性、辅助性或者替代性的工作岗位上使用被派遣劳动者。

前款规定的临时性工作岗位是指存续时间不超过6个月的岗位；辅助性工作岗位是指为主营业务岗位提供服务的非主营业务岗位；替代性工作岗位是指用工单位的劳动者因脱产学习、休假等原因无法工作的一定期间内，可以由其他劳动者替代工作的岗位。

用工单位决定使用被派遣劳动者的辅助性岗位，应当经职工代表大会或者全体职工讨论，提出方案和意见，与工会或者职工代表平等协商确定，并在用工单位内公示。

第四条　用工单位应当严格控制劳务派遣用工数量，使用的被派遣劳动者数量不得超过其用工总量的10%。

前款所称用工总量是指用工单位订立劳动合同人数与使用的被派遣劳动者人数之和。

计算劳务派遣用工比例的用工单位是指依照劳动合同法和劳动合同法实施条例可以与劳动者订立劳动合同的用人单位。

第十八条　劳务派遣单位跨地区派遣劳动者的，应当在用工单位所在地为被派遣劳动者参加社会保险，按照用工单位所在地的规定缴纳社会保险费，被派遣劳动者按照国家规定享受社会保险待遇。

第十九条　劳务派遣单位在用工单位所在地设立分支机构的，由分支机构为被派遣劳动者办理参保手续，缴纳社会保险费。

劳务派遣单位未在用工单位所在地设立分支机构的，由用工单位代劳务派遣单位为被派遣劳动者办理参保手续，缴纳社会保险费。

需要注意的风险：

根据《劳务派遣暂行规定》，劳务派遣人员的社保并不是在劳务派遣单位所在地缴纳，而是在用工单位所在地。

十七、分身法：企业采取“一份”工资，“两人”领取

企业为了降低社保缴纳基数，将员工工资一分为二，一部分工资由单位发放给员工本人，另一部分工资发放给员工已退休的父母或直系亲属，使该员工已退休的父母成为用人单位的“返聘员工”。用人单位只需以发放给员工的工资作为基数缴纳社保。由于用人单位无需为退休返聘人员缴纳社保，拆分出来的另一部分工资就能免缴社保。

需要注意的风险：

社保核定的基数可以是职工工资总额，也可以是职工个人缴费工资总额基数之和。对采用“分身法”规避社保缴纳的单位和员工，行政执法部门将会严查和重罚。

附录一：现行个人所得税有效政策索引

一、1994 年税改前延用有效的政策

1. 财政部《关于华侨从海外汇入赡养家属的侨汇等免征个人所得税问题的通知》（〔1980〕财税外字第 196 号，1980−10−28）

2. 财政部《关于外国来华工作人员缴纳个人所得税问题的通知》（〔1980〕财税字第 189 号，1980−11−24）

3. 财政部、国家税务总局《关于对外国承包商派雇员来中国从事承包作业的工资、薪金收入征收个人所得税问题的通知》（〔1984〕财税外字第 14 号，1984−1−18）

4. 财政部、国家税务总局《关于对外籍职员的在华住房费准予扣除计算纳税的通知》（〔1988〕财税外字第 21 号，1988−1−20）

5. 国家税务总局《关于外籍人员 ××× 先生的工资、薪金含有假设房租，如何计征个人所得税问题的函》（〔1989〕国税外字第 52 号，1989−3−11）

二、1994 年——2000 年统一个人所得税税制至恢复对储蓄存款利息征税

1. 国家税务总局《关于印发〈征收个人所得税若干问题的规定〉的通知》（国税发〔1994〕89 号，1994−3−31，条款失效）

失效条款：

（1）税率表一、税率表二。

（2）关于纳税人一次取得属于数月的奖金或年终加薪、劳动分红的征税问题。

（3）关于纳税人所得为外国货币如何办理退税和补税的问题。

2. 国家税务总局《关于境外团体或个人在我国从事文艺及体育演出有关税收问题的通知》（国税发〔1994〕106 号，1994–4–21，条款失效）

失效条款：

（1）演出团体凡能够提供完整、准确费用支出凭证的情况。

（2）演出团体不能够提供完整、准确费用支出凭证的情况。

（3）演出团体应缴纳的企业所得税和地方所得税缴纳地点问题。

（4）中方接待单位在对外签订演出或表演合同后缴纳时间问题。

3. 财政部、国家税务总局《关于个人所得税若干政策问题的通知》（财税字〔1994〕20 号，1994–5–13）

4. 国家税务总局、海洋石油税务管理局《关于中国海洋石油总公司取得的服务收入征税问题的通知》（国税油发〔1994〕11 号，1994–5–16）

5. 国家税务总局《关于社会福利有奖募捐发行收入税收问题的通知》（国税发〔1994〕127 号，1994–5–23，条款失效）

失效条款：

营业税和固定资产投资方向调节税自 2016 年 5 月 29 日起停止执行。

6. 国家税务总局《关于曾宪梓教育基金会教师奖免征个人所得税的函》（国税函发〔1994〕376 号，1994–6–29）

7. 国家税务总局《关于外籍个人持有中国境内上市公司股票所取得的股息有关税收问题的函》（国税函发〔1994〕440 号，1994–7–26）

8. 国家税务总局《关于个人对企事业单位实行承包经营、承租经营取得所得征税问题的通知》（国税发〔1994〕179 号，1994–8–1）

9. 国家税务总局《关于有奖储蓄中奖收入征收个人所得税问题的批复》（国税函发〔1995〕98 号，1995–3–13）

10. 国家税务总局《关于印发〈机动出租车驾驶员个人所得税征收管理暂行办法〉的通知》（国税发〔1995〕50 号，1995–3–14，条款修改）

修改条款：

依据国家税务总局令第44号国家税务总局《关于修改部分税务部门规章的决定》，第十二条中“国家税务局、地方税务局”修改为“税务局”。

11. 国家税务总局《关于在中国境内无住所的个人计算缴纳个人所得税若干具体问题的通知》（国税函发〔1995〕125号，1995–3–23，条款废止）

废止条款：

（1）关于个人实际在中国境内、境外工作期间的界定问题。

（2）关于个人在中国境内、境外企业、机构兼任职务取得的工资、薪金如何纳税问题。

（3）关于中国境内企业高层管理职务的界定问题。

（4）境内工作不满全月的个人由境内、境外雇主分别支付工资、薪金的应纳税款计算问题。

12. 财政部、国家税务总局《关于发给见义勇为者的奖金免征个人所得税问题的通知》（财税字〔1995〕25号，1995–8–20）

13. 财政部、国家税务总局《关于误餐补助范围确定问题的通知》（财税字〔1995〕82号，1995–8–21）

14. 财政部、国家税务总局《关于民航空地勤人员的伙食费征收个人所得税的通知》（财税字〔1995〕77号，1995–10–5）

15. 国家税务总局《关于新疆航空公司空勤人员飞行小时费和伙食费收入征收个人所得税的批复》（国税函发〔1995〕554号，1995–10–10）

16. 国家税务总局、文化部《关于印发〈演出市场个人所得税征收管理暂行办法〉的通知》（国税发〔1995〕171号，1995–11–18，条款失效）

失效条款：

第十一条 演职员取得报酬后按法规上交给单位和文化行政部门的管理费及收入分成，可以经主管税务机关确认后在诸应纳税所得额时扣除。

修改条款：

依据国家税务总局令第44号国家税务总局《关于修改部分税务部门规章的决定》，

本法规第三条第二款中“地方税务机关”修改为“税务局”；将第十九条中“地方税务局”修改为“税务局”，并改为第十八条；将第二十条中“文化部”修改为“文化和旅游部”，并改为第十九条。

17. 国家税务总局《关于个人在境外取得博彩所得征收个人所得税问题的批复》（国税函发〔1995〕663 号，1995–12–25）

18. 国家税务总局《关于世界银行、联合国直接派遣来华工作的专家享受免征个人所得税有关问题的通知》（国税函〔1996〕417 号，1996–7–3）

19. 国家税务总局《关于印发〈建筑安装业个人所得税征收管理暂行办法〉的通知》（国税发〔1996〕127 号，1996–7–22，条款失效）

失效条款：

（1）第十一条　在异地从事建筑安装业工程作业的单位，应在工程作业所在地扣缴个人所得税的问题。

（2）第十六条　关于纳税义务人和扣缴义务人违反本办法规定的处罚问题。

20. 国家税务总局《关于印发〈广告市场个人所得税征收管理暂行办法〉的通知》（国税发〔1996〕148 号，1996–8–29，条款失效）

失效条款：

（1）第八条　扣缴人向纳税人支付所得时同时报送资料的问题。

（2）第十一条　扣缴人违反本办法第四条“扣缴人应当在每项广告制作前向所在地主管税务机关报告广告中名义、形象及劳务提供者的姓名、身份证号码（护照号码及国籍）、工作单位（户籍所在地）、电话号码以及支付报酬的标准和支付形式等情况。双方订立书面合同（协议）的，应同时将合同（协议）副本报送上述税务机关。”规定的处罚问题。

（3）第十六条　扣缴人违反本办法第八条规定的处罚问题。

21. 国家税务总局《关于明确单位或个人为纳税义务人的劳务报酬所得代付税款计算公式的通知》（国税发〔1996〕161 号，1996–9–17）

22. 国家税务总局《关于个人所得税偷税案件查处中有关问题的补充通知》（国税函〔1996〕602 号，1996–9–17，条款失效）

失效条款：

（1）关于纳税义务人或扣缴义务人违反税收法律、法规进行偷税的认定。

（2）关于对纳税义务人或扣缴义务人偷税的处理。

（3）在调查个人所得税偷税案件中，对纳税义务人收入取得地和居住地不在同一省级地区的，以纳税义务人、中介人居住地税务机关为主，案件涉及地区的税务机关应积极配合协助。经查证核实后查补的纳税义务人和中介人的税款、滞纳金和罚款，由其向居住地税务机关缴纳入库，其中50%划转给收入取得地的税务机关。

（4）关于扣缴义务人未按法规扣缴税款的处理：扣缴义务人未扣缴或未足额扣缴纳税义务人应纳税款的，根据征收管理法第五章法律责任中第四十七条的法规进行处罚。纳税义务人在取得所得时，未同时获取完税证明或未获取足额的完税证明，根据通告及有关法规，应在次月七日内向税务机关申报收入，对不属于代付税款的，在申报的同时还要缴纳税款。

23. 财政部、国家税务总局《关于体育彩票发行收入税收问题的通知》（财税字〔1996〕77号，1996–11–7）

24. 国家税务总局《关于雇主为其雇员负担个人所得税税款计征问题的通知》（国税发〔1996〕199号，1996–11–8）

25. 国家税务总局《关于个人举办各类学习班取得的收入征收个人所得税问题的批复》（国税函〔1996〕658号，1996–11–13）

26. 国家税务总局《关于外商投资企业的董事担任直接管理职务征收个人所得税问题的通知》（国税发〔1996〕214号，1996–11–21，条款失效）

失效条款：

依据国家税务总局关于明确个人所得税若干政策执行问题的通知（国税发〔2009〕121号），本法规第一条“对于外商投资企业的董事（长）同时担任企业直接管理职务，或者名义上不担任企业的直接管理职务，但实际上从事企业日常管理工作的，应判定其在该企业具有董事（长）和雇员的双重身份，除其取得的属于股息、红利性质的所得应依照国家税务总局《关于外商投资企业、外国企业和外籍个人取得股票（股权）转让收益和股息所得税收问题的通知》（国税发〔1993〕45号）〈已失效〉有关法规免征个人所得税以外，应分别就其以董事（长）身份取得的董事费收入和以雇员身份应取得的工资、薪金所得征收个人所得税。”停止执行。

27. 财政部、国家税务总局《关于国际青少年消除贫困奖免征个人所得税的通知》（财税字〔1997〕51号，1997-3-21）

28. 国家税务总局《关于外籍个人取得有关补贴征免个人所得税执行问题的通知》（国税发〔1997〕54号，1997-4-9）

29. 财政部、国家税务总局《关于个人提供非有形商品推销、代理等服务活动取得收入征收营业税和个人所得税有关问题的通知》（财税字〔1997〕103号，1997-7-21，条款失效）

失效条款：

依据财税〔2009〕61号财政部、国家税务总局《关于公布若干废止和失效的营业税规范性文件的通知》，本法规第一条有关营业税规定失效。

30. 财政部、国家税务总局《关于住房公积金、医疗保险金、养老保险金征收个人所得税问题的通知》（财税字〔1997〕144号，1997-11-7，条款失效）

失效条款：

（1）企业和个人按照国家或地方政府法规的比例提取并向指定金机构实际缴付的住房公积金、医疗保险金、基本养老保险金，不计入个人当期的工资、薪金收入，免予征收个人所得税。超过国家或地方政府法规的比例缴付的住房公积金、医疗保险金、基本养老保险金，应将其超过部分并入个人当期的工资、薪金收入，计征个人所得税。

（2）个人领取提存的住房公积金、医疗保险金、基本养老保险金时，免予征收个人所得税。

31. 国家税务总局《关于个人从事医疗服务活动征收个人所得税问题的通知》（国税发〔1997〕178号，1997-11-25）

32. 国家税务总局《关于股份制企业转增股本和派发红股征免个人所得税的通知》（国税发〔1997〕198号，1997-12-25）

33. 财政部、国家税务总局《关于个人转让股票所得继续暂免征收个人所得税的

通知》（财税字〔1998〕61 号，1998–3–30）

34. 财政部、国家税务总局《关于个人取得体育彩票中奖所得征免个人所得税问题的通知》（财税字〔1998〕12 号，1998–4–27）

35. 国家税务总局《关于原城市信用社在转制为城市合作银行过程中个人股增值所得应纳个人所得税的批复》（国税函〔1998〕289 号，1998–5–15）

36. 国家税务总局《关于盈余公积金转增注册资本征收个人所得税问题的批复》（国税函〔1998〕333 号，1998–6–4）

37. 财政部、国家税务总局《关于对中国科学院中国工程院资深院士津贴免征个人所得税的通知》（财税字〔1998〕118 号，1998–7–2）

38. 财政部、国家税务总局《关于证券投资基金税收问题的通知》（财税字〔1998〕55 号，1998–8–6，条款失效）

失效条款：

根据关于公布《若干废止和失效的营业税规范性文件的通知》（财税〔2009〕61 号），关于营业税问题自 2009 年 1 月 1 日起废止。

39. 国家税务总局《关于印发〈境外所得个人所得税征收管理暂行办法〉的通知》（国税发〔1998〕126 号，1998–8–12，条款失效）

失效条款：

（1）第五条　纳税人的境外所得，包括现金、实物和有价证券。

（2）第十三条　扣缴义务人、代征人所扣（征）的税款，应当在次月 7 日内缴入国库，并向主管税务机关报送扣（征）缴个人所得税报告表以及税务机关要求报送的其他资料。

（3）第十六条　纳税人取得的境外所得为美元、日元和港币的，按照填开完税凭证的上一月最后一日中国人民银行公布的人民币对上述三种货币的基准汇价，折合成人民币计算缴纳税款。

（4）第十七条　在年度终了后自行申报纳税的，对已经按月或者按次预缴税款的外国货币所得，不再重新折算；对应当补缴税款的所得部分，按照上一纳税年度最后一日中国人民银行公布的人民币对美元、日元和港币三种货币的基准汇价，折合成人民币计算应纳税所得额，如所得为三种货币以外的其他货币的，按照上一纳税年度最后一日美元对人民币的基准汇价和国家外汇管理局提供的同日纽约外汇市场美元对主要外币的汇价进行套算折合成人民币计算应纳税所得额。

40. 国家税务总局《关于生活补助费范围确定问题的通知》（国税发〔1998〕155号，1998–9–25）

41. 国家税务总局《关于“长江学者奖励计划”有关个人收入免征个人所得税的通知》（国税函〔1998〕632号，1998–10–27）

42. 国家税务总局《关于社会力量办学征收个人所得税问题的批复》（国税函〔1998〕738号，1998–12–7）

43. 国家税务总局《关于个人所得税有关政策问题的通知》（国税发〔1999〕58号，1999–4–9）

44. 国家税务总局《关于外国企业的董事在中国境内兼任职务有关税收问题的通知》（国税函〔1999〕284号，1999–5–17）

45. 国家税务总局《关于明确残疾人所得征免个人所得税范围的批复》（国税函〔1999〕329号，1999–5–21）

46. 财政部、国家税务总局《关于促进科技成果转化有关税收政策的通知》（财税字〔1999〕45号，1999–5–27）

47. 国家税务总局《关于促进科技成果转化有关个人所得税问题的通知》（国税发〔1999〕125号，1999–7–1）

48. 国家税务总局《关于“特聘教授奖金”免征个人所得税的通知》（国税函〔1999〕525号，1999–8–3）

49. 国家税务总局《关于纠正在征收利息、股息、红利所得个人所得税时扣除同期银行储蓄存款利息做法的通知》（国税发〔1999〕181号，1999–9–28）

50.《对储蓄存款利息所得征收个人所得税的实施办法》（国务院令第272号，1999–9–30）

51. 国家税务总局《关于做好储蓄存款利息所得个人所得税代扣代缴义务人登记工作的紧急通知》（国税发〔1999〕188号，1999–10–8）

52. 国家税务总局《关于印发〈储蓄存款利息所得个人所得税征收管理办法〉的通知》（国税发〔1999〕179 号，1999—10—8）

53. 国家税务总局《关于储蓄存款利息所得征收个人所得税若干业务问题的通知》（国税发〔1999〕180 号，1999—10—8）

54. 财政部、国家税务总局《关于住房公积金、医疗保险金、基本养老保险金、失业保险基金个人账户存款利息所得免征个人所得税的通知》（财税字〔1999〕267 号，1999—10—8）

55. 国家税务总局《关于外籍个人和港澳台居民个人储蓄存款利息所得个人所得税有关问题的通知》（国税发〔1999〕201 号，1999—10—25）

56. 国家税务总局《关于远洋运输船员工资薪金所得个人所得税费用扣除问题的通知》（国税发〔1999〕202 号，1999—10—25，条款废止）

废止条款：

依据《个人所得税法（2018 版）》，本法规第二条“考虑到远洋运输具有跨国流动的特性，因此，对远洋运输船员每月的工资、薪金收入在统一扣除 800 元费用的基础上，准予再扣除税法规定的附加减除费用标准。”条款废止。

57. 国家税务总局《关于〈储蓄存款利息所得扣缴个人所得税报告表〉中有关问题的通知》（国税函〔1999〕699 号，1999—10—25）

58. 国家税务总局《关于加强个人股东账户资金利息所得个人所得税征收管理工作的通知》（国税函〔1999〕697 号，1999—10—25，条款失效）

失效条款：

第二条　1999 年底前，各地税务机关应对辖区内证券公司个人股东账户资金利息所得代扣代缴个人所得税的情况进行一次全面检查，对应扣未扣税款的要按照《中华人民共和国税收征收管理法》的有关规定处理；对尚未办理个人股东账户资金利息所得代扣代缴个人所得税登记手续的证券公司要限期办理或补办有关手续。

59. 国家税务总局《关于储蓄存款利息所得个人所得税外币税款有关问题的通知》（国税函〔1999〕698 号，1999—10—25）

60. 国家税务总局《关于中国铁路建设债券利息征收个人所得税问题的批复》（国

税函〔1999〕738 号，1999–11–11，部分废止）

废止条款：

依据国家税务总局公告 2011 年第 2 号国家税务总局《关于公布全文失效废止部分条款失效废止的税收规范性文件目录的公告》，第三款关于扣缴地点的规定失效。

61. 财政部、国家税务总局、建设部《关于个人出售住房所得征收个人所得税有关问题的通知》（财税字〔1999〕278 号，1999–12–2，条款失效）

失效条款：

根据《关于调整房地产交易环节契税个人所得税优惠政策的通知》（财税〔2010〕94 号），第三条“为鼓励个人换购住房，对出售自有住房并拟在现住房出售后 1 年内按市场价重新购房的纳税人，其出售现住房所应缴纳的个人所得税，视其重新购房的价值可全部或部分予以免税。”自 2010 年 10 月 1 日起失效。

三、2000 年——2005 年首次提高费用扣除标准

1. 国家税务总局《关于〈国家税务总局关于外籍个人和港澳台居民个人储蓄存款利息所得个人所得税有关问题的通知〉的补充通知》（国税发〔2000〕31 号，2000–2–17）

2. 国家税务总局《关于企业改组改制过程中个人取得的量化资产征收个人所得税问题的通知》（国税发〔2000〕60 号，2000–3–29）

3. 国家税务总局《关于个人取得专利赔偿所得征收个人所得税问题的批复》（国税函〔2000〕257 号，2000–4–24）

4. 财政部、国家税务总局《关于对青少年活动场所、电子游戏厅有关所得税和营业税政策问题的通知》（财税〔2000〕21 号，2000–7–18，条款失效）

失效条款：

（1）第二条　对电子游戏厅一律按 20% 的税率征收营业税。

（2）第三条　对账证不全及按有关规定应采取核定征收企业所得税的电子游戏厅，应根据《国家税务总局关于印发〈核定征收企业所得税暂行办法〉的通知》（国税发〔2000〕38 号）规定，调高定额或应税所得率，调高幅度为 20%—50%，具体幅

度比例可根据电子游戏厅经营情况确定。

5. 国家税务总局《关于律师事务所从业人员取得收入征收个人所得税有关业务问题的通知》（国税发〔2000〕149 号，2000–8–23，条款废止）

废止条款：

（1）第三条　律师个人出资兴办的律师事务所，凡有《中华人民共和国税收征收管理法》第二十三条所列情形之一的，主管税务机关有权核定出资律师个人的应纳税额。

（2）第五条　律师从其分成收入中扣除办理案件支出费用的标准，由各省级地方税务局根据当地律师办理案件费用支出的一般情况、律师与律师事务所之间的收入分成比例及其他相关参考因素，在律师当月分成收入的 30% 比例内确定。

（3）第八条　律师从接受法律事务服务的当事人处取得的法律顾问费或其他酬金，均按“劳务报酬所得”应税项目征收个人所得税，税款由支付报酬的单位或个人代扣代缴。

6. 国家税务总局《关于“长江小小科学家”奖金免征个人所得税的通知》（国税函〔2000〕688 号，2000–9–4）

7. 财政部、国家税务总局《关于印发〈关于个人独资企业和合伙企业投资者征收个人所得税的规定〉的通知》（财税〔2000〕91 号，2000–9–19，条款失效、修改）

失效条款：

依据国务院令第 707 号《中华人民共和国个人所得税法实施条例》，自 2019 年 1 月 1 日起，取得经营所得的个人，没有综合所得的，计算其每一纳税年度的应纳税所得额时，应当减除费用 6 万元。

第六条第一款　投资者的费用扣除标准，由各省、自治区、直辖市地方税务局参照个人所得税法“工资、薪金所得”项目的费用扣除标准确定。投资者的工资不得在税前扣除。

修改条款：

根据财政部、国家税务总局《关于调整个体工商户个人独资企业和合伙企业个人所得税税前扣除标准有关问题的通知》（财税〔2008〕65 号），自 2018 年 1 月 1 日起本文件附件1第六条第（二）、（五）、（六）、（七）项根据财税〔2008〕65号规定作相应修改。

（1）第六条第二款　企业从业人员的工资支出按标准在税前扣除，具体标准由各省、自治区、直辖市地方税务局参照企业所得税计税工资标准确定。

（2）第六条第五款　企业实际发生的工会经费、职工福利费、职工教育经费分别在其计税工资总额的2%、14%、1.5%的标准内据实扣除。

（3）第六条第七款　企业每一纳税年度发生的广告和业务宣传费用不超过当年销售（营业）收入2%的部分，可据实扣除；超过部分可无限期向以后纳税年度结转。

（4）第六条第六款　企业每一纳税年度发生的与其生产经营业务直接相关的业务招待费，在以下法规比例范围内，可据实扣除：全年销售（营业）收入净额在1500万元及其以下的，不超过销售（营业）收入净额的5‰；全年销售（营业）收入净额超过1500万元的，不超过该部分的3‰。

8. 财政部、国家税务总局《关于随军家属就业有关税收政策的通知》（财税〔2000〕84号，2000–9–27）

9. 财政部、国家税务总局《关于对老年服务机构有关税收政策问题的通知》（财税〔2000〕97号，2000–11–24）

10. 国家税务总局《关于明确单位或个人为纳税义务人的劳务报酬所得代付税款计算公式对应税率表的通知》（国税发〔2000〕192号，2000–11–24）

11. 财政部、国家税务总局《关于调整住房租赁市场税收政策的通知》（财税〔2000〕125号，2000–12–7）

12. 国家税务总局《关于〈关于个人独资企业和合伙企业投资者征收个人所得税的规定〉执行口径的通知》（国税函〔2001〕84号，2001–1–17）

13. 国家税务总局《关于行政机关、事业单位工资发放方式改革后扣缴个人所得税问题的通知》（国税发〔2001〕19号，2001–2–21）

14. 国家税务总局《关于代扣代缴储蓄存款利息所得个人所得税手续费收入征免税问题的通知》（国税发〔2001〕31号，2001–3–16）

15. 国家税务总局《关于外籍个人取得的探亲费免征个人所得税有关执行标准问

题的通知》（国税函〔2001〕336号，2001-5-14）

16. 财政部、国家税务总局《关于个人与用人单位解除劳动关系取得的一次性补偿收入征免个人所得税问题的通知》（财税〔2001〕157号，2001-9-10，条款废止）

废止条款：

依据财税〔2018〕164号财政部《关于个人所得税法修改后有关优惠政策衔接问题的通知》，本法规第一条“个人因与用人单位解除劳动关系而取得的一次性补偿收入（包括用人单位发放的经济补偿金、生活补助费和其他补助费用），其收入在当地上年职工平均工资3倍数额以内的部分，免征个人所得税；超过的部分按照国家税务总局《关于个人因解除劳动合同取得经济补偿金征收个人所得税问题的通知》（国税发〔1999〕178号）的有关规定，计算征收个人所得税。”自2019年1月1日起条款废止。

17. 国家税务总局《关于联想集团改制员工取得的用于购买企业国有股权的劳动分红征收个人所得税问题的批复》（国税函〔2001〕832号，2001-11-9）

18. 国家税务总局、中国人民银行《关于修改储蓄存款利息所得个人所得税扣缴报告表和汇总报表的通知》（国税发〔2002〕7号，2002-1-15）

19. 国家税务总局《关于个人所得税若干业务问题的批复》（国税函〔2002〕146号，2002-2-9，条款调整）

调整条款：

对于本规定第二条关于财产租赁所得计算缴纳个人所得税时税前扣除有关税、费的次序问题，依据国税函〔2009〕639号《关于个人转租房屋取得收入征收个人所得税问题的通知》，有关财产租赁所得个人所得税前扣除税费的扣除次序调整为：

（1）财产租赁过程中缴纳的税费；

（2）向出租方支付的租金；

（3）由纳税人负担的租赁财产实际开支的修缮费用；

（4）税法规定的费用扣除标准。

20. 国家税务总局《关于剧本使用费征收个人所得税问题的通知》（国税发〔2002〕52号，2002-5-9）

21. 国家税务总局《关于个人所得税若干政策问题的批复》（国税函〔2002〕629号，2002-7-12，条款失效）

失效条款：

（1）第一条 国家机关、事业单位、企业和其他单位在实行“双薪制”（按照国家有关规定，单位为其雇员多发放一个月的工资）后，个人因此而取得的“双薪”，应单独作为一个月的工资、薪金所得计征个人所得税。对上述“双薪”所得原则上不再扣除费用，应全额作为应纳税所得额按适用税率计算纳税，但如果纳税人取得“双薪”当月的工资、薪金所得不足800元的，应以“双薪”所得与当月工资、薪金所得合并减除800元后的余额作为应纳税所得额，计算缴纳个人所得税。

作废依据：

根据国家税务总局《关于明确个人所得税若干政策执行问题的通知》（国税发〔2009〕121号），本文件第一条有关“双薪制”计税方法自2009年8月17日停止执行。

（2）第二条 个人因参加企业的有奖销售活动而取得的赠品所得，应按“偶然所得”项目计征个人所得税。赠品所得为实物的，应以《中华人民共和国个人所得税法实施条例》第十条规定的方法确定应纳税所得额，计算缴纳个人所得税。税款由举办有奖销售活动的企业（单位）负责代扣代缴。

作废依据：

财税〔2011〕50号财政部、国家税务总局《关于企业促销展业赠送礼品有关个人所得税问题的通知》。

22. 财政部、国家税务总局《关于开放式证券投资基金有关税收问题的通知》（财税〔2002〕128号，2002-8-22，条款失效）

失效条款：

第一条 关于营业税问题

23. 国家税务总局《关于强化律师事务所等中介机构投资者个人所得税查账征收的通知》（国税发〔2002〕123号，2002-9-29，条款废止）

废止条款：

依据国发〔2015〕57号国务院《关于第一批取消62项中央指定地方实施行政审批事项的决定》，本法规中“对律师事务所征收方式的核准”事项取消。

24. 国家税务总局《关于个人独资企业个人所得税税前固定资产折旧费扣除问题的批复》（国税函〔2002〕1090号，2002—12—18）

25. 国家税务总局《关于转租浅海滩涂使用权收入征收个人所得税问题的批复》（国税函〔2002〕1158号，2002—12—30）

26. 国家税务总局《关于中国海洋石油总公司系统深化用工薪酬制度改革有关个人所得税问题的通知》（国税函〔2003〕330号，2003—3—26，条款废止）

废止条款：

依据国家税务总局公告2011年第2号国家税务总局《关于公布全文失效废止部分条款失效废止的税收规范性文件目录的公告》，本法规第二款第一项“住房补贴”免征个人所得税条款废止。

27. 财政部、国家税务总局《关于自主择业的军队转业干部有关税收政策问题的通知》（财税〔2003〕26号，2003—4—9，条款废止）

废止条款：

关于营业税的条款废止，自2008年1月1日起施行新企业所得税法，以前财政部、国家税务总局发布的企业所得税有关的政策性文件，应以新税法以及新税法实施后发布的相关规章、规范性文件为准。

28. 财政部、国家税务总局《关于医疗机构有关个人所得税政策问题的通知》（财税〔2003〕109号，2003—5—13）

29. 国家税务总局《关于加强企业债券利息个人所得税代扣代缴工作的通知》（国税函〔2003〕612号，2003—6—6）

30. 国家税务总局《关于提高增值税和营业税起征点后加强个人所得税征收管理工作的通知》（国税发〔2003〕80号，2003—7—1）

31. 财政部、国家税务总局《关于规范个人投资者个人所得税征收管理的通知》（财税〔2003〕158号，2003—7—11）

32. 财政部、国家税务总局《关于农村税费改革试点地区个人取得农业特产所得征免个人所得税问题的通知》（财税〔2003〕157 号，2003-7-11）

33. 国家税务总局《关于个人取得“母亲河（波司登）奖”奖金所得免征个人所得税问题的批复》（国税函〔2003〕961 号，2003-8-18）

34. 国家税务总局、中国人民银行《关于个人银行结算账户利息所得征收个人所得税问题的通知》（国税发〔2004〕6 号，2004-1-12）

35. 财政部、国家税务总局《关于农村税费改革试点地区有关个人所得税问题的通知》（财税〔2004〕30 号，2004-1-17）

36. 国家税务总局《关于进一步落实税收优惠政策、促进农民增加收入的通知》（国税发〔2004〕13 号，2004-1-20，条款失效）

失效条款：

依据国家税务总局《关于公布全文失效废止部分条款失效废止的税收规范性文件目录的公告》（国家税务总局公告 2011 年第 2 号），本法规第一条“认清形势，提高思想认识。当前，农民增收困难已经成为我国农业和农村发展中面临的突出问题。农民收入上不去，不仅影响农民生活水平的提高，而且影响着粮食生产和农产品供应，制约着农村经济和整个国民经济的进一步发展，关系到农村社会进步和全面建设小康社会目标的顺利实现。中央（中发〔2004〕1 号）文件明确指出，解决农民的增收问题，不仅是重大的经济问题，而且是重大的政治问题。文件要求全党要从实践‘三个代表’重要思想的高度，进一步增强做好农民增收工作的紧迫感和主动性。”失效。

37. 财政部、国家税务总局《关于企业以免费旅游方式提供对营销人员个人奖励有关个人所得税政策的通知》（财税〔2004〕11 号，2004-1-20）

38. 国务院办公厅转发民政部等部门《关于扶持城镇退役士兵自谋职业优惠政策意见的通知》（国办发〔2004〕10 号，2004-1-21）

39. 财政部、国家税务总局《关于外籍个人取得港澳地区住房等补贴征免个人所得税的通知》（财税〔2004〕29 号，2004-1-29）

40. 财政部、国家税务总局《关于严格执行个人所得税费用扣除标准和不征税项目的通知》（财税〔2004〕40 号，2004-2-6）

41. 国家税务总局《关于国际组织驻华机构外国政府驻华使领馆和驻华新闻机构雇员个人所得税征收方式的通知》（国税函〔2004〕808号，2004—6—23）

42. 国家税务总局《关于取消合伙企业投资者变更个人所得税汇算清缴地点审批后加强后续管理问题的通知》（国税发〔2004〕81号，2004—6—29）

43. 国家税务总局《关于第四届孙平化日本学学术奖励基金获奖奖金收入免征个人所得税的通知》（国税函〔2004〕917号，2004—7—23）

44. 国家税务总局《关于调整个人取得全年一次性奖金等计算征收个人所得税方法问题的通知》（国税发〔2005〕9号，2005—1—21，条款废止）

废止条款：

（1）依据财政部《关于个人所得税法修改后有关优惠政策衔接问题的通知》（财税〔2018〕164号），本法规第二条“纳税人取得全年一次性奖金，单独作为一个月工资、薪金所得计算纳税，并按以下计税办法，由扣缴义务人发放时代扣代缴”自2019年1月1日起条款废止。

（2）依据财政部、国家税务总局《关于非居民个人和无住所居民个人有关个人所得税政策的公告》（财政部、税务总局公告2019年第35号），本法规自2019年1月1日起第六条“对无住所个人取得本通知第五条所述的各种名目奖金，如果该个人当月在我国境内没有纳税义务，或者该个人由于出入境原因导致当月在我国工作时间不满一个月的，仍按照国家税务总局《关于在我国境内无住所的个人取得奖金征税问题的通知》（国税发〔1996〕183号）计算纳税。”废止。

45. 国家税务总局《关于纳税人收回转让的股权征收个人所得税问题的批复》（国税函〔2005〕130号，2005—1—28）

46. 国家税务总局、国家外汇管理局《关于个人财产对外转移提交税收证明或者完税凭证有关问题的通知》（国税发〔2005〕13号，2005—1—31）

47. 财政部、国家税务总局《关于城镇房屋拆迁有关税收政策的通知》（财税〔2005〕45号，2005—3—22，条款失效）

失效条款：

依据财政部、国家税务总局《关于企业以售后回租方式进行融资等有关契税政策的通知》（财税〔2012〕82号），本法规第二条“对拆迁居民因拆迁重新购置住房的，对购房成交价格中相当于拆迁补偿款的部分免征契税，成交价格超过拆迁补偿款的，对超过部分征收契税。”自2012年12月16日起废止。

48. 财政部、国家税务总局《关于个人股票期权所得征收个人所得税问题的通知》（财税〔2005〕35号，2005-3-28，条款废止）

废止条款：

（1）依据财政部、国家税务总局《关于境外所得有关个人所得税政策的公告》（财政部、税务总局公告2020年第3号），本法规第三条“关于工资薪金所得境内外来源划”条款废止。

（2）依据财政部《关于个人所得税法修改后有关优惠政策衔接问题的通知》（财税〔2018〕164号），本法规第四条第（一）项“认购股票所得（行权所得）的税款计算”自2019年1月1日起条款废止。

49. 国家税务总局《关于企业为股东个人购买汽车征收个人所得税的批复》（国税函〔2005〕364号，2005-4-22，条款废止）

废止条款：

依据国家税务总局《关于公布一批全文废止和部分条款废止的税收规范性文件目录的公告》（国家税务总局公告2017年第1号），本法规第二条“依据《中华人民共和国企业所得税暂行条例》以及有关规定，上述企业为个人股东购买的车辆，不属于企业的资产，不得在企业所得税前扣除折旧。”废止。

50. 国家税务总局《关于个人兼职和退休人员再任职取得收入如何计算征收个人所得税问题的批复》（国税函〔2005〕382号，2005-4-26）

51. 财政部、国家税务总局《关于个人所得税有关问题的批复》（财税〔2005〕94号，2005-6-2，条款废止）

废止条款：

依据财政部、国家税务总局《关于个人取得有关收入适用个人所得税应税所得项目的公告》（财政部、税务总局公告2019年第74号），本法规第二条“关于个人提供担保取得收入征收个人所得税问题”自2019年1月1日起条款废止。

52. 财政部、国家税务总局《关于股权分置试点改革有关税收政策问题的通知》（财税〔2005〕103 号，2005-6-13）

53. 国家税务总局《关于个人因购买和处置债权取得所得征收个人所得税问题的批复》（国税函〔2005〕655 号，2005-6-24）

54. 财政部、国家税务总局、中国人民银行《关于股息红利个人所得税退库的补充通知》（财税〔2005〕187 号，2005-6-24）

55. 国家税务总局《关于印发〈个人所得税管理办法〉的通知》（国税发〔2005〕120 号，2005-7-6）

56. 国家税务总局《关于纳税人取得不含税全年一次性奖金收入计征个人所得税问题的批复》（国税函〔2005〕715 号，2005-7-7）

57. 国家税务总局、中国人民银行、教育部《关于印发〈教育储蓄存款利息所得免征个人所得税实施办法〉的通知》（国税发〔2005〕148 号，2005-9-14）

58. 国家税务总局、中国人民银行、教育部《关于〈教育储蓄存款利息所得免征个人所得税实施办法〉有关问题的补充通知》（国税发〔2005〕155 号，2005-9-30）

59. 财政部、国家税务总局《关于 2010 年上海世博会有关税收政策问题的通知》（财税〔2005〕180 号，2005-12-31）

四、2006 年——2011 年 9 月第二次提高费用扣除标准

1. 劳动保障部、发展改革委、教育部、监察部、民政部、财政部、建设部、农业部、商务部、人民银行、国资委、国家税务总局、工商总局、统计局、中央编办、全国总工会、共青团中央、全国妇联《关于贯彻落实国务院进一步加强就业再就业工作通知若干问题的意见》（劳社部发〔2006〕6 号，2006-1-20）

2. 财政部、国家税务总局《关于下岗失业人员再就业有关税收政策问题的通知》（财税〔2005〕186 号，2006-1-23）

3. 国家税务总局《关于加强外籍人员个人所得税档案资料管理的通知》（国税函〔2006〕58 号，2006-1-23）

4. 财政部、国家税务总局《关于行政机关和事业单位做好个人所得税代扣代缴工作的通知》（财税〔2006〕9 号，2006–1–24）

5. 国家税务总局、国家邮政局《关于开具寄送个人所得税完税证明有关问题的通知》（国税发〔2006〕30 号，2006–2–20）

6. 国家税务总局《关于个人因公务用车制度改革取得补贴收入征收个人所得税问题的通知》（国税函〔2006〕245 号，2006–3–6）

7. 国家税务总局《关于酒店产权式经营业主税收问题的批复》（国税函〔2006〕478 号，2006–5–22）

8. 国家税务总局《关于离退休人员再任职界定问题的批复》（国税函〔2006〕526 号，2006–6–5，条款失效）

失效条款：

第三条“受雇人员与单位其他正式职工享受同等福利、社保、培训及其他待遇；”自 2011 年 5 月 1 日起，单位是否为离退休人员缴纳社会保险费，不再作为离退休人员再任职的界定条件。

9. 国家税务总局《关于陈嘉庚科学奖获奖个人取得的奖金收入免征个人所得税的通知》（国税函〔2006〕561 号，2006–6–9）

10. 财政部、国家税务总局《关于基本养老保险费基本医疗保险费失业保险费住房公积金有关个人所得税政策的通知》（财税〔2006〕10 号，2006–6–27）

11. 国家税务总局《关于个人住房转让所得征收个人所得税有关问题的通知》（国税发〔2006〕108 号，2006–7–18）

12. 国家税务总局《关于个人股权转让过程中取得违约金收入征收个人所得税问题的批复》（国税函〔2006〕866 号，2006–9–19）

13. 国家税务总局《关于个人股票期权所得缴纳个人所得税有关问题的补充通知》（国税函〔2006〕902 号，2006–9–30，条款废止）

废止条款：

（1）依据财政部、国家税务总局《关于个人所得税法修改后有关优惠政策衔接问题的通知》（财税〔2018〕164 号），本法规自 2019 年 1 月 1 日起第七条“员工以在一个公历月份中取得的股票期权形式工资薪金所得为一次”条款废止。

（2）依据财政部、国家税务总局《关于个人所得税法修改后有关优惠政策衔接问题的通知》（财税〔2018〕164号），本法规自2019年1月1日起第八条“员工多次取得或者一次取得多项来源于中国境内的股票期权形式工资薪金所得，而且各次或各项股票期权形式工资薪金所得的境内工作期间月份数不相同的，以境内工作期间月份数的加权平均数为财税〔2005〕35号文件第四条第（一）项规定公式和本通知第七条规定公式中的规定月份数，但最长不超过12个月”条款废止。

14. 国家税务总局《关于在地方税务局征管软件中增设个人所得税房屋转让所得项目的补充通知》（国税函〔2006〕893号，2006–9–30）

15. 财政部、国家税务总局《关于企业支付学生实习报酬有关所得税政策问题的通知》（财税〔2006〕107号，2006–11–1）

16. 国家税务总局《关于印发〈个人所得税自行纳税申报办法（试行）〉的通知》（国税发〔2006〕162号，2006–11–6）

17. 国家税务总局《关于做好受理年所得12万元以上纳税人自行纳税申报工作的通知》（国税发〔2006〕164号，2006–11–6）

18. 国家税务总局《关于明确年所得12万元以上自行纳税申报口径的通知》（国税函〔2006〕1200号，2006–12–15）

19. 国家税务总局《关于中国社会保障论坛获奖征文奖金征收个人所得税问题的函》（国税函〔2006〕1241号，2006–12–22）

20. 财政部、国家税务总局《关于单位低价向职工售房有关个人所得税问题的通知》（财税〔2007〕13号，2007–2–8，条款废止）

废止条款：

依据财政部、国家税务总局《关于个人所得税法修改后有关优惠政策衔接问题的通知》（财税〔2018〕164号），本法规第三条“对职工取得的上述应税所得，比照国家税务总局《关于调整个人取得全年一次性奖金等计算征收个人所得税方法问题的通知》（国税发〔2005〕9号）规定的全年一次性奖金的征税办法，计算征收个人所得税，即先将全部所得数额除以12，按其商数并根据个人所得税法规定的税率表确定适用的税率和速算扣除数，再根据全部所得数额、适用的税率和速算扣除数，按照税法规定计算征税。”自 2019 年 1 月 1 日起条款废止。

21. 财政部、国家税务总局《关于个人取得有奖发票奖金征免个人所得税问题的通知》（财税〔2007〕34 号，2007-2-27）

22. 国家税务总局《关于加强和规范个人取得拍卖收入征收个人所得税有关问题的通知》（国税发〔2007〕38 号，2007-4-4）

23. 财政部、国家税务总局《关于〈建立亚洲开发银行协定〉有关个人所得税问题的补充通知》（财税〔2007〕93 号，2007-6-25）

24. 国务院《关于修改〈对储蓄存款利息所得征收个人所得税的实施办法〉的决定》（中华人民共和国国务院令第 502 号发布，2007-7-20）

25. 国家税务总局、中国人民银行、中国银监会《关于储蓄存款利息所得个人所得税税率调整后扣缴报告表有关问题的通知》（国税发〔2007〕89 号，2007-7-30）

26. 国家税务总局《关于取消促进科技成果转化暂不征收个人所得税审核权有关问题的通知》（国税函〔2007〕833 号，2007-8-1，条款失效）

失效条款：

（1）依据国家税务总局《关于 3 项个人所得税事项取消审批实施后续管理的公告》（国家税务总局公告 2016 年第 5 号），本法规第二条第一项“将职务科技成果转化为股份、投资比例的科研机构、高等学校或者获奖人员，应在授（获）奖后 30 日内，向主管税务机关提交相关部门出具的《出资入股高新技术成果认定书》、技术成果价值评估报告和确认书，以及奖励的其他相关详细资料。”自 2016 年 1 月 28 日起废止。

（2）依据国家税务总局《关于 3 项个人所得税事项取消审批实施后续管理的公告》（国家税务总局公告 2016 年第 5 号），本法规第三条“科研机构、高等学校和获奖人不能提供上述资料，或者报送虚假资料，故意隐瞒有关情况的，获奖人不得享受暂不征收个人所得税的优惠政策，税务机关应按照税收征管法的有关规定对报送虚假资料，故意隐瞒有关情况的科研机构、高等学校和获奖人进行处理。”自 2016 年 1 月 28 日起废止。

27. 国家税务总局《关于外籍个人和港澳台居民个人储蓄存款利息所得适用协定税率有关问题的补充通知》（国税函〔2007〕872 号，2007-8-7）

28. 国家税务总局《关于进一步推进个人所得税全员全额扣缴申报管理工作的通知》（国税发〔2007〕97 号，2007-8-14）

29. 财政部、国家税务总局《关于企业向个人支付不竞争款项征收个人所得税问题的批复》（财税〔2007〕102 号，2007-9-12）

30. 国家税务总局《关于中央企业负责人年度绩效薪金延期兑现收入和任期奖励征收个人所得税问题的通知》（国税发〔2007〕118 号，2007-10-29）

31. 国家税务总局《关于修改年所得 12 万元以上个人自行纳税申报表的通知》（国税函〔2007〕1087 号，2007-11-2）

32. 国家税务总局《关于个人取得房屋拍卖收入征收个人所得税问题的批复》（国税函〔2007〕1145 号，2007-11-20）

33. 财政部、国家税务总局《关于廉租住房经济适用住房和住房租赁有关税收政策的通知》（财税〔2008〕24 号，2008-3-3，条款失效）

失效条款：

依据财政部、国家税务总局《关于促进公共租赁住房发展有关税收优惠政策的通知》（财税〔2014〕52 号），本法规中有关廉租住房税收政策的规定自 2014 年 8 月 15 日起废止。

34. 财政部、国家税务总局《关于生育津贴和生育医疗费有关个人所得税政策的通知》（财税〔2008〕8 号，2008-3-7）

35. 国家税务总局《关于个人所得税代扣代缴软件技术支持服务有关问题的通告》（国家税务总局通告 2008 年第 1 号，2008-3-14）

36. 财政部、国家税务总局《关于认真落实抗震救灾及灾后重建税收政策问题的通知》（财税〔2008〕62 号，2008-5-19）

37. 国家税务总局《关于个人向地震灾区捐赠有关个人所得税征管问题的通知》（国税发〔2008〕55 号，2008-5-21）

38. 国家税务总局《关于中国共产党党员交纳抗震救灾“特殊党费”在个人所得

税前扣除问题的通知》（国税发〔2008〕60号，2008-5-30）

39. 财政部、国家税务总局《关于调整个体工商户个人独资企业和合伙企业个人所得税税前扣除标准有关问题的通知》（财税〔2008〕65号，2008-6-3，条款废止）

废止条款：

依据《关于调整个体工商户业主个人独资企业和合伙企业自然人投资者个人所得税费用扣除标准的通知》（财税〔2011〕62号），本法规第一条“对个体工商户业主、个人独资企业和合伙企业投资者的生产经营所得依法计征个人所得税时，个体工商户业主、个人独资企业和合伙企业投资者本人的费用扣除标准统一确定为24000元/年（2000元/月）。”自2011年9月1日起废止。

40. 财政部、国家税务总局《关于企业为个人购买房屋或其他财产征收个人所得税问题的批复》（财税〔2008〕83号，2008-6-10）

41. 国家税务总局《关于个人与房地产开发企业签订有条件优惠价格协议购买商店征收个人所得税问题的批复》（国税函〔2008〕576号，2008-6-15）

42. 国务院《关于支持汶川地震灾后恢复重建政策措施的意见》（国发〔2008〕21号，2008-6-29）

43. 财政部、国家税务总局《关于高级专家延长离休退休期间取得工资薪金所得有关个人所得税问题的通知》（财税〔2008〕7号，2008-7-1）

44. 财政部、海关总署、国家税务总局《关于支持汶川地震灾后恢复重建有关税收政策问题的通知》（财税〔2008〕104号，2008-8-1）

45. 国家税务总局《关于离退休人员取得单位发放离退休工资以外奖金补贴征收个人所得税的批复》（国税函〔2008〕723号，2008-8-7）

46. 国家税务总局《关于个人通过网络买卖虚拟货币取得收入征收个人所得税问题的批复》（国税函〔2008〕818号，2008-9-28）

47. 财政部、国家税务总局《关于储蓄存款利息所得有关个人所得税政策的通知》（财税〔2008〕132号，2008-10-9）

48.《关于做好对储蓄存款利息所得暂免征收个人所得税工作的通知》（国税函〔2008〕826号，2008-10-9）

49. 财政部、国家税务总局《关于证券市场个人投资者证券交易结算资金利息所得有关个人所得税政策的通知》（财税〔2008〕140 号，2008—10—26）

50. 国家税务总局《关于做好证券市场个人投资者证券交易结算资金利息所得免征个人所得税工作的通知》（国税函〔2008〕870 号，2008—10—30）

51. 财政部、国家税务总局《关于合伙企业合伙人所得税问题的通知》（财税〔2008〕159 号，2008—12—23）

52. 财政部、国家税务总局《关于股票增值权所得和限制性股票所得征收个人所得税有关问题的通知》（财税〔2009〕5 号，2009—1—7）

53. 财政部、国家税务总局《关于延长下岗失业人员再就业有关税收政策的通知》（财税〔2009〕23 号，2009—3—3）

54. 国家税务总局《关于加强个人工资薪金所得与企业的工资费用支出比对问题的通知》（国税函〔2009〕259 号，2009—5—15）

55. 财政部、国家税务总局《关于个人无偿受赠房屋有关个人所得税问题的通知》（财税〔2009〕78 号，2009—5--25，条款废止）

废止条款：

依据财政部、国家税务总局《关于个人取得有关收入适用个人所得税应税所得项目的公告》（财政部、税务总局公告 2019 年第 74 号），本法规第三条“除本通知第一条规定情形以外，房屋产权所有人将房屋产权无偿赠与他人的，受赠人因无偿受赠房屋取得的受赠所得，按照‘经国务院财政部门确定征税的其他所得’项目缴纳个人所得税，税率为 20%。”自 2019 年 1 月 1 日起条款废止。

56. 国家税务总局《关于明确个人所得税若干政策执行问题的通知》（国税发〔2009〕121 号，2009—8—17）

57. 国家税务总局《关于股权激励有关个人所得税问题的通知》（国税函〔2009〕461 号，2009—8—24，条款失效）

失效条款：

第七条第一项“间接控股限于上市公司对二级子公司的持股”失效。

58. 国家税务总局《关于个人转租房屋取得收入征收个人所得税问题的通知》（国

税函〔2009〕639号，2009−11−18）

59. 财政部、国家税务总局、证监会《关于个人转让上市公司限售股所得征收个人所得税有关问题的通知》（财税〔2009〕167号，2009−12−31）

60. 国家税务总局《关于做好限售股转让所得个人所得税征收管理工作的通知》（国税发〔2010〕8号，2010−1−15）

61. 国家税务总局《关于限售股转让所得个人所得税征缴有关问题的通知》（国税函〔2010〕23号，2010−1−18）

62. 国家税务总局《关于全国职工职业技能大赛奖金免征个人所得税的通知》（国税函〔2010〕78号，2010−2−21）

63. 国家税务总局《关于农村信用社省级联合社收取服务费有关企业所得税税务处理问题的通知》（国税函〔2010〕80号，2010−2−22）

64. 国家税务总局《关于中华宝钢环境优秀奖奖金免征个人所得税问题的通知》（国税函〔2010〕130号，2010−4−6）

65. 国家税务总局《关于进一步加强高收入者个人所得税征收管理的通知》（国税发〔2010〕54号，2010—5—31）

66. 国家税务总局《关于进一步做好个人所得税完税凭证开具工作的通知》（国税发〔2010〕63号，2010−6−28）

67. 国家税务总局《关于印发〈中华人民共和国政府和新加坡共和国政府关于对所得避免双重征税和防止偷漏税的协定〉及议定书条文解释》的通知（国税发〔2010〕75号，2010−7−26，条款废止）

废止条款：

（1）依据国家税务总局《关于税收协定执行若干问题的公告》（国家税务总局公告2018年第11号），本法规第八条“海运和空运”废止。

（2）依据国家税务总局《关于税收协定执行若干问题的公告》（国家税务总局公告2018年第11号），本法规第十七条“艺术家和运动员”废止。

68. 财政部、国家税务总局《关于支持公共租赁住房建设和运营有关税收优惠政策的通知》（财税〔2010〕88号，2010−9−27）

69. 财政部、国家税务总局、住房和城乡建设部《关于调整房地产交易环节契税个人所得税优惠政策的通知》（财税〔2010〕94 号，2010–9–29）

70. 国家税务总局《关于〈内地和澳门特别行政区关于对所得避免双重征税和防止偷漏税的安排〉议定书生效执行的公告》（国家税务总局公告 2010 年第 15 号，2010–10–8）

71. 财政部、国家税务总局《关于支持和促进就业有关税收政策的通知》（财税〔2010〕84 号，2010–10–22）

72. 财政部、国家税务总局《关于个人独资企业和合伙企业投资者取得种植业养殖业饲养业捕捞业所得有关个人所得税问题的批复》（财税〔2010〕96 号，2010–11–2）

73. 财政部、国家税务总局、证监会《关于个人转让上市公司限售股所得征收个人所得税有关问题的补充通知》（财税〔2010〕70 号，2010–11–10）

74. 国家税务总局《关于明天小小科学家奖金免征个人所得税问题的通知》（国税函〔2010〕538 号，2010–11–10）

75. 国家税务总局《关于〈中华人民共和国政府和芬兰共和国政府对所得避免双重征税和防止偷漏税的协定〉及议定书生效执行的公告》（国家税务总局公告 2010 年第 22 号，2010–11–29）

76. 财政部、海关总署、国家税务总局《关于支持舟曲灾后恢复重建有关税收政策问题的通知》（财税〔2010〕107 号，2010–12–29）

77. 国家税务总局《关于全国职工优秀技术创新成果奖奖金免征个人所得税的通知》（国税函〔2011〕10 号，2011–1–5）

78. 国家税务总局《关于个人提前退休取得补贴收入个人所得税问题的公告》（国家税务总局公告 2011 年第 6 号，2011–1–17，条款废止）

废止条款：

依据财政部《关于个人所得税法修改后有关优惠政策衔接问题的通知》（财税〔2018〕164 号），本法规第二条“个人因办理提前退休手续而取得的一次性补贴收入，应按照办理提前退休手续至法定退休年龄之间所属月份平均分摊计算个人所得税。”

自 2019 年 1 月 1 日起条款废止。

79. 财政部、海关总署、国家税务总局《关于第三届亚洲沙滩运动会税收政策的通知》（财税〔2011〕11 号，2011–1–19）

80. 国家税务总局《关于〈中华人民共和国政府和土库曼斯坦政府对所得避免双重征税和防止偷漏税的协定〉及议定书生效执行的公告》（国家税务总局公告 2011 年第 10 号，2011–1–30）

81. 国家税务总局《关于切实加强高收入者个人所得税征管的通知》（国税发〔2011〕50 号，2011–4–15）

82. 国家税务总局《关于个人所得税有关问题的公告》（国家税务总局公告 2011 年第 27 号，2011–4–18）

83. 国家税务总局《关于雇主为雇员承担全年一次性奖金部分税款有关个人所得税计算方法问题的公告》（国家税务总局公告 2011 年第 28 号，2011–4–28）

84. 财政部、国家税务总局《关于企业促销展业赠送礼品有关个人所得税问题的通知》（财税〔2011〕50 号，2011–6–9）

85. 国家税务总局《关于明天小小科学家奖金免征个人所得税问题的通知》（国税函〔2011〕337 号，2011–6–24）

86. 国务院《关于修改〈中华人民共和国个人所得税法实施条例〉的决定 》（国务院令 2011 年第 600 号，2011–7–19）

87. 国家税务总局《关于个人终止投资经营收回款项征收个人所得税问题的公告》（国家税务总局公告 2011 年第 41 号，2011–7–25）

88. 国家税务总局《关于代开货物运输业发票个人所得税预征率问题的公告》（国家税务总局公告 2011 年第 44 号，2011–7–27）

89. 财政部、国家税务总局《关于调整个体工商户业主个人独资企业和合伙企业自然人投资者个人所得税费用扣除标准的通知》（财税〔2011〕62 号，2011–7–29）

90. 国家税务总局《关于贯彻执行修改后的个人所得税法有关问题的公告》（国家税务总局公告 2011 年第 46 号，2011–7–29）

91. 财政部、国家税务总局《关于地方政府债券利息所得免征所得税问题的通知》（财税〔2011〕76 号，2011–8–26）

五、2011年9月——2018年9月提高费用扣除标准和调整税率

1. 财政部、国家税务总局《关于小型微利企业所得税优惠政策有关问题的通知》（财税〔2011〕117号，2011-11-29）

2. 国家税务总局《关于2011年度李四光地质科学奖奖金免征个人所得税的公告》（国家税务总局公告2011年第68号，2011-12-6）

3. 财政部、国家税务总局《关于证券机构技术和制度准备完成后个人转让上市公司限售股有关个人所得税问题的通知》（财税〔2011〕108号，2011-12-30）

4. 国家税务总局《关于第五届黄汲清青年地质科学技术奖奖金免征个人所得税问题的公告》（国家税务总局公告2012年第4号，2012-1-31）

5. 国家税务总局《关于执行内地与港澳间税收安排涉及个人受雇所得有关问题的公告》（国家税务总局公告2012年第16号，2012-4-26）

6. 财政部、国家税务总局《关于工伤职工取得的工伤保险待遇有关个人所得税政策的通知》（财税〔2012〕40号，2012-5-3）

7. 国家税务总局《关于明天小小科学家奖金免征个人所得税问题的公告》（国家税务总局公告2012年第28号，2012-6-28）

8. 财政部、国家税务总局、证监会《关于实施上市公司股息红利差别化个人所得税政策有关问题的通知》（财税〔2012〕85号，2012-11-16，条款修改）

修改条款：

按照财政部、税务总局、证监会《关于继续实施全国中小企业股份转让系统挂牌公司股息红利差别化个人所得税政策的公告》（财政部、税务总局、证监会公告2019年第78号），将第一条修改为："个人持有挂牌公司的股票，持股期限超过1年的，对股息红利所得暂免征收个人所得税。"

9. 国家税务总局《关于律师事务所从业人员有关个人所得税问题的公告》（国家税务总局公告2012年第53号，2012-12-7）

10. 国家税务总局《关于杜邦中国集团有限公司以前年度补充养老金计算缴纳个人所得税问题的批复》（税总函〔2013〕23号，2013-1-4）

11. 财政部、国家税务总局《关于地方政府债券利息免征所得税问题的通知》（财税〔2013〕5号，2013-2-6）

12. 国家税务总局《关于个人投资者收购企业股权后将原盈余积累转增股本个人所得税问题的公告》（国家税务总局公告2013年第23号，2013-5-7）

13. 财政部、海关总署、国家税务总局《关于支持芦山地震灾后恢复重建有关税收政策问题的通知》（财税〔2013〕58号，2013-9-30）

14. 财政部、国家税务总局《关于棚户区改造有关税收政策的通知》（财税〔2013〕101号，2013-12-2）

15. 财政部、人力资源社会保障部、国家税务总局《关于企业年金、职业年金个人所得税有关问题的通知》（财税〔2013〕103号，2013-12-6，条款废止）

废止条款：

（1）依据财政部、国家税务总局《关于个人所得税法修改后有关优惠政策衔接问题的通知》（财税〔2018〕164号），本法规第三条第1项“个人达到国家规定的退休年龄，在本通知实施之后按月领取的年金，全额按照‘工资、薪金所得’项目适用的税率，计征个人所得税；在本通知实施之后按年或按季领取的年金，平均分摊计入各月，每月领取额全额按照‘工资、薪金所得’项目适用的税率，计征个人所得税。”自2019年1月1日起条款废止。

（2）依据财政部、国家税务总局《关于个人所得税法修改后有关优惠政策衔接问题的通知》（财税〔2018〕164号），本法规第三条第3项“对个人因出境定居而一次性领取的年金个人账户资金，或个人死亡后，其指定的受益人或法定继承人一次性领取的年金个人账户余额，允许领取人将一次性领取的年金个人账户资金或余额按12个月分摊到各月，就其每月分摊额，按照本通知第三条第1项和第2项的规定计算缴纳个人所得税。对个人除上述特殊原因外一次性领取年金个人账户资金或余额的，则不允许采取分摊的方法，而是就其一次性领取的总额，单独作为一个月的工资薪金所得，按照本通知第三条第1项和第2项的规定，计算缴纳个人所得税。”自2019年1月1日起条款废止。

16. 国家税务总局《关于做好企业年金职业年金个人所得税征收管理工作的通知》

（税总发〔2013〕143 号，2013−12−27）

17. 国家税务总局《关于房屋买受人按照约定退房取得的补偿款有关个人所得税问题的批复》（税总函〔2013〕748 号，2013−12−30）

18. 国家税务总局《关于委托投资情况下认定受益所有人问题的公告》（国家税务总局公告 2014 年第 24 号，2014−4−21）

19. 国家税务总局《关于个体工商户、个人独资企业和合伙企业个人所得税问题的公告》（国家税务总局公告 2014 年第 25 号，2014−4−23）

20. 财政部、国家税务总局、民政部《关于调整完善扶持自主就业退役士兵创业就业有关税收政策的通知》（财税〔2014〕42 号，2014−4−29）

21. 国家税务总局《关于发布〈股权转让所得个人所得税管理办法（试行）〉的公告》（国家税务总局公告 2014 年第 67 号，2014−12−7）

22. 国家税务总局《个体工商户个人所得税计税办法》（国家税务总局令 2014 年第 35 号，2014−12−27，条款修改）

修改条款：

依据《国家税务总局关于修改部分税务部门规章的决定》（国家税务总局令第 44 号），本法规第四十二条中“地方税务局”修改为“税务局”。

23. 财政部、国家税务总局《关于个人非货币性资产投资有关个人所得税政策的通知》（财税〔2015〕41 号，2015−3−30）

24. 国家税务总局《关于个人非货币性资产投资有关个人所得税征管问题的公告》（国家税务总局公告 2015 年第 20 号，2015−4−8）

25. 国家税务总局《关于做好非货币性资产投资个人所得税政策贯彻落实工作的通知》（税总函〔2015〕195 号，2015−4−8）

26. 国家税务总局《关于建筑安装业跨省异地工程作业人员个人所得税征收管理问题的公告》（国家税务总局公告 2015 年第 52 号，2015−7−20）

27. 财政部、国家税务总局、证监会《关于上市公司股息红利差别化个人所得税政策有关问题的通知》（财税〔2015〕101 号，2015−9−7，条款废止）

废止条款：

根据财政部、国家税务总局、证监会《关于继续实施全国中小企业股份转让系统挂牌公司股息红利差别化个人所得税政策的公告》（财政部、税务总局、证监会公告2019年第78号），自2019年7月1日起，本政策第四条“全国中小企业股份转让系统挂牌公司股息红利差别化个人所得税政策，按照本通知规定执行。其他有关操作事项，按照财政部、国家税务总局、证监会《关于实施全国中小企业股份转让系统挂牌公司股息红利差别化个人所得税政策有关问题的通知》（财税〔2014〕48号）的相关规定执行。”废止。

28. 国家税务总局《关于进一步简化和规范个人无偿赠与或受赠不动产免征营业税、个人所得税所需证明资料的公告》（国家税务总局公告2015年第75号，2015–11–10）

29. 国家税务总局《关于股权奖励和转增股本个人所得税征管问题的公告》（国家税务总局公告2015年第80号，2015–11–16）

30. 国家税务总局《关于3项个人所得税事项取消审批实施后续管理的公告》（国家税务总局公告2016年第5号，2016–1–28，条款废止）

废止条款：

依据国家税务总局《关于股权激励和技术入股所得税征管问题的公告》（国家税务总局公告2016年第62号），本公告第二条第（一）项“按照财政部、国家税务总局《关于上市公司高管人员股票期权所得缴纳个人所得税有关问题的通知》（财税〔2009〕40号）规定，纳税人若选择分期缴纳个人所得税，其扣缴义务人应在股票期权行权的次月15日内，向主管税务机关办理分期缴纳个人所得税备案手续，报送《个人取得股票期权或认购股票等取得折扣或补贴收入分期缴纳个人所得税备案表》（见附件2）。其他相关证明材料由扣缴义务人留存备查。”自2016年9月1日起废止。

31. 财政部、国家税务总局《关于营改增后契税、房产税、土地增值税、个人所得税计税依据问题的通知》（财税〔2016〕43号，2016–4–25）

32. 财政部、国家税务总局、保监会《关于将商业健康保险个人所得税试点政策推广到全国范围实施的通知》（财税〔2017〕39号，2017–4–28）

33. 国家税务总局《关于推广实施商业健康保险个人所得税政策有关征管问题的

公告》（国家税务总局公告 2017 年第 17 号，2017—5—19）

34. 财政部、国家税务总局、证监会《关于继续执行沪港股票市场交易互联互通机制有关个人所得税政策的通知》（财税〔2017〕78 号，2017—11—1，到期废止）

废止依据：

本政策自 2017 年 11 月 17 日起至 2019 年 12 月 4 日止。

延续政策：

财政部、国家税务总局、证监会《关于继续执行沪港、深港股票市场交易互联互通机制和内地与香港基金互认有关个人所得税政策的公告》（财政部、税务总局、证监会公告 2019 年第 93 号）

35. 财政部、国家税务总局、人力资源社会保障部、中国银行保险监督管理委员会、证监会《关于开展个人税收递延型商业养老保险试点的通知》（财税〔2018〕22 号，2018—4—2，条款废止）

废止条款：

依据财政部、国家税务总局《关于个人取得有关收入适用个人所得税应税所得项目的公告》（财政部、税务总局公告 2019 年第 74 号），本法规第一条第（二）项第 3 点第二段“对个人达到规定条件时领取的商业养老金收入，其中 25% 部分予以免税，其余 75% 部分按照 10% 的比例税率计算缴纳个人所得税，税款计入‘其他所得’项目。”自 2019 年 1 月 1 日起条款废止。

36. 财政部、国家税务总局《关于创业投资企业和天使投资个人有关税收政策的通知》（财税〔2018〕55 号，2018—5—14）

37. 财政部、国家税务总局《关于科技人员取得职务科技成果转化现金奖励有关个人所得税政策的通知》（财税〔2018〕58 号，2018—5—29）

38. 国家税务总局《关于科技人员取得职务科技成果转化现金奖励有关个人所得税征管问题的公告》（国家税务总局公告 2018 年第 30 号，2018—6—11）

39. 国家税务总局《关于创业投资企业和天使投资个人税收政策有关问题的公告》（国家税务总局公告 2018 年第 43 号，2018—7—30）

六、2018 年 10 月至今——实行综合与分类相结合新税制

1.2018 年 8 月 31 日第十三届全国人民代表大会常务委员会第五次会议《关于修改〈中华人民共和国个人所得税法〉的决定》

2. 财政部、国家税务总局《关于 2018 年第四季度个人所得税减除费用和税率适用问题的通知》（财税〔2018〕98 号，2018–9–7）

3. 国家税务总局《关于做好个人所得税改革过渡期政策贯彻落实的通知》（税总函〔2018〕484 号，2018–9–7）

4. 财政部、国家税务总局《关于易地扶贫搬迁税收优惠政策的通知》（财税〔2018〕135 号，2018–11–29）

5. 财政部、国家税务总局、证监会《关于个人转让全国中小企业股份转让系统挂牌公司股票有关个人所得税政策的通知》（财税〔2018〕137 号，2018–11–30）

6. 国家税务总局《关于将个人所得税〈税收完税证明〉（文书式）调整为〈纳税记录〉有关事项的公告》（国家税务总局公告 2018 年第 55 号，2018–12–5）

7. 国家税务总局《关于明确〈税收完税证明〉（文书式）开具管理有关事项的通知》（税总函〔2018〕628 号，2018–12–5）

8. 国务院《关于印发个人所得税专项附加扣除暂行办法的通知》（国发〔2018〕41 号，2018–12–13）

9. 财政部、国家税务总局、证监会《关于继续执行内地与香港基金互认有关个人所得税政策的通知》（财税〔2018〕154 号，2018–12–17）

10. 国家税务总局《关于自然人纳税人识别号有关事项的公告》（国家税务总局公告 2018 年第 59 号，2018–12–17）

11.《中华人民共和国个人所得税法实施条例》（国令第 707 号，2018–12–18）

12. 国家税务总局《关于全面实施新个人所得税法若干征管衔接问题的公告》（国家税务总局公告 2018 年第 56 号，2018–12–19，附件失效）

失效依据：

依据国家税务总局《关于修订个人所得税申报表的公告》（国家税务总局公告 2019 年第 7 号），本法规附件 1《个人所得税扣缴申报表》及填表说明自 2019 年 1 月

1 日起失效。

13. 国家税务总局《关于发布〈个人所得税专项附加扣除操作办法（试行）〉的公告》（国家税务总局公告 2018 年第 60 号，2018−12−21）

14. 国家税务总局《关于发布〈个人所得税扣缴申报管理办法（试行）〉的公告》（国家税务总局公告 2018 年第 61 号，2018−12−21）

15. 国家税务总局《关于个人所得税自行纳税申报有关问题的公告》（国家税务总局公告 2018 年第 62 号，2018−12−21）

16. 财政部、国家税务总局《关于个人所得税法修改后有关优惠政策衔接问题的通知》（财税〔2018〕164 号，2018−12−27）

17. 国家税务总局《关于发挥涉税专业服务作用 助力个人所得税改革有关事项的通知》（税总函〔2018〕687 号，2018−12−29）

18. 财政部、国家税务总局《关于继续有效的个人所得税优惠政策目录的公告》（财政部、税务总局公告 2018 年第 177 号，2018−12−29）

19. 财政部、国家税务总局、发展改革委、证监会《关于创业投资企业个人合伙人所得税政策问题的通知》（财税〔2019〕8 号，2019−01−24）

20. 国家税务总局《关于修订个人所得税申报表的公告》（国家税务总局公告 2019 年第 7 号，2019−02−02，附件废止）

废止附件：

依据国家税务总局《关于修订部分个人所得税申报表的公告》（国家税务总局公告 2019 年第 46 号），自 2020 年 1 月 1 日起本法规附件 4《个人所得税年度自行纳税申报表》以及附件 5 中的《个人所得税经营所得纳税申报表（A 表）》同时废止。

21. 财政部、国家税务总局《退役军人部关于进一步扶持自主就业退役士兵创业就业有关税收政策的通知》（财税〔2019〕21 号，2019−02−02）

22. 财政部、国家税务总局《关于进一步支持和促进重点群体创业就业有关税收政策的通知》（财税〔2019〕22 号，2019−02−02）

23. 国家税务总局《关于实施支持和促进重点群体创业就业有关税收政策具体操作问题的公告》（国家税务总局公告 2019 年第 10 号，2019−02−26）

24. 财政部、国家税务总局《关于粤港澳大湾区个人所得税优惠政策的通知》（财税〔2019〕31号，2019-03-16）

25. 财政部、国家税务总局《关于在中国境内无住所的个人居住时间判定标准的公告》（财政部、税务总局公告2019年第34号，2019-03-16）

26. 财政部、国家税务总局《关于非居民个人和无住所居民个人有关个人所得税政策的公告》（财政部、税务总局公告2019年第35号，2019-03-17）

27. 国家税务总局《关于调整〈中国税收居民身份证明〉有关事项的公告》（国家税务总局公告2019年第17号，2019-04-03）

28. 财政部、国家税务总局、证监会《关于创新企业境内发行存托凭证试点阶段有关税收政策的公告》（财政部、税务总局、证监会公告2019年第52号，2019-04-12）

29. 财政部、国家税务总局《关于铁路债券利息收入所得税政策的公告》（财政部、税务总局公告2019年第57号，2019-04-17）

30. 财政部、国家税务总局《关于公共租赁住房税收优惠政策的公告》（财政部、税务总局公告2019年第61号，2019-05-09）

31. 财政部、国家税务总局《关于个人取得有关收入适用个人所得税应税所得项目的公告》（财政部、税务总局公告2019年第74号，2019-06-25）

32. 财政部、国家税务总局、证监会《关于继续实施全国中小企业股份转让系统挂牌公司股息红利差别化个人所得税政策的公告》（财政部、税务总局公告2019年第78号，2019-07-19）

33. 国家发展改革委办公厅、国家税务总局办公厅《关于加强个人所得税纳税信用建设的通知》（发改办财金规〔2019〕860号，2019-08-28）

34. 财政部、国家税务总局、海关总署《关于北京2022年冬奥会和冬残奥会税收优惠政策的公告》（财政部、税务总局、海关总署公告2019年第92号，2019-11-26）

35. 财政部、国家税务总局、证监会《关于继续执行沪港、深港股票市场交易互联互通机制和内地与香港基金互认有关个人所得税政策的公告》（财政部、税务总局、证监会公告2019年第93号，2019-12-04）

36. 财政部、国家税务总局《关于个人所得税综合所得汇算清缴涉及有关政策问题的公告》（财政部、税务总局公告 2019 年第 94 号，2019—12—14）

37. 财政部、国家税务总局《关于远洋船员个人所得税政策的公告》（财政部、税务总局公告 2019 年第 97 号，2019—12—30）

38. 国家税务总局《关于办理 2019 年度个人所得税综合所得汇算清缴事项的公告》（国家税务总局公告 2019 年第 44 号，2019—12—31）

39. 国家税务总局《关于修订部分个人所得税申报表的公告》（国家税务总局公告 2019 年第 46 号，2019—12—31）

40. 财政部、国家税务总局《关于公益慈善事业捐赠个人所得税政策的公告》（财政部、税务总局公告 2019 年第 99 号，2020—01—02）

41. 财政部、国家税务总局《关于境外所得有关个人所得税政策的公告》（财政部、税务总局公告 2020 年第 3 号，2020—01—22）

42. 财政部、国家税务总局《关于支持新型冠状病毒感染的肺炎疫情防控有关个人所得税政策的公告》（财政部、税务总局公告 2020 年第 10 号，2020—02—6）

七、社会保险相关政策索引

1.《中华人民共和国社会保险法》（2010 年修改）

2.《实施〈中华人民共和国社会保险法〉若干规定》（人力资源社会保障部令第 13 号）

3.《社会保险费征缴暂行条例》（国务院令第 259 号）

4.《社会保险费申报缴纳管理规定》（人力资源社会保障部第 114 次部务会审议通过）

5.《失业保险条例》（1998 年 12 月 26 日国务院第 11 次常务会议通过）

6.《工伤保险条例》（2003 年 4 月 27 日中华人民共和国国务院令第 375 号公布根据 2010 年 12 月 20 日《国务院关于修改〈工伤保险条例〉的决定》修订）

7.《企业职工生育保险试行办法》（劳部发〔1994〕504 号）

8.《社会保险稽核办法》（劳动和社会保障部令第 16 号）

9. 中华人民共和国劳动和社会保障部社会保险事业管理中心《关于规范社会保险缴费基数有关问题的通知》（劳社险中心函〔2006〕60号）

10.《关于工伤保险费率问题的通知》（劳社部发〔2003〕29号）

11. 人力资源社会保障部《关于执行〈工伤保险条例〉若干问题的意见》（人社部发〔2013〕34号）

12. 人力资源社会保障部《关于执行〈工伤保险条例〉若干问题的意见（二）》（人社部发〔2016〕29号）

13. 国家税务总局办公厅《关于稳妥有序做好社会保险费征管有关工作的通知》（税总办发〔2018〕142号）

14.《河南省关于灵活就业人员参加企业职工基本养老保险有关问题的通知》（豫人社〔2018〕41号）

15. 国家发展改革委、人民银行、人力资源社会保障部、中央组织部、中央宣传部、中央编办、中央文明办、中央网信办、工业和信息化部、财政部、自然资源部、住房城乡建设部、交通运输部、水利部、商务部、卫生健康委、应急管理部、国资委、海关总署、税务总局、市场监管总局、国际发展合作署、医保局、银保监会、证监会、民航局、外汇局、铁路总公司《关于对社会保险领域严重失信企业及其有关人员实施联合惩戒的合作备忘录》的通知（发改财金〔2018〕1704号）

16. 国务院办公厅《关于印发降低社会保险费率综合方案的通知》（国办发〔2019〕13号）

17. 人力资源社会保障部、财政部、国家税务总局、国家医保局《关于贯彻落实〈降低社会保险费率综合方案〉的通知》（人社部发〔2019〕35号）

18. 财政部《关于全面推开划转部分国有资本充实社保基金工作的通知》（财资〔2019〕49号）

19. 人力资源社会保障部、财政部、国家税务总局《关于阶段性减免企业社会保险费的通知》（人社部发〔2020〕11号）

20. 国家税务总局《关于贯彻落实阶段性减免企业社会保险费政策的通知》（税总函〔2020〕33号）

附录二：部分国家和地区个人所得税优惠政策

一、新加坡个人所得税制

新加坡税收居民自然人的个人所得税按照应税所得的高低适用不同税率水平，征税范围涵盖受雇所得、财产租赁、股息（特定）、利息、经营所得等。自 2017 纳税年度起，应税所得低于 20000 新元的适用税率 0%，应税所得超过 320000 新元的适用 22% 税率，详细税率可参见 2019 纳税年度后个人所得税税率表。从 2018 纳税年度起，个人可以申请的个人所得税减免最高限额为每年 80000 新元。

（一） 居民纳税人

1. 判定标准

以税收为目的定义的居民个人是指在纳税年度的前一年，除了合理且与该个人为新加坡居民的判定不相矛盾的暂时离开之外，在新加坡实际居住或就业（公司董事除外）183 天或以上的个人。对于就业时期横跨两个日历年的外国雇员，设有一项特许（通常称“两年行政特许”），该特许规定：如果外国雇员在新加坡停留或工作至少连续的 183 天（跨年度），将同时被认定为两个纳税年度的居民，即使每一年度在新加坡的时间都少于 183 天。

2. 征收范围

个人应就其在新加坡境内提供服务获得的受雇所得纳税，而无论酬金是在新加坡境内还是境外支付。居民个人获得境外来源的受雇所得不必纳税，但如果国外来源所得是通过境内合伙企业获取的，则不适用于这种豁免。新加坡居民个人通过合伙企业取得的外国来源股息、服务报酬、外国分支机构利润，如果符合某些规定条件，将免征新加坡税收。在新加坡进行贸易、个体经营、专业服务或职业活动的个人将就其获得的利润征税，至于个人是否从事贸易性质的活动，视具体情况而定。

（1）应税所得

对各种所得形式的课税方式如下：

① 受雇所得：应纳税的受雇所得包括现金报酬、工资、薪金、休假薪资、董事费、佣金、奖金、退休补贴、额外待遇、通过雇员股份计划获得的收益和作为服务补偿的津贴。因雇佣获得的实物福利，包括探亲假差旅费、雇主提供的住房、雇主提供的汽车以及孩子的学费，也在应纳税范围内。

某些实物福利适用特殊税收待遇，但是，针对雇主提供住房的特殊税收待遇，自2015纳税年度起停止实行。针对为外国员工及其家庭成员提供探亲假差旅费的特殊税收待遇，自2018纳税年度起停止实行。雇主为雇员向中央公积金（CPF）缴纳的法定强制缴费部分不构成应税所得。雇主向任何境外公积金或养老基金的缴费，在支付时应当被课税，除非因某些优惠条例而得以免税。

② 非通常居民计划：根据“非通常居民（Not Ordinarily Resident，简称NOR）”计划，居民身份不符合两年或三年优惠条件（参见“纳税义务”）的居民雇员可享受以下优惠，有效期为五个连续纳税年度：

A. 按时间分摊受雇所得；

B. 雇主对非强制性海外养老基金或社会保障计划的缴费免税（某些例外），免税以中央公积金（CPF）规定的“普通”和“额外”工资的最大缴费限额为限。

要具备非通常居民计划的资格，雇员须满足以下条件：

A. 在其计划申报该资格的纳税年度中必须被认定为税收居民；

B. 在其计划申报该资格的纳税年度的前三个纳税年度中不被认定为税收居民要享受按时间分摊受雇所得的优惠，雇员必须满足以下附加条件：

a. 因其在新加坡受雇岗位的工作需要，而在境外度过的90个工作日以上（日历年）；

b. 个人受雇所得至少为160000新元；

c. 分摊后所得的应纳税额至少为新加坡受雇所得总额的 10%。时间分摊优惠同时适用于现金补贴和实物福利，董事费和雇主缴纳的新加坡税款除外。

2019 年财政预算中宣布：现行非通常居民计划将停用。最后一个非通常居民计划中的“非通常居民身份”有效的连续 5 年期，是从 2020 年至 2024 年。现行有效的“非通常居民身份”将自然延续至其身份失效为止。

③ 自我雇佣和个体经营所得：应税自我雇佣所得是依据在一般公认会计原则下编制的财务报告来确认的，并根据税法对利润和亏损做出调整。个体经营所得和其他类型的所得合计，以确定应纳税所得额，按照“税率”一节中列出的税率课税。

④ 投资所得：单一公司税制下，由新加坡税收居民企业支付的股息，股东在取得时不再征收所得税，不管该股息是从税后收入还是免税收益中支付的。

不在免税和单一公司税制股息范围内的股息，则按后文“税率”一节中设定的税率课税。净租金和其他类型的所得合计，按后文“税率”一节中设定的税率课税。

⑤ 对雇主提供期权和股权计划的课税

雇主提供的股票期权在行权而非授予时课税。股份奖励在授予时课税，如果设有等待期，则在达到行权条件时课税。应税所得额为纳税义务发生时股份的公开市场价值与雇员支付的金额的差额。由于 2003 年 1 月 1 日起实行对购得股份的延期偿付，对当日及之后授予的期权和股份奖励，解除延期时才对其收益课税。应税所得额为解除延期当日股份的公开市场价值与雇员支付的金额的差额。

在海外受雇期间被授予的期权和股份奖励不被征税，即使是在派生收益被汇回新加坡且雇员被认定为税收居民的情况下，因为居民个人在新加坡收到的所有国外来源的所得（通过合伙企业取得的除外）都是免税的。自 2003 年 1 月 1 日起因在新加坡受雇而被授予的期权和股份奖励应当纳税，不管期权是在何处行权、股份是在何处达到行权条件。对于外籍雇员而言，终止受雇时（包括因工作调离新加坡或离开新加坡超过 3 个月）这些期权和奖励将被视为行权或达到行权条件，并立即对认定的收益征税。

对于在 2003 年 1 月 1 日及之后按雇员股权计划授予的雇员期权或股份，雇主可以申请“跟踪期权（Tracking Option）”，前提是满足特定的条件和要求。如果雇主被批准跟踪并且选择这样做，授予雇员的期权和股份需在行权或达到行权条件时申报纳税。雇员可以选择利用一种激励计划，以推迟缴纳从股份计划中取得所得的税款（有利息费用）。随后的股份出售产生的任何额外收益一般视为资本性质，不被课税。

（2）非应税所得

在新加坡，资本利得不纳税。但在某些情况下，税务机关会将涉及收购和处置不动产、股票证券的交易视为实质上的贸易活动。相应地，从此类交易中产生的收益也应纳税。此类收益是否应纳税视具体情况而定。

（3）免税所得

① 来源于新加坡的投资所得（即不被认定为从贸易、个体经营或专业服务中取得的收益或利润的所得），如果直接来源于个人的特定金融工具，包括标准储蓄、活期和定期存款，免征税收。例如债券利息收入、年金、单位信托基金分配的收益，都属于此类所得。

② 居民个人在新加坡收到的所有国外来源的所得（通过合伙企业取得的除外）都是免税的。

3. **税率**

新加坡的税收居民个人应就其应税收入与个人扣除额的差额纳税。

2019纳税年度后个人所得税税率表

应税所得（新元）	税率 %	应纳税额（新元）	累计应纳税额（新元）
20000 以下	0	0	0
20001—30000	2	200	200
30001—40000	3.5	350	550
40001—80000	7	2800	3350
80001—120000	11.5	4600	7950
120001—160000	15	6000	13950
160001—200000	18	7200	21150
200001—240000	19	7600	28750
240001—280000	19.5	7800	36550
280001—320000	20	8000	44550
320000 以上	22	—	—

4. 税前扣除

可扣除费用：原则上，完全因产生收入而引起的费用均可税前扣除，但在实践中，受雇所得可用的费用扣除是有限的。税务局一般认为，雇主通常会报销雇员在履行职责的过程中产生的所有必要的费用。雇员必须能够向税务局证明其声称的费用是履行职务的过程中必然会产生的。个人扣除项目及免征额：准许新加坡居民个人进行个人扣除。

2019 纳税年度部分扣除项目

扣除类型	扣除额
配偶免征额	2000 新元
残疾配偶	5500 新元
劳动所得：	
55 岁以下	1000 新元
55 到 59 岁	6000 新元
60 岁以上	8000 新元
残障人士劳动所得：	
55 岁以下	4000 新元
55 到 59 岁	10000 新元
60 岁以上	12000 新元
子女免征额	每人 4000 新元
残疾子女免征额	每人 7500 新元
赡养父母（至多两人）：	
与纳税人共同生活	9000 新元
未与纳税人共同生活	5500 新元
赡养残障父母：	
与纳税人共同生活	额外 5000 新元
未与纳税人共同生活	额外 4500 新元
祖父母照顾小孩免征额（针对职业母亲）	3000 新元

附注：

配偶免征额是传统的妻子免征额的扩充，目的是对男性和女性纳税人扶养配偶的行为都给予褒奖。供养前任配偶的个人不再享受配偶免征额和残障配偶免征额。

职业母亲的子女减免和外籍女佣的扣除项目适用于在新加坡工作的已婚女性。父母在一定条件下可以获得生育退税（Parenthood Tax Rebates）。

预备役军人及其配偶或父母可享受特殊扣除项目。

准许以下针对人寿保险费用或者其他被认可的养老基金缴费的税前扣除项目：对雇员而言，寿险保费总额、向中央公积金（CPF）以外的其他被认可的养老基金缴费，均可在税前扣除，上限为5000新元，前提是中央公积金缴费总额不低于5000新元。

从事贸易、个体经营、专业服务或职业活动的个人，中央公积金缴费可以在税前扣除，2019纳税年度的上限为37740新元。

为纳税人自己、纳税人父母、纳税人祖父母的中央公积金退休账户进行现金缴费，可申请上限为7000新元的税前扣除项目，包括纳税人为不工作的配偶或前一年赚取收入不超过4000新元的兄弟姐妹缴费（见下文）。

准许以下两种独立的上限为7000新元的税收免征额：第一种免征额适用于纳税人或其雇主向其中央公积金退休账户缴费；第二种免征适用于向纳税人家庭成员的中央公积金退休账户缴费。此外，纳税人自愿向其中央公积金保健储蓄账户（为纳税人的医疗需求设立）缴费，也可以获得税收免征额。由雇主完成的自愿缴费则视为雇员的应税所得。

经批准的课程费用也可以在税前扣除，上限为5500新元。

自2018纳税年度起，每个纳税人每年可申请最高80000新元的税前扣除额。

个体经营可以税前扣除的费用必须完全是在产生营业性质收入的过程中发生的，且不在新加坡税法明令禁止的范围内。明确不可扣除的费用包括个人费用、在新加坡境内外缴纳的所得税、向未经许可的公积金缴费和私人车辆费用。固定资产的账面折旧不允许税前扣除，但准许根据法定比率进行税收折旧。

2019年度，作为周年奖金的一部分，每一位税收居民可享受应纳税额50%（最高限额为200新元）的个人所得税税收减免。

5. 其他

（1）亏损减免

因从事贸易、个体经营、专业服务或职业活动而产生的亏损和超额资本冲减可用来抵消同年其他应税收入。任何未使用的贸易损失和资本冲减额都可以向将来年度无限结转，以抵消所有来源的未来收入，但会受到某些条件的限制。

此减免也适用于本年未使用的折旧免税额和经营损失向过去年度结转，但同样需要满足某些特定条件。

（2）双重征税减免和税收协定（或税收安排）

双重征税减免适用于向未与新加坡签订双边税收协定（或税收安排）的国家（或地区）提供专业服务、咨询或其他服务时取得的所得。

如果作为新加坡税收居民的个人的一笔所得在新加坡已经被课税，但还需向境外某国纳税，且该国和新加坡之间有税收协定（或税收安排），则也适用双重征税减免。

（二）非居民纳税人

1. 判定标准及扣缴义务人

以税收为目的定义的非居民个人是指在纳税年度的前一年在新加坡实际居住或就业（公司董事除外）不超过 183 天的个人。

2. 征收范围

非居民个人应就其在新加坡境内提供服务获得的受雇所得纳税，而无论酬金是在新加坡境内还是境外支付。非居民个人在新加坡境内取得的外国来源的收入则明确免税。

非居民个人在一个日历年中在新加坡就业不超过 60 天的，对其受雇所得中来源于新加坡的部分，免征所得税。这种免税不适用于公司董事、公众艺人或者从事专业工作的人员。

3. 税率

非居民个人适用的所得税税率如表所示：

非居民个人适用的所得税税率

所得类别	税率（a）
受雇所得（董事费除外）	15% 与居民应纳税额两者中的较大者
董事费	22%
专业服务所得	15%（b）
利息（不包括从经批准的银行、信贷公司、具备资格的债务证券和项目债务证券获得的免税利息）	15%（c）
股息（免税股息和单一制股息除外）	0%（d）
由动产和科学、技术、工业或商业知识 / 信息的使用或使用权产生的使用费	10%（c）
使用动产的租金	15%
公众艺人所得	10%，规定费用扣除（e）
符合资格的国际仲裁员和调解员的收入	免税（f）
其他收入	22%

附注：

（1）（a）表示税率可根据双边税收协定（税收安排）的条款下调。

（2）（b）表示这是对所得总额课征的最终预提税税率，除非非居民专业工作者选择对所得净额按 22% 纳税。

（3）（c）表示此税率仅适用于所得并非来源于该非居民个人自己在新加坡从事的贸易、个体经营、专业服务或职业活动的情形。

（4）（d）表示新加坡目前对股息不征预提税，但税收协定（税收安排）中规定了股息适用的预提税税率。

（5）（e）表示此降低税率适用期为 2010 年 2 月 22 日至 2020 年 3 月 31 日。之后是否回调至 15%，取决于政府未来的通告。

（6）（f）表示这项豁免将于 2020 年 3 月 31 日重新审查。

4. 税前扣除

根据所得税法案，非居民个人不得对相关费用进行税前扣除抵减。

5. 税收优惠

根据所得税法案，非居民个人不享受个人所得税税收优惠。

6. 应纳税额

一般而言，应纳税额由应税所得额乘以适用的个人所得税税率可得。

例如，一名外籍人士在一个纳税年度内在新加坡境内实际工作的时间未满 183 天，其从新加坡境内取得的董事费收入为 10000 新元，则一般情况下该笔董事费收入适用的个人所得税税率为 22%，应纳税额为 2200 新元。

7. 其他

双重征税减免和税收协定（或税收安排）：在新加坡境内取得受雇所得，且身为新加坡双边贸易协定缔约国税收居民的个人，如果其在新加坡受雇的时间，在一个日历年或任意 12 个月中不超过规定的天数（通常为 183 天），并且满足协定中特别规定的附加条件，可免征新加坡个人所得税。

（三）其他

当纳税人通过从事贸易商业、专业或职业谋生时，即为一个自营职业者。一般而言，在会计和企业管制局注册的独资经营者和合伙人都是自营职业者。所有自营职业者必须将其从商业机构取得的收入作为营业收入项目而非工资项目申报。营业收入是个人所得税总额的一部分，按个人所得税税率征税。纳税人从一开始就需要保存完整、准确的业务交易记录，同时需要提供发票、收据等凭证和其他相关文档支撑上述交易记录。

纳税人每年需在特定会计期间正确申报业务收入。纳税人应以 12 个月作为计算利润或损失的会计期间。

二、香港个人所得税制

税收是香港特别行政区（以下简称为香港） 的政府最主要的财政收入来源。在过去 10 年，香港主要税项收入平均占整体收入 70% 以上。除特定行业和登记费用外，现行香港税制，主要是就个人或企业取得来源自香港的营业利润、薪金和租金三类所得征收税项。香港政府未就销售环节或资本增值方面征收税项（即，没有营业税、增值税或土地增值税等），即在商品全部的生产和流通环节，基本上都不征税，也就是没有我们通常所说的流转税。另外，香港政府一般也不会就股息和其他资本性所得收入来课征税收。间接税项在早期执行时，是当期香港税收的主要来源，但在 70 年代以后，间接税的比重却逐渐被直接税超过。

香港税制与国内税制比较，香港税制具有低税率、简单易操作、地域概念（征税范围只限于从香港赚取或获得的收入）、特别是税率随着年度财政预算案而变化等特点。香港现行税制体系属于分类税制，以所得税为主，辅之征收行为税和财产税等，主要税种如下：

（一）直接税（3 种）

1. 薪俸税 （Salaries Tax）

薪俸税是纳税人在香港工作（包括海外员工在港履行职务）所赚取的入息所缴交的税款。政府会对薪俸税纳税人提供各种免税额，扣除免税额后会按一个累进的征税率征税。而其所征收的薪俸税款，不会超过按标准税率（即未扣除免税额的应课税入息的某一个固定百分比）计算征收的税款。2015—2016 年度个人免税额港币 12 万元，累进征税率为 2% ~ 17%，最高标准税率为 15%。

2. 利得税 （Profits Tax）

利得税是根据课税年度内的应评税利润（即一个企业财政年度经税务调整的净利润）而征收的。凡在香港经营任何行业、专业或业务而从该行业、专业或业务获得于香港产生或得自香港的所有所得（出售资产、资本所得的所得除外）的人士，包括法团、合伙商号、信托人或团体，均需缴税。利得税的征税对象并无香港居民或非香港居民之分，如有符合规定的应税收入均应缴税。但对于该年无经营或经营亏损以及海外盈利的情况，则纳税人无需在该年度缴纳利得税。2015—2016 年度香港政府规定法团（如有限公司）的利得税率为 16.5%，法团以外的人士的利得税率为 15%。

另外，《税务条例》第 14 条规定，任何人士在香港经营行业、专业或业务从而获得于香港产生或得自香港的所有利润，除由出售资本、资产所得的利润外，均须课缴利得税。《税务条例》第 2 条订明行业包括属生意性质的所有投机活动及项目。

要决定物业买卖 / 公司转让是否构成生意性质的投机活动，须从纳税人及第三者搜集有关资料，包括买卖物业 / 转让公司的背景、动机、财务安排、运作情况、交易的频率以及持有物业 / 公司时间的长短等，根据有关事实判断该项交易是否属于生意性质的投机活动而须课税。

一般而言，香港纳税人支付利息或股息予非香港纳税人，可获豁免征收预扣税（Withholding Tax）。如香港纳税人支付有关知识产权专利权费予非香港纳税人，即使该离岸公司在香港没有经营任何业务，它所收取的特许权使用费如属以下情况均须予征收利得税。

（a）因电影片胶卷或电视片胶卷或纪录带、任何录音或任何与上述胶卷、纪录带或录音有关的宣传数据在香港上映或使用而收取的款项；

（b）就在香港使用或有权使用任何专利、设计、商标、版权物料、秘密工序或方程式或其他相类性质的财产，或就传授或承诺传授关于该等专利、设计等在香港使用而收取的款项。

（c）就在香港以外地方使用或有权在香港以外地方使用任何专利、设计、商标、版权物料、秘密工序或方程式或其他相类性质的财产，或就传授或承诺传授关于该等专利、设计等在香港以外地方使用而收取的款项，而该款项在确定某人根据利得税的应评税利润时是可予扣除的。

在上述的情况，应评税利润是该款项的 30%。但如果离岸公司是香港纳税人的相联公司，应评税利润则可以款项的 100% 计算。应缴税款则须根据计算所得的应评税利润，按适用的税率（16.5%）计算。有关公司是否符合资格以享受特别税率，则根据相关的全面性避免双重课税协定 / 安排。 此外，离岸公司是以香港纳税人的名义接受课税，香港纳税人须按照《税务条例》规定，在支付款项给离岸公司前，预扣足以缴税的款项。

3. 物业税（Property Tax）

物业税是纳税人因为在香港持有物业并出租赚取利润所缴交的税款。只持有物业而没有租金收入的，不须缴纳物业税。

（二）财产税以及其他行为税（8 种）

1. 差饷、地租及地税（Rate and Rent）

差饷是香港的一种地税，是香港政府按在香港拥有的房地产物业等征收的税项。除差饷外，按土地契约的不同，土地使用者另须缴交地税或按《中英联合声明》的规定向政府缴纳地租。此等税种由差饷物业估价署（差饷及地租）和地政总署（地税）征收。目前，差饷的征收率为 5%，2015 年 4 月至 6 月及 7 月至 9 月两个季度均有差饷宽减，每个应缴差饷物业的宽减额以每季港币 2500 元为上限。

2. 印花税（包括额外印花税、买家印花税）（Stamp Duty，Special Stamp Duty and Buyer's Stamp Duty）

印花税是香港政府向所有涉及任何不动产转让、不动产租约及股票转让所征收的税款。2015—2016 年度适用税率为 0.1% 至 43.5%。

3. 博彩税（Entertainment Tax）

博彩税是香港向投注举办有关赛马投注、合法足球博彩投注以及六合彩收益所征收的税项。适用税率是按不同项目计算，详情会在附录作进一步讨论。

4. 应课税品（商品税）（Dutiable Commodities）

香港一般对进出口商品不征收任何关税，但对进口烈酒、烟草、碳氢油及甲醇均须缴纳商品税。此等税种由香港海关征收。适用税率是按不同项目计算。

5. 酒店房租税（Hotel Accommodation Tax）

酒店房租税是对酒店及宾馆东主，就酒店房租所征收的税项。2008 年 7 月 1 日起，调低酒店房租税至 0%，自此免收酒店房租税。

6. 商业登记费（Business Registration Fee）

商业登记费是任何人士在从事商业经营活动（包括香港和境外个人或成立的公司），而需每年向税务局缴交的商业营运牌照费用。2014 年 4 月 1 日起，商业登记费每年为港币 2250 元。

7. 飞机乘客离境税（Air Passenger Departure Tax）

飞机乘客离境税，是旅客使用香港国际机场或从直升机从港澳码头离境时需缴交的税项，此税项已包括在机票价格内。以海路从港澳码头、中港码头或屯门码头离境的旅客亦有类似收费，但不归属此类于税项中。目前，每名飞机离境乘客须缴纳 120 元的离境税。

8. 车辆首次登记税（First Registration Tax）

因政府鼓励市民使用公共交通工具，减低汽车增长，汽车首次登记时，须向政府缴交车辆首次登记税。2014—2015 年度私家车适用的累进税率为 40% 至 115%。

三、粤港澳大湾区个人所得税优惠政策

1. 财政部 税务总局关于粤港澳大湾区个人所得税优惠政策的通知

财税〔2019〕31 号

广东省、深圳市财政厅（局），国家税务总局广东省、深圳市税务局：

为支持粤港澳大湾区建设，现就大湾区有关个人所得税优惠政策通知如下：

一、广东省、深圳市按内地与香港个人所得税税负差额，对在大湾区工作的境外（含港澳台，下同）高端人才和紧缺人才给予补贴，该补贴免征个人所得税。

二、在大湾区工作的境外高端人才和紧缺人才的认定和补贴办法，按照广东省、深圳市的有关规定执行。

三、本通知适用范围包括广东省广州市、深圳市、珠海市、佛山市、惠州市、东莞市、中山市、江门市和肇庆市等大湾区珠三角九市。

四、本通知自2019年1月1日起至2023年12月31日止执行。《财政部 国家税务总局关于广东横琴新区个人所得税优惠政策的通知》（财税〔2014〕23号）《财政部 国家税务总局关于深圳前海深港现代服务业合作区个人所得税优惠政策的通知》（财税〔2014〕25号）自2019年1月1日起废止。

财政部　税务总局

2019年3月14日

2. 关于贯彻落实粤港澳大湾区个人所得税优惠政策的通知

粤财税〔2019〕2号

广州市、深圳市、珠海市、佛山市、惠州市、东莞市、中山市、江门市、肇庆市人民政府：

根据《财政部 税务总局关于粤港澳大湾区个人所得税优惠政策的通知》（财税〔2019〕31号），经省人民政府同意，现将有关贯彻落实事项通知如下：

一、对在大湾区工作的境外高端人才和紧缺人才，其在珠三角九市缴纳的个人所得税已缴税额超过其按应纳税所得额的15%计算的税额部分，由珠三角九市人民政府给予财政补贴，该补贴免征个人所得税。

二、本通知所称的已缴税额，是指下列所得按照《中华人民共和国个人所得税法》规定缴纳的个人所得税额：

（一）工资、薪金所得；

（二）劳务报酬所得；

（三）稿酬所得；

（四）特许权使用费所得；

（五）经营所得；

（六）入选人才工程或人才项目获得的补贴性所得。

三、补贴根据个人所得项目，按照分项计算（综合所得进行综合计算）、合并补贴的方式进行，每年补贴一次。从两处以上取得第二条所得的人才，补贴按照属地原则进行合理分担。

四、对在大湾区工作的境外高端人才和紧缺人才，按照自愿申报、科学客观的原则进行认定。

（一）申报人应当具备以下基本条件：

1. 香港、澳门永久性居民，取得香港入境计划（优才、专业人士及企业家）的香港居民，台湾地区居民，外国国籍人士，或取得国外长期居留权的回国留学人员和海外华侨；

2. 在珠三角九市工作，且在此依法纳税；

3. 遵守法律法规、科研伦理和科研诚信。

（二）同时，申报人应当符合下列条件之一：

1. 国家、省、市重大人才工程入选者，取得广东省“人才优粤卡”、外国人工作许可证（A 类）或外国高端人才确认函的人才，以及国家、省、市认定的其他境外高层次人才；

2. 国家、省、市重大创新平台的科研团队成员，高等院校、科研机构、医院等相关机构中的科研技术团队成员，在我省重点发展产业、重点领域就业创业的技术技能骨干和优秀管理人才，以及珠三角九市认定的其他具有特殊专长的紧缺急需人才。

高端人才和紧缺人才的具体认定标准和操作办法，由各市根据当地实际制定。

五、各市科技（外专）部门是高端人才的认定机构，人力资源社会保障部门是紧缺人才的认定机构，财政部门是补贴受理、审核和发放的机构，财政部门牵头组织科技（外专）、人力资源社会保障、税务部门开展审核工作。申请可以由申报人本人或用人单位向当地财政部门提出，鼓励用人单位申请。

珠三角九市按本通知要求，结合当地实际制定人才认定和补贴发放办法，于 7 月底前将补贴和人才认定办法报省财政厅、省科技厅（省外专局）、省人力资源和社会保障厅备案后实施。省财政厅会同省科技厅（省外专局）、省人力资源和社会保障厅、省税务局指导各市做到人才认定标准和补贴发放工作流程相对统一。

六、如发现申报人有违法违规、虚假申报等行为，经查实后，取消享受优惠政策的资格，并收回已发放的财政补贴资金。涉嫌犯罪的，移交司法机关依法追究刑事责任。

七、本通知自 2019 年 1 月 1 日起执行，试行一年。《关于印发〈广东省财政厅关于在珠海市横琴新区工作的香港 澳门居民个人所得税税负差额补贴的暂行管理办法〉的通知》（粤财法〔2012〕93 号）自 2019 年 1 月 1 日起废止。

广东省财政厅　国家税务总局广东省税务局

2019 年 6 月 17 日

《关于贯彻落实粤港澳大湾区个人所得税优惠政策的通知》解读

一、政策背景

为支持粤港澳大湾区建设，吸引境外（含港澳台）高端人才和紧缺人才到大湾区工作，按照党中央、国务院的统一部署，财政部、税务总局制定出台了粤港澳大湾区个人所得税优惠政策，对在大湾区工作的境外（含港澳台）高端人才和紧缺人才，按内地与香港个人所得税税负差额给予补贴，并对补贴免征个人所得税。这一政策的出台，使得大湾区工作的境外人才实际税负水平明显降低，对大湾区广聚英才将起到积极的引导和推动作用。

二、政策依据

《关于粤港澳大湾区个人所得税优惠政策的通知》（财税〔2019〕31 号）。

三、主要内容

为进一步释放政策红利，鼓励吸引更多国际人才到粤港澳大湾区工作生活，我省在中央政策的基础上，进一步细化明确差额补贴的标准和范围、人才认定的框架范围和原则意见等要求，并充分考虑珠三角九市的实际需要，由各市根据当地实施制定高端人才和紧缺人才的具体认定标准和操作办法，赋予各市充分的自主权。

（一）明确 15% 的税负差额补贴标准。有利于降低申报人的申请成本，减少审核难度，统一补贴标准，便于珠三角九市实际操作。

（二）明确纳入差额补贴的个人所得范围。将“综合所得”和“经营所得”等工作性所得纳入补贴范围，鼓励外籍人才到大湾区工作，同时支持外籍青年来大湾区创业就业。

（三）明确关于人才流动的补贴问题。针对因人才流动产生的个税补贴衔接问题，为了便于各地具体衔接，合理分担，进行了原则性规定。

（四）明确人才认定的基本框架。为了更好地满足大湾区的实际需要，省明确高端人才和紧缺人才的框架范围和原则意见，具体由各市制定操作办法，赋予各市充分的自主权。

（五）明确基本流程和各市制定人才认定和补贴发放办法要求。为做到人才认定标准和补贴发放工作流程相对统一，明确基本流程、审核认定部门以及各市制定办法的要求，并要求备案后实施。

（六）明确《通知》试行一年。我省将在总结评估实施情况的基础上，一年后视情况予以修订。

3. 深圳市人力资源和社会保障局 深圳市科技创新委员会 深圳市财政局 国家税务总局深圳市税务局关于落实粤港澳大湾区个人所得税优惠政策的通知

各区人民政府，大鹏新区、深汕特别合作区管委会，前海管理局，各有关单位：

为支持粤港澳大湾区建设，根据《财政部 税务总局关于粤港澳大湾区个人所得税优惠政策的通知》（财税〔2019〕31 号）要求，经市政府同意，结合深圳实际，现就有关事项通知如下：

一、对在深圳工作的境外高端人才和紧缺人才，按内地与香港个人所得税税负差额给予补贴，该补贴免征个人所得税。在纳税年度内，申报人已纳税额减去测算税额，即为申报人可申请当年度个人所得税补贴。

二、本通知所称的已纳税额，是指下列所得按照《中华人民共和国个人所得税法》规定缴纳的个人所得税额：

（一）工资、薪金所得；

（二）劳务报酬所得；

（三）稿酬所得；

（四）特许权使用费所得；

（五）经营所得；

（六）入选人才工程或人才项目获得的补贴性所得。

三、本通知所称的测算税额，是指在纳税年度内申报人的个人所得按照香港的税法测算的应纳税额。申报人 2019 年纳税年度补贴税额按标准税率法测算，第一年度后可选择标准税率法或累进税率法测算。

（一）标准税率法。测算税额＝申报人应纳税所得额 ×15%

（二）累进税率法。测算税额为申报人以原始收入（不包括符合香港税法所规定的免税条件、雇员以非现金形式或实报实销的形式获得的福利），按照香港税法计算的应纳税额。

四、补贴根据个人所得项目，按照分项计算（综合所得进行综合计算）、合并补贴的方式进行计算。

五、对境外高端人才和紧缺人才，按照自愿申报、科学客观的原则进行认定。

六、境外高端人才和紧缺人才是指，香港、澳门永久性居民，取得香港入境计划（优才、专业人士及企业家）的香港居民，赴港澳定居的内地居民（已注销内地户籍），台湾地区居民，已纳税所得额达到限额的外国国籍人士，取得国外长期居留权的回国留学人员和海外华侨等，在我市用人单位工作并在深圳依法纳税，遵守法律法规、科研伦理和科研诚信，同时符合下列条件之一：

（一）国家、省、市重大人才工程入选者、取得广东省“人才优粤卡”、外国人来华工作许可证（A 类、B 类）或外国高端人才确认函的人才，以及国家、省、市认定的其他境外高层次人才。

（二）国家级、省级或市级重大创新平台的科研团队成员和中层以上管理人才。

（三）高等院校、科研机构、医院等相关机构中的科研技术团队成员、中层以上管理人员或承担市级以上在研重大纵向课题的团队成员，以及市级以上重点学科、重点专科等带头人。

（四）经认定的总部企业、世界五百强企业及其分支机构和我市高新技术企业、大型骨干企业、上市企业以及入库培育企业、高成长性科技创新型中小企业的中层以上管理人员、科研团队成员、技术技能骨干和优秀青年人才。

（五）在我市重点发展产业、重点领域就业创业的中层以上管理人员、科研团队成员、技术技能骨干和优秀青年人才。

七、个人所得税补贴资金，由市区财政按照市区共享税分成比例负担。各区（含新区、深汕合作区）、前海合作区负责所属辖区高端人才和紧缺人才个人所得税补贴的申请受理、审核、发放工作。申报人不重复享受本市其他与个人所得税相关的人才优惠政策。

八、申报人存在弄虚作假行为的，取消其申请资格，五年内不再受理该申报人个人所得税补贴申请；对已经取得个人所得税补贴的，由补贴发放部门对补贴资金及利息（以补贴发放日为起始日期、以补贴退回日前一日为截止日期，按照中国人民银行活期存款利率计算利息，如遇利率调整，则分段计算）予以追缴；涉嫌犯罪的，移交司法机关依法追究刑事责任。

九、每年度申报指南由市人力资源保障局会同市科技创新委（市外专局）、市财政局发布。本通知自 2020 年 3 月 27 日至 2023 年 12 月 31 日止施行。2019 年 1 月 1 日起符合本通知规定的申报人，可按照本通知规定申请补贴。

特此通知。

深圳市人力资源和社会保障局　深圳市科技创新委员会

深圳市财政局　国家税务总局深圳市税务局

2020 年 3 月 17 日

四、海南省个人所得税优惠政策

1. 关于海南自由贸易港高端紧缺人才个人所得税政策的通知

财税〔2020〕32 号

海南省财政厅，国家税务总局海南省税务局：

为支持海南自由贸易港建设，现就有关个人所得税优惠政策通知如下：

一、对在海南自由贸易港工作的高端人才和紧缺人才，其个人所得税实际税负超过 15% 的部分，予以免征。

二、享受上述优惠政策的所得包括来源于海南自由贸易港的综合所得（包括工资薪金、劳务报酬、稿酬、特许权使用费四项所得）、经营所得以及经海南省认定的人才补贴性所得。

三、纳税人在海南省办理个人所得税年度汇算清缴时享受上述优惠政策。

四、对享受上述优惠政策的高端人才和紧缺人才实行清单管理，由海南省商财政部、税务总局制定具体管理办法。

五、本通知自2020年1月1日起执行至2024年12月31日。

财政部　税务总局

2020年6月23日

海南自由贸易港行业紧缺人才所需目录（2020年版）

1. 旅游业技能技术骨干和管理人才	旅游战略研究人才
	旅游行业研究人才
	旅游市场研究人才
	旅游服务与管理人才
	旅游资源开发与利用人才
	景区开发与管理人才
	旅文创新人才
	旅行社经营管理人才
	酒店管理人才
	餐饮管理与服务人才
	会展策划与管理人才
	旅游信息管理与分析人才
	特级导游
	酒店高级培训师等

2. 现代服务业技能技术骨干和管理人才	战略性研究人才
	商务谈判人才
	国际贸易救济人才
	商务法律人才
	翻译人才
	食品工程师
	产业规划与分析人才
	经济分析和产品分析人才
	市场运作与监控人才
	涉外公证人才
	司法鉴定法医人才

续表

	司法鉴定物证类人才
	司法鉴定行业环境损害类人才
	国际商事仲裁人才
	管理咨询人才
	招商专业服务人才
	营销管理人才等

3. 高新技术产业技能技术骨干和管理人才	高端制造业研发制造人才
	船舶研发设计制造人才
	海洋工程研发设计制造人才
	汽车研发设计制造人才
	环保工程师
	石化工程师
	节能减排项目运作人才
	污染防治处理专业人才
	工艺研究工程师
	实验室分析员
	高级软件测试工程师
	自动化设备工程师
	数字集成电路设计工程师
	新能源开发利用及项目运作人才等

4. 农业领域技能技术骨干和管理人才	种业管理人才
	体系编制推广人才
	种业成果推广应用人才
	动植物遗传育种人才
	种质资源开发研究人才
	种植养殖加工人才
	项目策划人才
	南繁建设营运人才等

5. 医疗领域技能技术骨干和管理人才	研发项目负责人
	药品研发人员
	药物质量研究员
	药物合成技术人员
	动物实验研究员
	有机合成研究员
	药理分析人员
	病理诊断人员
	临床研究带头人
	临床检验人员

续表

	临床实验（CRO）人员
	药品检测人员
	医疗器械高级技术顾问
	医药物流管理人才
	战略采购经理
	医药零售管理人才
	执业医生
	执业药师
	康复师等
6. 教育领域技能技术骨干和管理人才	科研团队成员
	教师
	研究员
	教育管理人才
	合作办学项目管理人才等
7. 体育领域就业创业的技能技术骨干和管理人才	体育产业管理人才
	项目赛事运营与开发人才
	体育项目管理与推广人才
	体育教练员
	赛事项目经理
	赛事执行专员
	海外赛事 BD 人才等
8. 电信领域技能技术骨干和管理人才	信息化咨询顾问
	电子工程师
	芯片设计工程师
	芯片设计架构师
	弱电智能化设计师
	表面处理工程师
	贴片技术（SMT）工程师
	印刷电路板布局（PCB Layout）工程师
	真空镀膜工程师
	工业（IE）工程师
	工艺（PE）工程师
	新产品导入（NPI）工程师
	射频（RF）工程师
	电讯设计师
	通信专业技术人员等

9. 互联网领域技能技术骨干和管理人才	管理人才
	产品（项目）经理
	软件工程师
	硬件工程师
	大数据分析工程师
	大数据处理与应用人员
	空间信息与数字技术人员
	界面设计（UI）师
	Web 前端开发工程师
	多媒体（游戏）开发工程师
	算法工程师
	系统架构工程师
	网络安全工程师
	移动开发工程师
	运维工程师
	信息安全工程师
	通信专业技术人员
	计算机辅助设计（CAD）研发工程师
	计算机辅助工程（CAE）研发工程师
	数字媒体技术人员
	智能科学与技术人员等

10. 文化领域技能技术骨干和管理人才	文体项目经营管理人才
	文献资料开发人才
	文献采编人才
	考古专业人才
	文物鉴定人才
	文物保护人才
	文物修复人才
	陈列宣教人才
	文物藏品资料管理人才
	编剧、导演、作曲、指挥、表演人员
	舞美设计人才
	舞台技师
	文学绘画雕塑创作人才
	新闻采编和播音人才
	文博艺术策展人才
	动漫设计创作人才
	广告设计师
	平面设计师

续表

	新媒体运营人才
	拍卖师等

11. 维修领域技能技术骨干和管理人才	汽车维修人才
	船舶维修人才
	航空维修人才
	医疗器械维修人才等

12. 金融领域技能技术骨干和管理人才	金融管理人才
	战略研究人才
	行业研究人才
	市场研究人才
	科技金融人才
	基金经理
	投资银行业务人才
	授信审批人才
	固定收益外汇大宗商品（FICC）人才
	交易所投资人才
	产业投资咨询人才
	保险精算人才
	供应链金融业务人才
	航运金融业务人才
	离岸金融业务人才
	跨境金融人才
	跨境国际贸易融资人才
	绿色金融人才
	文化金融人才
	互联网金融人才
	创业金融人才
	财富管理人才
	金融产品研发人才
	金融公关人才
	金融数据分析人才
	金融法律人才
	金融财会人才
	金融审计人才
	金融监管人才
	担保业务人才
	保理业务人才
	保险资产管理人才

续表

	再保险业务人才
	核保理赔人才
	融资租赁人才
	征信评估人才
	合规与反洗钱人才
	风险管理人才等

13. 航运领域技能技术骨干和管理人才	港口土建项目管理员
	港口及航道规划建设运营人才
	航运管理人才
	船舶服务人才
	涉外港口业务员
	涉外法务专员
	港口现场指导员（调度员、中控员、计划员）
	外事代表
	注册验船师
	船员资格人员（含船员、渔业船员）
	飞行员
	航空人员资格人员（空勤人员和地面人员，包括民用航空器外国驾驶员、领航员、飞行机械员、飞行通信员、航空安全员、民用航空电信人员、航行情报人员、气象人员、空乘人员等）
	推进器研发人才
	卫星导航开发人才
	气动设计工程师
	建模计算工程师
	空天信息科技人员等

14. 物流、建筑、海洋油气、统计类等	物流企业经营管理人才、物流业研究人才、物流项目开发人才、物流园区配送中心规划设计人才、物流计划工程师、供应链专员、国际采购经理、国际货代管理师、关务专员；
	建筑规划项目管理人才、建筑设计及研究人才、城乡规划及研究人才、风景园林设计及研究人才；
	海洋油气工程跟踪管理人才、海洋油气资源评价人才、海洋油气勘探人才、海洋油气地质评价人才；
	研究类统计专业人才、分析类统计专业人才、法律类统计专业人才等。

15. 其他	海南省机关事业单位人才以及法定机构、社会组织聘用人才。
	符合《外国人来海南工作许可管理服务暂行办法》相关标准的其他外国人员（C类）。
	在海南自由贸易港执业的港澳台人才。
	海南其他非限制性准入行业领域急需的技能技术骨干和管理人才。

2. 海南省税务局关于经营所得核定征收个人所得税有关问题的公告

国家税务总局海南省税务局公告 2018 年第 15 号

根据《中华人民共和国税收征收管理法》及其实施细则、第十三届全国人大常委会第五次会议审议通过的《全国人民代表大会常务委员会关于修改〈中华人民共和国个人所得税法〉的决定》以及《财政部 税务总局关于 2018 年第四季度个人所得税减除费用和税率适用问题的通知》（财税〔2018〕98 号）等规定，现就我省经营所得核定征收个人所得税有关问题公告如下：

一、凡不符合查账征收条件的个体工商户业主、未办理个体工商户注册登记但取得生产、经营所得的自然人，其经营所得采用定额方式征收个人所得税。应纳税额计算公式：

应纳税额 = 应税收入 × 附征率

上款所称的应税收入是核定的收入总额或纳税人申请开具发票的金额。

二、凡不符合查账征收条件的个人独资企业和合伙企业自然人投资者、企事业单位承包承租经营者，其经营所得采用核定应税所得率方式征收个人所得税。应纳税额计算公式：

应纳税所得额 = 应税收入 × 应税所得率，或者应纳税所得额 = 成本费用支出额 /（1 －应税所得率）× 应税所得率

应纳税额 = 应纳税所得额 × 经营所得 5 级累进税率

上款所称的应税收入是每一纳税年度的收入总额，成本费用支出额是每一纳税年度的成本费用支出总额。

三、凡不符合查账征收条件的个体工商户业主，核定的应税收入不高于90000元/季的，附征率为0;核定的应税收入高于90000元/季的，全额征收个人所得税。

四、纳税人经营多业的，无论其经营项目是否单独核算，按其主营业务所属行业（以实际营业额占总营业额最大比例为标准）确定适用的附征率或应税所得率。

五、本公告自2018年10月1日起施行。

《海南省地方税务局关于核定征收个体工商户生产经营所得个人所得税等有关问题的公告》（海南省地方税务局2015年第6号公告）、《海南省地方税务局关于个人所得税核定征收有关问题的公告》（海南省地方税务局2017年第6号公告）同时废止。

特此公告。

附件：

1. 附征率表

2. 应税所得率表

3. 《国家税务总局海南省税务局关于经营所得核定征收个人所得税有关问题的公告》解读

国家税务总局海南省税务局

2018年10月30日

附 1

附征率表

序号	类别		附征率（%）
1	交通运输业	（1）货物运输业（包括客、货运混合经营）	1
		（2）其他	0.7
2	采矿业、制造业		0.5
3	批发和零售业		0.5
4	建筑业		1
5	住宿业		1
6	餐饮业		0.7
7	娱乐业		1.7
8	中介服务机构		1.4
9	其他		1

附 2

应税所得税率表

序号	类别	应税所得率 (%)
1	交通运输业	10
2	采矿业、制造业	10
3	批发和零售业	10
4	建筑业	10
5	房地产业	18
6	住宿业	10
7	餐饮业	7
8	娱乐业	30
9	法律服务业	10
10	其他行业	15

附 3 《国家税务总局海南省税务局关于经营所得核定征收个人所得税有关问题的公告》解读

为贯彻落实第十三届全国人大常委会第五次会议审议通过的《全国人民代表大会常务委员会关于修改〈中华人民共和国个人所得税法〉的决定》和《财政部 税务总局关于 2018 年第四季度个人所得税减除费用和税率适用问题的通知》（财税〔2018〕98 号），确保广大取得经营所得的纳税人享受个人所得税改革红利，国家税务总局海南省税务局发布了《国家税务总局海南省税务局关于经营所得核定征收个人所得税有关问题的公告》（以下简称《公告》）。为方便纳税人理解，现对《公告》中主要问题解读如下：

一、《公告》出台的背景

2018 年 8 月 31 日，第十三届全国人民代表大会常委会第五次会议审议表决通过了个人所得税法修订的决定。这是党中央国务院在中国特色社会主义进入新时代背景下，着眼降低税率，释放改革红利，增进民生福祉做出的重大决策，是一场意义重大、影响深远的税制改革。2018 年 10 月 1 日起，个体工商户业主、个人独资企业和合伙企业自然人投资者、企事业单位承包承租经营者的生产经营所得，适用 5000 元 / 月的投资者减除费用和新的税率表。为了确保核定征收的生产经营所得纳税人也能够及时享受减税红利，国家税务总局海南省税务局发布了《公告》。

二、《公告》主要内容

（一）《公告》的适用对象

本公告适用于海南省范围内的不符合查账征收条件的个体工商户业主、未办理个体工商户注册登记但取得“生产、经营所得”的自然人、个人独资企业和合伙企业自然人投资者、企事业单位承包承租经营者。

（二）关于采用定额方式征收个人所得税的问题

凡不符合查账征收条件的个体工商户业主、未办理个体工商户注册登记但取得“生产、经营所得”的自然人，采用定额方式征收个人所得税。应纳税额的计算公式：

应纳税额 = 应税收入 × 附征率

（三）关于采用核定应税所得率方式征收个人所得税的问题

凡不符合查账征收条件的个人独资企业和合伙企业自然人投资者、企事业单位承包承租经营者，采用核定应税所得率方式征收个人所得税。应纳税额的计算公式：

应纳税所得额＝应税收入×应税所得率，或者应纳税所得额＝成本费用支出额／（1－应税所得率）×应税所得率

应纳税额＝应纳税所得额×经营所得5级累进税率

（四）关于应税收入的问题

1. 凡不符合查账征收条件的个体工商户业主，应税收入是核定的收入总额。

2. 凡不符合查账征收条件的未办理个体工商户注册登记但取得“生产、经营所得”的自然人，应税收入是纳税人申请开具发票的金额（不含增值税）。

3. 凡不符合查账征收条件的个人独资企业和合伙企业自然人投资者、企事业单位承包承租经营者，应税收入是每一纳税年度的收入总额，成本费用支出额是每一纳税年度的成本费用支出总额。

（五）施行时间

《公告》自2018年10月1日起施行。《海南省地方税务局关于核定征收个体工商户生产经营所得个人所得税等有关问题的公告》（2015年第6号）、《海南省地方税务局关于个人所得税核定征收有关问题的公告》（2017年第6号）同时废止。

3. 海南自由贸易港享受个人所得税优惠政策高端紧缺人才清单管理暂行办法

琼府〔2020〕41号　2020年8月27日

第一条　根据《海南自由贸易港建设总体方案》以及《财政部 税务总局关于海南自由贸易港高端紧缺人才个人所得税政策的通知》（财税〔2020〕32号）的规定，为落实海南自由贸易港高端人才和紧缺人才个人所得税优惠政策，制定本办法。

第二条　海南省对享受优惠政策的高端人才和紧缺人才实行清单管理。

第三条　享受个人所得税优惠政策的高端人才和紧缺人才，须在海南自由贸易港工作并一个纳税年度在海南自由贸易港连续缴纳基本养老保险等社会保险 6 个月以上（须包含本年度 12 月当月），且与在海南自由贸易港注册并实质性运营的企业或单位签订 1 年以上的劳动合同或聘用协议等劳动关系证明材料。

无法缴纳社会保险的境外高端人才和境外紧缺人才，须提供与在海南自由贸易港注册并实质性运营的企业或单位签订的 1 年以上劳动合同或聘用协议等劳动关系证明材料。

第四条　享受个人所得税优惠政策的高端人才，在符合第三条规定的同时，还应当符合下列条件之一：

（一）属于海南省各级人才管理部门所认定的人才。

（二）一个纳税年度内在海南自由贸易港收入达到 30 万元人民币以上（海南省根据经济社会发展状况实施动态调整）。

第五条　享受个人所得税优惠政策的紧缺人才，在符合第三条规定的同时，还应当符合海南自由贸易港行业紧缺人才需求目录范围。

海南省人才管理部门负责发布海南自由贸易港行业紧缺人才需求目录，并适时更新。

第六条　海南省人才管理部门会同有关部门根据本办法的规定，定期将享受个人所得税优惠政策的高端人才和紧缺人才名单，提交给海南省税务部门。海南省税务部门也可根据需要临时提出确定高端人才和紧缺人才，海南省人才管理部门应予以配合。

第七条　确定为高端人才和紧缺人才的，当年享受税收优惠政策。不再符合高端人才和紧缺人才条件的，当年不得享受税收优惠政策。

第八条　被依法列为失信联合惩戒对象的人员，不得享受个人所得税优惠政策。

第九条　依托海南社会管理信息化平台，海南省人才管理部门、社会保障、税务等部门应加强事中事后监管，对高端人才和紧缺人才的税收优惠情况开展随机抽查，并根据查核结果开展风险评估和风险应对工作。

第十条　对享受税收优惠政策的人才存在异议或争端的，由海南省各级人才管理部门牵头协调解决。对人才所属企业或单位在海南自由贸易港是否开展实质性运营存在异议或争端的，由海南省市场监督管理部门牵头协调解决。

第十一条　中共海南省委人才发展局、海南省财政厅、国家税务总局海南省税务局结合本办法制定具体实施规定。

第十二条　本办法自 2020 年 1 月 1 日起执行至 2024 年 12 月 31 日。